4TH EDITION

MARKETING
마케팅

Dhruv Grewal, Michael Levy

4TH EDITION

MARKETING
마케팅

McGraw Hill Education

전달영 • 박유식 • 주영진 • 이태민 옮김

Marketing, Fourth Edition

1 2 3 4 5 6 7 8 9 10 MHE-KOREA 20 16

Original: Marketing, 4/e
By Dhruv Grewal, Michael Levy
ISBN 978-0-07-802900-4

Korean ISBN 979-11-321-0095-9 93300

Printed in Korea

마케팅, 9판

발 행 일 | 2016년 1월 5일 초판발행
저 자 | Dhruv Grewal, Michael Levy
역 자 | 전달영, 박유식, 주영진, 이태민
발 행 처 | 맥그로힐에듀케이션코리아 유한회사
발 행 인 | 신디존스(CINDY JONES)
등 록 번 호 | 제 2013-000122호(2012.12.28)
주 소 | 서울시 마포구 동교로 18길 38, 2-3층
(서교동, 지우빌딩)
전 화 | (02)325-2351

ISBN : 979-11-321-0095-9

판 매 처 | 한경사
문 의 | (02)717-7264
정 가 | 36,000원

저자 소개

Dhruv Grewal

Dhruv Grewal은 Virginia Tech에서 박사 학위를 취득하고, 현재 Babson College의 도요타 석좌 마케팅 교수로서 재직하고 있다. 그는 '2012년 Lifetime Achievement Award in Pricing(AMA Retailing & Pricing SIG), the 2010 AMS Cutco/Vector Distinguished Educator 등 다수의 학술상을 수상하였다.

그는 1991년-1998년과 2000년-2007년 기간 동안 상위 6개의 마케팅 학술지에 가장 많이 논문을 발표한 학자이다. 그는 Journal of Retailing, Journal of Marketing, Journal of Consumer Research, Journal of Marketing Research, Journal of the Academy of Marketing Science 등의 학술지에 100여 편의 논문을 게재하였다. 뿐만 아니라 그는 교육자로서도 2005년 Sherwin-Williams Distinguished Teaching Award, 2003년 American Marketing Association Award for Innovative Excellence in Marketing Education 등의 강의상을 수상하였다.

Micheal Levy

Micheal Levy는 Ohio State University에서 박사 학위를 취득하고, 현재 Babson College의 Charles Clarke Reynolds 석좌 마케팅교수이자 소매 공급체인 연구소 소장으로 재직하고 있다. 그는 다수의 학술상을 수상하였는데, 특히 지금 이 교과서인 'Marketing 2e(Grewal/Levy)'로 2011년 McGraw-Hill Corporate Achievement Award를 수상하였다. 그는 Marketing Educator에서 선정한 소매, 로지스틱스, 판매관리 분야에서 최고의 학자 중 한 사람이다.

그는 Journal of Retailing, Journal of Marketing, Journal of the Academy of Marketing Science, Journal of Marketing Research 등의 학술지에 50여 편의 논문을 게재하였다. 뿐만 아니라 그는 교육자로서도 탁월한데, 그의 저서 'Retailing Management'는 세계에서 가장 많이 팔리는 소매 분야의 대학 교재이다.

역자 소개

전달영 교수는 고려대학교 경영학과를 졸업하고, State University of New York at Buffalo에서 MBA를, University of Alabama에서 박사학위를 취득하였다. 그는 POSCO 경영연구소, 현대경제연구원에서 근무하였으며, 현재 충북대학교 경영학부 교수로 재직 중이다. 주된 연구 관심 분야는 소매, B2B, 로지스틱스 등이며 한국마케팅관리학회 회장과 한국유통학회 회장을 역임하고 있다. 그는 마케팅연구, 경영학연구, 유통연구, 광고연구, Asia Pacific Journal of Marketing and Logistics 등에 다수의 논문을 게재하였다. 2006년도 '마케팅 과학 연구' 최우수 논문상, 2012년 '한국정보기술응용학회' 우수논문상, 2007년과 2012년 '유통연구' 최우수 논문상을 수상하였다.

박유식 교수는 성균관대학교 경영학과를 졸업하고, 성균관대학교에서 경영학 석사, 경영학 박사학위를 취득하였다. 그는 Arizona State University 교환교수를 지냈으며, 현재 충북대학교 경영학부에 재직 중이다. 주된 연구 관심 분야는 가격관리, 광고 및 촉진 등이며 경영학연구와 경영교육연구 편집위원 그리고 한국마케팅학회 상임이사를 역임하였다. 저서로는 현대경영학원론, 최신 소비자행동 등이 있다.

주영진 교수는 연세대학교 경제학과를 졸업하고, KAIST 경영과학과에서 석사학위를, KAIST 산업경영학과에서 예측이론 및 계량마케팅을 전공하여 박사학위를 취득했으며, 현재 충북대학교 경영학부 교수로 재직 중이다. 그의 연구 관심 분야는 계량마케팅, 하이테크마케팅, 신제품관리, 유통관리 등이며 지금까지 Marketing Letters, Journal of Forecasting, 유통연구, 소비자학연구, 한국경영과학회지, 경영과학 등 국내외 학술지에 논문을 발표하였다. 1998년 ANBAR Electronic Intelligence(영국) 'Citation of Excellence'를, 2009년 한국경영과학회 최우수논문상을, 2012년 한국유통학회 최우수논문상을, 2007년과 2011년 한국유통학회 우수논문상을 수상했다.

이태민 교수는 한국외국어대학교 영어과(부전공 경영학)를 졸업하고 서울대학교 대학원 경영학과에서 마케팅을 전공하여 경영학 석사 및 박사학위를 취득하였으며 현재 충북대학교 경영학부 교수로 재직 중이다. 주요 관심 연구 분야는 온라인/모바일 환경에서의 마케팅 전략, 소비자행동, 브랜드 관리, 서비스 마케팅 등이며, Journal of Business Research, International Marketing Review, Journal of Interactive Marketing, Industrial Marketing Management, International Journal of Mobile Communications, 마케팅연구, 소비자학 연구, 경영학연구 등 국내외 학술지에 30여 편의 논문을 게재하였다.

역자 서문

흔히 마케팅의 중요성을 역설하는 말로 McKenna(1991)의 "Marketing is everything and everything is marketing" (Harvard Business Review, Jan-Feb)을 많이 인용한다. 시중 서점에는 그렇게 중요한 마케팅이란 학문이자 기법을 가르치기 위한 수많은 마케팅 교과서와 번역서가 있다. 과연 또 다른 마케팅 번역서가 우리나라 학생들에게 새로운 학습 내용과 창의적인 생각의 틀을 만드는 데 도움이 될까? 뒤늦게 창작 교과서도 아니고 이런 번역서가 필요할까? 라는 의구심을 가지면서 역자들은 지난 겨울방학 동안 이 책의 원전을 읽었다. 읽은 후 역자들은 이 책의 참신함과 알찬 내용에 기쁜 마음으로 미련 없이 번역에 착수하였다.

이 책은 최신 마케팅 트렌드와 주제 그리고 사례들을 이해하기 쉬우면서도 깊이 있게 다루고 있다. 각 장은 도입부에서 소개하는 학습목표와 시작사례, 세부 학습내용과 시작사례의 연결을 통한 이해 증진, 요점정리를 거쳐 마지막으로 사례연구를 통하여 실무 응용 능력을 키우는 방식으로 서술되어 있다. 특히 풍부한 그림과 설명을 곁들인 시각적 자료를 통해 학습 내용의 흥미와 깊이를 더하면서 이 책의 가치를 높인다. 뿐만 아니라 사이사이에 소셜 및 모바일, 우량 서비스 및 실패 사례, 윤리와 사회적 딜레마 등의 미니사례들을 삽입하여 이론적인 기법들이 현장에서 어떻게 적용되고 있는지를 쉽게 이해할 수 있게 한다.

한 가지 언급코자 하는 것은 이 책에서는 브랜드나 기업의 이름을 원문 그대로 표기하였다. 어떤 면에서 책을 읽기에 불편할 수도 있을 것 같으나, 역자들은 그런 고유 명사는 요즘 같은 글로벌화된 세상에서 어색한 한글 번역보다는 원문 그대로 접하는 것이 조금 익숙해지면 장기적으로 학습에 더 도움이 될 것이라 판단하였다. 예컨대, 월마트, 아이패드가 아니라 Walmart, iPad로 표기하였다.

그러나 원전에 충실하게 번역하다보니 내용이 더 방대해진 면이 있다. 또한 번역책이라 외국 사례만을 언급하는 한계점이 있다. 그러나 대부분의 외국 사례들이 우리에게 익숙한 기업(예: Pepsi, Costco)들과 브랜드(예: Nike, Zara)들이기 때문에 강의하는 교수 입장에서 본인의 강의 스타일에 맞게 한두 장을 생략하면서 외국 사례와 한국 사례를 병행하여 유연하게 강의한다면 책 내용의 가치를 더 높일 것이다.

이 책은 역자들뿐만 아니라 여러 분들의 도움을 받아 완성되었다. 초벌 번역에 도움을 준 서원대 조규호 교수, 한국통계진흥원의 김용환 부장, 창업진흥원의 김미애 박사에게 감사 말씀을 드린다. 또한 출판을 예정대로 진행하는 데 큰 도움을 준 맥그로힐 에듀케이션의 이상덕 편집이사와 송은영 편집부장께도 진심으로 감사드린다. 나름대로 역자들은 원문에 충실하면서 우리나라 학생들의 가독성을 높이기 위하여 의역하고자 하였다. 이 책의 번역에 오류가 있다면 전적으로 역자들의 미숙함에 기인한 것이다.

마케팅을 처음 접하는 학생들이 이 책으로 마케팅을 즐겁게 공부하고, "아, 마케팅이 이런 것이구나!"라고 말할 수 있다면 역자들은 이 책을 낸 보람이 있을 것이다. 그러기를 학수고대한다.

2015년 12월
역자 일동

요약 차례

SECTION 1 시장 평가 1

CHAPTER 1. 마케팅 개관 3
CHAPTER 2. 마케팅 전략 및 마케팅 계획의 개발 33
CHAPTER 3. 소셜, 모바일 마케팅 67
CHAPTER 4. 마케팅환경 분석 103

SECTION 2 시장 이해 129

CHAPTER 5. 소비자 행동 131
CHAPTER 6. B2B 마케팅 167

SECTION 3 시장 타겟팅 193

CHAPTER 7. 시장세분화, 타겟팅, 포지셔닝 195
CHAPTER 8. 마케팅 조사 229

SECTION 4 가치 창조 259

CHAPTER 9. 제품, 브랜딩, 포장 261
CHAPTER 10. 신제품 개발 289

SECTION 5 가치 획득 333

CHAPTER 11. 가치정립을 위한 가격설정의 개념들 335
CHAPTER 12. 전략적 가격설정 방법들 365

SECTION 6 가치 전달: 마케팅 경로 및 공급사슬 디자인 391

CHAPTER 13. 공급사슬 및 마케팅 경로 관리 393
CHAPTER 14. 소매 및 다중경로 마케팅 429

SECTION 7 가치 커뮤니케이션 459

CHAPTER 15. 통합적 마케팅 커뮤니케이션 461
CHAPTER 16. 광고, 공중관계, 판매촉진, 그리고 인적판매 489

차례

저자 소개 v

역자 소개 vii

역자 서문 ix

SECTION 1 시장 평가 1

CHAPTER 1. 마케팅 개관 3

- 마케팅이란 무엇인가? 4
  - 마케팅은 고객의 본원적 욕구와 구체적 욕구를 충족시키는 것이다 5
  - 마케팅은 교환을 수반한다. 6
  - 마케팅은 제품, 가격, 유통, 촉진 결정이 요구된다 7
    - 〈우량 서비스 사례 1.1〉 스키업계에서는 다양한 서비스 강화에 나서고 있다 11
    - 〈소셜 및 모바일 마케팅 사례 1.1〉 Facebook이 웹을 연결한다 12
  - 마케팅은 개인과 조직 모든 수준에서 수행된다 13
  - 마케팅은 다양한 이해관계자에게 영향을 미친다 13
  - 마케팅은 가치 창출을 돕는다 14
  - 마케팅 기업들은 어떻게 더 가치 지향적 기업으로 변모하고 있는가? 16
  - 소셜/모바일 미디어를 활용하여 고객과 소통하기 18
- 마케팅은 왜 중요한가? 20
  - 마케팅은 기업들로 하여금 글로벌 존재감을 확장시킨다 20
  - 마케팅은 마케팅 채널 구성원들에게 모두 영향을 미친다 21
  - 마케팅은 사회를 풍요롭게 한다 22
    - 〈윤리와 사회적 딜레마 사례 1.1〉 환경 친화적 마케팅 25
  - 마케팅은 기업가 정신과 밀접히 관련된다 26

요점 정리 27

핵심용어 28

사례 연구: 요거트 전쟁: 핑크베리 vs. 레드 망고 28

CHAPTER 2. 마케팅 전략 및 마케팅 계획의 개발 33

마케팅 전략은 무엇인가? 35
고객의 우월함 36
〈우량 서비스 사례 2.1〉 싱가폴 항공의 고객 서비스 38
운영의 우월함 38
제품의 우월함 39
입지의 우월함 40
복수의 경쟁우위 원천 40
마케팅 계획 41
1단계: 사업의 사명 정의 42
2단계: 현황 분석의 수행 43
3단계: STP를 활용한 기회의 평가 및 확인 45
〈소셜 및 모바일 마케팅 사례 2.1〉 신성한 모바일 피자 48
4단계: 마케팅 믹스의 실행 및 자원 할당 48
〈가치 부가 사례 2.1〉 3M의 혁신 49
5단계: 마케팅 계량지표를 활용한 성과 평가 51
〈윤리와 사회적 딜레마 사례 2.1〉 Starbucks의 더 좋은 지구를 만들자 54
전략적 계획은 순차적이 아니다. 58
성장 전략 58
시장 침투 58
시장 개발 59
제품 개발 60
다각화 60

요점 정리 61
핵심용어 62
사례 연구: Netflix의 롤러코스터 같은 역사 63

CHAPTER 3. 소셜, 모바일 마케팅 67

소셜 미디어를 위한 4E 프레임워크 68
고객의 흥미를 자극하라 70
고객을 교육시켜라 70
제품, 서비스에 대한 체험 기회를 제공하라 70
〈가치 부가 사례 3.1〉 HubSpot을 활용한 고객교육 71
고객을 참여시켜라 72
소셜 미디어 분류 73
소셜 네트워크 사이트 73

- 〈가치 부가 사례 3.2〉 효과적인 친구 되기 76
- 〈우량 서비스 사례 3.1〉 소셜 네트워크는 중소기업 성장을 돕는다 78
- 미디어 공유 사이트 78
- 사고 공유 사이트 80
- 모바일과 소셜 미디어 82
- 〈가치 부가 사례 3.3〉 저스틴 비버의 소셜 미디어 활용 83
- 기업들은 어떻게 소셜 미디어를 사용하는 고객들을 참여시킬 것인가? 85
- 경청하기 86
- 분석하기 87
- 실행하기 88
- 소셜 미디어 환경에서 여러분 개개인의 브랜드 가치를 관리하기 91
- 〈가치 부가 사례 3.4〉 애플비의 경청, 분석, 소셜 미디어 실행 92
- 〈소셜 및 모바일 마케팅 사례 3.1〉 클라우트를 통한 영향력 획득 93

요점 정리 97

핵심용어 97

사례 연구: Dell은 소셜 미디어를 통해 고객과 직접 연결된다 98

CHAPTER 4. 마케팅환경 분석 103

- 마케팅환경 분석 프레임워크 104
- 미시환경 105
- 기업역량 106
- 경쟁자 106
- 협력기업 106
- 거시환경 요인 107
- 문화 107
- 인구통계 109
- 〈윤리와 사회적 딜레마 사례 4.1〉 다음 목표시장: 유아? 112
- 사회적 트렌드 117
- 기술적 진보 120
- 〈우량 서비스 사례 4.1〉 시간빈곤 소비자를 돕는 식료품점 121
- 〈소셜 및 모바일 마케팅 사례 4.1〉 Foursquare의 약속과 Facebook의 반응 122
- 경제적 상황 123
- 정치적/규제적 환경 124
- 환경에 대한 대응 125

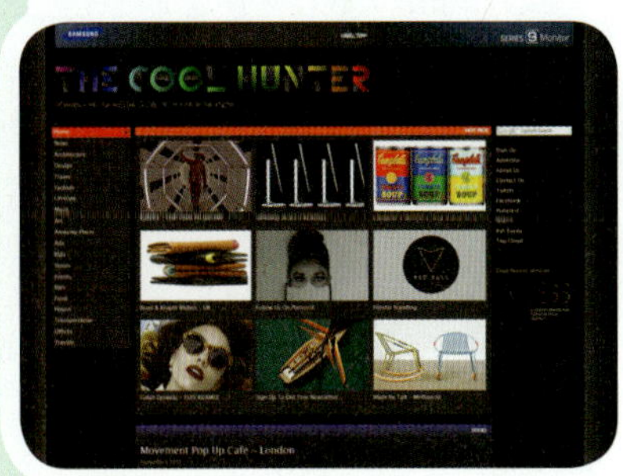

요점 정리 126
핵심용어 127
사례 연구: 차세대 세제 127

SECTION 2 시장 이해 129

CHAPTER 5. 소비자 행동 131
소비자 구매의사 결정 과정 133
니즈 인식 133
정보 탐색 135
〈가치 부가 사례 5.1〉 패션블로그를 통한 의류판매 137
대안 평가 138
구매와 소비 141
〈소셜 및 모바일 마케팅 사례 5.1〉 친구들과 온라인 쇼핑하기 142
구매 후 행동 143
소비자 구매의사 결정과정에 대한 영향요인 146
심리적 요인 146
사회적 요인 152
상황적 요인 154
관여도와 소비자 구매의사결정 156
〈가치 부가 사례 5.2〉 포장을 통한 제품평가 157
포괄적 문제 해결 159
제한적 문제 해결 159
요점 정리 160
핵심용어 161
사례 연구: 다이어트 전쟁: Weight Watchers, Jenny Craig, and Slim-Fast 161

CHAPTER 6. B2B 마케팅 167
B2B 시장 170
제조업체 및 서비스 업체 170
재판매업자 171
기관 171
〈가치 부가 사례 6.1〉 가치 지향적인 구매 172
〈소셜 및 모바일 마케팅 사례 6.1〉 iPads가 직장으로 가다 173
정부 173

B2B 구매 프로세스 174
1단계: 구매 필요성 인식 175
2단계: 제품 명세서 작성 175
3단계: 제안서 요청 프로세스 과정 175
4단계: 제안서 분석, 공급 업체 협상 및 선택 176
5단계: 주문 명세서 176
6단계: 공급업체 성과 평가 177
구매센터 177
조직문화 179
〈윤리와 사회적 딜레마 사례 6.1〉 비즈니스인가 뇌물인가? 180
B2B 관계 구축 181
〈소셜 및 모바일 마케팅 사례 6.2〉 LinkedIn 이야기 182
구매 상황 183
〈가치 부가 사례 6.2〉 인바운드 마케팅으로 메시지를 보내기 186

요점 정리 187
핵심용어 188
사례 연구: UPS: 배송에서부터 공급 체인까지 188

SECTION 3 시장 타겟팅 193

CHAPTER 7. 시장세분화, 타겟팅, 포지셔닝 195
시장세분화, 타겟팅, 포지셔닝 과정 196
1단계: 전반적 전략 혹은 목표 설정 196
2단계: 시장세분화 방법 197
〈가치 부가 사례 7.1〉 스케처의 소구점 확대 199
〈소셜 및 모바일 마케팅 사례 7.1〉 케첩 사용 전략 204
3단계: 세분시장 매력성 평가 206
4단계: 표적시장 선택 209
〈소셜 및 모바일 마케팅 사례 7.2〉 완전히 새로운 의미의 회전 레코드 판 210
5단계: 포지셔닝 전략의 개발 214
포지셔닝 방법 218
지각도를 활용한 포지셔닝 219
〈가치 부가 사례 7.2〉 분투가 대상의 투숙 유치 전략 222

요점 정리 223
핵심용어 224
사례 연구: Coca Cola 224

CHAPTER 8. 마케팅 조사 229

마케팅 조사 과정 230
마케팅 조사 과정 1단계: 조사 목적 및 조사필요성 정의 231
마케팅 조사 과정 2단계: 조사 설계 231
마케팅 조사 과정 3단계: 자료수집 과정 232
마케팅 조사 과정 4단계: 자료 분석 및 해석 233
마케팅 조사 과정 5단계: 실행 계획 및 적용 235
2차자료 235
저렴한 외부 2차자료 236
결합된 외부 2차자료 236
〈가치 부가 사례 8.1〉 SymphonyIRI와 정보의 가치 239
내부 2차자료 240
1차자료 수집 기법 241
관찰 242
〈윤리와 사회적 딜레마 사례 8.1〉 소비자 감시 243
소셜미디어 244
심층면접 245
표적집단면접 246
서베이조사 247
패널과 스캐너 기반 조사 249
실험조사 250
1차자료와 2차자료 조사의 장점 및 단점 251
새로운 기술과 소비자 정보 사용에 따른 윤리 251
요점 정리 254
핵심용어 254
사례 연구: AUTOTRADER.COM: 마케팅 조사에 의한 사실과 픽션의 구분 255

SECTION 4 가치 창조 259

CHAPTER 9. 제품, 브랜딩, 포장 261

제품의 복잡성과 유형 262
제품의 복잡성 262

제품 유형 263
제품 믹스와 제품계열 결정 264
〈소셜 및 모바일 마케팅 사례 9.1〉 Axe Brands의 "Anarchy" 향수와 GraphicNovel 267
브랜딩 268
브랜딩 가치 269
브랜드 자산 271
〈윤리와 사회적 딜레마 사례 9.1〉 바비 인형 "Video Girl"은 소녀들이 Foursquare를 이용하도록 한다. 272
브랜딩 전략 274
브랜드 소유권 274
브랜드 및 제품계열 네이밍 275
브랜드 및 계열 확장 277
공동브랜딩 278
브랜드 라이선싱 278
브랜드 리포지셔닝 279
포장 280
제품 라벨링 282
〈윤리와 사회적 딜레마 사례 9.2〉 칼로리 0, 비타민 0: 생수 라벨을 통해 얼마나 많은 정보를 제공하여야 하는가? 283

요점 정리 283
핵심용어 284
사례 연구: 독자적인 브랜드, 오프라윈프리 284

CHAPTER 10. 신제품 개발 289
기업이 신제품을 개발하는 이유 291
고객욕구의 변화 292
시장포화 292
제품 다각화를 통한 위기관리 293
유행주기 294
관계개선 294
혁신의 확산 295
혁신자 298
조기수용자 299
조기다수자 299
후기다수자 300
최종수용자 300

혁신확산이론 활용 300
신제품 개발 방법 302
아이디어 발굴 302
〈소셜 및 모바일 마케팅 사례 10.1〉 Microsoft의 혁신 노력 306
콘셉트 테스팅 307
제품 개발 308
시장조사 309
제품출시 310
성과평가 312
〈우량 서비스 사례 10.1〉 Freestyle은 어떻게 모든 사람들을 만족시켰나 313
제품수명주기 313
도입기 315
성장기 315
성숙기 315
쇠퇴기 317
제품수명주기 곡선의 모양 317
제품수명주기에 따른 전략: 주의사항 318

요점 정리 318
핵심용어 319
사례 연구: 사용자경험을 완전히 바꾸어 놓은 iPad 2와 3 319

CHAPTER 10A. 서비스: 무형재 323
서비스 마케팅의 차별성 324
무형성 324
생산과 소비의 비분리성 325
이질성 325
소멸성 325
서비스갭 모형 326
〈가치 부가 사례 10A.1〉 5성급을 위한 Broadmoor의 서비스품질 관리 328
서비스 품질과 고객 만족 및 애호도 329
서비스 회복 330

핵심용어 331

SECTION 5 가치 획득 333

CHAPTER 11. 가치정립을 위한 가격설정의 개념들 335

가격전략의 5 Cs 338
기업 목표 339
소비자 342
〈가치 부가 사례 11.1〉 고가격 제품시장에서 경쟁자보다 낮은 Apple의 가격 343
〈윤리와 사회적 딜레마 사례 11.1〉 엄청나게 줄어든 포장량 347
〈우량 서비스 사례 11.1〉 가격탄력성을 낮추는 빼어난 서비스 349
원가 350
손익분기분석과 의사결정 351
원가가산 가격책정과 목표 수익률 가격설정 354
경쟁 354
〈윤리와 사회적 딜레마 사례 11.2〉 서점 전쟁 356
유통경로 구성원들 357
가격설정에 있어서 거시적 영향요인들 357
인터넷 358
경제적 요인들 358

요점 정리 360
핵심용어 360
사례 연구: Yankees의 모든 것들에 돈을 내다 361

CHAPTER 12. 전략적 가격설정 방법들 365

가격전략을 수립하기 위한 고려사항들 366
원가기반 가격설정 366
경쟁기반 가격설정 367
가치기반 가격설정 368
가격전략들 369
〈가치 부가 사례 12.1〉 Clearly의 이기는 전략 370
상시저가전략 370
〈소셜 및 모바일 마케팅 사례 12.1〉 점포에서 가격탐색 .... 어디서나 371
하이-로 가격설정 371
〈윤리와 사회적 딜레마 사례 12.1〉 실제로 45% 할인인가? 372
EDLP와 하이-로 전략은 가격-품질관계에 의해 영향을 받는다 372
신제품의 가격 전략 374

〈가치 부가 사례 12.2〉 휴대폰의 시장침투 376
가격전술들 377
최종소비자를 겨냥한 전술 377
B2B 가격전술과 가격할인 380
가격설정의 법률적, 윤리적 측면 382
기만적이고 불법적인 가격광고 383
약탈가격설정 384
가격차별화 385
가격고정 385
요점 정리 386
핵심용어 387
사례 연구: 이동통신 시장에서의 가격전쟁 388

SECTION 6 가치 전달: 마케팅 경로 및 공급사슬 디자인 391

CHAPTER 13. 공급사슬 및 마케팅 경로 관리 393
마케팅 경로와 공급사슬관리의 중요성 394
마케팅 경로는 가치를 창출한다 395
마케팅 경로 관리는 마케팅의 다른 측면에도 영향을 준다 396
마케팅 경로의 디자인 397
직접 마케팅 경로 398
간접 마케팅 경로 398
마케팅 경로 및 공급사슬의 관리 398
수직적 마케팅 시스템을 통하여 마케팅 경로 및 공급 사슬을 관리하기 401
전략적 관계를 통한 마케팅 경로 및 공급 사슬 관리 404
〈윤리와 사회적 딜레마 사례 13.1〉 고객들은 최신 iPhone에 더 관심이 있는가? 또는 중국의 근로조건에 대해 더 관심이 있는가? 405
마케팅 경로에서의 정보 흐름 407
데이터 웨어하우스 408
〈가치 부가 사례 13.1〉 Neiman Marcus 백화점은 세관을 통하여 배송을 신속히 처리한다. 409
전자 문서 교환 410
벤더 주도적인 재고관리 411
푸시 vs. 풀 마케팅 경로 비교 412

마케팅 경로에서의 상품 흐름 413
물류 센터 vs. 점포 직접 배송 414
물류 센터 415
〈우량 서비스 사례 13.1〉 물류 센터 방식으로 전환하고 있는 Home Depot 416
쟈스트 인 타임 시스템을 통한 재고 관리 420
요점 정리 422
핵심용어 422
사례 연구: 패스트 패션의 선구자, ZARA 423

CHAPTER 14. 소매 및 다중경로 마케팅 429
소매 파트너 선정하기 432
경로 구조 432
고객의 기대 433
경로구성원의 특성 434
유통 집중도 434
다양한 소매 유형 및 업태 파악 435
식품 소매업체 436
일반 상품 소매업체 437
〈우량 서비스 사례 14.1〉 좀더 친근한 뉴욕을 만들자 439
서비스 소매업체 441
4 Ps 전략을 이용한 소매 전략 개발 442
제품 442
가격 443
판매 촉진 444
〈소셜 및 모바일 마케팅 사례 14.2〉 모바일 어플과 실제 물질세계의 결합 445
유통 447
소비자를 위한 점포의 편익 448
인터넷과 다중경로 소매업의 편익 449
깊고 넓은 상품 구색 449
개인화 449
〈윤리와 사회적 딜레마 사례 14.1〉 고객 사생활의 보호 450
〈가치 부가 사례 14.2〉 개인의 기호에 맞추는 창고형 할인매장 451
시장 범위의 확대 451
효과적인 다중경로 소매업 452
통합된 CRM 452

브랜드 이미지 452
가격 452
공급 사슬 453

요점 정리 454
핵심용어 455
사례 연구: Target과 새로운 형태의 파트너십 455

SECTION 7 가치 커뮤니케이션 459

CHAPTER 15. 통합적 마케팅 커뮤니케이션 461

소비자들과의 커뮤니케이션 463
커뮤니케이션 프로세스 463
〈가치 부가 사례 15.1〉 대본이 있는 따분한 쇼의 매력 465
소비자들이 커뮤니케이션을 지각하는 방법 465
〈우량 서비스 사례 15.1〉 소비자의 도움으로 CCO를 채택 466
AIDA 모델 468
통합적 마케팅 커뮤니케이션 전략의 구성요소들 471
광고 471
공중관계 472
〈윤리와 사회적 딜레마 사례 15.1〉 너무 여윈 473
판매촉진 473
인적판매 474
직접 마케팅 474
〈윤리와 사회적 딜레마 사례 15.2〉 소비자 프라이버시 권리장전 475
온라인 마케팅 476
〈소셜 및 모바일 마케팅 사례 15.1〉 톡톡 치게 해서 호텔 예약 사이트로 보내다 476
IMC 성공을 위한 계획과 평가 479
IMC의 목적들 479
IMC 예산의 설정과 배분 479
〈우량 서비스 사례 15.2〉 Kirk 선장을 죽인 Priceline의 변화 480
마케팅 척도들을 이용한 성과측정 481
IMC 프로그램의 계획, 실행, 그리고 평가 – Google 광고 예시 483

요점 정리 485

핵심용어 486

사례 연구: Jay-Z와 Bing: Jay-Z Decoders를 Bing 사용자로 전환 486

CHAPTER 16. 광고, 공중관계, 판매촉진, 그리고 인적판매 489

Step 1: 목표 오디언스 확인 492

Step 2: 광고목표의 설정 492

정보적 광고 493

설득적 광고 493

〈가치 부가 사례 16.1〉 Jennifer의 Jenny from the block인가 Charlie의 가택연금인가? 494

상기 광고 495

광고의 초점 495

Step 3: 광고예산 결정 496

Step 4: 메시지 전달 496

〈윤리와 사회적 딜레마 사례 16.1〉 진실 497

메시지 497

소구 498

Step 5: 매체평가와 선택 499

대중매체와 니치매체 500

올바른 매체의 선택 500

광고 스케줄의 결정 501

Step 6: 광고물의 제작 503

〈윤리와 사회적 딜레마 사례 16.2〉 화장품 회사는 실제로 광고모델의 얼굴을 수정하는가? 505

Step 7: 마케팅 지표를 이용한 효과평가 505

광고에서의 규제와 윤리적 이슈 506

공중관계 507

판매촉진 509

판매촉진의 유형 509

판매촉진 도구의 사용 513

인적판매 513

인적판매의 본질과 판매원의 역할 513

인적판매프로세스 515

Step 1: 잠재고객 탐색과 잠재성 평가 515

〈가치 부가 사례 16.2〉 영업조직의 도움을 받는 대학체육 517

Step 2: 사전준비와 CRM시스템의 사용 518

Step 3: 판매 프레젠테이션과 의구심의 처리 518

Step 4: 판매 체결 519
Step 5: 후속조치 520
영업조직과 임무 520
영업사원의 모집과 선발 522
교육훈련 523
영업사원에 대한 동기부여와 보상 523
영업사원의 평가 524

요점 정리 525
핵심용어 526
사례 연구: MasterCard가 만드는 소중한 순간 526

미주 529
찾아보기 563

SECTION I

시장 평가

CHAPTER 1
마케팅 개관

CHAPTER 2
마케팅 전략 및 마케팅 계획의 개발

CHAPTER 3
소셜, 모바일 마케팅

CHAPTER 4
마케팅환경 분석

시장 평가

시장 이해

시장 타겟팅

가치 창조

가치 획득

가치 전달: 마케팅 경로 및 공급사슬 디자인

가치 커뮤니케이션

1부 시장 평가는 4개의 장으로 구성되어 있다. 마케팅 개요에 관한 1장에 이어, 2장에서는 기업이 마케팅 전략과 마케팅 계획을 어떻게 개발하는지에 초점을 두고 있다. 2장의 중심주제는 기업이 어떻게 고객에게 효과적으로 가치를 창출, 획득, 전달, 커뮤니케이션하는지에 대한 것이다. 3장에서는 소셜, 모바일 마케팅 전략에 대한 이해를 높이고자 하였다. 마지막으로 4장에서는 마케터의 체계적인 시장 기회 탐지와 평가에 초점을 둔 마케팅 환경 분석을 다룬다.

mango
mang-goh) noun
A superfruit, bursting with antioxidants & over 20 different vitamins and minerals. (source: USDA)
Have you had your mango today?
Try our Tropical Mango Smoothie or all-natural Mango frozen yogurt with fresh mango topping!
www.Mango.org
red mango
red mango
#shoutout to The National Mango Board for helping us deliver this message!

CHAPTER 1

마케팅 개관

봄 학기가 끝나갈 무렵의 어느 더운 날, 마케팅 관리론 수업을 마치고 친구들과 빙과류 디저트를 먹으러 가기로 하였다. 그때부터 많은 논의가 시작된다. 아이스크림 혹은 결빙 요거트? 벤 & 제리(Ben & Jerry's) 혹은 레드 망고(Red Mango)? 우유로 만든 아이스크림 대신에 코코넛이 들어간 아이스크림을 원하는 사람도 있을 것이고 젤라토를 먹어봐야 한다고 주장하는 친구도 있을 수 있다. 빙과류 디저트에 속하는 각각의 제품들은 소비자들에게 시원함을 제공한다고 할 수 있고 회사별로 다양한 선택이 가능하다. 그렇다면 빙과류 디저트 제품별 차이점은 무엇이고 다른 제품에 비해 특정 제품을 선호하도록 만드는 요인은 무엇인가?

학습 목표

LO1 조직에서 마케팅의 역할을 정의한다.

LO2 마케터가 제품이나 서비스를 위한 가치를 어떻게 창출하는지 설명한다.

LO3 기업 내부와 외부 모두에 있어 마케팅이 왜 중요한지 이해한다.

소비자들이 빙과류 디저트에 대해 얼마나 다양한 선택이 가능한지 생각해 보자. 아이스크림, 냉동 커스터드, 젤라토, 결빙 요거트, 셔벗, 얼음물, 아이스캔디나 밀크쉐이크 같은 단품 음료, 결빙 유제품에 쿠키 혹은 캔디를 같이 제공하는 콤보형 상품 등이 있다[1]. 소비자들은 맛의 다양성뿐만 아니라 저지방, 코코넛, 유기농, 공정 무역, 영양소 강화, 글루텐 제거 제품 등 수없이 많은 제품 종류를 선택할 수 있다.

유니레버(Unilever)와 네슬레/드레이어(Nestlé/Dreyer's)는 빙과류 디저트 시장에서 논쟁의 여지가 없는 독보적인 지위를 누리고 있다.

애호도 높은 고객 기반 확보와 유지를 위해 각 브랜드들은 경쟁사와 차별화되는 제품, 서비스 제공을 위해 노력하고 있다. 예를 들어 레드 망고는 2007년 오픈한 이래 소화를 도와주는 성분이 함유된 시큼한 맛의 요거트를 출시하여 고객 애호도를 높여왔다. 레드망고 점포에서는 제한된 수의 이색적 맛의 요거트를 계절에 따라 다양한 고급 토핑과 함께 제공하고 있다.[2] 제한적으로 운영하여 요거트 맛의 선택을 최소화하고 있는데 이는 간결하고 밝은 점포 레이아웃에 반영되어 있는 것처럼 기업 브랜드 이미지 형성 전략으로 볼 수 있다. 제공 제품과 점포 이미지 간에 일관성을 부여하고 있는 것이다. 반면에 전통적인 디저트 제품 전략을 고수하고 있는 TCBY의 경우에는 고객들로 하여금 다양한 맛의 요거트를 선택하도록 하고 요거트 위에 사탕, 쿠키, 과일, 소스 등을 첨가하도록 하고 있다.[3] TCBY 점포에서는 소비자의 주문 다양성(선택 가지수)이 아닌 제품 무게에 따라 가격을 결정하고 있어, 소비자들은 부담 없이 요거트에 각종 첨가물을 얹어 주문하게 되어 결과적으로 고객당 서비스 비용을 증가시키는 요인이 되고 있다.[4]

버몬트(Vermont)에 기반을 둔 벤 & 제리는 1978년 개장 이래 삶의 질 향상에 초점을 두고 국내 및 글로벌 시장에 고 품질 아이스크림, 셔벗, 결빙 요거트를 제공하고 있다.[5] 벤 & 제리 재단을 통해 벤 & 제리사는 지역 커뮤니티 사업에 후원을 아끼지 않고 있다. 2009년 9월에는 동성 결혼을 합법화한 버몬트시의 결정을 기리기 위해 맛 이름을 "Chubby Hubby"에서 "Hubby Hubby"로 변경하기도 하였다.

이러한 사례들은 시장 신규 진입자는 시장에서의 발판 마련을 위해 끊임없이 노력해야 함을 보여주고 있다. 이미 시장에서 안정된 지위를 확보한 기업들도 소비자들의 니즈와 기호 변화를 감지하고 이에 맞춤화된 제품을 제공해야 한다. 레드 망고는 건강과 스타일을 강조하고, TCBY는 소비자들에게 더 많은 선택권을 부여하고 있으며, 벤 & 제리는 사회적 이슈에 관심을 보이고 있다. 다양한 결빙 요거트 브랜드들의 강조점은 다를 수 있지만 마케팅의 전통적 접근법은 동일하다고 할 수 있다. 고객에게 우량한 가치를 제공할 수 있는 기업이 성공할 수 있다는 것이다.

LO1 조직에서 마케팅의 역할을 정의한다.

마케팅이란 무엇인가?

출근하기 위해 자동차에 기름을 채워 넣는다. 자기계발을 위해 온라인으로 신청한 마케팅 강좌를 수강한다. 수업을 마친 후 와이파이가 연결된 스타벅스에서 iPad로 온라인 소설을 읽으며 샌드위치와 커피로 점심을 즐긴다. 퇴근 후 단골 미용실에서 머리를 자르고 영화관에서 최신 영화 한편을 감상한다. 집으로 돌아오는 길에 Apple iTunes에서 최신 노래를 몇 곡 다운받아 흥얼거리며 퇴근한다. 이 과정에서 여러분들은 구매자로서 특정 제품 혹은 서비스를 제공받기 위해 시간과 돈을 들이는 의사결정을 한 것이다. 집에 귀가해서는 더 이상 입지 않는 청바지를 이베이를 통해 판매하기로 하였다면 이번에는 판매자로의 역할을 수행하게 되는 것이다. 이러한 일련의 거래를 통해 여러분은 마케팅 활동에 참여하게 되는 것이다.

미국 마케팅 협회(The American Marketing Association)에 의하면 **마케팅(marketing)**이란 "고객, 클라이언트, 파트너 그리고 사회 전체에 가치가 있는 제공물을 창출/획득하고, 알리고, 전달하며, 교환하는 일련의 활동과 과정"이라고 정의된다.[6] 이러한 정의가 의미하는 것은 무엇일까? 훌륭한 마케팅은 무작위로 이루어지는 것이 아니라 일련의 의사결정이 사회에 미칠 수 있는 윤리적 시사점을 고려하여 신중히 계획되는 활동이라는 것이다. 기업은 특정 기간 동안 수행할 마케팅 활동을 명시하는 **마케팅 계획(marketing plan)**(2장에서 다룸)을 수립하게 된다. 마케팅 계획은 여러 구성요소로 구분될 수 있다. 제품이나 서비스를 어떻게 고안하고 만들 것인가? 얼마를 받아야 할 것인가? 어디서 어떻게 알릴 것인가? 어떠한 경로를 통해 소비자들에게 판매할 것인가? 일련의 교환 과정에서 거래 당사자들이 모두 만족할 수 있어야 한다. 앞의 사례에서 여러분은 iTunes에서 다운로드 받은 노래를 듣고 만족하며 기쁨을 느낄 것이고, Apple사는 다운로드로부터 수익을 창출하여 만족할 것이다. 마케팅의 핵심 요소를 나타내면 그림 1.1과 같다. 각각의 요소에 대해 살펴보기로 하자.

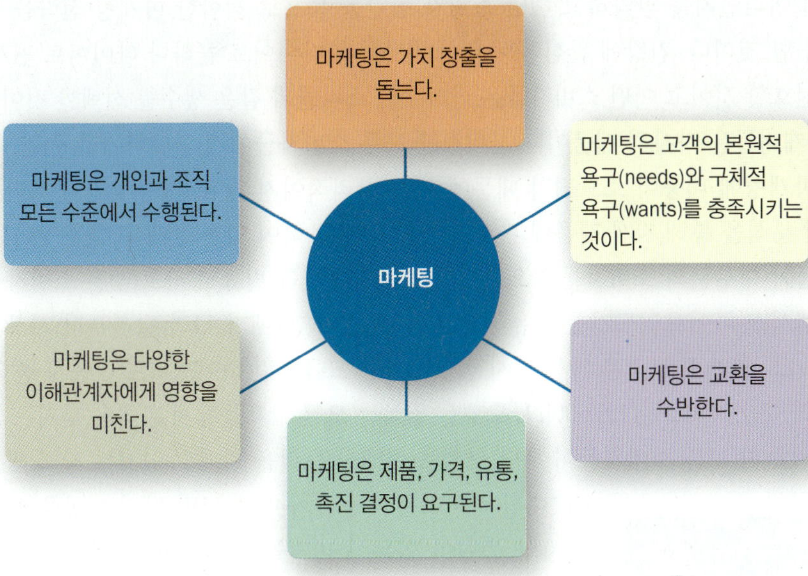

그림 1.1 마케팅의 핵심 요소

마케팅은 고객의 본원적 욕구(needs)와 구체적 욕구(wants)를 충족시키는 것이다

시장을 이해하는 것, 특히 소비자 본원적 욕구(needs)와 구체적 욕구(wants)를 이해하는 것은 마케팅 성공을 위해 필수적인 조건이다. 광범위한 의미에서 거래가 이루어지는 모든 곳을 시장으로 볼 수 있지만 좀더 범위를 좁혀본다면 시장은 특정 구매 이유 등에 따라 몇 개의 그룹으로 세분화될 수 있다. 예를 들어 청량음료 시장이라고 하면 전 세계 소비자들이 모두 포함될 수 있지만 펩시와 Coca Cola는 전 세계에서 서로 경쟁하면서 글로벌 시장을 다음과 같이 다양하게 세분화하고 있다: 남성 시장과 여성시장, 일반 음료 시장과 저칼로리 음료 시장, 탄산음료 시장과 비-탄산음료 시장 등등.[7] 만약 제로 칼로리 음료를 개발하였다고 한다면, 해당 제품을 가장 필요로 하고 원하는

Coca Cola와 펩시는 시장 1위가 되기 위해 끊임없이 경쟁하고 있다.

시장이 어디인지를 파악하고 해당 소비자 집단을 목표로 적합한 마케팅 전략을 수립하고자 할 것이다. 건강에 관심이 높은 소비자들은 다이어트 콜라나 다이어트 펩시 제품을 선호할 것이고 어떤 소비자들은 삼다수나 스파클과 같은 생수를 선택할 것이다.

마케터들은 자사의 제품이나 서비스를 모든 소비자들에게 판매하기를 원할 수 있지만 마케팅에 비용이 소요되기 때문에 이는 합리적이지 않다. 성공적인 마케터들은 면밀한 분석을 통해 자사 제품에 관심이 높고 구매 능력이 있는 잠재 고객을 찾아낸다. 예를 들어 대부분의 소비자들은 교통수단으로 자동차를 필요로 하고 많은 소비자들이 신형 렉서스 하이브리드카를 소유하고 싶을 수 있다. 판매가 11만 달러부터 시작되는 렉서스 LS 600h L 모델은 자동차 시장에서 가장 고급스런 하이브리드 자동차 중의 하나다. 하지만 렉서스는 LS 600h L 모델을 원하는 모든 고객들에게 관심을 갖지는 않는다. 왜냐하면 모든 소비자들이 해당 모델을 구매할 능력을 지니고 있지는 않기 때문이다. 대신 렉서스는 자동차 구매에 11만 달러 이상을 소비할 의사와 능력이 있는 소비자들을 가망고객으로 정의한다.[8] 이와 같이 마케터들은 자사 제품이나 서비스에 관심이 높을 것으로 기대되는 구매자들을 찾아내고 발굴하는 데 관심을 기울이게 된다.

iTunes로부터 Taylor Swift 앨범을 구입하는 것은 교환을 수반한다. 고객은 원하는 앨범을 얻고, Apple사는 돈과 정보를 획득하게 된다.

마케팅은 교환을 수반한다

마케팅의 핵심은 구매자와 판매자 상호간에 가치 있는 것을 주고받음으로써 서로에게 이익이 되는 교환(exchange)에 있다. 그림 1.2에 나타난 바와 같이 판매자는 소비자들에게 제품 혹은 서비스를 제공하고, 알리고, 배송을 촉진해 준다. 구매자는 그 대가로 판매자에게 돈을 지불하고 정보를 제공함으로써 교환이 성립된다. 라디오 방송을 통해 가수 Taylor Swift의 새 앨범을 알게 되었다고 가정해보자. 같은 날 Twitter를 통해 친구가 그 노래를 좋아한다는 소식을 듣게 되고, 팬들의 추천곡이 리스트 되어 있는 Taylor Swift Facebook 팬 페이지를 방문해서 게시된 링크를 통해 iTunes 스토어에 접속한다. iTunes 스토어에서 라디오 방송에서 들어본 앨범을 구매하거나 새로운 앨범을 구매하게 될 수도 있다. iTunes 계정에 카드 번호 등의 결제 정보가 이미 저장되어 있기 때문에 신용카드 정보를 다시 입력할 필요 없이 결제가 간편히 이루어진다. 또한 iTunes는 구매 기록을 분석하여 당신이 좋아할 만한 다른 앨범이나 노래를 추천해줄 수도 있다. 이와 같이 Apple사는 미래 교환을 촉진시키고 대고객 관계를 강화하기 위해 구매과정에서 제공된 소비자의 소중한 정보를 활용하고 있다.

그림 1.2 교환: 판매자-구매자 관계의 기초 토대

마케팅은 제품, 가격, 유통, 촉진 결정이 요구된다

마케팅은 전통적으로 마케팅 믹스(marketing mix) 혹은 제품(product), 가격(price), 유통(place), 촉진(promotion)으로 구성된 4Ps(그림 1.3 참조)로 알려진 상호 연관된 일련의 의사결정으로 구성된다고 볼 수 있다.[9] 4P는 기업이 표적시장의 요구에 반응하기 위해 활용될 수 있는 통제가능한 의사결정과 활동의 집합이라고 할 수 있다. 마케팅 믹스의 세부적 내용을 다음에 살펴보기로 하자.

제품: 가치 창출 마케팅은 다양한 기능을 수행하게 되지만, 고객 니즈를 충족시키기 위해 재화(goods), 서비스(services), 아이디어(idea) 등을 포함한 다양한 제공물을 개발하여 가치를 창출하는 것이 가장 근본적인 것으로 볼 수 있다.[10] 빙과류 디저트를 예로 들어보자. 얼마 전까지만 하더라도 소비자들은 우유로 만든 아이스크림을 가장 선호하였다. 하지만 도입 사례에서 언급한 바와 같이 결빙 요거트, 코코넛으로 만든 요

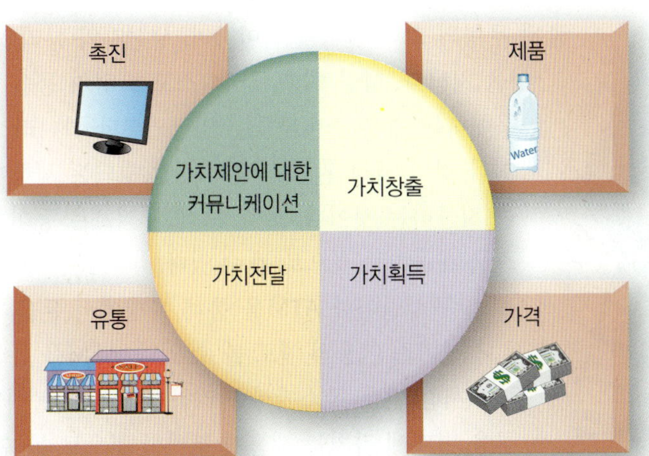

그림 1.3 마케팅 믹스

전통적 유제품 기반 아이스크림 이외에 코코넛 아이스크림과 셔벗 등이 인기를 얻고 있다.

거트, 셔벗, 니트로겐이 함유되지 않은 액체류 제품까지 매우 다양한 선택이 가능해졌다.[11] 코코넛 결빙 디저트는 우유 알레르기가 있는 소비자들에게 매우 인기 있는 제품이고, 셔벗은 입천장을 깨끗이 하고자 하는 소비자들이 좋아한다.

마케팅 믹스의 제품관점에서 디저트 자체는 재화라고 볼 수 있고, 요거트 점포에서 구매하면서 느낀 즐거움은 서비스와 관련되며 제품 소비경험을 통해 빙과류 요거트 디저트 제품이 건강에 좋다는 생각이 들게 되는 것은 아이디어와 연관되는 것으로 볼 수 있다.

재화(goods)는 실체를 지니고 만져볼 수 있는 물품을 의미한다. 나이키 운동화, 펩시콜라, 버드와이저, 타이드 세제, iPad 등이 재화의 예라고 할 수 있다.

재화와 달리 서비스(services)는 사람이나 기계에 의해 창출된 무형의 고객 편익을 의미하며, 생산자와 분리될 수 없는 특성을 지닌다. 항공 여행, 극장, 스포츠 경기 등을 위해 티켓을 구매하는 경우 소비자들은 입장권뿐만 아니라 항공기 여행이나 경기/극장 관람 과정에서 얻게 되는 체험에 대한 대가를 지불하는 것이다. 호텔, 보험사, 리조트 등이 유사한 서비스를 제공하는 것으로 볼 수 있다.

라파엘 나달(Rafael Nadal)은 나이키 브랜드에 가치를 부가한다.

창구직원이나 ATM을 통해 은행에서 돈을 인출하는 경우도 서비스 이용의 예로 볼 수 있다. ATM을 통한 현금 인출은 24시간 많은 장소에서 편리하게 인출 가능하다는 점에서 금융 거래에 가치를 새롭게 부여한 것으로 볼 수 있다. 시장에서는 재화와 서비스가 결합되어 제공되는 경우가 많이 있

스팅(Sting) 콘서트는 서비스지만, 콘서트장에서 구매한 스팅 티셔츠는 제품이다.

다.[12] 안경 전문점을 방문하게 되면 시력 검사를 하고(서비스), 안경을 구매하게 된다(재화). 유명가수 콘서트는 특정 날짜와 시간, 장소에서만 관람이 가능하고(서비스), 콘서트장에서 기념 티셔츠를 구매할 수도 있다(재화). 구입한 티셔츠에 가수의 친필 사인을 받는다면 맞춤화된 재화를 획득하는 것이고 이는 서비스 만족감을 강화시켜 줄 수 있다.

서비스 영역에서 소비자들에게 어필하는 데 마케팅 믹스 중 유통(place)이 중요한 역할을 담당하게 된다. 예를 들어 전 세계 스키장은 고객들에게 더 나은 제품, 즉 편의 시설 확충과 고객 서비스를 개선하기 위해 많은 노력을 기울이고 있다.

아이디어(ideas)에는 개념, 의견, 철학이 포함되며 이와 같은 지적 개념들은 시장에서 거래가 가능하다. 아이들 통학용 자전거 안전을 위해 어떤 단체에서 일차적 표적 시장인 아이들 학교를 찾아가 설명회를 개최하고 자전거 헬멧 착용 포스터 행사를 후원할 수 있다. 그 다음 2차적 표적시장이라고 할 수 있는 헬멧 착용 행사 참여자 부모와 형제자매들을 대상으로 관심과 필요성을 확대할 수 있을 것이다. 이 과정을 통해 아이들이 자전거 통학 시 안전 헬멧을 착용하게 된다면 이는 해당 단체의 안전 아이디어에 대한 수용자 혹은 구매자가 된 것으로 볼 수 있다.

가격: 가치 획득 시장에서 거래되는 모든 것은 반드시 금전적인 것이 아니더라도 가격이 매겨지게 된다. 가격(price)은 구매자가 시장에서 제품을 교환하기 위해 부담해

야 하는 돈, 시간, 노력 등을 모두 총칭하는 것으로 볼 수 있다.[13] 마케터는 잠재적 구매자가 부여하는 가치를 면밀히 분석해서 제품 가격을 설정해야 한다. 예를 들어 유나이티드 항공사를 이용해서 뉴욕에서 덴버까지 이동한다고 생각해 보자. 해당 항공서비스 요금은 얼마나 미리 항공 티켓을 예약하는지, 여행 시기가 언제인지, 그리고 선택하고자 하는 좌석 등급이 어떠한지에 따라 달라질 것이다. 크리스마스와 연초 기간에 스키 여행을 위해 출발일자에 임박해서 비즈니스 등급의 항공권 구매를 원하는 경우에는 가장 저렴한 일반 항공권보다 4배 혹은 5배 금액을 지불하게 될 것이다. 이 경우 소비자는 저렴한 가격대신 구매 편의성을 선택한 것으로 볼 수 있다. 마케터 입장에서 가격 결정의 핵심적 요소는 소비자자 구매에 만족하면서 판매자가 적정 수준의 이윤을 확보할 수 있는 소비자의 최대 지불 의도 가격을 알아내는 것이라고 할 수 있다.

유통: 가치 제안 전달 유통(place)은 제품을 고객이 원할 때 표적시장 고객에게 전달하는 데 필요한 모든 활동을 의미한다고 할 수 있다〈우량 서비스 사례 1.1〉. 유통은 특히 소매와 마케팅 채널 관리와 밀접히 관련된다고 할 수 있다. 공급망 관리(supply chain management)라고도 알려진 마케팅 채널 관리(marketing channel management)는 "고객이 요구하는 서비스 수준을 달성하면서도 제품 전달과정에 발생되는 전체적인 비용은 최소화하고, 원재료 공급업체, 제조업체, 도소매업체 그리고 거래에 관여하는 다른 업체들(예, 수송업체)을 효율적이고 효과적으로 통합하여 적정량의 제품을 생산하고, 적시적소에 유통이 가능하도록 끊김 없는 가치 사슬망(seamless value chain)을 구축하기 위한 일련의 접근방법과 기법"을 의미한다. 마케팅 채널 관리의 이러한 일련의 활동들은 눈에 잘 띄지 않기 때문에 중요성을 간과하기 쉬우나 강력하고 효율적인 마케팅 채널 시스템이 구축되지 않는다면 고객이 제품을 원할 때 공급해줄 수 없게 되며 이는 고객 불만족과 매출, 이익 감소로 연결된다는 점에서 매우 중요한 요소로 볼 수 있다.

©Paul Hoppe

빙과류 디저트의 예를 들어본다면 많은 기업들이 소비자 접근이 편리한 입지에 셀프 서비스 시스템을 갖추고 있다. 대규모 매장 대신 TCBY 혹은 Yogurtini는 소규모의 키오스크 형태 매장을 선보이고 있다. 이러한 입지 좋은 셀프 서비스 형태 매장으로 인해 회사는 인력과 비용 감축이 용이하고 소비자는 자신이 원하는 맛의 제품을 선택할 수 있게 된다. 이로 인해 회사는 제공하는 양과 종류를 결정할 필요성이 없다. 그 결정을 고객이 하도록 하는 것이다.[14]

촉진: 가치 제안에 대한 커뮤니케이션 아무리 좋은 제품 혹은 서비스라도 마케터가 고객들에게 해당 제품 혹은 서비스의 가치를 제대로 커뮤니케이션할 수 없다면 판매는

우량 서비스 사례 1.1 스키업계에서는 다양한 서비스 강화에 나서고 있다

블랙 다이아몬드 스키 코스는 최상급 스키어들만 이용이 가능하다. 하지만 콜로라도에 위치한 Breckenridge 스키 리조트에서는 스키 수준에 관계없이 누구나 스키를 즐길 수 있다. Breckenridge는 슬로프 이외의 시설확충에도 많은 투자를 단행하였다. 스키 코스의 45%가 중급 혹은 초급자용으로 되어 있고, 럭셔리하게 지어진 88개 객실을 갖춘 신축 콘도 호텔인 One Ski Hill Place에서는 모든 스키어들이 편안하게 머물 수 있다. 원룸 혹은 방 4개 아파트 형이든 모든 객실에는 취사시설이 완비되어 있고, iPad 전용 접속장치와 세탁기가 구비되어 있다. 슬로프 이외 레크레이션 시설로 2개 레인 볼링장, 2개의 실내 수영장과 개인용 영화 감상실이 갖춰져 있다.

스키를 타지 않는 소비자, 가끔씩 취미로 스키를 즐기는 초급자, 향후 미래 잠재고객인 4세 아동 등을 표적시장으로 삼고 스키 리조트 업계에서는 슬로프 대기시간 단축이나 최고 난이도의 슬로프 추가와는 관련성이 없는 가치 부가적 서비스 강화에 나서고 있다. 이러한 트렌드는 비 가동시간과 스키 이외의 활동을 강조하며 스키 본연의 슬로프 이외의 즐길거리에 초점을 두고 있는 것이다.[15] Breckenridge와 마찬가지로 다른 리조트에서도 스파 시설을 제공하고, 엘크 타코를 즐길 수 있는 술집을 갖추고 있으며, 열기구 탑승, 아이를 위한 등산 교실 등을 운영하고 있다. 이러한 새로운 서비스를 통해 리조트 소구점을 새로운 세분시장으로 확대함으로써 스키를 타지 못하는 가족 구성원들도 즐길 거리가 있다는 것을 인식시키는데 기여하고 있다.

미국에서 가장 큰 스키 리조트의 하나인 Vail는 기존의 전통적, 기능적 스키 타운에서 작은 알프스 마을로 변신하였다. 나무로 된 발코니와 뾰쪽한 지붕 모양을 지닌 121개 객실을 구비한 신축 Four Seasons Resort는 스위스 마을을 연상시킨다. 객실에는 가스 벽난로, DVD 플레이어, 스파욕조가 구비되어 있다. 스키로 지친 투숙객을 위해 로비에서는 싱싱한 초밥을 즐길 수 있으며 리조트 내에 13개의 룸을 갖추고 마사지 테라피를 제공하고 있다.

이러한 시설은 회의시설을 찾는 기업 수요를 끌어들이는 데 도움을 주고 있다. 스키 리조트에서 전통적으로 대규모 도시에서 개최된 컨퍼런스 시장도 표적으로 삼고 있는 것이다. 슬로프 이외의 대규모 개발 및 다양한 서비스 제공을 하고 있어 회의 중간에 편안한 휴식을 취하길 원하는 회의 참가자들이 멋진 풍경과 레크리에이션 활동을 즐길 수 있는 것이다.[16]

스키 리조트는 지속적으로 서비스 시설 확충에 나서고 있다.

대규모 개발의 경우에는 의회의 도움이 필요한 경우도 있다. 유타주의 Canyons Resort는 솔트 레이트 시티(Salt Lake City) 인근 7개의 Wasatch Mountain 스키 리조트를 연결하는 총 길이 2마일에 이르는 유럽 스타일의 곤돌라 시스템 개발을 제안하였다. 곤돌라 시스템이 개발되는 경우 각 지역 슬로프 간에 시간당 1,000명이 이동할 수 있다.[17] 유타 의회 대표단 4명의 위원들은 Canyons Resort와 Solitude Mountain Resort를 잇는 SkiLink 개발을 위해 30에이커의 국유림 판매를 허용하는 Wasatch 산맥 레크리에이션 접근 강화 조례(Wasatch Range Recreation Access Enhancement Act) 통과 필요성을 제기하였다.[18] 리조트 관리 책임자는 "이 조례는 방문객 유입과 겨울 관광산업에 큰 도움일 될 것이다"라고 환영의 뜻을 전했다.

하지만 농림부(Department of Agriculture)를 비롯하여 많은 비평가들은 대규모 개발에 따른 환경파괴 위험성을 경고하는 목소리를 내고 있다. 제안된 개발 계획의 경우 흥미롭고 유익한 개발 컨셉일지 모르지만 비평가의 관점에서는 장소가 잘못된 것이라는 것이다.

불가능하다. 촉진(promotion)은 마케터가 잠재적 구매자들을 대상으로 자사 제품 혹은 서비스에 대한 정보 제공, 구매 설득, 기억 상기 등을 통해 자사 상품에 대한 호의적 태도와 반응을 이끌어내고자 하는 커뮤니케이션 활동이다. 촉진은 캘빈 클라인 향수 사례에서 볼 수 있는 바와 같이 일반적으로 제품 혹은 서비스 가치를 강화시키는 데 기여한다. 캘빈 클라인이 수행한 자극적 광고는 단순히 자사 향수의 향기가 좋다는 메시지 전달을 하는 것 이상으로 브랜드의 이미지를 형성하는 데 기여하였다. 촉진을 통

소셜 및 모바일 마케팅 사례 1.1 Facebook이 웹을 연결한다[19]

당신이 매일(또는 심지어 시간당) 계정을 확인한다면 Facebook을 선호하는 것이다. 10억 명에 가까운 사용자가 있으며, 이들 중 절반 이상이 매일 로그인하고, 하루에 평균 55분가량 이 곳에서 시간을 소비한다. Facebook은 미국에서 두 번째로 많이 방문하는 사이트이다. 또한 Facebook은 사용자가 쉽게 Facebook의 외부 정보를 공유할 수 있도록 해주는 네트워크를 확대하고 있다.

소셜 플러그인은 Facebook 외부에서 사회적 교류를 촉진시켜 주는 비즈니스 웹 사이트에서 볼 수 있는 "좋아요"버튼이다. 소셜 플러그인은 사용자가 한 번의 클릭으로 쉽게 친구와 다른 웹사이트에서 콘텐츠를 공유할 수 있도록 해준다. 만약 사용자가 콘텐츠를 좋아한다면, 그 콘텐츠가 신문 기사, 레스토랑, 혹은 밴드건 간에 이런 사용자의 선호가 그들의 Facebook 뉴스피드에 자동으로 공유된다. 그러면 주변 친구가 "좋아요"가 눌린 사이트에 쉽게 접근하게 되기 때문에, 이와 같은 시스템은 외부 기업과 Facebook—그리고 사용자들에게 모두 혜택을 주게 된다. 기업은 이처럼 더 많은 트래픽을 유도하기 위해 자사의 웹페이지에 "좋아요"버튼을 배치하고 있으며, 그 결과 Facebook으로부터 자사 웹 페이지로 트래픽을 유도할 수 있게 된다.

대략 250만 웹사이트들이 "좋아요"버튼을 사용하고, 매일 만 개 씩 추가되고 있다. 또한 사용자들도 "좋아요"버튼을 선호하고 있다. 이전에 사용자의 13%만이 웹사이트에 리뷰를 작성한 반면, 그보다 훨씬 높은 비율의 사용자들이 "좋아요"버튼을 클릭하고 싶어 한다. 이는 매우 간단하며, Facebook 사용자가 이들의 친구들과 의사소통하고 사회적 영향력을 확장하는 데 쉬운 방법이 되고 있다.

기업은 표적 잠재 고객을 선정하기 위해 Facebook 사용자의 정보를 활용할 수 있다. 예를 들어, Yelp는 당신에게 레스토랑이나 음악과 같은 것에 관한 맞춤 정보를 주기 위해 당신의 선호 정보를 활용할 수 있다. 왜냐하면 Yelp가 당신이 Pandora에서 "좋아요"버튼을 눌렀던 노래들과 Yelp.com에서 "좋아요"를 눌렀던 레스토랑들에 대한 정보에 접근할 수 있기 때문이다. 10억 명 사용자들의 정보를 활용하여, Facebook은 광고주들에게 믿기지 않을 만큼 관련성이 높으면서 유용한 정보를 제공하고 있다. 10억 달러 이상에 달하는 연간 광고 수입이 계속해서 증가하는 이유다.

해 젊음, 스타일, 그리고 성적 소구를 판매하고 있는 것이다. 〈소셜 및 모바일 마케팅 사례 1.1〉에서는 페이스북(Facebook)이 어떻게 사용자와 기업을 연결하여 가치를 소통하고 있는지를 보여주고 있다.

캘빈 클라인은 대고객 커뮤니케이션에 있어 젊음, 즐거움 그리고 성적 소구를 강조하는 것으로 잘 알려져 있다.

그림 1.4 마케팅은 개인과 조직 사이에서 수행될 수 있다.

마케팅은 개인과 조직 모든 수준에서 수행된다

만약 여러분이 소비하는 모든 제품을 생산자 혹은 제조업자에게서 직접 구매해야 한다면 얼마나 세상이 복잡해질지 상상해 보라. 음식을 구매하기 위해 농장을 돌아다녀야 할 것이고, 음식을 먹는 데 필요한 식탁과 접시 등을 구매하기 위해 제조업자들을 찾아다녀야 할 것이다. 하지만 다행스럽게도 소매상과 같은 마케팅 중간상이 생산자들로부터 대량으로 상품을 구입하여 여러분에게 소량단위로 판매를 해주고 있다. 이와 같이 기업과 소비자간 거래를 B2C(business-to-consumer) 마케팅이라고 한다. 반면 기업 간 제품 혹은 서비스 거래는 B2B(business-to-business) 마케팅이라고 불리운다. 다양한 인터넷 경매 사이트(예: 이베이)와 소셜 미디어의 출현으로 소비자들이 다른 소비자들에게 자신의 제품이나 서비스를 판매하는 것이 가능해졌다. 이와 같은 소비자들간 거래는 C2C 마케팅으로 분류될 수 있다. 이와 같은 마케팅 거래 유형은 그림 1.4에 제시되어 있다.

개인이 자신을 위해 직접 마케팅 활동을 수행할 수도 있다. 예를 들어 직장을 구하는 경우 지원 회사에 대해 정보를 수집하고, 이력서와 함께 지원서를 작성 제출하며, 면접을 위해 정장을 잘 갖춰 입고 자신의 잠재력을 설득하는 모든 것이 마케팅 활동에 속한다고 할 수 있다. 회계사, 변호사, 재무 설계사, 의사 등 전문 서비스 제공자들도 자신들이 제공하는 서비스에 대해 끊임없는 마케팅 활동을 수행하고 있다.

마케팅은 다양한 이해관계자에게 영향을 미친다

대부분의 사람들이 마케팅은 고객에게 제품 혹은 서비스 판매를 촉진하기 위한 수단으로 생각하고 있다. 하지만 마케팅은 다른 이해관계자(예: 공급사슬 파트너, 사회 전체)에게도 영향을 미치게 된다. 공급사슬 파트너에는 도매상, 소매상, 혹은 수송이나 창고업자 등 다른 중간상 등이 포함된다. 이들 모두가 마케팅 활동에 참여하게 된다. 제조업자는 소매상에게 상품을 판매하지만, 소매상도 종종 제조업자에게 상품을 자신들에게 판매할 것을 설득하기도 한다. Ralph Lauren 상품을 수년간 판매하지 않던 JCPenney 백화점에서는 Ralph Lauren 브랜드를 사용하지 않고 American Living이라는 브랜드로 의류와 가구류 상품을 공동으로 출시하기도 하였다.

또한, 마케팅은 산업 혹은 사회 전체에 편익을 제공하는 것을 목표로 삼기도 한다.

낙농업계의 "Got Milk" 광고 캠페인은 축구 선수 데이비드 베컴과 가수/작곡가/배우 데미 로바토(Demi Lovato)와 같은 유명인사를 광고 모델로 활용하여 우유 섭취의 편익에 관한 높은 수준의 인지도를 달성하고 우유 소비를 증가시키는 데 기여하였다.

예를 들어 낙농업계에서는 다양한 표적 세분시장을 대상으로 성공적인 우유 마시기 캠페인을 전개한 바 있다. 데이비드 베컴, 알렉스 로드리게스 등과 같은 유명인사를 등장시켜 "Got Milk"라는 슬로건을 내세운 이 캠페인은 우유의 장점에 대한 인지도를 높이는 데 기여했을 뿐만 아니라 다양한 표적 세분시장에서의 우유 소비량을 증가시키는 데 도움을 주었다. 이 캠페인은 낙농업 전체에 혜택을 가져다주었고 사회 전체적으로 우유 소비를 통해 건강 증진에 기여하였다.

마케팅은 가치 창출을 돕는다

개인, 기업, 사회 전체적으로 마케팅의 중요성이 부각되고 있는데 이는 하루아침에 이루어진 것이 아니다. 마케팅이 어떠한 진화과정을 거쳐 가치 창출이라는 통합적 기능을 수행하는 현재의 위치에 이르게 되었는지를 이해하기 위해서는 마케팅 역사의 이정표를 살펴볼 필요성이 있다(그림 1.5 참조).

생산 지향적 시대 20세기에 접어들면서 대부분의 기업은 생산 지향적인 운영을 하면서 제품을 잘 만들면 판매는 저절로 이루어진다고 믿었다. 포드 자동차 창시자인 헨리 포드(Henry Ford)는 "자동차는 고객이 원하는 어떠한 색깔도 가능하다. 단 그것이 검

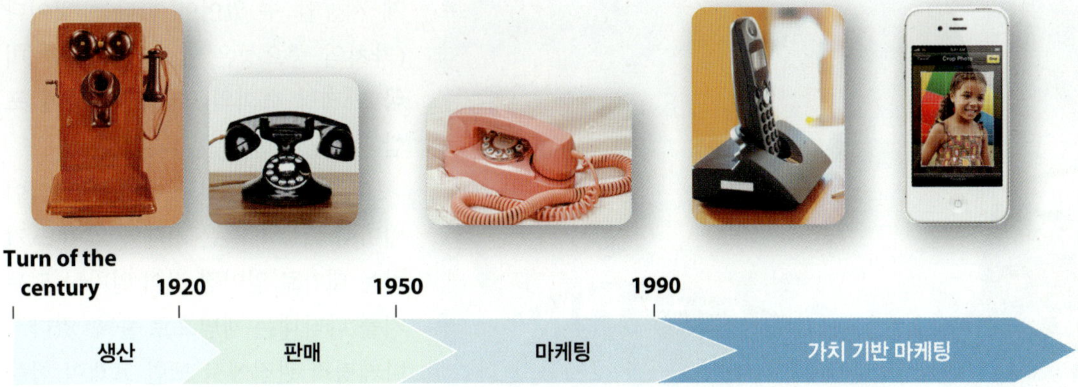

그림 1.5 마케팅의 진화: 생산, 판매, 시장 그리고 가치

정색에 한해서"라는 유명한 말을 남겼다. 제조업자들은 개별적 소비자들의 니즈를 충족시키기 보다는 제품 혁신에 관심을 기울였고 소매점은 소비자가 제품 구매를 원할 때까지 상품을 보관하는 곳으로 인식하였다.

판매 지향적 시대 1920년과 1950년 사이, 생산과 유통 기법이 정교해지고 대공황과 2차 세계 대전으로 인해 고객들은 소비를 줄이고 생활물품을 직접 만들어 사용하며, 농산물을 구매하는 대신 가정에서 채소밭을 가꿔 재배하기에 이르렀다. 이로 인해 제조업자들은 고객이 원하고 구매할 수 있는 수준 이상의 과잉 생산에 당면하게 되었다. 과잉생산에 대응하기 위해 기업들은 인적 판매와 광고 활동에 의존하는 판매 지향적 정책을 펼치게 되었다.

시장 지향적 시대 2차 세계 대전 이후, 군인들이 귀향하여 직장을 구하고 가정을 꾸리게 되었다. 동시에 제조업자들은 군수물자 대신 소비재 생산에 초점을 두기 시작하였다. 교외지역 커뮤니티를 중심으로 차고에는 각종 자동차가 넘쳐나고 새로운 개발사업이 활발히 진행되고 쇼핑센터가 중심 업무지역을 대신하여 소매 활동의 허브 역할을 담당하게 되었다. 2차 세계 대전으로 공급이 제한되었던 일부 상품들은 충분한 공급이 이루어지게 되었다. 바야흐로 고객이 왕인 구매자 시장으로 변모한 것이다. 품질, 편의성, 가격을 종합적으로 고려하여 자신이 원하는 상품 선택이 가능해 진 것이다. 제조업자와 소매상들은 제품이나 서비스를 기획, 생산, 판매하기 이전에 소비자가 무엇을 원하고 필요로 하는지를 알아내는 데 초점을 두게 되었다. 마케팅 개념이 대두된 것이 바로 이 시기라고 할 수 있다.

가치 기반 마케팅 시대 오늘날 대부분의 성공적인 기업들은 시장 지향적인 정책을 펼치고 있다.[20] 이들은 생산 혹은 판매 지향적 정책을 넘어서 고객의 본원적 욕구와 구체적 욕구를 발견하고 충족시키는 데 초점을 두고 있다. 21세기에 접어들기 이전부터 선구적인 마케팅 회사들은 단순히 고객이 원하고 필요로 하는 것을 발견하고 제공하는 것 이상의 착한 마케팅(good marketing)으로의 전환이 필요하다는 것을 인식하기 시작하였다. 경쟁에서 성공을 위해서는 경쟁자가 제공하는 것 이상의 가치를 고객에

쉐라톤 호텔에 숙박할 것인지에 관한 의사결정에 있어 잠재적 고객들은 지불해야하는 비용과 얻게 될 편익을 비교하게 된다.

게 제공할 수 있어야 한다는 것이다(가치의 중요성은 앞에서 제시한 미국 마케팅 협회의 마케팅 개념에 포함되어 있음).

가치(value)는 비용에 비해 편익이 얼마나 되는지 혹은 거래에 있어 포기하는 대가로 얻어진 것이 얼마나 되는지를 나타내는 개념으로 볼 수 있다.[21] 마케팅적 관점에서 보면 고객이 힘들게 번 돈과 시간을 들여 얼마나 좋은 제품이나 서비스를 얻게 되었는지를 지칭하는 개념이다. 고객들은 자신들의 독특한 욕구를 충족시키는 제품/서비스를 원할 뿐만 아니라 자신들이 생각하기에 좋은 가치를 지닌 가격에 구매하기를 원하는 것이다. 고객에게 가치를 제공하는 창의적인 방안은 고객을 가치 공동창출(value cocreation)에 참여토록 하는 것이다.[22] 즉, 고객을 제품이나 서비스 개발과정에 협업자로 참여시키는 것이다. 투자자문회사가 고객과 같이 투자 포트폴리오를 구성한다거나 나이키가 운동화 디자인을 고객에게 맞춤화시켜주는 것 등이 공동 가치창출로 볼 수 있다.

다음 장에서는 가치 기반 마케팅의 개념에 대해 더 자세히 살펴볼 것이다. 특히 경쟁자보다 더 우수한 가치제공을 통해 고객을 유인하는 다양한 방안에 대해 살펴볼 것이다. 다음으로 기업이 가치 기반 경쟁을 어떻게 수행할 것인지에 대해 토의하고 마지막으로 가치 개념을 어떻게 가치 지향적(value-driven) 활동으로 변화시킬 수 있을지에 대해 고찰하고자 한다.

LO2 마케터가 제품이나 서비스를 위한 가치를 어떻게 창출하는지 설명한다.

마케팅 기업들은 어떻게 더 가치 지향적 기업으로 변모하고 있는가?

기업들은 네 가지 활동에 초점을 맞춰 가치 지향적(value-driven) 기업으로 변모하고 있다. 첫째, 고객과 경쟁자에 대한 정보를 조직 내부뿐만 아니라 자사 제품이나 서비스를 시장에 공급하는 데 관련되는 제조업체, 수송업체 등과 같은 다른 기업들과도 공유하고자 한다. 둘째, 고객관점에서 편익과 비용 균형을 도모하고자 한다. 셋째, 고객과의 관계 구축에 집중하고자 한다. 넷째, 새로운 정보기술을 활용하고 소셜/모바일 미디어를 통해 고객과 항시적 소통을 모색하고자 한다.

정보 공유 가치 기반, 마케팅 지향적 기업에서는 고객과 경쟁자에 대한 정보를 공유하고(7장 마케팅 조사 참조) 이를 회사 내 다양한 부서 간에 통합하고 있다. 예를 들어

J. Crew 패션 디자이너는 향후 몇 주 이내에 고객이 어떠한 의류를 선호할 것인지를 결정하기 위해 고객 구매 정보와 고객 트렌드 조사 정보를 수집한다. 동시에 상품을 점포에 수송하는 물류업체들도 매출규모를 예측하고 개별 점포에 적정량의 상품을 할당하기 위해 동일한 고객 구매 정보를 활용하고 있다. 이와 같은 정보 공유와 조정은 핵심적인 회사 성공 요인으로 볼 수 있다. J.Crew 사의 광고 부서가 특별 촉진행사를 계획하였지만, 매출 예상 정보가 상품 생산부서나 물류 담당 부서와 공유되지 못한다면 어떠한 일이 발생할지 상상해 보라.

J. Crew 부서 간 정보수집과 공유 활동은 성공에 있어 중요한 요소이다.

편익과 비용간 균형 모색 가치 지향적 마케터는 끊임없이 자사 제품이나 서비스 획득에 소요되는 비용에 비해 고객들이 지각하는 편익이 어느 정도 되는지를 측정한다. 이용 가능한 고객 정보를 활용하여 고객 니즈를 충족하고 만족시킬 수 있는 기회를 찾아내고, 비용을 낮추고 장기적 애호도를 높일 수 있는 방안을 모색하기 위해 노력한다. 예를 들어 IKEA는 고액연봉을 받는 판매원을 고용하는 대신 가구 구입비용을 낮춰 고객이 직접 제품을 선택하고 조립하도록 하고 있다.

고객 관계 구축 지난 20여 년간 마케터들이 고객을 단순한 거래 대상이 아니라 관계 구축 대상으로 간주할 필요성을 깨닫기 시작하면서 관계 지향성(relational orientation) 개념을 도입하게 되었다.[23] 관계 구축을 위해 기업들은 단발적 거래 금액이 아닌 고객과의 관계 유지를 통해 얻을 수 있는 생애 수익에 초점을 두기 시작하였다. 이러한 관점에서 Apple사는 기존 고객과의 장기적 관계 유지를 위해 새로운 혁신제품을 출시하는 경우 기존 제품과 호환성이 확보되도록 하고 있다. 이러한 관계적 접근법은 고객 관계 관리(CRM: customer relationship management)라고 불리우는데, 이는 기업의 가장 가치 있는 고객군을 찾아내고 이들로 하여금 애호도를 구축하는 데 초점을 두고자 하는 기업 철학과 전략, 프로그램, 시스템을 의미한다.[24] CRM을 도입하고 있는 기업들은 체계적으로 고객 니즈에 대한 정보를 수집하고 이를 활용하여 가장 가치 있는 최적의 고객군을 찾아내서 이들을 대상으로 맞춤화된 제품, 서비스와 특별 촉진 프로그램을 제공하고 있다.

가구 소매업자 이케아(IKEA)는 고객이 중시하는 가치인 저가격과 양질의 디자인에 초점을 두고 있다.

Apple은 기존 고객과의 장기적 관계 유지를 위해 기존 제품과의 호환성이 높은 신제품을 출시하고 있다.

소셜/모바일 미디어를 활용하여 고객과 소통하기

마케터들은 고객들과 더 잘 소통하고 고객 니즈를 효과적으로 충족시키기 위해 소셜 혹은 모바일 미디어 등과 같은 새로운 기술을 지속적으로 도입하여 활용하고 있다. 대략적으로 미국 기업의 75% 정도가 마케팅 목적으로 소셜 미디어를 활용하고 있고 전세계 인터넷 사용자의 46%가 매일 소셜 미디어를 이용하고 있다.[25] 인도와 중국에서의 휴대폰의 폭발적 성장은 전세계 인구의 77%가 모바일 서비스를 이용하고 있다는 것을 의미한다.[26]

이러한 놀랄만한 침투율에도 불구하고 전 세계 인구의 10%만이 Facebook을 사용하고 있다. 미국과 영국이 휴대폰 보급률이 포화상태에 접근하고 있지만 소셜 네트워크 시장은 아직도 성장 잠재력이 있다고 할 수 있다. Facebook 이용 이전에 초고속 인터넷 접속이 더 시급한 곳도 있다.[27] 어떤 국가에서는 인터넷 접속환경이 개선되고 Facebook 서비스가 다양한 언어(현재 대략 70개 언어)로 제공되면서 Facebook 시장이 높은 성장을 보이고 있다. 브라질과 러시아는 인터넷 보급률이 40%, 중국은 33%, 인도는 7%에 불과한 것으로 나타나고 있다. 전 세계 기준으로 몇 가지 통계를 살펴보면 다음과 같다.[28]

- 약 10억 명이 Facebook을 사용
- Facebook 사용자는 평균적으로 하루 55분 이상씩 Facebook에서 시간 보냄
- Facebook 사용자는 평균적으로 130명의 Facebook 친구를 지니고 있음
- 하루에 2,000만 명의 Facebook 사용자들이 팬 페이지에 '좋아요'를 누름
- Facebook에서 하루에 6,000만 건의 상태 업데이트가 올라옴
- 대략적으로 하루에 2억 5,000만 장의 사진이 업로드됨

- 1억 9,000만 명이 Twitter를 사용하고, 매일 평균적으로 2억 건의 트윗 발생
- Twitter는 매일 약 80만 건 이상의 검색 질문 처리
- LinkedIn은 1억 3천500만 명 사용자 확보
- 대략적으로 2백만 개 이상의 회사가 LinkedIn 페이지 보유
- 매 1분마다 48시간 분량의 비디오가 YouTube에 업로드 되어짐
- Fousquare는 7백만 명 이상의 사용자 확보, 매일 2만 5,000명이 신규가입
- Fousquare를 통해 평균적으로 매일 2백만 명이 체크인, 체크인 횟수는 하루에 평균적으로 3~4번
- 전 세계 인터넷 사용자들은 1주일 기준으로 다른 온라인 수단보다 소셜 미디어에서 몇 시간을 더 보내고 있음

마케터들은 소셜 및 모바일 미디어를 통해 고객과 소통하고 있다.
©Intelity. Photo provided courtesy of Intelity

소셜 미디어 사이트 이외에도 Expedia, Travelocity, Orbitz, Priceline, Kayak 등과 같은 온라인 여행 중개사들은 여행 계획을 세울 때 가장 먼저 방문하는 곳으로 자리매김하였다. 온라인 통한 호텔 예약의 46%가 이들 온라인 포털 중 한곳에서 이루어지고 있다.[29] 이들 온라인 여행 중개사를 이용하여 호텔을 예약한 고객들은 특정 호텔 브랜드보다 더 저렴한 가격에 예약 가능한 이들 온라인 중개사 사이트를 지속적으로 이용하는 경향을 보이고 있다. 이에 기존 특정 브랜드 호텔들은 Facebook을 통해 고객과 소통하고 Facebook 팬 페이지를 통해 호텔 예약을 가능하도록 하는 것과 같이 소셜 미디어나 모바일 애플리케이션을 활용하여 고객들을 자사 브랜드 호텔에 다시 유인하기 위한 노력을 기울이고 있다. 어떤 호텔 체인에서는 모바일 앱을 통해 예약 변경, 체크인/체크아웃 시간 변경, 체류기간 특정 시설이나 서비스 이용 신청 등을 가능하도록 하고 있다. 호텔 측에서는 고객이 체류 중 선택한 룸 유형, 베개 혹은 미니바 사용 등과 같은 고객 선호 사항, 신청 룸 서비스 등과 같은 고객 체류정보 수집이 가능하기 때문에 고객에 대해 알 수 있는 기회가 많다고 할 수 있다.

음식점들의 경우 Fousquare, Gowalla, Scvngr, Loopt 등과 같은 위치 기반 소셜 미디어 앱을 활용하고 있다. 이러한 앱을 사용하는 고객들의 경우 자신들이 방문한 음식점에 대한 구전활동을 하는 데 도움을 주고 음식점에 대한 애호도가 높아지는 경향이 있다.[30] 휴대폰을 통한 위치 기반 앱을 활용함으로써, 음식점들은 고객들과 직접적으로 연결될 수 있고, 이러한 앱을 활용하는 고객들은 활용하지 않는 고객들에 비해 음식

점 방문 횟수가 거의 2배가 높은 것으로 알려지고 있다.

Buffalo Wild Wings는 식사 고객들로 하여금 휴대폰을 사용하여 위치를 체크인 하도록 하고 있다. 표적 고객은 기술사용에 친숙한 젊은 소비자들이고 음식점내 게임 시설과 각종 스포츠 중계를 강점으로 내세우고 있는 Buffalo Wild Wings는 고객들을 서로 연결시키고 친구들과 같이 동행하도록 유도하고 있다. 각종 경연대회를 개최하고 방문빈도가 높은 사람이 보상을 받을 수 있도록 하고 있다. 첫 방문부터 세 번째 방문까지 고객들은 닭 날개 혹은 음료수 중 하나를 무료로 제공받을 수 있다. 단골고객들로 하여금 모임 사진을 업로드 하는 경연대회를 개최하기도 하고 고객들로 하여금 자신들의 도전종목을 정해 참가하도록 하기도 한다. 위치 기반 앱을 활용한 Buffalo Wild Wings 경연대회 첫 주간동안 대략적으로 33,000개 도전종목에 10,000명이 참가하였고, 5,000건의 각종 보상이 제공된 것으로 보고되었다.[31]

마케팅은 왜 중요한가?

LO3 기업 내부와 외부 모두에 있어 마케팅이 왜 중요한지 이해한다.

마케팅은 한때 생산 이후에나 생각해보는 개념이었다. 초기 마케팅 철학은 "생산이후에 이를 어떻게 처분할 것인가?"에 기초하였다. 하지만 마케팅 개념은 이러한 생산 중심적 관점에서 완전히 탈피하였을 뿐 아니라, 그림 1.6에 나타난 바와 같이 회사 혹은 조직의 모든 영역에 걸쳐 중심적인 사업 기능으로 진화되어 왔다. 마케팅은 얼마만큼을 생산해야 하고 언제 운송하는 것이 좋은지 등과 같은 생산, 물류 의사결정에 도움을 준다. 마케팅은 소비자와 공급자 간 장기적이고 호혜적인 관계를 창출해준다.[32] 마케팅은 현지 고객들이 중시하는 가치를 찾아내어 이를 상품화하여 글로벌 시장으로 확장하는 데 도움을 준다. 마케팅은 소비자들에게도 유의한 영향을 미치게 된다. 마케팅이 없다면 새로 나온 제품이나 서비스에 대해 알기가 어려울 것이다. 마케팅 개념을 이해하는 것은 졸업 후에 직업을 구하는 데도 도움을 줄 수 있다.

마케팅은 기업들로 하여금 글로벌 존재감을 확장시킨다

약 한 세대 이전에 Coca Cola는 세계 많은 나라에서 접할 수 있었지만 리바이스와 대부분의 미국 브랜드들은 그렇지 못했다. 블루진은 처음에는 미국 시장을 초점으로 판매되었지만 오늘날에는 Levi Strauss & Co를 포함한 대부분의 청바지들이 미국 외에서 생산되고 거의 모든 나라에서 구매할 수 있다. MTV와 다른 글로벌 오락 매체, 저렴한 외국 여행 비용, 인터넷 등의 영향으로 여러분들은 자신의 소비행동을 전세계 다른 소비자들과 공유하는 것이 가능해졌다. 패션, 음악, 심지어 음식까지도 최근 유행은 빠른 시간 내에 전세계로 확산되어 간다. 멕시코에서 농산품 구매하고, 청바지는 일본에서, 전자제품은 한국에서 구매하는 등 구매행위도 전 세계에서 다양하게 발생될 수 있다. 글로벌 제조업체와 유통업체들은 계속해서 미국 시장에 침투해 들어오고 있다. 독일의 거대한 식료품점 Ahold는 Stop & Shop, GIANT, Prepod라는 이름으로 운영되고 있어 잘 들어보지 못했을 수 있지만 미국에서 탑 5위에 속하는 식료품 체인 위치를 차

그림 1.6 마케팅의 중요성

지하고 있다.[33] 마케팅은 기업의 글로벌 존재감을 확장시키는 데 도움을 줄 수 있다는 점에서 마케팅 전문가들에게 글로벌 직장 경력을 강화시키는 데도 이바지 할 수 있다.

마케팅은 마케팅 채널 구성원들에게 모두 영향을 미친다

기업은 나 홀로 운영될 수 없다. 제조업체는 공급업체들로부터 원재료와 부품을 구매해야 하고, 제품으로 생산한 이후에는 이를 도매상, 소매상, 혹은 다른 기관에 판매해야 한다(그림 1.7 참조). 원재료 혹은 제품이 구매되고 판매될 때마다, 다른 곳으로 운송되고 다른 기관에 의해 운영되는 창고에 보관되기도 한다. 재화나 서비스를 생산 및 전달하는 데 관여되는 일련의 기업 집단(예: 원재료 공급업체, 제조업체, 도매상, 소매상)을 **공급망(supply chain)** 혹은 **마케팅 채널(marketing channel)**이라고 한다. 효과적인 공급망 사슬 구성원 간 관계 관리는 소비자 만족도를 증가시키게 되고 결과적으로 모든 구성원들에게 수익을 증가시킬 수 있게 된다. Levi Strauss & Co의 사례를 살펴보자. 불과 몇 년 전만 하더라도 소매상들이 청바지 제조업체에 요구한 주문량의 40%만이 제때 매장에 입고되었으며 이로 인해 소매상들은 고객이 요구하는 다양한 사이

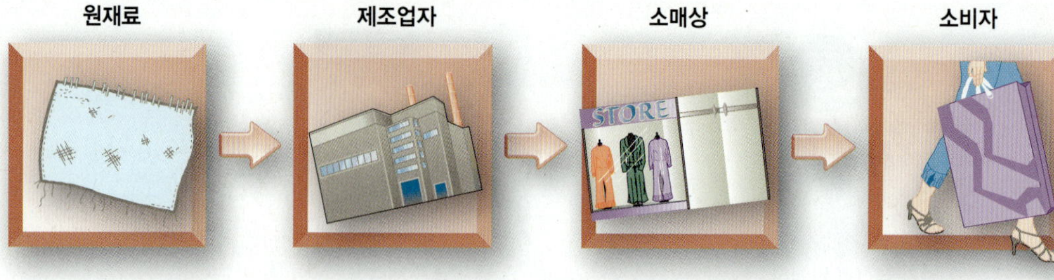

그림 1.7 공급망 사슬

즈 제품에 대한 재고를 충분히 마련하지 못해 결과적으로 고객 불만족을 야기할 수밖에 없었다. 하지만 오늘날에는 리바이스에서 자동화된 재고 관리 시스템을 운영하고 있어 소매상 재고 상태가 자동으로 관리되고 있다. 고객이 청바지를 구매하게 되면 구매정보가 소매상으로부터 리바이스로 직접 전송되어 해당 상품에 대한 주문 접수와 선적이 자동으로 이루어지게 된다. 이는 모든 구성원들에게 혜택을 준다. 소매상들은 자신들의 적정 수준 재고 수준을 유지하는 데 신경을 쓰지 않아도 되고 재고 관리 시스템 구축에 드는 비용을 절감할 수 있다. 리바이스가 청바지 재고에 대한 통제권을 지니고 있기 때문에 미판매 재고로 인한 판매손실을 방지할 수 있다. 고객들은 자신들이 원할 때 좋은 가치로 상품 구매가 가능해지는 혜택을 누릴 수 있게 된다.

마케팅은 사회를 풍요롭게 한다

마케팅이 재무적 수익성 이외의 요소에도 초점을 둘 필요성이 있는가? 미국의 우수한 기업들은 그렇게 생각하고 있으며 환경 친화적 제품 개발, 건강에 좋고 안전한 제품

Levi Strauss & Co는 소매상들의 재고가 소진되지 않도록 재고관리에 도움을 주고 있다.

개발, 탄소배출량을 줄이기 위한 공급망 사슬 개선 등과 같은 다양한 활동을 전개하고 있다.

기업 윤리(Business ethics)는 다양한 사업 환경에서 발생될 수 있는 도덕적 혹은 윤리적 딜레마를 지칭한다. 반면에 마케팅 윤리(Marketing ethics)는 이러한 윤리적 문제점을 마케팅이라는 특정 영역에서 고찰하는 것이다. 확고한 윤리적 원리를 적용하고자 하는 기업의 시도는 연속적이고 역동적인 과정이어야 한다.[34] 회계, 재무 등 다른 비즈니스 영역과 달리 마케팅 분야는 대중들과 직접적이고 밀착적인 상호작용이 발생되는 분야이기 때문에 윤리적 문제의 근원으로 간주되는 경우가 많다(예: 비윤리적 광고, 하자 제품에 대한 촉진활동). 따라서 마케팅 분야 종사자들은 자신들 행동의 윤리적 시사점을 인식할 필요성이 있다. 자사 제품 혹은 서비스 판매로 인한 환경 오염과 같은 사회적 이슈, 어린이 노동력 착취를 통한 제품 생산과 같은 글로벌 이슈, 기만적 광고[35]나 위험 제품 마케팅 활동[36]과 같은 소비자 이슈 등이 여기에 해당될 수 있다.

마케팅에 대해 많은 소비자들이 회의적 시각을 지니고 있는 것이 사실이기는 하지만, 기업 외부에서 소비자들과 정기적으로 지속적인 상호작용을 수행하는 영역이 바로 마케팅이다. 따라서 대중적 신뢰를 구축할 많은 기회를 지니고 있다고도 볼 수 있다. 소비자들의 건강과 웰빙 구축을 기업의 최우선 목표로 삼는 윤리적 문화를 창출하는 것이 장기적 비즈니스 수행의 초석임을 인식할 필요성이 있다.

비록 명확한 정의가 존재하지는 않지만[37] 일반적으로 기업의 사회적 책임(corporate social responsibility)은 기업 운영의 윤리적, 사회적, 환경적 영향과 이해관계자들의 관심문제 등을 다루기 위해 기업이 취하는 자발적 행동을 수반하는 것으로 이해되고 있다. 미국마케팅학회(AMA)의 정의에 의하면, 기업의 사회적 책임은 "기업이 건강한 환경에서 생존할 수 있도록 기업의 단기적 이윤 추구 니즈와 사회의 장기적 니즈의 균형을 이룰 수 있도록 기업 운영의 영향"[38]을 진지하게 고려하는 것을 의미한다. 이러한 정의는 개인적 차원의 윤리를 넘어, 기업이 사회적으로 책임 있는 행동을 할 필요가 있으며 기업 구성원들도 높은 수준의 윤리적 기준에 의한 조직 구성원 개개인의 의사결정이 기업 수준의 최적의 의사결정으로 귀결될 수 있다는 것을 인식해야 한다는 것을 시사하고 있다. 강력한 윤리적 문화를 지니고 있는 기업이 사회적 책임을 충족할 가능성이 높다고 할 수 있다.

하지만, 윤리적 사업 관습(ethical business practices)과 기업의 사회적 책임 프로그램(corporate social responsibility programs)의 차이점을 구분하는 것이 중요하다. 기업이 사회적으로 책임 있는 프로그램을 실행하고 종업원들도 윤리적으로 책임있게 행동하는 것이 이상적이다(그림 1.8의 맨위 왼쪽 영역). 예를 들어 Dannon yogurt는 가능한 많은 사람들에게 건강한 음식을 제공하기 위해 윤리적으로 헌신적 노력을 기울여왔다.[39] 또한 이 회사는 결식아동을 위한 미국 자선단체에 음식과 돈을 기부하고 있고, 종업원들이 커뮤니티에 자원봉사활동을 수행하며, "아이들의 날"행사를 매년 개최하고 환경보호 활동을 전개하고 있다는 점에서 사회적 책임활동도 수행하는 것으로 볼 수 있다.

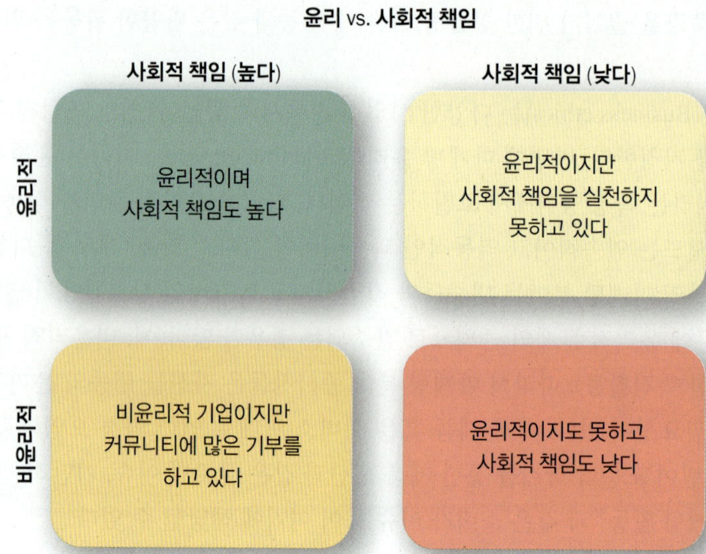

그림 1.8 윤리 vs. 사회적 책임

사회적 책임을 수행한다는 것은 기업의 윤리적 행동 규범을 준수하는 것 이상을 의미한다. 예를 들어 기업 종업원들이 윤리적으로 수용할만한 행동을 한다고 하더라도 그들 행동이 고객, 종업원, 주주들과 같은 가까운 이해관계자들 이외에는 거의 영향을 주지 못한다면 해당기업이 사회적 책임을 다하고 있다고 생각되지 못할 것이다(그림 1.8 맨 위 오른쪽 영역).

사회적 책임을 다하는 것으로 간주되는 기업의 종업원들이 비윤리적인 행동을 할 수도 있다(그림 1.8 맨 아래 왼쪽 영역). 예를 들어, 어떤 기업이 자선단체에 꾸준히 기부를 해왔기 때문에 사회적 책임을 다하는 것으로 간주되고 있지만 동시에 윤리적으로 문제될 수 있는 판매행위를 지속해온 경우가 이에 해당될 수 있다. 2010년 멕시코 걸프만 기름 유출사고 이후, BP는 경제적으로 어려움에 처한 관광산업 증진을 위해 수백만 달러를 기부하기도 하였다.[40] 윤리적으로 불법적 행위를 통해 이윤을 창출하고 창출된 이윤의 상당 비율을 기부하는 기업을 어떻게 특징지을 수 있을 것인가? 물론 가장 최악의 경우는 기업이 비윤리적이고 사회적으로 책임을 다하지 않는 방법으로 행동하는 경우다(그림 1.8 맨 아래 오른쪽 영역).

소비자들과 투자자들은 점차적으로 사회적 책임을 다하는 기업의 제품과 서비스를 구매하고 그러한 기업에 투자하기를 원하는 경향을 보이고 있다. 또한 그들은 해당 기업이 윤리적이라고 확신하는 경우 더 높은 가격을 지불할 의사도 보이고 있다.[41] 타임지에 의해 최근에 실시된 조사결과에 의하면, 경제적으로 불황인 시절에도 미국 소비자의 38%가 사회적 책임을 다한다고 여기는 기업의 제품을 찾아서 구매한 것으로 나타났다. 타임지는 이러한 조사결과에 대해 "윤리적 소비자(ethical consumer)"의 출현과 "미국소비자와 기업 간 생산/구매 제품"에 관한 사회적 계약의 진화로 명명한바 있다.[42]

윤리와 사회적 딜레마 사례 1.1 환경 친화적 마케팅

벤 & 제리 아이스크림(Ben & Jerry's ice cream) 브랜드는 훌륭한 맛 이상의 것을 가지고 있다. 자사 제품 Chunky Monkey을 두컵 소비할 때마다, 고객들은 더 좋은 사회를 만드는 데 기여할 수 있다. 벤과 제리는 자선단체에 수익의 7.5%를 기부하고, 직원들에게 생활 임금과 좋은 혜택들을 제공하였으며, 토착 아마존 농민의 협동조합에서 브라질 넛 원재료를 구매하였다.[43] 맛있는 아이스크림을 이윤, 환경 지속성, 그리고 사회적 책임에 초점을 두는 비즈니스 원칙인 "triple bottom line"과 결합시킨 것이 소비자와 투자자에게 매력요소로 다가갔다.

2000년도, 거대 기업인 유니레버(Unilever)는 벤과 제리 이들이 거절하기 힘들 정도의 엄청난 금액으로 매입하였다. 이 경우 주주의 공정한 이익을 박탈한 것이 된다. 아이스크림 회사의 사회적 책임 사명이 존속될 수 있을지에 대한 질문에 식년하였고, 유니레버는 몇 가지의 약속과 오리지널 브랜드의 기능을 유지하기 위한 조치를 취했다. 비록 포장지에서 "all-natural(순수-자연)" 라벨을 없애도록 강제하고, 부분적으로 수소화된 대두유와 같은 가공 재료를 사용하기 시작했지만, 기존 조달 관행을 공정 거래에 맞도록 변화시켰다. 재단의 자선 기부금은 연간 총 180만 달러를 기록했다. 이러한 기금 활동은 기업차원에서 좋은 비즈니스 관행으로 여겨지기 때문에 계속 이어지고 있다. 그러나 유니레버는 폭넓은 사회적 책임 목표에 대한 영속적인 약속을 제시하지 않았다.

명시적으로 수익성 계산에 사회적 책임을 고려하고자하는 기업은 B사가 되기 위한 인증 절차를 받을 수 있다.[44] 이러한 분류 기준은 직원들에게 행동의 영향, 지역 사회, 그리고 환경을 고려하여 사업을 수행하도록 조례를 포함한다. 프록터 & 갬블(P&G)은 기존 사업 관행을 개조함으로서 환경적 지속가능성과 사회적 책임에 헌신할 것을 선언하였다. 다른 기업들은 녹색 인증 마크를 사용하는 데, 이는 제조 공정이 환경 기준을 충족함을 증명하는 수단이 된다. 반면, P&G의 전문 그린 보증은 모든 제품, 패키징, 그리고 작업 환경이 환경 친화적이며 인간적인 안전함을 보증한다는 회사의 구체적인 약속이다.[45]

최근 지속가능성 설명회를 통해 P&G는 자신들의 목적은 "현재 및 다음 세대의 생활을 감동시키고 개선하는 것이다"라고 천명하였다.[46] 이는 공급자들과 사회적 책임 전문가가 추구하는 공동적인 목표다. 첫 연간 공급업체 환경 성과기록표에는 참여하기로 동의한 310개 공급업체들의 배출량 및 자원 사용량에 따른 점수가 등재되었다.[47] 지금까지 P&G의 자체 설정 목표 달성 정도는 다음과 같다. 재생 불가능한 에너지 소비를 16% 감소시켰으며, 매립 결합 폐기물을 57%만큼 절감하였고, 탄소 배출량을 12% 감소시켰으며, 물 소비를 22% 절감하였다.

P&G의 '팬틴 네이처 퓨전'제품의 새로운 재생 가능한 패키징을 예로 생각해보자. 식물 기반의 플라스틱 병으로 바꿈으로써, 샴푸의 제조에서 나오는 온실 가스 방출을 70% 낮추었다. 사탕수수로 만든 차세대 패키징 또한 제품에 총 170% 만큼의 탄소 배출 감소를 일궈내어 매립지 또는 재활용 플라스틱에서 나오는 이산화탄소를 흡수하였다.[48] 어느 누가 지구 환경의 긍정적인 변화에 참여하고 싶지 않겠는가? 흰 플라스틱 병 위에 녹색과 푸르른 잎이 덧칠해진 팬틴 제품을 구입하는 소비자들은 이러한 지구 환경에 대한 솔루션에 일조한다는 약속을 얻는다.

이런 기업들이 사회적 책임의식을 가짐으로써 얻는 이익을 인지하고, 관련 활동이 소비자들에게 전달된다면, 나중엔 모든 기업들이 사회에 중심적인 가치와 주요 활동을 발전시킬 수 있지 않을까?

이러한 윤리적 소비자들이 늘어남에 따라 많은 기업들도 경영의 지속성을 위해서 사회적 책임을 다하는 것이 중요하다는 사실을 인식하고 있다.

윤리적 의사결정 과정은 다음과 같은 단계를 거쳐 이루어지게 된다.

단계 1: 이슈 규명 첫 번째 단계는 이슈를 규명하는 것이다. 이해를 돕기 위해 마케팅 조사 회사가 소비자들로부터 수집한 자료 사용의 예를 들어보기로 하겠다. 이 경우 발생될 수 있는 이슈의 하나는 자료가 수집된 방식이다. 예를 들어 응답자가 조사 목적에 대해 설명을 들었는가? 또 다른 이슈는 수집된 자료를 제 3자에게 판매하여 영업목적으로 활용하는 등과 같은 방식으로 대중들에게 피해를 입히거나 조사 목적에 반하는 사용을 하고 있는가 하는 것이다.

단계 2: 정보 수집과 이해 관계자 확인 이 단계에서는, 기업이 관련된 법적 정보를 포함하여 윤리적 이슈에 중요한 사실 정보 수집에 초점을 두는 것이다. 전체적인 이해를 위해서 기업은 해당 이슈와 관련되는 모든 이해관계자 개인과 집단을 확인할 필요성이 있다. 이해관계자에는 기업의 현재/은퇴 종업원, 공급업체, 정부, 고객 집단, 주주, 기업이 위치한 지역 커뮤니티 회원 등이 포함된다. 이 이외에도 기업은 산업계와 글로벌 커뮤니티의 니즈를 분석할 필요성이 있으며, 미래 세대 및 자연 환경 자체 등도 고려해야 한다. 예를 들어 전자 회사 필립스(Philips)는 지속가능성(sustainability)과 투명성(transparency) 노력을 설명하면서 자사는 "필립스에 관심을 지닌 모든 사람들"과 커뮤니케이션하고 이들을 고려하고 있음을 강조하고 있다.[49]

단계 3: 대안에 대한 브레인스토밍 마케팅 기업이 이해관계자와 이슈, 관련된 자료를 확인한 다음에는 관련된 당사자들이 모두 모여 어떠한 대안 행동이 필요한가에 대해 브레인스토밍을 할 필요성이 있다. 본 사례의 경우에는 시장 조사 중단, 응답의 익명성 보장, 조사들을 대상으로 AMA 윤리 교육 실시 등이 포함될 수 있다. 경영진은 이러한 대안을 면밀히 검토하여 최종 단계를 거치게 된다.

단계 4: 행동 대안 결정 마지막 단계의 목표는 다양한 대안에 가중치를 부여하고 윤리적으로 이해관계자들에게 가장 최적의 대안을 선택하는 것이다. 경영층은 대안을 대상으로 선호도, 장점과 단점 등을 명시하여 순위를 정할 수 있을 것이다. 각 대안과 관련된 잠재적 법률적 이슈를 검토하는 것도 매우 중요한 일이다. 물론 불법적 행동은 즉각적으로 대안에서 제외되어야 한다.

마케팅은 기업가 정신과 밀접히 관련된다

마케팅은 대기업 성공에 중요한 역할을 담당하기도 하지만, 사업을 조직하고 운영하며 각종 위험을 감수하는 기업가(entrepreneurs)에 의해 시작된 수많은 새로운 벤처기업 성공에도 중심적인 역할을 담당하게 된다.[50] 성공의 핵심적 요인은 미충족된 니즈를 충족시킬 수 있는 사업을 개시할 수 있는가 하는 점이다. 고객 니즈를 이해하고 가치 부가를 통해 성공적인 벤처를 운영한 사례는 다음과 같다.

- Ben & Jerry's (Ben Cohen and Jerry Greenfield)
- Bose (Amar Bose)
- Amazon (Jeff Bezos)
- Netflix (Reed Hastings)
- The Oxygen Network (Oprah Winfrey)

탁월한 기업가이면서 마케터인 오프라 윈프리(Oprah Winfrey)는 50세 이전에 자수성가하여 백만장자에 오른 사람이다. 윈프리는 내쉬빌주 테네시에 있는 WTVF-TV 뉴스 앵커에 오른 최연소이자 최초 아프리카계 미국 여성이며 자신의 프로덕션 스튜디오를 지닌 역사상 3번째 여성이다. Oprah라는 브랜드화된 이름으로 Harpo Film, Oplah Book Club, Oprah.com, Oxygen television network, OWN(the Oprah Winfrey Network) 등 성공적인 일련의 사업을 운영하고 있다. TV 역사상 가장 시청률이 높은 2개 토크쇼인 *The Oprah Winfrey Show* and *Dr. Phil*를 제작하는 것뿐만 아니라, Harpo Studio는 Beloved와 같은 영화도 제작하였다. 오프라 윈프리 재단과 오프라 천사 네트워크(Oprah's Angel Network)을 통해 전 세계적으로 장학금, 학교, 여성 쉼터, 청소년 센터 건립 등을 위해 8,000만 불 이상이 모금되었다.[51] 그녀가 진행하는 토크쇼는 끝이 났지만 그녀의 영향력은 여전하다.

여러분은 오프라 윈프리하면 오프라 윈프리 재단을 통한 선행뿐만 아니라 Harpo Production Inc, The Oprah Magazine, O at Home Magazine, Harpo Film, The Oxygen television network 등을 떠올릴 수 있을 것이다.

훌륭하고 탁월한 기업가들은 어떠한 제품과 서비스 조합을 통해 미충족된 고객 니즈를 충족시킬 수 있을지에 대한 비전을 지니고 있다. 그들은 마케팅 기회(즉, 미충족된 니즈)를 찾아내고 이해하며, 시장에 대한 절저한 조사를 통해, 제품과 서비스가 지닌 가치를 잠재 소비자들에게 전달하고 커뮤니케이션하는 것이다.

요점 정리

LO1 조직에서 마케팅의 역할을 정의한다.

마케팅이란 "고객, 클라이언트, 파트너 그리고 사회 전체에 가치가 있는 제공물을 창출/획득하고, 알리고, 전달하며, 교환하는 일련의 활동과 과정"이라고 정의된다. 마케팅은 다양한 방법으로 가치 창출을 위해 노력한다. 마케팅의 성공을 위해서는 고객이 해당 기업의 제품과 서비스를 구매하는 데 소요되는 비용 이상의 가치가 있다고 믿어야 한다. 또 하나의 중요하면서도 관련된 마케팅 역할은 자사 제품 혹은 서비스에 대한 잠재적 구매자의 신념을 기초로 하여 제품과 서비스에 대한 확고한 가치를 획득하는 것이다. 마케터들은 광고와 인적판매와 같은 다양한 형태의 커뮤니케이션을 통해 제품과 서비스의 가치를 강화하기도 한다. 마케터들은 커뮤니케이션을 통해 자사 제품과 서비스의 편익을 고객들에게 알리고 교육시켜 지각된 가치를 증대시킨다. 마케터들은 고객이 원하는 시기, 장소, 수량에 맞는 제품과 서비스 제공을 통해 가치 전달을 촉진시켜 준다. 성공적인 마케터들은 고객과의 일회적 거래에 초점을 두기보다는 충성 고객의 중요성을 인식하여 이들과의 장기적 관계 구축에 노력한다.

LO2 마케터가 제품이나 서비스를 위한 가치를 어떻게 창출하는지를 설명한다.

가치는 비용대비 편익의 관계를 나타내준다. 기업은 편익 증가, 비용 절감 혹은 2가지 모두에 의해 가치를 증대시킬 수 있다. 초우량 기업은 모든 활동을 가치 지향적으로 통합시키고 있다. 어떤 활동이 편익을 증가시키거나 비용을 절감시킬 수 없다면 해당 활동은 발생되어서는 안 되는 것이다. 고객의 본원적 욕구와 구체적 욕구를 잘 확인하고 발견할 수 있어야 가치 지향적인 기업이 될 수 있다. 기업들은 이러한 정보를 공급망 사슬의 모든 파트너들과 공유하여 전체적인 공급사슬망이 전체적으로 고객 지향적이 될 수 있도록 해야 한다. 진정한 가치 기반 마케팅의 핵심은 편익과 비용이 정확히 균형을 이룰 수 있는 제품과 서비스를 기획할 수 있는 능력이다. 가치 기반 마케터들은 미래 매출 창출을 위해 어느 정도의 비용을 지출해야 하는지 걱정하지 않는다. 대신에 그들은 고객과의 장기적 관계 구축을 통해 지속적으로 교환이 발생될 수 있도록 하는 데 관심을 둔다.

LO3 기업 내부와 외부 모두에 있어 마케팅이 왜 중요한지를 이해한다.

성공적 기업은 마케팅을 전 조직 내에 통합하여 마케팅 활동이 제품 디자인, 생산, 물류, 인적자원관리 등과 같은 다른 기능적 영역과 조화를 이룰 수 있도록 하고 있으며, 결과적으로 자사 상품이 적시에 필요한 고객에게 맞춰 제공되는 것이 가능해진다. 마케팅은 전 공급망 사슬상에서 원재료부터 최종 소비자에 이르기까지 재화의 흐름을 원활하게 하도록 도와준다. 개인적 관점에서 마케팅 기능은 여러분의 구매과정을 촉진시켜 주며 경력 목표를 달성을 지원해 주게 된다. 또한 마케팅은 견실하고 윤리적 사업 관행을 도입함으로써 사회 전체에도 중요한 의미를 지닌다. 기부행사 등을 후원하고, 환경적 위험을 경감시키며, 비윤리적 관행을 타파하는 등 "올바른 일을 수행"하는 기업들은 고객들로부터 사랑받게 된다. 마지막으로 마케팅은 기업가정신의 초석이 된다. 적지 않은 기업들이 탁월한 마케터들에 의해 설립되었지만, 기업가 정신은 대·중소기업들 모두에게 마케팅 결정을 스며들도록 하였다.

핵심용어

- B2B(business-to-business)
- B2C(business-to-consumer)
- C2C(consumer-to-consumer)
- 가치(value)
- 가치 공동 창출(value cocreation)
- 고객관계관리(CRM)
- 공급망(supply chain)
- 관계 지향성(relational orientation)
- 교환(exchange)
- 기업가(entrepreneur)
- 마케팅(marketing)
- 마케팅 계획(marketing plan)
- 마케팅 믹스(marketing mix)
- 마케팅 채널(marketing channel)
- 서비스(services)
- 아이디어(idea)
- 재화(goods)

사례 연구

요거트 전쟁: 핑크베리 vs. 레드 망고

McGraw Hill connect

21세기가 도래하기 20년 전, 빙과류(frozen) 요거트가 대세였다. 그러다 생산이 45% 감소하고 판매가 부진해지면서,[52] 빙과류 요거트 열풍은 끝난 것처럼 보였다. 그러나 2005년에 요거트의 건강 효능에 대한 과학적인 증거가 나왔고, 빙과류 요거트는 새로운 유행을 맞이하였다. 왜냐하면 요거트가 고객에게(그 중에서도 특히 여성)는 아이스크림을 죄의식 없이 대체할 수 있는 건강식 제품이었기 때문이다.[53]

해당 년도에 캘리포니아에서 출시된 '핑크베리'는 엄청한 수의 소비자들을 끌어 모았는데, 출시 첫 달 주차 위반 벌금으로 고객이 부담한 금액이 17만 5천 달러에 이를 정도였다.[54] 라이벌인 '레드망고'는 2002년 한국에서 시작되었고, 미국 로스엔젤레스에선 2007년에[55] 서비스가 시작되었다. 이때 이후로, 빙과류 요거트 시장에서 두 체인(핑크베리, 레드망고)의 전투가 벌어지고 있는데, 모든 길목 곳곳마다 새로운 유사 업체들이 생겨나고 있다. 경쟁이 점차 치열해지고 있는 가운데, 핑크베리와 레드망고는 앞으로 이들의 소비자에게 가치를 만들어줄 새로운 방안을 모색해야 할 것이다.

핑크베리의 "Swirly Goodness"

핑크베리의 첫 번째 샵은 개장하자마자 수익을 벌어들였다. 회사는 로스엔젤레스에서 빠르게 성장하였고, 곧 뉴욕까지 확장하였다. 첫 해에, 핑크베리사는 중요한 친구와 지원자들을 얻게 되는데, 이는 스타벅스의 CEO인 하워드 슐츠(Howard Schultz)이다. 폭발적인 성장기간에 스타벅스라는 브랜드를 유지하는 데 성공한 히스토리를 지니고 있는 슐츠는 핑크베리에 가치 있는 조언자였다. 핑크베리는 미국 20개 주에 지점을 개점했을 뿐만 아니라 영국, 러시아, 모로코, 아랍과 같은 광범위한 국가에도 매장을 세웠다.

가장 가능성 있는 새로운 시장은 아마도 해외일 것이다. 해외 시장 진출을 확대하고자 하는 계획 하에, 이 회사는 해외 13개국에 매장을 가지고 있다.[56] 미국 전문점과 해외 지점이 다른 점은, 토핑과 맛에 있어 지역 선호를 반영한다는 점이다. 중동 국가의 고객들에겐 대추야자와 피스타치오 맛의 옵션이 제공되며, 아시아 고객들은 그린티 맛의 요거트를 즐길 수 있다.

해외 시장에서 고객들에게 가치를 창출하면서도, 핑크베리는 브랜드 이미지를 유지하기 위한 노력을 하고 있다. 현대적인 매장 디자인과 유희적 감각을 내포하는 시각적으로 어필하는 제품이 이에 해당된다. 요거트에 개성을 부여하고, 잘게 조각한 코코넛 귀덮개 등과 같이 계절감을 반영한 장식을 제공하는 것들은 유희적 느낌을 갖도록 하는 데 이는 고객들로 하여금 어린 시절 여름을 회상하도록 하기 위한 것이다.[57] 브랜드 태그라인인 "Swirly Goodness"는 핑크베리만의 창의성, 맛, 그리고 건강의 독특한 조합을 나타내는데 도움을 준다. 핑크베리는 유명 운동선수, 음악가, 그리고 패션 디자이너들의 광고 모델 활용과 고객들과 종업원들 간 상호작용과 더불어 고객 개개인에 맞춤화된 제품 제공을 통한 고객과의 상호작용의 중요성을 강조한 슐츠(Schulz)의 조언을 신뢰함으로써 차별화를 이루고 있다. 제품의 "열성팬"들은 쌍방향 웹사이트, twitter, 그리고 Facebook 등지에서 끈끈한 결속을 맺고 있다.

레드망고®의 "Treat Yourself Well (자기 자신을 소중히 대하라)"

레드망고는 첫 사업 이후 2년 동안 1개의 지점에서 미국 내 60개 지점으로 확장하였으며 바로 그 후 본사를 달라스(Dallas)로 이전하였다.[58] 회사의 5개년 계획에는 공격적 성장을 목표로 하고 있는데, 많은 신규 점포들을 핑크베리가 표적시장으로 선택한 동일한 도시에 개점하고 있다. 2012년, 레드망고 주식회사는 미국에서 멕시코 및 다른 많은 국가들로 확장 중이였다. 주된 경쟁자처럼, 레드망고 또한 평범하지 않은 맛, 신선한 과일 토핑, 그리고 소화를 돕는 유산균을 포함한 요거트를 제공하였다. 레드망고의 태그라인인 "Treat Yourself Well(자기 자신을 소중히 대하라)"라는 것은 요거트의 영양적 편익과 탐닉적 즐거움을 동시에 내포하고 있다. 점포 디자인은 밝고, 컬러풀하며, 매혹적이다.

그렇다면 레드망고는 어떻게 핑크베리와 차별점을 두었으며 고객에게 가치를 창출하였을까? 레드망고 주식회사 설립자인 Dan Kim은 차별화된 브랜드를 만들기 위해 자사의 제품이 경쟁사 보다 크림 맛을 내길 요구하였고, 스무디, 차, 그리고 초콜릿(아이스와 핫) 같은 새로운 맛을 도입하였다.[59] 레드망고는 신선한 과일 파르페와 "숟가락으로 떠먹는 스무디"를 추가하였는데, 이는 빙과류 요거트를 건강식 디저트를 넘어서 영양이 풍부한 식사대용으로 인식될 수 있게 하였다. 레드망고는 또한 "내 입맛대로" 캠페인을 전개하고 있는데, 이는 고객에게 제공되는 넓어진 선반에서 자신들이 원하는 맛과 토핑을 선택하여 조합할 수 있는 기회를 제공하는 것이다.

고객 애호도와 커뮤니티 의식을 제고하기 위해, 레드망고는 애호도 프로그램을 도입하였다. 회원들은 매 구매시마다 망고 포인트를 획득할 수 있고, 쿠폰을 통해 무료 혹은 할인된 가격으로 제품을 구매할 수 있다. 애호도 프로그램 회원은 각종 이벤트 정보 및 특별 프로모션 안내를 받을 수 있다.

변화하는 시장에서의 가치 유지

이 회사들이 경쟁을 하고 성공적으로 성장하려고 해도, 그들은 그들의 노력을 훼손할 수도 있는 시장의 변화를 알아야 한다. 전통적으로 아이스크림을 판매하던 콜드스톤 크리머리(Cold

Stone Creamery) 같은 아이스크림 업체의 경우, 메뉴에 빙과류 요거트를 추가하고 있다. TCBY같은 유명 체인은 타르트 요거트를 추가하였는데, 이는 핑크베리와 레드망고의 기호를 모두 잡은 맛이다. 또한 패스트푸드 체인들이 라떼나 아이스 커피음료 같은 커피 시장에 뛰어든 것과 같이, 더 많은 기존 매장들이 빙과류 요거트를 메뉴에 추가하고 있다. 한편, 소비자의 기호가 변화될 수도 있다. 예를 들어 미국 북미지역에 위치한 빙과류 요거트 매장에서는 날씨가 추워지면 매장 방문객이 현저히 감소되는 현상이 나타나고 있다. 마케터들은 고객과 기업에 가치를 제공하기 위해 이러한 직면한 과제를 극복하기 위한 노력을 계속해나가야만 한다.

확인 문제

1. 고객 가치 창출을 위한 방식에 있어 레드 망고와 핑크베리는 어떠한 유사점과 차이점이 있는가?
2. 글로벌 고객을 위한 추가적 가치 제공을 위해 핑크베리는 무엇을 하고 있는가?
3. 핑크베리와 콜드 스톤 크리머리 웹사이트를 방문해보시오. 웹사이트에 사용된 색상과 사진에 어떠한 차이점이 있는가? 제품 소개 방식에 어떠한 차이점이 존재하는가? 이러한 차이점이 다른 회사에 의해 전달되고 있는 가치 메시지를 어떻게 커뮤니케이션 하고 있는가?
4. 여러분은 레드 망고에서 제공하고 있는 "내 입맛대로"옵션을 좋아하는가? 왜 그런가? 마음에 들지 않다면 그 이유는?

NOT WITHOUT A FIGHT

CHAPTER 2

마케팅 전략 및 마케팅 계획의 개발

스포츠 경기에서 '승리'란 단어는 모든 선수들의 뚜렷한 목표가 된다. 스포츠 용품은 운동선수들이 최상의 성과를 달성할 수 있도록 만들어 주는데, 이러한 스포츠 용품을 디자인하고, 생산하고, 판매하는 기업들에 있어서도 승리란 개념은 스포츠 경기와 유사하다. 그러나 소중한 고객들에게 최대한 많을 것을 소구하려 노력하는 기업들 간 경쟁은 결승선을 1등으로 통과해야 하는 스포츠 경기 보다 좀더 복잡한 구조를 가지고 있다.

Nike와 adidas 예를 들면, 두 기업간 경쟁 범위는 제품 라인, 표적시장, 마케팅 접근법 등과 같은 모든 분야에 걸쳐 있다. 그래서 두 기업은 고객에게 소구하기 위한 방법과 생존 및 성공을 보장받기 위해 사용하려는 마케팅 전략과 계획을 신중하고 정확하게 결정하여야 한다.

Nike는 1970년대 초반 Oregon주에서 한 운동선수가 설립한 기업이며, 미국을 주된 시장으로 한 순수 미국기업이었다.[1] Nike는 신발 바닥 디자인이 와플문양인 혁신적인 런닝화를 최초로 출시하였다. 주된 고객들은 최고의 육상선수들이었는데, 이는 육상선수들에게 꼭 맞는 가장 가벼운 런닝화였기 때문이었다. 그러나 '포레스트 검프'란 영화에서 묘사된 것처럼 런닝은 대중적인 스포츠가 되었고, 포레스트처럼 런닝과 관련된 많은 커뮤니티 구성원들이 Nike를 착용하였다.

Nike는 주식이 상장된 1984년에 마이클 조던을 만났다. 이후 전체 시장의 판도가 스폰서십 개념으로 완전히 바뀌게 되었다. 농구화 계열 제품인 Air Jordan은 실질적으로 남녀노소 모든 스포츠 팬들에게 소구됨으로써 Nike를 커다란 성공으로 이끌어 냈다. Nike는 지속적으로 Dwayne Wade, Kobe Bryant, LeBron James 등과 같은 최상급 선수로 구성된 48명의 NBA 올스타 선수들을 포함시켰다.[2]

Nike 브랜드의 유명한 Swoosh 로고는 농구화에 한정하여 가장 잘 어울리는 것으로 생각될 수 있지만, Nike는 여러 관련 분야에 걸쳐 진출하고 있다. 예를 들면 의류와 캐주얼화를 전문으로 한 Cole-Haan이란 브랜드를 소유하고 있다.[3] 이는 전문 선수복(예: 팀 운동복)과 일반 운동용품(예: 트랙수트, 운동가방) 모두를 포함한 스포츠 유니폼과 관련된 여러 구성요소들을 생

학습 목표

- **LO1** 마케팅 전략을 정의한다.
- **LO2** 마케팅 계획의 구성 요소를 설명한다.
- **LO3** SWOT 분석을 이용하여 마케팅 환경을 분석한다.
- **LO4** 마케팅 활동을 통해 설득하고자 하는 고객 집단 선택 방법을 설명한다.
- **LO5** 고객 가치를 증가시키기 위한 수단으로서의 마케팅 믹스 실행 방법을 설명한다.
- **LO6** 포트폴리오 분석과 마케팅 성과 평가에 포트폴리오 분석이 사용되는 방법을 요약한다.
- **LO7** 기업이 보유하고 있는 사업들을 성장시킬 수 있는 방법에 대해 설명한다.

산할 수 있다는 것이다. 또한 과거에 축구열성팬들에게 주로 소구하던 스포츠 브랜드 중 하나인 Umbro를 매수하였다.

이러한 Umbro의 매수는 주요 경쟁사인 adidas가 우월한 위치를 점하고 있는 시장에 Nike가 직접적으로 adidas에게 도전장을 내민 것으로 볼 수 있다. 20세기 초 독일에서 시작한 유럽기업인 adidas는 축구화 디자인이 주된 사업이며, 이외에도 트랙용 및 필드용 신발을 부수적으로 제작하고 있다.

오늘날 adidas는 원조이미지를 지속적으로 강조한 올림픽 및 월드컵 등과 같은 국제적 스폰서십을 통해 여러 스포츠분야에 걸쳐 확산되고 있다. 이제 adidas는 농구코트에서 Nike의 아성을 무너뜨릴 도전을 결정한 것 같다. Derrick Rose와 Dwight Howard 등과 같은 농구를 대표하는 젊은 스타를 활용하여 adidas는 공격적인 광고를 시작했다. 즉, 광고내용은 Nike의 신발이 더 무겁고, 기술적으로 향상되지 못했고, 재미없는 것으로 깎아 내린 것이다.[4] 또한 2005년에 미국 시장 점유율을 증가시킬 목적으로 스포츠 시장에서 3위 기업인 Reebok을 adidas가 인수하였다.

Nike와 adidas는 양사의 핵심 시장에 대해 지속적으로 차별화를 했음에도 불구하고, 두 기업은 더욱더 세분화된 시장에서 영역다툼을 벌이고 있다. 이러한 문제의 결과에 직면한 두 기업은 저비용을 유지한 혁신적인 기업이란 평판을 강화시키기 위해 고군분투하고 있다. 예를 들면, Nike는 Apple과 함께 파트너십을 체결하였다. 즉, Nike는 신발에 센서를 장착함으로써 런닝을 하는 개인들이 각자 가지고 있는 iPod에 거리 또는 시간 목표에 맞게 노래들을 프로그래밍할 수 있게 하였다.[5] 또한 신발에 장착된 센서는 런닝을 끝마친 개인들의 속도와 거리를 보관하고 있으며, Nike는 이 데이터를 저장하고 동일지역의 사람들 간 사회적 상호작용을 위해 플랫폼을 제공한다. 즉, 제공된 플랫폼을 통해 개인의 친구 또는 동료 등과 런닝 기록들을 공유함으로써 이들간 경쟁심 또는 동기부여를 유발시키는 상호작용을 의미한다. Nike에 지지 않겠다는 일념으로 adidas도 Micro-A란 스마트 신발을 출시하였는데 이 신발에 부착된 센서는 선수들의 성과를 결정짓는 역할을 한다. 즉, 센서가 주변 환경 조건을 분석하여 그 조건에 적합한 신발의 쿠션이나 공기의 흐름을 조절해 주는 것이다.

이러한 최첨단 신발을 생산하기 위해 Nike와 adidas 모두 자국이 아닌 타국으로 생산을 외주형태로 맡기고 있다.[6] 1990년에 Nike는 중대한 언론 스캔들을 경험하게 되는데, 이 스캔들은 한 사회운동가가 타국의 Nike 공장에서 인권 침해 사실을 폭로한 것이다. 스캔들 이후 Nike는 모든 해외 공장에 대해 인권관련 규범을 제정하고 박애주의 원칙에 따른 전폭적인 기부활동을 통해 나빠진 평판을 끌어올리고자 하였다. 이러한 국제적 생산 방법으로의 변화가 최근에 발생된 것임에도 adidas는 저개발 지역 소비자들을 공략하기 위한 전략을 세웠다. adidas는 중국에서의 지배력을 확보하기 위해 베이징 올림픽의 스폰서십을 강력하게 추진하였다.

Nike는 이러한 경쟁에서 여전히 강한 선도적 지위를 유지하고 있다. 즉, 세계 시장의 약 33%를 Nike가 점유하고 있는 반면, adidas는 점유율이 단지 22%밖에 되지 않는다.[7] 최근 올림픽의 트랙경기와 필드경기의 수치를 살펴보면 Nike는 현존하는 미국 스포츠 선수의 약 60%를 후원해주는 것으로 나타났으며, 반면 adidas 스포츠화는 13% 이하로 나타났다.[8] 그러나 이러한 시장 점유율을 위한 경쟁은 수퍼 마라톤이라기 보다 100미터 단거리 경주에 더 가깝다. 시장 점유율을 위한 경쟁이라 할 때 Nike와 adidas는 가야할 길이 많이 남았고, 강한 경쟁자는 항상 눈앞에 있을 것이다.

이번 2장에서는 마케팅 전략에 대한 논의로 시작하고자 한다. 즉, 기업이 잠재적 고객을 대상으로 소구하기 위해 실행하려는 특정 행동을 중심으로 설명하고자 한다. 이후 마케팅 전략을 실행할 수 있도록 제시된 청사진이라 할 수 있는 마케팅 계획의 수립방법에 대해 논의 하고자 한다. 마지막으로 기업들이 성장을 위해 사용하고 있는 전략에 대해 설명하고자 한다.

마케팅 전략은 무엇인가?

LO1 마케팅 전략을 정의한다.

마케팅 전략은 (1) 기업의 표적시장을 확인하고, (2) 관련 마케팅 믹스(4P)를 적용시키며, (3) 지속 가능한 경쟁우위 창출을 위한 계획 수립에 관한 것이다. **지속 가능한 경쟁우위**는 경쟁자가 쉽게 모방을 할 수 없도록 우위를 점하는 것이며, 그 상태를 장기적으로 유지하는 것을 말한다. 경쟁우위는 시장에서 활동하고 있는 기업의 위치를 굳건히 지킬 수 있는 장벽으로서의 역할을 수행한다. 이러한 장벽은 어느 한 기업의 고객에게 타 경쟁사가 쉽게 접근할 수 없도록 만든다. 물론 어느 한 마케터가 매력적인 시장 주변에 장벽을 구축한다면 경쟁사 마케터들은 그 장벽을 허물기 위한 노력을 수행한다. 시간이 흐르게 되면 장벽으로 구축된 경쟁우위는 경쟁자들의 경쟁력에 의해 잠식된다. 그러나 마케터가 그 장벽을 높고 두껍게 구축할 경우 경쟁우위는 지속적으로 유지될 수 있으며 경쟁 압력을 최소화시킴으로써 오랜 기간 동안 이익을 창출할 수 있게 한다. 따라서 지속 가능한 경쟁우위의 구축은 장기적 재무성과에 있어서 핵심적인 요소라 할 수 있다.

Nike의 경우 가장 두꺼운 장벽은 획기적인 기술력을 바탕으로 한 강력한 브랜드에 기인하며, 그와 같은 Nike의 강력한 브랜드는 충성고객을 창출하는 근간이 된다. Nike의 충성고객들은 Swoosh 로고를 잘 알고 있기 때문에 런닝화, 농구화 또는 캐주얼 운동화의 구매가 필요 할 경우 최우선적으로 Nike 브랜드를 고려한다. 이러한 현상은 Nike의 철저한 고객 표적화와 마케팅 믹스전략을 수행한 결과가 반영된 것이라 할 수 있다. 4P관점에서 볼 때 Nike는 상대적으로 기본 제품인 신발과 의류에 대해서도 새로운 버전을 끊임없이 제공하려고 노력한다. 다양한 제품을 판매하기 위해 Nike는 복수의 유통채널을 활용한다. 즉, Nike 전용 온라인 점포, 대형슈퍼마켓 또는 백화점, FootLocker 등과 같은 독립 소매점 등이 이에 해당된다. 가격 정책은 최저 가격부터 최고 가격까지 폭넓게 분포되어 있다. 최저 가격 제품은 기본적 기능만 갖춘 신발에 적용하고, 최고 가격 제품은 유명 운동선수 이름과 고급 기술이 함께 적용된 신발에 적용하고 있다. 또한 Nike는 유명 운동선수를 판매촉진의 핵심으로 활용하고 있다. 따라서 Nike는 대부분의 스포츠 분야에서 우월한 위치를 유지하고 있으며, 앞으로 더 발전할 수 있다는 확신을 가지고 있다.

그림 2.1에서 보듯이 지속 가능한 경쟁우위의 개발과 가치 창출 및 전달을 위한 거시적이지만 핵심적인 4개의 주요 마케팅 전략이 있다.[9]

- **고객의 우월함**: 애호도 높은 고객과 우수한 고객 서비스의 유지에 초점을 둠
- **운영의 우월함**: 효율적 운영과 우수한 공급사슬 및 인적자원 관리를 통해 획득
- **제품의 우월함**: 높게 지각된 가치를 가진 제품과 효과적인 브랜딩 및 시장포지션을 갖춘 제품의 보유
- **입지의 우월함**: 우수한 물리적 입지와 인터넷 영향력을 보유

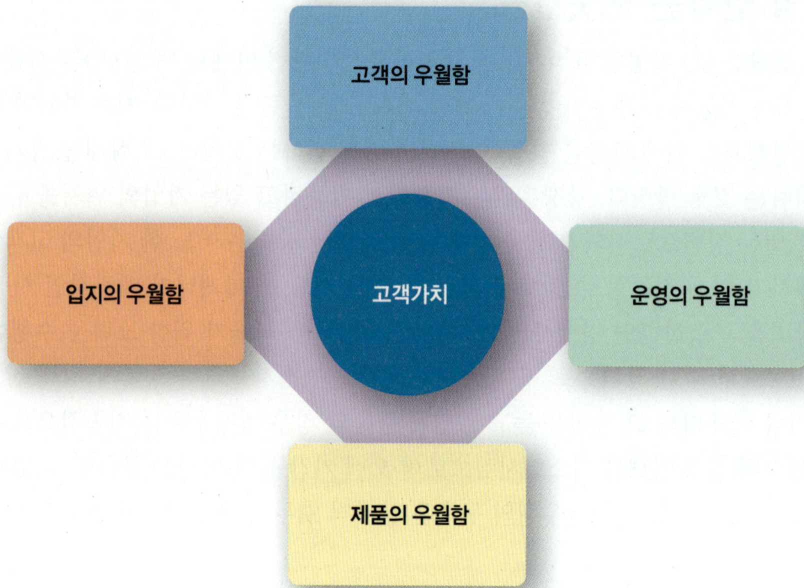

그림 2.1 고객가치 개발을 위한 거시적 마케팅 전략

고객의 우월함

고객의 우월함은 한 기업이 애호도 높은 고객을 유지하기 위한 가치기반 전략을 개발하고, 뛰어난 고객 서비스를 제공할 경우 달성된다.

애호도 높은 고객의 유지 때때로 어느 한 기업에서 지속 가능한 경쟁우위를 유지하기 위해 사용되는 방법은 애호도 높은 고객을 유인하거나 유지하는 데 도움이 된다. 예를 들면 강력한 브랜드, 독특한 머천다이즈, 우수한 고객 서비스 등의 보유는 애호 고객의 기반을 견고하게 하는 데 도움을 준다. 이러한 애호도 높은 고객의 보유는 경쟁우위를 유지하는 데 중요한 방법이다.

애호도는 여러 기업들 중 특정한 한 기업에서 단순히 구매를 선호하는 것 이상을 말한다.[10] 즉, 애호도는 선호하는 기업의 경쟁기업을 후원하는 것을 꺼려하는 것을 의미한다. 애호도가 높은 고객은 심지어 adidas가 가격할인을 진행하거나 고객의 집 근처에 신규 점포를 개설한 경우에도 스포츠 의류나 일상복을 살 때 Nike 제품을 구매한다.

더 많은 기업들이 애호도 높은 고객의 유지 전략을 위해 고객의 우월함을 달성시키는 것이 가치 있는 것으로 인식하고 있다. Nike는 100 달러 짜리 패션 운동화 한 켤레의 판매만 생각하지 않으며, 그 대신 어느 한 여성 고객이 자신을 위한 운동화, 남편을 위한 Cole-Haan 정장구두, 딸을 위한 축구화, 아들을 위한 농구화 등을 구매하였을 때 느끼는 전체 만족도에 초점을 맞추고 있다. 다시 말하면 그 여성 고객은 20년 동안 매년 5켤레의 신발을 구매할 수도 있다. 즉, 그 여성 고객은 수년 동안 가족이 필요한 모든 구매를 함께 하기 때문에 100 달러 고객이 아닌 최소 1만 달러 고객이 된다. 신발 외에도 반바지, 셔츠, 양말 등이 구매에 포함될 경우 구매 액수는 더 커질 수 있다는 것이다. 고객을 거래 단위관점으로 보지 말고 생애가치관점으로 보는 것이 현대의 고객 유지 프로그램의 핵심이다.[11] 고객의 생애가치 계산법은 8장에서 자세히 설명하기로 한다.

또한 마케터는 고객 애호도를 구축하기 위해 여러 방법들을 사용한다. 그 중 한 가지 방법은 명확하고 정교한 포지셔닝 전략을 개발하는 것이다. 기나긴 스포츠 역사를 볼 때 adidas는 Nike 보다 축구화 공급 업체로 더 명확한 위치를 점하고 있다. 이와 같은 포지셔닝은 Nike가 Umbro를 인수한 이유를 잘 설명해 준다. 그러나 Nike는 Umbro 브랜드를 Nike는 독자적으로 운영하고 있다. 그 이유는 세계에서 가장 빠르게 성장하고 있는 스포츠인 축구의 프로선수들에게 지속적으로 소구하기 위해서다.

고객 애호도 확보의 또 다른 방법은 애호도 프로그램을 통한 감성적 애착을 창출하는 것이다. 이러한 애호도 프로그램은 전반적인 고객관계관리(CRM) 프로그램의 일부로 구성되어 지는데, 고객관계관리 프로그램은 항공, 호텔, 영화, 소매 등과 같은 산업에 널리 퍼져있다. 즉, 그와 같은 프로그램들은 소비자들의 구매시점에 제공되는 멤버십 카드 또는 정보를 가지고 기업이 고객의 특성을 파악할 수 있게 한다. 구매 정보를 활용할 경우 분석가들은 고객 집단들 각각의 구매 활동을 통해 머천다이즈 유형을 분류하여야 하며, 이러한 분석은 애호 고객의 욕구에 꼭 맞는 마케팅 노력을 좀더 적절하게 제공할 수 있게 한다. 예를 들면 은행은 고객 데이터베이스 분석을 통해 과거에 이탈한 고객들의 특성을 분석하여 향후 이탈 가능 고객을 파악하였고, 이러한 결과를 바탕으로 은행은 고객 유지 프로그램을 개발하여 고객 이탈을 방지할 수 있었다.

고객 서비스 마케터는 우수한 고객 서비스를 제공함으로써 지속 가능한 경쟁우위를 구축할 수 있다.[12] 우수한 고객 서비스는 일관성을 유지하기가 어려울 수도 있다. 고객 서비스는 일반적으로 기업의 종업원들에 의해 제공되기 때문에 기계처럼 정확하게 일관성을 유지하기 힘들다. 예를 들면, Starbucks의 경우 모든 개별 바리스타가 친근한 방법으로 방문객을 맞이하고 동일한 품질의 음료를 제공할 수 있도록 노력하고 있다. 그러나 한명의 바리스타가 우울한 기분으로 근무를 하거나 또는 무심코 음료에 레몬을 넣는 것을 잊은 경우 어떤 일이 벌어질까? 훌륭한 고객서비스를 제공하는 기업들은 종업원들에게 오랜 시간에 설쳐 고객 서비스의 중요성을 주입시키고 있다. 즉, 고객 서비스가 기업의 조직 문화의 일부분이 될 수 있도록 노력한다.

훌륭한 고객 서비스를 제공하고 있다는 평판을 구축하기 위해서는 상당한 시간과 노력이 수반되지만, 마케터가 한번 이러한 평판을 구축할 경우 장기적인 경쟁우위를 유지할 수 있다. 그 이유는 경쟁자가 이와 같은 훌륭한 고객 서비스 제공이란 평판을 단기간에 획득할 수 없기 때문이다. 〈우량 서비스 사례 2.1〉은 싱가폴 항공사가 제공하고 있는 최고의 고객 서비스를 설명하고 있다.

우량 서비스 사례 2.1 싱가폴 항공의 고객 서비스

대부분의 미국 항공사들은 비용과 고객 서비스 모두를 고려한 저가 경쟁을 하고 있다. 반면에 고객 서비스에 치중하는 싱가폴 항공사는 국제선에 대한 만족도 평가에서 항상 1등을 차지하고 있다.[13] 싱가폴 항공사가 창립이래로 제시한 우수한 서비스에 대한 약속은 브랜드 전략의 중요한 부분이다.

창립 초기에 싱가폴 항공사는 치열한 경쟁에 직면하였고, 경쟁을 극복하기 위해 싱가폴 항공사는 기술, 혁신, 품질, 고객 서비스의 선두주자란 포지션을 선택하였다. 이후 수십 년 동안 위와 같은 전략을 유지하기 위해 따뜻한 식사, 무료 음료, 향기로운 따뜻한 물수건, 주문형 비디오 등과 같은 고객 친화적 서비스를 모든 승객에게 제공하였고 개별적인 유흥을 즐길 수 있도록 하였다. 경쟁 항공사들이 싱가폴 항공사의 전략을 모방할 때 싱가폴 항공사는 새로운 서비스를 개발하여 승객에게 제공하였다. 예를 들면, 모든 좌석에 전원 공급장치와 USB포트, 15.4인치 LCD 스크린 등을 한 번에 탑재한 비즈니스 패널 시스템을 적용시킨 것과, 그리고 승객이 편안히 누울 수 있도록 한 비즈니스 클래스 좌석을 들 수 있다.[14]

항공사의 승무원들은 남녀로 구성되어 있으나 싱가폴 항공사는 여성으로만 구성하였다. 1972년에 여성 승무원을 아이콘으로 한 기업 이미지가 현재까지도 사용되고 있다. 그 여성은 프랑스의 일류 의상실 디자이너가 만든 전통 의상인 사롱을 입고 있는 모습이다. 싱가폴 항공의 모든 승무원은 편안하고 우아한 분위기 창출에 필요한 기내 서비스를 제공하기 위해 엄격한 훈련을 받는다.[15]

그러나 항공여행 시장의 경제적 현실뿐만 아니라 아시아 시장의 성장을 반영하기 위해 싱가폴 항공은 자회사로 저가형 Scoot 항공사를 설립하였다. 이러한 저가형 항공은 싱가폴과 중국간 항로 등과 같은 단거리를 중심으로 운영한다. 저가형 항공임에도 불구하고 Scoot 항공사는 지속적으로 많은 서비스를 제공한다. 즉, 제공되는 서비스는 싱가폴 항공사에서 성공한 '합리적인 명품 서비스'란 방법이 적용되는데, 이는 폭넓은 서비스 범위를 제안하고 그것들 중 소비자들이 선호하는 것만 선택하게 만드는 방법이다.[16]

혁신을 위한 끊임없는 투자는 경쟁자 보다 한 발 앞서 갈 수 있게 한다. 싱가폴 항공사는 수입의 일정 부분을 충분한 보상으로 제공하고 있기 때문에 내부직원의 애호도와 동기부여를 진작시키고 일반 고객을 애호도 높은 고객으로 전환시킨다. 경쟁우위를 유지하기 위해 항공사는 혁신에 필요한 엄청난 비용을 소비자들에게 전가하지 않고 달성할 수 있는 재무구조를 갖춰야 한다. 이러한 싱가폴 항공사의 사업 감각은 타 항공사들이 살아남기 위해 몸부림 칠 때 안정적인 수익을 유지할 수 있게끔 만들어 준다.

싱가폴 항공사는 경쟁자 보다 한 발 앞서나가기 위해 새롭고 혁신적인 고객서비스를 끊임없이 제공한다.

운영의 우월함

기업들이 지속가능한 경쟁우위를 달성하기 위해 사용하는 두 번째 방법은 운영의 우월함이라 할 수 있다. 운영의 우월함은 효율적인 운영, 우수한 공급망 관리, 공급자와의 강한 유대관계 등을 통해 달성된다.

모든 마케터들은 고객이 원하는 제품을, 원하는 때에 필요한 양 만큼을 경쟁사보다 더 저렴한 비용으로 고객에게 전달할 수 있는 효율적인 운영을 달성하려고 노력한다. 이렇게 함으로써 마케터들은 고객에게 훌륭한 가치를 제공할 수 있고, 이로 인한 수익을 창출할 수 있으며 고객의 욕구를 만족시킬 수 있다. 아울러 효율적 운영은 기업들이 소비자들에게 낮은 가격의 제품을 제공할 수 있도록 해준다. 또한 부가적인 마진에 의해 가격이 경쟁자 보다 높게 형성되어도 더 나은 서비스, 상품구색, 시각적 표현물 등을 제공함으로써 자사의 우량 고객들이 경쟁사로 이탈되는 것을 방지할 수 있다.

기업들은 정교한 유통 및 정보시스템 뿐만 아니라 공급업체와의 강력한 유대관계를 개발함으로써 운영의 효율성을 달성하려고 한다. 고객과의 관계처럼 공급업자 관계의 개발은 오랜 기간이 필요하고 일반적으로 경쟁자에 의해 쉽게 상쇄될 수 없다.[17] 뿐만 아니라 강한 유대관계를 가진 기업들은 다음과 같은 세 가지의 독점적인 권리를 획득할 수 있는데, 그것은 (1) 특정 지역에 제품을 판매할 수 있는 권리, (2) 경쟁자가 사용할 수 없는 판매 특수조건을 얻을 수 있는 권리, (3) 공급부족을 초래할 수 있는 인기 상품을 받을 수 있는 권리 등이다.

Netflix는 인터넷을 통한 동영상 서비스를 제공하는 미국 사업자인데, Netflix의 공급망은 초창기 사업을 시작할 때부터 주목할 만한 혁신성을 보여주었다. 사업 초창기에는 DVD를 우편으로 배달하는 사업자였다. 점차 발전하여 첨단 기술이 접목된 유통 센터는 하룻밤사이에 대부분의 구독자들이 영화를 받을 수 있는 서비스를 제공하였다. 최근 Netflix는 스트리밍 서비스로 사업 범위를 확대하였는데, 이는 구독자들이 다양한 영화와 TV 쇼를 게임장비(예: Wii), 태블릿(예: iPad), 인터넷 TV, 컴퓨터 등을 통해 즉각적으로 이용할 수 있도록 만든 것이다. 따라시 Netflix 공급망은 끊임없이 진화하고 있으며 점차적으로 효율성을 달성하고 있다. 이번 장의 마지막 부분에 수록된 사례연구는 Netflix가 영화대여 산업에서 지배적인 사업자로 될 수 있었던 방법에 대한 추가적인 내용뿐만 아니라 최근 직면한 여러 과제에 대한 내용을 설명하고 있다.

Netflix의 고객들은 iPad, TV 또는 컴퓨터를 통해서 즉각적으로 비디오를 받아볼 수 있다.

제품의 우월함

제품의 우월함은 지속가능한 경쟁우위를 달성하기 위해 사용되는 세 번째 방법인데, 이는 높게 지각된 가치를 가진 제품과 효과적인 브랜드활동 및 포지셔닝에 의해 발생된다. 몇몇 기업들은 제품과 서비스를 통한 경쟁우위 개발에 어려움을 겪고 있다. 특히, 경쟁사들이 자사와 유사한 제품 또는 서비스를 손쉽게 고객들에게 전달할 경우 경쟁우위를 개발한다는 것은 쉽지 않다. 그러나 지속가능한 경쟁우위를 확보한 기업들은 자사의 브랜드에 투자하고, 명확하고, 독특한 브랜드 이미지를 이용하여 제품이나 서비스를 포지셔닝하고, 그리고 지속적으로 제품, 서비스, 판촉활동 등을 통해 이미지를 강화시키고 있다. 예를 들면, Coca-cola, IBM, Microsoft, Google, GE, McDonalds, Intel, Apple, Disney, HP 등과 같은 비즈니스위크 선정 상위 글로벌 브랜드들은 그 브랜드들이 속해 있는 각각의 개별 산업에서 선도자들이다.[18] 해당 시장에서 선도 브랜드가 된 이유는 강력한 브랜드 파워와 분명한 포지션을 가지고 있기 때문이다.

3M의 경우 혁신은 기업 문화의 중심 역할을 한다. R&D 투자비용이 1억 3천만 달러로 세계 84위인 3M은 혁신 기업 순위로는 세계 3위로 되어 있다.[19] 3M은 오디오 테이프, 스카치가드, 포스트잇 등을 최초로 개발한 기업으로 잘 알려져 있고, 고객들은 3M이 그들의 욕구를 해결할 수 있다는 것을 잘 안다. 예를 들면, 컴퓨터에 저장되어 있는 디지털 사진을 프린트하지 않고 점포를 이용해 출력하고 있는 고객을 위해 3M은 포스트잇 사진출력 용지를 출시하였다. 포스트잇 사진출력 용지는 출력된 사진을 여러 사람이 볼 수 있게 다양한 물체의 표면에 붙일 수 있도록 되어 있다.

입지의 우월함

입지는 소매점 및 서비스 제공업자에게 특히 중요하다. 많은 사람들이 말하기를 '소매업에서 가장 중요한 세 가지는 첫째도 입지, 둘째도 입지, 셋째도 입지'라고 한다. 예를 들면, 대부분 사람들은 한 잔의 커피를 구매하기 위해 너무 멀리 떨어져 있는 곳으로 걸어가거나 차를 이용해서 가지 않는다. 입지를 기반으로 한 경쟁우위는 쉽게 모방될 수 없기 때문에 지속가능하게 만들어 준다. Starbucks는 입지 선택을 통해 강력한 경쟁우위를 확보해 오고 있다. 자사 점포가 상당히 밀집되어 있는 시장은 경쟁자의 시장 진입을 어렵게 하고 좋은 입지를 찾기 어렵게 만든다. 물론 Mcdonalds가 원두커피 시장에 진입했을 때 McDonalds 점포가 거의 모든 장소에 이미 있었기 때문에 새로운 입지를 찾기 위해 많은 걱정을 할 필요는 없었다.

복수의 경쟁우위 원천

대부분의 경우 저가격 또는 우수한 서비스 등과 같은 단일 전략만을 가지고 지속가능한 경쟁우위를 구축하기는 어렵다. 기업들은 시장에서의 위치를 굳건히 할 수 있도록 가능한 한 높은 '장벽'을 쌓기 위해 복수의 방법을 사용한다. 예를 들면, Southwest 항공사는 '고객에게 좋은 가치를 전달하기 위해 좋은 서비스를 제공한다'라는 포지션을 구축하였는데, 이는 고객이 목적지에 정시도착할 수 있고 수하물에 대한 추가 비용 없는 합리적인 항공료를 제공한다는 것이다. 동시에 Southwest 항공사 고객들은 Singapore 항공사의 티켓을 구매한 고객과 달리 특별한 기대감을 갖지 않는다. 즉, Southwest 항공사 고객들은 음식 서비스 또는 좌석배정을 기대하지 않는다. 그러나 Southwest 항공사 고객들이 중요하게 기대하고 있는 것은 합리적인 가격으로 정시에 도착하는 것이다. 결과적으로 여러 분야에서 독특한 역량을 개발함으로써 Southwest는 항공산업에서 가치를 제공하는 기업이란 포지션을 강하게 구축함으로써 많은 애호도 높은 고객들을 끌어들일 수 있었다.

마케팅 계획

LO2 마케팅 계획의 구성 요소를 설명한다.

효과적인 마케팅은 그냥 발생되지 않는다. Nike와 adidas 등과 같은 기업들은 마케팅 계획을 사용하여 환경, 경쟁자, 고객 등의 변화에 대응할 수 있는 마케팅 전략을 신중하게 계획한다. 마케팅 계획은 현재의 마케팅 현황 분석, 기업에 대한 기회와 위협, 4Ps와 관련된 마케팅 목적과 전략, 실행 프로그램, 정형화된 수입내역서(기타 재무 내역 포함) 등의 구성요소로 작성된다.[20] 마케팅 계획의 3가지 주요 단계는 계획, 실행, 통제라 할 수 있다.[21]

대부분 일반 사람들은 내년도 성취목표를 계획하고 기대하고 있는 결과들을 작성하지 않지만, 기업들은 이러한 것들을 문서로 작성한다. 계획 실행에 관여하는 기업의 모든 직원들이 전체적인 목적이 무엇이고, 그 목적을 달성하기 위한 방법이 무엇인지에 대해 알아야하기 때문에 문서로 작성하는 것이 중요하다. 또한 현재 및 잠재 투자자 같은 기업의 이해관계자들이 기업의 계획 수립을 알고 싶어한다. 문서로 작성된 마케팅 계획은 기업이 기업목적을 달성하고 있는지에 대한 여부를 평가하는 데 필요한 준거점을 제공한다.

마케팅 계획은 그림 2.2와 같이 총 5단계로 되어 있다. 계획부분의 1단계에서는 타

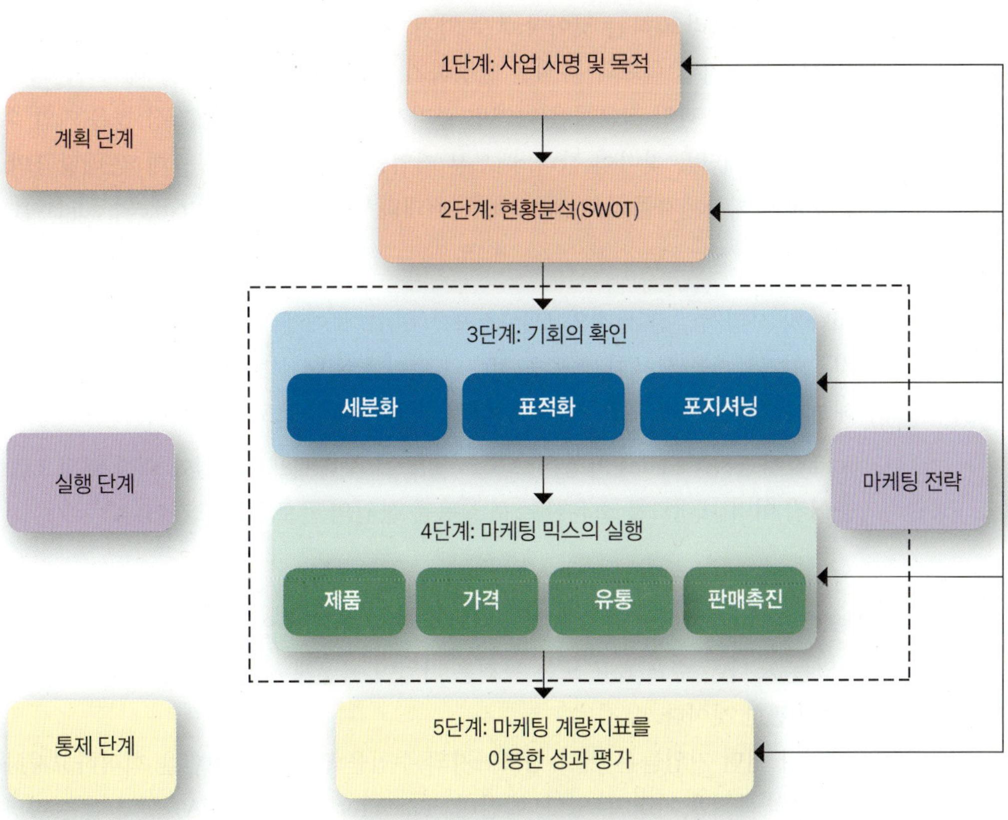

그림 2.2 마케팅 계획

부서장과 관계된 마케팅부서장이 사업의 사명과 유형을 정의한다(1단계). 2단계에서는 조직 내 · 외부에서 다양하게 활동하고 있는 사람들이 기업의 잠재적 성공에 어떤 영향을 미치는지에 대해 분석함으로써 현황을 평가한다(2단계). 실행부분에서 마케팅 관리자는 세분화, 표적화, 포지셔닝(STP)을 통해 서로 다른 기회들을 파악하고 평가한다(3단계). 이후 마케팅 관리자들은 4P를 이용하여 마케팅 믹스 전략을 실행한다(4단계). 마지막으로 통제부분에서는 마케팅 계량지표를 사용하고 필요한 보완 활동을 통해 마케팅 전략의 성과를 평가한다(5단계).

그림 2.2에서 제시된 것처럼, 반드시 모든 평가가 전체 과정을 통해 진행될 필요는 없다(5단계). 예를 들면, 어느 한 기업이 5단계에서 성과를 평가한 이후 전반적인 사명을 재조정하지 않고 현황 분석 단계인 2단계로 바로 갈 수 있다.

먼저, 마케팅 계획 수립과 관련된 각 단계에 대해 논의한다. 다음으로 마케팅 현황 분석뿐만 아니라 마케팅 기회 확인 방법을 설명한다. 또한 마케터들이 사업을 성장시키기 위해 사용하는 세부적인 전략들을 점검한다. 마지막으로 고객 가치를 증대시키는 마케팅 믹스전략을 어떻게 실행하는지에 대해 살펴본다.

1단계: 사업의 사명 정의

사업 사명서는 기업의 목적과 활동범위를 폭넓게 기술한 것으로 두 가지 주요 질문에 대한 해답을 찾으려고 하는 것이다.[22] 두 가지 주요 질문은 '우리는 어떤 유형의 사업을 하고 있는가?', '기업 목표와 목적을 달성하기 위하여 우리는 무엇을 해야하는가?' 등이다. 이러한 기초적인 질문들은 마케팅 관리자가 관여하기 전에 가장 높은 기업 수준(경영자)에서 해답을 찾아야 한다. 대부분 기업들은 주식 가치의 증대 및 배당금의 지급을 통해 이해관계자들의 부(wealth)를 최대화시키고자 한다.[23] Nike와 adidas를 살펴보자.

- Nike의 사명서: "전 세계의 모든 스포츠 선수*들에게 열정과 혁신을 가져다 주는 것". 여기서 *을 사용한 스포츠 선수의 의미를 Nike 설립자의 말을 인용하여 정의해보자. "당신이 육체를 가지고 있다면, 당신이 바로 스포츠 선수이다."[24]
- adidas 사명서: "adidas 기업은 스포츠 및 스포츠 라이프스타일에 대한 열정으로 만들어진 여러 브랜드를 소유한 스포츠 용품 산업의 글로벌 선도자이다."[25]

Nike와 adidas 두 기업에서 수익을 추구하든 추구하지 않든 간에 마케팅은 고객과 구성원들을 위해 기업의 가치를 향상시키는 것이 주된 책임이다. 흔히 사명서에 포함되어 있는 또 다른 주요 목표 또는 목적은 기업이 어떻게 지속가능한 경쟁우위를 구축하느냐에 관한 것이다.

그러나 어떤 기업들은 어느 정도까지의 수입을 달성하고 위험을 회피하고자하는 다른 유형의 목적을 가질 수 있다. 예컨대, 'Teach for America(TFA)' 등과 같은 비영리 조직은 다음과 같은 비재무적 목적을 갖는다.

- Teach for America의 사명은 미국의 촉망받는 미래 지도자들을 이 사업에 동참시킴으로써 교육 불평등을 제거하기 위한 운동을 수행하는 것이다.[26]

2단계: 현황 분석의 수행

LO3 SWOT 분석을 이용하여 마케팅 환경을 분석한다.

사업 사명을 개발한 후, 그 다음으로 기업은 SWOT 분석을 사용하여 현황 분석을 수행해야 한다. SWOT 분석은 강점(Strengths) 및 약점(Weaknesses)과 관련된 내적 환경요인과, 기회(Opportunities) 및 위협(Threats)과 관련된 외적 환경요인 모두를 분석하는 것이다. 아울러 문화(Cultural) 요인, 인구통계(Demographic) 요인, 사회(Social) 요인, 기술(Technological) 요인, 경제(Economic) 요인, 정치(Political) 요인들(CDSTEP)이 변화되기 때문에 시장의 기회와 불확실성을 분석해야 한다. 이러한 정보를 가지고 기업들은 변화를 해석하고 예측할 수 있으며, 이를 통해 기업들은 보유 자원을 적절하게 배분할 수 있다.

그림 2.3에서 Nike가 SWOT 분석을 어떻게 수행했는지 실펴본다. 여기에서는 Nike의 SWOT 분석에 초점을 두고 있지만, adidas와 같은 경쟁자를 포함한 병행 SWOT 분석도 가능할 것이다. 기업의 강점(그림 2.3의 좌측 상단부분)은 그 기업의 긍정적인 내적 속성에 의해 발생된다. 예를 들면 Nike의 강력한 브랜드 인지도와 Nike 제품을 입은 유명인의 지명도가 여기에 해당된다. 더 나아가 Nike와 iPod이 결합된 제품은 최초로 출시된 것이며, 와플문양 바닥의 운동화가 처음 출시된 이래로 혁신적 전통을 끊임없이 이어오고 있다. Nike란 이름의 인지도는 소비자들로 하여금 시장에 출시된 혁신 제품을 더욱더 구매하도록 만들고, 특히 농구코트 또는 운동장에서 소비자

		환경	평가
		긍정적	부정적
Nike	내적요소	강점 강한 브랜드력 유명 스포츠선수의 보증 혁신 제품	약점 신발제품에 과도하게 의존하고 있음
	외적요소	기회 개발도상국 시장 출현 다른 패션 세분시장	위협 값싼 수입제품 모방 제품 가격경쟁이 치열한 소매업
adidas	내적요소	강점 강한 브랜드력 브랜드 포트폴리오 구축 강한 글로벌 기업 이미지	약점 수많은 브랜드의 관리
	외적요소	기회 개발도상국 시장 출현	위협 값싼 수입제품 모방 제품 경기 침체 요인

그림 2.3 SWOT 분석의 요소 예시

Nike의 강점은 혁신적인 제품 개발의 전통이다. 위의 사진은 Nike와 iPod이 결합되어 최초로 출시된 제품으로, 센서가 장착된 신발이 육상선수에게 달린 시간, 거리, 페이스, 칼로리 소모량 등과 같은 요인들을 즉각적으로 알려준다.

들이 좋아하는 운동선수가 혁신 제품과 유사한 운동복을 입고 있는 모습을 보게 된다며 소비자들도 그 제품을 구매하려 할 것이다.

그러나 모든 기업이 약점을 가지고 있듯이 Nike도 예외는 아니다. 약점(그림 2.3의 우측 상단부분)은 그 기업의 부정적인 내적 속성에 의해 발생된다. Nike는 운동화 제품계열에 과도하게 의존하고 있다. 특히, 런닝화 및 농구화에 대한 의존이 집중적으로 되어 있다. 2012년 시즌 NBA의 직장폐쇄는 Nike의 농구화 판매에 큰 타격을 입혔다. 선수와 팀에서 구매를 중단했을 뿐만 아니라 "시야에서 멀어지면 마음도 멀어진다"란 오랜 속담을 경험해야 했다. 즉, 선수들이 농구코트에 있지 않으면, 농구팬들도 Nike 제품을 구매하지 않고, 이로 인해 Nike는 매출감소의 고통을 겪는다란 의미이다.[27] "토닝화(toning)" 및 "베어풋화(barefoot)"등과 같은 기능성 신발의 인기가 높아진 시장환경에 대해 Nike는 지속적인 성장시장이 아닌 일시적 현상에 의한 것이라고 분석하였다. 즉, 기능성 신발이 전통 스포츠화 시장을 대체할 수 없음을 강조하였다.[28]

기회(그림 2.3의 좌측 하단부분)은 외부 환경의 긍정적인 측면과 관련이 있다. Nike사의 기회들 중 하나는 스포츠 시장에서 지배 가능한 또 다른 틈새시장을 개발하는 것이다. 예를 들면, 올림픽 대회에서 Nike는 펜싱, 레슬링, 승마 등과 같은 비인기 종목용 신발제품을 출시하였다.[29] 이러한 목표는 주목할 만한 또 다른 기회와 연결되는데, 그것은 글로벌 시장에서의 성장이다. Nike는 전 세계 170여 개국에 비인기 종목용 신발 제품을 독립유통업자, Nike점포, 웹사이트, 라이센스 등을 통해 판매하고 있다.[30] 이러한 글로벌 시장의 확대는 Nike가 유럽축구 선수 및 팬들을 공략하기 위한 의미 있는 자원으로 활용될 수 있다.[31]

마지막으로 위협(그림 2.3의 우측 하단부분)은 기업의 외부 환경과 관련된 부정적인 측면을 말한다. 예를 들면, Nike가 폭넓은 범위로 시장을 지배하고 있을 경우 adidas 뿐만 아니라 중국 최대 신발 제조사인 Li-Ning 등과 같은 모든 경쟁사들로부터 1차적인 표적이 된다.[32] 이러한 모든 경쟁사들은 시장 점유율을 Nike로부터 빼앗고 싶어 하기 때문에 Nike는 끊임없이 방어적이 되어야 한다. 더 나아가 Nike는 시장 환경의 변화에 적극적으로 대응할 것이라는 내용을 다음과 같이 공표함으로써 의류관련 기업의 영원한 위협으로 존재한다. 공표한 내용은 "우리는 소비자 선호의 변화와 트렌드에 맞게 기존 제품 믹스 전략을 수정해야 하고, 새로운 제품의 스타일 및 카테고리를 개발하고, 공격적인 마케팅을 통해 스포츠 및 피트니스 선호도에 영향을 주어야 한다. 그 변화에 대해 적시에 반응하지 못하고 적절한 형태로 대응하지 못하면 매출과 수익에 심각한역효과를 줄 것이다."[33]

3단계: STP를 활용한 기회의 파악 및 평가 및 확인

LO4 마케팅 활동을 통해 설득하고자 하는 고객 집단 선택 방법을 설명한다.

현황 분석이 완료된 이후 다음 단계는 STP(Segmentation, Targeting, Positioning)를 활용하여 매출 및 수익을 증대시키기 위한 기회를 파악하고 평가하는 것이다. STP 분석에서 기업은 우선적으로 시장을 하위시장 또는 세분시장으로 분할하고, 이러한 세분화된 시장들 중 어떤 시장을 표적으로 선택할지를 결정해야 한다. 이후 마지막으로 선택된 표적 시장의 욕구에 최대한 맞게끔 자사의 제품과 서비스를 어떻게 포지셔닝할 것인지를 결정한다.

시장세분화 시장에는 수많은 유형의 고객들이 존재하고, 대부분 기업들은 모든 고객들의 욕구를 만족시킬 수 없다. 예를 들어 인터넷 사용자들에 대해 온라인 정보탐색을 추구하는 사용자, 오락성을 추구하는 사용자, 온라인 쇼핑을 추구하는 사용자, 이 세 가지를 모두 추구하는 사용자 등으로 나눌 수 있다. 이와 같이 구성된 각각의 그룹을 세분시장이라 하고, 각 세분시장은 기업의 마케팅 자극에 대해 유사하게 반응하는 소비자들로 구성된다는 것이다. 시장을 서로 다른 욕구 또는 개인 특성을 가진 고객 집단으로 분류(제품 또는 서비스에 대한 특정 판매촉진활동을 선호하는 고객들로 구성)하는 과정을 시장세분화라 한다.

자동차 렌탈 서비스 기업인 Hertz를 예로 들어보자. 그림 2.4의 예시는 Hertz가 표적으로 하는 세분시장을 나타낸다. 그 세분시장은 즐거움을 추구하는 독신 및 부부로 구성되어 있기 때문에 Corvett의 ZHZ와 Chevrolet의 Camaro 등과 같은 2인승 스포츠카로 구성된 '즐거움 컬렉션'을 제공한다. '명품 컬렉션'은 고급 승차감을 선호하는 사업가 및 가족 고객들을 표적으로 한 시장으로 Cadillac의 Escalade와 Infiniti의 QX56 등과 같은 고급 승용차를 제공한다. Toyota의 Prius와 Ford의 Fusion 등과 같은 '그린 컬렉션'은 환경을 중시하는 고객을 대상으로 제공하고, 'SUV/Minivan 컬렉션'은 가족 고객을 대상으로 제공한다. 또한 서비스 사업자로 구성된 고객에게는 영업용 밴 차량을 제공한다.[34] 따라서 Hertz는 즐거움, 명품, 그린, SUV/Minivan 등의 컬렉션을 희망하는 고객을 파악하기 위해 성, 연령, 수입, 취미 등과 같은 다양한 인구통계학적 특성

	세분시장 1	세분시장 2	세분시장 3	세분시장 4	세분시장 5
세분시장 특성	즐거움을 추구하는 독신 및 부부 고객	고급 승차감을 선호하는 사업가 및 가족 고객	환경 중시 고객	가족	영업용으로 사용하려는 고객
	즐거움 컬렉션	명품 컬렉션	그린 컬렉션	SUV/미니밴 & 크로스오버(Crossover)	영업용 밴/트럭
제공 차량	Corvette ZHZ	Infiniti QX56	Toyota Prius	Toyota RAV 4	
	Cherolet Camaro	Cadillac Escalade	Ford Fusion	Ford Explorer	Ford의 화물용 밴

그림 2.4 Hertz의 시장세분화

Hertz의 몇 몇 표적시장을 나타낸 광고사진. 왼쪽 사진은 즐거움을 추구하는 독신 및 부부에게 소구하기 위한 '즐거움 컬렉션'을 나타낸 것이고, 반면 오른쪽 사진은 고급 승차감을 선호하는 사업가 고객 및 가족에게 소구하기 위한 '명품 컬렉션'을 나타낸 것이다.

을 활용할 뿐만 아니라 스타일 선호도 또는 도시간 이동 필요성 등과 같은 심리적 또는 행동적 요인들도 즐거움 컬렉션 및 영업용 밴 소비자를 파악하기 위해 활용된다.

다시 Nike 이야기로 돌아가서, Nike는 제품사용경험 및 성별을 근간으로 어떻게 고객을 세분화하였는지 살펴보자. Nike는 육상, 농구, 축구, 남성 트레이닝, 여성트레이닝, 액션 스포츠, 스포츠 의류, 골프 등으로 세분화하였다.

타겟팅 다양한 시장으로 세분화한 후, 각 세분화된 시장에 대한 매력도를 평가하고 **표적시장** 또는 **타겟팅**을 적용시킬 시장을 선택 결정하는 것을 의미한다. 예를 들면, Hertz의 경우 젊은 가족 고객들을 대상으로 SUV/Minivan 컬렉션을 우선적으로 소구하기로 결정한 후, 그 고객집단을 대상으로 많은 양의 마케팅 노력을 실행하였다.

음료 제조사들도 커다란 대중시장을 하위 시장 또는 세분시장으로 분할한다. 예를 들어, Coca-Cola는 일반 Coke, CokeII, Cherry Coke 등과 같은 여러 개의 서로 다른 콜라를 생산한다. 다이어트 콜라들 중, 'Coke Zero'는 남성을 표적으로 한 제품이고 'Diet Coke'는 여성을 표적으로 한 제품인데, 이렇게 성별에 따라 나눈 이유는 남성들이 여성들 보다 다이어트와의 관련성이 더 적기 때문이다. 또한 Coca-Cola는 콜라를 싫어하는 사람들을 위해 Sprite를 제공하고, 건강을 중시하는 소비자를 위해 Fruitopia와 Minute Maid를 제공하고, 생수를 좋아하는 사람을 위해 Dasani를 제공한다.

Nike는 여성 피트니스, 골프, 달리기 등과 같은 다른 세분시장들을 표적으로 한다.

포지셔닝 마침내 기업이 추구하기로 한 세분시장을 선택한 경우, 그 세분시장 내에서 희망하는 포지션을 어떻게 구축할 것인지에 대한 방법을 결정하여야 한다. **시장 포지셔닝**은 자사제품의 명확성, 차별성, 바람직성 등을 표적 고객들에게 인식시키거나 경쟁사와 비교하여 설명하기 위해 마케팅 믹스 변수를 정의하는 것이다. Hertz는 개별 표적 세분시장에서 우수한 품질의 차량을 대여해주는 고객이 첫번째로 선택하는 기업으로 포지셔닝을 하였다. 즉, 차량대여 업계 선두 기업인 Hertz를 선택한 고객들은 평온한 마음을 얻을 것이고, 여행의 즐거움(예: 레저 소비자)을 얻고, 여정시간을 단축(예: 사업가)시킬 것이란 점을 마케팅 커뮤니케이션을 통해 강조하였다.[35]

커피음료 시장을 세분화하기 위해 Starbucks는 지리학(예: 대학가 vs. 쇼핑/상업지구)과 수익(예: 카페인 커피 vs. 디카페인 커피 제품의 고객 수) 등이 포함된 다양한 방법을 사용하였다. 세분화된 시장들 중 우수한 시장을 표적시장으로 선택한 후 Starbucks는 에스프레소 음료, 커피, 차, 병에 들은 음료, 제과, 냉장식품 등과 같은 서로 다른 세분시장의 고객 욕구에 맞게 다양한 제품을 개발하는 기업으로 포지셔닝하였다.

표적 세분시장을 파악한 이후, 기업은 각 세분시장의 전략적 기회요소들을 평가해야 한다. 목표로 한 세분시장들의 평가 방법은 이 장의 마지막 구성인 성장전략 부분에서 기술할 것이다. 기업들이 일반적으로 가장 성공적인 성과를 획득하기 위해서는 경쟁사 대비 자사의 강점을 구축시킬 수 있는 기회요소들에 초점을 맞추는 것이다. 마케팅 계획의 4단계에서 기업은 마케팅 믹스를 실행하고 서로 다른 제품과 서비스에 자원을 할당한다.

예를 들면, Pizza Hut은 모바일 어플리케이션을 꾸준히 확장시킴으로써 Pizza Hut이 제공하고 있는 제품 및 서비스를 신속히 이용할 수 있도록 하였다. 이는 이용의 신속성이란 소비자들의 증가된 욕망을 반영한 결과라 할 수 있다. 이뿐만 아니라 Pizza Hut의 편리한 옵션이라는 포지셔닝은 기대한 것 이상으로 더 많은 시장에 소구하는

소셜 및 모바일 마케팅 사례 2.1

진정한 모바일 피자[36]

피자 배달 사업은 항상 모바일을 의미해 왔지만, Pizza Hut은 명확하게 모바일 커머스로 확대시켰다. 피자헛은 2007년 모바일 웹사이트, 2009년 iPhone 어플리케이션(iPad, 안드로이드 어플리케이션 포함), 2010년 윈도우 모바일 7용 앱을 출시한 선도자이다.

Pizza Hut의 모바일 사업 결정은 시장조사로부터 얻은 약간의 통찰력을 기초로 하였다. 특히, 경쟁적인 피자 배달 시장에서 신속한 모바일 이용 서비스를 제공하지 않을 경우 경쟁자가 먼저 시작할 것이라는 결과를 기반으로 하였다. Pizza Hut의 앱은 고객들이 이용자 친화적인 경험을 통해 음식을 주문하게끔 만들어 졌고 배달 또는 포장 서비스를 위한 가장 가까운 점포를 알려준다.

앱을 사용하고 있는 소비자들에 대한 정보가 많지 않으나, Pizza Hut은 음식을 요리하기 싫어하고 전통적 주문방식으로 시간을 빼앗겨 게임을 중단하기 싫어하는 남자 대학생 등과 같은 소비자들이 모바일 주문을 더 많이 사용할 것이라고 예측하였다. 이러한 가정은 합리적일 수도 있고 잘못 생각한 것일 수도 있다. 앱 출시에 대한 시장조사결과, 55세 이상 iPhone 이용자들은 피자를 주문하고, 13~24세 청소년은 파이를 주문하는 것으로 나타났다.

Pizza Hut의 모바일 앱은 매우 쉽게 피자를 주문할 수 있게 한다.

것으로 나타났다(〈소셜 및 모바일 마케팅 사례 2.1〉을 참조).

LO5 고객 가치를 증가시키기 위한 수단으로서의 마케팅 믹스 실행방법을 설명한다.

4단계: 마케팅 믹스의 실행 및 자원 할당

기업이 STP 분석을 통해 서로 다른 성장 기회요소들을 파악하고 평가할 때, 실질적인 행동이 시작된다. 즉, 무엇을 할 것인지, 어떻게 할 것인지, 어느 정도의 자원을 할당할 것인지 등에 대한 것을 의미한다. 계획 과정의 네 번째 단계에서 마케터들은 가치가 있다고 판단한 표적시장들을 중심으로 각 제품 및 서비스에 대한 실질적인 마케팅 믹스(제품, 가격, 유통, 판매촉진)를 실행한다. 동시에 마케터들은 다양한 제품 및 서비스에 부족한 자원을 어떻게 할당 할 것인지에 대한 중요한 의사결정을 수행한다.

가치 부가 사례 2.1 3M의 혁신

수십억 달러의 연구개발비를 쏟아 붓는 기업의 경우, 경제 침체가 심각한 문제가 된다. 수익이 감소하면 누가 혁신을 위해 투자를 하겠는가? 그러나 3M은 전혀 해당 되지 않는다. 즉, 3M은 오랜 기간 동안 혁신자로서 '혁신적 기술과 우월한 품질, 가치, 서비스를 고객에게 만족시키는 것', '전세계 3M은 위와 관련된 내용을 통해 칭송을 받는 것'등과 같은 것을 다면적 사명(mission)으로 인용한다.[37] 3M의 제품 카테고리는 건강관리용품에서부터 고속도로 안전용품, 사무실 및 애완동물 관리 용품, 플라잉 낚시 용품, 태양열 필름 제품 등에까지 폭넓게 제공되고 있다.[38]

3M은 새로운 해법 개발 및 적용 등과 같은 유용성을 소비자들에게 지속적으로 제공하기 위해 수입대비 일정 비율을 연구개발에 꾸준히 재투자하고 있다.[39] 더 나아가 3M의 위원회에서 제시한 '종업원의 재능, 진취적 기상, 리더십 등의 개발 및 가치 부가'등과 같은 내용에 따라 3M은 연구 개발자들이 가장 중요한 과학적 발견 등과 같은 관련 없는 관심사에도 시간을 투자할 수 있도록 허용하고 있다. 따라서 산업 건축가들은 스튜디오의 조명시설에 대한 아이디어를 3M에 요청하고, 3M은 크리에이티브 디자이너들 중 1명을 그 프로젝트에 배치한다. 그 결과 9피트의 후프 조명(Hoop Light)은 산업의 계약형식을 따르기보다 국제 인테리어 디자인 대회에서 3M 디자인 상을 받았다.[40]

그러나 이러한 크리에이티브 연구자들은 그들 스스로가 모든 일을 할 수는 없다. 그렇기 때문에 고객의 욕구에 맞는 제품 개발의 경우 혁신과정에 고객을 참여시키는 독특한 방법을 사용하고 있다.[41] 특히, 기업 고객들은 그 분야에서 전문가로 통한다. 즉, 기업 고객들은 자신들의 고객 수요를 어느 누구보다 잘 알고 있기 때문이다. 이러한 전문가 고객들과 상호작용하고 기술적 전문성 및 인프라와 욕구를 결합시킴으로써 3M은 직면한 어려운 과제를 기발한 방법으로 해결하고 있다.

위와 같은 수많은 상호작용은 3M의 고객 혁신센터에서 이루어지고 있다. 즉, 고객 혁신센터 방문자들은 3M 전문가에게 사업목표를 설명하고 제조사의 핵심 기술을 견학한다. 이와 같이 3M이 보유하고 있는 기술에 대한 노출은 어느 한 분야의 기존 과학이 또 다른 분야에 해법으로 결합되거나 채택될 수 있는 방법에 대한 창조적인 아이디어를 자극시킬 수 있다. 예를 들면 항공 우주산업의 신기술은 건강관리 산업의 획기적 발전을 이끌어 낼 수 있다. 이러한 3M의 혁신센터는 거의 24개 정도가 개설되어 있고, Hershey와 Pitney Bowes 등과 같은 기업들도 이를 따르고 있다.

제품과 가치 창출 제품(여기서 제품은 서비스를 포함한다.)은 4P들 중 첫 번째에 해당된다. 가치 창출이 마케팅 프로그램의 핵심 성공 요소이기 때문에 기업들은 구매를 유인할 수 있도록 충분한 가치가 부가된 제품과 서비스를 개발하려 노력한다. Dyson 선풍기와 온풍기는 주변 공기를 흡입하여 내보내는 형태의 제품인데, 기존의 빠르게 회전하는 선풍기날개와 외부로 노출된 형태의 가열 부품 등과 같은 잠재적 위험성이 제거된 것이 특징이다. 기존의 선풍기와 온풍기 보다 가격이 더 비싸도 소비자들은 이러한 파격적인 디자인의 가전제품들에 대해 1900년대 이래로 변화가 없었던 제품에 가치가 부가된 것으로 인식한다.

연구개발 노력에 대한 3M의 사례를 기억하라. 〈가치 부가 사례 2.1〉은 3M이 어떻게 고객에 대한 가치를 창출하는지를 자세하게 설명하고 있다.

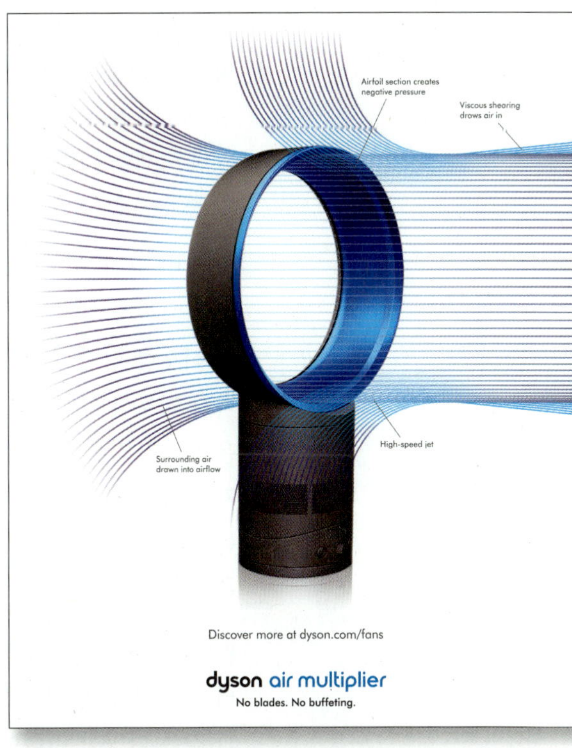

Dyson은 혁신적인 제품으로 가치를 창출한다.

가격 및 가치 확보 마케팅 믹스의 두 번째 요소가 가격이란 사실을 상기하라. 교환 과정의 일부분으로서 기업은 제품 또

Home Plus는 완전히 새로운 방법으로 제 3의 P, 유통(place) 즉, 가상 점포를 만들어 소비자들에게 가치를 전달한다.

는 서비스를 제공하고 그 대가로 돈을 받는다. 가치 중심 마케팅은 기업들이 정당한 가격을 부과하는 것을 의미하는 데, 여기서 정당한 가격은 고객들이 제품에 대해 좋은 가치를 인식하는 것을 말한다. 분명히, 기업은 어떤 제품을 판매할 것인지, 어디서 구매할 것인지, 어떤 제품 판매 방법을 사용할 것인지와 관련된 명확한 목표를 갖는 것이 중요하다. 그러나 가격정책은 실질적으로 돈을 벌어들이는 활동이기 때문에 수입에 영향을 미치게 된다. 만약 가격이 너무 낮게 책정되었다면 최적 마진과 수익 보다 낮게 형성될 수 있다. 그러므로 가격은 고객이 지각한 가치를 근간으로 하여야 한다. Dyson 선풍기는 기존의 선풍기 판매 가격인 25 달러 보다 더 높은 150 달러로 판매되고 있다. 단지 고객들은 위의 두 개의 선풍기들 중 희망하는 제품을 결정할 수 있고 결정된 제품들 중 선호하는 가격에서 하나의 제품을 선택할 수 있다.

유통 및 가치 전달 유통은 세 번째 P에 해당하는 것으로 기업이 제품 또는 서비스를 통해 가치를 창출하고, 이후 그 제품 또는 서비스를 고객이 원하는 시간과 장소에서 쉽게 이용할 수 있도록 만드는 것이다. 최근 Tesco는 몇몇 한국의 지하철역에 HomePlus 가상 점포를 개점함으로써 혁신적인 유통 단계를 적용하였다. 즉, 바쁜 도시 소비자들은 식료품점에 갈 수 있는 시간이 거의 없기 때문에 HomePlus는 이러한 점을 해결하기 위해 가상 점포를 개발한 것이다. 지하철역에 위치한 가상점포는 LCD 스크린이라는 점만 제외하고는 진짜 식료품점처럼 보인다. 가상점포의 체계는 고객들이 스마트폰을 통해 쇼핑하고, 쇼핑이 완료된 상품들은 고객의 집 앞으로 배달된다.[42]

판매촉진 및 가치 커뮤니케이션 판매촉진은 마케팅 믹스의 네 번째에 해당된다. 마케터들은 제품 및 서비스의 가치 또는 가치제안을 TV, 라디오, 잡지, 판매원, 인터넷 등과 같은 다양한 미디어를 통해 고객과 소통한다. 일종의 소셜 커머스인 Groupon 또는

LivingSocial 등과 같은 데일리 딜(daily deal) 웹사이트는 상대적으로 새로운 판매촉진 경로라 할 수 있다. 많은 소규모 기업들은 위와 같은 웹사이트가 기존 방법 보다 더 큰 브랜드 인지도를 제공해 주는 사실을 알고 있다.

그러나 유명 기업이 위와 같은 웹사이트를 이용할 경우 그 효과는 더욱 더 확연하게 드러난다. 예를 들면, Whole Foods는 20 달러 제품 판매를 위해 LivingSocial.com에 10 달러 비용을 지불하고 이용하고 있다. 시간당 115,000명의 소비자들이 그 사이트에서 제품을 구매한다.[43] Whole Foods는 1백만 건의 거래실적을 올렸고, 그에 대한 비용으로 약 1천만 달러~1천 500만 달러(만약 거래 후 LivingSocial에 요금이 지불될 경우)가 발생하였다.

5단계: 마케팅 계량지표를 활용한 성과 평가

계획 과정에서 마지막 단계는 전략과 실행 프로그램의 결과를 마케팅 계량지표를 활용하여 평가하는 것이다. 계량화는 트렌드, 역동성, 특성 등을 정량화하는 측정 시스템이다. 계량지표는 현재의 발생 원인을 설명하는 데 사용되고 미래를 투영하기 위해 사용된다. 이러한 계량지표들은 지역, 전략적 사업단위(SBUs), 제품 라인, 기간 등에 걸쳐 발생된 결과들을 비교할 수 있게끔 한다. 기업은 이러한 계량지표를 활용하여 성과 목표를 달성한 원인 또는 달성하지 못한 원인 등을 밝혀낼 수 있다. 기업의 목표 보다 성과가 초과되었는지, 감소하였는지, 변동이 없는지에 관계없이, 기업이 성과의 발생 원인을 이해함으로써 적절한 조정 및 보완을 할 수 있다. 일반적으로 관리자들은 실행 프로그램의 검토를 시작하고, 분석을 통해 전략(또는 사명서)이 재고되어야 할 필요성이 있는지를 확인한다. 문제는 부족한 전략이 성공적으로 실행될 경우와 우수한 전략이 부실하게 실행될 경우 모두에게서 발생한다.

성과에 대한 책인은 누가 질 것인가? 기업 조직의 각 수준에서 사업단위 관리자들은 수입, 지출, 수익 등을 통제할 수 있기 때문에 이에 대한 책임을 진다. 기업 조직의 여러 수준에 영향을 미치는 지출(기업 본사의 운영과 관련된 노무비용과 자본비용)은 임의대로 더 낮은 수준에 부과되어서는 안 된다. 예를 들어 점포의 경우 매출, 판매사원 생산성, 에너지 비용 등에 근거하여 성과 목표를 평가하는 것이 적절할 것이다. 만약 기업의 본사 관리부서가 상품을 모두 팔아버리기 위해 가격을 낮추어 수익도 감소하게 된다면, 점포 수익의 감소 결과를 토대로 점포 관리자의 성과를 평가하는 것은 공정하지 않은 것이다.

성과 평가는 직면한 문제 영역을 정확히 밝혀내는 데 활용된다. 계획된 수준 보다 상위에 있거나 하위에 있는 성과는 원인 분석이 수반되어야 한다. 만약 어느 한 관리자의 성과가 계획된 수준 보다 하위에 있을 경우 다음과 같은 분석을 수행한다. 판매원이 제대로 업무를 수행하지 않았기 때문인가? 경기침체가 발생했기 때문인가? 경쟁자가 새로운 전략을 성공적으로 실행했기 때문인가? 성과 목표를 수립할 당시 관리자들이 예측치를 잘못 산출하였기 때문인가? 관리자는 판매원이 제대로 업무를 수행하지 않았을 경우 또는 예측치를 잘못 산출하였을 경우, 이에 대한 책임을 져야 한다.

관리자가 통제할 수 없는 환경적 상황 때문에 실제 성과가 계획보다 낮게 나타날 경우 기업은 피해를 최소화하기 위한 행동을 취할 수 있다. Nike의 예를 들면, 최근 통제 불가능한 두 개의 상황에 직면하였는데, 하나는 글로벌 경기침체이고 또 다른 하나는 Nike 간판 스포츠 스타가 연루된 스캔들이다. 많은 소비자들은 경기침체로 의류와 같은 제품 구매를 축소하였고, Tiger Woods의 불륜 스캔들이 Nike를 곤경에 빠뜨렸다. Carnegie Mellon University 소속 연구자들에 따르면 스캔들이 터지기 전 10년 동안 Tiger Woods는 Nike의 골프공 판매 부서에 약 6천만 달러란 부가 수익을 창출하는 데 공헌하였다. 타이거 우즈의 불륜 소식이 방송을 타고 확산된 해에 Nike는 약 105,000명의 고객과 130만 달러 수익을 잃었다.[44]

이와 같은 주목할 만한 사례에서 마케팅 관리자들은 다음과 같은 여러 관련된 질문에 스스로 답해야만 한다. 얼마나 빠르게 계획이 조정될 수 있는가? 얼마나 신속하고 정확하게 가격 및 판매촉진 정책이 수정될 수 있는가? Tiger Woods 스캔들의 경우 마케팅 관리자는 단기적 손실을 감내하고 Tiger Woods와의 스폰서 계약 유지란 올바른 의사결정을 하였다. 위와 동일한 연구자들은 '스캔들이 정점에 있을 때 타이거 우즈가 없을 경우 보다 있을 경우 Nike의 전반적인 수익은 160만 달러 더 크게 나타날 것'이라고 추정하였다.[45]

성과 목표와 계량지표 많은 요인들이 기업의 전반적인 성과에 기여하고 있기 때문에 단일 계량지표로 성과를 평가하는 데 무리가 있다. 하나의 접근법은 매출 및 수익 등과 같은 공통 재무지표들을 통해 시간의 흐름에 따른 기업의 성과를 비교하거나 또는 경쟁기업과 비교하는 것이다. 또 다른 성과 평가 방법은 포트폴리오를 이용하여 기업의 제품 또는 서비스를 검토하는 것이다. 기업의 상대적 성과에 따라 일부 제품 또는 서비스로부터 얻은 수익이 또 다른 제품 또는 서비스의 성장에 연료로 사용될 수 있다.

재무적 성과지표 성과 평가를 위해 일부 공통적으로 사용하고 있는 계량지표는 수입 또는 매출, 수익 등이 있다. 예를 들면 매출은 기업 활동 수준을 측정하는 글로벌 지표이다. 그러나 관리자는 가격을 하락시킴으로써 손쉽게 매출을 증가시킬 수 있으나 결과적으로 상품의 총 마진이 감소되기 때문에 수익도 감소된다. 하나의 지표를 극대화시키려는 시도는 또 다른 지표를 감소시킬 수 있다. 그러므로 관리자들은 그들의 행동이 어떻게 다양한 성과지표에 영향을 미치는지를 파악해야만 한다. 보통 하나의 계량지표를 사용하는 것은 전체를 대변하지 못하기 때문에 현명하지 못한 방법이다.

매출 및 수익의 절대적 평가와 함께 기업은 매출 및 수익에 대한 상대적 평가를 희망한다. 예를 들면, 매출 또는 수익의 상대적 계량지표는 전년도 대비 증가 또는 감소를 의미한다. 아울러 기업은 비교대상 기업(예: Coke의 비교대상 기업은 Pepsi)과의 상대적 매출 또는 수익 성장을 비교하고 싶어 한다.

기업을 평가하는 데 사용된 계량지표는 (1) 의사결정 측면에서 기업 조직의 수준 (2) 관리자가 통제하고 있는 자원 등에 따라 다양하다. 예를 들면, 기업의 최고 경영자는 기업 전체의 모든 자원과 지출을 통제할 수 있는 반면, 지역 판매 관리자는 판매사

		2010	2011	변화율(%)
Nike	순 매출 순 이익 순 이익/순 매출	190억 달러 19억 달러 10%	209억 달러 21억 달러 10%	9.5% 10% 0%
adidas	순 매출 순 이익 순 이익/순 매출	120억 유로 8억9천4백만 유로 7.4%	133억 유로 10억1천만 유로 7.6%	10.1% 13% 0.2%

그림 2.5 성과지표: Nike vs. adidas

원에 의해 발생된 매출과 지출만을 통제할 수 있다.

Nike의 매출과 세후 수익을 살펴보고 adidas와 비교해보자(그림 2.5).

더 나아가 기업의 사회적 책임에 대한 인식이 증가되고 있으므로 기업들은 환경에 미치는 영향력, 노동력을 다양화할 수 있는 능력, 에너지 절약 정책, 자사 근로자 및 외주기업 근로자에 대한 인권 보호 등과 같은 주요 영역에서 기업의 사회적 책임지표를 고려하기 시작하였다. 〈윤리와 사회적 딜레마 사례 2.1〉은 Starbucks가 중요한 사회적 이슈에 대해 어떻게 다루고 있는지를 보여준다.

LO6 포트폴리오 분석과 마케팅 성과 평가에 포트폴리오 분석이 사용되는 방법을 요약한다.

포트폴리오 분석 포트폴리오 분석에서 경영자는 기업의 다양한 제품과 사업을 평가하고 미래에 가장 높은 수익을 창출할 수 있을 것 같은 제품에 따라 자원을 할당한다. 포트폴리오 분석은 일반적으로 기업의 **전략적 사업단위(SBU, Strategic Business Unit)** 또는 **제품 라인** 수준에서 수행된다. 또한 관리자들은 브랜드 또는 개별 제품을 분석하기 위해 포트폴리오를 사용할 수 있다. 전략적 사업단위는 어떤 측면에서 독립적으로 운영되거나 관리될 수 있는 기업의 부서이고 서로 다른 사명 또는 목적을 갖는다. 예를 들어, 세계에서 규모가 가장 큰 타이어 회사 중 하나인 Goodyear는 6개 대륙의 180개 이상의 국가에서 판매를 하고 있으며, 매출액은 약 180억 달러에 이른다. Goodyear는 북아메리카, 유럽, 중동, 아프리카, 남미, 아시아/태평양 등과 같은 지리적 특성에 따라 4개의 전략적 사업단위로 구성되어 있다.[46]

반면에, 제품 라인은 소비자들이 함께 사용하거나 유사한 제품으로 인식하고 있는 제품들의 그룹으로 구성된다. Goodyear의 제품군들 중 하나는 승용차, 밴, SUV, 소형 트럭이 될 수 있고, 반면 다른 제품군은 자동차 경주용 또는 항공기용 타이어가 될 수 있다.

가장 유명한 포트폴리오 분석 방법들 중 하나는 보스턴 컨설팅 그룹(BCG)에 의해 개발된 것으로 기업이 자사의 제품 또는 서비스를 4개의 사분면으로 구분하는 것이다(그림 2.6 참조).[47] 원은 브랜드를 나타내며 원의 크기는 브랜드의 연간 매출액 비중을 나타낸다. 수평 축은 상대적인 시장 점유율을 나타낸다.

일반적으로 **시장 점유율**은 어떤 기업의 제품이나 서비스가 산업이나 시장에서 차지하는 비율을 말하고,[48] 특정 시장에서 구축된 제품/서비스의 강점을 의미한다. 시장 점유율은 보통 판매량, 수입 또는 매출 등을 이용하여 계산된다.[49] 시장 점유율의 특수

윤리와 사회적 딜레마 사례 2.1[50] Starbucks의 더 좋은 지구를 만들자

거시환경을 구성하는 사회에 가치를 부가하기 위하여 Starbucks는 기업의 사회적 책임 성과를 도덕적 원천, 환경, 커뮤니티, 건강, 다양성 등과 같은 5개의 카테고리로 평가한다. Starbucks의 브랜드 자산은 이러한 사회적 책임 차원에 대한 적극적인 노력, 고객들의 구매 경험에 대한 좋은 느낌, Starbucks의 지역 또는 글로벌 공급업체와의 강력한 유대관계 개발 등에 상응하여 증가한다.

도덕적 원천과 지속 가능한 커피 생산과 관련하여 Starbucks는 C.A.F.E(Coffee and Farmer Equity) 프로그램을 운영한다. C.A.F.E 지침서는 제품 품질, 경제적 의무, 사회적 책임, 환경적 리더십 등에 따라 커피 농가를 평가하기 위한 점수 표이다. 제3자는 C.A.F.E 프로그램에 따라 공급업자가 Starbucks의 기준에 맞는지에 대한 여부를 평가한다. 몇 년 동안 서로 다른 13개국의 공급업자가 C.A.F.E에 적합하다는 판정을 받았다. 그 이후로 Starbucks는 인증된 공급업자로부터 구매하는 커피량을 2000년도 초에 77%, 2009년에 81%, 2010년에 84%까지 지속적으로 증가시켰고 최종 목표는 100%를 달성하는 것이다.

세계 물의 날에 Starbucks는 여성과 어린이가 매일 물을 마시기 위해 걸었던 평균 거리에 대한 인식을 불러일으키고 상징화하기 위해 걷기행사를 지원하였다.

좀더 하위의 지역 수준에서 Starbucks는 때때로 그 지역의 역사적 분위기를 해칠 수 있다고 믿는 지역 커뮤니티로부터 반대에 부딪힌다. 지역 커뮤니티의 요구에 맞추기 위해 Starbucks는 유적지 보존, 환경, 인프라구조, 직업, 도심재건 등과 같은 우려감을 해결하려 노력하였다. 예를 들면, California La Mesa 지역에서 Starbucks는 지역 행사 및 사업을 지원함으로써 반대를 극복하였다. 아울러 Starbucks는 도시의 커피 시장을 공략하기 위해 JDC(Johnson Development Corporation)와 조인트 벤처 회사를 설립하였다. 여러 도시 지역으로 점포를 확대함으로써 Starbucks는 일자리 창출, 지역 공급업자 이용, 여러 다른 소매점포의 유입 등과 같은 경제적 성장에 기여하였다.

Starbucks는 또한 전 세계적으로 안전한 식수를 이용할 수 없는 10억명 이상의 요구에 초점을 맞춘 프로그램을 시작하였다. 세계 물의 날에 Starbucks는 수많은 도시 뿐만 아니라 가상의 온라인상에서 진행된 3마일 걷기 행사를 후원하였다. 이러한 후원은 여성과 어린이들이 매일 물을 마시기 위해 걸었던 평균 거리에 대한 인식을 불러일으키고 상징화하기 위함이다. Starbucks의 Ethos Water 브랜드는 Starbucks 매장에서 1병 판매될 때 마다 5센트씩 기부한다.

Starbucks의 기부 활동은 방글라데시, 에디오피아, 케냐 등과 같은 전 세계 여러 나라에서 박애주의적인 프로그램으로 수행된다. 그 결과 세계의 물 위기를 해결하기 위해 6백만 달러 이상이 기부 되었고, 식수의 부족을 겪는 약 420,000명이 원조를 받았다.[51]

물 부족뿐만 아니라 전 세계 사람은 건강에 대한 걱정에 직면해 있다. Starbucks 매장에 영양소 정보를 기록함으로써 Starbucks는 소비자들 사이의 비만과 당뇨의 확대를 감소시키려 노력하였다. 어느 한 보고서에 따르면 이러한 정보의 제공은 Starbucks의 고객들이 구매량을 낮추기 보다 섭취 칼로리를 낮추기 위한 노력을 하게끔 만들었다.

Starbucks의 종업원(기업에서 동반자로 정의)에 대한 건강과 복지는 정규직 및 비정규직 모두에 동일한 건강관련 복리후생이 적용될 뿐만 아니라 TWI(Thrive Wellness Initiative)를 채택하였다.[52] TWI의 목적은 종업원의 삶의 질을 높이는 것이다. 예를 들면 가장 최신의 TWI 사례는 Kinetix인데, 이는 영양소 섭취와 운동에 대한 강의를 제공하고, 뿐만 아니라 개인 트레이너와 함께 약 8주 동안 강습을 받는 것이다.

마지막으로 환경 친화적인 활동인데, Starbucks는 재생 에너지를 사용하려 노력하고 있고 환경에 부정적인 영향을 미치는 활동은 줄이고 있다. Starbucks 매장에서의 가구와 비품들은 친환경 건축자재로 만든다. 미국 친환경포장협회(Sustainable Packaging Coalition)의 회원사인 Starbucks는 기존 포장재를 친환경 포장재로 교체하고 있다.

한 형태인 상대적 시장 점유율은 산업에서 가장 규모가 큰 기업과 비교하여 나타난 자사 제품의 상대적 강점을 나타내고, 그림 2.6에서 수평축으로 사용된다. 수직축은 시장

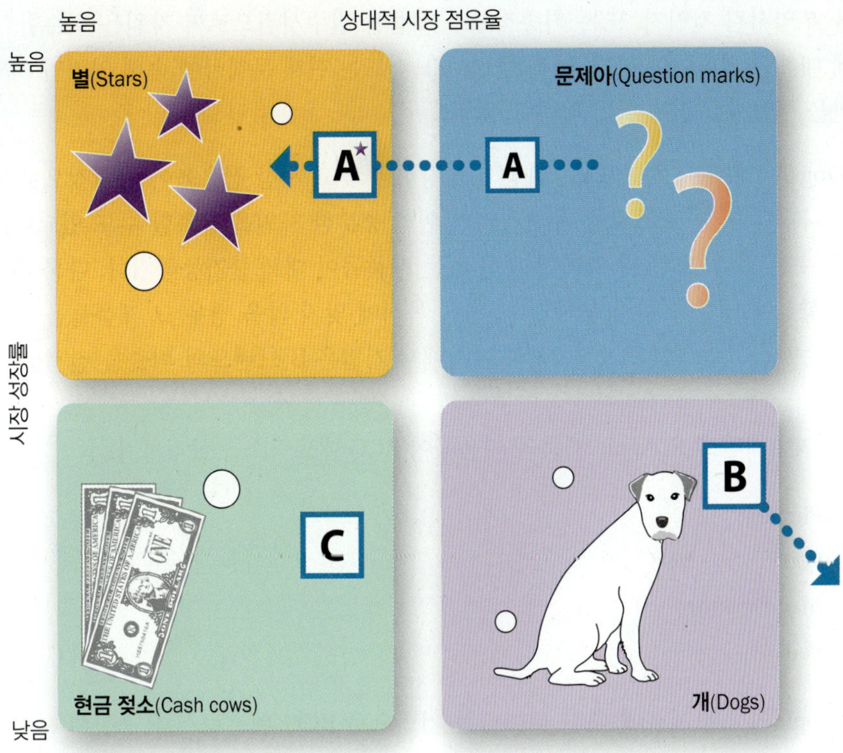

그림 2.6 보스톤 컨설팅 그룹 매트릭스

성장률 또는 제품의 경쟁이 벌어지고 있는 특수 시장에 대한 연간 성장률이다. 시장 성장률은 특정 시장에 대해 얼마나 매력적인가를 측정한다. 메트릭스에서 각 사분면은 기업이 필요로 하는 자원의 양을 기초로 이름이 부여되어져 있다.

별(Stars) 별(좌측 상단면)은 시장의 성장성이 높고 상대적 시장 점유율이 높은 것을 나타낸다. 즉, 별은 고속 성장의 발판이 되는 판촉활동 및 신규 생산설비 등에 상당히 많은 자원의 투자를 필요로 한다. 시장 성장이 느려질 경우 스타 영역은 자원의 대규모 사용자에서 자원의 대규모 생산자로 이동하고 현금 젖소가 된다.

현금 젖소(Cash Cows) 현금 젖소(좌측 하단면)는 시장의 성장성은 낮지만 상대적 시장 점유율이 높은 것을 나타낸다. 여기의 제품들은 높은 시장 점유율을 확보하기 위해 이미 집중적인 투자를 받았으므로 그 제품들이 보유하고 있는 잉여자원에 의한 파급효과가 발생될 수 있다. 예를 들면, 어느 한 기업의 C 브랜드가 보유하고 있는 잉여 자원은 문제아 즉 사분면에 있는 제품들에 사용될 수도 있다.

문제아(Question Marks) 문제아(우측 상단면)는 시장의 성장성은 높지만 상대적 시장 점유율이 낮은 것을 나타낸다. 따라서 문제아에 있는 제품들은 가장 집중적인 관리를 받는다. 즉, 이러한 제품들은 시장 점유율을 유지하고 향후 증가시키기 위해 상당한 자원을 필요로 한다. 관리자들은 문제아를 별로 만들기 위해 현금 젖소에서 창출된 자원을 투입시킬 것인지, 또는 최종적으로 제품을 철수시킴으로써 자원을 회수할 것인지에 대해 결정하여야 한다. 예를 들면 A 브랜드는 현재 문제아에 속해 있지만 기업이 자원을 투입시킬 경우 별이 될 수도 있다.

개(Dogs) 개(우측 하단면)는 시장의 성장성은 낮고 시장 점유율이 상대적으로 낮은 것을 나타낸다. 개 스스로를 유지시키기 위해 충분한 자원을 창출할 수도 있으나, '별'이 될 수는 없다. 또한 별 영역에 속해 있는 제품들이 대체 불가능하거나, 다른 제품의 매출 향상에 영향을 주지 못하거나, 경쟁 목적에 맞지 않을 경우 그 제품들을 시장에서 철수시킬 수도 있다. 그림 2.6의 예시에서 기업은 B 브랜드의 퇴출을 결정했을 것이다.

이제 4개의 주요 Apple 제품을 이용하여 BCG 매트릭스를 살펴보자.[53]

- iPhone
- iPod
- iMac Desktop
- iPad

Apple의 4개 제품에 대한 데이터를 기반으로 BCG 매트릭스를 구성해 보자. iPhone은 확실히 '별'에 위치한다. 즉, iPhone은 87%란 높은 성장률을 가지고 있다. 사실, 2011년 말에 Apple은 스마트폰 산업에서 1위 판매 기업이란 위치를 탈환하였다. 4분기의 실적은 1천620만대가 판매되었으며, 상대적인 시장 점유율도 100%가 되었다.[54]

Apple의 iPod은 또 다른 이야기이다. 항상 75% 이상이란 경이로운 절대적 시장 점유율을 가진 iPod의 상대적 시장 점유율도 100%이고, 10년도 안 된 기간 동안 3억개 이상의 iPod이 판매되었다. 이러한 사실로 볼 때 iPod은 Apple의 매우 중요한 제품이

두 제품은 BCG 매트릭스에서 어느 사분면에 속할까?

라는 것을 알 수 있다. 불행히도 MP3 시장은 축소되고 있다(2010년부터 2011년까지 1년 동안 시장 규모가 10% 감소하였음). 매우 커다란 상대적 시장 점유율과 시장 성장성의 부족을 연관지어서 판단한다면 iPod은 Apple의 '현금 젖소'라 할 수 있다.[55]

그래픽 디자이너에게 인기 있는 iMac Desktop의 성장률은 비참하게 4%까지 감소하였다. 컴퓨터 시장에서 상대적 시장 점유율이 작기 때문에 iMac Desktop은 '개'로 분류될 수 있다. Apple은 iMac Desktop을 퇴출시킬 것인가? 최소한 다음의 두 가지 이유 때문에 제거하지 못할 것이다. 첫째, 그래픽 디자이너와 또 다른 Apple의 iMac 충성 고객도 사라질 위험부담이 있다. 즉, 만약 이러한 고객들이 Apple의 다른 제품을 애용한다면, iMac 퇴출로 인한 불만족이 타 제품의 매출에 역효과를 미칠 수 있다. 둘째, iMac의 단절은 포트폴리오에 커다란 구멍을 만들고 컴퓨터 기업이란 브랜드 이미지에 타격을 줄 수 있다.

이제 엄청난 매출 성장률을 기록한 iPad에 대해 이야기 하고자 한다. 지난 2010년부터 2011년까지의 매출 성장률은 333%로 나타났고, 2012년 초까지 약 5천 5백만 개를 판매하였다. 2010년에 절대적 시장 점유율은 95.5%이고 상대적 시장 점유율이 100%인 시장 선도자가 되었다. 그러나 Android 태블릿 및 Kindle Fire와의 경쟁이 심화되고 있다. 2011년 전체를 살펴보면 iPad는 태블릿 시장의 66.6%를 점유하였다(판매된 3개의 태블릿 중 2개가 iPad). 그러나 2011년 말에 절대적 시장 점유율이 57%까지 급락했다.[56] BCG 매트릭스에서 iPad는 어느 곳으로 분류될 수 있을까? 57%란 절대적 시장 점유율을 고려할 경우 '별' 영역에 해당될 것인가? 또는 절대적 시장 점유율의 지속적 붕괴란 점을 감안하고 좀더 보수적으로 고려했을 경우 '문제아' 영역에 해당될 것인가? 새로운 버전의 iPad를 출시함으로써 Apple은 지속적으로 성장할 수 있고 시장 선도자로서의 시장 점유율을 유지할 수 있을까?

제품 또는 서비스의 상대적인 성과를 개념화하고 자원을 할당하기 위한 정보를 사용함에 있어 꽤 유용한 방법일지라도, BCG 접근법과 다른 접근법은 때때로 실무에 적용시키기가 어렵다. 특히, 현실에서 상대적 시장 점유율과 산업 성장률을 측정하기가 어렵다. 그래서 여러 다른 측정항목들이 제품의 경쟁적 위치와 시장의 상대적 매력도를 나타내는 대체항목으로 활용된다. 마케터에 대한 또 다른 이슈는 사분면에 놓여진 제품 또는 서비스에 관한 잠재적인 '자기충족예언(self-fulfilling prophecy)' 현상이다. 앞서 언급한 Apple의 iPad 예시에서처럼, '별' 또는 '문제아'로 분류된다는 것 자체가 기업 내에서 어떻게 취급하고 지원될 것인지에 관한 시사점을 제시한다. 예컨대, iPad가 '문제아'로 분류된다면 더욱 더 많은 마케팅 및 생산 지원이 필요할 것이다.

이러한 한계점들 때문에 많은 기업들은 제품 또는 서비스 평가 및 자원의 할당에 있어 매트릭스 접근법의 사용을 자제한다. 좀더 균형잡힌 접근법의 예를 들면, 기업 조직의 최상위 수준에서 자원 할당을 결정하는 대신, 조직의 계층구조에 있는 각 수준별 관리자들이 상위 및 하위 매니저들과 협상하여 최종 의사결정을 내리게 하는 방법이 있다.

전략적 계획은 순차적이 아니다

그림 2.2에서 계획 프로세스는 관리자들이 전략적 의사결정을 할 때 일련의 순차적 과정을 따르도록 제시되어 있다. 즉, 관리자들이 사업 사명을 정의한 이후, 현황 분석의 수행, 전략적 기회의 파악, 대안 평가, 목적 수립, 자원 할당, 실행 계획 개발, 성과 평가 및 조정 등을 순차적으로 제시하였다. 그러나 실제 계획 과정은 이러한 단계들 사이를 왔다 갔다 할 수 있다. 예를 들면, 현황 분석을 통해 사명서(mission statement)에 포함되지 못한 논리적 대안을 발견할 수 있고, 이러한 이유로 사명서가 수정될 수 있다. 또한 실행 계획의 개발은 목적 달성에 필요한 주요 제품에 대해 자원이 불충분하게 할당된 것을 발견해 낼 수도 있다. 그러한 경우 기업은 목적을 변경하거나 자원을 증가시키거나 해야할 것이고, 마케터도 제품에 대한 투자를 고려해서는 안될 것이다.

지금까지는 마케팅 계획 단계를 살펴봤고 이후에는 여러 마케팅 기업들이 성공적으로 달성하였던 몇 개의 성장 전략들을 살펴보기로 하겠다.

LO7 기업이 보유하고 있는 사업들을 성장시킬 수 있는 방법에 대해 설명한다.

성장 전략

기업들은 그림 2.7에서 제시하는 4개의 주요 전략을 포함한 전반적 성장 전략을 이용하여 다양한 세분시장들을 추구한다.[57] 가로축은 기존 시장에서 기업이 보유할 수 있는 기회와 신규 시장에서 보유할 수 있는 기회로 구분된다. 반면 세로축은 기업이 기존에 제공하고 있는 제품 및 서비스와 신규로 제공 가능한 제품 및 서비스로 구분된다. 각 전략에 대해 자세히 살펴보도록 하자.

시장 침투

시장 침투전략은 기존 마케팅 믹스를 활용하고 기존 고객에 대한 기업의 노력에 초점

그림 2.7 시장/제품 및 서비스 전략

을 둔다. 여기서의 성장 전략은 기업의 현재 표적 시장에서 신규 고객을 유입하거나 현재 고객을 애호고객으로 전환시켜 더 많은 상품을 자주 구매하도록 만드는 것이다. 시장 침투전략은 일반적으로 광고 및 판촉활동의 확대 등과 같은 더 큰 마케팅 노력이 필요하거나 이미 제품 또는 서비스가 판매된 지역에 강력한 유통망이 필요하다.

MTV는 표적 고객인 청년층 시장의 침투를 증가시키기 위하여 "America's Best Dance Crew" 같은 리얼리티 쇼를 만들었다.

표적 시장에 침투하기 위해 TV 방송국인 MTV는 시청자들을 사로잡기 위한 새로운 방법을 제시하였다. MTV가 예전부터 소구하고 있는 젊은 시청 층은 더 이상 TV를 가까이 하지 않고, 휴대폰 문자메시지 활동과 비디오 게임을 즐기는 멀티태스커(Multitasker)로 구성되어 있다. 따라서 MTV 방송국은 시청자들을 유지하기 위해 부가적인 전략과 지방방송국 개발에 많은 노력을 기울였고, 뿐만 아니라 컨텐츠와의 상호작용을 통해 더 많은 시간을 쓰도록 하였다. MTV는 얼터너티브 채널(Alternative Channel)을 통한 시청자와의 상호작용이 좋은 평가로 이어질 수 있다는 사실을 발견했다. 이에 따라 America's Best Dance Crew와 Jersey Shore 등과 같은 리얼리티 쇼를 제작하고 방송함으로써 MTV는 비디오 게임 제작사인 Yoostar와 함께 Xbox 360용 게임인 'Yoostar on MTV'를 출시하였다. 그 게임은 지속적으로 업데이트된 쇼, 뮤직비디오, 생활 사건 기록 등을 대용량 라이브러리로 제공하고 있다. 게임에 포함된 그린 스크린 기술을 사용하여 방송 쇼들의 팬들이 예전에 경험했던 방송 장면에 직접적으로 참여할 수 있도록 하였다. 물론 게임 결과는 Facebook, Twitter 또는 Yoostar 전용 웹사이트 등에 업로드시킬 수 있다.[58] MTV 웹사이트에 전용 포럼, 블로그, 개별 쇼에 대한 활동 등을 개설하여 시청자들이 쇼에 출연한 등장인물들과 연결될 수 있도록 하였다. 시청자들은 출연자들에 대해 친구처럼 이야기 할 수 있으며, 쇼가 방영되고 있는 시간 동안 시청자들은 출연자들이 입고 있었던 옷을 구매할 수 있고 음악을 다운로드할 수 있다.[59]

시장 개발

시장 개발 전략은 새로운 세분시장에 도달하기 위해 기존 제품과 서비스를 활용하는 것으로, 이는 국내 시장 개발과 해외 시장개발로 구분할 수 있다. 해외 시장의 확대는 정부의 규제, 문화, 공급사슬, 언어 등의 차이를 다루어야 하기 때문에 일반적으로 국내 시장의 확대보다 위험이 더 크다. 그러나 MTV를 포함한 많은 미국 기업들은 멕시코, 남미, 유럽, 중국, 일본 등과 같은 글로벌 시장에서 경쟁우위를 가지고 있다. 그 이유는 젊은 층 사이에 미국 문화가 소비자 제품을 통해 광범위하게 스며들었기 때문이다.

예를 들면, 미국 케이블 방송국의 TV프로그램이 전 세계적으로 급속하게 보급되었기 때문에 미국의 패션 트렌드가 개발도상국 젊은 층에 확대되고 있다. 1981년에 설립된 이래로 MTV는 미국 이외의 지역으로 해외시장을 성공적으로 확대시켰다. 즉, MTV는 영국, 일본, 브라질, 인도 등을 포함한 20여 개국 이상에 틈새 시장을 보유하고 있다. 161개국 33개 언어로 5억 6천2백만 가구에 방송을 제공하고 있다.[60] 따라서 글로벌 MTV 세대는 차보다 탄산음료, 샌들보다 운동화, 밥보다 프렌치 프라이, 현금보다 신용카드를 더 선호하고 있다. 이와 같은 성장을 달성하기 위해 MTV는 기존 미디어 컨텐츠로 지렛대 효과를 창출하고 있을 뿐만 아니라 그 지역의 DJ와 TV쇼 포맷을 사용하여 문화적으로 관련성 있는 컨텐츠를 제공하고 있다.

제품 개발

세 번째 성장전략인 제품 개발전략은 새로운 제품 또는 서비스를 기업의 기존 표적 시장에 제공하는 것이다. MTV의 역동적인 TV 프로그램 구성을 고려해 보자. MTV는 시청시간을 증가시키기 위해 끊임없이 새로운 파일럿(pilots) 및 쇼 컨셉을 개발한다. 예를 들면, The Real World란 리얼리티 시리즈와 Ridiculousness 및 Friendzone 등과 같은 새로운 시리즈 모두는 기존 시청자들의 유지 및 유인하기 위해 만들어진 신규 프로그램이다. 이러한 신규 TV 시리즈와 더불어 MTV는 시청자들에게 인기 있는 25개 이상의 블러그 뿐만 아니라 웹사이트를 활용하여 새로운 온라인 제품을 개발하였다. 예를 들어, MTV 브랜드를 노출하는 사이트들은 사회적, 정치적, 환경적 이슈들을 내보내고, 이는 표적 고객들의 다른 세분시장에 소구하려는 것이다. 웹사이트들은 모바일 기술을 통해 시청자들이 현실 세계(TV 프로그램 The Real world 이슈가 아닌)의 이슈에 관여할 수 있도록 해준다. 이러한 사이트들을 방문하게 함으로써 MTV는 소비자들이 모바일 콘텐츠를 공유하고, 스스로 교육을 할 수 있고, 그리고 중요한 이슈들에 행동을 할 수 있게 한다.[61]

다각화

그림 2.7에서처럼 성장전략의 마지막인 다각화 전략은 새로운 세분시장에 새로운 제품 또는 서비스를 출시하는 것이다. 다각화의 기회요인은 기존 사업과 관련될 수도 있고 관련이 없을 수도 있다. 관련 다각화의 기회요인은 현재 표적시장 또는 마케팅 믹스가 새로운 기회요인과 공동으로 공유가 되는 것이다.[62] 즉, 기업이 기존 외주업체로부터 구매할 수 있고, 동일한 유통 또는 경영정보 시스템을 이용할 수 있고, 기존 고객과 유사한 세분시장에 대해 동일한 신문광고를 할 수 있다. MTV는 부유함, 유명인, 과도한 청년 문화 등을 대신하여 더 긍정적인 사회적 메시지에 초점을 둔 TV 시리즈를 제공함으로써 관련 다각화를 추구한다(예: The Hills, My Super Sweet 16 등). 음악방송인 MTV는 'I Used to Be Fat and Made'와 같은 언뜻 보기에 비슷비슷한 10대들이 출연하는 1회 분량의 건전한 드라마를 만들어 시청자들에게 소구하고 있다. 이 TV 쇼의 줄거리는 사람들이 일정 수준의 행복을 획득하기 위해 매일 직면하는 역경과 고난을 어떻게 극복하는지에 대해 초점을 맞춘 것이다.[63]

반대로 비관련 다각화는 기존 사업과 신규 사업의 공통적 요소가 부족하다는 것이다. 비관련 다각화는 시장과 연관되거나 제품에 연관된 핵심 강점을 기회로 삼지 않는다. 따라서 비관련 다각화는 매우 위험한 것처럼 보일 수 있으나, 앞서 언급된 기술 혁신 기업인 3M은 비관련 다각화 전략의 우수 사례이자 성공적인 사례라 할 수 있다. 사포(sandpaper) 제품으로 출발한 기업이 이제는 사무용품에서부터 치과 기술에 까지 걸친 6개의 주요 사업단위를 보유한 기업이 되었다.[64]

요점 정리

LO1 마케팅 전략의 정의한다.

마케팅 전략은 (1) 기업의 표적시장을 확인하고, (2) 관련 마케팅 믹스(4P)를 적용시키며, (3) 지속 가능한 경쟁우위 창출 계획 수립의 기초와 결부되어 있다. 기업들은 지속 가능한 경쟁우위를 확보하기 위해 4개의 거시 전략을 사용한다. 고객의 우월함은 충성고객과 우수한 고객 서비스를 유지하는 데 중점을 둔다. 운영의 우월함은 효율적인 운영, 우수한 공급사슬, 인적자원 관리 등을 통해 달성된다. 제품의 우월함은 높게 지각된 가치와 효과적인 브랜드 활동 및 포지셔닝 등을 갖춘 제품을 통해 달성된다. 마지막으로 입지의 우월함은 우수한 물리적 입지와 인터넷 시설을 보유함으로써 확보된다.

LO2 마케팅 계획 구성 요소의 설명한다.

마케팅 계획은 마케팅 현황 분석, 마케팅 목적, 4Ps 전략, 적절한 재무재표 등으로 구성된다. 마케팅 계획은 계획, 실행, 통제 등의 3단계 과정을 통해 결과가 도출된다. 계획 단계는 관리자들이 기업의 사명 및 비전을 정의하고 기업의 현황을 평가하는 것이다. 즉, '현재 우리가 하고 있는 사업은 무엇이고 미래에 우리가 할 수 있는 사업은 무엇인가?'와 같은 질문에 대한 해답을 얻을 수 있도록 해준다. 두 번째 단계는 실행 단계이며, 이는 기업이 운영 조건을 구체화하고 사명 및 비전을 실행하기 위한 계획을 수립한다. 특히 개별 고객 집단이 희망하는 마케팅 노력이 무엇인지를 파악하고 고객에게 좋은 가치를 제공하기 위한 마케팅 믹스 활용 방법을 파악한다. 마지막으로 통제 단계는 적절한 계량 지표를 활용하여 성과를 평가하는 것이다. 즉, 기업이 무엇을 하였고 하지 않았는지에 대한 내용과 미래의 성과를 향상시킬 수 있는 방법에 대해 결정하는 것을 의미한다.

LO3 SWOT 분석을 이용한 마케팅 환경을 분석한다.

SWOT는 강점(Strengths), 약점(Weaknesses), 기회(Opportunities), 위협(Threats) 등으로 나타낸다. SWOT 분석은 전략적 계획 단계 중 두 번째 단계인 현황 분석이 진행되는 동안 이루어진다. 기업이 잘하고 있는 것(강점)과 향상 시켜야 되는 것(약점), 시장 상황이 좋아지는 것(기회)과 악화되고 있는 것(위협) 등을 분석함으로써 관리자들은 기업의 상황을 정확히 평가하고 이에 따른 전략을 수립한다.

LO4 마케팅 노력 또는 활동을 통해 설득하고자 하는 고객 집단 선택 방법의 설명한다.

서로 다른 마케팅 기회가 파악되었을 경우 기업이 추구하고자 하는 최적의 안을 결정해야 한다. 이러한 과업을 완료하기 위해 마케터는 세분화, 타겟팅, 포지셔닝(STP) 과정을 수행한다. 기업은 전체 시장을 서로 다른 고객의 욕구 또는 특성에 맞게 여러 그룹으로 분리함으로써 세분화한다. 즉, 이러한 시장세분화는 서로 다른 욕구 또는 개인 특성을 가진 고객들을 동일한 집단으로 구분(제품 또는 서비스에 대한 특정 판매촉진활동을 선호하는 고객들로 구성)하는 과정이라 할 수 있다. 서로 다른 세분시장이 파악된 후 기업은 고객의 욕구를 경쟁자 보다 더 잘 만족시킬 수 있고 높은 수익을 창출할 수 있는 세분시장을 선택하여 표적화한다. STP 과정을 완료하기 위해 기업은 표적 고객들이 경쟁 제품 또는 서비스에 비해 상대적으로 자사의 제품 또는 서비스가 명확하고 차별화되어 있다는 것을 마케팅 믹스 변수로 포지셔닝시킨다.

LO5 고객 가치를 증가시키기 위한 수단으로서의 마케팅 믹스 실행의 설명한다.

마케팅 믹스는 제품, 가격, 판매촉진, 유통 등의 4P로 구성되어 있고 각각의 P는 고객 가치 창출에 기여한다.

가치를 제공하기 위해 기업은 표적시장의 고객들이 좋은 가치로 수용할 만한 가격 수준에 제품 및 서비스를 적절히 구성하여 제공해야 한다. 따라서 기업들은 고객들에게 최선의 가치를 제공하기 위해 첫 번째 2개의 P인 제품과 가격을 상쇄시킨다. 세 번째 P인 판매촉진 활동은 기업과 그 기업의 제품 및 서비스에 대한 긍정적인 이미지를 소비자들이 인식할 수 있도록 해준다. 마지막 P인 유통은 고객들이 원하는 수량의 제품 및 서비스를 적절하게 받을 수 있도록 함으로써 가치를 부가한다.

LO6 포트폴리오 분석과 마케팅 성과 평가에 포트폴리오 분석이 사용되는 방법 요약한다.

포트폴리오 분석은 기업의 다양한 제품 및 사업들(포트폴리오)을 평가하고 향후 기업의 수익 창출에 크게 기여할 것 같은 제품별로 자원을 할당하기 위해 사용되고 있는 관리도구이다. 유명한 포트폴리오 분석 도구는 보스턴 컨설팅 그룹이 개발한 것으로, 모든 제품을 4개의 범주로 분류하는 방법이다. 첫째, 별은 높은 시장 성장률과 높은 시장 점유율을 가진 영역이다. 둘째, 현금 젖소는 낮은 시장 성장률과 높은 시장 점유율을 가진 영역이다. 이 영역에 속해있는 제품들은 잉여 자원을 산출하여 자원이 필요한 제품으로 이전시킴으로써 파급효과를 발생시킨다. 셋째, 문제아는 높은 시장 성장률과 상대적으로 낮은 시장 점유율을 가진 영역이다. 이 영역에 속해있는 제품들은 현금젖소에 의해 산출된 잉여 자원을 활용한다. 마지막인 개는 낮은 시장 성장률과 상대적으로 낮은 시장 점유율을 가진 영역이다. 이 영역에 속해 있는 제품들은 때때로 퇴출되기도 한다.

LO7 기업이 보유하고 있는 사업들을 성장시킬 수 있는 방법에 대한 설명한다.

기업들은 시장 침투, 시장 개발, 제품 개발, 다각화 등과 같은 4개의 기본 성장 전략을 사용한다. 시장 침투 전략은 기존 고객을 대상으로 기업이 행하는 노력이고 마케팅 믹스를 사용한다. 즉, 기존 고객들이 더 많이 구매하도록 만드는 것이다. 시장 개발전략은 기업이 해외시장 확대 등과 같은 새로운 세분시장에 소구하기 위해 마케팅 믹스를 사용하는 것이다. 제품 개발전략은 새로운 제품 또는 서비스를 기존의 표적시장에 제공하는 것이다. 마지막으로 다각화 전략은 기업이 새로운 제품 또는 서비스를 새로운 고객 시장에 출시하는 것을 말한다. 때때로 다각화 전략은 기업의 현재 사업과 관련이 있다. 예를 들면 여성 의류 제조업체가 남성 의류를 생산하고 판매하는 것과 같다. 그러나 다각화 전략의 더 큰 위험은 기업이 전혀 관련 없는 사업으로 다각화하는 것이다.

핵심용어

- STP(segmentation, tarketing, and positioning)
- 계량지표(metric)
- 계획 단계(planning phase)
- 고객의 우월함(customer excellence)
- 관련 다각화 (related diversification)
- 다각화 전략(diversification strategy)
- 마케팅 계획(marketing plan)
- 마케팅 전략(marketing strategy)
- 비관련 다각화 (unrelated diversification)
- 사명서(mission statement)
- 상대적 시장 점유율 (relative market share)
- 세분시장(market segment)
- 시장 개발전략 (market development strategy)
- 시장 성장률(market growth rate)
- 시장 점유율(market share)
- 시장 침투전략 (market penetration strategy)
- 시장 포지셔닝(market positioning)
- 시장세분화(market segmentation)
- 실행 단계(implementation phase)
- 운영의 우월함 (operational excellence)
- 입지(location)
- 전략적 사업단위(SBU) (strategic business unit(SBU))
- 제품 개발전략 (product development strategy)
- 제품 라인(product line)
- 제품(products)
- 제품의 우월함(product excellence)
- 지속 가능한 경쟁 우위 (sustainable competitive advantage)
- 통제 단계(control phase)
- 표적시장/타겟팅 (target marketing/targeting)
- 현황 분석(situation analysis)

사례 연구

connect

Netflix의 롤러코스터 같은 역사[65]

수 백만개의 편지가 이메일함에 일제히 도착했다. Netflix의 최고경영자인 Reed Hasting은 흥분된 목소리로 영화 대여 산업을 한 단계 더 진화시킬 혁신을 달성했다고 발표했다. 그러나 Netflix 주주들의 반응은 기대한 만큼 좋지는 않았다. 전략 변화를 충분히 계획하지 않을 경우 아무리 성공적인 회사라 하더라도 큰 화를 입을 수 있다는 교훈을 일련의 사건을 통해 알 수 있다.

초창기 제공 서비스: 1998~2008

이야기의 시초는 Hastings가 기간 만료 후에 대여한 비디오영화를 반납하지 않을 경우 연체료가 부가된다는 사실을 가지고 아이디어를 착안한 것이다. 그 대신 Netflix는 이용자가 원하는 만큼 소유하고 있어도 연체료가 없다. 기존 점포와는 달리 Netflix는 고객의 주문을 인터넷으로 받고 디스크를 우편으로 전달해준다. 그 기업의 수백만 고객(2002년에 백만명, 2006년에 5백만 이상, 2010년에 1천4백만)은 월 정액제 요금을 지불하고 한번에 8개의 영화를 가지고 있을 수 있다. 고객들은 선불 처리된 반송 우편 봉투를 사용하여 반납한다. Netflix는 자동적으로 그 다음 비디오 대여 고객에게 우편으로 전달한다. 또한 고객들은 마음대로 대기 현황을 업데이트 하거나 변경시킬 수 있다.

고객이 증가할수록 수익도 증가하고 이에 따라 Netflix의 경영자와 주주들은 매우 행복하였다. 외부 전문가들도 최고의 기업이라고 칭송하였고, 아울러 혁신이 수익과 성장을 어떻게 이끌어내는지를 보여준 눈부신 사례로 평가되었다.

점점 더 가까워 지는 성공예감: 2008~2010

Netflix는 혁신적인 기업이고 심각한 위협이 존재하는 주변 상황에 대한 신중한 분석결과를 제시하였다. 첫째, Netflix와 직접적으로 경쟁관계에 있는 몇몇 경쟁자가 시장에 진입하였다. 유명한 기업인 Blockbuster가 우편배달 서비스를 기존의 점포에 추가하였다. RedBox는 하루 1 달러로 최신의 인기 있는 영화를 편리하게 빌려 볼 수 있도록 한 선도 기업이다.

둘째, 미국 우편국의 보고서에 따르면 Netflix가 곧 심각한 문제에 직면할 것으로 제시하였다. 예산의 초과와 적자로 인해 수백개의 지역 우체국들이 문을 닫아야 된다는 것이다. 또한 불완전한 주말 서비스의 가능성에 대해서도 논의를 시작하였다. 이러한 내용들은 미국 우편국을 전적으로 의지하고 있는 Netflix에게 주요한 위협으로 다가왔다.

셋째, 몇 몇 케이블 방송국과 위성 중계방송사들은 더 많은 유료 방송을 하고 있다는 사실이다. 특별 이벤트 또는 권투경기에 대해 무제한으로 방송하던 사업 모델을 영화에도 적용시켰다. 즉, 비디오로 출시되자 마자 그 즉시 무제한으로 방송하는 것이다.

Netflix는 새로운 경로를 찾기 시작했다. 즉, 고객들이 영화와 TV쇼를 무제한으로 시청할 수 있게 만든 것으로 요금은 기존과 동일한 월정액만 지불하면 된다. 새로운 서비스의 제공은 Netflix의 기존 고객들 중 대부분이 선호함으로써 공전의 히트를 기록했다. 이러한 반응은 Netflix가 옵션을 확대할 수 있도록 만들었다. 컴퓨터를 통한 스트리밍에 덧붙여, 사용자들이 Nintendo, Wii, Xbox 360, PlayStation 3, TiVo 등으로도 서비스를 이용할 수 있게끔 만들었다. Panasonic, Insignia, Seagate 등의 하드웨어 옵션들이 곧 합류할 것이고, 또한 Netflix가 iPad 어플리케이션을 출시할 경우 더 많은 사랑을 받을 것이다.

아차, 나의 실수: 2010~2011

당연히 Netflix는 우편과 스트리밍 서비스 모두 동일한 가격 정책을 적용시키고 있기 때문에 수익이 감소될 수 있음을 알고 있었다. 즉, 더 큰 가치를 제공하기 때문에 더 높은 가격을 부가할 수 있다고 생각했다.

2010년 11월에 스트리밍 서비스의 가격을 월 7.99 달러로 증가시켰고, 동시에 DVD 우편배달 서비스 가격도 DVD 1개당 가격을 2 달러로 올렸다. 만약 고객들이 두 개의 서비스를 모두 원한다면 스트리밍 월정가격에 DVD 배달 가격 2 달러가 추가된다. 넷플릭스는 많은 고객들이 스트리밍 서비스로 몰리고 있기 때문에 대부분의 이용자들이 우편배달 서비스를 포기할 것으로 예측하였다.

그 예측은 정확히 빗나갔다. 이용자들은 우편배달 서비스를 아직까지 선호하고 있는 것으로 나타났다. 아울러 우편배달 서비스의 영화 선택의 폭이 스트리밍을 통한 것보다 더 크기 때문에 고객들은 아직까지 거기에 가치를 두고 있다. 2011년 7월, Netflix는 새로운 가격정책을 발표했다. DVD가 포함되지 않은 순수 스트리밍 서비스 가격은 월 정액으로 7.99 달러로 책정하였다. 스트리밍 서비스가 포함되지 않은 한 번에 하나의 DVD란 가장 기본적인 우편배달 서비스 가격도 월 정액으로 7.99 달러로 책정하였다. 만약 고객이 두 개의 서비스를 모두 이용할 경우 15.98 달러를 지불해야 한다. 새로운 가격정책은 2011년 9월 1일에 효과가 나타나기 시작했다.

고객들은 격노했다. 새로운 가격정책은 가격을 약 60%로 대폭 인상시킨 모습이었다. Netflix는 어느 정도 고객의 반발을 예상하였다. 즉, 몇몇 고객들이 서비스를 포기할 것으로 예측한 것이다. 그러나 약 100만 명의 사람이 서비스를 포기하는 사태가 발생하였고, 기업에 대한 부정적인 면을 지역 미디어 언론에서 집중적으로 다루었다. 언론 보도에 대한 반응으로 12,000개 이상의 댓글이 Netflix 블로그에 작성되었으며, 독자들도 긍정적인 언론 내용을 거의 찾을 수 없었다. 그러나 투자자들은 가격인상이 합리적인 것으로 생각했으며, 이로 인해 Netflix 주가는 상승하였다.

Netflix의 실수를 만회할 수 있는 대안은 없었다. 2011년 9월 18일 일요일 자정에 Hastings는 회사의 블로그에 '해명과 반성'이란 제목으로 새로운 발표문을 게재하였다. 문장은 다소 혐오스러웠고 표현은 광범위하게 인용될 수 있도록 충분히 주목할 만한 것이었다. 발표문의 시작은 다음과 같다. '내가 큰 실수를 저질렀다. 나는 모든 고객들에게 해명할 의무가 있다.' Hastings는 가격 변화에 대해 의사소통을 충분히 거치지 않고 결정한 점에 대해 사과했다. 그리고 그는 '과거의 성공에 취해 오만한 행동을 하였다.'라고 스스로를 비난했다.

이후 그는 실수에 대한 해법을 설명하였다.

> 스트리밍과 DVD는 두 개의 서로 다른 사업으로 생각했다. 즉, 이 두 개는 매우 다른 비용 구조, 차별적으로 시장화가 필요한 다른 수익 활동을 갖고 있기 때문이다. 따라서 우리는 각각의 개별사업을 성장시켜야만 했고 독립적으로 운영하여야 했다. 지난 10년 이상을 DVD 우편배달 서비스에 자부심을 가져왔던 제가 이런 글을 쓴다는 것 자체가 힘들지만 반드시 해야 할 일이라고 생각한다. 몇 주 내에 우리는 DVD 우편배달 서비스를 'Qwikster'로 이름을 변경할 예정이다.
>
> Qwikster란 이름은 신속한 배달을 의미한다. 스트리밍 서비스의 이름은 'Netflix'로 유지할 것이다.
>
> Qwikster는 모든 사람이 이용해 본 적이 있는 동일한 웹사이트와 DVD 서비스가

될 것이다. 이름만 새로울 뿐이고 DVD 회원들은 qwikster.com으로 가서 DVD 사용자로 접속하고 영화를 선택하면 된다. 눈에 띄는 점 하나는 비디오 게임 업그레이드 옵션이 부가된다는 것이다. 개별 웹사이트의 또 다른 장점은 회원들을 위한 단순성이다. 각각의 웹사이트는 하나의 물건(DVD 또는 스트리밍)에 집중할 것이고 사용이 더 용이해질 것이다. Qwikster와 Netflix 웹사이트는 통합되지 않을 것이다. 만약 두 개의 서비스를 모두 구독한다면, 그리고 신용카드 또는 이메일 주소를 변경해야 한다면 두 개의 웹사이트에서 모두 작업하여야 한다. 이와 유사하게 만약 당신이 Qwikster에 게재된 영화를 평가하거나 검토한다면, Netflix에는 반영되지 않는다. 가격정책의 변화는 없다(이미 가격정책은 기존에 완료되었기 때문이다). 두 개의 서비스를 모두 구독한 회원들은 신용카드 사용에 대해 2개의 처리 창구를 가질 것이다. 하나는 Qwikster를 위한 것이고 또 다른 하나는 Netflix를 위한 것이다. 두 개의 서비스에 대한 사용료 총액은 현재 부과된 가격과 동일하게 운영될 것이다.

2011년부터 두 개의 서비스 이용료를 지불하기 위해 고객들은 두 개의 인터넷 사이트를 별도로 방문하여야 한다. 이 두 개의 인터넷 사이트는 스트리밍과 우편 서비스를 취급하기 보다 영화를 관리하는 것에 더 가깝다고 할 수 있다. 새로운 웹사이트에 대한 고객의 선호도는 처음부터 다시 구축되어야만 한다. 그리고 고객들은 Qwikster와 거래를 해야 한다.

2011년 10월 10일에 게재된 자료는 Hastings가 두 개로 분리한 웹사이트를 다시 변경하였다. 두 개의 서비스 모두 Netflix로 통합하여 관리하게끔 하였으며, 이로 인해 가격 증가가 발생하였다. 결과적으로 더 많은 고객들이 이탈하였고 Netflix 주식 가격은 급격히 떨어졌다. 외부 전문가들은 2011년 사사분기 보고서를 걱정스럽게 지켜봐야 했다. Netflix 블로그 초기화면은 신규 컨텐츠의 판촉활동 화면으로 이동하게끔 만들어 놓았다. Reed Hastings는 아직까지 그 회사에 남아 있다.

확인 문제

1. Netflix의 마케팅 전략을 설명하라. 경쟁우위를 지속시킬 수 있을 것인가? 그 이유는 무엇인가?
2. Netflix의 전략적 변화와 빠른 역행(reversal)은 고객에게 어떠한 영향을 미쳤나? 이러한 상황이 단기적인 PR의 실수라고 생각하는가? 또는 장기적인 기회의 상실(역행)이라 생각하는가?
3. Netflix에 대한 SWOT 분석을 수행하시오. 가장 커다란 위협은 무엇이고 어떤 기회를 추구해야 하는가?
4. Netflix의 사업을 성장시키기 위한 최상의 방법은 무엇인가? 당신의 답에 대한 타당한 근거를 제시하시오.

Dell Social Media Listening Command Centre
experience for you.
@DellEDU

Social Media Listening
Command Center

CHAPTER 3

소셜, 모바일 마케팅

소셜 미디어는 기업이 고객들로부터 의견을 듣고 커뮤니케이션하는 방식을 혁신적으로 변화시켰다. 소셜 미디어 활용을 통해 광범위하게 수집된 정보들은 제품 디자인, 기술적 지원, 고객 서비스 등과 같은 모든 사업 활동을 개선하기 위한 유용한 수단이 될 수 있다. 델(Dell)은 이러한 마케팅 환경의 변혁을 가장 잘 수행한 회사 중 하나로서 가정용과 기업용 정보통신 솔루션을 제공하는 가장 거대한 회사로 성장하였다. 오늘날 Dell은 전 세계에서 가장 우수한 소셜 미디어 브랜드로 간주되고 있다.[1]

Dell은 고객의 소리를 가장 중시하는 회사로 알려져 있다. 창업자이면서 CEO인 마이클 델(Michael Dell)은 "Dell의 창립 철학은 고객들로부터 의견을 듣고 배우는 것이며 고객의 의견을 어떻게 개선시켜 상품으로 제시해 줄 수 있는가에 있다"고 이야기하고 있다.[2] Facebook(Facebook)과 트위터(Twitter)와 같은 소셜 미디어는 학습 곡선을 가속화시켰다.[3] Dell은 전통적인 온라인 지원 포럼을 제공하고 있으며, 이곳을 통해 주제별로 서로 다른 Dell 사용자들이 제품사용과 관련된 질문과 답변을 게시하고 있다. Dell의 모바일 앱을 통해서도 사용자들은 이동 중에도 서로 연결될 수 있다.

학습 목표

- **LO1** 소셜 미디어 마케팅의 4E 프레임워크를 설명한다.
- **LO2** 소셜 미디어 유형을 이해한다.
- **LO3** 모바일 애플리케이션의 유형을 이해한다.
- **LO4** 소셜 미디어 전략의 3가지 구성요소를 인지하고 이해한다.
- **LO5** 소셜 미디어를 활용하여 자신을 마케팅 할 수 있는 방법을 이해한다.

Dell의 다양하면서도 잘 개발된 소셜 미디어 채널은 질적으로도 차별화된다. 소셜 미디어 채널을 통해 Dell과 고객들은 즉각적인 대화가 가능하다. Dell의 플래그십 블로그인 Direct2Dell.com과 페이스북(Facebook), 링키드인(LinkedIn), 트위터(Twitter), 구글+(Google+) 등을 통해 각각의 차별적 세분시장에 도달할 수 있는 다양한 마케팅 채널을 구축하고 있다. 소셜 미디어는 고객 지원뿐만 아니라 회사와 제품 소식, 디지털 사업과 디지털 생활에 대한 다양한 생각거리 등을 고객에게 전달해 주고 있다. 아울러 소셜 미디어를 통해 사용자간의 대화를 모니터하고 개선사항에 대한 아이디어를 얻을 수 있다.[4]

기업들은 Facebook, Twitter, 다른 소셜 미디어 등을 통해 매일 발생되는 수천 건의 상호작용으로부터 자사 제품에 대한 유용한 의미를 어떻게 도출할 수 있는가? 이야기 듣기와 분석 혹은 소셜 미디어 모니터링이 핵심이며, 이를 통해 기업들은 고객의 소리와 트렌드를 확인할 수 있다. 예를 들어 파트너 모니터링을 위한 Radian6라고 하는 소셜 미디어를 통해 Dell사는 "의견분석(sentiment analysis)"이라고 불리는 시장 조사를 실시하고 있는데, 이 조사를 통해 방대한 온라인 고객 대화 정보를 수집하고, 분류하고, 해석하는 활동을 하고 있다. 텍스트 분석과 대규모 디지털 컨텐츠 수집 기술과 결합된 Radian6를 통해 Dell은 하루에 약 25,000건의 대화를 모니터할 수 있다.[5]

Dell은 온라인 채팅과 포스팅을 수집하고 모니터하는 동시에 새로 도입한 소셜 미디어 청취 통제 센터(Social Media Listening Command Center)를 통해 다른 대화에 개입하고 있다. 이곳 70명의 훈련된 스텝들은 11개 언어로 소셜 미디어를 통해 이루어지는 대화에 참여하고 반응해 주고 있다. Dell의 회신을 요구하는 모든 트윗, Facebook 포스팅과 여러 다른 형태의 코멘트에 대해 24시간 이내에 답변 해주고 있다.[6]

Dell이 온라인 통한 청취에만 국한하고 있는 것은 아니다. 매년 개최되는 소비자 조언 미팅을 통해, 핵심 블로거와 디지털 의견 선도자들이 Dell의 책임자와 스텝과 마주 앉아 회사 제품, 서비스 및 프로세스 전반에 대해 자유롭게 의견을 교환하고 있다.

Dell은 소셜 미디어를 공격적으로 통합함으로써 제품과 서비스 디자인과 혁신에 있어 고객을 핵심적인 파트너로 만들어나가고 있다.

LO1 소셜 미디어 마케팅의 4E 프레임워크를 설명한다.

소셜 미디어를 위한 4E 프레임워크

오늘날 소셜 미디어는 통합적 마케팅 커뮤니케이션 전략의 필수적 구성요소로 자리매김하고 있다. 소셜 미디어(social media)는 개인간의 상호작용을 촉진하기 위해 온라인과 모바일 기술을 통해 유통되는 콘텐츠를 지칭한다. 소셜 미디어는 소비자와 기업간 연결을 돕기 위한 다양한 형태의 서비스 혹은 수단을 활용하게 된다. 이러한 연결을 통해 마케터와 고객들은 제품이나 이미지에 대한 생각으로부터 업로드된 사진, 음악, 동영상에 이르기까지 모든 형태의 정보를 공유할 수 있다.

소셜 미디어가 탄생되는 데에 활용된 확산 기술은 그림 3.1에 나타난 바와 같이 1990년대 중후반 인터넷이 출현하게 되면서 가속화되었다. 이 아이디어는 훌륭하였

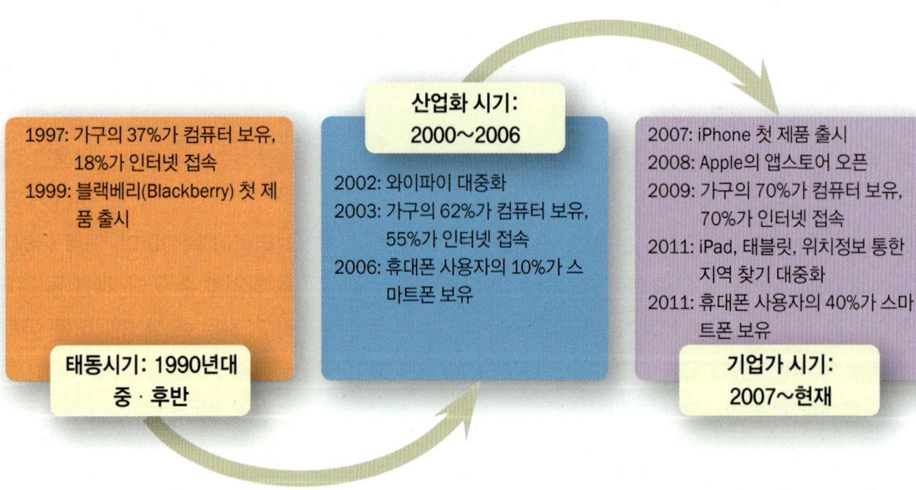

출처: Adapted from: Coca-Cola Retailing Research Council and the Integer Group, "Assessing the Social Networking Landscape," in *Untangling the Social Web: Insights for Users, Brands, and Retailers*, January 2012.

그림 3.1 소셜 미디어를 탄생시킨 기술의 발전

지만 사람들을 개입시킬 여지는 별로 없었다. 20세기에 접어들면서 2000년을 1900년으로 오인하는 이른바 밀레니엄 버그와 닷컴 버블이 꺼지면서 온라인 이용자들로 하여금 인터넷 사이트 이용을 유지하도록 하기 위해서는 흥미를 자극하고(exciting), 교육적이며(educational), 체험적인(experiential) 것을 제공할 수 있어야 한다는 것을 깨닫게 되었다. 오늘날은 기업들이 소비자들이 소셜 미디어를 활용하고 즐기는 방식으로부터 수익 창출 기회를 모색하는 기업가적 시대에 접어들고 있다.

오늘날, 멀티태스킹은 일상생활이다.

소셜, 모바일, 온라인 기술변화와 발전으로 인해 기업들은 고객과의 소통 방식을 전면적으로 수정하지 않을 수 없게 되었다. 제품을 생산하고 오프라인 소매점을 통해 유통시키며, 전통적 대충 매체(TV, 신문, 라디오, 잡지 등)를 통해 커뮤니케이션하며, 다른 판매촉진 수단(우편판매, 텔레마케팅 등)을 활용하는 전통적 방식만으로는 충분하지 않다.

소셜, 모바일, 온라인 마케팅 등의 새로운 마케팅 방식이 통합적 마케팅 커뮤니케이션(IMC: integrated marketing communication)에 있어 중요성이 커지고 있다. 소셜, 모바일, 온라인 등과 같은 새로운 매체의 출현에 따라 전통적 매체, 판매촉진, 소매점 등의 역할이 변화되고 있고 4E 프레임워크를 활용하여 마케팅 커뮤니케이션 목표를 다른 시각으로 고찰해볼 필요성이 높아지고 있다(그림 3.2 참조).

- 적절한 마케팅 제안으로 고객의 흥미를 자극하라.
- 마케팅 제안에 대해 고객을 교육시켜라.
- 고객들이 제품, 서비스와 같은 마케팅 제안을 직접적 혹은 간접적으로 체험할 수 있도록 도와라.
- 소셜 네트워크를 통해 고객들이 자신의 경험을 서로 공유할 수 있도록 참여시켜라.

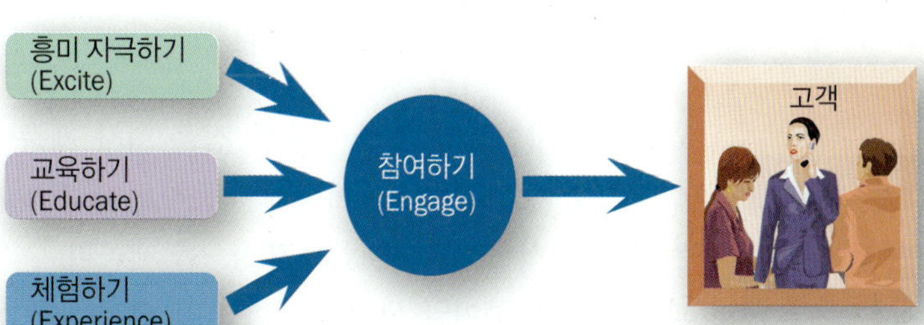

그림 3.2 소셜 미디어에 대한 4E 프레임워크

고객의 흥미를 자극하라

마케터들은 제품, 브랜드, 기업 등에 대해 고객의 흥미를 유발할 수 있는 모바일 앱이나 게임 등을 포함하여 다양한 유형의 소셜 미디어를 활용하고 있다. 기업들은 Groupon 할인행사 등과 같이 소비자들의 흥미를 자극할 수 있는 마케팅 제안을 커뮤니케이션하기 위해 Facebook과 Google+와 같은 소셜 네트워크를 적극적으로 활용하고 있다.

고객의 흥미를 자극하기 위해서는 마케팅 제안이 표적 고객과 관련성이 높은 것이어야 한다. 마케팅 제안의 관련성은 고객 관계 관리 혹은 고객 애호도 프로그램 등을 통해 얻어진 통찰력과 정보를 바탕으로 개인화되고 맞춤화된 제안을 제공할 수 있을 때 높아질 수 있다. 이러한 통찰력과 정보 획득을 위해서 기업들은 Radian6와 같은 고객의 소리 획득 시스템이나 Google analytics와 같은 온라인 분석 도구를 활용할 수 있다.

위치기반 소프트웨어나 애플리케이션을 활용하면 고객이 구매의사결정 시점에 맞춰 마케팅 제안을 제공해 줄 수 있다. 예를 들어, Staples사의 경우 고객이 매장에 있는 동안 기존 구매 이력을 바탕으로 관련성 높은 쿠폰을 휴대폰을 통해 제공하고 있다.

고객을 교육시켜라

잘 기획된 소셜 마케팅 제안의 가장 중요한 요소는 고객들을 컴퓨터, 테블릿, 모바일 기기 등을 통해 끌어들여 궁극적으로는 온라인 웹사이트 혹은 오프라인 소매점으로 유도하는 것이다. 잠재 고객을 웹사이트 혹은 오프라인 점포에 이끌 수 있다면, 마케터는 자신들의 가치 제안에 대해 설명하고 마케팅 제안의 각종 혜택을 알릴 수 있는 절호의 기회를 얻게 되는 것이다. 제공하는 정보가 새로운 것일 수도 있지만 어떤 경우에는 고객들이 이미 알고 있는 것을 상기시켜주는 것이라고 할 수 있다. 따라서 고객들에게 적절한 교육 기회를 포착함으로써 마케터는 고객이 원하는 편익과 자신들이 제공하는 혜택의 일치성을 극대화해나갈 수 있게 된다. 이러한 관점에서 4E 프레임워크의 두 번째 E는 지속가능한 경쟁 우위를 구축할 수 있는 수단이 된다고 할 수 있다.

블로그와 블로깅 도구(예: WordPress, Twitter), HubSpot(올인원 마케팅 소프트웨어), Youtubed와 Google+ 등과 상대적으로 덜 알려진 Roost 혹은 Schedulicity와 같은 소셜 미디어 도구들은 마케터가 잠재고객을 교육하는 데 핵심적인 도움을 줄 수 있다. 〈가치 부가 사례 3.1〉은 고객 교육을 위해 HubSpot이 어떻게 잘 활용될 수 있는지를 보여주고 있다.

제품, 서비스에 대한 체험 기회를 제공하라

YouTube 사이트의 가장 유용한 점은 회사 제품이나 서비스에 대한 생생한 정보–어떻게 작동하는지, 어떻게 사용하는지, 어디서 구매할 수 있는지 등–를 제공할 수 있다는 점과 고객들로 하여금 생생한 체험을 할 수 있도록 도와줄 수 있는 점이다. 예전에는 제품 구매 이전에 제품 평가가 쉽지 않았지만 오늘날에는 구매 이전에 온라인을 통해 제품 설

Staples사는 매장을 방문한 고객을 대상으로 휴대폰을 통해 즉각적 보상을 제공함으로써 고객을 흥분시키고 있다.

가치 부가 사례 3.1 HubSpot을 활용한 고객교육[7]

오늘날 마케터들은 블로깅, 트위팅, 웹사이트, 검색 엔진 최적화 및 분석 도구 등과 같은 일련의 마케팅 도구를 활용하여 고객에게 도달하고 있지만 상호 연결되지 못한 전략들을 효과적으로 수행하는 데 시간적, 기술적 어려움이 존재하고 있다. 이러한 어려움을 해결하기 위해 HubSpot은 자사 고객사들로 하여금 웹사이트, twitter 및 소셜 미디어 플랫폼에 콘텐츠를 올리고 그 결과를 독점적 소프트웨어를 통해 추적할 수 있도록 도와주고 있다.

Canadian Mountain Holidays Heli-Skiing & Summer Adventures(CMH)에서는 헬기 수송, 스키와 스노우보드 숙박과 가이드, 하이킹 휴가 등을 제공해 주고 있다. 이 회사는 웹 기반의 다양한 마케팅 활동을 시도해 보았으나 효율적이지 못했고 데이터 분석 능력이 뒷받침되지 못해 마케팅 활동의 효과성을 분석하기 어려웠다. 하지만 HubSpot의 분석 도구를 활용하기 시작하면서 CMH사는 소셜 미디어 메시지를 조율하고 배포하는 데 도움을 받을 수 있었고, 3년간 소셜 마케팅 데이터 분석 결과 트래픽은 387%, 리드는 772% 증가한 것으로 나타났다.

멋진 휴가를 보내고 싶으세요? CMH와 함께 하세요.

명서 등을 다운로드 받을 수 있다. 소프트웨어 구매 이전에 한 달간 사용해 볼 수 있는 옵션 선택도 가능하다. iTunes를 통해 음악 구매 이전에라도 몇 초간 혹은 노래 전체를 들어볼 수도 있다. 이러한 온라인 구매 상품의 확산은 새로운 유통채널과 매체 선택을 촉진시키게 되었다.

서비스와 같은 다른 마케팅 제안에 대해서도 소비자들은 예전에는 직접 구매해서 사용해 보지 않으면 알기 어려웠던 체험 기반 정보를 소셜 미디어를 통해 얻을 수 있다. 새로 출시된 손톱 매니큐어 색깔 선택이나 최근 화장품 트렌드를 알고 싶다면, 상품 선택 조언과 설명서 등을 제공해주는 Temptalia(http://www.temptalia.com/category/tutorials)와 같은 블로그를 방문해 보면 된다.

홈디포(Home Depot)는 오래전부터 DIY족들이 애용하는 점포로 알려져왔다. 하

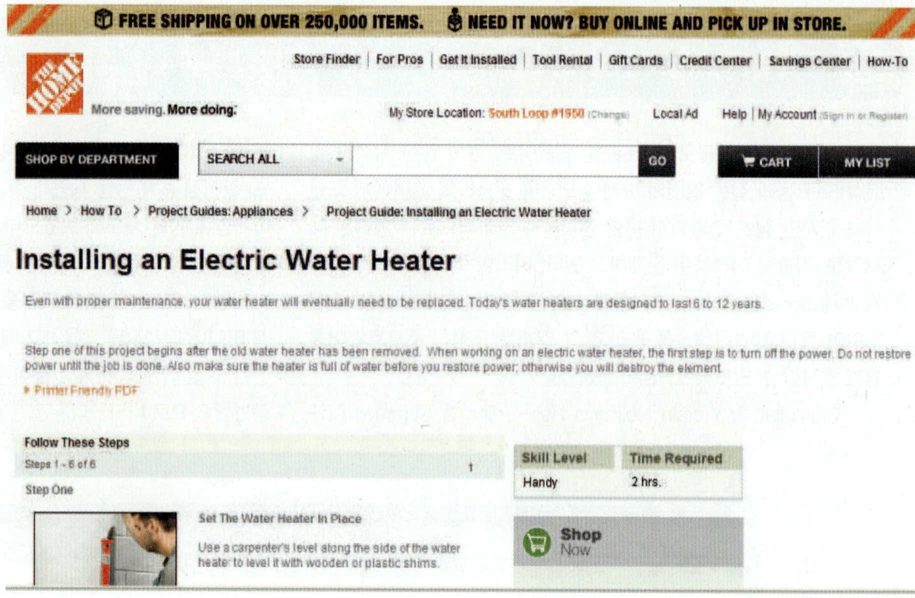

전기 온수기 설치 정보가 필요하세요? 홈 디포 웹사이트를 방문해 보세요.

지만 판매원이 이야기 해준 새로 구매한 상품의 설치방법을 잊어버린 경우 홈디포 웹사이트에서 상세한 정보를 얻을 수 있다(http://www6.homedepot.com/how-to/index.html). 또한 소비자들은 이 사이트에서 제품 설치과정에서 유사한 애로점을 겪고 있는 다른 소비자들과 채팅을 통해 문제점 해결을 모색해 볼 수도 있다.

니콘 디지털 학습 센터(Nikon's Digital Learning Center)에서는 (참조http://www.flickr.com/groups/nikondigitallearningcenter/; http://www.flickr.com/Nikon) Flickr 멤버들에게 사용 설명서, 니콘 전문 사진사들이 제공해주는 사진 촬영 팁과 조언 등을 제공함으로써 평소 꿈꿔왔던 멋진 사진을 얻을 수 있도록 도와주고 있다.[8] 책에서도 찾을 수 있는 촬영 기술 팁을 제공하는 것만이 아니라, 니콘은 전문 사진사를 초청해서 소비자들과의 쌍방향 대화를 가능하게 하여 사진 촬영법 제공, Q&A 세션 마련 및 자신들의 사진 업로드 등을 유도하고 있다. 이곳 센터에서 64,000명 이상의 회원들이 다른 회원들의 체험을 통해 배우고 있다.

고객을 참여시켜라

4E 프레임워크에서 처음 3개의 E를 통해 마지막 단계 E가 결정되게 된다. 고객을 참여시켜라. 고객 참여를 통해 행동이 유도되고, 고객과의 관계 구축, 애호도와 몰입 형성이 가능해진다. 블로깅과 마이크로 블로깅 등과 같은 소셜 미디어 도구를 통해 고객들은 적극적으로 기업 및 소셜 네트워크와 연결되고 있다. 이러한 고객 참여는 부정적일수도 긍정적일 수도 있다. 고객참여가 긍정적으로 이루어진 경우에는 참여 정도가 낮은 고객들에 비해 20~40% 정도 구매가 증가되어 기업 수익에 긍정적 영향을 미치는 것으로 알려져 있다.[9]

반면에 유나이티드 항공을 이용하던 음악가 Dave Carroll의 사례는 부정적으로 고객 참여가 이루어진 경우로 볼 수 있다. 그는 자신의 기타가 거칠게 다루어진 것에 불만을 품고 유나이티드 항공사를 이용하지 말 것을 권유하는 3개의 노래와 동영상을 제작하여 발표하였다.

Carroll의 음악, 얼굴, 이야기는 국제적 인지도를 얻게 됨으로써 한 명의 소셜 미디어 사용자가 대기업에 얼마나 큰 부정적 영향을 미칠 수 있는지를 보여준 사례라고 할 수 있다. 이러한 인지도와 명성을 바탕으로 Carroll은 웹사이트와 블로그를 개설하였으며 이곳을 통해 자신의 경험을 공유하였다. 그의 책을 구매하는 경우 유명한 유나이티드 항공사 노래에의 자동적 접속 링크가 제공되기도 하였다. 이는 Carroll이 4E 프레임워크상의 흥분과 교육을 넘어 해당 소비자들을 자신의 저서 소비자로 참여시키고자 하는 것으로 볼 수 있다.

다음에서는 소셜 미디어를 위한 4E 프레임워크 형성에서 다양한 소셜 미디어 도구들이 수행하는 역할에 대해 검토해보고자 한다.

소셜 미디어 분류

여러분의 Facebook 사이트의 친구들이 모두 실제 생활에서 알고 지내온 친구들인가? 온라인 사이트에 등록된 모든 친구들을 실제 알고 있는가? 아마도 많은 경우 한 번도 만나보지 못한 온라인 친구들이 상당할 것이고 오프라인에서 직접 정기적으로 만나는 친구들보다 온라인상에서 알고 지내는 친구들 수가 더 많을 것이다. 따라서 전통적인 미디어 보다 소셜 미디어에 더 많은 청중이 있다고 볼 수 있으며 이러한 거대한 잠재적 청중 규모로 인해 마케터들의 관심이 높아지고 있다.

마케터들은 소셜 네트워크 사이트(social network sites), 미디어 공유 사이트(media sharing sites), 사고 공유 사이트(thought-sharing sites)(혹은 블로그)와 같은 3가지 유형의 소셜 미디어(그림 3.4 참조)를 활용한다.

소셜 네트워크 사이트

소셜 네트워크 사이트는 마케터들이 4E의 첫 번째 요소인 흥미를 자극하기에 탁월한 수단이다. 소비자들은 Facebook 등을 통해 친구와 소통하거나 LinkedIn을 통해 기업

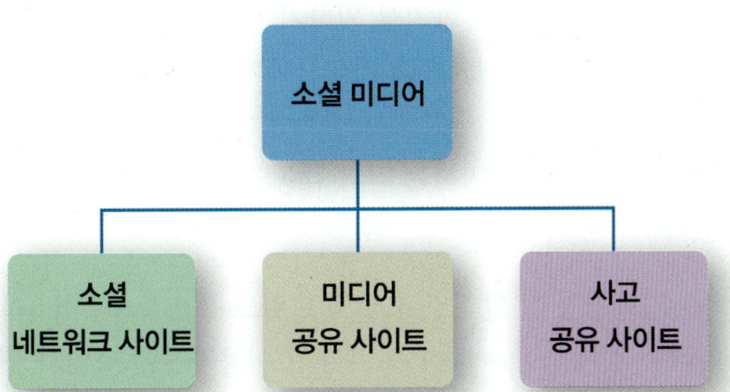

그림 3.4 소셜 미디어의 유형

LO2 소셜 미디어 유형을 이해한다.

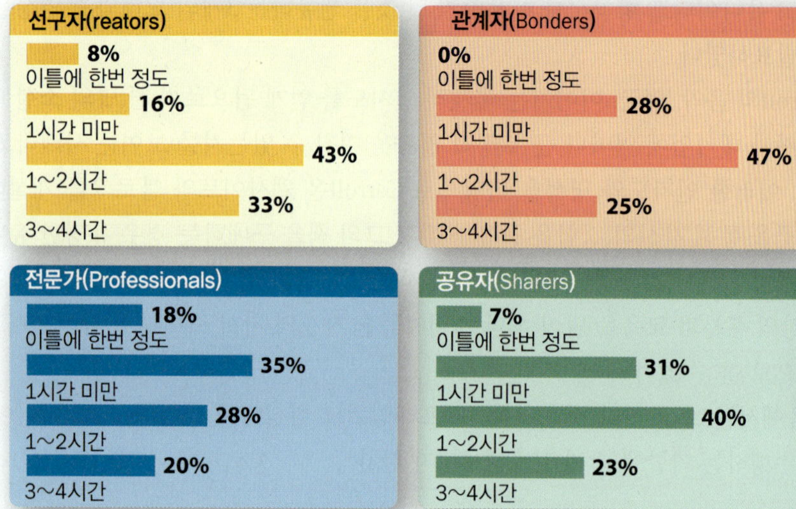

출처: Coca-Cola Retailing Research Council and the Integer Group, "Social Networking Personas: A Look at Consumer and Shopper Mind Sets," in *Untangling the Social Web: Insights for Users, Brands, and Retailers*, March 2012.

그림 3.5 일일 소셜 네트워크 사용 시간

과 만날 수 있다. 그림 3.5는 소셜 네트워크 사이트가 다양한 이용 동기와 습관을 지닌 소비자들에 따라 얼마나 활용되는지를 보여주고 있다. 이 조사결과는 대부분의 사람들이 소셜 네트워크 사이트를 하루 1시간에서 4시간 정도 사용하고 있다는 것을 보여주고 있다.

- 선구자(Creators): 최신 기술에 민감하고 이성적으로 다른 사람들에게 공헌하고자 하는 사람들로서, 소셜 미디어는 자신들의 창의적인 아이디어 등을 올리고 공유할 수 있는 새로운 기회를 제공해준다.
- 관계자(Bonders): 사회적 상호작용을 중시하는 사람들로서 타인과의 관계를 강화시키고 확장하기 위해 적극적으로 소셜 미디어를 활용한다.
- 전문가(Professionals): 항상 바쁘게 생활하는 가운데, 효율적인 삶을 추구하는 집단으로 소셜 미디어 활용을 통해 자신이 얼마나 스마트한지를 보여주고 싶어 한다.
- 공유자(Sharers): 다른 사람들을 돕기를 원하기 때문에 이를 위해 끊임없이 정보를 탐색하여 소셜 네트워크 사이를 통해 타인들에게 유용한 통찰력을 제공해주고자 노력한다.

4개 세분집단은 다음에 상세히 설명하는 바와 같이 다양한 유형의 소셜 네트워크 사이트를 활용하고 있다.

페이스북(Facebook) 가장 잘 알려진 소셜 네트워크 플랫폼으로서 8억 명 이상이 적극적 사용자들이라는 점에서 Facebook은 개개인 이용자들이 타인과 연결할 수 있는 확실한 수단일 뿐만 아니라 마케터에게는 표적 시장을 면밀히 선정할 수 있는 기회를 제공해준다. 기업은 Facebook을 통해 제품, 이벤트, 뉴스 혹은 고객을 흥분시킬 수 있

Coca Cola Facebook: 5000만명이 Coca Cola Facebook을 좋아함

는 판촉 등에 관한 콘텐츠나 정보를 노출시킬 수 있다. 해당 페이지의 팬들만이 정보 접근이 가능하기 때문에 기업은 팬들을 특정한 표적시장으로 삼을 수 있다.

Facebook을 성공적으로 활용하고 있는 기업들은 정기적으로 고객들을 흥분시키는 시도를 하고 있다. 예를 들어 할인 의류 소매상인 Forever 21의 경우[10] 팬 페이지의 특정 포스팅에 대해 "좋아요"버튼을 클릭하면 해당 메시지가 뉴스 피드로 전달되어 해당 버튼을 클릭한 사용자의 모든 친구들이 볼 수 있게 되어 흥분을 창출하고 거대한 승수 효과를 유발하게 된다.[11]

조금 더 논란이 된 Facebook 마케팅 사례로는 버거킹(Burger King)이 "와퍼 희생(Whopper Sacrifice)"으로 명명한 Facebook 캠페인을 들 수 있다. 이 캠페인은 해당 캠페인 앱을 설치하고 Facebook 친구 10명을 리스트에서 삭제하면 공짜 와퍼를 제공하게 되는 것으로 23만 명 이상이 참가하여 폭발적인 화제를 불러 모았다. 이 캠페인은 친구를 포기할 만큼 와퍼가 맛있다는 독특한 아이디어로 '우정보다 강한 와퍼'라는 별칭을 얻게 되었다. 추후 Facebook이 사생활 우려 등으로 캠페인을 중지한 이후에 버거킹 팬 페이지에는 다음과 같은 공지문이 게재되었다. "Facebook은 당신의 와퍼에 대한 사랑이 233,906명의 우정보다 더 강한 것이 증명된 이후에 와퍼 희생 캠페인을 중단하였다." 이 캠페인을 통해 버거킹은 엄청난 화제성을 유발하였고 이는 소셜 미디어를 활용하여 흥미를 성공적으로 자극한 사례로 볼 수 있다.[12]

가치 부가 사례 3.2 효과적인 친구 되기

단순히 소셜 미디어를 활용하는 것만으로 치열한 시장에서 경쟁력을 갖추기는 어렵다. 소셜 미디어 문화에 맞지 않는 캠페인 전개를 통해 브랜드 이미지를 악화시킨 경우도 있다.

업계 전문가들이 Facebook의 8억 명 사용자들로부터 긍정적인 호의를 이끌어내기 위한 필수적인 요소에 대해 토론한 결과,[13] 성공적인 캠페인이 되기 위해서는 무엇보다 스토리가 있어야 한다는 데 동의하였다. 스토리 구성 단계부터 사용자들을 이끌어내고 참여시키는 것이 좋고 캠페인이 실생활과 밀접히 연결될 수 있도록 하는 것이 중요하다고 할 수 있다. 예를 들어, 하인즈(Heinz)는 아픈 친구들에게 개인화된 메지지를 포함한 수프 캔을 보낼 수 있도록 캠페인을 구성한 바 있다(그림 3.3을 상기하라).

Facebook을 통해 얻을 수 있는 소비자 데이터를 잘 활용하게 되면, 표적 시장 고객들에게 맞춤화된 마케팅제안이 가능하고 소비자 반응을 추적할 수 있게 됨으로써 캠페인 성공 가능성을 높일 수 있다.

환경 친화적인 세제 제품에 대해 시행한 Facebook 촉진행사 반응이 신통치 않자, Clorox는 환경 친화적 그린 제품 정보와 매출 증가 현황 등에 대해 소비자들에게 알리기 위한 새로운 캠페인을 전개하였다. 이 캠페인은 Facebook 프로필에 "깨끗한", "그린"이라는 단어가 포함된 여성들을 표적으로 실시되었다.[14] 동시에 Clorox는 지역 커뮤니티에서 환경 친화적 소비행동을 잘 실천하고 있어 15,000 달러의 상금을 받을 자격이 있는 환경 지킴이를 지정하기 위해 소비자들을 초대함으로써 환경 친화적인 잠재 소비자들의 체험을 강화시키고자 하였다. 또한 Clorox는 환경 친화적 웹 페이지에 접속한 사람들에게 3 달러 할인 쿠폰을 제공하였다. 결과는 역대 최고의 고객 참여율을 기록하였고 이는 소셜 미디어를 제대로 활용하면 매우 유용한 마케팅 수단이 될 수 있음을 보여주고 있다.

Clorox의 Facebook 촉진행사는 소비자들을 대상으로 환경 친화적 제품 및 판매 증가 정보에 대해 알리기 위해 고안되었다.

Facebook을 활용한 디스플레이 광고는 사용자 프로필, 브라우징 내역, 선호 정보 등을 통해 특정 집단 소비자들을 표적으로 삼을 수 있다. 예를 들어, Facebook 사용자가 스키 장비에 대한 선호를 나타낸다고 한다면 특정 스키 장비 업체는 해당 소비자들을 표적시장으로 선정하여 촉진활동을 전개할 수 있다. 이와 같이 Facebook은 전통적인 형태의 촉진과 다른 유형의 촉진활동 전개가 가능하고 더 정교하고 명확한 시장 세분화와 표적시장 선정이 가능할 수 있다. 하지만 단순히 오프라인 광고를 소셜 네트워크 사이트로 옮기는 것은 효과적이고 적절한 Facebook 마케팅이라고 보기 어렵다(〈가치 부가 사례 3.2〉 참조).

링키드인(LinkedIn) 일상적 혹은 친분 기반의 사이트가 아닌 전문 사이트 LinkedIn에서는 1억 5천만 명 이상의 사용자들이 자신의 이력서를 올리고 다른 전문가들과 네트워크를 형성하며, 구직 정보를 획득하는 등 소비자들의 전문적인 생활을 공유할 수 있다. 이곳에서는 사용자들이 Q&A 포럼에 게시물을 올리고, 구직활동을 전개하며 프레젠테이션 자료 등과 같은 개인적인 지적 재산물을 공유한다.[15]

전문적 네트워킹 혜택을 제공하는 링키드인은 특히 중소기업 소유주들에게 유용하다. 1,200만 명 이상의 링키드인 사용자들이 중소기업 소유주들이고, 이곳을 통해 기업가들이 우수 업체와의 네트워크 형성, 우량 공급업체 발굴과 브랜드 명성 구축 활동 등을 시행하고 있다. 링키드인에 150,000개 이상의 기업 프로필이 올라와 있는데, 이를 통해 신규 기업 고객을 발굴할 수 있고 경쟁사 동향 파악 및 핵심 정보 획득이 가능하다.[16]

구글 플러스(Google+) Facebook과 경쟁하기 위해 Google+가 출시되었는데, 소셜 미디어와 게임 커뮤니티에 미치는 영향은 즉각적으로 나타났다. 출시 6주 이내에 Google+는 Angry Bird와 Zynga Poker를 포함하여 16개 게임을 라인업에 추가하였다. 이는 게임을 즐기는 사용자들, 특히 Facebook의 FarmVille 게임의 엄청난 성공을 가져다준 네트워크 게임을 즐기는 사용자들을 열광시키고자 하는 목적이었다.[17] 게임 이용자들을 효과적으로 유도하여 Google+의 매력을 인식시킬 수 있다면 Facebook 이용자들을 자사의 고객으로 만들 수 있을 것으로 기대했다. 이러한 전술을 지니고, Google+는 출시 몇 주 이내에 2,000만 명 이상의 방문자를 이끌어내었다. 하지만 광고업체, 사용자, 게임회사 등은 Google+ 네트워크가 어떻게 진행될지에 대해 면밀히 검토하고

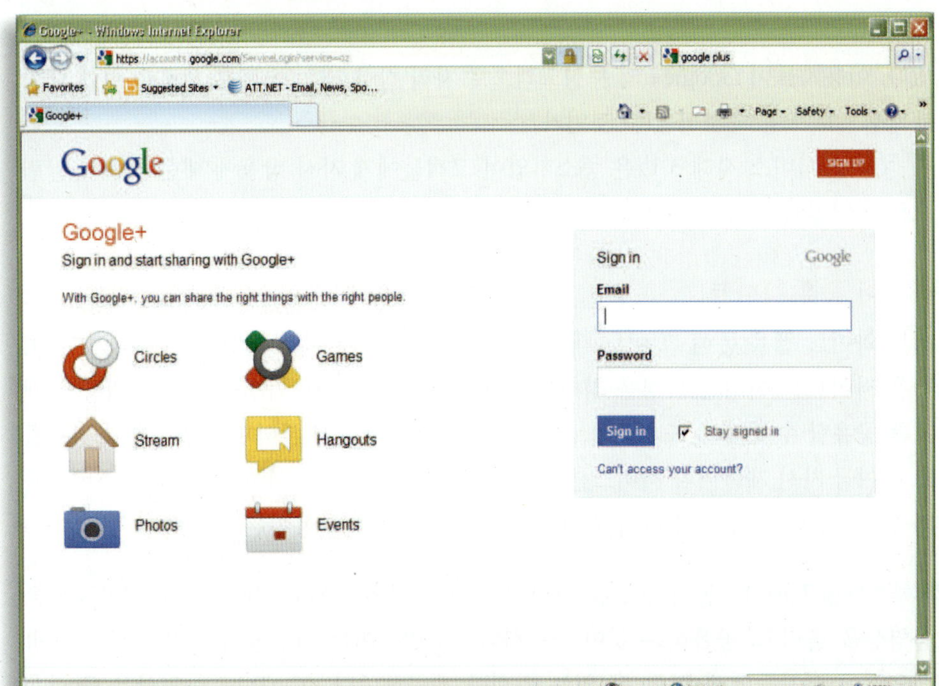

Google+는 Facebook에 대응하기 위해 출시되었다.

우량 서비스 사례 3.1 소셜 네트워크는 중소기업 성장을 돕는다

중소기업, 특히 신생업체들은 인력과 예산의 제약으로 소셜 미디어 관리 등을 수행하기가 쉽지 않다. 배관공 등과 같은 전통적 중소 업체의 경우 Facebook 혹은 다른 소셜 네트워크 활용에 대한 필요성을 느끼지 못할 수 있다. 전통적 방식인 입소문 추천으로 충분하다고 여기는 것이다. 하지만 일부 중소기업 CEO들은 고객을 발굴하고 상품을 알리는 데 있어 소셜 네트워크가 매우 중요한 도구임을 깨닫고 있다.

개당 4,000 달러 정도의 까르띠에(Cartier)와 롤렉스(Rolex)와 같은 고급 시계 판매를 전문으로 하는 Melrose 보석사는 주요 고객층인 정보기술에 익숙한 젊은 소비자들에게 접근하기 위해 소셜 네트워크를 활용하였다. Facebook(좋아요 10만 건), 블로그, YouTube 등을 포함한 소셜 미디어 활동을 통해 첫해 71%의 매출증가를 달성하였다. 자신에게 가장 잘 어울리는 시계를 찾는 것을 도와주는 성격 퀴즈 이벤트 형태의 Facebook 캠페인을 통해 10만 달러 상당의 판매액을 기록하였다. Facebook을 통한 고객 증언 캠페인은 신뢰성 향상에 기여하였다.[18]

야외활동을 위한 아이스박스 전문업체 Yeti Cooler는 Facebook과 YouTube 통해 캠페인을 전개한 이후 낚시꾼, 해변 여행객 등 다양한 소비자들이 응답하였다. Facebook 페이지에는 순식간에 15,000건의 좋아요가 올라오고, 팬들은 자신들의 아이스박스 활용 동영상을 YouTube를 통해 업로드하는 등 Yeti Cooler는 자사 상품에 대한 애착이 있는 고객 커뮤니티를 구축할 수 있었다.[19]

휴대폰 판매업체 Negri Electronics는 고객 커뮤니케이션을 위해 Google+를 활용하였는데 Google 서클을 통해 개별 고객에게 맞춤화되고 개인화된 메시지를 전달할 수 있었다. Google+는 웹 페이지를 서클 회원들에게 국한하여 이용할 수 있도록 하는 것이 가능하기 때문에 웹 검색 활동에 사회적 특성도 부여할 수 있었다. 하지만 Mansfield Fine Furniture 소유주는 생각이 다르다. 고객 구매 내역을 6개월간 분석해본 결과 Google+는 아직 광범위하게 사용되고 있지 못하기 때문에 효과적인 고객 반응을 이끌어내는 데는 Facebook이 더 적합하다고 이야기한다.[20]

소셜 네트워크를 제대로 잘 관리한다면 중소기업들이 고객 기반을 확대해나가는 데 도움을 줄 수 있다.

있다. 이용자들이 Google+의 충성고객으로 자리 잡을 것인가 혹은 새로운 것에 대한 호기심으로 이용해 보고 있는 것인가?[21]

〈우량 서비스 사례 3.1〉은 중소기업이 고객들에게 자사 상품에 대한 정보를 알림으로써 어떻게 소셜 네트워크가 도움이 될 수 있는지를 보여주고 있다.

미디어 공유 사이트

월드 와이드 웹을 통해 그 어느 때보다도 쉽게 사람들이 서로 연결될 수 있다. 미디어 공유 사이트는 이러한 특성을 최대한 활용하여 사용자들이 자신들이 만든 각종 콘텐츠를 공유할 수 있도록 도와준다. 4E 프레임워크 관점에서 본다면 기업들은 소비자들로 하여금 자사 제품이나 서비스를 체험하고 기업, 다양한 소셜 미디어, 다른 소비자들과 상호작용할 수 있도록 하기 위해 소셜 미디어를 적극 활용하는 것으로 볼 수 있다.

유투브(YouTube) 동영상 공유 소셜 미디어 플랫폼인 YouTube를 통해 사용자들은 동영상을 올리고, 공유하는 것이 가능하다. 이 미디어는 기업들이 과거와는 다른 방식으로 소비자들에게 알릴 수 있는 기회를 제공해준다. YouTube 동영상은 Google

홈쇼핑 네트워크(HSN)를 통해 방송된 제품은 이후 YouTube 채널을 통해 즉각적으로 만나볼 수 있다.

검색을 통해서도 나타나기 때문에 소매상들에게는 매우 매력적인 매체라고 할 수 있다.[22]

YouTube는 또한 소비자 대상 경연대회를 개최하고 제품 사용법을 알리는 데 매우 효과적인 매체라고 할 수 있다. Home Depot는 신상품에 대한 상세한 안내 동영상과 "스스로 잔디 깎는 방법", "혼자서 화장실 수리 하는 방법" 등 제품 사용법등을 YouTube를 통해 제공하고 있다.[23] 이러한 동영상은 Home Depot 브랜드의 핵심 정체성을 유지시켜주는 동시에 스스로 집을 개선시킬 수 있는 유용한 방법을 소비자들이 배울 수 있도록 해줌으로써 가치를 창출하고 있다. Home Depot는 브랜드 이미지를 강화하고 소비자 생활과의 적합성을 더 높이고 있는데 이는 통합적 마케팅 커뮤니케이션의 훌륭한 사례로 볼 수 있다.

기업들은 YouTube 사이트에 자사 상품에 대한 콘텐츠만을 포함하여 방송하는 것이 가능하다.[24] 예를 들어 홈 쇼핑 네트워크(HSN: Home Shopping Network)는 TV 채널을 중심으로 다채널 전략을 활용하여 4E 프레임워크—**자극하기, 교육하기, 체험하기, 참여하기**—를 극대화할 수 있도록 소비자들에게 흥미로운 매체 수단을 제공해준다. 경쟁이 치열해 지면서 HSN은 커뮤니케이션 수단으로 전자상거래 사이트, Facebook과 마이스페이스 페이지 등을 추가하였다. 하지만 추가한 수단 중에서 가장 강력한 것은 YouTube 채널로서 매체 콘텐츠 가치를 극대화시킬 수 있는 흥미로운 방법으로 표적 쇼핑객들에 접근할 수 있도록 활용할 수 있다. Tori Spelling의 보석상품군과 같이 HSN을 통해 알려진 상품들은[25] 방송 즉시 YouTube에서 만나볼 수 있다. HSN 마케터는 YouTube를 통해 수집된 정보를 활용해서 직접 우편 캠페인을 전개할 수 있다. 예를 들어, 새로 출시된 목걸이 상품에 대한 유튜브 동영상을 시청한 가구들을 대상으로 보석 프로모션 안내문을 보낼 수 있다. 한 시간 단위 판매 목표에 따라 소비자 반응은 실시간으로 모니터되고 측정된다.

플리커(Flickr)와 기타 사진 사이트 YouTube가 동영상을 공유할 수 있도록 해주는데 비해 플리커(Flickr), 피카사(Picasa), 트윗픽(TwitPic), 포토버킷(Photobucket), 임거(Imgur) 등은 사용자간에 사진을 공유할 수 있다. 마케팅 도구로서는 아직 대중화되지는 않고 있지만 일부 혁신적 기업들은 사진 포스팅 경연대회를 개최하거나 핵심적 상품 가치 전달을 위해 사진을 활용하는 등 해당 사이트를 활용하여 고객들을 참여시킬

이노센트는 대형 편물 자선 행사(Big Knit Charity promotion) 사진을 올리는데 플리커를 활용하였다.

수 있는 방안을 모색하고 있다.[26]

100% 천연과일 스무디 판매사로 알려져 있는 영국 브랜드 이노센트(Innocent)는 브랜드 이미지 커뮤니케이션을 위해 플리커를 활용하고 있다. 흥미로운 형태 과일 사진 경연대회(Funny Shaped Fruit Competition)(http://www.flickr.com/groups/funnyshapedfruit/)와 같은 사진 포스팅 경연대회는 의미있는 유희적 가치를 제공해준다. 이외에도 대형 편물 자선 행사(Big Knit charity promotion)와 관련된 사진 포스팅 등과 같은 유희적이지 않은 목적으로도 플리커를 활용하고 있다.[27]

사고 공유 사이트

사고 공유 사이트에는 다양한 유형의 블로그가 포함될 수 있다: 기업 블로그, 전문가 블로그, 개인 블로그 그리고 마이크로 블로그. 4E 프레임워크 관점에서 블로그는 특히 사용자들을 **교육**시키고 **참여**시키는 데 효과적이며 많은 경우 논의 대상의 제품과 서비스에 대한 **체험**을 강화시킬 수 있다.

블로그(Blogs) 이전에는 개인적 공간에서의 일지나 일기 등에 국한되었던 **블로그**는 사고 공유 웹사이트를 통해 자신들의 생각을 전 세계 사람들에게 알릴 수 있게 되었다. 기업의 경우에는 소비자 의견란을 통해 최종 소비자들과 직접적으로 쌍방향 대화가 가능하다. WordPress, Blogger, TypePad 등과 같은 무료 블로깅 도구의 광범위한 확산으로 기술적 지식이 없는 개인들로 자신의 블로그를 만들 수 있어 블로그의 대중화가 가능해졌다. 테크노라티(Technorati)는 2009년 현재 2억 개 영문 블로그가 존재하고 2012년 2월까지 4억 5천만 개로 늘어날 것으로 예측한 바 있다.[28]

기업들은 소셜 미디어 마케팅 전략에 블로깅을 포함하는 방안을 모색하고 있다. 블로그는 고객들에게 자사 마케팅 제안에 대해 교육시킬 수 있는 기회를 제공해주고, 마케팅 제안에 대한 긍정적 혹은 부정적 반응을 통해 소비자들이 참여할 수 있도록 해준다. 블로그는 통제성 정도에 따라 분류될 수 있다. **기업 블로그(Corporate blogs)**는 기업에 의해 만들어진 것으로 포스팅할 수 있는 콘텐츠를 기업이 통제할 수 있기 때문에 통제성이 가장 높은 유형으로 볼 수 있다. 물론 고객들이 포스팅에 반응하여 글을 남길 수 있다는 점에서 콘텐츠에 대한 완전한 통제가 이루어지는 것은 아니지만, 마케팅 관리자는 고객에게 노출시키고 싶은 메시지를 기업의 필요에 의해 조정할 수 있다. 성공적인 기업 블로그 운영사례는 소비자들 대상의 강매에 초점을 두기 보다는 핵심 브랜드 메시지를 중심으로 고객들의 참여를 유도하는 것이 중요함을 보여주고 있다.

Starbucks(http://mystarbucksidea.force.com/apex/ideaHome)는 고객들로부터

신제품과 체험 아이디어를 창출함으로써 신상품 개발을 위한 블로그를 활용하고 있다. 인기 있는 지역 식료품 체인점 Wegman's (http://www.wegmans.com/blog/)는 여가, 영양, 조리법 등에 대한 종업원들의 아이디어를 블로그를 통해 공유함으로서 브랜드 충성도와 매출 증대를 도모하고 있다. GE(General Electric) (http://www.gereports.com/)에서는 블로그를 통해 흥미로운 이야기를 게시함으로써 GE를 단순히 전구를 판매하는 회사 이상의 이미지로 알리는 것에 힘쓰고 있다.[29]

마케팅적 관점에서 전문가 블로그(professional blogs)는 제품이나 서비스에 대한 리뷰와 조언을 제공해주는 전문가가 운영하는 블로그다. 마케터는 종종 탑 클래스에 속하는 전문적 블로거들에게 호의적 제품 리뷰를 기대하며 무료 제품이나 적정 보수를 제공해주고 있다. 마케터들은 기업 블로그에 비해 전문적 블로거에 대한 통제권이 약하다고 볼 수 있다. 하지만 소비자들은 기업 블로그와 광고와 같은 전통적 미디어보다 전문적 블로거의 리뷰를 더 신뢰하는 경향이 있다. 하지만 많은 소비자들이 전문적 블로거들이 긍정적 리뷰의 대가로 기업측으로부터 보상을 받고 있음을 깨닫게 되면서 신뢰감이 약해지고 있다.

마지막으로 개인 블로그(personal blogs)는 무료 제품이나 보수 등의 대가를 전혀 받지 않는 개인에 의해 운영된다. 따라서 블로그 유형 중에서 가장 마케터의 통제 수준이 낮다고 할 수 있다. 하지만 개인 블로그는 시장 상황을 모니터링하고 고객 불만이나 불평에 대해 반응할 때 유용하다.

마이크로 블로그(Microblogs) 이름에 암시되어 있는 것과 같이 마이크로 블로그는 짧은 문장, 짧은 동영상, 혹은 개인 이미지 등 크기 면에서 전통적인 블로그와 다르다. 가장 대중적인 마이크로 블로깅 사이트인 Twitter의 경우 메시지가 140자로 제한된다. 기업들은 Twitter를 통해 기업과 제품 정보 제공을 통해 고객을 교육시킬 수도 있고, 고객과의 쌍방향 커뮤니케이션 플랫폼을 제공함으로써 고객 참여를 유도할 수도 있다. 소셜 미디어 도입에 부정적 의견을 보였던 기업들조차도 Twitter가 중요한 커뮤니케이션 채널을 제공해준다는 사실을 깨닫고 있다.

Twitter가 기업 브랜드 이미지 제고에 도움을 주기도 하지만 명성에 해가 될 수도 있다는 점에서 기업은 Twitter 계정의 해킹이나 도용에 대해 주의를 기울일 필요성이 있다. 또한 Twitter는 국제적으로 고객 불만 포럼을 급속히 확산시키는 역할을 담당할 수도 있다.[30]

따라서 Twitter 통한 커뮤니케이션의 경우 적절한 관리와 통제가 중요하며, 많은 사람들에 의해 twitter 통제가 공유되는 경우 메시지 전달에 혼란이 발생될 수 있다. 반면 특정한 한 두 사람에 의해 통제되는 경우에는 방대한 트윗에 효과적으로 대응하는 것이 어려울 수 있다. 기업들은 다양한 방식으로 twitter 전략을 수행하고 있다.

Whole Foods는 210만 명의 twitter 팔로워들과의 상호작용을 통해 광범위한 고객 참여를 유도하고 있다. 이 회사는 매주 목요일 1시간 동안 twitter 채팅을 운영하고 있는데 이를 통해 회사 관계자들과 휴일 메뉴 계획과 건강식 등의 주제에 대해 논의하고 있다. 많은 Whole Foods 매장에서도 고객 문의에 직접적으로 대응하기 위한 자체 twitter 계정을 운영하고 있다.

반면에 베스트 바이(Best Buy)는 메인 계정 @Best Buy 이외에 @BestBuy_Deals, @GeekSquad, @BestBuyNews 등의 twitter 계정을 관리하기 위한 전문가를 고용하였다. 베스트 바이 고객 센터에 근무하는 전문가들도 @Twelpforce twitter를 통해 고객 질문에 대응하고 있다. 고객 센터에 트윗한 사용자들은 태스크 포스에 등록된 베스트 바이 3,000명의 종업원들로부터 즉각적인 응답을 받을 수 있다.[31]

마케팅 예산이 부족한 중소기업의 경우 twitter를 통한 프로모션은 매우 매력적인 수단이 될 수 있다. 한 지역 제과점에서 "레몬 블루베리와 초리조 체더 맛의 새로운 빵 출시"라는 트윗의 경우 팔로워들로부터 400건의 회신을 받아 성공을 거두기도 하였다.

물론 가장 유명한 twitter 사용자들의 일부는 유명인들이며, 이들은 자신들 고유의 브랜드를 갖고 마케팅 목표를 달성하고자 한다. 〈가치 부가 사례 3.3〉에 소개된 바와 같이 10대 아이돌 저스틴 비버(Justin Bieber)는 표적 청중에 도달하기 위해 twitter와 소셜 미디어를 적극적으로 활용한 바 있다.

LO3 모바일 애플리케이션의 유형을 이해한다.

모바일과 소셜 미디어

소비자의 97%가 PC를 통해 소셜 미디어에 접속하고 있지만, 37%는 휴대폰을 통해 소셜 미디어에 접속하며, 3%는 iPad를 통해서 2%는 e-reader를 통해 접속하고 있다.[32] 또한 미국에서 1억 명 이상이 스마트폰을 보유하고 있고, 이들의 절반가량이 스마트폰을 통해 구매를 하고 있다. 이와 같이 모바일 마케팅의 중요성과 시장규모가 커지고 있다. 스마트폰을 통해 구매를 하는 소비자들은 구형 휴대폰 소유자 혹은 휴대폰 비소유자들에 비해 대체로 연령대가 어리고 소득수준이 높은 것으로 알려져 있다. 예를 들어 모바일 상거래 소비자의 50% 이상이 연봉 75,000 달러 이상인 것으로 나타났다. 4E 프레임워크 관점에서, 모바일 마케팅은, 특히 판매시점에 소비자들에게 흥분감을 창출하는 데 매우 유용하다고 할 수 있다. 매력적인 모바일 마케팅 표적시장 소비자들을 대상으로 효과적인 판매활동을 위한 몇 가지 애플리케이션이 개발되었다. 다음 유형을 중심으로 살펴보고자 한다. 가격 비교 앱, 패션 앱, 위치기반 앱.

가격 비교 앱 스마트폰 사용자들은 가격 비교를 위해 점포를 직접 방문하거나 온라인 접속을 위해 PC 앞에 앉을 필요가 없다. 가격 비교 앱을 활용해서 원하는 상품 검색과 가격 비교가 즉각적으로 가능하다. 가격 비교 앱이 경쟁을 촉진시키는 측면도 있으나 기업이 어떻게 앱을 프로모션 하는가에 따라 윤리적 문제가 야기될 여지도 있다.

온라인 가격 비교가 사업에 위협적인 요소로 작용할 수 있다는 것을 인지하고 소매점들은 다양한 방법으로 대응하고 있다. Lowe의 경우 종업원들에게 스마트폰을 통해 점포 내 상품 검색과 인근 재고 상태 파악을 즉각적으로 가능하게 하고 재고가 없는 경우 즉시 온라인으로 주문이 가능하도록 조치하고 있다.[33] 아울러 공급업체와 긴밀히 협조하여 차별적인 품목을 발굴하고, 온라인 소매점 가격 정책에 대응하며, 단골 구매

가치 부가 사례 3.3 저스틴 비버의 소셜 미디어 활용

10대 아이돌 저스틴 비버(Justin Bieber)는 2007년 그의 어머니가 집에서 촬영한 몇몇 동영상을 YouTube에 업로드하던 당시 노래 부르기를 좋아하던 소년이었다. 그 후 1년 이내에, 이 13살 캐나다 소년은 레코드 프로듀서 Usher(어셔)와 계약을 체결하였고, 대 성공의 길을 걷게 되었다. 2010년 그는 오바마 대통령 앞에서 공연을 하게 되었다. 그의 곡 "Baby" 뮤직비디오는 YouTube에서 가장 높은 조회수와 4억 8백만 이상의 다운로드를 기록하였다.[34] 그의 경이적인 성공은 소셜 미디어의 영향력을 생생하게 증명하고 있다.

비버의 광대한 소셜 미디어 플랫폼을 통해 전 세계적으로 수백만 명의 팔로워에 도달하고 있으며, 4천만의 Facebook 팬들이 있고 매일 2만1천 명의 신규 회원이 가입하고 있다. MySpace에서 그의 음악은 1억 8백만 번 이상의 재생 수를 기록하였다.[35] 그러나 비버의 성공이 처음부터 보장된 것은 아니었다. 음악 프로듀서 Scooter Braun이 YouTube에서 그를 발견했고 음반 회사에 동영상을 보냈지만 거절당했었다. 그러나 Braun은 지극히 평범한 모습에 믿을 수 없는 R&B 사운드를 지닌 이 소년을 믿었다. 그래서 그는 어디선가 그들을 발견할 수 있도록 유튜브에 비버의 영상을 계속해서 업로드하였다.[36] 비버가 1,000만 유튜브 조회수를 돌파할 무렵, 그는 어셔와도 작업을 시작하였다. 그의 첫 번째 앨범인 "My World"는 비버를 YouTube 1억 조회수로 이끌게 된다.[37]

비버와 그의 매니지먼트 팀은 주춤하지 않았다. 2011년 비버는 20억 조회수를 달성하여 자신의 기록을 갱신하였다.[38] twitter의 버즈 효과로 인해 플래시몹 장소에서 갑자기 5,000명의 팬들이 들이닥쳐 뉴욕 콘서트를 취소할 수밖에 없던 적도 있다.[39] 비버는 또한 1,400만 명의 twitter 팔로워를 보유하고 있다. 그의 twitter 계정은 twitter 전체 트래픽 중 3%를 차지하며[40], 이를 통해 팬클럽이 번성하고 있다. 가장 큰 팬클럽이 호주에서 결성되었으며 곧 @JBSource twitter를 통해 90,000명이 팔로워가 되었다. 끊임없는 미디어 요청에도 주요 언론과 만나지 않고, 팬 클럽을 이끄는 두 여성에게만 인터뷰를 허락하였다. 그 인터뷰 비디오는 비버의 투어에서 가장 많이 보는 비디오가 되었다. Braun이 나중에 설명하길 10대들은 .com 뉴스 사이트에서의 정보가 아닌 직접 비버를 만나길 원했고 비버를 좋아하는 비슷한 사람들끼리 이야기하길 원했다고 한다.[41]

비버 팀은 또한 자신의 음반과 콘서트를 홍보하기 위해 소셜 미디어를 계속해서 사용하고 있다. 노래 "Never Say Never"가 발표되었을 때, 웹 비디오 캠페인은 그 어느 때보다도 많은 관객의 참여를 기록하였고 280만 뷰와 40만 개의 개인 비디오를 등록했다.[42] 상품력, 마케팅 매체, 시기 등이 완벽히 조화를 이룬 가운데, 저스틴 비버는 소셜 미디어 활용을 극대화하며 정상에 올랐다. 여러분이 그의 노래에 대해 어떻게 생각하던지 간에, 즉각적인 연결의 시대에서 소셜 미디어를 활용한 마케팅 전략은 매우 훌륭한 것으로 평가될 수 있다.

자들이 특별 할인을 받을 수 있도록 구매량 기반의 온라인 가격 정책을 개발하고자 노력하고 있다.[43]

패션 앱 모바일 미디어를 활용할 가능성이 높은 소비자들은 정보기술과 패션 지향적 기업으로부터 구매할 가능성이 역시 높다고 할 수 있다. Style.com에서는 블로그, 리뷰, 비디오 피드 등을 포함한 스타일 잡지 웹사이트에서 얻을 수 있는 동일한 콘텐츠에 접속할 수 있도록 모바일 앱을 제공하고 있다.[44] 또 다른 앱들은 특정 브랜드에 대한 상세한 정보를 제공해주고 있다. 루이 비통의 NOWNESS 앱은 잡지 콘텐츠와 브랜드 프로모션을 결합하여 제공해준다. 사진 공유 앱인 POSE는 특정 브랜드에 국한되지 않고 다양한 스타일과 패션 팁 등을 공유할 수 있다. Pinterest는 상품, 서비스, 조리법 혹은 아이디어 등을 가상 게시판에 올릴 수 있도록 해준다. 예를 들어 사용자들은 자신의 개인적 취향에 맞는 의류와 엑세서리를 올리고, 다른 사람들은 해당 게시물을 보고 새로운 물품을 찾아보거나 의견을 제시한다. 따라서 마케터들은 자신의 제품이나 서비스를 선호하는 소비자들이 이곳 게시물을 통해 올리는 경우 무제한적인 상품 노출이 가능해진다.

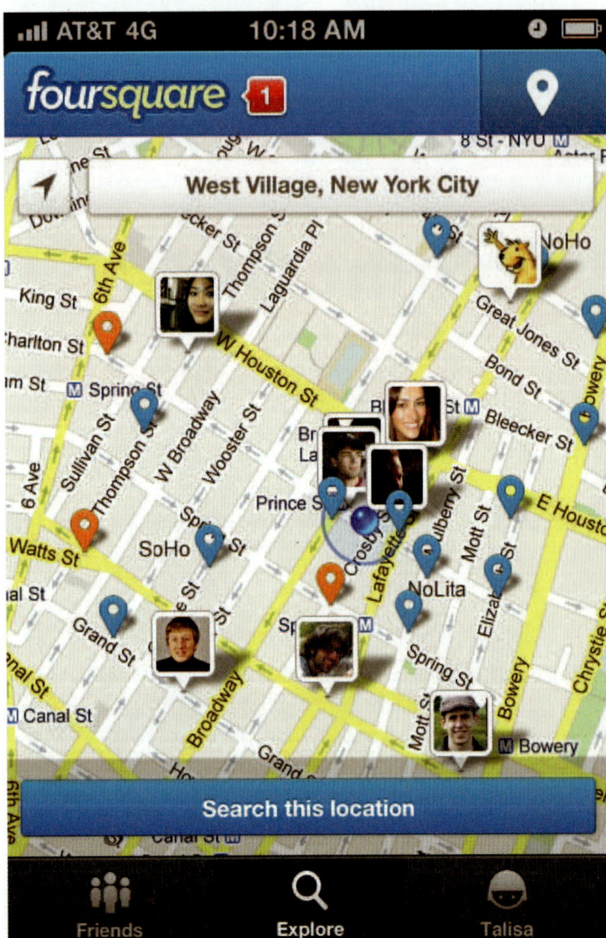

포스퀘어 사용자들은 선호하는 음식점과 점포에 체크인할 수 있고, Facebook에 위치를 공유할 수 있다.

게임화된 위치 기반 앱 스마트폰 이용자들은 위치기반 앱을 점차적으로 많이 활용하고 있는데 스마트폰의 GPS 기능을 활용하여 자신들이 무엇을 하고 있고, 어디에 있으며, 언제 어떤 일을 할 것인지 등과 같은 자신들의 일상생활을 공유하고 있다. 기업들이 이러한 위치 기반 앱을 활용하여 재미있는 형태의 게임을 반복하여 고객 충성도를 구축하고자 하는 일련의 과정을 게임화(gamification)라고 한다.

포스퀘어(Foursquare) 사용자들은 Facebook을 통해 자신들의 위치를 공유하며 선호하는 음식점이나 점포에 체크인을 할 수 있다. 소비자들은 60일 동안 특정 점포 위치에 체크인한 횟수가 가장 많은 사람에게 주어지는 시장(Mayor) 타이틀을 획득하기 위해 다른 사용자들과 경쟁하게 된다. SCVNGR 앱은 위치 기반 게임을 실행하고 다음 단계로 직접적 매출로 연결시키게 된다. 이 앱에 로그인한 사용자들은 SCVNGR에 참여하고 있는 자신들 인근에 위치한 점포 목록을 제공받게 된다. 각 점포에서 시행하는 각종 도전 이벤트에 참가하여 포인트 적립과 무료 커피 쿠폰 등을 획득하게 된다.

또 다른 흥미로운 Snapette 앱은 신발과 가방에 초점을 두고 소비자들의 위치에 따라 원하는 상품을 찾도록 도와준다.

	자극하기	교육하기	체험하기	참여하기
소셜 네트워크 사이트	✓✓			
미디어 공유 사이트			✓✓	✓✓
사고 공유 사이트		✓✓	✓	✓✓
모바일 어플리케이션	✓✓			✓

그림 3.6 4E 프레임워크의 관점에서 본 기업의 소셜, 모바일 도구 활용성

기업들이 소비자들에게 제품과 서비스에 대한 정보를 알리고 판매하는 데 효과적인 새로운 커뮤니케이션 수단을 모색해온 결과 소셜, 모바일, 온라인 마케팅이 등장하게 되었다. 그림 3.6은 4E 프레임워크 관점에서 기업의 소셜, 모바일 도구의 활용성을 나타낸 것이다. 이 자료는 소셜 네트워크, 모바일 앱 그리고 관련된 마케팅 제안이 고객들에게 흥분감을 자극할 때 얼마나 효과적인지 보여주고 있다. 특히 모바일 위치 기반 앱의 경우 소비자들이 해당 점포나 서비스 제공업체 인근에 있을 때 관련된 마케팅 제안을 제공할 수 있기 때문에 소비자들의 구매욕구를 자극하고 흥분시키는데 효과적인 수단이 될 수 있다. 미디어 공유 사이트(예: YouTube와 플리커)의 경우 일반 소비자들에게 해당 제품이나 서비스를 사용하는 다른 소비자 혹은 전문가들의 가상 체험을 제공하는 데 매우 훌륭한 소셜 미디어 도구라고 할 수 있다. 소비자들은 이들 소셜 미디어 도구들을 통해 기업과의 상호작용이 가능할 뿐만 아니라 자신들의 소셜 네트워크를 활용하여 자신의 체험을 다른 사람들과 공유할 수 있다. 마지막으로 블로그 등과 같은 사고 공유 사이트는 고객들에게 교육기회를 제공하는 데 매우 유용하다고 할 수 있다.

기업들은 어떻게 소셜 미디어를 사용하는 고객들을 참여시킬 것인가?

LO4 소셜 미디어 전략의 3가지 구성요소를 인지하고 이해한다.

고객들을 대상으로 소셜 미디어에 적극적으로 참여하도록 유도하기 위해서는 그림 3.7에 나타난 바와 같이 3단계 과정을 고려해 볼 수 있다. 1단계는 고객이 말하는 것을 경청하는 단계, 2단계는 다양한 고객 접점에서 모아진 정보들을 분석하는 단계, 마지막 3단계는 고객을 흥분시킬 수 있는 미디어 전술을 실행하는 단계이다.

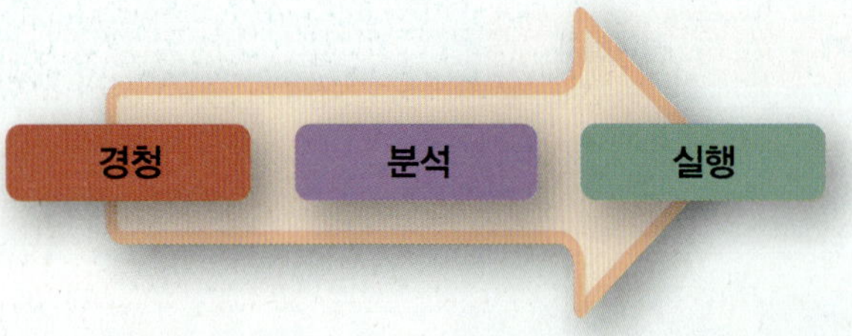

그림 3.7 소셜 미디어 참여 과정

경청하기

시장 조사 관점에서 기업들은 소셜 네트워크, 블로그, 리뷰 사이트 등을 통해 고객들이 이야기하는 것을 잘 듣고 모니터하는 것을 통해 많은 것을 알 수 있다. 고객들은 자신과 친구들의 관심사와 구매 경험 등을 포함한 모든 사항들에 대해 의견을 제시하고자 한다. 고객들은 보톡스 치료, 아식스 런닝화, 혹은 NFL 플레이오프 경기 등과 같은 다양한 주제에 대해 투표 등을 통해 블로그에 의견을 올리게 되는데 이는 고객과 마케터 간의 새로운 커뮤니케이션 방식이라고 할 수 있다.

마케터들은 의견 분석(sentiments analysis)으로 알려진 기법을 통해 Facebook, twitter, 온라인 블로그, 소비자 리뷰 등에 나타난 콘텐츠를 분석해서 소비자 의견의 호의성과 비호의성을 평가할 수 있다. 의견 분석은 마케터로 하여금 다양한 원천으로부터 데이터를 분석하여 기업과 자사 제품에 대한 소비자 코멘트를 모을 수 있도록 도와준다. 데이터를 분석해서 고객 태도와 선호, 특정 제품과 통합적 마케팅 커뮤니케이션 캠페인에 대한 소비자 반응 등을 알 수 있도록 해주는 것이다. 의견 분석 기법을 통해 수많은 사이트 등을 분석해 보면 소비자가 무엇을 생각하고 있는지에 대한 통찰력을 얻을 수 있고, 기업은 실시간으로 제공되는 정보를 신제품 출시나 새로운 광고 캠페인 등에 신속하게 반영하거나 고객의 불만에 즉각적으로 대응할 수 있다.

소셜 미디어 모니터링을 전문적으로 수행해주는 기업이 몇 개 있다.[45] 예를 들어 Radian6는 Dell, GE, 마이크로소프트, 펩시콜라 등의 기업들이 고객들과 소통하도록 돕기 위해 소셜 미디어 듣기와 참여 도구를 제공해주고 있다.[46] 이 회사는 의견 분석 기업을 활용하여 블로그, Facebook 등과 같은 네트워킹 사이트와 하루 4억 건의 twitter 트윗 등으로부터 상시적인 온라인 소비자 의견을 분석하고 있다. 소비자 의견 데이터 관리를 위한 Radian6 도구들은 기업들로 하여금 소비자 의견 트렌드를 확인할 수 있도록 해준다. 예를 들어 Radian6는 부정적인 소비자 의견을 확인하고 기업들로 하여금 즉각적 대응이 가능하도록 서비스를 제공해주고 있다. 이를 통해 기업들은 부정적 소비자 의견에 대응전략을 마련할 수 있고 소비자 지각을 호의적으로 변화시키고 고객 충성도를 확보하는 데 도움을 받을 수 있다.[47]

Radian6와 같은 회사가 어떻게 고객을 참여시키고 있는지에 대한 좋은 사례로 뉴욕에 기반을 두고 저소득층 고등학생들의 대학 입학을 돕고 있는 비영리단체 렛츠 겟 레디(Let's Get Ready)를 들 수 있다.[48] Radian6는 렛츠 겟 레디가 교육적 미션을 공유하고 있는 개인, 그룹들 간에 이루어지는 웹 기반 대화를 찾도록 도움을 주었다. 또한 잠재적 후원자들을 발굴하고, 기금마련에 대한 정보를 공유하며, 기부를 요청하도록 도와주었다. 이 캠페인은 성공적이었다. 렛츠 겟 레디는 SAT 준비와 대학 입학 상담에 쓰일 수 있는 50만 달러의 기금을 확보할 수 있었다. 의견 분석은 이와 같이 기업이 고객과 상호작용하고 참여시키는 방법을 근본적으로 변화시키고 있다.

분석하기

소셜 미디어로부터 수집된 데이터 이해를 위해 사용되는 분석 카테고리를 크게 3가지로 나누어 볼 수 있다.[49]

첫째, 웹사이트 트래픽, 블로그 방문자 수 혹은 트윗의 규모를 결정하는 것이 중요하다. 이러한 목적으로 사용되는 측정치는 히트(hits)(웹 페이지에 총 요청된 건수: 웹사이트 트래픽 산출 기준), 특정 사이트 혹은 페이지 방문자수, 페이지 뷰(page views)(방문자들에게 해당 페이지가 노출된 횟수) 등이 있다.

둘째, 얼마나 많은 사람들이 회사의 소셜 미디어를 사용하고 있는 것을 아는 것도 중요하지만 더 중요한 것은 방문자들이 누구이고, 이들이 이곳에서 무엇을 하며, 무엇이 방문자들을 참여시키고 흥분시키는지를 이해하는 것이다. 이러한 요소들을 분석하기 위해 소셜 미디어 마케터들은 바운스 비율(bounce rate)(웹 페이지 접속해서 1페이지만 보고 바로 나가버리는 것과 같이 사이트 방문자가 해당 사이트 방문 직후 떠나는 비율) 등을 활용한다. 가장 빈번하게 유입과 유출이 발생되는 웹 페이시를 분석해보면 효과적인 웹 사이트 구축을 위한 방향성이 도출될 수 있다. 또한 방문자들의 클릭 경로(click paths)는 사용자들이 정보 획득을 위해 어떠한 경로를 거쳤는지 확인할 수 있다. 회사는 이러한 정보를 활용하여 방문자들이 원하는 정보를 더 빨리 검색하여 편리한 검색 경험을 제공하도록 웹 페이지를 수정할 수 있다. 데이터 분석을 통해 방문자 혹은 잠재고객 중 어느 정도 비율이 마케터들이 원하는 클릭, 구매, 혹은 기부 등과 같은 행동을 보였는지를 나타내는 전환율(conversion rate)을 알아낼 수 있다. 클릭 경로와 전환율 분석은 사용자들이 원했지만 찾지 못한 것이 무엇인지를 알려줄 수도 있다.

셋째, 어떤 기업들은 다른 사이트로부터 회사 사이트로 유입된 데이터를 분석하

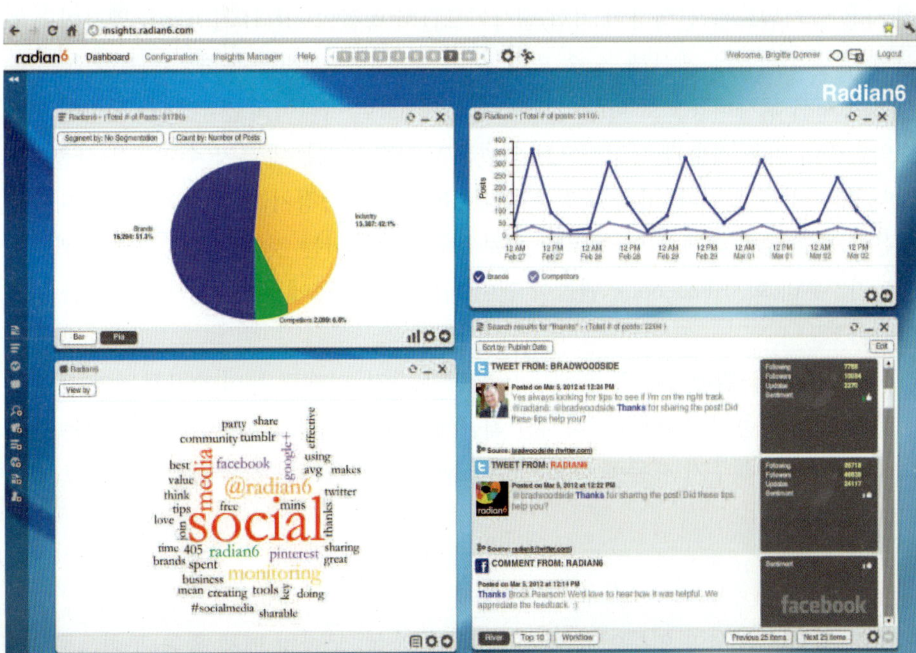

Radian6는 고객 의견 분석을 통해 고객들의 트렌드를 파악하고 즉각적인 기업 대응을 가능하도록 도와주고 있다.

분석유형	어떻게 활용되는가?	경쟁사가 제공하는 유사한 분석도구
콘텐츠 (Content)	회사 웹사이트 인기 정보, 페이지 로드 시간, 사이트 내비게이션 등에 대한 이해	Adobe SiteCatlyst, Clickstream, Coremetrics, IBM SurfAid, Mtracking, VisiStat
소셜 (Social)	소셜 미디어 통한 전환율 정보, 참여 메트릭스 등을 포함한 소셜 미디어 프로그램의 효과성 탐지	Facebook Insights, Twitter Web Analytics, Webtrends
모바일 (Mobile)	모바일 기기 통한 웹사이트 접속/회사 앱으로 직접 유인하는 광고 탐지, 가장 잘 기능하는 모바일 플랫폼에 대한 이해	AppClix, Bango, Flurry, Localytics, Medialets, Webtrends
전환 (Conversion)	방문자수, 전환율 분석, 매출액, 다운로드, 동영상 플레이 등을 포함한 기업에 중요한 소비자 행동	Clicktale, KeyMetric, Latitude
광고 (Advertising)	소셜/모바일/검색/디스플레이 광고 효과성 탐지, 기기/플랫폼/유형 별 광고 효과성 분석	AdTech, MediaMelon MediaCloud, Metronome, Snoobi, YieldMetrics,

출처: http://www.google.com/analytics/features/index.html.

그림 3.8 애널리틱스

기를 원한다. Google이나 Amazon을 통해 검색을 하였는가? 친구들로부터 추천을 받아 방문하게 되었는가? 회사를 검색하는 데 사용한 키워드는 무엇인가? **키워드 분석(keyword analysis)**을 활용하여 인터넷에서 자사 제품이나 서비스 검색을 위해 사용하는 키워드가 무엇인지를 확인해 볼 수 있다. 이 정보를 활용해서 기업들은 고객 검색에 사용될 키워드를 선택하여 기업 웹사이트를 수정할 수 있다. 기업들은 웹사이트 개선의 투자 수익률을 계산해 볼 수 있다. 이는 웹사이트 개선을 통한 수익 증가분을 웹사이트 개선 투자비용으로 나누어 구할 수 있다. 소셜 미디어의 경우 소셜 미디어 통한 수익창출이 비용 지출과 직접적으로 연관되기 어렵기 때문에 투자 수익률을 산출하는 것이 더 어려운 일이다. 따라서 전통적인 투자수익률 측정치 대신에 기업들은 다음과 같은 사항을 검토하게 된다. twitter 팔로워수가 증가되는 것이 매출증가와 연관성이 있는가? 우리 회사 Facebook 팬들이 팬이 아닌 소비자들에 비해 더 많은 구매를 하고 있는가?[50]

이런 분석을 위해서는 잘 훈련된 마케팅 매니저, 마케팅 분석 소프트웨어, 컨설팅 전문가 등의 도움이 필요하다. 하지만 최근에는 무료로 정교하면서도 깊이 있는 형태의 분석을 제공해주기 때문에 Google Analytics를 활용하는 사람들이 많아지고 있다(그림 3.8).

실행하기

아무리 훌륭한 분석이 이루어졌더라도 기업이 소셜, 모바일 매체 활동 분석으로부터

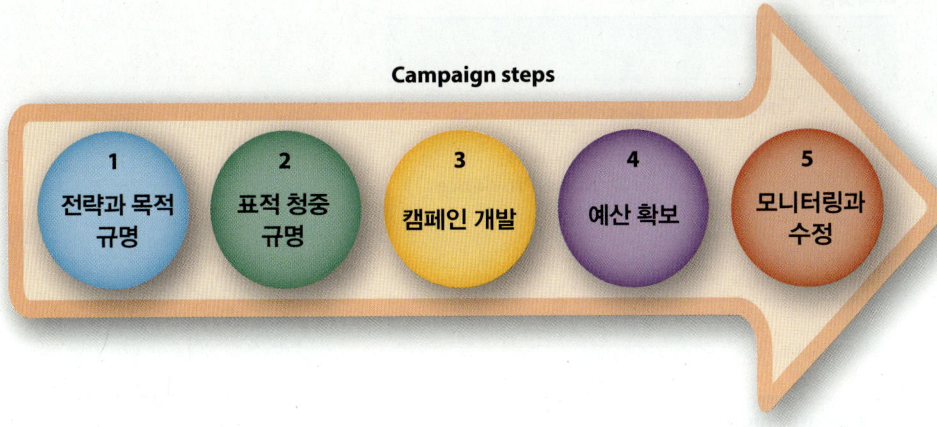

그림 3.9 소셜 미디어 기반 캠페인의 수행 단계

알게 된 사항을 실행에 옮기지 못하면 소용이 없다. 즉 소셜 미디어는 관계 형성이 주요 목적일 수 있지만, 궁극적으로 기업은 이러한 연결된 관계를 사업에 활용할 수 있는 방안을 모색할 필요성이 있다는 것이다.[51] 기업들은 새로운 Facebook 캠페인 전개, 적극적인 블로그 활동 혹은 모바일 통한 마케팅 제안 등을 고려해 볼 수 있다.

Facebook이 새로운 페이지를 출시하였을 때, 많은 사용자들이 포스팅을 새로운 방식으로 해야 하는 것에 대해 불만을 가지고 사용을 주저하였다. 하지만 메이시스 백화점은 이를 Facebook 팔로워들을 대상으로 한 새로운 이미지 쇄신 기회로 여기고 더 나은 스토리와 새로운 촉진과 마케팅 제안 테스트를 위한 실험실을 고안하였다. 핀터레스트(Pinterest)를 통해서도 메이시스 백화점은 여성 고객과 커뮤니케이션 활성화를 모색하였는데, 여성 고객이 해변에서의 멋진 휴가를 희망한다는 것을 올리면 메이시스 백화점은 목욕용 의류를 제안함으로써 해당 고객과 접촉하는 것이다. 이 회사가 실시한 최근 마케팅 조사 결과에 의하면 놀랍게도 응답자의 40%가 모바일 기기를 통해 이루어졌다. 고객들이 스마트폰을 통해 설문에 응답한다면, 모바일 프로모션에 대한 반응은 어떠할 것인가?[52] 메이시스 백화점은 이에 대한 해답을 찾는 것이 중요할 것이다.

어떠한 전술을 언제 실시할 것인지를 결정하는 것이 가장 핵심적인 부분이다. 소셜 미디어 마케터는 다양한 악기의 연주자들이 아름다운 음악을 창출해낼 수 있도록 조율하는 지휘자 역할을 담당해야 한다. 체계적으로 구조화된 마케팅 전략은 다양한 소셜, 모바일 도구들을 회사의 전통적인 IMC 전술과 조화를 이루도록 활용하여 소비자들로 하여금 인지도 향상으로부터 구매 및 충성도 형성이 가능하도록 이끄는 것이다.

이와 같은 소셜 미디어 기반 캠페인을 수행하고자 하는 기업들은 그림 3.9에 제시한 단계적 모형을 참조해 볼 수 있다.[53] 이 단계적 모형은 통합적 마케팅 커뮤니케이션(IMC) 프로그램에서 사용되는 것과 유사한 단계를 거치게 된다(세부적 내용은 15장과 16장 참조). Facebook을 기반으로 신상품에 대한 마케팅 캠페인을 개발하는 것을 가정해보자.

출처: From http://www.facebook.com/business/ads/. Reprinted with permission.

그림 3.10 Facebook의 표적 청중 규명에 대한 예

1. **전략과 목적 규명** 캠페인을 통해 무엇을 촉진하고 달성하고자 하는가를 명확히 결정해야 한다. 제품인지도를 제고하고자 하는 것인가? 잠재적 고객들로 하여금 자사 Facebook 페이지를 방문하고 호의적 태도를 형성시키도록 하는 것인가? 제품 매출 증대가 주요한 문제인가? 달성하고자 하는 목적에 따라 Facebook 페이지 개발, Facebook 앱 개발, 혹은 Facebook 이벤트 개최 등에 초점을 둘 수 있을 것이다.

2. **표적 청중 규명** 다음 단계는 캠페인이 누구를 표적으로 하는지를 결정하는 것이다. 그림 3.10에 나타난 바와 같이 Facebook은 기업들로 하여금 위치, 언어, 교육, 성별, 직업, 나이, 선호와 불호, 친구 혹은 대인관계 등을 기반으로 표적화를 수행할 수 있도록 해준다. 마케터의 목적은 자사 상품을 구매할 가능성이 높은 충분한 규모의 표적 청중 집단을 찾아내는 것이다.

3. **캠페인 개발** 표적 청중을 확인한 다음 단계는 카피와 이미지를 포함한 커뮤니케이션 개발 단계이다. 이 단계 역시 다른 통합적 마케팅 커뮤니케이션 캠페인 과정과 다르지 않다. 명확하고 고객의 마음을 끌 수 있는 행동 유발 전략이 있어야 하는 데 강력하고 시선을 끄는 이미지와 디자인이 중요한 요소로 볼 수 있다. 캠페인은 표적집단으로 삼는 고객에 어필할 수 있어야 한다. 다른 IMC 유형과 달리 소셜 미디어에 있어 더

핵심적인 부분은 이미지와 메시지가 상시적으로 업데이트되어야 한다는 점이다. 소비자들은 온라인상에서 새로운 콘텐츠를 원하기 때문에 TV통한 광고 캠페인의 경우처럼 몇 개월 동안 동일한 캠페인을 전개하는 것은 적합하지 않다.

4. **예산 확보** 캠페인 수행을 위한 예산확보는 핵심적 사항이다. Facebook은 광고주로 하여금 일일 단위 예산 책정을 할 수 있도록 해준다. 클릭당 비용이 특정 수준에 도달하게 되면 해당 광고는 해당일 나머지 기간 동안 자동적으로 사라지게 된다. 물론 이러한 옵션은 기업이 많은 피드백을 받는 도중 매력적인 광고가 갑자기 사라지게 되면 위험할 수 있다. 따라서 캠페인 콘텐츠와 마찬가지로 예산도 상시적 검토가 요구된다. 예를 들어 경쟁자가 의미 있는 가격인하를 단행하게 되면, 고객의 고려상표군에서 제외되지 않기 위해서는 이에 맞춰 가격인하를 시행해야 할 필요성이 있다.

5. **모니터링과 수정** 마지막 단계는 캠페인의 성과를 검토하고 필요한 경우 수정하는 것이다. Facebook의 광고 매니저는 광고에 대한 클릭수, 표적 청중 인구통계적 특성, 특정 기간 동안의 광고 성과 등과 같은 다양한 정보를 제공해준다.

〈가치 부가 사례 3.4〉는 애플비(Applebee)사가 어떻게 고객의 소리에 귀를 기울이고, 수집한 정보를 분석하며, 소셜 미디어 프로그램을 실행하는지를 보여주고 있다.

LO5 소셜 미디어를 활용하여 자신을 마케팅할 수 있는 방법을 이해한다.

소셜 미디어 환경에서 여러분 개개인의 브랜드 가치를 관리하기

9장에서 살펴볼 브랜딩 개념은 새롭고 기발한 방법으로 자기 자신에 대한 브랜딩이 가능한 소셜 미디어 환경에서는 독특하게 적용될 수 있다. 브랜드 관리의 핵심은 인지도 구축, 충성도 개발, 그리고 구매 영향력 증대임을 상기해보자. 이러한 개념을 개개인의 브랜드 자산에 적용해본다면 다음과 같은 방법으로 개개인에 대한 브랜드 관리를 생각해 볼 수 있을 것이다.

개개인의 소셜 미디어 효과성(social media effectiveness) 혹은 한 개인이 얼마나 많은 사람들에게 영향을 줄 수 있는지를 나타내는 소셜 도달범위(social reach)(예: 한 개인의 Facebook과 링크드인과 같은 소셜 네트워크에 등록된 사람 수); 한 개인이 다른 사람들에게 영향을 줄 수 있는 정도를 지칭하는 영향력(influence)(예: 개인의 소셜 네트워크에 등록된 얼마나 많은 사람들이 콘텐츠를 읽어보는가 하는 정도); 확장된 네트워크(extended network) 혹은 확장된 네트워크 영향력(예: 네트워크에 등록된 100명이 각각 100명의 지인을 등록하고 있는 경우 누적된 회원 수 10만 명).

몇몇 기업들은 한 개인의 소셜 영향력(social impact)을 평가하기 위한 수치적 기준을 고안하였다(예: Klout, PeerIndex, Twitalyzer, and Kred). 예를 들어 Klout는 소셜 도달 범위, 영향력, 확장된 네트워크의 3가지 요소를 결합하여 0부터 100 사이의 값을 지니는 Klout 점수를 정의하였다. 유명인 혹은 블로거와 같이 소셜 미디어 활동을 활발히 하는 사람이 아닌 일반적 소비자들의 평균적 점수는 20점 정도다. 유일하게 저스

가치 부가 사례 3.4 애플비의 경청, 분석, 소셜 미디어 실행

많은 제조업체 브랜드들이 지역 청중에게 맞춤화된 특정한 소셜 미디어 페이지를 만들 필요성에 대해 공감하고 있다. 애플비(Applebee)는 프랜차이즈 가맹점들로 하여금 지역 커뮤니티와 상시적 교류와 연결을 장려하고 있다. 소셜 미디어는 가맹점들로 하여금 지역 커뮤니티와 더 밀착할 수 있는 기회를 제공해주는 수단이 되고 있다. 하지만, 2,000개의 레스토랑과 44개 가맹점들이 각기 다른 메시지를 전달하게 되는 경우 애플비의 기업 주도적 브랜드 이미지가 희석될 것이 우려되었다. 따라서 애플비는 가맹점별로 사회적 참여 활동 관리를 돕고 소셜 미디어 개발을 브랜드에서 점포 수준으로 확대하기 위해 Expion을 고용하였다. 가맹점들은 자신들의 고유한 지역 소셜 미디어 페이지를 만들 수 있게 되었다. 하지만 각각의 가맹점들로 하여금 온라인에 사진이나 글을 포스팅하기 전에 본사로부터 승인 과정을 거치도록 하였다. 승인 혹은 거부는 몇 시간 이내로 결정되었다. 또한 기업 본사는 신상품 메뉴 혹은 프로모션 제안 등과 같은 업데이트 정보를 대규모로 배포하는 것이 가능한데 고객들에게는 지역 점포로부터 보내진 것으로 인식되었다. 고객이 부정적 글을 올리면 지역 매니저에게 즉각적으로 알려지게 된다.

새로 도입한 시스템은 성과가 있는 것으로 보인다. Facebook 팬이 18만 명에서 1백만 명으로 급격히 증가하였다. 애플비는 현재 YouTube나 Twitter보다는 Facebook 콘텐츠 관리에 초점을 두고 있다. 다양한 소셜 미디어를 통해 고객에게 접근하기 이전에 하나의 소셜 미디어에 초점을 두고 신뢰성을 충분히 확보하고자 하는 것이다.[54] 이러한 관점에서 고객의 소리를 경청하는 것은 단순히 질문과 응답 데이터를 정리하는 것을 넘어 고객과의 다양한 대화에 참여하고, 데이터를 통해 의사결정을 하고, 향후 경청 활동을 개선하기 위해 데이터를 활용하는 등과 같이 진정한 소셜 참여 활동을 주도적으로 수행하는 것을 포함하는 것으로 볼 수 있다.[55]

애블비는 Facebook을 통한 소셜 미디어 전략에 집중하고 있다. 애플비의 새로운 시스템은 Facebook 팬이 18만명에서 100만명 이상으로 급증할 정도로 성공을 거두었다.

틴 비버(Justin Bieber)가 100점 만점을 기록한 바 있다. 하지만 〈소셜 및 모바일 마케팅 사례 3.1〉에 소개된 것과 같이 유명한 스타만이 높은 Klout 점수를 획득할 수 있는 것은 아니다.

Klout가 소셜 영향력 정도를 나타내는 훌륭한 일반적 지표를 제공해주고 있지만

소셜 및 모바일 마케팅 사례 3.1

클라우트(Klout)를 통한 영향력 획득

마을에서 가장 멋진 파티에 참가하기 위해선 상류층에 입문해있거나 적어도 사회적 지위가 있어야 가능했다. 그러나 오늘날엔 온라인에서의 사회적 영향력이 충분하다면 영화 스타와 교류하는 것도 가능하다. Fashion's Night Out과 같은 메이저 이벤트를 위해 블로거들과 twitter들은 파티(모임)에 조기 참석할 수 있는 초대장을 받는다. 이들의 웹상의 구전활동 전개를 위해서다. 마이애미에서는 사회적 영향력이 현저한 소셜 미디어 게스트들은 다른 파티 참석자가 접근하지 못하는 VIP 구역에 출입할 수 있다.

이벤트 기획자에게 있어 과제는 사회적 영향력이 큰 블로거를 어떻게 잘 포착할 수 있는가에 관한 것이다. 그들은 클라우트(Klout)를 통해 이를 해결한다. 13개의 다른 온라인 네트워크에서 데이터를 분석하여, 클라우트의 서비스는 어떤 블로거나 twitter라도 사람들이 이에 어떻게 반응하는지를 알려줄 수 있다. 클라우트에서 도출된 점수 결과는 공개적이기 때문에 누구나 어떤 초대자가 얼마나 영향력이 있는지를 알 수 있다. 또한 클라우트를 통해 해당 블로거가 꾸준히 다량의 팬을 보유하고 있는지, 혹은 단지 재미거리로 캐주얼한 포스팅을 하는 블로거인지 가려낼 수 있다.[56]

영향력 있는 평론가는 참석을 꿈꾸기 어려웠던 파티 초대장, 최고의 레스토랑 예약, 참석하는 모든 장소에서의 특별대우 등과 같은 혜택을 누린다. Niche Media의 설립자인 Jason Bin은 하늘만큼 높은 클라우트 점수와 10만 명 이상의 twitter 팔로워를 지니고 있다. 기업 입장에서 그는 유명 인사보다도 매력적인 존재다. 수 천 명의 추종자 없이도, 소셜 미디어 평론가는 헌신적인 팔로윙을 유도하여 높은 클라우트 점수를 얻을 수 있다.

여러분의 클라우트 점수는?

PeerIndex(http://www.peerindex.net), Tweetlevel http://tweetlevel.edelman.com/), Twitalyzer(http://twitalyzer.com/), How Sociable(http://www.howsociable.com/), Postrank(http://www.postrank.com/), 혹은 TwitterGrader(http://twittergrader.com/) 등과 같은 특정 혹은 상세한 분석을 위한 다양한 옵션들도 제시되고 있다.[57] twitter나 Facebook을 통해 공유되는 링크들도 구글(Google)이나 빙(Bing)과 같은 검색엔진에서의 검색 순위에 영향을 미치게 되며 이러한 영향력이 커질수록 사람들은 더 영향력

있는 정보 원천을 찾아낼 가능성이 높아지게 된다.[58]

어떤 의미에서는 소셜 미디어는 고등학교와 유사하다고 볼 수 있다.[59] 양쪽 모두 자신들이 선택해서 특정 집단에 소속되게 된다. 많은 사람들은 자신이 믿을 수 있는 친구를 얼마나 지니고 있는가에 기초하여 자신의 가치를 평가하게 된다. 주위 사람들의 의견과 행동이 자신에 대한 명성을 결정하게 된다. 가만히 존재감 없이 지내는 사람은 환영받지 못하고 무시된다. 재미있고 활발하며 적극적인 공헌자들이 주의를 끌 수 있다.

하지만 "아무리 똑똑하고 재능이 많다고 하더라도 대중으로부터 폭넓게 인정받을 때까지는 충분히 평가받았다고 보기 어렵다"는 것을 기억할 필요가 있다.[60] 따라서 온라인 존재감을 창출하는 것을 넘어서 진정한 영향력을 지닌 사람들은 다양한 분야에서의 네트워크를 활용하며, 강연을 실시하고, 블로그 활용뿐만 아니라 책과 논문을 출간하며, TV 혹은 전국적 뉴스 프로그램 등에 출현하고자 노력하고 있다.

개인의 목적이 특정 주제에 관한 최고의 전문가가 되는 것이 아니라고 하더라도 소셜 미디어 통한 사회적 영향력은 취업 성공과 같은 사용자 생활의 다른 측면에서 유의하게 작용할 수 있다.[61] 고용자는 다른 정보 원천과 더불어 소셜 미디어 상의 사회적 존재감 지수(social presence score) 혹은 영향력 지수(impact factor)를 확인하여 지원자의 사회적 연결성, 창의성, 활동성을 평가하는 데 활용할 수 있다. 이러한 정보원천은 급속히 확대되고 있는 소셜 미디어 구직 분야에서 특히 중요하게 작용할 수 있다.

마케팅 전공으로 학위를 받고 졸업하는 학생의 경우 다음에 제시하는 소셜 미디어 관련 일자리를 얻을 수 있는 좋은 조건을 갖춘 것으로 볼 수 있다.[62]

1. **소셜 미디어 전략가** 보수 수준이 높은 일자리로 효과적인 전략적 계획을 통해 소셜 미디어 마케팅 캠페인을 기획하고, 결과를 측정하는 일을 담당하게 된다.
2. **커뮤니티 관리자** 기업 포럼과 블로그 관리, 기업 사이트 트래픽 증가, 기업 커뮤니티 확대 등에 대한 책임을 맡는 자리다.
3. **블로거** 근무 유연성과 자유도가 매우 높은 일자리다. 관련된 웹사이트에 글을 올리는 대가로 시간당 35~75 달러의 수입을 올릴 수 있다.
4. **소셜 미디어 마케팅 전문가** 높은 보수가 보장되는 전문직으로 다양한 소셜 미디어 채널을 활용하는 촉진 채널을 배급하는 업무를 담당하며 높은 수준의 온라인 마케팅 기술과 지식이 요구된다.
5. **검색 엔진 마케팅 담당자** 검색엔진에 초점을 둔 온라인 마케터로서 웹 사이트 검색 순위를 증가시키기 위해 최적화 기법에 대한 지식을 활용한다.
6. **온라인 고객 서비스 책임자** 온라인 고객들의 각종 문의사항에 대해 양질의 피드백이 제공될 수 있도록 관리하는 업무를 담당한다.

소셜 미디어 일자리는 지속적으로 증가하는 추세다. 일자리 검색 사이트인 몬스터닷컴에 의하면 소셜 미디어 관련 일자리수는 최근 약 75% 증가된 것으로 나타났으며[63]

높은 수준의 보수를 제공하며 지속적 성장이 예상되고 있다.

소셜 미디어 영향력 지수는 개인적 브랜딩(personal branding)이 의미하는 것이 무엇인지에 대한 몇 가지 아이디어를 제공해주고 있다.[64]

첫째, 친구들로 하여금 특정 행동을 하도록 설득하거나 기업으로 하여금 해당 사람을 인턴십으로 채용하도록 설득하는 데 자신의 개인적 브랜드를 지렛대로 잘 활용할 필요성이 있다. 둘째, 제품 혹은 서비스 브랜드의 경우와 마찬가지로 개인적인 브랜드를 구축하는 데는 지속적 노력과 시간이 필요하다. 며칠 동안 활동을 집중적으로 수행하고 한 달 동안 쉬는 것과 같은 형태로는 영향력을 미치는 것이 불가능할 것이다. 셋째, 활동적이라는 것과 영향력이 있다는 것은 완전히 다른 차원이다. 단순히 리트윗을 하는 것만으로는 진정한 영향력을 달성하는 데 충분하다고 할 수 없다. 개인적 브랜드가 영향력이 있기 위해서는 앞서 살펴본 4E 프레임에 따라 여러분의 팔로워들의 흥미를 자극하고, 교육시키며, 체험을 제공하고, 참여하도록 유도할 필요성이 있다.

또한 다른 마케팅 전술과 마찬가지로 개인적 브랜딩의 경우에도 광고에 있어 윤리적 고려사항을 준수할 필요성이 있다. 예를 들어 팜스 카지노 리조트 호텔에서 투숙객의 Klout 점수를 확인하고 점수가 높은 고객들에게 업그레이드 혜택을 제공한다.[65] 이것을 효과적인 마케팅 전략으로 볼 것인가 아니면 윤리적으로 문제가 있는 이용 행위로 봐야할 것인가?

이러한 지수가 중요성을 지닌다는 사실은 악용의 가능성도 있다는 것을 암시하고 있다. 만약 기업이 자사의 마케팅 제안에 트윗을 하도록 일련의 팔로워들에게 대가를 지불하여 검색 엔진에 유리한 결과만을 나타내도록 시스템을 조작하였다면?[66] 검색 결과에 바탕을 둔 선택이 최선이라고 할 수 있을 것인가?

Facebook에 올린 이상한 사진으로 인해 여러분의 미래 커리어에 치명적인 영향을 미칠 가능성도 존재한다. 온라인상에 여러분에 대한 정보가 많아질수록 잠재적 고용자와 다른 사람들이 여러분에 대한 정보 획득 가능성도 높아질 것이다. 한 연구에서는 인적자원 관리자는 지원자의 사회적 성향, 감정적 안정 상태 등에 대한 판단을 위해 소셜 미디어 정보원천을 평가할 필요성이 있다고 제시하기도 하였다.[67] 그러한 정보는 법률적 사건에서도 활용될 수 도 있다.[68] 여러분은 이와 같이 사회적 영향력을 강화하기 위해 수행하는 모든 일에 대해 책임을 피하기 어렵다. 따라서 글을 올리거나, 트윗을 하거나 블로깅을 하기 전에 생각할 필요가 있다. 이것이 법정 혹은 공청회 장소에서 여러분이 답변하기를 원하는 것인가?

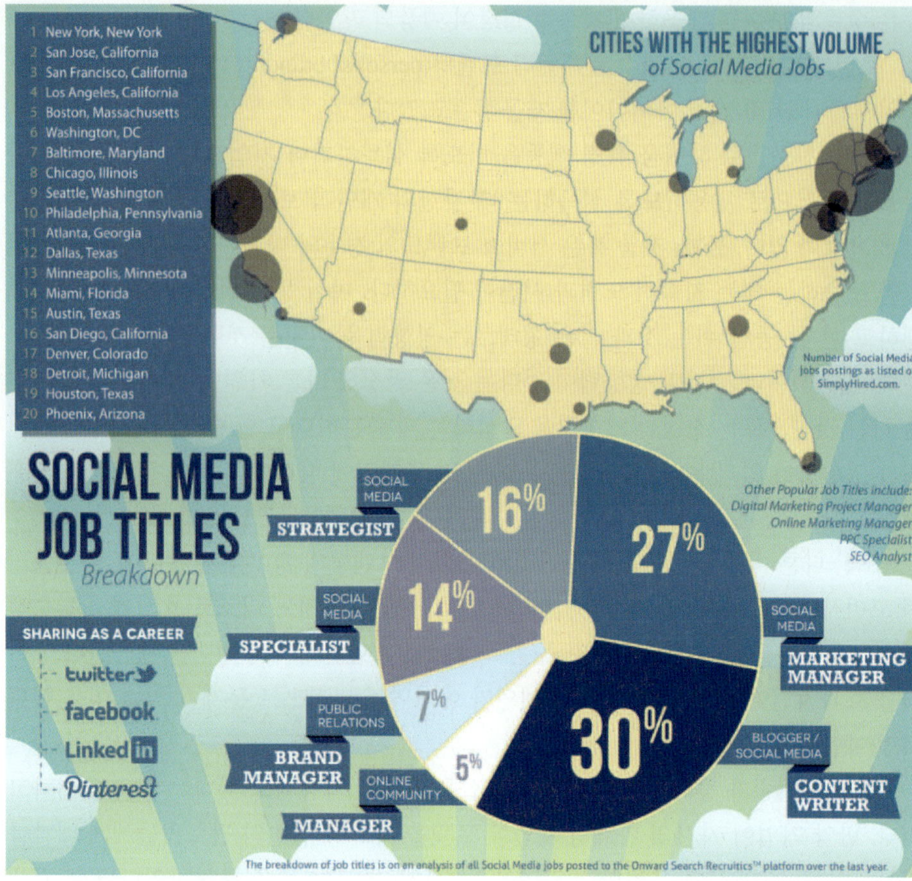

출처: From Onward Search, Digital Marketing and Creative Staffing Agency, www.onwardsearch.com. Reprinted with permission.

SALARY RANGES by City / Job Title

City	Blogger / Social Media COPYWRITER	Social Media SPECIALIST	Online Community MANAGER	Public Relations / Brand MANAGER	Social Media STRATEGIST	Social Media Marketing MANAGER
1 New York, New York	22k-60k	46k - 71k	54k - 79k	49k - 90k	55k - 103k	73k - 116k
2 San Jose, California	22k-60k	47k - 72k	54k - 80k	50k - 91k	56k - 104k	74k - 117k
3 San Francisco, California	21k-59k	45k - 70k	53k - 78k	48k - 88k	54k - 102k	72k - 114k
4 Los Angeles, California	18k-49k	38k - 59k	44k - 65k	41k - 74k	46k - 85k	61k - 96k
5 Boston, Massachusetts	20k-55k	42k - 65k	49k - 73k	45k - 82k	51k - 95k	67k - 106k
6 Washington, DC	20k-54k	42k - 65k	49k - 72k	45k - 82k	50k - 94k	67k - 106k
7 Baltimore, Maryland	17k-47k	36k - 56k	42k - 63k	39k - 71k	44k - 82k	58k - 92k
8 Chicago, Illinois	18k-50k	39k - 60k	45k - 67k	41k - 76k	46k - 87k	62k - 98k
9 Seattle, Washington	16k-43k	33k - 51k	39k - 57k	35k - 65k	40k - 74k	53k - 84k
10 Philadelphia, Pennsylvania	16k-44k	34k - 52k	39k - 58k	36k - 66k	41k - 76k	54k - 85k
11 Atlanta, Georgia	19k-51k	40k - 61k	46k - 68k	42k - 77k	47k - 88k	63k - 99k
12 Dallas, Texas	17k-47k	36k - 56k	42k - 62k	38k - 70k	43k - 81k	57k - 91k
13 Minneapolis, Minnesota	16k-44k	34k - 52k	39k - 58k	36k - 66k	41k - 76k	54k - 85k
14 Miami, Florida	16k-45k	35k - 54k	41k - 60k	37k - 68k	42k - 79k	56k - 88k
15 Austin, Texas	15k-42k	32k - 50k	38k - 55k	34k - 63k	39k - 72k	51k - 81k
16 San Diego, California	17k-46k	36k - 55k	42k - 61k	38k - 70k	43k - 80k	57k - 90k
17 Denver, Colorado	15k-43k	33k - 51k	39k - 57k	35k - 64k	40k - 74k	53k - 83k
18 Detroit, Michigan	16k-45k	41k - 77k	40k - 59k	37k - 67k	37k - 90k	55k - 87k
19 Houston, Texas	17k-46k	36k - 55k	41k - 61k	38k - 69k	43k - 80k	57k - 90k
20 Phoenix, Arizona	14k-39k	30k - 47k	36k - 52k	32k - 59k	36k - 68k	48k - 77k

Salary ranges represent the 25% and 75% percentile for each job title in each city as obtained from Indeed.com.

출처: From Onward Search, Digital Marketing and Creative Staffing Agency, www.onwardsearch.com. Reprinted with permission.

그림 3.11 소셜 미디어 관련 직업의 급여 자료

요점 정리

LO1 소셜 미디어 마케팅의 4E 프레임워크를 설명한다.

소셜 미디어 마케팅을 위한 4E 프레임워크는 다음을 강조하고 있다. 적절한 제공물로 고객의 흥미를 자극하라. 제공물에 대해 고객을 교육시켜라. 직접 혹은 간접적으로 제품 체험기회를 제공하라. 고객에게 참여기회를 제공하라.

LO2 소셜 미디어 유형을 이해한다.

소셜 미디어 유형은 크게 3가지로 구분할 수 있다. 소셜 네트워킹 사이트(예: Facebook, 링키드인), 미디어 공유 사이트(예: YouTube), 사고 공유 사이트(예: 블로그, twitter)

LO3 모바일 애플리케이션의 유형을 이해한다.

모바일 사용자수가 늘어나고 다양화되어감에 따라 이들에게 어필하기 위한 애플리케이션도 확산되고 있다. 현재 모바일 애플리케이션 유형은 크게 3가지로 구분될 수 있다. 가격 비교 앱, 위치 기반 앱, 그리고 패션 앱. 하지만 많은 앱들은 2개 이상의 유형이 복합된 특성을 지니고 있다.

LO4 소셜 미디어 전략의 3가지 구성요소를 인지하고 이해한다.

고객들을 대상으로 소셜 미디어에 적극적으로 참여하도록 유도하기 위해서는 3단계 과정을 고려해 볼 수 있다. 첫 번째, 의견 분석(sentiments analysis)과 같은 방법을 통해 고객이 말하는 것을 경청하는 단계이다. 두 번째는 바운스 비율(bounce rate), 클릭 경로(click paths), 전환율(conversion rate)과 같은 측정치를 활용하여 첫 번째 단계에서 수집된 자료를 분석하는 단계이다. 마지막으로 분석된 정보를 활용하여 고객을 참여시킬 수 있는 미디어 전술을 개발하는 것이다.

LO5 소셜 미디어를 활용하여 자신을 마케팅할 수 있는 방법을 이해한다.

자기 스스로를 마케팅하기 위해서는 대규모 사람들에게 도달할 필요성이 있고, 이들에게 영향을 미칠 수 있어야 하며, 이들이 영향을 미치는 사람들 네트워크 또한 영향력을 지니고 있어야 한다. 클라우트와 같은 몇 몇 회사들은 소셜 네트워크 영향력을 평가할 수 있는 지수를 고안하였다. 소셜 네트워크 존재감(social network presence)을 높이는 것은 특정 유형의 마케팅 직업을 구하는 데 있어 중요성이 증가하고 있다. 하지만 유의해야 할 점은 소셜 미디어에 자신을 어떻게 표현할 것인지에 대해 신중하게 선택할 필요성이 있다는 것이다. 왜냐하면 소셜 미디어에 한번 포스팅이 되고 나면 잠재적 고용자를 포함하여 모든 사람이 볼 수 있기 때문이다.

핵심용어

- 개인 블로그(personal blogs)
- 게임화(gamification)
- 공유자(sharers)
- 관계자(bonders)
- 기업 블로그(corporate blogs)
- 마이크로 블로그(microblog)
- 바운스 비율(bounce rate)
- 블로그(blog)
- 선구자(creators)
- 소셜 도달범위(social reach)
- 소셜 미디어(social media)
- 영향력(influence)
- 의견 분석(sentiment analysis)
- 전문가 블로그(professional blogs)
- 전환율(conversion rates)
- 클릭 경로(click paths)
- 키워드 분석(keyword analysis)
- 페이지뷰(page views)
- 확장된 네트워크(extended network)
- 히트(hits)

사례 연구

Dell은 소셜 미디어를 통해 고객과 직접 연결된다

connect

마이클 델(Michael Dell)이 1,000 달러의 돈과, 기술이 어떻게 디자인 되어야 하고, 제조되어야 하고, 팔려야 하는지에 대한 비전을 가지고 1984년에 회사를 설립한 당시 나이가 19세였다.[69] 이런 비전은 Dell의 핵심 비즈니스 모델의 최전선에 "고객에 직접 다가가라(Be direct)"[70]라는 단순한 명제를 고객관계의 기반으로 두었다. 이 회사는 자사의 첫 번째 컴퓨터를 무위험 반품 정책을 도입하여 출시하였다.[71] 1996년 3월 Dell.com 웹사이트 오픈과 함께 제품을 고객에게 직접 전달함으로써 이들은 6개월 이내에 하루 100만 달러 매출을 이뤄내었다. 고객은 사이트 내의 온라인 채팅, 전화, 전자 메일을 통해 기술 지원을 받을 수 있도록 하였다. 포괄적인 온라인 지원 서비스에 힘입어 Dell.com은 2000년도 하루 4,000만 달러 매출을 올리면서 세계에서 가장 많은 매출이 발생되는 전자상거래 사이트의 하나로 자리 잡았다.[72]

그러나 몇 년 후, Dell은 기술지원 우선 수단을 소셜 미디어로 활용함으로써, 고객과의 상호작용을 근본적으로 바꿨다. Facebook, twitter, 그리고 다른 소셜 미디어 채널의 잠재력을 최대한 끌어내어 Dell은 이전보다 더욱더 직접적으로 고객과 소통하는 방식을 개발했다. 소셜 미디어 초기 수용자 기업으로서, Dell은 이제 회사 성과를 변혁시키는 데 소셜 미디어를 선도적으로 사용하는 업체로 자리매김하고 있다.[73]

Dell.com은 전통적 온라인 마케팅 강점을 지니고 지속적으로 고객 지원을 강화하고 있다. 고객들은 Dell이 온라인에서 판매하고 있는 제품 카탈로그 전체 리스트에 접근할 수 있다.[74] 웹사이트에선 제품 지원을 받을 수 있으며, 다운로드, 윈도우 운영 체제, 그리고 다른 다수 이슈들에 대해 기술 지원을 받을 수 있다.[75] 온라인 사용자 포럼은 디스크 드라이브에 관한 Q&A 토론, 모바일 장치 및 기타 주제에 대한 논의와 올바른 제품을 구매하고자 하는 제품 구매자들, 소규모 기업 오너, 혹은 디지털 엔터테인먼트에 관심 있는 사람 등과 같은 세분집단별 전문화된 토론을 제공함으로써 고객 관계를 강화시키는 데 도움을 주고 있다.[76]

그러나 Dell의 소셜 미디어 채널은 고객에게 근본적으로 색다른 경험을 제공한다. 그리고 소셜 미디어를 통해 회사는 신제품, 제안된 광고 캠페인, 서비스 문제점, 기술적 사업의 다양한 측면에 대한 소중한 소비자의 반응(긍정적이든 혹은 부정적이든)을 파악할 수 있다.

Facebook에서 Dell은 개인 가정 사용자와 기업 사용자, 소규모 및 중규모 & 대기업 등 다양한 세분시장으로 나누고 이들을 말레이시아, 호주, 그 외 기타 국가의 지점 별로 나눠 개별적인 페이지를 통해 운영한다. 미국에서의 Facebook 검색은 사용자를 Dell 마켓플레이스로 끌어들이는데, 이 사이트는 현재 프로모션 중인 제품 광고와 제품을 디스플레이해 놓은 최신 유행 페이지로 운영되고 있다.

페이지 링크는 다양한 옵션을 제공한다. CD를 굽는 방법과 같은 질문에 관한 대화창을 제공하는 라이브 포스팅을 보여줌과 동시에 Dell 지원서비스를 통해 사용자는 Dell의 온라인 포럼에 연결된다.[77] Dell Wall 서비스 페이지는 Facebook 담벼락과 유사하다. Dell의 이벤트와 새로운 서비스를 소개하는 곳이다. Buzz Room에서는 기업가정신, 제품 뉴스, 모빌리티와 같은 주제를 대상으로 주요 미디어의 뉴스 속보를 제공하며, 각 페이지는 지속적인 twitter 피드가 가능하다.[78]

Lounge도 Facebook의 담벼락 같은 것인데, 이곳에서는 브루클린과 뉴욕에서의 Dell XPS13 울트라북 이벤트 등의 뉴스와 온라인 소셜 미디어 임금 가이드 등을 볼 수 있다.[79] Social Shop에서는 사람들이 자기들의 컴퓨터를 어떻게 사용하고 평가하는지에 관한 최신 정보를 제공해주며, 게임, 음악, 그리고 클라우드 컴퓨팅 등의 주제별 링크가 제시된다.[80] Ask Rev 링크는 YouTube와 유사한 동영상 사이트로서 Dell 직원이 소비자 질문에 대해 매주 업데이트 형식으로 동영상을 제공해주고 있다.[81]

Twitter는 Dell로 하여금 사용자와의 완전히 다른 형태의 소통을 가능하게 한다. 메인 twitter 페이지[82]는 Dell의 다른 여러 twitter 계정과 연결되어있다. DellHomeUS 계정은 제품 출시를 알려주며, 소비자들에게 여러 제품 뉴스를 제공한다.[83] DellEnterprise 계정[84]은 전세계 대기업 대상으로 IT 전문 정보를 제공하고, DellCares 계정은 고객이 필요로 하는 제품 지원을 담당한다.[85] Dell의 공식 기업 블로그인 Direct-2Dell 계정[86]을 통해 헤드라인을 확인할 수 있고, MichaelDell 계정[87]을 통해서는 마이클 Dell에 직접 트윗이 가능하다. 판매를 촉진하기 위해 Dell Outlet에서는 Twitter를 통해 홍보를 지원한다.[88]

Dell.com의 블로그는 기업 경영층과 사용자-가입자 간의 능동적인 대화를 촉진시킨다. 이 블로그에는 플래그쉽 블로그[89]인 Direct2Dell 계정과 투자자 업데이트[90]를 보여주는 Dell-Shares 계정, 소프트웨어 제품, 가격, 라이센싱에 대해 토론하는 DellSoftwareNews가 포함된다.[91] LinkedIn(링키드인)을 통해 Dell에 접속하는 전문직 종사자들은 제품 업데이트를 찾고 최신 블로그 포스트를 보며 Dell 매니저와 직접 연결이 가능하다.[92] Google+를 통해서 Dell은 소비자들에게 제품 뉴스와 업데이트 사항뿐만 아니라 관심 있는 그룹 대화방 혹은 서클에 사용자를 초대하기도 한다.[93] Dell은 또한 디지털 제안을 위해 IdeaStorm.com을 운영하고 있는데, 이곳을 통해 크라우드소싱을 기반에 두어 제안을 촉진시키고, 고객을 초청하여 상호간 협업을 통해 서비스 개선을 이루고 있다.[94]

이렇게 다각화된 채널을 통해 Dell은 개인적으로 매일 실시간으로 텍스트를 작성하고, 포스팅하고, 의견을 트윗하는 수 천 명의 사용자로부터 통찰력을 얻고 있을 뿐 아니라 고객들에게 전례 없는 강력한 브랜드 존재감을 심어주고 있다. 거대한 정보 흐름을 기반으로 한 기업(조직)학습은 Dell이 구축한 강력한 소셜 미디어 인프라 덕분에 가능하다고 볼 수 있다.

몇 가지 추정에 의하면, Dell은 강력한 소셜 미디어 플랫폼 개발에 수 천만 달러를 투자했다고 한다.[95] 소셜 미디어 모니터링 기업인 Radian6와의 파트너십을 통해 Dell은 매일 25,000명 사용자와의 대화목록 작성과 분식을 실시하고 있다.[96] 이 분석은 메우 중요한 작업으로, 최고 마케팅 책임자인 Karen Quintos는 다음과 같이 말했다. "개별적 문제에 집착하는 데에서 한 발짝 물러서서 전체를 바라볼 수 있어야만 기업이 당면한 문제의 근원을 이해할 수 있다".[97] Dell 회사의 새로운 소셜 미디어 청취 통제 센터(Social Media Listening Command Center)는 11개 언어로 전 세계 Dell 고객들에게 즉각적 지원을 제공하는 기관으로 Dell의 중추적 신경망으로 볼 수 있다.[98]

글로벌 소셜 미디어와 커뮤니티 책임자 Maribel Sierra는 "고객의 모든 이슈를 해결할 수 없을지라도 고객의 소리를 듣는 것만으로 효과가 있다. 왜냐하면 고객들은 자신들의 생각과 걱정을 들어주는 것만으로도 감사하게 생각하기 때문이다."라고 강조한 바 있다. 소셜 미디어를 통해 Dell 종업원과 고객 간에 여과되지 않은 생생한 대화가 가능하다는 사실은 고객 충성도와 브랜드 파워 강화에 막대한 영향을 미칠 수 있다.[99] 연간 교육 업데이트 및 Dell의 글로벌 소셜 미디어 정책은 Dell의 소셜 미디어 직원들에 의해 수행되는 청취업무의 지침을 제공해주고 있다. 이들은 반드시 회사 및 개인의 기밀 정보를 보호해야 한다. 온라인상에서 누군가와 소셜 미디어를 통해 접촉이 이루어지는 경우 반드시 Dell 회사의 근무자임을 밝힐 필요가 있다. 또한 이들은 모든 법률적 · 회사 규정을 지켜야 한다. 고객의 니즈에 응답하는 것은 기본적 사항이다.[100]

그러나 Dell의 소셜 미디어 및 커뮤니티 부문 부사장인 Manish Mehta는 커맨드 센터가 단순히 듣거나 혹은 정보를 분류하기 위해 존재하는 것이 아니라, 항상 고객의 소리에 주의를 집중하여 문제가 될 수 있는 핵심적 이슈를 조기에 파악하여 전 세계 Dell 종업원들이 이에 대응할 수 있는 준비를 할 수 있도록 해야 한다고 강조하였다.[101] Forrester 보고서에 따르면 이러한 접근법으로 인해 Dell의 고객 지원율은 46%까지 도달할 수 있었고, 추가적인 가시적 성과를 달성하였다고 한다. 가시적 성과로서는 빠른 응답 시간, 이슈 인식 능력과 경영관리 개선, 조정과 응답 일관성 향상, 결함 제품 출시를 막아주는 조기 경고 시스템이 포함되었다.[102]

Dell은 또한 소셜 미디어 청취의 효과를 극대화하기 위해 오프라인을 통한 소통도 강화하였다. 온라인에서 만난 브랜드 지지자와 반대자들을 1년마다 소비자 자문 회의에 초대하는 것이다. 불만족한 고객의 부정적 구전 확산을 두려워하는 일부 기업이 소셜 미디어 통한 비판을 외면하는 반면, Dell은 이들과 적극적으로 소통하고자 노력하고 있다. Dell의 고객 서비스팀 분석에 의하면 이들 중 30%가 지지자로 전환되는 것으로 나타났다. 또한 Dell은 온라인상에서의 특별대우와 신제품 테스트 혹은 온라인 채팅에의 초대를 통해 영향력 있는 브랜드 충성고객을 양성하고자 노력하고 있다.[103]

초기 시절부터 Dell은 고객과의 소통 잠재력이 높은 기업으로 성장해왔다. 소셜 미디어 연결[104]을 적극 수용한 기업 문화를 토대로, 오늘날의 Dell은 제품과 서비스 향상, 충성 고객 유지, 매출 증가를 위해 더욱더 강력한 소비자와의 상호작용을 실현하고 있다.[105]

확인 문제

1. 델(Dell) 종업원들이 사용하고 있는 소셜 및 모바일 미디어는 무엇인가?
2. 4E 프레임워크를 활용하여 델(Dell)의 소셜 미디어 마케팅 전략을 평가하시오.
3. 델(Dell)의 고객의 소리 청취 능력을 평가하고 소셜 미디어 통제 센터를 통해 획득한 통찰력에 어떻게 반응하고 있는지를 설명하시오.

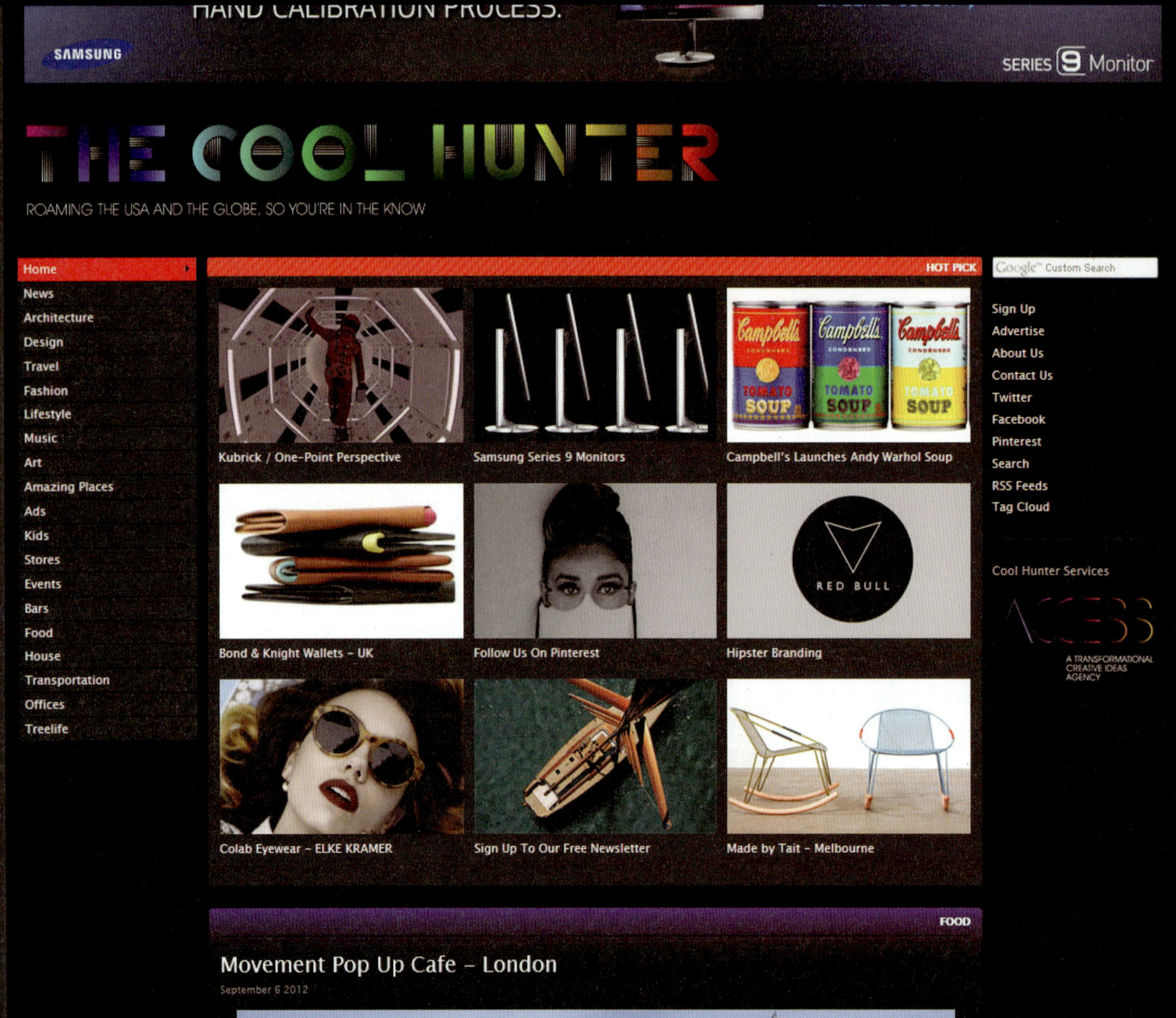
HAND CALIBRATION PROCESS.
SAMSUNG
SERIES 9 Monitor
THE COOL HUNTER
ROAMING THE USA AND THE GLOBE, SO YOU'RE IN THE KNOW
Home
News
Architecture
Design
Travel
Fashion
Lifestyle
Music
Art
Amazing Places
Ads
Kids
Stores
Events
Bars
Food
House
Transportation
Offices
Treelife
HOT PICK
Kubrick / One-Point Perspective
Samsung Series 9 Monitors
Campbell's Launches Andy Warhol Soup
Bond & Knight Wallets - UK
Follow Us On Pinterest
Hipster Branding
RED BULL
Colab Eyewear - ELKE KRAMER
Sign Up To Our Free Newsletter
Made by Tait - Melbourne
Google Custom Search
Sign Up
Advertise
About Us
Contact Us
Twitter
Facebook
Pinterest
Search
RSS Feeds
Tag Cloud
Cool Hunter Services
ACCESS
A TRANSFORMATIONAL CREATIVE IDEAS AGENCY
FOOD
Movement Pop Up Cafe - London
September 6 2012

CHAPTER 4

마케팅환경 분석

'쿨(cool)'하게 보이기 위함에 있어서는 누구도 뒤처지려하지 않을 것이나. 청소년들은 부모들에게 조르거나 스스로 돈을 모아서 최신 음악을 사고, 그들의 부모들은 철 지난 패션처럼 보이지 않으려고 신경을 쓴다. 그러나 쿨한 것을 쫓는 것은 소비자에게만 한정된 것은 아니다. 많은 기업들 또한 자신들이 처한 환경에서 뒤처지지 않고 맨 앞에 서고 싶어 한다.

이러한 기업들을 돕기 위해 The Cool Hunter(이하 TCH)나 Trend Hunters와 같은 서비스업체들은 많은 분야에서 최신의 중요한 아이디어들을 수집, 요약, 설명하고 있다. 사람들이 자신의 집에 어떤 재료를 원하는가를 알고 싶어 하는 건축회사는 TCH 웹사이트에서 '건축' 페이지에 들어가서 점점 더 많은 집들이 외벽의 마감을 곡면유리로 꾸미고 있는 것을 알 수 있을 것이다.[1] 건축회사, 디자이너 및 건축가들은 고객이 원하는 것들을 더 잘 이해할 필요가 있다.

TCH는 단지 다른 기업에게 정보를 제공하는 것에 그치는 것이 아니라 마케팅환경을 분석하여 어떻게 대응할 것인지를 보여주기도 한다. 예를 들어, 최신 라이프스타일 웹페이지에서 TCH는 (특히 도시에 살고 있는 사람들 사이에서) 자연으로 돌아가고자 하는 관심이 지속적으로 커지고 있음을 주목하고, 웹사이트에 나무와 식물들의 황홀한 사진을 올려서 방문자들의 컴퓨터 화면에 자연의 느낌을 가져다주고 있다.[2]

또한 TCH의 웹사이트는 단순히 트렌드 감시자로서 인식되기보다는 모든 쿨한 것에서의 권위자가 되기를 지향한다. 웹사이트 구독자들은 ACCESS라는 연계된 에이전트 프로그램과 계약을 맺어 새로운 캠페인이나 이벤트를 실행하도록 할 수 있다.

반면에 Trend Hunters는 자신들의 환경에서 벌어지고 있는 일들에 대해 더 많은 정보를 원하는 특정 브랜드들을 목표로 하고 있다. Trend Hunters는 수천명의 트렌드헌터들이 자신들이 주목한 트렌드에 대해 짧게 설명한 기고를 바탕으로 한다. 비록 가장 활발한 헌터 중 일부가 기업에 의해 고용되었다고는 해도 수천명 이상은 자신들의 게시물이 게시된 것에 대해 '명성, 영예 및 자부심'을 느끼고, 자신의 게시물이 웹사이트의 첫 페이지에 올라가기를 바라면서 게시를 하고 있다.[3]

Trend Hunters 사이트는 게시된 수많은 트렌드들을 걸러낼 책임을 지닌다. Trend Hunters는 크라우드필터링 기술을 이용해

학습 목표

- **LO1** 고객, 기업, 경쟁자, 협력기업들이 마케팅 전략에 주는 영향을 간략히 설명한다.
- **LO2** 마케터들이 의사결정과정에서 거시환경을 고려해야 하는 이유를 설명한다.
- **LO3** 다양한 세대별 코호트들 간의 차이를 설명한다.
- **LO4** 마케팅에 영향을 주는 다양한 사회적 트렌드를 구분한다.

서 대략 8만 명의 트렌드헌터들이 게시한 12만 개의 마이크로트렌드들을 4만 개의 우수 마이크로트렌드로 축약한다. 그리고 Trend Hunters의 전문운영진들이 1,200개 정도의 예지항목(insight)으로 정의하여 전문적인 고객들에게 제공된다. 고객들은 제공된 정보들을 이용하여 각자의 시장에서의 변화를 예상하거나 예측하게 된다.

예를 들어, Trend Hunters는 마케팅환경에서 중요한 요소로 꼽히는 광고판의 급격한 변화에 주목하였다. 소비자나 행인들이 더 이상 많은 광고판에 대해 신경쓰지 않는 상황에서, Trend Hunters는 쇼킹하고 주의를 사로잡을 수 있는 노골적인 광고판이 최선이라 하고 있다. 소고기 생산자 광고에서 광고판의 게시물을 한쪽 끝에 스테이크가 한 조각 꽂힌 포크처럼 보이게 만들었다. 시각적인 이미지도 눈에 띄지만 더 나아가서 러쉬아워(오전 7시부터 10시까지, 오후 4시부터 7시까지) 동안 공기 중에 소고기 냄새를 뿌리기도 한다.[4]

또 다른 예로, Trend Hunters는 노숙자들에 대한 통계와 정보를 인도에 그리는 사회적지각 캠페인과 같은 게릴라 광고를 강조하고 있기도 하고,[5] 도로 상의 속도제한을 준수하도록 하기 위해 포장이 패인 포트홀(potholes)에 작은 정원을 게릴라 정원사들이 가꾸기도 한다.[6]

목표시장이나 목적은 다르지만, 이 두 사이트는 시장을 둘러싼 것 중 무엇이 쿨하고, 유행을 이끌고, 뜨거운 것인지를 알고 싶어 하는 욕구라는 비슷한 동기를 반영하고 있다. 이러한 욕구는 거의 만국공통이어서 왜 마케터들이 마케팅환경을 분석하기 위해 많은 시간과 노력을 들이는가를 설명할 수 있는 것이다.

LO1 고객, 기업, 경쟁자, 협력기업들이 마케팅 전략에 주는 영향을 간략히 설명한다.

마케팅환경 분석 프레임웍

4장의 도입사례에서 소개한 것과 같이 마케터들은 계속해서 자신들의 고객들이 원하고 기대하는 것 중 무엇이 변화하고 있는지를 찾아서 자신들의 제품이나 서비스를 수정해 가려고 한다. 고객의 욕구에 세심한 주의를 기울이고 기업이 처한 환경을 지속적으로 파악함으로써 마케터들은 잠재적 기회를 찾아낼 수 있다.

그림 4.1은 마케팅환경의 구성 요인들을 소개하고 있다. 늘 그러하듯이 중심에는 고객이 놓인다. 고객들은 해당 기업 자신, 기업의 경쟁자, 또는 기업과 협력하여 고객에게 제품과 서비스를 만들어서 공급하는 협력기업들의 직접적인 행위의 영향을 직접 받게 된다. 문화적, 인구통계학적, 사회적, 기술적, 경제적 및 정치적/법적 환경 등 다양한 거시환경은 기업에 영향을 주고, 따라서 고객들에게 간접적인 영향을 준다. 이제 본 장에서는 이들 각각의 마케팅환경 요인들에 대해 상세하게 논의하고, 이들 요인들이 어떻게 서로 연관되어 있는지를 다루고자 한다.

모든 마케팅 노력의 중심에는 고객이 있기에 가치기반 마케팅은 고객들에게 경쟁자가 제공하는 것보다 더 높은 가치를 제공하는 것을 목표하기에, 마케팅 기업은 모든 비즈니스 프로세스를 소비자의 관점에서 생각해야 한다.[7] 소비자들의 구매력뿐 아니라 본원적 욕구(needs)와 구체적 욕구(wants)는 시간에 따라 변화하고 진화하는 여러 요인들에 영향을 받는다. 기업은 경쟁자들의 활동과 소비자 트렌드를 추적하기 위해 TCH나 Trend Hunters 같은 웹사이트를 포함하여 다양한 수단을 이용하며, 그들의 협력기업들과 다양한 방식으로 의사소통을 한다. 더 나아가서 기업은 거시환

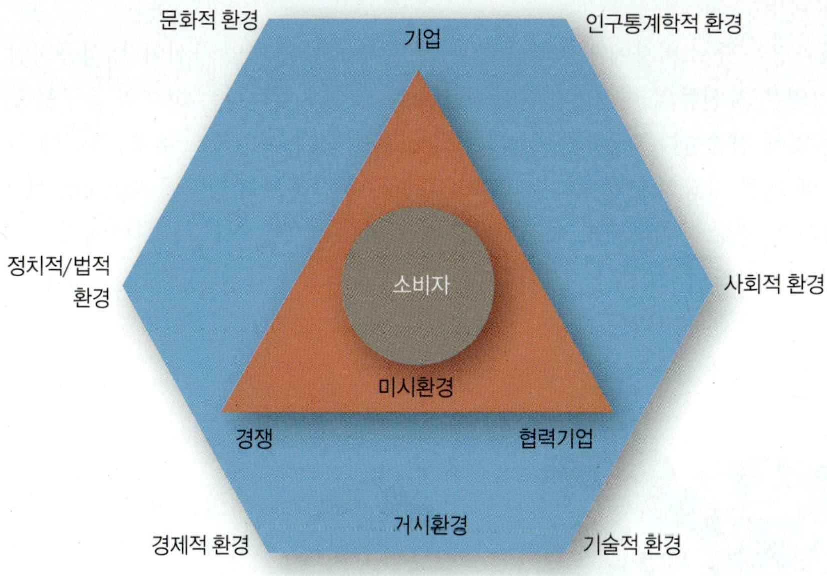

그림 4.1 마케팅환경의 이해

경을 모니터해서 이들 거시환경 요인들이 소비자들에게 어떤 영향을 미치는지와 기업이 거시환경요인들에 어떻게 대응해야 하는지를 결정한다. 때로는 기업이 트렌드를 앞서 대응할 수도 있게 된다.

미시환경

그림 4.2는 소비자에게 직접적 영향을 주는 미시환경 요인들인 기업역량, 경쟁자, 협력기업 등을 나타내고 있다.

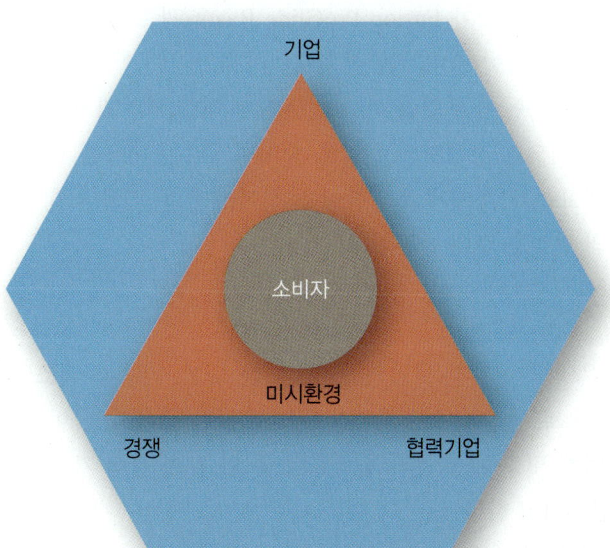

그림 4.2 미시환경의 이해

기업역량

미시환경들 중 소비자에게 영향을 주는 첫 번째 요인은 기업 자신이다. 성공적인 마케팅 기업은 자신들의 핵심역량(core competencies)과 일치하는 고객의 욕구를 만족시키는 것에 집중한다. Pepsi의 기본적인 강점은 탄산음료의 제조, 유통, 촉진에 있지만, 생수에 대한 시장의 트렌드와 소비자의 욕망을 인식하고 자신들의 Aquafina 브랜드를 이용하여 생수 분야에서도 핵심역량을 성공적으로 활용하고 있다. 마케터는 주어진 기회가 매력적인지 여부를 구분하기 위하여 2장에서 설명된 SWOT분석과 같은 외부환경에 대한 분석기법을 사용할 수 있다. 주어진 기회가 매력적이라면 그들은 자신들이 지닌 역량을 집중시킬 수 있다.

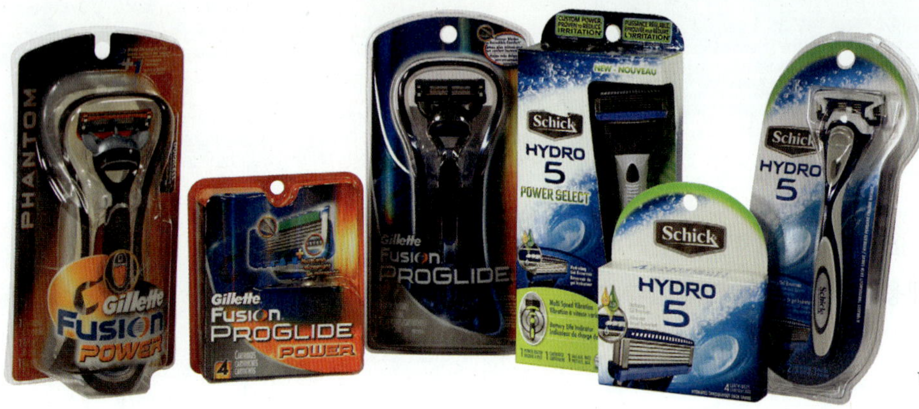

Gillette와 Schick는 면도기 시장에서 치열한 경쟁을 벌이고 있다.

경쟁자

경쟁도 소비자의 직접적인 환경에 의미 있는 영향을 준다. 그러므로 마케터가 경쟁기업들의 강점과 약점, 자신들이 수행하는 마케팅 활동에 대해 경쟁기업이 어떻게 대응할 것인지 등을 이해하는 것은 매우 중요하다. 면도기 시장의 두 거대기업인 Gillette Co.와 Schick를 생산하는 Energizer USA가 일회용 면도기에 더 많은 면도날을 추가하는 경쟁을 벌이고 있는 것과 같은 싸움에 사로잡히고 싶어 하는 기업은 없을 것이다.[8] Gillette는 Schick의 Hydro 면도기가 피부를 촉촉하게 한다는 광고를 허위광고로 고소하였고, Schick의 모기업은 Gillette가 Fusion ProGlide Razor 광고의 '역대로 가장 얇은 Gillette의 면도날'이란 주장이 소비자를 현혹시킨다고 반박하였다. 이 모든 것들은 그들이 가장 가까운 경쟁자들이 무엇을 하고 있는지에 대한 기업의 인식과 자신들이 피해를 받을 것으로 우려되는 경쟁자의 전략을 중지시키려는 대응을 반영하는 것이다. 그리고 궁극적인 목표는 고객에게 소구함이 목적이기에 두 면도기 회사 모두 경쟁자보다 자기네 제품의 편익을 과대 선전한다.

협력기업

혼자 고립되어 운영되는 기업은 거의 없다. 예를 들어, 자동차 제조업체는 자신들의 자동차를 성공적으로 생산하여 판매하기 위해서 강판 공급사, 타이어 제조업체, 부품 생산업체, 운송업체 및 판매상 등과 협력한다. 이와 같이 관심 기업과 함께 일하는 주체들을 협력기업이라고 한다.

이들 협력기업들이 해당 기업과 하나의 효율적인 생산시스템을 위해 수행하는 역할을 예시해 보기로 한다. 대부분의 아웃도어 의류 제조업체들이 재생불가능한 합성

Nau는 협력기업들과 함께 사회적책임 전략을 개발하고 있다.

소재를 사용하는 것과는 달리 Nau는 아웃도어나 스키 의류를 옥수수나 재활용된 플라스틱병과 같은 재생가능한 자원을 이용하여 만들고 있다. Nau는 Nike나 Patagonia 같은 기업에서 나온 벤처창업가들에 의해 설립되었다. 검소하면서도 멋진 지속가능한 소재를 이용한 의류를 개발하기 위해 창업가들은 전세계 협력 제조업체로부터 옥수수에서 추출한 땀흡수가 빠른 생물고분자물질인 PLA[폴리액틱산(polyactic acid)]와 같은 새로운 직물을 개발하였다. 새로운 직물을 완전하게 하기 위해 이 업체는 유기농 목화와 동물 친화적인 협력 목장에서 제공되는 "행복한 양"에게서 나온 양모만을 사용하였다. 그래서 Nau가 지속가능한 그린 사업에서 선두에 있는 것 뿐만 아니라 "그린화(going green)"가 혁신을 위해 어떻게 협력기업들과 더 밀착하여 일할 수 있을 것인지를 분명히 보여주고 있다.[9] 이와 같은 협력 태도로 인하여 Nau는 본 장의 도입사례에 소개된 것과 같은 트렌드 소개 사이트에 소개되어 오고 있다.[10]

거시환경 요인

고객, 기업자신, 경쟁자 및 협력기업 등에 대한 이해와 함께 마케터는 그림 4.3에 나타난 것과 같은 외부적인 환경에서 작동하는 문화, 인구통계, 사회적이슈, 기술발전, 경제상황 및 정치적/규제적 환경 등의 거시환경 요인들을 이해하여야 한다.

LO2 마케터들이 의사결정과정에서 거시환경을 고려해야 하는 이유를 설명한다.

문화

문화란 사람들의 집단이 공유하는 의미, 신념, 도덕, 가치 및 관습 등으로 폭넓게 정의된다.[11] 문화는 언어, 문학, 제도 등에 의해 전달되어 세대를 이어 계승되어 내려오고

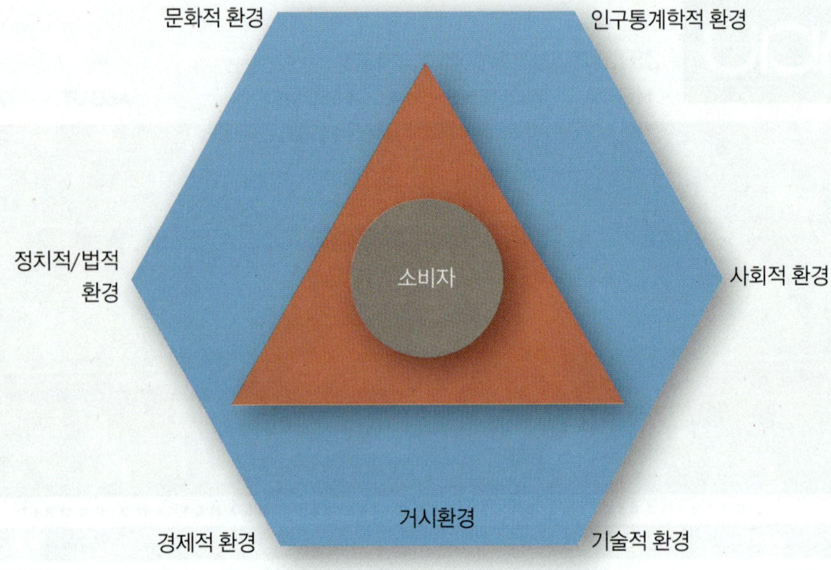

그림 4.3 거시환경

시간을 따라 학습된다. 사람들은 많은 문화에 속하게 된다. 가족의 문화 유산에 따라 식사시간에 유대 전통의 패스트리 러겔라크를 먹거나, 아일랜드 전통의 성패트릭데이를 기념하여 옥수수를 곁들인 소고기나 양배추를 먹을 것이다. 학교나 직장에서도 고유의 공유된 문화를 가진다. 보다 넓은 의미에서 사람들은 자신들이 살고 있는 지역이나 국가의 문화적 측면에도 참여한다. 마케터가 할 일은 제품이나 서비스를 특정 집단의 사람들에게 일치시키고 관련짓는 것이다. 사람들의 다양한 문화는 사람들이 무엇을(what), 왜(why), 어떻게(how), 어디서(where) 그리고 언제(when) 구매하는지에 영향을 준다. 마케터가 마케팅 전략을 개발할 때 고려해야 하는 문화의 2가지 차원은 국가문화와 국가 내에서 특정 지역 문화로 나뉜다.

국가문화 유물, 행동, 의복, 상징, 신체여건, 의식, 언어적 차이, 피부색, 기호, 선호하는 음식 등 국가문화의 시각적 차이는 쉽게 구분될 수 있다. 그러나 국가문화의 미묘한 측면을 구분하여 활용하는 것이 일반적으로 애매해진다. 때로는 전세계적인 소구를 위한 가장 좋은 방법을 국가문화의 특정 정체성 안에서 찾을 수 있다. BMW의 미니와 다른 글로벌 자동차 제조업체들은 국가를 넘어 공통된 목표시장을 소구하기 위한 광고를 통해 문화적 차이를 성공적으로 메워왔다. 사진과 광고문구는 같고, 단지 언어만 바뀐 것이다.

지역문화 특정 국가 내에서 사람들이 살고 있는 지역은 독자적인 지역문화를 지니고 그 지역에 살고 있는 사람들의 삶의 많은 측면에 영향을 준다. 예를 들어, 사람들은 지역에 따라 특정 제품 카테고리를 다르게 부르는데, 청량음료 시장에서 38%의 미국인들은 탄산음료를 '소다'라고 부르는데, 또 다른 38%는 '팝'이라고 부르고, 19%는 심지

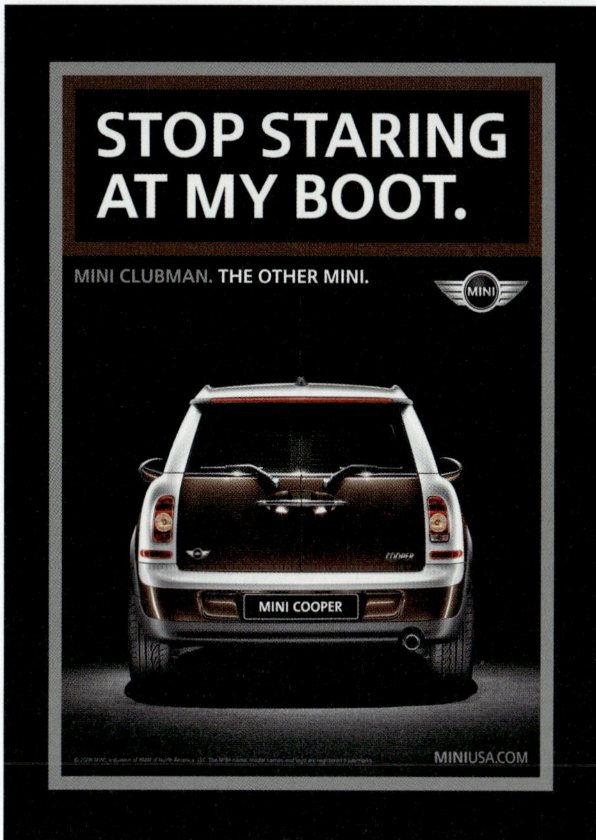

BMW의 미니와 다른 글로벌 자동차 제조업체들은 국가를 넘어 공통된 목표시장을 소구하기 위한 광고를 통해 문화적 차이를 성공적으로 메워왔다.

어 Pepsi까지 포함하여 모든 탄산음료를 'Coke'라고 부른다.[12] 인디아나의 미드웨스턴 레스토랑에서 점심을 먹을 때는 '팝'을 주문하는 것이 좋고, 아틀란타에서 저녁을 먹는다면 선호하는 브랜드에 상관없이 'Coke'를 주문하는 것이 좋은 방법이다. 메사추세츠에서는 '소다'라고 하고, 텍사스에서는 아마도 그곳에서 탄산음료를 칭하는 고유 명칭인 Dr Pepper를 원하는지를 물어볼 텐데 Dr Pepper는 1885년 텍사스주에서 처음 만들어졌다.[13] 기업들이 이러한 지역적 차이를 초월한 촉진물을 개발하기가 얼마나 어렵겠는지 상상해 보기 바란다.

인구통계

인구통계란 주로 소비자 시장을 구분하기 위해 사용되는 인구나 세분시장의 특성을 의미한다. Symphony/Information Resources Inc. 같은 마케팅 조사 업체들은 나이(세대별 코호트를 포함), 성별, 인종 및 소득 등의 전형적인 인구통계변수들을 기본적으로 사용하고 있으며, 많은 기업들이 스스로 마케팅 조사를 수행한다. CVS는 Extra-Card 로열티 프로그램을 통해서 자신들의 모든 점포에 오는 쇼핑객들의 방대한 정보를 수집하고 있다. 이러한 정보는 젊은 여성을 목표로 화장품을 제안하는 것과 같이 사용된다. 뿐만 아니라 이러한 정보는 공동체의 편익을 위해서도 사용될 수 있는데, 의약품을 찾는 나이 많은 고객들이 처방전에 제시된 약을 예상한 만큼 보충하고 있지 않는 정보를 바탕으로 CVS는 고위험군의 사람들과 능동적으로 접촉하여 그들이 의료지시를 충실히 따르도록 도와주고 있다.[14]

인구통계란 이렇듯 특정 목표시장에서의 전형적인 소비자의 "스냅샷"을 이해할 수 있도록 한다.

LO3 다양한 세대별 코호트들 간의 차이를 설명한다.

세대별 코호트 같은 세대 사람들의 집단인 **세대별 코호트** 내의 소비자들은 같은 시기의 삶을 살며 경험을 공유함으로써 비슷한 구매행동을 나타낸다. 베이비부머(2차세계대전 이후 1946~1964년 사이 출생자)와 Y 세대(1977~2000년 사이 출생자)는 모두 케쥬얼한 라이프스타일을 풍기는 제품이나 서비스를 선호하지만, 그 이유는 다르다. 진(jeans)과 카키(khakis)를 입고 자라 그런 케쥬얼한 복장을 직장 무대까지 가져온 베이비부머들은 나이가 들어서 종종 그들의 젊은 시절을 돌이키고 싶어 한다. 반면에 Y 세대들은 전형적으로 신분을 위해 진을 입는다.

나이는 다른 소비자 특성과 결합하여 마케터들이 소비자들을 구분하기 위한 기준으로 활용된다. 예를 들어, 대부분의 미디어(media)는 그것을 사용하는 소비자들에 의해 특징지어지게 되는데,[15] 기업이 광고를 내기 위해 적합한 잡지나 텔레비전 쇼를 정하거나, DM(direct mail)이나 텔레마케팅을 위한 리스트를 작성하기 위해 나이가 이용된다. 또한 나이에 따라 주로 사용하는 소셜미디어(Twitter, Facebook 등)가 구분되기도 한다. 세대별 코호트는 그림 4.4와 같은 4가지 유형으로 구분될 수 있다.

Z 세대 **Z 세대**는 태어나면서부터 인터넷이나 소셜네트워크 같은 전자제품과 디지털기술들이 가득한 세상에서 태어나서 **디지털태생(digital natives)**으로도 불린다.[16] 이러한 기술들은 전례 없는 비율로 개발되어 수용되고 있다. 5천만 명의 사람이 라디오를 수용하는 데 38년이 걸리고, TV를 수용하는 데는 13년이 걸렸지만, 같은 수의 소비자들이 단지 2년만에 Facebook에 가입하였다. 이러한 기술들을 인하여 Z 세대들은 이전 세대들에 비해 훨씬 더 전세계적으로 연결된다. 그래서 이들은 다양한 문화를 더 잘 인정하기도 하지만, 기술에 의해 촉진되기도 하는 국가적 및 전세계적 테러리즘이나 광범위하게 확산된 환경 문제에 직면한 세상에 태어난 것이다.

세대별 코호트	Z 세대	Y 세대	X 세대	베이비부머

출생시기	**2001–2014**	**1977–2000**	**1965–1976**	**1946–1964**
2014년 나이	**0–13**	**14–37**	**38–49**	**50–68**

그림 4.4 세대별 코호트

Z 세대는 X 세대 부모들에 의해 자랐으며 그들과 많은 것들을 공유하고 있다. Z 세대와 그들의 부모는 점점 더 많이 같은 텔레비전 채널을 보고, 두 세대 모두 비디오 게임을 좋아하여 업계에서는 Nintendo Wii와 같은 가족 중심 콘솔 게임을 개발하게 되었다. 마지막으로 Z 세대는 아직까지는 그들의 부모들과 함께 쇼핑을 하기 때문에 부모들과 같은 브랜드 애호를 나타낸다. The Gap의 GapKids나 babyGap, JCrew의 Crewcuts와 같이 발 빠른 소매업체들은 이러한 수요에 맞춘 제품라인(product lines)을 개발하였다. 그러나 어떤 측면에서는 그러한 친절은 〈윤리와 사회적 딜레마 사례 4.1〉에 제시되는 것과 같이 지나친 영리적 착취가 될 수도 있다.

Y 세대 새천년세대(millenials)로도 불리는 Y 세대는 1977년부터 2000년 사이에 태어났고, 미국에만 6천만 명 이상이 있다. 이들은 베이비부머들의 자녀들로서 2차 세계대전 이후 가장 큰 코호트 집단이며, 나이차이도 커서 10대에서부터 자신의 가정을 꾸린 어른까지 폭넓은 나이대에 걸쳐 있다.[17] Y 세대가 직장에 들어감에 따라 이들은 기대와 요구 측면에서 다른 코호트들과 구분된다. Y 세대는 일과 삶의 균형을 매우 중요하게 생각해서, 이들 젊은 어른들은 좋은 직업을 원하는 동시에 자신들의 라이프스타일에 맞는 지역에 살고 싶어 한다.

10대들은 항상 연결되어 있다.

"트윈"으로 불리는 Y 세대의 젊은 그룹은 항상 인터넷이나 이동전화를 사용해서 이러한 기술들을 잘 알기 때문에 국가에 상관없이 비슷해 보이거나 비슷한 소비를 한다. 이들은 라이프스타일, 음악, 엔터테인먼트 등에서 유사성을 가지며, MTV나 CNN은 대부분의 선진국에서 접할 수 있다. 그렇기에 미국과 다른 선진국의 Y 세대들을 단지 진, 스니커즈, T-셔츠 등으로만 구분하기는 힘들다.

X 세대 1965년부터 1976년 사이에 태어난 X 세대는 미국에 약 4,100만 명 정도가 있다. 그들은 부모인 베이비부머와는 달리 어린 시절에 맞벌이 가정에서 자라 집열쇠를 직접 지니고 다녔고, 50% 정도는 부모의 이혼을 경험했다. 이러한 경험이 이들을 자신들의 아이들에 대한 모든 위협과 실망을 막기 위해 역할하는 "헬리콥터 부모(helicopter parents)"로 만들었다.[18] 이들은 대부분의 기존 세대들과는 달리 부모세대에 예외적으로 많은 부를 누린다.[19]

수에서는 Y 세대나 베이비부머보다는 적지만,[20] X 세대는 결혼이나 집을 구입하는 시기를 늦추면서 상당한 구매력를 지니게 되었다. 이들은 자신들의 부모에 비해 쇼핑에 덜 관심이 있으면서도 더 냉소적인 꼼꼼한 소비자이다. 이들은 편의성을 중시하고, 광고의 주장이나 판매원의 말을 덜 믿는 경향이 있다. 쇼핑할 시간이 적은 맞벌이 부모의 자녀로서의 경험 때문에 그들 은 이른 나이에 요령껏 쇼핑하는 방법을 익혀 틴에이지(teenagers) 때에 어떻게 쇼핑의사결정을 하는지를 알게 되었다. 그 결과 이들은 다른 세대별 코호트들에 비해 제품에 대한 지식이 더 많고 위험회피 성향이 더 크다.

윤리와 사회적 딜레마 사례 4.1 다음 목표시장: 유아?

어린아이가 만3세가 될 무렵이면 아이는 평균적으로 100개정도의 브랜드 로고를 인식할 수 있다.[21] 마케터들은 이러한 정보를 이용하여 어린아이들이 선물을 주는 부모들에게 자신들의 브랜드를 요구할 수 있도록 장난감 자체 뿐만 아니라 제품포장에서 자신들의 로고와 광고 커뮤니케이션이 두드러지게 할 수 있다.

이러한 영향은 장난감에만 그치는 것은 아니다. 점점 더 많은 기업들이 학교와 통학버스에 광고를 부착하고 있다.[22] 그리고 비록 Facebook 및 유사한 사이트들은 공식적으로 사용자의 나이가 13세 이상일 것을 요구하지만 최근 보고된 바에 의하면 실제로는 12세이하의 Facebook 방문자들이 거의 800만명에 달한다.[23] 비록 처음에는 대부분의 소셜미디어 사이트들이 청소년 사용자들에 관련된 규제를 피하기 위하여 이러한 나이제한을 채택하지만, 젊은 "디지털태생" 사이에 널리 사용되는 것에 반응하여 전략을 변경하는 것으로 나타났다. Facebook은 몇몇 로비스트들을 고용하여 의회가 1998년의 어린이 온라인 프라이버시 보호법을 포함한 규칙을 변경하도록 부추기고 있다.[24]

Facebook 및 유사한 사이트들에게 어린이들의 가입을 유도하는 것은 두 가지 주된 이득을 제공한다. 첫 번째는 어린이들이 자신들의 사이트에 대한 브랜드 애호도를 높이도록 한다. 어떤 아이가 10세 때 Facebook 프로파일을 만들었다면, 그 아이가 15세 또는 18세 또는 26세에 이르러 그 프로파일을 없애려고 하지는 않을 것이다. 두 번째는 아주 어린 나이의 사용자들에게 보다 친근한 정보를 공유한다는 인식을 만듦으로써, Facebook은 사용자들이 Facebook에서 살아남도록 하는 데 필요한 유형의 행동을 부추기도록 한다. 만약 디지털태생들이 프라이버시에 대해 낮은 인식을 갖고 그들이 좋아하는 모든 것들을 온라인에 공유한다면, 광고주들은 그들의 아이디어와 생각에 훨씬 더 많이 접근할 수 있게 된다.

더 어린 나이의 어린이들에게 인구통계학적 목표시장을 확장하는 것이 마케터들에게 이익인가? 아니면 그것이 어린이들에게 위험한 것인가?

이렇다면 브랜드들은 이런 정보를 어린이들에게 자신들의 제품을 마케팅하기 위해 사용할 것이다. 그림에서 보여지는 것과 같이 설탕이 많이 함유된 음료를 제조하는 기업들이 이것을 방대하게 사용하여 왔다. 어린이 비만과 어린이들에게 영양분이 없는 식품을 마케팅하는 것에 대한 윤리적인 측면에도 불구하고, 브랜드들이 어린이들을 공략하기 위해 Facebook 페이지를 열거나 Twitter 계정을 만드는 것을 금지하는 법은 없다.

물론 이와 같은 온라인 접근은 성범죄자와 기타 어린이들에게 해로운 사람들에게도 잠재적으로는 확장되어 있다. 일부 연구결과에서는 매년 적어도 100만명의 어린이들이 Facebook을 통해 시달리거나 괴롭힘을 당하는 것으로 나타났다.[26] 이에 따라 더 어린 나이의 어린이들에게 인구통계학적 목표시장을 확장하는 것이 마케터들에게 이익인가? 아니면 그것이 어린이들에게 위험한 것 인가?라는 문제가 제기된다.

브랜드 추종자 순위[25]

브랜드	Facebook 팬 수	Twitter 팔로워 수
Coke (regular)	30,747,955	3,000,026
Red Bull	20,462,113	223,494
Monster Energy Drink	11,238,533	75,485
Dr Pepper	9,680,095	43,810
Mountain Dew	5,517,588	39,917
Pepsi (regular)	4,449,173	89,371
Sprite	3,740,522	15,397
Gatorade	3,704295	329,616
Vitamin Water	2,539,549	13,884
Lipton Brisk Iced Tea	849,800	26,625

주: 2011년 6월 15일 기준

베이비부머들은 나이가 아무리 많이 들어도 항상 락앤롤을 즐긴다.

베이비부머 2차세계대전 이후 미국의 출생률은 베이비부머라는 말로 표현되듯 급격히 증가하여 7,800만명의 미국인들이 1946년부터 1964년 사이에 태어났다. 이제 나이가 많은 베이비부머들이 사회보장을 받게 되면서 이들은 미국 역사상 가장 많은 50대 이상 소비자 집단이 되었다. 베이비부머들은 18년에 걸쳐 있으나, 전문가들은 이들이 2차세계대전 이전에 태어난 세대와 다른 몇 가지 공통된 개성을 지닌다고 것에 동의하고 있다. 이들은 첫째로 개인주의적이고, 둘째로 여가시간을 매우 중시하며, 셋째로 경제적인 안정감에 일부 기인하여 항상 자기 스스로를 챙길 수 있다고 생각하고, 넷째로 자신들의 젊음을 유지하는 데 집착하고 있으며, 마지막 다섯째로 항상 락앤롤(rock'n roll)을 즐긴다.

베이비부머들이 직장에서 상위 관리 층으로 올라가면서 이들은 자신들의 가치를 반영하여 직장에서의 복장을 정장과 넥타이에서 진과 T-셔츠로 바꾸었다.[27] 젊은 시절에 타이다이드(tie-dyed, 홀치기 염색이라는 방식) 셔츠와 찢어진 진을 입고 긴머리를 했던 이들은 자신들의 케쥬얼한 라이프스타일을 직장이나 거의 모든 자신들이 소속된 곳에 가져왔다. 이러한 기회를 인식하여 Levi-Strauss는 케쥬얼 셔츠와 카키로 구성된 Dockers 라인을 개발했다.

식품회사들도 무콜레스테롤, 저지방, 무설탕의 건강식 씨리얼, 냉동 앙트레(entrees), 스낵 등으로 베이비부머를 목표하여 왔다. General Mills는 매일매일 칼슘 섭취를 늘려야 하는 여성들을 위해 Yoplait Original 요구르트에 칼슘을 추가하였다.[28] 또한 Cheerios, Progresso 스프, Chex Snack Mix 라인에서 나트륨을 줄였으며, 심장 건강에 좋은 오메가-3 지방산을 첨가한 새로운 버전의 Total 씨리얼을 내놓았다.

소매업자들도 베이비부머들이 나이가 들어 막대한 구매력이 있음을 인식하고, 베이비부머들에 맞춰 사이니지(signage)의 글자를 크게 하거나, 제품 포장의 작은 글자를 읽어 주는 직원을 배치시키거나, 점포 내에 앉을 자리를 만들었다.[29] 소매업자들은 이 나이 많은 고객들이 비록 중간 정도의 소득수준일지라도 가격보다는 품질을 더 중요하게 여기는 것을 주목하여 이에 따른 머천다이징 결정을 내렸다. 마지막으로 놀랍게도 베이비부머들은 인터넷을 많이 사용해서 구매를 하기 전에 온라인에서 탐색을 한다.

소득 미국에서의 소득분포는 점점 더 양극화되고 있다. 최고 소득층은 늘어나는 반면, 많은 중간 또는 저 소득층의 실제 구매력은 계속해서 감소하고 있다. 부유한 가구가 빈곤층이나 중산층을 능가하고 있는 것은 전세계적인 트렌드지만 이러한 현상은 미국에서 특히 두드러진다. 미국에서 2010년 소득 상위 1~10% 인구의 평균 연소득은 164,647 달러이고, 중간수준의 연소득은 49,445 달러였으며, 소득 하위 10% 인구의 평균 연소득은 5,800 달러에 불과하였다. 더 나아가서 소득이 최저생계비(2010년 기준 4인가구당 22,314 달러)보다 적은 사람의 수는 계속 증가하고 있다.[30] 미국에서 최상위 1%의 부자들은 미국 총순재산(total net worth)의 34.6%를 보유하고 있는 데 반해 하위 90%는 단지 26.9%만을 지니고 있다.[31] 부유한 가구가 증가하는 것이 경제활동인구가 많아지거나, 맞벌이가구가 증가하거나, 교육수준이 전반적으로 높아진 것 등에 기인한다고는 하나, 부의 분포에 대한 윤리적 우려가 제기될 수 있는 것이다. 그렇지만, 소득수준의 범위가 넓은 것은 시장의 하이앤드(high end)와 로앤드(low end) 모두에서 마케팅기회를 창출하고 있다.

전문점 Hammacher Schlemmer에서 부유한 고객을 목표로 판매되는 연료전지차 실험키트

일부 마케터들은 부유한 인구로 구성된 세분시장만을 목표하고 있지만, 다른 일부는 중산층이나 저소득층을 목표로 가치를 전달함에 있어 큰 성공을 거두어 왔다. 예를 들어, Hammacher Schlemmer와 같은 전문점에서 선보이는 장난감들과 Walmart의 장난감부문에서 대중을 목표하는 장난감들을 비교해 보자. Walmart의 장난감 구매자들은 저렴한 제품들을 찾지만, Hammacher Schlemmer의 장난감 구매자들은 사진에 보이는 연료전지차 실험키트나 거대한 공기주입식 등반빙벽과 같은 특별한 장난감들을 찾아 멀리까지 찾아간다.[32]

소득 관련 인구통계의 또 다른 측면은 가치의 개념과 관련된다. 최근 수십년에 비해 오늘날의 소비자들은 왜 보다 가치지향적인가? 2차세계대전 이후 30여년 동안 대부분의 미국 가정은 실질소득의 증가를 경험하였으나, 1970년대 후반부터 오늘날까지 실질소득의 증가는 침체되어 왔다. 가구소득은 물가상승(inflation)을 간신히 앞서 왔으나, 의료비, 재산세, 교육비 등은 물가상승보다 훨씬 빠르게 늘어났다.

교육 많은 연구들에서 교육수준이 높을수록 더 좋은 직업을 가지고 소득이 높아지게 된다는 것을 보이고 있다.[33](그림 4.5 참조) 미국 노동통계국(U.S. Bureau of Labor Statistics)에 의하면 가까운 미래에 늘어날 것으로 전망되는 직업의 절반 정도가 대학이나 대학원 수준의 교육을 요구할 것으로 보인다. 게다가 대졸이상의 학위를 지닌 사람들은 그렇지 않은 사람들에 비해 더 높은 평균연봉을 받는다. 고졸 미만인 사람들의 평균연봉은 23,000 달러이지만, 고졸자는 32,500 달러 정도, 대졸자는 거의 54,000 달러를 받는다.[34]

어떤 제품들에 대해서 마케터들은 교육수준을 직업이나 소득과 같은 다른 정보들과 결합하여 소비자들의 구매행동을 매우 정확하게 예측할 수 있다. 예를 들어, 파트타임 아르바이트를 하는 대학생들은 개인소득이 상대적으로 적지만 공장에서 일하는 비슷한 소득을 지니는 고졸자와는 다르게 돈을 쓸 것이다. 고졸자들은 스포츠를 관람하거나 바에서 돈을 쓰지만, 대학생들은 스포츠를 직접 즐기거나 나이트클럽에 가기 위해 돈을 쓸 것이다. 마케터는 교육, 소득, 직업간의 상호작용에 대해 잘 인식할 필요가 있다.

성별 몇 해 전까지만 해도 성별에 따른 역할은 분명했지만, 남성/여성의 역할은 점점 모호해지고 있다. 이러한 태도와 행동의 변화는 많은 기업들이 제품과 서비스를 디자인하고 촉진하는 방법에 영향을 준다. 많은 기업들이 제품의 포지셔닝에서 성별에 대해 중립적이기 위해 신경을 쓰고 있으며, 고객들과의 상호작용을 강화하며 성별 경계를 초월하려고 시도하고 있다. 예를 들어, 유모차 업체 Bugaboo International은 남성들에 대한 시장조사를 바탕으로 자전거 바퀴를 장착한 검정과 크롬색의 하이테크 신제품을 디자인했다.

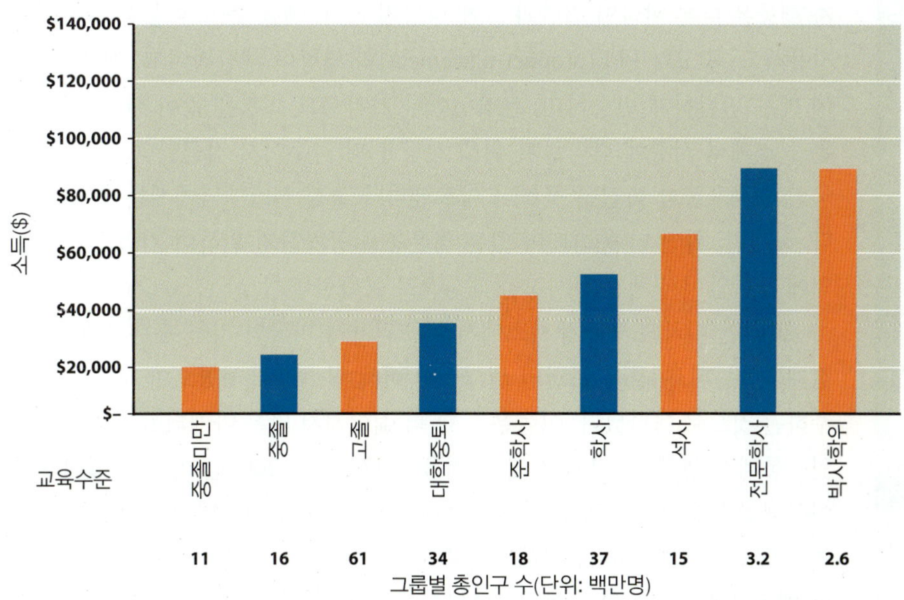

그림 4.5 25세 이상 인구의 교육수준별 평균소득

샌프란시스코의 Nike 여성 마라톤에 참가한 수천명의 참가자들이 출발을 위해 준비하고 있다.

Nike는 전형적인 여성 취향 대신에 신체적인 도전을 요구하는 활동에 참여하는 여성들의 수가 증가하는 것을 인식하였다. 샌프란시스코에서 열리는 여성마라톤경기에 Nike는 3주 만에 20,000명의 참가자를 등록하였다. 여성들의 도전을 부추김과 동시에 Nike는 "런투비(Run to Be)"라는 택라인(tagline)을 이용해서 코스 중간에 "초콜릿 마일", 페디큐어(pedicure) 스테이션, 무료 마사지 등 여성들을 위한 특별한 이벤트들을 제공하고 있다. 또한 참가자들에게는 Tiffany & Co.의 완주자 기념 목걸이가 주어진다.[35]

민족주의[36] 다양한 민족이나 인종 집단의 이민과 출생률 증가로 인하여 미국의 민족적 다양성은 점점 더 증가하고 있다. 향후 20년 동안의 인구 성장의 80% 정도가 아프리카계 미국인, 히스패닉이나 아시아계 집단에서 나올 것으로 예상된다. 2050년경에는 현재 대략적으로 인구의 1/4정도인 소수민족이 50%에 이르고, 히스패닉이 인구의 30% 정도가 될 것으로 보인다.[37] 또한 UN에서는 향후 40년 동안 저개발국가에서 미국으로의 이민자를 100만명 정도로 추정하고 있다.[38] 많은 미국 외 출신 미국인들과 최근 이민자들은 뉴욕, LA, 샌프란시스코, 시카고 등 몇몇 메트로폴리탄 지역에 모여 사는 경향이 있다.

여러 집단들 중 히스패닉의 2015년 구매력은 2010년에 비해 총 25% 정도 증가하여 1조 3천억 달러에 이르는 것으로 나타났다.[39] 미국 내의 5천만명의 히스패닉 소비자들은 미국문화의 주류에 점점 더 많은 영향을 미치고 있다. 많은 가족들이 미국에 여러 세대에 걸쳐 살아 왔기에 이들 많은 문화적 접촉을 거친 히스패닉들의 소비자 행동은 다른 미국인 집단과 크게 다르지 않다. 예를 들어, 이들은 신용카드를 사용하고, 광고나 PPL(product placement)의 영향이 제한적이고, 점포 내 촉진에 매우 민감하게 반응하며, 온라인이나 카타로그 쇼핑을 많이 한다. 마케터들은 히스패닉 시장에 다다르기 위해 시장을 더 나누어서 접근한다. 멕시코계 미국인을 목표로한 촉진은 쿠바나 아르헨티나 출신 히스패닉에게는 통하지 않는다. 하지만, 훨씬 더 동화되어 있는 젊은층을 공략하기 위하여 기업들은 민족주의에 상관없이 전체 미국시장을 대상으로 공략한다.[40]

히스패닉 시장이 미국 내 몇몇 지역에서는 매우 커서 마케터들이 히스패닉의 욕구에 맞춰 전체 마케팅 프로그램을 개발한다.

2010년 미국의 인구센서스에서 아프리카계 미국인 가구 수는 4,200만으로 집계되었는데, 이들은 이전의 센서스에 비해 훨씬 부유해졌으며 교외지역에 거주하는 것으로 나타났다. 이들은 또한 더 젊어져서 많은 마케터들에게 핵심적인 인구통계로 생각하는 18~49세의 비율이 47%이다. 2005년 이후로 75,000 달러 이상의 소득을 가진 흑인가구 수는 47% 증가하였고, 2015년의 트렌드에서는 흑인 미국인들의 대다수가 교외지역에 거주하는 것으로 나타내고 있다.[41] 아틀란타 메트로폴리탄 지역을 예를 들면, 아프리카계 미국인 가구가 도시에서는 8%

감소한 반면, 주변의 교외지역에는 무려 40%나 증가하였다.[42]

마지막으로 아시아계 미국인들은 미국인구의 5.6%에 불과하지만, 가장 빠르게 증가하는 소수집단이며 소득과 교육 수준이 높고 전문직 종사자나 자영업자의 비중이 높은 경향을 보인다. 히스패닉에 대한 것과 같이 마케터들은 한 가지 전략으로 모든 아시아계 소수집단을 공략할 수는 없다. 중국계, 일본계, 인도계, 한국계, 베트남계나 캄보디아계와 같은 동남아시아의 세부집단 등은 모두 다른 언어를 사용하고 있고 서로 다른 지역과 국가문화에서 왔다.

미국은 전세계 모든 국가의 사람들이 모여 있는 셀러드볼(salad bowl)과 같다.

사회적 트렌드

LO4 마케팅에 영향을 주는 다양한 사회적 트렌드를 구분한다.

다양한 사회적 트렌드들이 미국과 전세계의 소비자들의 가치를 나타내고 있는데, 검소(thrift), 건강과 웰니스에 대한 관심(health and wellness concerns), 그린소비자(greener consumers), 프라이버시 문제(privacy concerns) 및 시간빈곤사회(time-poor societies) 등이 대표적이다.

검소 미국 사회는 점차 소비자 사회로 되어가고 있고, 불황과 주택시장붕괴의 경제적 충격으로 많은 사람들이 지출을 줄이는 것을 미덕으로 받아들이고 있다. 블로거들은 하루에 밥값으로 1 달러 미만을 쓰거나 1년 동안 (속옷을 제외한) 새옷을 사지 않는 계획 등과 같은 알뜰하게 구매하는 것에 대한 노력에 대해 글을 올린다.[43]

그렇지만 누구나가 다 그렇게 극단적이지는 않다. 게시판에서 다른 소비자들은 더 많은 저축을 하기 위한 시도나, 명품 소비를 줄이거나, 저축한 돈에 손대지 않고 살아가는 것 등을 올리고 있다. "립스틱 효과(lipstick effect)"라고 불리는 것처럼, 일부 쇼핑객들은 Chanel 립스틱과 같은 작은 명품으로 자신들을 드러내거나 여행같이 좀더 사치로움을 즐긴다. 소비자심리학자들도 불확실한 경제 상황에서 항상 검소하게 지내기는 어렵다고 한다.[44]

Subway는 더 건강한 빨리 제공되는 음식을 원하는 소비자를 공략한다.

소비자들이 점점 요령있고 세심하게 바겐세일이나 유리한 조건을 찾아 나섬에 따라 Groupon이나 LivingSocial 같은 혁신적 창업기업들은 그러한 유리한 조건을 충족시켜주고자 한다. 이들 웹사이트에서는 소비자들의 선호, 쇼핑 습관, 위치에 맞춰 매일 소비자들에게 이메일을 보낸다. 수백명의 가입자들은 다양한 딜(deal) 사이트에 가입해서 의미있는 할인을 즐기고, 새로운 제품과 서비스에 노출된다. 그렇지만 매일같이 수많은 유리한 조건의 메시지를 받으면서 소비자들은 "바겐세일"에 대해 점점 면역이 되어왔다. 지난 수년간 소비자들이 좋은 거래 조건이라고 생각하는 기대는 급격하게 변화하여 왔기에 마케터들에게는 이제 어떻게 그들을 어떻게 공략할 것이지에 대한 새로운 아이디어가 필요하다.[45]

건강과 웰니스에 대한 관심 건강에 대한 관심(특히, 어린이들에 관련된)은 널리 중요하게 유행하고 있다. 지난 20년 동안 미국의 어린이나 틴에이지의 비만이 각각 2배와 3배가 되면서 어린이들의 고혈압, 고콜레스테롤, 심장병의 조기 징후, 2종 당뇨 등의 비율이 치솟고 있다.

더 많은 소비자들이 건강한 라이프스타일을 받아들이면서 요가수련이 증가하고 있다.

미국 질병 관리 및 예방 센터(The U.S. Centers for Disease Control and Prevention)에서는 미국 성인의 약 1/3이 비만이고, 당뇨 발병율이 8.3%에 달하는 것으로 추정하고 있다.[46] 점점 더 서구식 음식을 채택하는 다른 국가의 소비자들에 있어서도 이러한 경보의 수준이 높아지고 있다.

따라서 마케터들이 식품을 만드는 데 있어 적당한 크기에 대한 새로운 광고 기준이 요구된다. 식품을 광고하기 위해서는 기본 영양소를 제시해야 하고, 전체 칼로리 중 지방의 비율이 30% 미만이어야 하며, 단맛을 추가하지 말아야 한다. 식품 광고는 또 어린이들 프로그램에 방송할 수 없고, 기업들은 건강에 좋지 않은 식품을 만화나 유명인 피규어와 연결할 수 없다. 예를 들어 Burger King은 더 이상 스폰지밥 스퀘어팬츠(SpongeBob SquarePants)를 버거와 프라이 광고에 사용할 수 없다.[47]

새로운 시장과 틈새시장을 열었다. 예를 들어, 소비자들은 요가 수업, 요가 매트와 요가복에 지속적으로 많은 돈을 사용하여 2006년에서 2011년 사이에 관련 시장의 매출액은 9.5% 증가하였다.[48] 요가스튜디오는 여러 가지 현대적인 트렌드들을 적극적으로 결합하고 있다. 경기가 좋지 않아 늘어나는 스트레스를 사람들은 요가를 통해 줄이고 싶어 한다. 게다가 요가스튜디오는 상대적으로 적은 비용으로 신설하여 운영할 수 있어, 창업가와 소비자들 모두 자신들이 지불한 돈에 대한 가치를 누린다.

미국인들은 살을 빼서 자신들이 미디어의 광고에서 처럼 운동능력이 좋은 이미지와 일치되도록 만들어줄 수 있는 운동 기구를 지속적으로 찾고 있다. 그래서 이 산업에서의 경쟁이 늘어나서, 어떤 스튜디오에서는 기본적인 요가 수업에 음식 서비스, 침이나 마사지와 같은 것들을 추가로 제공하여 고객들을 끌어들이고 있다.[49]

그린소비자 그린마케팅은 기업이 소비자들에게 친환경 상품을 공급하고자 하는 전략적 노력에 관련된 것이다.[50] 공기나 물의 순수함에서 소고기나 연어의 안전함까지 거의 모든 것에 대해 많은 소비자들은 각각의 사람들이 환경을 변화시킬 것으로 믿는다. 예를 들어, 현재 절반 정도의 미국 성인들은 음료수병과 신문을 재활용하고 있으며, 유럽의 소비자들은 훨씬 그린성향을 보인다. 독일에서는 법으로 빈병을 재활용해야 하고, 유럽연합(European Union(EU))은 성장호르몬으로 기른 소고기의 수입을 금지하고 있다.

그린지향 제품들에 대한 수요는 이러한 제품들을 공급하는 기업들에게는 기회가 되어 왔다. 마케터들은 소비자들에게 낡은 세탁기나 식기세척기를 절수형 및 저전력 모델로 교체하고, 무인산염 세탁세제와 무수은 충전식 배터리를 사도록 부추기고 있다. 재활용 빌딩 제품, 포장, 종이 상품, 스웨터, 운동화 등과 보다 효율적인 가정 기기, 조명, 집과 사무실의 냉난방시스템에 관련된 새로운 시장이 형성되었다. "그린" 밴드웨건에 편승하여 Frito-Lay의 스낵인 SunChip 라인은 8개의 생산 설비 중 하나에 태양의 힘을 이용하여 태양의 에너지로부터 제품을 생산하고 있다.[51]

이러한 그린 제품은 복잡한 비즈니스 모델을 던져주고 있다. 이러한 것들이 사업성이 있을까? 어떤 그린 대안들은 전통적인 제품에 비해 훨씬 비싼데, 소비자들이 그린제품에 관심을 갖고 더 비싼 가격을 지불할 의향이 있을 것인가? 기업은 정말로 환경을 개선하는 데 관심이 있는가? 아니면 기업들은 실제로 환경을 개선하는 대신 대중적 인정과 매출을 얻기 위한 목적으로 솔직하지 않게 제품과 서비스를 친환경적이라고 마케팅하고 있는가? 이런 이기적 이용 유형이 아주 일반적이어서 그린세탁(greenwashing)이라는 신조어도 생겼다. 소비자들은 기업들이 돈과 시간을 실제로 환경적으로 바람직하게 사용하는 대신, 친환경이 되어 환경을 생각하는 운영을 한다고 광고하는 데 의미있게 더 많은 돈과 시간을 사용하는지 따져볼 필요가 있다.

프라이버시 문제 전세적적으로 점점 더 많은 소비자들이 프라이버시의 노출을 감지하고 있다. 동시에 인터넷을 이용한 소비자 정보에 대한 접근성이 폭발적으로 늘어나고, 컴퓨터의 저장 장치와 정보 활용성이 향상됨에 따라 점점 더 나은 보안 및 신용 검색 서비스가 가능해지고 있다. 하지만 논란은 여전히 일어나고 있는데, 어떤 논평가들은 해커들만 더 효과적으로 정보를 얻고 있다고 주장하고 있다. 예를 들어, 2011년에는 Lockheed Martin, NASA, Fox Network, Sony 등 많은 다국적 기업들이 보안 침해를 겪었다. Sony에서는 해커들이 PlayStation 사용자 1억 200만명의 개인 정보를 훔쳐냈다.[52]

연방무역위원회(The Federal Trade Commission (FTC))는 원치 않는 전화에 의한 손님 유인에 대한 소비자들의 간청을 들어 2억 개 이상의 전화번호를 통화금지목록

(Do Not Call Registry)에 등록해 왔다. 이러한 행위는 의회가 특별히 개입하여 소비자를 불법침해로부터 보호하기 위해 도입되었다.[53] 그렇지만 불행하게도 통화금지목록은 회선을 열어두고 가정의 잠재적 소비자들에게 다가가기 위해 추적이 안 되는 기록을 사용하는 많은 정직한 텔레마케터들은 제거할 수 있다. 궁극적으로 많은 기업들이 전화를 이용한 캠페인을 줄이고 다른 캠페인 방안을 찾고 있다.

시간빈곤사회 목표시장에 접근하는 것은 항상 중대한 도전이지만, 목표시장의 주의를 사로잡기 위한 어려움을 증가시키는 몇 가지 트렌드들로 인하여 목표시장으로의 접근이 보다 더 복잡해지고 있다. 대다수 가구에서는 부모들이 맞벌이를 하며 아이들은 더 바빠지고 있다. 1973년 이후 사람들의 주당 근로시간의 중간값은 41시간에서 49시간으로 높아졌다. 같은 기간 동안 주당 레저시간은 26시간에서 19시간으로 떨어졌다.[54] 젊은 소비자들 간의 트렌드는 부족한 여가 시간을 멀티태스킹(multitasking)으로 채우는 것인데, 전화를 하거나 숙제를 하면서 TV를 보거나 음악을 듣는다. 분산된 주의로 인하여 그러한 매체들에 나오는 광고에 집중할 수도 없다.

마케터들은 소비자들의 주의를 얻기 위해 적응하여야 한다. 쿠킹쇼의 시청자들이 스스로 음식을 만드는 데 거의 시간을 쓰지 않는 것에 착안하여, the Bravo television network는 the Healty Choice 라인과 제휴하여 Top Chef 브랜드 냉동저녁요리를 식료품점에서 판매하고 있다. 소비자들은 붉은 감자를 곁들인 바베큐스테이크나 버섯을 곁들인 구운 닭고기 마살라(Marsala) 등 쇼에서 준비된 것과 비슷한 요리들을 구매할 수 있다. 물론 브라보의 웹사이트에는 칼, 앞치마, 요리책 및 다른 요리용품들을 판매해서 소비자들이 주말 동안 스스로 요리를 할 수 있게 하고 있다.[55]

유통업자들은 소비자가 원하는 제품을 언제 어디서든 구매할 수 있도록 역할을 하고 있다. 예를 들어 많은 유통업자들은 점포, 카탈로그 및 인터넷쇼핑 옵션을 두루 갖춘 충분한 다중경로 유통업자화되고 있다. 또한, Office Depot나 Walgreens와 같은 유통업자는 영업시간을 늘려서 고객들이 근무시간 이후에 쇼핑을 할 수 있도록 하고 있다. 셀프계산대나 전자 키오스크 같은 자동화된 프로세스는 쇼핑 과정을 빨리하고, 소비자들에게 제품 및 주문 정보를 제공하고 있다. 〈우량 서비스 사례 4.1〉에서 설명하고 있는 것과 같이 식료품점이나 가정개선센터(home improvement center)는 특히 시간빈곤 소비자들을 돕기 위한 전략을 적극적으로 개발하여 왔다.

시간빈곤사회에서 소비자들의 삶을 쉽게 해 주기 위한 방법을 찾고 개발하기 위해, 마케터들은 종종 또 다른 거시환경 요인인 기술(technology)에 의존한다.

기술적 진보

기술적 진보는 지난 10년 동안 제품과 서비스의 가치를 향상시키는 것을 가속시켜 왔다. 소비자들은 WiFi, 3G 및 4G 같은 서비스를 통해 어디서든 인터넷(Internet)에 지속적으로 접속할 수 있다. Apple, RIM, 안드로이드(Android) 및 심비안(Symbian) 운영체제를 사용하는 스마트폰은 더 많은 컴퓨터처리, 자료 저장 및 통신을 가능하게 한다. iPad에서 시작된 태블릿컴퓨터는 전통적으로 제한된 접근 환경에서 더 큰 모바일 인

우량 서비스 사례 4.1 시간빈곤 소비자를 돕는 식료품점

식품을 쇼핑을 하거나 음식을 준비하는 전통적인 방법은 항상 시간이 많이 걸린다. 레스토랑, 특히 패스트푸드 레스토랑은 수십년 동안 이러한 시간적 부담을 줄이는 데 도움이 되어 왔다. 그러나 소비자들이 더 시간에 쫓기고 전통적인 식료품점들이 Walmart와 Target 같은 슈퍼스토어와 Costco와 Sam's Club 같은 창고형매장으로부터의 경쟁이 증가하고 있는 것을 느낌에 따라 일부 식료품점에서는 소비자들이 가정 내 식탁에 음식을 올리는 것을 돕기 위한 혁신적인 방법들을 개발하여 왔다.

예를 들어 Safeway는 Signature Cafe 라인을 통해 만찬을 위한 주요리와 부요리, 샌드위치, 피자 등을 제공하고 있는데, 이들 상품들은 매우 인기가 있어 도입된 이후 매년 약 1억 달러씩의 매출을 올리고 있다.[56] 신선식품에 대해 전통적으로 잘 알려지지 않은 체인인 Walgreens도 매장에 신선식품을 서서히 도입하고 있다. 다소 다른 접근방법으로 Walgreens는 "푸드 디저트"라는 프로그램을 주도하고 있는데, 이는 신선한 과일과 채소에 있어서는 전통적으로 부족하게 섭취하고 있는 도시 거주자들을 위한 것이다.[57]

또한 Walgreens는 소비자들이 하루 중에 마쳐야 할 필요가 있는 일들을 모두 마치도록 돕기 위한 새로운 프로그램을 시행하고 있다. Walgreens의 웹픽업 서비스를 이용하여 특정 시장내에 있는 소비자들은 온라인에서 쇼핑을 하고 자신이 주문한 것을 한시간 정도 후에 주변의 매장에서 픽업을 할 수 있다.[58]

이미 간편 조리 음식들을 제공하고 있는 Whole Foods는 소비자들이 바쁠 때 매장에 들어오고 나가는 것에 대한 효율성에 대해 관심을 갖기 시작했다. 이에 따라 Whole Foods는 은행에서와 같은 체크아웃 과정을 도입하여 계산 과정을 능률적으로 바꾸었다. 소비자들은 이제 한줄로 서서 자신의 차례가 오면 비어있는 계산대를 이용한다.

셀프계산대는 쇼핑과정의 속도를 높일 수 있다. 그러나 셀프계산대가 고객서비스를 개선하고 있나?

터페이스를 제공해 줌으로써 모바일컴퓨팅을 더 확장하였다.

이러한 첨단 기술의 예들이 제공하는 도움에 소비자들은 특히 의사결정을 하거나 다른 사람과 의사소통을 하는 측면에서 의존도를 높이고 있다. 그래서 Netflix는 우리가 어떤 영화를 볼 것인지를 추천하고, Pandora는 우리가 들어야 할 음악을 제안하며, Amazon은 우리가 무엇을 읽어야 할지를 알려준다. NFC(near field communication) 기술은 스캐너 옆을 지나는 고객들의 지불, 쿠폰 및 로열티 카드 데이터를 읽는다. 다음에 유행할 모바일 기기는 고객들의 전화기가 "m-월렛(wallets)"으로 역할하는 것과 같은 무선 지불에 관련된 것일 가능성이 있다.

기업의 관점에서 RFID(radio frequency identification device)라는 기술은 특정 아이템이 만들어 지는 순간부터 유통시스템을 거쳐 소매점로 가고 최종 소비자의 손에까지 이르는 과정을 추적할 수 있도록 하고 있다. 공급사슬(supply chain)의 특정 지점에서 각각의 제품이 정확히 얼마나 있어야 할 것인지를 결정할 수 있기에, 소매업자들도 그들의 공급자와 의사소통하여 자신들의 재고 요구를 충족시킬 공동 계획을 수립할 수 있다.

소셜 및 모바일 마케팅 사례 4.1

Foursquare의 약속과 Facebook의 반응

위치기반 모바일 플랫폼인 Foursquare는 자주 이용하는 고객에게 특정 위치에 있는 고객들의 위상을 나타내는 뱃지를 수여할 뿐만 아니라, 사람들이 자신들의 친구들이 자주 이용하는 곳을 찾거나, 동네 바, 레스토랑, 주차장, 박물관, 식료품점, 극장 등에 대해 어디에 주차를 할지 또는 무엇은 시키지 말아야 하는지 등과 같은 유용한 팁을 준다. Foursquare 플랫폼에 나타나는 250,000개 기업에 대해[59] Foursquare는 또 애호도 높은 고객들을 유치하고 유지시키기 위한 효과적인 수단들을 제공한다.

예를 들어 동네 레스토랑에서 Foursquare를 통해 예약하고 식사를 한 사용자는 뱃지 모양의 포인트와 보상을 쌓는다. 이들 뱃지는 사용자들에 할인이나 나중에 이 사이트를 통해서 예약하고 레스토랑에 다시 방문할 때 쿠폰을 준다. 사용자는 더 많이 방문할수록 더 많은 인센티브를 받게 된다. 적립금을 더 올리기 위해 고객들은 다음 방문할 때 친구를 데려오거나, 그 친구가 같은 시간에 예약하도록 함으로써 추가적인 포인트를 얻을 수도 있다. Foursquare의 사회적 측면은 더 나아가게 되는데, 사용자들이 자신들의 방문지에 대한 리뷰를 남기고, 다른 비슷한 사용자들이 말한 것을 참고하여 다음에 방문할 곳을 결정한다.

기업에게 이러한 이용은 목표시장에 대해 획기적인 통찰력을 제공한다.[60] 기업은 누가, 언제, 얼마나 자주, 누구와 함께 방문하는지 등을 알게 된다. 마지막으로 자주 방문하는 고객에 대한 보상에 기초하고 있는 컨셉으로 인하여, 기업은 자신들의 가장 애호도 높은 고객들에게 최선의 노력으로 헌신하고 있다는 것을 알았다.

소비자와 판매자의 모든 사용자들로부터 방대한 정보를 수집함으로써 Foursquare는 방문하기 위한 다른 장소들에 대해 맞춤식 추천을 할 수 있다. Elm가에 있는 커피샵을 방문한 적이 있나요? Foursquare는 당신이 틀림없이 Oak Lane에 있는 찻집을 찾는 것도 흥미로워 할 것이라고 생각한다. 동네 피자집의 또 다른 단골 손님이 거리 아래에 있는 영화관을 예약하는 경향이 있다면, Foursquare는 당신에게도 그 영화관을 추천할 수 있다.

그러나 여기에는 Foursquare만 있는 것은 아니다. Facebook도 사용자들이 장소에 대한 예약을 할 수 있도록 하면서 Foursquare의 1,000만 명에 비해 8억 명 이상의 사용자가 있는[61] 훨씬 더 큰 소셜네트워크로서의 장점을 누리고 있다. 이에 따라 Facebook 팬들은 자신들과 같이 있는 친구들에게 댓글을 달아서 특정 장소에 얼마나 많은 사람들이 나타났었는지를 보여준다. 이는 Facebook으로 하여금 사용자들과 사용자들이나 그들의 친구들이 가고 싶어하는 곳에 대해 알 수 있도록 한다. 이제 마케터들은 이런 정보를 이용함으로써 고객들이 선호하는 장소와 자신들의 그런 선호가 Facebook 프로필에 의해 커뮤니케이션하면서 다른 관심거리들과 어떻게 정렬되어 있는지 등을 포함하여 자신들의 고객들을 더 잘 알 수 있다.

〈소셜 및 모바일 마케팅 사례 4.1〉에서 보여주는 것과 같이 모바일기기는 소비자들이 제조업자, 소매업자 및 다른 소비자들과 보다 편리하게 상호작용함으로써 소비자의 경험을 증진시키고, 소비자들이 특정 소매업자에 더 애호도를 높이고 더 많은 돈을 사용하도록 하는 새로운 접근 경로를 제공한다. Walgreens 앱은 웹 픽업 서비스외에도 고객들이 처방전을 주문하거나, 자신들의 처방이력을 조회하거나, 점포내 재고를 확인하고, 사진을 출력하는 등을 추가로 제공한다. 신발 소매업자 Steve Madden의 웹트래픽의 10%이상은 모바일기기에서 발생하여, 모바일 매출이 년간 100만 달러 이상을 차지한다. 또한, 모바일 쇼핑객들은 Steve Madden의 모바일 사이트에 평균 7분 정도를 머무른다.[62] 온라인 방문객이 평균적으로 7개의 웹페이지를 보는데 반하여, 모바일 환경에서는 4~5개 페이지를 본다.

모바일 앱은 단지 전화로 쇼핑하는 것에 그치지 않는다. 2015년부터 사람들은 랩탑과 데스크탑 컴퓨터를 합한 것보다 모바일에서 더 많이 접속할 것이다. 그렇지만 인터페이스의 차이로 모바일 경험은 웹 경험과 동일할 수는 없기에 사용자들이 사이트를 사용하는 방법도 다르다. 특히 작은 화면의 모바일 기기에서는 적은 정보로도 같은 브랜드 이미지를 전달해야 하다.

경제적 상황

마케터들은 소비자들이 상품을 구매하고 돈을 쓰는 방식에 영향을 미치는 자기 나라 및 외국의 일반적인 경제적 상황을 모니터한다. 경제적 상황에 영향을 주는 주요 요인들에는 인플레이션, 환률 및 이자율 등이 포함된다.

인플레이션은 제품 및 서비스 가격의 장기적인 인상을 의미한다. 가격인상은 화폐의 구매력을 떨어뜨려 같은 금액의 화폐로 이전보다 적게 살 수 밖에 없다.

유사하게 외환변동도 소비자의 지출에 영향을 줄 수 있다. 예를 들어, 2002년 여름 1유로(euro)의 가치는 미화 1 달러보다 약간 적었으나, 2008년에는 역대 최고치인 1.60 달러까지 올랐다가 2011년 중반에는 1.35 달러를 기록하였다.[63] 유로가 달러에 비해 더 비싸지면 유럽이나 유로와 연결된 국가에서 만들어진 제품은 미국인들에게 더 비싸지고, 미국에서 만들어진 제품들은 유럽 소비자들에게 더 싸지게 된다. 현재의 유럽 재정 위기는 유로의 가치를 미국 달러에 비해 위축시킬 것으로 나타나는데, 이럴 경우 유럽인들은 미국 제품들을 적게 구매할 것이다.

유럽경제와 유로존 전체를 위축시키는 이러한 위기는 미국경제에도 몇 가지 잠재적 충격을 가져올 것이다. 유럽 소비자들은 미국 수출의 약 22%을 구매하고 있는데, 이 비율은 그리스, 이탈리아 및 기타 위기상황의 국가들이 실패하면 쉽게 떨어질 것이다. 또한, 진세계 금융시장은 밀접하게 연결되어 있어 어느 한 곳이 하락하면 모두가 고생하게 된다.[64]

마지막으로 이자율은 돈을 빌리는 비용을 나타낸다. 소비자들은 은행에서 돈을 빌리면서 대출금에 이자를 더하여 갚을 것을 약정한다. 따라서 이자율은 은행이 돈을 빌리는 소비자에게 부과하는 소비자 비용이나 요금이 된다. 마찬가지로 소비자가 은행에 저축을 하면 소비자는 저축한 금액에 대해 이자를 얻게 되는데, 이때 이자는 소비자가 은행에게 돈을 빌려준 것에 내해 읻게 되는 요금이 된다. 이자율이 오르게 되면 소비자들은 더 많은 돈을 저축하려고 할 것이고, 이자율이 내려가면 소비자들은 일반적으로 돈을 더 많이 빌리게 된다.

인플레이션, 환률 및 이자율 등 3가지 주요 경제 요인들은 기업의 제품 및 서비스에 대한 마케팅 능력에 어떻게 영향을 줄 것인가? 이들 3가지 경제 요인들의 변화는 마케팅을 누군가에게는 더 쉽게 만들 것이고, 다른 누군가에게는 더 어렵게 만들 것이다. 예를 들어, 인플레이션이 심해지면 소비자들은 아마도 음식에 대한 소비를 줄여서, 비싼 스테이크에 대한 지출을 상대적으로 싼 햄버거로 옮길 것이다. 또한, 값비싼 레스토랑이 수요를 잃는 대신 식료품점이나 값싼 레스토랑에 대한 수요가 늘어나고, 비싼 보석, 고급 자동차 및 고가의 여행 상품들의 매출은 감소하는 대신 개인용품이나

달러의 가치가 자국 화폐에 비해 낮기 때문에 외국 여행객들이 쇼핑을 하려 미국으로 밀려든다.

그리스의 경제가 계속해서 붕괴된다면, 그것은 유로 대비 달러의 가치에는 어떤 영향을 미칠 것인가?

가정 오락용과 같은 적은 금액의 명품에 대한 매출은 증가할 것이다.

정치적/규제적 환경

정치적/규제적 환경은 정당, 정부조직과 입법 및 법률 등으로 이루어진다. 조직은 공정경쟁, 소비자보호 또는 해당산업고유의 규제 등에 관한 모든 입법을 충분히 이해하고 따라야 한다. 2000년대에 들어 미국정부는 시장 경쟁을 손상시키는 독점이나 제휴를 금지하고 모든 공급자와 소비자들에 대해 공정한 가격 관행을 촉진함으로써 공정한 무역과 경쟁을 촉진시키는 법률을 제정하였다.

미국정부는 기업이 서로 공정하게 경쟁하는 것을 보장하는 데 초점을 둔 법률을 제정하고 있다. 상거래의 경쟁을 보장하기 위한 미국입법의 골격은 20세기 초에 제정되었는데, 여기에는 거래나 경쟁을 억제할 수 있는 독점 및 기타 활동을 금지하고 전국적으로 자유로운 시장에서 공정한 거래를 하는 것을 목표하는 1890년의 셔먼반독점법(Sherman Antitrust Act), 2개 이상의 경쟁기업이 주식 소유권을 서로 출자하여 결합하는 것을 금지하고 가격차별화와 배타적 협상 등의 가격정책을 제한하고 서로 다른 소비자들에 대한 약관을 묶음으로써 셔먼법을 보강하는 1914년의 클레이튼법(Clayton Act), 도매상, 소매상 또는 기타 생산자들에 대한 가격차별화를 불법화하고, 판매자들이 모든 구매자들에게 비례동등한 조건으로 보조 서비스나 수당을 받을 수 있도록 한 1936년의 로비슨-파트만법(Robison-Patman Act) 등이 포함된다. 이러한 법률들은 통신 및 에너지 산업의 규제를 없애는 것과 같이 경쟁을 증진시키기 위해 사용되어왔는데, 예를 들어 AT&T를 의미하는 Ma Bell과 같은 거대 기업을 작은 경쟁기업으로 해체시켰다.

입법은 다양한 방법으로 소비자들을 보호하도록 제정되어왔다. 첫째로 마케터들이 소비자를 잘못 인도할 수 있는 거짓이나 잘못된 광고 관행(예를 들어 의약품이 질병을 치유할 수 있다고 주장하고 있으나 실제로는 다른 건강에 대한 위험의 원인이 되기도 함)을 제한하도록 규제하고 있다. 둘째로 제조업자들에게 소비자를 위험에 처하게 할 수 있는 해롭거나 위험한 재료(예를 들어 장난감에 납이 부적절함)를 사용하는 것을 억제하도록 요구하고 있다. 셋째로 조직은 소비자들과 의사소통함에 있어 공정하고 정당한 사업 관행을 고수해야 하는 데, 예를 들어 조직은 정당한 부채회수방법을 채택해야 하고, 모든 금융비용을 공개해야 하며, 텔레마케팅이나 이메일을 통한 소구활동에 제한을 두어야 한다. 그림 4.6은 마케팅적 관심에 영향을 주는 가장 의미있는 입법에 대한 요약을 보여주고 있다.

연도	법	내용
1906	연방식품의약법	식품 및 의약 관리국을 설립함. 불량하거나 부정한 라벨을 부착한 식품 및 의약품의 생산 또는 판매를 금지함
1914	연방통상위원회	불공평한 경쟁 관행과 소비자를 속이거나 소비자에게 불공평한 관행을 규제하기 위한 연방통상위원회(FTC: Federal Trade Commission)를 설립함
1966	공평한 포장 및 라벨부착법	소비재에 대한 포장 및 라벨부착을 규제함: 제조업자에게 제조사 및 중량 등과 같은 포장의 내용에 대해 명시할 것을 요구함
1966	어린이보호법	어린이들에게 유해한 장난감 및 부품의 판매를 금지함. 어린이에게 안전한 포장의 기준을 정함
1967	연방담배라벨 부착 및 광고법	담배 포장에 "경고: 외과전문의에 의하면 흡연은 당신의 건강에 위험합니다."라는 경고문을 표시하도록 요구함
1972	소비자 제품 안전법	소비재의 안전 기준을 규제하는 권한을 지닌 소비자 제품 안전 위원회를 설립함
1990	어린이 텔레비전법	어린이 프로그램 중의 방영되는 상업광고의 수를 제한함
1990	영양분 표시 및 교육법	식품 제조업자에게 제품의 라벨에 영양 성분을 표시하도록 요구함
1995	텔레마케팅 판매 규칙	전화를 통한 부정한 활동을 규제함. 위반자는 벌금 및 FTC의 강제조치가 처해짐
2003	텔레마케팅 판매 규칙 개정	전국적인 통화금지목록(National Do Not Call Registry)을 설정함. 텔레마케터에게 통화금지목록에 등록한 소비자에 대한 발신을 삼가할 것을 요구함
2003	스팸방지법	스팸이나 보증없는 이메일을 줄이기 위해 수립된 법
2010	금융개혁법	은행, 모기지업, 급여 및 학생 대출업 등 다수의 금융 기업들에 대해 적절한 소비자 지향적 규제를 강화하는 것을 목적으로 하는 소비자 금융보호국(the Consumer Financial Protection Bureau)을 설립함. 또한 조기 경보 시스템으로 역할 하는 금융서비스감시위원회를 설립함

그림 4.6 소비자 보호 관련 입법

환경에 대한 대응

이 장에서 보여주고 있는 예들에서와 같이 많은 기업들은 폭넓은 환경에서의 복수의 변화에 대응하기 위해 전술과 마케팅 전략을 도입하고 있다. 예를 들어 FCC[Federal Communications Commission (연방통신위원회)]의 압력(정치적 및 규제적 환경), 소비자의 경제적 상태(경제적 상황), 고속 광대역 이용에 대한 접근의 증가(기술적 진보) 및 더 큰 사회적 책임에 대한 요구(사회적 트렌드)에 대응하여 14개 케이블 기업들은 빈곤 가정을 위해 저가의 인터넷서비스를 제공하기로 합의하였다.[65] 이 주목할 만한 합의는 케이블 기업들이 자신들의 사회적 책임을 홍보할 수 있도록 하고 있는데, 무상급식 대상 어린이들을 둔 가정에서 온라인을 통해서만 대상 서비스, 기회 및 옵션에 접근할 수 있도록 하고 있다.

우리는 앞서 요가를 포함한 건강 및 웰니스 시장의 두드러진 성장을 살펴보았다. Lululemon은 그러한 트렌드를 빨리 인식하여 큰 성공을 거둔 기업의 하나이다. 평균

98 달러인 Lululemon의 요가복은 시장에서는 높은 가격대이지만 요가중심철학의 작은 틈새 브랜드로서의 이미지는 성공에 도움을 주었다.[66]

지속적으로 변화하는 마케팅 환경에서 성공적이기 위해서 마케터들은 빠르고, 정확하고, 그들의 고객에게 섬세하게 반응해야 한다.

요점 정리

LO1 고객, 기업, 경쟁자, 협력기업들이 마케팅 전략에 주는 영향을 간략히 설명한다.

기업이 행하는 모든 일은 소비자에 관련된다. 소비자 없이는 아무 것도 팔 수 없다. 기업은 반드시 자신의 소비자들의 구체적 욕구나 본원적 욕구를 찾아서 이를 만족시킬 수 있는 가치 있는 제품이나 서비스를 제공할 수 있어야 한다. 만약 하나의 기업과 다수의 소비자만 있다면, 마케터의 삶은 식은 죽 먹기일 것이다. 그러나 그런 상황은 거의 없고, 기업은 자신의 경쟁자들이 고객을 공략하기 위해 어떻게 하는지를 알아내기 위해 경쟁자들을 모니터해야 한다. 경쟁에 대해 이해하지 못하면 기업의 고객들은 곧 경쟁자들에게도 가게 될 것이다. 경쟁자가 없는 삶은 분명히 더 쉬울 것이지만, 기업의 협력기업이 없는 것은 불가능하지는 않아도 어려울 것이다. 좋은 마케팅 기업이나 부서는 고객이 무엇을 원하는 지와 궁극적으로 고객이 원하는 것을 언제 어디서 제공할 것인지를 탐색하는 방대한 과정을 조정하기 위하여 공급자, 마케팅 조사기업, 컨설턴트, 운송기업 등과 밀접하게 일을 수행한다. 이러한 각각의 활동 등(고객 욕구의 탐색, 경쟁자 활동에 대한 연구, 협력기업들과의 협업 등)은 기업의 제품과 서비스의 가치를 높이는 데 도움을 준다.

LO2 마케터들이 의사결정과정에서 거시환경을 고려해야 하는 이유를 설명한다.

패스트푸드 햄버거 레스토랑이 힌두 문화가 지배적인 지역에 이웃하여 성공할 가능성은 얼마나 될 것인가? 좋지는 않을 것이다. 마케터들은 성공적이기 위해서는 그러한 문화적 이슈들에 대해 민감해야 하며, 또한 특정 목표고객집단을 찾아내기 위해서는 고객의 인구통계(나이, 소득, 시장규모, 교육, 성별, 민족주의 등)를 고려하여야 한다. 어떤 사회에서든 주된 사회적 트렌드들은 사람들이 살아가는 방식에 영향을 미친다. 역사적으로 어떤 시기도 지금처럼 기술이 빠르게 변화하여 우리들이 사는 방식 모든 것에 영향을 미치는 시기는 없었다. 마케터들은 일상적인 실용적 용도를 위해서도 기술을 구분하고 개발하기도 하지만, 기술적 진보는 마케터들이 제품과 서비스를 소비자들에게 보다 빠르고 효율적으로 제공하는 것을 돕기도 한다. 일반적인 경기 상태는 사람들이 자신의 가처분 소득을 어떻게 사용하는지에 영향을 미친다. 경기가 좋을 때는 마케팅이 성공하는 것은 상대적으로 쉽지만, 경기가 어려울 때는 잘 준비된 마케팅 기술만이 장기적인 성공을 가져올 수 있다. 당연히 모든 기업들은 법규를 받아들어야 하며, 많은 법적 이슈들이 직접적으로 마케팅에 영향을 준다. 이러한 법규들은 경쟁관행과 소비자들을 불공평하거나 위험한 제품으로부터 보호하는 것과 관련이 있다.

LO3 다양한 세대별 코호트들 간의 차이를 설명한다.

세대별 코호트는 같은 세대 소비자들의 집단이다. 그들은 삶의 경험과 무대를 공유함으로써 유사한 구매 및 소비 행동을 보인다. 세대별 코호트의 4가지 주된 유형으로는 Z 세대(2001~2014년 출생), Y 세대(1977~2000년 출생), X 세대(1965~1976년 출생)와 베이비부머(1946~1964년 출생)를 꼽을 수 있다. 세대별 코호트에 의한 각 세분시장은 소비 패턴, 세상에 대한 태도, 마케팅 노력에 관련된 선호 등에서 서로 다른 모습을 보인다.

LO6 마케팅에 영향을 주는 다양한 사회적 트렌드를 구분한다.

사회적 트렌드는 소비자들이 구매하고 소비하는 것에 매우 큰 영향을 준다. 이러한 트렌드들(검소, 건강과 웰니스, 그린마케팅, 프라이버시 이슈, 시간빈곤사회 등)을 이해하는 것은 마케터들이 자신들의 고객들을 더 잘 섬길 수 있도록 도와 준다.

핵심용어

- X 세대(Generation X)
- Y 세대(Generation Y)
- Z 세대(Generation Z)
- 거시환경 요인 (macroenvironmental factors)
- 국가문화(country culture)
- 그린마케팅(green marketing)
- 그린세탁(greenwashing)
- 디지털태생(Digital Natives)
- 문화(culture)
- 베이비부머(Baby Boomers)
- 새천년세대(Millennials)
- 세대별 코호트(generational cohort)
- 외환변동 (foreign currency fluctuations)
- 이자율(interest rates)
- 인구통계(demographics)
- 인플레이션(inflation)
- 정치적/규제적 환경 (political/regulatory environment)
- 지역문화(regional culture)

사례 연구

치세대 세제[67]

"우리는 모든 심의에서 우리의 의사결정이 향후 7세대에 걸쳐 미치는 영향을 고려하여야 한다"는 이로쿼이(북아메리카 동부 삼림지대에 거주하는 아메리칸 인디언) 지향성을 채택하면서 소비재 기업인 Seventh Generation은 마케팅환경에 대한 장기적 접근을 이끌어내기 위하여 뚜렷한 현대적 감성을 적용하였다. 기업의 미션이 미래 세대에 맞춰져야 하지만, 현재의 소비자들을 공략하기 위한 기업의 노력은 항상 즉각적인 수요에 민감하게 반응한다.

1988년 버몬트(Vermont)에서 시작하여 Seventh Generation는 1억 5천만 달러 이상의 매출을 올리는 전국적인 브랜드로 성장하였다. Seventh Generation의 성장은 주로 더 지속가능하고 환경적으로 안전한 그린 제품을 구매하려는 소비자의 바램에서 시작되었다. 최근의 서베이에서 약 73%의 소비자들이 그린 제품을 구매하는 것을 중요하게 생각하는 것으로 나타났으며, 폭 넓은 범위의 카테고리에서 그린 제품에 대한 소비자의 수요가 지속적으로 늘어나고 있다.[68]

Seventh Generation은 미국의 친환경 세제 제품 시장에서 우위를 점하고 있다.

그러나 점점 더 많은 카테고리들이 마케터에게 유망한 그린 기회를 제공하는 것으로 보이지만, 여전히 주된 구매 영역은 Seventh Generation이 지배적인 식료품과 가정용품이다. Seventh Generation은 브랜드 인식과 신뢰를 얻어 왔으며, 또한 자신들의 시장을 능동적으로 변화하여 왔다. 즉, Seventh Generation은 단순히 소비자들이 요구하는 대안을 기다리지 않고, 전적으로 새로운 카테고리들을 만들었다.

새로운 세제 계열로 Seventh Generation은 아마도 거의 모든 세제 제품들에서 일반적인 화학적 광택제는 필요 없다는 생각을 촉진하기 시작하였다. Seventh Generation는 그런 화학 제품들이 위험하다고 제안하는 것은 아니다. Seventh Generation는 단지 그러한 것들이 불필요하다고 말하는 것으로, 환경문제에 관심이 있는 소비자들에게는 그것으로 충분할 수 있다.

이전까지 Good Housekeeping이나 Real Simple과 같은 가정용 잡지는 가장 좋은 세제, 가장 좋은 주방세제, 가장 좋은 표면 세척제 등의 순위를 매겼다. 그러나 Seventh Generation 같은 기업들의 진입은 가장 좋은 친환경 세제, 가장 좋은 친환경 주방세제, 가장 좋은 친환경 표면 세척제 등의 새로운 카테고리를 만들었다. Seventh Generation의 제품들은 이 새로운 카테고리의 경쟁에서 지속적인 승리를 거두는 것으로 나타나고 있다.[69]

게다가 자신들의 브랜드 인식을 유지하기 위하여 Seventh Generation은 광대한 멀티미디어 마케팅을 주도하고 있다. 인쇄광고에서 Seventh Generation는 자신들의 세탁세제의 환경친화적인 내용을 강조하고 있다. Seventh Generation는 활동적인 블로거들에게 무료 샘플을 제공하고, 자외선을 이용하여 이들 소비자들이 자신들의 옷에 다른 세제를 사용하였을 때 남은 찌꺼기를 볼 수 있게 하였다. 수십 명의 블로거들이 자신들이 집에서 실험한 결과를 게시하였다.[70]

그러나 이러한 제품들은 가격이 비싸서 경기 불황기에는 중대한 도전이 되기도 한다. 많은 소비재 기업들이 저가시장 브랜드로 고객을 끌고 있으며, Seventh Generation도 가격이 유의하게 비싼 4배 농축 세탁세제를 도입하였다. 이 새로운 제품은 모든 휘발성 유기 성분을 피하고 옷을 깨끗하게 하기 위해 효소에만 의존하고 있다.[71] 이러한 제품이 어떤 소비자들에게는 매력적일 수 있겠지만 소비자들이 매번 세탁할 때마다 값비싼 효소가 포함된 세제를 위해 지불할 용의가 있을까?

확인 문제

1. Seventh Generation이 가장 효과적으로 반응한 소비자 트렌드는 무엇인가?
2. Seventh Generation이 놓친 소비자 트렌드는 무엇인가?

SECTION 2

시장 평가

시장 이해

시장 타겟팅

가치 창조

가치 획득

가치 전달: 마케팅 경로 및 공급사슬 디자인

가치 커뮤니케이션

시장 이해

CHAPTER 5
소비자 행동

CHAPTER 6
B2B 마케팅

2부 시장 이해는 2개의 장으로 구성되며 마케팅의 2가지 수준인 개인 소비자 대상의 마케팅에 초점을 둔다. 5장, 소비자 행동에서는 개인 소비자들의 제품, 서비스 구매이유를 논의하며, 소비자 구매의사결정 과정을 중점적으로 다룬다. 6장 산업재 마케팅에서는 B2B 구매 이유와 과정을 논의한다. 이와 같이 2부를 구성하는 2개의 장에서는 개인 소비자 대상의 가치 창출과 기업 대상의 가치 창출을 다룬다.

ZIP IT OFF THE LIST.
GET OUT AND ZIP
HUNDREDS OF CARS ACROSS THE CITY
ARE AVAILABLE BY THE HOUR OR DAY.
GAS AND INSURANCE INCLUDED.
JOIN AT ZIPCAR.COM
zipcar.

CHAPTER 5

소비자 행동

대학 캠퍼스에 가을 신학기를 시작하기 위해 신입생들이 도착하면서 상급생들이 미소를 띠며 기숙사 위치를 알려주거나 차에서 짐 내리는 것을 도와준다.[1] 다른 숙련된 학생들은 대학 새내기들의 노트북 구매를 도와주거나 학교 행사나 파티, 야간 쇼핑 행사 등에 새내기들을 초대하기도 한다.

새내기들을 돕는 이들 선의의 대표들은 American Eagle Outfitters, Hewlett-Packard, Red Bull 등과 같은 회사로부터 급여를 지급받는 학생 마케터들로서 캠퍼스와 소셜 네트워크 등을 통해 회사 제품들을 널리 알리는 역할을 담당한다. 대학 입학 후 첫 대규모 행사는 Target사가 후원하는 마케팅 행사다. 신입생들은 음악에 맞춰 춤을 추고 패스트푸드 무료 샘플을 제공받으며, 냉장고나 음료수 보관함 등과 같은 경품도 지급받는다.

학생들을 통한 제품 프로모션 행사를 통해 제조업체는 신뢰성 있는 구전광고 효과를 창출할 수 있고, 한해 360억불 규모의 세분시장에 직접 접촉할 수 있는 기회를 얻게 되는 것이다. 브랜드 프로모션을 담당하고 처음으로 해당 브랜드를 접하게 되는 학생들은 호의적인 팬이 될 수 있고 가족이나 고등학교 친구들에게 구전활동을 전개할 수 있다. 또한 치약, 스마트폰 혹은 청바지 등에 대해 특정 브랜드로의 습관적 구매를 나타낼 가능성도 있다. 대학 신입생들을 대상으로 한 마케팅 활동은 매력적인 신규 고객 창출을 통해 그들의 생애 쇼핑 행동에 영향을 줄 수 있는 잠재력이 매우 높다는 점에서 경쟁관계에 있다고 볼 수 있는 포드 자동차(Ford Motor Company)와 집카(Zipcar)가 이러한 사업기회를 활용하기 위해 힘을 모으게 되었다.[2]

시간당 저렴한 비용으로 대여가 가능한 집카(Zipcar)는 이론적으로는 학생들의 차 소유 욕구를 감소시킬 것으로 예상할 수 있다. 포드 자동차로서는 고객을 빼앗기는 것으로 볼 수 있는 것이다. 하지만 Zipcar 렌탈은 학생 소비자들을 입장에서는 자동차 모델에 대한 체험 기회를 제공해주는 것이고 차량 운전의 편안함을 시험해 볼 수 있는 중요한 계기를 마련해 주는 것으로 볼 수도 있다. 이런 기회를 통해 형성된 브랜드 친숙성은 시간이 지남에 따라 구매 혹은 반복구매로 전환될 수 있다. 이러한 논리로 포드 자동차는 Zipcar에 Ford Focus 세단 1,000대를 미국 전역 250개 대학에서 사용할 수 있도록 제공하기로 하였다.[3] 최첨단 기술 장치와 연료 효율성으로 Focus는 젊은 소비자들을 매료시켰다. 이와 더불어 포드 자동차는 포드 자동차를 렌트하는 경우 Zipcar 연회비 10 달러를 할인해주고 시간당 사용료에서도 1 달러 할인 혜택을 제공하였다. Zipcar에서도 SUV 모델인 Ford Escape 모델을 구매하여 할인된 가격에 사용할 수 있도록 제공하였다.

이러한 제휴로 인해 포드 자동차는 상대적으로 저렴한 비용으로 미래 자동차 잠재적 구매자들에게 운전 체험 기회를 제공할 수 있게 된

학습 목표

- **LO1** 소비자 구매의사결정과정을 단계별로 설명한다.
- **LO2** 기능적 니즈와 심리적 니즈의 차이점을 설명한다.
- **LO3** 정보탐색의 영향요인을 설명한다.
- **LO4** 구매 후 행동을 설명한다.
- **LO5** 소비자 구매의사 결정과정에 대한 영향요인을 설명한다.
- **LO6** 관여도가 소비자 구매의사결정과정에 어떻게 영향을 주는지를 설명한다.

Zipcar/Ford 자동차 제휴는 대학생들을 대상으로 소구하여 Ford 자동차 고객으로 이끌기 위해 고안되었다.

것으로 볼 수 있다. 이 제휴는 미국 대학 캠퍼스에서 이용되는 Zipcar의 절반 이상이 포드 자동차라는 것을 의미하기 때문이다. Zipcar도 이 제휴 관계를 통해 미국 대학캠퍼스에서의 존재감을 향상시킬 수 있었다.

이러한 사례가 보여주는 바와 같이 Target, Zipcar, Ford 등은 젊은 소비자들에게 접근하는 것이 중요함을 인식하고 현재와 미래 소비자 행동을 형성하는 데 힘을 모으고 있다. 대학생들을 타겟으로 소비자들간 보증 광고와 구전활동을 통해 이들 회사들은 미래 수익 잠재력이 높은 고객들과의 장기적인 고객 기반을 형성해가고 있는 것이다.

우리는 모두 소비자들이며, 설명하기 어려운 선택과 행동을 수행하기도 하는 매우 복잡하고 때로는 합리적이지 못한 존재이기도 하다. 이러한 측면이 마케팅 관리자 업무의 중요성과 어려움을 대변해주고 있다. 왜냐하면 소비자행동을 설명하고 가능한 고객들에게 대한 이해를 명확하게 할 수 있도록 도움을 주어야 하기 때문이다.

소비자 행동을 이해하기 위해서는 소비자들이 왜 재화 혹은 서비스를 구매하는지를 자문해 볼 필요성이 있다. 사회학과 심리학 이론들을 활용하여 마케터들은 소비자 선택을 설명하고 소비자 행동을 다루기 위한 기초적인 전략을 개발하고자 노력해왔다. 일반적으로 소비자들이 특정 제품 혹은 서비스를 구매하는 이유는 다른 경쟁상품에 비해 더 나은 가치가 있다고 지각하기 때문이다. 즉, 해당 제품 혹은 서비스가 다른 상품에 비해 비용 대비 편익 비율이 높기 때문이다.[4]

하지만 "편익(benefit)"이라는 개념이 미묘하면서도 이성적으로 평가되기도 어려운 측면이 있다. 구직 면접을 위해 의류 구매를 고려하고 있는 캐티 스미스의 예를 들어보자. 그녀는 패션감이 있으면서도 전문직 느낌이 나는 의류를 원하고 구매비용은 적게 들이고 싶어한다. 어디서 의류 구매를 해야할 것인지에 대해 캐티는 다음과 같은 질문을 스스로에게 해볼 수 있을 것이다.

- 어떠한 대안이 최고의 전반적 가치를 제공해 줄 수 있는가–가장 적합하고 패션감이 있으면서 가장 저렴한 가격에 구매할 수 있는 대안은?
- 어떠한 대안이 구매 후 사용을 극대화할 수 있는 가장 최선의 투자인가?

캐티가 특정 점포 혹은 의류 브랜드를 선택할 다양한 이유를 고려할 수 있다는 점에서 그녀에게 어떠한 편익이 가장 중요한지를 파악하는 것이 마케터에게는 매우 중요한 과업일 수 있다. 다른 요인들도 캐티로 하여금 무의식적으로 선택하도록 영향을 미칠 수도 있다는 점에서 유통업체는 의사결정과정을 그녀보다 더 잘 이해할 필요성이 있을 것이다.[5] 이것이 이루어지고 난 이후에라야 캐티를 만족시킬 수 있는 마케팅 믹스 전략을 수립할 수 있다.

LO1 소비자 구매의사결정과정을 단계별로 설명한다.

이 장에서는 소비자들의 제품과 서비스 구매의사결정과정을 고찰하고, 소비자 구매의사결정과정에 영향을 미치는 심리적, 사회적, 상황적 요인을 살펴본다. 본 장에서는 소비자들로 하여금 제품과 서비스를 구매하도록 하기 위해 기업이 어떻게 영향을 미칠 수 있는지에 초점을 두고자 한다.

소비자 구매의사 결정 과정

니즈 인식(Need Recognition)

소비자 구매의사결정과정은 소비자들이 미충족된 니즈 즉, 미충족된 본원적 욕구를 인식하는 것으로부터 시작되며, 소비자들은 욕구가 충족되지 않은 현재 상태로부터 니즈가 충족된 희망 상태로 변화되기를 바라게 된다. 현재 상태와 희망 상태 간 차이가 클수록 니즈 인식은 더 크게 나타날 것이다. 예를 들어, 배가 고픈 정도가 약한 경우에는 나중에 식사를 하자고 생각될 수 있지만 배가 너무 고파 다른 일에 집중하기 어려운 상황이라면 현재 상태(배고픈 상태)와 희망 상태(배고픔이 해소된 상태)간 차이가 매우 큰 경우로서 즉각적으로 식사를 하고자 하는 의사결정을 내리게 될 것이다. 아울러 배고픔의 니즈가 건강식의 샐러드를 통해 해소될 수도 있겠지만 실제로 원하는 것은 아이스크림일 수도 있을 것이다. 구체적 욕구(wants)는 반드시 필요하지는 않지만 구매를 원하는 재화 혹은 서비스를 의미한다.[6] 배고픔의 수준과는 상관없이 여러분의 아이스크림에 대한 욕망은 그 어떤 유형의 샐러드로도 충족되기 어려울 것이다. 소비자 니즈는 기능적 니즈와 심리적 니즈로 구분되어질 수 있다.[7]

그림 5.1 소비자 구매의사결정과정

LO2 기능적 니즈와 심리적 니즈의 차이점을 설명한다.

기능적 니즈(Functional Needs) 기능적 니즈는 제품 혹은 서비스 성과와 관련되는 것이다. 수년 동안 BMW는 기능적으로 우월한 오토바이를 생산해왔다. BMW의 K1600모델은 BMW 자동차에만 탑재되었던 인라인 6기통 모터와 견고한 알루미늄 플레임으로 제작되었다. 이에 해당 모델은 경량 오토바이로서는 놀라운 출력을 자랑하고 안락함을 특징으로 하는 투어용 오토바이와 속도감을 내세우는 스포츠용 오토바이 모두를 능가하는 성능을 보여주고 있다.

이 오토바이는 기능적 혹은 심리적 니즈를 만족시키는가?

심리적 니즈(Psychological Needs) 심리적 니즈는 소비자가 제품이나 서비스와 연관시키는 개인적 만족감과 관련된다.[8] 예를 들어 신발은 발을 청결하게 유지해주고 외부적 요소로부터 발을 보호해주는 기능적 니즈를 충족시켜 준다. 그런데 왜 어떤 소비자는 1,000 달러를 더 지불하고 다른 신발을 구매하는 것인가? 그들은 심리적 니즈를 충족시키고자 하기 때문이다. 붉은 색 신바닥을 특징으로 하는 크리스챤 루브탱(Christian Louboutin) 구두는 시장에서 가장 인기있는 구두일 것이다.[9] 사라 제시카 파커 (Sarah Jessica Parker)는 섹스 앤드 시티(Sex and the City) 드라마와 실제 생활에서 해당 구두를 착용하고 있으며 BMW는 광고에서 크리스찬 루브탱 구두를 소재로 활용하였다. 페넬로페 크루즈(Penelope Cruz), 까뜨린느 드뇌브(Catherine Deneuve), 레이디 가가(Lady GaGa), 애슐리 올슨(Ashley Olsen), 안젤리나 졸리(Angelina Jolie) 등과 같은 현대 패션 아이콘들이 크리스찬 루브탱 구두를 신고 화보를 촬영하였다. 소비자들이 단순히 검정 비단뱀 모양의 구두 레이스와 14센티의 높은 굽으로 인해 1,500 달러를 지불하고자 하는 것이 아니다. 미디어를 통해 해당 구두에 대한 관심이 높아지고, 해당 구두에 대해 열광하는 소비자들로 인해 수요는 폭발적으로 발생되고 있다.

이러한 사례들은 대부분의 재화와 서비스가 정도의 차이는 있지만 기능적 니즈와 심리적 니즈 모두를 충족시키게 된다는 것을 강조하고 있다. BMW K1600 모델의 경우 주요한 판매 포인트는 기능적 특성에 두고 있지만 패션적인 소구점도 지니고 있으며 구매자의 심미적 선호에 따라 몇 가지 색상을 선택할 수 있도록 하고 있다. 이와는 반대로 크리스찬 루브탱 구두의 경우 기능적 니즈를 충족시키고 있기는 하지만 이보다는 심리적 니즈를 충족시키는 데 초점을 맞추고 있다.

크리스찬 루브탱 구두는 기능적 혹은 심리적 니즈를 만족시키는가?

조금 더 실제적인 예를 들어보도록 하자. 여러분은 일반 미용실에서 15 달러를 지불하고 헤어컷트를 하거나 고급 미용실에서 본질적으로 동일한 헤어컷트에 대해 80 달러 이상을 지불할 수도 있다. 15 달러

매리어트는 고객이 진정으로 중요시하는 것에 초점을 두고 있다. 제공하는 아이스크림 브랜드를 기존 하겐다스 대신 에디로 변경하여 비용을 절감하였다.

와 80 달러 헤어컷트 서비스가 색관석으로 나르다고 할 수 있는가? 이에 대한 답변은 양질의 헤어컷트와 우수한 가치가 무엇을 의미하는지에 대한 개인적 견해에 따라 달라질 수 있다. 어떤 소비자들은 저렴한 가격에 헤어컷트를 받을 수 있다는 점에 가치를 부여할 수도 있고 어떤 소비자들은 고급 미용실에서 세심한 개인 서비스를 받고 우수한 미용시설을 이용하는 것에 대해 가치를 부여할 수도 있다.

성공적인 마케팅의 핵심은 표적 시장 고객에게 가장 잘 어필할 수 있도록 기능적 니즈와 심리적 니즈 충족의 균형점을 찾아내는 것이다. 메리어트(Marriott) 호텔은 이러한 균형점을 잘 파악하고 실행에 옮기고 있다. 투숙객이 가장 원하는 것에 초점을 맞추고 있는 것이다. 대부분의 호텔 투숙객들은 배달되는 신문을 집어서 읽기보다는 밟고 지나가거나 주의를 기울이지 않는 경우가 많다. 이에 메리어트 계열 호텔—코트야드(Courtyard), 레지던스 인(Residence Inn), 페어필드 인(Fairfield Inn), 릿츠칼튼(Ritz-Carlton)—들은 매일 수행되던 대략 50,000건의 신문배달을 중단하였다. 이 서비스 중단으로 얻어진 비용 절감으로 인해 메리어트는 대규모 해고를 피할 수 있게 되었고 이로 인해 고객들을 더 세심히 관리할 수 있게 되었다. 하겐다스 대신에 에디의 브랜드 아이스크림으로 변경하여 비용을 절감하고 이전보다 편하게 아이스크림을 담을 수 있게 되어 종업원의 직무 수월성도 개선되었다. 메리어트는 이러한 서비스 변경으로 인한 비용 절감분을 무료숙박과 숙박 할인 등으로 고객들에게 제공함으로써 고객 유치에 노력할 수 있었다.

정보 탐색(Search for Information)

소비자가 니즈를 인식하고 난 이후 두 번째 단계는 니즈를 충족시킬 수 있는 다양한 옵션에 대한 정보를 탐색하는 것이다. 정보 탐색의 기간과 강도는 제품 혹은 서비스 구매와 연관된 지각된 위험 정도에 달려 있다. 헤어 컷트가 자신의 외모와 자아 이미지에 매우 중요하다고 생각되는 경우 적합한 미용실과 미용사 선택을 위해 정보탐색에 대한 관여수준이 높아질 것이다. 반면에 단순히 짧게 커트를 원하는 소비자들은 가장 가깝고 편리하며 저렴하게 이용할 수 있는 곳을 찾을 것이다. 정보탐색 수준과 무관하게 정보 탐색의 유형은 크게 내적 탐색과 외적 탐색으로 구분할 수 있다.

내적 정보 탐색(Internal Search for Information) 내적 정보 탐색은 구매자가 자신의 과거 구매 경험을 바탕으로 수집된 제품이나 서비스에 관한 기억과 지식을 검토하는 것이다. 예를 들어, 캐티(Katie)가 점심으로 샐러드를 먹고자 하는 경우 친구들과 스위트 토마토(Sweet Tomatoes) 점포를 이용하지만 디저트를 원하는 경우에는 치즈케이크 팩토리(Cheesecake Factory)를 찾는다. 이러한 선택에 있어 그녀는 이러한 음식점에서의 과거 경험 기억에 의존하는 것이다.

외적 정보 탐색(External Search for Information) 외적 정보 탐색은 소비자가 구매 의사결정을 위해 자신의 개인적 기억과 지식 이외의 정보를 탐색하는 것이다. 소비자들은 친구, 가족 혹은 판매원과의 대화를 통해 정보를 수집할 수 있다. 또한 이러한 광고를 통해 정보를 얻을 수도 있고 소비자 리포트와 같은 객관적이고 신뢰성 있는 정보를 찾아볼 수도 있다. 최근에는 〈가치 부가 사례 5.1〉에 나타난 바와 같이 블로그와 같은 뉴 미디어가 외적 정보 탐색의 주요한 원천으로 작용하기도 한다.

인터넷은 블로그보다 더 많은 정보를 제공해 줄 수 있다.[10] 예를 들어, 인기 드라마에서 여 주인공이 입고 나온 드레스나 멋진 선글라스에 대한 정보를 인터넷을 통해 검색해 볼 수 있을 것이다. 인터넷 쇼핑몰 등에서는 이러한 인기 품목에 대한 사진과 가격정보를 쉽게 비교해 볼 수 있는 서비스를 제공해 주기도 한다. 때로는 패션 전문잡지를 참조해서 마음에 드는 스타일의 의류를 선택할 수도 있다.

이러한 유형의 정보탐색이 모두 외적 정보 탐색에 속하는 것으로 볼 수 있으며, 인터넷을 통한 외적 정보 탐색의 경우 직접 매장을 방문하거나 직접 옷을 입어보지 않고서도 편리하게 원하는 쇼핑 정보 탐색을 가능하게 해준다.

LO3 정보탐색의 영향요인을 설명한다.

소비자 정보 탐색 영향 요인

정보 탐색의 지각된 비용 vs. 지각된 편익 특정 제품이나 서비스에 관한 정보 탐색를 위해 시간과 노력을 들일만한 가치가 있는가? 예를 들어, 대부분의 가족들은 집을 구매하는 데 많은 비용이 들어가고 안전한 거주지 결정이 매우 중요한 일이기 때문에 집 구매 이전에 선호하는 지역에서 집 매물정보에 대해 많은 시간과 노력을 들이게 된다.

통제 초점(The Locus of Control) 내적 통제 초점(internal locus of control)을 지니고 있는 사람들의 경우에는 자신들의 행위 결과를 스스로 통제할 수 있다고 여기며 일반적으로 더 많은 탐색 활동을 수행하게 된다. 외적 통제 초점(external locus of control)을 지니고 있는 소비자들의 경우에는 운명이나 외부적인 요소가 행위 결과를 통제한다고 여긴다. 이 경우에는 얼마나 많은 정보를 수집하는지가 별로 중요하게 작용하지 않게 된다. 현명한 결정을 하는 것이 자신들 덕분이 아니고, 잘못된 의사결정을 하는 것 또한 자신들의 잘못이 아니라고 여기는 것이다. 개별적인 주식을 직접 구매하기 전에 많은 정보를 탐색하는 소비자들은 내적 통제 초점을 지니고 있다고 할 수 있

가치 부가 사례 5.1 패션블로그를 통한 의류판매

스웨트팬츠(트레이닝바지)와 티셔츠는 대학 캠퍼스의 패션을 장악하곤 했다. 지금 학생들과 젊은 전문가들은 의류를 통해 자신의 독특한 개성을 표현하는 동시에 패션 트렌드의 빠른 변화를 받아들이며 패션 스타일을 업그레이드하고 있다.[11] 그들은 어디에서 영감을 찾는가?

옛날 방식은 패션 매거진을 넘겨보거나, 동료가 어떻게 옷을 입는지 지켜보거나, 친구와 상담을 하는 것이다. 지금 블로그들은 매거진을 대체하고 스타일 선택을 확장하고 있다. 말 그대로 소비자는 인터넷 클릭을 통해 패션에 대한 각종 정보에 접근할 수 있는 것이다. 이 블로그들은 구매자들이 기대하는 정보에 신속하게 접근할 수 있도록 해주는 것뿐만 아니라 소비자 개인간 조언이 내포하는 정보의 신뢰성을 제공해주고 있다. 그 결과 블로그는 소비자 행동에 영향력이 증가하는 마케팅 채널로 부각되고 있다.[12]

패션 블로그는 구매 가능성이 높은 소비자들에게 디자이너와 스타일을 연결하기 위해서 인터넷을 사용한다. 하지만 수동적 웹사이트와 차별화되는 2가지 특징이 있다: 사이트에 업로드되는 콘텐츠를 통제하는 에디터와 보여지는 콘텐츠에 대한 의견을 게시하는 참여자이다. 대학 재학 중인 여성이 운영하는 유명 블로그인 칼리지 패션(College Fashion)에서는 가을 계절변화를 맞이하여 필수적인 의류제품 업데이트로부터 십대와 이십대를 위한 최고의 디자이너에 이르기까지 다양한 패션 관련 정보를 제공해주고 있다.[13] 사이트에서 제공되는 퀴즈를 통해 사이트 방문자들은 특정한 날 분위기에 어울리는 색상 또는 자신들의 스타일에 가장 영감을 줄 수 있는 유명인를 찾아낼 수 있다.[14] 에디디의 탁월한 패션 스타일 감가이 팔로워들을 구축하고 있다는 점은 분명하다. 하지만 이외에도 이 블로그는 유행에 민감한 젊은 여성들이 패션에 관한 자신의 관점을 주장하거나 신 상품 구매에 대해 자랑스럽게 알리는 공간으로서 커뮤니티 의식을 창출하고 있다.

패션 블로그 스펙트럼 상의 반대되는 유형으로 뉴욕, 로스앤젤레스, 시카고, 샌프란시스코, 워싱턴 DC에 따라 별개의 독립적 에디션을 제공하고 있는 Refinery29와 같은 전문적 사이트가 있다. 다수의 에디터들은 다이어트 팁과 헤어, 메이크업 트렌드를 포함한 다양한 관심 주제에 관한 블로그들을 흥미롭게 조합한다. 부가적 특징으로, 이 사이트는 패션 관련 단순한 토론의 장을 넘어서 사이트 회원들만을 대상으로 패션, 미용, 장식 분야 유명 브랜드 상품을 특별 제공하기도 한다. 새로운 정보 획득을 위해 사이트를 자세히 살펴보는 것뿐만 아니라 회원들은 인기 디자이너, 상점, 웹사이트에 관한 안내 이메일을 제공받는다.

Refinery29와 같은 전문적 패션 블로그는 다이어트 정보, 헤어/메이크업 트렌드 뿐만 아니라 회원전용 쇼핑 사이트를 제공해준다.

마케터들은 소비자들에게 도달하기 위해 이들 블로그의 가치를 인식하고 있다. 칼리지 패션와 같이 Refinery29와 경쟁자 FabSugar는 광고를 유치하고 있는데 이는 소매업자가 표적 시장 소비자에게 도달할 수 있는 또 다른 방법이 되고 있다.

패션, 엔터테인먼트, 성, 문화, 음식, 돈, 애완동물 그리고 심지어 임신, 양육에 관한 정보를 다양하게 포함하고 있는 FabSugar은 가장 영향력있는 패션 블로그 상위 20개 중 하나로 간주되고 있다.[15] 사업시작 6년만에 추정 매출액이 8백만 달러에 육박하며, Refinery 29 블로그는 팔로워들과 매출을 동시에 발생시키는 마케팅 채널로서의 잠재력을 입증하고 있다.[16]

다. 뮤추얼 펀드를 구매하는 소비자들의 경우에는 주식 시장을 예측하는 것이 어렵다고 생각하고 외적 통제 초점을 지니고 있을 가능성이 높을 것이다.

실제적 혹은 지각된 위험(Actual or Perceived Risk) 구매와 관련된 5가지 유형의 위험이 구매를 지연시키거나 방해할 수 있다. 성능적 위험, 재무적 위험, 사회적 위험, 신체적 위험, 심리적 위험, 이러한 위험이 높아질수록, 소비자들은 확장된 정보 탐색을 더 많이 수행할 가능성이 높아진다.

성능적 위험(Performance risk)은 제품이나 서비스가 요구된 성능을 발휘하지 못하여 나타나는 위험으로 볼 수 있다. 예를 들어 새로 구매한 신소재 의류가 드라이 크리닝을 하는 경우 수축되는 경향이 나타나는 것을 들 수 있다.

재무적 위험(Financial risk)은 구매 초비 비용과 제품 혹은 서비스 사용과 관련되어 발생되는 비용 등 금전적 비용과 관련된 위험이다.[17] 전문점에서 구매한 고급 의류의 드라이 크리닝에 엄청한 비용이 소요된다면 소비자의 재무적 위험이 높아질 수 있다. 이러한 재무적 위험을 줄이기 위해 의류 공급업체들은 세척 관리가 쉬운 소재로 의류를 제작하고자 할 수 있다.

사회적 위험(Social risk)은 다른 사람들이 자신의 구매에 대해 긍정적으로 평가하지 않을 것을 우려하는 것이다. 의류를 구매하는 경우에 캐티와 같은 소비자들은 자신들의 친구들이 어떤 의류를 좋아할지를 고려할 것이다. 반면에 구직 인터뷰가 매우 중요하기 때문에 캐티는 다른 사람과의 차별적 이미지를 강조하기 위해 친구들이 흔히 구매하는 의류보다 더 스타일이 좋고 독특하며 가격이 비싼 의류를 구매하고자 노력할 수도 있을 것이다.

신체적 위험(Physiological risk)은 안전 위험(safety risk)으로도 불리운다. 성능적 위험이 제품이 기대한 대로 작동되지 않을 것으로 우려되는 위험인데 비해 신체적 위험(혹은 안전 위험)은 제품이 제대로 작동되지 않아 실제로 신체적으로 해를 입게 될 것을 우려하는 것과 관련되는 위험이다. 의류상품의 경우에는 신체적 위험이 큰 이슈가 되지 않을 수 있지만 자동차의 경우에는 매우 중요한 이슈가 될 수 있다. 외부 전문기관이나 정부 기관에서는 이러한 신체적 위험을 경감시키기 위해 자동차 브랜드별로 안전 등급을 평가하여 발표하고 있다.

마지막으로 심리적 위험(psychological risk)은 제품 혹은 서비스가 자신이 원하는 이미지를 전달해주지 못해 발생될 수 있는 위험으로 볼 수 있다. 캐티는 의류구매를 고려하면서 자신이 멋있고 세련되게 보여 구직에 성공하고 싶어 다양한 패션 전문잡지 기사를 읽고 친구들의 의견을 구하게 된 것이다.

대안 평가(Evaluations of Alternatives)

소비자가 문제점을 인식하고 가능한 대안을 탐색하고 난 이후에는 가능한 선택 대안을 면밀히 검토하고 평가해야 한다. 대안 평가는 종종 정보 탐색과정에서 이루어지게 된다. 예를 들어 캐티의 경우 구직 면접 때 착용하고자 하는 스타일의 정장을 구비하고 있지 않는 점포들은 대안에서 배제할 수 있을것이다. 점포에 방문한 이후로는 다양한 의류를 입어보면서 몸에 맞지 않거나 어울리지 않거나 면접에 적합하지 않는 의류는 제외시켜나갈 수 있을 것이다. 습관적인 편의품 구매의 경우에는 대안 평가절차가 생략될 수도 있다.

상표군 유형 연구결과에 의하면 소비자들은 자신의 의사결정과정을 돕기 위해 대안을 조직화하고 분류화한다고 한다. 보편적 상표군(Universal sets)은 특정 제품군에 속하는 모든 선택대안이 포함된 것인데 구매 결정시마다 모든 가능한 대안을 회상해서 검토한다는 것이 비현실적이기 때문에, 마케터들은 선택 대안의 하위집합에 초점을 두고 있다. 중요한 하위집합의 하나로 환기상표군(evoked set)을 들 수 있는데 이는 내적 정보탐색만으로 소비자 기억으로부터 즉각적으로 떠오르는 브랜드를 의미한다. 또 다른 유형은 고려상표군(consideration set)인데, 이는 구매의사결정을 할 때 소비자가 구매를 고려하고자 하는 브랜드 집합을 의미한다. 환기상표군에 외부 정보탐색 등을 통해 검색한 브랜드가 합쳐져서 구매후보 상표군이 형성될 수 있는데 이것이 고려상표군이라고 할 수 있다. 고려상표군에 포함된다면 구매 가능성이 높아진다고 할 수 있을 것이다. 특히 내부적 정보탐색만으로 형성되는 환기상표군에 포함되는 것이 중요하다고 할 수 있는데 소비자들은 구매를 고려할 때 제일 먼저 떠오르는 브랜드들을 특별히 고려하는 경향이 있기 때문이다.

소비자들이 대안을 평가하는 경우 보통 중요한 속성 혹은 평가 기준에 기초하여 평가를 진행하게 된다. 평가 기준(Evaluative criteria)은 특정 제품에 대한 부각적 혹은 중요한 속성으로 구성되게 된다. 예를 들어, 캐티가 의류구매를 고려하는 경우 판매가격, 착용감, 재질, 구성 품질, 브랜드 명성, 소매점에서 제공하는 서비스 수준 등이 평가기준으로 고려될 수 있을 것이다. 하지만 선택 대안이 너무 많은 경우 서로 다른 브랜드 혹은 점포를 평가하는 것이 쉽지 않으며,[18] 특히 재질이나 구성 품질 등과 같이 평가가 어려운 의류 제품과 같은 경우에는 더 그러하다.

소비자들은 복잡한 의사결정 과정을 단순화하기 위해 결정적 속성(determinant attributes)과 소비자 의사결정 규칙(consumer decision rules)을 활용한다. 결정적 속성(determinant attributes)은 구매자에게 중요한 제품 혹은 서비스 특성을 지칭하는 것으로 브랜드 차별화 경쟁의 기준으로 작용한다.[19] 중요하고 바람직한 기준들이 선택 대안들간 비슷한 경우가 많이 있기 때문에 소비자들은 브랜드 차별화의 핵심적 기준으로서 특정한 결정적 속성을 찾아 의사결정에 활용한다는 것이다. 결정적 속성은 건강과 영양소 성분과 같이 이성적인 관점에서 고려될 수도 있고, 크리스챤 루브탱(Christian Louboutin) 구두의 사례처럼 붉은 색 구두바닥 등과 같이 심리적인 관점에서 검토될 수도 있다.

소비자 의사결정 규칙 소비자 의사결정 규칙(consumer decision rules)은 다양한 대안들 중에서 빠르고 효율적으로 선택을 하기 위해 소비자들이 의식적 혹은 잠재의식적으로 활용하는 일련의 기준을 의미한다. 이러한 규칙들은 크게 보상적 규칙과 비보상적 규칙으로 구분될 수 있다.

보상적 의사결정 규칙(compensatory decision rule)은 소비자들이 대안을 평가하는 경우에 한 속성에서의 좋은 평가가 다른 속성에서의 나쁜 평가를 상쇄시킨다고 가정하고 있다.[20] 예를 들어, 한나 잭슨(Hanna Jackson)이 조식용 시리얼 구매를 위해 맛, 칼로리, 가격, 자연/유기농 성분과 같은 다양한 요소를 고려하고 있는 경우에 비록 가격이 계획한 것보다 비싸다고 할지라도 전체적인 평가점수가 높다면 높은 가격의 단점을 상쇄한다고 보는 것이다. 그림 5.2에 제시한 자료는 다속성 모형(multi-attribute model)에 기초한 보상적 의사결정 규칙이 어떻게 작동되는지를 보여주고 있다.[21]

한나는 각각의 요소 중요성에 따라 가중치를 부여하고 있다. 이러한 가중치 합은 1이 되도록 부여되어야 한다. 예를 들어, 맛이 가장 중요한 요소로서 0.4의 가중치가 부여되고 칼로리는 중요성이 가장 낮은 요소로서 0.1의 가중치가 부여될 수 있다. 평가기준 요소별로 대안 후보 시리얼 브랜드에 대한 평가를 1점(매우 불량)부터 10점(매우 우수)까지 부여하고 이를 각 요소 가중치와 곱해 산출된 구성 요소별 점수를 합하게 되면 브랜드별 전반적 평가 점수가 산출되게 된다. 이 사례에서는 치리어스(Cheerios) 시리얼이 8.2점으로 가장 높은 점수를 획득한 것으로 나타났다. 치리어스 시리얼은 자연/유기농 성분에 대한 평가에서는 다른 브랜드보다 낮은 점수를 얻었지만 가장 가중치가 높은 맛 항목에서 가장 높은 평가를 얻어 결과적으로 가장 높은 점수를 획득하였

	맛	칼로리	자연/유기농 성분	가격	전체 점수
중요성 가중치	0.4	0.1	0.3	0.2	
Cheerios 	10	8	6	8	8.2
Post 	8	9	8	3	7.1
Kashi 	6	8	10	5	7.2

그림 5.2 다속성 모형(multi-attribute model)에 기초한 보상적 의사결정 규칙에 의한 시리얼 구매

다. 한 항목에서의 부정적 평가가 다른 항목에서의 긍정적 평가로 상쇄되어 결과적으로 전반적 평가가 가장 좋은 것으로 결정된 것이다.

비보상적 의사결정 규칙(noncompensatory decision rule)은 다른 속성의 가치와는 무관하게 특정한 하나의 특성 혹은 하위 특성을 기준으로 하여 제품이나 서비스를 선택하는 의사결정 규칙을 의미한다.[22] 비록 치리어스(Cheerios)가 8.2점으로 가장 높은 전반적 점수를 얻었지만 한나가 자연/유기농 성분 함유를 가장 중요하게 생각한다면 해당 평가항목에서 가장 높은 점수(10점)를 얻은 카쉬(Kashi)를 선택할 수 있을 것이다.

가능한 대안에 대한 평가를 완료한 이후에는 구매단계로 접어들게 된다. 〈소셜 및 모바일 마케팅 사례 5.1〉에서는 소셜 네트워크의 도움을 통해 소비자들이 대안선택이 어떻게 이루어지는지를 보여주고 있다.

구매와 소비(Purchase and Consumption)

대안을 평가하고 난 이후에 고객들은 구매 준비를 하게 된다. 하지만 처음에 결정하였던 브랜드나 품목을 항상 구매하게 되는 것은 아니다. 예를 들어 원했던 상품이 품절이 되어 구매하지 못할 수도 있다. 따라서 소매업체들은 구매의도를 구매로 전환시킨 비율인 전환율(conversion rate)을 측정하여 관리하고자 하고 있다. 예를 들어 실제 점포나 인터넷 쇼핑사이트에서 구매로 연결되지 못하고 버려진 쇼핑카트의 수를 이러한 지표로 사용할 수 있다.

소매업체들은 고객들의 호의적 평가가 실제 구매로 연결될 수 있도록 하기 위한 다양한 전술을 활용하고 있다. 상품 구매의 편의성을 증대시키고, 고객이 원할 때 구매가 가능할 수 있도록 충분한 재고를 확보하는 것이 중요하다고 할 수 있다. 또한 체크아웃 카운터 수를 늘려서 구매 대기시간을 줄이고 체크아웃의 편의성을 극대화시키는데 노력할 수 있다. 고객의 체감 대기시간을 줄이기 위해 대기줄에 디지털 디스플레이를 설치할 수도 있을 것이다.[23]

패션쇼에서 선보인 최신 유행의 유명 의류를 특정 이벤트를 위해 단기간 대여하는 기업의 경우에는 대여 문의 수에서 실제 대여가 이루어진 비율을 전환율로 측정할 수 있을 것이다. 워너 브라더스(Warner Bros)의 경우에는 영화 대여자들로 하여금 더 많은 구매를 유도하기 위해 새로운 아이디어를 모색하고 있다. 워너 브라더스는 영화 매니아를 위한 웹사이트 Flixster를 구매하고, UltraViolet이라는 영화 저장 서비스를 개시하였는데, 영화를 한편 구매하게 되면 소비자들이 자신의 다양한 단말기(예: PC, 태블릿, 스마트폰, IPTV 등)를 통해 언제 어디서나 영화를 감상할 수 있는 서비스를 제공하고 있다.[24]

인터넷 쇼핑객의 경우 상품을 살펴보고 쇼핑 카트에 저장을 시키고 난 이후에 실제 구매를 실행하지 않고 연기하는 경우가 많기 때문에 전환율이 낮은 경우가 많다. 이러한 고객들의 구매결정을 촉진하기 위해 Zappos.com과 Overstock.com의 경우 쇼핑카트에 저장해둔 품목의 품절이 임박하는 경우에 알림 메시지를 전달해주고 있다. 니

소셜 및 모바일 마케팅 사례 5.1

친구들과 온라인 쇼핑하기[25]

구매를 고려하는 품목에 대한 친구들의 의견을 참조하기 위해 친구들과 같이 쇼핑하러 가자고 설득한 경험이 있을 것이다. 하지만 인터넷의 확산으로 인해 소셜 쇼핑(social shopping)은 이전보다 쉽고 사용자 친화적으로 변화되었다. 소비자들은 집을 떠나지 않고서도 친구들과 같이 쇼핑하는 것이 가능해졌기 때문이다. Buy.com에서 소유하고 있는 ShopTogether라고 불리우는 기술 등을 탑재한 어플을 통해 쇼핑 사이트에서 친구들과의 쇼핑 협업이 가능해진 것이다.

ShopTogether 기술을 탑재한 인터넷쇼핑몰에서는 친구들을 초대하여 같이 쇼핑하는 것이 가능하다. ShopTogether 기술을 출시한 기업 조사결과에 의하면, 이 기술을 탑재한 소매점의 경우 쇼핑객의 주문량이 25% 증가하였고, 쇼핑 사이트 체류시간이 400% 늘어났으며, 쇼핑금액이 50% 증가된 것으로 나타났다. 또한 온라인 매출액이 15% 늘어났으며, 사이트 접속하여 브라우징 하는 소비자들 중에서 실제 구매한 비율을 의미하는 전환율(conversion rate)이 이전보다 월등히 높아진 것으로 전해진다.

예를 들어 MAC 미용품 웹사이트에서는 고객들이 각자 상품을 살펴보거나 친구들이 보고 있는 상품을 볼 수 있을 뿐만 아니라 친구들에게 특정 상품을 보여주거나 친구와의 채팅이 가능하며 선호하는 상품을 리스트에 저장할 수도 있다. 인스턴트 메시징 프로그램을 통해 최대 4명이 같이 합류하여 채팅방에 각자의 선호 상품을 쉽게 보여줄 수 있도록 하고 있다.

10대 의류 인터넷 소매업체인 Wet Seal은 쇼핑객들이 채팅방에서 특정 상품에 관해 토의할 수 있도록 정교한 기술을 활용한 Sesh.com을 운영하고 있다. 친구들은 서로 쪽지를 적을 수 있고 특정 상품을 사이트에 끌어오기 위해 펜 기능을 활용할 수도 있다.

Facebook의 어플은 구매의사결정을 고려하고 있는 복수의 상품을 나란히 비교하여 올릴 수 있도록 도와주고 있다. 그리고 나서 소셜 미디어를 통해 어떠한 선택을 하는 것이 좋은지에 관한 투표를 진행할 수도 있다. 이러한 어플을 통해 소비자들은 선호하는 상품 구매를 쉽게 할 수 있게 되는 것이다.

Wet Seal 채팅방을 통해 친구들간에 제품에 관한 토의를 할 수 있다.

만 마커스(Neiman Marcus)의 경우는 2시간 동안 온라인에서만 진행되는 판매행사를 개최하기도 하였고, 많은 온라인 업체들은 쇼핑 카트에 품목을 저장해두고 구매가 이루어지지 않는 경우에 상기 이메일을 전송해주고 있다.[26]

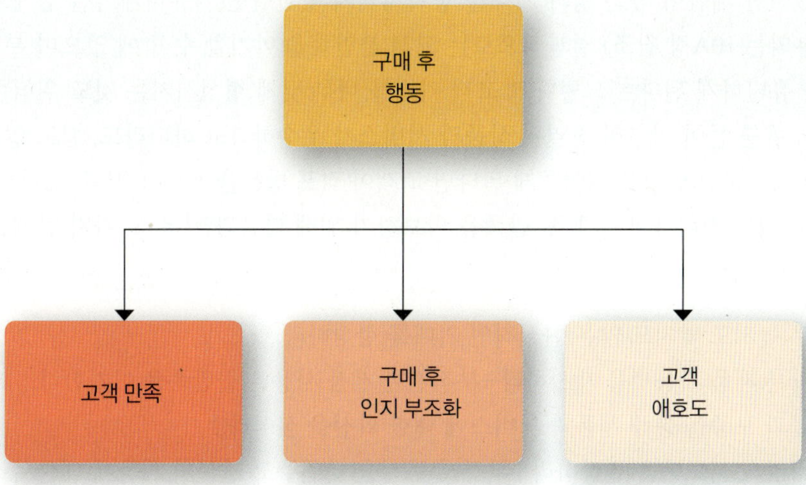

그림 5.3 구매 후 행동

구매 후 행동(Postpurchase behavior)

LO2 구매 후 행동을 설명한다.

소비자 구매의사결정 과정의 마지막 단계는 구매 후 행동이다. 마케터들은 이 단계가 잠재적 고객 확보와 밀접히 관련된다는 점에서 구매 후 행동에 특별한 관심을 지니고 있다. 만족한 고객들은 애호도가 높아지고, 재구매 가능성이 올라가며, 긍정적 구전을 확산시킬 가능성이 높기 때문에 기업에게는 매우 중요한 의미를 지니게 된다. 구매 후 행동의 3가지 유형이 그림 5.3에 제시되어 있다: 고객 만족, 구매 후 인지 부조화 그리고 고객 애호도.

고객 만족(Customer Satisfaction) 광고, 인적판매 혹은 다양한 유형의 촉진을 통해 비현실적으로 높은 소비자 기대를 형성하게 되는 경우, 처음에는 높은 매출을 유도할

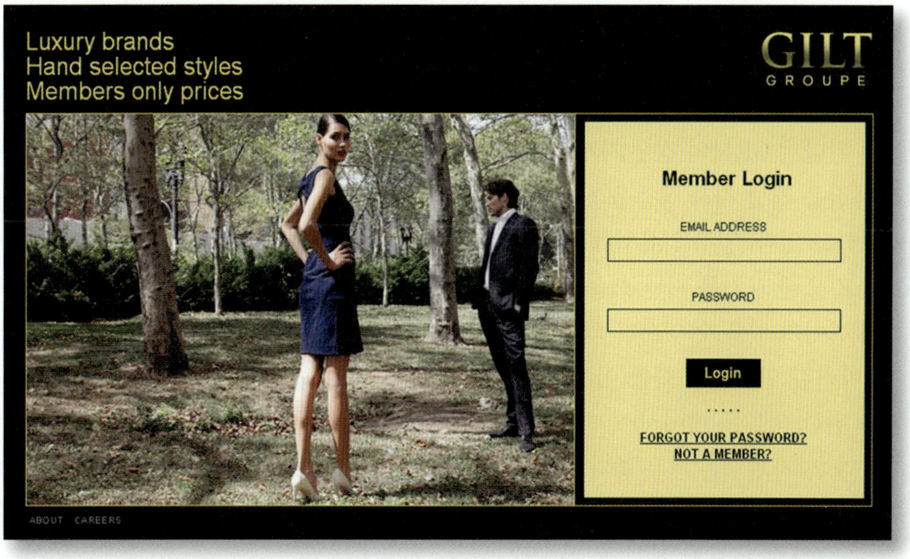

Gilt.com에서는 단기간 동안 제한된 수의 품목을 제공함으로써 고객으로 하여금 즉시적 구매를 유도하고 있다.

수 있겠지만 제품이 높은 성과 기대를 충족시키지 못한다면(커뮤니케이션 갭에 관한 관련 논의는 10A장 참조) 결과적으로는 고객 불만족을 야기할 수 밖에 없으며 부정적 구전을 유발하게 된다.[27] 그렇다고 고객 기대를 너무 낮게 형성시키는 것도 위험한 전략이다. 예를 들어 아무리 진열된 상품과 서비스가 우수하다고 하더라도, 점포 입구에서부터 지저분한 인상을 심어주게 된다면 고객이 점포 방문을 꺼리게 될 수 있다.

마케터는 소비자의 구매 후 만족을 확보하기 위해 다음과 같은 몇 가지 단계를 거칠 수 있다.

- 너무 높지도 낮지도 않은 현실적인 기대를 형성하라.
- 올바른 제품 사용법을 제시하라–부적절한 제품 사용은 불만족을 야기한다.
- 환불과 보증을 통해 제품과 서비스에 대한 확신을 심어라.
- 소비자의 피드백을 권장하라–부정적 구전을 낮춰주고 자사의 제품에 대한 수정을 가능하게 해준다.
- 정기적으로 고객과 접촉하고 고객지원에 대한 감사를 표현하라. 이러한 정기적 접촉은 기업이 사업 운영에 있어 고객을 소중히 생각하고 있다는 것을 느끼도록 해준다. 또한 제품이나 서비스에 존재할 수 있는 문제점을 찾아내는 기회가 될 수도 있다. 이메일이나 우편을 통한 접촉보다 비용은 더 들 수 있지만 고객들은 인간적인 접촉을 더 호의적으로 생각하는 경향이 있다.

구매후 인지 부조화(Postpurchase Cognitive Dissonance) 구매후 인지 부조화는 두 신념(belief)간 혹은 신념과 행동간 불일치로부터 야기되는 내적 갈등을 의미한다. 예를 들어, 비싼 TV를 구매한 이후에 구매자는 비슷한 크기의 저렴한 TV에 비해 값비싼 TV가 정말 품질이 우수한 것일까와 같은 생각이 들 수 도 있을 것이고, PC를 통해 콘텐츠를 시청하는 것이 가능한데 굳이 TV를 구매할 필요가 있었을까 하는 것과 같은 후회감이 들 수도 있을 것이다. 이와 같이 구매후 인지 부조화는 일반적으로 소비자가 자신의 구매의 적절성에 대해 의문을 가지게 되는 경우에 발생한다.

구매후 인지 부조화는 특히 상품의 가격이 비싸고, 구매빈도가 낮으며, 의도한 대로 작동되지 않거나 지각된 위험 수준이 높은 경우에 발생하기 쉽다. 마케터들은 소비자의 구매후 인지 부조화를 해결하기 위해 소비자 구매 이후에 직접적인 노력을 기울이게 된다.[28] GE사의 경우 자사 가전제품을 구매한 고객들을 대상으로 우수한 디자인과 품질을 지닌 자사 상품을 선택한 것이 매우 현명한 결정이었음을 강조하는 서한을 발송하고 있다. 일부 의류업체에서는 의류 안쪽에 안내 태그를 부착해서, 본 의류가 부드럽고 오랜 가치를 지닌 모습을 표현해 내기 위한 특별 제조과정을 거쳤기 때문에 색상의 변이가 있을 수 있으나 의류 품질에는 아무런 영향이 없음을 알리기도 한다.

이러한 인지 부조화를 이해하기 위해 캐티의 예로 돌아가보자. 캐티가 구직 인터뷰를 위한 의류를 메이시스 백화점에서 구입하고 주위 친구들에게 입은 모습을 보여주었다. 남자친구는 매우 좋다고 하였지만, 일부 여자 친구들은 기대만큼의 반응을 보이지 않았다. 캐티는 구입한 의류가 다소 자신을 성숙하게 보이는 것으로 판단내렸다.

이러한 상반된 반응들로 인해 캐티는 일정한 인지 부조화를 경험할 수 있으며 불편한 감정을 느낄 수 있다. 이러한 인지 부조화를 줄이기 위해 캐티는 다음과 같은 행동을 취할 수 있다.

- 의류 구매에 대한 취소 요청을 한다.
- 자신이 구입한 의류에 관한 광고나 특별 디자인에 관한 기사 등 긍정적 정보에 주의를 기울인다.
- 친구들로부터 더 긍정적인 피드백을 찾아본다.
- 자신이 선택하지 않은 디자이너 의류에 관한 부정적인 정보를 찾아본다.

이러한 과정을 통해 자신 구매에 관한 만족감을 회복할 수 있을 것이다.

고객 애호도(Customer Loyalty) 구매의사결정과정의 구매후 단계에서 마케터들은 고객 애호도를 강화시키고자 노력한다. 고객들이 구매에 만족하고 재구매하기를 원한다. 애호도 있는 고객들은 특정 브랜드를 구매하며, 특정 점포에서 쇼핑하기를 원한다. 다른 브랜드는 고려대상에 들어가지 않는다. 2장에서 설명한바와 같이 이러한 고객들은 기업입장에서는 매우 가치있는 고객들이며, 마케터들은 이들의 이탈을 방지하기 위해 고객관계관리(CRM: Customer Relationship Management) 프로그램을 기획하여 운영하고 있다.

바람직하지 않은 소비자 행동(Undesirable Consumer Behavior) 기업들이 만족하고 애호도 있는 고객을 원하지만, 원하는대로 되지 않을 수도 있다. 수동적 소비자들은 재구매를 하지 않거나 자사 제품을 다른 소비자들에게 추천하지 않는 소비자들을 의미한다. 이보다 더 심각하고 잠재적 위험이 될 수 있는 것은 부정적 구전이나 루머 등과 같은 부정적 소비자 행동이다.

부정적 구전(negative word of mouth)은 소비자들이 제품, 서비스, 혹은 점포에 관한 부정적 정보를 다른 소비자들에게 확산시키는 경우에 발생된다. 고객 기대가 충족되거나 기대를 능가한 경우에는 다른 사람들에게 잘 이야기하지 않을 수도 있다. 하지만 고객들은 자신이 공정하지 못하게 대우받았다고 느끼는 경우에는 주위 많은 사람들에게 불평을 제기하는 경우가 많다. 인터넷의 발달로 인해 소비자들은 개인적 블로그, Twitter, 기업 웹사이트 등을 통해 즉각적으로 수백만명의 사람들에게 부정적 구전을 확산시킬 수 있게 되었다. 고객의 불평에 즉각적으로 대응하여 부정적 구전의 영향력을 최소화시키기 위해 기업들은 온라인, 전화, 혹은 점포내 창구 등을 활용하여 고객 서비스 부서를 운영하고 있다. 많은 기업들은 회사가 운영하는 소셜 미디어 사이트에 고객들이 의견이나 불평을 올릴 수 있도록 하고 있다.

유통업체들은 고객 신용카드 사용정보를 통해 CRM 프로그램 운영을 위한 고객 정보를 수집한다.

예를 들어 월풀(Whirlpool)은 메이택(Maytag), 키친에

월풀은 소비자의 긍정적, 부정적 의견을 모두 Twitter에 올리고 있다. 부정적 의견을 올림으로써 활발한 논의를 유도하고 이를 통해 서비스 혹은 제품 실패에 대한 기업의 선제적 대응을 강조할 수 있다고 믿고 있다.

이드(KitchenAid), 월풀(Whirlpool) 등의 가전 브랜드를 위한 Facebook 페이지를 운영하고 있다. 고객들은 이곳을 통해 자신들의 생각을 자유롭게 올리고 공유할 수 있다. 부정적 피드백을 올리더라도 게시판에서 삭제되지 않는다. 월풀은 자사의 서비스를 개선하고 제품 실패에 대한 즉각적 대응 방안을 모색하고 개방적 토론을 유도하기 위해서는 부정적 의견에 경청하는 것이 필수적이라고 믿고 있다.[29] 고객들은 자신들의 불평제기로 기업의 긍정적 대응이 발생된 것으로 믿는 경우 자신들의 가족이나 친구들에게 인터넷을 통한 부정적 구전이 감소되는 경향을 보이는 것으로 나타났다(구전 활동에 관한 상세한 내용은 10A장 참조).

LO5 소비자 구매의사 결정과정에 대한 영향요인을 설명한다.

소비자 구매의사 결정과정에 대한 영향요인

그림 5.4에 나타난 바와 같이 소비자 구매의사 결정과정은 다양한 요인에 의해 영향을 받게 된다. 첫 번째 영향요인은 마케팅 믹스 요소라고 할 수 있다. 두 번째 요인은 동기, 태도, 지각, 학습 등과 같은 내적 영향요인으로서 심리적 요인을 들 수 있다. 세 번째는 가족, 준거집단, 문화 등과 같은 사회적 요인을 들 수 있다. 네 번째는 특정 구매상황, 쇼핑 상황, 시간 상황 등과 같은 상황적 요인이다.

심리적 요인(Psychological Factors)

마케터들이 구매의사결정에 영향을 미칠 수 있기는 하지만 마케터의 메시지를 소비자들이 어떻게 받아들이는지는 대부분 심리적 요인에 의해 영향을 받게 된다. 동기, 태도, 지각, 학습, 라이프스타일 등이 이러한 요인에 속한다. 여기서는 이러한 심리적 요인이 소비자 구매의사결정과정에 어떻게 영향을 미치는지를 살펴보고자 한다.[30]

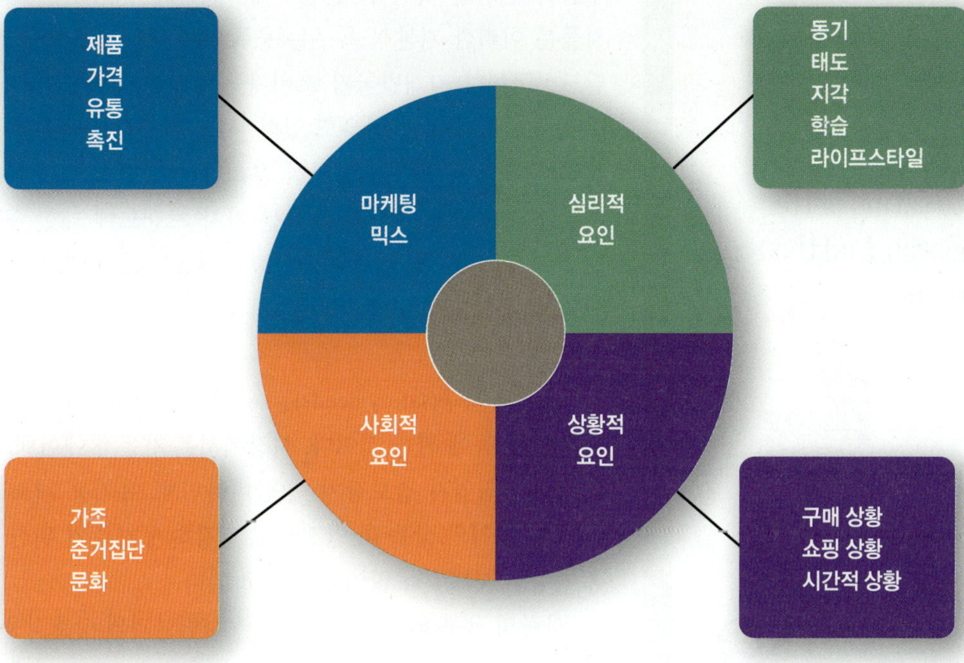

그림 5.4 소비자 구매의사 결정과정에 대한 영향 요인

동기(Motives) 1장에서 살펴본 바와 같이, 마케팅은 고객 니즈와 욕구를 충족시키고자 하는 것이다. 갈증과 같은 니즈나 다이어트 펩시와 같은 욕구가 충족되지 않는 경우 만족감을 얻기 위한 동기가 발생되게 된다. 따라서 동기(motive)는 니즈혹은 욕구가 강렬하여 소비자들로 하여금 만족감을 추구하도록 이끄는 것이라고 할 수 있다.

사람들은 몇 가지 유형의 동기를 지니고 있다. 이러한 동기 유형을 설명하는 데 가장 잘 알려진 패러다임의 하나는 아브라함 매슬로우(Abraham Maslow)에 의해 30년 전에 개발된 매슬로우 욕구 단계설(Maslow's Hierarchy of Needs)이다.[31] 매슬로우는 사람이 지니는 욕구를 생리적(physiological) 욕구(예: 음식, 물, 거주지), 안전(safety)의 욕구(예: 안정된 고용, 건강), 사랑(love)의 욕구(예: 교우관계, 가족), 존경(esteem)의 욕구(예: 신뢰, 존경), 그리고 자아 실현(self-actualization)의 욕구(예: 개인적 성취 활동 추구, 지적 · 심미적 · 창의적 호기심 충족 등)의 5가지 유형으로 분류하였다. 그림 5.5에 나타난 피라미드는 이러한 욕구의 이론적 진화과정을 나타내고 있다.

그림 5.5 매슬로우 욕구 단계설(Maslow's Hierarchy of Needs)

생리적 욕구(physiological needs)는 음식, 물, 휴식처 등과 같이 생활하는 데 없어서는 안되는 생물학적 필

타코벨은 생리적 욕구를 충족시켜 준다.

수품과 관련된 것이다. 선진국에 거주하는 대부분의 소비자들은 이러한 기본적 욕구는 충족되는 경우가 많지만, 개발도상국이나 저개발국가 소비자들은 생리적 욕구가 충분히 충족되지 못하는 경우도 있다. 하지만 모든 사람들은 기본적 욕구가 충족되지 못할까 우려하는 경향이 있다.[32] 마케터들은 이러한 기본적 욕구를 자사 브랜드에 대한 구체적 욕구로 전환(예: 갈증해소 위해 Coca Cola 구매, 숙면을 위해 에이스 침대 구매 등)시키기 위해 많은 노력을 기울이고 있다.

안전의 욕구(safety needs)는 위험으로부터의 보호와 신체적 웰빙 등에 관한 것이다. 시장에서는 자동차 에어백, 아파트 무단침입자 경보장치, 종합비타민제, 유기농 채소 등과 같이 우리의 삶을 더 안전하고 건강하게 해주기 위한 각종 제품과 서비스가 많이 판매되고 있다.

사랑의 욕구(love needs)는 다른 사람들과의 상호작용과 관련된 것이다. 화장품은 자신을 더 매력적으로 보이게 하며, 탈취제는 악취를 방지해준다. 소비자들은 신년 연하장을 통해 지인들에게 감사의 마음을 전하기도 한다.

존경의 욕구(esteem needs)는 소비자들의 내적 욕망을 충족시켜준다. 요가, 명상, 헬스클럽, 서적 등과 같은 상품들은 소비자들로 하여금 행복하고 만족스런 삶을 유지하고자 하는 욕망을 충족시켜주게 된다.

마지막으로 자아실현(self-actualization)은 자신의 삶과 생활방식에 완전히 만족한다고 느끼는 경우 발생되는 것이다. 다른 사람이 어떻게 생각하는지는 중요하지 않다. 유명인이 추천하거나 다른 사람보다 더 잘보이고 싶어서가 아니라 내가 누구인지를 가장 잘 나타내 주기 때문에 특정브랜드를 구매하는 경우가 이에 해당할 것이다.

소비자가 잡지를 구매하는 경우 이들 가운데 어떠한 욕구가 충족될 수 있는가? 예를 들어, 웨이트 와처스(Weight Watchers)와 같은 건강 잡지의 경우에는 건강 식단에 대한 정보 제공을 통해 생리적 욕구를 충족시켜주기도 하고, 행복한 삶 영위를 위한 존경의 욕구를 충족시켜 줄 수도 있다.[33] 패밀리 서클(Family Circle)과 같은 잡지의 경우에는 집을 더 안전하게 가꾸는 데 도움을 줌으로써 안전의 욕구를 충족시켜 줄 수 있으며, Wedding 잡지의 경우에는 사랑과 소속감의 욕구를 충족시키는 데 도움을 줄 수 있다. 이와 같은 많은 잡지들이 몇 가지 욕구를 동시에 충족시켜 줄 수 있다. 성공적인 마케터들은 표적 소비자들이 추구하는 욕구를 명확히 파악하고 이를 충족시킬 수 있는 제품과 서비스 제공을 통해 부가적 가치를 창출하는 것이다.

태도(Attitude) 우리는 거의 모든 대상에 대해 태도를 지닐 수 있다. 예를 들어, 마케팅 강좌를 좋아하지만 강사는 싫어할 수 있다. 거주 장소는 좋아하지만 날씨는 마음에

범죄 예방 광고는 안전의 욕구를 충족시켜 준다.

요가는 참가자들로 하여금 내적 욕망 충족을 도와 존경의 욕구를 충족시켜 준다.

들지 않을 수 있다. 태도(attitude)는 어떤 대상이나 아이디어에 대해 일관성있게 호의적/비호의적인 반응을 나타내고자 하는 학습된 선유경향을 의미한다. 태도는 학습을 통해 긴 시간을 거쳐 개발되고 비교적 오랜시간 동안 지속되는 특성을 지닌다. 하지만 태도는 변화될 수 있다. 태도가 지니는 공통적 특성의 하나는 의사결정과 행동에 영향을 미친다는 것이다.

태도는 3가지 요인으로 구성된다. 인지적 요소(cognitive component)는 소비자의 신념(belief) 시스템을 반영한다. 감정적 요소(affective component)는 대상에 대한 긍정적 혹은 부정적 감정을 포함한다. 행동적 요소(behavioral component)는 대상에 대한 신념/지식, 감정에 기반하여 취하게 되는 행동과 관계된다. 예를 들어 매트와 리사 마르티네즈는 조니 뎁과 제프리 러시가 함께 보여진 카리브해의 해적 영화 광고를 보게 되었다. 광고에서는 영화가 재미있고 잘 구성되어 있다는 영화 평론가의 견해가 포함되어 있었다. 매트와 리사는 영화평론가의 말을 믿고 카리브해의 해적 영화가 괜찮은 영화일 것으로 생각하게 되었다(인지적 요소). 이후에 매트와 리사는 조니 뎁이 영화에서 잭 스패로우 선장 역할을 흥미롭게 맡았고 영화촬영이 매우 재미있었다는 인터뷰를 보게 되었다. 이에

이들 잡지들은 매슬로우의 욕구 중 어떤 유형의 욕구를 충족시켜 주는가?

매트와 리사는 그 영화가 매우 재미있을 것이라고 믿게 되었다. 왜냐하면 그들은 액션 어드벤처 장르를 좋아하고 조니 뎁이 주연을 맡은 예전 영화가 매우 재미있었기 때문이다(감정적 요소). 다른 영화 감상, 콘서트 참가 등 다양한 옵션을 비교해보고 나서 매트와 리사는 카리브의 극장에서 카리브해의 해적 영화를 감상하였다(행동적 요소).

이상적으로는 이러한 3가지 요소가 서로 일치하는 것이다. 하지만 3가지 요소간에 불일치가 발생되는 경우—예를 들어, 매트와 리사가 영화에 대한 긍정적 리뷰를 읽고 액션 영화를 좋아하지만 조니 뎁이 매력적인 배우가 아니라고 생각하는 경우—인지 부조화(cognitive dissonance)가 발생하게 된다. 매트와 리사는 조니 뎁이 마음에 들지 않더라도 영화에 대한 긍정적 리뷰와 액션 영화 선호를 높이 평가하여 영화를 보러 갈 수도 있다. 혹은 영화 보러가는 것을 포기할 수도 있다.

소비자들은 자신들의 결정이 옳은 것이라는 것을 확신시킴으로써 이러한 인지 부조화를 피하고 싶어한다.[34] 매트와 리사는 자신들이 선호하지 않는 배우 특성부분은 크게 신경쓰지 않고 영화의 특수효과와 낭만적 요소에 가중치를 크게 부여함으로써 영화감상 경험을 긍정적인 것으로 만들고 인지 부조화를 해소할 수 있을 것이다.

긍정적 리뷰(인지적 구성요소)와 긍정적 감정(감정적 요소)을 바탕으로, 많은 소비자들은 카리브해의 해적 영화 관람을 원하고(행동적 요소) 긍정적 태도로 이어지게 된다.

비록 태도가 오랜기간에 걸쳐 형성되어 변화되기가 쉽지 않지만, 마케터 관점에서 중요한 사실은 설득적 커뮤니케이션과 개인적 경험을 통해 소비자의 태도가 변화될 수 있다는 것이다. 판매원, 광고, 무료 샘플 등을 통한 마케팅 커뮤니케이션은 제품과 서비스에 대한 소비자 신념이나 감정적 측면을 호의적으로 변화시킬 수 있다. 이러한 마케터 노력이 성공적인 경우 인지적 요소과 감정적 요소는 조화를 이뤄 소비자 행동에 영향을 미칠 수 있을 것이다. 매트와 리사가 원래 다음에 보고자 했던 영화 대신에 카리브해의 해적에 관한 영화 광고를 보고 해당 영화를 보는 것으로 결정한 경우, 마케터에 의한 영화광고가 소비자행동에 영향을 미친 것으로 볼 수 있을 것이다.

지각(Perception) 또 다른 심리적 요인의 하나인 **지각(perception)**은 의미있는 전체적 모습을 형성하기 위해 정보를 선택, 조직화, 해석하는 과정을 지칭한다. 마케팅에서 지각은 색상, 기호, 맛, 포장 등에 의미를 부여하고자 하는 소비자들의 경향에 의해 제품 및 서비스 획득과 소비에 영향을 미치게 된다. 문화, 전통, 전반적 가정교육 등이 세상에 대한 우리들의 지각을 결정하게 된다. 예를 들어, 리사 마르티네즈는 가장 좋아하는 이모가 거주하고 있고 추수감사절에 모여 행복한 시간을 보낼 수 있기 때문에 보스턴 인근에 위치한 백 베이 아파트 구매를 원해왔다. 하지만, 지금까지의 경험을 통해 매트는 다른 지각을 지니고 있다. 백 베이 아파트가 다운타운 보스턴에 직장을 가지고 있는 독신자들에게는 편리한 곳이지만 자녀 계획을 지니고 있는 기혼자들에게는 좁고, 비싸며 실용적이지 못하다는 인식을 지니고 있다. 보스턴시에서는 매트를 비롯한 많은 거주자들이 지니고 있는 오래된 부정적 인식을 극복하기 위해 도시개발업체들과 협력하여 넓고, 현대적이며 안락한 아파트를 건축하고자 노력하고 있으며 젊은 기혼자들을 대상으로 백 베이 아파트에 대한 지각을 변경하기 위한 프로모션 활동을 진행하고 있다.[35]

학습(Learning) 학습(Learning)은 경험과 소비자 의사결정과정을 통해 소비자 사고과정 혹은 행동에 변화가 생기게 된 것을 의미한다. 예를 들어, 캐티 스미스는 구직 인터뷰를 위해 정장이 필요함을 인식하고 광고와 소비자 리뷰, 인터넷 기사 등을 찾아보기 시작하였다. 그녀는 일련의 새로운 정보 등을 통해 자신이 정장을 입고 보이고 싶어 하는 모습과 면접자가 구직자에게 기대하는 모습이 다르다는 사실을 알게 되었다. 이 과정을 통해 향후 메이시스 백화점 의류제품을 구매하고자 마음먹게 되고 주위 친구들에게 추천하고자 하는 생각까지 가지게 되었다.

학습은 태도와 지각에 모두 영향을 미친다. 구매과정을 통해, 캐티의 태도가 변화될 수 있다. 인지적 요소는 캐티가 메이시스 백화점에서 판매되는 직장 여성을 위한 의류제품 종류가 매우 다양하다는 사실을 깨닫도록 하는 데 도움을 줄 수 있다. 매장을 방문해서 직접 다양한 의류를 입어보면서 자신이 원했던 다양한 스타일의 느낌과 감정을 경험할 수 있다. 이는 감정적 요소를 수반하는 것이다. 구매가 이루어지는 경우에는 행동적 요소가 수반된 것으로 볼 수 있다. 매장점포와 의류제품에 대한 정보에 노출될 때마다 캐티는 지각에 영향을 미치는 다양한 요소들에 대한 학습이 이루어지게 되는 것이다. 직접 매장에서 옷을 입어보고 난 이후에야 캐티는 자신이 원하던 바로 그 옷을 쉽게 찾을 수 있다는 것을 깨닫게 될 수 있다. 이와 같이 메이시스 백화점의 다양한 의류제품에 대한 지각이 학습과정을 통해 변화될 수 있는 것이다.

라이프스타일(Lifestyle) 라이프스타일(Lifestyle)은 생활을 위한 소비자들의 시간과 돈 소비 방식을 의미한다. 많은 소비자들에게 제품이나 서비스가 정적인 생활을 선호하는 실제적 라이프스타일 혹은 동적 야외활동을 희망하는 지각된 라이프스타일에 적합한지에 대한 질문은 매우 중요한 의미를 지닌다. 노스 페이스(North Face) 재킷을 입고 스포츠를 즐기는 많은 소비자들의 경우에는 레이니어 산과 같은 험준한 산을 등반할 계획을 세우고 있어 추운날씨와 위험 요소로부터 보호해줄 수 있는 첨단 장비나 소재를 지닌 제품이 필요할 가능성이 있다. 다른 사람들은 하지만 혼자서 자신만의 등반을 즐기는 노스 페이스 재킷이 주는 이미지를 선호할 수도 있다.

소비자들의 지각과 학습 능력은 다음장에서 논의될 사회적 요인에 의해 영향을 받게 된다.

사회적 요인(Social Factors)

소비자들의 구매의사결정과정은 심리적 요인들에 의해서뿐만 아니라 가족, 준거집단, 문화 등으로 구성되는 외부적, 사회적 환경에 의해서도 영향을 받게 된다[36](앞의 그림 5.4 참조).

가족(Family) 많은 구매의사결정은 전체 가족 구성원이 소비하고 사용하기 위해 이루어지게 된다. 따라서 기업은 가족 구매의사결정이 어떻게 이루어지고 구매의사결정과정에서 가족 구성원들이 어떻게 서로 영향을 미치는지를 이해할 필요성이 있다.

가족 구매의사결정의 경우 가족 구성원 모두의 욕구를 고려하는 경우가 많다. 예를 들어 외식 레스토랑을 선택하는 경우 모든 가족 구성원들이 의사결정과정에 참여할 수 있다. 하지만 다른 의사결정상황에서는 가족의 다른 구성원들이 구매역할을 담당할 수도 있다. 예를 들어, 남편과 10대 자녀는 신차에 대한 정보 검색을 위해 자동차 잡지와 소비자 보고서를 찾아 볼 수 있다. 하지만 구매를 위해 자동차 대리점에 도착하고 나서는 10대 자녀가 아닌 남편과 아내가 자동차 모델과 색상에 대한 의사결정을 내릴 수 있고, 최종적 구매가격 협상은 아내가 담당할 수 있다.[37]

가족 구매의사결정에 있어 아이들과 청소년들은 점차적으로 중요한 역할을 담당하고 있다. 미국에서 아이들은 스낵, 음료수, 장난감, 의류 등과 같은 개인적 물품 구매에 연간 2,000억불 이상을 소비하고 있다. 아이들은 또한 음식, 스낵, 음료, 장난감, 건강과 미용 보조품, 의류, 엑세서리, 선물, 학용품 등과 같은 3,000억불 규모의 구매에 직접적으로 영향을 미치고 있다. 아이들이 여가나 휴가상품, 기술 상품, 가족 차와 같은 가족 소비에 미치는 간접적 영향은 이보다 더 큰 6,000억불 규모로 추정되고 있다.[38] 심지어 조부모들도 미국내에서 아이들의 경제적 영향력을 키우는 데 도움을 주고 있다. 미국에서 조부모가 손자와 손녀를 위해 구매하는 금액이 연간 520불 정도로 추정되고 있다.[39]

자녀들은 부모의 구매의사결정에 영향을 미친다.

이정도 규모의 소비력을 지닌 집단에 영향을 미치는 것은 매우 중요한 일이다. 전통적인 음식 소매점들은 이미 저가격 추구 소비자들을 타겟으로 한 월마트(Walmart)와 고가격, 고품질 추구 소비자들을 표적으로 하고 있는 홀푸드(Whole Food) 사이에서 고전하고 있다. 음식 구매에 있어 아이들의 영향력을 이해하는 것은 전통적 슈퍼마켓과 공급업체들에게는 매우 중요한 전략적 기회를 제공해 줄 수 있다. 현재 X 세대와 밀레니엄 세대로 지칭되는(4장에서 살펴본 바와 같이 이들 집단은 1966년에서 1994년 사이에 출생) 연령대 그룹은 다른 세대 그룹에 비해 타켓(Target), 케이마트(Kmart), 월마트(Walmart)를 더 많이 방문하고 더 많이 구매하는 경향을 보이고 있다.[40] 이들 그룹을 대상으로 특정 점포, 유통 체인, 혹은 제품을 선호하도록 변화시키는 것은 치열한 시장에서 생존가능성을 높이고 근본적인 차별화 전략이 될 수 있을 것이다.

준거집단(Reference Group) 준거집단(Reference Group)은 개인이 신념, 감정, 행동에 대해 비교 기준으로 삼는 사람(들)을 지칭한다. 소비자는 가족, 친구, 직장동료, 혹은 닮고 싶은 유명인 등 다양한 준거집단을 지닐 수 있다. 이들 준거집단은 (1) 정보 제공, (2) 특정 구매 행동에 대한 보상 제공, (3) 소비자 자아 이미지 강화 등을 통해 구매 의사결정에 영향을 미칠 수 있다.

준거집단은 대화를 통한 직접적 방법으로 혹은 관찰에 의해 간접적으로 소비자에게 정보를 제공해줄 수 있다. 예를 들어 캐티는 구직면접을 위한 정장을 어디서 구매해야 하는지에 대한 소중한 정보를 친구를 통해 얻을 수 있었다. 또한 그녀는 패션에 관심이 많은 사촌을 통해 메이시스 백화점에서 쇼핑하는 장점에 대하여 듣고 거기서 구매하기로 결정하게 되었다.

어떤 준거집단은 기준에 부합하는 행동에 대한 보상 혹은 기준에 미달하는 행동에 대한 억제를 통해 소비자 행동에 영향을 미칠 수도 있다. 예를 들어 실내흡연에 대해 친구들의 불만제기로 인해 야외나 특정 장소에서 흡연을 해야될 수 있고 때로는 모임에서 이탈되지 않기 위해 담배를 끊도록 영향을 받을 수도 있다.

유명 연예인은 준거집단이 될 수 있으며, 구매에 영향을 미칠 수 있다.

소비자는 자아 이미지 창출, 강화, 혹은 유지를 위해 준거집단을 자신과 연결시킬 수 있다. 자유로운 영혼을 지닌 존재로 인식되고 싶은 소비자는 할리 데이비슨 오토바이를 구매하기 원할 수 있고, 패션 선구자로 비춰지기를 원하는 소비자는 크리스찬 루브탱 구두를 구매할 수 있을 것이다. 지인에게 선물하기 위해 구매한 상품이 자신들의 자아 이미지와 상충되는 경우에는 자신의 정체성과 부합되는 다른 추가적 상품구매를 통해 선호하는 이미지를 재확립하고자 노력할 수 있을 것이다.[41]

아베크롬비 & 피치(Abercrombie & Fitch)와 같은 점포에서는 쇼핑하는 고객들이 준거집단으로 삼을 수 있는 판매원을 고용하여 소비자 구매결정에 영향을 주고 있다. 매장의 가장 최신 의류를 입고 매장 방문객을 맞이하는 매력적이고 세련된 판매원들은 살아있는 마네킹으로서 소비자가 닮고 싶은 준거집단 역할을 수행할 수 있다.[42]

문화(Culture) 문화는 특정 집단에 소속된 구성원들이 공유하고 있는 의미, 신념, 도덕, 가치, 관습으로 정의될 수 있다. 문화는 소비자 구매의사결정에 영향을 미치는 사회적 요인의 기초가 된다고 할 수 있는데, 소비자가 참여하고 경험하는 문화는 준거집단과 관련성이 높다고 할 수 있다. 즉 문화적 집단은 학교에서의 준거집단과 같이 규모가 작을 수도 있고, 거주하고 있는 국가와 같이 큰 규모일 수도 있다. 준거집단과 마찬가지로 문화는 소비자 행동에 영향을 미친다. 예를 들어 캐티가 다니는 대학의 경우 패션에 관심이 높은 캠퍼스 문화를 지니고 있다. 이는 캐티의 소비지출 방식, 의류 소비와 구매행동에 영향을 미칠 수 있다.

상황적 요인

심리적, 사회적 요인은 보통 소비자 구매의사결정에 매번 같은 방식으로 영향을 미치게 된다. 예를 들어, 갈증을 해소하고자 하는 동기는 Coca Cola나 펩시를 구매하도록 영향을 미치며, 직장에서의 준거집단은 근무에 적합한 정장을 입도록 영향력을 행사할 수 있다. 하지만 때로는 특정 상황에 관련된 요인, 즉 상황적 요인(situational factors)이 심리적, 사회적 요인과 다르게 영향을 미칠 수 있다. 상황적 요인으로는 시간적 상황과 구매 및 쇼핑 상황 등을 들 수 있다.[43]

구매 상황(Purchase Situation) 고객들은 내재된 심리적 특성 혹은 사회적 요인으로 인해 특정 제품이나 서비스를 구매하고자 하는 선유 경향을 지니고 있다고 할 수 있는데, 특정 구매 상황에서는 변화될 수 있다. 예를 들어, 크리스틴은 저렴한 가격 쇼핑을 선호하는 검소하고 합리적인 소비자로 자신을 인식하고 있다. 그녀의 단짝 친구가 결혼을 하게 되어 은 접시를 선물해 주고자 한다. 만약 은 접시를 자신이 사용하고자 하는 경우라면 Walmart와 같은 할인점에서 구매할 가능성이 높을 것이다. 하지만 단짝 친구를 위한 선물이기 때문에 그녀는 Tiffany & Co. 와 같은 고급매장에서 구매하기로 결정하였다. 단짝 친구의 결혼이라는 특별한 상황에 적합한 제품을 선물해주고 싶었기 때문이다.

쇼핑 상황(Shopping Situation) 소비자들이 제품이나 서비스 구매를 구매하기로 계획하였지만 매장을 방문한 후 계획이 틀어지는 경우가 있을 수 있다. 마케터는 구매의사결정과정에서의 이 선택 단계에서 소비자 구매에 영향을 미치기 위한 몇 가지 방안을 사용해 볼 수 있다.

점포 분위기(Store Atmosphere) 일부 소매점이나 서비스 제공업체에서는 내부적 환경에 기초하여 독특한 이미지를 창출하기 위한 노력을 기울이고 있다.[44] 연구결과에 의하면 소매전략의 다른 측면과 조화를 이루어 활용되는 경우 음악, 향기, 조명, 색상이 소비자 구매의사결정에 긍정적 영향을 미칠 수 있다고 한다.[45] 아웃백 스테이크 하우스(Outback Steakhouse)와 치크케익 팩토리(Cheesecake Factory)와 같은 음식점은 즐거울 뿐만 아니라 제공되는 음식과 서비스에 부합되는 내부 환경을 구축하였다.

일부 웨그만스(Wegmans)와 홀 푸드(Whole Foods)는 점포 내에 바(bar)와 레스토랑을 만들어 고객들이 쇼핑 중에 와인 한잔 혹은 간단한 식사를 즐기며 쉴 수 있도록 하고 있다. 홀 푸드(Whole Foods)는 30개 이상의 점포에서 최첨단 요리 센터를 통해 요리 강좌를 제공하고 있다. 오하이오에 위치한 Brewers Yard Kroger는 금요일 밤에

치크케익 팩토리는 쾌적할 뿐만 아니라 점포의 이미지, 메뉴, 서비스에 부합하는 점포 분위기를 형성하고 있다.

점포에서 밴드 공연을 열고 있으며, 다른 식료품점들도 대형 평면 TV, 안락의자, 무료 와이파이, 점포내 요리 강좌, 와인 시음회 등을 통해 고객에게 어필할 수 있는 상호작용적 점포 분위기를 창출하기 위해 노력하고 있다.[46]

판매원(Salespeople) 잘 훈련된 판매원은 구매시점에 제품 속성과 경쟁사 대비 장점을 잘 전달하고 복수구매를 권장함으로써 판매에 영향을 미칠 수 있다. 뉴 잉글랜드에 기반을 둔 체인점 조던 가구(Jordan's Furniture)는 매장 내 놀거리와 푸드 코트를 마련함으로써 가구 쇼핑을 즐겁게 만들고 있다. 매장 분위기를 매력적으로 만드는 노력과 더불어 조던 가구는 우수한 판매원은 단순 방문 소비자와 구매의도 소비자를 구분하여 가구 매출 증대에 기여할 수 있음을 깨닫게 되었다. 이에 판매원들을 대상으로 한 포괄적 교육 프로그램 운영을 통해 매장 판매원들이 고객이 원하는 모든 것에 대해 충분한 지식을 갖출 수 있도록 지원하였다.

매장 내 전시는 소비자 구매를 유도한다.

혼잡도(Crowding) 고객들은 매장에 사람이 너무 많거나, 진열된 상품종류가 너무 많거나, 대기 줄이 너무 긴 경우 혼잡하다고 느끼게 된다. 매장에 사람이 너무 붐비는 경우 쇼핑에 집중하기 어려워 매장을 떠나는 소비자들도 생길 수 있다.[47] 상품이 너무 빽빽하게 쌓여서 진열되어 있는 경우 소비자들이 구매하는 데 어려움을 느낄 수도 있다. 특히 거동에 불편을 느끼는 쇼핑객의 경우 문제가 될 수 있다.

매장 내 전시(In-Store Demonstrations) 새로 나온 음식 상품의 맛과 향기는 구매를 고려하지 않았던 소비자들로 하여금 시식을 해보도록 유도할 수 있다. 이와 유사하게 일부 패션 소매점에서는 특정 날을 정해 모든 의류 공급업체 상품을 특별 진열하는 행사를 개최하기도 한다. 소비자들은 이러한 행사기간에 구매를 결정하게 되는 경우가 많은데, 왜냐하면 판매원들로부터 특별한 구매관련 서비스를 받아볼 수 있고 평소에는 잘 취급하지 않는 특별한 상품을 만나볼 수 있는 기회가 주어지기 때문이다.

촉진(Promotions) 소매점에서는 매장을 방문한 고객들을 대상으로 판매를 위한 다양한 촉진방법을 적용한다. 특별 가격할인 행사는 계획하지 않았던 구매를 이끌어낼 수도 있다. 하나의 가격으로 두 개를 구매할 수 있는 1+1 행사는 더 많은 구매를 이끌어내는 데 가장 많이 사용되는 수단이다.[48] 신문 등에서 쿠폰을 떼어내는 것에 대해 불편함을 느끼는 소비자들이 많아지는 관계로 최근에는 매장내에서 쿠폰을 제공하거나 인터넷 혹은 스마트폰을 통해 쿠폰을 받아볼 수 있도록 하고 있다. 또 다른 촉진 유형은 제품 혹은 서비스 구매의 대가로 무료 선물을 제공하는 것이다. 화장품의 경우에 이러한 촉진형태가 특히 많이 이용된다.

포장(Packaging) 한정된 매대에서 여러개 브랜드와 경쟁하는 경우 제품을 두드러지게 보이도록 하는 것이 쉽지 않다. 이러한 문제점은 식료품, 건강 및 미용 상품과 같은 소비재의 경우 특히 심하다고 할 수 있다(〈가치 부가 사례 5.2〉 참조). 따라서 마케터들은 제품 포장을 더 매력적이고 소비자 주의를 잘 끌 수 있도록 디자인하는 데 수백만 달러를 지출하기도 한다.[49]

시간적 상황(Temporal State) 특정 시간의 마음 상태는 계획했던 구매의도를 변경시킬 수 있다. 예를 들어, 어떤 소비자들은 아침형 인간인데 비해 다른 사람은 저녁을 더 선호할 수도 있다. 이와 같이 구매 상황은 시간대와 소비자의 소비 유형에 따라 다른 소구점 수준을 지닐 수 있다. 기분도 소비자 행동을 변화시킬 수 있다.[50] 사만타가 Tiffany & Co.에서 쇼핑 직전에 주차위반 티켓을 끊었다고 가정해보자. 아마도 그녀는 좋은 기분으로 점포를 방문한 경우보다 판매원 설득에 덜 영향을 받을 가능성이 높다. 그녀의 좋지 않은 기분은 그 매장에서의 구매후 감정도 덜 긍정적으로 변화시킬 가능성이 있다. 소매점으로서는 매장 밖에서 발생하는 부분에 영향을 미칠 수가 없기 때문에 소비자들이 일단 매장을 방문하면 긍정적인 쇼핑 경험을 가질 수 있도록 모든 가능한 노력을 기울일 필요성이 있다.

소비자 구매의사결정과정에 영향을 미치는 요인들—마케팅 믹스, 심리적 요인, 사회적 요인, 상황적 요인—모두는 다음 장에서 논의할 소비자 관여도(consumer involvement) 수준에 의해 영향을 받는다.

LO6 관여도가 소비자 구매의사결정과정에 어떻게 영향을 주는지를 설명한다.

관여도와 소비자 구매의사결정

소비자들은 관여도 수준에 따라 2가지 유형의 구매의사결정을 하게 된다. 포괄적 문제해결과 충동구매(impulse buying), 습관적 의사결정을 포함하는 제한적 문제 해결이 그것이다. 관여도(involvement)는 제품이나 서비스에 대한 소비자의 관심정도를 의미한다.[51] 소비자는 동일한 제품유형에 대해 다른 수준의 관여도를 지닐 수 있다. 소비자

가치 부가 사례 5.2 포장을 통한 제품평가[52]

매장 내에서 소비자들은 제품이 진열된 매대 앞에 서서 구매여부 결정에 단지 3~10초를 소비한다. 매장 밖에서 상품 마케팅에 상당한 시간과 비용이 소요되었는가와 무관하게, 매장 내에서 소비자들은 주로 제품의 겉모습에 기초하여 대부분의 제품 평가를 수행하게 된다. 이는 제품 포장이 매우 중요하다는 것을 의미한다.

포장은 그 자체가 판매수단으로 기능하는 것이 중요하며, 매대에서 경쟁자 제품들을 능가할 수 있어야 한다. 새로 디자인된 제품 포장은 뭔가 새로운 것을 전시한다는 흥분감을 제공할 수도 있지만 기존 포장에 익숙한 소비자들이 해당 제품을 잘 찾지 못하게 될 수도 있다. 매대에서 눈에 잘 띄도록 포장의 가시성을 향상시키는 것은 매출 증가에 도움이 된다. 프링글스가 형태가 없는 봉지와 차별화시켜 튜브 속에 칩을 포장한 상태로 판매하고자 하는 이유가 여기에 있다.

그러나 모든 제품 포장이 프링글스가 가진 방식 그대로 유지할 수 없고 또는 유지해야 하는 것은 아니다. Doublemint Gum은 1914년 제품 출시 이후 거의 100년만인 2006년에 처음으로 포장 디자인을 변경하였다. 노년층 충성 고객기반을 유지하면서 젊은 소비자들에게 어필하기 위한 조치였다. 1937년 출시된 Kraft's Macaroni & Cheese는 브랜드 노후화에 따라 제품 포장을 새롭게 디자인하였다.

이태리 쿠키 Nonni's Biscotti는 최근의 포장 재디자인을 통해 제품 박스 전면에 투명한 창을 포함시켜, 소비자들이 쿠키의 질감을 직접 확인할 수 있도록 하였다. 또한 biscotti를 가로가 아닌 세로로 쌓아 포장하도록 함으로써 쿠키가 더 크다는 인상을 심어주도록 하였다. 또한, 소비자들에게 더 시각적으로 어필하기 위해 포장에 장식적인 요소를 추가함으로써, Nonni는 고객들로 하여금 간단한 간식거리를 찾는 가족구성원이 쉽게 찾을 수 있는 주방조리대에 제품 포장 박스를 놓아두도록 유도할 수 있었다.

Nonni's는 고객이 제품 내부를 볼 수 있도록 biscotti 포장을 변경하였다.

행동 이론의 하나인 정교화 가능성 모형(elaboration likelihood model)(그림 5.6 참조)에 의하면 고관여 소비자와 저관여 소비자는 메시지나 광고에 대한 정보처리 관점이 다르게 나타난다고 한다.

구직용 의류에 관한 광고를 검토하는 경우에 고관여 소비자(예: 구직용 인터뷰를 위해 의류를 구매하고자 하는 캐티)는 제공된 모든 정보(가격, 원단 품질, 디자인 등)를 꼼꼼히 검토하고 광고에 제시된 핵심적 메시지 요소에 대한 깊이 있는 정보처리를 할 것이다. 고관여 소비자로서 캐티는 해당 광고에 대해 신뢰할 수 있고 제품에 대한 호의적 인상을 형성하게 해준 것으로 간주할 수도 있고, 아니면 광고 메시지가 너무 피상적이고 제품에 대한 부정적 인상을 형성한 것으로 생각할 수도 있다(즉, 광고에서 제시된 수준의 품질이 아닌 것으로 생각하는 경우).

반면에, 저관여 소비자의 경우에는 동일한 광고에 대해 메시지 핵심 요소(가격, 원

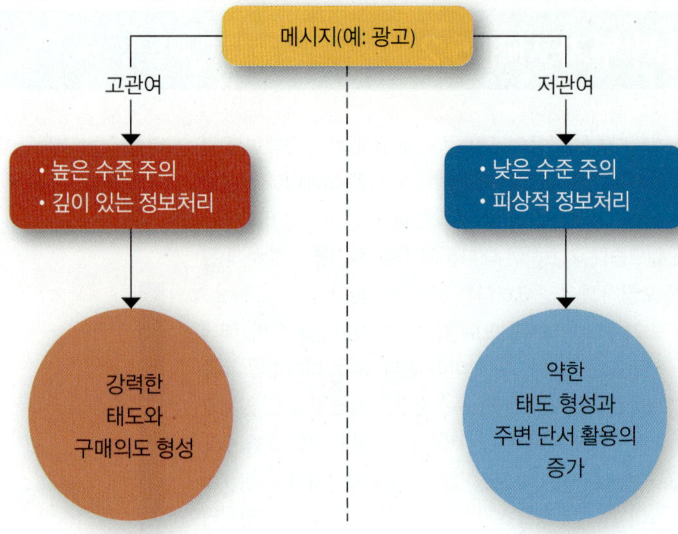

그림 5.6 정교화 가능성 모형(elaboration likelihood model)

단 품질, 디자인 등)에 대해서는 주의를 덜 기울이고 브랜드 이름과 같은 휴리스틱 요소나 유명인 광고모델 등에 더 초점을 두고 정보처리를 하게 된다. 저관여 소비자들은 고관여 소비자들에 비해 광고에 대한 인상이 더 피상적이라고 할 수 있다.

각각의 제품은 어떠한 유형의 구매의사결정에 해당되는가?

포괄적 문제 해결

구매의사결정과정은 소비자가 미충족된 욕구를 인식하는 경우에 시작된다. 캐티 스미스는 구직 인터뷰를 위한 새 의류 구매에 대한 욕구를 인식하였다. 그녀는 친구들에게 의류 구매에 관한 조언과 정보를 구하고, 패션 잡지를 읽고, 온라인 검색을 실시하였다. 자신에게 잘 맞는 옷을 입어보기 위해 몇 개 매장을 직접 방문하기도 하였다. 마지막으로 대안분석에 상당한 시간과 노력을 들인 이후에, 캐티는 메이시스 백화점에서 의류를 구매하였다. 이러한 의사결정과정은 구매의사결정에 상당한 위험 요소가 포함되는 경우에 일반적인 포괄적 문제 해결(extended problem solving)의 예라고 할 수 있다. 캐티가 의류 구매를 하는 의사결정과 관련된 잠재적 위험은 재무적 위험(너무 비싸게 구매하는 것인가?)과 사회적 위험(면접평가자와 친구들에게 내 모습을 전문적으로 비춰질 것인가?)으로 볼 수 있다. 이러한 지각된 위험을 줄이기 위해 캐티는 실제 구매를 하기 이전에 정보 탐색에 상당한 노력을 기울였다.

인앤아웃 버거와 같은 패스트 푸드점에서 드라이빙스루 창구를 통해 자당에 탑승한 채로 햄버거를 구매하는 것은 인지적 노력이 거의 필요 없는 습관적 의사결정에 해당한다.

제한적 문제 해결

제한적 문제 해결(Limited Problem Solving)은 구매의사결정과정에 중간정도의 시간과 노력이 요구되는 경우에 발생한다. 제품이나 서비스에 대한 이전 경험을 지니고 있거나 지각된 위험이 중간 수준인 경우 이러한 유형의 구매결정과정을 거치게 된다. 일반적으로 제한적 문제해결은 외적 정보보다는 과거 경험에 더 의존하게 된다. 많은 사람들에게 의류구매, 구직 인터뷰를 위한 의류구매의 경우에도 제한적 노력이 요구되는 경우가 많다.

제한적 문제해결의 일반적 유형의 하나가 상품을 보고 즉석에서 구매를 결정하는 충동구매(impulse buying)다.[53] 캐티가 식료품점에서 가서 닥터 페퍼와 팝콘이 계산대 앞에서 나란히 판매되고 있는 것을 발견하였다. 그녀 친구들이 영화를 보러 집에 오기로 되어 있다는 것이 생각나서 즉시 구매를 결정한 경우 팝콘와 음료 구매는 충동구매에 해당된다. 캐티는 전반적인 구매결정과정을 거친 것이 아니라 자신의 니즈를 인식하고 추가적 정보탐색이나 대안평가과정을 거치지 않고 바로 구매를 결정한 것이다. 식료품점에서는 소비자로 하여금 쉽게 인식할 수 있는 단서(예: 팝콘과 음료수를 할인된 가격으로 눈에 잘 띠는 장소에 진열)제공을 통해 이러한 충동구매를 촉진시키고 있다.

일부 구매는 사고과정이 거의 없이 이루어지기도 한다. 습관적 의사결정(Habitual decision making)은 의식적인 노력 없이 이루어지는 구매의사결정과정을 의미한다. 예를 들어, 식료품점에서 집으로 돌아오는 길에 캐티가 인앤아웃 버거(In-N-Out berger)에 들러 차안에서 치즈버거와 다이어트 콜라를 주문하고 구매를 한 경우 웬디스에서 구매하는 것의 잠재적 혜택에 대하여 생각하지 않은 것이다. 그녀는 평소에 즐겨먹던 인앤아웃 버거 로고 사인에 단순히 반응을 한 것이고 습관적 구매의사결정이 이루어진 것으로 볼 수 있다. 마케터들은 강력한 브랜드와 점포 애호도 창출을 통해 습관적 구매를 유도하고 유지하기 위해 노력하고 있다(9장과 10장 참조). 왜냐하면 습관적 구매를 하는 소비자들은 대안 브랜드나 점포를 고려조차 하지 않기 때문이다.

요점 정리

LO1 소비자 구매의사결정과정을 단계별로 설명한다.

소비자 구매의사결정과정은 5가지 주요 단계로 이루어진다. 첫째, 니즈 인식단계에서 소비자들은 충족되지 않은 니즈 혹은 욕구를 인식하고 이들이 해결되기를 원하게 된다. 둘째, 해당 니즈를 어떻게 충족시킬 수 있을지를 결정하기 위해 정보를 탐색하기 시작한다. 셋째, 대안 평가 단계에서 자신들의 니즈를 충족시킬 수 있는 최적 대안을 결정하기 위해 다양한 대안에 대한 평가를 수행하게 된다. 넷째, 구매단계는 제품을 획득하고 사용하는 단계이다. 다섯째 마지막 단계는 구매후 행동 단계로서 본인들의 선택이 만족스러운지 혹은 불만족스러운지를 결정하게 된다.

LO2 기능적 니즈와 심리적 니즈의 차이점을 설명한다.

기능적 니즈는 제품 혹은 서비스 성과에 관한 것이다. 심리적 니즈는 제품, 서비스에 관한 개인적 만족감과 관련된 것이다.

LO3 정보탐색의 영향요인을 설명한다.

소비자가 수행하는 정보탐색은 외적요인과 내적요인에 의해 달라지게 된다. 외적요인 중에서 제품/서비스 유형에 따라 쉽고 신속한 결정이 이루어지기도 하고, 최적 대안을 찾기 위해 광범위한 정보탐색이 수행되기도 한다. 또한 정보탐색 비용 대비 편익에 대한 소비자 지각이 정보탐색 노력을 결정하게 된다. 이들 지각은 구매와 관련된 지각된 위험과 밀접하게 관련되어 있다. 마지막으로 통제 초점이 외부적이냐 혹은 내부적이냐에 따라 정보 탐색 행동이 큰 영향을 받게 된다.

LO4 구매후 과정을 설명한다.

마케터들은 소비자들이 자사 상품 구매후에 만족하여 결과적으로 고객 애호도와 같은 긍정적 구매후 결과를 얻기 원한다. 하지만 소비자들은 구매후 부조화 혹은 구매자 후회와 같은 부정적 결과를 경험하기도 한다.

LO5 소비자 구매의사결정과정에 대한 영향요인을 설명한다.

마케팅 믹스 구성요인(제품, 유통, 촉진, 가격)이 중요한 영향을 미치게 된다. 또한, 가족과 문화와 같은 사회적 요인이 소비자가 무엇을 구매할 것인가뿐만 아니라 어떻게 구매의사결정을 내릴 것인가에도 영향을 미치게 된다. 구매의사결정에 영향을 미치는 심리적 요인들에는 동기(니즈 단계상에서 높을 수도 있고 낮을 수도 있음), 태도, 지각, 학습 그리고 라이프스타일이 포함된다. 마지막으로, 점포 환경 혹은 시간대 등과 같은 구매상황과 관련된 특정 요인들도 구매의사결정과정에 영향을 미칠 수 있다.

LO6 관여도가 소비자 구매의사결정과정에 어떻게 영향을 주는지를 설명한다.

구매고려 제품 혹은 서비스에 관심이 많거나 시간과 노력을 많이 들여 관여도가 높은 소비자들의 경우 포괄적 문제해결과정을 거치게 된다. 이 경우 방대한 정보를 수집하고, 면밀히 검토하여 위험을 최소화할 수 있도록 신중한 구매의사결정을 하게 된다. 반면에 관여도 수준이 상대적으로 낮은 소비자들의 경우 제한적 문제해결과정, 충동구매, 혹은 습관적 의사결정에 의존하게 된다.

핵심용어

- 내적 통제 초점 (internal locus of control)
- 감정적 요소(affective component)
- 결정적 속성(determinant attributes)
- 고려상표군(consideration sets)
- 관여도(involvement)
- 구매후 인지 부조화 (postpurchase cognitive dissonance)
- 기능적 욕구(functional needs)
- 내적 정보 탐색 (internal search for information)
- 니즈 인식(need recognition)
- 다속성 모형(multi-attribute model)
- 동기(motive)
- 라이프스타일(lifestyle)
- 매슬로우 욕구 단계설 (Maslow's Hierarchy of needs)
- 문화(culture)
- 보상적 의사결정 규칙 (compensatory decision rule)
- 보편적 상표군(universal sets)
- 부정적 구전 (negative word of mouth)
- 비보상적 의사결정 규칙 (noncompensatory decision rule)
- 사랑의 욕구(love needs)
- 사회적 위험(social risk)
- 상황적 요인(situational factors)
- 생리적 욕구(physiological needs)
- 성능적 위험(performance risk)
- 소비자 의사결정 규칙 (consumer decision rules)
- 습관적 의사결정 (habitual decision making)
- 신체적 위험(physiological risk)
- 심리적 욕구(psychological needs)
- 심리적 위험(psychological risk)
- 안전 위험(safety risk)
- 안전의 욕구(safety needs)
- 외적 정보 탐색 (external search for information)
- 외적 통제 초점 (external locus of control)
- 인지적 요소(cognitive component)
- 자아실현(self-actualization)
- 재무적 위험(financial risk)
- 전환율(conversion rate)
- 제한적 문제 해결 (limited problem solving)
- 존경의 욕구(esteem needs)
- 준거집단(reference group)
- 지각(perception)
- 충동 구매(impulse buying)
- 태도(attitude)
- 평가기준(evaluative criteria)
- 포괄적 문제해결 (extended problem solving)
- 학습(learning)
- 행동적 요소(behavioral component)
- 환기상표군(evoked set)

사례 연구

다이어트 전쟁: Weight Watchers, Jenny Craig, and Slim-Fast[54]

체중 감량을 원하는가? 7천1백만명의 미국인들과 모든 미국 여성의 약 73%의 대답은 예이다.[55] 그리고 체중감량 기업들이 이에 대한 해답을 제시하고 있다. 체중감량 산업은 2010년 기준 600억 달러 이상의 규모로 계속해서 꾸준히 성장하고 있다.[56] 왜냐하면 라이프스타일과 음식 선택이 체중감량 욕구와 반대방향으로 이루어지고 있기 때문이다. 많은 미국인들은 컴퓨터 앞에 앉아서 그들의 일과를 보내고 저녁에는 텔레비전 앞에 앉아서 보낸다. 음식점 식사, 가공식품, 고지방/고당분의 스낵들은 가정식, 통곡식, 신선한 농산물을 대체해버렸다. 마우스

McGraw Hill connect

클릭과 시동키 돌리는게 운동의 전부다. 이러한 습관들로 인해 허리 사이즈와 체중감량 산업 이익이 모두 늘어나고 있다. 다이어트 알약, 특별 포장된 체중감량 식사와 스낵, 다이어트 프로그램, 자신있는 몸매를 약속하는 모든 종류의 제품과 서비스 등을 고안해 내면서, 체중감량 산업의 수익성은 지속적으로 향상되고 있다.

웨이트 와처스(Weight Watchers), 제니 크레이그(Jenny Craig) 그리고 슬림 패스트(Slim-Fast)는 다이어트 보조 분야의 3대 거인기업으로 거대한 체중감량 시장을 점유하고 있다. 이 회사들은 체중감량에 있어 공통적으로 광범위한 라이프스타일에 적합한 유연성과 성공사례를 강조하고 있다. 하지만 가입고객 확보를 위한 다이어트 접근법에서는 차이를 보이고 있다.

빅 3

1963년에 설립된 웨이트 와처스 인터내셔널(Weight Watchers International)은 현재 전 세계적으로 30개 이상의 국가에서 운영되고 있다. 이 프로그램은 식사량 조절법과 양질의 영양소 기초를 알려주며, 프로그램 회원들로 하여금 자신이 음식을 선택할 수 있도록 하고 있다.

영양가에 기초한 포인트 시스템은 회원들로 하여금 건강에 좋은 음식, 적절한 운동, 식사량 조절을 선택할 수 있도록 유도하고 있다.[57] 다이어트 프로그램 참가자들은 식사와 간식을 종이에 혹은 전자적으로 기록한다. 비록 회원들이 지원 없이 웨이트 와처스(Weight Watchers) 식이요법을 따를 수 있기는 하지만, 회사는 매주 그룹 모임을 통해 체중을 체크하고 미팅에 참여하는 회원들이 체중감량에 성공적인 성과를 보여주고 있음을 강조하고 있다. 웨이트 와처스 회원들은 그들 스스로 음식을 준비하거나, 외식을 하거나 혹은 웨이트 와처스가 준비 혹은 후원한 저녁식사, 간식, 디저트를 대부분의 식료품 매장에서 구입할 수 있다. 프로그램 회원들의 건강식 선택을 더 지원하기 위해 웨이트 와처스는 최근 지방 함유량이 많을수록 포인트가 증가하고 섬유질 함유량이 많을수록 포인트가 감소하는 방향으로 포인트 시스템을 변경하였다.[58]

최근 Consumer Reports Health에 의해서 최고의 체중 감량 프로그램으로 평가된 제니 크레이그(Jenny Craig)는 음식, 몸, 마음을 위한 독특하고 종합적인 계획을 제공하고 있다.[59] 프로그램 회원들에게는 제니 크레이그에 의해서 준비되고 포장된 식사와 간식이 제공되며, 신선한 과일과 야채로 식단을 보충하고 있다. 제니 크레이그 프로그램은 식사량 조절을 제공하며 식사준비 시간을 단축시킴으로써 바쁜 스케줄을 조절해주고 있다. 회원들은 개별 전담 상담원과 1:1로 매주 만나고 맞춤화된 운동프로그램을 개발하도록 권장되고 있다. 웨이트 와처스와 마찬가지로, 제니 크레이그는 남성과 십대 그리고 센터로 다니기 보다는 집에서 스스로의 체중 감량을 더 선호하는 사람들을 위한 고객화된 맞춤 프로그램을 제공한다. 제니 크레이그는 프로그램 회원들의 체중감량 성공률, 프로그램 가입 유지비율, 음식의 영양가 등이 우수하여 Consumer Reports Health 순위에서 웨이트 와처스와 다른 다이어트 프로그램들을 능가하였다.[60]

Consumer Reports Health 순위에서 2위에 랭크된 슬림 패스트(Slim-Fast)는 3가지의 소량 건강 간식, 2가지의 식사 대체 쉐이크 그리고 1가지의 500칼로리 식사의 조합을 매일 프로그램 회원들에게 제공한다.[61] 체중감량 참여자들은 6가지의 소량 식단을 매일 제공받음으로써 안정된 혈당 수치를 유지하며, 탄수화물, 단백질, 섬유질의 충분한 섭취를 보장받고 있다.[62]

다른 다이어트 프로그램이 시장에 많이 출시되어 있다. 하지만 소비자들이 이들 프로그램에 참여하여 체중감량에 성공했다고 하더라도 체중감량 효과가 지속되기 보다는 일시적인 경향을 보이고 있다. 왜냐하면 이들 프로그램이 시행하는 다이어트가 주요 식품군을 제거하는 것(예: 탄수화물 불포함)과 같은 지속 불가능한 식생활 패턴에 기초하여 시행되고 있기 때문이다. 이들 빅 3 중 두 기업에서는 참가자들이 이탈하지 않고 체중감량 프로그램에 전념하는 데 도움을 주는 것으로 나타난 사회적 강화와 유연성 프로그램을 제공하고 있다.

회사간 차별점

아마도 제니 크레이그, 슬림 패스트, 웨이트 와처스 간의 가장 큰 차이는 참여자들에게 요구되는 노력의 양이다. 제니 크레이그 회원들은 먹는 것에 관하여 생각할 필요가 없다. 모든 것이 그들을 위해 준비되기 때문이다. 웨이트 와처스 프로그램 회원들은 일상생활을 하면서 만나게 되는 다양한 음식 중에서 올바른 선택법을 배워야 한다. 슬림패스트는 편의성과 교육을 조합하였지만, 제니 크레이그보다 음식 조절 선택 옵션의 수가 더 적다. 특히 체중감량 프로그램들은 미국인들이 휴가 기간 동안 마음껏 즐긴 후 자신의 체중에 우려하게 되는 새해 초에 회원가입을 위해 치열하게 경쟁하게 된다.

다이어트 프로그램 빅 3는 남성 시장을 대상으로 한 또 나른 전쟁에 직면해 있다.[63] 남녀 모두 체중 감량을 위해서는 칼로리 감소와 운동량 증가가 요구된다는 점에서 완전히 다른 프로그램이 필요하지는 않지만 특히 남성을 표적으로 한 마케팅은 신규 회원을 유치하는 힘을 지니게 된다.

웨이트 와처스 프로그램은 남성과 여성 모두 동일하지만, 남성의 웹사이트는 식사 계획보다는 운동에 더 초점을 두어 남성들의 흥미와 관심에 맞도록 수정하였다. 이 사이트는 또한 비만과 발기부전 사이의 관련성을 언급하며, 체중감량을 통해 남자의 성생활 능력이 향상될 수 있음을 알려주고 있다.

또한 제니 크레이그의 남성 프로그램은 여성 프로그램과 유사하지만, 음식갈망과 식사 조절에 관한 이슈에 대한 차이점을 수용하기 위해 수정되었다. 남성이 참여하는 제니 크레이그 프로그램에서는 때때로 맥주와 감자튀김을 즐길 수 있다. 이 프로그램에 남성을 더 유인하기 위하여, 제니 크레이그는 텔레비전 시리즈에서 George Costanza 역할을 한 배우 Jason Alexander를 광고 모델로 활용하고 있다.

슬림 패스트 프로그램은 남성에게 더 어필하는 경향이 있다. 왜냐하면 남자들은 그룹 미팅에 참여하는 것보다 자기 스스로 체중감량 하는 것을 더 선호하기 때문이다.[64] 이 회사는 자사의 상품 판매를 위해 전 뉴욕 시장을 포함하여 남성 유명인을 광고 모델로 활용해왔다.

이 프로그램에 남성을 더 유인하기 위하여, 제니 크레이그는 텔레비전 시리즈에서 George Costanza 역할을 한 배우 Jason Alexander를 광고 모델로 활용하고 있다.

다이어트 위한 기술적 지원

체중 감량 프로그램 참가자들은 음식 소비와 운동량 체크를 위해 다양한 전자 기기의 도움을 받을 수 있다. 웨이트 와처스 회원들은 인터넷 연결이 가능한 모든 기기를 활용하여 음식과 유명 레스토랑 식사에 대한 포인트 가치를 체크할 수 있고 자신의 일지에 간식과 식사를 추가할 수 있다. 체력훈련을 위한 유사한 서비스를 휴대폰 어플리케이션을 통해 이용할 수 있다. 예를 들어, 카메라가 장착된 휴대폰을 사용하는 프로그램 참가자들은 식사를 촬영하여 등록된 담당자에게 전송할 수 있으며, 담당자는 이를 검토 후 식사량 조절 혹은 음식 선택에 관한 조언을 보내준다. 이론적으로 이러한 접근법은 푸드 다이어리(식습관을 파악하기 위해서, 일정 기간 동안 매일같이 하루 음식과 음료 섭취량을 기록하고, 하루 칼로리 섭취량과 소비량을 분석하는 것)를 유지하는 것보다 더 정확한 방법이다. 왜냐하면 체중 감량 프로그램 참여자들이 실제적인 전체 음식 양을 기록하지 않을 마음이 생길지도 모르기 때문이다. 하지만 이 서비스 이용을 위해서는 추가적인 비용이 요구된다.

확인 문제

1. 만약 여러분이 다이어트를 고려하고 다이어트 프로그램에 참여하고자 한다면, 소비자 구매의사결정과정의 각 단계를 어떻게 거칠 것인지 설명해 보시오.
2. 웨이트 와처스, 슬림 패스트, 제니 크레이그는 어떻게 가치를 창출하였는가?
3. 웨이트 와처스, 슬림 패스트, 제니 크레이그 프로그램을 구분해 주는 결정적 속성이 무엇인지 제시하시오. 이들 속성을 사용하여 그림 5.2에 제시된 것과 유사한 보상적 구매 모형을 제시해 보시오.
4. 웨이트 와처스, 슬림 패스트, 제니 크레이그는 고객 만족 가능성을 어떻게 증가시키고 있는가?
5. 본 장에서 제시된 요인들 중에서 어떠한 요인이 소비자의 체중감량 참여 의도와 이들 체중감량 프로그램 선택에 가장 큰 영향을 미칠 것인지 설명해보시오.

THE AVERAGE PAIR OF LEVI'S® JEANS USES 42 LITERS OF WATER IN THE FINISHING PROCESS.
THE LEVI'S® WATER<LESS LINE REDUCES WATER USED IN THE FINISHING PROCESS BY AN AVERAGE OF 28% AND UP TO 96% FOR SOME OF THE LINE.
TO PRODUCE OUR RIGID JEANS WE USE VIRTUALLY NO WATER.
WATER<LESS

B2B 마케팅

학습 목표

- **LO1** B2B 업체들이 그들의 고객을 어떻게 세분화 하는지 알아본다.
- **LO2** B2B 구매과정의 순서를 정리해 본다.
- **LO3** 구매센터 내에서의 각 구성원의 역할을 확인해본다.
- **LO4** 조직문화의 여러 유형을 알아본다.
- **LO5** 여러 구매상황을 구체적으로 파악해본다.

당신이 만일 보통의 일반인이라면 당신의 옷장 안에 필수품인 청바지를 가지고 있을 것이다. 당신이 청바지를 고를 때에는 아마 그 바지가 어디에서 만들어졌으며 얼마나 많은 재료가 사용되었는지 그리고 그 재료들이 환경에 어떤 영향을 미치는지 대해 궁금해 하지 않을 것이다. 그러나 가장 오래된 청바지 제조업체중 하나인 Levi Strauss는 이 질문을 장수기업이 되기 위한 중요한 질문으로 여기고 있다.[1]

Levi's 바지는 주로 면을 원료로 만들어진다. 그 유명한 Levi's 501 청바지 한 벌을 만들기 위해서는 거의 면 2파운드를 사용한다.[2] 면이 재배되려면 물이 필요하고, 청바지 질감을 부드럽게 하기 위해 스톤워시 과정을 거치든 세탁소를 이용하든 면 세탁을 하는 데에도 많은 물을 필요로 한다. 청바지 한 벌이 수명을 다할 때까지 물이 900개런 이상이 소모된다고 한다.[3]

10년 전만 해도 이런 물 소비는 문제가 되지 않았다. 그러나 글로벌 기후변화에 의해 야기된 강수량의 패턴변화는 직접적으로 리바이스의 물 사용에 영향을 끼치고 있다. 물이 부족하다는 것은 목화재배에 있어 필요한 수분이 부족하고 따라서 수확량이 준다는 것이다. 그것은 곧 Levi's로 하여금 합성원료를 사용케 하거나 다른 원료 개발에 많은 돈을 투자해야 된다는 말이다.

만약 회사가 새로운 의류 개발에 돈을 더 투자하게 되면 그 만큼 인상되는 제품의 가격은 소비자에게 전가될 것이고 그럼 기존의 고객들을 잃게 되는 상황이 될 수도 있다. 그 대안으로 버튼과 지퍼와 같은 의류 부속품의 비용을 절감하여 전체적인 단가를 조정하는 방법도 있을 수 있으나 그렇게 되면 브랜드 이미지와 품질 기준에 영향을 미치는 문제가 발생하게 된다. 따라서 이러한 문제를 해결하기 위해, Levi's는 공급 체인 전반에 걸쳐 노동자와 관련한 보다 책임 있는 관행뿐만 아니라 지속 가능한 물 사용 및 기타 환경보호 실천을 위해 공급업체들과 협력을 하고 있다.

이러한 협력은 바로 원료공급을 위해 100개 이상의 국가에서 소규모 가족농장 형태로 재배,[4] 관리하는 목화 농장들로 하여금 환경문제에 대해 주의를 기울이게 하고 규제키 위한 목적과 관련되어 있다. Levi's는 20여년전 전부터 이들 협력업체와 사회적, 윤리적, 법적, 환경적 관행과 고용 기준의 측면에서 약관을 작성해서 관리하고 있다. 이러한 약관에는 근로연한, 건강과 안전, 미성년 노동과 같은 이슈는 물론, 임금, 복리후생, 규율문제 등에 대해서도 다루고 있다.[5]

이 회사는 물과 농약 사용을 줄이는 재배 방식을 연구하기 위해 IKEA, adidas 그리고 The Gap 등의 거대한 면 소비업체를 비롯하여 세계야생동물연합 등과 같은 환경단체 및 면화산업협회와도 제휴를 맺고 있다.

이러한 사례 중 하나로 인도의 한 농장에서는 새로운 점적(물방울 투입)관수 시스템을 이용, 목화 식물을 재배하였는데 전통적인 관수방법보다 더 크고 많은 꽃이 맺는 목화를 생산할 수 있었다. 이러한 물방울 투입 방식은 전력소모를 3일에서 3시간으로 줄였고 물 사용량도 70% 절약하기도 했다. 또한 비료도 균일하게 살포시키는 개선을 보이기도 하였다.

Levi's, IKEA 그리고 adidas는 "이러한 더 좋은 면"의 생산량을 증가시키기 위한 공격적인 목표를 설정하는 데 동의하였다. 또한 Levi's는 물을 사용하지 않는 스톤워싱 작업복을 출시하기도 했다.

다른 의류업체인 Target, Nike, Patagonia 그리고 REI 등과 협력하여 Levi's는 의류 제조업체들의 제품이 환경과 인간에 미치는 영향력을 결정하는 데 도움을 주는 소프트웨어인 'Eco Index'를 채용하고 있다.[6] 이러한 노력은 물 절약을 넘어서 의류의 원료 생산에서부터 최종 처분과정에 이르기까지 전 과정에서 이루어지게 된다. 이들 회사는 원료공급을 받을 때나 상품을 유통시킬 때에도 사회적으로 책임 있는 결정을 할 수 있게 되는 것이다. Levi's는 외국의 작은 농장과의 협력이든 미국 내 대형 유통업체들과의 사업을 협력하여 전개시켜 나갈 때에도 책임 있는 일원이 되고자 하는 노력에 하나의 공통적 특징을 가지고 있다. 즉 기업 간의 관계(business-to-business relationships)를 중시한다는 것이다.

B2B(Business-to-Business) 마케팅이란 어떠한 재화나 서비스를 생산하고자 하는 기업체 구매조직에 의해 소요되거나 또는 도매상과 소매상의 재판매용으로 재화나 서비스를 구매 또는 판매하는 과정을 말한다. 전형적인 B2B 마케팅 거래는 소매업자에게 물건을 파는 도매업자의 거래나 도매업자에게 물건을 판매하는 제조업체(예: Levi's, Siemens, IBM, Ford)의 거래를 포함한다. B2B 거래는 또한 최종 소비자(예컨대, 당신)를 대상으로 하는 판매가 아닌 다른 업체에게 판매하는 일반적 서비스 업체(예: UPS, Oracle, Accenture)의 거래도 포함한다. B2B(기업과 기업 간 거래)와 B2C(기업과 소비자 간 거래) 거래의 차이는 재화나 서비스 자체가 아니고 그 재화 또는 서비스의 최종 사용자와의 거래 여부이다. 또 다른 차이점은 B2B 거래는 좀더 복잡하고 구매조직(예: 구매자, 마케팅 팀, 제품개발자 등)이나 판매조직(예: 판매자, R&D지원 팀)의 여러 구성원이 참여하는 경향이 있다는 것이다. 반면에 B2C는 소매업체와 개인적 최종소비자 간의 간단한 거래를 의미한다.

B2B 판매에 대한 수요는 종종 동일 공급망에서의 B2C 판매로부터 파생된다. 구체적으로 파생수요란 어떤 회사의 제품에 대한 소비자들의 요구에 연계되어 그 특정 제품을 조립하거나 제조하기 위해 필요한 다른 부품의 수요를 의미한다. 예를 들어, 더 많은 고객이 스테플러 구입(B2C 거래)을 희망하면, 그것을 생산하는 회사는 여분의 스테플러를 만들기 위해 부품 공급업체로부터 더 많은 금속부품을 구입(B2B 거래)해야 한다.

B2C 거래에서 최종 소비자에게 직접 판매를 하는 기업과 같이, B2B 기업도 특정

복수의 B2B 시장을 겨냥하는 Siemens 광고

유형의 고객에 초점을 맞춰, 다시 말해 고객 표적화를 하여 그 고객을 위한 가치를 창출하고자 한다.[7] 예를 들면, Intel은 Dell 또는 Compaq에서 판매하는 컴퓨터의 처리속도에 중요한 프로세서를 생산할 뿐만 아니라 Sony 브랜드로 팔리는 스마트 텔레비전 등도 생산하고 있다. 앞으로 Google에 의해 판매될 Android 폰도 만들어 낼 예정이다.[8] B2C 기업처럼, 많은 B2B 기업들도 특정 산업이나 특정 세부시장에 노력을 집중하는 것이 보다 효율적이라는 것을 알고 있다.

Siemens는 자사의 전문지식의 장점을 활용할 수 있는 의료, 에너지, 기술, 소프트웨어 등의 핵심 분야에 집중하기로 했다. 물 처리 관련분야의 시장 선도력을 가진 Siemens는 그들의 고객(기업이든 개인이든)들이 비상용 물 공급능력의 확보나 물 처리 공법의 구축 또는 폐수 재사용 시스템을 채택하는 데 도움이 되는 많은 기술을 제공하고 있다.[9]

이 장에서 우리는 B2B 시장의 여러 유형을 살피고 B2B 구매 프로세스가 5장에서 설명된 B2C 구매 과정과 어떻게 다른지를 검토할 것이다. 그리고 여러 가지 요인들이 B2B 구매 과정에 영향을 미치는데 이에 대해서도 논의해보도록 한다.

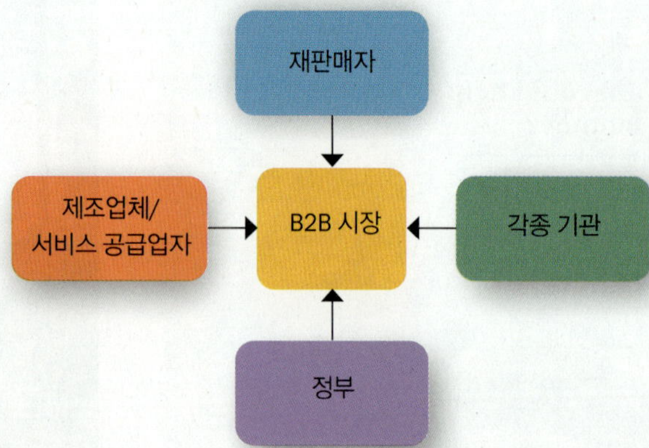

그림 6.1 B2B 시장

LO1 B2B 업체들이 그들의 고객을 어떻게 세분화하는지 알아본다.

B2B 시장

B2B 거래의 가장 대표적 유형은 제조업체나 서비스 공급업체가 다른 업체와 거래를 하는 형태이다. 그러나 재판매자, 각종 기관, 정부도 B2B 거래에 참여할 수 있다. 다음의 절에서, 이러한 B2B 조직들에 대해 각각 설명하고자 한다(그림 6.1 참조).

제조업체 및 서비스 업체

제조업체들은 그들의 완성품을 만들고 판매하는 데 필요한 원료, 부품과 부속품을 구매한다. 예를 들어, 유럽에서 가장 큰 자동차 제조업체인 독일의 Volkwagen Group은 Audi, Bentley, Bugatti, Lamborghini, Seat, Skoda, Scania VW와 VW의 많은 상용차 브랜드를 소유하고 판매하고 있다.[10] 예전에는 이 그룹의 구매 에이전시가 필요한 부품에 대한 정보를 탐색하고 확인해 결재처리를 하는 데 업무시간의 70%를 소비했지만 오늘날 그들은 조달에서 물류에까지 모든 거래에 대해 공급자들과 커뮤니케이션하기 위해 VWSupplyGroup.com을 이용하여 효율성을 추구하고 있다.

이 시스템은 현재 45,600개의 공급업체에 의해 사용되고 있는데 2010년에 21억 3천 유로(약 US 3억 달러) 가치의 거래에 이용되었다.[11] 현재의 구매 에이전트는 제품 명세서를 온라인으로 직접 공급업체로부터 받고 있는데 예전에 2시간이 소요되던 검색과정이 약 9분 정도로 단축되었다. 시스템의 사용자는 이 시스템을 통해 부품의 부족사태가 발생하기 전에 잠재적 부품 부족의 경고도 받는다. 그래서 중복적인 서류 작업 대신 효율성 추구에 집중할 수 있는 것이다.

IBM은 Volkwagen Group의 이러한 시스템을 설계하는 데 필요한 컨설팅 서비스를 제공했다. 한때 컴퓨터 및 관련 제품의 제조업체였던 IBM은 지금은 대부분 서비스 분야인 소프트웨어, 컨설팅, 파이낸싱 사업 등의 분야에서 90%가 넘는 이윤을 창출하고 있다. Volkwagen Group과 마찬가지로, IBM도 이들 사업을 지원하기 위해 많은 B2B 제품 및 서비스업체를 필요로 한다. 그리고 IBM의 컨설턴트와 서비스 제공업자들이 이용하는 항공사 역시 그들을 지구촌 곳곳에 데려다 주는 데 있어 필요한 컨설팅

독일 기반의 Volkwagen Group은 Bentley와 같은 차량 생산을 위한 부품 조달을 위해 공급업체들과 직접적으로 정보교환을 하고 있다.

과 법적 서비스 및 기타 서비스를 필요로 할 뿐만 아니라 비행기와 연료와 같은 제품 믹스의 효율화를 추구하고 있는 B2B 시장이라 할 수 있다.

재판매업자

재판매자는 단순히 제조된 제품을 크게 변경시키지 않고 재판매하는 마케팅 중간상이다. 예컨대 이들 중 도매 및 유통업체는 Xerox의 제품을 구입하여 소매업체에게 판매(B2B 거래)하고 있고 소매업체는 최종적으로 소비자에게 해당제품을 재판매하고 있는 것이다(B2C 거래).

소매업체들이 직접 Xerox로부터 물건을 구매할 수도 있다. 하여튼 이러한 도매업자, 유통업체, 소매업체들이 재판매업자라고 할 수 있다. 소매업체들은 대표적인 재판매업자로서 B2B 거래에 참여하게 된다. 판매용 상품 구매나 인테리어 비품, 자금 조달, 장소 임대 등의 거래가 그러한 예가 된다. 〈가치 부가 사례 6.1〉은 T.J. Maxx가 어떻게 자사 점포에서 판매하는 상품들을 구매하기 위해 파트너들과 협력하고 있나를 보여준다.

기관

병원, 교육기관, 종교단체 등의 기관 역시 모든 종류의 재화 및 서비스를 구입하고 있다. 미국의 보통 공립학교 시스템은 연간 40만 달러의 교과서 구입 예산을 가지고 있다. 이들 기관 구매자는 상당한 구매력을 가지고 있고 이 때문에 대량구입 조건의 할인을 요구할 수도 있는 것이다. 그러나 만약 각각의 학교가 구매결정권을 수행하는 경우엔, 전체로서의 학교 시스템은 구매 파워를 제대로 행사하기 힘들게 될 것이다.

공공기관 또한 B2B 관계로 거래에 참여하는 데 사회적 자본의 건설이나, 장비, 소

가치 부가 사례 6.1 가치 지향적인 구매

소매업체인 T.J. Maxx와 Marshall은 염가로 그들 고객들에게 고급 브랜드 상품을 싸게 판매하고 있다. 이런 소매업체는 일반적인 소매업체와는 달리 제조업체에게 넓은 스펙트럼의 가계소득수준의 소비자들에게 접근할 수 있도록 함으로써 중요한 역할을 제공할 뿐만 아니라 제조업체의 재고 상품을 팔 수 있는 기회를 제공하고 있다.[12]

T.J. Maxx와 Marshall의 모기업인 TJX가 이등품이나 잘 팔리지 않는 상품을 구입하여 염가로 파는 것이라는 추측과는 달리[13] 이 회사는 백화점이나 전문매장에 납품하는 세계 각지의 1만여 개의 제조업체로부터 직접 물건을 구입한다. T.J. Maxx와 Marshall이 이월된 상품을 싸게 구입하여 판매한다는 소문도 사실이 아니다. TJX의 CEO는 T.J. Maxx와 Marshall에서 제공하는 대부분의 상품은 당해 연도와 당해 계절에 기획된 것이라 말한다. 할인된 가격이지만 그들의 브랜드를 손상시킬 마음이 없기 때문에 품질수준은 같다고 한다. T.J. Maxx와 Marshall 상품과 백화점 및 전문 매장에서 판매되는 고급 패션, 건강, 화장품, 그리고 식품 등의 상품과의 유일한 차이점은 가격이라는 것이다.[14]

이러한 B2B관계는 양쪽 당사자에게 유익하게 작용한다. 하이패션 브랜드 공급업자는 그들의 특정 브랜드를 광고할 필요도 없고 고급 브랜드 이미지를 보호하면서 백화점 고객들에게 정상적 가격으로 판매하는 것과 충돌을 피할 수 있기에 기꺼이 TJX에게 공급하고자 한다. 또한, TJX는 백화점과는 달리, 이들 공급제조업체에게 팔리지 않는 옷을 반품하지도 않는다. 오히려 백화점이나 전문상점들이 공급제조업체에게 반품한 상품들을 인수하여 빠른 시일 내로 T.J. Maxx와 Marshall의 소비자에게 재판매하는 것이다. 이러한 관계는 양 당사자에게 유익한 결과를 만들어낸다. 의상 디자이너나 제조업체는 그들 제품의 고객을 만나는 것이고 TJX는 최종적인 판매를 담당함으로서 이익을 보게 된다는 것이다. 판매업자에게는 제철 패션 의류를 할인된 가격으로 팔 수 있는 이점을 가지기에 도움이 된다. 결국 모두에게 긍정적 결과를 가져오는 것이다.[15] 이러한 구매 과정을 통해, TJX는 협력업체와 함께 최종고객의 만족을 창출하고 있다. 이들의 노력은 성공적으로 보이는데, 익명의 한 블로거가 '숙녀분들, 좋은 상품을 싸게 살 수 있는 확신을 가지고 구매하세요.'라고 추천하는 댓글을 볼 수 있다.[16]

T.J. Maxx는 그들의 협력업체와의 특별한 관계 형성을 통해 고객들에게 이익의 일부분을 돌려주고 있다.

모품, 식품 및 청소서비스까지 자신들이 필요한 재화나 서비스를 구매하게 된다. 예를 들어, 〈소셜 및 모바일 마케팅 사례 6.1〉 하이라이트에서 보듯이 iPad는 교육기관과

소셜 및 모바일 마케팅 사례 6.1

iPads가 직장으로 가다.

2010년 출시 이후, iPad는 게임, 온라인 액세스, 음악, 비디오, 이메일에 대한 광범위한 사용으로 급속하게 확산되고 있다. 기술을 잘 아는 기업 임원들이나 교육자는 iPad가 그들의 직장에서뿐만 아니라 단순한 놀이에서도 유용하게 이용될 수 있음을 알게 되었다. 우선, 태블릿 컴퓨터는 노트북보다 더 가볍고 저렴한 가격에 구입할 수 있다는 것이다. 업로드된 전자책은 계속 새로운 내용으로 업그레이드가 가능하고 실제 종이로 된 책보다 저렴하다.[17]

어느새 교실과 직장에서 iPad의 사용은 사회적 분위기 속에서 자연스럽게 확산되고 있다. 교육자들은 이 기기가 교재의 휴대를 편하게 해주는 것을 넘어서 교육적 부담금을 줄이고 학생들에게 많은 가치를 제공하고 있음을 확인하고 있다. 학생들은 이것으로 동영상이나 자습서를 보기도 하고 메모를 하거나 특정 기술을 보여주는 대화형 프로그램 작동용으로도 사용할 수 있다. 그들은 iPad를 이용하여 문서나 관련 텍스트를 쉽게 스크롤하여 현재의 토론과 관련된 부분을 검색하여 이용할 수 있다. 또 파트타임 학생이나 원거리 등하교 학생들은 합동 학습이나 팀 학습을 위해 친구들과 쉽게 대화하고 정보를 교환, 논의할 수 있다.[18] 뿐만 아니라 시각적 학습자, 자폐아, 학습장애자, 그리고 어릴 때부터 전자도구를 가깝게 사용하면서 성장한 학생들까지도 이 도구의 상호 작용 기능과 다양한 컨텐츠를 이용하여 미래의 직장에서 중요해질 기술의 편리성을 맛보고 있는 것이다.

Fortune 잡지가 선정한 100대 기업 중 80%가 iPad를 활용하고 있거나 채택을 시도하고 있다고 한다.

iPad는 직장에서도 대단히 인기가 많다. 예컨대, Wells Fargo Bank, 비즈니스 관리 소프트웨어 개발업체인 SAP, Daimler's Mercedes-Benz 등 다양한 기업의 임원, 직원, 고객들은 이 기기를 채택하여 사용하고 있다. 비행기 조종사도 비행 매뉴얼, 탐색 차트 등 여러 자료로 가득한 페이퍼 바인더를 iPad로 대체하기 시작했다.[19] 또 Siemens Energy사에서는 300 피트 높이의 타워 꼭대기에서도 매뉴얼과 점검사항의 확인, 그리고 카메라를 사용할 수 있도록 그들의 풍력터빈 서비스 기술자들에게도 iPad를 사용토록 지급하였다. 그래서 iPad 제조업체인 Apple사에 따르면 Fortune 잡지가 선정한 100대 기업 중 80%가 이 기기를 활용하고 있거나 채택을 시도하고 있다고 한다.[20]

그러나 직장이든 학교든 iPad의 불편한 점이 없는 것은 아니다. 종이 교과서 구입비용을 절감시켜 주는 대신 iPad용 무선장비의 구비나 보수유지용 자금이 필요해지는 것이다. 또한 이것은 학습효과를 높여주지만 교사를 대신할 수는 없고 1대 1 상호작용도 불가능하다. 연구자들이나 비즈니스용 사용자들은 iPad가 아직은 긴 문장 작성과 앱의 공유가 부담스럽고 멀티태스킹이 아직 불가하다고 지적하였다. 그리고 몇몇 회사는 iPad의 보안성 문제 때문에 채택을 미루고 있고 Apple사가 전통적으로 B2B 시장을 무시하고 일반소비자 시장만을 중시하는 것을 탓하기도 한다.[21] 이런 단점에도 불구하고 iPad의 업무적 내지 교육적 활용도는 어마 어마하다고 할 수 있다.[22]

직장 안에서 그 역할이 증대되고 있는데 이들 공공기관 역시 이러한 iPad의 구매 의사결정을 해야 할 시장이 된다는 말이다.

정부

대부분의 국가에서, 중앙 정부는 재화와 서비스의 가장 큰 구매자 중 하나이다. 예를 들면 미국 연방정부는 재화와 서비스를 조달하는 데 매년 약 3.7조 달러를 사용하고 있

미 정부는 매년 약 50억 달러 이상을 우주항공 및 방위 예산으로 단순 부품부터 F-14 Tomcat jetfighter 까지의 구매용으로 지출하고 있다.

다.[23] 만약 주정부의 구매액과 지방정부의 지출액까지 합치면 이 수치는 엄청나다. 미국 국방부는 회계연도 2011년에만 약 600억 달러 이상의 지출액을 특히 항공우주[24] 및 방위(A&D) 제조업체에게 집행하였다. B2B 거래 사례로 정책연구소인 PSI(Policy Studies Inc.)는 미국 정부기관들에게 형사 사법, 건강관리, 인간 서비스와 관련하여 컨설팅, 관련기술, 아웃소싱 서비스를 제공, 거래하고 있는데 그 중 가장 눈에 띄는 서비스로 주정부 및 지방정부 기관들 대상의 자녀 양육비 집행 프로그램 제공을 들 수 있다.[25]

B2B 구매 프로세스

LO2 B2B 구매과정의 순서를 정리해본다.

B2B의 구매 프로세스(그림 6.2)는 B2C와 여러 면에서 차이가 분명 있지만 거의 비슷하다. 둘 다 구매 필요성의 인식으로 시작되지만, 정보 검색 및 대안의 평가 단계에서 B2B 프로세스가 좀더 공식적이고 체계적으로 이루어진다. 일반적으로 B2B 바이어는 그들의 요구를 서면으로 작성하며, 잠재적 공급자에게 공식적인 제안서의 제출을 요청하는 반면, B2C는 주로 개인이나 가족단위에 의해 결정이 이루어지며 공식적인 문서를 필요로 하지 않는다. 예컨대 개인이 태블릿 컴퓨터를 구매할 경우에 상점을 일일이 돌아다니거나 어느 정도 시간을 들여 온라인 검색을 하며 상품을 비교하게 될 것이다.

하지만 한 학군 단위에서 교육용으로 1,000개의 태블릿 PC를 구매한다면 제조업체들에게 제품요구서를 작성하여 입찰 참가를 요청해야 하고 지출 결재도 받아야 된다. 그리고 여러 요소를 고려해야 하는 대부분의 B2B 거래에 있어서는, 최종 결정권은 별도의 위원회에서 행사할 수도 있다. 또한 B2C 상황에 있어서는 고객이 직접 구매를 결정하고 가끔은 구매후 불만족을 경험할 때도 있지만 B2B 상황처럼 공급업체와 해당 납품물건에 대한 공식적인 사후 평가를 행하지도 않는다. 자, 이제 한 학군 단위의 교육청에서 중학생들을 위한 태블릿 PC를 대량 구매하고자 하는 경우 구매과정을 6단계로 구분하여 살펴보도록 하자.

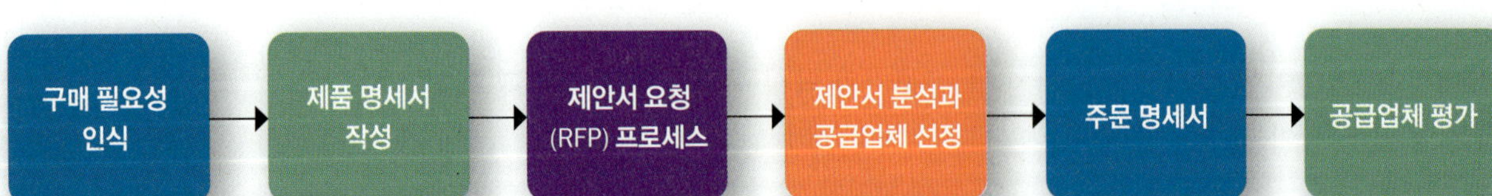

그림 6.2 B2B 구매과정

1단계: 구매 필요성 인식

B2B 구매 과정의 첫 단계는, 구매조직이 내부 또는 외부적 통로를 통해 어떠한 재화나 서비스의 구매 필요성을 인식하는 것이다. 자 이제 The Salt Lake City, Utah 학군 교육청에서 학생들의 학습력을 높이고 학생별 학습법 매칭을 위해 중학교 학습교재 도구로 태블릿 PC를 도입한다고 하자. 그러면 여러 명의 관련 교육자들이 그저 화이트보드에 적혀 있는 정보를 보고, 듣고, 받아 적는 것보다 상호 정보교환을 할 수 있는 이 기기를 통해 학생들이 좀더 잘 배울 수 있는지 교육학적 측면에서 관련 문헌을 검토하게 된다. 이러한 검토 결과를 통해 확신이 생기면 교육청은 충분한 구입자금을 제공해 달라고 교육위원회를 설득하게 된다. 그러면 그들은 1,000개의 태블릿 PC를 구매할 준비가 되어 있는 것이다.

2단계: 제품 명세서 작성

구매 필요성을 인식한 뒤, 노트북을 포함해 여러 대안을 고려한 후 교육청은 공급업체들이 제안서를 작성할 때 고려할 제품 명세서를 작성하게 된다. 이 교육청의 제품 명세서에는 화면 크기와 배터리 수명, 프로세서 속도, 인터넷 연결 방법, 배달 날짜 등이 포함될 수 있다. 교육청은 이와 더불어 태블릿 PC에 쓸데없는 어플 대신에 학습에 유용한 어플의 설치와 화면보호기, 전원코드, 커버, 스탠드, 키보드, 헤드폰 등을 요구했다. 또한 이 교육청은 공급업체에게 모든 태블릿 PC에 대해 고장 시 24시간 내 교체해 주는 서비스를 3년간 보장하는 사후 서비스 계약을 요청했다.

3단계: 제안서 요청(RFP) 프로세스 과정

제안서 요청(RFP, request for proposals) 프로세스는 기업들이 필요한 부품이나 제품 사양을 공급할 수 있는 업체들에게 입찰 참여를 요청하는 일반적인 과정이다. 구매 기업은 자사의 RFP 요구사항을 단순히 웹 사이트에 게시하거나 다양한 B2B 웹 포털을 통해 진행하기도 하고 직접 자신이 선호하는 공급업체를 찾아 알릴 수도 있다.[26] 앞의 사례 학군 교육청에서는 선호하는 공급업체가 없기 때문에 RFP를 작성하여 여러 태블릿 공급업체, 전문기술 기업 및 기타 관심 있는 업체 관계자를 계약 입찰에 초대하였다.

소규모 구매기업은 그들의 요청에 많은 공급업체들의 관심을 끌 수 있는 능력이 부족하기에, 웹 포털을 주로 이용한다. Yahoo나 MSN같은 일반적인 포털이 있지만, B2B 거래 당사자들은 온라인 정보 교환 및 거래에 참여하기 위해 관련 전문포털이나 틈새 포털을 이용하기도 한다. 이런 방식은 구매 또는 유통 프로세스를 간소화하는 데 도움이 되고 있다. 이들 포털을 통해 거래 시마다 매번 필요한 협상과 통상적 서류작업이 생략되기에 포털은 엄청난 비용 절감을 가져다주고 있으며, 이들 포털은 구매자의 요구에 신속하게 대응할 수 있는 공급 체인망을 형성하는 수단이 되고 있다.

숙련된 서비스 직원을 찾는 중소기업들은 Guru.com 같은 포털사이트를 이용할 수 있다. 이 사이트는 프리랜서 전문가와 이들의 서비스를 요구하는 회사들을 연결해, 예컨대 그래픽 디자인과 카툰 작업, 또는 재무 및 회계에 대한 조언 등을 이용할 수 있게끔 해주고 있다. 현재, 724,000명의 전문가들이 자기들의 전문 서비스 거래를 위해 사이트에 자신의 제공 서비스를 게시하고 있고, 30,000개 이상의 기업들이 정기적으로 작업 지시를 하기 위해 이 사이트를 방문하고 있다. Guru.com은 이렇게 회사와 프리랜서들에게 서로를 찾는 연계 기회를 제공할 뿐만 아니라, 분쟁처리 및 결제용 에스크로우 서비스, 프리랜서 평가 내용까지 제공하는 중요한 역할을 하고 있다.[27]

4단계: 제안서 분석, 공급 업체 협상 및 선택

구매조직은 그 구매의 중요한 의사결정권자와 함께 RFP에 대한 참여로 수신된 모든 제안서를 평가한다. 학군 교육청에서는 교육위원회, 교사 노조대표, 또 이 구매에 관심이 있는 학부모들과 함께 수신된 제안서를 검토한다. 때때로 많은 구매기업들은 기존의 거래 경험이 있는 몇몇 공급업체들과 가격이나 품질, 납기 및 자금문제와 같은 핵심조건에 관해 논의하는 것으로 이 과정을 축소하기도 한다. 일부 기업은 특별히 제공되는 제품이나 서비스가 비즈니스의 중요한 측면이나 중요한 부품이라면 여러 다수의 공급업체와 협상을 하도록 하는 정책을 가지고 있기도 하다. 이러한 정책은 공급업체를 긴장시키기도 한다. 그들은 구매기업에게 더 나은 조건을 제공하는 다른 공급업체에게 구매량의 큰 부분이 돌아갈 수 있다는 것을 알고 있다. 해당 학군 교육청은 이번 구매가 단기적으로는 새로운 응용 프로그램이나 업데이트를 수용할 수 있을 만큼 안정적이며 유연한지 확인하고 싶고 장기적으로도 이번 태블릿 컴퓨터 활용기술이 오랫동안 유용하게 이용되기 원하기 때문에 여러 공급업체에 대해 평가하게 된다. 특히 해당 제품의 납품실적이나 유사 관련 기술제품의 판매실적 중심으로 제안서를 평가한다.

또한 구매기업이 요구하는 제품의 사양을 충족시킬 수 있는 공급능력도 중요한데 예컨대 학교에서 대낮에 배터리가 방전이 될 경우, 해당 기기의 사용 학생은 기기에 액세스를 할 수 없고, 따라서 다른 급우들에 비해 뒤처질 수 있는 경우도 생길 수 있기 때문이다. 공급업체의 재무상태도 공급업체가 오랫동안 해당사업을 유지할 수 있는지를 판단하는 중요한 지표가 된다.

5단계: 주문 명세서

다섯 번째 단계에서, 구매기업은 선정된 공급업체에게 주문을 하게 된다. 주문서는 주문상품의 구체적인 특성, 가격, 납기일자, 그리고 위반 시의 페널티 조항까지 포함한다. 공급자는 주문서를 받고서 지정된 날짜까지 공급하겠다는 승인서를 보낸다. 교육청이 구매하는 학습용 태블릿 PC의 경우, 언제 그리고 어떻게 판매자가 예방적 보수유지를 해야 하는지, 납품업체의 누가 납품문제 발생 시 해결을 담당해야 하는지, 그리고 어떤 조건에서 고장난 물품을 교체해 주는 것인지에 관해서도 명확히 규정해 둬야 한다. 보수유지나 교체에 대한 사항은 학교의 경우 여유분의 태블릿 PC를 소유할 상황이 되지 못하기 때문에 매우 중요하다.

(1) 평가 항목	(2) 중요성 가중치	(3) 평가 점수(5점 척도)	(4) 가중치(2) X 평가(3)
고객서비스	.40	5	2.0
문제 해결능력	.20	4	0.8
납기(배송)	.10	5	0.5
제품 품질	.30	3	0.9
합계	1.0		4.2

그림 6.3 공급업체의 성과에 관한 평가서

6단계: 공급업체 성과 평가

기업들은 차후의 구매에 대비해 소비자의 구매과정에서와 같이 공급업체의 성과, 즉 공급업체에 대한 만족도에 대해 분석하게 된다. B2C와의 차이점은 B2B의 조건에서의 평가과정이 보다 체계적이고 객관적이라는 것이다. 상기의 사례 학군의 교육청이 태블릿 PC 납품업체에 대한 만족도를 어떻게 평가했는지 그림 6.3의 평가항목, 즉 품질, 납기, 고객서비스, 문제 해결능력 중심으로 알아보자.

1. 구매팀은 업체평가를 하는 데 있어서 중요하다고 생각하는 평가항목을 선정한다.
2. (1)열의 평가항목에 대해 각각의 중요성을 고려해 (2)열에 각 항목의 중요성 가중치를 부여한다. 더 중요한 항목일수록 점수를 높게 부여한다. 하지만 총합계치는 1이 된다. 위의 경우에는 구매팀이 문제해결 능력 및 배송에 대해 상대적으로 덜 중요하게, 그리고 고객서비스와 품질에 대해서는 매우 중요하다고 판단하고 있다.
3. 세 번째 열에는 구매팀이 해당 공급업체가 그 항목에 대해서 얼마나 잘 수행했는지 평가하여 점수를 할당한다. 1점은 "성과가 안 좋음" 5점은 "최고의 성과"라고 판단, 측성하여 학군 교육청은 제품 품질을 제외한 모든 항목에서 태블릿 납품업체가 좋은 만족도를 주었다고 평가를 내렸다.
4. 네 번째 열에서는 공급업체가 보여준 성과에 대해 각 평가항목의 중요성 가중치와 평가점수를 곱하여 점수를 매긴 후 전반적인 성과 점수를 계산하기 위해서 이를 합산하여 계산한다. 위 사례에서는 대부분의 항목에서 태블릿 납품업체는 좋은 평가를 받았고, 5점 만점 중 총합계 4.2의 좋은 점수를 받았다.

구매센터

LO3 구매센터 내에서의 각 구성원의 역할을 확인해본다.

대부분의 대규모 조직들에서는 여러 사람들이 구매결정에 책임을 갖고 참여한다. 이들이 구매센터를 구성한다. 구매센터 구성원으로는 구매 결정에 있어서 공식적인 역할을 하는 구매 부서의 담당자로부터 특정 장비나 새로 구입하는 기계의 사용자, 그리고 이들 기계운용에 필요한 부품 및 원료를 구체적으로 명시해줄 디자인팀의 구성원에 이르기까지 다양하다. 이러한 구성원들은 구매과정에서 서로 다른 다양한 역할을 맡게 되는데 공급업체는 마케팅 및 영업활동을 효과적으로 수행하기 위해서는 이들의

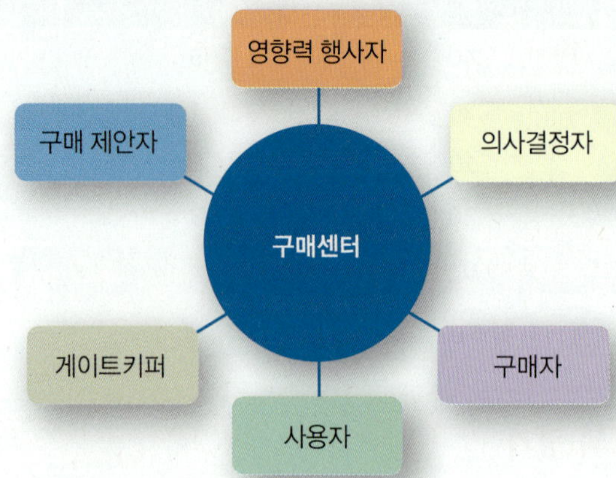

그림 6.4 구매 센터의 구성원과 역할

역할을 이해하고 있어야 한다. 일반적으로 구매센터 내에서 6가지 유형의 구매참여 역할로 분류할 수 있다(그림 6.4 참조).

개인 또는 다수의 사람들이 다음의 역할 중 하나 이상을 수행할 수 있다.

(1) 구매제안자: 먼저 특정 제품 또는 서비스의 구매를 제안하는 사람
(2) 영향력 행사자: 최종 구매결정을 하는 데 있어 다른 구매센터의 다른 동료들에게 영향을 미치는 사람
(3) 의사결정자: 구매결정의 전체 또는 부분 결정을 궁극적으로 내릴 수 있는 사람
(4) 구매자: 실제 구입하는 데 필요한 서류를 작성하는 사람
(5) 사용자: 해당 제품이나 서비스를 사용하는 사람
(6) 게이트 키퍼(Gatekeeper): 의사결정권자나 영향력 행사자에게 정보의 제공이나 접근을 컨트롤 하는 사람[28]

구매센터가 어떻게 작동하는가를 설명하기 위해 병원에서의 구매과정을 생각해 보자. 예컨대, 병원에서는 엑스레이 기계, 주사기 및 환자용 변기를 어디서 어떻게 구매하는 것일까? 왜 어떤 치료는 부분적으로 또는 전체적으로 보험에 의해 해결이 되는데 어떤 치료는 보험 적용이 안 되는 것일까? 그리고 당신의 담당의사는 왜 다른 것 대신에 알레르기 치료 약물로 특정의 약품을 추천하는 것일까?

구매 제안자-당신의 담당의사 당신이 의사로부터 어떤 치료를 받고자 할 때, 그는 당신의 병을 치료하거나 치료에 도움이 될 제품이나 서비스를 정함으로써 구매과정 절차를 시작하게 될 것이다. 예를 들어, 당신이 스노우 보드에서 떨어지는 중에 몸을 지탱하려 하다가 바닥에 팔꿈치가 여러 조각으로 부서졌다고 하자. 당신의 뼈를 이어주기 위해 그 부위의 수술이 필요할 것이고 그러려면 여러 개의 고정나사가 필요할 것이다. 담당의사는 신속하게 수술일정을 병원 해당부서에 통지하고 수술에 사용되는 특정 브랜드의 나사를 지정할 것이다.

윤리적 관점에서 의약품 판매 사원들은 어떤 정보들을 의사들에게 제공해야 할까?

영향력 행사자-의료기기 공급업체, 약국 수년간 당신의 담당의사는 고가의 나사를 공급하는 ElbowMed 회사의 나사(screws)를 이용하고 있었다. ElbowMed 회사의 나사를 처음으로 그가 이용하게 된 이유는 그 회사의 영업사원이 그의 사무실을 방문하여 ElbowMed 회사의 나사가 어떤 면에서 경쟁사 것보다 훨씬 우수한지 입증하면서부터이다. 담당의사는 ElbowMed 회사의 나사가 다른 것보다 좋다는 것을 인정했던 것이다. ElbowMed의 영업 담당자는 실제 데이터와 사례 제시로 자기네 회사의 제품이 좋다는 것을 효과적으로 설명하여 의사의 구매결정에 영향을 미쳤던 것이다.

의사결정자-병원 당신의 담당의사가 ElbowMed의 제품을 원하더라도 병원이 궁극적으로 그 제품의 구입을 결정한다. 병원은 수술실, 수술장비, 각종 의료용품 등을 공급하기 때문에 병원 관리자들은 여러 요소를 따져보는데 예컨대, 환자에게 적합한지, 보험 상품으로 구입비용이 보상될 수 있는지 등에 대해 확인한 후 결정하게 된다.

구매자 고정나사의 실제 구매자는 병원의 물품 관리자로서 가장 효율적인 방식으로 병원용품을 구매해야 할 것이고 재고에 대한 책임을 지는 입장에 있다. 반면에 ElbowMed 회사의 나사는 당신의 치료에 적합한지 모르나 거즈와 봉합기구와 같은 다른 제품들은 단체구매조직 GPO(group purchasing organization)를 통해 대량구매로 저렴하게 이루어질 수도 있다.

사용자 하지만 궁극적으로 이 모든 과정에서 가장 큰 영향력을 발휘하는 건 사용자이다. 좀더 구체적으로 말하면 당신의 깨친 팔꿈치이다. 만약 이 치료방법이 적절치 않거나 다른 좋은 대안이 있다면 당신은 ElbowMed회사의 나사를 사용하지 않을 수도 있기 때문이다.

게이트 키퍼-보험회사 당신의 보험회사는 ElbowMed 회사의 나사가 너무 비싼데다가 다른 회사의 나사가 동등한 효과를 가져올 수 있다면서 나사 구입액의 전체 또는 일부를 병원에 보험금 형태로 지급하는 것을 거부할 수 있다. 결국 최종 구매결정은 구매센터의 모든 참여자 의견의 참고를 통해 이루어진다.

〈윤리와 사회적 딜레마 사례 6.1〉은 비윤리적이고 불법적 방법뿐만 아니라 비싼 선물과 뇌물을 통해 구매 선택에 영향을 미치는 일부의 국제 관행을 보여준다.

조직문화

LO4 조직문화의 여러 유형을 알아본다.

조직문화는 조직 구성원의 행동을 가이드 하는 조직 이념, 가치관, 관습과 전통을 의미한다. 회사의 문화란 종종 다양한 업무를 통해 직원들이 서로 공유하는 무언의 업무 지침을 포함한다. 예를 들어, Walmart의 구매자는 공급업체로부터 어떤 작은 선물, 커피조차 한 잔을 받을 수 없다. 이런 규칙은 Walmart의 전반적인 기업 문화가 어떤가를 보여준다. 저가 전략을 구사하는 업체의 바이어들은 단지 제품과 업체의 장점만을 기반

윤리와 사회적 딜레마 사례 6.1 비즈니스인가 뇌물인가?

일부 국가에서는 정부와 해당기관에 비즈니스 거래상 영향력을 미치기 위해 돈을 주고 고가의 선물을 주는 것 등의 뇌물수수 행위를 관행으로 여기고 있다.[29] 미국에서는 이러한 관행은 비윤리적이고 불법적인 것으로 간주된다. 세계가 글로벌 경제체제로 갈수록, 공정거래 질서를 만들기 위해 뇌물수수 척결을 위한 압력과 노력은 높아져 가고 있다. 그러나 전통적으로 비즈니스 뇌물에 익숙해 왔던 국가들은 이런 행위들을 범죄화하는 것이 오히려 그들의 비즈니스 경쟁력에 악영향을 미칠 것이라고 주장하고 있다.[30] 어떤 한 국가에서 유리한 계약 성사를 가능케 하여 돈을 쉽게 버는 행위가 다른 나라에서는 감옥으로 갈 수 있는 일이 된다고 할 때 이러한 비정상이 국제적 규모로 사업을 하는 경영자들에게 어떻게 인식되겠는가?

기업 간 서로 협력하거나, 기업과 정부가 비즈니스로 인해 만나게 되면 뇌물이라는 것이 나타날 수 있다. 다시 말해 어떤 회사의 경영진은 공무원과의 사적인 금전적 수수 행위를 통해 회사의 성장에 방해가 되는 규제를 해결하여 이득을 보고 해당 공무원은 새 차를 구입하여 운전할 기회를 얻을 수도 있다. 이러한 상호 거래의 유형은 몰래 두 사람 사이에서 일어나는데 만약 대형 규모의 사회적 자본 건설과 같은 거래에서 발생한 것이라면, 그 결과 불안전한 건설 인프라, 교량 그리고 건물 건축까지 매우 안 좋은 결과를 가져 올 수도 있다.

세계 경제를 볼 때 점점 외국과의 거래시 뇌물수수 현상이 줄어들고 있는 추세이다. 세계 경제인들이 이런 차원에서 사용하는 하나의 전략은, 해당 국가와 산업의 부패 정도를 비교할 수 있도록 'Transparency International'[31]에 의해 공적 보고서(부패지수)를 내고 공개하는 것이다. 이 조사보고서는 어떤 기업체에서 다른 기업체에게 전달하는 기업체간의 뇌물수수 빈도도 공무원에게 가는 뇌물수수 빈도만큼 일반적이라는 예상치 못한 조사결과도 밝혔다. 최악의 부패국가나 산업분야를 조명함으로써, '부패지수 보고서'는 해당 국가의 경제 이미지가 손상되거나 좋지 않은 경제 효과가 나타나도록 함으로써 스스로 변화하도록 유도하고 있다.

마지막으로, 이 보고서는 부패감소와 개선을 유도하기 위한 제안도 하고 있다. 아래 그래프에서 보듯이 2011년 'Transparency International'의 부패지수는 전 세계에서 큰 경제규모를 가진 28개국의 뇌물수수 정도를 보여주고 있다. 중국과 러시아에서 사업상의 의사결정에 영향을 미치기 위해 돈과 선물을 많이 사용하는 것으로 나타났다. 이 수치는 2008년 보고서와 크게 차이가 나지 않는데, 이 나라들은 최근에야 국제 비즈니스 거래상 뇌물을 받는 기업과 개인에 대한 법적 규제를 적용하기 시작했기 때문이다.

이 보고서는 부패 감소의 긍정적인 결과도 보여주었다. 유럽에서 실시한 비즈니스 설문조사 결과, 응답자의 2/3은 윤리적 행동에 대한 좋은 명성을 가진 기업이 그렇지 않은 기업에 비해 상업적 이점을 더 가지고 있다고 생각한다는 것이다.[32] 이와 같은 연구 결과는 거래 관행의 투명성 제고, 국제 반부패 기준과 모니터링 및 반부패 비즈니스 정책과 법률의 강화, 그리고 내부고발자의 권한 강화 등과 함께 국제적 뇌물수수 빈도를 줄여 나갈 수 있게 할 것이다.

국가별 부패지수와 기업들의 뇌물 수수 성향

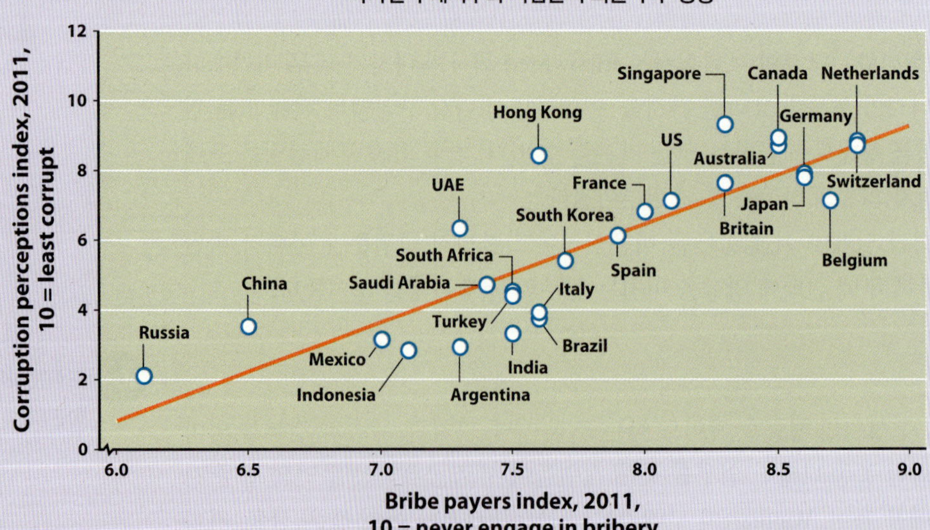

출처: © *The Economist Newspaper Limited*, London.

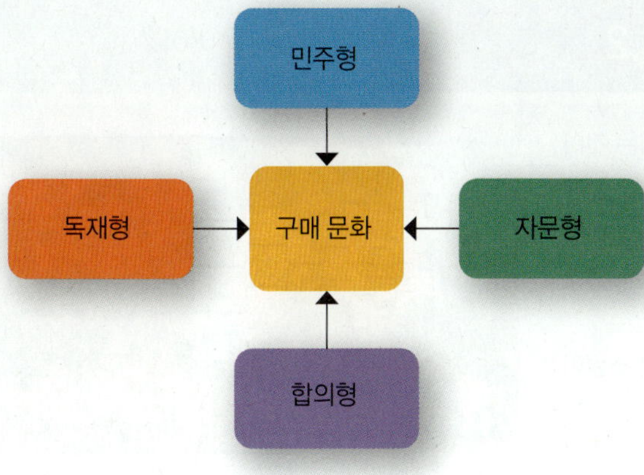

그림 6.5 조직의 구매 문화

으로 구매결정을 해야 한다.

조직 문화는 구매결정에 큰 영향을 미칠 수 있는데, 기업의 구매센터의 문화는 크게 4가지의 일반적인 유형으로 나눌 수 있다. 그림 6.5에서 보듯이 독재형, 민주형, 자문형, 합의형이 그것이다. 주어진 조직의 구매센터 문화를 안다는 건 판매자가 어떻게 특정 고객에게 접근하고 어떻게 관련 정보를 전달하며 또 누구에게 영업 프레젠테이션을 잘 해야 할지를 결정하는 데 도움을 준다.

독재형 구매센터에서는 여러 참여자가 있을 수 있지만 한사람이 단독으로 결정한다. 민주형의 구매센터 내에서 다수가 결정하는 규칙이 있는 것과 대조가 된다. 자문형 구매센터는 한 사람이 의사결정을 내릴 수 있지만 그 전에 다른 사람의 의견을 요청하여 듣는다. 마지막으로, 합의형 구매센터에서는 팀의 모든 구성원들이 특정의 구매를 결정하는 데 있어 단체적 합의를 필요로 한다는 것이다.[33]

문화는 조직과 마찬가지로 변화하고 발전하는 생명체와 같은 것이다. 일부 기업에서는 지역에 따라 문화가 다르고 부서에 따라서도 다르다. 당신이 구매 센터의 구성원이든 해당 상품을 판매하는 공급업체의 구성원이든, 구매과정에서 해당조직의 문화와 누가 핵심역할을 하는지를 이해하는 것은 매우 중요하다. 핵심인물이 누구이고 그의 역할이 무엇인지를 알지 못하면 많은 시간을 낭비할 수 있고, 심지어 실제 의사결정권자를 무시하는 결과를 초래할 수도 있다.

B2B 관계 구축

B2B의 맥락에서, 그 관계를 강화하는 방법은 다수 있으며, 이들 방법은 시시각각으로 발전하고 진화하는 것 같다. 예를 들면 블로그와 소셜미디어 등의 수단은 상호 이해를 돕고 검색 엔진을 통해 원하는 정보를 제공할 수 있고, 잠재적 또는 현존의 고객들에게 해당 제품과 서비스에 관해 알려주는 아주 좋은 수단이다. 약간은 차가워 보이는 해당 기업의 문화를 따뜻하게 볼 수 있도록 도움도 주고 있다.[34] 전문가가 블로그를 통해 해

소셜 및 모바일 마케팅 사례 6.2 LinkedIn 이야기

B2B 마케팅이 공식적이고 표준화된 구매상황에서 이루어지는 것이라 언뜻 보기엔 비인간적인 면이 있는 것 같지만, 개인적인 인간관계는 매우 중요하다. 따라서 소셜 미디어 수단은 소비자 대상의 상황에서와 마찬가지로 B2B의 인간관계 형성에 있어 매우 중요한 역할을 한다.[35]

이에 관해 아마 가장 좋은 예가 비즈니스 전문가를 위한 소셜미디어 사이트인 "LinkedIn" 일 것이다. 2003년에 출시된 이 사이트는 매주 약 100만의 회원이 접속을 하고 있다. 2011년 3월, 전 세계 회원수 1억 명을 돌파했다. 이 사이트는 6개의 언어로 200개의 국가에서 사용되고 있어 회원들은 어디서나 지리적 경계를 넘어 B2B 비즈니스 활동을 할 수 있다. 포춘 선정 500대 기업의 많은 임원이 이 사이트의 회원이라고 한다. 따라서 네트워크에 관한 한 이 사이트의 장점은 개인용이든 회사용이든 거의 타의 추종을 불허한다고 자랑하고 있다. 이들의 네트워킹은 다음의 몇 가지 주요 그룹 간에 이루어진다.[36]

Linkedin은 기업 전문가들과의 네트워킹을 위한 아마 최고의 소셜미디어 사이트일 것이다.

- 현재 고객 및 잠재 고객층. LinkedIn은 회사 또는 그 대표자가 신뢰할 만하고 쉬운 접근방식을 통해 구매자들에게 자신들에 대해 소개할 수 있도록 하고 있다. LinkedIn 페이지의 Q&A 코너는 고객들이 질문을 할 수도 있고 공급업체에게 자신들의 전문성을 입증할 수 있도록 기회를 주고 있다.
- 투자자. LinkedIn 페이지는 또한 회사 존립과 회사의 목표 약속이행을 증명할 물증을 제시하고 있다. 이것은 회사발전에 기꺼이 투자할 만한 외부인을 위해 매우 중요한 정보가 되고 있다.
- 공급업체. 공급업체들은 LinkedIn에 등록을 시작함으로써, B2B 바이어는 어떤 공급업자가 시장에서 자신들의 요구사항과 딱 맞고 그들이 필요로 하는 부품들을 공급할 수 있고 관심을 갖고 있는지 식별할 수 있다.
- 종업원. LinkedIn은 근면하고 전문성이 있으며 관심도가 남다르며, 그리고 자격을 갖춘 직원을 찾기 위한 훌륭한 통로가 되고 있다.
- 분석가들. 분석가의 업무는 회사에 대한 자세한 정보를 찾은 다음, 시장에 추천을 하거나 또는 하지 않는 것이다. LinkedIn은 기업들에게 신뢰할 만하지만 여전히 기업 통제의 상황에서 해당 정보를 제공할 수 있는 기회를 주고 있다.

이 사이트는 또한 모든 네트워킹 기회를 찾는 이들에게 정교한 분석을 제공하고 있다. 사이트 이용 회원들은 자신의 페이지를 방문한 사람이 누구인지, 무슨 내용을 보았는지 심지어 LinkedIn의 홈페이지와 경쟁사의 페이지의 성과를 비교할 수도 있게 해주고 있다.[37]

당 제품에 대해 조언과 정보를 제공하게 되면 해당 브랜드의 인지도는 증가된다. 블로그는 이러한 정보 전파의 좋은 매체수단이다. 웹사이트상의 트래픽과 이용 고객들의 의견들을 분석하는 웹 해석학을 통해 해당 미디어의 가치와 역할에 대해 가시적으로 평가해 볼 수 있지만, 사실 더 나은 측정방법은 얼마나 자주 해당 블로그가 여기저기서 이용되는가와 그 미디어가 받는 인기도, 상호작용 정도, 참여도, 친근도, 그리고 영향력 등을 통해 알아 볼 수 있다.

The Linkedin.com이라는 소셜 네트워크는 주로 B2B 시장에서 전문적인 네트워킹을 위해 사용된다. 마이크로 블로깅 사이트인 'Twitter'도 B2B 마케터들에게 매우 중요한 가치가 있다. 왜냐하면 이용자들이 원할 때마다 원하는 만큼 다른 파트너와 소통을 할 수 있게 해주기 때문이다. Hootsuite와 같은 회사들은 Twitter를 이용하는 기업들을 위해 그들이 전통적인 마케팅 캠페인을 위해 필요한 활동을 하는 것처럼, 그들의 팔로워를 관리하는 것, 그들의 포스트를 업데이트 하는 것, 분석 자료를 올리는 것, 심지어 트위팅 일정관리까지 고객회사가 쉽게 할수 있도록 서비스를 하고 있다.[38]

B2B 마케터 대부분은 자신의 마케팅 활동을 위한 관련 백서를 활용하고 있고, B2B의 구매자도 대부분 일반적으로 구매하기 전에 관련 백서의 내용을 참고한다. 경영진은 충족되지 않은 비즈니스 요구에 직면할 때, 일반적으로 관련 백서를 펼친다. 그들의 B2B 파트너는 기술적으로 진보된 솔루션을 가질 수 있지만, 구매자는 구입을 고려하기 전에 그 솔루션을 이해해야 한다. 훌륭한 백서란 프로모션 측면에서 광고하는 것처럼 보이는 것을 피하기 위해 교육적 차원에서 해당 산업분야의 정보나 도전과제 등을 알려준다. 즉 백서의 목표는 비즈니스맨들이 해당 분야를 쉽게 이해할 수 있는 가치 있는 정보를 제공하는 것이다. 이를 통해 해당 회사는 그들의 문제를 새로운 솔루션으로 해결하는 데 도움을 받고 있다.

구매 상황

LO5 여러 구매상황을 구체적으로 파악해본다.

구매 상황의 유형은 B2B 의사결정 프로세스에 영향을 미친다. 대부분의 B2B 구매 상황은 3가지 타입으로 분류할 수 있다.[39] 신규 구매, 수정 재구매, 단순 재구매가 그것이다(그림 6.6 참조). 세 가지 구매 상황 간의 미묘한 차이를 설명하기 위해, 대학의 경우 공급업체와 어떻게 관계를 유지, 관리하는지 살펴보도록 하자. 대부분의 대학들은 예컨대, 스포츠 팀을 가지고 있는 경우 스포츠 의류제품을 구입하기 위해서 Nike, Reebok, New Balance 등의 유명 스포츠 의류 제조업체와 협상하게 된다. 명문 스포츠 팀을 가진 대학들은 의류용품 제조업체와 스포츠 팀 모두의 이익을 위해 그들의 관계를 적절하게 유지 · 관리해 왔다.[40]

The University of Alabama 또는 The University of Southern California 같은 전국

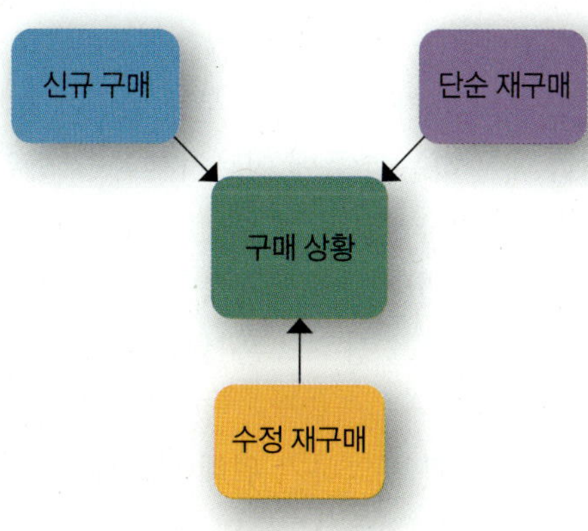

그림 6.6 구매 상황

The University of Alabama 같은 학교는 무료로 운동 장비나 기구를 얻기 위하여 Nike 같은 스포츠 의류 제조업체와 협상을 한다. 그 대가로 제조업체들은 대학 로고가 들어간 의류를 만들어 판매한다.

대회에서 우승한 경험이 있는 유명 대학들은 해당 업체에 무료로 필요한 운동기구나 장비에 대한 후원을 요청할 수 있다. 반면 인기가 없는 스포츠팀을 가진 대학이나 작은 규모의 대학교는 일반적으로 사전적 후원(upfront sponsorship)에 동의하고 특정 기간 동안 해당 업체의 상품을 구입하는 것에 동의해야 이런 후원을 받을 수 있다. 이 후원에 대한 대가로, 공급업체는 해당 대학의 로고가 부착된 의류를 판매 할 수 있는 권리를 확보하거나 그들의 다른 장비를 구입해 달라고 학교 측에 요구하기도 한다. 많은 의류업체들은 유명 대학의 로고를 부착한 옷을 팔 수 있는 권리에 관한 스폰서십 거래를 통해 그들 수입의 상당 부분을 올리고 있다.

'신규 구매' 상황은 고객이 처음으로 서비스나 물건을 구매하는 경우인데[41] 구매자 또는 구매조직이 물품에 대한 어떤 경험도 없기 때문에 구매를 결정하는 과정에 상당 수준으로 유의하면서 관여하게 된다. 이런 경우 B2B의 맥락에서, 구매센터는 구매 프로세스의 모든 6단계를 진행하고, 구매 결정에 많은 사람들을 참여시킬 가능성이 있다. 전형적인 '신규 구매'는 새로운 자본설비에서부터 이전에 회사가 직접 만들었지만 현재는 외부로부터 구매를 해야 하는 부품에 이르기까지 그 범위가 다양하다. 예를 들어, 작은 규모의 대학은 스폰서십을 받기위해 어떤 의류회사를 접근해야 할지 결정해야 할 수도 있다. 또한 남자농구뿐만 아니라 여자축구 같은 다양한 스포츠팀을 갖고 있는 대학이 후원을 해주는 회사를 찾을 경우 스폰서십 계약기간 등 여러 사항을 고려해야 한다.

일부 공급업체들은 유명대학과 계약하기 위해 나름대로의 혜택을 제공하기도 한다. New Balance는 스포츠 팀에게 운동선수들의 신발을 주문 제작해 주는 내용으로 장기계약을 유도하기도 한다. New Balance의 영업팀은 매시즌 해당학교를 방문하여 각 선수들에게 맞춤형 신발 제작서비스를 해주고 있다.

또 다른 예로서 〈가치 부가 사례 6.2〉에서 보듯이 우리는 'HubSpot' 회사가 어떻게 바이어에게 B2B 구매 과정에 참여하기 전 도움이 되는 많은 정보를 알려주는 서비스를 하고 있는 것을 알 수 있다. '신규 구매'의 또 다른 예는 패션산업에서 볼 수 있는데 그곳에서는 런웨이 쇼를 통해 새로운 계열의 의류상품을 살피고 주문을 할 수 있는 기회를 얻곤 한다. 디자이너의 영업도 종종 런웨이 전후에서 바이어들과 개인적인 미팅 중에 일어난다. 구매자는 디자이너와 만나 제품라인에 대해 논의하고 해당 계열의 옷을 입고 있는 모델들도 관찰한다. 구매자의 과제는 어느 아이템이 모델용이 아닌 일반인의 사이즈나 형태로 잘 어울릴까를 상상하며 자기들의 소매업체 매장에서 잘 판매될 수 있는 옷들을 결정하는 것이다. 바이어는 또한 주문이후 6개월 이상 배송이 걸리지 않도록 납기에 대해서도 협상해야 한다. 구매자는 옷 주문 시 납품가 인하를 요구하거나 고객을 위해 더 편안한 옷으로 수정을 제안할 수도 있다. 구매자는 디자이너와 이러한 관계 유지를 위해 핵심고객의 취향에 맞지 않는 경우가 생기더라도 해당 디자이너로부터 어느 정도의 시험적 상품을 구매하기도 한다. 이러한 관계로 구매자는 다음 시즌도 해당 디자이너의 컬렉션에 참여할 수 있게 되는 것이다.[42]

'수정 재구매' 상황에서, 구매자는 과거에 유사한 제품을 구입했지만 가격의 조정이나 품질 수준, 고객 서비스 수준, 옵션 또는 기타 사양을 변경하기로 한 경우에 이루어진다. 수정 요구를 하는 이유가 공급업자 또는 해당제품에 대한 불만이 아닌 한, 현재의 공급업자들이 수정 재구매 상황에서 판매기회를 잡는데 이점을 가질 수 있다. 예컨대, The Ohio State University의 스포츠팀 관리부서는 The University of Michigan의 농구팀이 사용하는 addidas 신발이 개선된 몇 가지 사항이 있다는 것을 안 후 자기네 대학의 농구팀 신발의 사양을 수정해 달라고 addidas에게 요청할 수도 있다.

'단순 재구매'는 구매자 또는 구매 조직이 이전에 구입한 제품의 추가 단위를 단순히 구입하고자 할 때 발생한다. 대부분의 B2B 구매는 단순 재구매 범주에 속할 가능성이 크다. 예를 들어, 스포츠팀은 의류업체의 후원으로 해결되지 않는 선수용 발목 테이프나 웨이트 룸에서 사용되는 각종 웨이트 제품 등의 장비에 대해 엄청난 양으로 재구매 해야 한다. 생수와 같은 일반 소비품의 구입은 일반적으로 기존의 거래업체로부터 단순 재구매로 이루어진다.

이러한 구매 상황의 다양한 유형은 매우 다른 마케팅 및 판매 전략을 요구한다. 신규 구매는 구매조직이 현재의 관행을 바꿀 수 있는 새로운 구매이기에 가장 복잡하고 어렵다. 결과적으로 구매 센터의 여러 멤버들이 관여할 것이고, 그들의 참여수준이 역시 수정 재구매나 단순 재구매의 경우에 비해 더 깊게 될 것이다.

신규 구매 상황에서, 구매센터의 구성원들은 B2B 구매 과정의 각 단계에서 더 많은 노력과 시간을 할애한다. 이는 일반적으로 B2C 과정에서 소비자들이 진행하는 '확장된 의사결정 프로세스'와 유사하다. 신규 구매와 비교해 볼 때, 수정 재구매 상황에서는 B2C 과정에서 소비자들이 활용하는 '제한된 의사결정'과 유사하게 B2B 구매과정의 각 단계에서 시간 할애를 상대적으로 덜 하게 된다. 단순 재구매에서는 구매자

가치 부가 사례 6.2 인바운드 마케팅으로 메시지를 보내기

검색 엔진, 회사의 웹 페이지, 소셜 미디어, 블로그는 기업이 서비스와 제품을 알아보고 구매하는 방식을 변환시켰다. 10년 전과는 달리, 공급업체의 잠재적 고객이 그 공급 업체의 제품에 대해 별로 아는 지식이 없을 때 지금의 고객들은 첫 접촉 전 관련 키워드로 해당 회사 웹 사이트를 찾아 공급업체의 상품에 대해 검색한다. 결과적으로 그들은 인터넷이라는 효율적인 도구를 통해 B2B 거래 성사 전 예비 제품과 공급업체에 대해 잘 알게 된다. 그러나 이러한 발전은 오직 지금의 기술을 그들의 이점에 유리하게 사용할 수 있는 마케팅 요령을 터득한 회사만이 누릴 수 있다.

아래 얘기의 두 명의 창업가는 틈새시장에서 구매자들이 판매자를 찾고 있음에도 불구하고 전통적인 인쇄 광고, 텔레마케팅, 무역쇼와 같은 방법에만 의존하는 경우 판매력을 가진 중소기업과 창업기업은 구매기업을 찾지 못해 곤경에 빠지게 되는 상황이 많다는 것을 알게 된다. 그래서 이런 분야의 사업성을 보고 두 명의 창업가는 마케팅 접근 방식을 변환하기 위해 설계된 마케팅 프로그램, 'Hub-Spot' 소프트웨어를 출시했다. 이것은 점차로 힘들어지는 "아웃바운드 마케팅(outbound marketing)", 즉 사람들을 찾아가 영업을 벌이는 방식을 버리고 "인바운드 마케팅(inbound marketing)"으로 판매 전략을 대체하게 하는 것이다. 인바운드 마케팅이란 고객의 관심사를 쫓아 이를 이용하는 마케팅 전략으로, 인바운드 마케팅은 오늘날의 시장에서 고객들이 어떻게 상품을 알게 되고 구매하는 가를 이해하는 데 있어 Facebook, Twitter, 온라인 사용자 리뷰, 스마트폰, 블로그 및 웹사이트가 강한 힘을 가지고 있다는 것에 기초해 만들어진 것이다.

'HubSpot'의 소프트웨어는 검색자들로부터 기업이 주목을 받고 웹 사이트 방문자를 구매자로 변환시키며 또 여러 판로별 마케팅 활동의 효과를 분석해 주기도 한다. 물론 사용하기 쉬운 도구를 통해서 말이다. 이 프로그램의 첫 번째 카테고리 도구 중에 예를 들어 '키워드 그레이더'가 있는데 이것은 회사 컨텐츠로 관련 키워드의 목록을 만들어 주고 검색엔진[43] 목록에 나타나 그 순위까지 올리는데 도움을 주는 역할을 한다. 그리고 선두 변환도구를 사용하여, 마케터들은 별다른 기술능력 없이도 고객 맞춤형의 리드 캡쳐 양식이나 자동응답 이메일, 감사 페이지의 송부기능이 있는 방문홈피를 만들 수 있다. 이러한 도구는 알아서 스케줄에 맞게 새로운 잠재고객들에게 맞춤형 전자메일을 전송하는 데 사용될 수가 있다. 마케팅 분석학 도구는 'HubSpot'의 구매 고객들에게 경쟁자를 추적하도록 도움을 준다. 그리고 블로그의 영향력을 분석해 주고 또 모든 마케팅 채널의 영향력을 비교해 소비자의 행동 분석에 중요한 관점을 제공하고 있다.

'HubSpot'은 그동안 창업자와 고객 모두에게 만족스러웠다. 2006년 6월에 설립된 회사는, 4년 만에 3,500명의 고객을 확보했고, 역사에서 두 번째로 빠르게 성장하는 소프트웨어 서비스(SAS) 회사가 되었다.

한 예로 'HubSpot'의 고객인 'The Nonprofit National Institute for Fitness and Sport(NIFS)'는 기업형의 퇴직자용 피트니스 센터의 홍보를 하고자 원했다. 회사 웹사이트의 방문자 트래픽 관리상 어려움과 비용만 지불한 값비싼 마케팅 캠페인의 비효율성을 경험하고 나서 NIFS는 'HubSpot'을 활용하기로 했다. 결과는 트래픽과 예비고객 방문이 200% 이상 증가했고 소셜 미디어 트래픽에서도 16%나 증가한 것으로 나타났다.[44]

'HubSpot' 사례는 마케팅 비용을 줄이고 마케팅 효과를 극대화하는 새로운 방법의 혜택을 보고 있는 기업이 있다는 것을 보여주는 경우이다. 기술 발전과 더불어 많은 기업들과 개인 소비자들이 온라인을 통해 상품구매를 하면 할수록 해당 업체들은 신기술과 소비자들의 새로운 구매행동을 고려한 마케팅 전략을 구사해야 할 것이다.

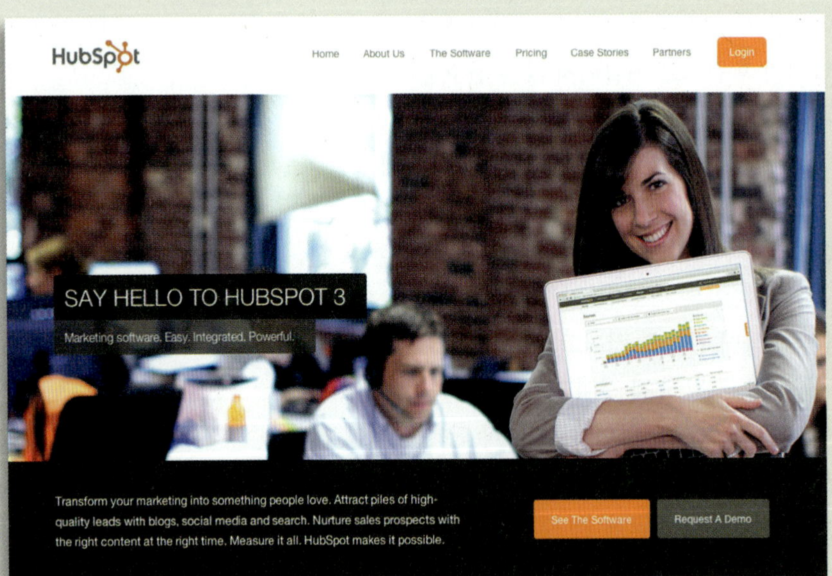

HubSpot은 고객사에게 인터넷에 많이 노출되는 것을 돕고 있다.

가 바로 구매센터의 담당자가 된다. 그만큼 간단하게 이루어지는데 일반 소비자들의 습관적인 구매와 같이 단순 재구매에서 구매자는 회사의 구매 필요성을 인식한 후 제품 사양서 작성, RFP 프로세스 및 제안서 분석, 공급업체 선정 등의 단계를 건너 뛰어 B2B 구매과정의 5단계로 바로 이동하여 주문 명세서를 낼 수 있다.

이와 같이 여러 가지 측면에서 B2B 마케팅은 5장에서 설명한 B2C의 소비자 행동 과정과 차이점도 있고 유사점도 있음을 알 수 있다. 구매과정 6단계에서의 차이는 실제 현장에서 중시하는 많은 독특한 사항들이 있다는 관점에서 의미가 있다. 구매센터의 구성(구매 제안자, 영향력 행사자, 의사결정자, 구매자, 사용자 및 게이트 키퍼), 구매기업 문화(독재형, 민주형, 자문형 또는 합의형), 구매 상황(신규 구매, 수정 재구매, 단순 재구매) 모두 B2B 구매과정에 영향을 미친다. 이는 판매(공급)기업이 그들이 시도하는 판매가 성공하려면 이러한 여러 요인을 지속적으로 고려해야 한다는 것을 의미한다. 마지막으로, 이미 우리가 여러 곳에서 보았듯이 인터넷이 개인적 전자거래와 경매를 증가시키면서 근본적으로 B2B 거래의 중요한 요소를 급격하게 바꿔놓았다는 것이다.

요점 정리

LO1 B2B 기업이 그들의 시장을 세분화하는지 알아본다.

모든 기업은 시장(고객)을 각 고객의 니즈, 필요, 특성에 따라 구분하기 원한다. 이에 따라 서비스와 제품에 대한 만족도가 달라질 것이기 때문이다. 넓은 차원으로 볼 때 B2B 기업의 시장은 네 가지 유형으로 구분된다. 즉 제조업체 또는 서비스 공급업체, 재판매자, 각종 기관, 정부 등이다. 제조업체 또는 서비스 공급업체는 그들의 제품과 부품을 만들기 위해서 원료를 구입하거나 컴퓨터와 핸드폰 시스템 같은 그들의 비즈니스를 운영함에 있어서 전문가의 도움을 청하기도 한다. 재판매자는 단순히 물건을 받아 판매하는 도매업체, 유통업체 또는 소매업체를 말한다. 기관은 병원, 학교, 또는 교회 등의 비영리 단체를 포함한다. 마지막으로 정부는 모든 종류의 재화와 서비스를 구입한다. 미국에서는 국방 분야에서 가장 큰 지출이 이루어진다.

LO2 B2B 구매과정의 순서를 정리해본다.

B2C 구매 과정과 유사하게 B2B 과정도 여러 단계로 이루어진다. 구매 필요성 인식 단계, 제품명세서 기술, RFP 과정, 제안서 분석, 공급업체 협상 그리고 선정, 주문 명세서, 공급업체 성과 평가까지 진행된다. B2B 구매과정은 일반 소비자의 구매 프로세스보다 더 정형화되고 구조화가 되는 경향이 있다.

LO3 구매센터 내에서 각각의 역할을 확인해본다.

구매 제안자는 제일 먼저 구매를 제안하는 자를 말한다. 영향력 행사자는 중요한 사람들의 판단과 최종 의사결정에 영향을 미친다. 의사결정자는 살 것인지 말 것인지, 살거면 어디서, 무엇을, 어떻게 또는 왜 사는지에 대한 구매결정을 적어도 일부에 대해 궁극적으로 결정하는 사람이다. 구매자는 실제 구매업무 상의 세부사항을 처리한다. 사용자는 해당 서비스 또는 제품을 소비하거나 사용한다. 게이트 키퍼는 영향력 행사자 및 의사결정자에의 접근과 정보를 컨트롤한다. B2B 상황에서는 구매센터의 여러 구성원이 구매 의사결정에 관여할 가능성이 높다. 판매자는 판매를 효과적으로 성사시키기기 위해 구매센터의 참가자들 사이에서의 관계를 이해해야 한다. 해당 기업의 조직문화 역시 구매 의사결정에 영향을 미칠 수 있다. 예를 들면, 어떤 한 기업이 신생의 고급 컴퓨터 부품 제조업체에 물건을 파는 경우라면 기술적 정보를 잘 알아 대화에 문제가 없고 해당 업체와 쉽게 어울릴 수 있는 영업맨을 보내야 할 것이다.

LO4 조직문화의 여러 유형을 알아본다.
기업문화는 구성원들이 다양한 업무 상황을 통해 공유할 수 있는 무언의 지침이라 할 수 있다. 이것은 일반적으로 한사람이 대부분의 결정을 내리는 '독재형', 대다수의 의견을 따르는 '민주형', 한사람이 다른 이의 자문을 받아 결정을 내리는 '자문형'과 모든 구성원이 동의를 해야 하는 '합의형'이 있다

LO5 여러 구매상황을 구체적으로 파악해본다.
구매 프로세스는 구매상황에 따라 크게 달라진다. 회사가 처음 (즉, 새로운 구매) 제품 또는 서비스를 구입하는 경우, 구매 과정은 똑같은 아이템을 다시 한 번 단순 재구매를 했을 때보다 더욱 더 복잡한 과정을 거치게 된다. 수정 재구매는 구매자가 본질적으로 전의 것과 같은 것을 원하지만 약간 다른 조건과 특징을 요구하는, 즉 중간적 구매과정 특성을 갖는다.

핵심용어

- B2B 마케팅 (business-to-business marketing)
- 게이트 키퍼(gatekeeper)
- 구매 센터(buying center)
- 구매 제안자(initiator)
- 구매자(buyer)
- 단순 재구매(straight rebuy)
- 도매업자(wholesalers)
- 독재형 구매센터 (autocratic buying center)
- 민주형 구매센터 (democratic buying center)
- 사용자(user)
- 수정 재구매(modified rebuy)
- 신규 구매(new buy)
- 영향력 행사자(influencer)
- 웹 포털(web portal)
- 유통업체(distributors)
- 의사결정자(decider)
- 자문형 구매 센터 (consultative buying center)
- 재판매자(resellers)
- 제안서 요청(RFP) (request for proposals)
- 조직 문화(organizational culture)
- 파생 수요(derived demand)
- 합의형 구매 센터 (consensus buying center)

사례 연구

UPS: 배송에서부터 공급 체인까지[45]

개관

Mc Graw Hill connect

1907년, 한 진취적인 십대 소년은 고객들에게 레스토랑에서의 음식 배달이나 서류, 가방 등을 전달해 주는 심부름 비즈니스를 하려고 100 달러를 빌렸다. 그 배달원은 도보로 다니기도 했고 너무 먼 곳을 갈 때는 자전거로 다니기도 했다. 약 1세기 이후에 그 젊은 남성의 사업은 220개 국가와 지역으로 서비스를 제공하고 40만 명 이상의 직원을 고용한 회사가 되었으며[46] 공급체인 금융회사, 글로벌 경영컨설팅 회사, 물류 및 공급체인 솔루션 서비스 회사 등으로 불리며 UPS Air Cargo, UPS Mail Innovations, Mail Boxes Etc., Inc., and UPS Freight 등을 소유한 453억 달러 규모의 UPS(United Parcel Service)로 탈바꿈했다.[47]

100년이 넘는 동안 많은 기술과 수요시장이 변화하였기에 회사는 기존의 운송방법을 바꿔 트럭의 증차, 기차와 선박, 심지어 자체 소유의 제트항공기 화물함대를 이용해서 배달을 개선시켰다. 많은 트럭의 활용은 확실히 자전거처럼 친환경적이지 않을 수 있어, UPS는 신중하게 최소한의 연료사용과 배기가스 배출을 최소화하도록 차량 배치 관리에 만전을 기한다. 회사는 전기자동차를 수송수단으로 적극 활용하여 매년 126,000 갤런의 디젤을 절약하기도 하고[48] 혼합바이오 연료를 사용하기도 한다.[49] 항공기 수송에서는 보통 전통적인 스텝식 항공기 하강 방식에 비해 34% 이상 오염물질을 줄이는 '연속적 하강 방식'을 채택하기도 했다.[50]

UPS는 친환경적 하이브리드 전기이용 운송수단을 사용하려는 노력을 하고 있다.

UPS는 또한 국제적 시장으로 사업범위를 확장했으며 매일 본사의 관리를 통해 배송되는 1,500만 이상의 화물의 배송과정을 추적하는 데 도움을 주는 시스템을 개발했다. 이 전문적 기술로 인해 UPS는 단순한 글로벌 화물 및 정보 운송회사에서 고객들에게 공급체인 상의 솔루션을 제공할 수 있는 글로벌 상거래의 조력자로 변신을 하였다.

인수 작업과 구조조정을 통해 UPS는 기존의 고객서비스 사업에다 물류 및 유통, 컨설팅, 메일, 전자상거래, 금융서비스, 국제무역관리 서비스 기능까지 추가했다. UPS는 이러한 새로운 사업으로 경쟁업체로부터 방어를 하면서 고객사들은 그들의 핵심 역량에 집중할 수 있다고 믿고 있다. 비즈니스 라인을 연료를 소모하는 예전의 단순 운송방법에 의존하기보다 정보기술에 기반을 두는 사업 형태로 가져가려는 것은 회사의 외부환경 대처능력을 키우고 나아가 연료비용 상승으로부터 수익 구조를 보호하는 효과를 가져 온다고 판단하고 있다.[51]

경쟁자 도전

경쟁자인 FedEx와 USPS(United States Postal Service)는 UPS로부터 거래처를 빼앗아 고객을 유치하려는 방법을 끊임없이 찾고 있다. 인터넷 사용 증가로 일반 우편량이 감소, 매출이 위협을 받기 시작하자, USPS는 패키지의 무게 기준이 아닌 크기 기준으로 부과하는 고정요금제 운송박스를 채택하였다.[52] 이 변화는 고객들에게 지속적으로 무거운 물품을 배송해야 하는 eBAY 그리고 Amazon 같은 회사들의 화물운송 사업을 유치하기 위해 이루어진 것이다. 그리고 UPS와 유사하게 FedEx도 서비스 영역을 확장시켰다. 그러나 FedEx의 확장은 육상, 해상, 또는 특급 항공운송의 위치를 추적하는 서비스 개시와 더불어 기존 사업의 연장(FedEx Kinko's)에 초점을 맞추고 있는 것이다. FedEx는 연간 390억 달러의 수익을 올리고 있고 약 29만 명 이상의 직원을 보유한 UPS의 가장 큰 경쟁업체이다.[53]

기업 고객을 위한 가치 부가

사업의 확장으로 UPS는 고객사들의 많은 업무, 즉 재고관리, 조립과 수리 업무까지 도울 수 있게 되었다. 심지어 최소한의 고객 참여로 가능한 고객서비스 기능도 제공할 수 있게 되었다. 예를 들어, 프랑스 본사의 애완견 사료 판매회사인 Royal Canin을 위해 UPS 직원들은 고객사가 취급하는 모든 개와 고양이의 사료를 구성하고 포장하고 배송하는 업무를 수행하고 있다. 이러한 지원 모델은 배송제품의 납기일을 단축시킬 뿐만 아니라 이 회사가 미국내 창고를 가질 부담을 해결해 주고 있는 것이다.

Toshiba 고객사를 위해서 UPS는 파손된 컴퓨터를 배송할 뿐만 아니라 24시간 이내에 수리하여 다시 원래의 소유자에게 운송해 준다. 이러한 방식은 Toshiba에게 수리시설을 가동시킬 부담을 완화시켜 그 회사는 자기네 핵심역량인 컴퓨터 생산 및 디자인에만 전념하도록 해준다. 또한 수리된 기계를 보다 빠르게 고객에게 가져다주면서 말이다.

그리고 문제가 있을 때, UPS는 Toshiba와 소비자 양 당사자에게 최상의 서비스를 제시한다. 한마디로 말하자면 희생양이 되고자 하는 것이다. UPS의 전 CEO인 Michael Eskew가 말하길, "고객들은 배송이 긴급해질 때 숨이 막히는 경험을 하는 데 우리는 제안한다. UPS에게 떠넘기라고" 했다.[54]

이러한 지원관계는 단지 수익 근거가 될 뿐만 아니라 UPS의 사회적 지속가능성과 친환경적 접근방식을 위한 기초가 되는 것이다. 이 회사는 지난 수십 년 동안 탄소 배출량을 줄이기 위해서 더 친환경적 포장을 사용하였고 물 사용 자제와 지역사회를 위한 재난구호 프로그램을 지원해 왔다. 그리고 자선 기부금을 제공했으며 직원들의 자기개발에도 지원하는 조치를 수행해 왔다.

이러한 노력의 일환으로 이 회사는 자원 사용에 대한 책임감을 개선시키기 위해서 많은 비즈니스 고객들, 그리고 주주 등 이해관계자들과 협력을 추진하고 있다. 이러한 관계는 모든 비즈니스 파트너가 환경에 대한 관심과 이익추구와의 균형을 추구하는 데 도움을 주고 있고 회사 생존에 도움이 되는 지역사회와 소비자 모두에게 상호 가치를 제공하는 기회가 되는 것이다.

영향력의 확산

UPS의 이러한 지속 가능성 확보를 위한 노력은 대단하다. 지속가능성을 이해하는 방법이 다양하다는 것을 알고, UPS는 비영리단체나 비정부기관과 함께 이해관계자들의 기대를 더 잘 이해하려고 일해 왔다. 이러한 대화의 결과로, UPS는 새로운 지속가능성 프로그램을 개발해 오고 있는데 이것은 사업의 환경 및 사회적 책임감을 강화시키는 공공정책에 참여하는 방법을 모색하고 다른 운송 회사와 경쟁사에게 앞으로 나갈 방향을 제시하는 효과가 있다.

광고 같은 경우 그들만의 고객층을 위해 가급적 TV와 인쇄매체를 이용하는 통상적 방법을 지양하고 있다. 예를 들어 최근의 모바일 광고 캠페인은 BlackBerry 모바일 폰에서 운용되는 'The New York Times' 어플에 편승하여 진행되었다.[55] BlackBerry를 활용하는 것은 많은 비즈니스맨들이 BlackBerry 사용자들이기 때문에 그들의 올바른 표적 고객들에게 제대로 메시지가 전달되기 때문이다. 잠재적 소비자들이 만약 UPS가 어떻게 비즈니스 고객들을 위해 도움을 줄 수 있는지 알기 위해 이들을 초대하는 배너를 클릭하면, 그들은 사례연구, 동영상 기능 및 추가정보를 갖춘 홈 페이지로 연결된다.

확인 문제

1. 기업들이 UPS를 이용하기 위하여 어떻게 상호작용할 수 있는지 기술해 보시오. 당신의 토론을 위해 이번 장에서 논의된 B2B 구매과정의 각 단계를 이용하시오.
2. eBay에 등록되어 있는 제조업체, 재판매자, 정부 및 경매업자 모두 여러 가지 대체가능한 운송수단을 가지고 있다. UPS가 그 어떤 경쟁업체가 할 수 있는 것보다 이런 다양한 유형의 고객들에게 최고의 가치를 제공할 수 있는 방법에 대해 설명해보시오.
   (참고로 http:// www.UPS.com에서 도움을 얻을 수 있다.)

SECTION 3

시장 평가

시장 이해

시장 타겟팅

가치 창조

가치 획득

가치 전달: 마케팅 경로 및 공급사슬 디자인

가치 커뮤니케이션

시장 타겟팅

CHAPTER 7
시장세분화, 타겟팅, 포지셔닝

CHAPTER 8
마케팅 조사

3부 시장 타겟팅은 2개의 장으로 구성되어 있다. 9장에서는 시장세분화, 타겟팅, 포지셔닝을 다룬다. 이장에서는 기업이 어떻게 시장을 세분화하고, 세분시장 중에서 표적 시장을 선정하며, 고객 본원적 욕구와 구체적 욕구에 맞춰 제품/서비스를 포지셔닝하는지를 고찰한다. 시장 조사에 관한 내용을 다루는 10장에서는 고객의 본원적 욕구와 구체적 욕구를 찾아내고 표적 시장에 맞춤화된 제품과 서비스를 창출하는 데 활용될 수 있는 다양한 조사 기법과 분석 도구 등을 고찰한다.

CHAPTER 7

시장세분화, 타겟팅, 포지셔닝

학습 목표

- **LO1** 시장세분화를 위한 다양한 방법을 설명한다.
- **LO2** 세분시장의 매력성을 어떻게 평가하는지를 설명한다.
- **LO3** 타겟팅 전략의 다양한 유형(비차별적 전략, 차별적 전략, 집중화 전략 혹은 미이크로미케팅 전략)의 차이점을 설명한다.
- **LO4** 가치 제안(value proposition)을 결정한다.
- **LO5** 포지셔닝(positioning)을 정의하고 어떻게 수행하는지를 설명한다.

많은 사람이 관람하는 패션쇼, 아름다운 모델, 다양한 섹시한 의류와 속옷 구색 등으로 유명한 빅투리아 시크릿(Victoria's Secret)이 40억 달러를 넘어서는 연간 순수익을 기록하고 1,000개 이상의 점포를 오픈하였다.[1] 빅토리아 시크릿이 판매하는 대부분의 속옷들은 로맨스와 유혹을 불러일으키도록 되어 있어 소비자들의 재량적 지출을 유도하고 있다. 하지만 여성고객들에게는 속옷이 없어서는 안 되는 상품이라는 점에서 빅토리아 시크릿은 기본적 필수품을 제공하고 있는 것으로 볼 수 있다.

고객이 누구인지를 확인하고 고객의 본원적 욕구(needs)와 구체적 욕구(wants) 간 불일치를 균형 있게 만든 부분이 빅토리아 시크릿의 성공 비결이라고 할 수 있다. 경제적 환경 변화에 따라 이 회사는 저가 상품을 출시하고 동시에 재고를 줄였다.[2] "에브리데이(Everyday)" 계열의 브래지어 소매가가 29.5 달러로 다른 스타일 제품 가격의 절반이다. 이 회사의 인기 있는 브래지어는 다양한 유형의 의류와 잘 어울릴 수 있도록 되어 있어 옷의 유형에 따라 별도의 브래지어를 따로 구매할 필요가 없다. 매출 증대를 위한 방안으로 빅토리아 시크릿은 제품 계열을 확대하는 데도 발 빠르게 대응하여 여성들이 다양한 제품 계열에 걸쳐 다용도 브래지어를 구매할 수 있도록 하였다.[3]

2004년에 출시된 빅토리아 시크릿 핑크 제품 계열은 밝은 색상의 티셔츠, 파자마, 베개와 침구류, 샌들, 수영복, 속옷을 선호하는 젊은 쇼핑객들에게 어필할 수 있도록 디자인되었다.[4] The Wear Everywhere 브래지어는 두 개에 32 달러에 판매되며 핑크 제품은 글래머나 섹시한 스타일이라기보다는 편하고 귀여운 스타일에 초점을 두고 있다.

핑크 계열 제품들은 또한 공동브랜딩(cobranding)을 통해 빅토리아 시크릿의 확산을 도모하고 있다. 자사의 로고와 대부분의 주요 미국 대학과 대학교의 이름을 새겨 판매하고 있다.[5] 이를 통해 선호하는 미국 대학 미식축구 리그나 메이저 야구 리그를 응원하는 여자친구를 위해 선물 구매를 즐기는 남성 소비자들을 끌어들이고 있다.[6]

이러한 확장전략에도 불구하고, 빅토리아 시크릿은 몸의 곡선미와 구매비용에 관심이 높은 여성 소비자들에게 어필하고자 하는 핵심적 판매 제안을 유지하고 있다. 가슴의 볼륨감을 높여주는 제품을 제공하고 있고, 매년 개최하는 패션쇼는 탑모델이 천사를 연상시키는 날개와 란제리를 입는, 가장 기대되는 이벤트로 자리매김하였다. 미란다 커(Miranda Kerr)가 250만 달러에 이르는 다이아몬드 장식의 브래지어를 착용하고 커다란 대합 조개 모양의 날개를 걸치고 패션쇼를 펼친다.[7]

시장세분화에 가격 활용, 다양한 표적 시장 소비자들에게 어필하기 한 색상, 재질, 스타일 맞춤화, 수퍼모델, 야구와 미식축구 팀과의 브랜드 제휴, 점포와 구색의 차별화를 통한 서로 다른 쇼핑객에의 접근, 복수의 판매 채널을 통한 제품 촉진활동 등과 같은 모든 일련의 노력들이 빅토리아 시크릿이 다양한 고객층에게 꾸준히 사랑받는 원천이 되고 있다.

1장에서 우리는 마케팅이 소비자의 니즈와 구체적 욕구를 충족시키는 것과 관련된다고 배웠다. 2장에서는 소비자들이 원하는 다양한 종류의 제품과 서비스를 결정하기 위해 기업이 어떻게 시장을 분석해야 하는지를 살펴보았다. 하지만 단순히 제품이나 서비스를 제공하는 것만으로는 충분하지 않다. 기업은 자사의 제공물이 소비자들의 니즈를 경쟁사보다 더 잘 충족시키는 이유를 인식시켜 경쟁우위가 있음을 표적시장을 이루는 고객들의 마음속에 자리 잡도록 해야 한다.

LO1 시장세분화를 위한 다양한 방법을 설명한다.

이러한 과정은 2장에서 논의한 바와 같이 마케팅 계획이 필요하다. 마케팅 계획의 3번째 단계는 STP(시장세분화, 타겟팅, 포지셔닝) 분석 수행을 통해 시장기회를 규명하고 평가하는 것이다. 본장에서는 STP 분석을 살펴볼 것이다.

제로 콜라는 건강에 민감한 남성 소비자들을 표적시장으로 삼고 있다.

시장세분화, 타겟팅, 포지셔닝 과정

본 장에서는 기업이 어떻게 시장세분화(market segmentation) 혹은 STP 분석을 수행하는지를 살펴보고자 한다(그림 7.1 참조). 먼저 기업의 전반적 전략과 목표를 확인하고 시장세분화 방법을 살펴볼 것이다. 다음으로 각 세분시장의 매력성 평가를 통해 마케팅 노력과 자원을 집중시킬 표적 시장을 어떻게 선정하는지를 살펴보고자 한다. 마지막으로 포지셔닝 전략에 대해 설명할 것이다.

1단계: 전반적 전략 혹은 목표 설정

시장세분화의 첫 번째 단계는 기업 마케팅 전략의 비전 혹은 목표를 명확하게 설정하는 것이다. 시장세분화 전략은 현재 상황–강점, 약점, 기회, 위협(SWOT)뿐만 아니라 기업의 미션과 목표와 부합될 필요성이 있다. 예를 들어, Coca Cola의 목표는 성숙기 시장에서 매출을 증가시키는 것이다. 브랜드 명성과 신상품 유통력이 Coca Cola의 강점으로 볼 수 있는 반면 주요한 약점은 새로운 세분시장을 공략할 수 있는 제품 계열을 갖추지 못한 것일 수 있다. 주요한 경쟁사들이 진입하기 이전에 시장규모와 수익 창출력에서 상당한 잠재력이 있는 세분시장을 규명하는 것은 기회요인으로 작용할 수 있다. 반면에 기회를 보고 시장에 진입함으로써 경쟁사의 반격에 직면할 수도 있다. Coca Cola가 제로 콜라(Coke Zero)와 같은 제품으로 건강에 민감한 남성소비자들을 공략하고자 하는 것은 회사의 전반적 전략과 목표와 부합되는 것이다(Coca Cola 전략에 대한 상세한 논의는 이 장 끝에 제시된 사례 연구를 참조). 이제 시장세분화의 방법에 대해 살펴보기로 하자.

2단계: 시장세분화 방법

시장세분화의 두 번째 단계는 세분화를 위한 특정 방법 혹은 방법들을 혼합하여 활용하는 것이다. 이 단계에서는 세분시장의 고객 프로필에 대한 이해를 돕기 위해 세분시장 특성을 기술하고 설명할 수 있는 주요 기준 항목을 마련하는 것도 포함된다. 이러한 정보를 활용하여 세분시장별로 고객 유사성과 차이점을 확인할 수 있다. 마케터들은 그림 7.2에 제시된 바와 같이 지역적(geographic), 인구 통계적(demographic), 심리 도식적(psychographic), 편익(benefits), 행동적(behavioral) 세분화 방법을 활용하게 된다.

예를 들어, 탄산음료 시장을 카페인 함유 음료와 비-카페인 음료, 설탕이 함유된 일반음료와 다이어트 음료, 콜라와 비-콜라 음료 등으로 구분할 수 있다. 이러한 방법은 제품을 통해 소비자가 추구하는 편익(benefits)을 기준으로 세분화하는 것이다.

지역적 세분화 지역적 세분화(Geographic Segmentation)는 소비자들이 거주하는 장소를 기준으로 집단화하는 것이다. 즉 시장을 국가, 지역(북동지역, 남동지역), 혹은 지역 내 구역(주, 도시, 우편번호 등)에 따라 구분하는 것이다. 지역적 세분화는 지역에 따라 변화되는 니즈를 충족시키는 제품을 판매하는 기업에게 매우 유용한 세분화 기준이다.

기업은 모든 세분시장에 동일한 기본적 재화 혹은 서비스를 제공할 수 있지만, 성공적인 마케터들은 지역적 세분시장의 니즈를 충족시키기 위해 수정을 가하게 된다.[8] 세이프웨이(Safeway)나 클로

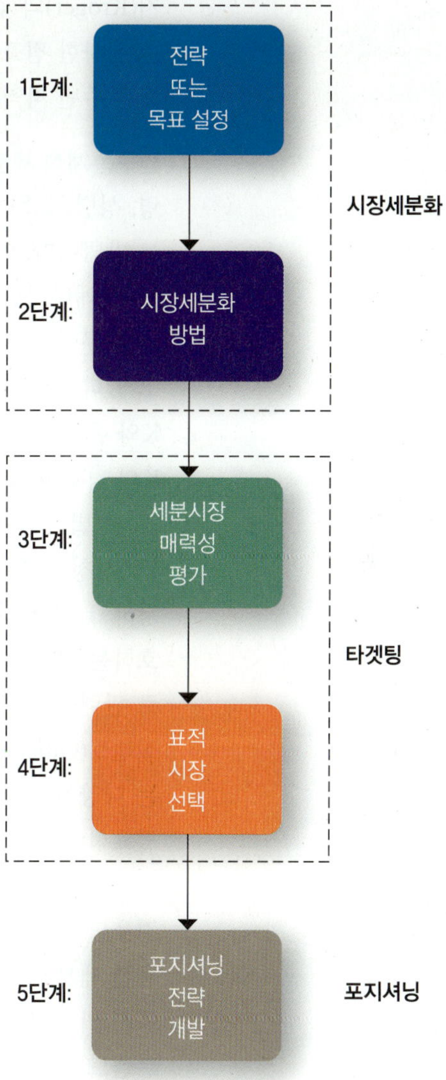

그림 7.1 시장세분화, 타겟팅, 포지셔닝 과정

시장세분화 방법	예
지역적	대륙: 북미, 아시아, 유럽, 아프리카 한국내; 서울/수도권, 영남권, 호남권, 충청권, 강원권
인구통계적	연령, 성별, 소득
심리도식적	라이프스타일, 자아개념, 자아가치
편익	편의성, 경제성, 명성
행동적	상황, 애호도

그림 7.2 세분시장 특성의 기준 항목

저(Kroger)와 같은 전국적 식료품 체인점의 경우 미국 전역에 걸쳐 유사한 구색을 갖춘 유사한 점포로 운영되고 있다. 하지만 매장 내 상당 비율의 상품 구색은 지역, 도시, 혹은 주변 지역 소비자들의 차별적 니즈에 따라 변화시켜 운영하고 있다.

인구통계적 세분화 인구통계적 세분화(Demographic Segmentation)는 소비자들을 연령, 성별, 소득, 교육 수준 등과 같이 측정이 용이하고 객관적인 특성에 따라 집단화하는 방법이다. 이들 변수들은 세분시장을 정의하는 데 가장 보편적인 수단이라고 할 수 있다. 왜냐하면 쉽게 정의될 수 있고, 인구통계적으로 세분화된 시장에 접근이 용이하기 때문이다. 켈로그(Kellogg)는 조식용 시리얼 제품에 연령에 의한 세분화를 활용하고 있다. 코코아 크리스피(Cocoa Krispie)와 과일 루프(Fruit Loops)는 유아용, 스페셜 K와 올 블란(All-Bran)은 성인용. 성별에 의한 시장세분화도 활용하고 있는데 스페셜 K의 경우 여성용 시장을 타겟으로 하여 마케팅 커뮤니케이션을 실시하고 있다.

성별은 대부분의 기업의 마케팅 활동에 주요한 역할을 담당하고 있다.[9] 예를 들어 TV 시청 습관은 남성과 여성 간에 유의한 차이가 있다. 남성의 경우 채널 탐색 경향이 강하고 액션 지향적이고 신체적으로 매력적인 출연자가 나오는 프라임 타임 쇼를 선호하는 경향이 있다. 반면에 여성의 경우 상황적 구성이나 출연자 캐릭터가 개인적으로 관련될 수 있는 쇼를 선호하며 친구들에 의한 추천에 영향을 많이 받는다. 따라서 질레트(Gillette)와 같이 남성과 여성 모두에게 면도기 제품을 판매하는 기업의 경우에는 다양한 쇼 프로그램의 TV 광고 시간대를 구매하는 경우에 성별 소구점을 고려할 필요성이 있다.

하지만, 인구통계적 변수가 표적 세분시장을 정의하고 규명하는 데 유용하지 않은 경우도 있다. 조깅복과 운동화와 같은 야외활동용 제품의 경우 인구통계적 변수가 유용한 세분시장 예측변수가 되기 어렵다. 한때 나이키와 같은 기업들이 야외활동용 제품이 거의 젊고 활동적인 소비자들에 의해 구매될 것으로 예상하였으나 건강과 웰빙 트렌드로 인해 모든 연령대의 소비자들이 야외활동용 제품을 구매하는 경향이 나타난 바 있다. 또한 모든 연령대, 소득 및 교육수준의 비활동적 소비자들이 전통적 의류보다 야외활동복을 더 편안하게 느끼는 것이 확인되기도 하였다.

이와 같이 기업들이 애초에 생각했던 표적시장 소비자 구매행동에 관한 고정관념에 대해 다시 고찰할 필요성이 증대되고 있다. 〈가치 부가 사례 7.1〉에서는 스케처스(Skechers)가 잠재적 소비자들의 다양한 세분시장별로 마케팅 커뮤니케이션 수행을 통해 소구점을 어떻게 확대해 나갔는지를 보여주고 있다.

심리도식적 세분화 시장세분화를 위한 다양한 방법 중에서 심리도식적 변수(Psychographics)는 실제적인 소비자들 모습을 잘 나타내준다고 할 수 있다. 보통 마케터들은 인구통계적 변수, 구매 패턴, 혹은 사용행태 등을 통해 개인소비자들이 어느 세분시장에 속하는지를 결정하게 된다. 심리도식적 변수는 소비자들이 무엇을 하며 시간을 보내는지에 관한 특성과 그러한 선택을 하게 된 심리적 이유에 기초하여 소비자들의 내적 특성을 살펴볼 수 있게 해준다.[10] 예를 들어, 어떤 사람은 소속감에 대한 니즈를 매

가치 부가 사례 7.1 스케처(Skechers)의 소구점 확대

초창기에 스케처스(Skechers)는 남성과 여성 모두의 젊은 유행 선도자와 유행 추종자에게 호소하는 힙합 스타일과 역동적인 디자인을 추구하는 라이프스타일 브랜드였다. 2010년에 셰이프 업(적당한 스포츠를 즐기고, 식생활 개선을 통해 비만을 예방하고 균형 잡힌 아름다운 몸매를 가지려는 것)을 위한 제품 라인을 도입하면서, 스케처스는 비록 여성이 약간 나이가 들고 크리스티나 아길레라 만큼의 몸매는 아닐지라도, 로커(rocker) 모양의 신발을 착용함으로써 다리와 엉덩이 몸매를 향상시킬 수 있다는 약속을 제공했다. 스케처는 Cosmopolitan(여성 전문 패션 잡지)과 GQ(남성 전문 잡지)뿐만 아니라 AARP the Magazine에서 광고를 실행하였다.[11] 스케처스는 Kris Jenner를 대변인으로 고용하면서, 그녀의 딸 Kim Kardashian를 같이 채용하였다. 나이든 여성시장에서의 성공은 남성과 젊은 여성을 위한 셰이프 업을 포함한 시장 확장을 촉진시켰다.[12]

스케처는 단지 라이프 스타일이 아니라 스포츠용 대안으로서 마케팅 전략을 펼치기 위해 운동 경기 시장으로 확장하였다. 조 몬테나(Joe Montana)가 방송 광고에 나타나고 2012년 슈퍼볼(Super Bowl)에서는 댈러스 매버릭스(Dallas Mavericks)의 구단주인 Mark Cuban이 스케처의 최신 상품 고런(GOrun)을 소개하는 저명한 광고를 선보였다.[13]

슈퍼볼 광고 비교는 매우 효과적이었다. 2011년 Kim Kardashian이 출연한 광고에서는 그녀의 체형이 부각되도록 초점을 두었던 데 비해, 2012년 버전은 운동화를 신은 작은 개를 출연시켰다. 이와 같이 스케처는 다양한 세분시장 소비자들에게 어필하기 위해 노력하고 있다.

스케처스는 아이를 비롯하여 다양한 표적 시장에 어필할 수 있는 신발을 출시하였다.

우 강하게 지니고 있을 수가 있는데, 이는 다른 사람들과 어울리는 활동을 찾도록 하는 동기가 되며 결과적으로 소속 집단에 어울리는 제품을 구매하도록 영향을 미치게 된다. 심리도식적 변수는 3가지 요소에 대한 지식과 이해에 기초하고 있다.(자아 가치, 자아 개념, 그리고 라이프 스타일)

자아 가치(Self-values)는 단순히 단기간에 성취하고 싶은 목적이 아니라 생애에 이루고 싶은 목적을 의미한다. 일생동안 어떻게 생활해 나갈 것인가를 이끌어주는 지배적인 욕망이라고 할 수 있다. 자아 존중(self-respect), 자아 충족(self-fulfillment), 혹은

베네통과 같은 마케터들은 자사 광고가 소비자들의 자아 개념에 소구하기를 원한다. "나는 그들과 같다(혹은 나는 그들과 같아지고 싶다). 따라서 나는 그들이 입는 베네통을 구매해야 한다".

특정 소속감(specific sense of belonging)에 대한 니즈 등이 자아 가치의 예로 볼 수 있다. 이러한 동기유발은 사람들로 하여금 자신들이 되기를 원하는 자아 이미지를 개발하도록 해주며 궁극적인 목적에 도달할 수 있도록 도와주게 된다. 마케팅적 관점에서 자아 가치는 표적 시장 소비자들이 제품으로부터 얻고자 하는 편익을 결정하도록 도와준다. 특정 제품 혹은 브랜드를 찾도록 하는 근원적이고 개인적 니즈는 자아 가치를 충족하고자 하는 욕망으로부터 발생되는 것이다.

자아 이미지(self-image) 혹은 자아 개념(self-concept)은 사람들이 자신에 대해 이상적으로 지니고 있는 이미지를 의미한다.[14] 마케터들은 자사 제품이 즐거운 시간을 보내는 소비자들에 의해 사용되고 있는 모습을 보여주는 커뮤니케이션을 통해 특정 자아 개념을 마케팅 전략에 활용하기도 한다.

심리도식적 변수 3번째 요소에 속하는 **라이프스타일(lifestyle)**은 생활해가는 방식을 의미한다.[15] 가치가 궁극적 목적을 제공해주고, 자아 개념이 해당 목적 달성을 위해 자신을 바라보는 방식을 의미한다면, 라이프 스타일은 목적 달성을 위해 어떻게 생활해나갈 것인가에 관한 것으로 볼 수 있다.

미국에서 가장 유명한 라이프 스타일로 할리(Harley) 생활 방식을 들 수 있을 것이다. 광활한 도로, 바람에 날리는 머리, 전통에의 반항. 이는 Easy Rider를 타고 있는 데니스 호퍼(Dennis Hopper)와 같은 사람을 묘사할 때 항상 나오는 이미지다. 하지만 자유, 반항, 군중으로부터의 독립과 같은 개념은 거의 모든 사람들에게 광범위하게 어필할 수 있다. 이에 할리 데이비슨(Harley-Davidson)은 STP 전략을 수정하여 4개의 주요 표적 집단을 정의하였다. 핵심집단(35세 이상의 백인 남성), 젊은 성인 집단(18~34세의 남성과 여성), 여성 집단(35세 이상의 백인 여성), 다양성 집단(35세 이상의 아프리카계 미국인과 히스패닉 남성과 여성).[16]

예를 들어, 여성 집단을 위해 할리 데이비슨은 Garage party와 같은 여성들을 위한 교류 모임 행사를 저녁에 딜러십 주관으로 개최하여 여성 소비자들에게 오토바이의 기본적 사항을 알려주고 있다. 회사 간행물인 We Ride에서는 여성만을 위한 동호회에 초점을 맞추는가 하면, HD-1 맞춤화 웹사이트에서는 여성들 체형, 선호 출력, 선호 색상 등을 맞춤화하기 위한 여성만의 별도 오토바이 주문 과정을 제공하고 있다.[17]

심리도식적 세분화에 가장 광범위하게 사용되는 수단은 Strategic Business Insights(SBI)가 소유하고 운영하고 있는 Value and Lifestyle Survey, VALS™이다.[18] 그림 7.3에 나타난 바와 같이 소비자들은 설문 응답(http://www.strategicbusinessinsights.com/vals/presurvey.shtml)에 기초하여 8개 집단으로 분류될 수 있다. VALS 프레임워크의 수직적 차원은 가용 가능한 자원 수준으로 소득, 교육, 건강, 에너지 수준 및 혁신성 정도를 포함한다. 위쪽의 세분집단이 아래쪽 집단에 비해 더 풍족한 자원을 보유하고 더 혁신적인 경향을 보인다.

수평적 차원은 구매를 위한 세분집단의 주요한 심리적 동기를 나타내고 있다. 소

할리 데이비슨은 라이프스타일 기반 시장세분화를 통해 4개 주요 표적시장을 선정하였다: 왼쪽은 핵심 표적시장으로 35세 이상의 백인. 오른쪽은 35세 이상의 백인 여성.

출처: Reprinted with permission of Strategic Business Insights (SBI); www.strategicbusinessinsights.com/VALS.

그림 7.3 VALS 프레임워크

비자들은 자신들의 주요한 동기에 따라 제품과 서비스를 구매하게 된다. 즉 자신을 어떻게 바라보고 그러한 자아 이미지가 어떻게 행동을 결정하는가 하는 것이다. 미국 소비자들의 3가지 주요 동기는 이상(idelas), 성취(achievement), 자아 표현(self-expression)이다. 이상에 의해 주로 동기 부여되는 사람들은 지식과 원칙이 행동 기준으로 작용한다. 성취에 의해 동기부여 되는 사람들은 동료들에게 성공을 보여줄 수 있는 제품과 서비스를 구매하는 경향이 높다. 자아 표현에 의해 주로 동기 부여되는 소비자들은 사회적 혹은 신체적 활동을 즐기고, 다양성과 위험을 추구하는 경향이 상대적으로 높다.

VALS는 기업으로 하여금 표적 시장과 표적 시장 소비자들의 내면적 동기를 확인하는 데 도움을 줄 수 있다. VALS는 심리학과 라이프 스타일 선택 간에 상관관계가 있음을 보여주고 있다. 예를 들어, 유럽의 고급 승용차 제조업체는 향후 5년 이내에 부유한 조기 수용자(early-adopter)에게 어필할 수 있는 온라인, 모바일 앱을 확인하기 위해 VALS를 활용하였다.[19] VALS 분석 결과에 따라 회사는 가장 유망한 앱을 우선적으로 개발할 수 있었다. 또 다른 사례로서는 의료센터에서 VALS를 통해 고객들이 가장 관심 있는 부분과 미용 수술을 감당할 수 있는지 여부를 확인할 수 있었다. 표적 고객들의 내면적 동기에 기초하여 해당 의료 센터와 광고 대행사에서 수행한 미용 수술을 위한 광고 캠페인이 큰 성공을 거둔바 있다.

사고자(Thinkers)(왼쪽)와 생산자(Makers)(오른쪽) 규명은 어렵지 않다. VALS 설문조사를 통해 응답을 받고 컴퓨터 활용한 분석을 통해 VALS 유형을 규명할 수 있다.

기업들은 VLAS와 같은 심리도식적 시장세분화가 인구통계적 변수에 의한 시장세분화보다 소비자 행동을 예측하는 데 더 유용하다는 것을 깨닫고 있다. 왜냐하면 인구통계적 변수는 동일한 소비자들도 심리적 특성에서 차이가 나는 경우가 많기 때문이다. 예를 들어 잭과 존은 모두 30세로 대학 졸업한 기혼자다. 인구통계적으로 그들은 동일하지만 잭은 위험 회피자인 반면 존은 위험을 즐기는 스타일이다. 잭은 사회적 교류가 빈번하지만 잭은 혼자만의 시간을 선호한다. 잭과 존을 하나의 표적시장으로 묶는 것은 타당하지 않다. 왜냐하면 그들은 사고방식과 행동방식이 서로 완전히 다르기 때문이다.

하지만 심리도식적 시장세분화의 한계점도 존재한다. 심리도식적 변수를 활용하여 잠재적 고객들을 확인하고 규명하는 데 비용이 많이 소요된다. 예를 들어 인구통계적 변수의 경우 Nike사가 여성 혹은 남성을 표적으로 쉽게 확인이 가능하며 각각의 집단에 마케팅 전략을 직접적으로 수행하는 데 큰 어려움이 없다. 문제는 잭과 존의 경우와 같이 모든 남성 소비자들이 동일하지 않다는 것이다. 여성들도 마찬가지로 동일하지 않다! VALS 사고자(Thinkers) 혹은 생산자(Makers)를 규명하기 위해 기업들은 VALS 설문조사 혹은 표적 집단 면접을 활용한다. 다음으로 VALS에 의해 세분시장 특성자료, 집단별 소비자 제품과 매체 자료, 커뮤니케이션 스타일, 거주지 우편번호 등을 제공받게 된다.[20]

편익 세분화 편익 세분화(Benefit segmentation)는 소비자들이 제품 혹은 서비스로부터 얻고자 하는 편익을 기준으로 집단화하는 것이다. 마케팅이 소비자 니즈와 욕구를 충족시키는 것이기 때문에 시장을 제품과 서비스 편익에 의해 충족되는 니즈와 욕구를 기준으로 세분화하는 것은 매우 강력한 수단이 될 수 있다.[21] 기업 커뮤니케이션 전략에서 제품 혹은 서비스의 편익을 제시하는 것은 효과적이면서도 상대적으로 용이한

소셜 및 모바일 마케팅 사례 7.1 케첩 사용 전략[22]

레시피가 거의 변경된 적이 없는 제품을 판매하고자 하는 경우 소비자로 하여금 흥분감 혹은 구전 확산을 창출하기가 쉽지 않다. 하지만 변경이 거의 드물다는 사실은 이에 약간의 변화가 가해지는 경우 비평을 유발할 가능성이 높다는 것을 의미한다. 2009년에 하인즈 케첩(Heinz Ketchup)이 1890년대 이후 줄곧 사용해온 오이 그림을 숙성된 토마토 라벨로 변경했을 때 일부에선 불만이 제기되었다. 하지만 하인즈 브랜드는 예전보다 더 많은 언론의 관심을 받을 수 있었고, 언론보도를 통해 회사가 직접 재배한 토마토로부터 모든 케첩을 생산하고 있다는 핵심적 판매 소구점을 강조할 수 있었다.

하인즈는 발사믹 식초가 가미된 신제품 출시에 Facebook을 광범위하게 활용하였다.

이 경우의 변경은 내용물이 아니라 포장과 관련된다. 하인즈는 완전히 새로운 맛을 지닌 발사믹 식초와 함께 섞여진 하인즈 토마토 케첩(Heinz Tomato Ketchup Blended with Balsamic Vinegar)에 관한 구전 창출을 위해서는 기존과 다른 새로운 접근법이 필요하다는 것을 깨달았다. 소비재 기업들이 맛을 변화시켜 실패한 사례들(예: New Coke)을 고려해볼 때, 기존에 오랜 기간 동안 사랑받아온 맛을 제거하는 것은 좋은 생각이 아니다. 오히려 하인즈는 매장에서 기존 제품을 그대로 판매하면서, 충성도 높은 고객층에게 발사믹 버전의 한정판을 제공하였다. 제공 대상 소비자들을 정의하기 위해 하인즈는 단순한 구매 횟수 또는 인구통계적 고려사항에 기반한 시장세분화를 활용하지 않았다. 대신에 하인즈 케첩 Facebook 페이지를 팔로워한 사람들에게 우선순위를 부여하였다.

이미 충성심을 표시한 사람들을 위해서 하인즈는 1.89 달러에 판매되는 일반적 케첩과 비교하여 한정판 케첩을 2.49 달러에 (2 달러의 운송비와 함께) 주문할 권리를 부여하였다. 소비자들이 Facebook을 통해 온라인으로 구입하는 경우, 25 센트 할인과 새로운 Heinz Dip'N Squeeze Ketchup package의 무료 샘플을 제공하였다. Heinz Tomato Ketchup Blended with Balsamic Vinegar 제품은 11월 14일부터 12월까지 Facebook 통해 구매가 가능하였고, 선별된 소매점(Walmart, 세이프웨이, 지역 스토어 포함)에서도 구입할 수 있었다. 한정판은 3월까지 매장에서 구입가 능하며, 이후에는 수요에 따라 계속 공급될 수 있다.

적어도 그것은 계획이었다. 11월 14일에 발사믹 식초와 섞여진 하인즈 케첩의 Facebook 출시는 예상치 못한 기술적인 문제에 의해서 중단되었다. 소비자들로부터 Facebook을 통한 발사믹 케첩 주문이 폭주하면서 기술적 문제가 야기된 것이다. 24시간 이내에 기술적 문제를 해결할 계획을 수립하였다. 온라인상에서 구전활동이 시작되었지만, 하인즈가 기대했던 방향과는 다른 방향으로 흘러갔다. 소비자들은 Facebook 페이지에 직접적으로 불만을 제기하였다. 하인즈는 기술적 문제점을 공지하며 Facebook 페이지에서 팬들에게 반응하였다. 11월 14일과 15일 하인즈 케첩 Facebook 담벼락에 글을 남긴 모든 소비자들은 해당 제품에 대한 무료 주문과 무료 배송 혜택을 제공하였다. 소셜 네트워크상에서는 불과 몇 시간 지연도 엄청나게 긴 시간으로 느껴진다.

하인즈 케첩 Facebook 페이지는 발사믹 케첩 프로모션 기간 동안에 86,000건의 '좋아요'를 기록하였다. 이들 잠재적 고객들은 일반적인 다른 시장세분화 기준에 정확히 일치되지는 않는 것이 분명하다. 이들은 지각된 편익을 기반으로 스스로 특정 세분시장을 형성한 것으로 볼 수 있다.

수단이다. 〈소셜 및 모바일 마케팅 사례 7.1〉에서는 하인즈(Heinz)가 신상품의 특정 편익을 전달하기 위해 소셜 미디어를 어떻게 활용하는지를 보여주고 있다.

특히 헐리우드는 편익 세분화를 상시적이고 효과적으로 실행하고 있다. 모든 영화가 동일한 엔터테인먼트 서비스를 제공하는 것으로 보일 수 있지만, 영화 제작사들은 소비자들이 다양한 편익을 얻기 위해 극장을 방문하거나 영화 대여 서비스를 받는다는 사실을 고려하고 마케팅 활동을 펼치고 있다. 웃음이 필요하다면? 아담 샌들러(Adam Sandler) 혹은 멜리사 맥카시(Melissa McCarthy)의 최근 코미디 영화를 감상해보자. 마음껏 울고 따뜻한 마음의 정화를 느끼고 싶으시다면? 캐서린 헤이글(Katherine Heigl)이 출연한 로맨틱 영화를 보러가보자. 주인공이 장애물을 만나 이를 극복하고 궁극적으로 사랑을 찾는 스토리를 통해 극장을 나설 때는 행복감을 느끼실 수 있을 것이다.

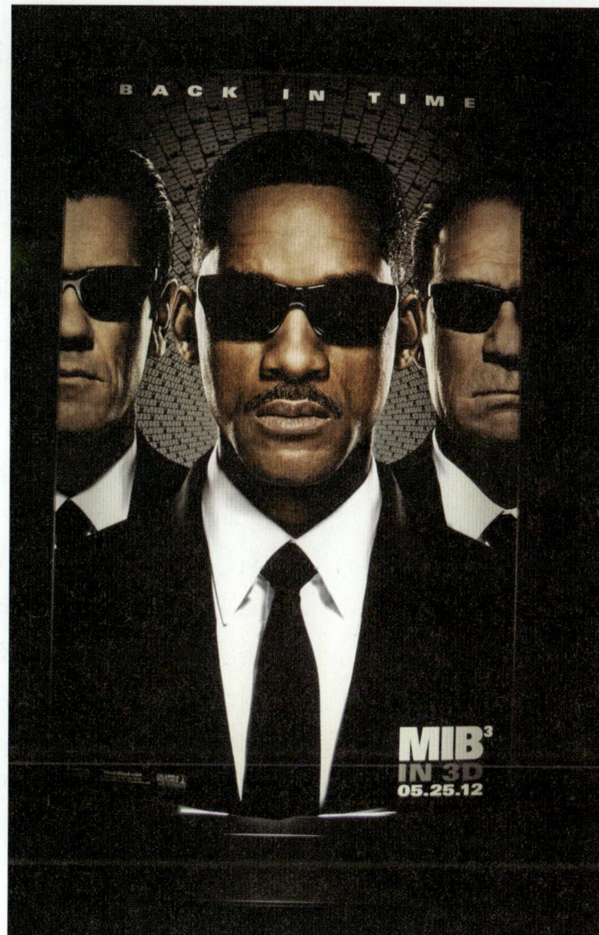

헐리우드는 편익 세분화를 통해 영화 관람시장을 나누고 있다. 액션영화를 선호하는 관람객들은 맨인블랙을 보기 위해 영화관을 방문할 것이다.

행동적 세분화 행동적 세분화(Behavioral segmentation)는 소비자들이 제품 혹은 서비스를 어떻게 사용하는지를 기준으로 집단화하는 것이다. 보편적인 행동 측정기준은 상황과 애호도다.

상황(Occasion) 제품 혹은 서비스가 언제 구매되거나 소비되는가를 기준으로한 행동적 세분화를 상황적 세분화(occasion segmentation)라고 한다. 남성 의류점에서는 판매상품 구색 선택과 촉진을 위해 이러한 유형의 세분화를 활용한다. 남성소비자들은 일상적 근무를 위한 의류가 필요하기도 하지만 무도회 혹은 결혼식과 같은 특별한 상황을 위한 연출 의류가 필요한 경우도 있다. 스낵 음식 회사의 경우에도 운동 중 섭취할 수 있도록 낱개로 포장된 감자 칩이나 파티용의 대용량 포장과 같이 다양한 상황에 맞도록 스낵을 생산하고 판매하고 있다.

애호도(Loyalty) 기업들은 오래전부터 애호도 높은 고객들을 유지시키는 것이 이익을 가져다준다는 사실을 깨달았다. 애호도 높은 고객들은 해당 기업이 다른 어떤 경쟁사들보다 자신들의 니즈를 잘 충족시킬 수 있다는 믿음이 너무나 강하기 때문에 사실상 다른 고려 대안을 배제하고 해당 기업 상품만을 배타적으로 구매하는 고객을 지칭한다. 이러한 애호도 높은 고객들은 장기적으로 가장 수익성이 높은 고객군으로 볼 수 있다.[23] 신규고객을 유치하는 데 소요되는 고비용과 애호도 높은 고객군의 수익성을 고려해볼 때, 최근 기업들은 애호도 세분화(loyalty segmentation)를 활용하여 가장 수익성 높은 고객들에 대한 유지전략에 투자를 집중하고 있다.

항공사들은 모든 고객들을 동일하게 대우하고 있지 않고 있다. 유나이티드 항공사에서는 자사 마일리지를 가장 많이 적립한 "Premier Executive 1K" 회원에게는 매진 항공편의 경우에도 확정 예약을 받고 있으며, 우선적 체크인, 선호 좌석 우선 제공, 헌신적 예약 서비스, 대기 우선권 제공 등의 다양한 혜택을 제공해주고 있다.[24]

복합적 시장세분화 방법 활용 모든 시장세분화 방법이 유용하기는 하지만 각각 고유한 장점과 단점을 지니고 있다. 예를 들어, 인구통계적 변수와 지역에 의한 시장세분화는 고객이 누구이고 어디에 거주하는지 등과 같은 정보에 쉽게 접근 가능하다는 장점이 있는 반면 이러한 정보만으로는 고객의 니즈가 무엇인지를 파악하기 어려운 단점도 존재한다. 고객이 추구하는 편익이 무엇이고 제품 혹은 서비스가 특정 라이프 스타일에 적합한지 등을 파악하는 것이 전반적 마케팅 전략 수립에 중요하지만, 이러한 시장세분화 접근방법은 어떠한 특성을 지닌 고객들이 이러한 편익을 추구하는지를 파악하는 데 한계점이 있다. 따라서 기업들은 인구통계적 특성과 지역적 특성을 결합하여 표적 고객을 파악하고, 편익과 라이프스타일을 활용하여 제품 혹은 서비스 기획과 마케팅 메시지를 개발하는 것과 같이 복합적 시장세분화 방법을 활용하는 것이 일반적이다.

많이 활용되는 복합적 시장세분화 방법은 **지역 · 인구통계적 세분화(geodemographic segmentation)**다. '유유상종'이라는 격언에 기초하여 지역 · 인구통계적 세분화는 소비자들을 분류하기 위해 지역적, 인구통계적, 라이프스타일 특성을 복합적으로 활용한다. 동일한 지역에 거주하는 소비자들은 유사한 종류의 차량, 가전제품, 의류를 동일한 형태의 소매점에서 구입하는 경향이 있다. 지역 · 인구통계적 세분화로 가장 많이 사용되는 수단은 Nielsen Claritas(www.mybestsegments.com)에 의해 개발된 PRIZM(Potential Rating Index by Zip Market)과 ESRI's(www.esri.com) Tapestry이다. 각각의 미국 지역(우편번호 +4)에 거주하는 사람들의 상세한 인구통계적 자료와 소비, 매체 습관 정보를 활용하여 PRIZM은 66개의 지역 · 인구통계적 세분집단을 확인할 수 있다. 각각의 세분집단은 소득, 주택 가치, 직업, 교육수준, 가구 형태, 연령, 몇 개의 핵심적 라이프스타일 변수를 포함한 60개 이상의 특성을 기준으로 분석되고 분류된다.

지역 · 인구통계적 세분화는 특히 소매점에 유용하게 활용되는데, 이는 보통 고객들이 거주지와 가까운 점포를 단골로 삼는 경우가 많기 때문이다. 따라서, 소매업체들은 지역 · 인구통계적 세분화를 활용하여 점포 구색을 지역 커뮤니티 선호에 맞춤화하고 있다. 이러한 유형의 시장세분화는 새로운 입지를 찾는 데도 유용하게 활용될 수 있다: 소매업체들은 지역 · 인구통계적 군집을 참조하여 가장 최적의 점포 입지와 해당 입지 주변에 거주하는 소비자들 유형을 확인할 수 있다. 또한 유사한 세분집단이 거주하는 잠재적 입지 후보를 찾아낼 수도 있을 것이다.

LO2 세분시장의 매력성을 어떻게 평가하는지를 설명한다.

3단계: 세분시장 매력성 평가

시장세분화의 세 번째 단계는 세분시장의 매력성을 평가하는 것이다. 이를 위해서는 각 세분시장의 확인가능성, 충분성, 접근가능성, 반응성, 수익성(그림 7.4 참조)과 같은 평가기준을 활용할 수 있다.

확인 가능성(Identifiable) 기업들은 세분시장 소비자들의 니즈를 충족시키기 위해 제품 혹은 서비스를 기획할 수 있도록 세분시장에 속하는 소비자들이 누구인지를 확인할 수 있어야 한다. 또한 확인된 세분시장이 다른 시장과 명백히 다른 특성을 지니

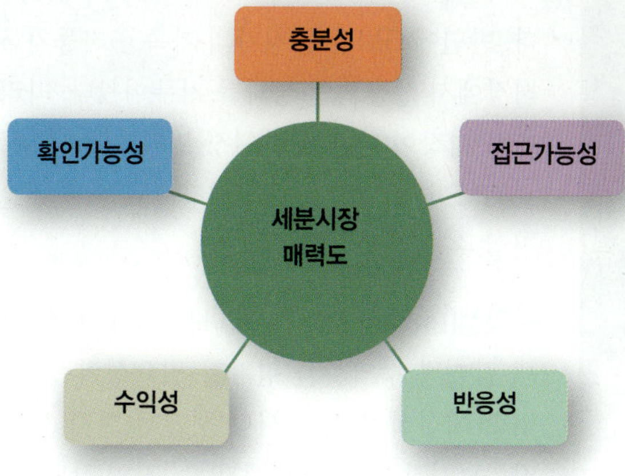

그림 7.4 세분시장의 매력 평가

고 있는 것이 중요하다. 왜냐하면 세분시장 간 차이가 없이 비슷한 특성이 중복된다면 각 세분시장 니즈를 충족시키기 위한 차별적 마케팅 전략이 불필요하다는 의미가 되기 때문이다. Conde Nast는 혼인신고를 한 소비자들의 우편 리스트를 구매함으로써 Modern Bride 잡지를 위한 세분시장을 확인할 수 있었다. 또한 Modern Bride 잡지 구매 고객들이 GQ 잡지를 구독하는 사람들과 특성이 다르다는 사실도 확인되었다.

충분성(Substantial) 잠재적 표적 시장이 확인되고 나면 다음으로는 시장 규모를 측정해야 한다. 만약 시장 규모가 너무 작거나 세분시장 소비자들의 구매력이 충분하지 않다면, 충분한 수익을 창출하기 어렵거나 마케팅 믹스 활동을 지원하기 어려울 것이다.

접근가능성(Reachable) 최고의 제품 혹은 서비스를 개발하고, 세분시장 확인과 충분한 시장 규모가 확보되었다고 하더라도 설득적 마케팅 커뮤니케이션 활동과 유통전략을 통해 표적 시장에 접근할 수가 없다면 아무런 의미가 없다. 소비자가 제품 혹은 서비스 존재를 알아야 하고, 해당 상품의 특성과 혜택이 무엇인지 이해할 수 있어야 하며, 어떻게 구매할 수 있는지를 인식할 수 있어야 하는 것이다. 만약 빅토리아 시크릿(Victoria's Secret)이 여성 소비자들에게 덜 고급스러우면서도 더 다양한 옵션 상품을 제공하고 있다는 것을 알리지 못한다면 쇼핑객들은 자사 점포를 그대로 지나치고 동일 쇼핑몰에 위치한 다른 메이시스(Macy's) 점포에서 기본적 제품을 구매할 수도 있을 것이다.

반응성(Responsive) 시장세분화 전략이 성공적이기 위해서는 세분시장에 속한 소비자들이 기업의 마케팅 전략에 유사하고 긍정적으로 반응해야 한다. 만약 기업의 차별적 역량이 세분시장에 적합한 제품 혹은 서비스를 제공하기에 적합하지 않다면 해당 시장을 표적시장으로 선택하는 것은 위험하다. 예를 들어, 제너럴 모터스(GM)는 대형 고급차 시장을 타겟으로 한 자동차를 출시한 바 있다. 하지만 고급승용차 시장 소

GM은 수익성 높은 고급차 시장에서 경쟁할 수 있을 것인가?

비자들은 주로 포르쉐, BMWs, 아우디, 렉서스 등을 구매한다. 반면에 GM은 중저가의 가족용 자동차 시장과 경량 트럭 시장에서 성공적인 성과를 거두어왔다. 따라서 비록 고급 승용차 시장이 다른 세분시장 평가 기준을 충족한다고 하더라도 GM이 이 시장을 표적시장으로 삼는 것은 매우 위험한 결정일 수 있다.

수익성(Profitable) 마케터들은 각 세분시장의 현재와 미래의 잠재적 수익성을 평가할 필요성이 있다. 이 분석에서 고려할 핵심적 요소는 시장 성장성(현재 시장 규모와 기대 성장률), 시장 경쟁력(경쟁자 수, 진입 장벽, 대체품 유무) 그리고 시장 접근성(유통망 개발과 접근 용이성과 브랜드 친숙성)이다. 다음과 같은 간단한 계산식에 의해 세분시장의 수익성을 평가해볼 수 있다.[25]

세분시장 수익성= (세분시장 규모 ×세분시장 수용 비율 ×구매행동 × 수익 마진 비율) − 고정비

세분시장 규모 = 세분시장의 소비자 수
세분시장 수용 비율 = 세분시장에서 해당 제품/서비스를 수용할 가능성이 있는 고객 비율
구매행동 = 구매 가격 ×1년간 해당 제품/서비스 예상 구매횟수
수익 마진 비율 = (판매 가격 − 변동비용) ÷ 판매가격
고정비용 = 광고 지출비, 임대비용, 전기/수도비용, 보험비용, 관리자 임금

기업이 세분시장 수익성을 어떻게 결정하는지를 확인하기 위해 Camillo의 잔디 관리 서비스 사례를 들어보자. 그는 소규모 중서부 다운타운에서 개인주택소유자 혹은 기업을 표적시장으로 결정하고자 한다. 그림 7.5는 두 개 세분시장의 수익성 추정 결과를 보여주고 있다. 개인주택소유자 세분시장은 기업 세분시장보다 규모가 더 크

	개인시장	기업시장
세분시장 규모	75,000	1,000
세분시장 수용비율	1%	20%
구매행동		
구매가격	$100	$500
구매빈도	12 회	20 회
수익 마진 비율	60%	80%
고정비	$400,000	$1,000,000
세분시장 수익	$140,000	$600,000

그림 7.5 Camillo의 잔디 관리 서비스의 두 가지 시장 수익성 분석

지만, 이미 여러 개 잔디 관리 서비스 제공업체가 시장에 진출해있다. 기업 세분시장의 경우에는 경쟁이 덜 치열한 상황이다. 따라서 개인주택소유자 시장의 경우 세분시장 수용 비율이 1%에 불과한 반면, 기업 세분시장의 경우 20%에 육박한다. 기업 세분시장의 경우 훨씬 높은 가격을 책정하는 것이 가능하고, 개인주택소유자 시장에 비해 잔디 관리 서비스를 더 빈번하게 이용하는 것으로 나타났다. 기업 세분시장의 경우가 수익 마진 비율도 더 높은 것으로 분석되었는데, 이는 Camillo가 대규모 기계를 활용하여 잔디를 깎을 수 있어 변동 인건비를 절약할 수 있기 때문이다. 하지만 기업 세분시장의 경우 대규모 기계 구입과 유지를 위한 고정비가 높다. 더구나 개인주택소유자 고객에 비해 기업 고객을 유치하고, 유지하는 데 소요되는 비용이 높다는 것을 고려할 필요성이 있다. 이와 같은 예측된 정보에 기초하여 Camillo는 기업 세분시장이 더 수익성이 높은 시장으로 결론을 내렸다.

이러한 분석은 특정 시점을 기준으로 두 개 세분시장의 수익성을 추정한 것이다. 〈소셜 및 모바일 마케팅 사례 7.2〉에서 현내 음악 사업을 시로 다른 흰경에서 고찰하고 있는 바와 같이 특정 세분시장에서 전형적 고객의 생애 시간 흐름에 따른 수익성을 평가하는 것도 유용할 수 있다.

이와 같은 분석을 위해서 마케터들은 자사 고객의 유지 예상 기간, 이탈율(연간 기준 타 업체로 전환하는 고객 비율), 이탈 고객 대체 비용(광고와 촉진), 미래 고객들의 구매증가 혹은 고가구매 가능성, 기타 다른 요인 등을 다각적으로 고려할 필요성이 있다.

세분시장의 매력성을 평가하였다면(3단계), 다음으로는 표적 시장을 선택하게 된다(4단계).

4단계: 표적시장 선택

LO3 타겟팅 전략의 다양한 유형(비차별적 전략, 차별적 전략, 집중화 전략 혹은 마이크로마케팅 전략)의 차이점을 설명한다.

STP 전략의 4번째 단계는 표적 시장을 선택하는 것이다. 이 의사결정에 영향을 미치는 핵심적 요소는 기회 혹은 표적 세분시장을 추구할 수 있는 마케터 역량이라고 할 수 있다. 2장에서 언급한 바와 같이, 기업은 표적 시장의 매력성(SWOT분석에 기초한 기회와 위협, 세분시장 수익성)과 자사의 역량(SWOT분석에 기초한 강점과 약점)을 모두 면밀하게 평가하게 된다.

표적 시장을 어떻게 선정하는가 하는 것은 단순하지 않다. 그림 7.6에서는 표적 시장 선택 전략과 관련한 몇 가지 대안을 제시하고 있으며, 다음에서 상세히 논의하고자 한다.

비차별적 표적화 전략(Undifferentiated Targeting Strategy) 혹은 매스 마케팅(Mass Marketing) 전체 소비자들이 자사 상품의 잠재적 사용자라고 생각되는 경우에는 기업은 비차별적 표적화 전략을 사용하게 된다. 이와 같은 표적화 전략은 고객들의 차이점이 아닌 유사점에 초점을 두는 것이다. 만약 제품 혹은 서비스가 대부분의 소비자들에게 유사한 편익을 제공해준다고 생각된다면 집단별로 별도의 전략을 개발할 필요성이 없게 된다.

소셜 및 모바일 마케팅 사례 7.2

완전히 새로운 의미의 회전 레코드 판[26]

음악 사업은 오랜 기간 동안 기술 변화를 나타내주는 축소판으로 기능해왔다. 레코드 앨범으로부터 8개 트랙 CD, 디지털 다운로드까지, 음반 역사는 고객의 수요 변화와 서비스 제공물 재발명의 역사를 고스란히 보여주고 있다. 이러한 음반 역사는 음반을 고객에게 판매하는 것이 어떤 의미인지에 대해 새롭게 생각하는 방향으로 기존의 접근방법을 수정해왔다는 점에서 근본적 변화가 잘 드러나지 않을 수도 있다.

음반 산업계에서는 특정 밴드가 자체적으로 팬들을 끌어들일 수 있다면 대형 레코드사 라벨은 반드시 필요하지 않다는 것을 깨닫고 있다. 하지만 신생 밴드의 경우에는 자체적 팬 확보가 쉽지 않은 일이기 때문에 톱스핀(Topspin)과 같은 회사가 도움을 제공하고 있다. 톱스핀 웹 어플을 통해 밴드는 레코드 음반 업로드 및 판매, 공연 티켓 제공 경로를 확보할 수 있게 되었다. 톱스핀사는 회계와 고객 접촉 세부사항을 관리해주고, 팬 기반 확보 최적 방안에 관한 상세한 조언과 제안을 제공해주고 있다.

아마도 톱스핀사의 주목할 만한 최고의 조언은 밴드가 아이튠스에 의해 대중화된 다운로드 당 0.99 달러 모델을 거부해야 한다고 한 점이다. 팬들에게 1 달러 미만의 싱글 앨범 구매를 독려하기 보다는, 밴드는 팬들에게 자신들의 상품을 무료로 제공하고 팬들로 하여금 15 달러의 티셔츠 구매, 50 달러의 고급 음반 세트 구매 혹은 100 달러의 콘서트 티켓 구매를 유도하는 것이 효과적이라는 것이다.

지금까지의 최신 트렌드가 소비자들로 하여금 앨범 전체를 구매하도록 하는 대신에 소비자들이 선호하는 싱글 앨범을 선택할 수 있도록 하는 개별적 음반판매 전략이었던 반면에 톱스핀사는 통합판매전략(rebundling)을 권장하고 있다. 이는 무료 디지털 다운로드와 포스터와 같은 물리적 상품 제안뿐만 아니라 티켓 판매와 같은 서비스를 결합하는 것이다. 음악을 무료로 이용 가능함에도 불구하고 톱스핀 웹사이트의 평균적 거래 가치는 26 달러를 기록하고 있다. 공연 티켓 매출까지 포함시키게 되면 평균거래 가치는 88 달러에 육박한다.

톱스핀의 CEO는 사업 아이디어를 다음과 같이 간결하게 정리하고 있다.

> 여러분이 팬들과 대화를 갖게 되면 그들이 무엇이 원하는지 알고 있을 것입니다. 그러나 확신이 들지 않으면 그들에게 물어보세요! 팬들을 위해 무엇인가 가치 있는 것을 창출하세요. 티셔츠나 비닐과 같이 단순한 것일 수도 있고 레코드 플레이어나 개별적 경험과 같이 정교한 것일 수도 있습니다. 하지만 한 가지 기억해야 할 사항은 모든 팬들의 니즈와 애정이 동일하지는 않다는 것입니다. 매일 처음으로 회사 웹사이트를 방문하여 이제 막 인지도를 형성하는 단계에 있는 소비자들에게 당장 지갑을 열게 만들기는 쉽지 않습니다. 어떤 것은 무료로 제공하고, 어떤 것은 10 달러, 25 달러, 50 달러의 가격 수준으로, 열성적 팬들을 위한 특별 제공물은 더 비싼 가격으로 다양하게 소비자들에게 제공할 수 있어야 합니다. 인터넷은 디지털화를 의미하는 것이 아니라 궁극적으로는 소비자의 선택에 관한 것입니다. 팬들에게 그들의 예산 과 애정에 맞는 가치 있는 상품을 제공해준다면 그들은 기쁜 마음으로 여러분을 지원할 것입니다.

다른 디지털 회사들은 음악가들에게 자신들의 팬과 잠재적 고객층의 매력성을 평가할 수 있도록 도움을 제공하는 차별화된 접근방법을 취하고 있다. Fan-Trail 앱을 통해 음악가들은 팬들에게 쉽게 접근 가능한 사이트를 준비할 수 있다. 해당 사이트에서는 음악가들이 메시지를 기록하여 자동적으로 팬들 스마트폰에 전송해주는 LoveMail과 같은 기능을 제공하고 있다. 또한 LoveMeter 기능을 통해 아티스트는 팬들의 음반 구매 횟수와 콘서트 참가 횟수 등으로 측정된 팬들의 활동성을 파악할 수 있다. 마케팅 메시지는 팬들의 위치 혹은 LoveMeter 순위에 기초하여 정교한 표적화가 가능하며, 이를 통해 아티스트들은 자신들에게 가장 애호도가 높은 핵심 팬들에게 특별 공연 초대나 공연 티켓 선판매 등의 혜택을 제공하고 있다.

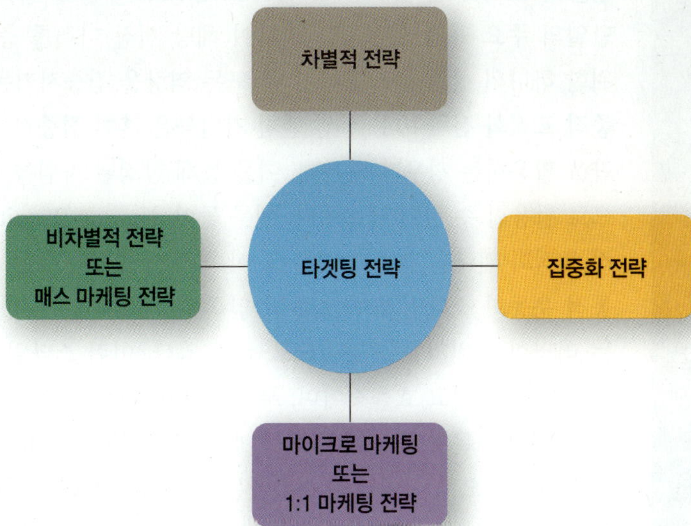

그림 7.6 표적 시장 선택 전략

오늘날과 같은 복잡한 시장 환경에서는 흔한 전략이 아니지만, 비차별화 전략은 소금 혹은 설탕과 같은 기본적 범용품(basic commodities)의 경우에 활용되고 있다. 하지만 소금과 설탕을 공급하는 기업들조차도 최근에는 자사 상품을 차별화하기 위한 노력을 기울이고 있다. 이와 유사하게 모든 자동차 소유자들이 휘발유를 필요로 한다. 하지만 정유 업체들은 휘발유 등급을 옥탄가에 따라 저급, 중급, 고급 상품으로 구분하여 세분시장별로 차별화하여 제공함으로써 기존의 비차별적 전략에서 차별적 전략으로 전환하는 경향을 보이고 있다.

차별적 표적화 전략(Differentiated Targeting Strategy) 차별적 표적화 전략을 활용하는 기업들은 각 세분시장별로 차별화된 마케팅 믹스를 가지고 복수의 세분시장을 공략하고자 한다. Conde Nast는 생활의 다양한 측면에 초점을 둔 20개 이상의 잡지를 보유하고 있다—패션니스트를 위한 *Vogue*, 미식가를 위한 *Bon Appetit*, 패션에 관심 있는 남성 위한 *GQ*, 문학 애호가를 위한 *The New Yorker*, 골퍼를 위한 *Golf Digest* 등.

기업들은 시장 점유율 증대와 자사 상품에 대한 전체적 시장규모 증대에 도움이 되기 때문에 차별적 표적화 전략을 선택한다. *Golf Digest* 구독자는 *Architectural Digest* 구독자와 성별, 연령, 소득과 같은 인구통계적 특성뿐만 아니라 관심사가 다를 가능성이 높다. 복수 세분시장에 소구할 수 있는 제품 혹은 서비스를 제공함으로써 사업을 다각화하는 데 도움을 주고 기업의 (이 경우에는 Conde Nast) 전반적 위험을 감소시킬 수 있다. 한 개 잡지의 발행부수가 감소하여 어려움을 겪더라도, 수요가 많은 다른 잡지 발행 매출로 상쇄되어 회사의 수익성에 영향을 미칠 수 있는 것이다. 하지만 차별적 전략은 비용이 많이 소요되는 점이 특징이다.

Newton Running은 발 앞꿈치부터 착지하기를 원하는 러너들에 초점을 두는 집중적 표적화 전략을 수행하고 있다.

집중적 표적화 전략(Concentrated Targeting Strategy) 기업이 단일의 주요 표적 시장을 선정하여 해당 시장 니즈를 충족시키기 위한 하나의 상품을 제공하는 데 모든 역량을 집중시키는 것이 집중적 표적화 전략이다. 신생 벤처 기업들은 흔히 집중적 표적화 전략을 활용하는 경우가 많은데, 이를 통해 한정된 자원을 더 효율적으로 활용할 수 있기 때문이다. 예를 들어, Newton Running은 집중적 표적화 전략을 택하고 있는데, 이 회사가 초점을 두는 시장은 전통적 운동화 스타일과 반대로 발 앞쪽부터 땅에 닿는 것을 선호하는 러닝화 소비자들을 표적으로 삼고 있다. 이런 스타일의 러닝화는 더 자연적이고 효율적이며, 부상 위험이 적은 것으로 최근에 전통적 방식의 운동화에 비해 더 선호되고 권장되는 스타일이다. 이와는 대조적으로 나이키의 경우에는 차별적 표적화 전략(2장의 도입 사례 참조)을 활용하고 있다. 농구화, 축구화, 스케이트보드용 운동화뿐만 아니라 패션 지향적인 사무용 종사자들을 위한 Cole-Hann과 같은 하위 브랜드 운동화 등을 포함하여 다양한 세분시장을 차별적으로 공략하는 전략을 택하고 있다.

마이크로마케팅(Micromarketing)[27] 여러분이 가지고 있는 벨트를 살펴보라. 특정한 의류에 정확하게 맞춤화된 벨트를 가지고 있는가? (이러한 제품에 관심이 있다면 www.leathergoodsconnection.com을 방문해 보기 바란다.) 기업이 개별적 고객의 니즈 혹은 욕구에 맞춤화하여 제품 혹은 서비스를 제공하는 것과 같은 시장세분화의 극단적 형태를 마이크로 마케팅 혹은 1:1 마케팅(one-to-one marketing)이라고 한다.

일반적으로 소규모 생산자와 서비스 제공자들이 개인적 고객 요구에 맞춤화하기 더 용이하다. 하지만 대규모 기업의 경우에는 이런 수준의 시장세분화를 수행하기가 훨씬 어렵다고 할 수 있다. Dell(컴퓨터)과 Land's End(셔츠)와 같은 주요 업체들은 맞춤화된 상품 제공을 위해 인터넷 기술을 활용하고 있다. Land's End는 옷감 재질, 색상, 소매, 형태 등을 고객이 원하는 특정 치수에 맞게 선택할 수 있도록 하였다. 하지만 수익성이 있는 매출달성이 어렵게 되자 이 서비스를 중단하였다. Dell은 프로모션 행사를 취소하고 소프트웨어 선택에 제한을 두기는 하지만 고객들로 하여금 크기, 색상, 노트북 속도 등을 선택할 수 있도록 허용하고 있다. 이러한 조정 사례들은 마이크로 마케팅의 어려움을 잘 나타내주고 있다.

인터넷이 세분화 전략을 촉진시키는 데 도움을 준다는 것은 명확하다.[28] 기업들은 매우 작은 세분시장의 요구에 응하는 것이 가능해지며, 심지어는 한사람 고객의 요구도 비교적 효율적이고 비용을 크게 들이지 않고 충족시키는 것이 가능하다(예: 모기지와 보험 사이트는 개인화된 견적의뢰결과를 제공해주고 있다). 인터넷 기반 회사는 소매점 혹은 전화 기반 사업체와 같은 다른 형태 회사에 비해 1:1 서비스를 더 비용 효과적으로 제공할 수 있다. 예를 들어 아메리칸 항공사의 마일리지 프로그램 이용자들은 항공권 대행사와의 전화상담 비용의 극히 일부분의 비용으로 온라인을 통해 항공권 가격 검색과 특별 서비스를 선택할 수 있다.

인터넷을 통해 고객 확인 절차도 간소화될 수 있다. 쿠키(cookies) 혹은 웹사이트가 방문자 브라우저에 저장해놓는 작은 텍스트 파일을 통해 각각의 잠재 고객들의 사이트 방문기록과 검색 기록을 확인할 수 있다. 마케터들은 또한 사이트 방문자들에게 온라인 등록 양식을 채우도록 유도할 수 있다. 이러한 정보를 활용하여 고객에게 다양한 추천을 제공할 수 있다. 아마존(Amazon.com)은 웹사이트 방문자들에게 프로필이 유사한 다른 고객의 구매이력을 바탕으로 관련된 상품을 추천하는 시스템을 운영하는 것으로 잘 알려져 있다. 고객에 대한 알려진 정확한 자료를 활용하여 실시간으로 맞춤화된 마케팅 전략 수행이 가능한 것이다. Staples는 단지 고객들로 하여금 우편번호를 입력하게 함으로써 지역별로 서로 다른 가격의 상품을 제공하고 있다.

고객들이 자신들을 위한 품목을 창출하고 다른 사람에게 선물할 품목을 선택하는 것도 가능하다.[29] Mars' M&Ms 사이트(www.mymms.com)에서는 고객들로 하여금 자신들의 M&M에 생일 축하, 스포츠 이벤트, 졸업, 결혼, 프로포즈 등과 같은 개인화된 메시지를 첨가할 수 있도록 하고 있다. Build-A-Bear는 온라인과 오프라인 매장에서 고객들로 하여금 독특한 의상, 엑세서리, 음악, 출생 신고서에 인쇄된 이름 등을 통해 자신만의 곰인형을 디자인할 수 있도록 하고 있다.

www.mymms.com에서는 고객들로 하여금 원하는 캔디를 맞춤화하여 제공할 수 있도록 해주고 있다.

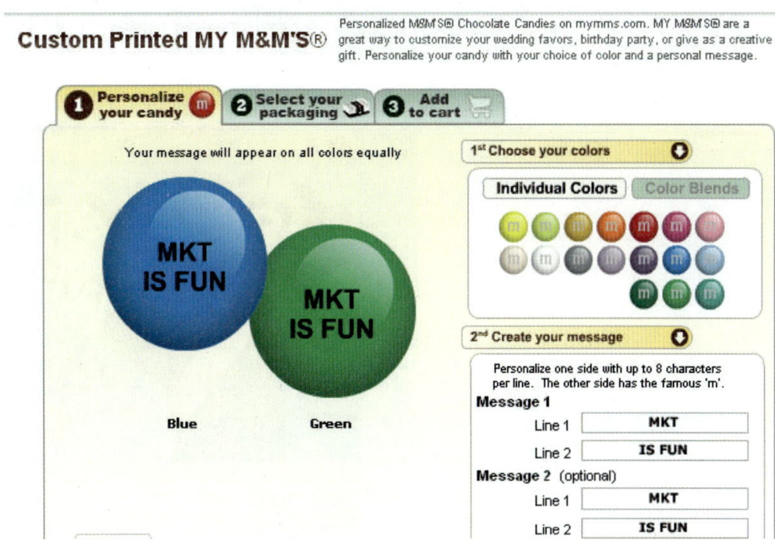

이와 같은 고객 맞춤형 제품과 서비스에 대해 소비자들은 자신들의 니즈가 정확히 충족되고 자신들만을 위해 특별히 제공된 것이기 때문에 매우 높은 수준의 만족도를 나타내고 있다. 재단사가 여러분의 신체 치수를 정확히 측정해서 맞춤화된 양복을 제공해주는 경우 백화점에서 판매되는 기성복을 구매하는 경우보다 여러분의 몸에 딱 맞는 만족스러운 의류 구매가 가능할 것이다. 하지만 그러한 맞춤화된 제품과 서비스의 경우 기성 제품에 비해 가격이 비싸고 소비자에게 인도되기까지 시간이 오래 소요되게 된다. 여러분은 메이시스(Macy's)에서 자신의 사이즈에 꼭 맞는 옷을 구매할 수 있다. 온라인 사이트를 통해 여러분의 신체 사이즈를 입력하여 맞춤화된 셔츠를 주문하게 되면 5~6주 후에 받아볼 수 있다. 만약 전통적인 재단사를 방문하여 신체 사이즈 측정, 원단 주문, 재봉 등의 과정을 거친다면 몇 달이 소요될 수 있고 많은 비용이 들 것이다.

LO4 가치 제안(value proposition)을 결정한다.

5단계: 포지셔닝 전략(Positioning strategy)의 개발

시장세분화 전략의 마지막 단계는 포지셔닝(positioning)이다. 시장 포지셔닝(Market positioning)은 표적 고객들이 경쟁 상품과 대비하여 자사의 상품 제안을 명확하고, 차별적으로 이해할 수 있도록 마케팅 믹스를 정의하는 과정이라고 할 수 있다. 포지셔닝 전략은 고객들로 하여금 제품 혹은 서비스로부터 얻을 수 있는 편익을 알리고 자사 상품을 구매해야 하는 이유를 제공해주는 **가치제안(value proposition)**을 커뮤니케이션하는 데 도움을 줄 수 있다.

가치 제안을 시각적으로 이해하기 위해 그림 7.7A에 제시된 성공적인 가치 제안 프레임워크를 살펴보도록 하자.[30] 첫 번째 원은 고객 니즈와 욕구를 나타내고, 두 번째 원은 기업이 제공하는 편익(즉, 기업의 능력), 그리고 마지막 원은 경쟁자들이 제공하는 편익을 나타낸다. 가장 바람직한 상황은 기업이 제공하는 제품 혹은 서비스가 고객 니즈와 욕구와 겹치면서 경쟁자의 제공물과는 겹치지 않는 경우이다(그림 7.7A). 음영 처리된 부분이 가치 제안을 반영하는 곳이며, 기업의 제공물과 고객 니즈와 욕구가 교차되는 부분이다. 하지만 그림 7.7A에 제시된 상황이 실제 존재한다면 제품 혹은 서비스가 성공을 거둘 수 있겠지만 지속적 성장을 기대하기 어려울 수 있다. 왜냐하면 경쟁자들이 중요한 제품 혹은 서비스 속성을 모방하고 자사의 가치 제안을 잠식해 오기 시작하기 때문이다. 독점 상황 혹은 독점적 경쟁 상황 하에서만 고유한 가치 제안을 장기적으로 지속가능하게 유지할 수 있을 것이다.

그림 7.7B에서는 고객 니즈, 자사의 제공 편익, 경쟁사의 제공 편익의 3개의 원이

Build-A-Bear는 고객들로 하여금 독특한 의상, 엑세서리, 음악, 출생 신고서에 인쇄된 이름 등을 통해 자신만의 곰인형을 디자인할 수 있도록 하고 있다.

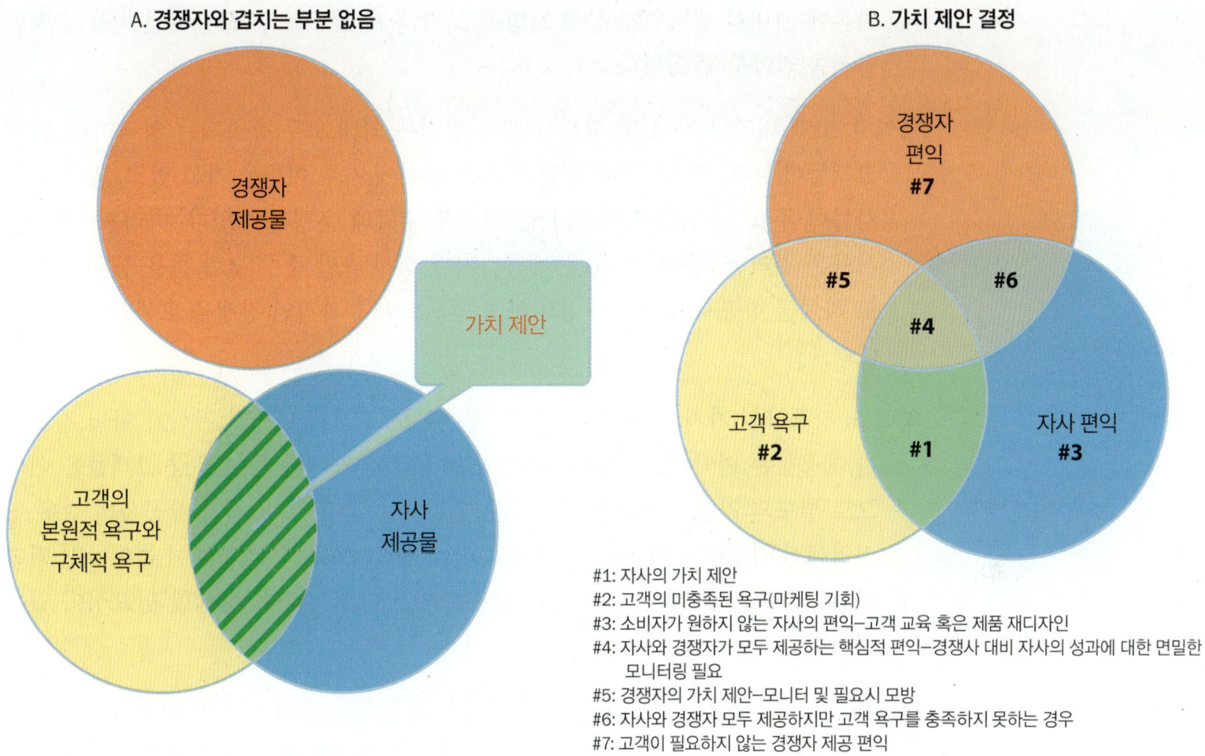

그림 7.7 성공적인 가치 제안 프레임워크

교차하여 제품 혹은 서비스가 위치할 수 있는 7개의 특정 영역이 표시되고 있다. 각 영역에 대한 이해를 위해 항공 산업분야의 가상의 예를 활용하여 살펴보도록 하자.

영역 1. 자사 기업의 가치 제안을 나타내고 있으며, 경쟁자가 제공하는 편익이 아닌 자사가 제공하는 편익에 의해 고객 니즈가 효과적으로 충족되고 있는 영역이다. 즉, 경쟁자와 겹치는 부분이 존재하지 않는다. 항공 이용고객이 항공 체크인 순서대로 자신이 원하는 좌석을 선택하도록 허용하는 것을 선호하는 경우에는 다른 항공사가 아닌 사우스웨스트 항공사를 선택할 것이다.

영역 2. 고객 니즈가 충족되지 않은 영역이다. 이러한 잠재적 니즈를 충족시키기 위해 기업이 신상품 개발 혹은 기존 서비스 개선을 이루는 경우 중요한 마케팅 기회를 얻을 수 있다. 현재 그 어떤 항공사에서도 두 도시를 연결하는 직항 노선을 제공하고 있지 않은 경우가 이 영역에 해당된다.

영역 3. 고객이 자사가 제공하는 편익에 대한 니즈 혹은 욕구가 없는 경우이다. 이 경우 기업은 몇 가지 대안이 있을 수 있다. 자사 상품이 제공하는 편익을 고객에게 잘 알리고 교육시켜 고객이 니즈를 깨달을 수 있도록 다양한 마케팅 자극을 제공하는 것이다. 다른 대안은 고객이 원하지 않는 편익 제공을 중단하고 마케팅 제안을 조정하는 것이다. 예를 들어, 항공사가 항공기 탑승객들이 기내식으로 제공되는 샌드위치에 포함되는 상추 모양에 대해서는 큰 신경을 쓰지 않는다는 것을 깨닫고 기존에 기내식 샌드위치 상추 모양을 보기 좋게 만드는 데 사용되던 비용 수백만 달러를 절약할 수 있었다.

영역 4. 고객 니즈가 자사 및 경쟁사 제공 편익에 의해 모두 충족되는 영역이다. 많은 고객들이 뉴욕, 워싱턴 DC와 같은 주요 도시에 자주 여행을 가고 있고, 많은 항공사들이 주요 도시 간 직항 노선을 하루에 수차례 운행하고 있다. 따라서 각 항공사들은 편리한 시간대 운행을 제공하거나 정시 출발 준수 노력 등을 통해 고객으로 하여금 항공사간 비교를 용이하게 함으로써 효과적인 경쟁을 모색할 필요성이 있다.

영역 5. 경쟁사의 가치 제안을 나타내는 부분으로 고객의 니즈가 자사가 아닌 경쟁사가 제공하는 편익에 의해 충족되고 있는 영역이다. 예를 들어 우량 고객들을 대상으로 별도의 라운지를 운영하고 있는 항공사는 많지 않다. 저가 항공사의 경우 이 영역에서 경쟁하기 어렵다. 하지만 이러한 편익을 요구하는 고객이 늘어나게 되면 기업은 이러한 고객 니즈를 충족시킬 수 있는 대안 마련을 모색할 필요성이 있을 것이다.

영역 6. 자사와 경쟁사가 모두 편익을 제공하고 있으나 고객 니즈를 충족시키지는 못하고 있는 경우다. 엄격한 항공 보안 검색 절차가 탑승객 안전을 보장하기 위한 조치지만 항공 이용 승객 입장에서는 매우 큰 불편을 야기하는 부분이다. 자사 기업이 고객들에게 항공 보안 강화 불가피성에 대한 안내와 교육에 대한 지출을 확대하고자 하는 노력은 경쟁사에게도 혜택이 돌아가는 부분이기 때문에 지출 우선순위에서 밀릴 가능성이 높을 것이다.

영역 7. 마지막으로 이 영역은 경쟁사에 의해 제공되는 편익이 고객의 니즈와 부합되지 않고 불필요하다고 여겨지는 경우다. 영역 3과 유사하게, 경쟁사는 자신들이 제공하는 편익의 중요성에 대한 대 고객 교육을 위해 비용을 지출할 수 있고, 광고나 촉진 캠페인을 통해 이를 강조할 수 있을 것이다. 이러한 경우 경쟁사의 노력에 의해 영역 5로 이동하는지 여부를 확인할 필요성이 있다. 또한 경쟁사는 고객이 외면하는 편익을 제거하는 방향으로 자신의 상품을 조정할 수도 있을 것이다.

기업들은 현재 자신이 속해있는 영역이 어디든지 간에, 상시적으로 경쟁자의 움직임을 면밀하게 주시할 필요성이 있다. 경쟁사가 자사가 제공하지 못하는 특성을 지닌 상품을 제공하는 경우 해당 특성이 고객에게 어느 정도로 중요하게 여겨지는지를 파악하는 것이 중요하다. 중요한 속성이라면 자사 제공물에 포함되도록 해야 할 것이다. 그렇지 못하는 경우 중요성을 지닌 속성들은 경쟁사의 독특한 가치 제안으로 굳어지게 될 것이다.

그림 7.8은 기업의 가치 제안 개발과 커뮤니케이션 요소를 나타낸 것이다. 주요한 가치 제안 구성요소들은 다음과 같다:

게토레이드와 세븐업의 가치 제안은 무엇인가?

1. 표적 시장
2. 제공물 이름 혹은 브랜드
3. 제품/서비스 카테고리 혹은 컨셉
4. 독특한 차별점/편익

잘 알려진 게토레이(Gatorade)와 세븐업(7-Up) 제품을 중심으로 잠재적 가치 제안을 살펴보도록 하자.

- **게토레이**[31]: 게토레이는 전 세계 운동가들을 위한 스포츠 음료로서 근육 운동 위한 에너지, 수화작용 위한 액체, 운동과정에서 땀을 흘려 손실된 부분을 복원하는 데 도움을 주기 위한 전해물을 제공해준다.

	게토레이드	세븐업
표적 시장	전세계 운동선수	비 콜라(non-cola) 소비자
브랜드	게토레이드(Gatorade)	세븐업(7-Up)
제품/서비스 카테고리 혹은 컨셉	스포츠 드링크	카페인이 없는 소프트 드링크
독특한 차별점/편익	전문적 스포츠 근육 활동을 위한 에너지원 제공, 수화 작용위한 액체, 운동 전후 전 과정에서 땀을 통해 배출/소모된 성분 회복 돕기 위한 전해질 제공	가볍게 기분전환위해 섭취할 수 있는 레몬향의 깨끗한 맛

그림 7.8 기업의 가치 제안 개발과 커뮤니케이션 요소

- **7-Up**[32]: 비-콜라 소비자들을 대상으로 한 7-Up은 비-카페인 탄산음료로서 가볍고 상쾌한 레몬-라임 향을 지니고, 거품이 있으며 깔끔한 맛을 지니고 있다.

LO5 포지셔닝(positioning)을 정의하고 어떻게 수행하는지를 설명한다.

포지셔닝 방법

기업들은 가치 제안, 부각적 속성, 상징, 경쟁 등과 같은 다양한 방법에 기초하여 제품과 서비스를 포지셔닝하고자 한다.

포지셔닝 전략은 제품이나 서비스가 고객에게 제공하는 가치 제안, 고유한 가치를 알리고 경쟁사들과 어떻게 다르고 또 더 우월한지를 커뮤니케이션하는 데 도움을 준다. 기업들은 이와 같이 제품과 서비스를 가치와 부각적 속성에 따라 소비자 마음속에 위치를 잡고자 한다. 가치(value)는 가장 일반적인 포지셔닝 방법인데 왜냐하면 소비자 구매의사결정시 가장 중요한 고려요소의 하나가 가격과 품질 관계이기 때문이다.

가치가 반드시 저가격을 의미하지는 않는다는 것을 기억하라. 시계 제조업체 파텍 필립(Patek Philippe)은 "당신은 파텍 필립을 소유하고 있는 것이 아닙니다. 다음 세대를 위해 잠시 맡아두고 있을 뿐입니다"라는 광고 메시지 활용을 통해 구매자로 하여금 시계 구매를 투자로 간주할 수 있도록 하고 있다.[33] 이러한 장기적인 캠페인은 근대 경제 침체기에 특히 생필품 중심 경제에서 고급 브랜드 마케팅 수단으로서 큰 효과를 나타냈다. 명품 가치에 초점을 두고 있는 다른 브랜드들은 헤르메스(Hermes), 샤넬(Chanel), 메르세데스-벤츠(Mercedes-Benz) 등을 들 수 있다.

또 다른 일반적 포지셔닝 전략은 표적 시장에게 가장 중요한 제품 속성에 초점을 맞추는 것이다. 볼보(Volvo)는 자동차의 안전성에 초점을 두고 오랫동안 안전한 자동차라는 포지셔닝 전략을 고수해왔다. 볼보는 다른 고급 자동차들과 경쟁하기 위해 안전성이라는 이미지를 더 확장하고자 노력하고 있다.[34]

잘 알려진 상징(symbol)도 포지셔닝 수단으로 활용될 수 있다. 나이키 스우시(Nike swoosh)나 랄프 로렌(Ralph Lauren) 폴로 경기자 로고 등이 이에 해당된다. 이러한 상징들은 너무 강력하고 잘 알려져서 경쟁사들과 차별화되는 브랜드 포지션을 창출해낸 것으로 볼 수 있다. 이들 상징들 가운데 많은 것들은 법적으로 보호되는 상표로 등록되어 있다.

기업들은 특정 경쟁자 혹은 전체적인 제품/서비스 분류를 기준으로 포지셔닝 전략을 수행할 수도 있다. 예를 들어, 7-Up은 펩시나 Coca Cola와 같은 짙은 갈색 음료와 차별화하기 위해 "비-콜라"로 포지셔닝하였다. 굿리치(Goodrich) 타이어는 굿이어(Goodyear) 타이어와의 차별화를 위해 "다른 부류의 타이어(the other guys)" 혹은 (굿이어 타이어가 주로 이용하는 광고수단인) 소형비행선을 쓰지 않는 타이어 회사 등으로 커뮤니케이션을 수행하였다.

하지만 마케터들은 자사 상품이 경쟁사와 너무 가깝게 포지셔닝되지 않도록 유의할 필요가 있다. 예를 들어, 상품 포장이나 로고가 경쟁사와 너무 유사한 경우 상표권 침해 소송에 휘말릴 수 있다. 제품 카테고리에서 리더 위치를 차지하고 있는 전국적 상표와 유사한 포장을 활용하는 유통업체 브랜드들이 이러한 위험이 있을 수 있다. 맥도

프랑스 소매업체 헤르메스(Hermes)는 럭셔리 브랜드로 포지셔닝되어 있어, 고객들은 소매가격 9,000 달러에 이르는 위와 같은 수제 버킨백(Birkin bag)을 큰 가격 저항없이 구매한다

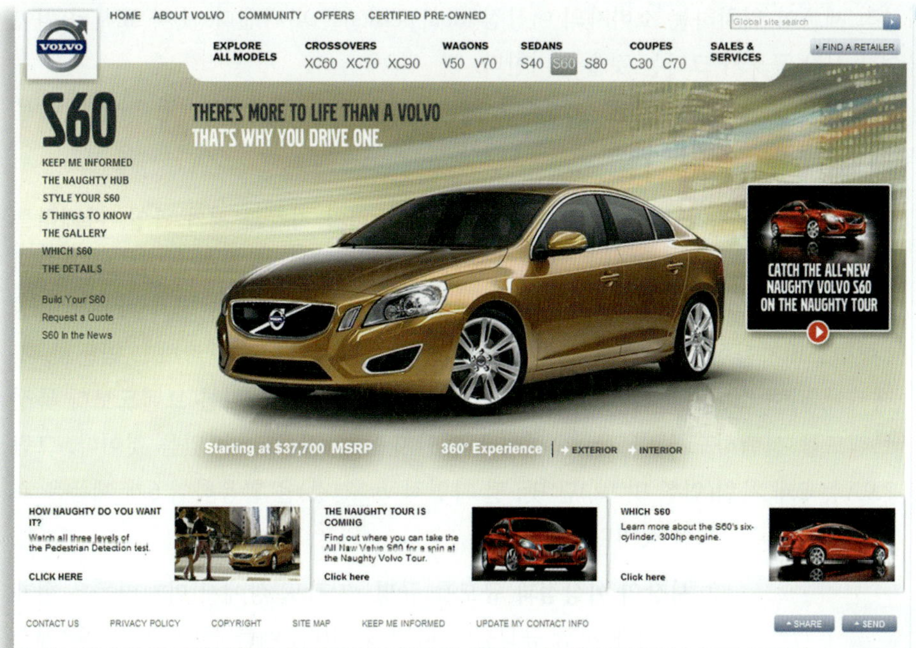

볼보는 '안전성'에서 '안전성+성능'으로 리포지셔닝하고 있다.

날드(McDonald)는 McSleep Inn과 McDental Service 등과 같이 "맥(Mc)" 접두어를 사용하는 업체에 대해 소송을 제기하고 있다. 맥치과 서비스(McDental service)의 경우 소비자들이 패스트푸드 회사가 치과 서비스에 진출했다고 인식할 가능성이 거의 없더라도 말이다.

굿리치 타이어는 굿이어와의 차별화를 위해 소형비행선을 활용하지 않는 회사로 포지셔닝하고 있다.

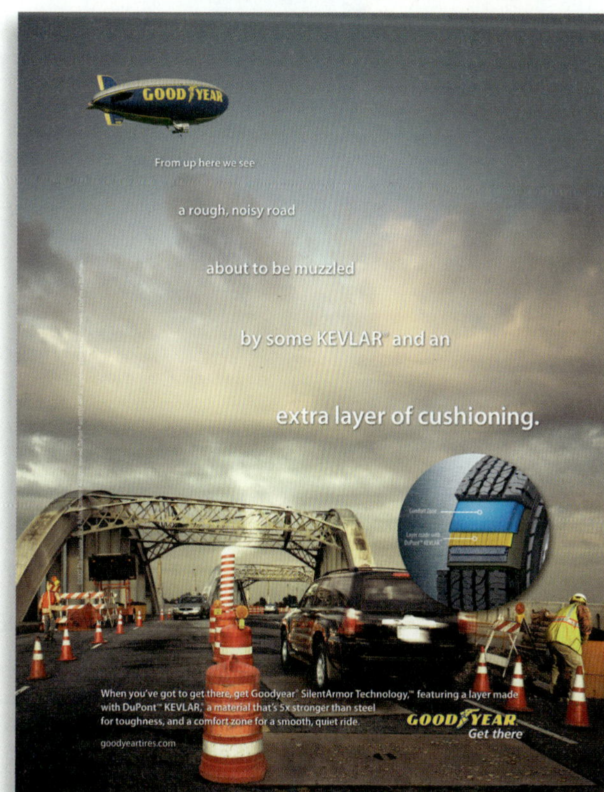

지각도(Perceptual Map)를 활용한 포지셔닝

지금까지 기업이 자사의 제품과 서비스를 포지셔닝하는 다양한 방법에 대해 살펴보았으므로 이제는 해당 포지션을 구축하기 위한 실제적 단계에 대해 논의해보고자 한다. 포지셔닝 전략을 개발하는 경우 기업은 중요한 6단계를 거치게 된다. 이러한 단계를 살펴보기 전에 탄산음료 산업에 관한 가상의 지각도를 나타낸 그림 7.9(차트A부터 차트D까지)를 검토해보자. 지각도(perceptual map)는 둘 혹은 그 이상의 차원에서 제품이나 브랜드가 소비자의 마음속에 어떻게 자리 잡고 있는지를 보여준다. 여기서는 설명을 위해 2가지 차원을 선택하였다: 진한 맛 vs. 엷은 맛(수직적 차원)과 즐거움 vs. 건강(수평적 차원). 또한, 탄산음료 산업이 매우 복잡하지만 시장에 소수의 업체들만이 존재하는 것으로 단순화하여 도식화하였다. 각 브랜드의 포지션은 작은 원으로 표시하였고 숫자가 표시된 원은 특정 세분시장의 이상적 제품이 위치하는 소비자의 이상점(ideal points)을 나타낸다. 숫자 표시된 원이 클수록 시장 규모가 크다는 것을 의미한다.

그림 7.9에 표시된 것과 같은 지각도를 도출하기 위해서 마케터들은 다음과 같은 6단계를 거치게 된다.

1. **경쟁사에 비해 자사 제품 혹은 서비스에 대한 소비자 지각과 평가 확인.** 마케터들은 소비자들에게 경쟁사 및 자사 제품에 대한 일련의 질문을 통해 브랜드의 포지션을 결정한다. 예를 들어, 소비자들이 기존 제품 혹은 서비스를 어떻게 사용하고 있는지, 소비자들이 니즈 충족을 위해 어떤 품목을 대체안으로 생각하고 있는지, 경쟁사에 비해 소비자가 좋아하거나 싫어하는 것이 무엇인지, 다른 브랜드보다 특정 브랜드를 선택하도록 만드는 요인이 무엇인지 등을 질문할 수 있을 것이다. 그림 7.9A는 2개 차원(연한 맛 vs. 단 맛; 덜 자연적 vs. 건강)을 활용하여 6개 제품을 표시한 것이다.

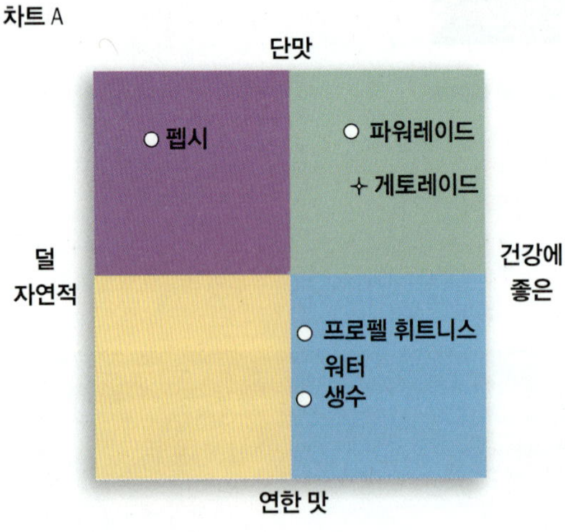

그림 7.9A 지각도

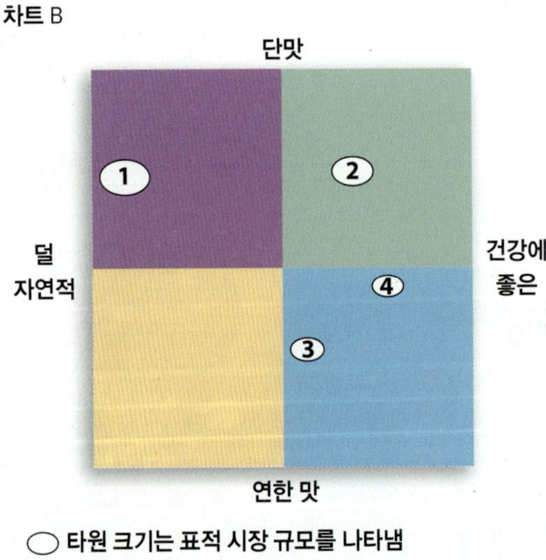

그림 7.9B 지각도

2 **시장의 이상점과 규모를 규명.** 지각도 상에서 마케터들은 현재 및 잠재 시장 규모를 나타낼 수 있다. 예를 들어 그림 7.9B에서 서로 다른 크기의 타원형은 시장 규모를 나타낸다. 이상점 1은 가장 규모가 큰 시장을 나타내고 있기 때문에 만약 기업이 이 이상점에 근접한 제품을 보유하고 있지 않다면 출시를 고려할 필요성이 있다. 이상점 3은 가장 규모가 작은 시장으로 건강에 좋으면서 옅은 맛의 탄산음료를 원하는 소비자들이 많지 않다는 것을 시사한다. 하지만 이는 이 시장을 무시해야 한다는 것이 아니라 이에 속하는 소비자 집단을 위한 마케팅 전략을 매스 시장보다는 니치 시장을 고려할 필요성이 있다는 것이다.

3. **경쟁사의 포지션을 규명.** 기업이 고객들이 자사 브랜드를 경쟁사에 대비하여 어떻게 인식하는지를 규명하는 경우 경쟁사들이 어떻게 포지셔닝을 하고 있는지를 반드시 분석할 필요성이 있다. 예를 들어, 파워레이드는 게토레이드와 가깝게 포지셔닝하고 있는데 이는 2개 브랜드가 지각도 상에 서로 가깝게 나타나고 표적 시장 2에 소구(그림 7.9C 참조)하고 있다는 것을 의미한다.

파워레이드와 게토레이드는 또한 매장 매대에서도 나란히 진열되고, 가격이 비슷하며, 소비자들에게 스포츠 음료로 간주되고 있다. 게토레이도 자사 스포츠 음료가 Propel Fitness Water (표적 시장 3 인근에 위치) 혹은 Coca Cola(표적 시장 1)보다는 파워레이드에 더 가깝게 인식되고 있다는 것을 알고 있다.

4. **소비자 선호를 확인.** 기업은 시장에서의 자사 제품 혹은 서비스에 대해 소비자가 어떠한 생각을 지니고 있는지와 경쟁사와 대

미식축구 선수 제이슨 테일러(Jason Taylor)(왼쪽)을 광고모델로 내세운 게토레이드와 축구선수 데이비드 베컴(David Beckham)(오른쪽)의 파워레이드는 그림 7.9에 표시된 표적 시장에서 경쟁적으로 포지셔닝하고 있다.

비된 포지션을 확인하였다. 다음으로는 소비자가 진정으로 원하는 것이 무엇인지를 찾아내야 한다. 이는 각 시장에 어필할 수 있는 "이상적인"제품 혹은 서비스가 무엇인지를 결정하는 것이다. 예를 들어 전통적 게토레이드를 위한 거대한 시장이 존재하고 있으며 이 시장에서 파워레이드와 같이 경쟁하고 있다. 게토레이드는 또 다른 세분시장을 확인하였는데, 이 시장은 지각도 상에서 세분시장 4로 표시된 시장으로, 게토레이드와 같이 활력을 되찾아주는 음료이면서도 덜 달고, 칼로리 함유가 적은 제품을 선호하는 특성을 지닌다. 현재는 세분시장 4의 니즈를 충족시키는 제품은 시장에 없는 상황이다.

5. **포지션 선택.** 기업은 "덜 단맛의 스포츠 음료"의 표적 세분시장 4에 소구하기 위해 몇 가지 선택이 가능하다. 세분시장 4의 니즈를 충족시키기 위해 신제품을 개발할 수 있다(그림 7.9D, 옵션 1). 혹은 기존 게토레이드를 세분시장 4에 판매하기 위해 제품과 촉진 등의 마케팅 접근방법을 수정하거나 리포지셔닝할 수 있다(옵션 2). 마지막으로 표적 시장 4 소비자가 원하는 것을 무시하고, 원래 게토레이드 제품이 시장의 어떤 다른 제품보다 이상적 제품에 가깝게 위치하고 있기 때문에 소비자들이 결국 기존 게토레이드 제품을 선호할 것으로 기대할 수 있다.

6. **포지셔닝 전략에 대한 모니터링 시장은 정체되어 있지 않다.** 소비자 기호는 변화하며 경쟁자들은 이러한 변화에 즉각 반응한다. 시장 변화에 적응하지 못하고 수

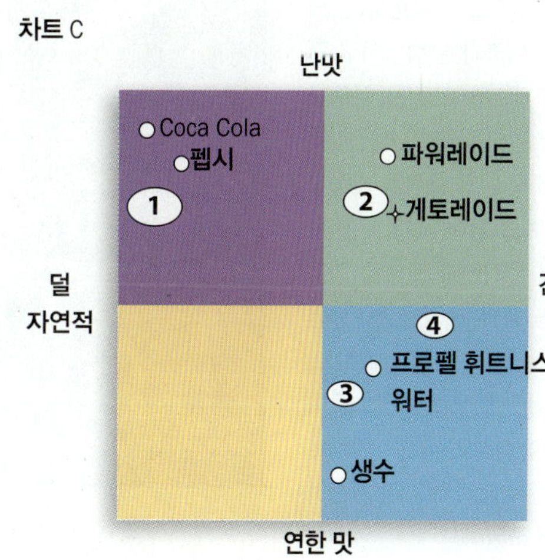

그림 7.9C 지각도

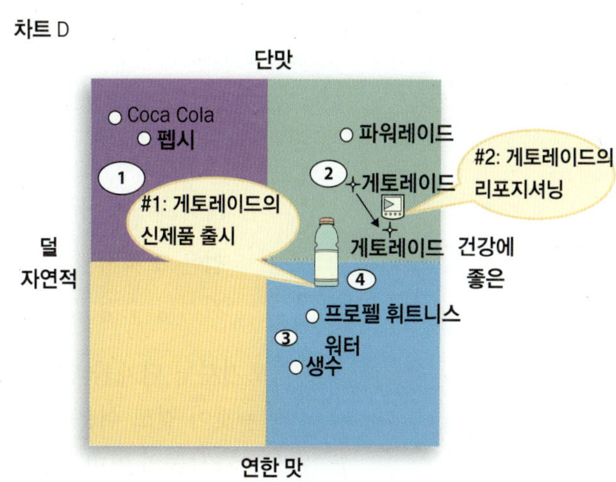

그림 7.9D 지각도

가치 부가 사례 7.2 분투가(strivers) 대상의 투숙 유치 전략[35]

인터컨티넨탈 호텔 그룹(The InterContinental Hotels Group)은 홀리데이인(Holiday Inn)과 크라운 플라자(Crowne Plaza) 호텔 체인을 포함하여 잘 알려진 여러 브랜드를 소유하고 있다. 인터컨티넨탈 호텔 그룹에서는 홀리데이 인을 대상으로 10억 달러를 들여 전반적 리노베이션 작업을 수행하였으나 크라운 플라자 이미지가 노후화되고, 초점이 명확하지 않으며 고객들에게 어필하지 못하고 있음을 깨달았다. 특히 크라운 플라자가 니즈를 충족시키지 못하고 있는 젊은 여행자 혹은 분투가(strivers)를 표적 시장으로 규명하였다.

표적 시장을 직접적으로 겨냥한 촉진활동과 광고를 복합적으로 활용하여, 크라운 플라자는 핵심적 소구점을 강조하고 젊은 여행자들의 관심을 끌기 위한 이벤트 개최 등의 노력을 기울였다. 예를 들어, 젊은 여행자들이 온라인과 모바일 앱을 통해 숙박 예약을 하는 경향이 높다는 것을 인지하고, 크라운 플라자는 안드로이드, 블랙베리 혹은 iPhone을 통해 당일 예약이 가능하도록 하였다.

리포지셔닝은 쉽지 않다! 하지만 크라운 플라자는 젊은 여행자에게 소구하기 위해 활발한 이미지로 리포지셔닝을 시도하고 있다.

젊은 여행자, 분투가들은 국제적 특성 관점에서 흥미로운 집단이다. 인터컨티넨탈 그룹의 CEO인 리차드 솔로몬(Richard Solomons)은 호텔 체인의 분석 결과를 다음과 같이 제시하고 있다. "중국에는 거대한 고객층이 존재하는 데 그들은 국제적 그룹에 속해 소비자에게 안도감을 주는 호텔 브랜드를 원하면서도 중국 고객들을 위해 중국에서 중국 팀에 의해 디자인된 호텔을 원하고 있다." 이들 고객군은 호텔 내에서 비즈니스와 사회적 교류 모두를 충족시킬 수 있는 엔터테인먼트 공간을 포함하여 특별 서비스에 대한 수요를 지니고 있는 것으로 나타났다. 크라운 플라자 호텔 디자인에 그러한 공간을 포함시킴으로써 다른 문화권의 젊은 여행자들 사이에 어떠한 이미지 손상도 주지 않으면서 크라운 플라자 호텔은 직접적으로 이러한 고객군에 어필할 수 있었다.

호텔 산업 환경이 격변하는 상황으로 인해 크라운 플라자는 성과가 좋지 않은 시설들에 대한 폐쇄조치를 포함하여 제공물에 대한 재고가 필요하다는 것을 인식하게 되었다. 면밀하게 수행된 시장 조사 결과는 고객들의 특정 선호와 수요가 증가되어감에 따라 시장세분화의 필요성도 커질 것임을 보여주었다.

이와 동시에 모든 고객군에게 공통적으로 어필할 수 있는 소구점도 확인되었다. 이러한 분석결과에 의해 새로 디자인되는 호텔에는 소비자들이 언제나 이용할 수 있는 팬케익 기계를 구비하도록 하였다. 이는 단순히 팬케익을 제공해주는 것으로 그치는 것이 아니라 크라운 플라자가 추구하고자 하는 재미, 차별화, 즐거움 등의 이미지 창출에 기여하는 것이다.

년간에 걸쳐 동일한 포지션을 고집하는 경우 재앙을 초래할 수도 있다. 따라서 기업은 포지셔닝 단계의 처음 3단계를 지속적으로 적용하여 소비자 선호 변화 및 포지셔닝 수정 필요성에 대한 부분을 끊임없이 검토해야 한다.

포지셔닝 단계를 단순화하여 살펴보았지만, 마케터들은 기업의 포지셔닝을 변화시키는 것이 결코 쉬운 과업이 아님을 인식해야 한다. 일부 기업들은 표적 시장 변화에 따라 자신들의 이미지를 변화시키고자 노력하기도 한다. 〈가치 부가 사례 7.2〉에서 나타난 바와 같이 크라운 플라자(Crowne Plaza)는 젊은 여행객들로부터 더 생기 있고 활발한 이미지를 얻기 위해 기존과는 다른 방향으로 리포지셔닝을 시도한 바 있다.

요점 정리

LO1 시장세분화를 위한 다양한 방법을 설명한다.

시장을 세분화하는 단 한 가지의 최적 방법은 존재하지 않는다. 기업들은 제공하는 제품/서비스 유형과 시장세분화 전략 목적에 따라 다양한 세분화 방법 중에서 선택하게 된다. 예를 들어 기업이 고객을 쉽게 확인하고 규명하기를 원하는 경우에는 인구통계적 혹은 지역적 시장세분화가 가장 효과적일 것이다. 하지만 소비자의 구매 이유 등과 같은 내면적 고찰이 필요한 경우라면, 심리도식적, 지역 · 인구통계적, 편익 혹은 행동적 시장세분화(상황과 애호도)가 효과적일 것이다. 전형적으로 몇 가지 시장세분화방법을 복합적으로 활용하는 것이 가장 효과적이다.

LO2 세분시장의 매력성을 어떻게 평가하는지를 설명한다.

마케터들은 세분시장의 매력성 평가를 위해 몇 가지 기준을 활용한다. 첫째, 고객이 확인 가능해야 한다. 즉, 기업이 시장에 어떤 유형의 사람이 존재하는지를 알고 누구를 타겟으로 노력을 기울여야 할지를 알 수 있어야 한다. 둘째, 세분시장의 규모가 충분히 커야 한다. 만약 세분시장의 규모가 너무 작다면, 이들을 표적으로 특별한 마케팅 믹스 전략을 구사하는 것이 비용대비 효과적이지 못할 것이다. 셋째, 세분시장에 효과적 커뮤니케이션과 유통전략을 통해 접근 가능해야 한다. 넷째, 기업은 세분시장 고객 니즈에 반응해야 한다. 세분시장 소비자들이 수용할 수 있는 제품 혹은 서비스를 제공할 수 있어야 한다. 마지막으로 세분시장은 단기적 관점과 고객 생애 관점 모두에서 수익성이 있어야 한다.

LO3 타겟팅 전략의 다양한 유형(비차별적 전략, 차별적 전략, 집중화 전략 혹은 마이크로마케팅 전략)의 차이점을 설명한다.

기업들은 세분시장을 규명한 이후에 타겟팅 전략을 활용한다. 비차별화 전략은 표적화를 실행하지 않는 것으로서 대부분의 소비자들이 범용품으로 간주하는 제품 혹은 서비스의 경우에만 효과가 있는 전략이다. 차별화전략과 집중화 전략의 차이점은 차별화 전략의 경우 복수의 세분시장을 표적시장으로 삼는 반면에 집중화 전략은 하나의 세분시장을 표적시장으로 삼는다. 복수의 제품/서비스를 제공하는 대기업의 경우에는 보통 차별화 전략을 활용한다. 소규모 기업이나 제한된 제품/서비스를 제공하는 기업의 경우에는 보통 집중화 전략을 활용하는 경우가 많다. 마이크로 마케팅 혹은 1:1 마케팅 전략을 채택하는 기업들은 자사의 제품/서비스를 개별 고객의 니즈에 맞도록 맞춤화하여 제공한다. 과거에는 마이크로 마케팅은 고객이 원하는 주문에 맞춰 제작하는 기술공, 재단사, 장인들에 의해 주로 활용되었다. 하지만 최근에는 대규모 제조업체와 소매업체들도 고객의 요구에 맞춤화된 상품을 제공하기 시작하고 있다. 반면에 서비스 제공업체들은 대부분 고객에 맞춤화된 제공물을 제공하고 있다.

LO4 가치 제안(value proposition)을 결정한다.

기업의 가치 제안은 제품 혹은 서비스로부터 얻을 수 있는 고객 편익을 커뮤니케이션하여 자사 제품 혹은 서비스를 구매해야 하는 이유를 제공해 주는 것이다. 이는 표적 시장이 원하지만 경쟁사가 제공해주지 못하는 제품 혹은 서비스 속성으로 구성된다. 기업은 경쟁사에 의해 제공되는 것이냐 아니냐에 상관없이 고객에게 중요한 속성을 제공하는 것에 초점을 둘 수 있다. 고객에게 중요하지 않은 속성의 경우에는 속성의 중요성을 고객에게 알려주거나 속성의 중요성을 약화시키거나 혹은 해당 제품이나 서비스 속성을 제공하지 않는 등의 선택을 해야 한다.

LO5 포지셔닝(positioning)을 정의하고 어떻게 수행하는지를 설명한다.

포지셔닝은 STP과정의 P에 해당된다. 이는 고객들이 경쟁자들에 비해 자사 제품, 서비스, 혹은 브랜드에 대해 어떻게 생각하고 있는지와 관련된다. 기업들은 자사 제품과 서비스를 몇 가지 기준에 의해 포지셔닝을 수행한다. 제품 혹은 서비스 획득 비용 대비 고객이 취하는 가치에 초점을 둘 수도 있다. 고객에게 가장 중요한 속성을 찾아내어 회사 제공물을 이러한 속성에 기초하여 포지셔닝을 실시할 수도 있다. 비록 구매로 연결될 만큼 강력한 상징과 연관된 제품 혹은 서비스는 흔치 않지만, 포지셔닝 전략에 상징이 활용될 수도 있다. 마지막으로, 가장 보편적인 포지셔닝 방법의 하나는 자사 제품 혹은 서비스를 경쟁사와 호의적으로 비교하는 것이다. 포지셔닝 전략과 지각도를 개발하는 경우 기업은 6가지 단계를 거치게 된다. 첫째, 자사 상품에 대한 소비자의 지각을 확인하고 경쟁사와 대비하여 평가한다. 둘째, 해당 제품혹은 서비스에 대한 시장의 이상점과 시장 규모를 결정한다. 셋째, 경쟁사의 포지션을 규명한다. 넷째, 소비자 선호를 결정한다. 다섯째, 자사의 포지션을 선택한다. 마지막으로, 포지셔닝 전략을 모니터링한다.

핵심용어

- 1:1 마케팅(one-to-one marketing)
- Value and Lifestyle Survey(VALS)
- 가치 제안(value proposition)
- 가치(value)
- 라이프스타일(lifestyles)
- 마이크로마케팅(micromarketing)
- 비차별적 표적화 전략 (undifferentiated targeting strategy mass marketing)
- 상황적 세분화 (occasion segmentation)
- 심리도식적 변수(psychographics)
- 애호도 세분화 (loyalty segmentation)
- 이상점(ideal point)
- 인구통계적 세분화 (demographic segmentation)
- 자아 가치(self-values)
- 자아 개념(self-concept)
- 지각도(perceptual map)
- 지역 · 인구통계적 세분화 (geodemographic segmentation)
- 지역적 세분화 (geographic segmentation)
- 집중적 표적화 전략 (concentrated targeting strategy)
- 차별적 표적화 전략 (differentiated targeting strategy)
- 쿠키(cookies)
- 편익 세분화(benefit segmentation)
- 행동적 세분화 (behavioral segmentation)

사례 연구

Coca Cola

connect

1886년 아틀란타 약사가 카라멜 색깔의 액체를 만들어 다운타운에 위치한 Jacobs 약국에서 탄산수와 섞어 병당 5센트에 판매하였다.[36] 그 음료는 유행하였고, 초기 하루 평균 9병을 판매[37]하는 것으로부터 시작하여 오늘날 Coca Cola 음료는 하루 17억 병이 소비된다. 이러한 성공으로 음료 공장, 6팩 들이 상자, 국제적 유통망 등이 대두되게 되었고 모방자도 시장에 뛰어들었다. 예를 들어, 펩시는 1902년에 설립되었고 오늘날 290억 달러 규모의 거대한 지주회사를 지닌 복합 기업으로 성장하였다.[38]

두 회사는 10여 년간 코크(Coke) 혹은 펩시(Pepsi) 단독 브랜드로 마케팅 활동을 전개해왔다. 하지만 20세기에 접어들면서 두 회사는 환타(Fanta), 스프라이트(Sprite), TAB, 프레스카(Fresca), 다이어트 코크(Diet Coke), 다이어트 펩시(Diet Pepsi)와 마운틴 듀(Mountain Dew)와 같은 대체 음료상품을 도입하며 제품 라인을 확장하였다. 이들 상품 상품이 제공되는 세분시장은 비교적 단순한 시장이었으나 경쟁자들이 수백여 나라의 다양한 시장으로 국제 판매를 확장하면서 복잡하고 복합적인 시장으로 성장하고 있다. 비록 비교적 소규모의 다수 경쟁사의 도전에 직면해있지만, 성숙기에 접어든 이 시장에서 주요 전략적 초점은 고객들로 하여금 주요 경쟁사로부터 이탈시키거나 혹은 기존 고객들이 보다 많은 콜라를 마시도록 독려할 방법을 찾는 것이다. Coca Cola의 경우에 최적의 해결방안은 새롭고 차별화된 세분시장을 위한 포괄적인 제품 개발을 추구하는 것이다.[39]

시장세분화 전략

치열하고 경쟁적인 소비자 시장에서, Coca Cola는 다양한 특정 세분시장을 위한 독특한 제품을 개발했다. 이러한 독특한 제품은 특정 그룹에 어필할 수 있기 때문에, Coca Cola는 기존 제품에 대한 자기잠식을 피해 해당 제품의 매출을 증대시킬 수 있었다. 예를 들어 이미 언급된 제품이외에 Coca Cola사는 카페인 섭취를 줄이기를 원하지만 레몬 향의 음료보다는 콜라를 선호하는 소비자들을 위해 코크(Coke)와 다이어트 코크(Diet Coke) 모두 카페인 프리 버전을 출시하였다. 전통적 탄산음료 제품군의 디카페인 버전 상품을 출시함으로써 Coca Cola는 매출 감소 없이 하루에 판매되는 탄산음료 제품 수를 증가시킬 수 있었다. 왜냐하면 디카페인 버전 상품의 표적 시장 고객은 카페인 섭취를 줄이기 위해 이미 콜라 소비를 피하거나 최소화했던 고객층이기 때문이다.

다이어트 위한 세분시장

점차적으로 많은 미국인들이 체중에 대해 걱정을 하게 되면서 Coca Cola는 다이어트 코크(Diet Coke)를 출시하기 시작하였고 미국에서 가장 많이 판매된 다이어트 탄산음료로 자리매김하였다. 1986년에는 다이어트 체리 코크(Diet Cherry Coke)가 출시되었고, 이어 다이어트 레몬 코크(Diet Coke with Lemon)가 도입되었다. 다이어트 바닐라 코크(Diet Coke with Vanilla)와 다이어트 라임 코크(Diet Coke with Lime)가 뒤이어 출시되었으며 다이어트 블랙 체리 바닐라 코크(Diet Black Cherry Vanilla Coke)가 바로 뒤를 이었다. 이러한 영향으로 시장에서는 다이어트에 관심 있는 소비자들이 단순한 칼로리 내용물뿐만 아니라 전체적인 건강에 더 많은 주의를 기울이는 트렌드가 나타나게 되었다. 이에 Coca Cola사는 친숙한 다이어트 음료 버전이면서도 비타민과 미네랄이 보강된 다이어트 코크 플러스(Diet Coke Plus)를 출시하였다.

Coca Cola는 비타민 B6과 B12와 같은 영양소가 첨가된 콜라를 원하는 음용자 세분시장에 소구하기 위해 디이이트 코그 플러스를 출시하였다.

남성을 위한 세그먼트

몸무게를 줄이려는 여성들은 다이어트 음료를 선호할 수 있지만 남성들은 여성스러운 이미지의 다이어트 음료를 원하지 않는 것으로 조사되었다. Coca Cola는 이러한 요구에 대응하기 위해 코크 제로(Coke Zero)를 출시하고 "다이어트"용어를 지속적으로 사용하지 않았다.[40] 대신에 포장, 촉진, 이미지 등을 통해 남성다움을 선호하는 표적 시장 소비자들에게 어필하기 위해 제임스 본드(James Bond)와 같은 남성다운 이미지를 지닌 모델을 광고에 출연시켜 성공적으로 시장에 출시하였다. 저 칼로리 콜라를 원하면서도 다이어트 코크를 구매하거나 마시는 모습을 보여주기 싫어하는 18세~34세 남성들에게 어필함으로써 Coca Cola는 코크 제로 매출을 1/3 증가시켰다.[41]

DIY 세분시장

청량음료 분배기는 Coca Cola 창업 이래 콜라 사업에 있어 중요한 영역으로 자리잡아왔다. 음식점에서 콜라 매출 증대를 위해, Coca Cola는 청량음료 분배기 개념에 DIY("do it yours self") 트렌드를 결합하여 고객들로 하여금 104가지의 맞춤화된 맛을 선택할 수 있도록 하였다.[42] 이 Freestyle 기계는 페라리(Ferrari) 경주용 차 디자이너에 의해 만들어졌다. 양 조절 장치를 통해 농축 원액이 탄산수에 분사되면, 음료가 공기 중에서 혼합되게 된다. 특별 기술이 탑재되어 직전에 선택되었던 맛이 자동으로 선택되지 않고 소비자가 직접 원하는 맛을 고를 수 있도록 해준다. 이 Freestyle 기계를 사용하여 엄마는 다이어트 라임 코크(Diet Coke with Lime), 아빠는 코크 제로 라임(Coke Zero with Lime), 아이는 카페인프리 바닐라 코크(Caffeine-Free Vanilla Coke) 혹은 카페인프리 다이어트 체리 바닐라 코크(Caffeine-Free Diet Cherry Vanilla Coke)를 선택하여 즐길 수 있다.

세분시장에의 가치부여 마케팅

성공적인 신제품 출시를 위해서는 혁신적 제품뿐만 아니라 표적 세분시장 소비자들에게 신제품의 가치를 커뮤니케이션하는 마케팅 캠페인이 뒷받침되어야 한다. 코크 제로(Coke Zero) 제품 출시는 이러한 관점에 완벽히 부합되는 사례다.[43] Coca Cola는 TV와 라디오 광고, 출판물, 옥외 광고, 인터넷뿐만 아니라 광범위한 샘플링과 시음 기회를 활용하는 마케팅 캠페인을 기획하였다.[44] 코크 제로 TV 광고에는 유명한 "Mean Joe Greene"광고를 리메이크하여 Pittsburg Steeler Troy Polamalu와 같은 남성 운동선수가 출연하였다. 다른 광고에서는 코크 제로가 "골치 아픈 문제점 없이 여자친구를 사귀는 것"과 같은 이점이 있음을 시사함으로써 성역할과 현대적 관계에 대해 희화하고 있다. 지속적인 미디어 전략은 옥외광고에 상당한 비용을 지출하면서 가능한 많은 남성들에게 신제품을 노출시키는 데 초점을 두었다.

Coca Cola 시장세분화 전략 성과

다이어트 콜라 시장에 성별에 의한 시장세분화를 활용함으로써, Coca Cola는 제로 코크 제품 광고는 남성 소비자들에게 어필할 수 있도록 맞춤화한 반면 다이어트 코크 광고는 여성 소비자들에게 집중할 수 있었다. 결과적으로 Coca Cola는 각 제품이 표적시장으로 삼은 세분시장 소비자들과 밀접한 관계를 구축할 수 있었고, 코크 제로는 회사 역사상 가장 성공적인 제품 출시로 기록되게 되었다. Freestyle 분배기는 일부 테스트 시장에서만 운영하는 것으로 시작되었지만, 해당 기계가 설치된 점포에서는 전반적인 음료 산업 판매가 하락하는 시기에서 10% 정도 음료 매출을 증가시킬 수 있었다.[45] 이에 Five Guys와 버거킹(Burger King)을 포함한 일부 전국적 음식점 체인들이 가맹점에 Freestyle 기계를 설치하도록 결정하였다.[46]

특정 세분시장을 규명하고 표적화하는 노력을 통해, Coca Cola는 450개 이상 제품에 대해 안정적인 소비재 브랜드로 성장하고 있다.[47] Coca Cola가 가장 가치 있는 브랜드로 유지되고 있지만, 다이어트 코크와 Coca Cola 제로도 더 이상 약한 브랜드가 아니다. 두 브랜드 자체만으로 10억 달러 가치를 창출하는 제품으로 성장하였다.

확인문제

1. 콜라 음료 시장을 분류하기 위해 Coca Cola가 어떠한 유형의 시장세분화 전략을 활용하였는가?
2. 이러한 유형의 시장세분화 전략이 콜라 음료 시장에서 효과적이었는가? 여러분 답변에 대한 근거를 같이 제시해 보시오.

CHAPTER 8

마케팅 조사

가상현실은 게임이나 영화에서 사람들이 일상에서 전혀 만나지 못하는 상황에 참여할 수 있도록 한다. 특수한 3차원 안경과 사실적으로 표현된 이미지는 그곳이 군사작전의 한가운데이든, 에베레스트산을 오르는 것이든, 테니스경기를 하는 것이든 마치 "그 곳에 있는" 듯한 느낌을 만들어 준다. 이러한 기술들은 마케팅 조사에서도 소비자들이 신제품이나 제품진열에 어떻게 반응하는지에 대한 가치 있는 정보를 제조업자들에서 제공한다. 제대로 사용만 된다면 가상쇼핑 수단들은 전통적인 조사기법들에 비해 소비자행동에 대해 보다 정확한 정보를 제공해 주고, 필드 테스팅에 비해 보다 효율적이다.[1]

가상점포 테스팅은 특별히 새로운 것은 아니다. P&G(Procter & Gamble) 같은 기업은 마케팅 조사를 수행하기 위해 이러한 수단들을 10년 넘게 사용하여 왔다.[2] 그러나 기술이 진화하면서 P&G는 포장 디자인, 제품 진열, 점포 배치 등을 만들고, 시험하고, 개선하는 데 가상점포를 점점 더 많이 활용하고 있다.[3] 오늘날 전 세계 제조업체들은 추진하는 사업의 3/4 이상을 가상해법 수단에 의존하고 있다.

P&G의 실물크기 가상현실센터에서는 마치 소매점의 진열대에 있는 듯 한 신제품의 3차원 이미지가 완전한 상호작용이 가능한 세상을 만들어 준다. 소비자들이 진열대를 살펴보는 동안 정교한 소프트웨어는 소비자들의 반응을 분석하여 포장이나 메시지 전달에 대한 일반적인 반응에 통찰력을 제공한다. 상품개발팀은 초기 디자인 과정에서 제품을 개선하기 위해 이러한 정보를 사용하여 시장대응 속도를 높여주고, 많은 비용이 드는 시제품의 수를 줄여주며, 실제 제품이 출시될 때 성공할 가능성을 극대화시킨다.

이러한 기술은 또한 P&G가 제품배치 전략을 분석하기 위한 가상점포환경을 만들 수 있도록 한다. 마케팅 조사자들은 이러한 테스트에서 나온 정보와 소비자의 피드백을 소매상에게 제공하여 소매상들이 고객만족을 높여 매출을 발생시키는 것을 도와준다. 이러한 접근방법은 스포츠에 열심인 사람을 겨냥한 새로운 타입의 섬유탈취제와 같은 단일 제품에 대해서도 사용될 수 있고, 비공개 환경에서 신제품의 전체 계열에 대한 조사에 사용되어 혁신기업의 전략적 마케팅 의사결정을 경쟁자들에게 노출되는 것에서 보호해 준다.[4]

오늘날의 마케팅 조사를 위한 가상현실의 세밀함은 기업의 의사결정자와 의사소통자 모두에게 소프트웨어를 사용하기 쉽

학습 목표

- **LO1** 마케팅 조사 과정의 5가지 단계를 구분한다.
- **LO2** 다양한 2차자료 원천을 설명한다.
- **LO3** 다양한 1차자료 수집방법을 설명한다.
- **LO4** 1차자료와 2차자료의 차이를 요약하여 설명한다.
- **LO5** 소비자정보의 수집이 윤리적인 상황을 살펴본다.

게 만들어 준다. 이러한 기술은 또한 두드러지게 현실적인 그래픽과 상호작용성을 제공하도록 진화하여 소비자들의 반응에 통찰력을 높인다.[5] 이와 같은 발전된 형태의 마케팅 조사는 P&G와 같은 기업이 자신의 고객과 사업파트너들에게 어떻게 더 잘 봉사할 것인지를 이해시킨다. 더 나은 봉사는 더 많은 이윤을 의미한다.

P&G의 사례가 보여주는 것과 같이 마케팅 조사는 성공적인 의사결정을 위해 선행될 필수적인 요소이다. 마케팅 조사는 마케터의 제품, 서비스 및 아이디어 등의 마케팅을 위한 의사결정을 돕기 위한 자료를 체계적인 수집, 기록, 분석 및 해석하는 기법과 원칙으로 이루어진다.[6] 마케터가 마케팅 전략을 개발할 때 마케팅 조사는 시장세분화, 포지셔닝, 제품, 유통, 가격 및 촉진 의사사결정을 도와줄 가치 있는 정보를 제공할 수 있다.

기업들은 매년 마케팅 조사에 수십억 달러를 쓰고 있다. 미국에서 가장 큰 마케팅 조사 기업인 ACNielsen의 연간 전 세계 매출은 50억 달러 정도에 이른다.[7] 왜 마케터는 마케팅 조사가 가치 있다고 생각하는가? 첫째, 마케팅 조사는 마케팅 환경에서의 불확실성을 줄여준다. 성공적인 관리자는 자신의 의사결정을 위해 언제 마케팅 조사의 도움을 받아야 할 것인지를 알고, 그들이 필요로 하는 정보를 얻기 위한 적절한 단계를 밟는다. 둘째, 마케팅 조사는 기업과 기업이 처한 환경간의 결정적인 연결고리를 제공한다. 이는 기업이 전략을 개발할 때 고객이 제공한 정보와 지속적인 피드백을 이용하게 함으로써 기업이 고객지향적이 되도록 한다. 셋째, 자신들의 경쟁자들을 끊임없이 모니터링하여 기업이 경쟁자들의 움직임을 예측하고 빨리 대응할 수 있도록 한다.

마케팅 조사가 기업이나 소매상 벤처에서나 적용할 수 있다는 생각은 잘못이다. 비영리조직과 정부도 그들의 지지자를 더 잘 지원하기 위해 마케팅 조사를 사용할 수 있다. 정치권에서는 서로 다른 인구통계학적 집단별로 의미 있는 메시지를 결정하기 위해 유권자들을 쪼개서 묶어 왔다. 그들은 유권자의 정치적 관점을 알고 싶어 하는 것뿐만 아니라, 유권자들이 어떤 매거진을 구독하는지와 같은 유권자들의 미디어 습관을 이해하여 유권자들을 보다 효과적으로 목표할 수 있게 하고 싶어 한다.

이 장에서는 마케팅 조사를 위한 5가지 단계를 제시하고 있다. 또한, 이 장에서는 마케팅 조사에서 수집되는 정보를 사용함에 있어 윤리적인 시사점을 논의하고 있다.

마케팅 조사 과정

마케팅관리자들은 마케팅 조사 프로젝트를 시작하기 전에 몇 가지 요소들을 고려한다. 첫째, 그 마케팅 조사가 유용할 것인가? 마케팅 조사는 관리자가 이미 알고 있는 것 이상의 통찰력을 제공하고 프로젝트와 관련된 불확실성을 줄여줄 것인가? 둘째,

최고경영자가 그 프로젝트에 권한을 위임하고, 조사의 결과를 받아들인 것인가? 이 두 가지 질문과 관련하여 마케팅 조사의 가치는 매우 비쌀 수 있어, 마케팅 조사의 결과가 유용하지 않거나 경영자가 조사결과 밝혀진 사항들을 받아들이지 않는 것은 돈을 낭비하는 것을 뜻한다. 셋째, 마케팅 조사 프로젝트는 작아야 하나 아니면 커야 하나? 어떤 프로젝트는 기업이 이미 가지고 있는 자료들을 단순히 분석하는 것일 수 있고, 또 어떤 프로젝트는 완료되기까지 수십만 달러의 비용과 수개월의 시간이 요구되기도 한다.

LO1 마케팅 조사 과정의 5가지 단계를 구분한다.

마케팅 조사 과정은 5가지 단계로 이루어진다(그림 8.1 참조). 여기에서는 마케팅 조사 과정을 단계별로 진행되는 것으로 소개하고 있으나, 실제 마케팅 조사에서는 항상 그러게 진행되지는 않는다. 마케팅 조사자는 필요에 따라 한 단계에서 다른 단계를 앞뒤로 오가게 된다. 예를 들어, 마케터는 특정 조사목적을 수립하고 자료 수집과 예비분석 이어서 수행하는 데, 자료수집 단계에서 새로운 정보를 밝히거나 예비분석 결과가 새로운 조사의 필요를 부각시킨다면 마케터는 조사목적을 재정의하고 처음부터 다시 시작하여야 한다. 또 다른 마케팅 조사 프로젝트 착수 진의 중요한 요구사항은 사전에 전체 프로젝트를 계획하여야 한다는 것이다. 프로젝트를 시작하기 전에 전체 마케팅 조사 과정을 계획함으로써 마케팅 조사자는 조사를 진행하는 과정에서 마케팅 조사 계획에 대한 불필요한 변경을 피할 수 있다.

그림 8.1 마케팅 조사 과정

마케팅 조사 과정 1단계: 조사 목적 및 조사필요성 정의

마케팅 조사는 값비싸고 시간이 많이 소요되기에 해결이 필요한 문제를 사전에 정확히 수립하는 것이 중요하다. 그러기 위해 마케터는 마케팅 조사 프로젝트의 목적을 분명히 정의해야 한다.

다음과 같은 시나리오를 생각해보자. McDonald's는 그들의 고객의 경험을 더 잘 이해하고 싶어 한다. McDonald's는 또한 고객들이 주 경쟁자인 Wendy's에서의 경험을 어떻게 보는가를 이해하고 싶어 한다. 마지막으로 McDonald's는 최신 콤보(햄버거, 프라이스 및 음료) 식사 메뉴의 가격과 목표시장 설정을 위한 통찰력을 얻고자 한다. 이들 의문 사항들 중 어떤 것이든 마케팅 조사 프로젝트를 시작할 수 있다. 기업이 궁극적으로 수행할 프로젝트의 복잡성은 그것이 필요한 것에 대한 깊은 지식의 양과 함께 가능한 시간과 자원에 따라 결정된다.

마케팅 조사자는 프로젝트의 가치를 이러한 의문점들에 대한 답이 주는 편익과 마케팅 조사를 수행하는 데 필요한 비용에 대한 세심한 비교를 통해 평가한다. 마케팅 조사가가 특정 문제나 이슈에 대해 필요한 정보가 무엇인지 결정되었다면 다음 단계는 그런 목적을 충족시킬 조사 프로젝트를 설계하는 것이다.

마케팅 조사 과정 2단계: 조사 설계

마케팅 조사의 2번째 단계인 조사 설계에서는 필요한 자료의 유형을 확인하고, 자료수집에 필요한 조사를 결정한다.

McDonald's의 고객 경험을 이용하여 2번째 단계가 어떻게 작동하는지 살펴보자.

McDonald's가 그들의 고객의 경험을 더 잘 이해하고자 마케팅 조사를 수행한다면, 고객들의 McDonald's에서의 경험뿐만 아니라 Wendy's와 같은 주 경쟁자에서의 경험을 함께 연구하여야 한다.

McDonald's는 고객들에서 McDonald's에서의 경험을 물어볼 필요가 있다. 그렇지만 사람들이 항상 서베이에서 모든 진실을 말하지는 않기 때문에, 기업은 소비자들이 실제로 어떻게 점포에 들어가고, 종업원들과 어떻게 상호작용하고, 어떻게 제품을 구매하는지 관찰하고 싶을 것이다. 조사 프로젝트의 설계는 어린이를 동반한 사람들이 점심시간에 매장에 들어와 해피밀을 주문하는 것을 보여주는 정보와 같은 이용 가능한 자료에서 시작되어야 한다. 이제 McDonald's의 마케팅 조사자는 고객들에게 그들의 McDonald's에서의 경험에 대한 구체적인 질문을 물을 수 있다.

McDonald's는 고객의 시장경험을 이용가능한 자료의 조사에서 평가한 다음 고객들에게 해피밀과 같은 제품에 대한 경험을 물어본다.

마케팅 조사 과정 3단계: 자료수집 과정

자료의 수집은 조사 설계 과정이 끝난 뒤에 시작된다. 프로젝트의 설계에 기반 하여 자료는 1차 및 2차자료 원천으로부터 수집된다. 2차자료는 현재 관심 있는 조사 프로젝트 이전에 존재하는 정보들이다. 2차자료에는 외부 및 내부의 자료 원천이 모두 포함된다. 반면에 1차자료는 특정 조사 필요에 맞춰 수집된 정보이다. 일반적인 1차자료의 수집 방법에는 표적집단면접, 심층면접 및 서베이 등이 있다.

가설적인 패스트푸드 시나리오에서 McDonald's는 아마도 내셔널퍼처스다이어리패널(National Purchase Diary Panel)이나 ACNielsen 같은 외부 제공자로부터 관련 있는 2차자료를 얻기로 결정할 수 있다. 그러한 자료에는 다른 성분들의 가격, 판매량, 카테고리 내에서의 성장이나 쇠퇴, 광고와 판촉 비용 등이 포함된다. McDonald's는 아마도 가맹점들로부터의 매출에 대한 적절한 자료를 모을 것이다. 그렇지만 McDonald's는 또한 경쟁자의 자료, 전반적인 식품 소비 자료, 그리고 퀵서비스 레스토랑 카테고리에 대한 다른 정보들 원하는데, 이러한 정보들은 적합한 통합 자료 제공업체로부터 얻을 수 있다. 이러한 자료들을 바탕으로 McDonald's는 서베이를 이용한 1차자료를 추가로 얻게 결정할 것이다.

어떤 기업도 모든 고객에게 의견을 묻거나, 모든 고객을 관찰할 수 없기에 마케팅 조사자는 관심 고객들을 대표할 수 있는 고객 그룹인 표본을 골라서 그들의 의견을 같은 특성을 지닌 모든 고객들을 설명하기 위해 일반화한다. 마케팅 조사자는 무작위로 표본 참여자를 정하여 표본이 전체 고객 시장을 대표할 수 있도록 한다. 또는 마케팅 조사자는 표본을 특정 특성을 기준으로 선정할 수 있는데, 예를 들어 어린이가 있는지의 기준에 의해 해피밀을 구매하는 것과 관련된 경험을 조사할 수 있다.

마케팅 조사자는 그들이 공략하고자하는 이슈를 측정하기 위한 질문에 다양한 방법을 사용할 수 있다. McDonald's 시나리오에서 마케팅 조사팀에서 몇 가지 다른 유형의 질문을 이용한 설문지(그림 8.2 참조)를 개발하였다고 가정하자. 섹션 A에서는 McDonald's에서의 고객의 경험을, 섹션 B에서는 Wendy's에서의 고객의 경험을, 섹션 C에서는 McDonald's에서의 고객의 습관을, 섹션 D에서는 고객의 인구통계학적 특성을 측정하고 있다.[8]

마케팅 조사 과정 4단계: 자료 분석 및 해석

마케팅 조사 과정의 다음 단계인 자료를 분석하고 해석하는 단계는 철저하고 꼼꼼하게 수행되어야 한다. 의미 있는 정보를 도출하기 위해서 마케팅 조사자는 수집된 자료를 이용하여 분석을 한다. 여기서 자료(data)란 그 자체로는 마케터에게 제한적인 가치만 있는 원래의 숫자나 다른 사실적 정보로 정의될 수 있다. 그렇지만 자료가 조직화되고, 분석되고, 해석되어 마케팅 의사결정자에게 유용한 형태로 정리된 결과에 따라 해석되면 정보(information)가 된다. 예를 들어, 식료품점의 계산대에 있는 스캐너는 개별 소비자의 구매에 대한 판매 자료를 수집한다. 그런 자료는 분류되고 검토된 뒤에야 어떤 제품과 서비스가 함께 구매된다든지 점포내에서의 판촉활동이 어떻게 매출로 전환되는지와 같은 정보로 제공된다.

McDonald's의 예에서 서베이(그림 8.2로 부터의)의 결과는 그림 8.3과 같이 요약될 수 있다. McDonald's와 Wendy's 모두 레스토랑의 청결도에서는 같은 점수를 보이고 있으나, Wendy's는 음식의 맛이 더 좋다고 나타난 반면에 McDonald's는 가격이 싸다고 나타났다. 따라서 McDonald's는 Wendy's와 보다 효과적으로 경쟁할 수 있도록 가격을 너무 많이 올리지 않고 음식의 맛을 개선하고자 할 것이다.

귀하께서 McDonald's와 Wendy's에서 경험하신 것에 대해 잠시 답변해 주시기 바랍니다. 각 문항별로 귀하의 생각을 해당 칸에 표시를 하시거나, 빈칸에 직접 적어주시기 바랍니다.

McDonald's에서의 귀하의 경험을 평가해 주시기 바랍니다.

A. McDonald's	전혀 그렇지 않다 1	그렇지 않다 2	보통이다 3	그렇다 4	매우 그렇다 5
McDonald's는 음식의 맛이 좋다.	☐	☐	☐	☑	☐
McDonald's는 깨끗하다.	☐	☐	☐	☑	☐
McDonald's는 가격이 싸다.	☐	☐	☐	☑	☐
B. Wendy's	**전혀 그렇지 않다 1**	**그렇지 않다 2**	**보통이다 3**	**그렇다 4**	**매우 그렇다 5**
Wendy's는 음식의 맛이 좋다.	☐	☐	☐	☑	☐
Wendy's는 깨끗하다.	☐	☐	☐	☑	☐
Wendy's는 가격이 싸다.	☐	☐	☐	☑	☐

C. McDonald's				
귀하께서는 지난 한달 동안 McDonald's를 몇 번 방문하셨습니까?	전혀 없음 ☐	1-2번 ☐	3-4번 ☐	5번 이상 ☑
귀하께서는 McDonald's를 방문하실 때 평균적으로 얼마의 금액을 지불하십니까?	$______			
귀하께서 McDonald's에서 가장 좋아하는 제품은 무엇입니까?	______			
D. 귀하에 대한 다음 사항에 답해 주시기 바랍니다.				
나이	16세 이하 ☐	17-24세 ☐	25-35세 ☐	36세 이상 ☐
성별	남성 ☐	여성 ☐		

그림 8.2 가설적 패스트푸드 서베이

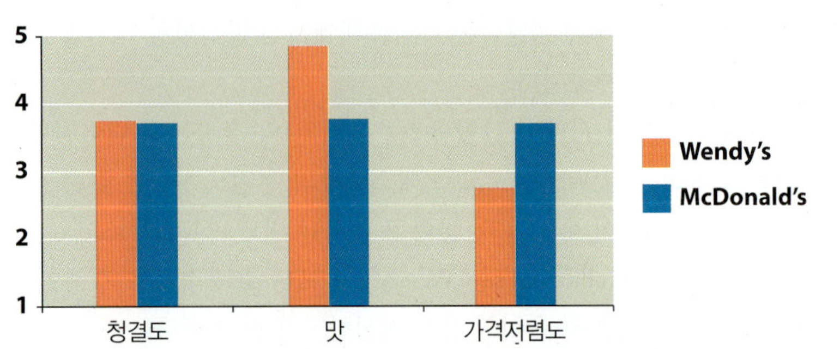

그림 8.3 McDonald's와 Wendy's에 대한 서베이 결과

마케팅 조사 과정 5단계: 실행 계획 및 적용

마케팅 조사 과정의 마지막 단계에서 분석가는 결과를 준비하여 적합한 마케팅 전략을 착수할 수 있는 적합한 의사결정자에게 분석결과를 보고한다. 전형적인 마케팅 조사 보고에는 핵심사항 요약, 보고서 본문(마케팅 조사 목적, 사용된 방법론 및 상세한 조사결과 등을 설명함), 결론, 한계점 그리고 적절한 부가적인 표, 그림 및 부록 등을 포함한다.[9]

McDonald's의 가설적인 시나리오에서 마케팅 조사 결과에 의하면 McDonald's는 청결성 측면에서는 잘 하고 있고(경쟁자와 비교할 만 함), 낮은 가격으로 지각되고 있으나, 음식의 맛은 개선되어야 한다고 할 수 있다. 이러한 분석과 관련된 통찰력을 얻고서 McDonald's는 아마도 메뉴와 제공물을 개선하기 위한 컨설턴트로 몇몇 미식가 셰프를 고용할 것이다.[10] 그리고 마케팅 커뮤니케이션과 촉진을 통해 음식의 맛을 개선하고자 하는 노력과 레스토랑 내에서 이용 가능한 추가석 제공물을 강조할 것이다. 또한 McDonald's는 낮은 가격이 매출과 수익을 늘리고 있는지 아니면 가격을 올리더라도 Wendy's와 효과적인 경쟁을 계속할 수 있는지를 결정하기 위한 추가적인 가격책정에 대한 조사를 착수할 것인지를 고려할 것이다.

McDonal's 마케팅 조사는 Wendy's를 상대로 어떻게 더 나은 경쟁을 할 것인지를 보여준다.

이제 1차자료와 2차자료의 원천에 대해 자세히 살펴보자.

2차자료

LO2 다양한 2차자료 원천을 설명한다.

마케팅 조사 프로젝트는 일반적으로 관련된 2차자료를 검토하는 것에서 시작된다. 2차자료는 무료일 수도 있고, 센서스자료, 판매상 조합으로 부터의 정보, 잡지사에서 출판된 보고서 등과 같은 매우 저렴한 외부 자료를 얻을 수도 있다. 이러한 저렴한 자료들은 즉각적으로 사용할 수는 있지만 마케터의 마케팅 조사 필요성과 목적을 해소하기 위해서는 구체적이거나 시간적으로 충분하지 못할 수 있다. 기업은 전문적인 마케팅 조사 기업으로부터 좀더 구체적이고 실행 가능한 2차자료를 구매할 수도 있다. 마지막으로 2차자료는 기업의 판매 견적서, 고객 리스트, 기업 자신이 작성한 보고서 등의 내부 자료를 통해서도 접근할 수 있다.

정치적인 상황에서, 그러한 2차자료는 공직 선거 후보자들에게 중요할 수 있다. 주요 정당들에서는 인구통계 및 지리적 정보에 따라 세분화된 방대한 유권자 정보를 담은 자신들에게 어울리는 데이터베이스를 개발해 왔다. 지역 정치인, 선거 운동원, 여론 조사자 등이 거주자들을 방문하기에 앞서, 그들은 어떤 집이 월스트리트저널이나 뉴욕타임즈를 구독하는 은퇴자가 거주하는 집인지, 지난 선거에서 거주자들이 누구에게 투표를 했는지, 그들이 군대를 다녀왔는지 등을 알 수도 있다. 이러한 것들 모두는 유권자들의 가능성 높은 관심 대한 힌트를 줄 수 있으며, 뛰어난 정치인들은 유권자를 방문할 때 이를 즉각적으로 강조할 수 있다. 그러한 조사는 또한 광범위한 선

2차자료는 정치인들에게 유용한데, 유권자들을 방문하기에 앞서 유권자들의 성향을 알 수 있게 한다.

거캠페인 재료를 설계하기 위한 전술로 쓰이거나, 아주 구체적인 이슈에 집중할 수 있도록 한다. 일리노이의 한 주지사 후보는 자신이 경쟁자가 집 잃은 동물 보호시설에서 동물들을 쉽게 안락사 시키도록 할 수 있게 하는 법안에 투표하는 것을 비판하는 광고를 통하여 반려동물을 많이 키우는 교외 거주자들을 성공적으로 공략하였다.[11]

저렴한 외부 2차자료

어떤 외부 2차자료들은 상대적으로 낮은 비용에 빨리 접근할 수 있다. 예를 들어, 미국의 센서스국(U.S. Census Bureau(www.census.gov))에서는 카운티(county)와 우편번호(zip code)별 사업체들에 대한 자료를 제공하고 있다. 당신이 현재 운영 중인 사업에 대해 새로운 입지를 선정하고자 한다면, 이러한 자료는 당신의 잠재시장 크기를 결정하는 것에 도움을 줄 것이다.

그렇지만, 흔히 저렴한 자료는 마케팅 조사자의 필요성을 충족시키기엔 적합하지 못하다. 왜냐하면 이러한 자료는 처음부터 현재 관심 있는 마케팅 조사 문제가 아닌 다른 목적에 맞춰 얻어진 것이어서, 이러한 자료는 전혀 관련이 없거나 시기적으로 맞지 않을 수 있다. U.S. 센서스는 특정 시장 지역에 대한 인구통계 자료의 중요한 원천이며, 적은 비용에 쉽게 접근할 수 있다. 그렇지만 이러한 자료는 매 10년의 시작년도에만 수집되어 금방 진부해 진다. 2014년에 마루바닥재 소매점을 열고자 하는 창업가에게 2010년 센서스 자료는 이미 4년 전 자료이고, 주택시장의 상황은 2010년과는 매우 다를 것이다. 마케팅 조사자들은 또한 다른 저렴한 2차자료들도 어떻게 수집되었는지 세심한 주의를 기울여야 한다. 인터넷에서 구할 수 있는 자료들이 매우 많지만, 쉽게 접근할 수 있는 이런 자료들이 신뢰할 수 있는 것은 아니다.

결합된 외부 2차자료

앞서 설명된 2차자료는 무료이거나 저렴하게 얻을 수 있지만, 마케터들은 Symphony-IRI Group, National Purchase Diary Panel, ACNielsen 등과 같은 상업적 마케팅 조사기업으로 부터 유료로 이용할 수 있는 결합자료(syndicated data)라고 불리는 외부 2차자료를 구매할 수 있다. 그림 8.4는 결합자료를 제공하는 다양한 기업들에 대한 정보를 담고 있다.

도매상에게 판매를 하는 소비포장재 기업은 일반적으로 자신들의 제품을 소비자들에게 판매하는 소매상으로부터 관련된 자료를 직접 모을 수 있는 수단이 부족하기에 결합자료는 이들 소비포장재 기업에게 가치 있는 자료가 된다. 어떤 결합자료 제공

결합자료 제공자	제공 서비스
ACNielsen (www.acnielsen.com)	Market Measurement Services에서 모든 업태와 규모의 소매점의 POS에서 수집된 소비포장재의 매출 정보를 추적함
SymphonyIRI Group (www.symphonyiri.com)	InfoScan 점포 추적을 통해 광범위한 유형의 소매점의 매출, 점유, 분포, 가격 및 촉진에 대한 상세한 정보를 제공함
J.D. Power and Associates (www.jdpower.com)	자동 등급 평가로 널리 알려짐. 다양한 산업에 대한 품질과 소비자 만족 연구를 생산함
Mediamark Research Inc. (www.mediamark.com)	브랜드를 광고하기 위한 매체와 마케팅 계획에 관련된 멀티미디어 시청자 연구를 제공함
National Purchase Diary Panel (www.npd.com)	일기와 같이 소비자들이 자신들의 구매에 대해 상세히 기록한 것에 근거하여 다양항 산업에서 제품의 변동과 소비자 행동에 대한 정보를 제공함
NOP World (www.nopworld.com)	The mKids US 조사연구에서 미국의 12~19세 청소년의 이동전화 가입 및 사용, 브랜드 친밀감, 오락 습관 등을 추적함
Research and Markets (www.researchandmarkets.com)	가장 앞선 출판가, 자문가, 분석가들로부터의 마케팅 조사와 자료에 대한 "원스톱 숍"이라고 스스로를 알리고 있음
Roper Center for Public Opinion Research (www.ropercenter.uconn.edu)	The General Social Survey는 사회, 문화 및 정치 지표에 대해 전국적으로 가장 오래 실시되고 있는 서베이들 중 하나임
Simmons Market Research Bureau (www.smrb.com)	미국 소비자들이 구매하는 제품, 선호하는 브랜드 및 그들의 라이프스타일, 태도 및 매체 선호도를 보고함
Yankelovich (www.yankelovich.com)	The MONITOR는 미국의 시장을 형성하는 소비자의 태도, 가치 및 라이프스타일을 추적함

그림 8.4 결합자료 제공자와 제공 서비스

자들은 스캐너자료와 소비자 패널로부터 수집된 브랜드 선호도와 가정 내 제품 소비량의 변화에 대한 정보도 제공해 준다.

스캐너자료(scanner data)는 계산대에서 판매상품의 UPC를 스캐너로 읽어서 얻어지며 계량적 마케팅 조사에 사용된다. 소비자가 지역내 식료품점을 방문하면 소비자의 구매내역은 스캐너 시스템을 이용하여 기록된다. 이러한 구매내역 자료는 SymphonyIRI이나 ACNielsen과 같은 마케팅 조사 선도 기업들에게 획득되어, 이러한 정보를 이용하여 소비포장재의 선도 기업들(예: Kellogg's, Pepsi, Kraft)이 시장에서 어떤 일이 벌어지는지는 알 수 있도록 도와줄 수 있다. 예를 들어, 어떤 기업은 어떤 달에 자신들의 가장 인기 없는 제품의 가격을 10% 인하 하였을 때 매출이 어떻게 변화 하는지를 결정하기 위해 스캐너자료를 이용할 수 있다. 시험시장에서 가격을 낮추면, 매출은 늘어날까, 줄어들까, 아니면 그대로 유지될까?

패널자료(panel data)는 오랜 시간에 걸쳐 패널에 포함된 소비자 집단에서 수집된 정보이다. 패널리스트(panelist)들에게

Kellogg's 같은 기업은 스캐너자료를 이용하여 Special K 팝콘칩과 같은 신제품을 성공시켰다.

결합된 외부 2차자료는 매장내 계산대에서 UPC 코드를 스캐너로 읽어서 얻은 스캐너자료(왼쪽)와 소비자들이 자신들의 구매를 전자 기록한 것으로부터 수집된 패널자료(오른쪽)로부터 얻어진다.

서 수집된 정보에는 패널 기업의 고객사가 패널리스트들에게 물어달라고 의뢰한 서베이 질문에 대한 패널리스트들의 반응(즉, 1차자료) 뿐만 아니라 패널리스트들이 무엇을 구매하였는지에 대한 기록(즉, 2차자료)도 포함된다. 이에 따라 2차 패널자료는 Diet Pepsi가 큰 폭의 가격할인을 하면 Diet Coke 소비자의 80%가 Diet Pepsi로 전환되는 같은 것을 보여줄 수 있으며, 1차 패널자료는 소비자들이 제품 대안들에 대해 어떤 생각을 하는지에 대한 통찰력을 줄 수 있다. 마케팅 조사자들이 스캐너자료와 패널자료를 이용하여 구체적인 마케팅 조사 문제에 어떻게 답을 하는지는 1차자료 섹션에서 다루고자 한다.

전체적으로 패널자료와 스캐너자료는 모두 기업에게 소비자들이 무엇을 구매하고 또 무엇을 구매하지 않는지를 잘 이해할 수 있는 그림을 제공한다. 스캐너 조사와 패널 조사의 핵심적인 차이는 자료가 어떻게 통합되는가이다. 스캐너 조사는 전형적으로 주어진 분석단위(예: 개별 점포, 체인, 지역)에 대해 특정 제품의 주당 소비에 초점을 맞추고 있고, 패널 조사는 특정 개인이나 가구의 전체 주당 소비에 초점을 맞추고 있다. 이 두 가지 모두 가치 있는 것으로, 〈가치 부가 사례 8.1〉에서는 SymphonyIRI가 고객들에게 어떻게 이 두가지를 제공하는지를 설명하고 있다.

가치 부가 사례 8.1 SymphonyIRI와 정보의 가치

SymphonyIRI는 이전에는 Information Resources Inc.라고 알려졌던 기업이다. 이름에 상관없이 이 기업은 오랜 동안 소비포장재, 의료 및 소매 산업에 대한 마케팅 조사와 분석 서비스를 제공해 왔다. 소비포장재와 소매 산업의 Fortune 전세계 500대 기업의 95%는 경영의사결정을 수립하기 위해 SymphonyIRI의 마케팅 조사를 이용한다.[12] Anheuser-Busch, ConAgra, CVS, Johnson & Johnson, PepsiCo 등을 포함한 고객사를 위해 SymphonyIRI는 미국과 유럽을 포함한 세계의 가장 활발한 조사 시장에서의 다양한 자료를 수집, 모니터 및 관리한다.

SymphonyIRI는 대량의 자료를 추적하여 고객사의 운영을 성장 및 강화하기 위해 설계된 구체적인 결과물들을 제공한다. 예를 들어 PL(private-label)제품 매출의 트렌드를 찾아내기 위해 Symphony-IRI는 미국과 유럽의 거의 95,000개의 소매점의 계산대에 있는 스캐너에서 매출 자료를 수집하고,[13] 수집된 자료를 가구별 구매를 추적하기 위해 SymphonyIRI가 개인용 스캐너를 갖춰준 7만 가구의 패널에서 수집된 자료와 상호비교한다.

예를 들어, 소비포장재 산업에서 PL 브랜드의 증가를 추적한 보고서에서 SymphonyIRI는 소비자의 태도가 어떻게 변해 왔는지를 요약하고 있다. 어떤 식료잡화점에서 세제에 자신의 브랜드를 제공하기로 했다면, 그 식료잡화점은 Tide, Cheer 및 All 등과 같은 많은 브랜드 세제들과의 경쟁에 맞물리게 된다. 과거에는 PL제품은 흔히 인기 있는 브랜드의 보다 경제적인 버전으로 포지셔닝하고 가격을 의식하는 소비자를 목표하여 공략하는 경향이 있었다. 그렇지만, SymphonyIRI의 결과에 따르면 최근 트렌드는 PL 매출은 모든 소비자 세분시장에서 성장하는 것을 나타내고 있고, 전세계적으로 경기가 어려운 시기에 비용을 보존하기 위한 수단을 찾는 중산층 소비자들이 특히 그러하다.[14]

또 다른 보고서는 현대적 쇼핑객의 쇼핑 방문 유형과 그것이 어떻게 그들이 구매하는 것을 결정하는지에 대해 마케팅 조사자가 밝혀낸 것을 강조하고 있다. 제조업자와 소매업자 모두의 관심을 끄는 자료로 SymphonyIRI는 소비포장재 쇼핑객들이 신속 추구형(quick), 주방 비축형(pantry stock-up), 특정 목적형(special purpose), 보충형(fill-in) 등의 4가지 방문 유형으로 구분됨을 보였다. 신속 추구형과 주방 비축형의 2가지 유형이 식료잡화점 쇼핑객 구매의 거의 2/3를 점하는 데, 이는 마케터들에게 바삐 움직이는 사람들과 집안의 선반을 채우기 위한 유리한 거래를 찾는 사람들을 공략할 수 있는 수단을 찾을 필요가 있음을 의미한다. 또한 SymphonyIRI는 소매업자와 제조업자에게 다양한 종류의 쇼핑객들을 가장 잘 공략하기 위해 저비용, 고가치 제품을 제안하였다.[15]

SymphonyIRI는 소비포장재, 의료 및 소매 산업에 대한 마케팅 조사와 분석 서비스를 제공한다.

마케터들은 데이터마이닝 기법을 이용하여 사람들이 어떤 제품들을 동시에 구매하는지를 찾아내서 그 제품들을 함께 촉진하거나 진열한다.

내부 2차자료

기업은 내부적으로도 하루하루 운영하면서 방대한 양의 2차자료를 발생시킨다. 기업이 지니고 있는 가장 가치 있는 자료 중 하나는 그들의 부유한 소비자에 대한 정보와 구매 이력이다. 그렇지만 데이터웨어하우스(data warehouses)라 불리는 커다란 컴퓨터 파일에 저장되어 있는 수백만, 수십억 조각의 개인 수준의 자료들에서 의미를 찾는 것은 어려운 일이다. 이러한 이유 때문에 기업은 그들의 데이터베이스에서 가치 있는 정보를 추출하기 위해 데이터마이닝 기법을 사용할 필요가 있다.

데이터마이닝은 다양한 통계분석기법들을 이용하여 기존에는 알 수 없었던 자료의 패턴이나 변수들 사이의 연관성을 밝혀낸다. 어떤 소매상은 그들의 고객들의 욕구에 맞는 제품이나 서비스 제공물을 고객별로 구분하여 제공하고 싶어한다. 예를 들어, 영국의 소매업체 Tesco는 로열티카드를 이용하여 개별 고객에 대한 방대한 양의 정보를 수집하고 있다. 로열티카드 멤버가 무언가를 구매할 때마다 카드가 스캔되고, 점포에서는 그 멤버(고객)에게 특화된 핵심적인 구매 자료를 파악한다. 그러나 이러한 특화된 자료는 Tesco가 마이닝을 적용하고 분석하여 고객을 상/중/하 3개의 소득집단으로 구분하기 전까지는 기본적으로 쓸모없는 것이다. 추출된 정보를 이용하여 Tesco는 각 집단별로 그들의 선호도에 따라 매력적인 PB제품을 만들 수 있었고, 고객의 소득계층에 따라 각각의 고객들에게 맞춤형 촉진을 시작했다. 2000년부터 Tesco의 시장 점유율은 20% 이상 성장하였다.[16]

데이터마이닝은 또한 Lowe's와 같은 가정용품 소매점이 자신의 고객들이 정원용

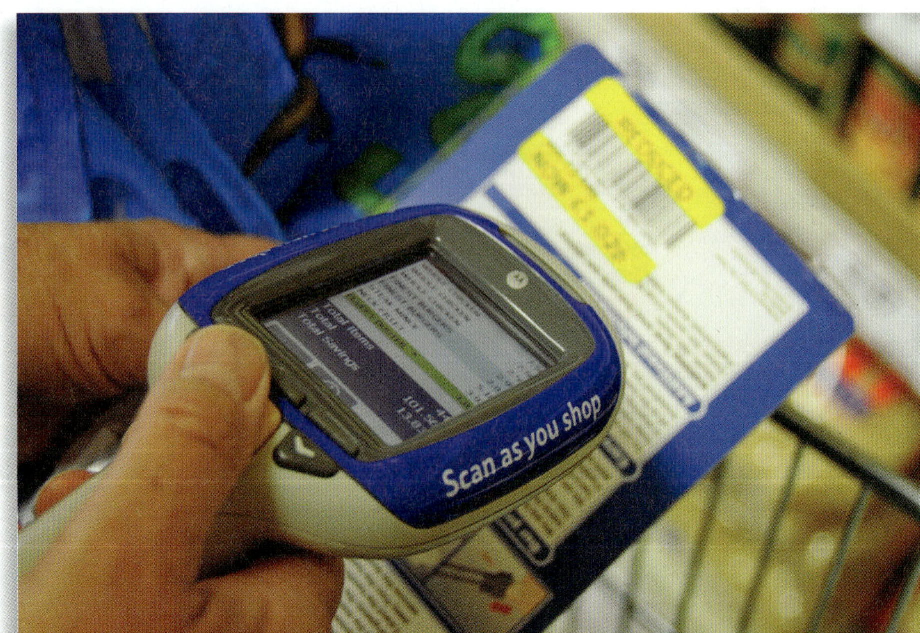

Tesco의 자동지불시스템은 단말기를 이용하여 고객들이 쇼핑한 제품을 직접 스캔할 수 있게 한다. 이러한 장치는 고객들이 매장을 돌아다니며 자신이 쇼핑한 비용을 추적할 수 있도록 한다.

호스를 구입할 때의 25%에는 스프링클러를 함께 고매하는 것을 알아낼 수 있게 하였다. 그러한 정보를 이용하여 소매점은 매장 내에서 정원용 호스를 스프링클러 옆에 두도록 결정할 것이다. 소매점 외에도 투자회사에서는 그들의 고객을 소득, 나이, 구매한 유가증권 유형, 기존의 투자 경험 등에 따라 묶기 위한 통계적 기법을 사용할 것이다. 이런 분류를 통해 투자회사는 서로 다른 세분시장을 구분하여 각 세분시장별로 특화된 욕구를 충족시킬 수 있는 가치 있는 상품을 제공할 수 있다. 투자회사에서는 또한 창구직원들이 이러한 세분시장별로 마케팅 프로그램을 구분할 수 있도록 한다. 이렇듯 데이터마이닝은 광범위한 범위의 상황과 조직에서 유용할 수 있다. 자신들의 고객에 대한 방대한 양의 정보를 분석함으로써 기업은 고객들이 언제 자신들의 서비스에 불만족한지를 찾아내는데 도움을 줄 수 있는 통계적 모형을 개발하여 왔다. 불만족한 고객을 찾아냈다면, 기업은 그 고객의 이슈를 추적하여 대책을 강구할 수 있을 것이다. 고객 자료와 정보를 마이닝함으로써 기업은 고객의 이탈 수준을 줄일 수도 있다. 고객이탈(churn)은 서비스 이용을 중단한 참여자의 수를 전체 참여자의 평균적인 수로 나눈 것이다. 이런 지식을 이용하여 기업은 가장 잘 할 수 있는 일에 집중할 수 있다. 자료를 정보로 바꾸는 목적은 특정 상황을 서술하고, 설명하고, 예측하고, 평가하기 위함이다.

1차자료 수집 기법

LO3 다양한 1차자료 수집방법을 설명한다.

많은 경우에 마케팅 조사자가 필요로 하는 정보는 그 특정 조사 필요성에 맞춰 수집된 1차자료를 통해서만 얻을 수 있다. 조사문제의 본질에 따라 1차자료 수집 방법은 질적조사(qualitative research) 방법이나 양적조사(quantitative research) 방법을 적용한다.

단어가 암시하는 것처럼, 질적조사는 관심 있는 현상을 광범위한 제한 없는 반응을 통해 이해하기 위해 사용된다. 질적조사는 조사자가 조사 목적을 보다 분명히 나타내는 것을 도울 수 있는 초기 정보를 제공한다. 질적조사는 양적조사에 비해 좀더 비공식적인 것으로, 질적조사에는 관찰, 소셜미디어 사이트 추적, 심층 면접, 표적집단, 투영기법 등이 포함된다(그림 8.5의 왼쪽).

기업이 질적조사를 통해 통찰력을 얻으면, 이어서 통계적인 검증이 가능한 구조화된 반응인 양적조사를 수행한다. 양적조사는 질적조사나 2차자료를 통해 도출된 통찰력과 가설을 확인하는 데 필요한 정보를 제공하고, 마케팅관리자가 적절한 행동을 취

그림 8.5 질적 대 양적 자료 수집

할 수 있도록 도와준다. 특정 실험, 스캐너와 패널자료, 또는 이들의 결합 등과 같은 공식적인 연구들은 본질적으로 양적인 것들이다(그림 8.5의 오른쪽).

관찰(observation)

관찰은 사람이나 비디오 카메라를 통해서 구매와 소비 행동을 관찰하는 것을 필요로 한다. 예를 들어, 마케팅 조사자는 고객들이 쇼핑을 하거나 다양한 제품을 사용하며 그들이 일상생활을 지내는 동안 고객들을 관찰할 수 있다. 관찰은 아주 짧은 시간동안(예: 틴에이저가 몰에서 옷을 쇼핑하는 것을 2시간 정도 관찰함) 이루어질 수도 있고, 몇 일이나 몇 주(예: 조사자가 제품 사용을 관찰하기 위해 고객가족과 함께 생활함)가 걸릴 수도 있다. 고객들이 자신들의 경험을 표현할 수 없는 경우, 관찰 조사는 특별히 유용하게 된다. 아기가 어떤 교육용 장난감을 골라서 노는지, 또는 소비자가 정확히 회상할 수 없는 구매과정의 상세한 것들을 확인하기 위해서 조사자가 달리 어떻게 결정할 수 있는가?

관찰은 소비자들이 제품을 어떻게 사용할 것인가를 결정하기 위한 가장 좋은 방법이거나 때로는 유일한 방법이기에 제품을 디자인하고 마케팅하기 위해 유용한 방법이다. 중국의 시골 마을에서 여성이 머리를 감는 것을 보고, Procter & Gamble은 아주 빈곤한 소비자들은 제품의 기능성(어떻게 머리를 깨끗하게 할 것인지의)에만 관심 있을 것이라는 자신들의 가정이 잘못되었음을 인식하였다. 한 여성은 극심한 물 부족상태에서도 긴 머리카락이 그녀의 미의 근원이라 여기기에 머리카락을 자르는 대신 긴 머리를 효과적으로 감기 위한 방법을 찾기 위해 힘들게 노력하고 있었다. 이러한 조사에 근거하여 P&G는 샴푸 대신 세탁세제 같은 대용품을 사용하는 시장에 리조이스샴푸를 저렴하게(1.50 달러) 판매하여 가치를 더하였다. 다른 관찰을 통해서 개발도상국 시장의 많은 사람들이 옷을 손빨래 하는 것을 알고 P&G는 보다 피부에 민감한 세탁 세제를 개발하였다.[17]

중국의 시골 마을에서 여성이 머리를 감는 것을 보고, Procter & Gamble은 아주 빈곤한 소비자들도 아름다운 머리카락을 추구함을 알았다. 대신 저렴하게 판매되어야 한다.

이러한 통찰력은 이를 모으는 기업과 더 좋은 제품을 통해 궁극적인 편익을 누리게 될 소비자 모두에게 도움이 될 것이다. 그러나 〈윤리와 사회적 딜레마 사례 8.1〉에서는 "사람들이 자신들이 관찰되고 있음을 알아야 하는가?"라는 핵심적인 문제를 제기하고 있다.

윤리와 사회적 딜레마 사례 8.1 소비자 감시

쇼핑몰에 앉아서나 점포에 서서 성실한 마케팅 조사를 위해 구석의 사람들을 세는 일은 어떨까? Paco Underhill과 그의 회사 Envirosell에게 그것은 단지 직업적인 일상이다.

Envirosell's의 폭넓은 범위의 프로젝트에는 넓고 다양한 산업의 기업들이 포함된다. Envirosell의 미션 설정에서 Envirosell는 "사람, 제품 및 공간이 어떻게 상호연관되나에 주목하고 있다. 한때 전통적인 오프라인 소매상에 뿌리를 두었던 우리의 조사 환경은 이제는 기차역과 공항처럼 거대하고 혼잡한 공간을 감당할 정도로 확장했다. 우리는 도서관, 의사의 사무실, 모델하우스, 쇼룸 및 상상할 수 있는 모든 종류의 음식서비스에서 일해 왔다. 우리의 고객들은 상인, 소비재 제조업자, 은행, 무역협회, 비영리조직, 정부기관과 모든 범위의 디자인, 광고, 마케팅 대행사들이다."[18]

예를 들어, Staples를 위해 Envirosell은 12개 점포의 소비자들을 관찰하고, 소비자들이 실제로 어떻게 다양한 매장을 돌아다니며 제품을 모으고, 간판을 보고, 판매연상과 상호작용하는지를 더 잘 이해하기 위한 방법으로 조사일마다 8시간동안 점포내 소비자들의 움직임을 녹화하였다. 또한 Envirosell 조사자들은 쇼핑객들과 인터뷰도 수행하였다. 이러한 연구의 결과에 근거하여 Staples는 단순히 개별적인 제품들을 판매하는 것이 아닌 점포서비스와 셀프서비스를 결합하여 고객의 문제를 해결하는 데 초점을 맞춘 새로운 매장 배치를 도입했다. Staples의 판매연상은 이제 그것이 요구되는 영역에서는 가장 높은 수준으로 제공될 수 있으며, 새로운 매장 배치는 고객이 스스로 매장을 탐색하기로 했다면 고객들에게 자급자족할 수 있는 수단을 제공하고 있다.

관찰조사를 이용하여 마케팅 조사는 보다 전통적인 마케팅 조사 수단으로는 접근할 수 없는 정보를 구별할 수 있다. 단순한 설문지에 대한 응답이나 인터뷰에 참여하는 사람은 아마도 그들이 매장이나 쇼핑몰을 걸어 다니며 나타내는 패턴에 대한 통찰력 있는 정보를 제공할 수 없을 것이다. 그러나 그러한 방법은 사람들의 집으로도 확장되었다. 스위스의 감성재 기업 Givaudan는 중국의 소비자들을 대상으로 닭을 어떻게 요리하고 소비하는지를 밝히기 위한 관찰조사를 수행하였다. 조사팀은 지원자인 Mrs. Wu가 시골시장에서 그녀가 찾는 정확한 닭을 쇼핑하는 것을 추적하였다. 이어서 조사팀은 그녀의 집으로 들어가서 그녀가 닭을 요리하는 것을 관찰하고, 그녀의 가족이 식사할 때 함께 앉아 있었다. 조사자는 Mrs. Wu가 사용하는 각각은 첨가물, 그녀가 음식을 만들기 위해 적용하는 정확한 방법들과 심지어 가족들이 뼈를 어떻게 버리는지도 메모하였다. (중국에서는 식탁보에 뼈를 뱉는 것이 받아들여진다.)

이 연구에서는 "중국에서 닭을 소비하는 것은 시각, 후각, 미각 및 촉각 등의 일련의 감성적 경험과 관련이 되며, 이는 서양의 경험과는 완전히 다르기 때문에 닭의 풍미를 이해하는 것은 중국 문화를 고려하지 않고는 불가능하다."는 것을 확인하였다.[19]

대부분의 경우에 조사자들은 그들이 관찰하고 녹화하는 소비자들로부터 동의를 얻지만, 어떤 경우에는 그렇지 않다. 마케팅 조사에 대한 윤리적인 딜레마는 쇼핑몰이나 소매점에서 고객을 보고 있는 것과 같이 조사대상자가 그들이 연구되고 있음을 안내 받지 않은 관찰기법이 사용되는지가 중심이 된다. 조사대상임을 안내 받지 않은 소비자들을 관찰하는 것은 그러지 않고서는 찾아낼 수 없는 중요한 통찰력을 도출해 줄 수 있다. 그렇지만 그런 결과가 조사방법을 정당화시킬 수 있는가?

매장내에서의 소비자들의 움직임을 녹화함으로써 소비자들이 실제로 어떻게 다양한 매장을 돌아다니며 제품을 모으고, 간판을 보고, 판매연상과 상호작용하는지를 더 잘 이해할 수 있다.

소셜미디어(Social Media)

소셜미디어 사이트들은 마케터들에게 급속히 부각되는 자료의 원천이다. 마케터들은 소셜미디어가 자신들의 마케팅 조사와 전략시도를 도와줄 수 있는 가치 있는 정보를 제공할 수 있다는 것을 인식하여 왔다. 특히, 소셜미디어 사이트에 참여하는 사람들은 기업 자신의 제품이나 경쟁자의 제공물에 대한 의견을 제공하는 것에 대해 거리낌이 없다. 기업이 이러한 방대한 소셜미디어 자료를 모니터하고, 모으고, 마이닝할 수 있다면, 기업은 자신들의 고객이 좋아하고, 싫어하고, 선호하는 것에 대한 많은 것들을 알 수 있다. 그리고 기업들은 소비자들이 무엇을 원하는지에 대한 더 나은 느낌을 얻기 위해서 소비자들의 기존 구매에 대한 소셜미디어의 평을 교차 참조할 것이다. 고객들은 또한 친구들의 구매, 관심, 투표, 블로그 등에 대한 자신들의 의견을 올리는 것도 열심히 한다.

특히 블로그는 마케팅 조사 통찰력의 가치 있는 출처로 나타나고 있다. 마케터는 레스토랑에서부터 운동화나 재활용에 이르기까지 모든 것에 대한 온라인 리뷰에 주의를 기울이고 있다.[20] Videogum 블로그에서 필명을 적은 작가는 "몬스터"로 칭해지는 독자 집단에게 끊임없는 평을 요청한다. 그들의 리뷰는 비꼬는 것이기도 하고, 약간은 짓궂기도 하지만, 왜 영화 Drive가 그 해 가장 뛰어난 영화 중 하나인지나 왜 그 영화의 Ryan Gosling이 가장 뛰어난 10명의 배우 중 한 사람으로써 자격이 되는지에 대한 정당성이나 이유를 제공하기도 한다.[21] The Truth About Cars 블로그는 전반적인 자동차 산업, 마케팅 전술, 전세계적인 경쟁 등에 대한 논의뿐만 아니라 다양한 제조사 및 모델들에 대한 단호하고 객관적인 리뷰로 알려졌다.[22]

블로그를 가치 있는 것으로 만드는 것의 일부는 또한 기업에게도 매력 있는 것이다. 블로거들은 항상 그런 것은 아니지만 보통은 그들이 리뷰하는 제품을 생산하는 기업에 속해 있지 않는데, 이는 그들이 부정적인 평을 억제한 이유가 없다는 것을 의미한다. 음식 블로거들 집단에서 몰래카메라 실험을 시도할 때, ConAgra는 블로그 정서 상의 상당한 반감으로 고생을 했다. ConAgra는 블로거들을 아마도 미식가 셰프들과 함께 저녁식사에 초대하여 그들의 반응을 측정하고자 냉동 라자냐를 제공하였다. 몰래카메라의 희생자들은 그것이 우스꽝스러운 것 이하라는 것과 함께 ConAgra가 그들을 자신들의 허락 없이 방부제와 가공 첨가물이 포함된 냉동식사에 노출시킨 것을 비난하였다.[23]

마케팅 조사를 위한 소셜미디어의 또 다른 창조적 사용은 기업을 위한 온라인 커뮤니티를 구축하는 것과 관련된다. South Beach 제품 라인을 출시할 것을 고려할 때, Kraft는 Communispace에 의뢰하여 150명의 살을 빼고 싶어 하는 여성과 150명의 "건강과 웰니스"에 대한 오피니언 리더로 구성된 목표 고객의 가상 커뮤니티를 만들었다. 커뮤니티 환경은 참가자들이 그 사이트에 있는 모든 다른 사람들도 비슷한 이슈와 관심에 대해 고생하는 것으로 느끼게 함으로써 참가자들은 그들의 체중관리에 대한 실패와 어려움을 터놓고 공유하였다. 그 커뮤니티를 모니터하여 Kraft는 소비자들에게

South Beach 다이어트를 교육시킬 필요와 식사시간뿐만 아니라 하루 종일 갈망할 수 있는 제품을 제공할 필요가 있음을 알았다. South Beach 라인을 출시하고 6개월 만에 Kraft는 1억 달러의 수익을 벌었다.[24]

Kraft에서 South Beach 제품 라인 출시를 고려할 때, Kraft는 살을 빼고 싶어 하는 여성과 "건강과 웰니스"에 대한 오피니언 리더로 구성된 가상 커뮤니티를 만들었다.

이러한 다양한 기회와 온라인에서의 마케팅 조사 원천에 인식하고, Ford Motor Co., PepsiCo, Coca-Cola, Southwest Airlines 등을 포함한 많은 기업들은 경영관리팀에 "소셜미디어 팀장"을 추가하여 왔다. 이들 관리자들은 고객들이 브랜드에 대한 자신들의 경험을 언급하는 블로그, Twitter, Facebook 등의 웹 게시물들을 훑어보는 것에 대한 책임을 진다. 이 연속된 정보의 흐름에 나란히 머무르며 기업은 경쟁자들 뿐 아니라 자신들의 기업, 제품 및 서비스에 대한 가장 최신의 뉴스를 모을 수 있다. 이러한 소셜미디어 탐색을 통해 기업은 고객들의 인식을 알 수 있으며 다른 어떠한 채널에서는 들을 수 없는 고객의 불평을 해소할 수 있다.[25]

탐색을 통해 수집된 자료는 또한 신중한 분석을 거친다. 고객의 감정은 일반적으로 긍정적인가, 부정적인가, 또는 중립적인가? 고객들이 비치는 관심수준은 어느 정도인가? 얼마나 많은 고객들이 기업의 제품에 대해 말하고, 얼마나 많은 고객이 경쟁자에 제품이 아닌 자신들의 제품에 관심을 두고 있는가? 이러한 자료 분석은 온라인에서 이용할 수 있는 자료의 양을 고려한다면 간단하지는 않을 것으로 이해된다. 그렇지만, 고객의 감정을 모니터하는 것은 소셜미디어를 모니터하는 것에 대한 플랫폼이 개발되면서 점점 쉬어지고 있다.

Radian6는 꾸준히 감정마이닝을 이용하여 고객을 모니터하는 분야에서 가장 인기 있는 기업의 하나가 되었다. Facebook, Twitter, 온라인 블로그 같은 소셜미디어 사이트를 이용하여 Radian6와 같은 기업들은 기업과 기업의 제품에 대한 고객들의 평을 수집한다. 이어서 수집된 자료를 분석하여 제품과 광고 캠페인에 대한 고객의 태도와 선호도를 추출한다. 자동화된 온라인 탐색도구를 텍스트 분석 기법과 결합하여 수백만개의 사이트를 연마함으로써, 감정마이닝은 고객들이 정말로 무엇을 생각하는가에 대한 새로운 통찰력을 제공하는 질적 자료를 내놓게 된다. 이러한 실시간 정보를 이용하는 기업들은 점점 많아져서 제품의 공개발표와 새로운 광고 캠페인을 빠르게 변경할 수 있도록 하고 있다. 어떤 기업들은 더 나아가 사회적 부착(social engagement)라고 불리우는 과정인 고객들과의 온라인 대화에 참여한다.[26]

심층면접(In-Depth Interviews)

심층면접에서는 훈련된 조사자가 질문을 하고, 답을 듣고 녹음을 하며, 특정 이슈에 대해 분명히 하거나 확장하기 위한 추가적인 질문을 한다. 예를 들어, 틴에이저가 의류를 쇼핑하는 것을 단순히 관찰하는 것에 추가하여 면접원은 몰에서 그들을 멈춰 세우고 "우리가 보니까 당신들은 Abercrombie & Fitch에 들어가서 아무 것도 사지 않고

비록 상대적으로 비싸지만, 심층면접은 다른 방법으로 얻기 힘든 정보를 밝힐 수 있다.

바로 나오던데, 왜 그런거죠?" 등과 같은 몇 가지 질문을 하게 된다. 응답자가 아무도 자기에게 신경을 써 주지 않았다고 답했다면, 면접원은 "아 그런가요? 이런 일이 전에도 있었나요?"라거나 "당신 생각에 판매원이 더 필요한 것 같은가요?" 등의 추가적인 질문을 할 것이다.

심층면접은 관리자들에게 마케팅 전략을 개발할 때 매우 귀중한 주요 트렌드와 고객의 선호뿐만 아니라 자신들이 속한 산업의 본질을 더 잘 이해하는 것을 돕기 위한 통찰력을 제공한다. 구체적으로 심층면접은 특히 산업 전문가나 경험 많은 소비자를 포함할 경우 관심 현상에 대한 역사적 맥락을 확립해 줄 수 있다. 또한 심층면접은 사람들이 개인적인 수준에서 제품이나 서비스에 대해 진정 어떻게 느끼는지에 대한 의사소통을 할 수 있게 한다. 마지막으로, 마케터들은 심층면접의 결과를 이용하여 서베이를 개발할 수 있다.

그렇지만 심층면접은 상대적으로 비싸고 시간이 오래 걸린다. 각각의 면접은 상호작용의 길이와 표본에 포함된 사람들의 특성에 따라 200 달러나 그 이상의 비용이 든다. 예를 들어, 표본이 반드시 의사를 대상으로 하여야만 한다면 충분한 면접을 얻기 위한 비용은 쇼핑몰에서 틴에이저를 대상으로 한 면접에 드는 비용에 비해 매우 많을 것이다.

표적집단면접을 통해 Campbell's Soup은 여성들이 자신들이 직접 스프를 만들 때 사용할 첨가물을 포함한 영양가 높은 스프을 원하고 있음을 알았다. 이러한 정보를 이용하여 Campbell's Soup은 Select Harvest 라인을 개발하였다.

표적집단면접(Focus Group Interviews)

표적집단면접에서는 보통 8~12명의 소그룹을 대상으로 특정 주제에 대한 깊이 있는 토론이 이루어진다. 구조화되지 않은 질문 방법을 사용하여 숙달된 사회자가 관심 있는 주제에 대한 사전에 결정된 일반적인 윤곽에 따라 대화를 이끈다. 조사자는 일반적으로 표적집단에서의 상호작용을 비디오나 오디오로 기록하여 나중에 음성 및 비음성 반응의 모든 패턴들을 파악하도록 인터뷰를 세심하게 훑어볼 수 있도록 한다(또는 Domino's가 피자를 리포지셔닝하기 위한 광고에서 했던 것과 같이 광고에 삽입한다).[27] 특히 표적집단은 새로운 또는 기존의 제품이나 서비스에 대한 최초의 반응, 다른 경쟁적 제공물에 대한 의견, 새로운 광고 캠페인이나 판매접점에서의 광고판 같은 마케팅 자극에 대한 반응 등의 정성적 자료를 모을 수 있다.[28]

Campbell's Soup은 저나트륨 제품을 도입함으로써 이끌어온 혁신의 성공을 지속하는 데 도움이 될 새로운 정보를 얻기 위하여 즉석(ready-to-eat) 스프를 구매할 의향을 보인 여성 쇼핑객을 대상으로 광범위한 표적집단면접을 수행하였다. 표적집단은 여성들의 최우선 순위가 자신들이 직접 스프를 만들 때 사용할 첨가물을 포함한 영양가 높은 스프임을 분명히 드러냈다. 예를 들어, 그들은 흰살 치킨, 신선한 야채 및 바다 소금을 원하였다. 이에 추가하여 표적집단 참가자들은 모두 똑같이 고과당 옥수수 시럽, MSG 및 기타 발음하기도 힘든 다른 첨가물들을 원하지 않음을 분명히 하였다.[29] 표적집단면접 결과 탄생한 Select Harvest 제품라인은 야채와 통곡을 포함하여 100% 자연산의 맛 좋고 건강한 첨가물을 표시하고 있다. 또한 제품의 포장은 첨가물에 대한 짧은 목록을 강조하는 단순하고 깨끗한 디자인을 사용함으로써 표적집단의 선호를 반영하고 있다. 출시 첫해에 Select Harvest 라인은 2억 2백만 달러의 매출을 기록하였다.[30]

컴퓨터 및 비디오의 가용성과 온라인 기술의 발달은 표적집단 조사에 막대한 편익을 제공하여 왔고, 이제는 표적집단면접이 종종 온라인에서 이루어진다. 예를 들어, eFocusGroups는 안전한 사이트를 기업이 아무도 실제로 움직이지 않은 채 표적집단의 소리를 듣거나 소비자들과 상호작용 하기 위한 기반(platform)을 제공하고 있다. 고객 기업은 비용 절감은 물론 다양한 지역, 주 및 국가에 거주하는 폭넓은 범위의 잠재고객과도 접근할 수도 있다. 또한 eFocusGroups가 모든 온라인 상호작용을 자동으로 기록하기 때문에 고객 기업은 소비자들의 비평과 반응에 대한 자세하고 정확한 사본을 지니게 된다.[31] 그렇지만, 이러한 온라인 표적집단에서는 비디오 피드백을 포함하는 경우가 드물기 때문에 몸짓에서 얻을 수 있는 몇몇 중요한 정보를 잃게 된다.

서베이조사(Survey Research)

정량적인 1차자료 수집 방법 중 가장 많이 사용되는 유형은 설문지를 이용하여 사람들에게서 정보를 모으는 체계적인 수단인 서베이이다. 설문지는 응답자들로부터 정보를 모아서 조사자의 목적을 달성할 수 있도록 설계된 질문들로 구성된 양식이다. 설문지의 개별 설문문항들은 비구조화될 수도 있고, 구조화될 수도 있다. 비구조화 질문은 개방형 질문으로 응답자들이 자신들이 하고 싶은 말을 자유롭게 답할 수 있도록 한다. "샴푸 브랜드를 선택할 때 가장 중요한 속성은 무엇입니까?"와 같은 비구조화 질문은 비구조화된 응답을 내놓는다. 그렇지만, 같은 설문을 응답할 수 있는 범주를 가격, 향, 세정력, 비듬제거 등과 같이 제한하여 제시하고, 응답자들에게 각각의 속성들에 대한 중요도를 묻는 구조화된 형식에 따라 응답자에게 제시될 수 있다. 구조화 질문은 응답자들이 평가하기 위한 응답대안의 이산적 집합이나 특정 답안이 제시된 폐쇄형 질문이다(그림 8.6 참조).

서베이조사는 1차자료를 수집하기 위해 설문지를 이용한다. 설문문항은 비구조화될 수도 있고, 구조화될 수도 있다.

설문지를 개발하는 것은 예술적인 부분과 과학적인 부분이 함께 있다. 설문지는 특정 조사문제를 위해 세심하게 설계되어야 한다. 나아가 설문지가 의미 있는 결과를 도출하도록 하기 위해서는 설문 문항들이 어떤 형태로든 복수로 해석되어 혼동되지 말아야 하며, 한번에는 한가지 문제만을 대상으로 해야 한다. 또한 설문지는 응답자들에게 친숙하고 편한 단어를 사용하여 구성되어야 한다. 설문 문항들의 순서도 적절하

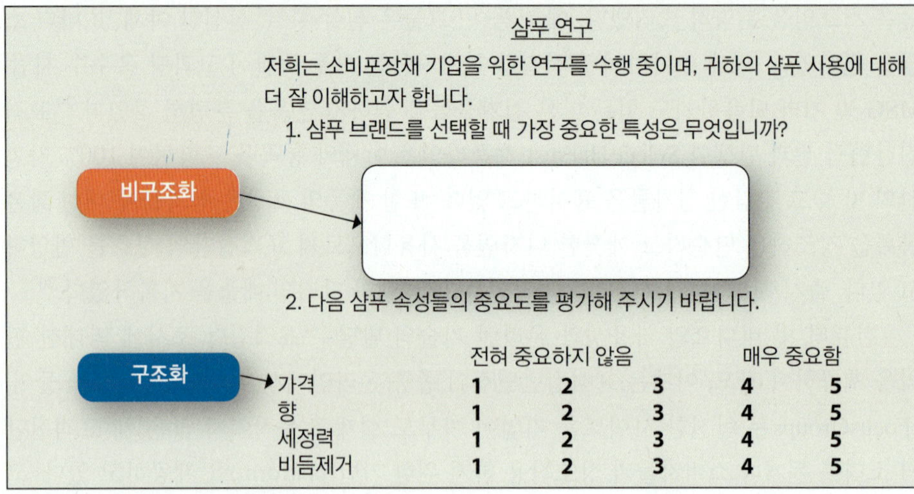

그림 8.6 구조화 대 비구조화 응답

게 배치되어야 하는 데, 일반적인 설문은 앞에, 보다 구체적인 설문은 다음에, 인구통계학적인 설문은 맨 뒤에 배치한다. 마지막으로 설문지의 배치와 외관은 적합한 곳에 적절한 지시를 가져 전문적이고 쉽게 따를 수 있어야 한다. 그림 8.7은 설문지를 설계할 때 하지 말아야 할 것을 제시하고 있다.[32]

표적집단면접과 유사하게 마케팅 서베이도 온라인과 오프라인 모두에서 수행될 수 있다. 오프라인 마케팅 서베이가 목표시장과의 상호작용을 포함한 보다 직접적인 접근방법을 제공하는 반면, 온라인 마케팅 서베이는 조사자에게 많은 응답자들을 대

이슈	좋은 질문	나쁜 질문
응답자가 쉽고 정확하게 답하기 힘들 질문을 피할 것	귀하가 가장 최근에 식료잡화점을 방문한 때는 언제입니까?	귀하는 지난 달에 식료잡화에 얼마의 금액을 지출하셨습니까?
불필요한 민감한 질문을 피할 것	귀하는 비타민을 복용하십니까?	귀하는 흰머리를 염색하십니까?
하나의 문항에 두 개 이상의 문제가 포함된 질문을 피할 것	1. 귀하는 의류를 쇼핑하는 것을 좋아하십니까? 2. 귀하는 음식을 쇼핑하는 것을 좋아하십니까?	귀하는 의류와 음식을 쇼핑하는 것을 좋아하십니까?
응답자를 특정 응답으로 유도하는 사실과 무관한 유도 질문을 피할 것	귀하께서 BMW가 안전하다고 믿는 정도를 1(안전하지 않음)부터 10(매우 안전함)까지의 숫자로 평가해 주시기 바랍니다.	BMW는 주행 중에 가장 안전한 자동차입니다. 동의하시는지요?
문제의 한쪽 측면만 제시된 일방향적 질문을 피할 것	귀하는 패스트푸드가 성인비만에 얼마나 기여한다고 믿고 계신지를 5점 척도로 답해 주시기 바랍니다. 1: 기여하지 않음, 5: 주 원인임	패스트푸드는 성인비만에 책임이 있습니다. 동의함/동의하지않음

출처: Adapted from A. Parasuraman, Dhruv Grewal, and R. Krishnan, *Marketing Research*, 2nd ed. (Boston: Houghton Mifflin, 2007), Ch. 10.

그림 8.7 설문지를 설계할 때 하지 말아야 할 것

상으로 데이터베이스를 빠르게 개발할 수 있는 기회를 제공한다. 웹 서베이는 모든 정량적 설문조사의 백분율에서 지속적으로 증가하고 있다. 온라인 서베이는 마감일이 촉박하고 예산이 적을 때 마케터에게 유용하다.[33]

특히, 온라인 서베이의 응답률은 상대적으로 높다. 전형적인 응답률은 우편의 경우 1~2%, 전화 서베이의 경우 10~15%를 나타낸다. 이에 반해 온라인 서베이에 대한 응답률은 30~35%까지 이를 수 있으며, B2B 조사에서는 더 높아진다. 또한 온라인 서베이는 저렴하다. 평균 20분 정도의 전화 인터뷰의 비용이 30 달러에서 40 달러인데 비해 온라인 인터뷰에 대한 비용은 7 달러에서 10 달러 정도이다. 온라인 서베이의 비용은 사용자들이 온라인 서베이 과정에 더 익숙해질수록 계속해서 떨어질 것이다. 온라인 서베이는 결과도 빨리 진행되어 얻어진다. 온라인 서베이에 대한 보고서와 요약본은 실시간으로 개발되어 단순하고, 쉽게 이해될 수 있는 보고서, 색상, 그래프 및 표 등이 완비된 형태로 관리자들에게 직접 전달될 수 있다. 전통적인 전화나 우편 서베이는 누군가가 그 결과를 파악하기 전에 사람의 노력이 많이 드는 자료수집, 도표화, 요약 및 배포가 필요하다.

Qualtrics, Surveymonkey 및 Zoomerang 등과 같은 다양한 온라인 서베이 소프트웨어는 이미 만들어진 서베이 라이브러리에 있는 설문을 이용하여 온라인 서베이의 초안을 쉽게 만들 수 있도록 한다. 서베이를 위한 링크는 목표 고객이나 온라인 응답을 수행할 의사가 있는 사람을 끌어들이기 좋은 특정 사이트에 게시할 수도 있고(예: Amazon의 Mechanical Turk 사이트), 잠재 응답자나 패널리스트들에게 이메일로 쉽게 보낼 수 있다.

패널과 스캐너 기반 조사

앞서 논의된 것과 같이 패널과 스캐너 조사는 2차자료나 1차자료 모두 가능하다. 여기에서는 패널을 이용하여 1차자료를 수집하는 것만을 고려한다. 영국내 Walmart 자회사인 Asda는 어떤 제품을 취급할 것인지를 정하는데 도움을 얻기 위해 "나라의 맥(Pulse of the Nation)"이라 불리는 18,000명의 고객 패널을 이용하고 있다. Asda는 각 참가자들에게 잠재적 신제품들의 제품 이미지와 설명에 대한 이메일을 보낸다. 고객들의 반응은 그들이 각각의 제품들을 점포에서 취급해야 할 것인지를 나타낸다. 패널에 참가하는 인센티브로 Asda는 응답자들을 자동으로 무료 상품에 당첨시킨다.[34]

영국내 Walmart 자회사인 Asda는 "나라의 맥(Pulse of the Nation)"이라 불리는 18,000명의 고객 패널을 이용하여 어떤 제품을 취급할 것인지를 결정하는 데 도움을 받고 있다.

	1	2	3	4	5
시장	단가	단가별 수요	총매출 (1열×2열)	총비용 (고정비 300,000 달러 + 변동비 2 달러 (단위당))	총수익 (3열−4열)
1	4 달러	200,000	$800,000	700,000	$100,000
2	5 달러	150,000	$750,000	600,000	$150,000
3	6 달러	100,000	$600,000	500,000	$100,000
4	7 달러	50,000	$350,000	400,000	($50,000)

그림 8.8 McDonald's에 대한 가설적 가격결정 실험

실험조사(Experimental Research)

실험조사(또는 실험)는 정량적 조사의 한가지 방법으로 하나 또는 그 이상의 변수를 체계적으로 조작하여 어떤 변수가 다른 변수에 대해 인과효과가 있는지를 결정한다. 예를 들어, 앞서 사용한 시나리오에서 가설적 McDonald's의 마케팅 조사팀이 결정하고자 하는 것 중 하나는 새로운 콤보(햄버거, 감자튀김 및 음료) 메뉴 상품의 가장 수익성이 높은 가격일 것이다. 이 상품을 개발하는 데 든 고정비는 300,000 달러이고, 주로 음식 자체의 비용으로 구성된 변동비는 2 달러라고 가정하자. McDonald's는 이 상품

실험을 이용하여 McDonald's는 새로운 메뉴 상품의 가격을 "시험"하여 가장 수익성이 높은 가격을 결정할 것이다.

에 대해 4개의 다른 시장에서 4가지 다른 가격을 책정했다(그림 8.8 참조). 일반적으로 상품의 가격이 비쌀수록 적게 팔린다. 그러나 이 실험을 수행함으로써 McDonald's는 두 번째로 싼 가격(5 달러)을 가장 수익성이 높은 가격으로 정하였다. 이러한 결과는 어떤 사람들은 가장 비싼 가격(7 달러)은 너무 비싸다고 믿기에 사기를 꺼린다는 것을 의미한다. 가장 싼 가격(4 달러)은 그럭저럭 잘 팔리기는 하지만 McDonald's 입장에서 각 판매 상품에서 충분한 돈을 벌지는 못한다. 이 실험에서 가격의 변화는 판매량의 변화에 영향을 미쳐 궁극적으로 McDonald's의 수익성에 영향을 준다.

1차자료와 2차자료 조사의 장점 및 단점

LO4 1차자료와 2차자료의 차이를 요약하여 설명한다.

지금까지 살펴 본 다양한 2차자료와 1차자료의 수집 방법들을 바탕으로 각각의 자료 수집 방법들의 가장 적합한 적용 사례가 무엇인지와 언제 2차자료나 1차자료 수집 방법을 필요로 할 것인지를 생각해 보자. 1차자료와 2차자료 모두 각각의 고유한 분명한 장점과 단점을 지니고 있다. 그림 8.9는 각 조사 방법들의 장점과 단점을 요약하여 나타내고 있다.

새로운 기술과 소비자 정보 사용에 따른 윤리

LO5 소비자정보의 수집이 윤리적인 상황을 살펴본다.

마케팅 조사를 수행할 때 윤리적 관행을 준수하는 것은 마케터에게 매우 중요하다. 미국마케팅학회(The American Marketing Association)에서는 마케팅 조사를 수행하기 위한 3가지 가이드라인을 제시하고 있다. (1) 조사를 가장한 판매나 자금모금을 금한다. (2) 허위나 관련된 조사 자료의 누락을 피함으로써 조사의 정직성을 유지할 것을 지지한다. (3) 고객과 공급자를 공평하게 다룰 것을 장려한다.[35] 다양한 마케팅 조사 단체들에서 씨놓은 수많은 실행규칙들은 모두 조사과정에서 조사대상의 권리를 존중할 조사자의 의무를 강조하고 있는데, 그 마지막 줄은 "마케팅 조사는 편향되지 않은 사

유형	예	장점	단점
1차조사	❑ 센서스 자료 ❑ 판매견적서 ❑ 인터넷 정보 ❑ 책 ❑ 학술지 논문 ❑ 결합자료	❑ 당면한 자료의 요구와 주제에 적합함 ❑ 2차조사에서는 일반적으로 얻기 힘든 행위적 통찰을 제공함	❑ 필요한 정보와의 연관성이 적을 수 있음 ❑ 시기적으로 적합하지 않은 정보일 수 있음 ❑ 출처의 소유권이 없어 사용할 수 없을 수 있음 ❑ 자료수집 방법이 적절하지 않을 수 있음 ❑ 자료의 출처가 편향되었을 있음
2차조사	❑ 소비자행동의 관찰 ❑ 표적집단면접 ❑ 서베이 ❑ 실험	❑ 즉시 이용 가능하기에 자료 수집 시간을 절약할 수 있음 ❑ 무료이거나 비용이 적게 듦 (결합자료는 예외)	❑ 비용이 많이 듦 ❑ 시간이 많이 소요됨 ❑ 연구설계와 자료 수집에 보다 세련된 훈련과 경험이 요구됨

그림 8.9 1차자료와 2차자료의 장점과 단점

실적 정보를 생산하기 위해서만 사용되어야 한다."라는 것이다.

그렇지만 지속적으로 기술이 진보되면서 소비자의 개인정보에 대한 잠재적 위협이 수와 강도에 있어 모두 증가하고 있다. 마케팅 조사자는 소비자의 개인정보를 남용하는 것를 피하도록 경계하여야 한다. 미국의 대규모 소매업체, 은행, 신용조회 서비스업체, P2P 네트워크업체 등에서 발생한 정보침해사례들은 저장된 정보들이 얼마나 쉽게 남용될 수 있는가를 보여주고 있다.[36] 자선기부에서 의료기록이나 인터넷 사용추적에 이르기까지 소비자들은 자신들의 사생활에 대한 근본적인 권리를 지키기 위해 그 어느 때 보다도 더 조심스러워하고 있다. 또한 소비자들은 자신들에 대해 수집된 정보에 대한 통제를 강화할 것을 요구하고 있다.

이에 따라 많은 기업들은 고객들에게 고객들이 제공한 모든 정보들에 대한 기밀이 유지되고 있으며 어떠한 정보도 다른 기업에게 제공되거나 판매되지 않았음을 자발적으로 알리고 있다. Center for Democracy & Technology(CDT)와 Electronic Privacy Information Center(EPIC)를 포함한 몇몇 조직들이 소비자 정보를 이용한 데이터마이닝를 감시하기 위해 출현하였다. 그리고, 미국의 중앙 및 주 정보는 사생활 보호를 위한 중요한 역할을 담당하고 있다. 예를 들어, 기업은 매년마다 자신들의 사생활 관행을 고객들에게 알릴 것을 법적으로 요구받고 있다.[37]

그러나 소셜미디어, 뉴로마케팅(neuromarketing), 얼굴인식소프트웨어 등을 포함한 다른 분야에서의 기술진보에 대해서는 법이 미처 따라가지 못하고 있다. 앞서 살펴본 것과 같이 소셜미디어는 소비자들이 자신들의 태도와 의견을 소셜미디어에서 기꺼이 다른 사람들과 공유하는 것을 좋아하기 때문에 마케팅 조사자에게 중요한 정보원천으로 성장해 왔다. 이때 소비자가 자신의 사생활을 보호하는 것은 전적으로 자신에게 달려있다.

반면 기업에게 소비자가 등장할 때 인구통계학적 정보를 탐지할 수 있도록 하는 얼굴인식소프트웨어에 대해서는 소비자 스스로가 통제할 수 있는 부분이 거의 없다. 예를 들어, 얼굴인식소프트웨어를 장착한 디지털 광고판은 지나는 사람을 구분하여 그 사람의 나이, 성별, 주의 수준에 따라 맞춤식 광고를 표시할 수 있다.[38] 그러한 의사소통은 정교하게 목표화하여 표시되는 광고를 주위를 걸어가는 소비자에게 더 관심있게 만들 수도 있지만, 그 소비자를 당황스럽게도 만들 수 있다. 예를 들어, 피부 문제가 있는 틴에이저가 지나갈 때 광고판이 여드름 제품 광고를 크게 방송한다고 상상해보라!

Facebook에서는 사진에 얼굴을 판별할 수 있는 소프트웨어를 적용하여 사용자들에게 같은 사람에게 중복해서 댓글을 달지 않도록 하고 있다. 또한 Facebook은 모든 사용자들의 생체정보자료를 저장하고 있는데, 생체정보자료에는 얼굴특성, 홍체나 지문과 같은 신체적 특질을 하나나 그 이상 포함하고 있다. Facebook 사용자들이 얼굴판별 기능을 끌 수 있지만, 그들의 생체정보자료는 계속 수집되고 있다. 사생활 보호법이 엄격한 독일에서는 규제당국이 Facebook에게 모든 생체정보자료 수집을 중지할 것을 요구했다.

생체정보자료를 사용하는 것에서 더 깊이 나아가 **뉴로마케팅**은 소비자들이 제품, 광고 또는 브랜드 이미지를 볼 때 발생하는 무의식적인 뇌파를 측정하는 무선 뇌파 스캐너를 이용하여 소비자의 마음을 읽을 수 있는 능력이 있다고 주장하고 있다. 그런 통찰력은 소비자에게 진정으로 소구할 수 있는 것을 발견하게 함으로써 마케터에게 매우 가치 있을 것이다. 예를 들어, 사람들은 기능적인 측면 때문에 iPad를 좋아하는가 아니면 인간이 지닌 근원적인 선호에 소구하는 단말기의 곡면이 사람들의 마음을 끄는 진정한 원천인가?[39] 그러나 SF 영화를 본 사람이라면 누구나 상상할 수 있는 것처럼 그러한 수단을 남용할 가능성은 매우 크다. 이제 남은 핵심적인 문제는 어떤 소비자라도 마케터가 자신들의 의식적 사고를 건너뛰는 방법으로 자신들의 뇌파를 읽고 상품과 서비스를 자신들에게 마케팅하는 것을 원할 것인가?이다. NeuroFocus라는 기업은 몇몇 국제적인 기업에 뉴로마케팅 기술을 적용하여 보다 전통적인 조사 방법을 이용해서 불가능하지는 않더라도 얻기 힘든 소비자 정보를 얻었다(그림 8.10 참조).

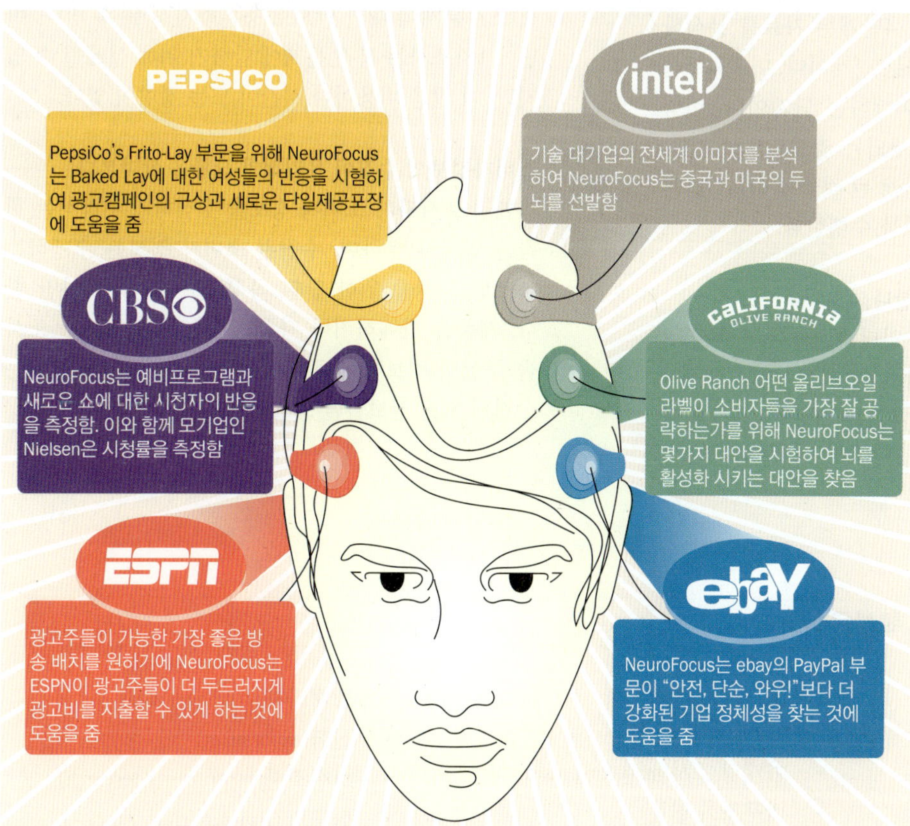

그림 8.10 NeuroFocus의 뉴로마케팅 연구 결과

요점 정리

LO1 마케팅 조사 과정의 5가지 단계를 구분한다.

1단계는 목적 및 조사필요성을 정의하는 것으로, 이는 기본적으로 마케팅 조사는 마케팅의사결정을 수립하는 데 중요한 문제들에 대해 답해야하기에 모든 조사 프로젝트의 성공을 위해 매우 중요한 단계이다. 2단계인 조사 프로젝트의 설계에서, 조사자는 1단계의 프로젝트의 목적에 근거하여 필요한 자료의 유형이 1차자료인지 2차자료인지를 구분하고, 필요한 자료를 수집하기 위한 조사 유형을 결정한다. 3단계에서는 자료수집 과정과 자료를 수집하는 것을 결정하는 것으로, 이 과정은 일반적으로 관찰, 심층면접, 표적집단 등과 같은 질적조사 방법으로 시작한다. 질적조사를 통해 수집된 정보는 서베이, 실험, 스캐너자료, 패널자료 등을 포함한 양적조사에 사용된다. 4단계는 자료를 분석하고 해석하여 통찰력을 개발하는 단계이다. 마지막 5단계는 실행계획을 개발하고 이행하는 단계이다. 비록 5가지 단계들이 선형으로 진행되는 것처럼 보이지만, 조사자는 흔히 각 단계에서 알게 된 것들에 따라 5단계의 앞뒤를 오가며 마케팅 조사를 수행한다.

LO2 다양한 2차자료 원천을 설명한다.

외부 2차자료는 U.S. 센서스, 인터넷, 책, 논문, 무역협회, 결합자료 서비스 등의 외부 원천으로부터 수집된 정보들로 구성된다. 내부 2차자료는 매출액, 고객 리스트, 기타 기업의 보고서 등과 같은 기업 내부의 기록들로부터 도출될 수 있다.

LO3 다양한 1차자료 수집방법을 설명한다.

1차자료는 특정 조사 필요성에 맞춰 수집된다. 1차 질적조사에 이용되는 기법들로는 관찰, 소셜미디어, 심층면접, 표적집단 등이 있으며, 1차 양적조사에 이용되는 기법들로는 서베이(오프라인 및 온라인 모두 포함), 스캐너, 패널, 실험 등이 있다.

LO5 1차자료와 2차자료의 차이를 요약하여 설명한다.

1차조사에 비해 2차조사는 더 빠르고, 더 쉽고, 일반적으로 덜 비싸다. 또한 2차자료를 사용하기 위한 능력은 방법론적으로 덜 전문적이다. 그러나 2차조사는 당면한 특정 문제와 관련되 것과는 다른 이유로 수집되었기에 정보가 오래되었거나, 왜곡되었거나, 또는 단순히 조사문제에 대한 답으로 충분하지 않을 수 있다. 반면에 1차조사는 특정 문제에 답하기 위해 설계될 수 있지만, 더 많은 비용이나 시간이 드는 경향이 있다.

LO6 소비자정보의 수집이 윤리적인 상황을 살펴본다.

마케팅 조사자가 소비자 정보를 수집하기 위해서는 허락을 얻어야만 하며, 수집된 소비자 정보는 수행하는 마케팅 조사를 위한 단일 목적으로 사용되어야만 한다. 제품을 판매하거나 자금조달을 위해 마케팅 조사를 구실로 정보를 수집해서는 안된다. 또한 마케터는 수집된 모든 정보들을 보호할 책임이 있다.

핵심용어

- 1차자료(primary data)
- 2차자료(secondary data)
- 감정마이닝(sentiment mining)
- 결합자료(syndicated data)
- 고객이탈(churn)
- 관찰(observation)
- 구조화 질문(structured questions)
- 데이터마이닝(data mining)
- 데이터웨어하우스 (data warehouses)
- 마케팅 조사(marketing research)
- 비구조화 질문 (unstructured questions)
- 생체정보자료(biometric data)
- 서베이(survey)
- 설문지(questionnaire)
- 스캐너자료(scanner data)
- 실험(experiment)
- 실험조사(experimental research)
- 심층면접(in-depth interview)
- 양적조사(quantitative research)
- 자료(data)
- 정보(information)
- 질적조사(qualitative research)

- 패널자료(panel data)
- 표본(sample)
- 표적집단면접 (focus group interview)

사례 연구

AUTOTRADER.COM: 마케팅 조사에 의한 사실과 픽션의 구분

당신이 대규모 자동차딜러십의 내년도 광고를 실행하기 위한 매체를 계약하는 담당자라고 가정해 보자. 선택할 수 있는 매체들에는 텔레비전과 신문광고 같은 전통적인 매체와 소셜네트워크 사이트와 자동차 사이트 같은 인터넷 기반 채널들이 있다. 당신은 어떤 유형의 광고가 매출을 가장 많이 발생시킬 것인지를 어떻게 결정할 것인가? 당신은 한 도시의 딜러쉽에서 성공한 접근방법이 다른 도시에서도 성공할 것인지를 어떻게 판단할 것인가?

온라인 자동차딜러 AutoTrader.com은 자기네 사이트에 광고를 올리려는 자동차딜러, 협회 및 제조업체들이 자신들이 AutoTrader.com 사이트에 광고를 위해 지불한 비용이 잘 쓴 것인지에 대한 증명을 요구한다는 것을 알았다. 그런 증명을 위해 AutoTrader.com는 자기네 사이트는 매달 4만명의 딜러와 25만 명의 개인소유자들로부터 300만개 이상의 자동차리스트를 확보하고 있으며 1,400만 명 이상의 검증된 구매자들이 있음을 보여주는 웹사이트에서 수집된 숫자를 제공한다.[40] 그러나 이런 기본적인 통계들만으로는 AutoTrader.com 사이트에 올린 광고가 실제로 매출로 이어지는지를 증명할 수는 없다. 효과적인 증명을 위해서 AutoTrader.com는 마케팅 조사를 수행하여 사람들이 어떻게 자동차를 사는지와 AutoTrader.com 같은 사이트가 고객들이 자동차를 구매하는 과정에서 어떻게 핵심적인 부분이 되고 있는지를 딜러들이 이해할 수 있도록 해야 한다.[41]

많은 광고미디어 구매자들은 온라인 광고의 성공을 가장 정확하게 측정하기 위한 지표로 광고에 대한 클릭 수를 광고가 노출된 횟수로 나눈 CTR(click-through rates)을 생각한다. 비록 CTR이 광고가 몇 번이나 보여졌는지를 나타내는 지표이지만, CTR이 소비자행동(특히 최종구매결정을 내릴 때)에 대한 광고의 영향에 대한 신뢰할만한 측정값을 제공하는 것은 아니다. 또한 자동차딜러들을 자신들의 고객들의 행동에 대한 자신들만의 신념을 지니고 있는데, 그러한 신념은 아마도 부정확하지만 여전히 광고매체 선택을 결정하고 있다. 따라서 더 많은 광고를 끌어 들이기 위해서 AutoTrader.com은 딜러들과 고객들 자신인 자료 출처에서 직접 발생한 방대한 원자료를 제공할 필요가 있게 되었다.

이에 따라 AutoTrader.com이 수행한 마케팅 조사는 자동차를 판매함에 있어 인터넷의 가치를 보여주는 역할을 주로 맡는다.[42] 최근 자동차를 구매한 사람을 대상으로 한 서베이에서 AutoTrader.com는 응답자의 71%가 신차나 중고차를 구매할 때 인터넷을 탐색한 것으로 밝혀냈다. 대부분의 구매자들은 인터넷이 자신들의 궁극적인 구매 선택에서 가장 영향력 있는 정보원이고 가장 도움이 되는 정보원인 반면, 소셜미디어는 최종 결정에 아주 작은 역할만 한다고 밝혔다. 그 연구에서는 또한 고객이 자동차를 쇼핑하는 평균 시간과 딜러쉽 방문 대비 인터넷 검색 시간과 같은 자동차 쇼핑 행동에 대한 다른 지표들도 계량화하였다. 연구결과 구매자들은 쇼핑시간의 절반 이상을 온라인에서 보내는 것으로 나타났는데, 이러한 결과는 AutoTrader.com에 광고하는 것에 대한 가치를 입증하는 데 도움을 줄 것이다. 추가적인 자료들로부터 이러한 결과는 더 강화되어 AutoTrader 같은 독립적인 사이트들이 딜러나 제조업체의 자체 사이트들보다 더 많이 이용되는 것으로 나타났다.

한 단계 더 나아가서 AutoTrader.com은 사이트 내의 광고를 통해 딜러쉽 방문을 연결하는 것을 추구하였는데, 이는 자동차딜러들이 AutoTrader.com에 광고를 하는 주된 목적을 나타내는 것이다. 마케팅 조사자는 먼저 서베이를 이용해서 딜러들이 자신들의 고객들의 행동에 대해 믿는 바가 무엇인지를 정하고, 이어서 실제 사실을 찾기 위해 고객들이 딜러십을 떠날 때 고객들로부터 정보를 모았다. 정확성과 적용가능성을 확보하기 위하여 마케팅 조사자는 다양한 브랜드의 판매점, 프랜차이즈 또는 독자적 운영점 등 다양한 시장에 위치한 딜러쉽들의 고객들로부터 의견을 얻었다. 그 결과 많은 전통적인 생각들이 잘못되었음이 드러났다(그림 8.11 참조). 예를 들어 딜러들이 생각했던 것보다 신문광고는 덜 효과적인 반면, 인터넷 광고는 고객을 유도하는 데 더 중요한 역할을 하는 것으로 나타났다.

이러한 정보가 전국적으로 평균적인 딜러쉽을 대상으로 사실이라 하더라도, 어떤 딜러들은 이것이 그들의 특정 사업의 경우와는 다르다고 믿었다. 그러한 회의론을 납득시키기 위하여 AutoTrader.com은 개별 점포로부터 자동차를 구매한 소비자들을 대상으로한 전화 인터뷰를 포함한 수백 개의 소형 조사연구를 착수했다. 비록 딜러쉽의 지리적 위치를 반영하여 일부는 차이가 있지만, 연구 결과는 전국적인 연구와 뚜렷하게 유사한 것으로 나타났다.

이러한 연구를 바탕으로 이제 당신은 광고매체를 구매하기 위한 의사결정에 충분한 자동차 구매자의 행동을 이해했다는 것에 대해 확신을 가졌을 것이다. 그렇지만, 당신은 마케팅 조사가 소비자의 행동을 정확히 예측한다고 전적으로 믿을 수 있는가? 인간의 행동은 대부분 측정을 할 수 없는 다양한 차원의 요인들의 영향을 받기에 아마도 그렇지 않을 것이다. 그렇지만 마케팅 조사는 당신이 당신의 광고비가 매출을 올리기 위해 가장 좋은 방식으로 현명하게 사용되었다는 것을 확신하는 데 도움을 줄 수 있을 것이다.

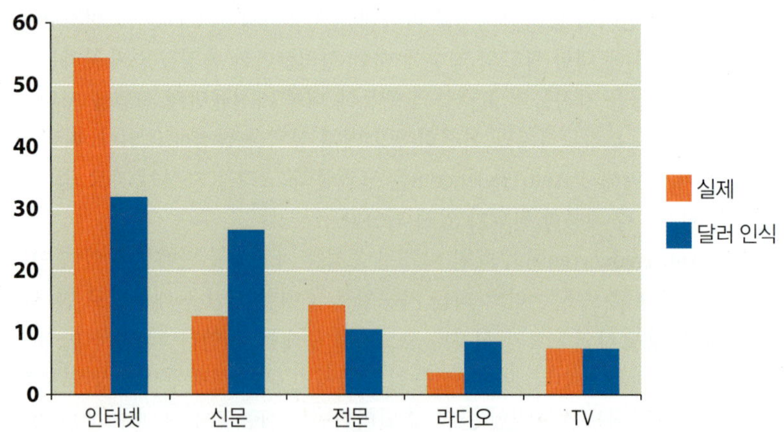

출처: Adapted from: Joe Richard, "How AutoTrader.com. Uses Primary Research to Clarify the Car-Shopping Process," *Quirk's Marketing Research Review*, July 2011, p. 36, http://www.quirks.com/articles/2011/20110704.aspx.

그림 8.11 실제와 딜러 인식간의 차이

확인 문제

1. AutoTrader.com의 마케팅 조사의 목적은 무엇인가? AutoTrader.com의 조사 프로젝트는 조사목적을 충족시키기 위한 기업의 역량에 어떻게 공헌할 것인가?
2. AutoTrader.com이 자신들의 사이트에 게시한 딜러의 광고의 효과성에 대한 자료를 수집하기 위해 사용한 방법은 무엇인가?

SECTION 4

시장 평가

시장 이해

시장 타겟팅

가치 창조

가치 획득

가치 전달: 마케팅 경로 및 공급사슬 디자인

가치 커뮤니케이션

가치 창조

CHAPTER 9
제품, 브랜딩, 포장

CHAPTER 10
신제품 개발

CHAPTER 10A
서비스: 무형재

4부는 마케팅이 어떻게 가치창조에 기여하고 있는가에 대한 내용을 다루고 있다. 9장와 10장은 성공적인 제품과 브랜드를 개발하고 관리하는 전략과 전술을 탐색하고 있다. 서비스를 개발하고 관리하는 것에 대한 많은 개념들이 제품의 경우와 유사하지만 10A는 서비스 마케팅의 고유한 측면을 다루고 있다.

CHAPTER 9

제품, 브랜딩, 포장

학습 목표

- **LO1** 제품의 요소를 설명한다.
- **LO2** 소비재 유형을 설명한다.
- **LO3** 제품믹스의 넓이와 제품계열의 깊이 간의 차이를 설명한다.
- **LO4** 브랜드가 기업과 고객에게 제공하는 이점을 설명한다.
- **LO5** 브랜드 자산을 구성하는 요소를 설명한다.
- **LO6** 기업이 실행하는 다양한 브랜드 전략을 설명한다.
- **LO7** 브랜드확장과 계열 확장을 설명한다.
- **LO8** 제품포장과 라벨링 전략의 장점을 설명한다.

Under Armour(UA)는 매우 세분화된 스포츠 의류 시장의 선도 기업으로서, 내구성이 강하고 경쟁력 있는 기능성 의류 계열을 브랜딩 함으로써 명성을 얻었다. UA의 제품은 혁신적인 스포츠 의류와 첨단 소재를 결합하여 제작하였지만, 내구성에 대한 명성은 주로 역동적인 이미지의 광고에서 발생하였다.

- 올림픽 스키 챔피언인 Lindsey Vonn은 매서운 바람이 부는 날씨에 셔츠하나만 가볍게 입고 훈련을 받고 있다.
- 사냥꾼이 몸을 낮추며 황소의 눈을 화살을 정확히 쏘려 한다.
- 운동선수는 홈 경기에서 반드시 승리를 하겠다고 맹세한다.

광고에서 전달하고자 하는 메시지는 'UA 스포츠 의류를 착용하면 최고의 성과를 이룰 수 있다'는 것이다.

설립자 Kevin Plank는 경쟁에서 항상 승리하고자 한다. 대학교 시절 이 회사를 창업하였는데, Maryland 대학교의 미식축구 선수였던 Plank는 연습 후 땀에 흠뻑 젖은 옷을 벗기가 힘들었다. 더 좋은 운동복을 찾아 나섰고, 속건 능력과 흡한 능력을 가진 폴리에스테르 혼방을 찾아내었다. 그 후 UA는 선수들의 체온이 떨어지는 것을 방지하기 위한 발열기술을 개발하였고, 이 발열기능을 적용하여 ColdGear의류로 확장하였다.[1]

혁신기술과 신제품 계열의 결합은 UA를 스포츠 의류 강자로 만들어 주었고, 나이키나 아디다스와 같은 거대기업과의 경쟁에서도 결코 뒤지지 않는다. 14억 강자인 UA는 미국 기능 의류 시장에서 3%를 차지하고, 이는 나이키 점유의 절반에 해당 한다.[2] 신제품 계열로 청소년, 신발, 사냥, 낚시 전문 의류를 출시하였다. 2011년 UA는 선수의 혈압과 심박수를 전자적으로 모니터하는 센서를 부착한 의류와 벌레를 제거하는 기능성 의류를 출시했다.[3]

하지만 브랜드를 확장하는 것은 어려운 일이다. 2006년 미끄럼방지 축구화를 포함한 신발 계열 제품은 매출을 거의 올리지 못했다. 가벼운 무게, 쿠션, 신발 윗부분에 땀 흡수 재질에 관한 특허기술을 강조하는 인상적인 광고를 제작하는 등 아직 노력을 가하고 있다.[4] Footsteps광고에서 UA는 NFL의 실제선수들을 등장시켰다.

UA는 여성 스포츠웨어 분야에 새로

진입하였다. 처음으로 여성 시장에 진입하였을 때 남성지향적인 디자인을 여성복 디자인 계열에 그대로 적용하였지만, 부정적인 시장반응으로, 출시된지 얼마되지 않아 시장에서 철수했다. 하지만 여성복에 적합하게 디자인된 제품 계열을 개발한 이후, 제품은 시장에서 성과를 창출하였고, 오늘날 기업 매출의 25%를 차지한다. 이어 UA는 활동적인 젊은 여성들을 목표시장으로 브랜드의 이미지를 알릴 수 있도록 스키선수 Vonn를 기용한 광고를 시작하였다.[5]

새로운 시장에 진입하는 것은 모든 회사에게 어려운 일이다. UA와 같이 성공적인 기업의 브랜드는 경쟁업체에 비해 번창하고 있지만, 이 브랜드가 도달할 수 있는 한계는 어디일까?

제품전략은 마케팅믹스(4Ps)의 핵심 요소로서, 고객을 위한 가치 창출에 있어 가장 중요하다. 제품이란 고객에게 제공하는 가치 그 자체이고, 시장 교환을 통해서 제공받을 수 있다. 탄산음료와 같은 재화, 호텔 숙박과 같은 서비스와 더불어서, 기업이 경쟁력을 보유한 시장 분야에서 고객에게 가치를 제공할 수 있는 장소(예, Six Flags theme Parks), 아이디어(stop smoking), 조직(MADD), 사람(Oprah Winfrey), 또는 커뮤니티(Facebook.com) 도 제품이 될 수 있다.

본 장에서는 제품의 복잡성과 유형에 관한 논의를 시작으로, 기업들이 변화하는 시장조건을 만족시키고 대응하기 위해 제품계열을 어떻게 조정하는지 살펴보고자 한다. 다음으로 브랜딩에 대해 알아보고자 한다—브랜드가 중요한 이유는 무엇이고, 기업에서 채택하고 있는 다양한 브랜딩 전략은 무엇인가? 제품포장과 라벨의 가치를 과소평가하고 싶지 않다. 포장과 라벨은 상품진열대에서 소비자의 구매 욕구를 자극할 메시지 "Buy me!"를 전달하여야 한다. 본 장의 마지막은 제품의 포장과 라벨에 대해 논의하고자 한다.

LO1 제품의 요소를 설명한다.

제품의 복잡성과 유형

제품의 복잡성

제품은 단순히 물리적 특성이나 기본적인 기능만 제공하는 것이 아니다. 제품의 개발, 설계, 판매를 담당하는 마케터는 그림 9.1과 같이 제품의 다양한 차원을 고려해야 한다. 그 가운데 가장 중요한 것은 핵심고객가치(Core Customer value)로, 제품을 통해 고객들이 근본적으로 충족하고자 하는 편익으로 정의된다. 초콜릿 가공식품 제조사인 Mars Inc.가 M&Ms 또는 스니커즈를 제조할 때, 혹은 Trek이 자전거를 제조할 때 이들 기업의 핵심 질문은, "고객들이 추구하는 것이 무엇인가?"이다. Mars의 핵심 질문은 가장 달콤하고 맛있는 과자인가? 에너지를 충전할 수 있는가?가 될 수 있다. 반면 Trek는 친환경 운송 수단인가? 또는 자전거의 속도나 즐거움을 위한 것을 추구하는가(로드, 하이브리드, 산악용)?와 같은 질문이 될 수 있을 것이다.

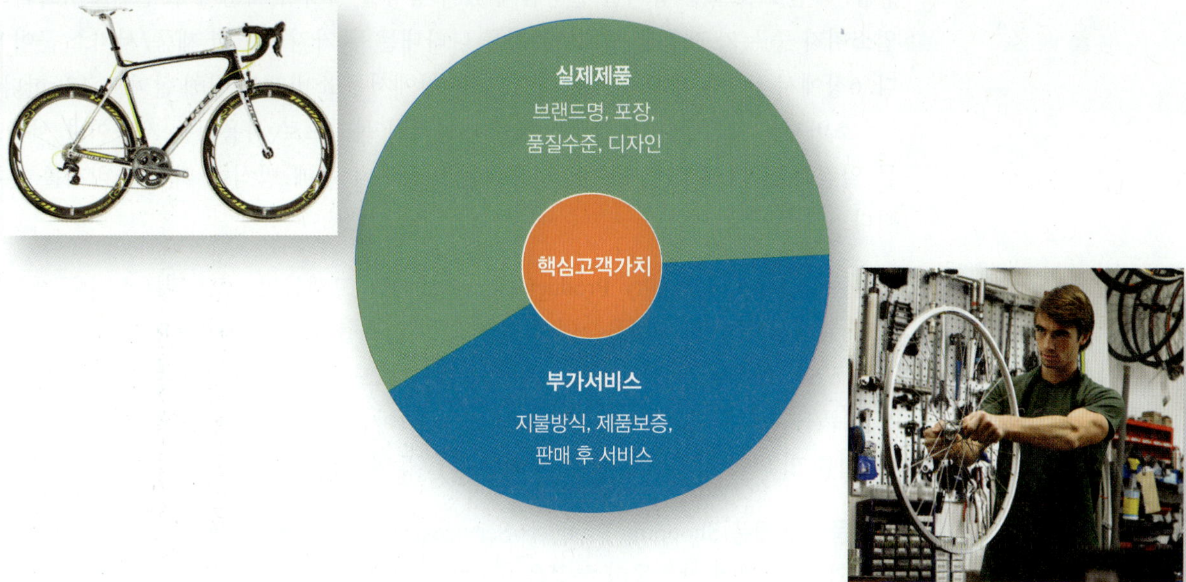

그림 9.1 제품의 복잡성

마케터는 핵심고객가치를 실제(유형)제품(actual product)으로 전환시킨다. 브랜드명, 특징/디자인, 품질수준 그리고 포장과 같은 속성들이 모두 중요하지만, 제품에 따라서 그 중요 정도는 다양하다. 예를 들어, Trek의 Madone 6 Series는 "지금까지 출시된 제품 가운데 가장 정교하게 제작된 자전거"로 포지셔닝되었다.[6] Madone 6 Series는 가볍고 튼튼한 카본 프레임, 정교한 기어 변환 시스템, 그리고 다른 첨단기술이 적용된 자전거로 특징지어진다. 아름다운 외관뿐만 아니라 고객들은 선수용, 공연용, 여행용 등의 3가지 모델 가운데 본인에게 적합한 자전거를 선택할 수 있다.

그림 9.1의 부가서비스(associated services)는 확장제품(augmented product)으로도 불리며, 제품의 보증기간, 지불 방식, 판매 후 서비스와 같은 제품의 무형적인 요소를 포함한다. 부가서비스(associated services)의 정도는 제품에 따라 다양하다. M&Ms의 부가서비스는 고객 불만 접수 · 해결 정도만 제공하는 데, 이는 M&Ms의 부가서비스가 Trek의 자전거에 비해 상대적으로 덜 중요하다는 것을 의미한다. Trek의 Madone 6 Series 프레임 보증기간은 자전거의 소유자의 일생이며, 고객 맞춤형 전문서비스를 제공하기 위해 자전거는 직영 점포에서만 판매한다. 또한 Trek는 지불방법을 포함하여 고객들이 궁금하게 여길 모든 질문에 대한 답변을 홈페이지를 통해 제공한다.

마케터들이 제품을 개발하거나 수정할 때, 먼저 잠재고객이 추구하는 핵심고객가치를 파악하고, 이후 실제 제품을 만들고 고객에게 제공할 부가서비스를 고안한다.

제품 유형

LO2 소비재 유형을 설명한다.

마케터들은 제품을 설계하고 판매할 때 제품의 유형을 고려하는 데, 제품유형이 가격,

유통, 촉진 프로그램 방식을 결정함에 있어 영향을 미치기 때문이다. 일반소비자와 기업소비자 중 누가 제품을 구매하는가를 나타내는 두 가지 중요한 제품/서비스 군이 있다. 6장에서 산업재에 대해 설명하였고, 본 장에서는 소비재에 대해 살펴보고자 한다.

소비재는 고객들이 일상생활에서 개인적인 목적으로 사용하는 제품이나 서비스를 일컫는다. 마케터는 제품이 사용되는 방식이나 구매 방식에 따라 소비재를 분류한다.

전문품 전문품(Specialty Products/Services)이란 고객들이 가장 만족스러운 제품을 찾기 위해서 상당한 노력을 기울일만한 강한 선호를 표현하는 제품이다. Trek의 Madone 6 Series에 관심이 있는 소비자들과 같이, 로드바이크 열광자들은 자신에게 꼭 맞는 제품을 선택하기 위해 많은 시간과 노력을 아끼지 않는다. 다른 사례로 고급 자동차, 법률 및 의학 서비스, 디자이너 의류 등을 들 수 있다.

선매품 선매품(Shopping Products/Services)이란 가구, 의류, 화장품, 가전제품, 여행상품과 같이 여러 상표들의 특징을 비교하는 데 많은 시간과 노력을 기울이는 제품이나 서비스이다. 고객들이 새로운 운동화가 필요하다고 생각할 때, 신발을 신어보고, 다른 상표와 비교하고, 판매원의 의견을 들어보기 위해 여러 점포를 방문하게 되는 것을 예로 들 수 있다.

편의품 편의품(Convenience Products/Services)이란 보다 적합한 제품을 구매하기 위한 노력을 하지 않는 제품이나 서비스이다. 많은 고민 없이 구입하는 음료, 빵, 비누와 같은 일상적인 제품이 주로 해당된다.

비탐색품 비탐색품(Unsought Products/Services)이란 일반적으로 구매를 할 것이라고 생각하지 못하거나 잘 알지 못하는 제품이다. 제품의 특성 때문에 다양한 촉진 프로그램과 마케팅 전략이 요구된다. 비탐색품 사례로 GPS가 등장할 때와 같이 세상에 새롭게 등장한 제품을 들 수 있다. 손이 차가운데 어떻게 해야 할지 모르겠는가? 그렇다면 당신은 10시간 동안 손을 따뜻하게 해주는 HeatMax HotHands Hand Wamers에 대해 들어본 적이 분명 없을 것이다. 개발도상국에서 인턴십에 참가하고 있는데 일반적인 보험으로 긴급 상황이 보장되지 않는가? 그렇다면 Medex 보험 약관을 지금 바로 확인해보자.

LO3 제품믹스의 넓이와 제품계열의 깊이 간의 차이를 설명한다.

제품 믹스와 제품계열 결정

기업이 시장에 제공하는 모든 제품과 서비스의 집합체를 제품믹스(product mix)라고 부른다. 그림 9.2는 Kellogg의 제품믹스를 간략히 나타내고 있다. 제품믹스는 일반적으로 다양한 제품계열(product lines)로 구성되어 있다. 제품계열은 소비자들이 함께 사용하는 경향이 있는 연관 제품군 또는 유사한 제품이나 서비스의 일부로 생각하는 제품집단을 의미한다. Kellogg의 제품계열은 시리얼, 페스트리, 영양바, 쿠키, 유기농,

제품 계열			
시리얼	페스트리, 영양 바	쿠키, 크래커	유기농, 냉동식품
Kellogg's Corn Flakes	Nutri-Grain	Cheez-It	Eggo
All-Bran	Special K	Keebler	Morningstar Farms
Apple Jacks	Kashi	Townhouse	Kashi
Cocoa Krispies	Pop-Tarts	Club	
Frosted Mini-Wheats	Bear Naked	Famous Amos	
Mueslix		Fudge Shoppe	
Kellogg's Raisin Bran		Murray	
Froot Loops			
Kashi			
Special K			
Rice Krispies			

출처: Kellogg's 2010 annual report, http://annualreport2010.kelloggcompany.com/innovation.htm.

그림 9.2 Kellogg의 제품믹스

냉동 제품을 포함한다.

제품믹스는 기업 제품계열의 넓이와 깊이를 나타낸다. 기업의 제품믹스 넓이(breadth)은 기업이 제공하는 제품계열의 수를 나타낸다. 그림 9.2와 같이 Kellogg는 4개의 제품계열 넓이를 제공하고 있다. 반면에 제품계열 깊이(depth)는 한 개의 제품계열 내에 있는 제품의 수와 동일하다. 예를 들어, Kellogg는 아침식사스낵 제품계열에서 Nutri-Grain, Special K, Kashi Bar, Pop-Tarts를 제공한다.

하지만 무제한적으로 신제품을 추가하는 것은 부정적인 결과를 초래할 수 있다. 너무 많은 깊이(depth)는 제품을 유지하는 데 많은 비용이 발생하고, 너무 많은 브랜드는 회사의 명성을 약화시킬 수도 있기 때문이다.[7] 예를 들어, 7년 전에 Revlon은 상당한 제품구 조정 작업을 수행하였고, 새로운 제품계열로 45세 이상 여성층을 겨냥한 'Vital Radiance'를 시장에 출시하였다. 하지만 다른 브랜드의 판매를 악화시켰고, 젊은 고객들 사이에서 알려진 명성에 해가되어 결국 Vital Radiance 계열을 철수하였다.[8]

Kellogg는 4가지 제품계열(넓이)을 제공하고, 각각 제품계열 내에 다양한 제품들을(깊이) 제공한다.

그렇다면 기업들은 어떠한 이유로 제품믹스의 넓이와 깊이를 수정하는가?[9]

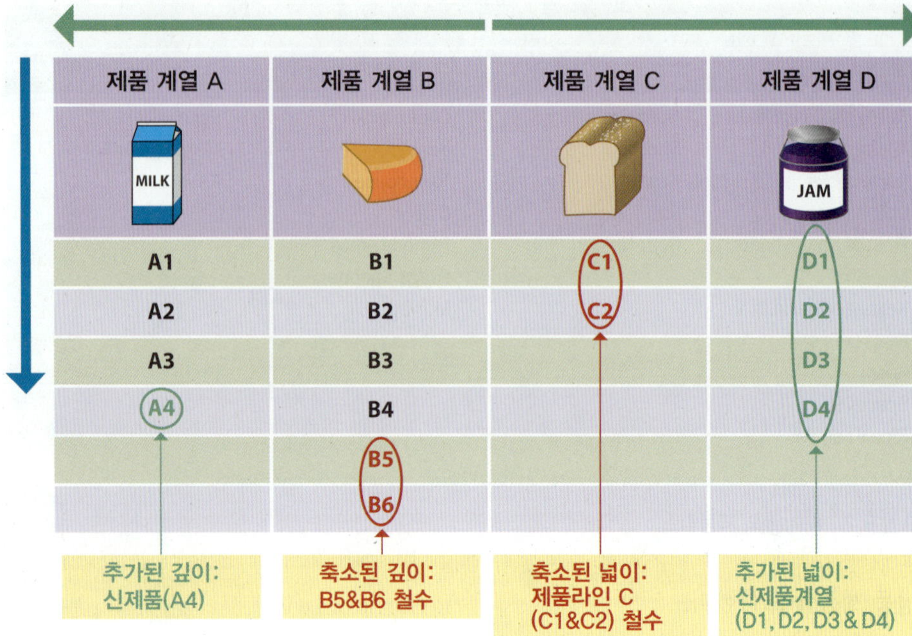

그림 9.3 제품믹스 변경

Tide의 깊이를 확장시키기 위해서, P&G는 Tide Basic을 출시하였으나, Tide 브랜드 명성을 약화시킬 우려 때문에 곧 철수하였다.

깊이 확장 기업들은 고객 선호를 변화시키거나 경쟁자를 미연에 방지하기 위해서 제품을 추가할 것이다(그림 9.3, 제품 A4 참고). 은행과 같이 서비스를 제공하는 기업은 제품계열의 하나로 고객 계좌를 제공한다. 제품계열을 확장하는 방법은 새로운 종류의 계좌를 추가로 개설하는 것이다. Bank of America는 온라인 사용자에게 소구하기 위해 eChecking계좌를 구축하거나, 단계별 이자 옵션을 선택할 수 있는 계좌 혹은 대학생들을 위해 캠퍼스 계좌를 제공하는 방법으로 제품계열을 확장한다.[10] 〈소셜 및 모바일 마케팅 사례 9.1〉은 Axe가 여성 향수 제품 계열을 확장하는 방법과 같이 시장에서 제품계열을 확장하는 다른 방법에 대해서 기술하고 있다.

깊이 축소 때로는 기업 자원을 재편성하기 위해서 제품계열 내에 있는 제품을 철수할 필요가 있다(예, 그림 9.3, 제품 B5, B6). 하지만 그 결정은 결코 간단하지 않다. 일반적으로 제품을 개발하고 생산하기 위해서는 상당히 많은 자금이 투입된다. 하지만 기업들은 수익이나 이윤이 낮은 제품을 철수하고 수익률이 높은 제품에 마케팅 역량을 집중하기 위해서 제품계열을 조정해야만 한다. P&G는 Tide 제품계열을 확장하여 Tide Basic 제품을 출시하였다-Tide 제품은 가장 혁신적이고 고급스러운 제품으로 알려져 있다. Tide Basic은 일반적인 Tide계열의 제품보다 20%정도 저렴하게 출시하였지만, 1년이 채 되지 않아 제품을 철수하였는데, 그 이유는 매력적인 대안을 제공하기보다는 저렴하고 덜 효과적인 제품이 브랜드 명성을 약화시킬 것을 우려하였기 때문이다.[11]

소셜 및 모바일 마케팅 사례 9.1 Axe Brands의 "Anarchy" 향수와 GraphicNovel

Axe 바디스프레이는 남성 화장품 시장의 75%를 차지한다. 소유 기업인 Unilever는 브랜드를 성장시키기 위해 제품 깊이를 확장하고자 하였다. 어느 성별에서나 저항 없는 향을 적용한 새로운 남녀공용 바디스프레이 Axe Anarchy를 출시했다.

광고에서는 바디스프레이를 뿌린 남성이 매력적인 여성의 관심을 받는 장면이 등장한다. Anarchy가 전달하고자 하는 메시지는 바디스프레이가 이성적인 매력을 한껏 발산시킨다는 것이다. 이름에서 나타나듯, 제품은 통제할 수 없는 성적매력을 약속한다. 초기 광고는 혼란 시리즈로 설명할 수 있는데, 시리즈 가운데 하나는 남성과 여성이 자동차 주유 중에 서로에게 이끌리는 장면이 등장하고 이 후, 화면에는 두 남녀 배우가 각자에게 스프레이를 뿌리는 장면과 함께 "Unleash the chaos"가 나타난다.[12]

모든 제품은 젊은 층의 고객을 목표로 한다. Unilever는 Anarchy 광고를 통해 브랜드를 확장시키기를 원했기 때문에, 기업은 온라인 Graphic Novel(만화소설) 만들었다. Anarchy girl'을 등장시킨 코믹북 판타지 시리즈물로 작성하였고, 주인공은 리뷰어에 따라 실시간으로 변화한다. X-men 작가 Scott Lodell이 고용되었고, YouTube, Facebook, Twitter 그리고 Axe의 채널에 등록한 230만 명의 팬들이 협업하였다.[13]

마케팅에서 전달하고자 하는 메시지는 명확하다. 성에 관한 보수적인 개념을 부셔라. 이는 특히 여성에게 잠재적인 메시지를 전달하는 것 같아 보인다. 하지만 광고를 보는 이들은 Axe의 대담하고 대중을 기반으로 한 디지털 모험이 여성의 바디스프레이 시장을 바꿀 수 있을 것이라고 생각하지 않았다. 전형적인 젊은 남성들이 참여하는 만화소설이 정말 젊은 여성들로부터 관심과 참여를 불러올 수 있을까?[14]

Axe의 모험적인 브랜드 확장 전략은 현재 바디스프레이 브랜드를 구축하고 있는 진짜 소비자까지 멀어지게 만들 것인가? 여성들에게 소구하는 광고로 남성들에게 쌓였던 신뢰를 잃어버리게 될까?

Axe Anarchy 향을 젊은 남녀들에게 촉진하기 위해 Unilever는 You Tube와 다른 소셜미디어에서 실시간으로 접근할 수 있는 "Anarchy Girls"라는 코믹북 판타지를 제작하였다.

넓이 축소 변화하는 시장 환경이나 기업 내부의 전략적 우선순위에 따라서 제품계열 전체 철수를 결정해야하는 경우도 있다(예, 그림 9.3, 제품계열 C). 그 결과 Kellogg는 빵 제품계열을 철수하고 다른 유제품—우유, 치즈(제품계열 A, B)—에 집중하기로 결정했다.

넓이 확장 기업은 새로운 시장을 포착하거나, 판매를 증가시키기 위해서 새로운 제품계열을 추가한다(예, 그림 9.3, 제품계열 D). Kellogg는 잼 제품계열을 추가하였다. 잼은 빵 계열의 보완재이다.

브랜딩

Kate Spade는 어리고, 사랑스러운 도시 여성에게 소구하도록 포지셔닝 하였다.

기업 존속에 있어 브랜드 인지는 매우 중요하다. 소비자들은 제품의 존재를 모르는 상품은 구매할 수 없다. 비록 브랜드명이 친숙하더라도 소비자들이 브랜드 내에 어떤 제품들이 있는지 알지 못하면 개별제품 판매에는 도움이 되지 않는다. 1993년 브랜드 Kate Spade가 출시되었을 때 패션잡지에서 튀어나온 것 같은 스타일의 옷을 구매하고자 하는 여성들 덕분에 빠른 성공을 거두었다. 하지만 Neiman Marcus 백화점이 Kate Spade를 인수한 이후, 세련되고 패션 지향적인 이미지를 유지하는 것에 실패를 했고, Kate Spade는 교외에 거주하는 학부형들이 들고 다니는 각진 가방을 만드는 브랜드라는 부정적인 명성을 얻게 되었다. 다행히도 Liz Claiborne이 인수한 이후 어리고, 사랑스러운 도시의 세련된 여성에게 호소하는 제품으로 리포지셔닝하면서 브랜드명은 다시 인기를 얻었다. 게다가 Kate Spade는 현재 Liz Claiborne에서 가장 판매 성과가 좋은 제품으로 자리 잡았고, Juicy Couture, Lucky Brand와 같이 소비자들에게 인기 있는 브랜드를 앞질렀다.[15]

브랜딩은 기업에게 자사 제품과 경쟁사 제품 간의 차별화를 할 수 있는 방법을 제공한다. Snapple과 Tropicana 두 기업 모두 과일음료를 제조하고 판매하지만, 소비자들은 브랜드에가 불러일으키는 연상들 때문에 특정 제품을 구매하게 되는 것이다. Pioneer의 TV는 Panasonic에서 제조하는 플라즈마 패널을 사용하지만, 독특한 명성을 가진 Pioneer 텔레비전은 Panasonic의 TV와는 차별화되고 더 좋은 제품이라고 인식 된다.[16] 뒷부분에서 더 자세히 다루겠지만 브랜드명, 로고, 도식, 특징, 슬로건, 문구, 독특한 포장은 기업이 활용하는 다양한 브랜드 요소들이고,[17] 기업들은 고객들이 보다 쉽게 인지하고 기억하기 쉽도록 만든다. 대부분의 소비자들은 나이키 스우시(swoosh) 로고를

브랜드 요소	설명
브랜드 명	말로써 표현될 수 있는 브랜딩요소로서, 제품이나 서비스의 특징을 식별할 수 있도록 하며, 일상적인 언어에서 파생되거나 새로운 단어로 구성된다. 그 예로는 Comfort Inn(제품 특징), Apple(제품과 연관성이 없음), 또는 Zillow(새로운 용어)를 들 수 있다.
URLs(uniform resource locators) 또는 도메인명	인터넷 페이지의 주소는 종종 기업명으로 대체되는데, Yahoo나 Amazon을 예로 들 수 있다.
로고 또는 도식	로고는 가시적인 브랜딩 요소로 기업명이나 상표를 나타낸다. 도식은 글자가 없는 로고로서 Nike의 swoosh 혹은 Mercedes의 star를 예로 들 수 있다.
캐릭터	브랜드의 도식은 인간, 동물, 만화캐릭터가 될 수 있다. Pillsbury의 Doughboy나 Keebler의 Elves를 예로 들 수 있다.
슬로건	브랜드 혹은 브랜드의 특성을 고객에게 알리기 위해서 짧은 문구가 사용된다. 예를 들어 State Farms의 "Like A Good Neighbor"이나 Dunkin Donuts의 "America Runs On Dunkin"이 있다.
소리	브랜드에 관한 오디오 메시지는 단어나 특정 음악으로 구성된다. 예로 "Intel Inside"슬로건과 함께 동반되는 Intel의 4음의 소리를 들 수 있다.

출처: Adapted From Kevin Lane Keller, *Strategic Brand Management*, 3rd ed. (Upper Saddle River, NJ: Prentice Hall, 2007).

그림 9.4 브랜드 구성 요소

알고 있고, 아마 나이키 제품이나 광고에 나이키라는 단어가 없더라도 나이키 제품임을 인지할 것이다. 그림 9.4에서는 브랜드 요소를 요약해 두었다.

브랜딩 가치

LO4 브랜드가 기업과 고객에게 제공하는 이점을 설명한다.

브랜드는 단순히 유형적이고 기능적인 특성을 넘어 소비자과 판매자 모두에게 상품과 서비스에 가치를 더해준다.[18] 브랜드가 소비자와 판매자 모두에게 가치를 제공하는 예를 살펴보자.

구매촉진 브랜드는 소비자들에게 비교적 쉽게 인지되고, 품질 수준을 나타내고 유사한 속성들을 포함하기 때문에, 소비자가 의사결정, 특히 구매 결정을 빠르게 할 수 있도록 한다.[19] 브랜드가 구매를 촉진시키는 상황은 강력한 브랜드 파워를 가진 제품이 있는 콜라시장을 들 수 있다. 일부 소비자들은 콜라는 단지 콜라이며, 콜라 제품 간의 차별점이 없다고 생각한다. 하지만 브랜딩은 Pepsi 콜라를 마시는 소비자들이 상점 진열대에서 익숙한 로고를 찾고 다른 브랜드 보다는 Pepsi 콜라를 구매하도록 만들고, 소비자들은 단지 다이어트 버전이나 다른 맛의 버전을 구매할지만을 결정하면 된다. 프로모션, 과거 구매 경험 또는 친구나 가족이 알려준 정보로부터 소비자들은 라벨에 적혀 있는 내용을 읽기 전에 제품을 인지하고, 브랜드의 품질 수준, 맛, 상태, 소비자가 원하는 것인지 아닌지에 대한 인식을 가지고 있다. 브랜드는 소비자들이 여러 기업에서 제공하는 제품들 간의 구별을 가능하게 만든다. 브랜딩이 없다면 소비자들은 콜라를 마셔보기 전에 어떻게 Coca-Cola와 Pepsi간의 차이를 식별할 수 있을까?

애호도 확립 제품의 지속적인 사용으로 소비자들은 특정 브랜드에 대한 신뢰를 가지게 된다. 예를 들어, 특정 브랜드에 대한 강한 친밀함을 가지고 있다면 소비자들은 브랜드 변경을 고려하지 않을 것이다. Amazon.com은 신속한 서비스 제공으로 애호도가 높은 고객을 다수 보유하고 있다. 한 고객은 500 달러의 Playstation 3를 배송되는 동안 도난당했으며, Amazon.com의 잘못이 없었음에도 불구하고 추가적인 비용 없이 새로운 플레이스테이션을 제공받았다. 기업은 500 달러와 배송비를 손해 보는 대신 이 서비스 사례로 명성을 얻었고, 고객들은 Amazon.com을 전자제품을 판매할 뿐만 아니라 특별한 고객 서비스를 제공하는 곳으로 인지하고, 다른 브랜드에서 제공하는 유사한 옵션을 고려하기 전에 킨들 제품으로까지 브랜드를 확장한 Amazon.com을 선택하게 될 것이다.[20]

타사 및 가격 경쟁으로부터 보호 강력한 브랜드는 타사와의 경쟁과 가격경쟁으로부터 어느 정도 보호받는다. 이러한 브랜드는 시장에서 비교적 강력한 입지와 높은 애호도를 가진 고객이 있기 때문에, 가격에 대한 경쟁이나 유통업체 경쟁이 기업을 위협하지 않는다. Lacoste는 골프셔츠로 유명하다. 비록 많은 유사 브랜드가 있고 유통업체들도 자사브랜드를 제공하고 있지만, Lacoste는 뛰어난 품질의 제품으로 인지되고, Lacoste 애용자들 사이에서 확고한 지위를 획득하였고, 그 결과 프리미엄 가격을 책정할 수 있다.

자산으로의 브랜드 브랜드는 상표권, 저작권을 통해 법적으로 보호받을 수 있는 자산이다. 기업은 브랜드명이 타사에 의해 직 · 간접적으로 사용되지 않도록 해야 한다.

사탕 제조업자인 Tootsie Roll은 신발 브랜드인 Footsyroll이 자사의 브랜드와 유사하게 소리가 나므로, 심각한 브랜드 희석의 소지가 있다고 주장하였다.

"Footsyroll"이라는 단어는 문자만으로는 사탕업체 브랜드명인 Tootsie Roll과 다르다. 하지만 사탕업체는 새로운 구두제품을 상대로 소송을 제기하였다. Footsyroll 제품은 말아서 지갑에 넣을 수 있는 편리한 발레슈즈 형태의 신발이다. 하지만 Tootsie Roll는 유사한 소리의 단어는 단순히 제품을 나타내는 것 이상인데, 혼란을 야기할 수 있고, 사탕업체가 신발제품과 연관되어 있다고 추측하게 만들고, 이는 잠재적으로 상당한 브랜드 희석[21]을 가져온다고 주장하였다.

시장 가치에 대한 영향력 잘 알려진 브랜드를 가지는 것은 기업 성과에 직접적인 영향을 미친다. 기업의 가치는 여러 자산들을 형성하는 기업의 전체 경제적 가치이다. 다양한 자산 가운데 하나인 브랜드의 가치는 미래에 발생할 잠재적인 브랜드의 수익을 의미한다.[22] 2011년 전 세계에서 가장 가치 있는 10개의 브랜드가 그림 9.5에 언급되어 있다. 공교롭게 모든 브랜드가 미국 기업이지만 매년 발생하는 것은 아니다.

Coca-Cola는 전 세계에서 브랜드가치가 가장 높다.

브랜드 자산

LO5 브랜드 자산을 구성하는 요소를 설명한다.

브랜드의 가치는 브랜드 자산(brand equity)이며, 기업이 제품이나 서비스를 통해서 제공하는 가치를 높이거나 축소하게 만드는 브랜드와 관련된 자산과 부채이다. 기업의 물리적 소유물처럼, 브랜드는 시간이 지남에 따라 기업의 이익과 가치를 증가시키기 위해서 기업이 구축하고 관리할 수 있는 자산이다.[23] 예를 들어, 기업은 브랜드의 라이프 사이클 동안 프로모션, 광고, 다른 마케팅 전략에 대해 수백만 달러를 투자한다. 〈윤리와 사회적 딜레마 사례 9.1〉에서 설명하는 것과 같이 때로는 이러한 지출이 윤리적인 선을 넘을 수도 있다. 그러나 할당된 마케팅 지출은 브랜드 인식, 인지, 기각된 가치, 브랜드에 대한 고객애호도 등 브랜드 전체 자산을 강화하는 데 영향을 미친다. 소비자들은 얼마나 "좋은" 브랜드인지 또는 자산이 가지는 가치는 얼마인지를 어떻게 알게 되는가? 전문가들은 브랜드자산을 결정하기 위해 4가지 측면(브랜드 인지도, 인지된 가치, 브랜드 연상, 브랜드 애호도)을 분석한다.

2011년 순위	브랜드	국가	2011년 브랜드 가치 ($10억)
1	Coca-Cola	U.S.	71.8
2	IBM	U.S.	69.9
3	Microsoft	U.S.	59.1
4	Google	U.S.	55.3
5	GE	U.S.	42.8
6	McDonald's	U.S.	35.6
7	Intel	U.S.	35.2
8	Apple	U.S.	33.5
9	Disney	U.S.	29.0
10	Hewlett-Packard	U.S.	28.5

출처: From interbrand.com, http://www.interbrand.com/best_global_brands.aspx. Reprinted with permission.

그림 9.5 세계 브랜드 가치 10위

윤리와 사회적 딜레마 사례 9.1 바비 인형 "Video Girl"은 소녀들이 Foursquare를 이용하도록 한다.

소녀들에게 간호사나 승무원처럼 보이도록 알려주는 마론 인형 Barbie는 온라인세대 특징을 살린 "Video Girl"로 변신하였다. Barbie Video Girl의 놀라운 특징들을 설명하는 Youtube에 올린 비디오에 따르면[24] 그녀의 목에는 초소형 카메라가 설치되어 있고, 등에는 LCD스크린이 있다. 새로운 Barbie는 25분 동안 비디오를 녹화할 수 있고, 녹화 영상은 다운로드 받을 수 있다.

Video Girl의 놀라운 특징은 여기서 끝나지 않는다. Barbie Video Scavenger Hunt를 다운받음으로써 위치기반 소셜 네트워킹 웹사이트를 통해 친구와 정보를 공유할 수 있는 Foursquare 사용자가 된다. 이것은 Foursquare에게 완벽한 전략인데, 음식점이나 쇼핑 상가를 돌아다니는 동안에 스마트폰 사용자들이 정보를 모으고 공유할 수 있기 때문이다. Video Girl이 되고 싶어 하는 소녀들은 Scavenger Hunt[25]에 가입할 수 있다. 하지만 이것이 그들의 부모가 원하는 것인가?

뉴욕의 바비 패션의 밤(FNO: Fashion Night Out)에서 한 팬이 Alexis Bittar 보석을 착용한 바비인형의 QR코드를 읽고 있다. Barbie는 FNO 참가자들에게 뉴욕시 전체에 걸친 보물찾기(scavenger hunt)를 통해 쇼핑을 하도록 하고 있다.

Mattel의 이러한 의도는 광고와 장난감 사이에 경계를 허문다. 이러한 혼란은 아이들이 시청하는 TV 프로그램이나 영화를 광고수단으로 사용하는 산업에서 새로운 일은 아니다.[26] Transformers: Revange of the Fallen, and Hot Wheels: Battle Force 5의 성공으로 자극받은 장난감 기업들은 이러한 콘텐츠에 투자 중이다. Hasbro는 6~12세 시청자를 목표로[27] 하는 새로운 케이블 채널 The Hub를 출시했다. Mattel은 새로운 장난감 디자이너에게 텔레비전 쇼를 통해 동시다발적으로 브랜드화할 수 있는 제품에 집중하라고 요구한다.[28] 2010년에, Disney는 장난감 상품화 잠재력 때문에 영화투자가 우선순위가 될 것이라고 발표했다.[29] 상업에서 자유로운 어린 시절을 위한 연합체(Coalition Commercial-Free Childhood)와 같은 협회들은 특히 아이들의 삶에 영향을 미칠 수 있는 산업에서의 장난감과 상업의 결합에 반대한다. 최근 연방거래위원회에서는 권한이 없는 온라인 트래킹으로부터 아이들을 보호하도록 약속했다. 하지만 이러한 제한이 Video Girl Barbie가 온라인에서 돌아다니는 것을 막지는 못한다.

브랜드 인지도 브랜드 인지도(Brands Awareness)는 시장에서 얼마나 많은 고객들이 특정 브랜드와 친숙하고, 브랜드가 나타내는 의미를 알고, 브랜드에 대한 의견을 가지고 있는가로 측정한다. 브랜드를 인지하고 친숙한 고객이 많을수록, 고객의 의사결정 과정은 더 수월해지고, 구매기회를 높이게 된다. 친숙함은 비누나 껌과 같이 많은 고민이 필요하지 않는 제품의 경우에 중요하지만 브랜드 인지도는 자주 구입하지 않는 제품이나 고객이 처음 구매하는 제품의 경우에 결정적인 역할을 한다. 만일 고객이 브랜드를 인지한다면, 그 브랜드는 브랜드를 가치 있게 만드는 속성(attributes)을 가지고 있을 것이다.[30] Toyota를 처음 구매하는 고객에게 브랜드 인지도는 구매를 촉진시키는데 도움이 된다. 마케터는 기업과 고객이 의사소통을 할 수 있는 광고, 홍보(publicity) 또는 다른 대안(15~16장 참고)을 통해서 다양한 브랜드 요소(브랜드명, 로고, 도식, 특징, 포장, 또는 슬로건)를 반복적으로 노출함으로써 브랜드 인지도를 창출한다. 특

이러한 브랜드들은 브랜드가 제품 그 자체를 의미하게 되었다.

정한 브랜드들은 오랜 기간 동안 특정 브랜드가 그 제품을 의미하게 되는 제품시장에서 지배력을 가진다. 즉 브랜드명이 일반적인 제품군으로 사용되는 것이다. 예를 들어 Kleenex 화장지, Clorox bleach, Band-Aid, Rollerblade 스케이트를 등이 있다. 기업은 브랜드명을 보호하여야만 한다. 만일 브랜드명이 오랫동안 너무 일반적으로 사용될 경우, 해당 브랜드 자체는 브랜드 자격을 잃어버릴 수 있다.

인지된 가치 브랜드의 인지된 가치(Perceived Value)는 제품 또는 서비스의 편익과 비용간의 관계이다. 소비자들은 제품의 가치와 경쟁사 제품의 가치를 분석한다. 만일 고객이 저렴한 제품의 브랜드가 프리미엄 브랜드와 동일한 품질을 가지고 있다고 평가하면, 저렴한 제품선택의 인지된 가치가 높다. 대형할인점 Target과 미국 백화점 Kohl's에서 판매하는 상품들이 항상 높은 품질이거나 패션을 선도하는 상품은 아니다. 모두 고객들이 유행하는 옷을 입고 학교나 직장에서 눈에 띄고 싶어 하는 것은 아니다. 이와 동시에 Target이 유명 패션디자이너 Isaac Mizrahi나 Missoni와 협업을 통하여 Target 가격 수준에 적합한 디자이너 상품을 개발한 것과 같이, 유통업체들은 패션 디자이너들을 고용하여 합리적인 가격의 제품을 출시 한다.[31]

브랜드 연상 브랜드 연상(Brand Associations)은 브랜드와 로고, 슬로건, 특징과 같은 중요한 제품 속성 사이에서 고객들이 만들어내는 기억의 연결을 의미한다. 이러한 브랜드 연상은 기업의 광고나 홍보의 결과물이다. Toyota의 하이브리드 자동차인 프리우스(Prius)는 경제적이고, 세련되고, 친환경적인 차로 알려져 있다. 하지만 기업은 또한 재미, 친근함, 좋은 느낌, 가족 모임과 같은 긍정적인 감정과 관련된 연상을 만들어내고자 한다. State Farm Insurance은 "친근한 이웃과 같은 State Firm이 함께 있습니다"와 같은 슬로건을 활용한다. Hallmark Card는 브랜드와 고객들이 진심어린 관심을 전하는 것을 도와준다는 것을 "감사의 마음을 전하고 싶을 때에는. . ."을 통해 연상시킨다. 게다가 Hallmark 텔레비전 채널의 프로그램들은 항상 Hallmark의 건전한 가족 이미지와 일치한다.[32]

브랜드 애호도 브랜드 애호도(Brand Loyalty)는 동일한 제품군을 다양한 공급자로부터 구매하기 보다는 오랜 기간 동안 반복적으로 동일한 브랜드의 제품이나 서비스를 구매할 때 발생한다.[33] 그 결과 브랜드에 충성하는 고객들은 기업의 중요한 가치의 원천이다. 첫째로 항공사, 호텔, 신용카드회사, 유통업체와 같은 기업들은 애호도가 있는 고객들에게 추가적인 할인을 받을 수 있거나, 할인정보를 우선적으로 제공하거나, 특별 이벤트 초청과 같은 고객관계관리(CRM; customer relationship management) 프로그램 등을 통해 보상을 하고 있다. 두 번째, 기업은 애호도가 높은 고객을 유인하기 위한 광고나 홍보에 많은 투자를 하지 않기 때문에 이러한 고객에게 접근하기 위한 마케팅비용은 낮다. 이러한 고객들에게는 구매를 위한 설득을 할 필요가 없다. 세 번째, 애호도가 높은 고객들은 좋아하는 제품, 유통업체, 서비스의 이점에 대해 타인에게 칭찬을 하는 경향이 있다. 이러한 긍정적인 입소문은 기업의 추가적인 비용 없이 잠재 고객들에게 전해지고, 고객의 인지된 가치를 더욱 강화시킨다. 네 번째로 높은 수준의 브랜드 애호도는 경쟁자로부터 기업을 보호할 수 있는데, 2장에서 살펴본바와 같이 브랜드에 충실한 고객들은 다양한 인센티브에도 불구하고 경쟁자의 브랜드로 전환하지 않기 때문이다.

LO6 기업이 실행하는 다양한 브랜드 전략을 설명한다.

브랜딩 전략

기업들은 브랜드 소유, 브랜딩 정책 설정, 브랜드명 확장, 공동 브랜드, 브랜드 라이선싱과 같이 중요한 브랜드 자산을 창출하고 관리하기 위해서 브랜드와 관련한 다양한 전략을 추진한다.

브랜드 소유권

브랜드는 제조사, 도매업자, 소매업자와 같이 공급 망 내에 있는 모든 기업에 의해 소유될 수 있다. 그림 9.6과 같이 2가지 기본적인 브랜드 소유 전략이 있다. 제조사 브랜드, 유통업체/점포 브랜드. 브랜드는 패밀리명(family name) 또는 개별적인 브랜드로 출시될 수 있다.

제조사 브랜드 내셔널 브랜드로 알려진 제조사 브랜드(Manufacturer Brand)는 제조사에 의해 소유되고 관리된다. 유명한 제조사 브랜드로는 Nike, Coca-cola, KitchenAid, Sony 등이 있다. 이러한 브랜드들의 경우, 제조사가 상품을 개발하고, 생산하며, 매력적인 브랜드 이미지를 수립할 수 있는 마케팅 프로그램에 투자를 한다. 미국에 있는 대다수 브랜드들은 제조사 브랜드이며, 제조사들은 브랜드를 홍보하기 위해 매년 수백 만 달러의 비용을 지불한다. 예를 들어, Procter & Gamble는 최근 광고비로 31억 달러를 지출하였다.[34] 제조사는 브랜드를 소유함으로써, 마케팅 전략을 통제할 수 있고, 브랜드에 적합한 시장과 포지셔닝을 선택하고, 브랜드를 구축할 수 있고 그 결과 제조사 소유의 브랜드 자산을 창출할 수 있다.

누가 브랜드를 소유 하는가?			
		제조사/내셔널 브랜드	유통업체 브랜드
공통으로 사용하는가? 개별로 사용하는가?	패밀리 브랜드	Kellogg의 패밀리 계열 	Kroger의 계열 
	개별 브랜드	Kellogg의 개별 브랜드 	Kroger의 개별 브랜드 

그림 9.6 브랜드 소유

유통업체 브랜드 자사브랜드(Private-label brands)라고도 불리는 **유통업체 브랜드(Retailer/Store Brand)**는 유통업체에 의해 개발된 제품이다. 유통업체들은 자사의 제품을 제조하거나, 유통업체/점포 브랜드를 위해 디자인이나 특별 제품을 개발하고 이러한 제품을 생산하는 제조업자와 접촉한다. 일부 내셔널 브랜드 제조사는 유통업체가 독점적으로 판매할 수 있는 특별한 상품을 개발하기 위해 유통업체와 협력하기도 한다.

과거에 유통업체 브랜드는 제한적이었다. 그러나 최근 몇 년간 유통업체의 규모가 커짐에 따라 많은 유통업체들은 자사 브랜드의 상품을 개발할 수 있는 규모의 경제를 갖추었고 이러한 상품을 통해 뚜렷한 정체성을 확립한다. 게다가 제조사들은 적극적으로 유통업체의 제안을 수용하고, 공동 브랜드를 개발한다. 유통업체 브랜드는 북미 구매의 20%를 차지하고 있으며, 유럽대륙의 경우 거의 30%를 차지한다.[35] 대형할인점 Kroger의 브랜드는 전체 판매의 27%를 차지하고 있으며, Costco나 Trader Joe's는 브랜드 정체성을 확립하였다.

브랜드 및 제품계열 네이밍

브랜드나 제품계열의 이름을 결정하는 것은 간단하지 않고, 제품 사용 방법이나 특징이 다양할수록, 기업은 개별브랜드를 채택할 가능성이 높다. 예를 들어 GM(General Motors)은 몇 개의 개별브랜드를 가지고 있고(GMC; Cadillac, Chevrolet), 각각의 브랜드는 매우 다양한 표적시장에 대응하고 다양한 욕구를 만족시킨다. 반면 Hyundai의 경우 목표시장이나 성능의 수준이 상대적으로 유사하기 때문에 단일 브랜드를 적용하고 있다.

Kellogg는 하나의 브랜드명을 다수의 제품 계열에 적용하는 패밀리 브랜딩 전략을 사용한다.

패밀리 브랜드 기업은 자사의 기업명을 모든 제품계열과 제품에 사용할 수 있고, Kellogg는 사명을 Kellogg's Rice Krispies의 브랜드명으로 활용하였다(그림 9.2. 참고). 모든 제품이 하나의 패밀리 브랜드(Family Brands)로 판매되면, 각각의 개별 브랜드들은 패밀리 명과 함께 연상되는 브랜드 인지의 혜택을 누릴 수 있다. Kellogg는 시리얼 브랜드에서 패밀리 명을 두드러지게 사용한다(예: Kellogg's Special K, Kellogg's Froot Loops, Kellogg's Rice Krispies).

개별 브랜드 기업은 각각의 제품에 개별 브랜드(Individual Brands) 이름을 사용한다. 예를 들어, Kellogg는 브랜딩 전략을 매우 잘 수립하는 데, Morningstar Farms, Famous Amos cookies, Keebler cookies, Cheez-Its(그림 9.2)와 같이 Kellogg 브랜드명을 사용하고 있지는 않지만 개별 브랜드의 정체성을 유지하고 있다.[36]

Kellogg는 또한 Keebler, Cheez-it, Morningstar, Famous Amos를 개별 브랜드명으로 출시한 이후 개별 브랜딩 전략도 함께 사용한다.

LO7 브랜드확장과 계열 확장을 설명한다.

브랜드 및 계열 확장[37]

브랜드 확장(Brand extension)은 다양한 제품계열에 동일한 브랜드 명을 사용하는 것을 의미한다. 제품 믹스 넓이가 늘어나는 것이다.[38] 예를 들어, 치아 위생 시장은 브랜드 확장으로 포화되었다. Colgate와 Crest는 기본적인 제품계열인 치약만 판매했었지만, 치약과 칫솔 그리고 다른 치아위생과 관련된 제품을 판매하고 있다. 계열 확장(Line extension)은 동일한 제품계열 안에서 동일한 브랜드 명을 사용하고, 이는 제품계열 깊이의 증가를 나타낸다.

신상품에 동일한 브랜드명을 사용하면 몇 가지 장점이 있다. 첫째, 브랜드명이 이미 확립되어 있기 때문에 기업 입장에서 신제품에 대한 소비자의 브랜드 인지도와 연상을 위한 비용이 많이 지출되지 않는다.[39] Kellogg는 새로운 분야로 진출할 때 브랜딩 전략은 기업명을 제품명으로 사용하여 신제품을 빠르고 쉽게 시장에 소개하는 것이었다. Kellogg's Eggo Syrup는 아침식사 제품계열의 제품 확장이었다.

두 번째, 오리지널 브랜드나 브랜드 확장 중 어느 하나라도 높은 소비자 수용성을 가진다면, 그 인식은 다른 제품에서도 이어질 것이다. 만일 Neutrogena 제품 사용 경험이 없는 소비자가 브랜드 확장 제품인 Neutrogena Wave Power Cleanser 제품으로 긍정적인 경험을 하였다면, Neutrogena 로션 제품계열의 제품을 사용해보고자 할 것이다.[40]

세 번째, 보완제품에 브랜드 확장을 활용할 경우, 두 제품 간 시너지효과를 발생시켜 전체 판매를 증대시킬 수 있다. 예를 들어, Frito-Lay는 감자칩과 디핑 소스 두 제품을 Frito-Lay와 Doritos 브랜드 명으로 출시하였다. 소비자들이 감자칩을 구매할 때 디핑 소스도 함께 구매하는 경향이 있다.

그러나 모든 브랜드 확장이 성공하는 것은 아니다. 브랜드 자산을 희석시키는 경우도 있다.[41] 브랜드 희석(Brand dilution)은 브랜드 확장이 핵심 브랜드 속성에 관한 소비자의 인식에 부정적인 영향을 미치는 경우에 발생한다.[42] 브랜드 확장의 실패 사례는 다음과 같다.[43]

- Cheetos Lip Balm은 치토스를 좋아하는 소비자가 과자를 먹은 후 입을 닦기를 원할 것이라는 생각에서 출시되었다.
- Lifesavers Soda는 출시 전 테스트는 성공하였으나, 추후 판매는 성공하지 못했다.
- Colgate Kitchen Entrees는 전자렌지용 냉동음식인데 유명한 치약과 동일한 제품명을 사용하였다.
- Bic는 소비자들이 일회용 라이터나 면도기, 또는 일회용 속옷을 원할 것이라고 판단하였으나 잘못된 생각이었다.

사탕 제조업체인 Lifesavers는 소다 제품으로 브랜드를 확장하는 것에 실패하였다.

브랜드 확장의 부정적인 결과를 예방하기 위해서 기업은 다음의 사항을 고려하여야 한다.

- 마케터는 핵심 브랜드의 제품군과 확장 제품군간의 적합성을 평가하여야 한다.[44] 제품 카테고리간의 적합성이 높은 경우, 소비자들은 제품 확장을 신뢰할 것이고, 브랜드 연상은 확장을 통해 더욱 강화될 것이다. Starbucks는 인스턴트커피 VIA를 출시했고 고객들은 긍정적으로 반응하였다.
- 기업은 핵심 브랜드 속성에 대한 고객의 인식을 고려하고 확장된 제품에도 유사한 속성을 찾을 수 있도록 만들어야 하는 데, 그 이유는 구체적인 연상(brand-specific associations)이 제품 확장에서 중요하기 때문이다.[45] 예를 들어, 고객들이 HP 프린터를 성능이 좋고, 신뢰할 만하다고 연상한다면, HP 브랜드명을 가진 다른 제품에서도 동일 속성을 기대할 것이다.
- 기업은 너무 많은 제품이나 제품군에 브랜드명을 확장하는 것은 지양하여야 하는 데 브랜드를 희석시킬 수 있고 브랜드 자산에 손상을 입힐 수 있기 때문이다. Donald Trump는 다양한 제품에 자신의 이름을 성공적으로 이용하였으나, 스테이크 제품으로 브랜드를 확장하는 것에는 실패하였다
- 만일 기업이 모든 브랜드가 아니라 일부분에만 활용할 경우, 브랜드 확장과 핵심 브랜드와의 차이를 확인해 보아야 한다. Marriott 호텔은 저가호텔, 중간 규모의 호텔과 고급호텔 라인을 가지고 있다. Marriott의 고급호텔인 Ritz-Carlton, Edition, Renaissnace는 Marriott 브랜드명을 사용하지 않는다.[46]

공동브랜딩

공동브랜딩(Co-Branding)은 동일한 포장이나 프로모션에 두 개 이상의 브랜드를 공동으로 표기하는 방법이다. 공동브랜드는 자사의 브랜드와 잘 알려진 고품질 브랜드의 연결을 통해 관찰이 불가능한 제품의 품질을 나타냄으로써 품질에 대한 고객의 인식을 강화할 수 있다. 예를 들어, 미국 외식업체인 Yum Brands는 A&W, KFC, Long John Silver's, Pizza Hut, Taco Bell을 포함하여 두 개 이상의 외식업체 체인을 하나의 공간에서 제공한다.[47] 이러한 공동브랜드 전략은 다양한 표적시장에 호소하고 각각의 외식업체가 고객을 끌어들이는 시간을 연장하도록 설계되었다. 하지만 공동브랜드는 위험도 감수하여야 하는 데, 특히 개별 브랜드 목표고객이 크게 상이한 경우이다. 예를 들어, Burger King과 Haagen-Dazs의 공동브랜드 전략은 각각의 고객 프로파일이 너무 차이가 나서 실패하였다.[48] 또한 공동브랜드는 브랜드 간에 분쟁이나 갈등이 있을 경우 실패하게 될 것이다.

브랜드 라이선싱

브랜드 라이선싱(Brand Licensing)은 두 기업의 계약으로서, 한 기업이 다른 기업에게 수수료(negotiated fee)를 받는 대신에 자사의 브랜드명, 로고, 도식, 속성을 사용하도

록 허가하는 것이다.[49] 브랜드 라이선싱은 장난감, 의류, 액세서리, 비디오 게임과 같은 엔터테인먼트 상품에서 주로 사용된다. 인가기업(licensor)은 자사의 브랜드를 사용할 권리를 제공하고, 브랜드 사용 권리를 가지게 될 기업(licensee)이 지불하는 인세(로열티)수입을 통해 이익을 취한다. 이와 같은 인세는 선불(upfront)이나 일시불(lump-sum licensing fee)의 형태로 지급되거나, 상품 판매단위당 로열티를 지불하는 형태로 이루어진다.

라이선싱의 가장 일반적인 형태는 책이나 미디어에서 만들어진 캐릭터를 사용하는 것이다. 엔터테인먼트 라이선싱의 경우 영화제작 스튜디오에 엄청나 수익을 가져다준다. 예를 들어, 디즈니의 The Princess and the Frog)영화 캐릭터를 활용한 제품들을 판매하는 유통업체가 넘쳐난다. Star Wars 기념품은 영화가 개봉한 1970년대 이후 성공적인 판매가 지속적으로 이루어지고 있다. 라이선싱의 오랜 역사는 NBA, NFL, NHL과 같은 메이저 리그 스포츠 팀을 들 수 있다.

라이선싱은 브랜드의 가시성을 끌어낼 수 있고, 추가적인 이익을 창출함으로써 브랜드 자산을 구축할 수 있는 효과적인 방법이다. 그러나 라이선싱의 부정적인 부분도 존재한다. 인가기업(licensor)의 브랜드 명이나 특징이 부적절하게 활용될 경우, 브랜드의 지나친 노출로 인한 브랜드 자산 가치의 저하가 가장 큰 위험이다.[50]

브랜드 리포지셔닝

브랜드 리포지셔닝(Brand Repositioning) 또는 리브랜딩(rebranding)은 브랜드의 역점을 새로운 목표시장에 맞게 변화시키거나, 변화하는 시장선호에 대응하여 브랜드 핵심 주안점을 재정비하는 전략이다.[51] 리포지셔닝이 새로운 목표시장과의 브랜드 적합성을 향상시키거나, 오래된 브랜드에 활력을 제공할 수 있지만, 이를 위해서 비용과 위험성을 동반한다. 기업들은 다양한 형태의 프로모션을 통해 브랜드 이미지와 같은 제품의 무형적인 변화와 제품이나 포장과 같은 유형적인 변화를 위해서 엄청난 양의 비용을 지출하여야 한다. 만일 리포지션된 브랜드나 메시지가 소비자에게 신뢰를 주지 못하거나, 기업이 일시적인 유행을 장기간 시장 트렌드로 오인한다면, 그 지출을 만회할 수 없을 것이다.

하지만, 기업이 잘 알려진 브랜드명이나 명성으로부터 혜택을 누리고 있을 때일지라도, 브랜드를 리포지션하여야한다. 예를 들어, P&G는 아이보리(Ivory) 비누 브랜드를 백색의 차분한 포장을 통해 순수한 이미지의 제품으로 1879년 시장에 첫 출시하였다. 새롭게 출시된 아리보리

P&G의 새로운 광고는 기존의 핵심고객층을 유지하는 동시에 젊은 아기 엄마에게 소구하도록 진행하였다.

비누는 초록, 보라의 밝은 색상으로 포장되어 출시되었다. 색상변화에도 불구하고 이 새로운 접근방법은 브랜드가 확고히 확립한 포지션을 더욱 강화하였다. 아이보리 브랜드에 대한 강력한 선호를 가진 일부 도시에서 유머러스한 TV광고를 반영하였는데, P&G는 오늘날 비누의 사용이 얼마나 복잡해졌는지에 대해 풍자하였다. 시럽이나 설탕이 있는 와플모양의 독특한 비누는 아이보리가 지속적으로 제공하는 순수 막대 형태와 대비된다. 아이보리의 포장과 새로운 광고는 리포지셔닝을 확실히 적용하였다. 아이보리 브랜드는 남성과 여성 모두에게 오랜 기간 동안 사랑을 받았으나, P&G는 핵심 고객층을 유지하면서도 젊은 엄마에게 소구하는 전략을 통해 1억 달러 미만인 연간 매출을 개선하고자 하였다.[52]

LO8 제품포장과 라벨링 전략의 장점을 설명한다.

포장

포장은 다른 브랜드 요소와 비교하여 상대적으로 가시적이고 유형적인 편익과 관련된 중요한 요소이다. 포장은 다양한 형태로 제공되고 소비자, 제조사, 유통업체에게 다양한 편익을 제공한다. 일차포장(primary package)는 치약의 튜브와 같이 고객들이 사용하는 포장이다. 고객은 일반적으로 1차 포장으로부터 제품의 저장, 사용, 소비에 관한 편리함을 추구한다.

이차포장(secondary package)는 일차포장을 보호하는 골판지박스나 외부박스이며, 유통업체 스캐너에서 사용되는 UPC 라벨이 붙어있다. 소비자들은 일차포장에서 제공되지 않는 추가적인 제품정보를 이차포장에서 찾아볼 수 있다. 일차포장과 같이 이차포장은 운반, 사용, 저장의 편리함을 증진시킴으로써 가치를 강화할 수 있다.

일차포장이나 이차포장은 몇 가지 중요한 역할을 한다. 소비자의 관심을 끌 수 있다. 포장은 자사제품을 경쟁사의 제품보다 눈에 띄도록 만들 수 있다. 홍보도구로도 활용된다(예, 라벨에 “새로운”, “개선된” 사항을 전달한다). 마지막으로 동일한 제품을 다양한 크기로 출시함으로써 다양한 고객시장에 소구할 수 있다. Costco는 제품을 대용량 버전으로 판매하는 반면 편의점에서는 소량의 제품을 판매하는 것을 사례로 들 수 있다.

기업들은 제품을 리포지셔닝하기 위한 방법으로서 제품 포장을 수시로 변경하거나 새롭게 만든다. 포장의 변경은 새로운 목표시장의 고객을 끌어들이거나 현재 시장에 최신 제품으로 소구하기 위한 방식으로 사용될 수 있다. Morton Salt 제품의 대표 이미지인 우산을 쓴 소녀(Umbrella girl)를 1914년에 제품을 출시한 이후 매년 정기적으로 수정하여왔지만, “비는 내렸다하면 퍼붓기 마련이다”(“when it rains it pours”)라는 광고 문구는 지금까지 사용하고 있다. 포장의 변경은 소비자들에게 제품을 사용해보지 않더라도 높은 비용을 지불한 대가로 유형적인 보상을 받는다는 기분이 들도록 한다. 진실의 여부를 떠나서 소비자들은 새로운 포장을 찾게 되고, 새로운 제품을 사용해볼만한 가치가 있다고 생각한다. Dr Pepper Snapple Co.은 Snapple 아이스티의 장점인 건강한 녹차와 찻잎을 혼합한 점을 부각시키기 위해서 포장을 교체하였다.[53]

포장 변경은 제품을 보다 친환경적으로 만들기 위해서 계획되는데, 병이 쓰레기를 연상시킬 수 있다는 우려에 대한 Pepsi'sCo의 대응 사례를 들 수 있다. 플라스틱의 사용을 줄이기 위해서 펩시콜라는 병의 무게를 20% 줄였다. "Eco-Fina"병은 2002년 출시된 버전보다 거의 50% 더 가볍다. 경쟁적인 시장에서, 친환경적인 브랜드라는 연상은 상당한 경쟁우위의 이점을 가질 수 있는데, 이는 소비자들에게 양심적인 구매를 유도할 수 있기 때문이다.[54]

그러나 때때로 포장의 수정은 역효과를 가져올 수도 있다. Tropicana는 종이팩의 디자인을 오렌지에 빨대가 꽂혀 있는 그림에서 주스에 담긴 유리잔으로 변경시켰다. 소비자들은 새로운 이미지가 보기 흉하고, 저렴한 상품이 연상된다고 불만을 표시하였다.[55] Pepsi'sCo는 포장에 의해 표현되는 현재 브랜드 포지션에 대한 소비자의 애호도를 오인하였다. 예를 들어, 포장을 수정하기 전에 Tropicana 북미 책임자는, "오렌지와 빨대 그림을 오랜 기간 동안 사용했지만, 고객들은 연관성을 잘 알지 못한다"고 주장하였다. 엄청난 반발로 원래의 포장으로 되돌리기로 결정한 이후, 동일한 책임자는 "내가 간과했던 것은 애호도가 높은 소수 고객들의 관심 이었다"고 인정하였다.[56]

대다수 소비자는 "제품이 너무 과도하게 포장되어 있어 실제 상품을 꺼내는데 어려움을 겪는 상황(Wrap rage)"을 경험한다. 최근 기업들은 전자제품을 둘러싸고 있는 플라스틱 포장재와 같이 개봉하기가 어려운 포장지를 제거하고 고객들이 제품을 쉽게 개봉할 수 있도록 하고 있다. Costco는 소비자들이 제품을 개봉하기 위해서 여전히 가위가 필요하긴 하지만 외부 플라스틱 포장지보다 손쉽게 개봉할 수 있는 코팅 골판지로 대체하였다.

Snapple은 Snapple 아이스티의 장점인 건강하고 맛있는 찻잎을 혼합한 점을 부각시키기 위해서 포장을 교체하였다.

2차 포장에 대한 제조사나 유통업체의 우선순위와 소비자의 우선순위에는 차이가 있다. 제조사나 유통업체의 경우 상품을 진열하거나 판매하기가 편리한 포장을 원한다. 2차 포장은 제조사에서 유통업체에게로 배송할 때, 운송이나 저장이 편리하도록 외장포장(종이박스, 팔레트, 컨테이너)안에 들어가야 한다. 이와 같은 운송 포장은 제조업자나 유통업체에게 이점을 제공하는 데, 운송되는 동안 제품을 보호하고 대량주문이나 운송 규모가 큰 경우 비용의 절감에도 도움이 되기 때문이다.

포장은 공급자들이 비용을 절감하기 위한 전략으로도 사용된다. 일상적인 구매의 경우, 소비자들은 실제 의사결정 과정을 따르기 보다는 유통업체 선반에 놓인 눈에 띄는 땅콩버터를 구매하게 된다. 그렇기 때문에 소비자들은 외관, 너비, 높이, 가격은 변화시키기 않고 병 바닥이 움푹 파이도록 제작하여 땅콩버터의 중량을 18온스에서 16.3온스로 줄인 것에 대해서 알기 어렵다. 최근 포장된 상품의 대략 30% 정도는 내용물 함량을 줄이는 것으로 나타났고, 소비자들은 대부분의 변화를 알아채지 못한다. General Mills는 포장 수정과 내용물 감량을 통해 비용을 절감하는 전담부서인 "전체적이윤관리(Holistic Margin Management)" 부서를 두고 있다. 제품 생산 비용의 75%가 포장에서 발생하기 때문에 포장비용절감은 기업 전체 비용절감의 효과가 있다.[57]

제품 라벨링

제품에 있는 라벨이나 포장은 구매나 소비에 필요한 정보를 제공한다. 포장이 제품이나 브랜드를 식별할 수 있게 한다는 점에서 라벨은 브랜딩에서 중요한 요소이고, 프로모션 방법으로도 사용될 수 있다. 라벨에서 제공되는 정보는 제품에 포함되어야하는 영양성분, 비율과 같이 해당 산업 법과 규제를 준수하여야만 한다.

라벨링에 필요한 내용의 대다수는 the Federal Trade Commission Act(1914), the Fair Packaging and Labeling Act(1967) 및 the Nutrition Labeling Act(1990)을 포함한 연방정부의 다양한 법률에 기인한다. 연방정부기관은 제품라벨을 면밀히 조사할 수 있도록 소비자 감시기구를 운영한다. 〈윤리와 사회적 딜레마 사례 9.2〉는 라벨링에 대한 우려와 함께 다양한 먹을 수 있는 제품들에 적용되는 서로 다른 규제에 관련된 문제를 소개하고 있다.

제품라벨은 포장지에 붙어있는 단순한 스티커가 아니라 소비자와 의사소통을 하는 방법이다. 라벨에 포함된 많은 요소들(예, 영양성분, 지방함량, 소금함량, 제품군 등)은 법률과 규제에 따르지만, 다른 요인들은 제조사가 통제할 수 있다. 대다수의 제조사들은 자사 상품의 이점을 소비자에게 알리기 위해서 라벨을 활용하고 있다. 많은 상품들은 특별한 성분, 비타민, 철분과 같은 영양분, 원산지등을 강조한다. 라벨링에서 중요한 것은 상품이 제공하는 이점을 소비자에게 알리는 것이다. 커뮤니케이션의 방법으로써 라벨의 중요성은 과소평가되지 않아야 한다.

윤리와 사회적 딜레마 사례 9.2

칼로리 0, 비타민 0: 생수 라벨을 통해 얼마나 많은 정보를 제공하여야 하는가?

물, 물은 모든 곳에 존재한다. 특히, 선진국의 소비자들은 수도꼭지만 틀면 물을 마실 수 있다. 하지만 기업들은 거의 무료의 천연자원인 생수를 포장하고, 물의 특징을 만들어 내고, 성공적으로 판매해왔다.

미국 소비자들이 섭취하는 물의 양이 1997년부터 2007년까지 매년 2배 이상 증가함에 따라 생수 판매는 매년 두 자리 수의 성장을 기록하고 있다. 생수 산업의 대중성과 성장은 관심을 이끌었다. 현재 생수 제조업체와 수도 회사는 상이한 규제 하에 운영되는데, 많은 정부기관들은 생수 라벨에 적용되는 규제가 수도 회사의 규제만큼 자세하게 적용되어야만 한다고 주장한다.

생수 라벨을 통해 보다 많은 정보를 제공한다면 소비자들은 생수 소비행동을 변화시킬 것인가?

식품으로서의 생수는 현재 Food and Drug Adminstration에 의해 규제를 받기 때문에 라벨에 원료나 영양요소에 관한 정보만 제공하면 된다. 반면에 수도 회사는 품질 기준을 강화할 수 있는 권한을 가진 Environmental Protection Agency에 의해 관리 받고 있다. 이 결과 소비자에게 잘못된 정보를 제공하게 되고, 대다수의 소비자는 생수가 수돗물보다 더욱 안전하고 건강하다고 믿게 된다. 미국 Government Accounting Office(GAO)에 따르면, FDA는 생수 제조업자에게 물 품질보증 테스트를 받고 테스트 결과를 보고하도록 요구할 수 있는 권한이 없다. 주나 연방정부가 요구하는 생수 안전 수준은 수도 회사에 요구하는 안전 규제보다 훨씬 덜 포괄적이다.[58]

비록 이러한 규제가 없을지라도, 소비자들이 생수 제조사의 태도를 변화시킬 수 있을 것이다. 최근 생수산업은 성장 침체기를 경험하고 있다. 그 이유는 경기침체로 소비자들은 가능한 소비를 줄이고 있다. 환경적 문제 또한 성장 침체의 원인인데, 생수가 심각한 물의 낭비를 초래하기 때문이다.

제품 라벨링은 생수의 가치에 대한 불확실성을 줄일 수 있는데, 다양한 포장과 라벨링 방식을 적용한 생수 브랜드 간의 차별화를 할 수 있는 기회를 제공하기 때문이다.[59]

생수 라벨을 통해 보다 많은 정보를 제공한다면 소비자들은 생수 소비 행동을 변화시킬 것인가? 생수가 수돗물 보다 "더 좋은가"? 생수를 구매하는 것이 생태학적으로 바람직한 구매결정인가?

요점 정리

LO1 제품의 요소를 설명한다.

제품은 그 자체로도 중요하지만, 지불방법 등과 같은 부가서비스도 중요하다. 핵심고객가치를 창출하기 위해서 브랜드명, 품질수준, 포장, 제품기능과 같은 요소들을 결합한다.

LO2 소비재 유형을 설명한다.

소비재는 전문품, 선매품, 편의품, 비탐색품으로 구분된다. 각 제품군은 구매상황이나 소비자의 구매 목적과 관련이 있다.

LO3 제품믹스의 넓이와 제품계열의 깊이 간의 차이를 설명한다.

제품 넓이는 기업이 제공하는 제품계열의 수를 의미한다. 깊이는 하나의 제품계열에 속해있는 제품의 수를 나타낸다.

LO4 브랜드가 기업과 고객에게 제공하는 이점을 설명한다.

브랜드는 소비자가 구매결정을 더욱 쉽게 하도록 하고 소비자 애호도를 높이는데 중요한 역할을 한다. 특히 기업에게, 브랜드는 가치 있는 자산이 되고, 기업의 이익을 향상시키고, 경쟁에서 기업을 보호한다.

LO5 브랜드 자산을 구성하는 요소를 설명한다.
브랜드 자산은 브랜드가 기업의 가치를 높이거나 축소시키는 가치로 요약된다. 브랜드 자산은 브랜드 인지, 브랜드 연상, 브랜드 애호도로 구성된다. 브랜드 자산은 인지된 가치도 포함한다.

LO6 기업이 실행하는 다양한 브랜드 전략을 설명한다.
기업은 브랜드를 관리하기 위해 다양한 전략을 사용한다. 첫째로, 제조업자 브랜드 혹은 유통업체 브랜드 제공에 관한 결정을 한다. 두 번째, 전체 제품에 기업 브랜드를 사용할지, 제품계열별 혹은 개별 브랜드를 사용할지 선택한다. 세 번째로, 새로운 시장에 진입하거나 현재 시장을 확장하기 위해서, 현재 브랜드를 신제품에 확장하여 적용할 수 있다. 넷째, 기업은 공동브랜딩을 통해 두 기업의 판매와 이익을 창출할 수 있다. 다섯째, 강한 브랜드를 가진 기업은 브랜드를 타사에 라이선싱 할 수 있다. 마지막으로, 시장이 변화함에 따라 브랜드를 리포지셔닝 하여야한다.

LO7 브랜드확장과 계열 확장을 설명한다.
브랜드 확장은 동일한 브랜드를 신제품에 적용하는 것인 반면에, 계열 확장은 현재 제품계열 내에서 제품 수를 늘이는 것이다.

LO8 제품포장과 라벨링 전략의 장점을 설명한다.
브랜드와 유사하게, 포장과 라벨은 제품의 판매와 사용을 촉진한다. 일차포장은 제품을 담고 있고 라벨은 제품의 정보를 제공한다. 이차포장은 일차포장에서 제공하지 않는 추가적인 정보를 제공하고 운송이나 저장이 용이하게 만든다. 라벨은 안전과 영양 그리고 제품 사용정보를 제공함으로 그 중요성이 점차 증가하고 있다.

핵심용어

- 개별브랜드(individual brands)
- 계열 확장(line extension)
- 공동브랜딩(co-branding)
- 깊이(depth)
- 넓이(breadth)
- 부가서비스(associated services)
- 브랜드 라이선싱(brand licensing)
- 브랜드 리포지셔닝 (brand repositioning(rebranding))
- 브랜드 애호도(brand loyalty)
- 브랜드 연상(brand association)
- 브랜드 인지도(brand awareness)
- 브랜드 자산(brand equity)
- 브랜드 확장(brand extension)
- 브랜드 희석(brand dilution)
- 비탐색품 (unsought products/services)
- 선매품(shopping products/service)
- 소비재(consumer product)
- 실제(유형)제품(actual product)
- 유통업체 브랜드 (retailer/store brands)
- 이차 포장(secondary package)
- 인지된 가치(perceived value)
- 일차포장(primary package)
- 자사브랜드(private-label brands)
- 전문품(specialty products/services)
- 제조사 브랜드 (manufacturer brands(national brands))
- 제품 계열(product lines)
- 제품 믹스(product mix)
- 제품(product)
- 패밀리 브랜드(family brand)
- 편의품 (convenience products/services)
- 확장제품(augmented product)
- 핵심고객가치(core customer value)

사례 연구

독자적인 브랜드, 오프라윈프리

Mc Graw Hill connect

어려운 가정환경에서 성장하였으나 문화의 아이콘으로 자리매김한 세계에서 가장 영향력 있는 인물인 오프라윈프리는 많은 사람들에게 영감을 주고 있다. 오프라윈프리는 연예인인 동시에 여성들의 친구이자 조력자이다. 그녀는 수백만 명의 청중들에게 "최선을 다해 삶을 살아가는 방법"에 대한 격려와 조언을 한다. 동시에 자신의 브랜드를 전 세계에 알리는 미디어 제국의 리더이자 마케터이다.

엄청난 성공을 거둔 오프라윈프리 쇼(The Oprah Winfrey Show)를 시작으로 그녀는 다양한 수단을 통해 자신의 브랜드를 확장시켰다. 그녀는 제작회사 Harpo Films와 Harpo Studios; O, The Oprah Magazine; 그녀의 모든 프로필을 제공하는 웹사이트 Oprah.com; 출판 산업을 지지하는 Oprah's Book Club; multiple TV와 radio spin-offs; 오프라윈프리 네트워크인 OWN[60]를 출범시켰다.

오프라윈프리 브랜드를 통해 그녀의 개인 성공에 대한 흥미로운 이야기를 전달함으로써 "누구나 자신의 운명을 개척하고 통제할 수 있다"는 것을 그녀의 팬들에게 알려주었다. 그녀는 가난했던 어린 시절, 섹스와 약물 중독, 체중 감량의 어려움, 경쟁이 심한 미디어 산업에서 권력을 가진 여성으로 살아가는 어려움을 기록하였다. 자신의 삶을 자세하게 드러내는 것은 그녀를 경외하는 시청자와 공감할 수 있는 유일한 방법이다. 메시지는 설득적이고 확고하다. 내가 해낼 수 있다면, 당신도 할 수 있다.

시청자는 그녀를 신뢰하고, 이러한 신뢰가 오프라윈프리에게 엄청난 영향력을 제공하고, 영향력은 청중들과 다양한 브랜드를 이어주는 능력으로 발휘된다. 소비자로서 그녀는 자신이 좋아하는 제품의 쇼케이스를 진행한다. 보상 없이 진행되는 공개적인 제품 소개는 잘 알려지지 않은 제품을 하루아침에 슈퍼스타 상품으로 만든다. 일화로 Foot Cozys 라고 불리는 아로파테라피 슬리퍼 제작사는 그녀가 방송에서 소개한 이후 소개되기 이전 한 달 평균 3천 켤레를 제작하였는데, 한 달에 2만 켤레를 제작하게 되었다. 마케팅 전문가들은 "자기계발과 행복한 삶"이라는 신조에 기초한 오프라윈프리 브랜드는 Coca-cola와 Marlboro Man과 같은 걸출한 브랜드와 동등한 수준이며, "오프라 보다 더 강력한 브랜드를 생각해내는 것은 어려운 일이다"고 말한다.[61] 오프라 브랜드는 지금까지 엄청난 수익을 창출하였고, 미국에서 가상 부유한 400명에 포함되는 자수성가한 여성이 되었다.[62]

오프라윈프리는 대중의 인지를 얻기 오래전부터 경력을 쌓아왔다. 미국 네쉬빌의 지역 라디오 방송국의 앵커로 방송을 시작하였고, 이후 볼티모어에서 토크쇼 진행자로 발탁되었다. 1984년 시카고로 옮긴 이후 아침방송 AM Chicago를 맡아 진행하였는데, 시카고의 최고 인기 토크쇼인 Phil Donahue의 시청률을 뛰어넘게 되었다. 1986년 프로그램은 The Oprah Winfrey Show로 재개편되었고 진행자인 오프라윈프리는 엄청난 명성을 얻었다.[63]

이 쇼는 25년 동안 최고의 자리를 유지했으며, 미국 시청자 12백 만 명을 끌어 모았고, 4,500개 이상의 에피소드와 3만 명 이상의 게스트를 초대하였다. 브랜드 확장의 중심에는 어려운 현실을 직면하라는 메시지와 자기 치유라는 메시지가 있었다. 오프라윈프리 쇼의 중요한 특징인 삶을 코칭 하는 형식을 적용한 새로운 쇼들 덕분에 브랜드 인지도는 더욱 높아졌다. 예를 들어, 인기 쇼인 Dr. Mehmet Oz는 "더 길고 활기찬 삶"에 대한 영감을 제공하고, 라우라 베르만 의사는 집안에서 스트레스를 다루는 방법에 대해 충고해준다.[64]

이러한 주제는 다른 영역에도 확장되었다. 그녀는 월간잡지 O, The Oprah Magazine을 통해 지속적으로 그녀의 브랜드에 대해 프로모션

오프라윈프리를 생각한다면, Oprah Winfrey 재단을 통한 자선활동은 물론 Harpo Productions, Inc.; O, The Oprah Magazine; O at Home Magazine; Harpo Films; the Oxygen television network 등을 포함하여 크게 생각하라.

을 하였다. 월간 잡지는 거의 매달 그녀의 얼굴을 커버 사진으로 싣고, 대략 250만부를 발행한다. Harpo Films에서 제작한 영화는 저명한 책을 대본으로 활용하고, 미국에서 가장 존경받는 영화배우를 캐스팅하였다. 작가 미치엘봄(Mitch Albom)의 모리와 함께한 화요일(Tuesdays with Morrie)과 영화 주연배우 잭레먼(Jack Lemmon). 작가 조라 닐 허스턴(Zora Neale Hurston)의 그들의 눈은 신을 보고 있다(Their Eyes Were Watching God)와 배우 할리배리(Halle Berry). 노벨상을 수상한 비러브드(Beloved)의 작가 토니모리슨(Toni Mossison), 감독 조나단드미, 배우 오프라윈프리, 대니 글로버 공동주연; 그레이트 디베니터스(The Great Debaters,) 골든글러브 후보작, 덴젤 워싱턴(Denzel Washington), 포레스트 휘태커(Forest Whitaker) 공동주연; 프레셔스(Precious)는 작가 사파이어의 소설이자 오스카상 수상작이며 오프라윈프리가 제작하였다. 각각의 영화는 장애, 가난, 약물중독, 인종차별과 같이 어려움에 맞서는 인간의 존엄성에 대한 이야기들이다.

최근 그녀는 케이블 TV 네트워크 OWN을 출범시켰다. 많은 어려움이 있지만, 자신의 운명을 통제한다는 그녀의 브랜드와 연관이 있다. 이것이 그녀의 첫 번째 도전은 아니다. 첫 번째 도전은 1980년대 후반 오프라윈프리 쇼를 방송하는 시카고 지역 ABC채널과 쇼를 신디케이트 하는 King World Production을 떠나, 하포프로덕션(Harpo Production)을 설립하였고, 브랜드의 소유권을 가지게 되었으며, 대략 1억 달러로 추정되는 신디케이트 수수료를 받은 것이다. 이 도전이 그녀의 제국을 설립하는 초석이 되었다. 하지만 케이블 채널인 OWN의 설립초기는 불안정하였다. 초기에 많은 비평가들은 윈프리가 재미를 잃어버렸다고 비난하였다.[65] 오프라윈프리 브랜드의 가장 최근 쇼인 오프라 라이프클라스(Oprah's Lifeclass)는 "당신은 자신의 삶을 변화시키고 더 나은 삶을 살아갈 책임이 있다 (삶의 주인공은 바로 당신)"이라는 주제로 연속특강을 진행한다.[66] 대조적으로 OWN의 로지쇼(The Rosie Show)는 따분하지 않은 오락 프로그램이다.

OWN 출범 이후 수개월 동안 비판이 이어짐에 따라, 윈프리는 리더쉽을 재정비하였고, 늘 그래왔듯이 그녀는 자신의 브랜드와 회사를 통제하기로 결정했다. 그녀는 타인에게 권했던 "자신의 브랜드를 통해 최고의 삶을 사는 것"을 이행할 것이다.

확인 문제

1. 오프라윈프리 웹사이트를 방문하고 (http://www.oprah.com/index.html) 시장에 출시한 다양한 제품 계열을 확인하고 설명하시오.
2. 제품계열 넓이를 설명하시오.
3. 제품계열별로 다양한 제품군을 살펴보고 가장 깊이가 깊은 것은 무엇인지 설명하시오.
4. 브랜드를 포지셔닝하는 방법과 브랜드의 포지션을 전달하는 방법을 설명하시오.

A+D=C
C+B=

CHAPTER 10

신제품 개발

LEGOs가 1960년대에 미국에 도입되었을 때, 스터드와 브릭내부에 원형기둥(stud-and-tube)으로 조립하는 놀이에 대한 일련의 원칙을 고안하였다.[1]

- 조립 방법의 무한대
- 여아와 남아 모두를 위한 놀이
- 모든 연령대를 위한 즐거운 놀이
- 연중무휴 놀이
- 건전하고 조용한 놀이
- 개발력, 창의력, 상상력 증진
- 조립 블록이 많을수록 즐거움이 더욱 높아지는 놀이
- 모든 고품질의 블록

학습 목표

LO1 기업이 신제품을 개발하는 이유를 설명한다.

LO2 혁신 확산 이론이 설명하는 채택자 그룹을 설명한다.

LO3 신제품이나 서비스 개발단계를 설명한다.

LO4 제품수명주기를 설명한다.

LEGOs는 기본적인 로봇과 슈퍼히어로 주제 컬렉션에 Star Wars 계열을 확장하는 것과 같이 기본적인 주제에 다양한 세부 주제의 제품을 출시함으로써, 덴마크 기업은 세계에서 가장 큰 장난감 제조사 가운데 하나로 성장하였다. 아마도 의도하지는 않았겠지만, LEGOs가 여아보다는 남아에게 소구한다는 점에서 LEGOs는 기본적인 원칙 하나를 위반하게 된 것으로 보인다. 2000년대 초반에 수익 감소에 직면하게 된 LEGO는 비디오와 자동 게임이 대중화됨에 따라, 이 분야에 재집중 할 필요가 있다는 것을 알아냈다. LEGOs는 Star Wars계열에 맞추어 LEGOs 브랜드에 적합한 게임을 개발하였다. 웹사이트와 상호작용하는 기회를 만들었는데, "My LEGO Network"라는 소셜 미디어사이트에서 아이들이 자신의 웹페이지를 구축하고, 자산만의 LEGOs 조립물을 찍은 사진과, 음악, 스티커로 구성하도록 만들었다.[2]

하지만 LEGOs의 일부 팀은 이러한 변화가 전통적인 LEGOs 계열에 부정적인 영향을 미칠 것에 대해 걱정하도록 하였다. 아무래도 이미 완성된 조립물은 창의력을 북돋기보다는 저해한다. 아이들에게 온라인 사이트에 방문을 권하는 것은 장기적인 관점에서 봤을 때 바람직한 것은 아니다. 그리고 해적이나 과학 공상 그리고 로봇에 집중하는 제품 계열은 여아들이 좋아하기 어렵게 만든다.

외부에서의 지시나 감독 없이 아이들이 원하는 대로 아이들 자신만의 방법으로 놀이하는 것을 지켜보는 심층관찰 기법을 포함한 시장조사 결과 LEGOs는 주목할 만한 시사점을 얻었다.[3] 예를 들어, 장난감을 간단하게 함으로써 아이들에게 소구하기 보다는 LEGO는 신중한 생각이나 창조적인 생각을 할 필요 없이 제품을 너무 쉽게 조립하도록 제조해왔다. 관찰조사 결과 아이들은 단순히 즉각적인 자기만족보다는 성취감이나 완성을 원한다. 게다가 여아들은 조립에 굉장히 흥미를 보인다는 것이 드러났다. 여아들은 자신이 조립한 것에 대해 이야기를 하길 원하는 데, LEGOs 비디오 게임에서는 이미 이야기가 사전에 정해져 있으므로, 이야기를 할 수 있게 만드는 노력을 약화시킨다. LEGOs의 부사장은 "우리는 엄마들이나 아이들로부터 보다 세세한 인테리어, 밝은 색감의 팔레트, 보다 실제적인 피규어, 역할 놀이 기회, 그들이 흥미를 찾을 수 있는 스토리를 요구받아 왔다.[4]"고 말했다.

여자아이들이 자신만의 스토리를 만들고 개발할 수 있도록 미니 피규어, 스토리, 모험으로 특징지어지는 LEGO Friends를 출시하였다.[5] Mia, Emma, Stephanie, Olivia, and Andrea 친구들은 트리하우스에 살고, 자동차를 운전하고, 미용실과 빵집을 운영하고 강아지를 키운다. 모든 세트의 색깔은 분홍색과 보라색이다. 게다가 모든 인형들은 전통적인 인형들보다 날씬하고 곡선을 가지고 있다.

일부 부모들은 이 새로운 고객집단에게 소구하는 신제품에 문제가 있다고 말한다. LEGO Friends는 아이들이 놀이를 시작할 때 조립을 완성할 것을 요구하지 않는데, 이는 여자아이들의 성취감을 약화시킬 수 있다. 또 다른 부모들은 미용실이나 커피숍 세트는 성역할에 대한 고정관념을 강화하는 데, 여자이이들이 소방관, 정치가, 해적 또는 우주탐험을 할 수도 없는 것이 문제라고 생각한다. 만일 새로운 세트가 명백히 여아들을 위한 것이라면, 예전 버전은 정말 남아용이라는 것을 의미하는 것인가?[6]

LEGO는 제품의 다양성을 통해 여아들에게 소구해왔다고 주장한다. 그리고 아직 LEGO Friends 브랜드의 모든 제품이 출시된 것은 아니며, 이후 새로운 것들이 출시될 것이라고 약속하였다. 자유 형태 블록 대신에, 세트에 집중함으로써 LEGO는 2006년에서 2010년 사이에 수익이 3배 증가하였다. LEGO 세트는 매초마다 3개씩 팔렸다.[7] 오늘날, 신제품으로 여아들에게 소구함으로써 1초당 4~5개 정도로 증가하였을 것이다.

3음절로 이루어진 단어 "새로운(New)"은 흥미로운 단어이다. 이 단어로부터 신선함, 모험, 흥분과 같은 이미지를 떠올릴 수 있다. 하지만 "새로운(New)"이라는 단어가 제품과 관련될 경우 복잡한 단어가 되는데, 처음으로 새로운 맛을 출시하거나, 추가적인 가치를 제공하기 위해 포장을 변경하는 것과 같은 방법으로 기존 제품에 새로운 것을 추가한다는 의미를 지니기 때문이다. 하지만 가장 흥미로운 방법은 그동안 보지 못했던 제품을 시장에 출시하는 것이다. 수천 개 특허의 목표는 성공적이고 정말 혁신적인 신제품이라는 달성하기 힘든 목표를 추구한다.

200년 전을 상상해보자. 석탄이나 나무 땔감을 연료로 사용하는 난로를 이용하여 요리를 하였다. 숙제는 호롱불 아래에서 수기로 하였다. 좁고 추운 교실에서 선생님이 칠판에 수업 내용 작성하였고, 친구들을 만나러 학교에 가기 위해서 비포장도로를 달려야 했다.

오늘날, 우리는 자동적으로 철자를 교정해주는 워드프로세서 소프트웨어가 있는 개인 노트북으로 과제를 할 것이다. 날씨에 따라 온도가 조절되는 교실은 밝은 전등이 설치되어 있다. 개인 노트북으로 과제를 하는 동안 무선 전화기의 핸즈프리 해드셋을 사용하는 친구와 이야기도 한다. 자동차를 타고 학교로 가는 길에 iPad와 무선으로 연결된 카 스피커를 통해 본인이 선택한 노래를 들으면서 편리한 드라이브스루가 있는 패스트푸드를 먹을 수 있다. 친구와 과제에 관한 이야기를 나누기 위해 전화를 걸었고, 블랙베리를 통해 숙제의 일부분을 수정하고 스마트폰을 이용해 교수에게 이메일을 보낸다. 당신이 학교에 도착했을 때, 노트북의 전원을 꽂을 수 있는 200명을 수용 가능한 교실에 자리를 잡고 iPad에 필기를 하거나, 위치기반 모바일 서비스인 Foursquare에 체크인한 후에 강의를 디지털 방식으로 녹음을 한다. 교수는 개인 노트북의 파워포인트를 활용하여 강의를 진행한다. 학생은 이미 파워포인트 프리젠테이션을 다운로드받았고, 노트북에 메모를 추가한다. 수업이 끝난 후 파티 계획을 마무리 짓기 위해서 친구들에게 Facebook 초대장을 보내고, 참여 인원을 확인하기 위해 회신을 요청한다. 그 후 룸메이트에게 오늘 늦은 저녁에 배달이 되는 음식점에 온라인으로 음식과 음료를 주문해 달라고 문자를 보낸다.

우리의 삶은 우리가 그동안 사용해왔던 제품에 포함된 기능에 더해서, 과학과 기술의 진보를 통해 개발된 수많은 신제품과 서비스에 의해 규정된다. 마케팅 믹스의 첫 번째 P인 제품(Product)을 다루는 두 번째 장인 본장에서는 앞장에서 논의된 것에 이어 기업이 혁신을 통해 어떻게 제품과 서비스 제공물에 가치를 더하는지를 탐색하고자 한다. 또한 기업이 신제품과 서비스를 어떻게 개발하는지 살펴보고자 한다. 신제품과 서비스가 시장에서 어떻게 채택되는지, 그리고 제품과 서비스가 제품생명주기 단계를 이동함에 따라 기업은 어떻게 마케팅 믹스 전략을 수정할 수 있는가를 설명하는 것으로 본 장을 마무리 하고자 한다.

기업이 신제품을 개발하는 이유

LO1 기업이 신제품을 개발하는 이유를 설명한다.

신제품은 기업과 고객에게 가치를 제공한다. 신제품이 가치를 제공하는 정도는 실제로 신제품이 얼마나 새로운가에 달려있다. 우리가 "새로운 제품이나 서비스"를 언급할 때, 그 전에는 한 번도 존재한 적이 없는 제품만을 의미하는 것은 아니다—아이들은 과거부터 LEGOs 장난감을 가지고 놀았지만, 아이들에게 LEGO Friends는 신제품이다. 시장에서 완전히 새로운 제품은(completely new-to-the-market) 매년 소개되는 전체 제품에 10%도 되지 않는다.

LEGO Friends는 나무집에 살고 여자 아이를 위한 제품으로 고안되었다.

새로움과 혁신적임의 정도는 연속선상에서 생각하는 것이 바람직한데, 수년전 세상에 등장한 WiFi와 같이 "세상에 완전히 새롭게 등장한" 것에서부터 10대 고객들에게 소구하기 위해서 카프리선(Kraft's Capri Sun)을 약간 큰 사이즈로 재포장한 것과 같이 "재포시션된" 것에 이르기까지 혁신 정도가 다양하기 때문이다.

신제품이 혁신의 연속선상 어느 지점에 위치하든지, 기업은 혁신을 단행하여야만 한다. 혁신(innovation)은 아이디어를 제품과 서비스, 공정, 브랜드 콘셉트 등을 포함하여 새로운 제품으로 전환하는 과정을 의미한다. 혁신과 혁신적인 신제품과 서비스가 없다면, 기업은 다음의 두 가지 전략만이 선택 가능하다. 현재 고객층에게

이사? 재활용 가능한 이삿짐 박스인 Frogbox를 대여해서 사용하고, 쓰레기매립지에 여유를 주세요.

현재 제품을 지속적으로 판매하거나, 동일한 제품을 유사한 고객층이 있는 다른 시장에 내놓는 것이다.

비록 혁신 전략이 항상 단기간에 효과를 보는 것은 아니지만(일부 전문가들은 신제품의 3%정도만이 성공한다고 주장한다.) 아래 단락에서 설명하는 것과 같이 중요하고 장기적인 다양한 이유들은 기업이 신제품과 서비스를 지속적으로 시장에 출시할 것을 강요한다.

고객욕구의 변화

기업이 제공하는 상품에 제품이나 서비스 혹은 공정을 추가할 때, 현재 고객과 새로운 고객의 변화된 욕구를 만족시키고, 기존 제품을 지겨워하는 것을 방지함으로써 보다 효율적으로 가치를 창출하고 전달할 수 있다. 기업은 고객들조차 알지 못하는 욕구를 알아내고 이를 충족시키는 제품이나 서비스를 개발할 수 있다. 예를 들어, 이사는 힘들고 어려운 일이다. 해야 할 것이 많이 있지만, 그 가운데 이삿짐 박스를 구매하고 설치하고 배치해야하는 것은 귀찮고, 비싸고, 환경에도 좋지 않다. 캐나다 기업인 Frogbox는 재활용이 가능한 플라스틱 이삿짐 박스를 대여해준다. 또한 고객에게 박스를 배달하고 새로운 집으로 옮겨준다. 이 상자들은 상자끼리 깔끔하게 연결되기 때문에 따로 조립할 필요가 없고, 상자를 풀고 접는데 소요되는 시간을 절약한다. 이 기업은 Frogbox라고 불리는데, 개구리 서식지 보호를 위해서 판매의 1%를 기부하기 때문이다.[8] 지속적인 노력에 더해서 배송차량의 운행은 쓰레기로 만든 바이오디젤을 사용하고, 태양에너지로 웹사이트를 운영하고 있다.

시장포화

제품이 시장에 출시 된지 오래될수록 시장이 포화될 가능성은 더욱 높아진다. 신제품이나 새로운 서비스가 없다면, 기업의 가치는 궁극적으로 감소하게 될 것이다.[9] 예를 들어 자동차 기업들을 상상해보자. 고객들이 자동차의 운행 기능이 멈출 때까지 자동차를 탄다고 가정해보자. 그렇다면, 고객들은 새롭고 혁신적인 모델에 대한 욕구가 없을 것이다. 기업은 판매가 잘 되는 모델만 고수할 것이다. 하지만 자동차가 고장이 나서 멈출 때까지 동일한 자동차를 타는 고객들은 실제로 거의 없다. 동일한 제조사와 모델을 원하는 소비자들도 가끔은 삶에 다양성을 더할 수 있는 새로운 것을 원한다. 그 결과 자동차 기업들은 GPS와 같은 새로운 기능, 보다 힘 있는 엔진 또는 전체 자동차 외관을 재설계함으로써 매년 모델을 수정한다. 기업들은 새로운 기능, 특징, 외관의 변화를 통해 소비자들을 흥분하게 만들고, 자동차의 기능적 수명이 끝나기도 전에 자동차 구매자들에게 연식이 오래된 자동차를 바꾸도록 함으로써 기업의 성장을 유지한다.

포화된 시장은 새로운 공정이나 방식을 채택하고자 하는 기업에 기회를 제공할 수 있다. 과거에 대량생산자(mass marketers)는 최소 5천만 달러의 수익이 발생하지 않는 시장에는 진입할 생각조차 하지 않았다. 하지만 미국 식료품제조회사 General Mills는 기업의 향후 성장을 위해서 틈새시장을 찾고 있는 중이다. 비록 미국 인구 가운데 1%만이 소아지방변증(celiac disease, 글루텐을 섭취할 때 소화 시스템에 손상을 입는 상태)을 앓고 있지만 훨씬 더 많은 미국 소비자들은 글루텐 섭취를 줄이거나 없애기를 원한다. 글루텐의 단점에 대한 인식이 퍼짐에 따라 비율도 점점 증가하고 있는데, 이는 미국 시장에서 대략 63억 달러 가치에 해당한다. General Mills는 체크 시리얼(Chex cereals)과 같은 기존 제품계열과 디저트와 팬케익과 같이 새로운 콘셉트의 브랜드에 글루텐이 포함되지 않은 3백 개 이상의 제품을 개발하였다.[10]

제품 다각화를 통한 위기관리

기업은 시장 혁신을 통해서 제품의 포트폴리오를 넓히는데 이는 기업이 위기를 관리하고 단일 제품으로 창출할 수 있는 가치보다 기업의 가치를 강화하도록 돕는다.[11] 포트폴리오에 있는 일부 제품들의 성과가 부진하다면, 다른 제품들이 이를 상쇄할만한 성과를 창출하면 된다. 여러 제품을 생산하는 기업들은 고객선호의 변화 또는 경쟁의 심화와 같은 외부 충격에 견디기가 수월하다. 예를 들어, 3M과 같은 기업은 연간 판매 가운데 일정 비율은 최근 시장에 소개된 신제품에서 창출될 것을 요구하기도 한다. 시리얼 분야의 경우, Kellogg의 스페셜K는 시리얼바, 단백질 쉐이크, 단백질 물과 같이 기본적인 제품을 다양하게 제공하고 있다. 스페셜K 시리얼 한 가지 제품을 판매하는 것보다 제품의 다양화를 통해 스페셜K 브랜드가 훌륭한 성과를 낼 수 있도록 만들어 준다.

Kellogg의 Special K 제품계열의 위험은 기본적인 제품을 다양한 형태로 제공함으로써 상쇄된다.

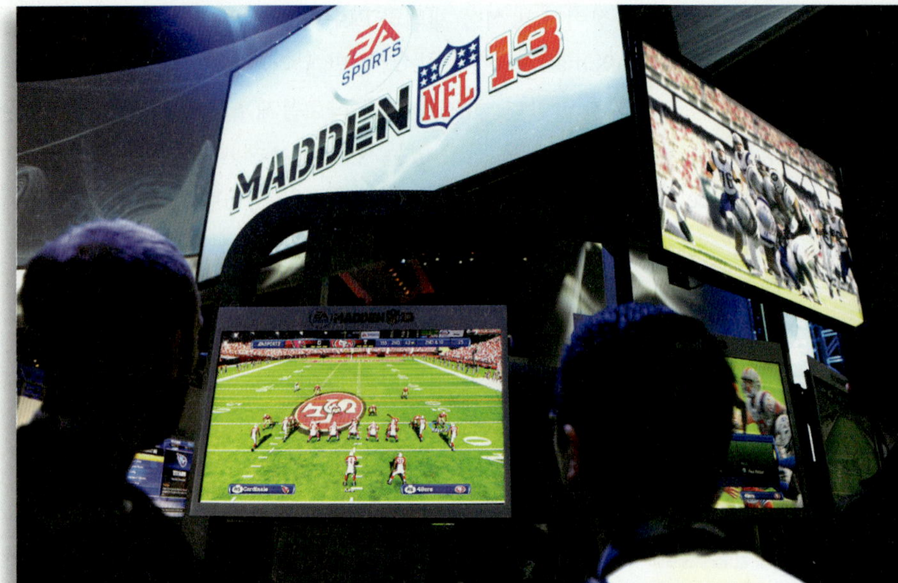

Madden NFL과 같은 비디오 게임은 소비자들이 새로운 버전을 요구하기 때문에 "fashionable"하다. 일단 게임에서 이기면 새로운 경험에 도전하기를 원하기 때문이다.

유행주기

의류, 예술작품, 도서, 소프트웨어와 같이 유행 주기에 민감하고 짧은 제품 주기를 가진 산업에서, 대부분의 수익은 신제품에서 창출된다. 예를 들어, 영화의 경우 최신 개봉작의 극장판, DVD, 케이블 TV를 통해 수익을 창출한다. 새롭게 발간된 도서 없이, 항상 동일하게 선별된 책만 판매된다면, 더 이상 구매할 이유가 없다. 컴퓨터 소프트웨어와 비디오 게임 소비자는 새로운 제품을 원하는 데, 일단 고객이 한번 이기고 나면 다른 게임에 도전하길 원하거나 Madden NFL의 성공적인 버전이 엄청난 판매성과를 낸 것처럼 가장 최신 버전의 게임을 경험하고자 한다.[12] 의류산업의 경우, 패션디자이너들은 매년 여러 차례 완전히 새로운 제품을 선보인다.

판매를 위해서, 의류 디자이너는 완전히 새로운 제품을 매년 수차례 만들어낸다.

관계개선

신제품이 항상 최종소비자를 목표로 하는 것은 아니다. 때때로 공급자와의 관계를 개선하는 역할을 하기도 한다. 예를 들어, Capri Sun의 제조사인 Kraft는 레몬에이드 맛의 판매가 부진하다는 것을 파악했다. 시장조사를 통해서 그 이유는 팔레트에 제품이 배치된 상태 때문으로 판명되었다. 팔레트의 제일 아래쪽에 위치해 있었기 때문에, 레몬에이드는 마지막으로 유통업체에 팔렸다. 팔레트를 수정하고 새롭게 하기 위해서 Kraft사는 맛별로 저장하는 굴뚝형식의 팔레트를 제공하였고, 유통재고관리사가 그들이 필요한 맛을 쉽게 운반할 수 있도록 만들었다. 카프리선의 레몬에이드 판매는 162%까지 개선되었다.[13]

비록 기업이 신제품의 혁신과 생산에 성공한다고 할지라도, 세상에 완전히

Apple는 최근 몇 년 동안 iphone을 포함하여 몇 가지 개척제품(pioneer products)을 출시하였다.

LO2 혁신 확산 이론이 설명하는 채택자 그룹을 설명한다.

새롭게 등장한 제품이모든 사람에 의해서 동시에 채택되는 것은 아니다. 오히려, 혁신의 확산(diffusion)으로 알려진 과정에 따라 제품들은 대중들에게 확산되고 전파될 것이다.

혁신의 확산

제품이나 서비스, 공정에서 혁신의 채택이 시간이 지남에 따라 시장 구성원 전체에게 확산되는 과정은 혁신의 확산(diffusion of innovation)이라고 불린다.[14] 혁신 확산 이론은 마케터들이 고객의 신제품이나 서비스 채택 비율을 이해하도록 한다. 신제품이나 서비스에 대한 잠재 시장을 식별할 수 있는 방법을 제공하고, 혁신제품을 시장에 출시하기 전이라도 잠재적인 판매량을 예상할 수 있도록 한다.[15]

완전히 새로운 제품의 소개, 즉 새로운 시장을 창출하고 세상에 처음 등장하는 제품들은 기업에 엄청난 가치를 더할 수 있다. 개척제품(pioneers 또는 breakthroughs)으로 불리는 이러한 신제품들은 완전히 새로운 시장을 설립하거나, 시장에서의 경쟁 규칙과 고객 선호를 근본적으로 변화시킨다.[16] Apple의 아이팟(iPod)은 개척제품(pioneer)이다. 사람들이 음악을 감상하는 방식을 바꾸었을 뿐만 아니라, 케이스, 이어폰, 스피커와 같은 특정제품을 위한 액세서리라는 완전히 새로운 산업도 만들어냈다. Apple가 액세서리

캡슐커피인 The Green Mountain Coffee K-Cup Packs는 가장 잘 팔리는 새로운 음료 가운데 하나이다.

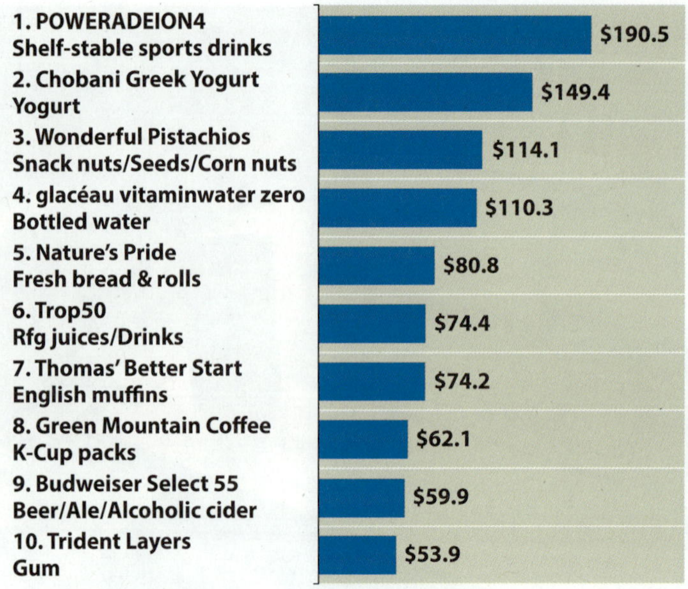

출처: Symphony IRI 그룹

그림 10.1 고매출 신제품

Clairol의 Clairol's Touch of Yogurt Shampoo는 실패하였는데, 소비자들은 요구르트로 머리는 감는다는 아이디어를 싫어했기 때문이다.

제품을 제작하여 판매하긴 하지만, 많은 기업들은 시류에 편승하여 책상에서 음악을 들을 수 있는 스피커 장치가 달린 책상용 스탠드나 팔에 아이팟을 고정할 수 있는 제품을 생산하는 데 뛰어들었다. 그리고 혁신적인 iTunes(iTunes) 서비스, 아이팟터치, iPad와 같은 최근의 개척제품(pioneer)을 탄생시키는데 있어 아이팟은 가장 중요한 제품이라는 것을 명심해야 할 것이다.[17]

개척제품(pioneer)은 선도자(first movers)가 되는 이점을 가진다. 시장이나 제품군을 첫 번째로 개척하는 것이기 때문에, 개척제품들은 고객에게 순조롭게 인지될 수 있고, 지배적인 초기시장 점유 이점을 누릴 수 있다. 연구에 따르면 시장선도제품(market pioneers)들은 후발제품 보다 더 오랫동안 높은 시장 점유율로 시장을 지배할 수 있는 것으로 나타났다.[18] 그림 10.1은 최근 시장에 등장하여 성공을 만끽하는 제품의 사례이다.

하지만 모든 개척제품(pioneers)이 시장에서 성공하는 것은 아니다.[19] 대다수의 경우 모방제품은 개척제품(pioneers)의 약점을 이용하고, 시장의 이점을 획득한다. 선도제품과 브랜드는 시장을 홀로 창출하고 확립하는 어려운 과제에 직면해 있기 때문에, 개척제품(pioneers)들은 추적자를 위한 길을 조성하게 되며, 추적자들은 새로운 제품에 대한 수요를 만들어내는 마케팅 노력 보다는 특정 브랜드에 대한 수요를 만들어 내는 데 집중할 수 있게 된다. 선도제품은 시장에 출시된 최초 제품이기 때문에, 디자인이 덜 정교할 수 있고 가격도 상대적으로 높은 경향이 있기 때문에, 추적자는 보다 개선되고 저렴한 가격으로 경쟁력이 있는 제품을 출시할 여지가 있다. 대부분의 신제품은 실패한다. 새로운 소비재의 95%는 실패하고, 모든 시장과 산업에 걸쳐 신제품의 50~80%는 실패한다.[20]

그렇다면 신제품의 실패율이 이렇게 높은 이유는 무엇일까? 가장 주요한 원인은 제품을 적절하게 테스트 하지 못하거나, 목표 시장을 잘못 선택하거나, 잘못된 포지셔닝을 함으로써 시장을 적합하게 평가하는 것에 실패했기 때문이다.[21] 또한 기존 제품의 브랜드 이미지나 가치프로포지션(value proposition)과 불일치하는 제품이나 서비스에 투자함으로써 기업의 역량을 과도하게 확장하기 때문일 수도 있다. 그림 10.2는

제품	콘셉트	실패이유
New Coke	시장의 요구가 거세짐에 따라, Coca-Cola는 1985년 새로운 버전을 출시하였으나 3개월 뒤 철수하였다	오리지널 맛에 대한 친근감과 변화에 대한 거부로 소비자들은 New Coke를 과소평가하였다.
Sony Betamax	1975년 홈비디오 레코딩 시스템인 Betamax를 출시하였다.	불행히도 다음해 JVC가 VHS플레이어를 출시함에 따라 Betamax는 철수하였다. 이는 2006년의 Blu-Ray와 HD-DVD 기술표준 전쟁과 유사하다.
Harley Davidson Perfume	Harley 로고가 박힌 휴대용 라이터와 T셔츠가 성공한 이후 모터사이클에 연상되는 향수계열을 출시하였다.	라이터와 T셔츠는 Harley의 이미지를 연상할 수 있지만, 고객들은 모터사이클과 같은 향기에 매력을 느끼지 못하였다.
Bic Underwear	Bic은 펜, 라이터, 면도기와 같은 일회용제품으로 유명하다. 전 제품에 걸쳐 그들의 능력을 이용하고자 속옷을 제작하였다.	펜으로 유명한 기업에서 제작하는 속옷을 구매한다는 콘셉트는 소비자에게 혼란과 당혹감을 주었다.
Bottled Water for Pets	애완동물을 소중하게 여기는 사람들을 위해, 개와 고양이를 위한 생수계열을 출시하였다.	주인들이 그들의 애완동물을 끔찍하게 사랑한다고 할지라도, 생수를 먹여야 한다는 아이디어에 설득되지는 못하였다. '톡 쏘는 물고기'맛과 같은 생수에서 연상되는 이미지 또한 판매에 도움이 되지 못했다.
Frito Lay Lemonade	Frito Lay에게 레몬에이드로의 브랜드확장은 충분히 타당했다. 콘칩은 높은 함양의 염분이 포함되어 있었기 때문에 소비자들은 목마름을 해결하기 위해 구매할 것이라고 생각했다.	소비자들은 짭조름한 스낵과 목마름을 해결할 음료수와의 연상을 선뜻 받아들이지 않았다.
Kellogg's Breakfast Mates	Kellogg's Breakfast Mates는 시리얼, 스푼, 우유가 함께 포장되어 1998년에 출시되었다.	간혹 좋은 아이디어도 실패할 수 있다. 제품은 냉동보관이 아니 여서 우유는 항상 미지근했고, 아이들이 좋아할만한 제품이 아니기 때문에 성장에 한계가 있었다.
Apple Newton	1993년 700 달러가 넘는 가격으로 출시되었고, Palm Pilot, Blackberry, iPad와 함께 초창기 PDA모델중 하나였다.	Apple Newton의 콘셉트는 시대를 너무 앞서나갔다. 불행히도 너무 큰 사이즈로 소비자에게 외면 받아 1998년 단종되었다.
Colgate Kitchen Entrees	Colate는 냉동식품 계열을 출시하였다. 소비자들이 Colate 음식을 즐긴 후 Colate의 칫솔과 치약을 사용하여 양치할 것이라고 생각했다.	치약과 냉동식품과의 연상이 소비자에게 식욕을 자극하지 못했다.
Clairol's Touch of Yogurt Shampoo	요크루트가 포함된 샴푸는 머릿결을 좋게 한다.	고객들은 요크루트로 머리를 감는 다는 아이디어를 좋아하지 않았는데, Clairol사는 몇 년 이전에 시장테스트를 진행한 'Look of Buttermilk'가 실패했다는 사실을 알았어야 했다.

출처: DailyFinance.com, Top 25 Biggest Product Flops of All Time. http://www.dailyfinance.com/photos/top-25-biggest-product-flops-of -all-time/3662621.

그림 10.2 제품실패 사례

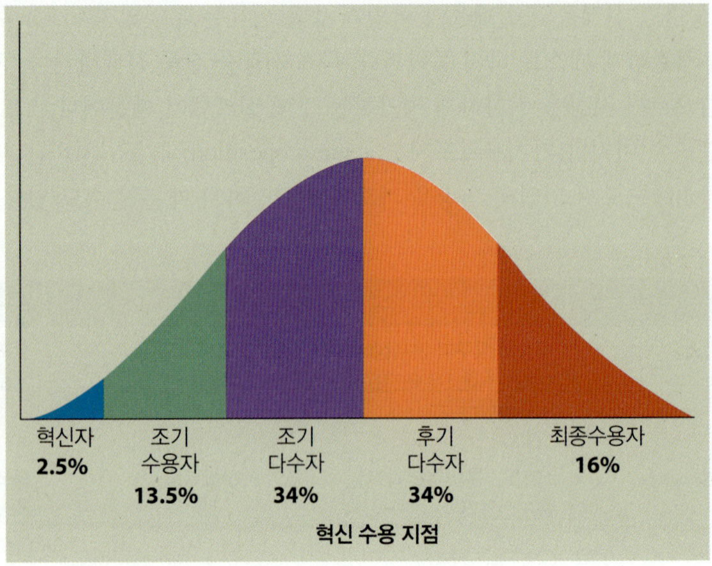

출처: Adapted from Everett M. Rodgers, *Diffusion of Innovation* (New York: The Free Press, 1983).

그림 10.3 혁신 확산 곡선

불명예스러운 제품 실패사례에 대해 설명하고 있다.

그림 10.3의 혁신 확산 곡선은, 혁신이나 제품의 사용자 수가 시간이 지남에 따라 확산되는 것을 나타내며, 일반적으로 종모양(bell-shaped)의 곡선을 따른다. 처음에는 일부 고객만이 제품을 구매하지만 점차적으로 많은 사람들이 구매하고, 확산의 정도가 느려질 때 마지막으로 소수의 사람이 구매를 하게 된다. 이러한 구매자들은 제품이 시장에 출시된 이후 얼마나 빠르게 채택하가에 따라서 5개의 집단으로 구별될 수 있다.

혁신자

혁신자(innovators)는 신제품이나 서비스를 처음으로 구입하기를 원하는 구매자이다. 이러한 소비자들은 위험을 감수하는 것을 즐기고, 매우 박식한 사람으로 여겨지기를 원한다. 주변에 혁신자가 있을 것이고, 누구나 특정제품이나 서비스군의 혁신자일 수 있다. 예를 들어, 최근에 개봉한 영웅영화를 먼저 관람할 수 있는 표를 구하기 위해 밤을 새워서 기다린다면, 영화분야에서 혁신자가 된다. 최신 기술을 자사의 제품이나 서비스에 적용하거나, 기업을 보다 효율적으로 만들기 위해 최신 기술에 투자하는 기업들도 혁신자로 분류된다. 혁신자들은 전형적으로 물건을 구매하기 위해 특정 잡지를 구독하고, 다른 "전문가"와 이야기하거나, 해당 제품 블로그 혹은 "신제품(coolest new products)[22]"을 설명하는 포럼에 참여하거나, 제품과 관련된 포럼, 세미나, 행사에 참여함으로써 해당 제품군에 관한 정보에 정통하도록 노력한다. 하지만 혁신자들은 신제품이나 서비스 전체 시장의 2.5%정도만 차지할 뿐이다.

이러한 혁신자들은 신제품이나 서비스가 성공하는 데 중요한데, 그 이유는 제품이 시장에 채택되는 것을 돕기 때문이다. 제품에 관해서 이야기하거나 긍정적인 입소문

혁신자들은 Apple store에서 iPad를 구매하는 첫 번째 구매자들이다.

을 퍼뜨림으로써, 조기 수용자(early adopters)로 알려진 다음 그룹이 제품을 채택할 수 있도록 하는 중요한 역할을 한다.[23]

조기수용자

제품이나 서비스 혁신을 채택하는 두 번째 집단은 조기수용자(early adopters)이다. 그들은 혁신자들이 수용하는 것만큼의 위험을 수용하는 것을 바라지 않지만 대신 신중한 검토 후에 제품을 구매한다. 이처럼 조기수용자 집단은 최신 영화를 예매하기 전에 최신 영화 감상평을 기다린다. 그들은 삼성 LED Thin 3D TV를 최초로 구매하기 위해 줄을 서지 않을 것이다. 혁신자들의 사용 후기를 읽은 후에 새로운 기술이 그만한 비용을 지불할 가치가 있는지를 결정한다.[24] 하지만 대부분의 조기수용자들은 제품을 구매하게 되는데, 이들은 새로움을 즐기는 성향이 있고, 특정 제품군에서 오피니언리더로 간주되기 때문이다.

이러한 집단은 해당 시장의 13.5%를 차지하고 제품에 관한 의견을 널리 퍼트린다. 그 결과 조기수용자들은 시장의 세 번째 집단이 제품을 수용하는 데 중요한 역할을 한다. 만일 조기수용자 집단이 상대적으로 작다면, 궁극적으로 이 혁신제품을 구매할 구매자의 수도 역시 적게 될 것이다.

조기다수자

해당 시장 구매자의 34%를 차지하는 조기다수자(Early Majority)는 중요한데, 본 집단이 제품을 구매할 때까지 이익을 내는 신제품이나 서비스가 거의 없기 때문이다. 만일 이 집단이 충분히 커지지 않는다면, 해당 제품이나 서비스는 실패한다.

The Avengers와 같은 영화를 보러 갈 때, 당신은 조기수용자, 조기다수자, 후기다수자, 최종수용자중 어디에 해당하는가?

조기다수자 집단은 혁신자나 조기수용자는 여러모로 차이가 있다. 이 집단에 해당하는 구매자는 위험을 수용할 의지가 없으므로, 해당제품의 "문제점(the bugs)"이 해결될 때까지 기다린다. 아마 최근 개봉작인 캐리비안해적(Pirates of the Caribbean)이 비디오로 출시된 이후 1주일이 지난 후에야 비디오를 대여하게 될 것이다. 이들은 모든 감상평을 살펴본 이후 관람하기 때문에 위험을 감수하지 않고, 영화관에 가는 대신에 비디오를 대여하게 되므로 비용도 낮다. 조기다수자 집단이 시장에 진입할 때, 해당시장에서의 경쟁자 수는 거의 최고점에 이르기 때문에, 다양한 제품가격과 품질을 선택할 기회가 있다.

후기다수자

해당 시장 구매자의 34%를 차지하는 후기다수자(Late Majority)는 신제품 시장에 가장 마지막으로 진입한다. 이때는 이미 해당 제품은 시장에서 최대성과(full market potential)를 실현했을 것이다. 해당 영화관객들은 영화에 관심이 있는 관객들이 모두 감상한 후 대여점이나 다운로드 사이트에서 쉽게 찾을 수 있을 때까지 기다린다. 후기다수자가 시장에 진입할 때면 판매가 안정화되어 있거나 하락하고 있을 것이다.

최종수용자

최종수용자(Laggards)는 대략 16%를 차지한다. 이러한 소비자는 변화를 싫어하는 경향이 있고, 보유하고 있는 제품을 더 이상 사용할 수 없을 때까지 과거의 제품에 의존하는 경향이 있다. 경우에 따라서 최종수용자는 특정 제품을 채택하지 않을 수 있다. 캐리비안해적이 TV프로그램에서 방영할 때서야 비로소 시청하게 된다.

혁신확산이론 활용

혁신확산이론을 사용함으로써, 기업들은 어떠한 고객들이 제품을 출시하자마자 신제품을 구매할 것인지 혹은 제품이 언제 채택될지를 예측할 수 있다. 본 이론으로 기업들은 각각의 고객 집단이 제품을 채택할 수 있도록 하는 효과적인 프로모션, 가격전략, 마케팅 전략을 개발할 수 있다.

Amazon은 Kindle을 처음 출시하여 400 달러로 판매하였을 때, 5시간이 채 되지 않아 매진되었다.[25] Kindle2의 초기 가격은 359 달러였다. 6개월 이내, Amazon은 Barnes & Noble, Sony, Apple과 같은 경쟁사가 해당 시장에 진입할 것을 알았기 때문에 300 달러 이하의 제품을 출시하였다.[26] 시장은 점점 더 커지고—대략 2천 만 명의 구매자—Apple iPad도 개선되었기 때문에, 아마존은 "iPad 킬러"인 Kindle Fire를 200

달러 이하의 가격으로 전격 출시하였다. 이러한 계획은 성공적으로 보였다. 아마존은 판매숫자를 공개하지 않았지만, Kindle fire가 시장에 소개된 지 1개월 채 되지 않아 대략적으로 6백만 대 정도 팔렸을 것으로 예상 한다.[27]

하지만, 제품마다 확산 속도에 차이가 있기 때문에, 마케터들은 해당 제품과 서비스의 특성과 확산 단계별 목표 소비자의 특성에 대해 면밀히 분석하여야 한다. 예를 들어, 전자독서기기(e-readers)를 위한 마케팅 전략의 결정은 전자책(electronic book)의 결정과는 확연하게 차이가 난다. 전자독서기기가 시장에 처음 등장하였을 때, 전자책의 가격은 하드커버책 가격의 일부였다—고객에게 합리적인 정책. 하지만 전자독서기기의 시장이 성장함에 따라, 전자책의 가격도 올랐고, 일부 경우에는 하드커버 버전보다 높은 가격으로 책정되었다.[28] 제품이나 서비스가 확산되는 속도는 몇 가지 특성에 따라 결정된다. 다음 단락에서 우리는 Amazon의 Kindle 제품 및 전자독서기기와 태플릿 시장에 대한 Apple의 대응에 대해 알아보고자 한다.

웹브라우저인 Firefox의 중국 버전은 서양국가의 버전과는 다른 특징을 가지고 있다.

상대적 이점 만일 제품이나 서비스가 대체품보다 더 좋은 것으로 인식된다면, 확산은 상대적으로 빠르게 될 것이다. Apple는 전자독서기기를 출시하는 대신, 다목적용 태블릿 기기인 iPad를 개발하였다. iPad가 출시될 때, 터치스크린, 명확한 색상, 다양한 게임과 어플리케이션에 대한 높은 접근성, 음악 감상의 편리성과 같은 상대적 이점들이 있었다.[29]

적합성 확산과정은 국가별 문화 차이를 포함하여 고객의 다양한 특징에 따라 더욱 빨라지거나 느려질 수 있다. 예를 들어, 중국 인터넷 이용자는 서양국가의 이용자와 검색방법에 차이가 있다는 조사에 따라 웹브라우저인 Firefox의 중국 버전은 서양국가의 버전과는 다르게 개발하였다. Firefox 중국 버전은 브라우저에서 탭을 닫을 때 더블클릭을 한다든지, 계산기나 그림 수정을 위해서 툴바에 버튼을 클릭하게 한다든지와 같이 마우스를 기반으로 하는 통제방법을 채택하였다.[30] Firefox와는 대조적으로, iPad의 적합성은 매우 낮다고 평가받는다. 웹 비디오의 75%에서 사용되는 Adobe's Flash는 iPad에서 실행되지 않는다. 이러한 비판을 대응하여, Apple는 향후 인터넷 환경의 변화를 고려하여 오픈소스 포맷인 HTML5를 채택하였다고 설명하였다.[31]

관찰가능성 주변에서 제품을 쉽게 접할 수 있을 때, 제품의 편익이나 사용은 타인에게 쉽게 전달되고 이는 제품의 확산을 더욱 강화시킨다. iPad를 사용하는 친구를 보거나, TV에서 해당 제품을 봤거나, iPad 출시와 관련한 기사를 미디어에서 본 고객들은 iPad를 구매할 가능성이 높아진다. 대조적으로, 고객들은 주름을 펴기 위한 Botox시술에 관해서 이야기 하는 것을 피하고자 하기 때문에, Botox의 사용은 타인에 의해 관찰될 가능성이 낮고 이 때문에 확산속도는 늦어진다.

복잡성과 시용가능성 상대적으로 복잡하지 않은 제품들은 사용을 시도해보기가 수월하다. 이러한 제품들은 일반적으로 보다 빠르게 확산되고, 시도하기가 어려운 제품들보다 더 빠르고 더 많은 고객들에게 채택될 것이다. 예를 들어, 새로운 태블릿을 구매하는 데 관심이 있는 고객들은 Apple스토어에 가서 즉시 사용해 볼 수 있다는 것을 알고 있다. Kindle을 사용해 보는 선택은 조금 더 복잡하다. 아마존 스토어의 부재 때문에, 소비자들은 소매점 Best Buy에서 제품을 시용할 수 있다는 것을 잘 알지 못한다. 비록 베스트바이에서 시용하고자 하는 소비자일지라도 해당 제품이 있는지 알 수 없다-Apple 스토어는 고객이 시용할 수 있는 충분한 수량의 iPad를 배치해 두고 있는 반면, 일반적으로 전자제품 상점에서는 소량의 전시품만 배치하고 있다.

혁신확산이론은 신제품이나 서비스의 등장 이후 즉각적으로 그리고 오랜 기간 동안 적용된다. 하지만 기업들은 제품이 등장하기 전에 실제로 새로운 제품들을 개발하여야만 한다. 다음 단락에서, 기업이 신제품이나 서비스를 개발하는 상세과정과 시장에 최초로 출시하는 방법에 대해 알아보고자 한다.

LO3 신제품이나 서비스 개발단계를 설명한다.

신제품 개발 방법

신제품 개발 과정은 신제품 아이디어 발굴로 시작하여 신제품의 출시와 성공여부의 판단으로 완료된다. 신제품 개발단계는 그림 10.4와 같이 요약된다.

아이디어 발굴

신제품 개발을 위한 아이디어를 발굴하기 위해서 기업은 내부적으로 연구개발(R&D)을 진행하거나, 다른 기업이나 기관과 협력하거나, 기술을 라이선스하거나, 브레인스토밍, 경쟁자의 제품 조사, 소비자 조사 등을 시행한다(그림10.5 참고). 시장개척자(pioneer)가 되고자 하는 기업은 R&D에 많은 비용을 투자하는 반면, 추종(follower)전략을 채택하는 기업은 아이디어를 발굴하기 위해 시장을 면밀하게 점검하는 경향이 있다. 각각의 아이디어 원천에 대해 자세히 살펴보자.

내부 연구개발 다수의 기업들은 R&D 부서를 운영하고 있으며, 해당부서에서는 과학자들이 복잡한 문제를 해결하고 새로운 아이디어를 개발하는 역할을 수행하고 있다.[32] 역사적으로 IBM과 같은 컴퓨터 산업의 기업, Black and Decker와 같은 소비재 산업,

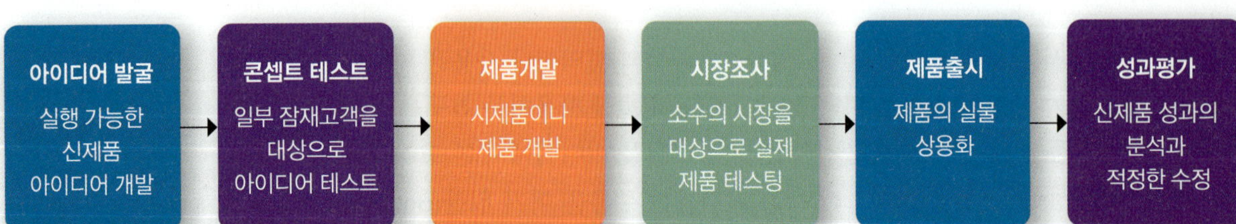

그림 10.4 제품개발과정

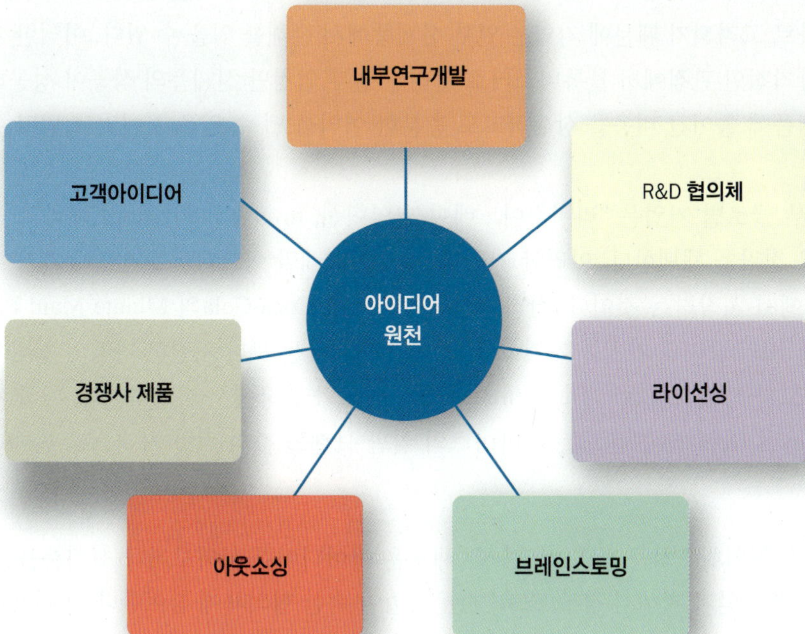

그림 10.5 신제품 아이디어 원천

3M과 같은 산업재 산업, Merck and Pfizer와 같은 제약 산업의 기업들은 신제품을 개발하기 위해서 R&D에 많은 투자를 한다. 소프트웨어, 음악, 영화와 같은 산업의 경우에는 내부 아이디어나 R&D 투자로부터 아이디어를 획득하는 경향이 있다.

제품개발비용은 상당히 높은 편이지만, 신제품 개발은 기술적으로나 시장지배에 있어 좋은 기회를 가지게 된다. 기업입장에서는 이러한 제품이 R&D에 투자한 비용

Fujitsu의 방수태블릿 아이디어는 어디에서 얻었을까? 내부 R&R, R&D, 라이선싱, 브레인스토밍, 아웃소싱, 경쟁사 제품, 소비자 제공 또는 모든 것을 결합한 것인가?

을 상쇄하고도 충분한 이익을 창출한다고 기대한다. R&D 투자는 일반적으로 지속적인 투자로 고려되기 때문에 기업은 일부 신제품에서 손해를 입을 수 있다. 이러한 기업들은 장기적인 관점에서 블록버스터로 알려진 일부 엄청난 신제품의 성공이 성공하지 못한 제품에 들어간 비용을 상쇄하고도 충분한 이익을 낼 수 있을 것이라고 믿고 투자한다.

일부 글로벌 기업은 "리버스이노베이션(역혁신, reverse innovation)"이라고 불리는 접근 전략을 채택한다. 이러한 기업들은 신제품 개발 아이디어를 선진국가가 아닌 신흥국에서 시작하는 것이다. 상하이연구센터에서, Coca-Cola의 Minute Maid Pulpy는 현재 10억 달러의 가치를 가지고 있다. 리바이스社는 보다 저렴한 가격의 청바지를 생산하고자 하였고, Levi's Denizen 브랜드가 인도와 중국에서 시작되었다. 미국 시장에서 Levi's Denizen 브랜드는 리바이스의 일반 브랜드 값의 절반 가격으로 판매되고 있다.[33]

연구개발 협의체 최근 많은 기업들은 새로운 아이디어를 살펴보거나 신제품을 개발할 해결책을 얻기 위해서 정부, 교육기관, 기업이 속한 협의체에 참여한다. 협의체에서 R&D 투자를 진행하고, 그 결과는 참여한 기업과 기관에서 공유한다.

많은 경우, 협의체는 제약사 또는 첨단기술기업과 관련되어 있는데, 이들 업종의 R&D 비용은 수백 달러에 달하기 때문이다—한개 기관이나 기업이 이를 모두 감당하기에 비용이 너무 높다. 국립보건기구(National Institute of Health)는 제약재단이 희귀병을 치료할 수 있는 방법을 연구할 수 있도록 지원한다. 이러한 지원소식은 제약 커뮤니티에 전달되고 약과 치료법 개발을 보다 빠르게 진행할 수 있도록 촉진하고, 민간 기관에서 자금을 지원하는 것보다 낮은 비용으로 진행이 가능하다. 미국 케이블 산업은 케이블 셋톱 박스의 에너지 효율을 개선하는 방법을 찾고, 보다 진보된 서비스를 개발하기 위해서 "CableLabs-Energy Lab" 컨소시엄을 구성하였다.[34]

라이선싱 기업들은 과학적이고 기술적인 제품을 위해서 라이선스 계약을 통하여 연구중심의 기업으로부터 기술이나 제품을 사용할 수 있는 권리를 구매한다. 이 전략은 고비용의 기업내부 R&D를 진행하는 것보다 비용을 줄이는 동시에 기업은 이미 존재하고 있지만 아직 시장에 출시되지 않은 기술을 보유하게 된다는 의미이다. 최근 가장 규모가 큰 라이선스 계약은 제약분야에서의 거래로 체중감량 기술 거래이다. 분리된 두 개의 거래였는데, 한 개 거래에서는 14억 달러, 다른 거래는 11억 달러의 거래였으며, 두 개의 대형 제약회사 모두 중소 규모의 생명공학 기업들에서 새롭게 개발한 비만 치료제품에 대한 마케팅 권리를 허가받았다.[35] 거래 당시 해당 치료제는 FDA의 승인을 받기 전이였다.

브레인스토밍 기업들은 새로운 아이디어를 창출해내기 위해서 함께 브레인스토밍 회의에 참여한다. 브레인스토밍의 중요한 특징 중에 하나는, 아이디어를 즉각적으로 수용하거나 비판할 수 없다는 것이다. 회의의 중재자는 특정한 제품의 특징과 속성, 기

Balanced Body는 IDEO와 협력하여 보다 사용자 친화적인 리포머를 개발하였다.

능, 또는 포장에 관한 참여자들의 관심을 순서에 맞게 중재하고 이끈다. 가장 훌륭한 아이디어에 대한 투표는 회의의 마지막에만 진행할 수 있다. 가장 많은 표를 받은 아이디어들은 제품개발과정 다음 단계로 이동된다.

아웃소싱 일부 기업들은 모든 제품 개발 단계를 이행하는 것에 어려움을 느끼게 되는데 이와 같은 경우 캘리포니아 팔로알토에 위치한 디자인 기업 IDEO社와 같은 외부 기업에 도움을 청한다. IDEO는 자사의 신제품을 출시할 뿐만 아니라 의료기기, 장난감, 컴퓨터와 같은 산업의 고객들이 신제품이나 서비스를 개발하는 것을 도와주는 뛰어난 서비스를 제공한다. IDEO은 창의력과 혁신에 도움이 되는 특별한 기술을 가진 인류학자, 그래픽디자이너, 엔지니어, 심리학자들을 고용한다. 운동이 점점 더 대중화됨에 따라, 기업들은 초기시장을 선점하기 위한 방법을 찾고 있다. Balanced Body는 필라테스 운동에 사용되는 운동기구인 리포머(reformers)를 제조하고 판매하는 기업이다. 리포머(reformers)는 필라테스를 하는 고객들이 자세를 올바르게 잡게 함으로써 몸의 균형능력, 근력, 유연성을 개발할 수 있도록 도와준다. 밸런스바디社는 필라테스를 시작하는 사람들이 현재 리포머 시장은 너무 위축되어 있다는 것을 발견하였고, 기능적으로 세품이 할 수 있는 최고 성능을 유지하는 동시에 사용자가 더 쉽게 사용할 수 있는 리포머를 개발하기 위해서 IDEO와 협력했다.[36] 8주간 동안 IDEO는 제품의 기능성을 개선하는 동시에 비용을 줄인 모델을 개발하였다.[37]

경쟁사 제품 경쟁사가 신제품을 시장에 소개하는 것은 다른 기업에게 기회가 되는데, 리버스엔지니어링을 사용함으로써 경쟁사의 제품을 이해하고 개선된 버전을 시장에 소개할 수 있기 때문이다. **리버스엔지니어링(Reverse engineering)**은 제품을 분해

소셜 및 모바일 마케팅 사례 10.1 Microsoft의 혁신 노력

Microsoft는 항상 가장 혁신적이 기업 가운데 하나였다. 개인 컴퓨터 산업 혁신이 일어난 이후, 정보기술 엔터테인 분야에서 리더가 되었다. 빌게이츠의 머리로부터 매년 새로운 제품이 출시되는 것처럼 보였다.

Microsoft가 뒤져지는 한 가지 분야가 검색엔진 시장이다. 시장점유 80%이상을 차지하는 Google은 Microsoft가 제공하는 Bing.com을 포함하여 경쟁자와 경쟁이 되지 않는다. 하지만 Bing은 Yahoo.com을 위협하고 있다. 아마도 가장 중요한 것은 다른 검색사이트보다 매우 자주 업데이트된 정보를 제공하는 것이다. 고객들은 전체적으로 이득인데, Bing은 경쟁자들이Microsoft의 속도에 맞추어 정보를 제공하고, 시장 점유율을 빼앗기지 않기 위해서 자사의 제품도 개선하도록 만들기 때문이다.

이 노력은 어느 정도 결실을 맺었다. 대략 미국 사용자의 14%가 Bing을 사용한다. 이러한 고객의 획득은 다른 경쟁사들에게는 손실이다. Yahoo나 Google은 뚜렷하게 높은 시장 점유율을 유지하고 있다. 그리고 빙 책임부서는 가장 최근 회계연도에 25.6억 달러 손실을 입었다고 발표하였는데, 후발주자로서 카피캣의 노력 비용을 의미한다.[38]

Bing은 타사와의 차별화를 위해서, 단순검색보다는 "decision engine"으로서 자리매김 하고 있다. Microsoft는 위치기반 모바일 어플리케이션 Foursquare를 Bing Maps으로 통합하였다. 사용자들은 보스톤 서쪽 지역과 같이 하나의 특정 지역에 집중할 수 있게 하는데, 이는 Bing이 통합적인 계획자의 역할을 하고 이 지역에서 가장 잘할 수 있는 것들을 목록화할 수 있다. Bing은 데스크톱용 어플리케이션을 개발 중이고, Facebook과 완벽하게 연결되어 사용자들이 그들의 친구들이 가장 좋아하는 것을 검색하도록 하였다.[39] 검색엔진 개발에 있어 Microsoft의 문제에도 불구하고, Bing은 이 분야 시장을 공격적으로 공략할 것이라고 약속하였다.

하고 적용된 기술을 분석하고 경쟁사의 특허를 침범하지 않고 개선된 제품을 만들어내는 것을 포함한다. 신제품 개발에서 이와 같은 모방 전략은 널리 퍼져있고 실제로 많이 채택되며, 심지어 가장 연구지향적인 기업에 의해서도 행해진다. 〈소셜 및 모바일 마케팅 사례 10.1〉에서 설명하고 있는 바와 같이, 모방(Copycat) 소비재는 자동차나 컴퓨터와 같이 기술적으로 복잡한 제품뿐 아니라 의류, 식품과 같은 산업에서도 나타난다.

고객아이디어 B2B나 B2C 시장에서 고객들의 의견을 듣는 것은 성공적인 아이디어 창출에서 필수적이다.[40] B2B제품 고객들은 상대적으로 소수이기 때문에, 기업은 그들이 어떻게 제품을 사용하는지 면밀하게 관찰하고, 제품을 개선하기 위해서 포커스그룹이나 인터뷰, 심층조사와 같은 공식적인 방법 또는 비공식적인 토론 등을 통해서 의견이나 아이디어를 요청할 수 있다. 기업의 설계나 개발팀은 이러한 고객의 의견을 바탕으로 제품을 개발할 수 있다. 제품을 판매하는 기업과 고객 간의 협력은 최종적으로 고객이 신제품을 구매할 가능성을 현저히 높이게 된다.

B2C 시장에서 고객의 의견은 다양한 방법으로 획득할 수 있다. 일부 고객들은 신제품을 원하는 것 같이 행동을 하면서도 실제로 구매하지 않을 수 있다. 판매데이터를 분석한 후 Walmart는 고객 대다수가 내셔널 브랜드 보다 자사브랜드를 자주 구매한다는 것을 발견했다. Walmart는 자체브랜드인 Great Value 브랜드의 다양한 제품을 개발하였다.[41] Staples는 고객들이 자사의 제품을 집에서 사용하는 방법을 관찰했다. 예를 들어, 대부분의 고객들은 우편물을 부엌에서 열어본 후 분쇄하기 위해 사무실로 가지고 온다. 이러한 정보를 활용해서 외관을 주방기구처럼 보이도록 만들고 스테인리스

분쇄기인 Mailmate를 고안하였다.[42]

기업들은 고객들이 웹사이트를 활용한다는 것을 알고 있다—유통업체 온라인 사이트에 고객들은 댓글을 남기거나, Twitter 같은 곳에 경험에 대한 이야기를 공유한다. 기업들은 이러한 온라인 커뮤니티에 작성된 피드백을 모니터링함으로써, 신제품이나 기존제품의 변화에 대한 아이디어를 찾는다. 많은 기업들은 자사의 온라인 커뮤니티를 구축하고 기업이 관심 있는 주제에 관한 대화에 집중한다.

Staples는 고객들이 우편물을 부엌에서 열어보는 행동을 관찰하고, 외관을 주방기구처럼 보이도록 만들고 스테인리스 분쇄기인 Mailmate를 고안하였다.

특히 고객 의견을 청취하는 성공적인 전략은 시장선도자(lead users)를 분석하는 것인데, 시장선도자는 스스로 필요한 욕구를 충족시키기 위해 생각해낸 아이디어를 적용하여 기존 제품을 수정하는 혁신 제품 사용자이다.[43] 만일 시장선도자가 기업의 제품을 자신이 원하는 대로 제작하면, 다른 소비자들도 이를 원할 것이다. 시장선도자를 연구하는 것은 기업이 일반적인 시장에서 곧 유행할 것을 알아내는데 도움이 된다. 의류 제조업자와 유통업자는 혁신적인 유행선도자(trendsetters)가 그들 자신의 신발이나 의류를 변화시키는 방법을 관찰함으로써 새로운 유행을 목격한다. 패션 청바지 디자이너들은 길거리에서 발견하는 영감에 따라 제품을 다양한 방법으로 제작한다. 어떤 계절에는 찢어진 청바지가, 다음 계절에는 얼룩이 있는 청바지를 제작하게 된다.

아이디어 발굴 단계의 막바지에서 기업은 다음 단계인 콘셉트 테스팅을 진행할 몇 가지 아이디어를 결정하여야 한다.

콘셉트 테스팅

경쟁력을 가지고 있는 아이디어는 콘셉트(Concepts)로 개발되는데, 콘셉트는 제품을 간략하게 설명하기 위한 제품의 기술, 작동원리와 형태, 고객의 욕구를 만족시키는 것 등을 의미한다.[44] 콘셉트는 제품의 외관의 이미지도 포함한다.

콘셉트 테스팅(Concept Testing)은 잠재구매자의 반응을 보기 위해서 콘셉트에 관한 설명을 잠재구매자나 사용자에게 보여주는 과정을 의미한다. 고객의 반응은 개발자가 제품이나 서비스의 판매량을 측정할 수 있게 하고, 판매량을 높일 수 있도록 수정도 가능하게 만들고, 아이디어를 더 발전시킬 가치가 있는지를 결정하게 한다.[45] 만일 콘셉트가 소비자의 기대를 충족시키지 못한다면, 이 제품이 생산되어 시장에 출시되어도 성공할 가능성은 낮을 것이다. 콘셉트 테스트는 신제품을 시장에 출시하는 과정 가운데에서 가장 앞단에 위치하고 있고, 실제 제품이 만들어지기 전이기 때문에 기업은 불필요한 제품 개발에 드는 비용 지출을 피할 수 있다.

혁신적인 소비자들은 시장선도자라고 불리는데, 그들은 기존제품에 자신의 욕구를 충족할 수 있는 아이디어를 적용하여 제품을 변화시킨다.

전동스쿠터의 콘셉트는 다음과 같이 작성될 수 있다.

이 제품은 빌딩이나 대중교통을 이용할 수 있도록 쉽게 접히는 가벼운 전동스쿠터이다. 무게는 25파운드이다. 시간당 15마일의 속도를 낼 수 있으며 한번 충전하면 12마일을 달릴 수 있다. 재충전을 위해서 약 2시간 정도가 소요된다. 쉽게 운전할 수 있다—엑셀러레이터 버튼과 브레이크 버튼만 사용하면 된다. 가격은 299 달러이다.[46]

콘셉트 테스트는 8장에서 설명한 조사 기술에 따라 진행된다. 기업은 콘셉트를 테스트하기 위해 심층인터뷰나 포커스그룹 인터뷰 등과 같은 탐색적 조사방법을 사용할 수 있고, 인터넷이나 대면조사와 같은 확인적 연구 조사방법을 수행할 수 있다. 판촉용 제작비디오는 시제품을 보여줄 수 있고 잠재고객이 제품이나 서비스를 평가할 수 있도록 한다. 몰 인터셉트 조사에서 질문자는 응답자에게 제품 콘셉트를 설명하고 몇 가지 질문을 통해 응답을 듣는다. 가장 중요한 질문은 응답자의 구매의도와 관련 있다. 마케터는 현재 다른 제품이 만족시키지 못하는 욕구를 본 제품이 충족시키는가를 반드시 물어보아야 한다. 제품이나 서비스의 유형에 따라, 조사자들은 예상되는 구매횟수, 지출 가능한 비용, 본인이 사용할지 혹은 선물로 구매할지, 언제 구매할지, 가격정보가 제품의 가치를 대표하고 있는지에 관해서 질문할 수 있다. 마케터는 보통 해당 제품에 가장 관심을 보일 가능성이 높은 소비자 집단을 분석할 수 있도록 고객에 관한 정보를 수집한다.

특히 응답자가 관심이 없을 때 일부 콘셉트들은 콘셉트 테스트 단계를 통과하지 못한다. 그러나 잠재고객들로부터 매우 높은 평가를 받은 콘셉트들은 다음 단계인 제품개발 단계로 넘어간다.

제품 개발

Ben&Jerry 아이스크림은 제품이 가지고 있는 맛과 느낌을 확인하기 위해서 자사 직원을 대상으로 알파테스팅을 진행한다.

제품 개발(Product Development) 또는 제품 설계(Product design)는 제품의 형태나 특징을 개발하기 위해서 공학, 제조, 마케팅, 경제적 요인들을 고려하는 과정을 수반한다. 엔지니어링 팀은 물질이나 기술에 관한 지식과 사전 콘셉트 테스트 단계에서 발견된 점들을 기반으로 시제품을 개발한다. 시제품(prototype)은 신제품의 주요 특징을 가지고 있지만 때로는 목각으로 만들어져서 견고하지 못하고 간략한 형태로 구현한 초기 제품이다.[47]

시제품은 항상 알파나 베타로 테스트된다. 알파테스팅(alpha testing)에서, 기업은 제품이 설계대로 구현되는지, 제품의 의도대로 욕구를 충족시키는가를 밝혀내는 시험이다.[48] 잠재고객에게 테스트하기 보다는 기업의 R&D 부서 팀원을 대상으로 실시한다. 예를 들어, Ben&Jerry's 아이스크림 알파테스트는 발몬트에 있는 본사 직원을 대상으로 새로운 맛을 시험한다.

특히 제약이나 화장품과 같은 제품의 알파테스팅이 동물을 대상으로 행해질 때, 많은 사람, 고객집단, 정부기관은 관심을 가지고 우려를 한다.

대조적으로 **베타테스팅(beta testing)**은 제품의 기능, 성능, 잠재적 문제, 특별히 사용시 발생하는 문제를 알아내기 위해 "실제 사용" 환경에서 시제품을 실험하기 위해서 잠재고객을 대상으로 한다. 기업은 사용자에게 제공할 시제품을 개발하고, 제품이 의도대로 작동하는지 확인하고 해결책이 필요한 부분을 식별하기 위해서 설문조사를 이행한다.

가전제품 제조사인 Kimberly-Clark는 베타테스팅 단계에서 가상테스트를 사용한다. 소비재 기업은 실제 인테리어 등을 설치하여 실제 쇼핑환경을 모방한 가상의 점포를 사용한다. 시선추적 장치는 자극을 통해 조사하기 위해서 특정 제품을 선택하도록 하고 가상점포에서 쇼핑하는 고객의 움직임을 기록한다. 그 결과 소비재 기업들은 실제 제품을 생산할 필요도 없고, 경쟁자에게 기밀을 노출하지도 않으면서 실제결과와 유사한 제품의 싱공과 실패를 판단힐 수 있다.[49]

시장조사

기업은 신제품이나 서비스를 개발하고 시제품을 테스트 한다. 신제품에 대한 시장 테스트는 trial batch 제품을 테스트 하고, 이러한 테스트는 시판전 테스트(premarket testing)와 시험시장조사(test marketing)의 두 가지 형태가 있다.

시판전 테스트 기업들은 실제 제품을 시장에 출시하기 이전에 얼마나 많은 고객들이 제품을 사용하고 지속적으로 사용할지를 알아보기 위해서 일부 소규모의 잠재소비자를 대상으로 **시판전 테스트(Premarket Tests)**를 수행한다. 가장 잘 알려진 고객반응 예측 프로그램은 Nielsen BASES 프로그램이다. 데스트가 진행되는 동안, 잠재고객들은 광고와 같은 마케팅 방법에 노출되고 이후 제품을 사용해 볼 수 있는 기회가 주어진다.[50] 잠재소비자가 제품을 사용하는 동안, 그들은 제품을 재구매할 의향이 있는지에 관해 조사되는데, 이때 조사는 고객들의 재구매 가능성을 예측한다. 이러한 결과로부터, 기업은 신제품을 시장에 출시할지, 폐기할지, 재설계할지, 마케팅 전략을 수정할지 결정가능하게 하는 판매 추정치를 획득하게 된다. 이와 같은 초기 시장 평가—즉, 제품이 전체 시장에 출시되기 이전—는 제품이 시장에서 실패할 때 발생할 수 있는 비용을 절감시켜준다.

때때로 기업은 모의로 제품이나 서비스를 출시하는 데, 이 경우 잠재고객들은 현재 구매가능한 제품의 광고와 새로운 제품에 대한 광고를 시청한다. 소비자들은 모의 웹사이트, 상점과 같은 가상의 환경에서 제품을 구매할 수 있도록 돈을 지급받고 쇼핑을 한 이후 조사가 진행된다. 이 테스트는 신제품에 대한 시용 비율뿐 아니라 기업의 광고 효과성도 판단할 수 있다.

시험시장조사 신제품의 성공을 결정하는 방법으로서 **시험시장조사**는 전국적으로 제품을 출시하기에 앞서 일부지역에 제품을 소개하는 것이다. 이 방법은 제품의 성공여

새로운 Nano 는 2,000 달러로 시장에 소개되었다. Honda Civic보다 가볍고, 연비는 1갤런으로 56마일이며, 최고 시속 60마일을 올리는데 23초 걸린다.

부의 예측이 비교적 정확한데, 기업은 모의 테스트보다 신뢰도가 높은 실제 구매 행동을 조사할 수 있기 때문이다. 시험시장조사에서는 모든 마케팅 믹스를 적용 한다. 기업은 마치 전국적으로 출시한 것처럼 보이기 위해 실제 목표 유통업체에 제품을 출시하고 광고와 쿠폰과 같은 프로모션 전략을 시행한다. 결과를 통하여 기업은 전체 시장의 수요를 추정할 수 있다.

시험시장조사는 시판 전 테스트와 비교하여 비용이 많이 들고 시간도 더 오래 걸리며, 경쟁사에 제품의 장단점에 대해 알리게 되는 결과를 초래할 수도 있다. 이와 같은 이유로 일부기업들은 비용이 많이 드는 고객 조사 단계 없이 직관과 본능에 따라 제품을 출시하게 될 수도 있다.[51]

제품출시

만일 시장조사 결과 긍정적인 결과가 도출된다면, 기업은 제품을 전체 시장에 출시할 준비를 하게 될 것이다. 이 단계는 신제품 출시에서 가장 중요한 단계로 엄청난 자금과 모든 마케팅 믹스 전략이 투입된다. 예를 들어, Tata Motors'가 인도 자동차 시장에, 2,000 달러 정도의 저렴한 Nano automobile을 출시하기 위해서, 비록 시장은 훨씬 더 컸지만, 1년 생산량을 500,000대로 제한하여야만 했다. 그 이유는 단순한데 시장에 출시할 자금이 부족했기 때문이다.[52] 만일 신제품 출시가 실패할 경우, 이를 회복하기가 어려울 것으로 판단했기 때문일 것이다.

제품출시에 필요한 것은 무엇일까? 우선, 기업이 수행한 소비자 인식에 관한 시장조사와 경쟁 환경을 고려하여, 기업은 제품 목표시장 설정, 포지셔닝 방법을 결정하여야 한다. 이후 기업은 출시 1년 동안 소요될 마케팅 예산을 포함하여 신제품에 적용할 마케팅 전략을 결정하여야 한다.[53]

프로모션 시장조사결과는 기업이 목표시장에 대해 커뮤니케이션 전략을 결정하는 데 도움을 준다.[54] 신제품 프로모션은 공급사슬에 있는 각각의 업체와의 협력이 요구된다. 만일 제품이 유통업체에 의해 판매되거나 재고관리가 되지 않는다면, 소비자에 대한 프로모션이 소용없게 된다. 도매업자나 소매업자가 신제품을 구매하도록 프로모션하는 판매촉진(Trade promotion)은 판촉행사 가격(Introductory price promotion), 행사, 방문판매(personal selling)를 결합하여 진행한다. 판촉행사 가격(Introductory price promotion)은 신제품을 시용해 볼 수 있는 인센티브를 유통업체에게 제공하도록 설계되었으며 한시적으로 정상가격보다 낮은 가격으로 제공한다. 제조업자들은 신제품 출시 기념행사, 특별전시, 아카데미 어워드(Academy Awards)와 같은 흥미로운 이벤트 등을 진행한다.

구매자들에게 새로운 제품을 노출시키기 위한 다른 방법은 상품전시회(Trade show)로, 유통업체에게 한시적으로 관련 시장의 제품들을 둘러볼 수 있는 기회를 제공하는 것이다. 의류시장에서 상품전시회에 해낭하는 것은 패션위크인데, 의류 제조업자들이 유통업체를 만날 수 있는 기회를 가지고, 신제품을 소개하기 위한 패션쇼를 진행하는 것이다. 마지막으로, B2B 판매의 경우, 방문판매(personal selling)가 유통업자들이 자사의 제품을 구매하도록 하는 가장 효율적인 방법이다.

제조업자들은 신제품의 수요를 발생시키기 위해서 소비자를 대상으로 촉진활동을 시행한다. 만일 제조업자가 고객의 수요를 창출하고자 한다면, 유통업체에게 요청하고 그 결과 유통업체가 제품을 판매하도록 유도한다. 이 방법은 종종 단기 가격 인하, 쿠폰, 혹은 리베이트와 결합된다. 일부 제조업자는 제품 출시 이전에 잠재고객에게 흥미를 유발시키고, 수요에 맞는 공급량을 측정하기 위한 목적으로 신제품 프로모션을 진행한다. 예를 들어, 자동차나 모터사이클 제조업자는 고객이 직접 제품을 인도 받을 수 있는 날짜보다 몇 달 이전부터 광고를 진행한다.

다소 복잡하고, 신개념의 제품의 경우, 고객에게 상대적으로 복잡하지 않고 익숙한 제품과 비교하여 더 많이 얻을 수 있는 제품의 혜택에 관한 정보를 제공하여야 한다. 텔레비전, 컴퓨터, 모바일폰의 LCD 화면을 개선할 수 있도록 개발된 퀀텀닷(quantum dot) 기술은 일반 소비자가 쉽게 이해할 수 있는 기술이 아니다. 하지만 마케터들은 에너지효율, 배터리 수명, 혁신적인 기술을 적용한 선명한 천연색 화질 등 장점을 강조함으로써 소비자들이 제품을 선택하도록 촉진하였다.[55] Apple의 직원인 Geniuses들은 신기술을 적용한 제품을 출시하는 동시에 매장에 배치되어 고객들의 질문에 응답하도록 교육을 받기도 한다.

유통 제조사들은 신제품의 배송과 재고관리에 대해서 유통업체와 협력한다. 유통업체는 고객들이 상점에서 제품을 바로 구매할 수 있도록 지원하고, 수요를 충족시킬 수 있을 만큼의 충분한 재고를 보유하여야 한다. 제조사들은 유통업체와 다음과 같은 사항을 결정한다.

- 제품은 유통업자의 물류센터에 저장하는가? 혹은 상점에 재고를 보유하는가?

- 운송되어야 할 초기수량과 재고 보충 수량은 얼마나 되는가?
- 재주문 결정에 제조사가 참여하여야 하는가?
- 제품은 상점에 쉽게 진열되도록 개별 포장이 되어야 하는가?
- 제품의 가격은 제조사에서 부착하는가? 유통업체가 부착하는가?
- 제조사는 점포내 제품의 유지보수에 관여하여야 하는가?

가격 신제품 프로모션과 마찬가지로, 가격을 결정하는 것도 공급체인에 속해있는 기업들과 함께 결정되어야 한다. 제조사들은 11장과 12장에서 논의될 기본적인 요인들에 기초하여 고객들에게 판매할 가격을 결정하여야 한다. 제조사들은 유통업체에 **생산자 권장가격(manufacturer's suggested retail price, MSRP)**이라고 불리는 특별 가격에 판매를 한다. 유통업체가 MSRP를 원하지 않을지라도, 제조사는 유통업체에게 프로모션 비용의 일부만 지급한다던지, 수긍하지 않는 유통업체에게 상품을 배송하지 않는 방법 등을 사용하여 혜택을 보류할 수 있다. 제조사는 초기에 높은 MSRP로 판매를 하다가 시간이 지남에 따라 가격을 점점 더 낮추고 이후 다시 가격을 높이는 전략을 적용한다.

MSRP를 확정할 때, 제조사들은 유통업체에게 판매할 제품의 가격을 고려한다. 유통업체들은 제품 각각에서 이익을 창출하여야 하고, 제조업자들로부터 **입점공제(slotting allowance)**를 받을 수 있는데, 이는 단순히 신제품을 점포에 입점시키거나 해당제품을 소비자의 눈에 띌 수 있는 선호되는 장소에 진열하는 대가이다.

시기 제품 출시 시기는 매우 중요한데, 이는 해당 제품에 따라 다르다.[56] 할리우드(Hollywood)의 제작사는 일반 관람이(전체 관람 영상등급) 가능한 영화는 아이들이 방학을 하는 여름에 개봉하는 경우가 일반적이다. 신형 자동차모델은 전통적으로 9월에 출시하고 의류제품은 해당 계절 직전에 출시한다.

성과평가

만일 시장 제품이 시장에 출시된 이후, 마케터들은 제품과 제품의 출시가 성공인지 실패인지, 추가하여야 할 마케팅 믹스 전략을 무엇인지 등을 결정하기 위해 출시 이후 점검을 수행하여야만 한다. 대다수 기업들은 신제품 출시 전 시험시장조사 단계 동안 제품의 성공가능성을 높이기 위해 패널데이터를 사용한다. 고객패널데이터는 가구별 영수증 스캔을 통해 수집된다. 이 정보는 개별 가구에서 최초구매와 재구매를 측정하는데 사용된다. 이러한 데이터를 통해, 시장 수요가 추정되고, 기업은 가장 적합한 마케팅 전략을 찾을 수 있게 된다. 일부 제품은 제품 초기 단계에서는 불가능한데, 특히 돌이켜 생각해보면 터무니없는 제품들로 애완견을 위한 휴대용물이나 Harley-Davidson 향수[57]와 같은 제품이다.

이 단계로 넘어온 제품의 경우, 기업들은 제품의 성공을 (1) 성능과 같이 기술적 부분에 대한 만족, (2) 고객수용, 그리고 (3) 판매나 이익과 같은 기업의 재무적 부분 만족 등의 세 가지 요인으로 측정할 수 있다.[58] 만일 제품의 충분히 기능하지 못한다면, 고객

우량 서비스 사례 10.1 Freestyle은 어떻게 모든 사람들을 만족시켰나[59]

Coca-Cola는 New Coke 제품의 실패를 완전히 만회하지는 못했지만, 최근 혁신적인 제품 Free-style machine은 출발이 좋은 것 같아 보인다. Coca Cola 자판기의 출시로, Coca-Cola는 고객에게 여러 가지 맛을 선택할 수 있는 경험을 제공하였다. 제품출시의 결과는 이해당사자에 따라 다음과 같다.

고객에게, Freestyle 자판기는 고객들이 선호하는 카페인, 맛, 칼로리를 선택할 수 있도록 한다. 예를 들어, 모든 기기에는 90가지의 디카페인 옵션이 있다.

음식점, 편의점과 같은 공급 피트너들에게, 자판기는 하이테크 능력을 제공한다. 컴퓨터 소프트웨어는 글로벌 공급체인과 모든 자판기를 연결하는 데, 이는 즉각적인 원료 공급을 가능하게 하고 이는 실제로 품절 상황을 거의 만들지 않는 다는 것이다. 또한 새로운 수입처가 된다.

Coca-Cola에게, Freestyle 자판기 소프트웨어는 정확하게 각각의 기계에서 정확히 필요한 재고를 주문할 수 있도록 추적한다. 어떤 자판기에 재공급을 하여야하고, 어떤 시장에서 어떤 고객이 선호하는 것이 무엇인지도 알려준다. 그러면 고객이 스스로 제공한 정보에 기초하여 보다 정확하게 목표를 향한 광고가 가능하다.

지역사회입장에서, Freestyle 자판기는 Coca-Cola의 슬로건 "Live Positively"를 실현한다. 자판기 안에 있는 카트리지는 친환경(LEED gold) 인증을 받았다. LEED는 Leadership in Energy and Environmental Design의 약자이다. LEED는 건물, 집, 지역사회 또는 제품이 환경 친화적인 분야(물 절약, 에너지효율, 환경 친화적인 제품의 사용)에서 높은 성과를 성취할 수 있는 방법으로 디자인하고 건축한다는 것을 독립된 제3자 기관이 인증한 것이다.[60] 자판기 음료에 들어가는 시럽의 양은 매우 효율적인데, 일반 제품보다 30%를 절감할 수 있다. 공급체인을 위한 운송비 비용절감 뿐만 아니라 인간이 생태계에 요구하는 것들도 절감할 수 있다.

Coca-Cola 자판기는 고객들이 선호하는 카페인, 맛, 칼로리를 선택할 수 있도록 한다.

수용의 결과는 낮을 것이고, 이는 불만족스러운 재무적 성과를 초래하게 된다.

연속되는 신제품개발 과정은 연쇄적인 실패를 피할 수 있도록 노와준다. 〈우량 서비스 사례 10.1〉에서 Coca-Cola 사례는 이를 설명하고 있다. 다음 단락에서 다루게 될 제품수명주기는 마케터가 제품 출시 이후 마케팅 믹스 전략을 관리하는 데 도움이 된다.

제품수명주기

LO4 제품수명주기를 설명한다.

제품수명주기(The Product Life Cycle)는 제품이 시장에 진입하고, 성장하고, 시장에서 퇴출되는 단계를 의미한다. 마케터들이 전략적 계획을 수립하는 시작 지점이 바로 제품수명주기이다. 수명주기의 단계는 오늘날 유기농 제품이나 친환경제품이 성장 단계에 위치하는 것을 통해 건강한 식생활이 유행이라는 것을 알 수 있듯이 시장의 동향을 반영한다. 그림 10.6에서는 시간이 지남에 따라 매출액과 이익을 포함한 전형적인 제품수명주기를 설명하고 있다. 수명주기 동안, 제품은 4단계의 과정(도입기, 성장기, 성숙기, 쇠퇴기)을 거치게 된다. 특정 제품이 처음으로 시장에 출시되었을 때, 제품은 도입기(introduction stage)에 진입하게 된다. 성장기(growth stage)에서 제품은 시장에

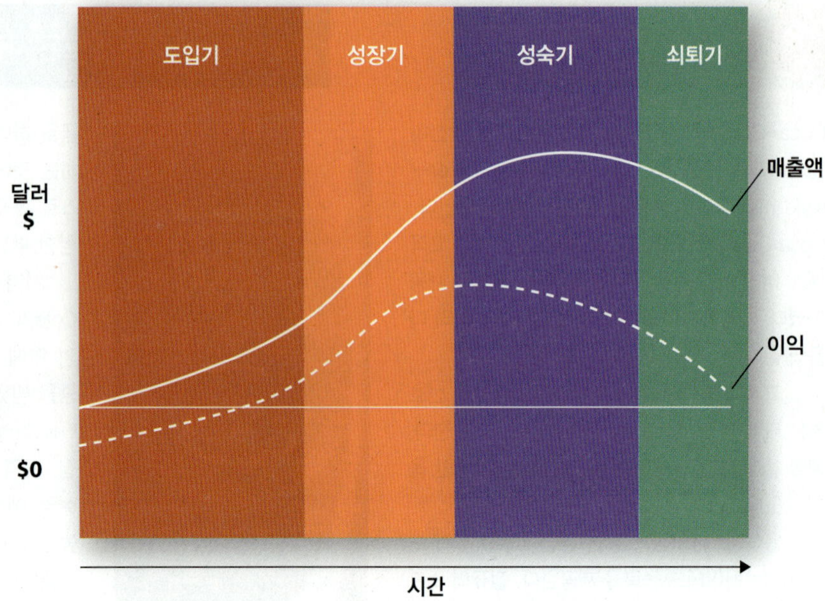

그림 10.6 제품수명주기

수용되고, 수요와 매출은 증가하게 되면, 해당 제품군의 경쟁자가 다수 등장하게 된다. 성숙기(maturity stage)에서는 매출이 정점에 이르게 되므로, 기업들은 새로운 기능을 추가하거나 리포지셔닝과 같은 방법을 통해 제품에 변화를 주어야 한다. 이러한 노력이 성공하면 제품은 새로운 수명을 얻는다.[61] 그렇지 않으면 제품은 쇠퇴기(decline)로 들어가고 궁극적으로 시장에서 퇴출된다.

모든 제품이 동일한 제품수명주기 곡선을 따르는 것은 아니다. 가전제품과 같이 다수의 제품들은 오랜 기간 동안 성숙기에 머물게 된다. 제조사들은 식기세척기나 세탁기에 새로운 기능을 추가하게 되는데, 성숙단계의 제품들이 쇠퇴단계에 진입하기를 원하지 않는다면 제품들은 혁신적이고 뛰어난 해결방안을 내놓아야 한다.

제품수명주기는 관리자가 제품의 주기 상 요구되는 전략을 분석하기에 유용한 도구이다. 그림 10.7의 요약과 같이 기업의 마케팅믹스(4P)전략은 제품수명주기 각 단계의 특성에 의해 채택되어진다.

각 단계에 대해 자세히 살펴보자.

	도입기	성장기	성숙기	쇠퇴기
매출액	낮음	증가	최고조	감소
이익	적자 혹은 저조	급격히 증가	최고조	감소
소비자유형	혁신자	조기수용자 조기다수자	후기다수자	최종수용자
경쟁사 및 제품	1개 또는 소수	소수이지만 증가	다수의 경쟁사와 제품	소수의 경쟁사와 제품

그림 10.7 제품수명주기 단계별 특징

도입기

새롭고 혁신적인 제품의 진입단계는 일반적으로 단일 기업에서 시작하고, 혁신자는 새로운 제품을 사용해보고자 하는 사람들이다. 세상에 처음으로 등장하는 제품들은 해당 제품군이나 산업을 정의하는 제품으로, 전화기(1876년 알렉산더 그레이엄 벨), 반도체 트랜지스터(1947년 벨연구소), 워크맨카세트플레이어(1979년 Sony), 인터넷브라우저(1994년 Netscape), PDA(1996년 Palm), iTunes(2001년 Apple), Facebook(2004), Blu-Ray(2006년 Sony), 그리고 iPad(2010년 Apple)를 들 수 있다. 시장을 창출해내는 신제품의 생존가능성과 상업화 성공가능성을 살펴본 이후, 곧 다른 기업들은 유사한 제품이나 성능이 개선된 낮은 가격으로 제품으로 시장에 진입한다. 이러한 형태는 의류, 음악, 청량 음료과 같이 혁신성이 낮은 제품군에서 나타난다. 도입단계는 높은 창업비용과 제품이 시장에 출시된지 얼마 되지 않아 판매수준이 낮기 때문에 기업의 초기손실로 특징 지워진다. 만일 제품이 성공한다면, 기업은 도입단계의 끝부분에 이르러 이익을 내기 시작할 것이다.

성장기

제품수명주기의 성장단계는 다수의 제품 채택자의 등장, 급속한 성장, 경쟁자의 증가, 다수의 유사제품으로 특징 된다.[62] 시장은 점점 세분화되고, 고객선호가 다양해지는데, 이는 새로운 잠재 시장이나 제품의 새로운 이용방법이 등장한다.[63]

성장단계 동안, 기업들은 고객 선호를 연구하고 다양한 제품을 생산-다양한 색깔, 유형, 특징-함으로써 새로운 고객에게 접근하고자하고, 이는 시장을 정확하게 세분화하는 것을 가능도록 한다. 이러한 시장세분화의 목표는 경쟁에서 살아남기 위해 판매증가를 이끌고, 기업의 브랜드를 확고하게 정립하는 것이다. 예를 들어, 다수의 식품제조사들은 고객들이 유기농 제품을 떠올릴 때 첫 번째로 생각나는 브랜드가 되기 위해 열심히 노력한다. Del Monte는 자사의 칼리지인(College Inn) 브랜드 라인의 닭고기스프와 함께 유기농 토마토, 통, 옥수수 통조림을 출시한 첫 번째 기업이다. 해당 캔제품은 제품 전면에 "유기농"과 "무농약"으로 특징지었다. Del Monte의 제품이 생산된지 100년이 넘었지만, 기업은 유기농 시장에 새롭게 진입했고, 차별화된 매력을 정립하기 위해 노력하였다.[64]

성장단계에서 생산과 마케팅 비용—특히 프로모션과 광고—과 관련하여 규모의 경제를 실현할 수 있기 때문에 기업은 매출과 이익이 증가한다. 동시에 아직 시장에서 입지를 확고히 하지 못한 기업은 "구조조정(industry shakeout)"으로 알려진 퇴출을 결정하여야 한다.

성숙기

제품수명주기의 성숙단계의 특징은 후기다수자들이 제품을 수용하고 기업 간 시장 점유를 위해 경쟁이 심화되는 것이다. 경쟁사에 대항하여 시장 점유율을 방어하여야 함으로 마케팅 비용(프로모션, 유통 등)이 증가하게 된다. 제품수명주기의 두 번째 단계

다이아몬드를 첨가하는 것이 머리카락의 상태를 개선시키는가?

를 지나는 동안 제품의 평균가격이 상당히 감소함에 따라 심화된 가격경쟁에 직면한다. 낮은 가격과 늘어난 마케팅 비용은 많은 기업의 이윤을 약화시키기 시작한다. 성숙단계 후기로 갈수록, 시장은 포화되고, 실질적으로 해당 제품의 모든 잠재 소비자는 이미 제품을 구매하였다. 이와 같은 성숙시장은 선진 국가에서 일반적이다.

미국에서, 식료품점이나 할인점에 있는 대다수의 포장 제품들은 이미 성숙단계에 있다. 예를 들어, 이미 안정된 헤어케어 제품 시장에서, 소비재 생산 기업들은 성숙단계에서 자사제품의 포지션을 유지하는 기간을 연장하고, 자사의 제품을 눈에 띄도록 만들기 위해 지속적으로 혁신을 하기 위해서 노력하고 있다. Nivea는 Diamond Gloss 브랜드 제품 계열에 실제로 다이아몬드를 갈아서 넣었다. Diamond Gloss 제품을 사용하는 여성들은 "충분히 빛나는", "더욱 반짝이는"과 같이 그들의 머리카락을 더욱 반짝이고 건강한 머리카락으로 보이도록 약속받는다. 다이아몬든 조각이 헤어 건강을 개선해주지 못할 경우에 대비하여 기업은 해당 불평을 피하기 위해 노력한다. 다이아몬드 그 자체를 강조하기 보다는 머리카락에 닿았을 때 다이아몬드와 같은 반짝임을 준다는 것을 약속하고 있다.[65]

이 같은 사례에서 보듯이, 기업은 성숙단계 동안 고객을 확보하거나 시장 점유률을 유지하고자 다양한 전략을 시행한다.

성숙기 시장에서 판매를 창출하기 위해서, Dial Corporation는 자사의 핵심고객의 이탈 없이 비용을 절약하는 동시에 프리미엄 제품을 사용하길 원하는 새로운 고객 집단을 목표로 하는 세제, 섬유유연제, 정전기 방지가 가능한 종이형태의 세제를 개발하였다.

새로운 시장이나 고객집단에 진입 시장이 포화되었기 때문에, 기업들은 아직은 포화되지 않은 글로벌 시장과 같은 새로운 시장으로 진입을 시도한다. 예를 들어, Whirlpool은 브라질, 중국, 인도 증 저소득 국가를 대상으로 미국보다 저렴한 세탁기를 생산 한다.[66] 대다수의 개발도상국에서, 높은 비중을 차지하는 중산층 가구는 몇 세기동안 미국이 기준이 되어왔던 가구 및 가전제품 등을 구매하기 시작하였다. 인도의 4억 7천8백만 명의 중산층 소비자들이 한 해 동안 1,000억 달러를 소비재를 구매하는 데 사용했다.[67]

한편 성숙시장에서 기업들은 새로운 소비자 집단을 찾을 수 있다. 세탁은 일상적인 집안일로 대다수 사람들이 싫어하는 행위이지만, 동시에 엄청난 마케팅 기회가 있다. 정제형 세제가 대중적이지 않은 미국에서(미국인들은 양을 조절할 수 있는 액체형을 선호한다), Dial는 종이형태의 섬유유연제와 비슷한 종이형태의 세제를 개발하였다. 3-in-1제품은 세제, 섬유유연, 정전기 방지의 세 가지 기능을 포함한다.[68] 세 종류 세제의 프리미엄 브랜드 버전을 구매하는 것보다 저렴하다. Dial는 자사 핵심고객의 이탈 없이 프리미엄 제품을 사용하는 동시에 비용을 절약하고자 하는 고객 집단을 목표로 하고 있다.

신제품 개발 시장의 성숙에도 불구하고, 심화된 경쟁으로부터 자사의 시장을 보호하기 위해 기업들은 지속적인 혁신과 확산을 할 필요가 있고, 기업들은 기존 제품에 기능을 개선하고 새로운 활용법을 추가함으로써 지속적으로 신제품을 개발한다. 3M, P&G, Hewlett-Packard와 같은 기업은 지속적으로 신제품을 소개한다. 이 같은 기업에 의한 혁신은 기업이 각 분야 시장 점유률을 유지하거나 성장시킬 수 있도록 보장해준다. KFC는 다양한 종류의 프라이드 치킨을 구성하는 제품계열을 위해 전문가를 고용하고, 성숙 단계 시장에서 상대적으로 혁신적인 제품계열인 Kentucky Grilled Chicken을 개발하였다.[69] 오랜 기간 동안 축하 카드 시장에서 명성을 가진 Hallmark도 다양한 혁신을 시도하였다.

쇠퇴기

제품수명 쇠퇴단계의 제품을 생산하는 기업은 보수적인 고객이나 특별한 욕구를 가진 고객 집단을 찾아 포지셔닝하거나 시장에서 철수하여야 한다. 아직 해당제품을 사용하지 못한 일부 최종수용자(Laggards)는 쇠퇴기에 처음으로 진입한다. 레코드판(LPs)을 예로 들어보자. 음악을 인터넷으로 다운로드가 가능한 시대이지만, 음악을 사랑하는 사람들에 의해 음악파일이나 CD의 디지털 소리보다 레코드판만의 독특한 소리에 대한 수요가 증가함에 따라 최근 몇 년 전부터 레코드 제조사는 즐거움을 누리고 있다. 그럼에도 불구하고 지난해 미국에서 390만개의 LP판이 판매되었는데, 12.7억번의 디지털 다운로드와 비교하여 여전히 판매가 많은 것은 아니다. LP판의 홈이 음파를 만들어내는데, 라이브로 듣는 소리와 비슷한 음파이며, 이는 LP판이 나이트클럽의 DJ가 틀어주는 양질의 소리를 제공하고, 음악 청취자나 수집가들은 항상 이러한 소리를 선호하게 될 것이다.[70]

이러한 지속적인 수요가 존재하는 것은 LP판만 가능했던 디지털 이전 시대의 앨범이 너무 많았다는 사실이다. 과거 세대의 모든 음악들이 디지털화되기 위해서는 수년, 심지어 수십 년이 걸릴지도 모른다. 그 날이 올 때까지, 턴테이블 제조업자와, 맨하탄의 Music Connection과 같은 소규모의 레코드사, Premier Crue Music과 같이 신생 레코드사는 지속적으로 LP수요가 있는 시장에 남아있을 것이다.[71]

제품수명주기 곡선의 모양

제품수명주기 이론에 따르면 곡선 모양은 매출액과 이익으로 결정된 종모양으로 나타난다. 그러나 실제로, 각각의 제품이나 서비스 군에 따라 상이한 모양을 가지고 있다. 현재 시장에 제공하는 제품군과 얼마나 차별화되는지 그리고 고객에게 얼마나 가치가 있는가에 따라 일부 제품군은 타제품에 비해 곡선이 급격하게 나타나거나, 고객들이 빠르게 채택하는 신제품이나 서비스는 제품수명주기의 매우 초기에 높은 고객 채택률을 나타내고 나머지 단계에서도 빠르게 진행하는 양상을 나타낸다.

예를 들어, DVD 플레이어와 DVD는 VCR제품과 비교하여 생명주기의 모든 단계에 걸쳐 빠르게 진행하는 모습을 보였고, 빠른 속도로 성숙 단계에 도달하였는데, 이미 VCR을 소유한 소비자들은 TV프로그램을 녹화하는 방법이나 영화나 프로그램을 켜는 방법에 대해 익숙했기 때문이다. VCR고객이 DVD기술로 전환하는 것은 매우 쉬운데, DVD는 내구성이 높고 비디오 테이프 보다 다방면에서 성능이 개선되었기 때문이다. 마지막으로, DVD와 DVD 플레이어의 가격은 VCR과 비교하여 매우 빠르고 대폭으로 떨어졌다.

제품수명주기에 따른 전략: 주의사항

비록 제품수명주기가 관리자들이 제품주기의 각 단계에 실행하기를 원하는 전략에 대해 생각는 시작점은 될 수 있지만, 이러한 방법을 적용할 때 주의를 요한다. 제품수명주기를 적용할 때 가장 주의하여야할 부분은 관리자들은 해당 제품의 적합한 제품수명주기를 정확하게 알지 못하기 때문에, 자사 제품이 정확히 어느 단계에 위치하는지 알지 못한다. 예를 들어, 만일 제품이 여러 시즌 동안 판매 감소를 겪고 있다면, 담당자는 아마도 제품이 성장단계에서 쇠퇴단계로 접어든다고 확신하고 제품의 프로모션의 중단을 결정할 수 있다. 그 결과 당연히 추가적인 판매 감소로 이어질 것이다. 관리자는 제품이 미리 결정된 제품수명주기에 따라 제품이 이동하고 있기 때문에 올바른 결정을 했다고 생각하게 된다. 하지만, 만일 판매의 감소가 적절하지 못한 전략이나 경쟁의 증가와 같은 이유라면 어떻게 하는가? 이와 같은 경우 제품수명주기 결정은 왜곡된 판단을 사실로 여기게 되는 자기충족적 예언(self-fulfilling prophecy)이며, 성장가능한 제품은 불필요한 쇠퇴를 경험하게 된다.[72]

다행히도, 수십 개의 소비재 데이터를 기초로 하는 최근 연구에서 제품수명주기 개념은 타당한 방법이고, 새로운 분석 도구는 제품수명주기에서 중요한 터닝포인트를 알아낼 수 있는 "규칙"들을 제공하고 있다.[73]

요점 정리

LO1 기업이 신제품을 개발하는 이유를 설명한다.
기업은 고객욕구의 변화, 시장포화로 인한 제품 판매의 감소, 위험의 분산 그리고 매출의 대부분이 신제품에서 창출되는 의류, 도서, 소프트웨어 시장과 같이 짧은 제품수명주기에 대응하기 위해서 혁신이 필요하다.

LO2 혁신 확산 이론이 설명하는 채택자 그룹을 설명한다.
혁신확산이론은 기업들이 어떤 유형의 고객이 제품을 가장 먼저 혹은 가장 나중에 구매할지 예측하는 것을 돕는다. 혁신자는 신제품이 서비스를 가장 빨리 구매하고자 하는 구매자들이다. 조기수용자는 혁신자가 감수하는 만큼의 위험을 감수할 의지가 없으며, 사용 후기를 검토하여 제품을 구매한다. 조기다수자는 위험을 감수하기 싫어하고, 문제점이 해결된 이후 제품을 구매한다. 후기다수자는 시장에서 최대 성과를 실현한 이후 제품을 구매한다. 마지막으로 최종구매자는 변화를 싫어하여 기존 제품에 의지하고, 간혹 특정 제품이나 서비스를 채택하지 않기도 한다.

LO3 신제품이나 서비스 개발단계를 설명한다.
기업이 신제품을 개발할 때 몇가지 단계를 거친다. 우선 내부 R&D 부서 운여, 협의체가입, 라이선싱, 브레인스토밍, 경쟁제품 추적, 고객의견 조사와 같은 다양한 조사기술을 활용하여 아이디어를 창출한다. 두 번째, 잠재고객에게 제품의 이미지를 보여줌으로써 제품의 콘셉트를 테스트한다. 세 번째, 설계 과정으로 실제 제품이나 서비스에 포함될 것을 결정하는 과정을 수반한다. 네 번째, 설계된 제품을 시장 테스트한다. 다섯 번째로 시장테스트를 통해 긍정적인 결과를 얻었다면 신제품을 출시한다. 마지막으로 기업은 제품이나 서비스의 성공을 평가한다.

LO4 제품수명주기를 설명한다.

제품생명주기는 기업들이 해당제품주기의 단계에 따라 이행되어야 할 마케팅 믹스를 결정하도록 돕는다. 도입기에, 기업들은 혁신자에게 호소함으로써 시장에 정착하기를 시도한다. 성장단계의 목표는 브랜드를 시장에 확고하게 정립하는 것이다. 성숙기에 도달하며, 기업은 시장 점유율을 유지하기 위해 강렬한 경쟁을 하게 되고 많은 잠재고객은 이미 해당 제품을 구매하였다. 제품은 마지막으로 쇠퇴단계에 진입하는 데, 기업은 제품을 절수할지를 결정한다. 해당 제품이 주기의 어떤 단계에 속하는지 아는 것은 관리자들이 특정 시점에 이행하여야하는 전략을 결정하는 데 도움을 준다.

핵심용어

- 개척제품(pioneer(breakthrough))
- 도입기(introduction stage)
- 리비스 엔지니어링 (reverse engineering)
- 베타 테스팅(beta testing)
- 상품전시회(trade show)
- 생산자 권장가격 (manufacturer's suggested retail price(MSRP))
- 선도자(first movers)
- 성숙기(maturity stage)
- 성장기(growth stage)
- 쇠퇴단계(decline stage)
- 시장선도자(lead user)
- 시제품(prototype)
- 시험시장조사(test marketing)
- 알파 테스팅(alpha testing)
- 입점공제(slotting allowance)
- 제품개발(product development)
- 제품설계(product design)
- 제품수명주기(product life cycle)
- 조기 다수자(early majority)
- 조기 수용자(early adopter)
- 최종수용자(laggard)
- 콘셉트 테스팅(concept testing)
- 콘셉트(concept)
- 판매촉진(trade promotion)
- 판촉행사가격 (introductory price promotion)
- 혁신(innovation)
- 혁신자(innovator)
- 혁신확산(diffusion of innovation)
- 후기다수자(late majority)

사례 연구

사용자경험을 완전히 바꾸어 놓은 iPad 2와 3

회의론자들은 Apple의 iPad 2 출시에 대해 부정적이었다. 개선될 태블릿에 두 개의 카메라와 자이로스코프가 설치된다는 것과, 새로운 버전은 보다 얇고, 가볍고 속도가 빨라진 것을 제외하고 기존의 iPad와 동일할 것이라고 예상하였다. 하지만 많은 소비자들이 iPad 2를 사용하기 시작했고, 곧 Apple이 디지털 경험을 바꾸어 놓았다는 것을 알게 되었다.

iPad 2가 제공하는 이점

태블릿은 설치가 필요한 컴퓨터와는 달리 손쉽게 들고 다닐 수 있다. Apple의 새로운 iPad(15% 더욱 가볍고, 0.34두께, 둥근형 모서리, 빠른 속도감)는 들고 다니는 기쁨을 제공한다. 이에 비해 안드로이드 기반의 태블릿 모토로라 줌은 투박하게 느껴졌다. iPad 2가 더욱 가볍고 얇음에도 불구하고, 배터리는 한번 충전에 10시간까지 사용가능하다. 새로운 iPad는 고화질의 동영상을 기록할 수 있도록 기기 뒤편에 카메라를 부착하였고, 앞면에는 영상통화를 위한 카메라를 부착하였다. 스마트폰처럼 At&T나 Verizon와 같은 이동통신사 네트워크에서 작동 가능한 버전도 출시하였다. 40 달러 어댑터로, iPad 2는 고화질 TV와 연결이 가능하게 만듦으로써, 슬라이드쇼, 프리젠테이션 또는 영화를 볼 수 있는 플랫폼으로 사용가능하다.[74]

가장 간단한 혁신 가운데 하나는 일부 후기 작성자들이 "마술"이라고 칭하는 제품이다. Apple사의 새로운 SmartCover는 폴리우레탄(가죽제품은 70 달러)으로 제작된 스마트커버로 iPad 받침 역할을 하게 되어 영화를 보거나 화면을 볼 때 손을 사용하지 않고 볼 수 있다. 후기 작성자에 따르면, 커버를 열고 닫는 동시에 iPad를 켰다 껐다 할 수 있으므로, 사용자들은 일주일에 평균 6분을 절약할 수 있다고 한다. 디지털 기기는 더 빨라지고 시간을 더욱 절약해줄 것이라는 고객들의 기대는 즐거움과 관련이 있다.[75]

이러한 혁신은 제품의 유형적인 측면과 관련이 있다. Apple은 전체 사용자경험을 바꾸어 놓았다. iPad 2의 빠른 속도와 사용의 편의성으로, 책을 읽는 것과 같은 디지털 태블릿을 사용하도록 만들었다. 기능을 활용하기 위해 눌러야 하는 버튼도, 스크롤도 필요가 없게 되었다. 전자도서기기와의 경쟁이 증가함에 따라, Apple는 "속도(swiftness of print)"를 경쟁우위로 내세웠다. iPad 2를 시작하는 동시에 책을 읽을 수 있도록 만들었다. 이메일, 뉴스, 소설 등 모든 것을 즉각적으로 읽을 수 있도록 만들었다. 태블릿 시장에서 Apple의 또 다른 장점은, iPad에서 사용 가능한 290,000의 iphone 어플리케이션은 물론이고 iPad를 통해 65,000여개의 어플리케이션을 즉각적으로 사용할 수 있다.[76]

가격은 가장 큰 경쟁 우위점이다. iPad 2는 iPad와 동일한 가격인 499 달러로 시작하고, Samsung의 Galaxy Tab이나 Motorola의 Xoom과 비교해서 훨씬 저렴하다.[77] iPad가 출시된 지 9개월 만에, 1천 5백만 개의 기기를 판매하였고, 95억 달러의 매출을 달성하였다.

Apple의 가격 우위는 제품을 복제하기 어렵게 만들었다. 대략 6백억 달러 정도의 막대한 현금 보유는 기업이 부품 제조업체와 전략적 제휴를 맺고 수량할인을 확보하는 것을 가능케 만들었다. 일부 고비용 부품의 경우 회사를 인수하여 조직내부에서 설계하도록 함으로써 라이선싱 수수료를 지불하지 않았다. 성공적인 Apple스토어에서 얻는 수익은 iPad의 가격을 유지하는 데 도움이 되었다. Apple의 글로벌 네트워크 직영 소매점은 Best Buy와 같은 3자 판매로 인한 가격 인상을 원천 차단하였다.[78]

시장에 불러온 변화

디지털 태블릿 시장은 폭발적이다. Forrester Research는 2015년 까지 태블릿을 소유한 미국 성인의 1/3로부터 350억 달러의 이익을 발생시킬 것이라고 예측하였다.[79] 비평가들은 소비자가 복수의 디지털 기기를 구매하지 않을 것이라고 예상하였지만, 이미 이러한 회의적인 시각은 잘못된 판단임을 숫자가 나타내고 있다.

사용자 습관은 변화한다. 디지털 태블릿은 대중적인 온라인 쇼핑 장소가 되고 있다. Macy's, Abercrombie&Fitch, The Gap과 같은 유통업체는 디지털 태블릿으로 자사의 온라인 사이트를 살펴보는 고객이 일반 컴퓨터나 스마트폰으로 쇼핑하는 온라인 고객보다 최종 구매를 할 확률이 더욱 높다고 보고하였다. 새로운 디지털 태블릿을 사용하여 쇼핑하는 소비자는 고가의 고품질의 제품을 구매할 가능성이 높고, 일반적으로 다른 온라인 쇼핑 고객보다 10~20% 더 많은 비용을 지불한다.[80] 태블릿 소유자의 프로파일 매칭 프로그램을 개발함으로써 다음과 같은 결과를 밝혀내었다. 소득수준이 높은 경향이 있기 때문에, 새로운 온라인 쇼핑 형태는 유통업체가 소비가 높은 집단에 접근하는 데 도움을 준다.

광고업체들도 이러한 변화에 맞추어 행동을 바꾸었다. 쇼핑업체와 각 유통업체들은 비디오, 슬라이드쇼, 카탈로그를 어떻게 보여줄지 고민하고, 새로운 태블릿에 사용할 수 있는 디지털 기술들을 찾고 있다.

경쟁사에 대한 Apple의 대응전략

Apple의 iPad 2가 출시된 후 얼마 되지 않아 태블릿 시장에 거의 100개의 경쟁상품이 등장하였다.[81] 일부 경쟁제품은 고객들에게 안드로이드에서만 제공되는 동영상 프로그램 Flash와 같이 iPad 2에서 사용할 수 없는 기능이나 편익들을 제공하였다. 일부는 정보를 보내면 문자로 받아들이는 프로그램인 dictate text 기능을 제공하기도 하였다. 이 가운데 가장 매력적인 경쟁제품은 네비게이션에서 알려주는 정보를 태블릿을 통해 실시간으로 알려주는 턴바이턴(Turn by Turn) 어플리케이션 옵션이 있는 제품이다.[82]

Amazon도 이 시장에 뛰어들었는데, 디지털 태블릿 기능이 있는 전자독서기기(e-reader)인 Kindle Fire를 199 달러에 내놓았다. 경쟁 심화로 Apple이 차세대 iPad 3 출시에서 중요한 변화를 줄 것이라고 전문가들은 예측했다. 포럼을 통해서 Apple사의 정교한 음성인식 서비스인 'Siri' 의 포함 가능성에 관한 토론이 이루어졌다.[83]

하지만 제품을 출시하기 전에 알려진 루머들 가운데 Apple의 가장 큰 변화는 이미 Amazon의 Kindle이나 Barnes & Noble의 Nook이 제공하고 있는 디지털교과서를 iPad 3에 추가하는 것이었다. 디지털교과서 시장에 Apple이 진입하는 것은 일부 교과서 출판사와의 파트너십에 의해 본격화 되었다. Apple은 파트너 출판사에 3가지 중요한 기능을 제공하였다. iPad용 전자도서 어플리케이션 iBooks2, 전자도구 집필 도구 iBooks Author; 디지털 교과서 온라인 광고 플랫폼 iTunes U. 초판 출시는 고등학교 교과서로 생물학, 대수학1, 환경과학이다.[84]

지지자들은 디지털 교과서는 학생들에게 최신 교재 접근성, 가벼운 책가방, 저렴한 가격을 포함한 건전한 이점을 제공한다고 주장하였다. 하지만 반대자는 Apple에서 주장하는 낮은 비용으로 교과서를 완성하는 것에 대한 실현에 의구심을 나타내었는데, 전통적으로 출판 비용의 대부분은 인쇄나 생산이 아니라 연구자나 집필자에 대한 비용이기 때문이다.[85]

하지만, 교과서 산업이 디지털로의 변화과정에 있는 것을 고려한다면, 두 개의 미국 대형 교과서 출판사와 Apple과의 협력은 큰 성과이다. MackBook, iphone, iPod, iPad 제조사는 경쟁력 우위를 유지하기 위해 지속적으로 변화할 것이다.

확인문제

1. 제품수명주기 단계 가운데 iPad가 위치한 단계를 설명하시오.
2. 디지털 태블릿 시장에서 안드로이드의 출현과 같이 변화하는 경쟁 환경에 대한 Apple의 대처 방법을 설명하시오.
3. iPad 2와 iPad 3의 특징 가운데 사용자에게 가장 높은 가치를 제공한 특징은 무엇인지 설명하시오.
4. iPad는 다른 디지털 태블릿 제품에서 제공하는 전자교과서 옵션에 어떻게 대응할 예정인지 설명하시오.

Just because
IT'S WINTER
DOESN'T MEAN YOU CAN'T
LOOK HOT.
-Jamie, Customer Loyalty Team
Zappos.com
POWERED by SERVICE™
FREE SHIPPING
BOTH WAYS
1.877.927.2330
Happy to help. 24/7.

CHAPTER 10A

서비스: 무형재

서비스는 물리적으로 소유할 수 없는 행위, 공연, 노력 등의 모든 무형의 제공물을 뜻하지만,[1] 구체적으로 **고객서비스**라는 것은 고객의 본원적 욕구와 구체적 욕구를 만족시키는 데 도움이 되도록 수행되는 사람이나 기계적인 활동을 의미한다. 좋은 고객서비스를 제공함으로써 기업은 자신들의 제품에 더 나은 가치를 추가할 수 있다.

그림 10A.1은 순수 서비스부터 순수 제품까지의 연속선을 나타내고 있다. 대부분의 제공물들은 서비스-제품 연속선의 중간에 위치하여 서비스적인 요소와 제품적인 요소를 모두 포함한다. 의류와 같이 특정 제품을 판매하는 기업들도 서비스가 지속적인 경쟁우위를 유지하기 위한 수단임을 인식하고 있다. 즉, 서비스는 순수한 서비스 사업에서부터 물리적인 제품을 판매하는 것을 돕기 위한 차별화 수단으로 서비스를 이용하는 사업에까지 다양하다.

미국과 같은 선진국이 점점 서비스에 대한 의존도가 높아지고 있다. 서비스는 미국 국내총생산(GDP: gross domestic product)의 75%를 차지하는 데, 이는 50년전, 20

그림 10A.1 서비스-제품 연속선

개인 트레이닝과 같은 전문적인 서비스가 번성하고 있다.

년 전, 심지어 10년 전에 비해서도 매우 높은 비율이다. 이에 따라 Fortune 500대 기업에는 10년 전에 비해 서비스 기업은 더 많아졌고, 제조업체는 적어졌다.[2] 선진국에서 서비스 지향적 경제가 성장하는 이유로는 (1) 일반적으로 기업이 제품을 생산하기에는 개발도상국이 비용이 적게 들며, (2) 사람들이 편의성과 여가에 더 높은 가치를 부여하고, (3) 세상이 점점 더 복잡하게 뒤얽히는 가운데 사람들은 배관공, 개인 트레이너, 마사지사, 세무사, 변호사, 여행 및 여가 전문가, 의료 제공 등 모든 것에서 보다 전문화된 서비스를 요구한다는 점 등을 꼽을 수 있다.

서비스 마케팅의 차별성

서비스에 대한 마케팅이 제품에 대한 마케팅에 비해 다른 이유는 무형성, 비분리성, 이질성, 소멸성 등 서비스에 관련된 4가지 근본적인 차이에 있다.[3] (그림 10A.2 참조)

무형성

서비스와 제품의 가장 근본적인 차이는 서비스는 무형성을 지닌다는 것이다. 서비스는 순수 제품과 같이 만지거나 맛보거나 볼 수 없다. 건강검진을 받을 때 우리는 의사를 보고 의사의 말을 들을 수는 있지만, 건강검진 서비스 자체는 무형성을 지닌다. 서비스의 무형성은 마케터에게 매우 어려운 문제인데, 무형성으로 인하여 서비스의 편익을 전달하기도 힘들며, 직접 보이지 않기에 잠재적인 고객들에게 홍보하기도 어렵다. 이에 따라 서비스 홍보를 위한 이미지로 마케터들은 서비스가 제공하는 편익이나 가치를 강화할 수 있는 것을 사용해야 한다.

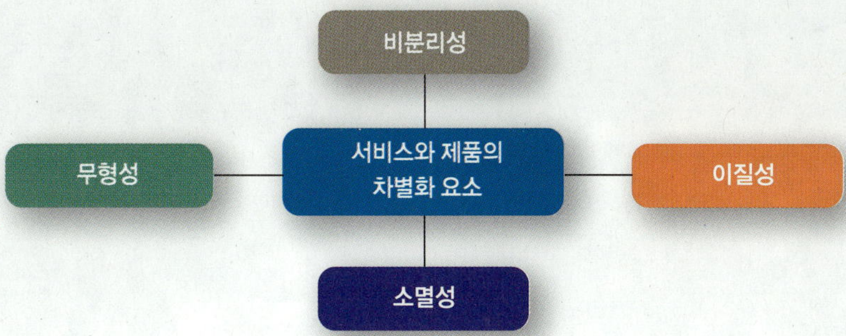

그림 10A.2 서비스와 제품의 핵심적 차이

생산과 소비의 비분리성

청바지가 실제 구매시점에 비해 6개월 전에 생산될 수 있는 것과 달리 서비스는 생산과 소비가 동시에 이루어진다. 즉, 서비스는 생산과 소비의 비분리성을 지닌다. 서비스의 비분리성으로 인하여 소비자들은 서비스를 구매하기에 앞서 서비스를 시험적으로 사용해보기가 힘들며, 제공이 끝난 서비스는 반품을 할 수 없다. 구매 리스크가 상대적으로 높기 때문에 때때로 서비스 기업들은 확장된 보증과 100% 만족을 확약하기도 한다.[4]

이질성

사람들이 서비스를 제공받기를 더 원할수록, 서비스의 이질성이나 서비스 품질의 변동폭이 커질 것이다. 서비스와 제품을 결합하여 제공하는 레스토랑에서 일반적으로 음식의 품질은 통제할 수 있지만, 음식을 준비하고 전달하는 과정에서의 변동성을 통제하기는 힘들다. 제품에 문제가 있다면 소비자는 제품을 교환하거나, 반품하거나, 없애버릴 수도 있고, 이에 앞서 공급사슬에서 이미 리콜되었을 것이다. 이와 달리 부족한 서비스는 리콜될 수가 없으며, 기업이 서비스에 문제가 있다는 것을 인식했을 때는 이미 그 피해가 발생한 다음이다. 마케터들은 서비스의 이질성을 장점으로도 사용할 수 있다. 마이크로마케팅 세분시장 전략은 고객의 욕구를 정확히 충족시켜주기 위해 서비스를 고객에게 맞춰서 제공할 수 있다. 한편, 어떤 서비스 제공자들은 서비스의 이질성을 극복하기 위해 서비스를 제공하는 사람을 기계로 대신하기도 한다.

소멸성

서비스는 소멸성이 있어서 나중에 사용하기 위하여 보관할 수가 없다. 서비스의 소멸성은 수요와 공급을 맞춰야 한다는 핵심적인 문제에 대해 마케터에게 어려움과 기회를 동시에 가져다준다. 서비스에 대한 수요와 공급이 비슷하다면 별 문제가 없겠지만, 실제로 서비스에 대한 수요와 공급이 완벽히 일치하기는 어렵다. 예를 들어 스키장은 눈이 있어야만 열 수 있는데, 수요는 주말이나 휴일에 피크를 나타낸다. 따라서 스키장 서비스의 소멸성 때문에 스키장 같은 서비스 제공자는 수요를 부추기기 위해 심야시간대에 저렴한 티켓을 제공한다.

에서는 때때로 피크시즌이 아닌 시점의 수요를 높이기 위해 저렴한 티켓을 제공하기도 한다.

서비스갭 모형

우수한 서비스를 제공하는 것은 분명히 쉽지 않은 일이기에, 우수한 서비스를 제공하기 위해서는 서비스 제공 과정을 하나하나 분석할 필요가 있다. 갭 모형에서는 고객들이 생각하는 것보다 적거나 부족한 서비스가 제공될 수 있는 부분(갭)을 강조하고, 그러한 갭을 좁힐 수 있는 방안을 모색하기 위해 설계되었다.

소비자들은 서비스가 어떻게 전달되어야 하는지에 대한 일정한 기대를 지니고 있다. 서비스를 전달할 때 그러한 기대를 충족시키기 못한다면 서비스갭이 발생한다. 서비스갭 모형(그림 10A.3)은 서비스 전달 과정의 모든 측면을 체계적으로 조사하고 최적의 서비스 전략을 개발하는 데 필요한 단계를 설명하기 위하여 설계되었다.[5]

그림 10A.3에서 보여주는 것과 같이 서비스갭은 다음과 같은 4가지로 구분된다.

1. 지식갭은 소비자의 기대와 소비자 기대에 대한 기업의 인식 간의 차이를 반영한다. 기업은 이 차이를 서비스품질과 관용범위 등과 같은 마케팅척도를 이용한 마케팅 조사를 수행하여 소비자들이 진정으로 원하는 것이 무엇인지를 찾아냄으로써 좁힐 수 있다.
2. 기준갭은 소비자의 기대에 대한 기업의 인식과 기업이 정한 서비스 기준 간의 차이에 관한 것이다. 기업은 적절한 서비스 기준을 정하고, 종업원들이 이 기준 이상을 맞출 수 있도록 훈련시키고, 서비스성과를 측정하여 이 차이를 좁히기 위한 시도를 할 수 있다.

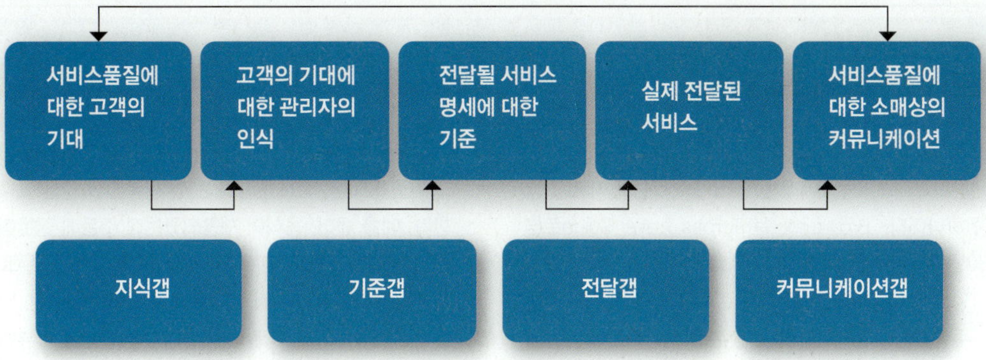

출처: Michael Levy and Barton Weitz, *Retailing Management*, 8th ed. (Burr Ridge, IL: McGraw-Hill, 2012). Adapted from Valarie Zeithaml, A. Parasuraman, and Leonard Berry, *Delivering Quality Customer Service* (New York: The Free Press, 1990); and Valarie Zeithaml, Leonard Berry, and A. Parasuraman, "Communication and Control Processes in the Delivery of Service Quality," *Journal of Marketing* 52, no. 2 (April 1988), pp. 35–48.

그림 10A.3 서비스갭 모형

3. 전달갭은 기업의 서비스 기준과 고객에게 전달되는 실제 서비스간의 차이이다. 이 차이는 서비스제공자에 대한 권한위임, 지원 및 보상의 제공, 필요한 기술의 사용 등을 통해 서비스가 전달될 때 종업원이 정해진 서비스 기준 이상을 맞출 수 있도록 함으로써 좁혀질 수 있다.[6]
4. 커뮤니케이션갭은 실제로 고객에게 제공되는 서비스와 기업이 촉진 프로그램을 통해 약속한 서비스 간의 차이를 의미한다. 기업이 자신들이 제공할 수 있는 서비스에 대해 보다 현실적이고 고객의 기대를 효과적으로 관리할 수 있다면, 이 차이는 일반적으로 좁혀질 수 있다.

서비스 품질에 대한 평가 고객의 기대 이상을 충족시키기 위해서 마케터들은 고객의 기대가 무엇인지를 알아야 한다. 그렇지만 서비스의 무형성으로 인하여 얼마나 좋은 서비스가 고객들의 기대 이상인지에 대한 고객의 인식이라 할 수 있는 서비스 품질을 고객들 스스로 평가하는 것은 어려운 일이다.[7] 일반적으로 고객들은 전반적인 서비스 품질을 결정하기 위해 신뢰성(reliability), 반응성(responsiveness), 확신성(assurance), 공감성(empathy), 유형성(tangibles) 등의 5가지 서비스 차원을 사용한다(그림 10A.4 참조). 〈가치 부가 사례 10A.1〉은 Broadmoor호텔이 어떻게 5성급을 유지해 왔는지를 이들 5가지 서비스 특성들에 초점을 두어 설명하고 있다.

5가지 서비스 품질 차원에 따른 기업의 성과를 평가하기 위한 중요한 마케팅 척도로 관용범위가 있다. 관용범위는 고객이 원하는 시비스와 관련된 기대 수준과 수용 가능한 서비스의 최소 수준 간의 범위, 즉, 고객이 실제로 원하는 서비스 수준과 고객이 다른 곳으로 가기 전까지 받아들일 수 있는 서비스 수준의 차이를 의미한다.[8] 관용범위를 정하기 위하여 기업은 각각의 서비스 품질 차원에 대해 다음과 같은 질문을 묻는다.

- 서비스 품질의 각 차원에 대한 원하는 수준과 기대 수준
- 현재 관심 있는 서비스와 경쟁 서비스의 성과에 대한 고객의 인식
- 각 서비스 품질 차원의 중요도

가치 부가 사례 10A.1 5성급을 위한 Broadmoor의 서비스품질 관리

1891년 카지노로 설립되었다가 1918년 "그랜드 리조트"로 변신한 콜로라도주의 콜로라도 스프링스에 있는 Broadmoor는 전세계 최고의 리조트들 중 하나이다.[9] Broadmoor는 Forbes Travel Guide로부터 기록적인 50년 연속 5성급을 받았다. Broadmoor의 전직 마케팅 부사장 Perry Goodbar는 "이곳을 진정으로 특별하게 만드는 것은 사람입니다. 아주 뛰어난 서비스 품질은 아주 뛰어난 사람에서 시작합니다."라고 강조하고 있다. Broadmoor의 서비스 품질 각 차원들은 다음과 같다.

신뢰성 Broadmoor의 모든 신입 종업원들은 고객을 처음 응대하기 전에 이틀반 동안의 오리엔테이션에 참가하여 종업원 핸드북을 받는다. 이 오리엔테이션의 핵심적인 부분은 고객에 대한 약속을 만들고 지키는 것이다. 룸서비스나 세탁서비스 혹은 단순히 리조트 내 어느 레스토랑에서 자리에 앉기 위해서 얼마나 기다려야 하는지 등의 서비스에 대해 종업원들은 항상 대략적인 시간을 알려주도록 훈련 받는다. 종업원이 약속을 만들면, 그 종업원은 그 약속을 지킨다. 종업원들은 자신들이 질문에 대한 답을 알지 못할 경우 추측하지 않도록 훈련받는다. 부정확한 정보는 고객을 혼란스럽게 할 뿐이다. 종업원들이 질문에 정확히 답할 수 없는 경우에 그 종업원은 즉시 정확한 답을 해줄 수 있는 누군가에게 연락을 한다.

확신성 Broadmoor는 종업원들에게 권한을 위임함으로써 신뢰를 준다. 종업원에 대한 권한 위임 정책의 예로 서비스 회복 프로그램을 들 수 있다. 고객에 대한 문제가 발생하면 종업원들에게는 임의로 쓸 수 있는 자원이 주어져서 그 문제를 조정하거나 고객을 달래는 데 도움이 되는 뭔가 특별할 것을 고객에게 제시한다. 예를 들어, 음식이 제공되었는데 주문에 잘못이 있었거나 준비가 잘못 되었다면 웨이터는 디저트와 같은 무료 아이템을 제공할 수 있거나, 서비스가 기대보다 아주 낮다면 단순히 비용을 받지 않는다. 이후 관리자는 각각의 상황을 리뷰하여 문제의 본질을 이해하고 그런 문제가 다시 일어나는 것을 방지하도록 돕는다.

유형성 roadmoor가 최근 몇 년 사이에 직면한 가장 큰 도전은 20세기 초반에 만들어진 방들을 업데이트하여 21세기 방문객들의 욕구에 충족되도록 하는 것이다. 이를 수행하기 위해 Broadmoor는 수백만 달러의 개선비용을 들여 방들을 수선하였고, 새로운 실외 수영장을 만들었다.

공감성 공감성을 나타내기 위해 사용되는 접근법의 하나로 개인화된 의사소통을 들 수 있다. 종업원들은 가능하다면 항상 고객을 이름을 통해 접촉하도록 교육받는다. 이를 이루기 위해 종업원들은 고객의 이름을 구분하기 위해 경청하고 조심스럽게 관찰하도록 교육받는다. 이런 정보들에 대한 미묘한 출처로는 컨벤션 이름표, 수화물 이름표, 신용카드, 개인수표 등이 있다. 더 나아가서 Broadmoor 내의 모든 전화에는 고객의 방번호와 이름이 함께 표시된다.

반응성 모든 종업원은 문제해결과정에서 다음과 같은 HEART 모형을 따르도록 교육받았다. 종업원들은 "고객이 말해야 하는 것을 듣고(Hear)", "그것에 대해 감정을 이입하고(Empathize)", "그 상황에 대해 사과하고(Apologize)", "고객의 욕구에 반응하여(Respond)", "행동을 취하고 후속조치를 해야(Taking action and following up)" 한다.

콜로라도의 콜로라도 스프링스에 있는 Broadmoor는 아주 뛰어난 서비스 품질로 잘 알려져 있다.

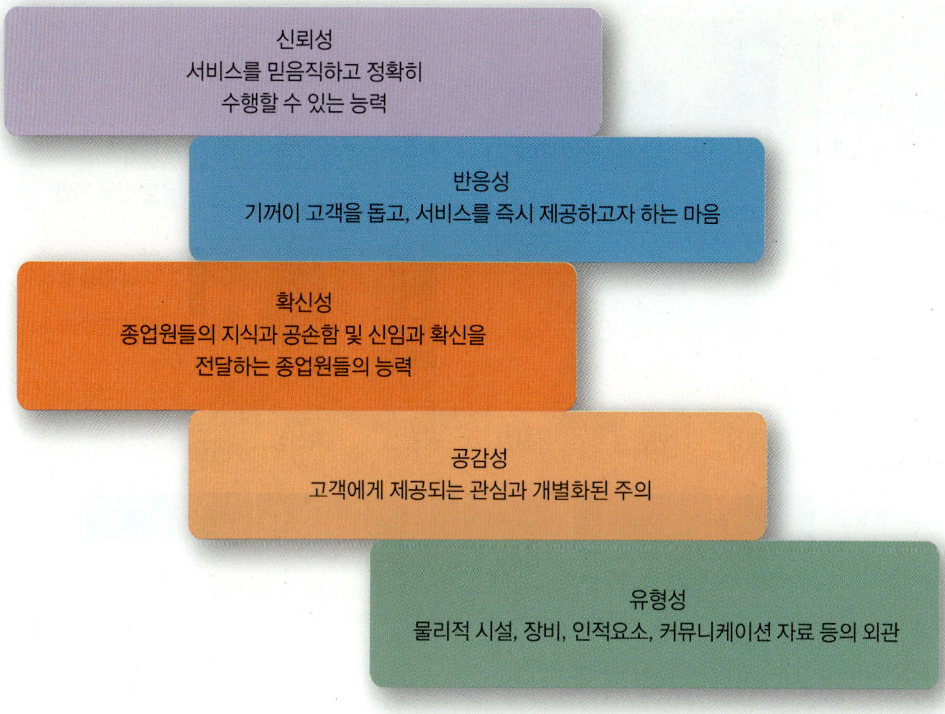

그림 10A.4 서비스 품질의 차원

그림 10A.5는 Lou's Local Diner라는 가족경영 레스토랑을 대상으로 서비스 품질에 대한 관용범위를 분석한 결과를 예시한 것이다. 왼쪽의 점수는 가장 낮을 때 1과 가장 높을 때 9인 9점 척도에 의한 값이다. 각각의 서비스 품질 차원에 대한 각 상자의 길이는 해당 서비스 품질 차원에 대한 관용범위를 나타낸다. 예를 들어, 신뢰성에 대한 상자의 길이가 짧다는 것은 고객들이 신뢰성에 대해 아주 높은 수준을 기대하며(상자의 위쪽) 동시에 아주 높은 수준의 신뢰성만을 받아들인다(상자의 아래쪽)는 것을 나타낸다. 반면에 고객들은 확신성에 대해 높은 수준을 기대하지만(상자의 위쪽) 확신성이 아주 낮은 수준인 것도 받아들일 수 있다(상자의 아래쪽). 이러한 차이는 고객들이 함께 물어본 5가지 서비스 품질 차원의 중요도에 대해 합이 100%가 되도록 답하도록 한 것(그림 10A.5의 하단)으로부터 예상 가능한 것이다. 중요도 점수를 보면 신뢰성은 상대적으로 중요하지만 확신성은 그렇지 않음을 알 수 있다. 이에 따라 고객은 자신들에게 아주 중요한 서비스 품질 차원에 대해서는 아주 좁은 관용범위를 가지며, 덜 중요한 서비스 품질 차원에 대해서는 넓은 관용범위를 가진다. 또한, Lou's Local Diner는 항상 주요 경쟁자인 유명 전국 체인에 비해 각각의 서비스 품질 차원에서 높게 평가된다.

서비스 품질과 고객 만족 및 애호도

좋은 서비스 품질은 고객 만족과 고객 애호도를 높인다. 6장에서 논의한 것과 같이 고객들은 구매후평가를 수행하며 자신들의 구매의사결정과정을 복기한다. 구매에 대한

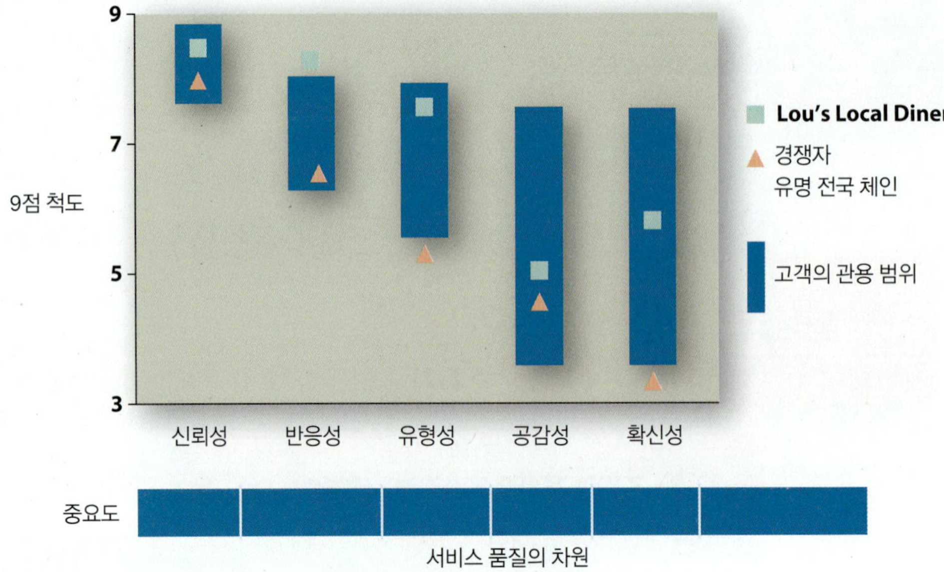

주: 각 서비스 품질 차원별로 가장 높은 서비스 품질을 나타내는 9에서
가장 낮은 품질을 나타내는 1사이의 척도값을 가짐

그림 10A.5 서비스 품질에 대한 고객의 평가

평가는 만족, 부조화, 애호도 등의 3가지 결과를 이끌어낸다. 부조화는 극복될 수 있는 지난 감정이며, 만족은 흔히 애호도로 이어진다.

앞서 논의한 서비스갭이 모두 발생하지 않거나 적어도 너무 크지 않다면, 고객들은 그럭저럭 서비스에 만족할 것이다. 이에 따라 가장 우수한 고객 서비스를 제공하는 소매상을 답하도록 묻는 고객 서베이는 흔히 일관된 결과를 나타낸다. 그 결과 그림 10A.6에서 보이는 것과 같이 한해에 좋은 서비스를 제공한 서비스 제공자는 다음해에도 계속해서 고객들을 만족시킬 가능성이 높다.

기업이 서비스갭을 줄일 뿐만 아니라 제거한다면 고객들은 그 기업에게 유의한 애호도를 보일 가능성이 높다. 고객들은 지속적으로 그러한 우월한 서비스를 받고자 할 것이며, 자신들에게 제공되는 서비스를 위해 다른 곳으로 옮겨 갈 필요를 느끼지 못할 것이다.

Lou's Local Diner는 항상 주요 경쟁자인 유명 전국 체인에 비해 각각의 서비스 품질 차원에서 높게 평가된다.

서비스 회복

기업의 최선을 다한 노력에도 불구하고, 종종 서비스 제공자는 고객의 기대를 충족시키는 데 실패할 수 있다. 서비스가 실패한 경우 가장 좋은 대응 순서는 고객에게 배상을 주는 것을 시도하고 경험으로부터 배우는 것이다. 물론 서비스 실패를 피하는 것이 가장 좋은 것이지만, 서비스 실패가 발생했다면 기업은 고객에게 자신의 책무를 설명할 수 있

Ranking	2010	2011
1.	Zappos	Amazon.com
2.	Amazon.com	L.L.Bean
3.	L.L. Bean	Zappos
4.	Overstock.com	Overstock.com
5.	Lands' End	QVC
6.	JCPenney	Kohl's
7.	Kohl's	Lands' End
8.	QVC	JCPenney
9.	Nordstrom	Newegg
10.	Newegg	Nordstrom

출처: NRF Foundation/American Express, "Consumer Choice Awards," http://www.nrffoundation.com/content/customers-choice-awards. NRF Foundation의 허가에 의해 재인용함

그림 10A.6 고객 서비스 상위 10대 소매상

는 소중한 기회를 갖게 된다.[10] 효과적인 서비스 회복 노력은 비록 고객의 서비스 회복 이후의 만족 수준이 서비스 실패 이전의 만족 수준에 비해 일반적으로 낮더라도 고객 만족, 구매의도, 긍정적인 구전 등을 유의하게 높일 수 있다.[11] 효과적인 서비스 회복을 위해서는 (1) 고객에게 귀를 기울이고 고객을 서비스 회복에 포함시키고, (2) 공정한 해법을 제시하고, (3) 빠르게 문제를 해결할 것 등이 요구된다.

핵심용어

- 고객서비스(customer service)
- 관용범위(zone of tolerance)
- 기준갭(standards gap)
- 무형성(intangible)
- 비분리성(inseparable)
- 서비스 품질(service quality)
- 서비스(service)
- 서비스갭(service gap)
- 소멸성(perishable)
- 이질성(heterogeneity)
- 전달갭(delivery gap)
- 지식갭(knowledge gap)
- 커뮤니케이션갭(communication gap)

SECTION 5

시장 평가

시장 이해

시장 타겟팅

가치 창조

가치 획득

가치 전달: 마케팅 경로 및 공급사슬 디자인

가치 커뮤니케이션

가치 획득

CHAPTER 11
가치정립을 위한 가격 설정의 개념들

CHAPTER 12
전략적 가격설정 방법들

5부는 가치획득에 기여하는 가격전략에 관한 두 개의 장으로 구성되어 있다. 11장에서는 올바른 가격설정의 중요성, 가격과 판매량간의 관계, 손익분기분석, 가격전쟁의 영향, 그리고 인터넷이 쇼핑하는 방법을 어떻게 변화시켰는지 설명한다. 12장에서는 가격을 설정하는 방법에 관하여 알아본다.

Coca-Cola
classic
2 LITER 67.6 FL OZ (2 QT 3.6 FL OZ)
mycokerewards.com
CARNIVAL FOODS
COCA-COLA CLASSIC
1 19
Diet
Coke

CHAPTER 11

가치정립을 위한 가격 설정의 개념들

가치(value)는 편익들(benefits)과 비용들(costs)간의 관계를 반영하는 것이므로 가격(price)은 모든 거래에서 가치제안(value proposition)의 핵심요소이다. 특히 경제가 어려워지고 소득이 낮아지는 상황이라면 제품의 가격은 더 세심하게 검토되어야 한다. 예산이 빠듯해진 구매자들에게는 매일매일 필요한 우유에 비해 캔디나 청량음료 같은 중요하지 않은 제품들의 가격탄력성이 더 클 것이다. 따라서 그런 중요하지 않은 제품들조차 가격전략의 시험대로부터 벗어날 수는 없다. 그렇다면 이렇게 필사적으로 절약하려는 소비자들을 어떻게 다시 구매하게 할 수 있을까?

Coca Cola 같은 거대기업들도 이런 문제로 고심한 바 있다. 1886년 두통약으로 개발된 Coca Cola는 2차 세계대전이 끝날 무렵에 이르러서는 세계시장의 60% 이상을 점유하는 가장 대중적인 탄산음료가 되어 있었다. 그러나 1990년대 들어 수년간 강력한 경쟁자인 Pepsi-Cola가 Coca Cola를 앞서기도 하였다. 현재는 두 거대 콜라상표가 미국 소매 탄산음료 시장(750억 달러)의 1/3을 차지하고 있으며, Dr Pepper(Dr Pepper Snapple Group[1])가 강력한 도전을 하고 있다.

그러나 최근 시장의 변화는 탄산음료 산업을 완전히 바꿔놓았다. 건강을 중요하게 생각하는 소비자들은 설탕함량이 많은 탄산음료를 거부하고, 아이스티, 생수, 비타민음료 등에 눈길을 돌리고 있어 이제 탄산음료는 이들과 점포 매대를 차지하기 위해 경쟁하고 있다. 그 결과 미국 탄산음료 소비는 지난 10년 동안 지속적으로 쇠퇴하고 있으며,[2] Coca Cola와 그의 경쟁자들은 매출이 1/3 이상 감소하였다.[3] Coca Cola 수익의 대부분은 러시아와 중국 등 해외시장에서 창출되고 있다.[4]

Coca Cola는 미국에서의 수익감소를 회복시키기 위한 가격전략을 구상하고 있지만, 플라스틱, 과당시럽, 과일 등의 가격상승에 따른 7억 달러의 제조원가 상승이라는 또 다른 문제에 직면하고 있다.[5]

따라서 Coca Cola의 가격전략은 원가상승과 저가수요라는 두 가지 문제를 조화롭게 해결해야 한다. 다행스럽게 Coca Cola는 세계에서 1인당 콜라소비가 가장 많은 Maxico에서 이와 유사한 문제를 경험한 바 있다. 1994년 경제위기가 몰아치고 Peso화의 가치가 하락한 Maxico 시장에서 Coca Cola는 소량, 저가격 포장을 내놓아 소비자들을 다시 구매하게 하였다. Maxico의 Coke 팬들은 병이나 캔 등에 담긴 6.75온스에서 3리터까지 30가지 이상의 Coca Cola를 선택할 수 있었다.[6] 전통적으로

학습 목표

- **LO1** 네 가지 가격지향성(pricing orientations)들을 알아본다.
- **LO2** 가격과 판매량간의 관계를 이해한다.
- **LO3** 가격탄력성을 이해한다.
- **LO4** 제품의 손익분기점(BEP)을 어떻게 계산하는지 이해한다.
- **LO5** 네 가지 가격경쟁수준을 알아본다.

미국에서는 20온스와 2리터 병, 12온스 캔 등 3가지 크기로 제공하고 있었는데 지금은 소비를 줄이려는 소비자들을 위해 세 가지 종류의 소량 용기에 담긴 제품도 출시하고 있다. Coca Cola는 이런 세분화된 가격–포장전략(price-packaging strategy)을 바탕으로, 12온스를 89센트에, 16온스를 99센트에 출시하고 있다. 이 회사는 체중에 민감한 소비자들을 위해 7.5온스 미니캔 8개 팩의 가격도 인하했는데 이는 불필요한 지출을 피하려는 소비자들에게 매력적인 것이다.

Coca Cola는 이렇게 작은 용량을 출시하는 방법으로 미국에서의 수익과 이익을 개선할 수 있을까? 이 회사는 전략적 맥점(sweet spot)을 발견했는데, 그것은 포장이 작을수록 소비자들이 지불하는 총가격은 낮지만 온스당 가격은 더 높다는 것이다. 여전히 대용량 용기(병, 캔)를 원하는 소비자들은 높은 가격(온스당 낮은 가격)을 지불해야 한다. Coca Cola는 이런 가격–포장전략을 활용해서 Coca Cola를 좋아하는 소비자들을 지킬 수 있을 것으로 기대하고 있다.

성공적인 가격전략을 개발하는 데 있어서 소비자들의 가치지각(perception of value)을 아는 것은 매우 중요하다. 그러나 이에 더하여 판매자는 다른 요인들, 즉 '모든 기업들에 있어서 왜 좋은 가격전략을 개발하는 것이 엄청난 도전이 되는지', '가격전략을 제대로 하면 기업에게 상당한 보상이 있겠지만, 가격전략이 잘못되거나 실패하면 가혹한 처벌이 있다는 것', '가격전략이 잘 실행되고 있다 하더라도 소비자들, 경제상황, 시장, 경쟁자들, 정부의 규칙, 그리고 기업이 제공하는 제품들은 끊임없이 변한다는 것' 등을 고려해야 한다. 이것은 오늘의 좋은 가격전략이 내일도 효과적인 가격전략이 되지 않을 수 있다는 의미이다.

올바른 가격(right price)을 설정하기 위해 마케터가 해야 할 일이 많기 때문에 우리는 마케팅믹스에서 가격의 역할을 두 개 장에 걸쳐 설명할 것이다. 이 장에서는 마케팅 개념으로서 '가격(price)'이 무엇인지, 왜 그것이 중요한지, 마케터들이 가격설정의 목표를 어떻게 세우는지, 그리고 얼마나 다양한 요인들이 가격설정에 영향을 미치는지를 설명한다. 다음 장에서는 여기에서 알아본 것들을 바탕으로 구체적인 가격전략들에 초점을 맞춰 설명할 것이다.

어떤 소비자가 어떤 제품을 낮은 가격에 구입하기 위해서는 20마일을 더 운전하는 수고를 해야 한다고 가정해보자. 이 소비자는 낮은 가격으로 구입하는 이익과 20마일을 이동하는 비용간의 관계를 고심할 것이다. 만일 이 소비자의 시간비용과 이동비용이 절약할 가치가 없을수록 20마일을 운전하여 제품을 구입하는 것이 총비용을 낮추는 것이라고 판단할 것이다. 따라서 우리는 가격을 소비자가 특정 제품이나 서비스를 획득하기 위해 기꺼이 들이려고 하는 총 희생(overall sacrifice)으로 정의할 수 있다. 이 희생들에는 필수적으로 해당 제품을 구입하기 위해 판매자에게 지불해야 하는 돈이 포함되고, 또한 제품이나 서비스를 획득하는 데 필요한 시간의 가치와 같은 비금전적인 희생들(nonmonetary sacrifices), 이동이나 운송비용과 같은 금전적 희생들(monetary sacrifices) 등 구매자가 제품의 소유를 위해 포기해야 하는 모든 것을 포함한다.[7]

이전에 우리는 가치(value)를 제품의 편익들(product's benefits)과 소비자의 비용들(consumer's costs) 간의 관계로 정의한 바 있다. 즉, 소비자들은 제품이 담고 있는 편익들과 그 편익을 획득하기 위해 필연적으로 희생해야 하는 것들을 비교하여 판단한다는 것이다. 그러므로 품질은 아주 좋지만 가격이 너무 비싸게 매겨진 제품의 가치는 낮게 평가되어 품질은 낮지만 그에 적당한 가격이 매겨진 제품보다 잘 팔리지 않을 것이다. 결국 제품이나 서비스를 구체적으로 알아보지 않고는 가격을 정할 수 없다는 것이다. 성공적인 가격설정의 핵심은 제품이나 서비스를 소비자의 가치지각과 일치시키기 위한 것이다.

이러한 가격과 편익의 관계로부터 가격은 제품이나 서비스의 품질에 대한 정보를 제공한다는 것을 알 수 있다. 가격은 제품이나 서비스를 획득하는 데 들어가는 소비자들의 희생을 표현하는 것이지만, 다른 방식으로 보면 가격은 소비자에게 도움이 되는 정보를 제공한다. 너무 낮게 책정된 가격은 저품질, 형편없는 성능, 또는 제품이나 서비스에 대한 부정적인 속성을 나타내는 신호가 될 수 있다. 당신은 단돈 299.99 달러에 코 성형수술을 한다는 광고를 보고 성형 후 결과를 신뢰할 수 있겠는가? 우리는 가격의 이런 측면을 다음 장에서 구체적인 가격전략으로 상세하게 논의할 것이다. 그러나 여기에서는 소비자는 모든 제품을 구입할 때마다 항상 낮은 가격을 원하지 않는다는 것만은 말해 두고자 한다. 정확히 말하면 소비자들이 원하는 것은 높은 가치이다. 가격이 높거나 낮다는 것은 제품이나 서비스가 제공하는 편익의 뭉치(bundle of benefits)와 관련된 상대적인 것이다. 기업은 가치를 전달하기 원하고, 가치는 소비자들이 지불하는 비용들과 편익들에 의한 비교로 판단되는 것이라면 가격의사결정은 가치를 전달하는 과정에서 매우 중요한 것이다.

가격은 마케팅믹스 요인 가운데 비용을 발생시키지 않으면서 수익을 창출하는 유일한 요소이기 때문에 그 자체로 중요하다. 다른 마케팅믹스 요소들이 아무리 완벽하더라도 가격을 잘못 책정하면 매출과 수익은 발생하지 않는다. 선행연구들의 일관된 주장에 의하면 가격은 소비자들의 구매의사결정에서 가장 중요한 요인 가운데 하나라고 한다.[8]

가격이 제품이나 서비스의 성공에서 매우 중요하다는 것을 앎에도 불구하고, 왜 관리자들은 가격을 전략적 의사결정변수로 중요하게 강조하지 않는가? 가격은 4Ps 중에서 관리자들에게 가장 애를 먹이는 문제인데, 그 이유는 부분적으로는 가격은 관리자들에게 가장 덜 이해되는 것이기 때문이다. 역사적으로 보면 관리자들은 가격을 세심하게 계획하지 않고, 마케팅 전략에 덧붙여진 것으로 취급해왔다. 그래서 경쟁자들이 얼마에 매겼는지에 따라 가격을 설정하기도 하고, 더 최악인 경우는 제품이나 서비스를 제공하는 비용에 원하는 이익을 더해서 판매가격을 설정하기도 한다. 가격은 시장 상황의 급격한 변화를 제외하면 거의 바뀌지도 않는다. 오늘날에도 가격의사결정은 우리가 마케팅믹스에서 가격의 역할에 대해 이해하고 있는 것에 대해서는 곰곰이 생각하지도 않고 단지 표준화된 어림짐작(standard rules of thumb)이라고 폄하하기도 한다.

예를 들어, 소매상은 키스토닝(keystoning)이라고 알려져 있는 '100% 마크업 규칙

가격은 흔히 품질을 판단하는 데 사용된다. Moneyball에서 Jonah Hill은 Brad Pitt에게 다음과 같이 설명한다. 야구팀은 적합한 가치추정방법을 모르기 때문에 흔히 젊음, 검증되지 않은 재능, 또는 유명선수에게 지나치게 많은 돈을 지불한다.

(100% markup rule)'을 사용한다. 이 방법은 소매상이 특정 제품을 구입한 원가, 즉 도매가격에 두 배하여 가격을 책정하는 것이다(소매상의 판매 가격 = 도매가격 × 2). 그런데 만일 소매점이 제조업자로부터 특별히 낮은 가격에 제품을 구입했다면 어떻게 되는가? 소비자들은 제품의 가격변화에 민감하지 않은데도 마케터는 소비자에게 100% 마크업 규칙에 따라 책정된 낮은 가격에 팔아야 하는가? 가격이 낮아져도 매출이 증가하지 않는다면 왜 가격을 낮춰야 하는가? 이 사례에서 소매상은 100% 마진율을 더하는 표준화된 방법을 사용하지 않는 것이 추가이익을 얻는 더 좋은 방법이다. 유사하게 만일 소매상이 어떤 제품의 구입가격은 높아지고, 소비자들은 그 제품의 가격인상에 민감하다면, 소매점은 오히려 구입가격의 두 배보다 낮은 가격을 책정하는 것이 바람직할 것이다.

우리가 말한 것처럼, 소비자들은 제품이나 서비스의 가격을 그 제품의 품질을 평가하는 데 사용하기 때문에 이런 모든 것들은 중요하다.[9] 가격은 특히 소비자들이 제품 카테고리에 대한 지식이 적을 때 품질의 강력한 지표(indicator of quality)가 된다. 이 교훈은 Moneyball이라는 영화(같은 제목의 책에 근거하여 제작됨)를 통해 우리에게 잘 알려져 있다. 이 영화에서 Peter Brant(Jonah Hill의 배역)는 Billy Bean(Brad Pitt의 배역)에게 메이저리그 야구팀은 정확한 가격을 책정하는 다른 방법을 모르기 때문에 검증되지 않은 젊고 유명한 선수에게 지나치게 높은 연봉을 지불한다는 것을 설득력 있게 주장한다.[10]

이런 현상의 가장 흔한 예는 Stanford의 연구팀이 수행한 것인데, 연구팀은 응답자들에게 다양한 가격의 서로 다른 에너지 음료샘플(이 가운데 두 개는 같은 제품이었다!)을 주었다. 응답자들에게는 같은 두 개 제품에 더 높거나 낮은 가격을 지불하게 하고 퍼즐을 풀게 하였다. 이 실험에서 할인된 가격을 지불한 사람들은 정가를 지불한 사람들보다 일관되게 퍼즐을 적게 풀었다.[11] 이 연구의 결과는 명백하게 소비자들은 더 비싼 제품은 성능이 좋을 것이라고 믿는다는 것을 말하는 것이다. 비싼 에너지 음료를 마신 응답자들은 더 에너지가 넘치고 있음을 표현하기도 했다. 요약하면 마케터는 가격의사결정을 마케팅믹스의 나머지 부분으로 제쳐두지 말고 가치를 창출하는 전략적 기회로 삼아야 한다는 것이다.

가격전략의 5 Cs

성공적인 가격전략(pricing strategy)들은 그림 11.1에서 보는 바와 같이 5 Cs를 중심으로 이루어진다.

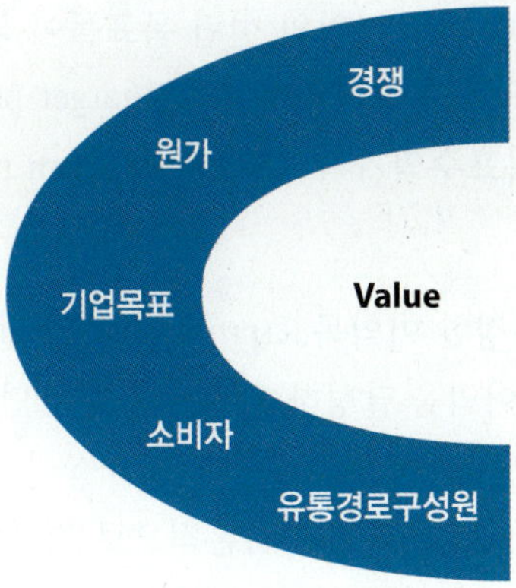

그림 11.1 가격전략의 5 Cs

이러한 요소들 각각은 타당한 가격정책을 수립하는 데 중요한 역할을 하기 때문에 이들을 세부적으로 설명할 것이다.[12] 먼저 첫 단계는 기업의 가격설정 목표(company's pricing objectives)를 수립하는 것이다.

기업 목표

LO1 네 가지 가격지향성(pricing orientations)들을 알아본다.

우리는 매우 다른 목표들을 가지고 있는 많은 기업들이 있다는 것을 알고 있다. 이러한 목표들은 가격전략에 스며들어야 하고, 기업의 제품이나 서비스의 가격들은 기업의 전체목표를 달성하는 데 기여해야 한다. 예를 들어, 높은 매출성장을 기본목표(primary goal)로 하고 있는 기업은 품질선도(quality leader)를 목표로 하고 있는 기업과는 다른 가격전략을 취해야 한다.

성공을 정의하는 방법이 무엇이든 기업들은 성취해야 할 목표들을 가지고 있다. 이런 구체적인 목표들은 일반적으로 어떻게 기업이 성장할 것인가를 반영한다. 경영자는 이익증가, 매출증가, 경쟁감소, 고객만족 등을 통해 성장하기를 원하는가?

기업의 목표는 겉보기처럼 그렇게 단순하지 않다. 목표들은 흔히 약간 다른 형식으로 표현되지만 그 의미는 매우 다르다. 그림 11.2는 일반적인 기업목표들과 가격전략에의 적용 사례를 소개한다. 또한 기업은 두 개 이상의 대립되지 않는 목표들을 설정할 수 있으므로 항상 상호배타적(mutually exclusive)인 것이 아니다.

기업목표	가격전략에의 적용 예
이익 지향	기업의 이익목표에 도달하기 위해 모든 제품들은 적어도 18%의 이익마진을 제공해야 한다는 전사적 정책을 도입하라.
매출 지향	이익이 낮아지는 어려움이 있더라도 신규판매를 창출하고, 경쟁자의 매출을 빼앗아 오기 위해 매우 낮은 가격을 책정하라.
경쟁자 지향	경쟁자들의 시장진입을 좌절시키기 위해 가격을 매우 낮게 책정하라.
소비자 지향	특정 제품 편익에 높은 가치를 부여한 소비자 세분시장을 표적으로 하라. 그리고 상대적으로 높은 가격, 즉 프리미엄 가격을 설정하라.

그림 11.2 기업목표들과 가격전략에의 적용

이익 지향(profit orientation) 모든 기업의 설립 목표들이 궁극적으로 이익창출을 지향하겠지만 기업은 구체적으로 목표이익가격설정(target profit pricing), 이익극대화(maximizing profits) 또는 목표수익가격설정(target return pricing) 등에 초점을 두고 이익지향성을 실행한다.

- 기업의 주된 관심사가 특정한 이익목표(profit goal)의 달성에 있을 때 목표이익가격설정을 실행한다. 목표이익을 달성하기 위해 기업은 단위당 어떤 이익에 어떤 수준의 매출이 창출될 수 있는 가격을 설정한다.
- 이익극대화(maximizing profit) 전략은 기본적으로 경제이론에 근거한다. 만일 기업이 매출과 이익을 설명하고 예측하는 데 필요한 모든 요인들을 포착할 수 있는 수학적 모델을 정확히 설정할 수 있다면, 그 모델을 바탕으로 이익을 극대화하는 가격을 찾아낼 수 있다. 물론 이 접근법이 갖는 문제는 관련된 요인들에 대한 정확한 자료를 수집하는 것과 정확한 수학적 모델을 구축하는 것이 지극히 어려운 과제라는 것이다.
- 어떤 기업들은 절대적 수준의 이익보다 투자에 대한 상대적인 이익, 즉 이익률에 더 관심을 가지고 있다. 이런 기업들은 전형적으로 목표수익가격설정(target return pricing)을 사용하고, 주로 매출이익률로 표현되는 투자수익률을 창출하기 위해 고안된 가격전략들을 활용한다.

매출 지향(Sales Orientation) 매출 지향을 사용하는 기업들은 매출증가가 이익증가보다 기업에게 더 도움이 될 것이라는 믿음으로 가격을 설정한다. Coca Cola는 신제품을 출시할 때 시장을 확고히 구축하기 위해 선택적으로 이런 가격지향을 채택한다. 새로운 헬스클럽은 매출량, 매출액, 또는 시장 점유율에 초점을 둘지도 모른다. 그래서 처음에는 매출량을 달성하기 위해 기꺼이 낮은 가격과 낮은 이익을 받아들인다. 반대로, 고급보석상은 매출액에 초점을 두고 높은 가격을 유지한다. 보석상의 매출은 고급이미지 뿐만 아니라 공급자의 이미지에도 달려 있다. 비록 매출량은 적겠지만 높은 매출액을 달성할 수 있다.

어떤 기업은 시장 점유율은 매출액보다 특정 시장조건에서 상대적인 성공을 반영한다고 믿기 때문에 매출액 자체보다 시장 점유율에 더 관심을 갖는다. 어떤 기업은 시장에 진입하려는 신규기업을 좌절시키고, 시장에 있는 경쟁기업들을 내쫓고, 경쟁자로부터 시장 점유율을 빼앗아오기 위해 낮은 가격을 설정한다. 예를 들어, Apple은 iTunes 서비스가 출시된 이래 100억 곡 이상의 노래를 판매하면서 Amazon.com이 침투했음에도 불구하고 시장 점유율을 계속하여 증가시키고 있다.

Philadelphia 크림치즈는 시장을 지배하고 있으며 프리미엄 가격 상표이다.

Apple은 한곡당 99센트에 파는 대신 노래의 유명도와 최신성에 따라 세 가지 가격 수준(69센트, 99센트, 1.29센트)으로 판매하고 있다. Apple은 이런 가격전략으로 고객당 매출을 증가키는 것을 목표로 하고 있다.[13]

시장 점유율 목표를 채택하는 것이 항상 낮은 가격을 설정해야 한다는 것을 말하는 것은 아니다. 드물게 어떤 시장에서 지배적인 상표가 최저가격을 제안하기도 한다. Heinz 캐첩, Philadelphia 크림치즈, Crest 치약, 그리고 Nike 운동화는 모두 자신들의 시장에서 지배적이지만 고가격 상표들이다. 서비스분야에서 IBM은 인적자원아웃소싱에서 시장지배자지만 분명히 최저가격 경쟁자는 아니다.[14] 고가격설정(premium pricing)은 기업이 의도적으로 자사 제품의 가격을 경쟁제품의 가격 이상으로 책정하는 것을 의미하는 데 이는 가격에는 신경 쓰지 않고 항상 최고제품을 구입하려는 소비자들을 잡기 위한 것이다. 그러므로 기업은 고가치 제품으로 지각시키기 위한 효과적인 커뮤니케이션과 유통기법을 사용해서 목표시장이 정당하다고 지각된 가격에 고품질제품을 제공하여 시장 점유율을 획득할 수 있다. 비록 가치의 개념이 매출지향전략들(sales oriented strategies)에서는 분명하게 전달되지 않더라도, 매출을 증가시키기 위해서는 암시적으로라도 소비자들에게 그 제품이 높은 가치를 가진 것으로 판단될 수 있어야 한다.

경쟁자 지향(Competitor orientation) 기업이 **경쟁자 지향**을 택하면, 기본적으로 그들 자신을 경쟁자와 비교해야 한다는 전제를 갖고 전략을 짜야한다. 어떤 기업은 자사 제품의 가격을 주요 경쟁자들의 가격과 비슷하게 설정하는 **경쟁자 대비법(competitive parity)**을 사용한다. 또 다른 경쟁자 지향전략은 **현상유지전략(status quo strategy)**인데 이것은 경쟁가격에 맞추기 위해 가격을 변경시키는 전략이다. 예를 들어, Delta Airlines가 평균요금을 증가시켰을 때, American Airlines와 United Airlines는 Delta의 요금증가분을 고려하여 자신들의 요금을 변화시키고 Delta가 요금증가를 철회하면 자신들도 요금을 낮추었다.[15] 경쟁자 지향전략에서 가치는 단지 암묵적으로만 고려되는데 그것은 경쟁자들이 가격을 설정할 때 가치를 고려할 것이라는 생각으로 경쟁자의 가격을 모방하기 때문이다.

소비자 지향(Customer Orientation) **소비자 지향**은 기업의 가격전략이 어떻게 제품이나 서비스에 가치를 부가할 수 있는지에 바탕을 두고 설정한다. CarMax는 흥정 없는 가격(no haggle pricing)을 약속하고 있는데 이것은 잠재적인 중고차 구매자들에게 단순하고 편리한 구매프로세스라는 추가적인 가치를 제공하기 때문에 소비자 지향 가격전략이라고 할 수 있다.[16]

기업은 한정판매로 높은 가격에 최신제품이나 서비스를 제공한다. 이런 제품이나 서비스는 기업의 명성이나 이미지를 강화하기

8,500 달러 스피커와 320 달러 스피커의 차이를 말할 수 있겠는가?

위해 설계되고 소비자에게 기업의 가치를 높이는 역할을 한다. Paradigm(Canada의 스피커 제조업자)사는 많은 오디오 애호가들이 고가치로 여기는 제품을 생산하지만 대부분의 스피커들은 320 달러 이하의 가격에 판매한다. 그러나 Paradigm은 초고품질 스피커를 8,500 달러에 판매하기도 한다. 비록 스피커 구매에 8,500 달러를 쓸 사람은 별로 없지만 이런 제품을 내놓을 수 있다는 것은 기업의 능력과 320 달러 제품들을 포함하여 나머지 제품들의 유능함을 보여주고 이미지를 향상시킬 수 있다. 소비자들이 어떻게 가치지각을 하는지 면밀히 검토해서 가격을 책정하는 것은 특히 지속적인 광고와 유통전략의 지원을 동반할 수 있다면 가장 효과적인 가격전략이라고 할 수 있다.

기업은 자사의 전반적인 목표들을 잘 이해한 후에 그런 목표들을 달성할 수 있는 가격전략을 실행해야 한다. 두 번째 단계에서 기업은 가격전략의 기초를 만들기 위해 소비자 수요(consumer demand)를 알아보아야 한다.

소비자

기업이 목표를 설정하려면 다양한 가격에 대한 소비자들의 반응을 이해해야 한다. 가격설정의 5Cs 가운데 두 번째 C는 소비자(consumer)에 초점이 있다. 소비자들은 가치를 얻기 원하고 우리가 알고 있는 것처럼 가격은 편익과 함께 가치를 구성하는 요소이다.

가격전략을 개발하기 위해서 기업은 소비자들의 선호를 알아야 한다. 이를 위해서는 먼저 가격이 수요(제품에 대한 소비자들의 욕구)와 어떻게 관련되어 있는지 그리고 이런 정보를 가격전략에 어떻게 활용할 수 있는지를 이해하는 데 도움이 되는 전통적인 경제이론(traditional economic theory)의 기초를 닦아야 한다.[17] 〈가치 부가 사례 11.1〉은 Apple의 세련된 가격전략이 제품에 대한 소비자들의 선호에 어떻게 영향을 미치는지를 보여준다.

수요곡선과 가격설정(Demand Curves and Pricing) 수요곡선은 소비자들이 특정기간동안 서로 다른 가격에 얼마나 많은 양의 제품이나 서비스를 구매하는지를 보여준다. 우리는 이것들을 '곡선들'로 부르지만 그림 11.3에서 보는 것처럼 수요곡선들은 직선이거나 곡선일 수 있다. 물론 가격에 따른 수요곡선에서는 가격 이외의 요인들은 변하지 않는다고 가정한다. 실험을 위해 마케터는 기업의 광고비는 증가하지 않고, 경제환경은 거의 변하지 않는다고 가정하고 수요곡선을 추정한다.

그림 11.3은 치아미백세트에 대한 일반적인 우하향 수요곡선(downward sloping demand curve)을 보여준다. 수요곡선을 보면 가격이 증가함에 따라 제품이나 서비스에 대한 수요는 감소하고 가격이 낮아짐에 따라 더 많이 구매한다. 〈가치 부가 사례 11.1〉에서 보는 것처럼 Apple은 낮은 가격을 제시하면 소비자들이 더 많이 구매할 것이라고 기대한다. '모두는 아니지만' 대부분의 제품이나 서비스에서도 이와 유사하게 수요곡선은 우하향 곡선을 갖는다. 여기에서 '모두는 아니지만'이라고 말한 것은 어떤 경우 수요곡선이 우상향하기도 한다는 것을 내포하고 있는데 이에 관해서는 다음에서

가치 부가 사례 11.1 고가격 제품시장에서 경쟁자보다 낮은 Apple의 가격[18]

몇 해 동안 Apple은 고가격, 고품질 제품이라는 강력한 명성을 가지고 있었다. 첫 번째 iPhone의 가격은 대부분의 다른 휴대폰보다 훨씬 높은 약 500 달러였지만 Apple 마니아들에게는 매우 가치가 있었다. Mac 컴퓨터 또한 높은 가격이 책정되었으나, 높은 품질, 진보된 기술의 사용, 바이러스와 악성코드로부터 잘 보호되었다. 하지만 오늘날 Apple은 경쟁자들보다 낮은 가격에 판매한다. Apple제품은 여전히 좋은 품질의 고가격 카테고리에 있지만 iPad(499 달러)는 Motolola(800 달러)의 줌 테블릿보다 낮은 가격에 판매한다. Samsung Series 9이 초박형 노트북 시장에 진입한 후 11인치 MacBook Air는 1,049 달러에 팔던 것을 999 달러로 판매했다. Apple 컴퓨터는 이보다 더 낮은 가격에도 구입할 수 있으며, 고가격 시장 참가자 중에서 가장 저렴하게 판매한다.

더욱 많은 소비자들이 Apple 제품을 구입함에 따라 생산규모가 증가하고, 이는 부품을 더 낮은 가격에 구입할 수 있도록 해 주었다. 예를 들어, Apple은 지난 5년 동안 iPods를 포함한 여러 가지 기기들의 주요부품인 플래시 메모리 칩 12.5억 달러를 선취할 수 있었다. 이렇게 Apple이 먼저 부품을 조달받기 때문에 경쟁자들은 메모리 칩을 구하기 위해 더 높은 가격을 지불할 수밖에 없고 결국 원가와 가격이 올라간다. 또한 Apple은 더 낮은 가격으로 제품을 소비자들에게 전달하기 위한 효율적인 공급사슬(supply chain)을 가지고 있다. 이런 소비자 지향전략은 경쟁자들이 쉽게 극복할 수 없는 선순환구조를 만들고 이를 통해 시장 점유율을 더 많이 증가시킬 수 있다.

Apple 제품들이 프리미엄 가격 카테고리에 있는 것으로 생각하겠지만, 이 제품들은 항상 경쟁자들보다 가격을 낮게 매긴다.

설명할 것이다.

LO2 가격과 판매량간의 관계를 이해한다.

그림 11.3에서 보는 바와 같이 가격수준별(가로축)로 각 가격에서의 치아미백세트 수요량(세로축)이 측정된다. 따라서 수요곡선은 가격별 수요량을 표현한 그래프라고 할 수 있다. 이 그래프의 수요곡선을 보면 10 달러(P_1)의 가격에서는 수요량이

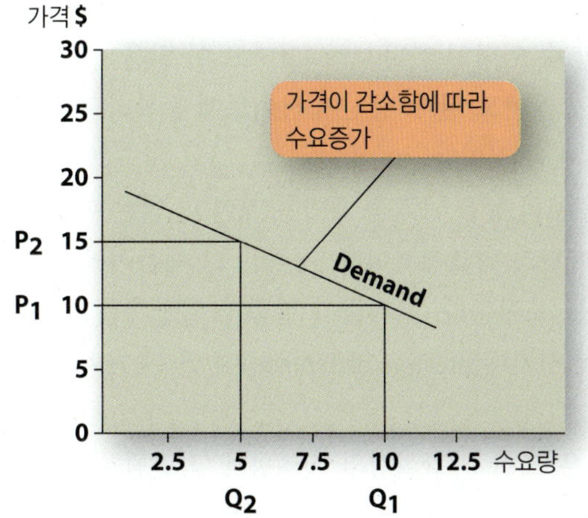

그림 11.3 치아미백세트의 수요곡선

그림 11.3에 근거해서 White Light에 대한 최선의 가격은 얼마인가?

1,000,000개(Q_1)이고, 15 달러(P_2)의 가격에서는 500,000개(Q_1)의 수요가 있다는 것을 알 수 있다. 즉, 15 달러의 가격보다 10 달러의 가격에서 소비자들에게 더 큰 가치를 제공하기 때문에 낮은 가격에서 더 많은 치아미백세트를 팔 수 있다.

제품이나 서비스에 대한 수요곡선을 알게 되면 기업은 전반적인 목표와 관련해서 여러 가격수준에서의 수요량과 매출액에 대한 검토를 할 수 있다. 치아미백세트 수요곡선에서 10 달러의 가격에서는 10,000,000 달러(10 달러×1,000,000개), 15 달러에서는 7,500,000 달러($15×500,000개)의 매출액이 달성된다. 가격 대안들이 10 달러와 15 달러 두 가지만 있는 경우, 판매량과 판매액 극대화를 목표로 하는 기업은 10 달러로 책정하는 것이 바람직하다. 그러나 이익에 더 많은 관심이 있는 기업은 어떤 가격을 책정해야 하는가? 이익을 계산하기 위해서는 원가가 고려되어야 하는 데 이에 관해서는 다음에 논의한다.

앞에서 우하향하는 수요곡선을 설명하면서 '모두는 아니지만'이라는 단서를 달았던 것을 기억할 것이다. 이는 모든 제품이나 서비스가 모든 가격수준에서 그림 11.3에서 묘사한 것과 같은 우하향 수요곡선으로 나타나는 것은 아니라는 것이다. 소비자들이 기능성보다 지위나 위신을 표현하기 위해 구매하는 명품(prestige products or services)을 생각해보자. 가격이 높아질수록 구매할 수 있는 고객이 줄어들기 때문에 그것과 관련된 위상은 더 높아지고 배타성도 커진다. Franch의 보석상 Faberge는 Russian Tsar Alexander III를 위해 오프라인 매장에서 진열된 바 없는, 모든 이국적인 품목들 가운데서도 가장 명품으로 인정되는 보석이 박힌 장식용 계란(jeweled eggs)을 만든 것으로 유명하다. Faberge의 웹사이트(www.faberge.com)에는 최신 보석 제품들의 가격이 4만~7백만 달러로 매겨져 있다. Mark Dunhill에 의하면 Faberge 최고경영자는 "우리 고객들은 매장이 문을 여는 아침 10시에서 저녁 6시 사이에 점포에 올 필요가 없다. 우리고객들은 살고 있는 지역이나 요트나 별장에 편안히 머무르면서 언제든지 웹사이트에 로그인할 수 있다고 한다."[19] 그렇다고 이 말을 듣고 Faberge 사이트를 둘러볼 생각은 하지 않아도 된다. 당신이 사이트에 등록하고 약속을 정하면 Faberge가 당신에게 연락해 올 것이다.

값비싼 Faberge egg같은 명품은 가격이 높아질수록 그에 걸맞게 지위가 높아지고 더 많이 팔릴 것이다.

명품의 경우에는 더 높은 가격을 매기는 것이 더 많은 판매를 가져올 수 있지만, 그것도 어떤 가격까지의 범위에서이다. 가격은 그 제품이 얼마나 희소한지, 배타적인지, 명품인지를 보여준다. 고객들이 명품과 일반제품간의 가격차이(price difference) 보다 위신차이(prestige difference)에 더 큰 가치를 부여할 때 명품의 가치는 더 크다.

그러나 명품은 또한 가격설정의 어려움에 직면될 수 있다. Fender Teleaster and Stratocaster 기타는 자부심이 높은 기타리스트에게는 필수적인 제품이지만, 단지 취미로 하는 학생들을 위한 것은 아니다. Fender는 명품 상표의 명성이 훼손되지 않

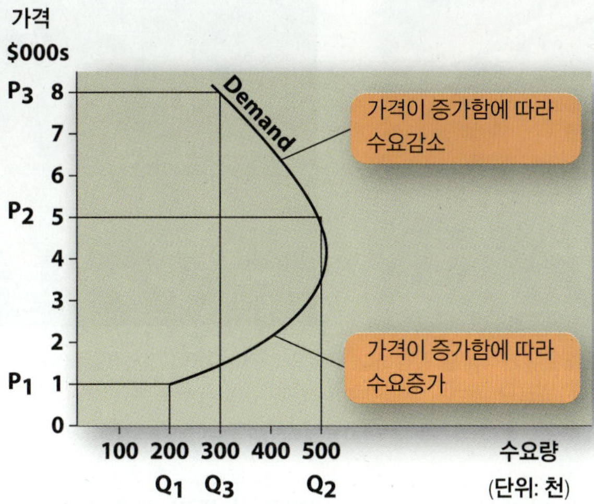

그림 11.4 Caribbean의 수요곡선

도록 저렴한 기타 제품계열에는 다른 상표를 붙이고 있다. 명품 Fender 기타와 비슷하게 보이지만 오리지널 제품보다 성능이 약간 낮은 Squier 제품계열은 덜 비싼 부품을 사용해서 일본에서 자동화생산방식으로 만든다. 미국에서 만든 Vintage Hot Rod'62 Fender Stratocaster의 가격은 2,400 달러로 200 달러인 Squire Bullet Strat 모델에 비해 10배 이상 높은 가격을 매겨 판매한다.[20]

Red Hot Chill Peppers의 John Frusciante는 Fender Stratocaster를 사용한다.

그림 11.4는 가상적인 명품서비스인 Caribbean 크루즈의 수요함수를 보여준다. 그래프에서 보는 바와 같이 가격이 1,000 달러(P_1)에서 5,000 달러(P_2)로 증가하면, 수요는 200,000명(Q_1)에서 500,000명(Q_2)으로 증가하지만, 8,000 달러(P_3)로 오르면 300,000명(Q_3)으로 감소한다.

기업이 5,000 달러에 500,000명에게 판매할 때 보다 8,000 달러에 300,000명에게 판매하여 더 많은 이익을 올릴 수 있을지는 원가가 얼마인지 알 때까지 확신할 수 없다. 그러나 우리는 가격이 1,000 달러에서 5,000 달러로 증가함에 따라 더 많은 사람들이 구매할 것이고, 가격이 5,000 달러에서 8,000 달러로 증가하면 많은 고객들이 다른 휴가처로 바꿀 것임을 알고 있다.

이제 소비자의 가격변화에 대한 민감성이라는 개념을 더 깊이 살펴보기로 하자.

LO3 가격탄력성을 이해한다.

수요의 가격탄력성(Price elasticity of demand) 앞에서 본 것처럼 서로 다른 가격에 소비자들이 어떻게 반응하는지에 더하여 우리는 소비자들이 가격변화에 어떻게 반응하는지 알아볼 필요가 있다. 가격변화에 대한 반응은 제품이나 서비스에 따라 다양하다. 일반적으로 우유 같은 필수품은 가격변화에 대한 소비자들의 반응은 덜 민감하다. 필수품인 우유는 가격이 인상되어도 여전히 구입해야 하는 품목이기 때문에 가격인상이 수요하락에 영향을 덜 미친다. 그러나 T-본 스테이크의 경우에는 어떤 가격을 넘어 상승하면 사람들은 다른 대안으로 바꿀 수 있기 때문에 수요에 미치는 영향이 더 클 것

소비자들은 스테이크 가격보다 우유가격에 덜 민감하다. 우유의 가격이 올라도 사람들은 여전히 우유를 살 필요가 있으므로 수요는 크게 떨어지지 않는다. 그러나 스테이크의 가격이 어떤 수준을 넘으면 사람들은 스테이크의 대체재로 눈을 돌리고 스테이크 구매를 줄일 것이다.

으로 예상할 수 있다. 따라서 마케터는 소비자들이 특정 제품이나 상표의 가격인상이나 인하에 대해 얼마나 크게 반응할 것인지를 알아야 한다. 그래야 가격을 올리는 것이 타당한지, 내리는 것이 타당한지를 결정할 수 있다.

수요의 가격탄력성(price elasticity of demand)은 가격의 변화에 대하여 수요가 얼마나 변하는지를 나타내는 지표로 가격의 % 변화율(percentage change in price)에 대한 수요량의 % 변화율(percentage change in quantity demanded)로 계산할 수 있다.

$$\text{수요의 가격 탄력성} = \frac{\text{수요의 \% 변화율}}{\text{가격의 \% 변화율}}$$

수요함수(demand function)는 수요의 가격탄력성을 계산하는 데 필요한 정보를 제공한다. 예를 들어, 만일 치아미백 세트의 가격을 10 달러에서 15 달러로 인상하면 수요의 가격탄력성은 얼마인가? 아래에서 보는 바와 같이 치아미백 세트의 가격탄력성은 −1이다.

$$\text{수요량의 \% 변화율} = \frac{(1{,}000{,}000 - 500{,}000)}{1{,}000{,}000} = 50\%\text{, 그리고}$$

$$\text{가격의 \% 변화율} = \frac{(\$10 - \$15)}{10} = -50\%\text{, 그래서}$$

$$\text{수요의 가격탄력성} = \frac{50\%}{-50\%} = -1$$

일반적으로 어떤 제품이나 서비스의 가격탄력성이 −1 미만일 때, 즉 가격이 1% 낮아질 때 판매량은 1% 보다 많이 증가하면, 그 시장을 가격에 탄력적(price sensitive 또는 elastic)이라고 한다. 가격탄력적인 시장에서는 상대적으로 적은 가격변화가 더 많은 수요량 변화를 만들 것이다. 그러므로 기업이 판매를 증가시키기를 원하면 가격을 더 낮추는 것이 좋지만, 이런 상황에서 가격을 올리는 것은 판매가 더 많이 낮아질 수 있으므로 주의해야 한다.

가격탄력성이 −1 보다 크면, 즉 가격이 1% 낮아질 때 판매량이 1% 보다 적게 증가하면, 그 제품시장을 가격에 비탄력적(price inelastic 또는 inelastic)이라고 한다. 이런 시장에서는 기업이 가격을 올려도 구매를 포기하거나 줄이려는 소비자들이 적기 때문

윤리와 사회적 딜레마 사례 11.1 엄청나게 줄어든 포장량[21]

재료원가가 증가하면 생산자는 가격을 인상하거나 이익을 줄여야 한다. 그러나 특히 경제환경이 좋지 못할 때의 가격인상은 아주 위험하다. 경제환경이 나빠질수록 소비자들은 더 절약하려고 하기 때문에 주요 생필품의 가격인상은 소비자를 화나게 하고 불만스럽게 한다. 가격인상에 대한 소비자들의 부정적인 반응을 피하기 위해 제조업자는 가격은 유지하면서 포장크기를 약간 줄이는 절묘한 전략을 사용한다.

16온스 크기로 팔던 옥수수 캔을 이제 14.5온스 캔으로 줄여서 판매한다. 식료품점 선반에서 흔히 볼 수 있는 시리얼, 크레커, 오렌지 주스, 기저귀, 파스타, 참치 캔, 캔디, 케첩 .... 등 모든 제품은 유사한 축소경향을 보여주고 있으며 더 많은 제품들로 계속 확장되고 있다. 어떤 경우 제조업자는 '건강'에 유익한 분량이라고 하면서 작은 사이즈로 포장된 쿠키나 아이스크림을 출시한다. 물론 이 경우 쿠키나 아이스크림의 단위당 가격은 높게 책정한다.

만일 소비자들이 이런 상황을 알아차리면 제조업자가 소비자의 화나 불만을 일으키지 않으려는 전략이라는 생각에 더하여 기만 또는 속임수를 당했다고 반응할 것이다. 그러나 생산자들은 잘 알려져 있는 마케팅 원칙처럼 소비자들은 수량변화보다 가격변화에 더 민감할 것이라고 기대하면서 높은 단위당 가격의 소포장 제품을 내놓는다. 그래서 기업이 포장크기는 그대로 하면서 내용물의 양을 약간 줄이더라도 그것을 자세히 관찰할 소비자들은 많지 않다. 대부분의 경우 소비자들은 식사시간에 둘러앉은 사람들에게 충분한 양이 아니라는 것을 깨달을 때까지 내용량이 줄었다는 사실을 알아채지 못한다.

Coca-Cola 작은 병은 온스당 가격이 높다.

에 할 수 있다면 가격을 올리는 것이 좋을 것이다. 가격에 비탄력적인 제품이란 소비자들이 가격에 관심이 크지 않다는 것을 의미하는 것이므로 가격을 낮추는 것은 수요를 충분히 증가시킬 수 없을 것이기 때문이다.

소비자들은 일반적으로 가격인하보다 가격인상에 더 민감하게 반응하기 때문에 가격인하를 통해 새로운 고객을 얻는 것보다 가격인상으로 현재 고객을 상실하기 쉽다.[22] 또한 그림 11.3과 같은 선형인 수요곡선에서는 가격탄력성이 곡선의 각 점에 따라 변한다. 예를 들어, Carrbbean 크루즈와 같은 명품은 수요곡선의 어떤 가격에 이를 때 까지는 매우 비탄력적이어서 가격인상이 판매에 의미 있게 영향을 미치지는 않는다. 그러나 어떤 가격에 이르게 되면 소비자들은 매우 높은 가격으로 인해 크루즈 여행의 가치가 낮아지기 때문에 다른 여행대안으로 돌아서기 시작한다.

가격인상에 대해 소비자들의 부정적인 반응이 예상될 때 기업은 가격표의 숫자를 변경하지 않고 가격을 인상하는 다른 전략들을 생각해 볼 수 있다. 〈윤리와 사회적 딜레마 사례 11.1〉은 이와 관련된 한 가지 방법에 대한 사례이다.

수요의 가격탄력성에 영향을 미치는 요인들 우리는 가격탄력성이 제품과 수요곡선의 가격수준에 따라 얼마나 다른지를 알아보았다. 그렇다면 수요의 가격탄력성에 영향을 미치는 다른 요인들은 무엇인가? 우리는 여기에서 가격탄력성에 영향을 미치는 가장 중요한 요인 몇 가지를 설명한다.

어떤 제품에 밀접한 대체재가 많이 있다면, 소비자들은 작은 가격변화에도 민감할 것이고, 그 제품은 아주 탄력적일 것이다. 예를 들어 Skippy가 가격을 올리면 많은 소비자들은 다른 상표로 전환할 것이다.

소득 효과(income effect): 소득효과는 소득의 변화에 기인한 제품 수요의 변화이다. 소득이 증가함에 따라 사람들의 소비행동은 변하는 데, 일반적으로 소득이 증가하면 소비자들은 저가격제품에서 고가격제품으로 수요를 이동한다. 돈을 아껴야 하는 상황에서는 햄버거를 사지만, 수입이 좋아지면 스테이크를 구매한다. 이와 유사하게 소비자들은 간단한 주말여행에서는 3성급 여인숙에서 숙박하지만, 6일간의 Las Vegas 여행에서는 많은 제품을 구매하고 5성급 호텔에서 돈을 물 쓰듯 한다. 경제상황이 나아지고 소비자의 소득이 전체적으로 증가할 때는 가격이 그대로인 상태에서도 스테이크나 호텔의 가격탄력성은 떨어진다. 반대로 소득이 낮아지면 소비자들은 덜 비싼 대안으로 바꾸고 구매를 줄인다.

대체 효과(substitution effect): 대체효과는 소비자들이 초점상표(focal brand)를 구매하는 대신 다른 제품으로 대체할 가능성을 나타낸다. 대체재의 활용가능성이 클수록 해당제품의 가격탄력성은 커진다. 오렌지 주스 상표들은 밀접한 관계에 있는 대체재가 많다.

소비자들이 쉽게 저가격 대체재를 발견할 수 있다면 가격인상에 더 민감하게 반응할 것이다. 예를 들어 소비자들은 매장에서 Tropicana의 대체재인 Minute Maid나 Florida's Natural 상표를 쉽게 찾을 수 있다. 따라서 Tropicana가 가격을 인상하면 소비자들은 대체재인 Minute Maid나 Florida's Natural로 구매를 변경할 것이다. 그러나 상표애호고객은 Tropicana의 가격인상에도 불구하고 아직 다른 대체재들에 비해 가치를 더 높게 판단하는 한, 즉 어떤 가격에 도달할 때까지는 높은 가격을 지불하면서 Tropicana를 구매한다.

마케팅은 고객의 상표애호를 만드는 중요한 역할을 한다는 것을 명심하자. 그리고 이런 상표애호도(brand loyalty)와 적합한 대체재가 무엇인지 모르는 판단력 부재 때문에 어떤 상표의 가격탄력성은 매우 낮다. 예를 들어, Polo/Ralph Lauren은 폴로 플레이어 로고가 없는 동급의 셔츠를 아주 낮은 가격에 팔면서도 로고가 있는 클래식 폴로 셔츠를 85 달러에 수백만 개나 팔았다. 특정 상표가 어떤 점에서든 소비자들에게 독특하고, 다르고, 특별하다는 믿음을 획득하면 다른 상표로의 대체성을 낮출 수 있다. 이렇게 되면 결국 상표애호도를 높이고 가격탄력성을 낮춘다.

교차가격탄력성(cross-price elasticity): 교차가격탄력성은 제품 A의 가격변화(가격의 % 변화율)에 대한 제품 B의 수요량변화(수요량의 % 변화율)이다. 제품 A의 가격인상에 대한 제품 B의 수요량 변화는 제품 B가 제품 A의 보완재(complementary product)이면 감소하고, 대체재(substitutional product)이면 증가한다. 블루레이 디스크와 블루레이 플레이어는 수요가 함께 증가하거나 감소하는 정(+)의 관계를 가진 보완재이다. 플레이어의 가격이 인상되면 플레이어의 수요가 줄어들고, 결국 디스크의 수요도 줄어들기 때문에 교차가격탄력성은 정(+)으로 나타난다. 즉, 제품 A의 수요량이 어떤 %

우량 서비스 사례 11.1 가격탄력성을 낮추는 빼어난 서비스

왜 어떤 호텔, 의사, 소매점들은 경쟁자들보다 높은 가격을 매기는데도 고객을 더 많이 유치하고 유지할 수 있을까? 이 경우의 답은 서비스(service)이다. Ritz-Carlton 호텔 체인을 보자. 이 호텔이 신규로 오픈하는 호텔의 종업원은 절반은 기존 호텔에서 전근시키고, 모든 종업원들은 각각 80시간 이상의 교육훈련을 받는다.[23]

Ritz-Carlton 호텔에서는 매일매일 그리고 종업원이 교체될 때마다 금과옥조로 삼고 있는 '서비스가치'를 상기시키기 위한 15분 미팅을 갖는다. 이 회사의 종업원들은 관리자의 승인 없이 고객의 문제를 해결하는 데 필요하다면 고객당 2,000 달러를 자율적으로 사용할 수 있도록 허용되어 있다. 종업원들의 서비스를 지원하기 위해 이 호텔은 고객의 특별한 요구와 일상적인 고객관찰을 통해 정보를 수집한다.[24] 예를 들어 어떤 고객이 작은 양파를 곁들인 마티니를 단지 한 번 주문하는 것만으로는 바텐너가 신경 쓸 일은 아니지만, 그 고객이 세 번 같은 종류의 마티니를 주문하면 바텐더는 그 사항을 시스템에 저장한다. 이렇게 쌓인 고객에 대한 정보는 고객과 서비스 제공자 모두에게 가치가 있다.[25]

주로 호텔에서 볼 수 있는 컨시어지 서비스(concierge service, 고객의 요구에 맞춰 일을 처리해주는 안내인, 역자)를 몇몇 의사들도 활용하고 있다. 초과예약 때문에 몇 시간을 기다리기도 하는 일반병원에 비해 컨시어지 병원(concierge medicine)은 소수의 환자를 대상으로 7시부터 24시까지 정확하게 약속을 지키면서 진료하는 대신 의료보험은 적용하지 않는다.[26] 일반병원이 2,500~3,000명의 고객을 대상으로 진료하는 것에 비해 컨시어지 병원은 600명 정도의 환자들만 진료하며, 환자들은 연간 25,000 달러 이상의 비용을 지불해야 하므로 이런 병원을 이용하는 고객들은 가격에 민감하지 않다.

Neiman Marcus, Nordstrom, Sake Fifth Avenue 등 고급백화점은 일반 백화점에서는 찾을 수 없는 최고급 상품들을 판매한다. 그러나 더 중요한 것은 이 백화점들은 고가격을 지불하는 우량고객을 위해 빼어난 서비스를 제공한다는 것이다. 판매사원은 고객과 상품에 대하여 잘 알고 있을 뿐만 아니라 고객이 기대하는 것 이상의 것을 무엇이든지 처리해 준다는 것이다. 예를 들어, 우량고객이 찾는 품목이 점포에 없으면, 판매사원은 자사의 다른 점포뿐 아니라 경쟁자의 매장에 가서라도 구해온다.

그러나 점포에 방문한 모든 고객에게 이런 수준의 서비스가 제공되는 것은 아니다. 백화점들은 최고의 고객들에게만 최고의 서비스를 제공한다. Neiman Marcus의 고객들 가운데 12,000 달러 이상을 사용하는 사람들이 100,000명이고 나머지 고객들의 평균 구입액은 연간 600 달러이다.[27] Neiman Marcus는 연간 500만 달러를 사용하거나 5백만 포인트를 획득한 고객에게 Lexus ISF와 같은 고급 자동차를 제공하는 로열티 프로그램(loyalty program)을 실행하고 있으며, Nordstrom , Sake Fifth Avenue도 우량고객에게 무료배송, 무료여행, 특별이벤트 초대 등의 프로그램을 제공하고 있다.

로 증가하면, 그 결과 제품 B의 수요량이 어떤 %로 증가하는 관계로 두 제품은 보완재이다.[28] 그러나 블루레이 플레이어의 가격이 떨어질 때 DVD 플레이어의 수요가 감소한다면 두 제품의 수요는 부(−)의 관계를 가진 제품들이므로 이 두 제품들은 대체재이다. 즉, 제품 A의 수요량이 어떤 %로 증가하면, 그 결과 제품 B의 수요량이 어떤 %로 감소된다.[29] 추가로 TheFind.com과 Bizrate.com 같은 쇼핑 봇(shopping bot, 웹상에서 적정한 가격의 물건을 찾아주는 서비스, 역자)은 사람들이 대체품을 쉽게 탐색하고 구매할 수 있게 만들어 가격탄력성에 영향을 미치고 있다.[30]

제품이나 서비스가 소비자에게 팔리는 방법은 가격탄력성에 엄청난 영향을 미칠 수 있다. 〈우량 서비스 사례 11.1〉은 빼어난 고객서비스가 어떻게 소비자의 가격민감도를 낮출 수 있는지를 보여준다.

앞에서 우리는 가격의 변화가 소비자들의 구매에 얼마나 많이 영향을 미치는지에 초점을 맞췄다. 가격이 판매에 어떻게 영향을 미치는지를 아는 것도 분명히 중요한 것이지만, 그것만으로 우리가 가격설정의 전체그림을 본 것은 아니다. 가격전략이 유익하게 활용되기 위해서는 세 번째 C인 원가를 고려해야 한다.

원가

기업은 자사의 원가구조를 이해해야 가격설정이 가능하고, 어떤 가격에서 제품이나 서비스가 이익을 창출할 수 있는지를 알 수 있다. 일반적으로 소비자들은 제품생산 및 판매원가, 서비스 제공비용 등 기업의 원가(cost)에는 거의 관심이 없고, 지각된 가치에 근거해서 구매의사결정을 내리므로 가격은 원가에 기반을 두어서는 안 된다. 예를 들어, Bank of America(BOA)는 원가상승을 반영하기 위해 직불카드(dabit card)를 사용하는 소비자들에게 월별요금을 부과하겠다고 발표했다. 소비자들은 은행 서비스에 대한 선택대안을 많이 가지고 있고, BOA는 더 이상 충분한 가치를 제공해주지 않는다는 것을 인식한 많은 소비자들은 다른 은행을 선택했다. 이에 따라 몇 주가 지나지 않아 BOA는 요금부과를 철회했다.[31] 소비자들은 가치를 판단하는 데 단지 그들이 지불한 가격과 그들이 받을 편익들만을 사용한다. 소비자들은 열등한 제품에 높은 가격을 지불하지 않는다. 소비자들은 단순히 기업이 경쟁자만큼 원가 효율적이 될 수 없다거나 원료의 원가나 인건비의 증가를 통제할 수 없다는 이유로 높은 가격을 지불하지도 않는다.

BOA는 자신들의 문제인 원가를 골칫거리 떠넘기듯 소비자들에게 전가했지만 다른 회사들은 부정적인 영향을 줄이면서 그렇게 할 수 있었다. 예를 들어, 탈취제의 판매는 수년 간 침체되었지만, Secret의 수익은 가격인상을 바탕으로 급등했다. '클리니컬' 포뮬라 Secret 탈취제의 가격은 튜브당 8.50 달러로 일반형에 비해 두 배 이상이다. 소비자가 이런 가격상승을 받아들이는 이유는 클리니컬 포뮬라 제품이 제공하는 가치 때문이다. 땀으로 찌든 옷을 입고 다니는 사회적 곤란함을 피하기 위해 소비자들은 고가격을 눈감아준다.[32]

사업을 하는 기업에서는 다양한 형태의 원가가 발생하지만 주요 원가 카테고리는 변동원가와 고정원가라는 두 가지이다.

변동원가(variable costs) 변동원가는 기본적으로 생산량에 따라 변하는 노무비와 재료비이다. 기업이 제품이나 서비스를 많이 또는 적게 생산함에 따라 동시에 총 변동원가는 증가하거나 감소한다. 생산되는 제품 각 단위마다 변동원가가 발생하므로 마케터는 일반적으로 변동비를 단위당으로 표현한다. Entenmann's 같은 제과점을 고려해 보자. 가장 큰 변동원가는 재료의 원가(밀가루)로 빵 한 덩어리를 만들 때마다 재료비가 발생한다.

서비스산업에서 변동원가는 더 복잡하다. 호텔에서는 방이 대여될 때마다 청소와 물품 보충을 위한 인건비와 소모품비 등 변동원가가 발생한다. 호텔에서는 방이 대여되지 않으면 이런 비용들이 발생하지 않는다는 점에 유의해야 한다. 어떤 호텔이 총 변동원가를 각 방당 10 달러로 계산했다고 가정하자. 방이 대여될 때마다 10 달러의 변동원가가 발생하므로 만일 하루에 방 100개를 대여했다면 총 변동원가는 1,000 달러(10 달러 × 100개)가 된다.

그러나 두 사례 모두에서 변동원가는 생산량에 따라 변할 수 있다. Entenmann's가한 달에 10만개의 빵을 만들 때 발생하는 파운드당 재료비는 빵 100만개를 만들 때의 파운드당 재료비보다 높을 것이다. 이와 유사하게 대규모 호텔은 소모품을 한꺼번에 대량으로 구매할 수 있기 때문에 더 낮은 단위당 가격으로 구입할 수 있을 것이다. 또한 호텔이 성장함에 따라 종업원의 고용을 장기적으로 유지하기 위해 임금을 높여주거나, 더 많은 복리후생비를 제공해야 할 압박이 증가한다. 이런 변화는 전반적인 변동 노무비를 증가시키고, 방을 관리하는 데 들어가는 총 변동비(total variable cost)에 영향을 미치게 된다. 따라서 항상 그렇지는 않지만 단위당 변동원가는 생산량(또는 판매량)의 변화에 따라 증가 또는 감소한다.

고정원가(fixed costs) 고정원가는 본질적으로 생산량의 변화와 관계없이 동일한 수준으로 유지되는 원가를 말한다. 전형적으로 임대료, 시설 사용료, 보험료, 관리자 급여, 공장이나 장비의 감가상각비 같은 비용은 생산량이 변해도 지속적으로 발생하는 비용이다. Entenmann's가 빵을 10만개 만들거나 100만개 만들거나 임대료는 변하지 않고 고정되어 있다.

총원가(total cost) 총원가는 단순하게 변동원가와 고정원가의 합이다. 앞의 가상적인 호텔의 예에서 고정원가가 연간 100,000 달러이고, 연간 10,000개의 방이 판매된다면 총변동비는 100,000 달러(10,000 × 10 달러)이다. 따라서 총원가는 200,000 달러가 된다.

다음에서 우리는 가격 의사결정에서 이러한 원가가 어떻게 활용하는지 간단히 살펴볼 것이다.

손익분기분석과 의사결정

LO4 제품의 손익분기점(BEP)을 어떻게 계산하는지 이해한다.

서로 다른 수준의 생산 또는 판매에서 원가, 가격, 수익(매출액), 이익간의 관계를 검토하는 유용한 기법이 손익분기분석(break even analysis)이다. 이 분석의 핵심은 총원가(total costs)와 총수익(total revenue)이 같아지는 판매량인 손익분기점(break even point)을 찾아내는 것이다. 손익분기점에서 이익은 0이 된다. 이익은 총비용과 총수익(총수익 또는 매출액 = 단위당 판매가격 × 매출량)의 차이로 기업이 일정 기간 동안 얼마나 많은 돈을 벌거나 잃었는지에 대한 지표이다.

그렇다면 어떻게 손익분기점을 알아낼 수 있을까? 그림 11.5의 그래프는 원가들과 수익에 관한 정보를 보여준다. 그래프의 세로축은 금액($)으로 표시된 수익과 원가, 가로축은 판매량 그리고 고정원가, 총원가, 총수익 등 3개 곡선이 그려져 있다. 고정원가는 생산량에 따라 변하지 않으므로 고정원가곡선은 항상 가로축과 평행하다.

판매량(= 생산량)이 0이면 변동원가는 발생하지 않지만 고정원가 100,000 달러는 항상 발생하므로 총원가곡선(total costs curve)은 판매량이 0인 지점, 즉 고정원가곡선이 세로축과 만나는 지점(100,000 달러)에서 시작한다. 총원가곡선은 생산량이 추가됨에 따른 변동원가의 양만큼씩 증가한다.

마지막으로 총수익곡선(total revenue curve)은 판매량이 한 단위 증가할 때마다 단

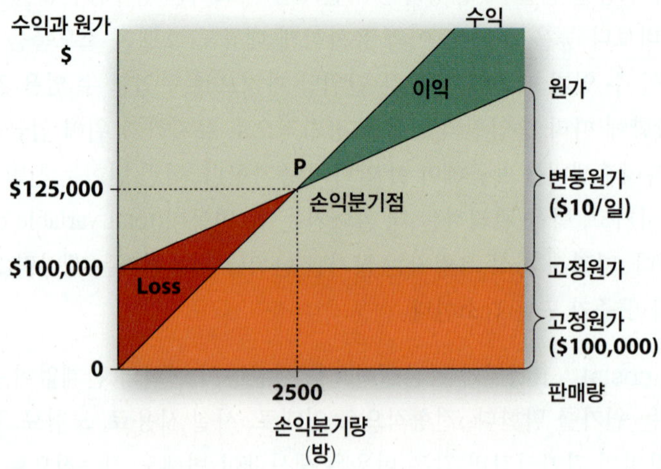

그림14.5 손익분기분석

위당 가격만큼 증가하므로 총수익은 단위당 가격에 판매량을 곱하여 계산한다.

$$\text{총 변동원가} = \text{단위당 변동원가} \times \text{판매량}$$
$$\text{총 비용} = \text{고정원가} + \text{총 변동원가}$$
$$\text{총 수익} = \text{가격} \times \text{판매량}$$

이 관계를 보기 위해 호텔의 예를 다시 보면, 이 호텔의 고정원가는 100,000 달러이고 변동원가는 방 하나에 10 달러이다. 호텔 방의 가격이 50 달러라면, 손익분기점에 도달하기 위해서는 연간 얼마나 많은 방이 팔려야 하는가? 그래프를 보면 손익분기점이 2,500개라는 것을 알 수 있다. 즉, 이 호텔의 수익과 원가가 같아지기 위해서는 2,500개의 방을 팔아야 한다는 의미이다. 2,500개 보다 적은 방을 판매하면 손실을 볼 것이고, 더 많이 팔면 이익이 발생한다. 수학적으로 손익분기점을 결정하기 위해서는 가격과 변동원가의 차이인 단위당 공헌마진(contribution margin per unit)이라는 개념을 도입해야 한다. 호텔 사례에서 단위당 공헌마진은 다음과 같이 계산된다.

$$\text{단위당 공헌마진} = \$50 - \$10 = \$40$$

그러므로, 손익분기점(량)은

$$\text{손익분기점(량)} = \frac{\text{고정원가}}{\text{단위당 공헌마진}} = \frac{\$100{,}000}{\$40} = 2{,}500\text{개}$$

호텔의 매출량이 손익분기점인 2,500개를 넘어서면 추가로 팔리는 방마다 단위당 공헌마진 만큼 이익이 발생한다. 만일 이 호텔이 4,000개의 방을 판매하면(손익분기량보다 1,500개 더 판다면), 이익은 60,000 달러(1,500 × $40)가 된다.

$$\text{이익} = (\text{단위당 공헌마진} \times \text{판매량}) - \text{고정원가}$$
$$\text{이익} = (\$40 \times 4{,}000) - \$100{,}000 = \$60{,}000$$

다른 방법으로 계산하면 다음과 같다.

$$이익 = (가격 \times 판매량) - \{고정원가 + (변동원가 \times 판매량)\}$$
$$이익 = (\$50 \times 4,000) - \{\$100,000 + (\$10 \times 4,000)\}$$
$$이익 = \$200,000 - (\$100,000 + \$40,000) = \$60,000$$

손익분기분석은 목표이익(target profit)을 달성하는 데 필요한 판매량이 몇 개인지를 계산하는 것으로 확장할 수 있다. 이 호텔은 매년 200,000 달러의 이익을 달성하는 것이 목표라고 하자. 현재의 가격이라면 200,000 달러의 이익을 얻기 위해 몇 개의 방이 판매되어야 하는가? 이에 대한 답을 얻기 위해 우리는 앞의 공식에서 고정원가에 목표이익을 더하기만 하면 된다.

$$손익분기점(량) = \frac{고정원가 + 목표이익}{단위당\ 공헌마진}$$

$$7,500개 = \frac{(\$100,000 + \$200,000)}{\$40}$$

이러한 손익분기분석은 가격을 설정하려는 관리자에게 실질적인 도움은 줄 수 없지만, 기업이 고려하는 각 가격에서 이익이 발생하는 판매량 조건을 명확히 설명할 수 있기 때문에 기업의 가격전략을 평가하는 데는 도움이 될 수 있다. 예를 들어 호텔경영자는 200,000 달러의 이익을 달성하기 위해 다양한 가격수준에서 얼마나 많은 방을 판매해야 하는지 분석할 수 있다. 호텔 방의 가격을 50 달러 대신 60 달러에 팔면 단위당 공헌마진은 50 달러(가격 $60 − 변동원가 $10)이고, 목표이익($200,000)을 달성하는 판매량은 6,000개($300,000/$50)가 된다. 즉, 50 달러에 팔 때 보다 1,500개(7,500

호텔방들이 팔리지 않아도 호텔로비를 포함한 물적 구조물들에 대한 원가는 고정되어 있다. 수건이나 이불을 세탁하는 원가는 방의 판매수량이 증가함에 따라 더 많이 들어간다.

− 6,000) 덜 팔아도 목표이익에 도달한다는 것이다. 이와 같이 손익분기분석은 다양한 가격에서 목표이익을 달성하는 데 필요한 매출량을 계산할 수 있다.

그러나 손익분기분석에는 몇 가지 한계점이 있다. 첫째, 여러 가지 가격으로 판매되는 제품이나 서비스의 경우 모든 가격을 고려할 수 없다는 것이다. 예를 들어, 모든 방들을 단일가격에 판매하는 호텔은 거의 없으므로 이런 경우의 손익분기분석에서는 '평균'가격을 사용한다. 둘째, 일반적으로 시간이 경과함에 따라 가격이나 원가에서 변화가 일어나지만 이를 반영하기 어렵기 때문에 다양한 원가 및 가격수준에서의 손익분기분석을 실행해야 한다는 것이다. 셋째, 손익분기분석에서 고려한 가격으로 판매할 때 실제판매가 얼마나 발생할지 확신할 수 없다는 것이다. 손익분기분석은 단지 특정 가격, 원가, 목표이익에서 손실과 이익이 0이 되는 판매량 또는 목표이익을 달성할 수 있는 판매량을 계산해줄 뿐, 실제로 그 수량보다 많이 팔릴지 적게 팔릴지를 말해주지는 않는다.

원가가산 가격책정과 목표수익률 가격설정

많은 상황에서 제조업자는 원가에 어떤 비율, 예를 들어 10% 만큼 추가된 가격을 받길 원한다. 치아미백세트 제조업자는 원가에 10%를 더해서 가격을 설정할 수 있다. 원가에 가산하는 방법을 토대로 목표수익률 가격을 계산하면 다음과 같다.

목표수익률가격 = {변동원가 + (고정원가 ÷ 기대 판매량)} × (1 + 목표수익률 %)

이것을 다음과 같이 가정된 치아미백세트의 단위당 변동원가, 고정원가, 기대매출을 이용하여 계산하면 9.90 달러가 된다.

단위당 변동원가: $8.00
고정원가: $1,000,000
기대매출: 1,000,000개

목표수익률가격 = {$8 +($1,000,000 ÷ 1,000,000)} ×(1 + 0.10)
목표수익률가격 = $9.00 × 1.1 = $9.90

LO5 네 가지 가격경쟁수준을 알아본다.

경쟁

네 번째 C인 경쟁(competition)은 가격전략에 엄청난 영향을 미치기 때문에[33] 우리는 여기에서 경쟁의 영향과 함께 가격전략에 대한 경쟁자들의 반응에 초점을 맞출 것이다. 경쟁은 네 가지 수준, 즉 독점(monopoly), 과점적 경쟁(oligopolistic competition), 독점적 경쟁(monopolistic competition), 그리고 순수경쟁(pure competition)으로 나눌 수 있으며, 각각은 독특한 가격의사결정 문제와 기회들을 가지고 있다(그림 11.6).

독점(monopoly)은 특정 산업(시장)에서 한 개 기업이 제품이나 서비스를 제공하는 것으로, 가격경쟁이 없다. 독점은 경쟁이 없으므로 기업목표를 위한 경영을 가장 효

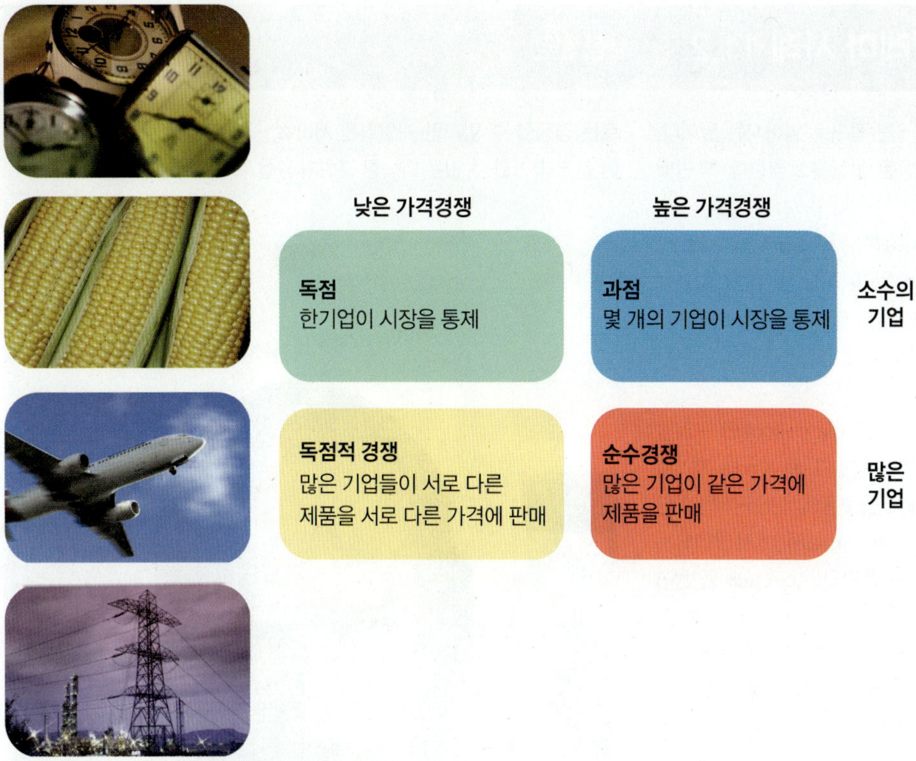

그림 11.6 경쟁의 네 가지 수준: 네 개 사진을 적합한 경쟁형태로 연결해 볼 수 있겠는가?

율적으로 할 수 있지만, 전기, 수도와 같은 공익성이 높은 사업이 독점의 형태를 띠는 경우 정부는 공익적 독점사업의 가격결정에 개입한다. 시장이나 산업에 대한 기업의 통제를 바탕으로 경쟁을 방해하는 형태의 독점은 불법적인 것으로 정부에 의해 규제된다.

단지 소수의 기업이 시장을 장악하고 있다면 그 시장을 과점적 경쟁(oligopolistic competition)이라고 한다. 과점적 경쟁시장에 있는 기업들은 평온한 경쟁 환경에서 벗어나 혼란해지는 것을 피하기 위해 전형적으로 경쟁자에 대응해서 가격을 변경한다. 때로는 과점적 시장에서의 가격반응은 두 개 이상의 기업이 번갈아가며 가격을 낮추는 가격전쟁(price war)으로 나타날 수 있다. 기업 A가 가격을 인하하면 이에 반응하여 기업 B는 A의 가격과 비슷하거나 더 싸게 반응한다. 이에 대해 기업 A는 다시 가격을 낮추고 이에 반응하여 기업 B가 가격을 낮추는 것이 계속된다. 어떤 경우에는 한 기업이 매우 낮은 가격을 설정해서 경쟁자를 시장에서 내쫓는 약탈가격설정(predatory pricing)으로 귀결된다. 〈윤리와 사회적 딜레마 사례 11.2〉에서 보는 바와 같이 약탈가격설정이 실행되면 소비자들은 매우 낮은 가격에 제품을 구입할 수 있어 일시적으로 이익이 된다. 그러나 경쟁자가 사라지고 나면 약탈에 성공한 기업은 독점기업이 되어 이전보다 더 높은 가격을 책정하여 이익을 극대화할 것이므로 결국 소비자들에게는 장기적으로 손해가 된다.

독점적 경쟁(monopolistic competition)은 가장 보편적인 형태의 경쟁으로 하나의

윤리와 사회적 딜레마 사례 11.2 서점 전쟁

역사적으로 가격전쟁은 많은 사업에서 일반적으로 벌어지는 일이다. 그러나 몇몇 악랄한 전투원들이 벌인 싸움은 상상을 초월한다. 책 판매업자들이 벌인 전쟁이 그러하다.

전쟁터의 한쪽에는 독립서점들을 대표하는 미국서점협회(American Booksellers Association, ABA)가 있다. 최근 몇 년간 ABA는 Amazon, Walmart, Target 등 대형 소매점들의 불공정 활동, 예를 들어 정가가 35 달러인 베스트셀러 도서를 단지 8.98 달러에 판매하는 행동들을 그만두도록 개입해 달라는 요청을 해왔다.[34]

특히 Amazon의 Kindle 기기구매자는 Kindle e-book만 구입할 수 있도록 한 것에 대해 ABA로부터 경멸을 받았다. 즉 Kindle 기기로 읽을 수 있는 e-book은 Amazon의 Kindle 플렛폼에서만 구매해야 한다는 것이다. ABA의 요청에 대하여 Amazon은 Amazon에서 발행되는 e-book을 IndieCommerce Site(ABA에서 운영하는 e-book 플렛폼)에서 취급하지 못하도록 했다.[35]

Stephen King의 최신 스릴러나 Steve Jobs의 자서전 같은 베스트셀러를 정가보다 낮은 가격에 판매하는 것은 소비자들에게 매우 매력적이므로 저렴한 가격에 판매하는 서점이나 웹사이트를 더 많이 이용한다. 이런 소비자행동은 서점들이 정가보다 낮은 가격에 판매하는 전략을 취하게 하는 데 그것은 점포를 방문한 소비자들이 베스트셀러뿐만 아니라 그 이외의 다른 것들도 구매할 가능성이 높기 때문이다.[36]

그렇다면 어떤 점에서 가격전쟁이 문제라는 것인가? ABA에 의하면 이런 엄청난 가격할인은 소형서점을 시장에서 내쫓기 위해 설계된 약탈가격행위라는 것이다. 이렇게 되면 결국 경쟁에 의한 방해를 받지 않는 독점을 만들어 자기들이 하고 싶은 것은 무엇이든 할 수 있게 된다는 것이다. 그렇다면 소비자에게 가격전쟁은 당장 싼값에 책을 살 수 있게 해주지만 경쟁이 약화되거나 독점이 된 후에는 더 높은 가격을 지불해야 한다는 것인가?

어떤 소비자들은 이런 가격인하에도 불구하고, 다른 측면 때문에 더 높은 가격을 지불하기도 한다. ABA에 소속된 독립 서점들은 가격으로는 경쟁할 수 없지만 개인화된 서비스, 구하기 어려운 책, 대형서점이 결코 따라할 수 없는 아늑한 분위기 등을 제공할 수 있다.[37]

Amazon, Walmart, Target 등 대규모 소매점들이 Steve Jobs에 대한 이 책을 독립서점들이 매긴 가격보다 낮게 파는 것을 허용해야 하나?

시장에서 차별화된 제품을 제공하는 많은 기업들이 경쟁하는 것이다. 많은 기업이 경쟁할 때는 심한 가격경쟁 보다 제품차별화(product differentiation)가 소비자에게 더 매력적일 수 있다. 수많은 기업들이 손목시계를 만드는 시장은 매우 차별화되어 있다. Timex는 스탑 워치 기능을 가진 스포티한 디자인 시계, Swatch는 Timex보다 우아한 시계, 그리고 더 품격 있는 시계는 세계적인 디자이너 상표인 Armani에서 찾을 수 있다. 이들 기업들은 모양, 스타일, 품질 등에서 매우 차별화된 제품으로 시계시장에서 경쟁한다. 그러므로 다양한 속성, 가격, 상표 등으로 제품을 차별화하여 각 시계 판매자들은 그들의 소비자 마음에 독특한 가치(unique value)를 제공한다.

순수경쟁(pure competition)은 소비자들이 서로 대체할 수 있는 표준화된 상품(곡물, 금, 향신료, 광물 등)을 판매하는 엄청나게 많은 판매자들이 있는 시장이다. 이런 시장에서 가격은 일반적으로 수요와 공급의 법칙(the laws of supply and demand)에 의해 결정된다. 예를 들어, 밀은 밀일 뿐이므로 제과업자로서는 누구의 밀인지에는 관심이 없다. 그렇다고 해서 순수경쟁에서 성공적인 가격전략이 반드시 더 낮은 가격을 설정해야 한다는 것이 아니다. 저가격 책정은 가격전쟁과 이익훼손을 초래한다. 대신 어떤 기업들은 명석한 방법으로 자신들의 제품을 일반적인 상품에서 벗어나려고 노력하는 데, Tyson은 자사의 닭에 상표를 붙이는 차별화를 통해 독점적 경쟁시장으로 이동하려는 시도를 하고 있다.

일반상품이 단순히 스티커나 로고를 사용해서 차별화될 수 있다면 소비자에게 이외의 상품들과 다른 독특한 것으로 인식될 수 있으므로 그런 방법을 통해 순수경쟁시장에서 자신들의 제품을 빠져나오게 할 수 있다.

유통경로 구성원들

유통경로 구성원들(제조업자, 도매상, 소매상)은 가격전략에 대하여 서로 다른 관점을 가질 수 있다. 자사상표의 이미지와 명성을 높이는 데 초점을 둔 제조업자가 매출증가에 관심이 있는 소매상과 함께 해야 하는 상황을 생각해 보자. 제조업자는 더 나은 이미지를 전달하기 위해 가격이 높게 유지되길 바라지만 소매업자는 상표에 대한 소비자들의 느낌에는 아랑곳없이 낮은 가격에 판매하기를 원할지도 모른다. 유통경로 구성원들이 주의 깊게 자신들의 가격전략의 목표에 대해 소통하고, 그것에 동의한 유통경로 구성원을 선택하지 않으면 갈등은 항상 일어날 수 있다.

유통경로를 관리하는 것은 매우 어려우며, 기존 경로외의 다른 유통경로도 생길 수 있다. 그레이 마켓(gray market)은 공인된 유통경로를 합법적인 방법으로 피해가면서, 변칙적이지만 불법적이지 않은 방법으로 제조업자가 의도한 가격보다 낮은 가격에 판매한다.[38] 그래서 많은 가전제품 제조업자들은 소매상과 거래를 시작하기 전에 그들에게 요구되는 활동들이 무엇인지에 대한 동의서에 서명토록 하고 있다. 그러나 만일 소매업자가 너무 많은 HD TV를 재고로 가지고 있다면 그것들을 손해가 없는 범위에서 공인되지 않은 할인매장에 낮은 가격으로 팔지도 모른다. 만일 할인매장에서 환불이나 서비스 등을 적절히 제공하지 않는다면 장기적으로 제조업자의 이미지가 손상될 수 있다.

그레이 마켓을 막기 위해서 Fujitsu 같은 제조업자들은 소비자들이 공인된 유통업자에게서 구매하지 않은 품목에 대하여는 제품보증을 하지 않는다는 경고문을 웹사이트, 제품포장 등에 표시한다.[39]

가격설정에 있어서 거시적 영향요인들

이제까지 우리는 주로 제품이나 기업의 가격설정에 영향을 미치는 다섯 가지 요인

(5Cs)에 초점을 맞추었다. 이제부터 가격설정에 더 광범위하게 영향을 미치는 요인들에 대해 알아보자.

인터넷

소비자들이 제품, 서비스, 정보획득을 온라인으로 이동함에 따라 가격에 더 민감해지고 있다. 또한 소비자들은 이전에는 접근할 수 없었던 제품 카테고리에도 접근할 수 있게 되었다. 고급식료품, 서적(e-book 포함), 음악, 영화, 전자제품들은 온라인에서 많이 거래되는 몇 가지 제품 카테고리들이다. 온라인에서 고할인 가격에 전자제품을 구매할 가능성이 높아짐에 따라 기존의 오프라인 매장은 가격이 아닌 구매전 상담, 전문지식 제공, 컨설팅 서비스, 구매 후 서비스 등으로 소비자를 설득하고 있다.

오프라인 매장에서 제품을 살펴보고 구매는 온라인에서 하도록 부추기는 인터넷과 모바일 앱은 소비자들에게 최선의 가격을 빠르게 탐색할 수 있게 해주었다. 이런 온라인 앱은 소비자들이 저가격제품을 탐색하는 비용을 줄여주고 결국 가격민감도를 증가시킨다.[40] 쇼루밍(showrooming)은 소비자들이 오프라인 매장에서 만져보고, 느껴보고, 이에 더하여 판매사원과 제품특징에 대해 논의한 후 온라인에서 저가격을 탐색하고 구매하는 것을 말한다. 따라서 오프라인 매장은 온라인 구매자들에게 단지 전시실로 활용되기도 한다.

그러나 미국에서는 온라인에서의 가격이 낮다는 생각은 곧 사라지게 될지도 모른다. 지금까지 주판매세금((state sales taxes)은 오프라인 매장처럼 상품이 진열된 곳에서만 받도록 해왔다. 그러나 온라인 매장에서도 판매세금을 함께 받도록 하는 법안이 제출되어 있다. 이에 대해 온라인 사업자들은 세금을 추가하면 더 이상 가격 경쟁력을 확보할 수 없을 뿐 아니라(그림 11. 7) 전반적인 소비자가격이 인상된다고 주장한다.[41]

경제적 요인들

가격의사결정에 융합되어야 할 두 가지 관련된 트렌드는 소비자의 가처분소득(disposable income) 증가와 계층의식이다. 어떤 소비자는 지위를 상징하는 제품에 기꺼이 돈을 쓴다. 한때 Rolex나 Mercedes Benz처럼 최고 부자들만 구매하던 제품들을 이제는 전문직 종사자들도 소유하고 있다. 지지부진한 세계경제 상황에서도 명품제조업자들이 두 자릿수의 매출증가를 기록하고 있는 데는 수그러들지 않는 신흥시장에서의 수요도 한 몫하고 있다.[42]

이와 동시에 반대되는 트렌드는 소비자들이 저렴한 가격에 구입하려고 노력하고 있다는 것이다. Walmart, Target, Costco 같은 할인점의 인기는 백화점이나 전문점에서 제품을 구매할 수 있는 소비자들도 끌어들이고 있다.

교차쇼핑(cross shopping)은 고가격과 저가격 상품을 함께 구매하거나 또는 값비싼 신분지향적 소매점과 저가격지향 소매점을 함께 이용하는 구매패턴이다. 가격에

Price Advantage | **Amazon doesn't collect sales tax in Texas and most other states, which some big retailers say gives it an unfair advantage. It does collect the tax in New York and four other states. An online price comparison:**

		Target	Walmart	Amazon	Amazon
		IN HOUSTON	IN HOUSTON	IN HOUSTON	IN NEW YORK
 CANON POWERSHOT SX13015	가격:	$199.99	$199.00	$198.99	$198.99
	판매세:	$16.50	$16.42	$0	$17.66
	총가격:	$216.49	$215.42	$198.99	$216.65
 VIZIO M470NV 47-INCH	가격:	$999.99	$998	$948.00	$948.00
	판매세:	$86.66	$82.34	$0	$84.14
	총가격:	$1,086.65	$1,080.34	$948.00	$1,032.14
 PLAYSTATION 3	가격:	$299.99	$299.99	$299.99	$299.99
	판매세:	$25.91	$25.91	$0	$26.62
	총가격:	$325.90	$324.90	$299.99	$326.61

출처: From Miguel Bustillo, "Retailers Push Amazon on Taxes," *The Wall Street Journal*, March 17, 2011. Copyright © 2011 by Dow Jones & Company, Inc. Reproduced with permission of Dow Jones & Company, Inc. via Copyright Clearance Center.

그림 11.7 가격비교 사례

대한 이런 상반되는 트렌드의 효과는 명품은 더욱 비싸지고 일반제품들은 더욱 저렴해진다는 것이다.

마지막으로 세계, 국가, 지역 등의 경제 환경이 가격설정에 영향을 미친다는 것이다. 세계경제의 성장은 경쟁의 본질을 변화시킨다. 여러 국가에서 활동하고 있는 많은 기업들은 한 나라에서는 제품을 개발하고, 서로 다른 나라에서 부품을 제조하여 조립하며, 또 다른 나라에서 콜센터를 운영한다. 이렇듯 기업은 전세계적인 관점에서 자사의 제품이나 서비스를 소비자에게 제공하는 데 들어가는 원가를 가장 효율적인 방법으로 구성하려고 노력할 것이다.

지역수준에서의 경제 환경도 가격설정에 영향을 미친다. 경쟁, 가처분 소득, 그리고 실업 등에서의 차이는 서로 다른 가격전략을 구사해야 할 필요성에 대한 신호가 된다. 제품이 소비자에게 전달되는 데 들어가는 비용이 크고, 경쟁수준이 낮은 지방에서는 일반적으로 높은 가격이 책정된다. 또한 소매점은 가처분소득이 높고, 실업률이 낮은 지역에는 비교적 높은 가격을 부과한다. 그러나 역설적인 상황도 벌어지는데, 운송수단의 접근이 어렵고, 경쟁이 제한된 도시 저소득지역에 높은 가격을 책정하기도 한다.

요점 정리

LO1 네 가지 가격지향성을 알아본다.
이익지향적 가격설정은 이익극대화 또는 기업의 목표 이익 달성에 초점이 둔다. 매출지향적 가격설정은 매출을 증가시키기 위한 가격을 설정한다. 경쟁자지향적 가격설정은 경쟁자의 가격전략에 따라 자사 제품의 가격을 설정한다. 마지막으로 소비자지향적 가격설정은 소비자들의 가치지각을 조사하고 이를 바탕으로 가격을 설정한다.

LO2 가격과 판매량 간의 관계를 이해한다.
일반적으로 가격이 상승하면 판매량은 감소한다. 그러나 명품과 같은 특별한 제품들에서는 가격이 증가할 때 판매량이 함께 증가하기도 한다.

LO3 가격탄력성을 이해한다.
가격의 변화는 일반적으로 수요에 영향을 미친다. 가격탄력성은 이런 효과를 포착하는 척도이다. 가격탄력성은 가격의 변화가 수요에 미치는 영향이다. 가격탄력성은 가격의 % 변화율에 대한 수요량의 % 변화율이다. 탄력적인 시장에서는 가격에 민감하게 반응하고 비탄력적 시장은 가격변화에 크게 신경 쓰지 않는다.

LO4 손익분기점을 어떻게 계산하는지 이해한다.
손익분기점은 판매액이 총원가를 상쇄하는 판매량을 말한다. 손익분기점을 계산하기 위해서는 고정원가, 총원가, 총수익 곡선에 대해 알아야 한다. 그래프에서 총원가와 총수익 곡선이 교차하는 지점이 손익분기점이 된다.

LO5 네 가지 유형의 가격경쟁수준을 알아본다.
독점에서는 한 기업이 시장과 가격설정을 통제한다. 독점적 경쟁은 많은 기업들이 시장에서 경쟁하지만 각 기업들의 제품은 차별화되어 있다. 과점적 경쟁시장은 소수의 기업이 시장을 지배하며 가격은 경쟁자지향적으로 설정하는 경향이 있다. 마지막으로 순수경쟁에서 경쟁기업들은 대체성이 매우 높은 거의 같은 제품을 판매한다. 이 시장에서는 기본적으로 수요와 공급의 법칙에 의해 가격이 형성된다.

핵심용어

- 가격(price)
- 가격전쟁(price war)
- 경쟁자 대비법(competitive parity)
- 경쟁자 지향성 (competitor orientation)
- 고정원가(fixed costs)
- 과점적 경쟁 (oligopolistic competition)
- 교차가격탄력성 (cross-price elasticity)
- 교차쇼핑(cross-shopping)
- 그레이 마켓(회색시장) (gray market)
- 단위당 공헌이익 (contribution per unit)
- 대체재(substitute products)
- 대체효과(substitution effect)
- 독점(monopoly)
- 독점적 경쟁 (monopolistic competition)
- 매출 지향성(sales orientation)
- 명품(prestige products or services)
- 목표 수익률 가격설정 (target return pricing)
- 목표이익 가격설정 (target profit pricing)
- 변동원가(variable costs)
- 보완재(complementary products)
- 비탄력적(inelastic)
- 소득효과(income effect)
- 소비자 지향성 (customer orientation)
- 손익분기분석(break-even analysis)
- 손익분기점(량)(break-even point)
- 쇼루밍(showrooming)
- 수요의 가격탄력성 (price elasticity of demand)
- 수요함수(demand curve)
- 순수경쟁(pure competition)
- 약탈가격설정(predatory pricing)
- 유보가격(reserve price)
- 이익 지향성(profit orientation)
- 이익극대화(maximizing profits)
- 총원가(total cost)
- 탄력적(elastic)
- 프리미엄가격설정 (고가격설정)(premium pricing)
- 현상유지전략(status quo pricing)

사례 연구

connect

Yankees의 모든 것들에 돈을 내다[43]

2009년 시즌에 맞춰 New York Yankees가 15억 달러를 들여 만든 야구장을 신규오픈했을 때, 이미 프리미엄 좌석(포수 바로 뒤의 좌석)의 85%가 팔린 상태였다. 그러나 수 백개의 가장 좋은 좌석들과 그라운드에 가까운 좌석들은 팔리지 않은 상태로 남아있었다.

그 당시 그라운드에 가까운 앞줄 좌석의 최고가는 2,500 달러였는데, 판매를 늘리기 위해 2009년 봄에 50% 내린 1,250 달러에 가격을 책정하고, 1,000 달러짜리 좌석도 650 달러로 가격을 내렸다. 인하 전 가격으로 구매한 사람들에게는 차액을 환불해 주었다. Yankees는 신규오픈한 야구장이 흥미진진하고 열광적인 곳이라는 인상을 주기 위해 항상 관중이 꽉 들어차길 바랬다.

2009년 10월 Yankees는 27번째 World series에서 우승을 차지했다. 가장 성공적인 2009년 시즌에 거의 90%의 좌석판매율을 달성했음에도 Yankees 구단은 2010년 시즌티켓의 가격을 더 낮출 것이라고 발표했다. 프리미엄 좌석 이외의 가장 좋은 좌석도 250 달러로 내렸는데, 이는 이전 시즌의 325 달러에 비해 거의 25% 인하한 것이다. 이런 결정이 제대로 된 것인가? Yankees의 대표경영위원인 Hal Steinbrenner는 침체된 경제와 소비자반응을 예민하게 생각하여 가격들을 지속적으로 검토해야 한다고 생각했다.

가격에 대한 검토는 Yankees의 전설적인 성공이 지속된 것만큼이나 집요하게 하였다. 2011년에 Yankees는 플레이오프에서 패하고 말았지만 팬들은 야구역사에서 어떤 투수도 달성한 바 없는 Mariano Rivera의 602번째 세이브를 볼 수 있었다. 팬들은 또한 Derek Jeter가 엄청나게 큰 홈런으로 3,000안타를 달성하면서 환호할 때까지 그의 모든 경기현장을 따라다녔다. Yankees 팬에게 우승반지가 없는 시즌은 실패한 시즌이었을지 모르지만, 2011시즌 동안의 열광은 2012년 시즌에 대한 높은 희망을 갖게 하였다.

많은 노력을 들여 시즌 티켓을 구했을 때 팬들은 티켓들의 가격이 많이 변한 것을 알게 될 것이다. 팬들은 115구역(Yankees의 덕 아웃 뒤의 구역)에 있는 필드레벨 좌석(field-level seats)에 매 게임 210 달러를 지불해야 하고, 125구역(방문 팀의 덕아웃 뒤의 구역)으로 옮기면 가격은 175 달러로 내려간다. 그러나 외야석에 있는 가장 저렴한 좌석의 가격은 14 달러에서 20 달러로 인상하였다. 많은 팬들은 Yankees 구장에서는 더 비싼 2층(upper deck)에 있는 좌석보다 외야석이 여전히 더 가치가 있다고 생각하고 있었다.

그러나 구단의 최근의 사례들은 티켓을 원하는 모든 사람들이 티켓을 구할 수 있었던 것이 아니었다는 것을 말해주고 있었다. 시즌티켓예약에 성공한 사람들은 계속 환호할 수 있게 되었지만, 개별 경기의 티켓을 구하려는 사람들은 운이 나쁘게도 구하지 못할 수도 있었다.

Yankees 공식 사이트를 보면 305구역(외야 우측 팬스 쪽 좌석)의 가격이 단지 40 달러인데, 이 좌석이 팬들에게는 실제로 얼마나 가치가 있을까? 만일 구매자가 그 자리를 재빨리 낚아채지 못하면, Major League Baseball에서 허가된 공식적인 티켓판매 사이트인 StubHub에서 같은 구역에 있는 좌석을 129 달러~175 달러에 사야 한다.

시즌중의 열광으로도 부족한 팬들은 시즌 후에 Yankees Stadium을 방문할 수 있는 투어 프로그램을 구입할 수 있다. 이 투어 프로그램은 더그아웃(dugout, 선수 대기실), Babe Ruth, Micky Mantle(911때 희생되었다) 같은 전설적인 영웅들의 전시물이 있는 Monument Park, 배팅연습장(batting cages), Yankees Museum, 그리고 클럽하우스를 방문할 수 있도록 구성되었다. 햇빛 아래에서 좋아하는 선수들은 보기 원하는 사람들은 Florida의 Tampa까지 가야함에도 불구하고 봄철훈련 티켓을 단지 17 달러~ 33 달러로 구입할 수 있다.

확인 문제

1. Yankees Stadium의 좌석 가운데 프리미엄 가격설정으로 가격이 책정된 좌석은 어떤 것인가? 그리고 가치가격설정 전술로 가격이 책정된 좌석은 어떤 것인가?
2. Yankees 티켓들의 가격에 영향을 미치는 환경적 요인은 무엇인가?
3. 만일 Yankees Stadium이 매진되지 않으면, 회사에는 어떤 손해가 발생하는가? 팔리지 않은 좌석의 가격 이외에 생길 수 있는 손해를 다양하고 넓게 생각해 보시오.

GROUPON
SUBSCRIBE +
SIGN IN
SIGN UP
Chicago
Featured Deal
Our Pick for You
All Deals
Latest & Greatest
Now! Deals
Deals to Use Today
Getaways
Travel & Hotel Deals
New
Goods
Gadgets & Gear
Rewards
Exclusive Reward Deals
Kids
Kid-friendly deals
The Art Institute of Chicago – Chicago (Loop)
$9 for Art Museum Admission (Up to $18 Value)
$9.00
Deal Has Ended
$18.00
Value
50%
Discount
$9.00
You Save
Over 1,000 bought
Limited availability
00:00:00
Time left to buy
Cultural Pursuits
Buy it for a friend!
The Fine Print
Expires Mar 22, 2012
Limit 10 per person. Not valid for museum membership. Must use promotional value in 1 visit.
Art involves creativity and a release of inner emotions, unlike Latin, which
Internet

CHAPTER 12

전략적 가격설정 방법들

학습 목표

- **LO1** 기업들이 가격을 설정하는 데 사용하는 세 가지 방법을 알아본다.
- **LO2** EDLP와 하이/로(high/low) 가격전략의 차이를 이해한다.
- **LO3** 스키밍 전략과 침투가격전략의 차이를 이해한다.
- **LO4** 소비자에게 가격을 할인하는 전술들을 알아본다.
- **LO5** 기업구매자에게 가격을 할인하는 전술들을 알아본다.
- **LO6** 소비자를 기만할 잠재력을 가진 가격설정방법들을 이해한다.

소매점에서는 높은 가격할인이 이익을 낮추는 원인이 되지만 가격할인이 신규고객유치 등 전략적 목적을 달성한다면 엄청난 가치를 창출하기도 한다. 가격할인으로 제품에 관심 있는 많은 소비자들을 끌어들이는 성과는 무시되어서는 안된다.

Groupon.com은 매일 미국 주요도시의 특성에 맞춰 설계된 몇 개의 특별 가격할인을 사이트 이용자들에게 제공한다.[1] 예를 들어, New York에 거주하는 한 여인은 근처의 네일샵에서 가격을 할인하는 판매촉진을 제안받을 수 있다. 경제적인 관점에서 가격할인은 10 달러짜리 피자를 5 달러에 살 수 있거나,[2] 시카고아트협회(Chicago Art Institute)처럼 회원에게 64% 할인 혜택을 주거나, 또는 네 가지 고급 요리로 막을 내리는 요리강좌의 수강료를 거의 절반으로 제공하는 것이다.[3] 이런 판촉행사는 흔히 강좌나 연회 같은 사회행사 스케줄에 맞춰 실행하여 제품에 관심은 있지만 구매할 마음은 없는 소비자들을 끌어들이기 위한 것이다. 소비자들이 제품을 구입하지 않는 이유는 크게 제품이 별볼일 없다고 생각하거나 가격이 높다는 것이므로 이런 유형의 판촉은 제품에 흥미를 느낄만한 소비자들에게 추가가치를 제공할 수 있다.

Groupon과 함께 판매촉진에 참가한 기업들은 몇 가지 가격할인 조건을 요구한다. 물론 Groupon 자신이 가지고 있는 일련의 가격할인 조건들도 있다. 예를 들면, 가격할인이 유효하게 진행되기 위해서는 최소 몇 명 이상의 소비자들이 구매해야 한다는 조건이다. 이런 조건은 일정한 수 이상이 되지 않으면 아무도 판촉혜택을 보지 못하므로 관심 있는 사람들은 사회적 네트워크를 통해 많은 사람들에게 판촉을 알려 참가를 유인하려는 동기를 갖게 된다.

그러나 어떤 경우에는 판매촉진에 필요한 최소량 보다 최대량이 논점이 되기도 한다. 시카고아트협회는 가격할인을 통해 5,000명의 신규회원을 유치했는데 이는 지난 100년 동안 누적가입자가 85,000명이었다는 점에서 보면 매우 인상적인 판촉성과라 할 수 있다. 어떤 피자 체인이 50% 할인 쿠폰을 발행했을 때는 9,000명의 고객들이 반응을 보였다.

피자체인 점주와 Groupon은 많은 사람들이 반응할 수 있다는 것에 대비해야 할 필요가 있다는 것을 강조한다. 어떤 중소기업은 갑자기 많아진 일로 직원들이 당황

하는 것을 피하고 제품이나 서비스를 제공받는 데 몇 개월을 기다릴 수도 있는 소비자들의 불만을 방지하기 위해 미리 판촉행사의 최대량을 정한다.

Groupon은 어려운 경제환경에 놓인 소비자와 기업들에게 엄청난 관심을 받게 되었고 단지 한달만에 25% 이상 성장률을 보이기도 했다. Groupon은 대부분이 매우 가치 있는 시장인 20대와 30대 젊은 사람들로 구성된 약 5,000만명의 가입자에게 2,200만건의 가격할인을 판매하였다.[4]

사업자들은 Groupon을 통해 효율적인 비용으로 신규고객을 유치할 수 있다고 생각한다. 2008년에 Groupon이 사업을 시작한 Chicago에는 120명의 사업자들이 Groupon을 통해 판매촉진을 하기 위해 대기하고 있고, Groupon 사업은 다른 여러 도시들로 확장해 가고 있다. 투자자들 또한 재고나 배송(이용자들은 Groupon에서 쿠폰을 인쇄해서 판매자에게 제시하기만 하면 된다)에는 관여하지 않는 Groupon의 독특한 사업모델에 대해 많은 관심을 가지고 있다.[5]

"올바른"가격을 내놓은 것은 결코 쉽지 않다. 앞장에서는 '가격'이란 무엇인지, 왜 중요한지, 마케터가 어떻게 가격의 목표를 설정하는지, 가격설정에 영향을 미치는 요인들이 무엇인지를 검토하였다. 이런 내용을 바탕으로 여기에서는 가격을 설정하는 데 특별히 고려해야 할 사항들에 초점을 두고 다양한 가격전략들(pricing strategies)을 논의한다. 우리는 또한 소비자와 기업을 위한 다양한 가격전술들(pricing tactics)의 시사점을 설명하고, 가격설정과 관련된 중요한 법률 및 윤리적 논점들에 관해서도 살펴볼 것이다.

LO1 기업들이 가격을 설정하는 데 사용하는 세 가지 방법을 알아본다.

가격전략을 수립하기 위한 고려사항들

기업들은 서로 다른 목적을 가지고 있고, 서로 다른 시장조건에 직면에 있고, 서로 다른 방식으로 운영한다. 그러므로 기업들은 특정한 환경조건들 하에서 특유의 가격전략을 채택한다. 한 기업내에서 조차 여러 제품들과 서비스들에 서로 다른 가격전략이 필요하고, 시장조건들이 시시각각 변함에 따라 가격전략도 달라진다. 그러므로 가격전략의 선택은 제품/서비스 그리고 시장에 특유한 것이다. 비록 기업들이 유사한 전략을 사용하는 경향이 있다 하더라도 정확히 같은 마케팅믹스는 없기 때문에 각 제품이나 서비스는 그 자신의 특별한 전략이 요구된다.

여기에서는 가격전략을 수립하는 데 도움이 될 수 있는 세 가지 방법(원가기반, 경쟁자기반, 가치기반 가격설정)이 논의될 것이다(그림 12.1 참조).

원가기반 가격설정

원가기반 가격설정(cost-based pricing methods)은 말 그대로 원가로부터 시작하여 최종가격을 설정한다. 먼저 관련된 총원가(예: 고정원가, 변동원가, 경상비 등)를 총수요(또는 생산량)로 나누어서 단위당 원가를 계산한다. 예를 들어, 어떤 품목의 고정원가가 200,000 달러, 변동원가가 100,000 달러, 그리고 생산량(또는 판매량)이 30,000

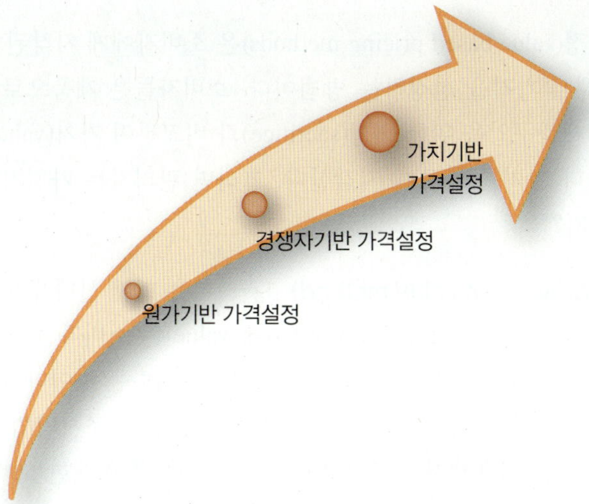

그림 12.1 가격설정전략들

개라면 단위당 원가는 다음과 같이 계산된다.

$$(\$100{,}000+\$200{,}000) \div 30{,}000 = \$10$$

기업의 기대 이익률이 20%라면 단위당 원가가산가격(cost plus price)은 원가의 120%인 12 달러($10×1.2)가 된다.

원가기반 가격설정은 시장에 있는 소비자의 반응과 경쟁자들의 가격을 고려하지 않고 가격을 책정하는 방법이다. 원가기반 가격설정은 다른 가격설정 방법들에 비해 상대적으로 간편하지만, 이 방법을 사용하기 위해서는 품목과 관련된 모든 원가가 확인되어 단위당 원가를 계산할 수 있어야 한다. 더구나 이 방법은 생산량에 따라 원가가 달라진다는 점을 고려하지 않는다. 만일 어떤 제품이 생산량에 따라 단위당 원가가 달라진다면 그에 따라 가격을 올리거나 내려야 할지도 모른다. 그래서 원가기반 가격설정은 일반적으로 평균원가에 근거해서 설정한다.

경쟁기반 가격설정

어떤 기업은 경쟁자의 가격에 따라 가격을 설정하기도 한다. 그러나 대부분의 기업은 소비자들은 자사의 제품가격을 경쟁자의 제품/가격 조합(product/price combination)과 비교한다는 것을 알고 있다. 그러므로 경쟁기반 가격설정(competition-based pricing method)을 사용할 때는 소비자들이 자사의 가격을 경쟁자의 가격과 비교하여 어떻게 해석되기를 바라는지가 반영되어야 한다. 예를 들어, 경쟁자의 가격과 거의 같게 책정하는 것은 소비자들에게 우리제품이 경쟁사의 제품과 유사하다는 신호가 되고, 반면 경쟁자의 가격보다 높게 가격을 설정하는 것은 더 나은 특성, 더 나은 품질, 또는 다른 가치 있는 편익들이 포함되어 있다는 신호가 된다.

가치기반 가격설정

가치기반 가격설정(value based pricing methods)은 소비자에게 지각된 제품의 전반적인 가치에 근거해서 가격을 설정하는 방법이다. 소비자들은 제품으로부터 기대하는 편익(benefits)을 제품구입을 위한 희생(sacrifice)과 비교하여 가치(value)를 결정한다. 물론 소비자들마다 가치를 다르게 지각한다. 그러면 관리자는 가치기반 가격설정을 어떻게 사용하는가?

개선가치방법(improvement value method) 관리자는 먼저 신제품이나 서비스의 개선가치를 추정해야 한다. 개선가치(improvement value)는 소비자들이 비슷한 제품에 비해 상대적으로 얼마나 더 지불할 의사가 있는지를 추정하는 것이다. 예를 들어, 전자회사에서 새로운 휴대폰을 개발했다고 하자. 관리자는 많은 조사방법들 중에서 어떤 것(예: 소비자 조사)을 이용해서 기존제품과 비교한 신제품에 대한 소비자 평가, 신제품이 얼마나 더 성능이 좋은지, 또는 신제품의 개선가치 등을 추정할 수 있다.

그림 12.2는 휴대폰의 개선가치를 어떻게 계산하는지 보여준다. 소비자들은 다섯 개 차원(선명도, 범위, 보안, 배터리 수명, 사용의 용이성)에서 기존의 휴대폰에 비해 새로운 휴대폰이 얼마나 더 나은지(또는 못한지)를 평가한다. 설문조사에서 응답자들은 새로운 휴대폰이 기존 휴대폰에 비해 20% 더 선명하다고 응답했다. 또한 이 소비자들에게 다섯 개 요인들의 중요성을 합이 100점이 되도록 배분시킨 결과 선명도 차원은 40%의 중요성을 가지는 것으로 나타났다. 개선정도와 중요도를 곱하면 선명도의 가중요인값(weighted factor)은 8%(20%×40)이다. 이런 과정을 반복하여 각 편익들의 가중요인값을 계산하여 합하면 소비자 관점에서 신제품의 개선가치는 21%이다. 만일 다른 휴대폰의 가격이 100 달러라면 기업은 가치기반가격으로 소비자에게 121 달러($100×1.21)를 받을 수 있다.

소유비용방법(cost of ownership method) 이 방법은 제품이나 서비스의 내용년수 동안의 소유비용(cost of owning)을 통해 가격을 결정하는 것이다. 소유비용방법에서 소비자들은 특정 제품이 더 싼 다른 제품보다 전체수명 동안 소유비용이 덜 들어가기 때문에 기꺼이 그 만큼 가격을 더 지불할 것으로 생각한다.[6]

편익들	개선가치	편익의 중요성(%)	가중 요인값
선명도	20%	.40	8%
범위	40%	.20	8%
보안	10%	.10	1%
베터리 수명	5%	.20	1%
사용 용이성	30%	.10	3%
총합		1.00	21%

그림 12.2 개선가치

신제품의 가격을 결정하는 한 방법은 소비자 관점에서 개선 가치를 평가하는 것이다.

예를 들어, 에너지효율성이 높은 형광등의 가격을 3 달러로 책정하였는데 수명은 6,000시간이다. 대안으로 생각할 수 있는 일반 전구의 가격은 1 달러이고 평균수명은 1,500시간이라고 하자. 형광등의 수명은 일반전구에 비해 4배 길지만 가격은 3배 높다. 소유비용방법을 사용해서 일반전구의 수명과 형광등의 수명을 비교하면 일반전구의 4배인 4 달러를 책정할 수 있다. 그러나 조사를 통해 1 달러에 전구를 사용하던 소비자들이 전구의 가격으로 4 달러를 지불하는 것을 주저하고 있다는 것을 알게 되었기 때문에 1 달러 낮춰 3 달러에 책정한 것이다.

가치기반 가격설정방법의 실행(implementing value-based pricing methods) 가치기반 가격설정방법이 효과적일 수 있지만 제품에 대한 소비자의 가치를 알아내기 위해서는 대규모 소비자조사가 필요하다. 판매자는 서로 다른 세분시장에 있는 소비자들이 어떻게 자사제품이 제공하는 편익에 가치를 부여하는지 알아야 한다〈가치 부가 사례 12.1〉. 또한 소비자들의 가치지각 방법은 어제 다르고 오늘 다를 수 있기 때문에 소비자의 태도변화를 확인해야 한다.

가격전략들

LO2 EDLP와 하이/로(high/low) 가격전략의 차이를 이해한다.

여기에서 우리는 상시저가전략(everyday low pricing), 하이-로 가격전략(high-low pricing), 신제품 가격전략(new product strategies) 등 일반적으로 사용되는 여러 가지 가격전략들을 논의한다.[7]

가치 부가 사례 12.1 Clearly의 이기는 전략[8]

당신은 인터넷에서 안경이나 콘택트렌즈를 사는가? Roger Hardy와 Tokarksi는 2000년 컴퓨터, 전화, 탁구대가 있는 Vancouver의 지하 사무실에서 Clearly Contacts를 설립했다. 이들은 불과 수년 후 세계에서 가장 빠르게 성장하는 안경과 콘택트렌즈 온라인 소매상이 되어 있었다. 이들은 어떻게 경영했는가?

Hardy는 콘택트렌즈 제조회사에서 일하는 동안 콘택트렌즈의 마진이 매우 높다는 것과 아이 케어 제품을 사는 소비자들에게 더 나은 제품을 더 싸게 제공할 수 있는 방법이 있음을 알게 되었다. 그래서 "과도하게 매겨진 안경가격으로부터 세계를 구하는 것(saving the world from overpriced eyeglasses)"을 새로운 미션으로 정했다. 과거에 맞춤안경시장은 안경점이 지배하고 있었다. Clearly Contacts는 모든 중간상을 배제하고, 50~70% 낮은 가격에 자동화된 주문 프로세스와 직배송을 비즈니스 모델로 하였다. 이들은 38 달러~198 달러의 가격에 Prada, Dior, Armani, Fendi 같은 유명 디자이너 안경을 구매할 수 있는 가치를 제공하였다.

처음 시작할 때만해도 소비자들은 인터넷을 통해 서적과 의류는 기꺼이 구매하였지만 온라인에서 안경을 사는 것은 더 복잡하고 상대적으로 위험이 높기 때문에 구매를 유보하고 있었다. 그래서 Clearly Contacts는 소비자들이 안경을 착용했을 때 어떻게 보이는지를 알게 하기 위해 가상거울(Virtual Mirror)과 무료택배를 추가했다.

또한 그들은 온라인에 등록한 소비자들에게 디자이너 안경 2,000개를 무료로 제공하는 쿠폰을 발행하기로 결정했다. 이 전략은 소비자에게 고품질 안경을 손에 넣게 해 주었고, 이를 통해 온라인에서 안경을 구매하는 것에 대한 걱정을 떨쳐 버리게 하였다. 이 전략의 성공에 착안하여 신규구매자가 그들의 최초구매를 위한 쿠폰을 제공하는 프로그램을 계속 실행하였다.

이런 과정을 통해 안경시장에서 10%의 점유율을 달성하였고, Proft 잡지사가 선정한 Canada에서 가장 빠르게 성장하는 100대 기업으로 주목받았다. 북아메이카, 유럽, 아시아에서 2백만명 이상의 소비자들과 거래했고, 1억 1,900만 달러의 매출을 달성하면서 세계에서 가장 큰 온라인 안경점으로 나아가고 있다.

인터넷에서 콘택트 렌즈나 안경을 사겠는가?

상시저가전략

상시저가전략(everyday low pricing, EDLP)을 사용하는 기업은 정가(비세일가격)와 경쟁자들이 책정할 수 있는 가장 높은 할인 가격 사이의 어떤 수준에서 판매가격을 항상 유지한다는 것을 강조한다.[9] EDLP전략은 소비자들에게 점포들간 가격비교를 하는 탐색비용을 줄여주는 가치를 제공한다. Walmart는 EDLP전략으로 자사에서 판매

소셜 및 모바일 마케팅 사례 12.1

점포에서 가격탐색 .... 어디서나[10]

대부분의 마케터는 X세대(Gen X)와 그들의 어머니는 매우 다른 방법으로 쇼핑할 것으로 생각한다. 그러나 최근 모바일 폰 소프트웨어가 제공하는 편익들은 영리하게 구매하는 모든 유형의 소비자들에게 도움을 줄 수 있는 쇼핑기술을 제공하고 있다.

크리스마스 전에 Eric Olson이 구입하려는 영화 Heat의 블루레이 버전을 Best Buy에서는 33세 소비자에게는 다소 높은 26 달러에 팔고 있었다. 그래서 그는 근처의 다른 매장에서의 가격을 알아보기 위해 UPC 바코드를 스캔하고 ShopSavvy 앱을 이용해서 Walmart.com에서는 단지 19 달러를 받고 있다는 것을 알게 되었다. Eric Olson의 어머니인 Carrie Olson도 책이나 DVD의 바코스를 이용해서 가격을 알아보기 위해 가격비교 앱인 RedLaser 앱을 사용한다.

Amazon은 Eric과 Carrie 모두 자신의 웹사이트에서 구매하기를 바랬다. 그래서 Amazon은 휴가진 시즌에 경생사의 매장에서 바코드를 스캔하고, Amazon의 가격비교 앱에서 가격을 탐색하고, 같은 품목을 Amazon에서 구입하면 5 달러를 할인해준다고 제시하였다.[11]

온라인에서 가격을 탐색하는 것은 새로운 것이 아니지만 최근 기술의 발달로 언제 어디서나 가격비교가 가능해졌다는 것이 판매자들을 더 긴장하게 만들었다. 스마트 폰을 이용하는 소비자들은 ShopSavvy를 이용해서 거의 모든 제품에 대해 가장 낮은 가격에 팔고 있는 가까운 점포를 알아낼 수 있다. 또한 Amazon의 가격비교 앱은 Amazon에서 판매하고 있는 제품만 비교할 수 있음에도 지속적으로 성장하고 있다.

스마트폰 사용자 중 20%인 2,000만명이 가격비교 앱을 다운로드 했고, 이 가운데 앱을 이용하는 사람들은 1,000만명이다. ShopSavvy의 데이터베이스는 Walmart, Target, American Eagle, Best Buy와 같은 수만개 점포들의 웹사이트나 데이터베이스의 가격정보와 연결되어 운영된다. 그러나 때때로 소매점에서 방금 가격변경을 했다면, 소비자들은 이미 지난 가격을 보게 될 수 있다.

Eric과 Carrie에게 제공되는 가격 대안들은 끝없이 많아질 것이다. 그러나 가격으로 경쟁할 수 없는 소매점들이 선택할 수 있는 방법들은 급격히 작아질 것으로 보인다. 만일 모든 사람들이 즉각적으로 가격탐색을 할 수 있다면 고가격 판매자는 무엇을 할 수 있겠는가?

하는 제품의 가격이 시장에 있는 다른 소매점들보다 더 낮다는 것을 강조한다. 이런 주장은 Walmart가 다른 소매점들에 비해 모든 품목에서 낮은 가격이라는 것을 의미하는 것은 아니다. 사실 몇몇 경쟁적인 소매점들은 어떤 품목에서 더 낮은 가격을 제안하기도 한다. 그러나 평균적으로 보면 Walmart의 가격은 전체적으로 낮은 경향이 있다. 〈소셜 및 모바일 마케팅 사례 12.1〉에서 보는 바와 같이 가격비교 앱은 EDLP의 이점을 강화하고 있다.

단수가격은 소비자에게 가격이 낮다는 신호가 된다.

EDLP임을 보여주고 싶은 소매점에게는 단수가격(odd price) 설정도 적절한 방법이 될 것이다. 그러나 단수가격은 저품질의 신호가 될 수 있다.[12] 품질보다 가격을 중요하게 생각하는 소비자들에게 저가격은 높은 가치로 지각될 것이지만, 가격보다 품질을 중요하게 생각하는 소비자들에게 단수가격을 제안하는 것은 저품질 이미지 때문에 가치를 낮게 지각할 것이다.

하이-로 가격설정

EDLP의 대안은 구매를 자극하기 위해 수시로 가격을 할인하는 판매촉진을 제공하는

윤리와 사회적 딜레마 사례 12.1 실제로 45% 할인인가?[13]

유행에 민감한 사람들 또는 그렇다고 생각하는 사람들에게 명품과 구입능력의 균형을 맞추는 것은 힘든 일이다. 뜨겁게 유행하는 신제품을 원하지만, 그것을 따라잡기 위해서는 지갑이 가벼워진다. 이런 소비자들에게는 Gilt, RueLaLa, HauteLook 같은 Private sale 온라인 사이트가 답이 될 수 있다. 이 사이트들에서는 특정 고급 패션 브랜드가 소진될 때까지 48시간 이내에서 시간한정 할인을 한다. 이 사이트에서는 1,595 달러 하는 Burberry Nova Armored Baby Beaton 핸드백을 45% 할인된 877 달러에 살 수 있다. 또한 Banana Republic 같은 오프라인 소매점들도 오전 11시부터 오후 2시까지 '반짝 세일'로 정가에서 40% 할인한 스웨터를 팔기도 한다.

그러나 실제로 40% 또는 45% 할인된 것인가? 1,595 달러의 정가는 소비자들에게 핸드백의 가치에 대한 준거가격의 역할을 한다. 소비자들은 정가와 할인가격의 차이가 클수록 가치를 더 크게 지각한다고 한다. Sears에서 냉장고를 1,300 달러 할인해서 팔면 이를 무시하고 지나칠 소비자들은 별로 없다. 할인이 크면 클수록 소비자들에게 구매의 매력도는 커진다. 그러나 소매상이 정가를 올려 쓰고, 실제보다 더 큰 할인율이나 할인액을 표시할 수도 있다.

private sale 사이트들이 할인율이나 할인액이 더 크게 보이기 위해 정가를 올려서 기록한 것이 적발되었을 때, 그들은 정가는 제조업자가 표시한 것으로 정확한 것이라고 주장하기도 한다. 소매상들이 주장하는 것은 제조업자가 잘못된 가격을 주었거나 종업원이 착오를 일으켰다는 것이다. 예를 들어, Burberry 핸드백의 정가가 1,595 달러가 아니라 실제로 1,100 달러였다면, 실제로는 20%만 할인된 것이다. 20%만 할인되었다면 구매하지 않을 사람들이 45% 할인된 것을 보고 순간적으로 구매에 열을 올렸을 수 있다.

어떤 경우의 가격할인이나 반짝세일은 잘 계산해 보지 않고는 할인되는 정도를 판단하는 것이 거의 불가능하다. 정보가 부족하거나 구매시간에 쫓긴 소비자들은 정확히 계산할 시간이나 능력이 거의 없기 때문에, 판매자들은 엄청난 할인인 것처럼 보이도록 꾸밀 수 있다.

private sale 사이트나 오프라인 소매점들은 그들이 제시하는 준거가격을 입증해야 하는가? 만일 제조업자가 잘못된 가격정보를 제공했다면 그것에 대한 책임이 소매점들에게 있는가? 당신은 판매자들이 의도적으로 소비자들을 기만한다고 생각하는가?

Walmart는 EDLP전략을 사용한다.

하이-로 가격전략(high/low pricing)이다. 하이-로 가격전략은 가격에 민감하지 않아 고가격을 지불할 의사가 있는 소비자들과 가격에 민감해서 가격할인을 기다리는 소비자로 구별된 세분시장 모두를 유인할 수 있다는 장점이 있다.

하이-로 가격전략을 사용하는 판매자는 흔히 준거가격(reference price)을 사용해서 그들의 전략을 표현한다. 구매자는 실제 판매가격에 대한 판단을 용이하게 하기 위한 기준점으로 준거가격을 활용한다. 판매자는 준거가격의 역할을 하는 정가(regular price)를 할인가격과 함께 표시하여 소비자들의 해당 거래에 대한 지각된 가치를 크게 만든다.[14]

광고를 보면, Sears는 Lee 청바지의 할인가격이 21.99 달러임을 강조하면서 준거가격으로 정가(24.99 달러)를 함께 표시한다.

EDLP와 하이-로 전략은 가격-품질관계에 의해 영향을 받는다

소비자들이 EDLP 판매자 또는 하이-로 전략 판매자 가운데 누구를 더 선호할 것인지는 소비자들이 가격과 품질을 얼마나 고려하는지에 달려있다. 어떤 소비자들은 최저가격을 탐색하는 데 시간을 쓰지 않고, 최저가격은 아니지만 낮은 가격을 효과적으로 찾는 방법으로 EDLP를 선호한다. 또 다른 소비자들은 초저가격으로 구매할 수 있는 도전을 즐기거나 최저가격을 찾기 위해 시간과 노력을 아끼지 않는 가격에 민감한 사람들이다.

소비자들이 EDLP 또는 하이-로 전략을 사용하는지를 바탕으로 제품의 품질을 추론하는 경우 이런 논의는 더더욱 복잡해진다. 소비자들은 EDLP를 사용하는 판매자는 저품질 제품을 취급한다고 지각하고, 하이-로 가격 판매자는 고품질 품목을 취급한다고 지각하는 경향이 있다. 이것은 소비자들이 하이-로 판매자의 초기 고가격(정가)을 준거가격으로 삼기 때문에 나타나는 현상으로, 소비자들은 준거가격이 높을수록 상품의 품질이 높다고 가정한다는 것이다. 예를 들어, Macy's에서 150 달러에 팔던 스웨터를 50 달러에 할인판매하면 많은 소비자들은 JCPenney에서 정가 50 달러에 파는 스웨터보다 품질이 높다고 판단한다.[15]

Sears의 준거가격광고

그러나 〈윤리와 사회적 딜레마 사례 12.1〉에서 보는바와 같이 정가로 표시된 준거가격 가운데는 속임수도 있다. JCPenney에서 판매되는 제품들의 가격은 지난 수십년 동안 평균 27 달러에서 36 달러로 계속해서 높아지고 있다. JCPenney에서는 가격할인, 판매촉진, 쿠폰 등을 사용해서 구입할 기회가 거의 항상 있지만, 소비자들이 각 품목에 실제 지불하는 평균가격은 10 달러 정도로 낮게 유지되고 있다. 즉, 어떤 소매점들은 정가를 높임으로서 가격할인을 더 많이 하는 것처럼 보이게 하고 있다는 것이다. 거

어떤 소매점들은 EDLP전략을 사용하고(왼쪽), 다른 소매점들은 하이-로 가격전략(오른쪽)을 사용한다.

의 항상 모든 품목에서 대폭할인을 하고 있으며, 매년 600개의 독특한 프로모션을 실행하고, 이를 알리는데 많은 비용을 쓴다. 그러나 JCPenney는 이런 전략이 JCPenney 자체의 상표가치를 낮춘다는 것을 깨닫게 되었다. 모든 제품들이 할인되어 팔리고 있기 때문에 아무도 JCPenney가 충분한 품질을 제공한다는 것을 믿지 않는다. 이런 이유로 JCPenney는 상시정가, 월별 특별할인, 재고정리할인 등 삼중가격체계(three-tiered pricing system)를 적용하기 시작했다.[16]

LO3 스키밍 전략과 침투가격전략의 차이를 이해한다.

신제품의 가격 전략

신제품을 위한 가격전략을 개발하는 것은 관리자가 해야 할 가장 힘든 과제 가운데 하나이다. 신제품이 시장에 있는 다른 제품들과 비슷할 때는 신제품의 가격전략이 다소 쉽다. 그것은 이미 기존제품들에 의해 제품의 거의 정확한 가치가 정해져 있고, 앞에서 논의한 가치기반 가격설정방법들이 사용될 수 있기 때문이다. 그러나 신제품이 정말로 혁신적이거나 이전에 없던 새로운 제품이라면 신제품에 대한 소비자의 지각된 가치를 알아내어 가격을 설정하는 것은 더더욱 어려운 일이다.

여기에서는 침투가격전략과 스키밍전략 등 두 가지 신제품 가격전략을 논의한다.

침투가격전략(market penetration pricing) 침투가격전략을 사용하는 기업은 신제품을 도입할 때 초기가격을 낮게 설정한다. 이 전략의 목표는 판매, 시장 점유율, 이익을 빠르게 쌓기 위한 것이다.

보안 소프트웨어 기업은 신제품의 시장 점유율을 높이기 위해 자신들의 제품을 Microsoft 안티 바이러스 패키지(anti virus package)에 무료로 추가하여 판매한다. 이런 과정을 통해 이미 자사의 소프트웨어를 설치한 소비자들은 업데이트를 위해 돈을 지불할 가능성이 높아진다. 시장침투전략을 사용하는 기업은 판매량이 증가함에 따라 단위당 원가가 감소하는 경험곡선효과(experience curve effect)를 기대한다.

판매량, 시장 점유율, 이익을 달성하는 잠재력에 더하여 침투가격전략은 마진이 상대적으로 낮기 때문에 경쟁자의 시장진입 의지를 낮춘다. 더구나 누적판매량에 따라 제품 생산원가가 낮아지면 시장에 진입하려는 후발경쟁자는 선발 진입자의 판매량을 따라 잡을 때까지 높은 단위당 원가를 감수해야 한다.

침투가격전략을 사용하기 위해서는 몇 가지 고려할 점들이 있다. 첫째, 기업은 급속하게 증가하는 수요를 만족시킬 만큼 생산용량을 가지고 있거나, 적어도 생산용량을 빠르게 증가시킬 수 있어야 한다. 둘째, 낮은 가격은 소비자들의 구매에 따른 위험을 줄이고 소비자 스스로 제품의 품질을 시험할 수 있는 기회를 높이는 역할을 하지만, 저가격은 고품질의 신호가 되지 못한다. 셋째, 만일 신제품을 구입하는 데 기꺼이 더 많이 지불할 의사가 있는 세분시장이 있다면 침투가격전략은 피해야 한다.

스키밍전략(price skimming) 많은 시장, 특히 혁신적인 신제품 시장에서 혁신자와 조기수용자(innovators and early adopters)들은 신제품을 구입하기 위해 더 높은 가격을 지불할 의사를 가지고 있다. 스키밍전략은 혁신제품을 먼저 갖기 위해 기꺼이 고가격을 지불할 의사가 있는 세분시장을 대상으로 한다. 이 전략은 특히 기술 시장(technology market)에서 흔한데, 2차 세계대전을 배경으로 한 전쟁게임인 Call of Duty의 판매자들은 마니아(mania)는 제품구매를 위해 몇 시간이고 줄을 서서 기다릴 것이고, 간절하게 뉴 버전의 첫 번째 소유자가 되고 싶어 한다는 것을 알고 있다. 혁신자들은 진보된 기술의 신제품을 획득하기 위해 높은 가격을 지불할 의사가 있다. 그러나 고가격시장이 포화상태가 되고 판매량이 점차 낮아지면, 그 다음에 기업은 가격민감도가 높은 세분시장을 잡기 위해 일반적으로 가격을 낮춘다. 대부분의 기업에게 이런 가격인하 과정은 최저가격으로 제품을 구입하려는 가격민감도가 가장 높은 세분시장에 이를 때까지 즉, 총수요가 만족될 때까지 지속될 수 있다.

스키밍 전략은 Call of Duty 같은 수요가 많은 비디오 게임들에 사용되곤 하는 데 그것은 게임광들은 최신판의 최초 소유자가 되기 위해 더 높은 가격을 지불할 것이기 때문이다.

영화관람을 위한 신매체의 확산은 스키밍전략을 설명하는 데 좋은 예가 된다. 1970년대 VCR과 1990년대 DVD 플레이어가 그랬던 것처럼, 새롭고 비싼 블루레이 디스크에 대한 소비자들의 수용은 느렸다. 그러나 생산자가 더 넓은 표적시장에 침투하기 위해 지속적으로 블루레이 플레이어를 개선했기 때문에 조기수용자들은 블루레이 디스크를 구매하기 시작했다. 소비자들은 이전의 영화상영기기들보다 빠른 속도로 블루레이 플레이어를 구입했다. 이런 판매성장의 분명한 이유 가운데 하나는 300 달러 이상으로 판매되던 최초의 블루레이 플레이어 모델의 가격이 가파르게 떨어져 80 달러 이하에 고품질 블루레이 플레이어를 구입할 수 있게 되었기 때문이다.[17]

스키밍전략이 작동하기 위해서는 어떤 방식으로든 신제품이 소비자들에게 기존 제품으로는 획득할 수 없는 새로운 편익을 제공하여 새로운 영역을 개척한 신기원을 이룬 것으로 지각되어야만 한다. 기업은 스키밍전략을 여러 가지 다양한 목표 및 상황에서 실행할 수 있다. 어떤 기업들은 고품질이라는 신호를 보내기 위해 상대적인 고가격으로 시작할 수도 있다. 또한 기업은 고가격설정을 통해 수요를 제한하여 생산능력을 확장하는 데 필요한 시간을 벌기 위해 스키밍전략을 사용할 수 있다. 어떤 기업들은 신제품 개발에 투입된 R&D 투자를 빠르게 회수하기 위해 스키밍전략을 채택한다. 마지막으로 기업들은 소비자들의 가격민감도를 테스트하기 위해 스키밍전략을 사용하기도 한다. 초기가격을 아주 높게 설정하면 항상 가격을 낮출 수 있는 여지가 있지만 초기가격을 너무 낮게 설정하면 소비자들의 저항 없이 가격을 올리는 것은 거의 불가능하다.

스키밍 전략이 성공하기 위해서는 경쟁자들이 빠른 시간 안에 시장에 진입할 수 없어야 한다. 경쟁자들의 빠른 진입은 가격을 낮추게 하는 압력이 될 것이고 가격전략의 기반을 약화시킨다. 예를 들어, 특허, 경쟁자들의 능력부족(제조공정의 복잡성, 원료공급의 어려움, 특허기술에 의존한 생산 등), 높은 진입비용 등은 경쟁자들의 시장 진입을 억제시킨다.

가치 부가 사례 12.2 휴대폰의 시장침투[18]

획기적인 신제품인 iPhone이 시장에 출현할 때는 599 달러에 팔리던 것이 수개월이 지나면서 천천히 가격이 내려갔다. 그림 12.3이 보여주는 것처럼 연이어 출시된 기종들은 속도, 화면 해상도, 배터리 수명, 통신사의 증가, 음성인식 등이 추가되고 향상되었으나 가격은 처음 출시될 때보다 낮았다.[19]

iPhone 최초기종의 성공은 Apple과 초기에 유일한 통신 서비스 제공자였던 AT&T에게 낮은 고객이탈과 모바일 데이터 서비스로부터 장기적인 이익을 기대하도록 만들었다. 그러나 Google, 삼성, LG, BlackBerry 등은 곧바로 다양한 옵션을 가지고 있는 터치스크린 폰을 가지고 Apple의 iPhone과 경쟁했다. 이것은 특히 기존의 통신회사를 바꾸고 싶지 않은 소비자들에게 다양한 선택대안을 갖게 하였다.

Apple의 iPhone은 침투가격전략을 사용한다.

Apple의 iPhone 가격전략은 일반적으로 성공적이었다. 최신 기종이 출시되는 순간 갖기를 원하는 Apple 팬에게는 가장 높은 가격을 부과했다. 동시에 이전 기종에 대하여는 가격을 낮춘다. 또한 애플리케이션과 기타 서비스로 추가수익을 얻는다.

더구나 Apple 제품이 다소 값이 비쌌지만, 신제품 혁신의 역사로 보면 그 가격들은 실제로 꽤 합당한 것이었다. 예를 들어 미국에 처음 통신서비스가 도입되었을 때의 가격은 거의 매달 2,000 달러 정도였다. 전신(telegraph), 타자기, 퍼스널 컴퓨터 등과 같은 혁신제품들이 시장에 처음 나왔을 때는 단지 기업과 같은 사업체에서만 구입하였다. 그러나 스마트폰과 태블릿 시장들의 성장은 기업사용자가 아닌 최종소비자의 구매에 의해 주도되었다는 점에서 다르다.[20]

어떤 분석가들에 의하면 Apple은 태블릿 시장에서 경쟁자들과 대결하기 위해 iPad에도 유사한 가격전략을 적용할 것이라고 보고 있다. 이런 전망에 이의를 제기하기는 어렵다.

Apple은 어떻게 지속적으로 iPhone의 가치를 추가했나				
세대	모델명	주요 부가된 가치 요소들	최상위모델의 출시가격	현재가격*
1	iPhone	최초모델. 터치 스크린, 4GB/8GB 저장 공간, 통합 MP3 플레이어	$599	단종
2	iPhone 3G	16GB 옵션 추가, GPS, 3G, 흰색 디자인 옵션	$299	단종
3	iPhone 3GS	32GB 옵션 추가, 2MP에서 3MP로 향상된 카메라, 비디오 녹화, 빠른 프로세서	$299	$0.99
4	iPhone 4	개선된 스크린 해상도, 빠른 프로세서, FaceTime을 위한 전면 카메라, Verizon 네트워크에 대한 지원 추가	$299	$99.99
5	iPhone 4S	Siri 추가, 64GB 옵션, 빠른 프로세서로 저장하는 1080p HD 비디오, Sprint 네트워크 지원 추가	$399	$399.99

* 가격은 2011년 2월 29일, AT&T와 2년 계약조건을 바탕으로 한 것임

그림 12.3 iPhone 가격 비교표

스키밍전략은 고가격에 의한 소량생산(판매)으로 인해 단위원가가 상대적으로 높다는 중요한 잠재적 문제를 갖고 있다. 그러므로 기업은 고가격을 통한 수익과 높은 생산원가라는 대립되는 요소들간의 균형을 고려해야 한다. 마지막으로 스키밍전략을 채택한 기업은 수요가 감소됨에 따라 궁극적으로는 가격을 낮춰야 한다. 가격이 떨어지면 마진이 줄어들고, 고가격에 제품을 구입했던 소비자들은 화가 난다. 〈가치 부가 사례 12.2〉는 기술제품 영역에서 스키밍전략과 침투가격전략의 사용 예이다.

가격전술들

가격전략(pricing strategies)과 가격전술 간의 차이를 명확하게 구분하는 것은 중요하다. 가격전략은 5Cs(기업목표, 원가, 고객, 경쟁, 유통경로 구성원)에 근거해서 기업의 제품들 전체에 걸쳐 통합적으로 가격을 설정하는 장기접근법(long-term approach)이다. 가격전술(pricing tactics)은 5Cs 가운데 선택한 요소들에 초점을 둔 단기적 기법(short-term methods)이다. 일반적으로 가격전술은 경쟁위협(예: 일시적으로 경쟁자의 가격인하에 대응하기 위해 가격을 낮추는 것)이나 단기적인 소비자가격을 계산하는 방법으로 알려진 기법들이다. 우리는 최종소비자들에게 직접 적용하는 가격전술과 B2B 상황에서 중간상을 겨냥한 가격전술로 나누어 논의한다.

최종소비자를 겨냥한 전술

기업이 자신들의 제품이나 서비스를 소비자에게 직접 판매할 때 사용하는 가격전술들은 당연히 다르다. 어떤 전술은 가격인하(markdown), 수량할인(quantity discounts), 계절할인(seasonal discounts), 쿠폰(coupons), 리베이트(rebates), 묶음가격(price bundling), 유인가격(leader pricing), 가격계열화(price lining) 등을 이용하여 소비자를 직접 겨냥한다.

가격인하(markdown) 가격인하는 소매점이 제품의 초기판매가격보다 낮은 가격을 책정하는 것이다.[21] 앞에서 논의한 하이-로 가격전략의 중요한 요소인 가격인하를 통해 더디게 판매되거나 한물간 상품들의 처리, 시즌이 지난 후에 계절품목의 판매, 그리고 특정품목을 경쟁자의 가격에 맞출 수 있다. 팔리지 않는 상품을 가지고 있는 것은 소매점의 이미지에 상처를 입히고, 더 판매가 잘 되는 상품들을 진열할 수 있는 공간을 줄이기 때문에 판매되지 않는 상품들은 제거해야만 한다.

소매점은 또한 가격인하를 판매를 촉진하기 위해 사용하기도 한다. 특히 가격인하를 다른 프로모션과 함께 사용하면 점포나 웹사이트의 방문객을 증가시킬 수 있다. 소비자들이 일단 점포나 웹사이트에 방문하면 소매점은 이들이 가격이 인하된 제품뿐만 아니라 정가에 판매되는 다른 제품들도 구입할 것으로 기대한다.

소비자를 대상으로 한 수량할인(quantity discounts for consumers) 소비자수준에서 가장 일반적인 수량할인은 용량할인(size discount)이다. 예를 들어 General Mills'의

소비자들은 더 큰 용량을 구매하여 포장할인을 받는다. 포장이 더 커지면 온스당 가격은 더 낮아진다.

Cheerios 시리얼은 10온스($3.89), 15온스($4.49), 20온스($5.99) 등 3종류의 용량으로 판매된다. 이것은 용량이 커질수록 온스당 가격이 낮아지는 수량할인을 제공하고 있는 것이다. 이 전술의 목표는 소비자들이 제품을 살 때마다 더 많은 양을 구입하도록 하는 데 있다. 더 많은 양을 구입한 소비자들은 제품소비를 더 많이 하고, 상표전환(switch brand)을 덜 할 것으로 기대된다. 화장실용 휴지의 대량구입이 화장지를 더 빠르게 사용한다는 것을 의미하는 것은 아니지만, 시리얼과 같은 제품들은 대용량으로 구입하면 더 자주, 더 많이 먹는 현상이 나타나기도 한다.[22]

계절할인(seasonal discounts) 계절할인은 비수기 동안에 수요를 자극하기 위해 제품이나 서비스의 가격을 내리는 것이다. 호텔, 스키 리프트 티켓, 눈자동차, 잔디깎기, 바비큐 그릴, 휴가 패키지, 몇몇 항공요금, 크리스마스 카드 등에서 비수기 동안 가격을 할인하는 것을 볼 수 있다. 어떤 소비자들은 크리스마스가 지난 후에 다음 해를 위해 할인된 가격에 크리스마스 용품을 구입하는 등 계절할인에 맞춰 구매를 계획하기도 한다.

쿠폰은 특정 품목에 대한 가격할인을 제공한다.

쿠폰(coupons) 쿠폰은 생산자나 소매점이 신문, 제품, 선반, 계산대, 인터넷, 우편 등으로 발송, 비치, 부착을 통해 발행된다.[23] 소매점은 쿠폰을 제품에 대한 시용구매를 자극하거나, 시용구매자를 계속사용자로 전환시키기거나, 대량구매를 자극하거나, 사용량을 증가시키거나, 또는 경쟁자에 대응하여 시장점유율을 지키기 위해 활용한다.

그러나 쿠폰이 이익에 미치는 영향은 모호하다. 쿠폰은 단지 미래의 판매를 앞당겨 일시적인 판매증가가 나타날 뿐 전체적인 판매의 증가는 없다고 주장하기도 한다. 예를 들어 슈퍼마켓이 설탕에 대한 쿠폰 프로모션을 실행하는 경우, 소비자들은 오랫동안 사용할 설탕을 대량으로 구입하여 저장한다. 그러므로 쿠폰의 대부분이 신규구매자에 의해 사용되지 않는 한 판매에 대한 순효과는 무시할 정도라는 것이다. 그리고 쿠폰할인율과 쿠폰 발행 및 회수에 들어가는 비용에 따라 이익에 부정적인 영향을 미칠 수도 있다.

쿠폰은 또한 소비자들을 짜증나게 하고, 소외감과 혼란을 느끼게 하므로 점포애호도(store loyalty)를 증가시키기 어렵다고 한다. 슈퍼마켓 광고에서 쿠폰을 사용할 수 있는 최소구매량이나 특정 제품이나 상표에만 적용되는지 등 사용조건을 제대로 알리지 않으면, 쿠폰은 소비자를 혼란스럽게 만들 수 있다.

이런 문제들을 인식한 소매상들은 쿠폰발행량과 쿠폰 사용기간을 줄이고 있다. 또 어떤 소매상들은 점포애호도가 높은 고객들의 독특한 욕구에 부합하여 이들에게 더 매력적인 쿠폰을 발행하고 있다. 예를 들어, 구매할 때마다 소량으로 구매하는 고객들에게는 대량구매를 자극하기 위한 '1+1'과 같은 쿠폰이 배달될 것이고, 매번 많은 돈을 쓰지만 드문드문 매장을 찾는 고객에게는 유효기간이 짧은 쿠폰을 제공하여 점포방문 빈도를 높일 수 있다. 특정 쿠폰은 일상적으로 구매되는 제품 카테고리내의 신제품 시용을 위해 발행될 수 있으며, 흔히 구매되는 제품(머리 염색 제품)의 보완재(샴푸) 구매를 자극하기 위해 발행되기도 한다.[24]

인터넷 사이트는 소비자들에게 즉석쿠폰을 제공한다. 예를 들어, Walmart에 방문한 소비자는 29.99 달러에 판매되는 Hot Wheels 비디오 게임을 본다. 그는 휴대폰으로 그 제품의 바코드를 씩어 ShopSavvy.com에 들어가면 1마일 떨어져 있는 Target에서 같은 품목을 19.99 달러에 판다는 것을 발견할 수 있다. 또한 Mycoupons.com에 들어가면 해당 제품을 구매하는 데 사용할 수 있는 10 달러 쿠폰을 찾을 수 있다. 그래서 이 소비자는 채 몇 분도 걸리지 않고 20 달러를 절약할 수 있게 된다.

리베이트(Rebates) 리베이트는 소비자들에게 최종판매가격을 깎아 주는 또 다른 가격할인 유형으로 생산자(소매상이 아님)는 구매가격에서 정해진 %를 현금으로 소비자에게 돌려준다. 리베이트는 쿠폰과 비슷하지만 쿠폰이 즉각적으로 할인을 해주는 것인데 비해 리베이트는 소비자들이 구매 후 일련의 절차에 따라 구매내역을 생산자에게 우편으로 발송하면 정해진 할인액 만큼 현금을 보내준다는 약속이다. 리베이트는 쿠폰보다 번거로운 요소들이 많다. 리베이트를 받기 위해 소비자들은 정해진 기간동안 해당 품목을 구매한 후 영수증 원본을 포함한 소정양식을 작성하여 우편으로 발송하면 4~6주 후에 할인된 금액을 수표로 받을 수 있다.

제조업자는 리베이트를 선호하는 데 그 이유는 90% 이상의 소비자들이 리베이트를 받는 것을 불편해 하지 않으며 제조업자가 소비자에게 직접 할인을 제공할 수 있다는 장점이 있기 때문이다. 또한 리베이트는 실행과 중단을 빠르게 할 수 있기 때문에 제조업자에게 재고를 조정하거나 실질적인 가격할인 없이 경쟁자에 신속하게 대응할 수 있게 해 준다. 마지막으로 구매자들은 리베이트를 받기 위해 이름, 주소 등을 소정양식에 기재하여 발송해야 하므로 소비자 자료를 축적하는 좋은 방법이 된다. 소매점의 관점에서도 리베이트는 쿠폰에 들어가는 운영비용 없이 매출을 증가시킬 수 있다는 장점이 있다.

리스(Leasing) 어떤 제품에 있어서는 가격할인, 쿠폰, 리베이트 등이 소비자의 제품 사용을 자극하기에 충분하지 않다. 리스(lease)는 소비자들에게 정해진 기간동안 제품을 사용할 권리를 구매토록 하고, 매달 일정한 사용요금을 부과하는 방식이다. 소비자들은 제품을 소유하지 않고 단지 임대한다. 어떤 소비자들은 제품 사용 후 중고처분 또는 폐기처분에 대한 걱정 없이 제품의 유효수명이 끝나기 전에 처분할 수 있다는 이유로 리스를 선호한다. 자동차 회사는 몇 년 간격으로 신모델 자동차로 바꾸기를 원하는 소비자들을 유인하기 위해 리스를 활용하기도 한다.

묶음가격설정(price bundling) 당신은 초고속 인터넷에 가입하면서 케이블 TV나 전화를 함께 신청했는가? 그렇다면 당신은 세 가지 서비스를 따로따로 구입했을 때보다 낮은 가격을 지불했을 것이다. 두 개 이상의 제품들을 묶어서 개별로 구매할 때보다 낮은 가격을 책정하는 것을 묶음가격설정이라고 한다.[25] 기업은 제품이나 서비스를 함께 묶어서 판매함으로써 경쟁사 제품의 구매가능성을 줄이고, 신제품에 대한 시용구매를 촉진할 수 있다. 묶음가격설정은 소비자에게 더 가치가 큰 제품과 가치가 덜한 제품을 묶어서 판매함으로써 전체적인 매출증대를 달성하는 데 기여할 수 있다.

Aldi 같은 점포들은 내점 고객수를 증가시키기 위해 일상적으로 구매되는 품목을 거의 원가에 가격을 매겨 광고하는 유인가격전술을 사용한다.

유인가격설정(Leader pricing) 유인가격설정은 소비자들이 일상적으로 구매하는 품목들에 이익이 거의 없는 매우 낮은 공격적인 가격과 광고를 통해 점포 방문객의 수를 늘리려는 전술이다. 이 전술의 배경은 낮은 가격으로 유인된 소비자들이 해당 제품뿐 아니라 정가에 판매되는 제품들도 함께 구입하면 전체적인 매출과 이익을 달성할 수 있다는 것이다. 따라서 이 전술은 유인가격으로 설정된 제품의 낮아진 마진을 정가로 판매되는 제품의 고마진이 상쇄시킬 수 있어야 한다. 따라서 소매점에서 판매되는 제품들의 구매 연관성을 파악하고, 이를 바탕으로 다른 제품의 판매에 영향을 더 많이 미치는 제품을 유인 제품으로 정하여 고객을 유인해야 한다.

가격계열화(price lining) 유사제품들에 대하여 최저한도와 최고한도 가격을 정하고 품질차이 등을 바탕으로 몇 가지 가격 포인트를 설정하는 것을 가격계열화라고 한다. 중요한 취직 면접을 위해 새로운 셔츠가 필요하다고 생각해 보자. 이제 Brooksbrothers.com에서 유사하게 보이는 세 종류의 셔츠가격이 79.99 달러(다림질이 필요 없는 셔츠), 135 달러(면 소재), 295 달러(최고급)인 것을 보았다. 어떤 것을 구입하겠는가? 최저가격 제품을 구입하고 면접에서의 위험을 감수하겠는가? 아마 그렇지 않을 것이다. 면접관이 135 달러짜리 면 소재 셔츠와 295 달러짜리 최고급 셔츠의 차이를 알아보겠는가? 그것도 아마 그렇지 않을 것이다. 당신은 아마 너무 비싼 셔츠를 살 여유는 없지만 그렇다고 너무 싸구려로 보이고 싶지도 않기 때문에 중간품질의 제품을 구입할 것이다.[26]

LO5 기업구매자에게 가격을 할인하는 전술들을 알아본다.

B2B 가격전술과 가격할인

B2B에서 활용하는 가격전술들은 소비자시장에서의 전술들과 상당히 다르다. 가장 눈에 띄는 것들은 계절할인과 현금할인(seasonal and cash discount), 공제(allowances),

수량할인(quantity discounts), 균등수송가격설정(uniform delivered pricing)과 지역 수송가격설정(zone pricing) 등이다(그림 12.4).

계절할인(seasonal discounts) 계절할인은 소매점이 정상적인 계절에 앞서 구매하는 것에 대한 인센티브로 추가할인을 제공하는 것이다. 예를 들어, Lennox는 에어컨 판매가 최고조에 이르는 시기가 되기 전인 4월 1일 이전에 에어컨 판매상이 제품을 주문하고 배송을 받는 경우 추가 계절할인을 제공한다. Lennox가 시즌이 시작되기 전에 소매점에 제품배송을 할 수 있으면 제품생산일정을 용이하게 계획할 수 있고 재고부담을 줄일 수 있다. 그러나 소매점은 가격할인에 의한 고마진 기회와 장기간 재고를 유지해야 하는 추가비용을 고려하여 계절할인의 이익을 계산해야 한다.

현금할인(cash discounts) 현금할인은 구매자가 일정기간 내에 대금을 납부하면 송장가격에서 추가로 할인해 주는 것이다. 전형적으로 현금할인은 "3/10, n/30", "3%, 10일, net 30"처럼 %의 형식으로 표현되는데, 이 의미는 구매자가 10일 이내에 대금을 지불하면 총 송장가격의 3%를 할인받을 수 있고, 그 때까지 지불하지 않으면 30일 이내에 총 금액을 지불해야 한다는 것이다. B2B 판매자가 구매자에게 현금할인을 제공하는 것은 조기에 대금을 지불받아 현금의 활용가치(시간가치)를 높이려는 것이다. 빠른 대금회수를 촉진하기 위한 현금할인은 재무적으로 다른 분야에 투자 또는 사용해서 이익을 얻을 수 있고, 차입 또는 이자에 대한 부담을 피할 수 있다.

공제(allowance) 중간상들에게 가격을 낮춰주는 또 다른 전술은 광고공제, 입점공제와 같은 공제(또는 지원금)이다. 광고공제(advertising allowances)는 유통업자의 광

전술	설명
계절할인	정상적인 구매시즌에 앞서 주문하는 소매점에게 인센티브로 제공하는 추가가격할인이다.
현금할인	구매자가 구매 후 일정기간 안에 구매금액을 지불했을 때 송장가액에서 현금으로 가격을 할인해 주는 것이다.
공제	광고공제는 유통업자의 광고나 촉진도구들에 제조업자의 제품(상표)을 내주는 대가로 유통업자에게 지불하는 보조금이다. 광고공제가 일부 제조업자들에게만 배타적으로 활용되지 않고 모든 제조업자들이 이용할 수 있도록 운영된다면 이는 합법적이다. 입점공제는 신제품을 입점해 주거나 더 넓고 좋은 매대를 배정받은 대가로 소매점에게 지불하는 보조금이다.
수량할인	구매하는 양이 많아지면 그에 따라 더 낮은 가격을 설정하는 전술이다.
균등수송가격설정과 지역가격설정	균등수송가격설정은 구매자와 판매자 모두에게 가장 단순한 형태로 구매자의 구매장소, 즉 거리와 관계없이 모든 구매자에게 동일한 가격을 적용하는 것이다. 지역가격설정은 거리나 지리에 따라 몇 개의 지역을 나누고 각 지역마다 가격을 다르게 책정하는 전술이다.

그림 12.4 B2B 가격전술들

고나 촉진도구들에 제조업자의 제품(상표)을 등장시키는 대가로 유통업자에게 지불하는 보조금이다. 광고공제는 일부 제조업자들에게만 배타적으로 활용되지 않고, 모든 제조업자들이 이용할 수 있도록 허용되어 있다면 이는 합법적인 방법이다. 입점공제(slotting allowances)는 신제품을 입점해 주거나 더 넓고 좋은 매대를 제공받은 대가로 소매점에게 지불하는 보조금이다. 어떤 사람들은 이런 공제제도가 지원금을 제공할 여유가 없는 중소기업에게 경쟁에 있어서 불이익을 주는 것이기 때문에 비윤리적이라고 주장한다. 입점공제를 너무 많이 제공하는 것은 특별대우를 받기 위해 소매점을 매수하는 뇌물로 간주될 수 있다.

수량할인(quantity discounts) 수량할인은 구매하는 양에 따라 가격을 낮춰주는 것으로 더 많이 구입할수록 할인은 더 커진다. 누적수량할인(cumulative quantity discount)은 특정기간 동안 여러 번의 거래에서 구매한 총량을 기준으로 수량할인을 제공한다. 누적수량할인은 거래선을 바꾸면 가격할인의 혜택이 사라지기 때문에 한 공급자와 지속적으로 거래하도록 만드는 역할을 한다. 예를 들어, 자동차 대리점은 년, 분기와 같은 일정기간 동안 판매 할당량 또는 판매목표를 달성하려고 노력하는 데 이는 할당량을 채우면 제조업자로부터 구매총량에 대한 누적수량할인을 받을 수 있기 때문이다. 분기말이나 연말이 다가오면 수량할인을 받을 수 있는 목표량을 채우기 위해 최종소비자에게 더 낮은 가격으로 판매하기도 한다.

비누적수량할인(noncumulative quantity discount)은 단일 거래에서의 구매량에 기초한 할인이다. 이것은 구매자에게 즉각적으로 더 많은 상품을 구매하도록 자극하는 인센티브로 제공된다. 한 번의 주문에서의 대량구매는 제조업자에게 주문처리비용, 수송비용 등을 절약할 수 있게 한다. 예를 들어, 소매점은 제조업자로부터 500개까지의 주문에는 40% 할인, 501개~4,999개의 주문에는 50% 할인, 그리고 5,001개 이상에 대하여는 60%의 할인을 받을 수 있다.

균등수송가격설정과 지역가격설정(uniform delivered versus zone pricing) 이런 가격전술은 많은 제조업자에게 큰 비용요소인 수송과 관련된 것이다. 균등수송가격설정(uniform delivered pricing)은 구매자와 판매자 모두에게 가장 단순한 형태로 구매자의 구매장소, 즉 거리에 관계없이 모든 구매자에게 동일한 가격을 적용하는 것이다. 지역가격설정(zone pricing)은 거리나 지리에 따라 몇 개의 지역으로 나누고 각 지역마다 가격을 다르게 책정하는 전술이다. 예를 들어 New York에 있는 제조업자는 미국을 7개 지역으로 나누고 각 지역별 평균 수송비를 근거로 서로 다른 가격을 책정할 수 있다. 각 지역에 있는 소비자들에게는 동일한 수송비가 적용된다. 이 방법은 균등수송가격에 비해 각 구매자에게 배송되는 실제 운송비용을 반영할 수 있다는 특징이 있다.

LO6 소비자를 기만할 잠재력을 가진 가격설정방법들을 이해한다.

가격설정의 법률적, 윤리적 측면

매우 많은 가격전략들과 전술들에서 부도덕한 기업이 소비자를 괴롭히는 가격책략을 사용할 수 있다는 것에 너무 놀랄 것은 없다. 이제 우리는 가격설정과 관련된 몇 개의 법률적, 윤리적 시사점을 살펴볼 것이다.

가격은 시장조건의 변화에 따라 자연스럽게 변동을 거듭한다. 그러므로 우리는 드물게 기업들이 제품품질이나 광고를 가지고 시장을 조정하려고 시도하는 것을 발견한다. 이들은 흔히 불공정하게 경쟁을 축소하거나 기만이나 속임수를 써서 소비자를 해치는 가격설정에 관여한다. 다수의 법률과 규정들은 불공정한 가격실행을 제한하고 있지만 이것들 가운데 어떤 것은 별로 강제적이지 않고, 또 어떤 것들은 증명하기가 너무 어렵다.

기만적이고 불법적인 가격광고

광고에서의 거짓말은 불법적이고 비윤리적이긴 하지만 일반적으로 어느 정도의 '과장(puffery)'은 허용된다.[27] 그러나 가격광고는 소비자에게 손해를 끼친다는 점에서 결코 속여서는 안된다. 예를 들어, 자동차 딜러의 '최고의 할인'이라는 광고는 과장으로 보일 것이지만 '이 도시에서 가장 낮은 가격, 보증함'이라는 광고는 진실이 아니라면 기만으로 간주될 수 있다.

미국에서 보다 유럽연합(European union)이 과장에 대하여 더 엄격한 입장을 취하고 있다. 예를 들어, 영국에 있는 Tesco가 '영국에서 가장 큰 할인'이라는 광고를 했다면, 영국 자율심의기구(U.K Advertising Standards Authority)는 캠페인을 중단할 것을 강제한다. 그것은 소매점에서 판매되는 제품들이 서로 다르기 때문에 Tesco가 실제로 경쟁자인 Aldi나 Asda보다 낮은 가격인지를 비교하는 것이 어렵기 때문이다.[28]

소비자에게 오인될 수 있기 때문에 영국에 있는 Tesco에게는 '영국에서 가장 큰 할인'이라는 주장은 허용되지 않았다. 이런 주장을 미국에서 했다면 아마 과장으로 판단될 수 있어서 허용됐을 것이다.

기만적인 준거가격(deceptive reference prices) 이전에 우리는 준거가격을 소개했는데 이것은 소매점 광고에서 소비자들에게 할인가격과 비교하는 준거점(reference points)으로 제시한 가격을 의미한다. 제시된 준거가격이 진실이라면 광고는 소비자에게 유용한 정보가 되겠지만, 부풀려졌거나 허구라면 그 광고는 기만적이고 소비자에게 피해를 준다. 그러나 준거가격이 진실인지를 구별하는 것은 쉽지 않다. 그렇다면 준거가격의 진실성을 판별하기 위해 어떤 기준이 사용될 수 있을까? 만일 광고에 '정가'가 명시되어 있다면, 무엇이 이것을 정가로 인정할 수 있게 해 주는가? 얼마나 많은 양이 이 가격에 팔려야 진실된 정가라고 할 수 있는가? 해당 제품 판매량의 50%, 그 보다 적은 양, 또는 단지 한 개? 만일 소비자가 정가에는 하나도 구입하지 않았다면 어떻게 되는가? 그래도 이를 정가로 인정할 수 있는가? 일반적으로 미국의 거래개선협회(Better Business Bureau)에서는 판매자가 정가라는 표시를 한다면 적어도 그 가격에 판매량의 50%가 팔렸을 때라고 제안한다.[29]

이것은 정당한 할인인가 아니면 기만적인 준거가격을 사용하고 있는가?

유인용 손실가격설정(loss leader pricing) 우리는 앞에서 유인가격설정은 소비자들이 정규적으로 구매하는 품목을 매우 낮은 가격이지만 원가 이상에서 책정하여 점포방문을 늘리는 데 활용하는 전술이라고 한 바 있다. 유인용 손실가격설정(loss leader pricing)은 유인가격설정에서 한 발 더 나아가서 가격을 원가이하로 더 낮게 책정한다. 슈퍼마켓이나 할인점에서 흔히 볼 수 있는 '1+1'은 한 개의 원래가격이 원가의 두 배가 아니었다면 손실이 된다. 만일 이렇게 발생한 손실을 제조업자가 보상해 준다면 법률적으로 문제가 없는가? 미국의 몇몇 주에서는 이런 형식의 가격설정은 불법적 또는 소비자를 끌어 들여 비싼 제품을 판매하려는 미끼 및 전환전술로 간주하고 있다.

미끼 및 전환(bait and switch) 또 다른 유형의 기만적 가격광고는 판매자가 실제로는 그렇게 팔 의사 없이 어떤 품목을 매우 낮은 가격으로 광고하는 것이다. 이런 미끼 및 전환 전술은 점포가 매우 낮은 가격의 미끼 품목(bait item)으로 소비자들을 꾀어 점포에 오게 한 후 미끼품목을 비판적으로 폄하하거나, 공급이 충분하지 않다고 하면서 고가격모델로의 구매로 전환(switch)시키려는 것이기 때문에 기만적이다. 그러나 미끼 및 전환 전술에 대한 법률은 집행하기 어렵다. 그것은 판매사원이 소비자들을 미끼로 유인하려는 의도 없이도 단순히 고가격 모델을 팔려고 시도하는 것이 그들의 일상적인 과업이기 때문이다. 기만임을 증명하는 핵심은 판매자의 의도에 초점을 맞추는 것인데 이것 또한 입증하기 어렵다.

약탈가격설정

기업이 경쟁자를 시장에서 몰아낼 의도를 갖고 자사 제품 하나 이상에 매우 낮은 가격을 설정하였을 때 이를 약탈가격설정(predatory pricing)이라고 한다. 약탈가격설정은 자유거래를 제한하고, 불공정한 경쟁행위이기 때문에 셔먼독점금지법(Sherman Antitrust Act)과 공정거래법(Federal Trade Commission Act)에 의해 불법으로 규정되어 있다. 약탈가격설정은 또한 소수의 지배적인 기업들(과점)로 구성된 시장 집중화(concentrated market)를 촉진하기도 한다.

그러나 약탈은 몇 가지 이유로 증명하기 어렵다. 첫째, 법적 규제를 위해서는 기업이 경쟁자를 몰아내거나 경쟁자의 시장진입을 막으려는 의도가 있었음을 증거로 보여주어야 한다. 둘째, 약탈가격을 신고한 원고는 해당 기업이 평균원가 이하로 가격을 책정했다는 것을 증명해야 하는 데 기업의 원가자료를 정확히 확보할 수 없으므로 이 또한 어려운 일이다. 개인 서점들을 대표하는 미국서점협회(American Booksellers Association)는 Amazon과 같은 대형서점이 정가가 25 달러인 베스트셀러를 단지 9 달러에 판매하는 것을 조사해 달라고 사법부(Department of Justice)에 요청했다.[30] 사법

부가 풀어야할 이슈는 대형서점의 의도가 소형서점들을 시장에서 내쫓기 위한 것인지, 점포에 방문한 소비자들에게 수익성이 높은 다른 상품들을 팔기 위해 경쟁적 가격을 책정한 것인지이다.

또 다른 도전적인 사례는 검색엔진시장에서 Google의 지배력과 관련된다. Google에 광고하려는 광고주는 특정한 키워드를 따기 위해 경매에 참가한다. 경매에서 이긴 광고주는 검색엔진의 앞에 있는 유료검색분야(paid results section)에 나타난다. 그러나 Google은 저품질 광고주에게는 '품질 핸드캡'에 따라 요금을 더 많이 부과한다. Google은 이런 전술이 소비자에게 고품질 제품이나 서비스를 검색할 가능성을 높인다고 주장한다. 그렇지만 품질을 정의하는 데 사용하는 알고리즘은 비밀이기 때문에 어떤 사람들은 Google이 유료검색결과를 조작할 수 있다고 의심한다.[31] 해결되지 않은 문제는 Google이 '품질 핸디캡'을 이용해서 더 높은 요금을 부과하는 것이 Google의 지배력을 이용하여 경매에 참가한 기업들을 약탈하고 있는 것인가 하는 점이다.

가격차별화

많은 형태의 가격차별이 있지만 그 가운데 몇 가지만 클레이톤 법(Clayton Act)과 로빈슨-패트만법(Robinson-Patman Act)에 의해 불법적인 것으로 간주된다. 기업이 동일한 제품을 다른 재판매업자들(도매상, 유통업자, 소매상)에게 다른 가격으로 판매할 때, 예를 들어 대기업에게 더 낮은 가격을 부과할 때, 가격차별로 간주될 수 있다.

앞에서 논의한 수량할인은 구매하는 양에 따라 구매자별로 다른 가격을 부과하는 것으로 정당한 것이다. 이 전술의 합법성은 10명의 소비자들에게 100개씩 팔 때의 원가보다 한명에게 1,000개를 팔 때의 원가가 낮다는 가정에 근거를 두고 있다. 그러나 수량할인은 모든 소비자들이 동등하게 활용할 수 있어야 하고, 하나 또는 소수의 구매자들에게 지속적이고 명백하게 이익을 주는 방법으로 설계되어서는 안된다.

그러나 클레이톤 법과 로빈슨-패트만법은 최종소비자들에게 서로 다른 가격차별을 하는 것에는 적용하지 않는다. 예를 들어, 학생들과 노인들이 식사나 영화티켓에서 할인을 받는 것은 법적으로 하나도 문제가 없다. eBay 같은 온라인 경매에서 판매자는 동일한 품목을 서로 다른 최종구매자에게 서로 다른 가격으로 판매하는 것이므로 법적인 문제가 없다. 여기에 더하여, 윤리적인 관점에서 소득에 따라 가격을 낮춰주는 것도 문제가 되지 않는다. 예를 들어 의료비가 증가함에 따라 저소득층 환자들에게는 할인뿐만 아니라 특히 어린이들에게는 무료진료가 제공된다.[32]

이런 방법의 가격차별은 불법적인가?

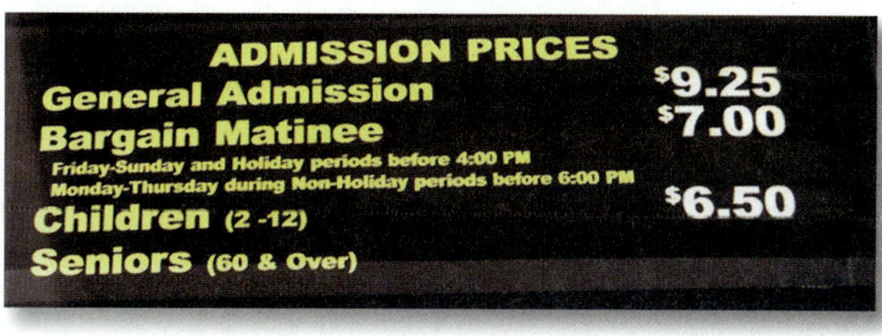

가격고정

가격고정(price fixing)은 가격을 통제하기 위해 다른 기업들과 담합(collusion)하는 것이다. 가격고정은 수평적(horizontal) 또는 수직적(vertical)으로 실행될 수 있다. 수평적 가격고정은 같은 수준에 있는 유통업자들이 가격을 일정하게 유지하여 경쟁을 회피할 목적이 틀림없으므로 셔먼법(Sherman Antitrust Act)에 의해 명백히 불법적이다. 그러나 수직적 가격고정은 애매한 부분이 있다.[33]

수평적 가격고정(horizontal price fixing)은 경쟁하는 제품들을 생산하거나 판매하는 동일한 유통경로 수준의 경쟁자들이 가격을 통제하기 위해 담합할 때 발생한다. 이것은 명백하게 경쟁을 제한하는 것이므로 불법적이다. 2010년 남아프리카 월드컵 기간 동안 여섯 개 항공사가 항공요금을 인상한 담합으로 기소되기도 했다.[34] 또한 주요 담배 회사들은 담배가격을 고정하기로 담합하여 기소되었다.[35] 경쟁하고 있는 기업들은 가격이나 판매조건들에 관해 서로 논의하는 것을 삼가야 한다.

수직적 가격고정(vertical price fixing)은 하나의 유통경로에서 다른 수준에 있는 유통경로 구성원들(예: 제조업자와 소매상)이 소비자에게 부과되는 가격을 통제하는 경우이다. 제조업자들은 흔히 소매점들간 가격경쟁을 줄이기 위해 자신들의 상품을 특정한 가격, 예를 들어 제조업자권장소매가격(manufacturer's suggested retail price, MSRP)에 판매하도록 권장한다. 이에 더하여 MSRP를 지키지 않는 소매점에게는 공동광고(cooperative advertising) 같은 혜택을 철회하거나 상품제공을 거절하는 방법으로 강제하기도 한다. 그러나 대법원(Superme Court)은 이런 행위가 벌어진 개별사건들에 따라 다르게 판단하고 있다.[36]

요점 정리

LO1 기업들이 가격을 설정하는 데 사용하는 세 가지 방법을 알아본다.

가격을 설정하는 다양한 기법들은 각각 장점과 단점을 가지고 있다. 세 가지 기본적인 방법들은 원가기반 가격설정, 경쟁자 기반 가격설정, 가치 기반 가격설정이다. 원가기반 가격설정 방법은 빠르고 쉽지만 경쟁적 환경이나 소비자 수요를 반영하지 못한다. 비록 경쟁자들이 무엇을 하고 있는지를 인식해야 한다고 항상 강조하지만 경쟁자기반 가격설정은 원가에 대한 고려와 소비자의 반응에 대한 고려 없이는 성립할 수 없다. 가치기반 기법을 사용하는 것도 원가와 경쟁사에 대한 고려 없이 수행하는 것은 아니다. 따라서 가격설정에서 세 가지 기법은 서로 배타적이라기 보다 상호 보완적이라고 해야 할 것이다.

LO2 상시저가전략(EDLP)과 하이-로(high/low)전략의 차이를 이해한다.

상시저가전략은 하이-로 전략을 사용하는 경쟁자들의 정가보다 낮은 가격을 지속적으로 유지하는 전략이기 때문에 가격할인을 빈번하게 할 수 없다. 하이-로 가격전략은 높은 가격으로 시작하여 점차 가격을 인하하는 방법이다. 이 전략은 처음에는 가격에 덜 민감한 소비자들에게 정가로 판매하다가 점차 가격에 민감한 소비자들에게 낮은 가격을 책정한다.

LO3 스키밍 전략과 침투가격전략의 차이를 이해한다.

기업들이 스키밍전략을 사용할 때 제품이나 서비스는 신제품으로 지각되어야 하는 데, 그렇지 않으면 소비자들은 유사한 기존 제품에 지불하던 것 이상의 가격을 지불하지 않는다. 기업들이 스키밍전략을 사용하는 것은 고품질의 신호, 수요 제한, 빠른 투자회수, 소비자의 가격민감성을 알아보기 위한 것 등 다양한 목적을 갖는다. 더구나 처음에 높은 가격을 설정하고 나중에 나추는 것은 반대로 처음에 낮은 가격을 설정하고 나중에 올려야 하는 것보다 쉽다. 침투가격전략은 기업에게 판매와 시장 점유율을 빠르게 구축하고 다른 기업의 시장진입 의지를 좌절시키는데 도움이 된다. 수요를 빠르게 진작시키는 것은 경험곡선효과에 의해 생산원가 절감으로 이익을 개선시킨다.

LO4 소비자에게 가격을 할인하는 전술들에 대하여 알아본다.

마케터는 소비자에게 더 낮은 가격을 제시하는 다양한 전술로 수량할인, 계절할인, 쿠폰, 리베이트, 리스, 묶음가격, 유인형가격설정 등을 사용한다.

LO5 B2B에서 가격을 할인하는 전술들을 알아본다.

계절할인은 소매상에게 시즌 전에 구매하도록 하는 인센티브이고, 현금할인은 소매점이 약속한 기간보다 빨리 대금을 지불하는 데 대한 보상이며, 공제는 소매상이 제조업자의 제품을 광고하거나 신제품을 취급하도록 격려하기 위한 것이다. 수량할인은 소매상이 특정 기간동안 대량주문의 동기를 제공한다.

LO6 소비자를 기만할 잠재력을 가진 가격설정방법들을 이해한다.

일반적인 법률적 이슈 가운데 하나는 기만적인 가격광고이다. 만일 기업이 정가 또는 준거가격과 함께 할인가격을 비교하여 표시하려면 그런 정가에 실제로 제품이 팔렸어야 한다. 미끼 및 전환은 또 하나의 기만적인 가격광고이다. 판매자는 실제로는 그 가격에 팔 의도 없이 매우 낮은 가격에 제품을 광고한다. 가격고정을 위한 담합은 항상 불법이다.

핵심용어

- 가격 전술(pricing tactics)
- 가격고정(price fixing)
- 가격차별화(price discrimination)
- 가치 기반 가격설정 방법 (value-based pricing method)
- 개선 가치(improvement value)
- 경쟁자 기반 가격설정 방법 (competition-based pricing method)
- 경험곡선효과 (experience curve effect)
- 계절할인(seasonal discount)
- 광고공제(advertising allowance)
- 균등수송가격설정 (uniform delivered pricing)
- 누적 수량할인 (cumulative quantity discount)
- 리베이트(rebate)
- 리스(lease)
- 묶음 가격설정(price bundling)
- 미끼 및 전환(bait and switch)
- 비누적 수량할인 (noncumulative quantity discount)
- 상시저가전략 (everyday low pricing, EDLP)
- 손실형 유인가격설정 (loss leader pricing)
- 수량할인(quantity discount)
- 수직적 가격고정 (vertical price fixing)
- 수평적 가격고정 (horizontal price fixing)
- 스키밍 전략(price skimming)
- 시장침투전략 (market penetration strategy)
- 약탈가격설정(predatory pricing)
- 용량할인(size discount)
- 원가 기반 가격설정 방법 (cost based pricing method)
- 유인가격설정(leader pricing)
- 입점공제(slotting allowances)
- 제조업자 권장소매가격 (manufacturers's suggested retail price, MSRP)
- 준거가격(reference price)
- 지역가격설정(zone pricing)
- 쿠폰(coupon)
- 하이-로 가격설정 (high-low pricing)
- 현금할인(cash discount)

사례 연구

이동통신 시장에서의 가격전쟁

connect

미국에서 이동통신 가입자는 거의 3억 2,200만명(미국인구의 102%)으로 이동통신서비스 회사들은 이미 모든 가능한 소비자들에게 서비스를 제공하고 있다.[37] 여기에서는 잠재 소비자들이 고갈되었을 때 Verizon, AT&T, Sprint, T-Mobile 등 통신회사들에게 전략적 가격설정이 어떻게 도움이 되었는지 살펴본다.

참가자들

1억 870십만명의 가입자가 있는 상태에서[38] 선두는 Verizon Communications와의 조인트벤처인 Verizon이었다. 이동통신서비스에 더하여 Verizon은 자신들의 무선망을 통해 미국에서는 처음으로 브로드밴드(광대역 초고속통신망) 서비스를 제공했다. Verizon은 최초로 3G 멀티미디어 서비스를 제공했을 뿐만 아니라 지금은 가장 큰 4G LTE망을 가지고 있다. 더구나 Verizon은 195개국에서 사업하고 있으며 Fortune 500에 등재된 기업들 모두에게 비즈니스 솔루션을 제공하고 있다.

AT&T의 뿌리는 1876년 Alexander Graham Bell의 전화기 발견으로 거슬러 올라간다. 비록 가입자 수(1억 100만명)에서는 Verizon 다음이긴 하지만 더 큰 수익을 내고 있다. AT&T는 4G 기술을 이용한 가장 빠른 초고속통신망과 99.999%의 신뢰성을 제공하는 가장 넓은 국제 무선망도 가지고 있다.[39]

Sprint Nextel은 약 5,500만 가입자를 가진 3위 기업으로 가장 최근의 혁신은 처음으로 무선 4G서비스 개발을 주도했다는 것이다.[40] 이 회사는 워키토키(walkie-talkie) 서비스를 제공하기 위해 2004년 Nextel과 합병했지만 Nextel의 2G 서비스와 Sprint의 3G/4G 망을 분리하

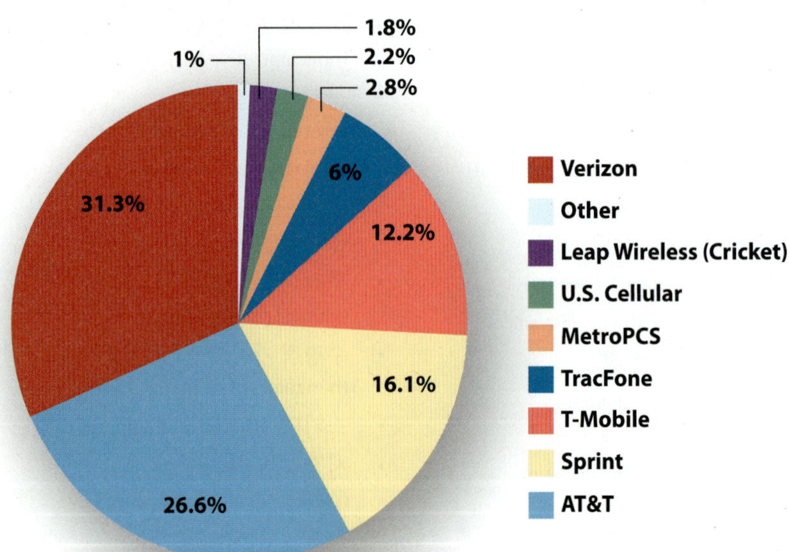

출처: From "Time for Verizon to Buy Sprint?" *CNN Money*, March 23, 2011, http://money.cnn.com/2011/03/23/technology/sprint_verizon/index.htm. Copyright © 2011 Time Inc. Used under license.

그림 12.5 통신서비스 제공자들의 시장 점유율

여 운영하는 것은 비용이 많이 들어갔다. 그래서 Sprint는 2013년 말에 Nextel 서비스를 중단할 계획이다.[41]

T-Mobile USA는 Deutsch Telecom이 소유하고 있는데 2011~2012년에는 AT&T, Sprint를 포함한 몇몇 경쟁자들에 의해 인수가 시도되기도 했다. 3,380만 가입자를 가지고 있는 T-Mobile은 국제 서비스를 제공하기 위해 글로벌 파트너에 의존하고 있다.[42]

시장 점유율과 가격경쟁

통신서비스의 원가는 지속적으로 내려갔지만 소비자들이 내는 청구금액은 거의 변하지 않았다. 이 시장에서 가격을 높이는 것은 수익을 높이는 조건이 아니다. 주요 통신 회사들은 신규 가입자를 유인하지 못하는 시장포화 상황에서 시장 점유율을 증가시키기를 원했다. 이런 목표를 달성하기 위해서는 경쟁자의 고객들을 뺏어 와야 하므로 이것은 격렬한 경쟁을 의미하는 것이다. 그러나 그 기업이 요율인하를 통해 가입자를 끌어 들리려고 시도하면 이익이 낮아지는 피해를 입는 매우 실제적인 위험이 있다. 동시에 특히 가정전화를 포기하는 소비자들의 증가는 일반전화 사업의 축소로 귀결될 것이기 때문에 경쟁자들은 가만히 보고만 있지 않는다.

경쟁자들이 사용하는 전술들은 지속적으로 변하고 있다. 4G 서비스가 시작될 때 어떤 일이 벌어졌는지 생각해보자. Verizon은 4G망에 대해 5GB/월 데이터에 50 달러의 요금을 매겼는데 이는 3G망의 $60/월 보다 싼 것이다. Sprint는 무제한 4G 데이터를 월 60 달러에 책정했는데 이것은 3G망의 5GB 데이터 요금과 같은 것이다.[43] 그런데 처음에는 4G망이 전세계적 커버리지가 아니었는데 이것은 소비자들이 자주 더 많은 3G사용 상황에 처한다는 것을 의미한다. 그러므로 각 소비자에게 최선의 선택은 얼마나 많은 양의 데이터를 사용할 것인가에 달려있지만 대부분의 소비자들에게 자신의 사용량을 예측하는 것은 어려운 일이다.

비록 모든 사람들이 진보된 데이터망을 사용할 것처럼 보이지만 음성통화만 선호하는 시장도 있다. Verizon은 무제한 음성/문자서비스와 가족결합 요금제를 통해 요금을 낮췄다.[44] 이에 대해 AT&T는 즉각 Verizon의 요금체계에 맞췄으며, T-Mobile은 이미 무제한 음성요금을 60 달러에 내 놓았는데 이것은 AT&T와 Verizon의 새로운 요금보다 10 달러 낮은 것이었다. Sprint는 이미 '모든 데이터 요금제'에 Verizon보다 낮은 요금을 책정했는데 이것은 개인별로 연간 240 달러, 가족전체로는 600 달러를 절약할 수 있는 것이다.[45]

Verizon 무선망 CEO인 Lowell McAdam에 의하면 음성통화 요금을 낮추는 목적은 더 비싼 무제한 요금제에 가입하도록 하기 위한 것이라고 한다. 경쟁사로부터 시장 점유율을 빼앗아 오는 것도 중요하지만 수익이라는 면에서 보면 가치가 없다는 것이다. Verizon은 음성통신에서 5억 4,000만 달러를 포기하면서 데이터 요금제의 변화와 데이터의 고마진으로 9,000만 달러의 순이익을 획득할 수 있다는 것이다.[46]

네트워크는 무선통신회사들의 수익에서 적은 부분을 차지한다. 음성통화, 문자 또는 데이터 서비스를 사용하기 위해서 소비자들은 더더욱 복잡해지고 있는 단밀기가 필요하다. 그러나 회사들은 시장 점유율을 끌어올리기 위해 단말기 가격을 낮춘다. iPhone은 때론 2년 약정 판매를 위해 구입가격보다 낮은 200 달러에 판매한다.

급격하게 변하고 빈번하게 혁신되는 시장에서 전쟁은 아직 끝나지 않았다. 브로드밴드 사용의 증가로 네트워크에 과중한 부담을 주는 것도 해결해야 한다. 휴대폰 회사들이 서비스 실패(service failure)와 고객 불만을 피하기 위해 네트워크에 투자해야 하는 압박을 받고 있다. 음성요금이 더 떨어지면 데이터 요금제로부터의 수익은 더 이상 기업들이 필요한 마진을 제공해주지 못한다. 몇몇 무선통신 공급자들은 통합되고 다른 것들은 사라질 것이다.

확인 문제

1. 이 산업에서 핵심 경쟁자들은 누구인가?
2. 이 사례에서 제안하는 것처럼 가격전쟁이 마진을 줄인다면, 왜 기업이 이런 전략을 사용하려고 하는가?
3. 무선 통신회사들이 경쟁하는 데 활용할 수 있는 경쟁요인들은 무엇인가?
4. Verizon은 최종소비자에게 어떤 가격전술을 사용할 수 있는가?
5. Verizon은 기업소비자에게 어떤 가격전술을 사용할 수 있는가?

SECTION 6

가치 전달: 마케팅 경로 및 공급사슬 디자인

CHAPTER 13
공급사슬 및 마케팅 경로 관리

CHAPTER 14
소매 및 다중경로 마케팅

시장 평가

시장 이해

시장 타겟팅

가치 창조

가치 획득

가치 전달: 마케팅 경로 및 공급사슬 디자인

가치 커뮤니케이션

6부는 가치전달 시스템을 논의한다. 고객의 수요를 충족시키기 위하여 상품이 점포에 제시간에 배달되는 것은 중요한 일이다. 이러한 목적을 달성하기 위하여, 소매업체들은 공급업체들과 혁신적인 프로그램들을 개발하고 또한 정교한 수송 및 물류 시스템을 구축하여 실시한다. 6부의 주제인 가치 전달 시스템은 두 개의 장으로 구성된다. 13장은 거시적인 관점에서 마케팅 경로와 공급사슬 관리를 다루고, 반면에 14장은 미시적인 관점에서 소매와 다중경로 마케팅을 살펴본다.

Walmart
Save money. Live better.
1235539
0•0712

CHAPTER 13

공급사슬 및 마케팅 경로 관리

학습 목표

LO1 마케팅 경로와 공급사슬관리의 중요성을 이해한다.

LO2 직접 마케팅 경로와 간접 마케팅 경로의 차이를 이해한다.

LO3 마케팅 경로가 어떻게 관리되는지를 이해한다.

LO4 마케팅 경로에서 정보의 흐름과 상품의 흐름이 어떻게 되는지를 이해한다.

어떤 회사가 유통 시스템의 효율성을 높임으로써 1 달러를 절약했을 때, 이로 인해 발생하는 전반적인 혜택은 1 달러보다 훨씬 너 크다. 예를 들어, 소매업체가 소비자들이 원하는 때에 적절한 양의 상품을 신속하게 점포에 비치했을 때 소비자들은 행복해 할 것이다. 소매업체 입장에서는 가장 많이 드는 비용중의 하나인 유통비용을 줄일 수 있어 궁극적으로 매출과 이익을 증가시킬 수 있다. 또한 제조업체 입장에서도 효율적인 유통 시스템으로 인해 얼마만큼 만들어야 할지, 언제 배송해야 할지를 정확하게 알게 됨으로서 재고비용을 줄일 수 있고 이익도 올라간나. 따라서 소비자, 소매업체, 제조업자 모두 만족하게 된다.

위에 서술한 시나리오가 너무 단순한 듯하지만, 세상에서 제일 큰 Walmart를 생각해 본다면 꼭 그런 것만은 아닌 걸 알 수 있다. 대부분의 Walmart의 힘, 즉 가격 책정, 고속 성장, 고객 만족 등에서의 Walmart의 능력은 유통경로와 공급사슬관리에서의 혁신으로부터 유래한다. 이러한 혁신은 공급업체로 파급되어 그들의 생산방식과 상품 배송방식을 바꾸게 한다. 예를 들어, Walmart와 소비재 제조업체인 Protcor & Gamble(P&G)의 협력 방식은 과히 혁신적이라 할 수 있다. 두 회사는 소프트웨어로 긴밀하게 연결되어 있어, Walmart의 물류센터에서 P&G의 특정 브랜드나 사이즈가 부족할 때 P&G는 부족한 상품을 보충하기 위하여 Walmart의 동의없이 선적한다. 이러한 협력관계는 P&G는 계획적인 생산을 할 수 있고, Walmart도 물류센터에 입고되는 상품의 지속적인 추적이 가능하여 각 매장에 배송되는 상품을 효과적으로 조질할 수 있게 한다.

Walmart가 주도하는 또 다른 혁신은 광범위하게 적용되는 정보시스템이다. 예를 들어, 매일 점포에서 발생하는 수많은 POS(point-of-sale) 거래의 전송, 물류센터에 도착하는 약 50% 정도의 상품들이 24시간 이내로 점포로 배송되는 연속적 입출하(cross-docking), 재고 추적을 위한 바코드와 RFID(radio frequency identification tags)의 도입, 제 3자 구매 대행을 통하지 않고 공급업자로부터 직접 구매하는 통합 글로벌 소싱 등에 활용되는 정보 시스템을 말한다.[1]

괄목할만한 공급사슬관리의 성공에도 불구하고, Walmart는 더 나은 효율성을 찾기 위해 끊임없이 공급사슬을 검토한다. 한 예로, 최근에 Walmart는 공차로 돌아오는 트레일러를 줄이고 만차로 배송하기 위한 방법을 강구하였다. Walmart의 6,500대의 트럭과 55,000대의 트레일러중 많은 차량이 점포로부터 물류센

터로 오가는 대신에 제조업체로부터 직접 물건을 수령하고 있다. 결과적으로, 단순히 배송빈도와 공차를 줄임으로써 약 1억 마일의 운행거리를 줄일 수 있었다.[2]

앞에서 설명한 예시에서 알 수 있듯이, Walmart의 뛰어난 유통경로와 공급사슬관리는 높은 고객서비스와 만족 수준, 낮은 생산 및 수송비용, 그리고 소매공간의 생산적인 활용 등의 보상을 가져다준다. 기본적으로, Walmart는 공급업체, 물류센터, 소매점포, 그리고 고객을, 그들이 어디에 있다하더라도, 연결시켜주는 독특한 능력을 가지고 있다. 이러한 능력은 Walmart와 공급업체들의 원가 절감 더 나아가 수익성 향상을 가져온다. 더욱이 달성된 원가 절감이 고객들에게 전달될 때 고객들은 저가로 Walmart에서 상품을 구매하게 되는 혜택을 누릴 것이다.

이 장에서 우리는 네 가지 'P' 중에서 세 번째 'P'인 장소(place)에 대해 논의하고자 한다. 이 주제는 어떤 고객이 원하는 시점에 바로 그 고객에게 올바른 상품을 적시에 가져다 줄 수 있는 모든 활동을 포함한다.[3] 1장에서 언급하였듯이, **마케팅 경로 관리** 또는 **공급사슬관리**는 기업들이 그들의 공급업체, 제조업자, 도매상, 소매상, 운송업자들을 효율적, 효과적으로 통합하여 적시에, 적당한 양을, 적당한 곳에서 생산하고 유통할 수 있도록 매끄럽게 운영하고 동시에 고객들이 원하는 서비스 수준을 만족시키면서 전체 시스템의 비용을 최소화할 수 있는 일련의 접근방법 및 기법들을 통칭한다.[4] 흔히 마케팅을 배우는 학생들은 마케팅 믹스에서 '장소'의 중요성을 과소평가한다. 왜냐하면 단순히 '장소'에 관한 활동과 전략들이 고객들이 볼 수 없는 무대 뒤편에서 일어나기 때문이다. 하지만, 위의 Walmart 사례에서 보듯이 마케팅 경로 관리는 고객들이 상품을 저렴하고, 신속하고, 효율적으로 구매할 수 있게 함으로써 고객에게 부가된 가치를 제공한다.

LO1 마케팅 경로와 공급사슬관리의 중요성을 이해한다.

마케팅 경로와 공급사슬관리의 중요성

지금까지 이 책에서 우리는 기업들이 심층 시장조사를 하고, 소비자와 기업들의 행위를 관찰하고, 시장을 세분화하여 최적 표적 시장을 선정하고, 신상품과 서비스를 개발하고, 가격을 책정하는 방법들을 검토하였다. 그러나 기업들이 이러한 활동을 실수 없이 잘 실행했다 하더라도, 기업들이 고객들이 원할 때 충분한 양의 상품을 적절한 장소에 갖다 놓지 않는다면 실패는 눈에 보듯 뻔한 일이다.

그림 13.1의 단순화된 공급사슬에서 보듯이, 제조업체는 제품을 만들어 **도매상**이나 소매상에게 판다. 도매상은 제조업체로부터 상품을 구입하여 소매상에게 되파는 기업이고, 소매상은 상품을 직접 소비자에게 파는 기업을 말한다. 이 그림에서 전형적인 마케팅 경로에 있는 원재료 공급업체, 제조업자, 도매상, 소매상을 포함한다면 도식은 훨씬 더 복잡해 질 것이다.[5]

그림 13.1은 생산된 제품의 전형적인 흐름을 나타낸다. 제조업체는 도매상이나

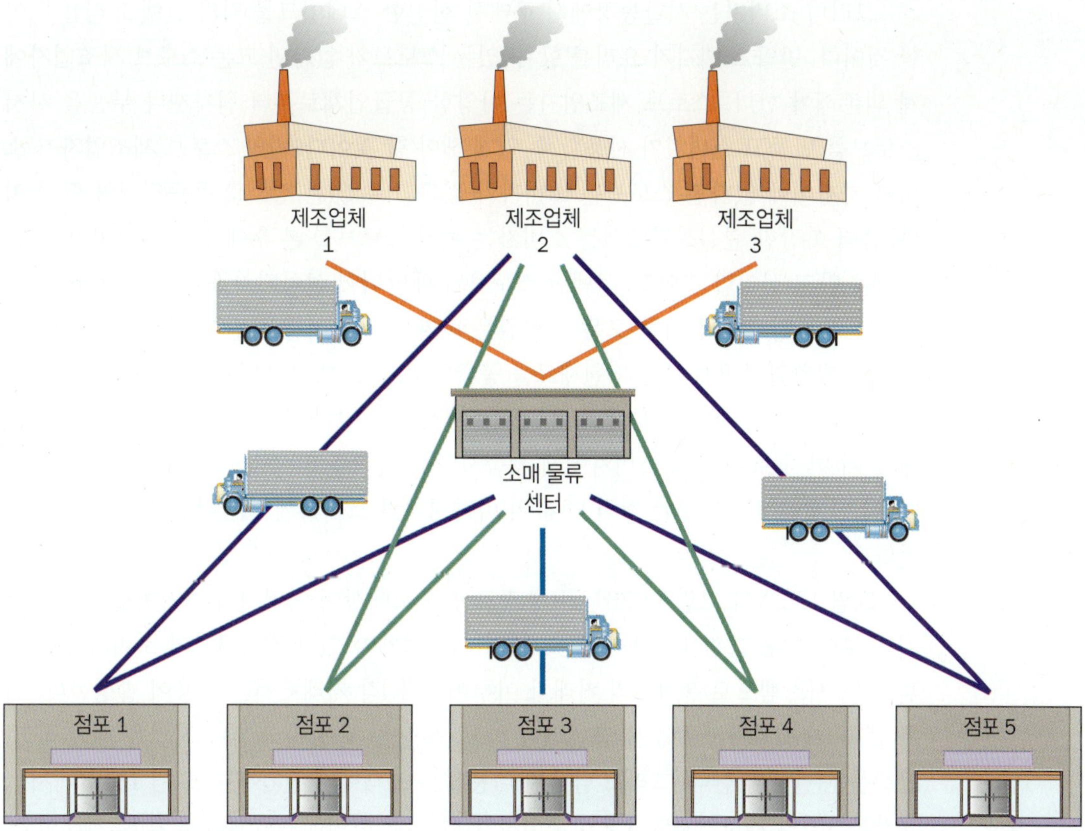

그림 13.1 단순화된 공급 사슬

소매상의 물류센터로 제품을 보내거나(제조업체 1, 3) 또는 점포로 직접 배송한다(제조업체 2). 현실적으로는 이 공급사슬에 여러 가지 변형된 구조가 생길 수 있다. 예를 들어, Home Depot나 Costco 같은 소매 체인은 소매상이자 동시에 도매상의 역할을 한다. 소비자들에게 직접 상품을 팔 때는 소매상이고, 빌딩 건설업체나 레스토랑 같은 다른 기업들에 상품을 팔 때는 도매상이 된다. Avon 같은 화장품회사는 소비자에게 직접 물품을 팔 때 생산과 동시에 소매 행위를 한다. Dell이 컴퓨터를 대학이나 기업에 팔 때는 B2B (business-to-business) 거래를 하는 것이지만, 학생들이나 종업원들에게 개인적으로 팔 때는 B2C (business-to-consumer) 거래를 하는 것이다.

마케팅 경로는 가치를 창출한다

왜 제조업체는 도매상이나 소매상을 이용할까? 추가된 유통구성원들은 제조업체의 이익을 잠식하지 않을까? 소비자들이 제조업체로부터 직접 구매하는 것이 더 싸지 않을까? 단순한 농업경제에서 최선의 공급사슬은 제조업자에서 소비자로 바로 가는 직접경로일 것이다. 소비자가 농장으로 가서 농부로부터 직접 식품을 구매하는 경로이다. 현대사회에서 환경보호 차원에서 홍보하는 '현지 식사'도 그러한 직접경로로 볼 수 있다.

스토브를 생산하고 여러분의 부엌에 갖다 놓는 데 몇 개의 회사가 관여하겠는가?

그러나 소비자는 시골농장에서 구매한 신선한 스테이크를 먹기 전에 요리를 해야 할 것이다. 만약 소비자가 요리를 할 수 있는 스토브가 없다면 그는 스토브 제조업자에게 의존해야 한다. 스토브 제조업자는 다양한 공급업체로부터 원자재나 부품을 사서 스토브를 만들고 소비자가 사용할 수 있게 해야 할 것이다. 만약 스토브 제조업자가 소비자 가까이에 없다면 스토브는 소비자가 접근할 수 있는 장소로 운송되어야 할 것이다. 좀더 복잡한 현실상황에서는 소비자는 여러 스토브를 본 후에 선택할 것이고, 모든 사양을 알고 싶어할 것이고, 선택한 스토브가 배달되어 설치되기를 바랄 것이다.

이 유통경로에 참여한 모든 구성원은 단계별로 가치를 증진시킨다.[6] 부품업체는 스토브 제조업체에게 부품과 원재료를 공급하고, 스토브 제조업체는 부품들을 완제품 스토브로 만든다. 운송회사는 스토브를 소매상에게 갖다 주고, 소매상은 소비자가 구매할 때 까지 보관하고, 소비자에게 제품사양을 알려주고, 스토브를 배달하여 설치한다. 각 단계에서 스토브는 점점 더 값이 비싸지지만 소비자에게는 점점 더 가치가 있어진다.

그림 13.2A와 그림 13.2B는 유통경로에서 소매상이 어떻게 부가가치를 창출하는지를 보여준다. 그림 13.2A에서는 3명의 제조업체가 있고 각각 3명의 소비자에게 직접 파는 시스템으로 총 9번의 거래가 이루어진다. 각 거래에서는 비용이 발생한다. 예를 들면, 제조업자는 주문을 충족해야 하고, 포장을 해야 하고, 서류작업을 해야 하고, 상품을 배달해야 한다. 그리고 발생된 비용들은 고객에게 전가된다. 그림 13.2B에서는 똑같은 3명의 제조업자와 3명의 소비자가 있으나, 이번에는 소매상을 통해 거래한다. 이 경우 총 거래 수는 6번으로 줄어들며, 3번의 거래가 없어졌으므로 유통경로 및 공급사슬은 더 효율적이 된다. 이로 인해 고객도 더 편리하고, 덜 비싸게 상품을 구매할 수 있어 궁극적으로 유통경로상의 소매상의 개입은 부가가치를 창출시키게 된다.

마케팅 경로 관리는 마케팅의 다른 측면에도 영향을 준다

모든 마케팅 의사결정은 마케팅 경로에 의해 영향을 받고 또한 영향을 준다. 제품이 디자인되고 생산될 때 언제, 어떻게 중요 부품들이 공장에 도착해야 하는지는 생산과 반

그림 13.2A 소매상이 없는 직접 공급사슬

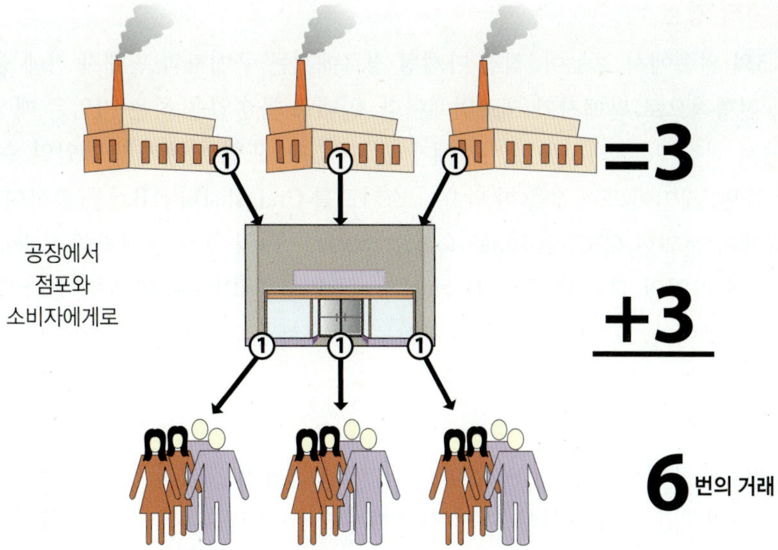

그림 13.2B 소매상이 있는 간접 공급사슬

드시 조율되어야 한다. 판매부서는 공장 또는 물류센터와 납기 약속을 반드시 조정하여야 한다. 여기서 물류 센터란 상품들을 점포 또는 고객들에게 배달하기 위하여 상품 수령, 보관 , 재분배 등을 하기 위한 설비를 말하는 데, 이는 소매상, 제조업체 또는 물류전문업체에 의해 운영된다.[7] 더욱이 광고 및 촉진은 재고 및 수송을 통제할 수 있는 부서와 반드시 긴밀한 협조를 하여 실행되어야 한다. 고객에게 납기를 약속하고 또는 촉진을 시행한 후 고객이 기대할 때 상품이 없는 경우보다 고객의 신뢰를 무너뜨리는 더 빠른 방법은 없다.

마케팅 경로의 디자인

LO2 직접 마케팅 경로와 간접 마케팅 경로의 차이를 이해한다.

이제 막 창업한 신생기업이거나 또는 새로운 시장에 진출할 때 그 기업은 보통 최적 마케팅 경로 구조를 디자인할 수 있는 여지가 없고, 기업의 유통구조는 그냥 구매하거나 팔거나 하는 정도일 것이다. 신생 스포츠용품 소매상은 원하더라도 유명 제조업체 상품 라인을 취급하지 못할 수 있다. 왜냐하면 상권내의 경쟁 대형 소매상이 이미 동일한 상품들을 판매하고 있을 수 있기 때문이다. 반면에, 소규모의 전문 스포츠용품 의류 제조업체는 Sports Authority 같은 대형매장에 상품을 들여놓지 못할 수 있다. 왜냐하면 상품 라인이 검증되지 않았고 또한 소매상이 이미 취급하고 있는 다른 상품 라인을 모방한 제품일 수 있기 때문이다. 우리는 14장에서 제조업체들이 어떻게 소매 파트너를 선택하는지 좀더 심층적으로 논의할 것이다.

이 부문에서는 마케팅 경로 디자인을 논의하는 데, 경로 구성원들이 최적 유통경로 구조를 디자인하는 데 여러 가지 제약이 있다 하더라도 모든 마케팅 경로는 직접 경로, 간접 경로, 또는 둘 간의 결합의 형태를 취한다.

직접 마케팅 경로

그림 13.3의 왼쪽에서 보듯이, 직접 마케팅 경로에서는 구매자와 판매자 간에 중간상이 없다. 전형적으로 판매자가 제조업체이다. 일례로 목수업을 하는 기업은 매장이나 온라인에서 직접 만든 책장을 소비자에게 팔 수 있다. 또한 판매자가 개인일 수도 있다, 예를 들면, 개인이 뜨개질을 한 담요나 스카프를 Craigslist나 e-Bay를 통하여 팔 수 있다(1장에서 논의한 C2C(consumer-to-consumer) 거래의 특성을 상기해 보라). 구매자가 또 다른 기업일 때 예를 들면, Boeing이 비행기를 JetBlue에 판매할 때 마케팅 경로는 직접 경로이다. 그러나 이 경우의 거래는 6장에서 논의한 B2B 거래이다.

간접 마케팅 경로

간접 마케팅 경로에서는 한 명 이상의 중간상이 고객에게 제품과 서비스를 제공하기 위하여 제조업체와 같이 일한다. 어떤 경우에는 오직 한 명의 중간상만 있을 수 있다. 예를 들어, Ford나 General Motors 같은 자동차 제조업체는 그림 13.3의 중간에서 보듯이 딜러가 소매상의 역할을 하는 간접 유통을 이용한다. 마지막으로 그림 13.3의 오른쪽에 제시되었듯이, 기업이 비용 효율성을 누릴 수 있도록 충분한 양을 구매할 수 없을 때 도매상을 활용한다. 도매상이 지배적인 간접 유통 경로는 대형 책방, 주류 도매상, 독립 드럭 스토어 등에서 볼 수 있다. 또한 도매상은 대형 소매상이 아직 발달되어 있지 않은 저개발 경제에 만연해 있다.

LO3 마케팅 경로가 어떻게 관리되는지를 이해한다.

마케팅 경로 및 공급사슬의 관리

마케팅 경로 및 공급사슬은 다양한 구성원들로 형성된다. 구성원은 소매상, 도매상 같은 구매자, 제조업자, 도매상 같은 판매자, 그리고 운송회사 같은 교환 촉진자들로 이

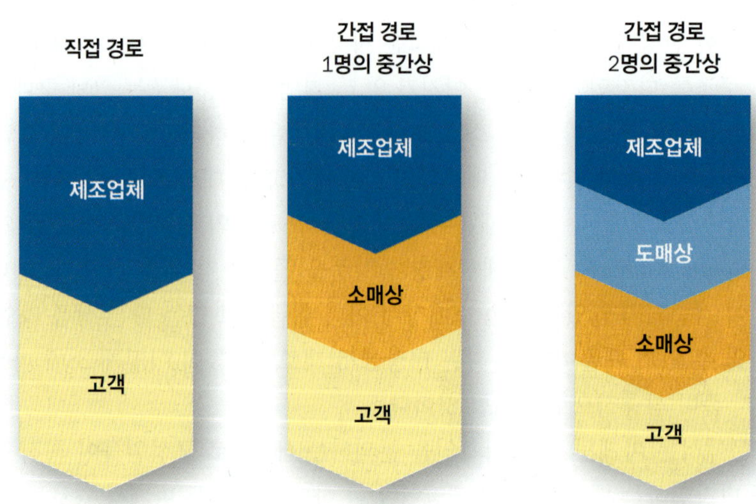

그림 13.3 유통경로 전략

Home Depot와 Stanley Tool Company는 상호 호혜적인 파트너십을 유지하고 있다. Home Depot는 고객들이 Stanley 제품들에 가치를 두기 때문에 Stanley로부터 공구를 구입한다. Stanley는 Home Depot가 Stanley 공구에 대한 두터운 시장을 갖고 있기 때문에 Home Depot에 제품을 판매한다.

루어진다. 사람간의 상호작용과 유사하게, 경로구성원간의 관계도 밀접한 파트너십부터 일회성 관계까지 스펙트럼이 다양하다. 대부분의 경우에 상호작용은 구성원간에 서로 무언가를 원하기 때문에 일어난다. 예를 들어, Home Depot는 Stanley Tool Company로부터 망치같은 공구를 원하고, Stanley는 일반 소비자에게 공구를 팔 기회를 원하고, 두 회사는 상품을 배송하기 위하여 UPS를 원한다.

마케팅 경로 구성원은 각자 특화된 역할을 수행한다. 한 구성원이 다른 구성원이 주어진 역할을 제대로 수행하지 못한다고 생각하면 대체할 것이다. 예를 들어, Stanley는 UPS가 만족할만한 서비스 수준을 제공하지 못하면 FedEx로 전환할 것이다. 또 Home Depot는 고객들이 Stanley 공구를 가치 있게 평가하지 않는다면 다른 공구회사로부터 구매할 것이다. 그러나 어떤 경로구성원이 대체되더라도 그 구성원이 수행했던 기능은 여전히 남아 있는 것이고 누군가는 수행해야 하는 것이다.[8]

마케팅 경로가 효율적으로 운영되려면 구성원들은 반드시 상호 협력 하여야 한다. 때에 따라서 공급사슬 구성원들은 상호 충돌하는 목표를 추구하고 이는 경로 갈등을 초래한다(그림 13.4 참조). 예를 들어, Stanley는 매출을 극대화하기 위하여 Home

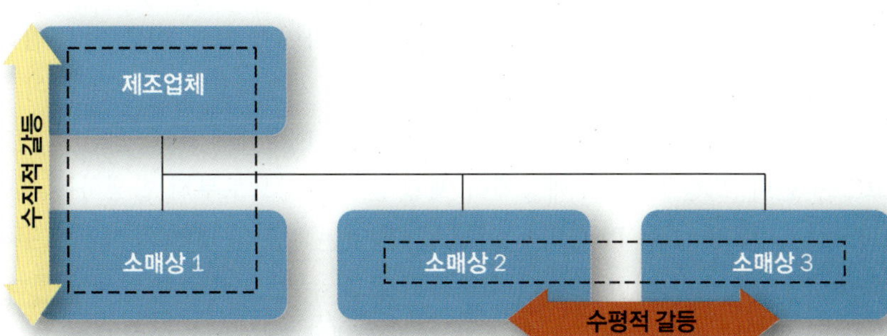

그림 13.4 수직적 vs. 수평적 경로 갈등

Walmart와 P&G는 수익성 있는 기업 파트너로 남는 것이 공통 관심사라는 것을 인식하고 있다.

Depot가 경쟁업체의 공구를 취급하지 않기를 바란다. 그러나 Home Depot는 공구 카테고리의 상품구색을 다양화하여 매출을 극대화하기 위하여 다른 회사의 브랜드도 판매한다. 이 경우처럼 공급사슬 구성원간에 목표, 역할 또는 보상 등에 관해 합의를 하지 못할 경우 수직적 경로 갈등이 발생하게 된다.

수평적 경로 갈등은 상호 경쟁하는 소매상이나 또는 경쟁하는 제조업체처럼 마케팅 경로상의 동일한 수준에 위치하는 구성원간의 의견불일치나 알력이 있을 때 발생한다. 예를 들어, Home Depot와 Lowes가 Stanley 공구에 대한 가격전쟁에 돌입했다면 세 회사가 다 영향을 받을 것이다. Home Depot와 Lowes는 저가에 상품을 팔기 때문에 수익이 떨어질 것이다. Stanley는 두 회사가 손실을 본 만큼 공구 가격을 낮춰달라는 압력을 받을 것이다. 또한 다른 소매상도 Home Depot와 Lowes의 가격전쟁에 휘말리기 싫어서 Stanley 공구를 구입하는 것을 그만 둘 수도 있다.

수직적 경로 갈등을 회피하기 위해서는 투명하고, 정직한 커뮤니케이션이 필요하다. 구매자와 판매자 모두 상대방의 사업, 거래관계에서의 각자의 역할, 자사의 전략, 그리고 거래관계에서 발생할 수 있는 문제점들을 이해하여야 한다. 이 장의 도입 부문에서 언급했듯이 Walmart와 P&G는 상호 수익성 있는 사업파트너로 남는 것이 공통의 관심사라는 것을 인식하고 있다. Walmart의 고객은 매장에서 P&G 상품을 찾기를 기대하고 요구한다. 또한 P&G도 세상에서 제일 큰 소매상으로부터 발생하는 매출과 수익이 필요하다. Walmart는 P&G가 수익을 낼 수 없는 정도의 낮은 가격을 요구하지 않는다. 또한 P&G도 이 거대한 고객의 요구를 수용할 수 있을 만큼 유연해야 한다. 공동 목표가 인센티브로 작용하면 구성원들이 스스로 해야 할 일들을 알아서 하고, 이는 매출 상승으로 이어진다.

공동 목표는 기대한 혜택이 발생하지 않더라도 관계를 유지하는 데 도움을 준다. 수송회사의 잘못된 배송루트 선정 같은 우연찮은 실수로 인하여 P&G 상품들이 제시간에 Walmart 매장에 도착하지 못하더라도 Walmart는 갑자기 전체 계약을 취소하지 않는다. 두 회사가 장기적으로 공동 목표에 몰입하고 있다는 것을 Walmart는 알기 때문에 이를 단순한 일회성 사건으로 간주하고 여전히 P&G과 좋은 거래관계를 유지한다.

이런 맥락에서 Walmart와 P&G의 파트너십은 공급사슬을 관리할 수 있는 또 다른 독창적인 방법이 있음을 제시한다. 즉, 수직적 마케팅 시스템을 이용하여 마케팅 경로를 조정하고 경로 구성원간의 강력한 관계를 개발하는 것이다.

수직적 마케팅 시스템을 통하여 마케팅 경로 및 공급 사슬을 관리하기

갈등은 어떤 마케팅 경로에서도 일어날 수 있는 것이지만, 경로구성원들이 상호독립적인 경우에 갈등은 더 자주 발생한다. 반면에, 경로구성원들이 계약이나 소유권에 의해 더 밀접하게 연결되어 있거나 공동 목표를 공유하면 궁극적으로 갈등은 줄어들게 된다.

전통적 또는 독립적 마케팅 경로에서는 제조업체이든 도매상이든 소매상이든 각 독립적인 경로구성원은 흔히 다른 경로구성원의 희생이 발생하더라도 자기의 목적을 달성하고 이익을 최대화하려고 노력한다(그림 13.5 참조). 어떤 경로구성원도 다른 구성원을 통제할 수 없다. 예컨대, 캘리포니아에 기반을 둔 PenAgain이라는 인체공학적인 사무용품을 만드는 회사가 처음으로 Walmart에 사무용품을 들여 놓는다고 하자. 이때 두 회사는 서로 최대한의 이익을 끌어낼 수 있도록 치열한 협상을 할 것이고, 협상이 완료되었을 때 어떤 회사도 상대방에게 책임감을 느끼지 않을 것이다.

시간이 흐르면 Walmart의 고객은 PenAgain의 상품이 매장에 있을 것을 기대하고, PenAgain은 상당한 양의 상품을 사는 Walmart에 의존하게 되는 일상적이고 자동화된 거래 관계로 발전할 것이다. 이 시나리오는 수직적 마케팅 시스템의 첫 번째 단계를 나타낸다. 그림 13.5에서 보듯이, 수직적 마케팅 시스템은 구성원들이 단일화된 시스템처럼 움직이는 마케팅 경로를 말한다. 수직적 마케팅 시스템에는 관리형, 계약형, 기업형 등의 세 가지 형태가 있는데, 각 형태는 형식화와 통제 수준의 정도가 증가함을 반영한다. 수직적 마케팅 시스템이 더 형식화 될수록 경로구성원간 갈등은 덜 발생될 것이다.

관리형 수직적 마케팅 시스템 Walmart와 PenAgain의 마케팅 경로 관계는 관리형 수직적 마케팅 시스템의 한 예이다. 소유권이나 계약에 의한 관계가 아니라, Walmart가 PenAgain을 통제하듯이 지배적인 경로구성원이 크기나 상대적인 힘을 바탕으로 거래상대방을 통제하거나 힘의 균형을 유지한다. 마케팅 경로에서 힘은 한 기업이 유통단계가 다른 구성원에게 행동을 강요할 수 있는 능력이나 수단을 가졌을 때 생긴다. Walmart 같은 거대 소매상은 보통 여섯 가지 방법으로 공급업체들에게 힘을 행사한

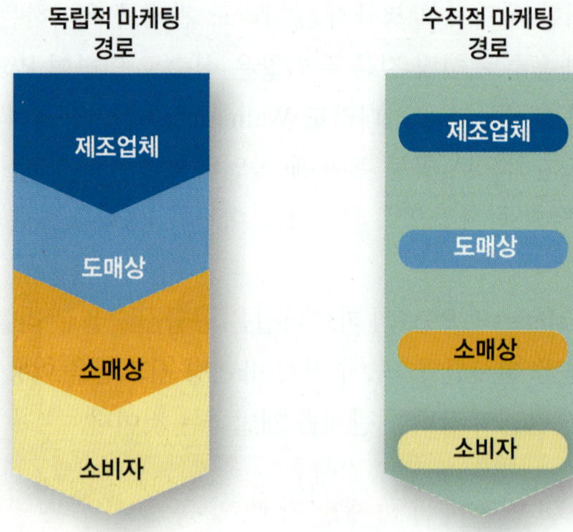

그림 13.5 독립적 vs. 수직적 마케팅 경로

다. 첫째, PenAgain이 Walmart가 원하는 것을 해줬을 때 Walmart는 금전적인 인센티브를 사용하여 '보상력'을 행사한다. 둘째, Walmart가 PenAgain이 상품을 늦게 배송했을 때 지불을 늦춘다면 Walmart는 '강권력'을 행사하는 것이다. 셋째, PenAgain이 다른 소매상과도 거래할 수 있도록 도와줄 수 있는 공급업체들이 Walmart와 거래하기를 강력히 희망한다면 Walmart는 PenAgain에 대해 '준거력'을 가지고 있는 것이다. 넷째, PenAgain이 Walmart가 갖고 있는 펜에 대한 마케팅 전문지식에 의존하여 사업을 한다면 Walmart는 '전문력'을 행사하고 있는 것이다. 다섯째, Walmart가 사무용품과 학용품 시장에 방대한 지식을 가지고 있으므로 그러한 중요한 정보를 제공하거나 보류함으로써 PenAgain을 통제한다면 Walmart는 '정보력'을 행사하는 것이다. 마지막으로, Walmart와 PenAgain이 상호 합의하여 같은 방향으로 행동한다면 '합법력'에 의한 것이라고 볼 수 있다. Walmart가 PenAgain이나 다른 공급업체와 거래할 때 Walmart는 그들의 행동에 영향을 주기 위하여 여러 형태의 힘을 동시에 사용할 것이다. 만약 한 경로구성원이 현재 진행되고 있는 거래관계에 불만족 한다면 거래 관계는 구속없이 언제든지 해지될 수 있다.

계약형 수직적 마케팅 시스템 시간이 지나면 Walmart와 PenAgain은 얼마만큼 어떤 가격에 Walmart가 매달 구매할 것인지, 배송이 늦어질 때 어떤 벌칙을 부과할 것인지 등의 다양한 조건 등을 정하는 계약을 맺음으로써 거래관계가 형식화된다. **계약적 마케팅 시스템**에서는 마케팅 경로의 다른 단계에 있는 독립적인 경로구성원은 규모의 경제와 상호 조정을 달성하고 갈등을 줄이기 위하여 계약을 맺음으로써 상호 결합한다.[9]

프랜차이징은 계약형 수직적 마케팅 시스템의 가장 보편적인 형태이다. **프랜차이징**은 본부와 가맹점사이의 계약형 수직적 마케팅 시스템이다. 가맹점은 본부의 상호, 업태, 지원 등을 받아 영업점을 운영한다. 그림 13.6은 미국에서 상위 10위 안에 드는 프랜차이즈 시스템을 나타낸다. 이 순위는 Entrepreneur 잡지에서 재무적 강점, 안정

순위	프랜차이즈 업체	미국내 점포수	미국외 점포수	창업 비용
1	Hampton Hotels 중저가 호텔	1,775	58	375만 달러– 1,311만 달러
2	Subway 서브마린 샌드위치와 샐러드	24,899	11,454	848백 달러– 2,588백 달러
3	7-Eleven Inc. 편의점	6,723	32,880	308백 달러– 6,111백 달러
4	Servpro 보험/재난복구 및 청소	1,580	1	1,321백 달러– 1,805백 달러
5	Days Inn 중저가 호텔	1,662	203	2,022백 달러– 676만 달러
6	McDonald's 햄버거, 치킨, 샐러드	12,546	14,532	107만 달러– 189만 달러
7	Denny's Inc. 24/7 저가 식당	1,386	92	113만 달러– 240만 달러
8	H&R Block 세금신고대행 및 전자문서정리 서비스	4,317	558	355백 달러– 1,362백 달러
9	Pizza Hut Inc. 피자, 샌드위치, 파스타	7,083	4,570	2,95천 달러– 215만 달러
10	Dunkin'Donuts 커피숍	6,900	3,120	3,689백 달러– 174만 달러

출처: From Entrepreneur's 2012 Franchise 500, http://www.wntrepreneur.com/franchise500/index.html with permission of Entrepreneur Media, Inc.

그림 13.6 2012년 상위 10개 프랜차이즈 업체

성, 성장률, 프랜차이즈 시스템의 크기 등의 객관적 지표를 이용하여 결정된다.[10]

프랜차이즈 계약에서 가맹점은 특정 장소에서 영업하는 권리에 대한 대가로 일정 금액과 매출액에 따른 일정한 로열티를 지불한다. 또한 가맹점은 본부가 규정하는 절차에 따라 영업할 것을 합의한다. 본부는 전형적으로 입지 및 건물 선정, 제품 및 서비스 개발, 종업원 관리 및 교육훈련 그리고 광고 등을 지원한다. 또한 본부는 시스템의 명성을 유지하기 위하여 가맹점들이 똑같은 수준의 제품 및 서비스 품질을 제공할 수 있도록 지원한다.

프랜차이즈 시스템은 기업가정신으로 새로이 만든 창업기업과 소유권에 의해 움직이는 수직적 마케팅 시스템(즉, 다음에 설명하는 기업형)의 효율성을 합친 형태이다. 가맹점은 본부에 로열티를 지불한 후에야 이익을 얻을 수 있기 때문에 점포를 성공적으로 운영해야만 한다. 본부는 모든 가맹점으로부터 로열티를 받기 때문에 신제품과 서비스를 개발하고, 시스템을 발전시켜야 한다. 본부는 모든 가맹점들이 공동으로 분담하는 비용으로 효율적으로 광고, 제품 개발, 시스템 개발 등을 만들어 낸다.

American Apparel은 자체 상품들을 생산하고 직영 점포를 운영하는 기업형 수직적 마케팅 시스템의 대표적 기업이다.

기업형 수직적 마케팅 시스템 기업형 수직적 마케팅 시스템에서는 모기업이 생산공장, 물류시설, 소매점 등과 같은 다양한 형태의 마케팅 경로에 대한 '소유권'을 갖고 있으므로 마케팅 경로의 목표, 우선순위 등을 지시할 수 있고 완전한 통제를 할 수 있다. 소유권과 이로 인한 통제력은 경로구성원간의 잠재적인 갈등을 줄인다.

캘리포니아 로스엔젤리스에 기반을 둔 의류회사인 American Apparel은 기업형 수직적 마케팅 시스템의 한 예로서 직접 제품을 생산하고, 자사 소유 매장에서 티셔츠, 여성의류, 스포츠웨어 등의 상품을 판매한다. 이러한 소유 구조하에 이 회사는 패션에 민감한 상품들을 아이디어 단계부터 시장출시까지 매우 짧은 시간 내에 매장에 내놓을 수 있다.

전략적 관계를 통한 마케팅 경로 및 공급 사슬 관리

관리형, 계약형 또는 기업형 마케팅 시스템에서 단순히 힘을 사용하여 공급사슬상의 다른 구성원을 관리하는 것 이상의 또 다른 관리 방법이 있다. 인간적인 측면을 활용하는 방법이다.

전통적 마케팅 경로에서 경로구성원간의 관계는 이익을 나눌 때 상호간의 논쟁 등의 방법을 활용한다. 이때 한 쪽이 이득을 취하면 상대방은 손해를 보는 경우이다. 이런 종류의 거래는 서로 장기적인 관계를 맺을 의향이 없을 경우이다. 예를 들면, Walmart가 PenAgain의 인체공학적인 펜이 일시적인 유행이라고 생각하면 거래는 한 번에 끝날 것이다. Walmart는 거래가 일회에 그치더라도 가장 저렴한 가격을 추구할 것이고, PenAgain은 이익이 거의 나지 않아 더 이상 Walmart와 거래를 원치 않을 것이다.

그러나 대개의 경우 기업들은 장기적인 관계의 유지에 몰입하고, 상호 호혜적인 기회에 투자하는 전략적 관계 또는 파트너 관계를 추구한다. 전통적 또는 관리적 마케팅 경로에서도 계약이나 소유의 관계가 아니더라도 전략적 관계를 형성할 수 있는 중요한 인센티브들이 있다. 거래 당사자들은 전체 이익의 규모가 커질수록 혜택도 늘어나므로 구매자와 판매자 쌍방은 거래 매출액을 늘린다. 이때 전략적 관계는 명시적으로 공동으로 기회를 추구할 때 형성된다. 전략적 관계는 상호 의존하고 신뢰할 때, 공동 목표를 달성하는 방법에 합의하고 독점적 정보를 공유할 때, 또한 관계를 유지하기 위해 상당한 양의 투자를 할 때 만들어진다. 즉, 성공적인 전략적 관계는 상호 신뢰, 솔직한 커뮤니케이션, 공동 목표, 상호의존 및 믿을만한 몰입을 요구한다.

상호 신뢰 상호 신뢰는 거래당사자간의 전략적 관계를 유지하는 기본 메커니즘이다. 신뢰는 상대방이 정직하고(즉, 약속을 지키고, 성실히 의무를 수행하는) 또한 호혜적(즉, 상대방의 이득에 관심을 갖는)이라는 믿음이다. 공급업체와 구매자가 상호 신뢰

윤리와 사회적 딜레마 사례 13.1 고객들은 최신 iPhone에 더 관심이 있는가? 또는 중국의 근로조건에 대해 더 관심이 있는가?[11]

최근 'New York Times'의 iPad 관련 기사를 접한 iPad 사용자는 이상한 죄책감에 시달려야 했다. 그 기사 내용은 Apple사의 주력 제품을 생산하고 있는 중국 공장에 노동 학대가 만연해 있다는 것이다. 좀더 구체적인 노동학대 종류도 열거하였는데, 그 종류는 어린 아동의 고용, 12시간 이상의 교대근무, 주당 60시간 이상 근무, 세 개의 방에 20명의 근로자를 배정한 기숙사 제도, 자살 의혹, 치명적 폭발물에 대한 허술한 안전 기준 등이다.

그 기사는 중국의 남서쪽 지역인 청도의 Foxconn 공장에 중점을 두고 있다. 그 공장에서는 Apple사의 iPhone과 iPad를 생산하고 있었다. 2011년 5월에 4명의 근로자가 폭발로 사망한 사고가 있었다. 사고의 원인은 환기되지 않은 알루미늄 먼지(제품의 케이스를 세공할 때 발생)가 누적되어 폭발로 이어진 것이다. 유사한 폭발사고가 6개월 이후 다른 공장에서도 발생되었다. 'New York Times'는 Apple사가 공급업체들에게 정해놓은 관리 규정에 대한 위반 사실을 밝혔다.

이러한 관리 규정뿐만 아니라 주기적인 감사를 통해 Apple사는 공급업체들이 공정한 노동 행위와 합리적인 기준을 따를 수 있도록 최선을 다했다고 주장했다. 익명의 전 Apple사 경영자는 다음과 같은 사실을 주장했다. 그의 주장은 '관리 규정에 대한 전사적인 적용은 사실이다'란 것이다. 그러나 Apple사 자체 보고서에서도 지속적인 노동학대가 있다는 것을 나타냈다. Apple사는 감사를 통해 몇 몇 공급업체가 노동행위 규정에 대한 위반 사실을 적발하여 징계조치 시키거나 공급업체를 교체하였다.

위와 같은 원인의 일부는 Apple사의 비밀주의에 유래한다고 볼 수 있다. 즉, 최첨단 기계의 제조가 가능한 제조사를 공급업체로 선정한 이후, 혁신 정보의 누출을 방시하기 위해 Apple사는 공급업자와의 관계를 계속 유지하려 한다는 것이다. 그렇기 때문에 공급업자가 규정을 계속적으로 위반하여도 Apple사는 공급업자를 교체하려 하지 않는다.

더 나아가 Apple사가 중점을 두고 있는 혁신은 새로운 아이디어와 제품을 꾸준히 제공하기 위한 노력을 해야 하는 것을 의미한다. 즉, 항상 고객들을 행복하게 해주기 위한 제품을 신속하게 생산하고 충분한 수량을 생산햐야 하는 것이다. 그러나 이렇게 경직된 공급망은 유연성을 거의 갖추고 있지 않다. Apple사가 백만 개의 제품이 필요하다고 하면, 공급업체들은 무슨 수를 써서라도 시간 내에 Apple사가 목표로 한 제품수를 달성할 수 있도록 한다. 관리 규정은 주당 60시간의 근로시간을 넘지 말도록 하고 있으나, 실상은 60시간 이상 근무를 하고 있다. Apple사는 공급업체들에게 주문을 맞출 수 있도록 매일 공장을 가동하도록 요청하고 있다.

비용을 낮추기 위해 Apple사는 공급업체들에게 매우 적은 수익마진을 제공한다. 그 다음으로 공급업체들은 자체 비용을 낮추기 위한 노력을 한다. 또 다른 Apple사의 공급업체는 iPhone 액정화면의 광택을 위해 소독용 알코올 대신에 독성이 강한 화학물질을 사용하기 시작했다. 화학물질의 건조 시간이 더 빠르기 때문이다. 그러나 위와 같은 유독성 화학물질에 노출된 근로자들은 마비증상과 신경손상의 위협에 시달려야 했다.

이러한 노동학대의 일차적인 원인은 공급망의 가장 마지막에 위치한 입체에만 해당될 수 있다. Apple사의 소비자를 대상으로 한 설문조사 결과는 소비자들 중 2%가 노동학대를 인지하고 있는 것으로 나타났다. 이와 같이 주목할 만한 문제에 대해 익명의 Apple사의 경영자는 다음과 같이 주장했다. '여러분들은 엄격한 미국의 기준 하에 근로자 친화적인 공장에서 안정적으로 제품을 생산할 수 있거나 매년 더 좋고 값싼 제품을 새롭게 생산할 수 있다. 지금은 고객들이 중국의 근로조건보다 새로운 iPhone에 더 관심을 두고 있다'

Apple사가 노동 이슈에 관해 경로 파트너의 행동을 추적하고 있음에도 불구하고 때때로 노동 착취 문제가 터져 나온다.

할 때 그들은 적절한 아이디어를 더 잘 공유하고, 목표와 문제점들을 더 명확히 하고, 효율적으로 커뮤니케이션한다. 예컨대, 파트너간의 상호 신뢰로 점포에서의 재고 수준 등에 관한 공유 정보는 점점 정확해지고, 시의적절해진다.

상호 신뢰가 존재할 때 상대방이 기회주의적 행동을 하지 않으리라 믿기 때문에 경로구성원에 관한 지속적인 감시와 체크를 할 필요가 줄어든다. 그러나 특히 아동 착취, 열악한 작업 환경 또는 법정수준 이하 임금 등의 이슈가 발생할 수 있는 개발도상국에 있는 공급업체와 거래할 때는 거래상대방에 대한 감시는 꼭 필요한 일이다. 〈윤리와 사회적 딜레마 13.1〉은 Apple이 어떻게 이러한 문제에서 곤혹을 치렀고 어떻게 윤리적인 선택을 위하여 회사 방침을 바꿨는지를 보여준다.

솔직한 커뮤니케이션 Walmart와 공급업체들은 솔직하고 정직한 커뮤니케이션을 통하여 정보를 공유하고, 공동으로 매출액을 예측하고, 배송 일정을 조정한다. 솔직한 커뮤니케이션은 원론적으로는 쉽게 보인다. 하지만 어떤 기업들은 거래 상대방과 전혀 정보를 공유하지 않는 경향이 있다. 그러나 솔직하고 정직한 커뮤니케이션을 통하여 상대 기업을 이해할 수 있고, 거래관계에 있어 각자의 역할, 전략, 그리고 거래과정에서 발생할 수 있는 문제점들을 이해할 수 있다.

공동 목표 공급사슬 구성원들은 성공적인 관계를 개발하기 위해서는 공동 목표를 가져야 한다. 공동 목표는 상호간의 강점과 능력을 끌어내고 잠재 기회를 같이 탐색할 수 있는 인센티브로 작동한다. 그러한 공통성은 거래관계에서 공동 목표의 달성을 방해하지 못하도록 하는 담보의 역할을 한다.

Walmart와 공급업체들은 전략적 파트너가 되는 것이 서로의 관심사이다. Walmart는 고객을 만족시키기 위하여 공급업체가 필요하고, 공급업체들은 Walmart를 지속적으로 만족시킨다면 더 많은 매출을 올릴 수 있다는 것을 안다. 또한 공동 목표는 상호협력해야 매출을 높일 수 있는 인센티브로 작용한다. Walmart가 학교 개학시 발생한 초과 수요를 충족시키기 위하여 추가적인 생산가동을 원하다면 PenAgain은 그렇게 할 것이다. 만약 PenAgain이 재고 조달에 어려움을 갖는다면 Walmart는 도움을 줄 것이고 그렇게 해야 장기적인 공동 목표를 달성할 수 있을 것이다.

상호 의존 상호 혜택을 기반으로 하는 공급사슬 구성원들간의 상호 의존은 좀더 긴밀하고 장기적인 관계를 개발하고 유지할 수 있는 핵심 메커니즘이다.[12] Walmart의 공급업체들은 Walmart가 없다면 매출액이 뚝 떨어진다는 것을 안다. 또한 가장 힘이 있는 경로구성원인 Walmart도 효율적인 마케팅 경로를 구축하기 위해서는 안정적인 상품 공급을 위해 공급업체들에게 의존해야 한다는 것을 안다.

믿을만한 몰입 성공적인 관계는 거래 상대방들이 관계를 유지하기 위해 가시적인 투자를 하고 또한 관계에 믿을만한 몰입을 할 때 개발된다. 몰입은 단순히 '나는 당신의 파트너가 되기를 원합니다'라는 공허한 구두선이 아니라 고객에게 제공할 제품이나 서비스의 개선에 대한 투자 또는 공급사슬의 효율성을 제고할 수 있는 정보 기술에 투자하는 것을 의미한다.[13] Walmart는 전체 마케팅 경로를 효과적으로 운영하기 위해 공급업체들과 긴밀하게 협조한다. 예를 들어, Walmart는 P&G과 Walmart의 물류센터를 유기적으로 연결하였다. P&G의 어떤 특정 상품이 Walmart 점포에서 팔렸을 때 이 정보는 P&G의 기획 및 통제 시스템으로 바로 흘러 들어간다. Walmart의 물류센터에서 P&G 제품의 재고 수준이 재주문 상태로 떨어지면, 정보시스템은 자동적으로 P&G이 더 많은 제품을 배송하도록 알려준다. 이러한 정보 시스템은 P&G이 생산 계획을 효율적으로 수립할 수 있게 하고, Walmart는 물류센터에서 각 점포로 상품을 효율적으로 배송할 수 있도록 물류센터에 P&G의 상품들이 언제 도착하는지를 추적할 수 있게 한다. 이러한 보다 나은 재고 관리와 주문 처리를 통하여 Walmart와 P&G은 원가 절감을 할 것이고 이는 '상시 저가'라는 형태로 소비자들에게 환원된다.

'적절한 시간에 적절한 상품을 적절한 장소에 갖다 놓는다'라는 마케팅 경로 관리가 마케팅의 많은 다른 요인들처럼 처음에는 쉬운 일처럼 보인다. 그러나 마케팅 경로에 관여하는 다양한 요인들과 주체들이 만들어 내는 독특성과 복잡성으로 인하여 기업들은 가장 효율적이고 효과적인 공급사슬을 만들어 낼 수 있도록 신중하게 협조하여야 한다. 그러면 이제부터 정보와 상품들이 마케팅 경로를 따라 어떻게 흐르는지 살펴 볼 것이다.

마케팅 경로에서의 정보 흐름

LO4 마케팅 경로에서 정보흐름과 상품 흐름을 이해한다.

정보는 고객으로부터 점포, 물류 센터, 도매업자, 제품 제조업체 그리고 부품 및 원부자재 공급업체로 흘러간다. 그러나 이 장에서는 논의를 단순화하기 위하여 공급사슬에서 도매상을 제외하고 또한 원부자재 공급업체로부터 제조업체간의 연결을 생략한다. 그림 13.7은 고객이 Best Buy에서 Sony HDTV를 살 때의 정보 흐름을 예시한다.

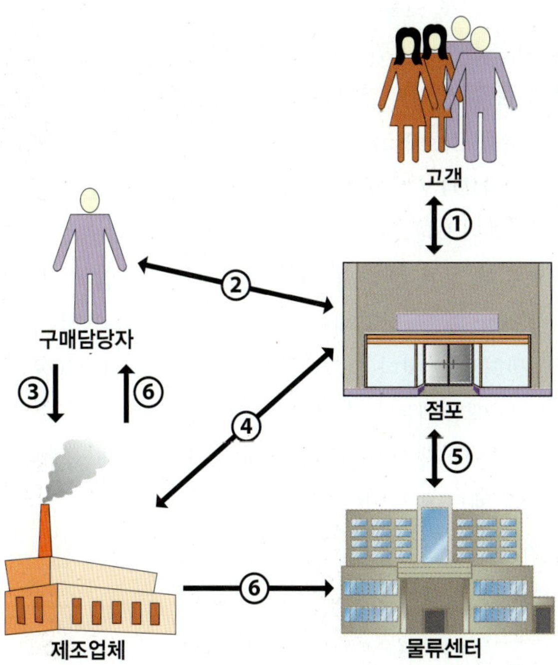

그림 13.7 정보흐름

정보 흐름은 다음에서 설명하는 단계로 순차적으로 흘러간다.

흐름 1 (고객으로부터 점포): Best Buy 점포의 판매직원은 UPC(Universal Product Code)를 스캔한다. 그리고 고객을 위해 매출 영수증을 발행한다. UPC 태그는 상품의 제조업체, 제품 설명, 특별 포장에 관한 정보, 그리고 판촉 정보를 알려주는 13자리 코드를 포함한 흑백 바코드이다.[14] 향후에는 이 장 끝에서 논의되어질 RFID 태그가 UPC 태그를 대체할 것이다.

흐름 2 (점포로부터 구매 담당자): 거래 정보는 점포의 POS(point-of-sale) 터미널에 기록되고, Bet Buy 본사의 구매 담당 매니저에게 정보 시스템으로 전송된다. 판매 정보는 재고관리 시스템에 보내져서 판매량을 점검하고 분석하며, 더 많은 양의 HDTV를 재주문하기 위한 결정을 하거나 만약 판매량이 기대에 못 미치면 가격을 낮추기 위하여 이 정보를 사용한다. 또한 본사의 구매 담당 매니저는 기업 전체 매출액, 상품 디스플레이 하는 방법 또는 판촉에 대한 정보들을 점포로 보낸다.

흐름 3 (구매 담당자로부터 제조업체): 각 Best Buy 점포의 구매 정보는 전사적으로 취합되어 새로운 주문을 위해 Sony로 보내진다. Best Buy의 구매 담당자는 정보를 수집하고, 가격, 선적일자, 판촉 이벤트 등의 이슈를 협상하기 위하여 직접 Sony와 커뮤니케이션을 한다. 〈가치 부가 사례 13.1〉는 Neiman Marcus가 어떻게 수입품 세관 통과 정보에 관하여 공급업체와 정보 교환을 하는지를 보여준다.

흐름 4 (점포로부터 제조업체): 어떤 경우에는 매출 거래 자료가 직접 점포에서 제조업체로 보내지고, 제조업체가 직접 상품을 물류센터와 점포에 선적할 시기를 결정할 수도 있다. 또 상품이 빈번하게 재주문될 경우에는 주문과정이 상품기획 부서를 우회해서 자동적으로 이뤄질 수도 있다. 소매업체와 제조업체가 긴밀하게 협조함으로써 고객 니즈를 더 잘 만족시킬 수 있다.[15]

흐름 5 (점포로부터 물류 센터): 점포는 배송을 조정하고 재고 수준을 점검하기 위하여 판매 거래 자료를 Best Buy 물류 센터로 보낸다. 점포의 재고가 특정 수준으로 떨어질 때 더 많은 HDTV가 점포로 운반될 수 있도록 운송정보는 Best Buy의 컴퓨터 시스템으로 보내진다.

흐름 6 (제조업체로부터 물류 센터와 구매 담당자): 제조업체가 Best Buy 물류 센터로 HDTV를 배송할 때 제조업체는 사전 발송 통지문(ASN, Advanced Shipping Notice)을 물류 센터로 보낸다. ASN은 제조업체가 소매업체에게 구체적으로 무엇이 운송되고, 언제 배달되는지를 미리 알려주는 전자 문서이다. 그러면 물류센터는 운송 차량들이 특정 시간과 날짜 그리고 하역장에 배달될 수 있도록 일정을 잡는다. 화물이 물류 센터에 도착되면 이는 구매 담당자에게 통보되고, 구매 담당자는 제조업체에게 결제를 한다.

데이터 웨어하우스

POS에서 수집된 구매정보(그림 13.7에서 정보 흐름 2)는 데이터 웨어하우스라는 방대한 데이터베이스에 입력된다. 데이터 웨어하우스에 저장된 정보는 그림 13.8의 직육면

가치 부가 사례 13.1 Neiman Marcus 백화점은 세관을 통하여 배송을 신속히 처리한다

Neiman Marcus 백화점은 여러 나라로부터 의류, 액세서리, 보석, 생활용품 등을 받는다. 제품 수명주기가 짧은 패션제품을 취급하기 때문에 공급업자와의 좋은 의사소통은 필수적이다.[16]

시의 적절한 배송이 이루어지지 않는 주요 원인은 미국 세관 국경보호국(U.S. Customs and Border Protection)에 의해 발생되는 지연 때문이다. 즉, 미국으로 배송이 허가되기 전에 미국 세관 국경보호국이 엄청난 양의 복잡한 서류작성을 요구하고 있다. 이와 같은 많은 양의 서류작성으로 인해 불완전한 정보와 오류는 일상적인 일이 되었고, 이로 인해 Neiman Marcus가 제 시간에 물건을 받을 수 없도록 하고 있었다. 그래서 Neiman Marcus는 모든 배송 관련 사업 파트너들과 연결될 수 있도록 인터넷 기반 시스템을 구축하였다. 이러한 시스템은 미국 관세청이 요구하는 서류를 적절하게 준비하기 위함이다. 이 시스템으로부터 얻을 수 있는 것은 신뢰 구축뿐만 아니라 위와 같은 시스템은 일을 정확히 해낼 수 있도록 보장해 준다는 것이다. 미국 세관에서 요구하는 서류들 중 누락된 서류가 있을 경우 해당 비즈니스 파트너에게 자동적으로 알려준다. 또 이 시스템은 배송 도중에 진행되는 것이 특징이다. 배송이 도착한 이후 세관에 의해 누락 또는 잘못된 서류가 발견될 경우 더 많은 날짜가 지연될 수 있다. 앞서 설명한 시스템은 배송 주기에서 이틀을 절약할 수 있었다.

Neiman Marcus는 더욱 더 수입 규제를 맞추기 위해 이 시스템을 사용한다. 관세법이 국가마다 다르고 빠르게 변화될 수 있다. 사업과 관련된 60개국 이상의 국가에서 이러한 변화에 대응하기 위해, Neiman Marcus는 공급업자에게 그 나라의 관세규정이 변화될 경우 24시간 내에 인터넷 기반 시스템에 업데이트할 것을 요구하고 있다. 배송은 미국 관세율(HTSUS: Harmonized Tariff Schedule of the United States)을 적용 받는데, 이는 미국 관세청이 수입품을 더 쉽게 확인할 수 있고 통관 절차를 통해 처리하고 있다. 결과적으로 Neiman Marcus 배송은 위험률이 낮고 경쟁사들 보다 더 빠르게 세관을 통과할 수 있다.

이와 같은 변화는 마케팅 경로간 관계의 본질을 상징적으로 보여주는 예이다. 시장에서 충분한 힘을 소유한 유통업자들은 공급업자들에게 새로운 절차를 수용하도록 요구할 수 있고, 이 외에도 공급업자에게 새로운 투자를 하도록 요구할 수 있다. 예를 들면, 최근 수익이 하락하고 있는 Neiman Marcus는 공급업자들에게 저가격으로 디자이너 상품을 개발하라고 요구하였다. 값비싼 상품과 똑같은 스타일을 사용하고, 동일한 공장에서 생산된 모조품에 디자이너의 이름만 붙여서 비용을 낮추는 것이다.[17] 어떤 공급업자들은 이에 대해 문제를 제기하였으나, 다른 공급업자들은 미래의 매출을 확보할 수 있고 확장시킬 수 있는 기회로 인식하여 위와 같은 제안을 수용하였다. 이러한 저가용 디자이너 상품에 대한 뉴스가 인터넷을 통해 확산됨으로써 Neiman Marcus는 저가용 디자이너 상품이 침체된 매출을 다시 살릴 수 있을 것인지 또는 고객들을 명품 이미지를 유지하고 있는 다른 점포로 보낸 꼴이 되는지를 곧 알게 될 것이다.

관세청을 통관하여 받는 상품 수령 절차를 신속하게 하기 위하여 Neiman Marcus는 인터넷 기반 시스템을 구축하여 선적을 하는 모든 사업 파트너들과 연결되어 있다.

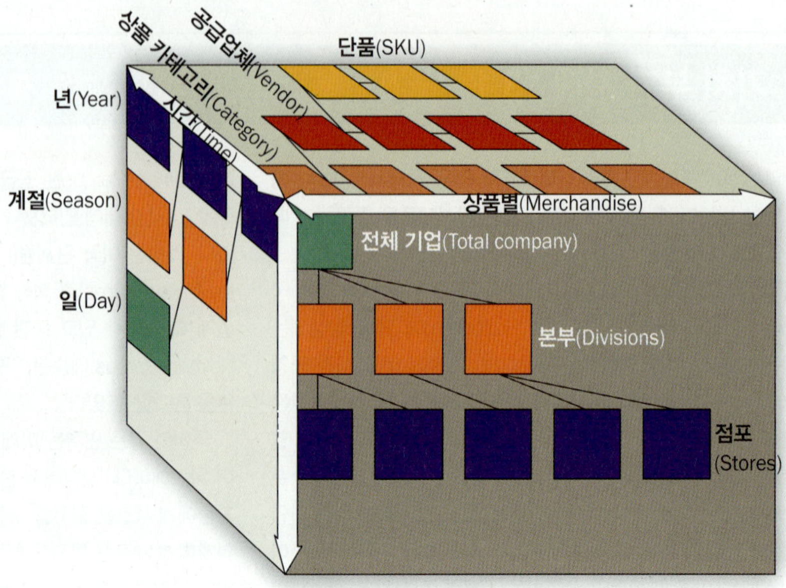

그림 13.8 소매 데이터 웨어하우스

체에 나타난 것처럼 다양한 차원들과 수준에서 접근이 가능하다.

수평 축에 나타난 바와 같이 데이터는 상품의 집합 수준, 즉 SKU(단품), 공급업체, 카테고리(예, 의류), 모든 상품 등으로 분류될 수 있다. 수직 축에서는 데이터가 회사의 수준 즉 점포, 본부, 전체 기업 등으로 접근될 수 있다. 또한, 삼차원 축으로 데이터는 특정 시점 즉 일, 계절, 년 등으로 구분될 수 있다.

CEO는 회사들이 전반적으로 어떻게 운영되어 지는지에 관심을 가질 수 있는데, 상품본부별, 지역별 혹은 회사 전체를 기준으로 분기당 누적된 자료에 관심을 가질 수 있다. 한편 구매 담당자는 특정일의 특정 점포에서 특정 제조업체에 대해 특별한 관심을 가질 수 있다. 소매 운영의 다양한 수준에서 분석가들은 상품 구색을 개발하고 지속적으로 상품을 보충하기 위한 여러 유형의 의사결정을 위하여 데이터 웨어하우스로부터 자료를 추출한다.

제조업체 또한 데이터 웨어하우스에 접근하여 다음 절에서 다룰 전자 문서 교환(EDI, electronic data interchange)을 이용하여 소매업체와 커뮤니케이션을 하고, 벤더 주도 재고관리(VMI, vendor-managed inventory)라고 알려진 공급 사슬 시스템을 운영한다.

전자 문서 교환(EDI, Electronic Data Interchange)

그림 13.7의 정보 흐름 3, 4와 6은 소매업체와 제조업체가 EDI를 이용하여 사업 문서를 교환하는 것을 나타낸다. EDI는 소매업체와 공급업체 상호간의 사업 문서에 대한 컴퓨터 대 컴퓨터의 교환을 말하는 데, 판매 정보뿐만 아니라 구매 주문, 송장, 반품 등에 관한 자료들이 교환된다.

많은 소매업체들은 공급업체들이 사전 발송 통지문(ASN)을 사용하기 전에 배송에 대해 알려주기를 원한다. ASN이 정확하다면 소매업체는 배송된 모든 상자들을 열거나 모든 상품들을 검수할 필요가 없을 것이다. 게다가 EDI는 공급업체들이 구매 주문의 변동사항, 주문 상태, 수송 경로, 가격 뿐만 아니라 공급업체들이 현재 보유하고 있는 재고 수준, 공급업체의 판촉, 원가 변동 등에 관한 정보를 제공할 수 있게 한다.

EDI를 활용하여 공급업체들은 상품에 대한 설명과 사진들을 보내고, 구매자는 제안서와 요구사항을 발송할 수 있다. 양쪽은 전자적으로 가격에 대한 협상을 하고 제품이 어떻게 만들어질 것이고 어떻게 보여야 하는지에 대해 세부적으로 정보 교환을 한다.

EDI의 사용은 마케팅 경로 구성원들에게 세 가지 장점을 제공한다. 첫째, EDI는 상품 주문과 상품 수령사이의 시간 즉 주문 주기 시간을 줄인다. EDI의 사용은 정보를 더 신속하게 흐르게 하고, 이는 재고 회전율이 더 높아진다는 의미이다. 둘째, EDI는 더 정확한 문서 보존, 주문의 입력, 상품 수령, 데이터 해석시 더 적은 실수 등을 통해 전체적인 커뮤니케이션의 질을 향상시킨다. 셋째, EDI에 의해 전송되는 데이터는 컴퓨터가 쉽게 인식할 수 있는 포맷으로 되어 있어 공급업체의 배송 성과에 대한 평가부터 재주문 프로세스의 자동화에 이르기까지 다양한 업무들을 위해 쉽게 이용되고 분석될 수 있다.

이러한 장점들 때문에 많은 소매업체들은 제조업체들에게 EDI를 사용하는 거래를 요청한다. 그러나 소규모 혹은 중간 규모의 제조업체들과 소매업체들은 EDI를 가능하게 하는 비용과 전문적인 정보 기술의 부족이라는 중대한 장벽에 직면하고 있다. 그러나 여전히 EDI는 공급 사슬 체인 시스템 예를 들면, 벤더 주도적인 재고 시스템 등을 성공적으로 시행할 수 있는 중요한 운영 요인이다.

벤더 주도적인 재고관리

벤더 주도적인 재고관리(VMI, vendor-managed inventory)는 마케팅 경로의 효율성을 향상시키기 위하여 벤더가 각 점포별로 소매업체의 재고 수준을 유지하는 책임을 지는 것을 말한다.[18] 소매업체는 EDI를 통해 벤더와 판매 정보를 공유한다. 점포에서 재고가 주문해야 할 수준으로 떨어졌을 때 제조업체는 자동적으로 소매업체의 물류 센터나 점포로 상품을 배달한다.[19]

이상적으로는 제조업체는 최소한의 재고로 품절을 줄이면서 소매업체의 즉각적인 요구를 충족시킬 수 있는 양의 재고를 보충하는 것이다. 소매업체의 수요와 제조업체의 공급을 더 잘 일치시킬 뿐만 아니라 VMI는 벤더와 소매업체의 비용을 절감할 수 있다. 제조업체의 판매원들은 더 이상 점포에 있는 상품에 대한 주문을 위하여 시간을 쓸 필요가 없으며, 그들의 역할은 신규 품목을 팔고 관계를 유지하는 것으로 바뀐다. 소매업체 입장에서 상품 구매자와 기획자들은 재고 수준을 파악하고 주문을 할 필요가 더 이상 없어진다.

VMI는 완전히 새로운 재고관리 방법은 아니다. Frioto-Lay와 제과류, 사탕, 음료수 벤더들은 슈퍼마켓 가판대에 있는 상품재고를 VMI 방식으로 오랫동안 관리해 왔다. 그러나 최근의 기술 진보는 VMI를 더욱 정교하게 만들었다. 예를 들어, POS 거래 데이터의 공유는 제조업체들이 그들의 상품을 위탁판매 할 수 있도록 하였다. 위탁 판매는 제조업체가 상품이 판매될 때 까지 소유권을 가지고, 상품이 판매될 때 소매업체가 상품의 가격을 지불하는 것이다. 위탁 판매는 제조업체들이 최소 재고를 유지하면서 판매를 일으킬 수 있는 단품(SKU)과 재고 수준을 정할 수 있도록 하는 인센티브를 제공한다. 다시 말하면, 제조업체들이 재고 소유로 인한 비용 부담을 가지기 때문에 소매업체들이 제조업체가 각 점포에 대한 재고 계획과 적절한 상품 구색을 정할 수 있도록 더 많이 허용한다는 것이다.

VMI는 단순한 EDI의 사용과 정보의 공유보다 발전된 수준의 협력이지만, 소매업체들은 맹목적으로 VMI를 사용할 수는 없다. 또한 제조업체들도 특정 제품들에 대해 공급체인을 조정하지만, 그들은 소매업체들이 취하는 다른 행동들이 자사의 상품 판매에 어떠한 영향을 주는지를 정확히 예측할 수 없다. 예를 들어, Pepsi는 슈퍼마켓이 Coca-Cola의 새로운 음료수에 대한 3주간의 판촉 활동을 진행할 경우 이러한 사실을 알지 못한다. 이러한 상황의 이해 없이 Pepsi는 슈퍼마켓으로 대량의 상품을 보낼 수도 있기 때문에, 슈퍼마켓 구매 담당자는 VMI 주문을 항상 추적하여야 하고 Pepsi에게 주문량을 줄여야 한다는 것을 알려줘야 한다.

푸시 vs. 풀 마케팅 경로 비교

그림 13.9에서 보듯이, 마케팅 경로에서 정보가 흐르는 방향에 따라 끌기(pull) 또는 밀

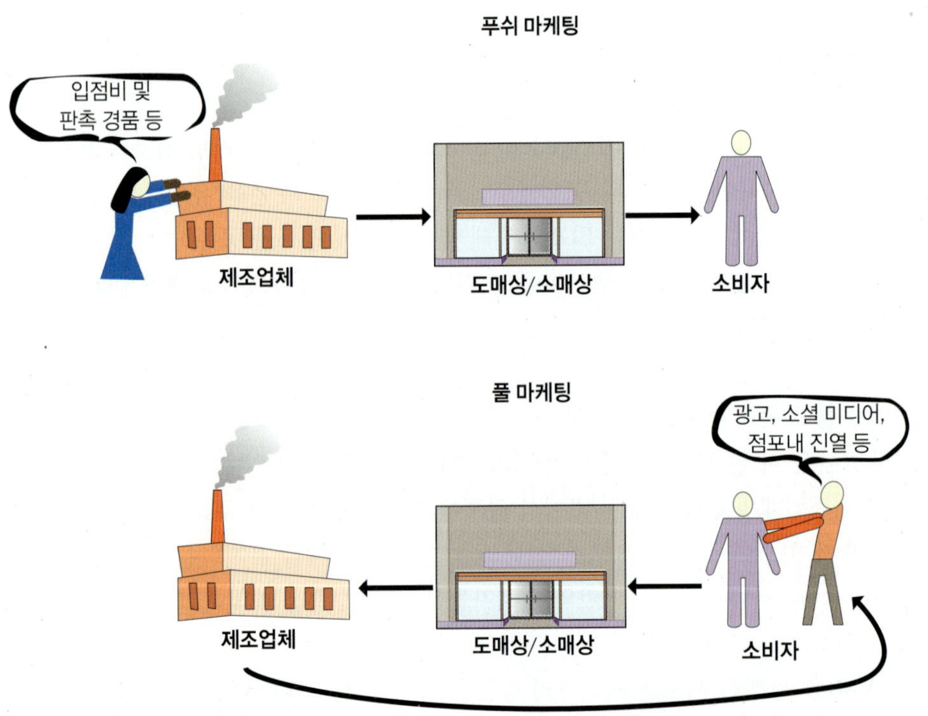

그림 13.9 푸쉬 vs. 풀 마케팅 전략

기(push) 전략으로 분류할 수 있다. 푸시 마케팅 전략에서는 제조업체, 도매상 및 소매상간의 협력하에 예측 판매량에 근거하여 상품을 점포에 할당한다. 일단 수요 예측이 이루어지면, 정해진 상품의 양이 물류센터와 점포로 예정된 시간 간격대로 운송된다(밀어내진다). 제조업체들은 상품을 점포 매대에 갖다 놓기 위하여 도매상이나 소매상에게 입점비, 경품 등 모든 판촉 지원을 통한 인센티브를 제공한다. 이는 도매상, 소매상 또는 판매원들이 각자 역할에 집중하게 할 수 있는 인센티브를 제공함으로써 상품의 수요를 늘리자는 것이다. 이러한 캠페인은 소매상이 경쟁 상품보다는 자사의 상품에 집중할 수 있게 함으로써 궁극적으로 상품들을 소비자에게 밀어내는 것이다.

풀 마케팅 전략에서는 점포에 보내지는 상품의 양은 POS 터미널에 집계된 판매 데이터를 기준으로 정해진다. 핵심은 고객들이 상품을 요구함으로써 마케팅 경로에서 상품을 끌어 당기는 것이다. 마케터들은 고객들이 요구하는 수요를 창출하기 위하여 광고, 소셜 미디어, 점포내 진열 등을 활용한 통합적인 마케팅 캠페인을 설계하여 실행한다.

풀 마케팅 전략에서는 점포는 소비자의 수요에 근거하여 필요시에 상품을 주문하기 때문에 과잉 재고나 재고 품절의 가능성이 더 적다. 결과적으로 풀 전략은 재고 회전율을 높이고 고객 수요의 변화에 더 빨리 반응할 수 있게 한다. 풀 전략은 전적으로 고객 수요에 근거하여 수요 예측을 함으로 수요가 불확실하거나 예측하기 힘들 때 푸시 전략보다 더 효율적이다. 즉, 점포들은 그들이 원할 때 딱 필요한 만큼의 재고를 가질 수 있다.

비록 일반적으로는 풀 전략이 더 이상적이지만 모든 상황에서 가장 효율적인 것은 아니다. 첫째, 풀 전략은 그것을 지원하기 위해 더 많은 비용과 복잡한 정보 시스템이 요구된다. 둘째, 어떤 상품들은 소매업체들이 수요에 근거하여 재고 수준을 자주 조정해서는 안된다. 예를 들어, 패션 상품이나 PB 의류들은 몇 달 전에 미리 주문이 이루어져야 한다. 왜냐하면 이러한 주문은 쉽게 바꿀 수 없고, 주문양이 결정될 때 상품들이 점포에 사전에 할당되기 때문이다. 셋째, 푸시 전략은 우유, 계란, 남성 속옷, 샤워 타월 등과 같이 수요가 꾸준하고 예측 가능한 상품일 때 효율적이다. 풀 전략과 푸시 전략 모두 각각의 장점을 가지고 있기 때문에 대부분의 경로 파트너들은 두 전략을 혼용하여 사용한다.

마케팅 경로에서의 상품 흐름

그림 13.10은 상품 흐름의 다양한 형태를 나타낸다.

1. Sony가 Best Buy의 물류 센터에 상품 보내기
2. Sony가 직접 점포로 배송하기
3. 상품이 물류 센터를 통하여 점포로 배송되기
4. 상품이 점포에서 고객에게 배송됨

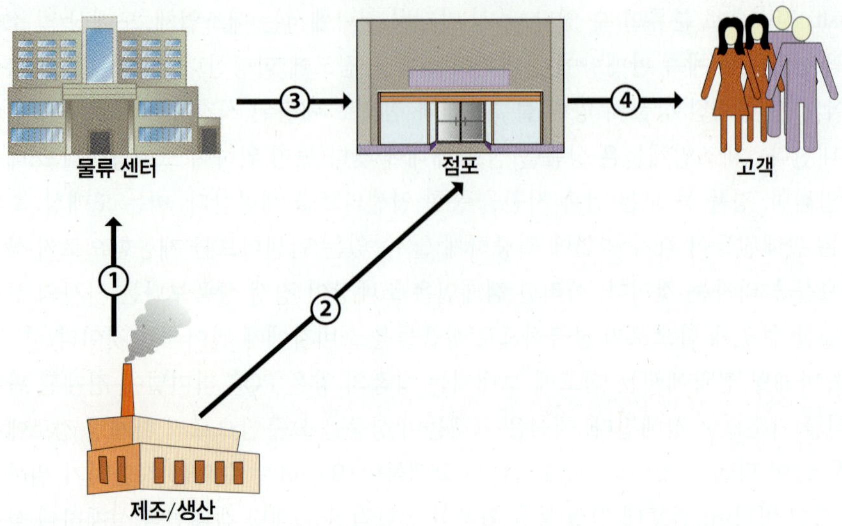

그림 13.10 상품 흐름

먼저 상품 흐름에서는 상품이 제조업체에서 소매업체 물류 센터로 가는지 또는 직접 점포로 배송되는지를 결정해야 한다. 물류 센터로 간다고 정해지면 점포로 배송되기 전에 여러 가지 활동들이 일어난다.

물류 센터 vs. 점포 직접 배송

그림 13.10에서 나타나듯이, 제조업체들은 상품을 직접 소매업체 점포로 배송하든지 (흐름 2) 또는 물류 센터(흐름 1)로 운송하든지 할 것이다. 이에 대한 적절한 결정은 일반적으로 소매업체가 하는 데 주로 상품의 특성과 수요의 성격에 달려 있다. 물류센터 또는 점포 직접 배송 중 보다 나은 방법을 택하기 위해서는 소매업체들은 각각의 대안에 소요되는 총비용과 고객들이 상품을 구매하고자 할 때 올바른 상품을 보유하는 고객 서비스를 고려해야 한다.

다음은 물류 센터를 이용했을 때의 장점들이다.

- 소매업체가 각 점포에 대한 예측을 따로 하는 것보다는 물류 센터가 관할하는 모든 점포를 위해 만든 통합된 예측 자료를 이용할 때 소매업체는 더 정확한 매출 예측이 가능하다. 한 물류센터에 의해 서비스되는 Micheal Graves 토스터를 취급하는 Target사의 50개 점포를 생각해 보자. 각 점포는 보통 5개의 토스터를 보유하므로 시스템은 총 50개를 보유한다. 각 점포에 상품을 운반한다면 소매업체는 상품이 너무 많든지 혹은 적든지 등의 실수가 일어날 수 있는 50번의 예측을 해야 한다. 대안으로 대부분의 재고를 물류 센터로 배송하고 물류 센터에서 점포들이 필요로 하는 상품을 공급한다면 개별 점포의 예측 오차를 최소화하고, 품절을 예방할 수 있는 예비 재고가 덜 필요하게 된다.
- 물류센터를 이용하기 때문에 소매업체는 개별 점포에 적은 수량의 상품을 보유할 수 있어 결과적으로 재고 투자비가 줄어든다. 만약 점포가 물류 센터로부터 잦은

배달을 받을 수 있다면, 점포는 예비 상품으로 상대적으로 적은 여분의 상품만 보유하면 된다.

- 상품이 필요할 때만 물류센터로부터 주문이 되기 때문에 특정 점포에서 상품이 매진되거나 너무 많게 되는 상황을 피할 수 있다.
- 소매 공간은 일반적으로 물류센터의 공간보다 훨씬 비용이 많이 들며, 반면 물류센터는 소매점포보다 장비가 잘 갖춰져 있다. 그 결과 많은 소매업체들은 개별 점포보다 물류센터에 상품을 비축하고, 이곳에서 판매 준비를 하는 것이 비용 면에서 효율적이다.

그러나 모든 소매업체가 물류센터를 이용할 수 있는 것은 아니다. 한 소매업체가 단지 몇 개의 점포만 가진다면 물류센터 비용은 아마 보장되지 않을 것이다. 또 많은 점포가 대도시 지역에 집중되어 있다면 공급업체에 의해 상품이 통합되어 한 지역에서 모든 점포로 직접 배송하는 것이 경제적일 것이다.

점포 직접 배송은 상품을 점포로 더 빠르게 배달할 수 있는데, 이 방식은 부패하기 쉬운 상품(육류나 농산품 등), '최신 상품을 처음으로 판매하는 곳'이라는 소매업체의 이미지를 제고하는 데 영향을 주는 상품(예를 들면, 비디오 게임) 또는 일시적으로 뜨는 유행 상품의 배송을 위해 사용된다. 마지막으로, 어떤 공급업체들은 그들의 상품이 적절하고 신선하게 선반위에 진열되는 것을 확보하기 위하여 소매업체들에게 직접 점포배송 서비스를 제공한다. 예를 들어, 슈퍼마켓에 Froti-Lay 과자류를 배달하는 직원들은 선반에 오래 진열되었던 상품들이나 신선하지 않은 상품들을 새 상품으로 대체하고, 팔린 물품들은 보충하여 언제나 상품을 깔끔하게 진열하는 역할을 하고 있다.

물류 센터의 활용은 품절 발생을 줄여준다.

〈우량 서비스 사례 13.1〉은 Home Depot가 점포 직접 배송 방식에서 물류 센터 배송 방식으로 바꿈으로써 어떻게 고객 서비스를 제고했는지를 보여준다.

물류 센터

물류 센터는 입하 운송 조정, 상품 수령, 검수, 저장 그리고 연속적 입출하, 상품 출하 준비, 출하 운송 조정 등의 활동들을 수행한다. 물류센터에서 이러한 활동들이 수행되는 것을 설명하기 위해 Sony HDTV가 Best Buy의 물류 센터로 운송되는 예시를 계속 생각해 보자.

입하 수송 관리 예전에는 바이어가 벤더와 거래할 때 상품의 구색, 가격협상, 그리고 공동판촉 계획에 초점을 두었다. 최근에는 바이어와 상품 기획자들은 점포로 가는 상

우량 서비스 사례 13.1 물류 센터 방식으로 전환하고 있는 Home Depot[20]

공급 사슬의 궁극적인 목적은 고객 경험을 향상시키는 것이다. 모든 점포 관리자는 품절로 인해 고객들이 빈손으로 점포를 떠나는 것을 싫어한다. 또한 종업원들이 누락된 품목을 찾거나 배송 물량을 처리하기 위해 창고에 붙잡혀 있는 것도 점포 관리자들은 싫어한다.

Home Depot가 사업을 시작한 이후 30년 동안 공급 사슬에 대한 걱정은 별로 하지 않았다. 기업이 계속해서 성장하고 있고 물류 센터 같은 창고형 점포 수가 두 배로 늘어났기 때문이다. 그러나 다른 소매상들이 2차 시장 즉, 더 작은 지역 상권에서 더 작은 규모의 점포를 만들고, 연료비가 상승되고, 경쟁이 심화됨에 따라 Home Depot의 수익은 점차 줄어들었다. Home Depot 경영진은 공급망의 변화가 필수적인 사안임을 깨달았다.

Home Depot의 초창기 공급망 모델은 재고의 4분의 3이상을 공급업체가 직접 Home Depot의 점포로 배송시키게끔 하였다. 즉, 점포 관리자가 직접 주문량의 70%를 공급업체에게 직접 주문하는 것이다. 사업이 발달함으로써 이러한 방법은 값비싼 물류 인프라를 구축하도록 만들었다. 이러한 상황을 바로잡기 위해 Home Depot는 대규모의 장기적 공급 사슬을 구축하기로 하였다.

위와 같은 Home Depot의 혁신은 RDC(Rapid Deployment Center)란 대용량의 물류 센터를 포함하고 있다. RDC는 새로운 창고 및 운송 시스템의 지원을 받는데, RDC 1개 당 약 100개의 점포를 관리하고 대부분의 RDC는 자동화가 되어 있다. 이러한 RDC는 재고 예측을 향상시키기 위해 각 점포의 주문을 관리한다. 그래서 목재와 잔디 깎기 기계 등과 같이 부피가 큰 품목은 공급업체가 점포로 직접 배송하게 한다.

이러한 노력으로 Home Depot는 눈에 띄는 결과를 달성했다. 즉, 분기별로 순수입이 2자리 수로 증가하였고 매출도 급상승하였으며, 재고비용도 감소하였다. 즉 Home Depot는 적은 수량의 재고를 가지고 있으면서 더 많이 파는 효과를 창출하였고 앞으로 더 개선시키려고 한다. 오늘날 상품의 65%가 RDC를 통해 취급되고 있지만, 향후 3년 이내 75% 수준까지 끌어올리는 것이 목표이다.

Home Depot가 대부분의 상품 배송을 점포 직송으로부터 물류 센터 방식으로 전환한 후 Home Depot의 순 이익이 상당히 증가하였다.

품의 물리적인 흐름을 조정하는 데 더욱 관심을 갖는다. 상품 기획자는 상품의 재무적인 계획과 분석, 점포별 상품 할당 등을 책임지는 일을 한다. TV 바이어들은 월요일 오후 1시에서 3시 사이에 휴스턴 물류 센터로 트럭 한 대분의 TV가 배달되는 것을 계획한다. 또한 바이어들은 하역을 쉽게 하기 위해 어떻게 상품을 팔레트에 놓아야 하는가를 명시한다.

물류센터에 있는 100개의 하역장이 매일 할당된 업무가 있고, 트럭의 수 많은 상품들이 그 날 저녁에 점포로 배송되어야 하기 때문에 트럭은 정해진 시간 내에 정확히 도착해야 한다. 불행히도 그 트럭이 눈보라 때문에 지연되었다. 물류 센터로의 배송 조정 담당자는 수요일 아침 배달시간으로 HDTV 배송을 재배치했고, 배달 지연에 대한 몇 백 달러의 벌금을 그 회사에 물어주었다. 많은 공급업체들이 제3자 물류 회사에 수송비용을 지불하고 있지만, 어떤 소매업체들은 그들이 직접 운송 회사와 협상한다면 수송비용을 줄여 상품 비용을 더 낮출 수 있고 상품 흐름을 더 잘 통제할 수 있다고 생각한다.

UPC와 RFID를 이용한 상품 수령과 검수 상품 수령은 물류 센터에 도착한 상품을 받고 기록하는 절차이다. 검수는 주문한 상품이 제대로 배달되었는지 또 파손의 유무를 확인하는 절차이다.

예전에는, 검수 작업이 매우 노동집약적이고 많은 시간을 요하는 작업이었다. 그러나 오늘날에는 EDI를 이용하는 많은 물류센터에서 이 과정이 생략되지는 않았지만 최소화되었다. 사전 발송 통지문은 각 상자에 무엇이 들어있는지 물류센터에 알려준다. UPC 라벨 또는 RFID(Radio Frequency Identification) 태그로 상자의 내용이 확인된 화물 상자는 스캔이 되고 자동적으로 수량이 확인되면서 기록된다. RFID는 전파 신호를 이용하여 멀리 떨어진 거리에서도 사람이나 물체를 확인할 수 있도록 하는 기술이다. RFID 태그는 컨테이너의 내용물이나 개별 상품에 대한 모든 정보를 특별한 스캐너로 자동적으로 전송하는 작은 컴퓨터 칩으로 바코드보다 훨씬 많은 정보를 담을 수 있다. RFID 태그는 고속도로의 자동 톨게이트 시스템이나 보안 인식 배지 같은 고비용 장비에 이미 오랫동안 사용되고 있다.

RFID의 주요 장점은 물류 센터나 점포가 전체 트럭분의 화물 상자를 일일이 체크할 필요를 없앤다. 또 다른 장점은 제조업체와 소매업체들이 공급 사슬의 효율성에 기인하여 전체 시스템의 재고를 줄일 수 있다는 것이다. Marks & Spencer(U.K.)는 공급업체로부터 점포로 배송되는 수백만 개의 식료품 상자의 바코드를 RFID 태그로 교체

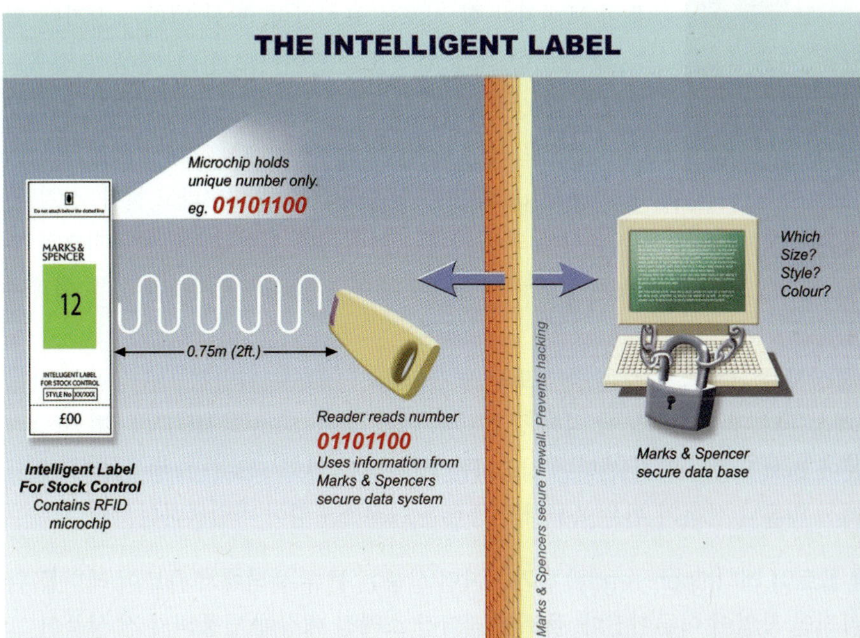

Marks & Spencer는 RFID 시스템이 시간을 절약하고, 상하는 식품 비용을 줄여주기를 기대한다.

하고 있다. 50개의 컨테이너로부터 자료를 받는데 단지 5초 밖에 걸리지 않고, 이는 바코드로 스캔할 때보다 시간적으로 85%의 향상률을 보이는 것이다. 상한 식품으로 발생하는 비용의 절감이나 시간 절약은 약 3백만 달러가 드는 RFID 시스템의 비싼 투자비를 아깝지 않게 한다.[21]

RFID 시스템을 잘 활용하는 큰 소매업체들은 Bloomingdale's(Macy 백화점의 자회사), Walmart, Metro AG(독일), Walgreens 같은 기업들이다. 심지어 Macy's는 품목 수준에서 RFID를 시행하고 있다. 이는 점포를 드나드는 모든 품목의 정확한 위치를 추적할 수 있게 한다.[22] 게다가 품목이 팔린 순간 매장 매대에 바로 보충되게 하여 소매업체의 재고 시스템의 정확성을 높인다. 그러나 대부분의 경우 소매업체들은 공급업체와 제조업체들에게 RFID 태그 부착을 부탁하고 있는 실정이다. Macy가 추진하는 품목별 태그 부착은 상당한 비용과 노력이 소요된다. 따라서 여전히 대부분의 공급 사슬 구성원들에게는 RFID 기술에 대한 장기적인 투자는 위험스럽고 비용이 많이 드는 문제이다.

Walmart는 크로스 도킹을 이용해 물류 센터에서 점포로의 상품 배송을 빠르게 한다.

저장과 크로스 도킹 상품이 수령되고 확인된 후 상품은 저장되거나 크로스 도킹(cross-docking) 된다. 상품이 저장될 때 컨베이어 시스템과 지게차로 운반된 포장 상자는 물류센터의 바닥부터 천장까지 설치된 거치대로 운반된다. 그 후 점포에서 필요로 할 경우, 지게차 기사가 상자를 픽업하여 컨베이어 시스템에 놓는다. 이 컨베이어는 상자를 점포로 출발하는 트럭의 하역장으로 보내게 된다.

크로스 도킹된 포장 상자들은 특정 점포를 위하여 벤더에 의해 사전에 포장된다. 상자 위에 부착된 UPC 라벨은 상품이 보내져야 할 점포를 표시한다. 또한 벤더는 상자에 있는 각 상품에 대해 가격표를 붙이기도 한다. 상품이 점포로 보내질 때 상품은 켄베이어 시스템을 타고 입하되는 수하장에서 점포로 가는 하역장으로 넘어간다. 그래서 이를 크로스 도크(cross-dock)또는 연속적 입출하 되었다고 한다. 상자 위에 부착된 UPC 라벨을 읽는 센서에 의해 상자는 컨베이어 시스템으로 자동적으로 운반된다. 크로스 도킹된 상품은 점포로 배송되기 전에 단 몇 시간 정도만 물류 센터에 머물게 된다.

상품상자를 크로스 도킹을 할지 또는 보관을 할지 여부는 일반적으로 상품의 판매율, 부패성이나 패션성 정도에 의해 결정된다. 예를 들어, Sony의 HDTV는 빨리 팔리기 때문에 Best Buy는 물류 센터에 저장하는 데 관심이 없고 크로스 도킹을 한다. 유사하게 패션 의류나 상하기 쉬운 육류나 식품류는 크로스도킹이 바람직하다.

상품을 플로어 레디(floor-ready) 하기 어떤 상품은 물류 센터에서 플로어 레디를 위한 추가적인 작업이 이루어진다. 플로어 레디란 소매점 매장에 납품되기 전 상품이 그대로 진열될 수 있도록 준비하는 것을 말한다. **플로어 레디 준비 작업**은 티케팅과 마킹, 또는 RFID 칩을 부착한 어떤 의류의 경우는 옷걸이에 그냥 거는 것 등을 포함한다.

캘리포니아에 있는 Tesco의 Fresh & Easy Neighborhood Market에서 물류 센터나 점포에서는 전혀 손을 댈 필요가 없이 상품들이 바로 판매될 수 있게 배송하는 것이 중요하다. 공급업체로부터 상품들을 받아 신속하게 점포로 배송하기 위하여 Tesco는 상품들을 팔레트보다는 구르는 포장차량에 놓기를 요구한다. 그러면 점포 직원들이 손쉽게 매장으로 운전해 간다. 점포 크기가 약 10,000 평방 피트 정도로 상대적으로 작기 때문에 점포 창고는 2~3일 정도의 예비 상품을 보관할 수 있을 정도이다. 따라서 재고 수준을 낮게 유지하고, 공급업체로부터 적은 양의 상품을 자주, 정확하게 배달 받는 것이 매우 중요하고 이는 궁극적으로 상품 원가를 줄여 준다.[23]

Tesco는 상품들이 점포로 배송되기 전에 상품들이 플로어 레디 상태로 놓였는지를 확인한다.

티케팅(ticketing)과 마킹(marking)은 상품에 가격과 식별 라벨을 부착하는 일이다. 소매상들이 점포에서보다 물류 센터에서 이 활동들을 하는 것이 좀더 효율적이다. 물류 센터에서는 장소를 따로 마련하고 라벨을 붙이는 과정이 효율적으로 수행될 수 있으며, 옷걸이에 옷을 걸 수도 있다. 반대로 점포에서 상품 플로어 레디를 하게 되면, 복도를 막게 되고 또한 판매원들이 고객들에게 관심을 집중할 수 없게 된다. 소매상의 관점에서 공급업자가 플로어 레디 상품을 배송하는 것이 더 나은 방법이며, 이로 인해 비용과 시간이 많이 드는 티케팅과 마킹 과정을 전체적으로 줄일 수 있다.

점포로 상품을 배송하기 위한 준비 하루의 업무를 시작할 때, 물류 센터의 컴퓨터 시스템은 각 점포별로 그날 배송되어야 할 상품의 목록을 작성한다. 각 각의 상품에 대해 수취 티켓(pick ticket)과 배송 라벨이 만들어진다. 수취 티켓은 각각의 상품을 보관 장소로부터 얼마나 많이 가져와야 하는가를 나타내는 서류나 지게차에 표시되는 화면을 말한다. 지게차 기사는 보관 장소로 가서 수취 티켓에 나타난 수량만큼 포장상자를 가져온다. 상자에 부착된 UPC 배송 라벨은 배송되어야 할 점포를 나타내고, 상자는 점포로 출발하는 트럭이 있는 수하장으로 자동적으로 보내지는 컨베이어 시스템에 놓여진다.

상품을 점포로 배송하기 물류 센터에서 점포로 상품을 배송하는 것이 점점 더 복잡해지고 있다. 대부분의 물류 센터는 매일 50~100개 정도의 출하 수송 경로를 운영한다. 이러한 복잡한 출하 수송을 관리하기 위해 물류 센터는 복잡한 경로와 스케줄을 관리하는 컴퓨터 시스템을 이용한다. 이 시스템은 가능한 효율적인 경로를 개발하기 위하여 상점의 위치, 도로 상황 그리고 수송 활동 제약들을 고려한다. 그 결과, 점포들은 정확한 도착 예정시간을 제공받고, 운송 수단들은 최대한도로 활용된다.

UPS는 납기를 단축하기 위하여 특수 라벨링, 옷걸이에 걸린 채 배송, 사전 발송 통지문 등을 adidas사에 제공한다.

자스트 인 타임(Just-In-Time) 시스템을 통한 재고 관리

마케팅 경로 관리는 21세기 기업들이 직면하고 있는 많은 유통 문제에 대한 고민을 내포하고 있다. 1990년대 초만 하더라도 가장 혁신적인 기업조차도 주문을 충족시키기 위하여 창고로부터 고객에게 걸리는 시간이 적어도 15일에서 30일 까지 소요되었다. 전형적인 주문 후 배달까지의 프로세스는 몇 단계를 거친다. 예컨대, 전화, 팩스, 우편을 이용한 주문 창출, 신용 및 상품 확인 등을 매뉴얼 시스템으로 하는 주문 처리과정, 그리고 물리적인 상품 배달 등의 단계를 말한다. 그런데 그 과정에서 주문된 상품이 없어진다든지, 주문이 잘못 되든지, 배달이 엉뚱한 곳으로 가는지 등의 많은 오류가 발생할 수 있다. 이러한 실수들은 상품이 고객에게 전달되는 시간을 연장하고 전체 프로세스를 훨씬 비용이 많이 들게 한다. 〈가치 부가 사례 13.1〉에서 소개된 Neiman Marcus 사례에서 보듯이 전통적인 기업 운영 방법이 반드시 최선의 방법이 아니란 것을 알 수 있다.

그러한 문제에 봉착하여 공급 사슬의 각 단계에 있는 제조업체, 도매상, 소매상 같은 경로 구성원들은 재고를 쌓아 놓기 시작하였다. 그러나 필요하지도 않은 재고를 가지고 있는 것은 큰 낭비이자 비용으로 작용하였다. 만약 제조업체가 창고에 당장 필요하지도 않은 엄청난 재고를 갖고 있다면 이는 이익을 내지도 못할뿐더러 창고를 유지하고 지키는 비용을 감수해야 한다.

최근에 American Apparel, Zara, Mango, Forever 21 같은 기업들은 1950년대에 Toyota에서 개발된 기법을 도입하였다. 이 기법은 이 장의 마지막 정리 사례인 Zara 사례 연구에서 자세히 다뤄진다. 소매업에서는 신속반응시스템(QR, quick response)이라 알려진, Just-in-time(JIT) 재고 시스템은 전통적인 재고 시스템보다 더 적은 상품을 더 자주 배송하는 재고 관리 시스템이다. 기업은 다른 제품을 생산하기 위한 부품 및 원자재를 "적시에(just-in-time)" 받거나 또는 고객이 원할 때 판매할 상품을 "적시에" 받는다. JIT 시스템은 리드 타임 단축, 상품 가용성 증가, 재고 투자 감소 등의 편익을 가져다준다. JIT 재고관리 시스템으로 달성할 수 있는 구체적인 편익을 부연 설명하면 다음과 같다.[24]

리드타임의 단축 JIT 시스템에서는 EDI를 이용하여 종이 서류, 심지어 FAX까지 없앰으로써 리드타임을 단축한다. 여기서 **리드타임**이란 상품 주문부터 물건이 도착한 후 매장에서 판매할 수 있는 상태까지 소요되는 시간을 말한다. 공급업체의 컴퓨터가 자료를 자동적으로 인식하기 때문에 구매자 측에서 수작업으로 기입해야 할 자료도 없고 또한 공급업체의 기록 실수도 없어진다. 그 결과 리드타임은 더욱 줄어들고, 리드타임이 줄어들면 수요를 예측하기가 더 수월해지고 따라서 재고도 줄어든다.

상품 가용성의 증가와 재고투자의 감소 일반적으로 고객 수요를 만족시키기 위해서 기업은 수중에 재고를 충분히 가지고 있어야 하고 이는 재고 투자를 높인다. 그러나 JIT에서는 수요를 충족시킬 수 있는 능력이 늘어남에도 불구하고 재고 투자는 줄어든다. American Apparel 같은 회사는 리드 타임의 단축으로 판매 시점에 가까운 시점에 제품을 만들거나 또는 상품을 구매하기 때문에 재고 투자는 감소한다. American Apparel은 소량의 상품을 주문하고 더 자주 배송 받음으로써 보유 재고가 덜 필요해진다. JIT를 시행하는 제조업체들도 짧은 기간의 수요를 충족시키기 위하여 부품 등을 주문하기 때문에 재고가 줄어들게 된다.

JIT시스템에서는 더 빈번한 배송을 하기 때문에 고객 수요를 매장에 있는 상품으로 충족시킬 수 있는 능력 즉 상품 가용성은 높아진다. 예를 들어, American Apparel 점포에서 중간 사이즈의 Kelly 티셔츠가 몇 개 남지 않았다고 가정하자. 이 회사의 JIT 시스템은 전통적인 소매업체보다 더 짧은 리드타임을 보장할 것이다. 그 결과 American Apparel 점포에서는 다음 티셔츠가 배송되기 전에 품절이 발생하는 일은 일어나지 않을 것이고, 매장에 있는 상품으로 고객 수요를 충족시키는 상품 가용성은 높아질 것이다.

JIT 시스템의 비용 비록 소매업체가 JIT 시스템으로부터 큰 이득을 얻을 수 있다 하더라도 비용 부담 없이는 불가능하다. 유통 기능은 보다 빈번한 배송으로 인해 보다 복잡해지고 있다. 주문 횟수가 많아질수록 주문량이 적어지고, 이로 인해 수송비가 비싸진다. 주문 횟수가 많아지면 배달과 수송을 조정하기가 더욱 어려워진다. 따라서 JIT 시스템은 제조업체와 벤더들 간에 협력하고, 자료를 공유하고, 시스템을 공동으로 개발하기 위하여 상호간의 강력한 몰입을 필요로 한다.

요점 정리

LO1 마케팅 경로와 공급사슬관리의 중요성을 이해한다.

마케팅 경로는 기업들이 고객 수요를 충족시킬 수 있도록 충분한 양의 상품을 적절한 유통 경로로 공급할 수 있게 한다. 수요를 예견할 수 있도록 광고와 판매 촉진 등은 재고와 수송을 통제하는 부서와 협조를 해야 한다. 그렇지 않으면 고객들은 촉진광고를 보고 매장에 와서 더 이상 없는 상품을 찾게 되는 상황을 맞게 될 것이다.

마케팅 경로가 없다면, 소비자들은 직접 원부자재를 사 제품을 만들든지 또는 상품이 있는 먼 곳으로 찾아가야 할 것이다. 따라서 각각의 마케팅 경로는 한 개 이상의 유통 기능을 수행함으로써 상품에 가치를 더해간다. 또한 마케팅 경로 관리는 공급 사슬상의 각 기업을 위한 가치를 창출할 뿐만 아니라 가치창출을 위해 여러 기업들이 수행하는 생산, 재고 관리, 수송, 광고, 마케팅 등의 기능들을 묶는 역할도 한다.

LO2 직접 마케팅 경로와 간접 마케팅 경로의 차이를 이해한다.

기업들이 그들의 상품들을 소비자에게 이용가능하게 하는 여러 가지 방법들이 있다. 직접 마케팅 경로를 이용하면 소비자들은 Ascend speakers 같은 온라인이나 Apple 점포 같은 오프라인의 소매상이나 중간상을 거치지 않고 직접 제조업체로부터 상품을 구매할 수 있다. 흔히 제조업체들은 간접 마케팅 경로 전략을 실행함으로써 그들의 제품을 Walmart 같은 소매상을 이용하여 판매한다.

LO3 마케팅 경로가 어떻게 관리되는지를 이해한다.

마케팅 경로 구성원들이 상호간에 더 밀접하게 연결되어 있을수록 심각한 갈등이 일어날 가능성이 줄게 된다. 관리형 마케팅 경로는 강력하고 지배적인 마케팅 경로 구성원이 다른 구성원들을 통제할 수 있을 때 형성된다. 프랜차이징 같은 계약형 마케팅 경로는 경로 구성원간의 협조와 통제는 계약 관계에 의해 결정된다. 기업형 마케팅 경로는 한 기업이 공급 사슬상의 다른 기업들을 소유함으로써 상대적으로 부드럽게 운영된다. 그러한 관계를 형성하기 위하여 파트너들은 상호 신뢰하고, 솔직하게 커뮤니케이션을 하고, 공동 목표를 공유하고, 상호의존적인 것이 서로에게 도움이 되며, 상대방의 성공을 위하여 기꺼이 투자할 수 있어야 한다.

LO4 마케팅 경로에서 정보의 흐름과 상품의 흐름이 어떻게 되는지를 이해한다.

정보 흐름은 다음의 흐름 1부터 흐름 6까지를 포함한다. 즉, 흐름 1은 고객에서 점포로, 흐름 2는 점포에서 구매 담당자로, 흐름 3은 구매 담당자에서 제조업체로, 흐름 4는 점포에서 제조업체로, 흐름 5는 점포에서 물류 센터로 그리고 흐름 6은 제조업체에서 물류 센터와 구매 담당자로 가는 것을 의미한다. 상품 흐름은 다음의 흐름 1부터 흐름 4까지를 포함한다. 즉, 흐름 1은 제조업체로부터 소매 물류 센터로, 흐름2는 제조업체로부터 직접 점포로, 흐름 3은 물류 센터에서 점포로 그리고 흐름 4는 소매상에서 고객으로 가는 것을 의미한다.

핵심용어

- RFID 태그 (radio frequency identification tag)
- UPC(Universal Product Code)
- 간접 마케팅 경로 (indirect marketing channel)
- 강권력(coercive power)
- 검수(checking)
- 계약형 수직적 마케팅 시스템 (contractual vertical marketing system)
- 공급 사슬 관리 (supply chain management)
- 관리형 수직적 마케팅 시스템 (administered vertical marketing system)
- 기업형 수직적 마케팅 시스템 (corporate vertical marketing system)
- 납기(lead time)
- 도매상(wholesaler)
- 독립적(전통적) 마케팅 경로 (independent(conventional) marketing channel)

- 마케팅 경로 관리 (marketing channel management)
- 물류 센터(distribution center)
- 배송 조정 담당자(dispatcher)
- 벤더 주도적인 재고관리 (vendor-managed inventory)
- 보상력(reward power)
- 사전 발송 통지문 (ASN, advanced shipping notice)
- 상품 기획자(planners)
- 상품 수령(receiving)
- 수직적 경로 갈등 (vertical channel conflict)
- 수직적 마케팅 시스템 (vertical marketing system)
- 수취 티켓(pick ticket)
- 수평적 경로 갈등(horizontal channel conflict)
- 신속 반응(quick response)
- 위탁 판매(consignment)
- 쟈스트 인 타임 재고 시스템 (just-in-time inventory systems)
- 전략적 관계(파트너 관계) (strategic relationship, partnership relationship)
- 전문력(expertise power)
- 전자 문서 교환 (EDI, electronic data exchange)
- 정보력(information power)
- 주문 주기(cycle time)
- 준거력(referent power)
- 직접 마케팅 경로 (direct marketing channel)
- 크로스 독 또는 연속적 입출하 (cross-dock)
- 티켓팅과 마킹 (ticketing and marketing)
- 푸쉬 마케팅 전략 (push marketing strategy)
- 풀 마케팅 전략 (pull marketing strategy)
- 프랜차이징(franchising)
- 플로어 레디 상품(floor-ready merchandise)
- 합법력(legitimate power)
- 힘(power)

사례 연구

패스트 패션의 선구자, ZARA[25]

패스트 패션 사업 전략에서 공급 사슬 관리 프로세스는 점포들이 즉각적으로 고객의 상품 수요에 대처할 수 있도록 신속하게 패션 상품들을 도입하는 데 기여한다. 패스트 패션(fast fashion)은 유행에 따라 신속히 디자인을 바꿔 내놓는 것을 의미한다. 이 사업전략은 스페인 La Coruna에 위치한 세계적인 전문 의류 체인 Zara에 의해 개척되었고, American Apparel(미국), H&M(스웨덴), TopShop(영국), Forever 21(미국)과 같은 다른 소매업체들도 채택하고 있다.

패스트 패션 전략은 적은 예산으로 가장 최신의 유행을 따르고 싶어 하는 패션 지향적인 소비자를 표적 고객으로 하는 전문 의류 회사에 특히 효과적이다. 이러한 쇼핑객들은 몇 달에 한 번씩 한 두 개의 전통적 스타일의 고급 의류를 구매하는 것보다는 몇 주에 한 번씩 최신 유행 옷을 여러 벌 사는 것을 즐긴다.

그러한 짧은 사이클에 맞추고 고객 수요를 충족시키기 위하여 패스트 패션 프로세스는 점포 관리자로부터 적시에 정보를 받는 것으로 시작된다. Zara의 점포 관리자들은 스페인의 본사와 직접적으로 연결된 손바닥 크기의 장치를 가지고 있다. 점포 관리자는 어떤 손님들이 구매를 했는지 안했는지 그리고 고객들이 어떤 것을 요청했는데 찾지 못했는지에 관해 매일 보고한다.

예를 들면, 고객들이 매장에 있는 핑크색 셔츠를 보고 팔고 있지 않은 보라색 셔츠를 원한다고 가정하자. 관리자가 바로 이 정보를 스페인의 디자이너에게 전송하면, 디자이너는 다시 셔츠 원단을 생산하는 공장으로 EDI를 이용하여 커뮤니케이션을 한다. 이 공장은 공장 근처에 있는 조립 기술자와 자동화된 설비를 가동시킨다. Zara는 주로 비싸지 않은 아시아 업체로부터 염색되지 않은 원단을 대량으로 구입하고, 옷을 만드는 일은 스페인과 포르투갈에서 이뤄진다. Zara의 23개의 첨단 자동화 공장에 있는 로봇들이 옷감을 재단하고 보라색으로 염

SPA(specialty apparel retailing) 분야에서 Zara의 경쟁 우위는 유행 상품들을 빈번하게 매장에 배달할 수 있는 효율적인 공급 사슬에 기반을 두고 있다.

색한다. 마지막 공정으로, 스페인의 Galicia와 북부 포르투갈에 있는 공장 가까이에 위치한 약 300개의 소규모 조립 기술자 네트워크가 최종 제품을 만든다. 마지막으로, 시의 적절한 배송을 위하여 유럽에 있는 점포에는 트럭을 통해 배달하고, 다른 나라들의 점포에는 비행기로 배달된다.

ZARA를 위한 패스트 패션의 혜택

The Gap, H&M 같은 경쟁사보다 Zara의 주된 경쟁 우위는 매우 신속하고 탄탄하게 조직화된 공급 사슬로부터 유래한다. 경쟁사들과 달리 Zara는 스페인 본사 가까이에 공장 입지를 정한다. 이 방법이 아시아에 있는 저 비용 국가에서 하는 외주생산과 비교하여 노동비용을 증가시킴에도 불구하고 이는 커뮤니케이션을 원활하게 하고, 수송비용과 시간을 단축시키고, 새로운 패션이 점포에 등장하는 시간을 줄인다. 또한 이러한 경쟁 우위는 한 공급 사슬 기능을 수정하여 다른 공급 사슬 기능(예: 가격붙이기, 태그 붙이기)을 신속하게 할 수 있도록 하는 유연성을 Zara에게 준다. 창고에 있는 거치대에 상품을 놔두고 이를 바로 점포 직원들이 운반하여 매장에 진열할 수도 있다. Zara가 이렇게 할 수 있는 이유는 Zara가 모든 공급 사슬 프로세스를 완전히 통제할 수 있기 때문이다.

뿐만 아니라 많은 경쟁자가 하듯이 신상품을 시즌에 몇 번 운송하는 대신에, Zara는 며칠마다 모든 점포에 배송을 한다. 보라색 셔츠와 같은 새로운 상품은 몇 주마다 점포로 배달된다. 대부분의 백화점과 전문 의류 매장에서 신규 상품이 점포에 들어오려면 몇 달이 걸리는 것과 비교된다. 패스트 패션 시스템은 짧은 리드 타임을 보장하므로 어떤 Zara 매장에서도 다음 스웨터 상품이 선적되어 들어오기 전에 품절이 일어날 가능성은 희박하다. 점포에서의 한정된 재고량은 심지어 고객들에게 희소성의 감정을 줄 수 있다. 만약 고객들이 지금 당장 사지 않는다면 그들이 다음에 방문하였을 때 그 상품은 더 이상 매장에 없을 것이다. Zara는 드문 경우이긴 하지만 품절이라는 '패션의 결례'가 발생하더라도 적은 물량을 생산하고 운송하기 때문에 신속히 복구할 수 있다.

마지막으로, 공급 사슬의 효율성으로 인해 Zara는 잘 팔리지 않는 상품이더라도 굳이 세일을 하지 않는다. Zara가 할인하는 상품의 수는 업계 평균의 약 50%에 불과하다. 이런 성과에도 불구하고 Zara는 매년 약 10,000개의 새로운 디자인과 약 40,000개의 새로운 SKU를 여전히 도입하려고 한다.

너무 빨리 움직이는가? 패스트 패션의 부정적인 영향

매출액과 점포 수 면에서 매년 약 20%의 성장률을 보이는 외형적인 성공에도 불구하고, Zara는 본질적인 업의 특성을 넘어서기 시작했다. 패션 추세는 특성상 항상 빠르게 변화하는 것이고, Zara의 상품도 매장에서 그런 특성을 가지는 것이다. 실망한 고객들을 직면한 어떤 판매 매니저는 품절이 일어나지 않도록 잘 팔리는 상품을 추가적으로 주문한다. 상품 보충 시스템을 교묘히 빠져 나가는 이런 시도에도 불구하고 어떤 점포는 여전히 품절을 경험한다. 왜냐하면 전체 수요가 재고 수준을 초과할 때는 점포가 주문한 물량보다 더 적게 물건을 받기 때문이다. 심지어 Zara는 어떤 품목에서 공급 사슬에서 가장 당황스런 시나리오를 직면할 수 있다. 어떤 점포에서는 재고가 쌓여 보관비용이 누적되고 있고, 반면에 다른 점포에서는 품절이 발생하여 똑 같은 상품을 간절히 바라는 상황이 있을 수 있다.

위에서 언급했듯이 Zara는 일 년에 약 10,000개의 새로운 스타일을 출시하고, 스타일 당 색깔과 사이즈를 감안하면 전체 시스템에는 약 몇 십 만개의 SKU가 있게 된다. 일 주일에 두 번씩의 상품 배송을 한다면, Zara의 평균 배송 품목은 약 2백 50만 품목이 Zara의 물류 센터로부터 배송된다. 이쯤 되면 아무리 탁월한 Zara의 공급 사슬 효율성도 막힐 수가 있다.

이에 대응하여 Zara는 사람의 경험과 많은 양의 자료를 실행 가능한 정보로 바꾸는 새로운 수학적인 프로세스를 도입하였다. 이 모델은 똑 같은 품목에 대한 과거 판매 자료와 함께 점포 관리자의 고유한 상품 보충에 대한 요구를 같이 고려한다. 이를 이용해 잘 팔리는 상품이 더 이상 매장에 없으면 모든 사이즈의 옷을 제거하는 것과 같이 상품 디스플레이를 변경하였다. 고객들은 자기가 원하는 사이즈가 품절된 경우를 경험하지 않게 됨으로 불만이 줄어들었다. 또한 중간 사이즈가 없을 때 소형과 대형 사이즈도 같이 배송되지 않기 때문에 상품배송 자체가 감소했다. 대신에 이런 남는 사이즈는 여전히 모든 사이즈를 취급하는 점포로 배송되어 판매된다.

소매업의 경영진은 성장, 원가, 시장 수요, 기술 진전 같은 요인들을 고려하여 사업 프로세스를 재검토한다. 그러나 정말 뛰어난 관리자는 사업이 잘 될 때라도 운영을 최적화하는 방법을 찾는다. Zara의 경우처럼 현재 만족스런 방법이 미래에는 통용이 안될 수 있다. Zara의 창업자이자 소유자인 Inditex는 기업의 첫 번째 CEO에게 이렇게 말했다. "우리가 거의 파산 직전에 있다고 생각하고 한 달에 한번 찾아오게. 그러면 우리는 바꿔야 될 많은 일들을 찾을 수 있을 걸세."[26]

확인 문제

1. Zara 같은 개별 기업이 어떻게 전체 공급 사슬을 관리하는가? Zara는 어떻게 상품 디자인

부터 점포까지 그렇게 신속하게 신상품을 배달할 수 있을까?

2. Zara의 공급 사슬 관리 시스템이 고객을 위해 가치를 창출할 수 있게 했던 방법들은 무엇인가? 구체적인 예를 들어 설명해 보시오.
3. Zara는 공급 사슬의 효율성에 몰두하고 있다. 공급사슬 효율성에 대한 집중은 어떤 해결해야 할 과제들을 만드는가? 모든 그러한 시스템들은 소위 유사한 "성장통"을 겪어야 되는가?

CHAPTER 14

소매 및 다중경로 마케팅

1982년에 설립되어 지역 케이블 방송으로 시작한 Home Shopping Network(HSN)은 소비자들에게 TV를 통하여 물건을 살 수 있는 유통점의 역할을 한다.[1] HSN이나 QVC 같은 홈쇼핑 네트워크는 독특하고 차별화된 상품들을 열정적인 쇼 호스트들이 믿을 수 없는 저가로 판매하는 특징을 가진 업태이다. 홈쇼핑 분야의 경쟁이 치열해지자 HSN은 더 많은 쇼핑객들에 다가가기 위해 커뮤니케이션 전략을 고객에게 맞추었다. 예를 들면, HSN.com은 Facebook, Twitter와 YouTube 등을 이용하여 HSN의 마케팅 믹스 전략을 구현하여 결과적으로 소비자들이 가장 많이 방문하는 상위 10위 안에 드는 인터넷 쇼핑몰이 되었다. 요즘 HSN은 쇼핑 네트워크를 보는 약 9,000만 가구에 어필할 수 있는 고급 브랜드에 치중하고 있다.[2]

TV 방송은 첫 번째 단계에 불과하다. HSN 방송은 웹사이트에서 동시에 방송되기 때문에 고객들이 YouTube 등을 통해 항상 접근할 수 있다. 또한 HSN은 전통적인 방식인 토크 쇼 이용, HSN만의 고유의 고급 브랜드를 라이프스타일 지향적인 분위기를 활용하여 판매, 유명 패션잡지 ELLE가 보증하는 패션 상품 판매, 또는 유명 연예인인 제니퍼 로페츠가 최근 판촉하는 Love & Light 향수를 판매하는 등의 다양한 방식을 활용하고 있다.

TV 쇼핑의 재창조는 라이프스타일을 팔고 또한 그러한 라이프스타일을 즐길 수 있는 상품들을 고객들에게 판매함으로써 소매 경로로서 역할을 한다. HSN의 고객들의 평균 가구 소득은 약 $75,000 정도이고, QVC의 경우는 약 $200,000 정도이다. 상류층을 소재로 한 "Keeping up with the Kardashians" 같은 드라마를 즐기는 소비자는 K-Dash 품목 같은 고급 상품들을 사기 위하여 QVC를 볼 것이다. 또한 이들은 QVC가 패션 주간 동안에 록펠러 센터에 설치한 일시적 팝업(pop-up) 점포를 방문할 것이다.

HSN이나 QVC가 TV 채널 이상의 것이긴 하지만 여전히 TV는 핵심 전달 수단이다. 예를 들면, 요즘 유행하는 요리 쇼에서 시청자는 요리법, 만드는 과정, 그리고 요리 기구들을 보게 된다. 여기서 요리사와 쇼 호스트는 특정 제품과 브랜드를 공공연하게 말하고 추천하면서 눈에 잘 띄는 위치에 진열한다. 이를 통해 HSN은 특정 브

학습 목표

- **LO1** 제조업체가 소매업자와 공동으로 전략을 개발할 때 고려해야 할 네 가지 요인을 논의한다.
- **LO2** 소매 파트너를 선정할 때 고려해야 할 사항들을 점검해본다.
- **LO3** 유통 집중도의 세 가지 수준을 알아본다.
- **LO4** 다양한 소매 유형과 업태를 논의한다.
- **LO5** 소매 전략의 구성요인을 생각해본다.
- **LO6** 점포의 편익을 파악한다.
- **LO7** 다중경로 소매의 편익을 파악한다.
- **LO8** 다중경로 소매의 미래 과제를 생각해본다.

랜드 회사, 예를 들면 파스타 회사 Barilla로부터 광고 수입을 얻게 된다.[3]

YouTube는 HSN 표적시장의 약 40~50% 정도의 고객들에게 전통적인 방법과 다르게 상호교류하게 함으로써 현재 고객의 지갑 점유율을 증가시킨다.[4] 뿐만 아니라 YouTube 비디오는 Google에서도 탐색할 수 있고 이는 소매업체의 매력적인 경로로 기능한다. 이러한 비디오 형태를 이용하여 연결 관계를 인간화하고 추가적인 상품에 대한 정보를 제공할 수 있다. 예를 들면, HSN은 광고 페이지의 모양과 내용을 통제할 수 있는 효율적인 판매경로를 YouTube에 갖게 되는 셈이다.[5] 또한 이 사이트의 추적 역량은 HSN 고객들의[6] 관심을 끄는 다른 비디오나 프로그램을 더 깊게 이해할 수 있게 한다.

또한 YouTube는 소비자를 위해서도 매끄럽게 연결되는 다중경로 경험을 제공한다. Tori Spelling 보석[7] 같은 HSN에서 광고되는 상품들은 TV에 나오자마자 YouTube에서도 바로 볼 수 있다. HSN 마케터는 YouTube에서 수집한 정보를 이용하여 직접 메일 캠페인을 만들어 사용한다. 예를 들어, HSN은 Tori Spelling사의 목걸이 YouTube 영상을 본 가구에게 보석 판촉물을 보낸다. 소비자 반응은 시간당 매출 목표를 달성하기 위하여 24시간, 일주일 내내 추적되고 측정된다. 지루한 시간이 전혀 없어 이는 마치 쇼핑의 CNN 같다.

소매는 마케팅과 소비자가 만나는 공급 사슬상의 끝에 위치한다. 그러나 소매에는 단순히 제품을 만들어 고객이 이용가능하게 하는 것 이상의 것이 있다. 고객의 기대를 충족시키는 것은 일차적으로 소매업체의 책임이다.

소매란 소비자들이 개인용이나 가정용으로 구매하는 상품이나 서비스에 대하여 가치를 부가하는 일련의 기업 활동을 말한다. 이는 점포, 카탈로그, 인터넷 등에서 산 상품뿐만 아니라 레스토랑, 비행사, 호텔 등에서 구매한 서비스를 포함한다. 어떤 소매상은 그들이 도매가격으로 상품을 판다고 주장한다. 그러나 개인적인 용도로 고객에게 상품 및 서비스를 판다면 가격에 상관없이 그들은 여전히 소매상이다. 도매상은 소매상이나 산업재 사용자들에게 재판매하기 위하여 제조업체로부터 상품을 구매한다.

Estee Lauder의 화장품 브랜드 MAC은 점포에서 상품을 비치할 때 Coach 남성용 가죽 제품이나 Eva의 녹색 화장품과는 다른 기준들을 사용할 것이다.

오늘날 소매업은 미국뿐만 아니라 전 세계에서 급속도로 변하고 있다. 제조업체들은 과거에 그랬던 것처럼 더 이상 많은 공급사슬에서 주도권을 행사하지 못한다. Walmart, Carrefour, Metro, Tesco, Schwarz, Kroger, Costco, Aldi, Home Depot, Target[8] 같은 세계에서 가장 큰 소매업체들은 어떤 상품을 만들 것인지, 어떻게 구색을 할 것인지, 언제 배송할 것인지, 얼마의 비용이 들어야 하는지 등을 공급업체들에게 지시한다. 이러한 소매업체들은 확실히 공급사슬상에서 주도권을 갖고 있다.

이 장은 13장에서 설명한 왜, 어떻게 제조업체가 소매업체를 활용하는지에 관한 공급사슬 관리의 논의를 연장한다. 제조업체의 전략은 전반적인 시장 파워와 신제품을 어떻게 기존 제품들과 일관되고 조화롭게 출시할 수 있는가에 따라 달라진다. 다음의 시나리오를 고려해 보자.

그림 14.1 소매업체와의 관계를 수립하는 데 영향을 주는 요인들

- 시나리오 1: 화장품 회사 Estee Lauder의 자회사 브랜드 M-A-C 이 새로운 상품라인의 마스카라를 출시한다.
- 시나리오 2: 여성 핸드백으로 잘 알려진 Coach가 그 전 상품 구색에는 없던 남성용 가죽 제품, 의류, 구두 등을 출시한다.
- 시나리오 3: 젊은 기업가인 Eva가 환경 친화적인 녹색 화장품을 신규 출시한다.

각각의 시나리오는 제조업체가 소매업체를 통하여 표적 고객들에게 다가가는데 다른 대안을 고려하게 한다.

LO1 제조업체가 소매업자와 공동으로 전략을 개발할 때 고려해야 할 네 가지 요인을 논의한다.

그림 14.1은 제조업체가 소매업체와 같이 일하기 위하여 전략을 수립하는 데 고려해야 할 네 가지 요인을 나타낸다.[9] 첫 번째 요인은 소매 파트너를 선정하는 것이다. 소매 파트너를 선정하는 데 있어 제조업체들은 특정 소매업체가 어떤 방법으로 그들의 상품을 취급하는지를 평가한다. 또한 제조업체들은 상품을 갖다 놓을 점포를 정확하게 파악하기 위하여 표적 고객들이 어디에서 상품을 발견하기를 기대하는지를 고려한다. 제조업체의 전반적인 크기와 복잡성 정도에 따라 몇 개의 마케팅 경로를 제조업체가 직접 수행할 것인지 또는 몇 개의 경로를 다른 경로구성원에게 넘길 것인지가 결정된다. 마지막으로 제조업체가 원하는 이미지 그리고 제품의 종류와 가용성의 정도에 따라 특정 지역 내에 몇 명의 소매상이 상품을 취급할 것인지가 결정된다.

두 번째 요인은 소매업체의 업태를 파악하는 것이다. 제조업체는 그들의 제품을 취급하는 데 적절한 소매상의 업태를 파악해야 한다. 신선한 채소를 판매하기에는 슈퍼마켓이 적절한 것처럼 선택이 명확한 것도 있지만, 제조업체가 어떤 상품을 팔기 위해서는 소매 업태를 신중히 고려해야 하는 경우도 있다.

세 번째 요인은 소매 전략을 개발하는 것이다. 13장에서 보았듯이 강력한 마케팅 경로의 표식은 제조업체와 소매업체가 같이 활동들을 조정할 수 있느냐 하는 것이다. 따라서 소매업체는 상품, 가격, 유통 및 촉진에 대한 활동들을 제조업체와 협조하여 수행하는 전략을 개발해야한다.

마지막 요인은 다중경로 전략을 관리하는 것이다. 많은 소매업체와 제조업체는 점포, 카탈로그, 인터넷 중 한 군데 경로 이상에서 상품을 판매하는 다중경로 전략을 사용한다. 이는 어떤 판매자가 어떤 환경 및 여건에서 특정 전략을 선호하는가를 알아내는 것이다. 실제 소매업체와 제조업체들은 네 가지 요인들을 동시에 사용하든지 또는 위에서 열거한 것과 다른 순서로 사용하기도 한다.

소매 파트너 선정하기

LO1 제조업체가 소매업자와 공동으로 전략을 개발할 때 고려해야 할 네 가지 요인을 논의한다.

소비자로서 점포를 방문하거나 또는 온라인을 이용하지 않고 새 가죽 재킷을 구매한다고 상상해 보자. 당신은 사고자 하는 재킷의 정확한 치수, 색깔, 스타일을 알아야 할 것이다. 다음 당신은 다양한 제조업체들을 직접 방문, 전화 또는 인터넷을 이용하여 연락한 후 주문을 해야 할 것이다. 만약 재킷이 딱 맞지 않고 약간 헐렁하다면 당신은 수선점에 가서 옷소매를 줄여야 할 것이다. 당신은 이러한 쇼핑 방법이 편리하다고 생각지 않을 수도 있다.

Coach는 만족하는 고객들에게 상품을 편리하게 배달할 수 있도록 소매점들과 협력한다.

Coach 같은 제조업체는 Macy 같은 소매업체와 파트너십을 형성하여 최대한의 고객 편리와 만족을 창출할 수 있도록 모든 활동들을 공동으로 함으로써 가치를 창출한다. 오프라인 점포는 구매담당 매니저들이 미리 신중하게 선택한 지갑, 가죽 재킷, 스카프 등의 넓은 제품구색을 제공한다. 고객들은 점포에 머무르는 동안에 어떤 품목을 보고, 만져보고, 느끼고, 착용해 볼 수도 있다. 그들은 한 번에 스카프 한품목만을 살 수도 있고, 잘 조화가 되는 전체 품목을 다 살 수도 있다.점포에서는 판매원이 고객의 정장을 코디해 주기도 하고 수선사가 옷을 딱 맞게 해 주는 서비스를 제공하기도 한다.

소매 파트너를 선정할 때 제조업체들은 표적 고객들이 상품을 찾기를 기대하는 특정 점포, 경로구성원 특성 그리고 유통 집중도 같은 기본적인 경로 구조를 고려한다.

경로 구조

제조업체가 자신의 제품을 구매하는 소매업체를 찾는 데 드는 어려움은 경로의 수직적인 통합 정도, 제조업체가 갖고 있는 강력한 브랜드나 시장에서의 바람직성 정도, 그리고 제조업체의 소매업체에 대한 상대적인 힘의 정도에 따라 달라진다.

시나리오 1은 기업형 수직적 마케팅 시스템을 나타낸다. M-A-C은 Estee Lauder의 자회사이지만 독자적인 점포를 운영하고 있으므로 신규 마스카라 품목이 출시되었을 때 점포들은 소매상의 의사결정과 상관없이 자동적으로 신규 상품을 받게 된다. 반면에, Revlon은 공급사슬 파트너인 CVS와 수직적으로 통합되어 있지 않기 때문에 CVS가 신규 마스카라 라인을 구매하게 하는 데 훨씬 더 큰 어려움을 겪을 것이다.

시나리오 2처럼 Coach 같은 매우 안정된 기업이 남성용 가죽 제품, 의류 및 구두 같은 상품으로 신규 시장에 진입할 때 Coach는 아무 소매상과 거래할 수는 없을 것이다. Coach는 먼저 고객들이 어느 점포에서 신상품을 구매할 것을 기대하는지를 결정하고, 다음 여성 핸드백 구매자들과의 기존 관계, 브랜드 파워, 그리고 신규 제품시장에서의 위상에 영향을 줄 수 있는 기업 이미지 등을 어떻게 활용해야 할 것인가를 결정해야 한다.

시나리오 3에서 신생기업이고 알려지지 않은 브랜드를 가진 즉 시장에서 파워가 없는 Eva는 소매업체들이 친환경 녹색 화장품을 구매하도록 설득하는 데 훨씬 큰 어려움을 경험할 것이다. 심지어 그녀는 구매자들이 그녀의 신상품을 고려하기는커녕 만나주지도 않는 어려움을 겪을 것이다. Eva는 점포의 매장공간을 얻기 위하여 상대적으로 높은 입점비(12장 참조)를 지불해야 할지도 모른다. 그러나 어쨌든 시나리오 2의 Coach처럼 Eva는 최종 고객이 어느 점포에서 그녀의 상품을 살지를 고민해야 하고, 뿐만 아니라 상품을 파는 소매업체의 특성도 고려해야 한다.

고객의 기대

소매업체들은 제조업체에 대한 고객들의 선호를 알아야 한다. 반면에 제조업체들은 표적 고객들이 어느 점포에서 그들의 상품을 사고, 어느 점포에서 경쟁사의 상품을 사기를 기대하는지 알 필요가 있다. 그림14.2의 예에서 보듯이, Coach는 핸드백을 Coach 직영점에서 팔 뿐만이 아니라 Dillard's, Neiman Marcus, Marshall에서도 판매한다(오렌지색 라인). 경쟁회사인 Cole Haan은 Dillard's와 Neiman Marcus에서 판매한다(녹색 라인). 설문조사를 했더니 남성 Coach 고객은 Saks Fifth Avenue, Dillard's, Neiman Marcus 또는 Coach 직영점에서 상품을 사고 싶다고 한다(청색 라인). 이러한 정보를 기초로 하여 Coach는 고객의 니즈를 충족시키기 위하여 Saks Fifth Avenue에서 상품을 팔고 Marshall에서 파는 것을 중단하기로 결정하였다.

고객들은 일반적으로 어떤 점포에서만 특정 상품을 살 수 있기를 기대한다. 예를 들면, Estee Lauder는 고객들이 고급 제품들을 CVS 또는 Dollar General에서 쇼핑할 것을 기대하지 않기 때문에 그 곳에서는 상품을 팔지 않는다. 대신에 CVS는 덜 비싼 화장품 브랜드인 Revlon이나 Maybeline을 취급한다. Dollar General은 아마도 점포정리용 초저가상품을 판매할 것이다. 그러나 Coach의 남성 고객은 당연히 유명 백화점이나 Coach 매장에서 브랜드 의류를 구입하려 할 것이다.

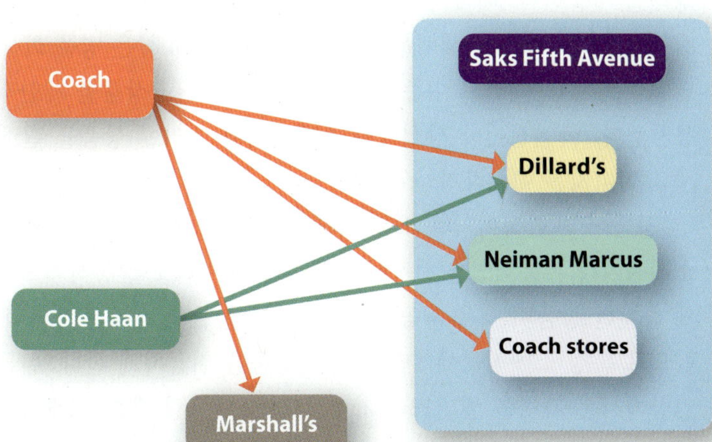

그림 14.2 Coach와 Cole Haan의 유통망

경로구성원의 특성

경로구성원에 고유한 몇 가지 특성들은 그 기업의 경로 구조를 결정하는 데 영향을 미친다. 일반적으로 경로구성원이 더 크고 복잡할수록, 공급사슬상의 중간상을 덜 이용할 것이다. 예를 들면, 신생 창업가인 Eva는 녹색 화장품을 판매할 독립 판매상을 이용할 것이고, 반면에 Estee Lauder 같은 대기업은 산업에서 기존의 관계를 유지하고 있는 자사의 영업팀을 활용할 것이다. 유사하게 독립 식품점은 도매상으로부터 물품들을 구입할 것이고, 반면에 Walmart는 재조업체로부터 직접 상품들을 구매할 것이다. 유통경로 기능들을 스스로 수행하는 대규모 기업들은 흔히 유통경로 활동들을 더 잘 통제하고 더 효율적이라 결과적으로 비용 절감을 더 많이 할 수 있다.

LO3 유통 집중도의 세 가지 수준을 알아본다.

유통 집중도

시나리오 3의 Eva의 녹색 화장품처럼 처음으로 유통망을 구축할 때 또는 시나리오 2의 Coach의 남성용 신제품 라인을 도입할 때 기업들은 적정 수준의 유통 집중도를 결정해야 한다. 유통 집중도란 마케팅 경로의 각 단계에서 이용하는 경로구성원의 수를 말한다. 일반적으로 유통 집중도는 세 가지 수준 즉 집중적, 배타적 및 선택적 수준으로 나눈다.

Pepsi(위) 같은 대부분의 소비재 기업들은 상품이 거의 모든 곳에서 팔리는 집중적 유통을 추구한다. 반면에 Estee Lauder(아래) 같은 화장품 회사들은 각 지역에 소수의 선택된 고급 소매점들에게만 판매를 제한하는 배타적 유통 전략을 사용한다.

집중적 유통 집중적 유통 전략은 가능한 한 많은 유통 점포에서 상품을 팔도록 하는 것이다. Pepsi, Procter & Gamble, Kraft 같은 거의 모든 식품점이나 할인점에 상품이 깔려 있는 잘 알려진 소비재 회사들은 집중적 유통을 추구한다. Pepsi는 거의 모든 업태, 예컨대 식품점, 편의점, 레스토랑, 자판기 등에서 상품을 팔고 있다. 상품이 더 많이 노출될수록 더 많이 팔린다.

배타적 유통 어떤 제조업체들은 일정 지역 상권에 한군데 또는 극히 소수의 소매점에서만 상품 또는 특정 브랜드를 팔게 함으로써 배타적 유통 정책을 사용한다. 배타적 유통은 제조업체에게 가장 적합한 유통점이 자사 상품을 팔 수 있는 혜택을 얻을 수 있다. Coach 같은 명품 회사는 각 지역에 매우 선택적이고 수준 높은 소매점에만 자사 상품을 제한적으로 유통시킨다. 할인점이나 상설할인 소매점에서 그러한 상품을 판매하면 회사의 이미지를 훼손하기 때문이다.

공급이 제한적이거나 또는 이제 막 창업한 회사는 특정 지역에 독점 소매점이나 유통체인을 선정하여 적절한 재고 확보를 통하여 소비자들에게 충분한 상품 구색을 제공할 수 있다. 예를 들면, Eva는 배타적 유통 전략으로 특정 소매점들에게만 녹색 화장품을 취급하게 한다. 취급 소매점 입장에서는 가격을 떨어뜨려 가격 경쟁을 일으킬 다른 소매점들이 없기 때문에 마진이 확보될 것이고, 이는 판매 소매점들에게 충분한 인센티브로 작용하여 더 많은 재고를 구입하고, 추가적인 광고 및 판촉 등을 할 수 있게 한다.

선택적 유통 집중적 유통과 배타적 유통 전략 사이에 선택적 유통이 존재한다. 선택적 유통은 제조업체가 특정 지역에 자사의 상품을 파는 선택된 몇 군데 소매점에만 의존할 때 발생한다. 배타적 유통처럼 선택적 유통은 제조업체가 특정 지역에서의 상품의 흐름을 통제하거나 이미지를 유지하고 싶을 때 사용한다. 이러한 이점으로 의류, 패션 제품, 가전제품처럼 소비자들이 비교하면서 상품을 구매하는 쇼핑재의 제조업체들이 선택적 유통을 선호한다. 배타적 영역을 가진 것보다는 못하지만 소매점들은 참여할 적당한 인센티브가 있다.

13장에서 다룬 복잡한 공급사슬체인처럼 마케팅 경로도 다루기가 어려운 주제이다. 힘의 균형이 Walmart 같은 거대 소매점에 의해 유지되느냐 또는 Proter & Gamble 같은 거대 제조업체에 의해 유지되느냐에 따라 경로구성원들의 상호 협력을 통한 유통경로 전략이 달라진다. 다음 섹션에서는 다양한 소매 업태를 설명할 것이다. 예컨대 위에서 논의한 M-A-C 화장품, Coach의 남성용 제품 그리고 Eva의 환경 친화적인 신규 화장품에 가장 적합한 소매 업태는 각각 다를 것이다.

다양한 소매 유형 및 업태 파악

LO4 다양한 소매 유형과 업태를 논의한다.

어찌 생각하면 Coach와 Eva가 그들의 신규 상품 라인을 도입할 때 생각할 수 있는 업태는 간단할 수 있다. 그러나 선택이 언제나 그리 쉬운 문제는 아니다. 제조업체들은 자사 제품에 가장 적합한 유통 경로를 결정하기 위하여 먼저 소매 업태들의 일반적 특성들을 살펴볼 필요가 있다. 식품 제조업체에 중요한 소매 업태의 특성은 화장품 회사가 중시하는 특성과 많이 다를 것이다. 다음 섹션에서 우리는 다양한 소매 업태와 각 업태에서의 주요 회사들 그리고 각 업태가 직면하고 있는 이슈들에 대해 논의할 것이다(그림 14.3).

그림 14.3 소매 유형과 업태 종류

식품 소매업체

식품 소매업체의 지형이 급변하고 있다. 20년 전만해도 소비자는 식품을 주로 슈퍼마켓에서 구매하였다. 이제 전통적 슈퍼마켓은 식품 판매 중 레스토랑을 제외하고 50% 이상을 차지하고 있다. 2008년 이후 금융위기로 인한 파산은 많은 슈퍼마켓 체인과 독립 프랜차이즈를 문 닫게 하였다.[10] 식품 소매시장에서 가장 빠르게 성장하고 있는 분야는 슈퍼센터, 창고형 할인매장, 편의점 그리고 초가치 식품 소매업체들이다.[11] Walmart 같은 대형 할인점과 Costco 같은 창고형 할인매장은 더 많은 식품 품목을 제공하는 방면에, 전통적 슈퍼마켓은 더 많은 비식품 품목을 제공한다. 많은 슈퍼마켓들은 의약품, 건강관리 클리닉, 사진관, 은행, 카페 등을 제공하고 있다.

세계에서 가장 큰 식품 소매업체인 Walmart는 슈퍼마켓 형태의 상품을 $3,100억 이상을 판매하고 있다. 다음으로 Carrefour(프랑스), Metro Group(독일), Tesco(영국), Schwarz Group(독일), Kroger(미국) 순으로 매출액을 기록하고 있다.[12]

슈퍼마켓 전통적인 슈퍼마켓은 셀프서비스로 운영되는 식료품 판매점이다. 식료품, 고기, 야채뿐만 아니라 건강 및 미용용품, 일반 상품도 제한적으로 판매하고 있다.[13] 부패하기 쉬운 육류, 야채, 빵류 및 유제품 같은 상품이 일반적으로 슈퍼마켓 매출의 50% 이상을 차지하며, 이 상품들은 포장된 상품들보다 마진이 더 높다.[14]

전통적 슈퍼마켓은 약 30,000개의 단품(**SKU, stock keeping unit**)을 취급한다. 단품은 중간 사이즈의 노란 스웨터 같은 최소 재고 단위를 말한다. Save-A-Lot이나 ALDI 같은 한정 상품군 슈퍼마켓(**limited assortment supermarket**) 또는 초 가치 식품 소매업체(extreme value food retailers)들은 단지 2,000 정도[15]의 단품만 취급한다. 한정 상품군 슈퍼마켓은 20개가 넘는 세탁세제 브랜드를 다루기보다는 한 개나 두 개의 브랜드와 사이즈를 판매하는 데 그 중 하나는 유통업자 상표를 넣는다. 비용을 줄임으로써 한정 상품군 슈퍼마켓은 전통적 슈퍼마켓 보다 약 40% 저렴한 가격으로 상품을 제공할 수 있다.[16]

전통적 슈퍼마켓은 여전히 식품 판매의 주요 점포이지만 대형 할인점, 슈퍼 센터, 창고형 할인 매장, 초가치 소매업체, 편의점, 온라인 식품점, 레스토랑 등의 다양한 업태로부터 엄청난 경쟁적인 압박을 받고 있다.

따라서 성공적으로 다른 식품 소매 업태들과 경쟁하기 위해서는 전통적 슈퍼마켓은 (1) 산지 식품 같은 신선한 상품 강조 (2) 유기농 식품 등으로 건강을 의식하는 소비자들과 특정 문화에 고유한 식품을 선호하는 소수민족 소비자를 표적 시장으로 할 것 (3) 더 많은 유통업자 브랜드를 제공할 것 (4) 더 나은 점포 분위기, 시연, 즐거움 등을 통해 더 나은 점포내 쇼핑 체험 제공 등을 통하여 차별화를 시도하고 있다.

슈퍼 센터 슈퍼센터는 슈퍼마켓과 종합할인점을 합해 놓은 소매 업태로 규모가 평균 185,000 평방 피트 정도 된다. Walmart는 미국에서만 3,000개의 이상의 슈퍼센터를 운영하고 있다.[17] 이는 경쟁업체인 Meijer, SuperTarget(Target), Fred Meyer(Kroger Co.), Super Kmart Center(Sears Holding)를 합친 것보다 많은 숫자이다. 슈퍼센터는 식품과 일반 상품의 다양한 구색을 통해 한 곳에서 모든 것을 해결할 수 있는 원스톱(one-stop) 쇼핑의 편리함을 고객에게 제공한다.

창고형 할인매장 창고형 할인매장은 최소한 100,000에서 150,000 평방 피트로 설립되는 대형 매장이며, 일반적으로 임대료가 낮은 지역에 위치한다. 창고형 할인매장은 제한되고 비정규적인 구색의 식품 및 일반상품을 제공하는 업태로 최종 소비자와 소규모 업체들에게 낮은 수준의 서비스 및 저렴한 가격으로 상품을 제공한다. 가장 큰 창고형 할인매장 체인은 Costco, Sam's Club(Walmart), BJ's Wholesale Club 등이 있다. 고객들은 종이 타월 같은 큰 생필품이나 케첩, 고기, 야채 등을 대형 단위로 구매하여 싼 맛을 즐긴다. 뿐만 아니라 보석류, 전자 제품, 집 장식품 등의 품목에서 예상치 못한 고급 상품과 서비스 구색을 다른 일반 소매점보다 더 낮은 가격에 제공한다. 전형적으로 회원들은 체인들에게 추가적인 주요 수입원인 약 $50의 연 회비를 지불한다.

남성용 Coach 상품과 Eva의 신규 친환경 화장품이 창고형 할인매장에서도 팔릴 수도 있겠지만 두 회사의 신상품들이 일반적인 창고형 할인매장과 일치하지 않는 고급 이미지를 가지고 있으므로 최적의 소매점은 아닐 것이다. 그러나 만약 어떤 기업이 수요를 과대 예측하여 재고가 쌓이든지 또는 반품이 많아진다면 창고형 할인매장도 잠재적으로 좋은 판매망이 될 것이다.

편의점 편의점은 제한된 종류와 구색의 상품을 접근성이 높은 지역에 위치하여 판매하는 업태이다. 규모는 3,000에서 5,000 평방 피트이며 신속한 구매가 가능하다. 편의점은 기존에 동네에 존재하던 구멍가게의 현대식 형태이다. 대형매장에서 상품을 찾거나 계산대의 긴 줄을 설 필요가 없기 때문에 소비자는 편의점에서 신속하게 구매를 할 수 있다. 편의점의 상품구색은 깊이와 넓이에서 제한이 있고 같은 상품이라도 슈퍼마켓보다 더 비싸게 가격을 부과한다. 우유, 계란, 빵 종류가 과거에는 매출의 대부분을 차지하였으나, 요즘 대부분의 매출은 삼각김밥 같은 간이 포장식품과 담배로부터 나온다.

편의점은 다양한 업태로부터 경쟁 압력을 받고 있다. 편의점은 신선하고 건강지향적인 식품을 판매하고, 지역시장에 맞게 상품구색을 조정하고, 구매의 편리함을 더 높이도록 노력하고 있다. 마지막으로 편의점은 고객이 공과금 납부, 선불 전화, 영화 티켓, 선물 카드 등을 구매할 수 있는 금융 서비스 키오스크 같은 새로운 서비스를 추가하고 있다.

일반 상품 소매업체

일반 상품 소매업체에 속하는 주요한 업태는 백화점, 종합 할인점, 전문점, 카테고리 전문점, 상설 할인매장, 초가치 소매상 등이 있다.

백화점 백화점은 다양한 유형의 상품과 깊이 있는 구색을 갖추어 놓고 있으며 세심한 고객 서비스를 제공하고 있다. 또한 상품의 진열을 위하여 점포를 독자적인 구역으로 나눈다. 미국에서 가장 큰 백화점 체인점은 Sears, Macy's, Khol's, JCPenney, 그리

Macy's 같은 백화점은 다양한 유형의 상품과 깊이 있는 구색을 갖추어 놓고 있으며 세심한 고객 서비스를 제공하고 있다. 또한 상품의 진열을 위하여 점포를 독자적인 구역으로 나눈다.

고 Nordstrom 등이다.[18] 백화점은 Coach 남성용품과 Eva의 신상품을 위해 잘 맞는 소매 경로가 될 것이다.

더 작은 전문점 형태[19]를 선호하는 요즘 젊은 소비자들을 끌어들이기 위하여 백화점들은 독점 브랜드나 고급 PB 상품들을 더 많이 판매하려고 노력한다. 예를 들면, Macy's는 Donald Trump, Jessica Simpson, Martha Stewart[20] 같은 명사들의 이름을 불인 독점 의류나 가정용품을 도입했다. 뿐만 아니라 백화점은 진정한 다중 유통경로 소매상이 되어 가고 있다. Macy's와 Nordstrom에서 고객들은 온라인에서 상품들을 주문하고 점포에서 그것들을 받아갈 수 있다.

종합 할인점 **종합할인점**은 다양한 상품과 제한된 서비스 그리고 낮은 가격을 제공하는 업태이다. 가장 큰 종합 할인점 체인들은 Walmart, Target, Kmart(Sears Holding)들이 있다. 종합 할인점이 일반적으로 남성용 가죽 제품, 엑서사리, 화장품 등을 취급하기는 하지만, 남성용 Coach나 Eva의 녹색 화장품을 위해서는 종합 할인점이 좋은 유통 경로는 아니다. 고객들은 종합 할인점에서 고급 상품들을 기대하지는 않는다. 오히려 고객들은 이런 상품들에 대해 품질이나 명품인증 등을 양보하더라도 저가에 가치 있는 상품을 찾을 것이다.

Walmart는 단독으로 미국에서 종합 할인점 매출액의 약 3분의 2 정도를 차지하고 있다.[21] 근래에 Target은 쾌적한 쇼핑환경에서 저렴한 가격의 유행하는 상품을 제공함으로써 상당한 성장률을 보여주고 있다. Target은 한정판 독점 의류나 화장품 라인을 제공함으로써 "싸고 세련된(cheap chic)" 이미지를 구축하고 있다.

전문점 **전문점**은 제한된 수의 상호 보완적인 상품 카테고리에 집중하여, 매우 특정한 고객층을 대상으로 좁지만 깊은 상품구색, 판매원의 전문적인 서비스 등을 제공하는 업태이다. 전문점은 오프라인 점포에 더 어울리지만 근래 적잖은 소매상들이 온라인 전문점 형태로 확장하고 있다.

Estee Lauder의 M-A-C 화장품 라인은 백화점뿐만 아니라 Estee Lauder의 자체 전문점에서 판매된다. 어떤 전문점들은 남성용 Coach 상품이나 Eva의 화장품을 판매하기에 적합한 판매망일 것이다. 어떤 고객들은 남성용 의류나 가죽제품 전문점에서 Coach 남성용 가죽 상품과 엑서사리를 살 것이다. Eva의 녹색 화장품은 Sephora 같은 화장품 전문점에서 판매되면 딱 맞을 것이다.

드럭 스토어 **드럭 스토어**는 약품, 건강 및 미용용품을 중점적으로 판매하는 전문점이다. 처방전 약품은 드럭 스토어 매출의 약 70% 이상을 차지하고 있다. 미국에서 가장 큰 드럭 스토어 체인점은 CVS, Walgreens, 그리고 Rite Aid가 있는데 이 세 업체들

우량 서비스 사례 14.1 좀더 친근한 뉴욕을 만들자[22]

지금은 Walgreen사의 자회사인 Duane Reade는 한때 완전히 최소주의자를 표방한 서비스를 제공하였는데, 한 블로그 운영자가 전체 블러그에 그 점포에 대한 혐오감을 게재하였다. 제목은 "나는 Duane Reade를 싫어한다. 서비스는 지옥과 같다"로 하였다. Duane Reade 점포의 선반과 복도는 지저분하였고 종업원도 불친절하였다.

뉴욕 증권거래소 근처인 월 스트리트가에 있는 Duane Reade에 들어간 한 고객은 그 당시 진열된 것을 보고 충격을 받았다. 10 달러짜리 매니큐어, 미용 상담사가 있는 헤어숍, 주스 바, 스시 요리사, 일반 약품 등이 있었다. 의료와 관련된 상담은 그 점포에서 근무하고 있는 의사와 할 수 있도록 하였다. 이 점포에서 상위 판매 제품은 스시, 신선 주스, 바나나 등이다. 이 외에도 상위 5개의 판매 제품을 정한다면 커피와 말보로 담배가 여기에 포함된다.

뉴욕시에 256개의 점포를 가진 Duane Reade는 이미 부동산으로서의 높은 가치를 가지고 있다. 만약 대부분의 점포가 월스트리트에 있는 점포와 유사한 쇼핑 경험을 전달해 준다면 점포의 이미지는 분명히 바뀌게 될 것이다. Duane Reade는 유명 블러그들의 불만을 포함한 다양한 불만들에 좀더 주의를 기울이고 이에 맞추어 변화하기로 결정하였다.

그 변화는 단순한 변화가 아니었다. 2008년 초에 Duane Reade를 세 개의 부문으로 분리하도록 리모델링을 진행하였다. 그 세 개의 부문은 "내 모습은 어떠한가", "내가 어떻게 느끼는가", "내가 원하는 것은 무엇인가"이다. 이러한 전략은 "뉴욕 생활을 쉽게 만든다", "여러분의 도시. 여러분의 드럭 스토어"등과 같은 2개의 새로운 슬로건으로 홍보하였다.

운영의 많은 실수와 문제를 접한 이후, 유통업체 브랜드(PB)인 President's Choice로 성공한 캐나다의 슈퍼마켓 체인인 Loblaws의 전직 사장을 초빙하였다. 유럽 식료품점에서 제공하고 있는 최상의 제품라인을 적용하였고, 쿠키에서부터 휴대폰 서비스 및 애완동물 보험 등과 같은 수많은 상품 카테고리를 취급하였다. 이후 Duane Reade는 Delish란 점포 브랜드를 개발하였으며, President's Choice와 같은 성공을 달성할 수 있도록 노력하였다. 지금까지는 좋은 모습을 보여주고 있다. Duane Reade의 PB 매출은 2008년에서 2010년까지 두 배를 달성하였다.

이 드럭 스토어 전체 수입의 약 38%를 차지한다.[23] 이 집중화된 산업에서 상위 50개 체인이 약 70%의 수입을 차지하고 있다.[24]

Estee Lauder의 신규 상품라인은 드럭 스토어에서 판매되기에는 적합하지 않더라도, Eva의 녹색 화장품은 괜찮은 상품일 것이다. 어떤 드럭 스토어들은 Eva의 녹색 하장품이 경쟁사 상품보나 더 비싸다 하더라도 고객들의 수요를 발견할 것이다. Eva는 드럭 스토어에서 그녀의 고급 상품을 팔 때 생기는 퇴색하는 이미지와 또는 브랜드 인지도를 높일 수 있는 유통경로로서의 드럭 스토어라는 대안에서 전략적 선택을 하여야 한다.

드럭 스토어는 할인점에 있는 약국들과 직접적인 경쟁을 하고 있으며 건강용품 가격 할인의 압박을 받는다. 주요 드럭 스토어 체인들은 〈우량 서비스 사례 14.1〉에서 보듯이 더 넓은 상품 구색을 제공한다. 드럭 스토어들은 신선한 과일과 야채 같은 전형적으로 편의점이나 식품점에 있는 상품들을 판매함으로써 추가상품 구매 점포(fill-in trip destination)로서의 역할을 확장하고 있다. 그러나 이러한 시도의 성공 여부는 아직 모호한데, 드럭 스토어의 이러한 상품들의 가격이 식품점보다 약 25% 정도 높은 편의점 수준이기 때문이다.[25]

카테고리 전문점 대형 전문 소매점 또는 카테고리 킬러라 불리는 카테고리 전문점은 매우 한정된 상품 카테고리를 깊고 다양한 구색을 갖추면서 싸게 판매하는 업태이다.

대부분의 카테고리 전문점은 셀프 서비스 방식을 쓰는데, 그러나 매장의 일부 구역에서는 종업원들이 고객들에게 서비스를 제공한다. 예를 들면, 문구류 전문점인 Staples는 매장을 창고처럼 꾸며 놓았다. 복사 종이가 큰 묶음으로 선반위에 쌓여 있으며 문구류 공구들은 상자 단위로 선반에 올려져 있다. 반면에 컴퓨터, 전자 제품, 첨단 제품 같은 경우에는 진열해 놓은 곳에 종업원들을 배치하여 고객들의 질문에 답하고 제안을 할 수 있게 하였다.

한 가지 상품 카테고리에 대해 완벽한 구색을 갖추어 놓고 경쟁사보다 저렴한 가격을 제시함으로써 그 상품 카테고리를 파는 다른 소매업체들을 죽일 수 있다고 하여 흔히 "카테고리 킬러(category killers)"라고 불린다. 카테고리 전문점은 상품의 한 부류를 점거하고 있기 때문에 그들의 구매력을 이용하여 낮은 가격, 아주 좋은 거래 조건, 그리고 상품의 원활한 공급을 이끌어 낼 수 있다.

초 가치 소매점 초 가치(extreme value) 소매점들은 작은 규모의 할인점으로 제한된 구색을 갖추고 초저가에 공급하는 업태이다. 대표적인 초 가치 소매업체로는 Dollar General과 Family Dollars Stores가 있다. 제한된 상품군을 취급하는 식품 소매업체처럼 초 가치 소매업체들은 다양하지 않은 구색과 낮은 임대료의 매장을 통해 원가를 절감하고 과잉 재고를 기회주의적으로 싸게 구매함으로써 낮은 가격으로 상품을 공급한다. 주로 넓지만 얕게 제품구색을 가진 가정용품, 건강용품, 미용용품, 식료품 등을 취급한다.

많은 초 가치 소매상들은 소비 행태가 일반 할인점 또는 창고형 할인매장 고객들과 다른 저소득층 소비자들을 표적 시장으로 한다. 예를 들면 저소득층 고객들은 잘 알려진 NB를 사고 싶어 하지만 예산의 부록으로 대용량 패키지는 사지 못하는 경우가

Dollar General은 미국에서 가장 큰 초 가치 소매점으로서 매우 저렴한 가격으로 한정된 상품구색을 제공하는 소규모 종합 할인점이다.

많다. Procter & Gamble 같은 공급업체들은 가끔 제 8장에서 다루었던 역 혁신 방법을 이용하여 초 가치 소매상들을 위해 특별하고 작은 패키지를 만든다. 또한 고소득 소비자들도 뭔가 건진다는 쇼핑의 즐거움을 위해 애호하는 쇼핑객이 늘어나고 있다. 쇼핑객들은 초 가치 소매점을 생활용품 속에 숨겨진 보물을 찾는 기회라고 보는 것이다.

초 가치 소매점은 Coach 남성용 상품이나 Eva의 신규 화장품의 고급 이미지와는 전혀 맞지 않으므로 적합한 유통 경로가 아니다. 그러나 만약 Coach나 Eva가 과잉 재고의 상태를 맞이하다면 두 회사는 재고를 줄이기 위하여 초 가치 소매상을 활용할 것이다. 재고 과잉시 두 회사는 똑같은 이유로 다음에 논의하는 상설 할인 소매점을 이용할 것이다.

텍사스 주의 San Marco에 있는 아웃렛 몰은 Neiman Marcus Last Call, Zegna, Escada, Salvatore Ferragamo 같은 점포도 입주해 있다.

상설 할인 소매업체 상설 할인 소매업체는 유명 브랜드의 상품을 일정한 상품구색 없이 제조업체 권장 소매가격(MSRP, manufacturer's suggested retail price)보다 훨씬 낮은 가격으로 판매하는 업태이다. 요즈음 시장에서는 이러한 상설 할인 소매업체는 오프라인 점포, 온라인 점포 또는 혼합 점포일 수도 있다. 미국에서 규모가 큰 상설 할인 소매 체인은 TJMaxx, Marshalls, Winners(캐나다), HomeGoods, AJWright, HomeSense(캐나다)를 운영하는 TJX 그룹, Ross Store, Burlington Coat Factory, Big Lost Inc., Overstock.com, Bluefly.com 등이 있다.

상설 할인 업체는 MSRP보다 20~60% 정도 더 낮은 가격으로 판매할 수 있도록[26] 대부분의 상품을 시즌이 끝날 때에 제조업체나 소매업체로부터 잉여 재고를 기회주의적으로 매입한다. 그래서 고객들도 매장 또는 웹 사이트를 방문할 때 같은 상품이 진열되어 있을 것이라고 기대하지 않는다. 또 이렇게 싸게 구매하기 때문에 상설 할인 업체는 제조업체에게 광고나 반품, 가격할인 보상, 지불 연기 등을 요구할 수 없다.

서비스 소매업체

앞 절에서 다룬 상품 소매업체와는 달리 서비스 소매업체는 소비자에게 상품 대신 '서비스'를 제공한다.[27] 이는 소매 산업에서 큰 비중을 차지하며 계속해서 성장하는 분야이기도 하다. 전형적인 토요일을 생각해 보자. 집 근처에 있는 Peet's Coffee and Tea에서 모닝커피 한잔과 함께 베이글을 먹고 세탁소에 들러서 드라이 크리닝을 맡긴다음, CVS 드럭 스토어에서 약을 타고, Jiffy Lube에서 차 오일을 교체한다. 서둘러서 Burger King에 가서 점심을 급히 때운 다음 예약 해놓은 Supercuts 미용실에 정시에 도착한다. 늦은 오후 쯤 운동을 하러 헬스클럽에 가고 집에 돌아온 뒤 친구들을 만나기 위해 옷을 갈아입는다. 그리고 친구들과 저녁을 먹기 위해 외출하고, 영화를 보고, 춤을 추면서 즐거운 시간을 보낸다. 하루의 마지막은 Starbucks에서 카페 라떼 한잔을 마시는 것으로 마무리 한다. 이 예로 본다면 당신은 하루 동안에 10 종류의 다른 서비스 소매업체와 접하게 된 셈이다.

이러한 서비스들을 제공하는 전국적으로 매장이 있는 다양한 서비스 소매업체들이 있다. 대부분의 업체들은 최종 소비자들에게 상품과 서비스를 판매하는 소매상들이다. 그러나 어떤 기업들은 단순한 소매상이 아니다. 예를 들어, 항공사, 은행, 호텔, 보험회사, 속달 메일 회사 들은 소비자뿐만 아니라 기업들에게도 서비스를 판매한다.

은행, 병원, 건강 센터, 법률회사, 연예기획사, 그리고 대학과 같은 조직체들은 소비자에게 서비스를 제공하고 있기는 하지만 소매업체로 분류되지는 않는다. 그러나 동종업체들 사이에 경쟁이 증가하고 있어 이들도 이제 고객들을 유인하고 욕구를 충족시키기 위해 소매 원리를 받아들이고 있다.

현재 사회가 변하는 추세를 보면 서비스 소매업체가 미래에 상당한 규모로 성장할 것을 예측해 볼 수 있다. 예를 들면 건강 돌봄 서비스에 대한 실버 세대들의 수요가 급속히 증가하고 있다. 젊은 사람들도 건강과 운동에 많은 시간과 돈을 투자하고 있다. 또한 맞벌이 부부 가족은 가족 구성원들과 더 많은 시간을 보내기 위해 사람을 고용하여 집 청소, 정원 가꾸기, 빨래, 식사 준비 등을 맡긴다.

앞 부분에서 우리는 소매 업태들과 특성에 대해 상세히 다루었다. 이제 제조업체와 소매상들이 4 Ps를 이용하여 어떻게 그들의 소매 전략을 협조해 가는지를 살펴볼 것이다.

LO5 소매 전략의 구성요인을 생각해 본다.

4 Ps 전략을 이용한 소매 전략 개발

Material Girl은 Madonna와 그녀의 딸 Lourdes에 의해 개발된 Macy's의 독점 공동 브랜드이다.

다른 마케터들처럼 소매업체는 소비자들에게 판매하는 상품이나 서비스의 가치를 증가시키는 중요한 기능을 수행한다. 지금부터 우리는 흔히 4Ps, 즉 제품(Product), 가격(Price), 촉진(Promotion), 유통(Place) 이라고 불리는 이러한 기능들을 검토할 것이다.

제품

전형적인 식료품점은 보통 30,000개에서 40,000개의 품목들을 취급한다. 일반 백화점은 보통 100,000개의 품목을 판매한다. 소매업체의 가장 기본적인 활동은 표적 시장의 니즈를 만족시킬 수 있는 적절한 구색의 상품과 서비스를 제공하는 것이다. 좋은 상품

구색은 고객의 선택의 폭을 증가시킨다. 제조업체들은 수송비를 줄이기 위하여 소매상에게 흔히 상자 단위로 배송한다. 고객들은 일반적으로 똑 같은 상품을 한 개 이상 사지 않으므로 소매업체는 상자 단위를 쪼개어 고객들이 원하는 양만큼 판다.

제조업체들은 그들의 공장이나 창고가 소비자들이 쇼핑하기에 매력적인 장소가 아니기 때문에 재고를 쌓아 놓기를 원치 않는다. 소비자들은 보관 공간의 한계가 있기 때문에 필요한 양 이상을 구매하길 원치 않는다. 어느 쪽도 사용하지 않는 재고에 돈이 묶이는 것을 원치 않는다. 따라서 소매업체들은 제조업체와 고객들에게 보관 기능을 제공함으로써 가치를 부가한다. 물론 13장의 JIT 재고 시스템에서 논의했듯이 어떤 소매업체들은 그들이 필요할 때 까지 공급업체들이 재고를 보유하고 있도록 강요한다.

대부분의 소매업체들이 비슷한 구색을 갖추고 인기 있는 같은 브랜드를 팔기 때문에 상품만으로는 경쟁자와 차별화하기 힘들다. 따라서 많은 소매업체들은 유통업자 상표(PB, private-label brand) 또는 점표 상표(store brands)를 개발한다. PB란 특정 소매상이 개발하여 판매하는 데 오직 그 소매상한테서만 살 수 있는 상품을 말한다. 예를 들어, Giani Bernini 가죽 핸드백을 사고 싶다면 Macy's 백화점에 가야만 살 수 있다.

소매업체들은 흔히 제조업체들과 협력하여 독점 공동 브랜드(exclusive co-brand)를 개발한다. 독점 공동 브랜드는 제조업체 브랜드 공급업체가 소매업체와 연계해서 개발한 브랜드로 독점적으로 그 소매업체에서만 판다. 예를 들면, 명품 브랜드인 Chanel이나 Fendi와 주로 일하는 세계적인 디자이너 Karl Lagerfeld가 요즘 Macy's와 협력하여 독점 공동 브랜드를 개발하고 있다. 이 독점 공동 브랜드는 Zara, H&M, Mango나 Forever 21 같은 패스트 패션은 벗어나고 싶으나 기존 명품 브랜드는 살 여유가 없는 18세에서 30세 소비자를 표적 고객으로 한다.[28] Macy's 에서만 파는 45개 품목의 Lagerfeld 컬렉션은 Lagerfeld의 다른 명품들과 비슷하지만 덜 비싼 원단을 사용하고 세부적인 섬세한 디자인이 좀 없을 뿐이다.

독점 공동 브랜드는 양면성이 있는 혜택을 제공한다. 즉, 이 브랜드는 오직 한 소매업체에서만 살 수 있지만 유명 상표(NB, national brand)가 가지고 있는 인지도를 제공한다. 그러나 제조업체 관점에서 독점 공동 브랜드의 단점은 오직 한 소매상에서만 팔리므로 제조업체의 시장이 제한된다는 것이다. 반면에 소매점 입장에서의 단점은 이익을 혼자 가질 수 있는 PB와 다르게 NB 제조업체와 이익을 공유해야 한다는 것이다.

Coach 핸드백 가격을 보고, 당신은 Saks Fifth Avenue 또는 JCPenney 둘 중 어느 매장에서 이 상품을 보기를 기대하십니까?

가격

가격은 상품과 서비스의 가치를 결정하는 주요 요인이다. 특정 점포의 가격대는 점포이미지에 영향을 준다. Saks Fifth Avenue와 JCPenney는 백화점들이지만 두 점포의 이미지는 그렇게 다를 수 없다. 따라서 Coach가 신규 남성용 상품을 위해 어느 백화점이 더 적합한지를 고려할 때

Coach는 고객들이 생각하는 소매업체의 가격-품질 관계에 대한 이미지를 고려해야 한다. 예를 들어, Coach가 신규 상품을 상대적으로 높은 가격으로 포지셔닝하고 싶다면 JCPenney에서 신상품을 팔려고 하지 않을 것이다.

가격은 언제나 소매상의 다른 마케팅 믹스 전략인 상품, 촉진 및 유통과 조화롭게 책정돼야 한다. 어떤 고객은 JCPenney 점포에서 Coach의 남성용 가방을 $600 주고 살 것을 생각지 않는다. 그러나 그녀는 Neiman Marcus에서 동일 상품이 $600 보다 눈에 띄게 싸게 판다면 가방의 품질을 의심할 것이다. 11장과 12장에서 살펴보았듯이, 가격 결정에는 상품의 원가에 단순히 마진을 붙이는 것 이상의 의미가 있다. 제조업체는 소매상이 같이 적당한 이윤을 얻을 수 있도록 소매상에게 얼마에 상품을 팔 것인가를 고려해야 한다. 동시에 제조업체와 소매상은 고객이 얼마를 지불할 의향이 있고 기대하는지를 고민해야 한다.

판매 촉진

소매상과 제조업체는 성공적인 판매 촉진은 성장세의 매출과 정체된 매출의 차이를 가져온다는 것을 안다. 신문, 잡지, TV 같은 전통적인 매체를 이용한 광고는 고객을 점포로 오게 하는 데 여전히 중요하다. 전자적 커뮤니케이션 또한 촉진을 위해 점점 더 많이 사용된다. 직접 우편과 같은 전통적인 방법이 효과적이지 못하다고 하는 소매상이 있지만, 여전히 많은 소매상들은 표적 고객들에게 카탈로그를 보내는 것이 유효하다고 생각한다. 또한 많은 기업들은 웹사이트에서 실시간으로 판매촉진을 진행한다. 예를 들면, CVS.com는 웹 사이트에서 즉석에서 사용할 수 있고 또한 인쇄하여 점포에서 사용할 수 있도록 점포용 쿠폰과 온라인 쿠폰을 동시에 제공한다. Coupons.com은 많은 식료품 품목들에 대해 유사한 촉진방법을 쓴다. 심지어 고객들은 더 절약할 수 있는 기회를 찾기 위하여 Twitter@Coupons를 방문한다.

기술의 발달은 소매상들이 촉진 메시지로 고객에게 다가갈 수 있는 방법들을 확대시키고 있다. 예컨대, 고객들은 컴퓨터부터 모바일 전화 등의 다양한 기기를 활용하여 소매업체의 인터넷 사이트에 접근할 수 있다. 모바일 기기를 이용한 국내적 또는 국제적인 브로드밴드접근의 급속한 성장에 힘입어 소매업체들은 모바일 기기를 이용하여 상품이나 서비스를 구매하는 모바일 커머스(M-commerce)에 투자하고 있다. 그러나 소매업체의 일반적인 웹 사이트는 모바일 기기의 작은 스크린과 더 느린 다운로드 속도를 수용할 수 있도록 설계되어 있지 않다. ESPN을 포함한 다양한 기업들은 사용자들이 모바일 기기로 접근할 수 있는 특별한 사이트를 개발했다. 뿐만 아니라 소매상들은 모바일 기기 사용자들이 물건을 사거나 상품 정보를 더 얻을 수 있는 특화된 앱을 만들었다. 기술 혁신은 새로운 형태의 판매촉진이 가능하도록 끊임없이 새로운 기회를 제공하고 있다. 〈소셜 및 모바일 마케팅 사례 14.2〉는 고객을 위한 모바일 앱의 가치를 보여준다.

소비자들은 그들의 모바일 기기를 이용하여 소매상의 쿠폰에 접근할 수 있다.

제조업체와 소매상간의 협력은 고객이 일관된 촉진 메시지를 받을 수 있게 하고 이는 기업들의 이미지를 유지하게 한다. 예를 들면, 남성용을 위해 Coach는 주요 소매

소셜 및 모바일 마케팅 사례 14.2

모바일 어플과 실제 물질세계의 결합[29]

소매점들은 고객들을 점포로 유인하는 모바일 어플에 대해 매우 가치 있게 생각한다. 단순한 속임수로 사용하려는 모바일 어플은 장기적으로 소비자들의 주의를 끌지 못한다. 즉, 다운로드 수와 관계없이 고객 보유율은 빈약하게 된다. 반면, 고객들은 재미있고, 편리하고, 과업 수행을 용이하게 해주는 어플을 좋아한다.

Walgreen의 성공적인 모바일 어플의 우선적인 목적은 단순하다. 즉, 주요 목적은 고객들의 편의성을 향상시키는 것이다. 고객들이 승용차를 이용하여 점포에 가기 전에 재작성된 처방전의 약을 주문할 수 있다. Walgreen의 어플은 또한 '스캔을 통한 재구매'란 기능을 포함하고 있는데, 이는 고객들이 스마트폰의 카메라를 이용하여 의약품의 바코드를 스캔하여 재구매할 수 있도록 하는 기능이다. 고객들이 구매한 의약품을 점포로 찾으러 갈 때 일자와 시간에 맞는 점포를 선택할 수 있게 함으로써 편의성을 향상시켰다. 처방전이 작성될 때 점포는 고객에게 알림 문자를 전송한다. 따라서 어플은 고객들이 보다 더 효율적으로 점포를 통한 의약품을 구매할 수 있도록 교통편도 알려준다. 백만 명 이상이 이미 그와 같은 어플의 알림 문자를 사용하고 있다.

또 다른 소매점들은 위치기반 어플인 샵킥(Shopkick)을 적용하고 있다. 이는 샵킥과 제휴된 소매점들이 고객들에게 포인트와 쿠폰 등을 제공함으로써 구매를 촉진시키는 것이다. 약 300미터 내의 점포를 알려주는 포스퀘어(Foursquare) 또는 이와 유사한 위치기반 어플과는 달리 샵킥은 실제로 고객이 점포에 있을 경우 그 점포가 가지고 있는 특정 센서를 통해 의사소통을 할 수 있도록 한다. 즉, 고객들은 점포에 들어가자마자 자동적으로 포인트 또는 'kickbuck'이란 사이버 머니를 받게 되고, 소매점은 고객이 정확히 어디에 있는지를 알 수 있다. 고객들이 검색을 촉진시키기 위해, 특정 지점을 정해 놓고 고객들이 그 지점으로 도달하게 될 경우 추가적인 포인트를 제공한다.

Shopkick 앱은 고객들이 매장에 들어오면 포인트와 쿠폰을 주면서 보상함으로써 고객들이 점포로 들어 오게끔 유인한다.

Target, Best Buy, Macy's, Crate & Barrel, American Eagle 등과 같은 유명한 소매점들은 고객이 샵킥 어플을 설치할 경우 샵킥사에 이용료를 지불한다. 지불된 이용료의 일부는 고객에게 포인트로 되돌려 준다. 점포에 들어가게 되면 75 kickbucks를 얻게 되고 점포에서 물건을 구매할 경우 더 많은 kickbucks를 받게 된다(875 kickbucks는 25 달러와 동일하다). 따라서 고객들은 보상받은 kickbucks를 즉각적으로 사용할 수 있고, 그 사용 내역이 담긴 정보는 소매점에 제공된다.

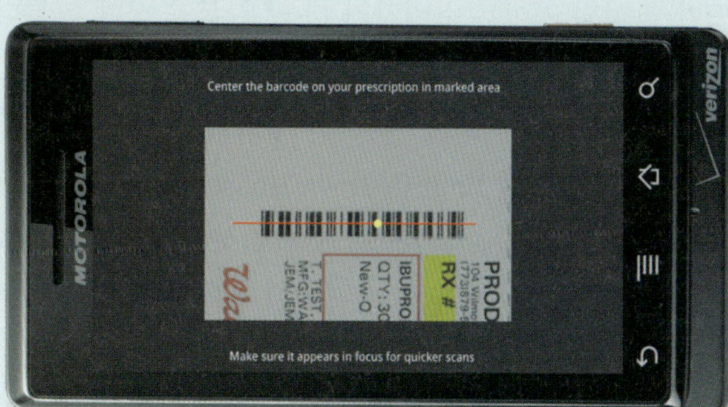

Walgreen의 폰 앱인 "Refill by scan"은 고객들이 스마트폰 카메라로 처방전 바코드를 스캔해서 처방전 약을 재주문할 수 있게 한다.

상과 공동으로 광고나 점내 판매 캠페인을 개발할 수 있다. 또는 광고 제작비용이나 매체 비용의 일부 또는 전체를 지불하는 공동 광고를 시행할 수 있다.

점포 신용 카드나 선물 카드는 쇼핑을 촉진시킬 수 있는 교묘한 판촉의 수단일 수 있다. 소매상들은 고객을 유인하고 판매를 자극하기 위하여 쿠폰, 리베이트, 점포 내 또는 온라인 할인, 1+1 같은 가격 촉진을 제공한다. 이러한 판촉은 점포로 고객들이 내방할 수 있게 하는 중요한 역할을 하여 평균 구매량을 증가시키든가 재 구매를 창출한다. 그러나 소매 촉진은 고객에게도 신상품이 무엇이고 언제 구매 가능하며 가격이 얼마인지에 대한 정보를 줌으로써 고객에게 가치를 제공한다.

또 다른 형태의 판매 촉진은 구매시점(POP, point-of-purchase)에서의 디스플레이, 사인 또는 매대 끝과 같은 전략적 위치를 이용하여 고객에게 정보를 주고 판촉 품목에 대한 구매를 자극하는 것이다.

전통적인 촉진 수단 뿐만 아니라 많은 소매상들은 점포가 무엇을 제공할 수 있는지를 보여주고 홍보하기 위한 수단으로 소매 환경에 자원을 많이 투입한다. 이러한 형태의 판촉은 점포내 디스플레이, 윈도우 디스플레이 같은 잘 알려진 방법이나 고객에게 새로운 쇼핑 경험과 가치를 제공할 수 있는 새로운 방법을 포함한다. 미국 조지아 주의 Lawrenceville에 있는 Bass Pro Shops Outdoor World은 낚시 시연을 위해 물고기로 가득 찬 30,000 갤런의 수족관, 실내 활쏘기 터, 43 피트의 암벽 등반용 벽 등을 제공하고 있다. 이러한 특징들은 고객들의 시각적 경험, 교육적 정보, 구매 전 시연 등을 제공함으로써 점포의 달성 가능 매출액을 증가시킨다. 쇼핑 경험에 재미를 추가함으로써 이러한 활동들은 온라인 쇼핑으로 매출액이 급감하고 있는 오프라인 점포의 고객들을 다시 불러 모으는 데 도움을 준다.

다양한 요인들이 고객들이 한번 점포에 들어온 후 실제 구매하는 데 영향을 준다. 소비자들이 지각하는 가치와 점포애고는 점포의 외관과 느낌에 의해 영향을 받는다. 또한 음악, 칼라, 향기, 복도 크기, 조명, 혼잡도 등은 소비자의 쇼핑 경험에 중요한 영향을 준다. 따라서 점포가 더 즐거운 쇼핑 경험을 제공하는 정도에 따라 더 좋은 쇼핑 무드가 조성되고 이는 소비자가 더 많은 돈을 쓰게 만든다.[30]

조지아 주의 Lawrenceville에 있는 Bass Pro Shops Outdoor World는 점포를 홍보하는 방법으로 43-푸트 등산용 벽을 사용한다.

한 예로, 파격적인 스타일의 C. Wonder 점포를 생각해 보자. 이 72,000 평방 피트에 달하는 거대 상점은 각각의 독특한 개성과 느낌을 주는 다양한 독자적인 후미진 공간, 예컨대 English Town House, Vail Cabin, Palm Springs Modern, Hollywood Regency 등으로 구성되어 있다. 이 분리되어 있는 공간들은 고객들이 가능한 한 많은 상품들을 돌아다니면서 접하게 한다. 고객들에게 그들의 쇼핑 경험을 통제할 수 있다는 느낌을 주기 위하여 C. Wonder's의 탈의실에서는 고객들이 자기의 취향에 맞도록 음악과 조명을 조절할 수 있도록 한다.[31]

인적 판매와 고객 서비스를 담당하는 종업원들도 크게 보면 판매 촉진의 할 역할을 담당한다. 소매업체들은 고객들이 상품을 용이하게 구매하고 사용할 수 있도록 점포 내에서 대면하든지, 전화로 하든지 또는 인터넷으로 상품 특성이나 가용성 등에 대한 정보를 제공해야 한다. 이러한 영업 사원들은 소비자들이 복잡하거나, 위험하거나 또는 비싸다고 지각하는 에어 컨디션, 다이아몬드 반지 등과 같은 상품들의 판매를 도울 수도 있어야 한다. 제조업체도 그들의 제품이 판매될 수 있도록 여러 가지 도움을 줘야 한다. 예를 들어, Eva는 그녀의 새로 출시된 녹색 화장품을 팔기 위하여 어떻게 사용하는지에 대한 방법을 세미나, 웹, 인쇄 자료 등을 이용하여 알려줄 수 있다. 마지막으로, 판매원이 최종 거래를 마무리할 것이다.

어떤 소매점에서는 판매원이나 고객 서비스 기능이 점포 내 키오스크, 인터넷 또는 셀프 계산대 등으로 대체된다. C. Wonder 점포에서 모든 품목에 내장된 RFID 칩은 상품이 점포내 어디 있는지 영업 사원이 쉽게 추적할 수 있게 한다. 또한 고객들은 물건 값을 계산하기 위하여 계산대에서 기다릴 필요 없이 매장 어디서나 단말기로 상품 값을 스스로 계산한 후 점포를 떠날 수 있다.[32]

전통적으로 소매상들은 모든 고객을 똑같이 대해왔다. 그러나 오늘날 성공적인 소매업체들은 최고의 고객들에게 더 많은 가치를 제공한다. 소매상들이 판매원, 인터넷 탐색, 고객 구매 행동 및 구매 습관 등을 통해 획득한 정보들은 고객 관계 관리(CRM, customer relationship management)에 활용된다. CRM을 이용하여 소매상들은 고객들의 지갑 점유율(share of wallet) 즉 고객의 전체 구매 중 특정 소매상에서 구입한 비율을 증가시키기 위하여 그들의 제품, 가격, 판촉 등을 수정한다. 예를 들어, 다중경로를 활용하는 소매상들은 고객의 인터넷 탐색과 구매 행동을 추적하여 수집한 정보들을 활용하여 특정 상품이나 서비스를 판촉하는 개별화된 이메일을 보낸다. 또한 소매상들은 우량 고객들에게 더 큰 애호도를 끌어내기 위하여 특별 할인을 제공하기도 한다.

유통

소매업체들은 편리성이 성공요인 중의 하나란 것을 알기 때문에 편리한 입지를 중요시한다.[33] 소매업의 오래된 금언 중의 하나는 소매업에서 가장 중요한 세 가지는 "입지, 입지, 입지"라는 것이다. 많은 고객들은 점포가 어디에 입지해 있는가를 기준으로 점포를 선택하기 때문에 좋은 입지를 선정한다는 것은 경쟁자들이 모방할 수 없는 경쟁 우위를 가진다는 것이다. 예를 들면, 특정 시장에 진출할 때 Starbucks는 그 시장을 포화시킨 후 다른 시장으로 진출하는 전략을 쓴다. Starbucks가 최적의 입지로 한 시장을 포화시킨 연후에 동일한 시장에 Peet's가 파고들려면 적합한 입지를 물색하는 데 큰 어려움을 겪을 것이다.

더 나은 입지를 찾기 위하여 소매상들은 다양한 전략들을 시험하고 있다. Walgreens는 다른 소매상들과 겹치지 않는 동떨어진 독립 점포를 운영하는 데 고객들이 차를 탄 채로 처방전 약을 용이하게 찾아 갈 수 있도록 하는(drive-up window) 서비스를 제공한다. Brookstone 같은 잡화상은 상품이 필요한 소비자는 거기서 살 수 밖에 없는 '포로 시장'(captive market)이 있는 공항 같은 특수한 입지에 상점을 개설한다. Walmart, Staples 같은 전형적인 대형 마트도 표적 고객을 더 잘 충족시키기 위하여 도심 지역에 작은 크기의 점포를 열고 있다.

입지를 더 편리하게 하기 위하여, Walgreens는 다른 소매상들과 겹치지 않는 동떨어진 독립 점포를 운영하는 데 고객들이 차를 탄 채로 처방전 약을 용이하게 찾아 갈 수 있도록 하는 서비스를 제공한다.

LO6 점포의 편익을 파악한다.

소비자를 위한 점포의 편익

이 절에서 우리는 소비자 관점에서 가장 전통적인 소매 경로인 오프라인 점포의 상대적인 이점들을 살펴볼 것이다. 연후에 인터넷 유통경로의 추가가 어떻게 고객 니즈를 만족시키기 위해 소매업체의 능력에 가치를 더하는지를 검토할 것이다.

둘러보기 소비자들은 무엇을 원하는지에 대한 대강의 느낌(예를 들면, 스웨터, 저녁거리, 선물)은 갖고 있지만 그들이 원하는 특정 품목이 무엇인지에 대해서는 잘 모른다. 소비자들은 무엇을 구매할 지를 결정하기 전에 어떤 상품들이 있는지를 알아보기 위해 매장으로 간다. 어떤 소비자들은 웹 사이트나 카탈로그를 통해 상품들을 살펴보기도 하지만 대부분의 소비자들은 여전히 매장을 둘러보는 것을 더 선호한다. 또한 어떤 고객들은 두 가지 어프로치를 같이 쓰는데, 인터넷이나 카탈로그를 통해 무엇이 있는지를 살핀 다음, 매장에 가서 실제 상품을 관찰하거나 또는 옷을 입어 본다.

감각적 상품 관찰 점포 판매가 제공하는 가장 큰 이점은 아마 고객들이 5가지 감각—촉각, 후각, 미각, 시각, 청각—을 모두 사용하여 상품을 살펴볼 수 있다는 점일 것이다.

개인적 서비스 판매원들은 의미 있고 개인화된 정보를 제공할 수 있는 능력이 있어야 한다. 영업 사원들은 예를 들어, 복잡한 전자 제품이나 또는 거친 원단으로 된 일본 스타일 청바지 등을 구매할 때 도움을 줄 수 있어야 한다.

Minneapolis의 Mall of America에 있는 Legoland에서 고객들은 다른 사람들과 같이 놀면서 상품들을 둘러보고, 만져보고, 느껴보고, 개인 서비스를 받으며, 쇼핑의 즐거움을 누릴 수 있다.

현금과 신용 지불 점포는 현금지불이 가능한 유일한 유통경로이다. 어떤 고객들은 거래가 간편하고 거래가 바로 성사되며 잠재적인 이자 지불로 이어지지 않기 때문에 현금지불을 선호한다. 반면 또 다른 고객들은 인터넷으로 지불정보를 보내는 것보다 직접 신용카드나 직불카드를 사용하는 것을 더 좋아한다.

즐거움과 사회적 경험 점포 내에서 쇼핑하는 것은 어떤 이들에게 일상생활 속의 짧은 휴식이자 친구들과 소통하는 기회로서 자극적인 경험이 된다.

즉각적인 만족 점포는 고객들이 구매한 상품을 지불한 후 바로 가지고 갈 수 있다는 장점이 있다.

위험 감소 소비자들이 점포에서 상품을 구매할 때 점포의 물리적 실재는 구매할 때 인지되는 위험을 줄이고 상품에 어떤 문제가 있더라도 바로잡을 수 있을 것이라는 확신을 심어준다.

인터넷과 다중경로 소매업의 편익

LO7 다중경로 소매의 편익을 파악한다.

이전 절에서는 우리는 소비자 관점에서 점포의 상대적인 편익을 논의하였다. 이 절에서는 전통적인 점포 소매업체들에게 인터넷 경로의 추가가 어떻게 고객들을 모시는 역량을 증가시키고 경쟁 우위를 구축하는지를 살펴볼 것이다.

첫째, 인터넷 경로의 추가로 더 다양한 상품 구색을 제공할 수 있다. 둘째, 인터넷 경로는 상품이나 서비스에 대한 더 개인화된 정보를 고객에게 제공할 수 있게 한다. 셋째, 인터넷 채널을 통하여 소매업체들은 소비자들이 어떠한 방식으로 쇼핑하는지에 대한 정보를 수집하고 이 정보를 이용해 모든 채널에서의 고객 쇼핑 경험을 향상시킬 수 있다. 넷째, 인터넷 경로는 소매업체들이 경제적으로 새로운 시장에 진출할 수 있게 한다.

깊고 넓은 상품 구색

인터넷 채널의 이점중의 하나는 매장을 혼잡하게 할 필요 없이 또는 매장 면적을 추가할 필요도 없이 소매업체가 소비자들에게 제공할 수 있는 상품들을 방대하게 할 수 있다는 것이다. 점포나 카탈로그는 상품 취급에 제한적이다. 인터넷을 통해 쇼핑할 때 소비자들은 여러 소매업체들을 쉽게 방문하고 용이하게 상품을 선택할 수 있다. 소매 웹 사이트들은 일반적으로 점포 또는 카탈로그보다 다양한 상품의 구색(더 많은 색상, 브랜드, 사이즈)을 갖추고 있다. 이는 덜 인기 있는 스타일, 색상, 사이즈를 원하는 소비자들의 요구까지도 만족시킬 수 있게 한다. 많은 소매업체는 그들의 웹 사이트에서 더 많은 상품 카테고리 즉, 더 넓은 구색을 제공한다. 예컨대, Staples.com에서는 기업고객들의 원스톱 쇼핑을 위하여 오프라인 점포에서는 판매하지 않는 음료수나 청소용 비품 등을 판매한다.

개인화

인터넷 채널이 지닌 다른 중요한 장점은 개별화된 판매 등을 포함하여 판매촉진이나 서비스를 경제적으로 개인화할 수 있는 능력이다.

Bulefly.com에서는 고객들은 고객 서비스 판매원과 즉각적인 이메일 메시지 또는 대화를 주고받을 수 있다.

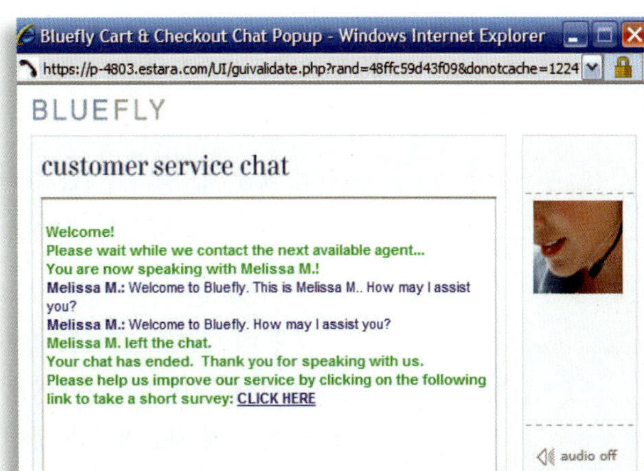

개인화된 고객 서비스 고객의 질문—FAQ(자주 묻는 질문들) 페이지와 문의를 위한 800번호나 이메일 주소제공—에 대한 답변을 위주로 하는 전통적인 인터넷 채널은 종종 고객들이 원하는 시기에 알맞은 정보를 제공하지 못한다. 인터넷 경로를 통한 고객서비스 향상을 위해 많은 소매업체들이 실시간 온라인 채팅을 제공하고 있다. **온라인 채팅**은 고객들에게 언제든지 버튼을 클릭할 기회를 주어 이메일이 즉시 전달되도록 하거나 고객서비스 담당자와 즉각적인 문자 대화를 할 수 있도록 한다. 또한 이 기술은 전자상거래 소매업체들이 먼저 사이트에 있는 고객들에게 채팅 초대를

윤리와 사회적 딜레마 사례 14.1 고객 사생활의 보호

만약 낯선 사람이 여러분을 뒤쫓거나 창문을 통해 자세히 본다면, 아마도 여러분들은 사생활이 침해되었다고 느낄 것이다. 반면, 어떤 인터넷 소매점은 소비자들의 인터넷 발자취를 추적하고 검색, 쇼핑, 소비습관 등을 관찰한다. 동시에 이러한 인터넷 소매점은 온라인 쇼핑객들의 개인정보 및 재무정보를 보호하기 위해 첨단 보안기술을 사용하고 있으며, 소비자들의 개인 사생활을 보호하고 있다. 그래서 온라인 환경에서 개인사생활을 어떻게 정의하고 개인 사생활이 침해 되었을 경우 어떻게 그 사실을 알 수 있을까?

이러한 주제는 개인, 문화 또는 국가가 개인 사생활을 동일한 방법으로 정의하고 있지 않기 때문에 상당히 큰 논란 속에 있다. 예를 들면, 개인 정보는 개인에 귀속되어 있고 허락 없이 공유되지 말아야 된다고 생각한다. 반대로 동창회는 모금활동과 관계망 구축을 목적으로 과거 졸업생들에 대한 행방을 알 권리가 있다고 생각한다.

소매점들은 이익이 될 만한 쇼핑객의 온라인 습관을 수집하고 분석한다. 인터넷 사용기록의 일종인 쿠키(cookies)는 고객들이 웹사이트를 어떻게 이동하고 있는지에 대한 자료를 수집하는 데 도움이 되고, 또한 제품 특성을 탐색하거나 제품의 구매 및 비구매 여부를 결정하기 위해 고객들이 마우스를 클릭한 현황을 모니터링할 수 있게 한다.[34] 점포 또는 카탈로그 쇼핑객으로부터 이와 같은 정보를 수집하는 것은 어려우며, 그 이유는 정보를 얻기 위해 점포방문 고객을 계속 따라다녀야 하거나 카탈로그 페이지를 넘기는 고객을 계속 관찰해야 하기 때문이다. 어느 한 이 커머스(e-commerce) 마케팅 회사는 소비자들이 단체 이메일 보다 개별 이메일을 확인하려는 경향이 50%이상 높고 개별 이메일이 단체 이메일 보다 50%이상의 수입을 창출한다고 하였다.[35] 일부 소비자들이 이러한 이메일을 수신하는 것에 대해 호의적일 수 있으나, 이메일과 이와 유사한 활동들은 개인과 소비자 단체에 경계심을 불러일으키게 하고 많은 쇼핑객들에게 불쾌감을 줄 수 있다. 이러한 우려감은 정보를 사용하는 방법 보다 개인 정보의 오용 가능성을 더 크게 인지하고 있기 때문이다.

글로벌 규모로 볼 때 상황은 더 복잡해지고 있는데, 그 이유는 각 나라마다 개인 정보 보호법이 서로 다르기 때문이다. 유럽연합(EU)과 다른 국가들은 미국보다 엄격한 소비자 개인 정보 보호법을 적용시키고 있다. 유럽 연합의 정책은 다이렉트 마케팅 수단인 이메일을 보내기 위해서는 반드시 소비자의 동의를 받게끔 하고 있다. 이러한 동의는 이메일 수신자의 사전 동의를 통해 발송될 수 있도록 한 옵트 인(opt in) 방식을 따른다. 이와 달리 미국에서의 개인정보는 일반적으로 공공의 영역에 있는 것으로 간주하여 소비자들이 소매점에게 개인정보를 사용하지 말 것을 요청하지 않는 한 소매점은 소비자들에게 다이렉트 마케팅을 수행할 수 있다. 이러한 방식을 옵트 아웃(opt out)이라 한다.[36] 적어도 다이렉트 마케팅 이메일에서 미국과 유럽 연합 모두 옵트 아웃 정보를 포함해야만 한다.

연방통상위원회(FTC; Federal Trade Commission)는 소비자의 온라인 관련 개인정보를 보호하기 위한 지침서를 지속적으로 개발하고 있다. 정보의 수집과 사용을 소비자들에게 알려줄 것을 권고하고 있으며, 이는 소비자들이 옵트 인 또는 옵트 아웃을 따르게 하고 정보의 정확성을 확인할 수 있으며, 개인정보를 훔치거나 조작하는 것을 방지할 수 있다. 연방통상위원회(FTC)는 온라인 어린이 보호법(COPPA: Children's Online Privacy Protection Act)을 근간으로 어린이를 위한 특별 보호지침도 제공하고 있다. 상업적 웹사이트는 13세 이하의 어린이에 대한 정보를 수집할 경우 부모의 허락을 먼저 받아야 한다는 것이다.[37]

그러나 성인 웹사이트에 대한 지침서 준수는 강제적 사항이 아니기 때문에 지침서의 준수가 가끔 무시되어 진다. 소비자 보호 단체는 지침서 준수의 의무화를 강력히 주장하고 있다. 이에 대한 결과로 점점 많은 소매업체들이 그들의 정보 수집 방법을 공표하고 있으며, 소매업체들은 소비자들이 옵트 인 또는 옵트 아웃을 선택할 수 있도록 허용하고 있다.

할 수 있도록 한다. 예를 들어, Bluefly.com에서는 방문자가 5분 안에 3가지 이상의 품목을 찾아보면 이는 일시적인 관심이상을 의미하는 것이기 때문에, Bluefly는 도움을 제안하는 다정한 얼굴의 팝업창을 보여준다.[38]

개인화된 상품 제공 인터넷의 상호작용적 특성은 소매업체들이 각각의 고객들의 행동에 맞추어 판매를 개인화할 수 있는 기회를 준다는 것이다. 훈련이 잘 된 판매원이 계산하기 전에 고객에게 다른 상품을 추천하는 것처럼 상호작용적인 웹 페이지는 과거 구매 자료에 근거하여 고객이 보고 싶어 할지도 모르는 상품이나 또는 똑같은 상품을 구매한 다른 고객이 함께 구매했던 상품들을 제시하기도 한다.

가치 부가 사례 14.2 개인의 기호에 맞추는 창고형 할인매장[39]

Walmart와 Walmart의 창고형 할인매장인 Sam's Club은 대중 마케팅 분야에서 최고로 알려져 있다. 이 두 회사는 모든 사람을 위해 상품을 제공한다. 그러나 고객들이 Sam's Club의 eValue 프로그램 회원으로 가입할 경우 고객 맞춤형 상품 또는 서비스를 받게 된다. 이러한 현명한 할인은 본원적 판매촉진 활동 보다 더 소구되고 있는데, 그 이유는 고객이 과거 구매를 통해 이미 관심을 표현했던 상품과 관련성이 있기 때문이다.

Sam's Club은 모든 거래로부터 생성된 정보를 수집하기 위해 정교한 데이터 마이닝 기술을 활용하고 있다. 이러한 정보는 더 우수한 고객을 표적화 하는 데 도움이 될 뿐만 아니라 최고의 상품을 선별하기 위한 평가의 부담을 줄여준다.

그 다음으로 Sam's Club은 향후 고객이 무엇을 구매할 것인지를 추정하기 위해, 예측분석기법을 개발했다. 단순한 예로, 한 가정에서 새로 출시된 아기 기저귀를 구매한다고 생각하자. 쇼핑을 하고 있는 동안 고객들은 즉각적인 구매를 촉진하기 위해 창문닦이 제품의 쿠폰을 받을 수도 있다. 그 후 가족은 구매한 것보다 사이즈가 더 큰 기저귀 제품의 쿠폰을 받을 수 있는데, 이는 미래에 그 제품을 구매하도록 장려하기 위함이다. 각 개별 고객별로 쿠폰등과 같은 제공물이 회원카드에 등록되기 때문에 쇼핑하기 위해 할인 쿠폰을 지참해야 한다는 것을 기억할 필요가 없다.

Sam's Club은 세 개의 카테고리로 판촉행사를 구분하고, 각각에 대한 판촉행사를 고객에게 제공해준다. 판촉행사의 종류는 보상, 일상적 구매 제품에 대한 인센티브, 그리고 전혀 구매한 적이 없는 상품에 대한 쿠폰 제공 등이다. 판촉 행사가 적용된 상품에 대한 반응률은 매우 인상적으로 나타났다. 매스마케팅용 판촉행사의 반응률은 1~2%로 나타난 반면, 세분화된 판촉행사의 반응률은 5~6%까지 증가된다. Sam's Club은 예측분석기법을 사용하여 반응률을 20~30%까지 달성하였다. 분석기법의 능력을 가진 Sam's Club은 고객들에게 엄청난 가치를 제공하고 있다.

어떤 다중 유통경로 소매업체들은 쇼퍼의 현재 혹은 이전의 웹 세션과 연관된 몇몇 요인들, 예컨대 특정 시간, 인터넷 주소를 통해 알 수 있는 시간대, 추정 성별 등에 기초하여 판촉이나 홈 페이지를 개인화하기도 한다.[40] 그러나 어떤 소비자들은 구매 경력, 개인 정보, 인터넷 탐색 행동 등에 기초하여 정보를 수집하는 것을 염려한다. 어떻게 이러한 정보가 미래에 사용될까? 다른 기업들에게 정보가 팔리지는 않을까? 또는 소비자가 메일이나 온라인으로 원하지 않는 판촉물들을 받지는 않을까? 〈윤리와 사회적 딜레마 사례 14.1〉은 이러한 질문들에 대한 답들을 진지하게 생각하게 할 것이다.

시장 범위의 확대

오프라인 점포를 이용하는 고객들의 시장 범위는 일반적으로 점포 인근에 사는 소비자들에 국한된다. 카탈로그의 시장 범위는 카탈로그를 인쇄하고 우편으로 보내는 데 드는 높은 비용과 증가하는 환경 친화적인 요구사항에 제약을 받는다. 인터넷 채널의 추가는 소매업체들에게 신규 점포를 지을 필요 없이 또 추가적인 카탈로그의 높은 비용 부담 없이 시장을 확장할 수 있게 한다. 인터넷 유통경로는 강력한 브랜드 인지도를 가졌으나 입지와 유통망에 한계점을 가진 기업에게 특히 도움이 된다. 예를 들면 Nodstrom's, REI, IKEA, L.L. Bean 같은 소매업체들은 특색 있고 양질의 상품을 제공하는 것으로 유명하다. 이러한 소매업체들이 만약 점포만 갖고 있다면, 고객들은 상품들을 구매하기 위하여 먼 곳까지 가야 할 것이다.

LO8 다중경로 소매의 미래 과제를 생각해 본다.

효과적인 다중경로 소매업

소비자들은 다중경로 소매상들과 접촉할 때 매끄러운 쇼핑 경험을 원한다. 소비자들은 판매원과 접촉할 때, 웹 사이트에서 또는 콜 센터에서 접촉할 때 소매상이 인지해주기를 원한다. 고객들은 소매업체의 인터넷이나 카탈로그에서 상품을 사고 인근 점포에서 찾아가기를 원한다. 또한 인터넷 쇼핑몰에서 봤던 상품이 동네 점포에 있는지 체크하고, 점포에 없다면 인터넷 유통경로를 통해 집까지 배달되는지를 알아볼 것이다.

그러나 이런 매끄러운 쇼핑 경험을 고객에게 제공하는 것이 소매업체에게 쉬운 일은 아니다. 각 유통경로의 특성이 조금씩 다르기 때문에 다중경로 소매업체가 직면하는 중요한 의사결정은 각 유통경로의 운영을 어떻게, 얼마나 통합하느냐 하는 것이다. 얼마만큼 통합하는 것이 최적이냐를 결정하기 위해 각 소매업체는 통합된 CRM, 브랜드 이미지, 가격결정 문제, 공급사슬 등과 같은 이슈들을 고민해야 한다.[41]

통합된 CRM

효과적인 다중경로 운영은 통합된 고객관계관리(CRM, customer relationship management)시스템을 요구한다. 통합된 CRM 시스템은 판매가 점포, 인터넷, 전화 등 어디에서 일어났든 간에 상관없이 한 고객의 소매상과의 모든 접촉 기록을 보유하는 중앙집중식 고객 데이터 창고를 말한다.[42] 〈가치 부가 사례 14.2〉는 창고형 할인매장인 Sam's Club이 어떻게 통합된 CRM 시스템을 잘 구현하고 있는지에 관한 재미있는 사례를 보여 준다. 이 정보 창고는 소매상이 불평, 반품, 판촉 들을 효율적으로 처리하고, 고객들이 다중 유통경로를 통해 소매상과 접촉할 때 매끄러운 쇼핑 경험을 고객들에게 제공할 수 있게 도와준다.

브랜드 이미지

다중경로 소매업체는 고객에게 모든 채널을 아우르는 일관된 이미지를 주어야 한다. 예를 들면 Patagonia는 점포, 카탈로그, 웹 사이트에서 고품질의 친환경적 스포츠용품을 판다는 이미지를 강화하였다. 각 유통경로에서 Patagonia의 제품 설명서는 패션이 아닌 기능을 강조한다. 뿐만 아니라 설명서를 통해 환경적인 지향과 특정한 프로그램을 아주 자세하게 설명한다. 예를 들어, Patagonia는 그들의 시간, 서비스 그리고 적어도 매출액의 1%를 환경오염을 막기 위해 노력하는 전 세계의 수백 개의 환경 단체에 기부하고 있다. 또한 매장 점포 조명을 조절하거나, 재활용된 폴리에스터를 의류제품에 사용하거나 화학섬유가 아닌 유기농 재배면을 사용하는 등의 노력은 환경을 돌보는 Patagonia의 포지션을 명확히 보여준다.

가격

가격 산정은 다중경로 소매업체에 있어 또 다른 어려운 결정이다. 고객은 운송 요금이나 매출 세금을 제외한 가격이 동일한 SKU에 대해서는 전 채널에 걸쳐 일관되기

Patagonia 같은 다중경로 소매상은 인터넷(왼쪽), 카탈로그(오른쪽), 점포(아래)를 모두 이용하여 상품들을 판매한다.

를 기대한다. 그러나 어떤 경우 소매업체는 다른 유통경로와의 경쟁 상황에 직면하여 그들의 가격 전략을 조정할 때가 있다. 예를 들면 Barnes & Noble는 Amazon.com에 효과적으로 대응하기 위하여 인터넷 경로(www.bn.com)에서는 점포보다 낮은 가격에 판매한다.

여러 시장에 점포를 가지고 있는 소매업체는 지역 로컬 점포들과 경쟁하기 위하여 종종 동일한 상품에 다른 가격을 매기기도 한다, 일반 소비자들의 경우 그들의 지역 시장에만 노출되어 있기 때문에 이러한 가격차이가 존재하는 것을 알아채지 못한다. 그러나 여러 유통경로를 이용하는 소비자는 인터넷을 통해 쉽게 가격을 확인할 수 있기 때문에 다중경로 소매업체는 지역적 가격 차이를 유지하는 데 어려움을 겪을 것이다.

공급 사슬

다중경로 소매업체들은 각 채널 별 독특한 스킬이나 자원이 필요하기 때문에 모든 채널을 아우르는 통합된 쇼핑 경험을 제공하는 데 어려움을 겪고 있다.[43] 예를 들면, 오프라인 점포를 근간으로 하는 소매 체인은 각 점포별 재고와 종업원 관리 전문가가 필요하다. 반면에 인터넷과 카탈로그 경로에서는 재고와 콜센터 판매원은 전형적으로 한두 군데의 장소에 집중되어 있다. 또한 오프라인 점포 경로를 지원하는 물류 센터들은 점포로 많은 양의 상품들을 배송하도록 설계되어 있다. 반면에 카탈로그나 인터넷 경로를 지원하는 물류 센터들은 개별 고객들에게 소량의 상품을 배송하도록 설계되어 있다. 이러한 배송 방식의 차이는 완전히 다른 물류 센터를 요구한다.

이런 운영 방식의 차이 때문에 많은 점포 중심 소매업체들은 인터넷과 카탈로그

경로를 관리하는 독립된 조직을 가진다. 그러나 다중경로 운영이 성장하여 더 성숙해지면 소매업체들은 한 조직하에 모든 운영들을 통합하는 경향이 있다. Walmart와 JCPenney는 처음에는 인터넷 경로를 운영하기 위해 독립된 조직을 가졌으나 나중에는 점포와 카탈로그 담당 조직을 통합하였다.

요점 정리

LO1 제조업체가 소매업자와 공동으로 전략을 개발할 때 고려해야 할 네 가지 요인을 논의한다.

제조업체들이 소매 파트너를 처음 선정하는 의사결정을 할 때 제조업체들은 특정 소매상이 그들의 상품을 어떻게 잘 취급하는지, 표적 고객들이 그 소매 점포에서 자사 상품들을 판매하는 것을 기대하는지 등을 고려한다. 그 다음, 제조업체들은 그들의 상품들을 판매하는 적당한 업태를 파악해야 한다. 적당한 업태와 소매상을 파악한 후, 제조업체들은 소매 파트너와 협력하여 4Ps 전략을 개발하고 실행해야 한다. 마지막으로, 제조업체는 효과적인 다중 경로 전략을 소매 파트너와 협력하여 결정해야 한다. 이러한 의사 결정들은 동시에 정해질 수도 있고 순차적으로 정해질 수도 있다.

LO2 소매 파트너를 선정할 때 고려해야 할 사항들을 점검해 본다.

먼저 제조업체는 수직적 통합의 정도, 소매상과 제조업체의 상대적 강점, 브랜드의 강점 등의 기초적인 경로 구조의 특징들을 점검해 본다. 또한 제조업체들은 표적 고객들이 어느 곳에서 그들의 상품을 찾을까를 고려하는 데, 이는 거의 소매상의 이미지에 달려 있다. 뿐만 아니라 유통 집중도의 수준 같은 경로 구성원 특성도 중요한 고려 요인 중의 하나이다.

LO3 유통 집중도의 세 가지 수준을 알아본다.

집중적 유통 집중도는 거의 모든 점포가 상품을 판매하는 것을 의미한다. 배타적 유통 집중도에서는 제조업체는 특정 지역에서 하나의 소매상이나 소매 체인만 상품을 팔 수 있게 하는 전략이다. 선택적 유통은 두 단계의 중간 정도인데, 몇 개의 능력 있는 소매상만 상품을 파는 것을 말한다.

LO4 다양한 소매 유형과 업태를 논의한다.

소매업체는 일반적으로 식품 소매업체, 일반 상품 소매업체, 서비스 소매업체 등의 세 가지 유형으로 분류된다. 각각의 소매 유형은 다양한 업태 즉, 슈퍼마켓, 슈퍼센터, 창고형 할인매장, 편의점, 백화점, 할인점, 전문점, 드럭 스토어, 카테고리 킬러, 초 가치 소매상, 상설 할인매장 등으로 구성된다. 서비스 소매업체는 주로 서비스를 판매하지만 소비자들에게 판다면 여전히 소매상이다. 서비스 소매업체는 대학교부터 자동차 오일 교환 정비업소까지 그 범위가 아주 넓다.

LO5 소매 전략의 구성요인을 생각해 본다.

효과적인 채널 파트너십의 주요 목표인 조정된 전략을 개발하기 위하여 소매업체와 제조업체는 제품, 유통, 촉진 및 가격 전략을 통합적으로 연결하여야 한다.

LO6 점포의 편익을 파악한다.

소비자들은 일반적으로 무엇을 살 것인가에 관한 일반적인 생각을 하고 점포에 들어오기 때문에 점포들은 소비자들이 무슨 상품과 브랜드들이 있나 효율적으로 둘러보게 함으로써 주요 편익을 소비자들에게 제공한다. 소비자들은 상품을 만지고 느끼며, 개인 서비스를 받고, 현금이나 신용 카드를 사용하고, 쇼핑의 즐거움과 경험을 하며, 위험 감소와 즉각적인 만족의 편익을 오프라인 점포로부터 받는다.

LO7 다중경로 소매의 편익을 파악한다.

점포, 카탈로그, 인터넷 등의 다양한 소매 경로들은 상품 가용성, 편의성, 안전성 등의 혜택과 한계점을 각각 가지고 있다. 특정 소매상이 다중경로 전략을 채택한다면 이 소매상은 각 채널의 장 · 단점을 활용하여 전체적인 시장 범위를 확대할 수 있다. 더욱이 다중 유통

경로 전략은 더 큰 고객의 지갑 점유율을 확보하고 고객 구매 행동을 파악할 수 있는 기회를 제공한다.

LO8 다중경로 소매의 미래 과제를 생각할 수 있다.
소매업체들은 통합된 고객 경험을 제공할 수 있도록 다중 유통경로를 효과적으로 운영하여야 한다. 특히 소매업체들은 통합된 CRM 시스템을 구축하여야 하고, 다양한 채널을 통해 일관된 브랜드 이미지를 어떻게 유지할 수 있을지를 결정해야 한다. 예를 들면, 다른 경로간에 같은 가격을 매길지, 다른 가격을 책정할지 또는 여러 유통경로에 어떻게 하면 최적으로 상품들을 배송할지 등을 생각해 보아야 한다.

핵심용어

- 공동 광고 (cooperative(co-op) advertising)
- 다중경로 전략 (multichannel strategy)
- 단품(stock keeping unit, SKU)
- 대형 선반 소매점(big box retailer)
- 독점 공동 브랜드 (exclusive co-brand)
- 독점적 유통(exclusive distribution)
- 드럭 스토어(drugstores)
- 모바일 커머스(mobile-commerce)
- 백화점(department stores)
- 상설 할인 소매업체 (off-price retailers)
- 서비스 소매업체(services retailers)
- 선택적 유통(selective distribution)
- 소매업(retailing)
- 슈퍼센터(supercenters)
- 온라인 채팅(online chat)
- 옵트 아웃(opt out)
- 옵트 인(opt in)
- 유통 집중도(distribution density)
- 전문점(specialty stores)
- 전통적 슈퍼마켓 (conventional supermarket)
- 종합 할인점 (full-line discount stores)
- 지갑 점유율(share of wallet)
- 집중적 유통(intensive distribution)
- 초 가치 소매업체 (extreme value retailers)
- 초 가치 식품 소매업 (extreme value retailers)
- 카테고리 전문점 (category specialists)
- 카테고리 킬러(category killers)
- 쿠키(cookie)
- 창고형 할인매장(warehouse clubs)
- 편의점(convenience stores)
- 한정 구색 슈퍼마켓 (limited assortment supermarkets)

사례 연구

Target과 새로운 형태의 파트너십

Connect

미국에서 두 번째로 큰 대형 마트인 미니애폴리스에 본사를 둔 Target은 고객에게 비싸지 않은 적당한 가격에 패션스런 가정용품과 의류를 제공하기 위하여 새로운 형태의 소매 파트너십을 구축하는 혁신 기업이다. 근래 Target.com 웹 사이트를 개설했을 뿐만 아니라 Target은 미국 전역에 37개의 물류 센터를 두고, 49개주에서 약 1,800개의 점포를 운영하고 있으며 인도에도 별도 법인을 두고 있다.[44] 의류와 엑서사리가 연 매출의 약 20%를 차지한다.

경쟁사들인 Walmart와 Kmart와 유사하게 Target도 화장품, 아동 의류, 가정용품, 전자제품 등 거의 모든 상품을 판매하는 대형 할인점이다. 그러나 Target은 Michael Graves, Issac Mizrahi 같은 최고 디자이너들과 협업하여 독특한 한정판 상품을 만드는 등 독점적 파트너십을 구축하여 고유의 포지션을 가진다. 다른 소매상들도 독점 브랜드를 디자이너들과 만들기도 하지만, 예컨대 Kohl's는 디자이너 Vera Wang과 같이 2010년 전체 의류 매출액의 약 50%를 차지했던 Simply Vera 품목을 만들기도 하였지만 여전히 저렴한 가격을 유지하는 데 어려움을 겪고 있다.[45]

디자이너들과 협업하는 것이 혼자는 아니지만 Target이 이 전략을 가장 성공적으로 하는 것 같다. Target은 1999년 처음으로 유명한 건축가 Michael Graves와 협업을 하였는데 이때 만들어진 차 주전자와 토스터들은 가정용품에 "디자인"을 주입했다 해서 불티나게 팔리었다.[46] 그 이후 Target은 대중 시장에 그들의 독점 브랜드를 선보이고 싶어 하는 80명 이상의 디자이너들과 작업하였다.[47]

대부분의 파트너십은 특정 시간대로 한정되었고 이는 협업 상품에 대한 독점성과 긴급성의 느낌을 만들었다. Target은 2011년 휴가철 상품으로 여러 개의 디자이너 브랜드를 출시하였다. 예를 들어, 디자이너 Gwen Stefani의 Harajuku Mini 아동복, Albertuse Swanepoel의 모자, Dana Kellin이 디자인한 보석류 등이 그런 상품이다. 한정판이든 좀더 장기적 품목이든 간에 그러한 파트너십은 중간 가격대로 고급 상품과 브랜드를 계속해서 판매함으로써 Target의 수익성을 높이었다.

Missoni와 Target의 콜라보레이션은 업계에 큰 반향을 일으켰다. 이태리의 고급 패션회사가 대중 할인점인 Target가 협업 상품을 만든다고 했을 때 패션업계는 경악을 하였다. 알다시피 거대한 대중 할인점인 Target은 Missoni가 만드는 고급 니트나 의류와는 완전히 대척점에 있는 회사이기 때문이다. Facebook, 다른 소셜 미디어, 맨해튼 팝업 매장을 통한 Target의 발표는 패션 마니아, 유명인사, Missoni 팬 뿐만 아니라 일반 대중의 흥분에도 불을 지폈다.

물론 그러한 흥분은 동시에 문제도 일으켰다. Target의 웹 사이트는 Missoni 상품의 출시 후에 고객들이 디자이너 상품을 사기 위해 폭주하는 바람에 먹통이 되었다.[48] 이 사이트는 Jason Wu(2008년 미셸 오바마의 취임식 옷을 만든 디자이너)가 그의 상품들을 내놓았을 때도 고장까진 나지 않았었다. Missoni의 경우에는 많은 매장에서 출시하자마자 품절 사태가 일어났다. 마이애미 점포에서 고객들은 한 커플이 잽싸게 들어오자마자 매장에 있는 모든 상품들을 다 구매하는 것을 보고 경악하기도 하고 실망하기도 하였다.[49]

요즈음 Target은 쇼퍼들에게 뭔가 다른 것을 제공하기 위한 방법으로 소매 파트너십을 위한 새로운 모델을 창조했다. Target이 "The Shops at Target"이라 이름붙인 점포내의 점포를 통하여 Target은 작은 전문점 및 부티크와 손을 잡고 애완견 비스켓부터 빈티지 가구까지 1.99달러부터 159.99 달러 가격대의 한정판 상품들을 팔고 있다.

디자이너 브랜드에 할당된 점포내 점포는 여러 군데서 성공적인 전략임이 입증되었다. Macy's는 Ralph Lauren 부티크를 갖고 있고, Bloomingdale's는 Chanel 부티크를 수용하고 있다. Target의 경쟁자인 JCPenney 또한 Sephora 부티크, MNG by Mango, 다른 디자이너 브랜드들을 입점시키고 있다.[50]

"The Shops at Target"의 협업은 일련의 6주 파트너십 프로그램으로 굴러가고 있다. 2012년 5월에 시작된 첫 회 동안 Target은 The Candy Store, The Cos Bar 화장품점, Polka Dog Bakery, Privet House 가정용품 엑서사리점, 고급 마이애미 의류점인 The Webster 등의 5개의 독립 전문점을 선정하였다. 이 기업들은 웹 사이트는 물론이고 Target의 약 1,800개 점포에서 처음으로 전국 시장에서 사업을 시도하는 것이다. Target은 새로운 부티크들을 발굴하여 계속해서 이 프로그램을 진행할 계획이다. 그러나 처음 시도에서 벌써 Target의 온라인과 오프라인 매장에 거의 400개의 새로운 독점 상품들의 재고가 쌓이고 있다.[51]

비슷한 전략으로 Target은 전국적으로 25개의 작은 Apple 소매 매장이 입점한다고 발표하였다.[52] 이는 Apple의 입장에서는 최초의 전략이 아니다. Apple은 Best Buy 점포에 이미 몇 개의 소형 매장을 운영하고 있다. 그러면 뭐가 특별한 소구점일까? Target은 이미 iPads와 iPods을 판매하고 있다. 그러나 확장된 점포형태의 사업은 전자제품을 사러 오지 않은 고객들을 포함하여 새로운 고객들에게 Apple 제품을 팔 수 있을지도 모른다. Apple 고유의 장식과 개성을 한 Apple 점포는 대형 할인점인 Target에 장보러 온 쇼퍼들이 제품을 시험해 보게 할 것이다.[53] 더욱이 매일 Target에 드나드는 소비자들의 대부분이 Apple 매장에서 머뭇거릴 것이고 그들은 재미있고 매력적인 제품을 가지고 놀고 싶은 유혹을 뿌리치지 못할 것이다. 쇼퍼들이 Target을 방문한 그날 사든가 또는 다음번에 다시 오든가 간에 Apple의 매출액은 올라갈 것이다.

Target에서 쇼핑하는 고객들은 새로운 독점 디자이너 브랜드를 끊임없이 기대할 것이고 또한 매장 복도에서 독특하고 전혀 예상치 않았던 상품을 발견할 기회가 많아질 것이다. 요즈음 Target은 그러한 흥분이 새로이 추진되고 있는 소형 전문점과의 파트너십에서도 나타나기를 기대하고 있다. 그러나 이러한 새로운 모델이 이제 막 도입되었으므로 Target은 현재 실망스러운 매출액과 이익이 감소하는 것을 경험하고 있다. Target 점포를 애호하는 고객들은 "싸고 멋진(cheap chic)" 상품을 제공하기 때문에 Target을 "Tarzhay"로 부른다.[54] Target이 앞으로 고민해야 할 문제는 이런 것이다. 어떻게 하면 Target의 이런 애호도 높은 고객들을 다시 오게 하면서 동시에 새로운 형태의 부티크 사업으로 더 많은 고객들을 끌어들이는가 하는 것이다.

확인 문제

1. 대형 할인점으로서 Target의 성공에 기여한 소비자 기대의 역할을 평가해보시오.
2. Target의 기존 유명 디자이너와의 파트너십과 Target이 새로이 추구하는 부티크와의 파트너십 모델과의 차이점을 설명해보시오. 각각의 상대점인 장점들은 무엇인가?
3. 유명 디자이너들과 고급 전문점을 소매 파트너로 둘 수 있는 Target의 능력은 무엇인가?
4. Apple이 오랫동안 독자적으로 독립 매장을 운영하고 있었음에도 불구하고 Target과의 파트너십에 관심을 가지는 이유는 무엇이라고 생각하나?
5. 이 장에서 설명한 소매 파트너를 선정하는 데 중요한 요인들을 생각해 본 후, 당신은 Eva의 신규 녹색 화장품이 Target에 상품을 들여놓기 위해서 노력해야 한다고 생각하는가?
6. 신규 전문점 파트너십 프로그램으로 Target이 Eva의 녹색 화장품을 판매촉진하는 전략을 개발해보시오.

SECTION 7

시장 평가

시장 이해

시장 타겟팅

가치 창조

가치 획득

가치 전달: 마케팅 경로 및 공급사슬 디자인

가치 커뮤니케이션

가치 커뮤니케이션

CHAPTER 15
통합적 마케팅 커뮤니케이션

CHAPTER 16
광고, 공중관계, 판매촉진, 그리고 인적판매

7부에서는 가치 커뮤니케이션에 대하여 알아본다. 오늘날 가치 커뮤니케이션 기법은 더 복잡해졌다. 그것은 이메일, 블로그, 인터넷, 그리고 팟케스트 등의 신기술이 한때 라디오, TV, 신문, 잡지를 활용하던 광고믹스에 추가되었기 때문이다. 15장에서는 통합적 마케팅 커뮤니케이션에 대해 폭넓게 소개한다. 16장에서는 광고, 공중관계, 판매촉진, 그리고 인적판매에 관하여 논의한다.

Coca-Cola
ALWAYS COOL · ALWAYS COCA-COLA ·
Coca-Cola

CHAPTER 15

통합적 마케팅 커뮤니케이션

인터넷과 온라인의 엄청난 팽창은 광고를 급진적으로 변화시켰다. 기업들의 메시지는 TV, 신문/잡지, 라디오, 이메일, 인터넷 등 보는 송류의 매체를 통해 퍼져나가고 있다.

시장에서 성공하기 위해서는 다양한 방법으로 끊임없이 제품이나 서비스의 가치를 알려야 한다. 다양한 채널을 통해 자신들의 상표를 촉진할 때 소비자들에게 도달할 가능성이 더 높다. 다채널(multimedia) 마케팅 커뮤니케이션에서는 다양한 매체들을 효율적으로 조정하고 통합하는 것이 핵심이다. 그러나 라디오, TV, 신문/잡지 광고들은 각각의 구성요소, 음색 등 특성과 스타일이 다르기 때문에 상표가 추구하는 것을 일관성 있게 유지하는 것이 쉽지 않다. 이에 더하여 Facebook이나 Twitter 같은 사회통신망을 통해 소비자에게 접근할 때는 더더욱 마케팅 커뮤니케이션의 조정과 통합이 필요하다.

커뮤니케이션 통합의 좋은 예는 2012년 Super Bowl XLVI이 방송되는 동안 등장한 것인데, Coca Cola는 TV광고를 통해 통합된 마케팅 이벤트를 선보였다. 이 광고는 소비자들을 Coca Cola의 소셜 미디어 마케팅 채널로 유인했다. New York Giants가 New England Patriots를 이겼을 때, 1993년 Super Bowl 광고에 처음 등장해서 Coca Cola의 광고 캐릭터로 잘 알려진 북극곰이 생동감 있는 동작의 애니메이션으로 나타난다.[1] 이 시기에 놀랍게 발전한 애니메이션 기술은 경기하는 동안에 벌어진 실제상황에 곰이 반응하는 것을 보여준다. 또한 광고는 시청자들이 Coca Cola의 실시간 YouTube 피드(Coke's live-stream YouTube feed)에 접속하도록 안내했다. YouTube 피드에서는 경기상황에 따라 실시간으로 반응하는 곰을 볼 수 있다.[2]

이에 더하여 하프타임 광고인 'Catch(뚱뚱한 북극곰이 소중한 Coca Cola 병를 잡기 위해 얼음 위에서 우아하게 비틀거리는 내용)'는 거의 50만번의 뷰(view)가 있었다. 4쿼터에 있었던 북극곰 터치다운 세레모니는 YouTube에서 33,000번 이상의 뷰가 있었던 것으로 기록되었다.[3] 이 결과 Coca Cola는 Super Bowl에서 '승리한 브랜드'가 되었고,[4] Coca Cola 광고 세 개는 역대 Super Bowl 광고 가운데 가장 효과적인 10대 광고에 선정되었다.[5]

Coca Cola는 TV 스크린을 통한 약 1억명의 Super Bowl 시청자와의 접촉을 바탕으로 전통적인 광고와 실시간 YouTube 피드, Twitter, Facebook을 통합시켰다. 이런 통합적 마케팅 이벤트는 소비자들에게 북극곰과 소통하는 다방향성을 제공했다. 예

학습 목표

- **LO1** 커뮤니케이션 프로세스의 요소들을 설명한다.
- **LO2** AIDA 모델의 단계를 이해한다.
- **LO3** 다양한 통합적 커뮤니케이션 채널을 설명한다.
- **LO4** IMC 예산을 설정하는 방법을 설명한다.
- **LO5** IMC 성과를 평가하는 데 사용되는 마케팅 척도를 알아본다.

를 들어, 시청자들은 Twitter를 통해 자신들의 반응과 북극곰의 반응을 주고 받는다. 또한 Coca Cola는 승리한 팀과 패한 팀의 팬들에게 환호하는 곰과 실망하는 곰 비디오를 공유하기 위한 Facebook 앱을 선택하도록 권유했다. 물론 무료 Coca Cola 쿠폰이 주어졌다.

그러나 이 캠페인에는 비용이 상당히 많이 들어가서 Coca Cola는 Super Bowl 방송시간을 구입하는 것에만 1,000만 달러 이상을 사용했다.[6] 왜 이렇게 큰 돈을 사용했는가? 이를 통해 Coca Cola는 시청자들에게 Ice Coke를 여는 것이 '행복을 여는(Open Happiness)' 하나의 방법이라는 것을 상기시킬 수 있는 다채널 체험을 만들었다.[7]

Coca Cola의 통합적 슈퍼볼 캠페인은 컴퓨터, 스마트폰, 테블릿 기기를 통해 소비자들과 연결하는 아주 유용한 방법을 제공했다. 광고의 경계가 디지털과 소셜 미디어 까지 확장됨에 따라 다중 마케팅 채널의 통합은 소비자들이 TV 또는 컴퓨터 앞에 있거나 밖에서 활동하는 동안 어디에 있든 그들을 따라잡기 위해 중요하다.

Coke의 혁신적인 캠페인에 대한 예시에서 본 것처럼, 통합적 마케팅 커뮤니케이션(Integrated Marketing Communication, IMC) 전략의 개별 요소(element)는 잘 정의된 목표(purpose), 그 밖에 다른 요소들(elements)에 의해 전달된 메시지와의 연관성 및 뒷받침이 있어야 한다(통합된 캠페인의 몇몇 눈에 띄는 요소들을 또 다른 청량음료가 어떻게 활용했는가에 대한 설명은 다음 장에 있는 Tropicana 사례에서 볼 수 있다).

이 책을 통해 우리는 어떻게 기업들이 제품이나 서비스를 개발하여 가치를 창출하는지에 초점을 맞추어 왔다. 그러나 소비자들이 신제품이나 서비스를 인식(aware)하지 않는 한 그것에 몰려들지는 않을 것 같다. 그러므로 마케터는 목표시장에 제품이나 서비스의 가치, 더 구체적으로는 가치제안(value proposition)을 어떻게 커뮤니케이션 할 것인지를 생각해야 한다. 기업은 자사제품의 가치를 표현하기 위한 커뮤니케이션 전략을 개발해야 한다. 여기에서는 먼저 IMC가 무엇인지, IMC가 어떻게 개발되는지, 그리고 어떻게 IMC가 가치창출에 공헌하는지를 살펴보는 것으로 시작한다.

IMC는 마케팅 4Ps 가운데 촉진(promotion)의 P를 나타낸다. IMC는 커뮤니케이션 효과를 명확하고, 일관성 있으며 최대로 제공하기 위해 조합한 다양한 커뮤니케이션 분야—광고(advertising), 인적판매(personal selling), 판매촉진(sales promotion), 공중관계(public relations), 직접 마케팅(direct marketing), 그리고 소셜 미디어(social media)를 포함한 온라인 마케팅(online marketing)—를 아우르는 개념이다.[8] IMC는 통합된 조정 없이 서로 분리된 마케팅 커뮤니케이션 요소들로 구성된 것이 아니다. IMC 프로그램은 마케팅 커뮤니케이션 요소들 각각을 전체의 한 부분(as part of a whole)으로서 목표 오디언스(target audience)를 연결하는 수단으로 간주한다. 요소들의 통합은 기업에게 목표 오디언스에 도달하는 최선의 수단을 제공하고, 명확하고 일관성 있는 메시지로 제품의 가치를 강화한다. IMC 전략은 세 가지 요소, 즉 소비자(consumer), 메시지가 전달되는 채널(channels), 그리고 커뮤니케이션의 성과평가(evaluation)로 구성된다.

이 장의 첫 번째 부분에서는 소비자에 초점을 두고 소비자들이 커뮤니케이션을 어떻게 수신하는지와 커뮤니케이션 전달방식이 메시지의 형식이나 내용에 미치는 영향에 대해 알아본다. 두 번째 부분에서는 IMC의 구성요소를 이루는 다양한 커뮤니케이션 채널을 살펴본다. 세 번째 부분에서는 IMC 전략의 성과를 평가하는 방법들에 관해 논의한다.

소비자들과의 커뮤니케이션

커뮤니케이션 매체(media)의 수가 증가함에 따라 목표 오디언스에게 접근하는 최선의 방법이 무엇인지 이해하는 것이 더 어려워졌다. 여기에서는 커뮤니케이션이 기업으로부터 소비자에게로 전달되는 방식을 묘사한 모델과 소비자의 메시지 지각에 영향을 미치는 요소들은 무엇인지 설명한다. 그 다음에 소비자들이 제품이나 서비스의 존재를 인식할 때부터 구매할 때까지 마케팅 커뮤니케이션이 어떻게 영향을 미치는지 알아본다.

커뮤니케이션 프로세스

LO1 커뮤니케이션 프로세스의 요소들을 설명한다.

그림 15.1은 커뮤니케이션 프로세스를 묘사한 것이다. 먼저 각 구성요소를 정의하고, 그 다음에 그것들이 상호작용하는 방식을 논의한다.

발신자(sender) 메시지는 발신자에게서 생성된다. **발신자**는 도달하려는 목표 오디언스를 명확하게 확정해야 한다. Coca Cola가 Freestyle 자판기와 함께 신제품을 출시

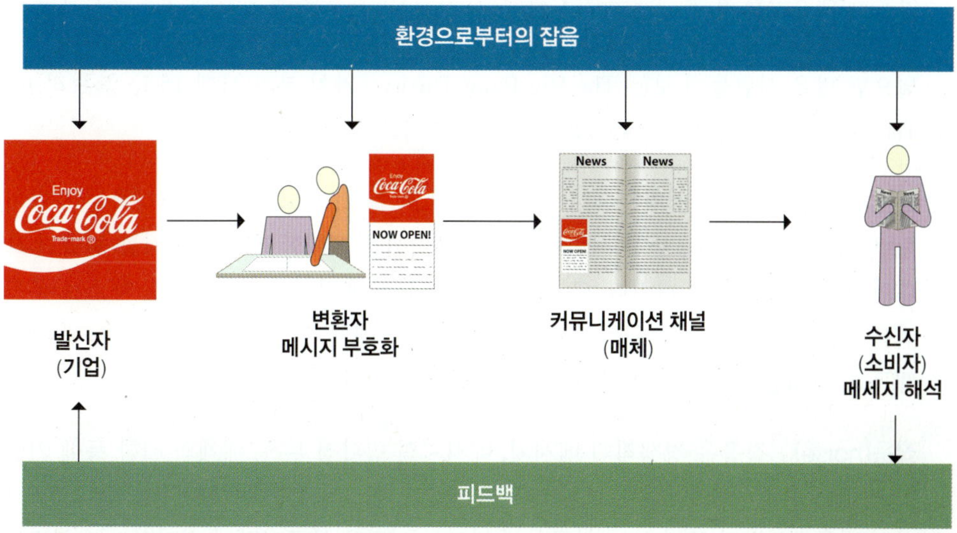

그림 15.1 커뮤니케이션 프로세스

Coke는 Freestyle 자판기를 소비자들에게 인식시키기 위해 Dairy Queen 같은 소매점들과 협력해서 소비자들에게 메시지를 발송했다.

한 방법을 기술한 7장의 사례를 생각해보라. Coke는 신제품을 인식시키고 새로운 자판기에 대한 메시지를 발송하기 위해 소매점들, 그리고 Burger King, Kroger, Five Guys Burgers, Kmart 등 Freestyle 자판기를 취급하는 다른 매장들과 함께 협력했다.

변환자(transmitter) 발신자는 새로운 음료임을 강조하는 마케팅 커뮤니케이션을 개발하기 위해 내부 광고대행사(in-house agency) 또는 외부광고대행사(advertising agency)의 크리에이티브 부서와 함께 작업한다. 내부 광고대행사는 지원을 하고 Coca Cola와 그의 파트너들은 광고전단, 점내 전시물, 창문 배너 등을 개발했을지도 모른다. 내부 광고대행사 또는 외부대행사는 관련된 정보를 받아 그것을 사용할 수 있는 형태로 전환시키는 변환자 역할을 한다.

부호화(encoding) 부호화는 발신자의 아이디어를 언어적, 시각적 형식으로 바꾸는 것이다. TV광고는 소비자가 Freestyle 자판기에서 신제품 음료를 담는 모습을 보여줄 수 있다. 멋지게 디자인 된 자판기가 진열된 빌보드(billboard) 광고에는 '벌써 해봤니?'라는 메시지를 넣어 사진을 더 강조할 수도 있다. 비록 그림이 수천마디의 말보다 가치가 있을지 모르지만 부호화의 가장 중요한 면은 '발신한 것이 무엇인가(what gets sent)'가 아니라 '수신된 것이 무엇인가(what is received)'이다. 소비자들에게는 신자판기를 이용하고 그 자판기에서 신제품 구매를 계속하기를 원하게 만들 수 있는 정보가 수신되어야 한다.

커뮤니케이션 채널(communication channel) 커뮤니케이션 채널은 메시지를 이동시키는 매체—인쇄, 방송, 인터넷 등—를 말한다. Coca Cola는 TV, 라디오, 그리고 다양한 인쇄광고를 통해 메시지를 전달할 수 있지만, 선정된 매체는 메시지 발신자와 바람직한 메시지 수신자들을 연결시키는 데 적합해야 한다. Coca Cola 처럼 목표시장이 넓으면 많은 사람들이 보는 The Big Bang Theory(〈가치 부가 사례 15.1〉을 보라.)나 The Voice 같은 TV방송 프로그램에 광고할 것이다.

수신자(receiver) 수신자는 광고메시지를 읽고, 듣고, 보고, 정보를 처리하는 사람이다. 발신자는 메시지를 받는 사람이 커뮤니케이션을 계획할 때 수신하기를 원했던 오디언스 중에 하나이길 바란다. Coca Cola는 자신의 메시지가 10대, 청년, 패스트 푸드점을 자주 방문하는 가족들을 포함한 많은 사람들에게 수신되고 해석되기를 바란다. 해독(decoding)은 수신자가 발신자의 메시지를 해석하는 과정이다.

잡음(noise) 잡음은 경쟁적인 메시지, 메시지의 명확성 부족, 매체의 결함 등에 기인한 방해나 혼선이다. 이것은 모든 커뮤니케이션 채널이 갖는 문제이다. Coca Cola가 자신의 목표시장이 보지 않는 신문들에 광고하는 것은 목표시장에 메시지가 수신되는

가치 부가 사례 15.1 대본이 있는 따분한 쇼의 매력[9]

몇 년 동안 텔레비전 비평가들은 American Idol의 성공은 매체의 얼굴을 영원히 바꿀 것이라고 주장했다. 방송국들은 비용이 덜 들어가는 재미있는 콘테스트와 흔한 리얼리티 쇼에 대한 의존을 지속할 것이기 때문에 우리는 더 이상 대본이 있는 쇼(scripted shows)를 볼 수 없을 것이라는 것이다. 그러나 최근의 동향은 시청자들, 방송국들, 그리고 그들의 광고주들을 위해 전통적인 형식의 오락물에서는 대본이 있는 쇼가 여전히 존재할 어떤 가치가 있다고 주장한다.

The Big Bang Theory는 5년 동안 방송되고 있지만 인기는 더 높아지지 않고 있다. 몇 주 동안 The Big Bang Theory는 시청자 수에서 직접적인 경쟁을 하고 있는 American Idol을 이겼다. The Big Bang Theory의 가장 최근 방송시즌에 대한 소셜 미디어 트래킹은 쇼, 등장인물, 그리고 대본에 대한 수많은 논평들이 이전 해에 비해 네 배나 되는 것을 보여주고 있다.

그러나 전반적으로 American Idol은 여전히 훨씬 많은 소셜 미디어 논평을 끌어 모으고 있다. The Big Bang Theory에게는 소셜 미디어 사용자로부터 12,000개의 논평은 엄청난 도약이지만, American Idol의 1회 방송당 110,000개의 논평에 비하면 빛이 바랜다. 이 차이는 변화무쌍한 쇼의 기본적인 매력과 쇼를 구성하고 있는 통합 마케팅에 기인한다. 본질적으로 리얼리티와 콘테스트는 소셜미디어 연결에 의존하고 있는데 그것은 시청자들이 그들의 선호후보에게 투표하기 위해 온라인상에 있기 때문이다.

그러나 The Big Bang Theory의 팬들은 물론 얘깃거리가 풍부하다. 그들은 이론물리학자의 관점으로 쇼를 보는 것만으로도 더 똑똑해지는 것을 느낀다고 주장하고, Sheldon이 'Rock, Paper, Scissors, Lizard, Spock'을 반복해서 말하는 것을 즐거워한다. 이것이 광고주에게 주는 시사점도 매력적이다. 어떤 쇼가 단일 매체경로를 갖는 것처럼 보이지만, 그 이외의 다른 여러 영역으로부터 주의를 끌 수 있다. 광고주는 다양한 유형의 쇼에 방송시간을 구입하여 많은 수의 젊은 시청자와 커뮤니케이션할 수 있다. 그런 가능성은 리얼리티 쇼에 적합하지 않은 제품을 가진 기업, 특히 컴퓨터 친화적인 오디언스를 목표로 삼는 기업에게 매력적일 것이다.

속도가 상당히 느리다는 것을 의미한다. 이미 정의한 것처럼 부호화는 '발신자가 말하려는 것'이고, 해독은 '수신자가 들은 것'인데 만일 이 두 개가 다르다면 발신과 수신과정에 '잡음'이 있다는 것이다.

피드백 루프(feedback Loop) 피드백 루프는 수신자가 발신자와 커뮤니케이션하는 경우이다. 그것에 의해 발신자는 수신자가 메시지를 적절하게 수신하고 해독했는지에 대한 정보를 받는다. 피드백은 품목에 대한 소비자의 구매, 불평이나 칭찬, 쿠폰상환이나 리베이트, Twitter에서의 제품의견 등 다양한 형태로 받을 수 있다. 〈우량 서비스 사례 15.1〉은 Mars가 자사의 M&Ms 상표에 대한 성공적인 IMC 캠페인에서 사용한 또 다른 유형의 피드백을 보여준다. 피드백의 단순한 예로 만일 Coca Cola가 매출증가를 목격하게 되면, 관리자는 의도한 오디언스들이 메시지를 수신했다는 것을 알 수 있다.

소비자들이 커뮤니케이션을 지각하는 방법

실제 커뮤니케이션 프로세스는 그림 15.1에서 보는 모델처럼 단순하지 않다. 각 수신자는 발신자의 메시지를 다르게 해석할 수도 있기 때문에 발신자는 수신자가 사용하는 매체와 제품이나 서비스에 대한 지식수준에 따라 메시지를 적합시킨다.

수신자는 메시지를 다르게 해독한다 각 수신자는 발신자가 의도한 방식이 아닌 자신만의 방식으로 메시지를 해독한다. 같은 메시지를 본 사람들 각각은 메시지로부터 아

우량 서비스 사례 15.1 소비자의 도움으로 CCO(Chief Chocolate Officer)를 채택[10]

이 장의 첫 사례에서 본 것처럼 30초에 350만 달러하는 2012년 Super Bowl 광고 중에서 최고의 광고캠페인은 Coca Cola 광고였다. 2011 Super Bowl XLV는 1억 1,100만 명이 시청하였다. 이런 엄청난 오디언스는 M&Ms를 만드는 Mars와 같은 기업의 마케터에게 매력적이다. 이것은 소비자들이 자주 묻는 질문인 '성격이 나쁜 Red(grumpy Red), 순진한 Yellow(innocent Yellow), 섹시한 Green(sexy Green)과 같은 모든 M&Ms의 캐릭터들(spokescharacters) 가운데 왜 갈색(Brown) 캐릭터는 없는가?'에 답할 좋은 기회가 된다.

소비자들에게 선호하는 캐릭터에 투표하도록 요청한 초기 콘테스트에서, 많은 응답자들이 왜 갈색 M&Ms에는 투표할 수 없는지를 묻는 피드백을 했다. 몇 번의 Super Bowl을 건너뛴 몇 해 후에 Mars는 2012년 Super Bowl이라는 큰 무대에서 CCO(Chief Chocolate Officer)인 Ms. Brown을 소개하기로 결정했다. 피드백 루프의 전략적 사용은 Mars에게 좋은 성과를 제공했다. Ms. Brown을 소개한 'Just My Shell'광고는 YouTube 사용자들이 가장 선호하는 광고를 선택하는 콘테스트인 Ad Blitz에서 우승했고, YouTube 홈페이지에서 가장 좋은 자리를 차지하는 성과를 얻었다. 더구나 Ad Blitz 콘테스트 투표자의 거의 1/3이 테블릿 기기에서 투표한 것인데, 이것은 Mars에게 어떻게, 언제, 그리고 어디에서 소비자들이 광고를 보는지에 대한 중요한 정보를 제공했다. 즉, 소비자들이 TV를 통해 경기를 관람하면서 광고를 보더라도 포터블 기기를 사용해서 홈페이지에 로그인 하였다는 것이다. 이것은 소비자에게 접근할 수 있는 추가적인 채널에 대한 정보를 제공한다.

소비자들은 이 거대한 빌보드를 지식수준과 브랜드에 대한 태도에 따라 서로 다르게 지각할 것이다.

주 다른 의미를 받게 될 것이다. 예를 들어, Coca Cola 125주년 기념 빌보드 광고 는 당신에게 어떤 이미지를 전해주는가?

만일 당신이 이 상표의 사용자라면 만족으로 해독될 것이고, 만일 당신이 다이어트를 하고 있고 탄산음료를 거부했다면 실망과 상실감으로 전해질 것이다. 만일 당신이 이 제품의 비사용자가 되기로 했다면 어떤 혐오감을 줄지도 모른다. 또한 만일 당신이 최근 해고된 종업원이라면 이것은 화를 돋게 만들 것이다. 발신자는 각 개인들이 메시지로부터 받게 될 의미를 거의 통제하지 못한다.

발신자는 메시지를 매체와 수신자의 특성에 적합시킨다 서로 다른 매체들은 매우 다른 방식으로 정보를 전달한다. 그래서 마케터는 자신들의 메시지와 매체를 커뮤니케이션을 원하는 대상들(공급자, 주주, 소비자, 일반 공중, 또는 이 사람들 가운데 특정한 사람들)이 누구인지에 따라 적합시켜야 한다.[11]

하이테크 기업인 Analtech은 박층크로마토그래피(thin layer chromatography, 유리판 등에 얇은 막을 입히는 기술, 역자)판을 판매한다. 이 제품은 특히 비전문가에게 설명하고 판매하기 쉬운 제품이 아니다. 그래서 Analtech은 전시회나 과학 컨퍼런스를 통한 전통적인 마케팅에 더하여 Monty-Python(6명으로 이루어진 영국의 유명한 코미디 단체, 역자)에서 영감을 받은 YouTube 비디오를 개발했다. 비디오의 내용은 마녀로 몰린 여인이 마녀를 죽이라는 칙령에 서명한 펜이 왕의 것이 아니라 보안관의 펜이었다는 것을 하이테크 기술을 이용하여 입증함으로써 물에 빠뜨려지는 위험을 극복했다는 줄거리이다. Analtech은 이런 형식의 대중적인 소구를 통해 어려운 과학적 소구에서 발생할 수 있는 잡음을 줄이면서 더 넓은 오디언스에게 메시지를 접근시킬 수 있었다.

발신자는 메시지를 수신자의 특성에 적합시켜야 한다.
왼쪽에 있는 LG 광고는 최종소비자를 목표로 한 것이고, 오른쪽 광고는 B2B 오디언스를 목표로 한 것이다.

LO2 AIDA 모델의 단계를 이해한다.

AIDA 모델

IMC는 단순한 프로세스가 아니다. 마케팅 커뮤니케이션에 노출된 소비자들은 구매 또는 어떤 행동을 하기 전에 몇 단계의 과정을 거친다. 특정한 마케팅 커뮤니케이션과 소비자의 구매가 항상 직접 연결되는 것은 아니다.

효과적인 IMC 프로그램을 만들기 위해서, 마케터는 마케팅 커뮤니케이션이 작동하는 방식을 이해해야 한다. 일반적으로 마케팅 커뮤니케이션은 일련의 정신적 단계들(mental stages)을 통해 순차적으로 영향을 미치며, 이런 단계적 효과를 설명하는 몇 가지 모델들이 있다. 가장 일반적인 모델은 AIDA 모델(AIDA model)인데(그림 15.2 참조),[12] 이 모델은 인지(Attention) → 관심(Interest) → 욕구(Desire) → 행동(Action)으로 이어지는 단계를 거친다. 소비자들은 각 단계마다 프로세스의 다음 단계로 옮겨갈 것인지를 결정한다.

소비자들은 실제로 '인식(think), 감정(feel), 행동(do)' 등 세 가지 유형의 반응을 하며, AIDA 모델도 '인식, 감정, 행동' 모델로 알려져 있다. 구매의사결정을 하는 데 있어서 소비자들은 AIDA 단계를 어느 정도 거치지만, 그 단계들은 항상 AIDA모델의 순서를 따르는 것은 아니다. 예를 들어 충동구매(impulse purchase)를 하는 동안에는 인식 전에 감정과 행동단계를 먼저 거칠지도 모른다.

인지(awareness) 최선의 마케팅 커뮤니케이션도 소비자의 주의(attention)를 끌지 못하면 쓸모없게 될 수 있다. 브랜드인지(brand awareness)는 잠재소비자들이 특정 소매상 또는 제품/서비스의 브랜드명에 대한 재인(recognition) 또는 회상(recall) 정도를 나타낸다. 그러므로 브랜드 인지는 소비자의 마음에서 브랜드명과 그 유형의 상품이나 서비스와의 연결강도이다.

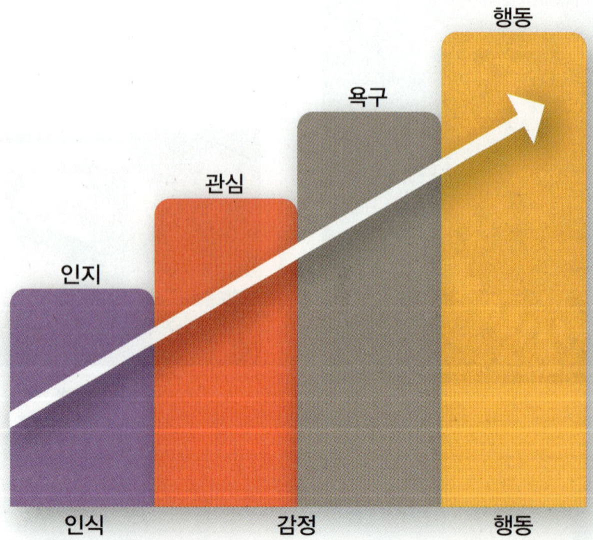

그림 15.2 AIDA 모델

Coca Cola는 이미 최고의 상표인지도를 가지고 있기 때문에 새로운 맛의 제품 또는 Freestyle 자판기를 출시할 때 인지단계에 많은 노력을 기울이지 않아도 될 것이다. 반대로 Jay-Z가 자신의 회고록 출시를 원한다면, 이 장의 사례 연구에서 보는 것처럼 소비자들이 그를 가수라기보다 저술가로 생각하게 하도록 힘껏 노력할 필요가 있다.

인지척도들(awareness metrics)은 보조상기(aided recall), 최초상기(top-of-mind awareness)를 포함하여 몇 가지가 있다. 보조상기는 브랜드를 소비자에게 제시했을 때 그 브랜드를 이미 알고 있는 상태이다. 최초상기는 인지의 최상위 단계로 소비자가 어떤 제품이나 서비스에 대해 질문을 받았을 때 처음으로 언급한 브랜드를 말한다. 예를 들어, 소비자들에게 미국산 오토바이에 대해 질문했을 때 'Harley'라고 반응했다면, Harley-Davidson은 최초상기상표가 된다. 높은 최초상기는 소비자들이 특정한 제품이나 서비스의 구매결정을 할 때 그 상표가 상기상표군(evoked set)에 들어갈 가능성이 가장 높다는 것을 의미한다. 제조업자, 소매상, 그리고 서비스 제공자들은 자사의 상표를 소비자가 기억할만한 것으로 만들고 광고, 스폰서십, 심볼(symbol) 등을 통해 반복적으로 노출시켜서 최초상기도를 구축해야 한다.

관심(interest) 소비자가 기업이나 제품의 존재를 인지하면, 커뮤니케이션은 소비자의 관심 수준을 높이도록 작동해야 한다. 소비자들에게 제품의 존재를 알게 하는 것만으로는 충분하지 않고, 그 제품이 더 알아볼만한 가치가 있다고 설득되어야 한다. 마케터는 목표 오디언스들이 관심을 가질만한 속성을 메시지에 포함함으로써 관심을 끌도록 해야 한다. Disney는 광고 또는 TV 쇼에서 스타들이 앞으로 출시할 여행상품이나 음반에 대해 언급함으로써 관심을 증가시키고 있다. 여행상품의 목표시장에 적합한 TV쇼라면 메시지는 정확한 수신자에 의해 수신될 것이다.

욕구(desire) 기업이 목표시장의 관심을 자극한 후 IMC 메시지의 다음 목표는 소비자를 '나는 그것을 좋아해(I like it)'에서 '나는 그것을 원해(I want it)'로 바꿀 수 있어야 한다. Allstar Weekend(Disney TV채널에서 유명한 락밴드, 역자)가 Disney가 소유한 ABC방송의 Good Morning America에 등장해서 향후 활동과 멋진 공연에 대해 이야기한다. 그러면 아이들에게 점수를 따려는 부모들은 최신앨범이나 공연관람 여행 티켓을 더 많이 구매할 것이다.

행동(action) 모든 마케팅 커뮤니케이션의 궁극적인 목표는 수신자가 행동하도록 만드는 것이다. 메시지가 소비자의 주의를 획득하고, 제품을 자신들의 특정 욕구를 만족시키는 수단으로 고려할 만큼 충분히 관심을 끈다면 소비자들은 그 제품에 대한 정보탐색 또는 구매할 가능성이 높다. 젊은 소비자들이 Jonas Brothers'(Kevin, Joe, Nick 삼형제로 이루어진 미국 밴드, 역자)의 블로그를 보면, 그들은 부모들에게 Jonas Brothers' 콘서트 티켓이나 앨범을 사달라고 졸라댈 것이다.

지연효과(lagged effect) 많은 경우 소비자들은 커뮤니케이션을 수신한 후 즉각적으로 반응하지 않고 얼마간의 시간이 경과하고 나서 반응하는 지연된 반응(delayed

젊은 소비자들이 Jonas Brothers의 블로그를 읽고 나면 그들의 부모님들에게 콘서트 표를 사달라고 간청할 것이다. 마케팅 커뮤니케이션은 소비자들을 행동하도록 촉진한다.

response)을 한다. 이렇게 얼마간의 기간이 지난 후 효과가 나타나는 것을 지연효과(lagged effect)라고 한다. 소비자들이 메시지를 완전히 처리하고 이에 반응하기 위해서는 여러 번의 노출(exposure)이 있어야 한다.[13] 따라서 이전에 집행된 캠페인에 대한 반응이 지금 나타날 수 있기 때문에 현재 진행 중인 캠페인의 효과를 측정하는 것은 매우 어려워진다.[14] Toyota는 "Prius Goes Plural" 캠페인을 통해 Prius 추가 모델들(패밀리 사이즈 Prius V, 도시형 Prius C 등)을 프로모션했는데, 이 캠페인에서 Prius는 원래

Toyota의 'Prius Goes Plural' 캠페인은 Toyota의 대중적인 하이브리드 모델인 패밀리형(Prius v)과 도시형(Prius c) Prius를 프로모션한다.

복수형(s가 붙어 있으므로, 역자)이라는 의미를 잘 활용하고 있다. 이 캠페인은 온라인 배너, TV광고, 가상 투표소, 비디오 등을 통해 Prius의 복수형(예: Prii, Prien, Priuses)에 대한 아이디어를 제안하는 콘테스트로 소비자 참여를 이끌어냈다. 그러나 Prius V는 캠페인이 시작된지 6개월이 지날 때까지 출시가 예정되지 않았고, Prius C의 지연 기간은 이보다 더 길었다. 따라서 이 제품들을 출시한 후 수행한 마케팅 커뮤니케이션에 노출된 것이 소비자의 신제품 구매를 이끌어낸 것인지 결코 확신할 수 없다.[15]

우리는 커뮤니케이션 프로세스의 다양한 측면을 살펴보았으므로 이제 특정 매체가 IMC 프로그램에서 어떻게 사용되는지 보자.

통합적 마케팅 커뮤니케이션 전략의 구성요소들

커뮤니케이션 캠페인의 성공을 위해서, 기업은 단기적인 거래(short-term transaction)를 위해서가 아니라 장기고객관계(long-term customer relationship)로부터 이익을 창출하는 궁극적 목표를 가지고 올바른 매체(right media)를 통해 올바른 오디언스(right audience)에게 올바른 메시지(right message)를 전달해야만 한다.[16]

다른 모든 채널들에 비해 특정 소비자에게 접근하는 데 유용한 단일 채널은 없다. IMC의 목표는 최선의 커뮤니케이션 효과를 창출하기 위해 개별 채널들을 결합해서 함께 사용하는 것이다. 그러나 기술의 진보는 소비자들이 선택할 수 있는 매체를 다양하게 해 주었다. 인쇄매체는 더 전문화되면서 성장하였다. 매체의 성장에 따라 목표 오디언스에게 메시지를 전달하는 최선의 방법을 찾는 것이 마케터의 주요 임무가 된다. 이런 변화는 기업에게 이전에 주로 광고에 투입되던 촉진예산을 직접마케팅, 웹사이트, PPL(product placements), 또는 다른 형태의 프로모션으로 전환하도록 만들었다.

우리는 이제 IMC의 개별 요소들 그리고 그 요소들이 성공적인 IMC 캠페인을 위해 각각이 공헌하는 방식에 대해 알아본다(그림 15.3을 보라). 그 요소들은 두 축, 즉 소비자의 관점에서 수동적(passive)/상호작용적(interactive), 그리고 오프라인(offline)/온라인(online)이라는 축으로 나눌 수 있다. 광고, 판매촉진, 공중관계, 인적판매, 직접마케팅과 온라인 마케팅에 대하여는 다음 장에서 더 자세히 논의하고, 여기에서는 간략하게 살펴보기로 한다.

LO3 다양한 통합적 커뮤니케이션 채널을 설명한다.

IMC 구성요소들의 레퍼토리(repertoire)들이 확대됨에 따라 마케터에게는 소비자들과 커뮤니케이션할 수 있는 방법들이 많아졌다. 기업들은 그들이 사용하던 프로모션(광고, 공중관계, 판매촉진 등)을 순수하게 오프라인으로만 접근하는 방법에서부터 오프라인과 온라인을 결합하는 형태까지 다양하게 확장할 수 있다. 이런 이유로 예를 들어 직접마케팅은 사사분면 모두에서 나타난다.

광고

IMC 구성요소들 가운데 시각적인 특징을 가장 많이 가지고 있는 **광고**는 특정한 목표시장 또는 오디언스에게 기업(영리/비영리), 정부, 개인, 제품, 서비스, 조직, 아이디어

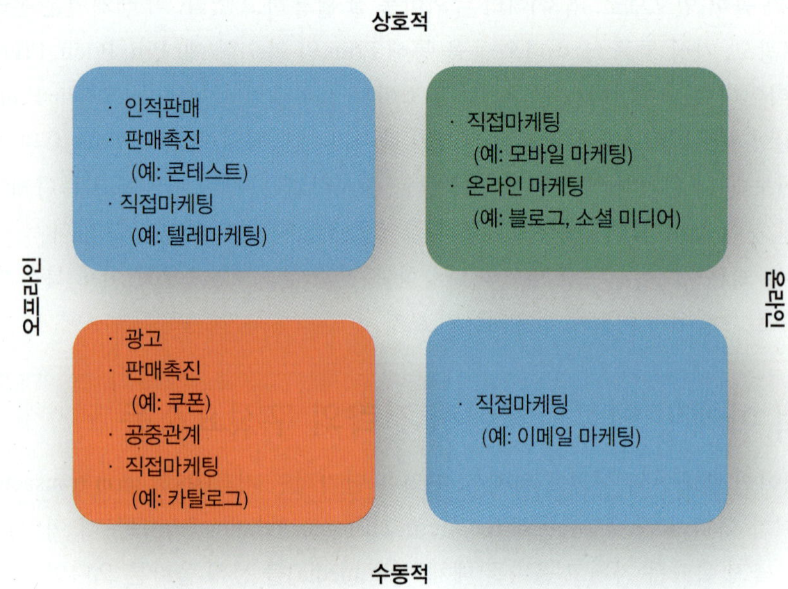

그림 15.3 IMC 전략의 요소들

에 관한 정보를 제공하고, 설득하기 위해 대중매체의 시간이나 공간에 메시지를 넣어 전달한다.[17] 다음 장에서 우리는 광고의 목적과 광고의 다양한 유형에 대해 논의할 것이지만, 여기에서는 광고는 제품이나 서비스의 인지를 창출하거나 관심을 만드는 데 지극히 효과적이라는 것을 강조한다. 대중광고는 소비자를 마케터와 대화를 시작하도록 이끌 수 있지만, 광고는 그림 15.3의 수동적인 부분에 배치된 것처럼 소비자들에게 많은 행동을 요구하는 것은 아니다. 전통적으로 광고는 수동적/오프라인 매체(예: TV, 잡지, 신문)에서 수행되었지만 최근 온라인 광고와 상호작용적 특징을 가진 매체들에서의 광고가 성장하고 있다. 그러므로 광고가 오디언스에게 접근하기 위해서는 여러 경쟁 메시지들의 혼잡(clutter)을 돌파해야 했다. 혼잡을 돌파하기 위해 많은 광고들에서는 어떤 이미지에 의존하는 데, 그 예로 〈윤리와 사회적 딜레마 사례 15.1〉은 10대 청소년 소비자들을 겨냥한 광고에서 저체중의 깡마른 모델들을 사용할 때의 갈등을 보여준다.

공중관계

공중관계(public relations)는 기업에 대한 긍정적 이미지의 구축 또는 유지, 비우호적인 기사나 사건의 처리 또는 차단, 매체와의 긍정적인 관계 유지 등 다양한 목적을 달성하기 위해 기업의 커뮤니케이션을 관리하는 조직적 활동이다. 광고처럼 공중관계도 메시지를 받은 소비자들이 어떤 행동을 해야 하는 것은 아니라는 점에서 상대적으로 수동적이다. 공중관계 활동들은 다음 장에서 논의하는 것처럼 무료로 매체의 관심을 창출하여 다른 프로모션 활동을 도와준다.

윤리와 사회적 딜레마 사례 15.1 너무 여윈

IMC의 목적은 소비자에게 더 많은 제품구매를 자극해서 이익을 높이려는 것이다. 그러나 만일 IMC 캠페인이 소비자들을 해로운 행동으로 이끈다면 어떤 일이 발생하는가? 기업들은 소비자 스스로 제품을 선택하는 것이라거나, 마케팅은 단지 상표에 대한 의사결정에 영향을 미칠 뿐이라고 주장할 수 있다. 그러나 때때로 어린이들과 청소년들을 겨냥한 마케팅이 건강에 해로운 신체 이미지를 보여줄 때 이를 대중적인 유행과 분리시킬 수 있는 어린이와 청소년들은 거의 없다.

광고모델들은 언제나 날씬해져 가는 경향이 있다. 그러나 광고모델들은 지난 십여년 전부터 점점 더 여위어지고 있다. 거식증(anorexia)으로 고통 받고 있던 Ana Carolina Reston과 Isabelle Caro의 비극적인 죽음은 몇몇 패션 산업의 리더들에게 변화를 요구하고 있다. 그러나 아직도 위험할 정도로 마른 어린 소녀들이 패션광고모델 일자리를 찾고 있다. 디자이너들이나 의류회사들은 지속적으로 런웨이를 걷게 할 14세 정도의 어린 소녀를 고용하고 있지만, 비평가들에 의하면 이것은 명백히 미성년노동법(child labor law) 위반이다.[18] 더 나쁘게는 여자와 소녀들에게 아름다워지기 위해서 굶주릴 필요가 있다는 관념을 꾸준히 강화한다는 것이다.

이런 관념은 광고가 목표로 한 10대 소녀들뿐만 아니라 장시간 일하는 젊은 모델들에게도 적용되는 것으로 혹평을 받고 폭넓게 거부되고 있다. 대부분의 어린이 발달연구에서 16세 이하 어린이들은 이런 상황을 극복할 준비가 안 되어 있다고 한다.

영국의 광고자율심의기구(Advertising Standards Authority, ASA)는 명백하게 '사회적으로 무책임한'광고를 금지하고 있다. ASA는 영국 의류 상품인 Drop Dead가 10대 소녀들에게 위험하고, 부적절한 스타일을 전달하기 위해 놀랄 만큼 여윈 모델을 사용하여 상표이미지를 표현한 것을 규탄했다. ASA의 성명서에서는 젊은 모델들의 엉덩이, 갈비뼈, 쇄골이 적나라하게 보이고, 그녀의 넓적다리가 비정상적으로 얇다고 항의했다.[19] 몇몇 영국 기업들은 이런 압력에 반응하기 시작했다. 패션 브랜드인 Topshop은 웹사이트에 있는 모델이 위험스럽게 수척해서 젊은 쇼핑객들에게 부정적인 영향을 준다는 항의를 받아들인 후 이를 삭제했다.[20]

미국의 경우 패션디자인협회(Council of Fashion Designers of America, CFDA)가 미성년모델 고용에 대해 맹렬한 비난을 했지만 위반은 계속되고 있다. 최근 이 협회는 디자이너와 모델 대행사들에게 모델들이 16세 이상인지 확인을 요청했다. 또한 이 협회는 산업관계자들에게 식이장애 초기증상에 대한 인식과 무대 뒤에서 모델들에게 간식 제공을 요청하는 교육을 실시했으며 자정 이후에는 18세 이하 모델의 활용을 금지했다.

변화가 나타나기 시작했지만 아직 그 속도는 더디다. Tommy Hilfiger나 Tory Burch 같은 디자이너들은 아직도 젊고 마른 모델들이 자신들과 함께 일하고 싶어 한다고 불평한다. Tory Burch는 '나는 정말로 수척한 소녀들이 여전히 찾아온다'고 말한다. 아직도 문제는 여전하다. 젊은 소녀들을 위한 패션광고에 나타나는 아주 여윈 모델에 대한 관심은 계속 되겠지만 커뮤니케이션에서의 변화는 신분증을 검사하거나 간식을 제공하는 것에 비해 더 어려운 일이다.

매우 마른 모델을 사용한 광고는 10대 소녀들에게 위험하고 부적합한 신호를 보낸다.

판매촉진

판매촉진(sales promotions)은 제품이나 서비스의 구매를 자극하기 위한 쿠폰, 리베이트, 콘테스트, 무료샘플, 구매시점 전시 등과 같은 특별인센티브나 흥미유발프로그램들(excitement-building programs)이다. 마케터는 이런 인센티브들을 광고, 인적판매 프로그램과 연계하여 사용한다. 무료샘플이나 구매시점 전시와 같은 많은 판매촉진들은 단기판매를 목적으로 고안된다. 콘테스트나 경품(sweepstakes)같은 것들은 소비자의 충성도를 구축하는 CRM 프로그램에서 중요한 요소가 되었다. 판매촉진에 대하여는 다음 장에서 더 자세히 논의한다.

인적판매

인적판매(personal selling)는 구매자의 구매의사결정에 영향을 주기 위한 구매자와 판매자간 양방향 커뮤니케이션이다. 인적판매는 대면, 화상회의, 전화, 인터넷 등 다양한 방법으로 수행된다. 비록 소비자들이 전문적인 판매사원들과 자주 소통하지는 않지만 인적판매는 특히 B2B 상황의 IMC 프로그램에서는 중요한 요소이다.

다른 형태의 프로모션에 비해 잠재고객과 직접 커뮤니케이션하는 비용은 매우 높다. 그러나 인적판매는 어떤 유형의 제품이나 서비스의 판매에서는 가장 우수하고 효율적인 방법이다. 소비자들은 대부분의 제품이나 서비스를 판매사원의 도움 없이 구매하지만, 판매사원은 정보 및 소비자의 시간과 노력을 절약할 수 있는 서비스를 제공하여 구매과정을 단순하게 해준다. 많은 경우 판매사원을 고용하는 것은 비용이 들어가지만 그만한 가치가 있다.

직접 마케팅

최근 IMC 요소들 가운데 총사용액 면에서 엄청난 증가를 보이는 직접마케팅(direct marketing)은 반응이나 거래를 창출하기 위해 목표 소비자들과 직접 커뮤니케이션하는 것이다.[21] 직접마케팅은 다양한 전통적 또는 새로운 형태의 마케팅 커뮤니케이션 계획을 포함한다. 전통적인 직접 마케팅은 우편물이나 우편으로 발송되는 카탈로그이며, 신매체를 사용하는 이메일과 모바일 마케팅도 포함한다.

인터넷 기반 기술들은 직접마케팅에 엄청난 영향을 미쳤다. 예를 들어, 이메일은 특정 소비자에게 직접 다가갈 수 있게 하였다. 기업들은 이메일을 신상품에 대한 정보제공과 특별판촉, 주문영수증 확인과 배송조회 등에 다양하게 활용한다. 휴대용 기기들은 지불매체로서의 기능을 하기도 한다.

소비자 데이터베이스의 증가는 마케터에게 매 구매상황과 시간마다 소비자들의 흔적과 신원을 파악할 수 있게 해 주었고, 직접마케팅의 급격한 성장에 공헌하고 있다. 소비자가 마케터에게 개인정보를 제공해야 하는 신용카드, 매장 제휴카드, 회원 카드, 온라인 구매 등의 증가 덕분에 이런 데이터베이스를 용이하게 구축할 수 있게 되었다. 이런 정보를 가진 기업은 소비자의 구매를 더 잘 이해할 수 있고, 이를 통해 직접마케팅의 대상을 식별하는 데 더 효과적일 수 있다.[22]

직접마케팅을 위해 신중하게 선택된 소비자들은 기업의 메시지를 더 잘 수용할 것이다. Omaha Steaks는 이전에 특정 품목을 구매한 소비자들에게 이메일 쿠폰을 발송

윤리와 사회적 딜레마 사례 15.2 소비자 프라이버시 권리장전

Target같은 기업들은 웹 브라우징(web browsing) 활동과 과거구매에 근거해서 자신의 고객들 가운데 임산부가 얼마나 되는지 비교적 정확하게 판단할 수 있다.[23] 이것을 이용해서 임산부들에게 적합하게 설계된 판매촉진이나 쿠폰을 발송하여 Target이나 Target.com에서 유아용품 구매를 유인할 수 있다. 그러나 만일 'Target은 우리가 임신한 것을 알 수 없어야 한다'고 생각하는 소비자들이 이런 식의 판매촉진을 받는다면 그들의 반응은 어떨까? 더 나쁘게는 만일 이런 프로모션이 아버지가 딸이 임신한 것을 모르고 있는 10대 미혼 청소년의 집에 보내진다면 어떻게 될까?

기업이 소비자들로부터 수집된 데이터를 사용하는 방법의 변화 때문에 소비자 프라이버시 권리장전(the Consumer Privacy Bill of Rights)이 제정되어 소비자들은 쉽게 추적금지(not to be tracked)를 선택할 수 있다. 이 장전에 의하면 소비자들은 다음과 같은 권리를 갖는다.[24]

- 개인의 정보통제권(individual control) 소비자들은 기업이 수집하는 개인자료와 그것의 이용방법 등을 직접 선택하고 통제할 수 있다.
- 투명성(Transparency) 소비자들은 기업의 개인정보 보호정책을 쉽게 찾고 이해할 수 있어야 한다.
- 맥락(context) 개인자료를 수집하고 사용하는 기업들은 소비자가 자료를 제공할 때 공지한 것과 같은 방식으로 정보를 활용해야 한다.
- 보안(security) 개인정보 사용이 소비자를 위험에 처하게 해서는 안 된다.
- 접근성 및 정확성(access and accuracy) 기업들은 소비자들에게 개인정보가 정확한지 확인하고, 부정확한 자료의 수정을 위해 접근할 수 있도록 해야 한다.
- 최소수집의 원칙(focused collection) 소비자 개인자료의 수집은 처음에 공지한 내용과 방식으로 한정되어야 한다.
- 책임성(accountability) 기업들은 시스템 구축, 종업원 교육, 개인정보에의 제삼자 접근제한에 대한 책임을 진다.

소비자 개인 프라이버시 권리는 소비자들의 브라우징에 근거해서 수행된 타겟 프로모션을 수행한 기업에 의해 불법적으로 침해되는가? 아니면, 기업의 이런 활동들은 단지 소비자들의 구매의사결정을 더 효율적이고 편안하게 하기 위해 도움이 되는 정보를 제공하기 위한 것인가?

하고, 훌륭한 고급 스테이크와 식사 패키지 사진을 주문을 배달했던 주소로 발송하고, 선물 주문을 받기 위해 기념일 등 선물시즌 동안 판매사원이 전화를 한다. 이것은 IMC가 상호작용적/수동적 그리고 온라인/오프라인 차원에서 얼마나 다양한 유형으로 실행될 수 있는지를 보여준다.

모바일 마케팅(mobile marketing)은 휴대폰과 같은 무선휴대기기를 통한 마케팅으로, 이제 스마트폰은 전화를 거는 도구 이상이 되어 있다.[25] 스마트폰은 상품을 구매하는 것뿐만 아니라 스포츠 스코어, 날씨, 음악, 비디오, 문자 메시지 등을 탐색할 수 있는 능력을 가진 모바일 컴퓨터이다. 마케팅 성공은 모바일 기기에 대한 소비자들의 태도에 적합한 재미있고 유용한 앱을 가진 IMC에 달려있다. 이에 대응하여 기업들은 점진적으로 소비자들의 모바일 인터페이스에서의 경험을 개선하고 있다. 그림 15.4는 세 가지 성공적인 모바일 마케팅 캠페인들을 보여주고 있으며, Westin 모바일 캠페인은 〈소셜 및 모바일 마케팅 사례 15.1〉에서 더 자세하게 논의한다.

기업	캠페인
Herbal Essences Microsoft tags	Herbal Essences는 소비자가 자신의 모발유형에 적합한 최적제품을 결정하는 데 도움을 주기 위한 모바일 캠페인을 실시했다. 소비자들은 53,000개 이상의 점포에서 스마트폰으로 Microsoft tag를 스캔하면, 맞춤사이트에서 모발유형과 스타일링 팁을 포함한 Herbal Essences에 대한 심층정보를 얻을 수 있다.
Volkswagen 증강현실	Volkswagen은 인쇄광고 캠페인에 새로운 장을 열었다. 소비자들은 Passat의 가상 테스트 드라이브를 위해 Apple 디바이스를 이용할 수 있다. iPhone으로 인쇄광고를 비추면 화면에 도로에 있는 Passat가 나타나고 테스트 드리이브를 할 수 있다. 소비자들이 차를 길 가장자리에 너무 가깝게 운전하면 차선이탈방지 시스템이 나타나면서 iPhone은 진동한다.
Westin Hotels and Resorts 지역 타겟 광고	한랭기후에 사는 사람들은 날씨채널 앱에서 '따뜻해지려면 여기를 두드리세요'라는 작은 배너 광고를 두드린다. 그 다음 '성에를 닦아 내세요'라는 말에 따라 성에를 닦아내면, 따뜻한 지역에 있는 Westin Hotels 이미지와 함께 예약이나 예약확인을 할 수 있도록 안내한다.

그림 15.4 모바일 마케팅 캠페인 실례들

온라인 마케팅

여기에서는 웹사이트, 블로그, 소셜미디어 등 몇 가지 전자매체 비클들(vhecles)을 자세히 알아본다.

웹사이트(websites) 기업들은 웹사이트를 통한 소비자와의 커뮤니케이션의 중요성을 강조하고 있다. 기업들은 웹사이트를 상표 이미지 구축, 제품 또는 서비스에 대한 소비자교육, 그리고 제품판매 등에 활용하고 있다. 소매점들과 몇몇 제조업자들은 인터넷을 통해 소비자들에게 직접 상품을 판매한다. Office Depot의 웹사이트는 상품을 판매하는 것에 더하여 기업소비자를 위한 조언, 제품정보, 다른 사업체들과의 네트워크를 지원하는 사업지원센터(Business Resource Center, BRC)를 운영하고 있다. 또한 BRC는 사업체들이 산업안전보건법(Occupational Safety and Health Act, OSHA)의 요구사항 준수여부, 취업지원자들의 기록 체크, 현금흐름의 추정, 성희롱 정책의 개발 등에 사용할 수 있는 양식들을 제공하고 있다. 이에 더하여 Office Depot는 사업운영에

소셜 및 모바일 마케팅 사례 15.1 톡톡 치게 해서 호텔 예약 사이트로 보내다[26]

추운 겨울이었다. 한랭기후에 사는 사람들은 거듭되는 눈보라와 영하의 온도로 힘들어 하고 있다. 많은 여행자들이 휴식을 준비할 것이라고 생각한 Westin Hotels은 쉽게 접근할 수 있고, 따뜻한 햇볕에 대한 희망을 펼쳐 보이는 표적 캠페인을 실행했다. 엄청나게 추운 겨울 날씨로 고통받고 있는 사람들이 모바일 기기에서 날씨채널(Weather Channel) 앱을 열었을 때, 갑자기 닥친 추위가 얼마나 오래 지속될지 알게 되고, 이때 배너가 화면에 나타난다. '따뜻해지려면 여기를 두드리세요'라는 문구는 이 사람들에게는 거의 저항할 수 없는 초청장이다. 그들의 떨리는 손가락이 화면을 두드렸을 때, 이 사람들은 자신의 전화기 화면이 성에 막의 이미지로 덮혀 있는 것을 보게 된다. 성에를 닦아내면 소비자들은 Maui, Scottsdale, Cancun, Fort Lauderdale, Puerto Vallarta, 그리고 Palm Springs 등에 있는 Westin Hotel 과 해변, 수영장, 야자나무 이미지들로 이끌린다.

이 앱은 흥미롭다. 성에를 닦아내는 작은 즐거움이 있고, 내레이션은 즐거움을 유지하게 하고 아름다운 사진들을 보게 된다. 만일 그들이 충분히 황홀해졌다면 물론 Westin Hotel 예약 페이지로 직접 이동할 수 있게 되어 있다. 더구나 이 앱은 한랭지역에 사는 사람들에게만 선택적으로 정확하게 표적화되어 있기 때문에 따뜻한 휴가에 대한 약속은 이들에게 흥미를 자아내기에 충분하다.

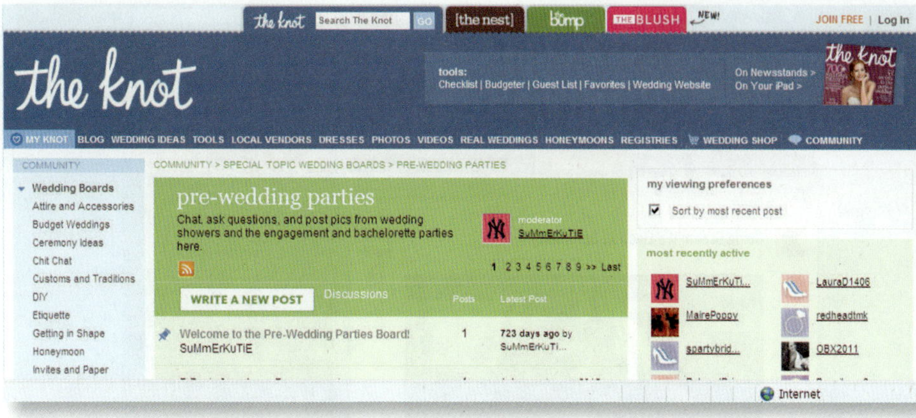

Theknot.com은 결혼할 여자들이 질문을 게시하거나 신랑 들러리들이 계획한 열광적인 독신파티를 어떻게 해야 하는지 등에 대한 조언을 할 수 있도록 했다.

필요한 워크숍 개최 현황, 지역 또는 전국적 산업 뉴스 등도 제공하여 중소기업을 위한 제품, 서비스, 정보의 필수적인 원천으로서의 이미지를 강화하고 있다.

많은 기업들은 커뮤니티를 구축하기 위해 웹사이트를 운영한다. 이런 사이트들은 유사한 관심을 가진 소비자들에게 제품이나 서비스에 대해 학습할 수 있는 기회를 제공하고, 사용자들간 정보를 교환하도록 돕는다. 또한 방문자들은 정보를 얻기 위해 질문을 할 수 있으며, 이슈, 제품, 서비스 등에 대한 의견을 게시할 수 있다. 예를 들어, 결혼을 준비하고 있는 커플을 표적으로 하고 있는 커뮤니티 사이트인 www.theknot.com에서, 신부는 신랑 들러리가 계획하고 있는 열광적인 총각파티를 어떻게 처리해야 하는지 질문하기도 한다. 이런 문제에 경험 있는 커뮤니티 멤버들은 신부에게 조언을 게시할 수 있다.

많은 기업들, 특히 소매점들은 소비자들에게 구매한 제품들에 대한 리뷰를 게시하도록 하고 웹사이트를 방문한 사람들에게 리뷰에 대한 평가점수를 매기도록 장려하고 있다. 연구에 의하면 이런 온라인 제품 리뷰는 소비자 애호도를 증가시키고 리뷰가 게시된 사이트에는 경쟁우위로 작용한다고 한다.[27]

블로그(Blogs) 블로그(웹로그)에는 일반적인 웹페이지에 주기적으로 게시물들이 올려진다. 좋은 평가를 받은 블로그는 트렌드, 특별 이벤트 공지, 긍정적인 구전(word of mouth)의 창출, 커뮤니티 구축을 통한 소비자들간 연결, 소비자의 논평에 대한 기업의 직접 반응 경로, 기업과의 장기적 관계 구축 등의 커뮤니케이션에 활용될 수 있다. 블로그 자체의 특성으로 보면, 블로그는 투명하게 운영되고 정직한 논평을 담고 있어야 하고, 이것은 소비자의 사이트에 대한 신뢰와 충성도 결정에 영향을 미친다.

요즘 블로그는 블로거(blogger)와 소비자들 사이의 커뮤니케이션이 증가함에 따라 더욱 상호작용적이 되고 있다. Southwest Airlines의 블로그인 "Nuts about Southwest"는 기업의 문화와 운영에 관해 소통할 수 있도록 소비자와 기업 구성원을 연결하고 있다. 기업측 참가자들은 기술자에서부터 경영자와 파일럿까지 모든 사람들이 포함된다. 블로그는 신제품 출시를 공지하거나 기업의 의사결정에 필요한 정보를 수집하는 데 사용되곤 한다.[28] 이에 더하여 블로그는 마이크로 블로그(microbog)인

Southwest Airlines의 블로그인 'Nuts about Southwest'는 기본적으로 기업 구성원들과 소비자들의 연결통로로 활용된다.

Twitter 같은 소셜 미디어와 연결될 수 있다. 영화 Clerks와 Dogma를 찍은 유명한 감독인 Kevin Smith는 몸 사이즈가 너무 커서 좌석 두 개를 구매해야 한다는 Southwest Airlines의 요구와 함께 비행기에서 쫓겨났다. Smith는 즉시 자신의 160만명 이상의 Twitter 팔로워들에게 이런 상황을 트윗했다. 그는 또한 티켓 두 장을 구입한 후 Southwest 항공기에 탑승해서 찍은 사진을 Twitter에 게시하면서 다음과 같이 선언했다. "Southwest Airlines! 당신들 항공기에서 내가 얼마나 뚱뚱한지 보아라! 어서 나를 날려버려!".[29] Southwest Airlines는 즉시 자신들의 블로그에 항공사의 규정과 편안하게 여행해야 하는 다른 승객에 대한 배려라는 점을 알리면서 이에 대응했다. 소비자들의 반응은 항공사를 지지하는 사람들과 Smith를 지지하는 사람들이 거의 반반이었다.[30]

Kevin Smith가 그의 큰 덩치 때문에 Southwest Airlines 으로부터 좌석 두 개를 구매할 것을 요구받고 항공기에서 내렸을 때, 그는 160만명의 Twitter 팔로워들에게 이 사실을 트윗했다.

소셜미디어(social media) **소셜미디어**는 콘텐츠가 사회적 상호작용을 통해 확산되는 매체이다. 가장 대중적인 소셜미디어 촉진자들은 YouTube, Facebook, Twitter이다. 이런 온라인 사이트들에서 소비자들은 제품, 가격, 프로모션들에 대한 논평, 커뮤니케이션, 정보수집 등을 한다. 소셜미디어에서는 또한 사용자들간 상호작용(예: 커뮤니티 형태)을 할 수 있을 뿐만 아니라 다른 소비자들(예: 커뮤니티 구성원들)과 마케터들에게 기업의 제품이나 서비스에 대한 생각이나 평가를 전달한다. 소셜미디어는 욕구인식, 정보탐색, 대안평가, 구매 및 구매 후 리뷰를 장려함으로써 소비자들이 의사결정과정을 진행하는 데 도움을 줄 수 있다.

IMC 성공을 위한 계획과 평가

우리는 IMC 캠페인을 실행하기 전에 어떻게 마케터가 전략목적들(strategic goals)을 설정하는지 설명하는 것으로 이 장을 시작한다. 이런 목표들이 설정된 후에야 비로소 마케터는 캠페인예산(campaign budget)을 책정할 수 있고, 전략의 목표들(strategic objectives)이 달성되었는지를 평가할 척도들(metrics)을 선정할 수 있다.

IMC의 목적들

어떤 전략적 프로젝트라도 그것이 시작되기 전에 기업이 달성하기를 원하는 성과가 무엇인지 이해할 필요가 있다. 이런 목적(goal)들은 인지의 증가, 시도구매의 촉진 같은 단기적인 것일 수 있다. 또는 판매, 시장 점유율, 고객애호도 증가와 같이 본질적으로 장기적인 것일 수도 있다. Coca Cola에게 음료를 판매하는 것은 언제나 기본적이고 장기적인 목적이다. 그러나 Coca Cola의 북극곰 광고 캠페인은 단기적으로 상표인지도와 구매의도를 성숙시키는 것을 겨냥하고 있다. 몇몇 다른 목적들은 그림 15.5에 기술하였다. 이런 단기적 또는 장기적 목적들은 명시적으로 정의되고 평가되어야 한다. 또한 목적들은 〈우량 서비스 사례 15.2〉가 보여주는 것처럼 시간이 지나면서 바뀔 수 있다. 전체촉진계획(overall promotional plan)은 목적과 예산으로 구성되며, 기업 마케팅 계획(firm's marketing plan)의 세부항목이다.

IMC 예산의 설정과 배분

LO4 IMC 예산을 설정하는 방법을 설명한다.

기업들은 마케팅 커뮤니케이션 예산을 설정하기 위해 다양한 기법들을 사용한다. 촉진예산(promotional budget)을 설정하는 모든 기법들이 장점과 단점을 가지고 있기 때문에 한 가지 방법만 사용해서는 안된다.[31]

목표과업법(objective and task method)은 커뮤니케이션 목표를 달성하기 위한 과업들을 확정하고, 과업을 실행하는 데 요구되는 예산을 결정하는 방법이다. 이 방법을

기업과 캠페인	목표	표적시장	사용된 매체	성과
ASICS sound mind. sound body	serious runner세분시장을 넘어 casual runner를 목표로 사업을 확장	30~49세의 남성과 여성	TV와 인쇄광고, 온라인 광고	시장 점유율 12% 증가
Columbia Sprotwear greater outdoors	Columbia의 기술적 혁신능력을 공개하고 열등제품이라는 지각을 극복	20-59세의 남성 60%	인쇄광고, 모바일 매체, 소셜미디어, 비디오, 온라인 광고	매출 1% 증가, 전년도에 비해 상표인지도 2포인트 증가
GAP Ready for Holiday Cheer	소비자의 주의 획득, 휴가시즌 동안 점포에 들려 쇼핑하게 만듦	20-39세 남여	인쇄삽지, TV광고, 특별 웹사이트, 소셜미디어, 고객의 기호에 맞춘 비디오	Kelly 어워드 수상, 지난해 매출 12% 감소에서 1% 증가로 전환
Southwest Airlines Grab Your bag. It's On!	경기침체상황이지만 여행자들에게 항공기를 이용하도록 권장	모든 연령의 남여	TV, 라디오, 인쇄, 비행기내 광고	9,900만 달러의 이익달성에 공헌

그림 15.5 마케팅 목적들과 그것에 관련된 캠페인 예시

우량 서비스 사례 15.2 Kirk 선장을 죽인 Priceline의 변화

온라인 여행 서비스 기업인 Priceline이 장기간 해왔던 '네가 가격을 제시하라(name your own price)' 할인에 더하여 새로운 고정가격할인(fixed-price discount)을 제공하기 시작했을 때, 이 회사는 기본적으로 광고주제를 바꿔야 했다. 이것은 메신저인 William Shatner를 제거한다는 의미였다. 그의 자기주장이 강하고 드라마틱한 '협상자' 캐릭터는 14년간 Priceline의 협상가격할인(negotiated discount)의 전형을 보여주었다.[32]

온라인 여행 서비스의 글로벌 리더로서 Priceline은 항공권, 호텔, 자동차 랜트, 휴가 패키지, 그리고 크루즈 여행 온라인 예약 서비스를 41개 언어로 140개국 이상의 소비자들에게 제공한다.[33] 이 회사는 오랫동안 여행자들에게 협상하는 방법으로 가격할인을 제공해 왔지만 이제 가격할인 옵션을 확장하고 있다. 이를 통해 이 회사는 당일고정가격할인(some-day fixed-pricing)도 제공하는 기업으로 알려지게 될 수 있다.

Priceline은 새로운 고정가격인 당일예약할인(Tonight-Only Deals)이 더 많은 소비자들로부터 주의를 획득하길 원했다. 이를 위해 Priceline은 특히 TV광고에서 새로운 접근법이 필요하다고 결정했다. 이 회사의 최고마케팅관리자(Chief marketing officer)에 의하면, 광고에서 Shatner가 외설스럽게 패러디한 불굴의 협상가는 이 회사의 상업적 이미지를 지배하고 있어서 시청자가 새로운 고정가격할인을 선택하는 것을 어렵게 만든다. 그는 또 우리가 직면한 해결해야 할 문제 가운데 하나는 Shatner가 Priceline과 너무 밀접하게 연관되어 있어서 그로부터 소비자의 주의를 돌릴 필요가 있다고 했다.

결국 Shatner의 마지막 광고 주제는 그의 죽음이었다. 그 광고에서 Shatner는 굽은 길에서 전복되어 절벽에 매달린 버스에서 여행자에게 휴대폰을 넘겨주고 자신은 버스와 함께 떨어지고, 버스는 화염에 휩싸인다. 자동차가 없어 숙박을 해야 하는 생존자는 죽은 '협상자(Shatner)'를 애도하는 대신 휴대폰을 이용해서 당일예약할인으로 방을 잡는다. Priceline은 이 광고를 통해 협상자 없이 당일에 호텔을 예약하는 것을 보여줌으로써 Shatner의 이미지를 지우려고 시도한 것이다.

Priceline은 모바일 고객이 고정가격할인에 더 많이 접근할 수 있도록 Apple iPad, iPhone, iPod Touch, 그리고 안드로이드 기기에서 사용할 수 있는 무료 앱을 개발했다.

Southwest Airlines의 'Grab Your Bag, It's On' 캠페인의 목적은 여행자들에게 힘든 경제환경에서도 항공기를 타도록 권장하기 위한 것이다.

Columbia Sportwear의 'Greater Outdoors' 캠페인의 목적은 Columbia의 기술적 혁신능력을 보여주고 낮은 품질지각을 극복하기 위한 것이다.

사용하기 위해서 마케터는 먼저 커뮤니케이션 목표들을 설정한다. 그런 후에 어떤 매체가 목표시장에 가장 잘 도달할 수 있는지를 결정하고, 그런 목표를 달성하는 데 필요한 커뮤니케이션 유형과 횟수를 실행하기 위해 비용이 얼마나 들 것인지를 결정한다. 이런 과정(목표설정, 매체선택, 비용결정)은 각 제품이나 서비스마다 반복해서 수행되어야 한다. 개별적인 커뮤니케이션 예산의 총합은 기업의 총 마케팅 커뮤니케이션 예산이 된다. 목표과업법에 더하여 다양한 경험기법(rule of thumb method)들이 예산 설정에 사용될 수 있다(그림 15.6).

비록 경험기법들은 실행하기 쉽긴 하지만 여러 가지 한계점을 갖고 있다. 예산설정은 단순한 과정이 아니다. 각자의 분야에서 책임달성을 위해 예산할당 경쟁을 해야 하는 관리자들 간 여러 차례의 협상과정을 거쳐야 한다.

LO5 IMC 성과를 평가하는 데 사용되는 마케팅 척도를 알아본다.

마케팅 척도들을 이용한 성과측정

마케팅 커뮤니케이션 예산이 책정되고, 캠페인이 개발되어 실행되었다면 이제 다양한 마케팅 성과척도(performance metrics)를 이용해서 캠페인의 성공여부를 측정해야 한다.[34] IMC 프로세스의 효과는 구매의사결정단계에서 소비자들을 다음 단계로 옮겨가도록 동기화시키는데 얼마나 효과적인지로 평가할 수 있다. 그러나 지연효과가 프로모션 효과에 대한 평가에 영향을 미치고 평가를 복잡하게 할 뿐만 아니라 마케팅 커뮤니케이션 예산을 배분하는 최선의 방법에도 영향을 미친다는 것을 상기하자. 소비자가 구매를 하기 전까지 여러 번의 노출이 있어야 하는 마케팅 커뮤니케이션의 누적효과(cumulative effect) 때문에 성과를 달성할 때까지는 시간이 걸린다. 기업은 어떤 한 시점에 전체 잠재고객에게 캠페인이 도달(reach)되기 어렵다는 생각을 가지고 마케팅 커뮤니케이션 캠페인에 투자해야 한다. 또한 지연효과에 의해 만일 기업이 마케팅 커뮤니케이션 지출을 삭감하더라도 매출이 감소하기까지는 시간이 걸린다.

기법	정의	한계점
경쟁자 비율법	시장 점유율과 동일한 비율로 커뮤니케이션 비용 점유율이 되도록 예산을 설정하는 방법	만일 모든 경쟁자들이 커뮤니케이션 예산을 설정하는 데 이런 방법을 사용한다면, 이 시장의 점유율은 시간이 지나도 거의 같을 것이다. 따라서 이 방법은 시장의 변화나 기회를 반영하지 못한다.
매출액 비율법	커뮤니케이션 예산을 매출액의 일정한 퍼센트로 정한다.	경쟁자와 자사 모두 과거 매출액에서 동일한 퍼센트를 촉진예산으로 사용한다고 가정하는 것이 기업에게 적절한 것인가? 이 방법을 사용하는 한 당해년도에는 신제품 출시 등 새로운 계획을 고려하지 마라.
여유 있는 만큼 사용하기	마케터는 특정기간동안(예: 1년)의 매출액 그리고 커뮤니케이션 이외의 총비용을 예측한다. 예상매출에서 목표이익과 커뮤니케이션 이외의 비용을 빼면 커뮤니케이션 예산으로 사용할 수 있는 최대금액이 나온다.	커뮤니케이션 비용이 매출과 이익에 영향을 미치지 않는다고 가정하는 방법이다.

그림 15.6 경험기법들

전통적인 매체(traditional media) IMC 성과를 평가할 때 기업은 언제, 얼마나 자주 소비자들이 다양한 마케팅 커뮤니케이션에 노출되었는지를 조사해야 한다. 구체적으로 기업은 마케팅 커뮤니케이션에 대한 소비자들의 노출을 측정하기 위해 **도달빈도(frequency)**와 **도달률(reach)**을 사용한다. 대부분의 제품과 상황에서 커뮤니케이션에 대한 한 번의 노출은 기대하는 반응을 창출하는 데 충분하지 않다. 그러므로 마케터는 도달빈도, 즉 오디언스가 특정 기간내에 커뮤니케이션에 얼마나 자주 노출되었는지를 측정한다. 마케팅 커뮤니케이션에 대한 소비자의 노출을 측정하는 데 사용되는 다른 척도는 도달률이다. 도달률은 광고와 같은 특정한 마케팅 커뮤니케이션에 한번 이상 노출된 목표오디언스의 비율이다.[35] 마케팅 커뮤니케이션 관리자는 일반적으로 **총노출량(GRP, gross rating points)**으로 매체목표를 정한다. 총노출량은 도달율과 도달빈도의 곱이다(GRP = 도달율 × 도달빈도).

예를 들어, Kenneth Cole이 '유행에 한 발 앞선' 목표세분시장의 50%에 도달할 수 있도록 Vogue지에 7개의 광고를 실었다면 GRP는 350[도달율(50)×광고(7개)]이 된다. 이제 Kenneth Cole이 동일한 캠페인을 'America's Next Top Model'이라는 TV 프로그램에 15개 광고를 실었다고 하자. 이 프로그램의 도달률이 9.2라면 GRP는 138(9.2×15)이 된다. 그러나 광고는 일반적으로 하나 이상의 TV 프로그램을 사용한다. 만일 Kenneth Cole이 노출률 1.8인 Voice라는 프로그램에 추가로 12회 광고를 했다면, GRP는 21.6(1.8×12)이고 TV 전체의 GRP는 159.6(138+21.6)이 된다.

웹기반 매체(Web-based media) 기업은 탐색광고(search ads), 디스플레이 광고(display ads), 이메일, 스폰서십 등을 포함한 온라인 광고에 매년 260억 달러 이상을 쓰고 있다.[36] 비록 GRP가 TV나 라디오 광고에 적당한 척도로 사용되지만, 웹기반 커뮤니케이션의 효과를 평가하기 위해서는 사용자가 특정 웹페이지에서 얼마나 많은 시

America's Next Top Model의 GRP는 도달률과 도달빈도를 곱해서 계산한다.

간을 보냈는지, 이들이 본 페이지의 수는 몇 개인지, 배너광고는 몇 번이나 클릭했는지, 어떤 경로로 웹사이트에 왔는지 등을 측정하는 웹 트레킹 소프트웨어(web tracking software)가 필요하다. 이런 모든 성과 지표들은 Google Analytics같은 다양한 소프트웨어로 쉽게 측정할 수 있다.

Facebook은 기업들에게 그들의 팬 페이지에 방문한 사람들이 누구인지, 그곳에서 한 일이 무엇인지, 그리고 기업의 광고를 클릭한 사람들이 누구인지를 알고 싶어 하는 기업들에게 도움을 주고 있다.[37] 마케터는 페이지에 방문한 사람들의 흔적을 이용해서 방문하는 사람들에 대해 알게 되고 이를 이용해서 그들에게 맞춘 웹 페이지를 제공할 수 있다.

IMC 프로그램의 계획, 실행, 그리고 평가 – Google 광고 예시

Transit이라고 불리는 고급 운동화 상점을 가정해보자. Transit의 목표시장은 17~34세의 학력이 높고, 몸매가 좋은 젊은 사람들이다. 점포주의 경험으로 이 소비자들에게는 판매사원의 역할이 중요하다고 하는 데 그 이유는 (1) 대량구매를 하며, (2) 의사결정을 하기 전에 상당히 많은 정보를 추구하기 때문이다. 그래서 점포주인 Jay Oliver는 커뮤니케이션 예산 가운데 일부분을 종업원을 교육시키는 데 사용한다. 그러나 Oliver는 자신의 커뮤니케이션 예산이 이 분야의 다른 운동화 상점에 비해 상당히 낮다는 것을 알고 있다. 그래서 그는 제한된 IMC 예산을 특정 세분시장에 집중하기 위해 전자매체를 사용하기로 결정했다.

Oliver가 개발한 IMC 프로그램은 독특한 점포이미지를 강조하고 자신의 웹사이트, 소셜 커머스, 그리고 몇몇 흥미로운 커뮤니티 구축 기술을 이용했다. 예를 들어, 그는 소비자의 과거구매행동과 신상품에 대한 정보를 얻기 위한 CRM 시스템의 한 부분으로 대규모 소비자 데이터베이스와 판매사원들이 수집한 얼마간의 소비자정보를 가지고 있었다. 그는 신제품에 대한 정보에 관심이 있을 것으로 추정된 특정 소비자들에게 이메일을 보냈다. 또한 그는 소비자들이 자신의 웹사이트에 연결된 블로그를 사용하도록 자극했다. 소비자들은 인기 있는 운동화 신제품, 클럽 이벤트 등에 대한 글들을 교환했다.

그는 새로운 소비자들에게 접근하기 위해 **탐색 엔진 마케팅(SEM, search engine marketing)**을 사용하고 있었다. 그는 Google이 제공하

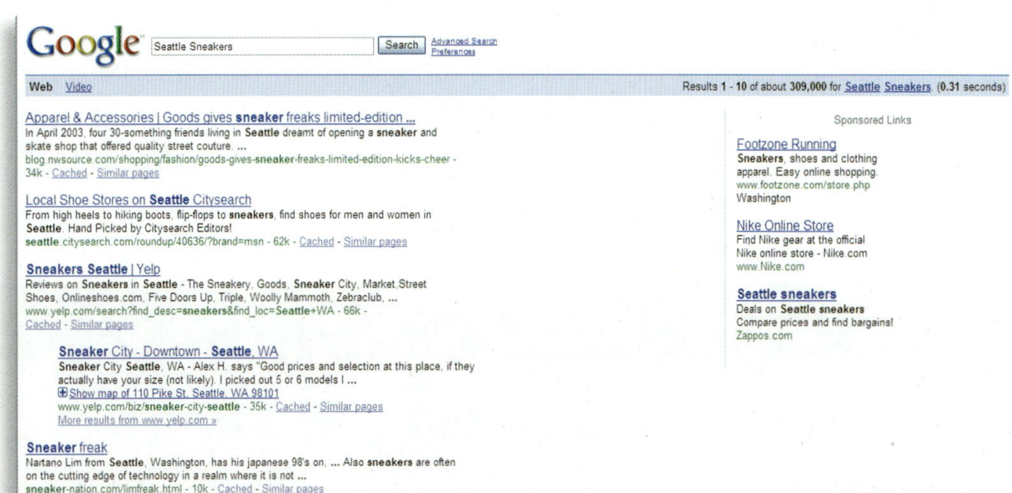

소비자들이 사용하는 검색이에 근거해서 배치되는 화면 오른쪽의 Sponsored Link 섹션에 브랜드를 보이게 하기 위해 광고주들은 Google에 돈을 지불한다.

고 있는 Google AdWords라는 탐색엔진 마케팅 툴을 사용하고 있는데, 이 툴은 잠재고객들이 사용하는 키워드에 근거해서 광고주를 탐색결과창의 스폰서링크에 보이게 할 수 있다(왼쪽 위에 있는 Google 스크린의 스폰서 링크 부분을 보라).

Oliver는 스폰서 링크 광고를 위해 최선의 키워드를 결정해야만 했다. 몇몇 잠재 고객들은 'sneakers', 'sneakers in New York City', 'athletic shoes' 등과 같은 키워드를 이용해서 탐색하였다. Oliver는 Google AdWords를 이용해서 도달률, 관련성(relevance), 그리고 인터넷을 탐색하는 동안 잠재 소비자들이 사용한 각 키워드의 투자수익률을 측정하여 광고 지출의 효과를 평가할 수 있다.

그는 도달률을 평가하기 위해 노출수(impression, 광고가 사용자에게 나타난 횟수)와 클릭률(CTR, click-through rate)을 사용했다. CTR을 계산하기 위해 사용자가 광고를 클릭한 횟수를 노출수로 나누었다.[38] 예를 들어, 스폰서 링크에 100회 나타났고, 10명이 클릭했다면 노출수는 100, 클릭횟수는 10, 그리고 CTR은 10%이다.

광고 관련성은 정보탐색을 하는 소비자에게 광고메시지가 얼마나 유용한가이다. Google은 품질점수(quality score)를 사용하는 AdWords 시스템을 통해 관련성을 측정한다. 품질점수는 키워드가 광고문구와 사용자의 검색질문에 얼마나 관련되어 있는가를 평가하는 다양한 요인들을 이용하여 계산한다.

일반적으로 **품질점수**가 높다는 것은 광고를 스폰서링크의 더 높은 자리로 올리는 역할을 하고 낮은 클릭당 비용을 발생시킨다는 것을 의미한다.[39] 'sneaker store'라는 검색에 대하여 Transit 광고는 네 번째 포지션이었고, 이는 높은 관련성을 보여주는 것이다. 다음과 같은 식을 이용해서, Oliver는 광고의 투자회수율(ROI)을 결정할 수 있다.

ROI = (매출액−광고비)/ 광고비

그림 15.7에는 두 가지 키워드에 대하여 하루에 지불할 광고비(세 번째 열), 하루에 발생할 매출액(네 번째 열), ROI(여섯 번째 열)가 나타나 있다. Transit 웹사이트는 'sneaker store'(110)가 'NY sneakers'(40)보다 클릭수가 많다. 비록 매출은 'sneaker store'가 'NY sneakers'보다 낮지만, ROI는 'sneaker store'가 더 높다.

Oliver는 IMC 프로그램을 평가하기 위해 목표별 프로그램의 성과들을 비교했다. 그는 프로그램들의 효과를 측정하기 위해 그림 15.8의 질문들을 이용해서 온라인 서베이를 수행했다. 조사결과는 인지, 점포에 대한 지식, 점포선택 등에서 지속적인 증가를 보여주고 있다. 이 조사는 IMC 프로그램이 목표 오디언스에게 적합한 메시지로 전달되었다는 것을 보여준다.

(1) 키워드	(2)클릭수	(3)비용	(4)매출액	(5)수익 매출액(4)−비용(3)	(6)ROI (5)/(3)×100
Sneaker store	110	$10/day	$35/day	$25	250%
New York City sneakers	40	$25/day	$40/day	$15	60%

그림 15.7 ROI 평가

커뮤니케이션 목표	질문들	캠페인 이전	6개월 후	1년 후
인지(스토어를 말한 %)	어떤 점포들에서 스니커즈를 팝니까?	38%	46%	52%
지식(영업지원이 뛰어난 정도 %)	어떤 점포가 다음과 같은 특징들에서 뛰어난가요?	9	17	24
태도(첫 번째 선택 %)	다음에 스니커즈를 구입한다면 처음에 어떤 점포를 방문하겠습니까?	13	15	19
방문(점포방문 %)	다음 점포들 가운데 방문했던 점포는 어디입니까?	8	15	19

그림 15.8 프로그램의 결과

요점 정리

LO1 커뮤니케이션 프로세스의 요소들을 설명한다.

커뮤니케이션 프로세스는 발신자로부터 시작하고, 발신자는 메시지 목표와 내용을 변환자에게 제공한다. 변환자는 커뮤니케이션 채널을 통해 전달하기 위한 메시지를 개발하고 부호화한다. 수신자가 수신한 메시지의 의미는 메시지 수신환경에서의 잡음(noise)에 의해 전달자가 의도한 의미와는 달라질 수 있다. 잡음이 있었는지를 확인하기 위해 발신자는 수신자로부터 피드백을 받아야 한다.

LO2 AIDA 모델의 단계를 이해한다.

인지는 '생각하는' 단계이다. 이 단계에서 소비자는 단순히 상표나 제품을 인식한다. 관심단계 동안 소비자는 느낌을 갖게 되고, 제품이나 상표를 탐색하기에 충분한 흥미가 생긴다. 이런 관심은 해당품목에 대한 욕구라는 형태의 감정을 갖게 한다. 마지막으로, 마케팅 커뮤니케이션은 구매나 추천 같은 행동을 이끌어 낼 수 있어야 한다.

LO3 다양한 통합적 커뮤니케이션 채널을 설명한다.

광고는 오래 전부터 마케팅 커뮤니케이션의 기본적인 채널이었지만, 이제는 그 밖에 다른 매체들이 더더욱 중요해지고 있다. 특히 최근에는 온라인과 같은 직접 마케팅 매체들이 증가하고 있다. 전화로 하는 직접마케팅은 점차 쇠퇴하고 있지만, 이메일이나 모바일 상거래와 같은 인터넷 기반 기술들은 증가하고 있다. 매체이용비용이 커지고, 소비자들이 상업적인 메시지에 회의적이 되어 감에 따라 공중관계는 지속적으로 더 중요해지고 있다. 최근에는 신매체 및 전자매체와 관련하여 웹사이트, 기업 블로그, 그리고 YouTube/Facebook/Twitter와 같은 소셜미디어가 풍부해짐에 따라 선택폭이 넓어지고 있다.

LO4 IMC 예산을 설정하는 방법을 설명한다.

다양한 경험규칙들이 예산결정을 위해 이전매출과 커뮤니케이션 활동들에 의존한다. 경쟁자 비율법은 커뮤니케이션 예산을 시장 점유율과 유사한 비율로 설정한다. 매출액비율법은 문자 그대로 판매액의 일정한 퍼센트를 예산으로 설정한다. 이와 대조적으로 목표과업법에서는 먼저 특정 커뮤니케이션 목표들을 설정하고, 목표를 달성하는 데 유용한 매체를 결정하고 이를 바탕으로 예산을 결정한다.

LO5 IMC 성과를 평가하는 데 사용되는 마케팅 척도를 알아본다.

마케터는 IMC 성과를 결정하기 위해 전통적 또는 현대적 측정방법을 혼합해서 사용한다. 잠재고객들이 구매에 이르기까지는 일반적으로 IMC 메시지에 여러 번 노출되어야 하기 때문에 기업은 도달빈도와 도달률을 이용하여 어느 정도 노출할 것인지를 결정해야 한다. 인터넷 IMC 효과를 측정하기 위해서는 오프라인과 달리 클릭률과 같은 측정도구들을 필요로 한다.

핵심용어

- AIDA 모델(AIDA model)
- 검색엔진 마케팅 (search engine marketing, SEM)
- 경험법칙(rule-of-thumb methods)
- 공중관계(public relations)
- 관련성(relevance)
- 광고(advertising)
- 도달률(reach)
- 도달빈도(frequency)
- 모바일 마케팅(mobile marketing)
- 목표과업법 (objective and task method)
- 발신자(sender)
- 변환자(transmitter)
- 보조상기(aided recall)
- 부호화(encoding)
- 블로그(웹로그)(blog(weblog))
- 상표 인지(brand awareness)
- 소셜 미디어(social media)
- 수신자(receiver)
- 인적 판매(personal selling)
- 잡음(noise)
- 지연효과(lagged effect)
- 직접 마케팅(direct marketing)
- 총노출량(gross rating points, GRP)
- 최초상기(top-of mind awareness)
- 커뮤니케이션 채널 (communication channel)
- 클릭률(click-through rate, CTR)
- 통합적 마케팅 커뮤니케이션 (integrated marketing communications, IMC)
- 투자수익률 (return on investment, ROI)
- 판매촉진(sales promotions)
- 피드백(feedback)
- 해독(decoding)

사례 연구

Jay-Z와 Bing: Jay-Z Decoders를 Bing 사용자로 전환

Microsoft가 자사의 Bing 탐색엔진 사용을 촉진할 전략이 필요했을 때, MS는 어떤 통합적 마케팅 캠페인에서 이상하게도 완전한 비클(vehicle)을 발견했다.[40] 그것은 트랜스미디어 이벤트(transmedia event)라고 하는 것이다. MS의 광고 대행사는 Bing 캠페인이 MS의 다른 고객을 위한 캠페인과 협동하여 함께 실행할 것을 제안했다. 랩 스타이면서 유명한 프로듀서인 Jay-Z는 자신의 회고록인 'Decoded' 출판을 위한 글로벌 마케팅 전략을 원했다.

하나 이상의 매체들이 통합된 이 혁신적인 마케팅 캠페인을 이끄는 크리에이티브 프로세스는 광고대행사 Droga5와 함께 시작했다.[41] Droga5는 분리된 엄청난 고객인 MS와 Jay-Z를 가지고 있었다. MS는 자신의 탐색엔진을 많은 소비자가 사용하기를 원했고, Jay-Z는 회고록을 홍보할 방법을 원했다. Droga5는 신유형의 시너지(synergy)를 제안하면서, 각 고객을 다른 고객의 프로모션 비클로 전환하는 계획을 개발했다.

옥외광고(outdoor advertising), 탐색엔진, 폭넓은 매체 전략, 오픈 소스 퍼블리싱(open source publishing)을 이용해서, Droga5는 책이 발행되기 전에 한 달 짜리 '트랜스 미디어' 보물찾기 게임(scavenger hunt)을 개최했다. Jay-Z는 Facebook, Twitter, 그리고 Bing을 통해 팬들에게 Jay-Z 책의 각 페이지들이 거대하게 확대되어 설치된 옥외광고의 위치를 알려주는 단서들을 내보냈다. Decoded 책 320페이지 각각의 이야기와 관련된 세계 곳곳의 실제 장소(예: New York, Los Angeles, New Orleans, Miami, Detroit, London)에 옥외광고를 설치했다. 예를 들어, Jay-Z가 1978년 여름 '내가 9살이었을 때'에 대하여 쓴 Decoded의 2페이지와 3페이지는 Jay-Z가 어린 시절을 보낸 Marcy Avenue 아파트의 벽에 청동장식으로 설치되었다. 팬들은 Jay-Z가 Bing 탐색엔진으로 내보낸 단서들로 각 페이지들이 있는 특정 장소를 찾을 수 있는데 그 단서들은 Bing의 지도검색을 통해 해독되어야 한다.

Decoded 페이지들 대부분은 Jay-Z가 성장한 New York의 Bedford-Stuyvesant 근처의 빌딩들에 게시되었다. 또한 책에 쓰여 있는 사건과 관련된 지하철역, Brooklyn 해변 앞 도로 위,

그리고 Jay-Z가 친구들과 놀았던 농구장의 백보드 위에도 설치되었다. 옥외광고회사인 Clear Channel과의 파트너십을 통해 거대한 빌보드들이 밤에도 아파트 타워, 상점가의 빌딩 꼭대기 등에 나타났다.[42] New Orleans에는 허리케인 Catherine의 재앙에 대한 Jay-Z의 반응을 기술한 220~221페이지의 거대한 복사본이 Orpheum Theater의 지붕을 가로질러 펼쳐졌다. New York의 Chelsea 근처에 있는 기타상점에는 100~101 페이지와 함께 전자기타가 새겨졌다.

한달 후, 팬들은 Jay-Z가 소셜미디어를 통해 내놓은 단서들과 Bing에서의 위치탐색만으로 320페이지 모두를 찾아냈다. Bing의 street mapping 기능은 가상체험을 통해 빌보드가 설치된 장소에 익숙하지 않은 사람들에게 길을 잃지 않게 도움을 주었다. 팬들은 찾아낸 페이지의 사진을 전용웹사이트에 게시했다. 이런 공동작업을 통해 팬들은 자서전이 아직 판매되기 전에 모든 페이지를 모았다. 각 페이지를 발견한 첫 번째 사람은 저자가 서명한 책을 받고, 최고상–신년 맞이 전야제에서 Jay-Z와 Coldplay의 콘서트를 볼 수 있는 Las Vegas 여행–을 받을 수 있는 추첨에 참여할 자격을 갖는다.[43]

Jay-Z-Bing은 명백하게 혁신적인 것이다. 경탄할만한 창의성과 예전에는 볼 수 없었던 새로운 접근법에 대해 극찬하는 기사가 있었다. 그러나 더 중요한 것은 이 캠페인이 효과적이었다는 것이다. 이 캠페인은 수백만명이 오프라인 Jay Z 팬과 잠재적인 책 구매자를 온라인 Bing 사용자로 전환시켰고, 온라인 Bing 사용자 또한 오프라인 Jay-Z와 잠재적인 구매자로 전환시켰다. 이 캠페인은 Cannes International Festival of Creativity에서 두 개의 국제상을 수상하였고, Bing을 처음으로 세계 10대 방문사이트가 되도록 만들었다.[44] 탐색엔진 방문수가 거의 12% 증가하였고, 증가된 사람들 대부분은 신규 사용자였다.[45] 한편 Decoded는 19주 연속해서 리스트에 오른 세계적인 베스트셀러가 되었다. Clear Channel은 빌보드 설치뿐만 아니라 자신의 웹사이트에서 Jay-Z-Bing 프로모션에 대한 연기자들의 관심을 라디오 인터뷰, 비디오 촬영, 방송 등으로 내보내는 버즈마케팅을 했다. Ryan Seacrest와 Snoop Dogg 등 유명인들은 자신들의 Twitter를 사용해서 '나의 엄청난 친구 Jay-Z는 책의 페이지들을 전 세계에 숨기고 있다. 그것이 어디에 있는지 Bing에서 찾을 수 있다'고 트윗했다. 캠페인에 대한 사람들의 관심은 연기자들에게 백만명 정도의 Facebook 팔로워를 얻게 만들었다.[46]

Bing 탐색엔진을 이용한 Jay-Z 자서전 발행을 알리는 엄청난 크로스 플렛폼(cross-platform) 캠페인은 전 세계적으로 Jay-Z 팬들에게 도달하여 관심을 끄는 데 성공했다. Droga5의 창의적인 캠페인, 즉 유명한 음악가와 연계하여 Bing 탐색엔진의 도달율과 인지도를 증가시키기 위한 트렌스미디어 캠페인은 전 세계적으로 탐색엔진 사용자에게 도달하고 관심을 끄는 데 성공했다. 능수능란하게 통합된 마케팅 캠페인은 두 거대상표가 함께 성공할 수 있도록 관리되었다.

확인 문제

1. Jay-Z-Bing 캠페인이 사용한 IMC 구성요소들의 차이는 무엇인가? 이 장에서 정의된 IMC의 관점에서, 이런 마케팅 요소들은 통합되었는가?
2. 여러 이해관계자들(예: Jay-Z, 출판사, Droga5, Clear Channel, Bing)은 어떻게 캠페인의 성과를 평가할 수 있는가?

CHAPTER 16

광고, 공중관계, 판매촉진, 그리고 인적판매

못 쓸 정도가 아니라면 그대로 써라! 이런 사회적 통념은 너무 명백해서 그것에 반대할 기업은 거의 없다. 그렇지만 광고에 관한 한, 낡은 기업들이 더 성공하기 위해 이미 잘하고 있는 캠페인을 변화시킨다.

특히, 시장에서 두 지배적인 경쟁자들 사이에 경쟁이 치열할 때, 그 결과는 흔히 새로운 공격적인 광고로 나타난다. 오렌지 쥬스 전쟁에서 이 시장을 지배하고 있는 선도 상표는 연매출 10억 달러인 PepsiCo의 Tropicana다. 그러나 기존의 유리함에도 불구하고 Tropicana는 Coca Cola의 Simply Orange 위에서 선두를 굳히려고 했나.[1] 그 결과 시장 점유율을 더 많이 획득하기 위해 5~6억 달러의 비용을 투입한 새로운 광고파장을 일으켰다.[2]

영국에서 Tropicana의 'Awake to Alive' 캠페인은 '자연에 다가가라(Tap into Nature)'라는 슬로건 하에서 자연스럽게 하루를 시작하는 방법으로 자사의 쥬스를 추천했다. 인기 있는 동화책 Goodnight Moon에서처럼 부드럽게 'Good morning, morning'이라고 속삭이듯 아침인사를 건네는 영국인 할아버지의 편안한 목소리에 한 가족이 천천히 잠에서 깨어난다. 아빠가 이불속에서 손을 내밀어 알람시계를 끌 때 할아버지는 'Good morning sideways world'라고 속삭인다. 잠이 덜 깬 엄마가 일어나서 머리를 뒤로 넘길 때 할아버지는 다시 'Good morning ruffled hair'라고 말하고, 담요에서 나오는 아이들에게 'Good morning sleepyheads, everywhere'라고 부드럽게 속삭인다. 졸음에 나른한 사람들은 'Tropicana 오렌지는 부드럽게 따서 즙을 낸다, 이제 일어날 시간이야'라는 안심시키는 목소리와 함께 Tropicana 쥬스 한잔으로 그들의 하루를 활기차게 시작한다.

이 광고는 세상은 Tropicana와 함께 더 밝은 아침으로 깨어난다는 것을 암시한다. 더 규모가 커진 캠페인은 이 테마를 강화하기 위한 혁신적인 프로모션 이벤트를 추가했다. 작은 태양을 닮은 큰 오렌지에 싸인 지구가 안으로 부터 빛을 발산하면서 공중에 매달려 있다. 따분한 1월 어느 날 동이 트기 시작하면서 초저녁까지 점점 커진다.[3] 이 캠페인을 1월에 시작한 것은 목적이 있었다. Tropicana의 영국 마케팅 관리자인 Peter Charies는 '우리는 한조각의 빛이 우리에게 오기 바라고 그것이 실제로 사람들을 살아있다고 느끼게 만든다'고 했다.[4] 빛을 발하는 이 구조물은 한겨울

학습 목표

- **LO1** 광고캠페인을 설계하고 실행하는 단계를 설명한다.
- **LO2** 광고의 세 가지 목적과 소구방법을 설명한다.
- **LO3** 매체 유형을 알아본다.
- **LO4** 판매촉진 유형을 알아본다.
- **LO5** 인적판매의 가치에 대하여 이해한다.
- **LO6** 인적 판매 프로세스를 이해한다.
- **LO7** 영업사원 관리의 주요 내용을 알아본다.

London에 낮이 세 시간 더 있다고 느끼게 한다.[5] 그 누구에게도 그것이 지구라는 언급 없이, 그 기발한 구조물은 유명한 넬슨 기념비(Nelson's Column)와 연결된 케이블에 매달려 있었다. 2.5톤의 무게와 210,000와트의 밝기로 그것은 거대한 오렌지 같아 보였다.[6]

구조물에 대한 첫 번째 제막식 비디오는 Trafalgar Square에서 떠오르는 온기에 매료된 사람들을 보여준다.[7] 도시 외곽에 살거나 그날 광장에 가지 못하는 사람들을 위해 Tropicana는 하루 동안의 장면을 담은 비디오를 게시했다.

New York에서 Tropicana 캠페인은 매우 다른 분위기와 스타일을 가지고 있었다. 그러나 광고 컨셉은 여전히 사람들 일상의 한 부분을 표현한 감성적, 위치기반, 그리고 대중적인 것이었다. 그러나 Penn Station과 몇 개의 통행이 많은 지하철역 근처에 세워진 이런 대담한 광고는 뉴욕사람들에게는 유례가 없는 것이었다.[8] 'mini carafe'용기에 초점을 둔 광고카피는 다양했지만 단순한 이미지를 유지했다. 미니 카라페에 대한 12개 광고 각각은 뉴요커의 실제생활을 단지 몇 개 단어로 표현했다. 항상 바쁜 뉴요커의 생활은 '당신은 30분 일찍 일어나고 30분 늦게 일터에 도착한다'로 표현되고, 도시의 소음으로 거의 숙면을 취할 수 없는 것에 대해 '당신의 알람시계는 창밖에 있는 도로다'라는 카피를 개발했다. 플렛폼에서 통근자로 꽉 끼어 옴짝달싹 못하는 짜증을 강조하기 위해 'Mariachi 밴드는 한 가지 노래만 알고 있다'라는 카피를 개발한다.[9]

이들 광고에서 일관되게 반복되는 후렴은 미니 카라페를 가리키는 화살표 안에 '대부분의 뉴욕 아침(the good part of New York mornings)'이다. 이런 식의 재미있고 친밀한 톤은 뉴요커들의 흔한 아침 불평을 익살맞게 놀리는 것이다. 이를 통해 이 캠페인은 Tropicana 오렌지 쥬스는 Big Apple(뉴욕을 부르는 다른 이름, 역자)을 정말 이해하고 있다는 것을 교묘하게 주장한다. 이 광고가 쌀쌀하고 음울함을 완화할 수 있고, 출퇴근하면서 짜증난 것을 조금이라도 즐겁게 해 줄 수 있다면, 그게 무슨 잘못이겠는가?

America's Next Top Model의 GRP는 도달률과 도달빈도를 곱해서 계산한다.

광고(advertising)는 식별가능한 정보원천(identifiable source)이 조직, 제품, 서비스, 아이디어 등에 대해 수신자가 현재 또는 미래에 어떤 행동을 하도록 설득(persuade)하는 커뮤니케이션으로 유료(a paid)의 매체(media)를 통해 전달된다.[10] 이 정의는 광고와 다른 형태의 프로모션 간 몇 가지 중요한 차이를 제시한다. 첫째, 광고는 무료가 아니다(not free). 메시지가 수신자에게 보여지기 위해서는 누군가가 돈이나 다른 수단으로 대가를 지불해야 한다. 둘째, 광고는 매체(TV, 라디오, 신문, 웹, 티셔츠, 보도블럭 등)를 통해 전달되어야 한다. 셋째, 법률적으로 메시지의 원천은 알려지거나 알

그림 16.1 광고 캠페인을 계획하고 집행하는 단계

수 있어야 한다. 넷째, 광고는 소비자가 어떤 행동을 하게 디자인된 설득적 커뮤니케이션이다. 그런 설득하려는 행동은 '음주운전을 하지 마시오'로부터 '메르세데스를 구입하시오'까지 다양하다.

구전광고(word-of-mouth advertising)처럼 광고라고 불리는 몇몇 활동들은 실제로 광고가 아니다. 엄밀하게 따지면 정치광고(political advertising)는 상업적 목적을 위한 것이 아니고, 실제 광고와 같은 방법으로 규제되지 않으므로 광고가 아니다.

광고는 거대한 산업에 둘러싸여 있고, 마케팅 커뮤니케이션 유형 가운데 가장 눈에 띄는 형태이다. 그래서 마케팅과 광고를 같은 것으로 생각하는 사람들이 많다. 전 세계적인 광고 지출은 거의 5,000억 달러에 이르고, 그 가운데 거의 절반이 미국에서 사용된다. 비록 광고 지출이 전 세계적 경기침체 기간 동안 다소 하락하긴 했지만 광고는 어느 곳에서나 존재하고 앞으로 계속 성장할 것으로 기대하고 있다.[11]

당신이 어제 얼마나 많은 광고에 노출되었는지 지금 기억할 수 있는가? 아마 3~4개를 넘지 않을 것이다. 우리가 앞에서 논의한 것처럼 지각(perception)은 매우 선택적인 과정이다. 소비자들은 단순히 그들과 관련되지 않은 메시지는 차단한다. 당신이 광고를 알아챘다 하더라도 그것에 반응하지 않을지도 모른다. 당신이 그것에 반응할지라도 나중에 그것을 기억하지 못할지도 모른다. 당신이 그것을 기억하더라도 광고의 상표나 스폰서가 누구인지 기억하지 못할지도 모른다. 광고주의 관점에서 최악은 당신이 그것을 다른 상표의 광고로 기억할지 모른다는 것이다.[12]

광고주가 광고나 브랜드를 기억하게 하기 위해서는 소비자의 주의(attention)를 얻어야 한다. 이전에 논의한 것처럼 커뮤니케이션 채널수의 증가와 소비자의 매체이용 습관의 변화는 광고주의 과업을 더욱 어렵게 만들었다.[13] Tropicana의 지속적인 노력에 대한 도입사례처럼 시장을 선도하고 있음에도 불구하고 광고주는 그들의 목표시장에 도달하기 위해 계속하여 창의성(creativity)과 다양한 매체를 이용하려고 노력해야 한다.

소비자로써 당신은 단지 최종제품, 즉 완성된 광고에 노출된다. 그러나 당신이 광고를 실제로 보기 전까지 많은 활동들이 일어난다. 이 장에서 우리는 목표 오디언스의 확인, 실제 광고의 창출, 그리고 성과평가까지 성공적인 광고 캠페인의 요소들을 논의한다. 비록 우리의 논의가 광고에 국한한다고 하더라도 광고 캠페인을 개발하기 위한 많은 과정들은 다양한 IMC 비클(vehicle)에 적용할 수 있다. 우리는 광고에 대한 몇몇 규제와 윤리적 이슈에 관한 논의를 하고, 공중관계, 판매촉진, 인적판매 그리고 그것들의 사용에 관해 논의할 것이다.

성공적인 광고 프로그램을 설계하고 집행하는 데는 많은 계획과 노력이 요구된다. 그림 16.1은 프로세스의 주요 단계를 보여준다. 각 단계들은 의도한 메시지가 올바른 오디언스에게 도달되도록, 그리고 원하는 효과가 확실히 나타나도록 도와준다.

LO1 광고캠페인을 설계하고 실행하는 단계를 설명한다.

Step 1: 목표 오디언스 확인

광고프로그램의 성공은 광고주가 목표 오디언스를 얼마나 잘 확정할 수 있는가에 달려있다. 기업들은 목표 오디언스를 확정하기 위해 조사를 수행하고, 이렇게 얻어진 정보는 광고 프로그램의 논조를 설정하고 메시지를 전달하는 데 사용될 매체를 선택하는 데 활용된다.

조사를 하는 동안 기업은 그들의 목표 오디언스가 현재 제품사용자와 같을 수도 있고 그렇지 않을 수도 있다는 것을 염두에 두어야 한다. 예를 들어, Adidas는 NBA 팬들이 지금은 Adidas에서 스포츠 용품을 구입하지 않을지라도, 적어도 우리의 제안에 점차 익숙해 질 것이라고 생각하고 있다. 그래서 Adidas 제품을 더 구매하도록 자극하기 위해 몇몇 광고에서 Chicago Bulls의 가드인 Derrick Rose를 모델로 사용하고 있다. 그러나 10대 팝 음악 팬들은 스포츠 제품에 덜 주의를 기울일 것 같다. 그래서 Adisas는 또한 Katy Perry(미국의 여성 팝스타, 역자)를 모델로 사용한 광고도 내보내고 있다.[14] 서로 다른 세분시장(최종소비자 vs. 비즈니스 사용자)을 겨냥한 마케팅과 광고의 예는 Visa와 MasterCard로 이들은 각 세분시장을 겨냥해서 다른 광고, 다른 제안을 하고 있다.

Step 2: 광고목표의 설정

광고 캠페인 목표들(advertising campaign objectives)은 마케팅 프로그램의 전체 목표들과 광고가 달성하려는 목적들을 분명히 하는 것으로부터 도출된다. 일반적으로 이런 목표들은 기업의 전체 마케팅 계획의 세부항목인 광고계획(advertising plan)에 나타난다. 광고계획은 마케팅 및 광고상황에 대한 명확한 분석, 광고캠페인 목표의 정의, 이런 목표들을 달성하기 위해 마련된 특정 전략들, 그리고 캠페인이 성공적인지를 결정하는 방법 등에 관한 내용이다.[15] 광고계획은 광고의 성공과 실패를 평가하는 기준이 되기 때문에 매우 중요하다.

소비자 광고에서의 일반적인 목표는 수요를 자극해서 소비자들이 소매점에서 제품을 찾도록 만드는 풀전략(pull strategy)이다. 푸쉬전략(push strategy)은 도매상, 소매상, 또는 판매사원을 대상으로 설계된다. 푸쉬전략에서의 캠페인은 중간상들에게 경쟁사의 제품보다 광고주의 제품에 더 관심을 기울이도록 동기화하는 것으로, 이렇게 동기화된 중간상들은 제품을 소비자에게 밀어낸다.

모든 광고 캠페인은 어떤 목표(정보제공, 설득, 기억 상기 등)를 달성하기 위한 것이다. 따라서 광고목표를 찾는 방법 가운데 하나는 광고가 무엇에 초점을 두고 있는지를 보는 것이다. 즉 광고가 특정한 제품이나 서비스, 또는 단체나 기관, 시설 등에 대한 수요를 자극하기 위해 설계되었는가를 보면 광고의 목표를 추정할 수 있다. 광고는 제품 카테고리나 전체 산업의 수요, 특정 상표, 기업, 품목의 수요를 자극하기 위해 사용될 수 있다. 미국에서 Fiat 광고는 〈가치 부가 사례 16.1〉에서 보는 것처럼 특정 모델에 대한 수요를 자극하기 위한 것이다.

정보적 광고

LO2 광고의 세 가지 목적과 소구 방법을 설명한다.

정보적 광고(informative advertising)는 상표인지를 창출, 구축하기 위해 사용되는 커뮤니케이션으로 궁극적인 목표는 구매의사결정단계를 거치면서 구매에 이르도록 하는 것이다. 이런 광고는 특히 소비자들이 제품이나 제품유형에 대한 정보가 별로 없는 제품수명주기(product life cycle) 초기 단계에서 중요하다. 소매점은 흔히 세일 이벤트나 신상품에 대한 정보를 소비자들에게 알리기 위해 정보적 광고를 사용한다.

설득적 광고

제품이 어떤 수준의 상표인지를 획득했다면 기업은 소비자들이 행동을 취하도록 동기화하는 설득적 광고(persuasive advertising)를 사용한다. 설득적 광고는 일반적으로 제품수명주기의 성장기나 초기 성숙기 단계, 경쟁이 가장 치열할 때, 그리고 제품의 시장수용(market acceptance)을 가속화시키기 위해 사용한다. 설득적 광고는 제품수명주기의 마지막 단계에서 소비자가 가지고 있는 기존 제품에 대한 지각을 변경시키는 상표

Cover Girl의 설득적 광고는 제품구입, 상표전환, 지속적 구매라는 행동을 취하도록 동기를 제공하려고 시도했다.

가치 부가 사례 16.1 Jennifer의 Jenny from the block인가 Charlie의 가택연금인가?[16]

Chrysler를 인수한 이탈리아 자동차 회사 Fiat는 미국 자동차 구매자들이 자사가 출시하는 자동차들의 상표명을 인식하기 원했다. 또한 출시하는 모델들 각각에 대하여 소비자들의 흥미를 얻을 필요도 있었다.

광고캠페인은 Fiat 500을 탄 Jennifer Lopez가 자신의 히트곡인 'Jenny from the block'이 흘러나오는 가운데 뉴욕의 Bronx 거리를 운전하는 모습을 담았다. 그러나 Fiat는 이 광고가 너무 달콤하게 표현되어 자동차를 너무 소녀티를 나게 했다는 것을 깨달았다.

Fiat Abarth 광고는 여성 모델을 사용했지만 결코 달콤하게 보이지 않았다. 슈퍼볼 시즌 동안에 출시된 Abath 광고는 '성적 유혹' 광고로 아바스의 로고인 스콜피온 문신을 한 빼어난 미모의 키 큰 모델과 유혹되는 남자의 긴장한 모습을 표현한 광고다. 이 광고 캠페인에서 Fiat는 '작지만 쎈' Fiat의 개성을 포지셔닝하는 것을 목표로 하였다. Fiat 500의 Jennifer Lopez광고는 상표인지도를 증가시키는데 도움을 주었지만, Abarth 광고는 '다른 형태의 메시지 전달'이었다. '성적 유혹' 장면은 TV에 내보내기 위해 만들어진 것이 아니었지만 온라인에 게재된 이 광고에 대한 긍정적 피드백(8백만번의 You-Tube 뷰)이 있었다.

아마도 가장 악명 높은 유명인중 하나인 Charlie Sheen을 등장시킨 최근의 '가택연금' 광고는 Abarth의 나쁜 남자 이미지를 더 잘 표현했다. 인기 있는 시티콤에서 퇴출된 Charlie Sheen의 엉뚱한 행동들은 그를 '규칙을 깨는' 사람이라는 명성을 얻게 했다. 광고에서 Charlie Sheen은 대저택 내부에서 검은색 Abarth를 질주하고, 차가 끽하는 소리와 함께 멈춰 선 뒤. 차에서 내리는 그의 발에 전자발찌가 보인다. 그리고 그는 '나는 가택연금 당하는 것이 좋다'라고 말한다. 이 광고에서의 여성 모델은 '성적 유혹' 광고에 나온 Catrinel Menghia로 뒷목에 스콜피온 문신를 하고 있다.

Fiat는 Fiat 500과 자극적이고 섹시한 Abarth의 광고계획을 분리했다.

리포지셔닝(repositioning)에 활용될 수 있다. 화장품 회사인 Cover Girl은 소비자가 어떤 행동(상표전환, 신제품 시용, 광고된 상표의 지속적 구매)을 하도록 설득하기 위한 광고를 자주 사용한다.[17]

상기 광고

마지막으로 상기광고(reminder advertising)는 특히 시장수용을 획득한 제품과 수명주기의 성숙단계에 있는 제품에 대하여 상기(remind)나 재구매를 위해 사용하는 커뮤니케이션이다. 이런 광고는 주로 TV나 신문 같은 전통적인 매체에서 보이지만 다른 형태의 광고에서도 광범위하게 볼 수 있다.

만일 당신이 화장지 구매를 고려한다면 모든 대안들의 크기, 가격, 성능 등을 주의 깊게 생각해 볼 것인가, 아니면 점포의 선반에서 처음에 본 것을 잡을 것인가? 당신이 운영하는 잡화점에서 화장지 제품선반의 끝에 Kleenex 화장지를 진열했다면, 그것은 제조업자가 광고를 통해 달성한 Kleenex의 최초상기도 때문일 것이다. 즉 Kleenex 화장지는 사람들의 기억 속에 두드러진 위치를 차지하면서 다른 자극 없이도 반응을 촉발시킨다는 것이다. 상기광고와 앤드매대 진열은 소비자들에게 제품을 즉각적으로 구입하도록 자극한다.

이 제품초점광고는 Pepsi Max에 대한 정보제공, 설득, 상기를 목적으로 설계되었다.

광고의 초점

광고 캠페인의 목표는 특정 광고의 초점을 결정한다. 광고는 제품에 초점을 둘 수도 있고, 조직에 초점을 둘 수도 있고, 공공서비스에 초점을 둘 수도 있다. 제품초점광고(product-focused advertisements)는 특정 제품이나 서비스에 대한 정보를 제공하고 설득하거나 상기시킨다. Pepsi Max 광고는 전형적으로 해당상표의 매출을 자극하기 위한 것이다.

조직광고(institutional advertising)는 정치적 견해, 산업 등의 이슈에 대한 정보를 제공하고, 설득하거나 상기시킨다. 아마 가장 잘 알려진 조직광고 캠페인은 오랫동안 진행해온 '우유는 있니?(got milk?)'캠페인일 것이다. 이 캠페인은 밀크콧수염을 단 유명인과 함께 소비자의 욕구에 호소하여 우유소비를 촉진하기 위한 것이다.[18]

이 광고는 우유를 마시지 않으면 건강문제가 발생할 수 있다는 약한 공포소구(fear appeal)와 함께 우유가 뼈를 강하게 만드는데 유익하다는 정보(informative appeal)에 초점을 맞추었다. 스페인어 광고 캠페인에서도 이와 유사하게 '우유를 마셔라(Toma Leche)'라고 하면서, 충치, 불면증, 뼈 손실 등을 방지하는 데 효과가 있다는 우유의 장점을 내세운다. 최근의 Rebecca Romjin과 그녀의 아이들이 등장한 광고캠페인은 우유는 가족들과 건강하게 지낼 수 있도록 해 준다는 것을 강조한다.[19]

'Got Milk' 조직광고 캠페인은 밀크수염을 단 Rebecca Romijn과 그녀의 두 아기 등 유명인과 제휴하여 우유소비를 촉진하기 위한 것이다.

조직광고의 독특한 카테고리는 공공서비스광고(public service advertisements, PSAs)이다. PSAs는 공공복지(public welfare)에 초점을 둔 것으로 일반적으로 비영리기관, 시민단체, 종교기관, 동업자단체, 정치단체 등이 후원한다.[20] 제품이나 조직에 초점을 맞춘 광고처럼 PSAs 또한 소비자들에게 정보를 제공하고, 설득하고 상기시킨다. 그러나 이 광고의 초점은 사회를 개선하는 데 있다. 예를 들어, PSAs는 사회적 이슈에 대하여 일반 공중이나 특별한 군중집단의 태도 및 행동의 변화를 이끌기 위한 사회마케팅(social marketing) 형태를 띤다.

비록 'Got Milk' 캠페인이 실제로 우유판매자의 후원에 의한 것이라 하더라도 이 캠페인은 우유 소비를 통해 사람들의 건강을 개선하는 것을 강조한다는 점에서 PAS요소들을 가지고 있다. 또 다른 최근의 PSA 캠페인은 Pizza Hut, Taco Bell, KFC 등을 소유한 Yum Brands에 의해 후원되었다. Yum은 기아문제에 대한 해결노력을 촉진하기 위해 '제품마케팅이 아닌, 기아와 싸우는' 데 초점을 둔 세계기아해방(World Hunger Relief) 캠페인을 했다.[21] Christina Aguilera가 등장한 광고에서는 패스트 푸드를 구입하라는 주장은 하지 않고 기아와 싸우는 데 도울 수 있는 방법을 안내했다. PSA 캠페인의 범위를 확장하기 위해 Yum Brands의 CEO인 David Novak은 재계를 목표로 한 캠페인에 등장했다. PSAs는 또한 소비를 줄이기 위한 목적으로 수행될 수도 있다. 예를 들어 '실내 태닝은 그만'이라는 캠페인은 멜라토닌 증가의 위험, 치명적인 피부암, 그리고 태닝점 이용억제 등에 대한 인식을 높이기 위해 설계되었다.[22] 연방통신위원회(FCC, Federal Communications Commission) 규칙에 의해 방송사들은 PSAs를 위해 무료광고시간을 제공해야 한다. PSAs는 일반적으로 최고의 광고대행사에서 창의적으로 설계된다. 〈윤리와 사회적 딜레마 사례 16.1〉은 금연 캠페인인 '진실' 공공광고에 대한 공중의 반응을 보여준다.

광고 캠페인의 목표가 정보제공, 설득, 상기 또는 특정한 제품이나 조직에 초점을 두거나 관계없이 각 캠페인의 목표는 명확하고 측정가능하게 설정되어야 한다. 예를 들어, 상표인지도를 증가시키려는 캠페인은 목표시장에서 '상표인지도를 6개월 이내에 50% 증가' 등으로 설정되어야 한다. 또는 자사상표로 구매를 전환시키기 위해 '경쟁자의 고객 10%를 설득'하는 것이 될 수도 있다. 광고캠페인의 목표가 설정되면 기업은 광고예산을 책정한다.

Step 3: 광고예산 결정

마케팅 커뮤니케이션에 대한 다양한 예산 설정기법들이 광고예산 설정에도 적용될 수 있다. 첫째, 기업은 전체 프로모션 목표에 부합하도록 광고가 수행해야 할 역할을 생각해야 한다. 둘째, 광고비 지출은 제품수명주기 단계에 걸쳐 달라져야 한다. 셋째, 시장과 제품 환경이 광고예산에 영향을 미친다. 시장 환경은 광고에 쓰는 돈의 양을 결정한다. 예를 들어 B2B 시장환경에서는 B2C에서 보다 광고에 돈을 덜 사용하겠지만 인적판매에는 더 많이 사용할 것이다.

Step 4: 메시지 전달

이 단계에서 마케터는 전달하기를 원하는 것이 무엇인지를 결정해야 한다. 첫째, 기업은 목표 오디언스에게 전달하길 원하는 핵심 메시지를 결정한다. 둘째, 기업은 어떤 소

윤리와 사회적 딜레마 사례 16.1 진실[23]

흡연은 전 세계적으로 죽음을 예방할 수 있는 가장 큰 원인이다. 흡연으로 인해 매 8초마다 한사람씩 죽는다. 흡연은 폐암, 후두암, 구강암, 고혈압, 심장질환, 기타 폐질환의 주요원인이다.[24] 세계적으로 13세~15세 5명중 1명이 흡연하고 있고, 이들 대부분은 15년~20년간 흡연한다. 사람들이 이런 위험한 습관을 멈추도록 무엇을 할 수 있겠는가?

미국유산재단(American Legacy Foundation)은 흡연의 위험을 교육시키기 위해 담배산업으로부터 10억 달러의 기금을 받았다. 이 자금은 담배회사의 간섭 없이 진행된 전국 최대 청년 금연 캠페인인 'Truth' 캠페인에 사용되었다. 이 캠페인의 목적은 담배가 건강에 미치는 영향, 담배산업의 마케팅 전략, 그리고 담배 제조과정 등을 포함한 담배산업의 진실을 말해주기 위한 것이었다. 기본적으로 12세~17세 청소년들을 겨냥한 이 캠페인은 사실을 제시하고, 흡연할 것인지, 금연할 것인지를 10대들 스스로 결정하도록 하였다.

이 캠페인은 처음 2년간 10대 흡연을 감소시키는 데 직접적인 효과가 있었다. 'Truth'가 실행된 7년 후, 한 조사에 의하면 이 캠페인에 노출된 10대들은 흡연하는 동료들의 수를 더 정확히 지각하고 있었다. 10대들은 흡연자보다 비흡연자가 더 많고, 청소년들이 친구들의 행동을 많이 따라한다는 점을 생각해 보면, 이런 지각의 변화는 흡연을 선택할 10대들의 수를 감소시키는 데 도움이 될 것이다.

10대들에게 도달(reach)하기 위해 Truth는 온라인 비디오, 영화, 소셜 미디어, 웹 게임, TV와 라디오 광고, 순회공연 등 다양한 매체를 활용했다. 이 캠페인은 Philip Morris 본사 앞에 시체 운반용 백을 쌓아두는 것과 같은 공포분위기 조성전술(scare tactic)을 채택했다.[25] 또한 이 캠페인은 유머, 만화, SXSW 뮤직 페스티벌의 벽화, 그리고 브로드웨이 스타일 음악과 춤 등도 활용했다.

그러나 유머가 매년 수백만 명이 죽는 이 주제를 전달하는 데 올바른 방법인가? 시체운반용 백을 쌓는 것이 니코틴 관련 질병이 자신들에게 발생한다고 믿지 않는 젊은 흡연자들을 설득하는 데 효과적인 방법인가? 담배회사들과 그 구성원들을 모욕하는 이런 종류의 메시지 전달방법이 적합하고 공정한가? 만일 당신이 담배회사에서 일하고 있다면 느낌이 어떻겠는가? 만일 가족 중에 누군가가 담배로 인한 폐기종(emphysema)이 있다면 당신은 어떤 느낌이 들겠는가?

구방법이 메시지를 전달하는 데 가장 효과적인지 결정한다.

메시지

메시지는 목표 오디언스들에게 기업이 원하는 방향으로 반응해야 할 이유를 제공한다. 광고 메시지를 결정하기 위한 논리적 시작점은 제품이나 서비스의 핵심편익(key benefits)을 내세우는 것이다. 메시지는 제품의 문제해결능력을 명확하게 그리고 설득력 있게 전달해야 한다.

이런 점에서 광고주는 제품이나 서비스가 실제적이든 지각적이든 문제를 해결해야 한다는 것을 기억해야 한다. 즉 사람들은 벽에 사진을 걸기 위해 1/4인치 구멍을 뚫으려는 것이지, 1/4인치 드릴 비트(드릴에 끼우는 날)를 찾는 것이 아니다. 1/4인치 구멍을 뚫는 방법은 많이 있기 때문에 Black & Decker 같은 기업들은 소비자에게 자신들의 드릴비트가 그런 구멍을 뚫는 데 가장 좋은 방법이라는 것을 설득해야 한다.[26]

또 다른 일반적인 전략은 독특한 편익(unique benefits)을 구축해서 제품을 차별화하는 것이다. 이런 차별화는 독특한 판매제안(USP, unique selling proposition) 또는 가치제안(value proposition)에 근거하며 광고 캠페인의 일반적인 주제나 슬로건이 된다. 따라서 좋은 USP는 제품의 독특한 속성을 전달해서 전체 캠페인의 주제를 보여줄 수 있어야 한다. 광고를 통해 전달되는 판매제안은 상표에서 독특해야 할 뿐 아니라 소비자에게 의미가 있어야 한다. 몇 가지 잘 알려진 USP들에 대한 예시는 다음과 같다.

Red Bull . . . 당신에게 날개를 달아준다
Ford . . . 강하게 만든다
Oreo . . .우유는 쿠키를 좋아해
TNT . . . 우리는 드라마를 알고 있다
Kellogg's Corn Flakes . . . 최고의 오리지날 시리얼
The New York Times . . . 인쇄에 적합한 모든 뉴스의 제공
Trek . . . 우리는 자전거를 믿는다
Vail . . . 이 세상에 없을 것 같은

소구

초기 레토릭(rhetoric) 이론들에 의하면 소구(appeal)에는 로고스(logos, logical), 에토스(ethos, ethical), 그리고 파토스(pathos, emotional) 세 가지 주요 유형이 있다고 한다. 광고주는 제품이나 서비스를 소비자에게 설명하고 제품을 구매하도록 설득하기 위해 서로 다른 소구방법을 사용하긴 하지만 광고는 두 가지 소구 카테고리(정보적, 감성적)가 조합되는 경향이 있다.

Chrysler의 새로운 USP는 'Detroit에서 수입된'이다.

Chevrolet은 Equinox FWD를 Toyata Rav4 4×2보다 우수하다고 비교하는 방법으로 잠재구매자들에게 정보를 제공하고 있다.

정보적 소구(informational appeals) 정보적 소구는 소비자에게 사실적 정보를 제공하여 핵심편익에 근거해서 상표를 평가하도록 자극하고 이를 통해 구매의사결정을 하도록 돕는다.[27] Exxon Mobil은 소비자들에게 자사가 환경 친화성, 효율성, 혁신성, 책임성이 있다는 것을 확신시키기 위해 리튬이온전지, 수소에너지기술, 바이오연료, 탄산가스 포집기술 등 제품의 기술적인 면을 설명하려고 노력한다.[28] 제품의 유형적 특성들, 과학적 이미지 등 경쟁우위가 될 수 있는 잠재적 원천에 대하여 소비자들에게 정보를 제공함으로써 광고카피는 정보제공적이고 설득적인 메시지로 전달된다.

감성적 소구(emotional appeals) 감성적 소구는 소비자의 실용적 욕구(utilitarian needs)라기 보다 감성적 욕구(emotional desires)를 만족시키는데 목적이 있다.[29] 이런 소구는 느낌에 초점을 둔다. 비록 '감성'이라는 용어에는 흔히 눈물이미지가 있지만 광고에 나타나는 감성소구는 다양하다. 성공적인 감성소구의 핵심은 소비자와 상표 간 유대를 만들 수 있는 감성의 사용이다. 가장 일반적인 유형의 감성소구는 공포, 안전, 유머, 행복, 사랑(섹스),[30] 안락함, 향수 등을 사용하는 것이다.[31]

Step 5: 매체평가와 선택

광고콘텐츠는 기업이 메시지를 싣기 위해 선택한 매체의 특성과 밀접하게 연관되어

Halle Berry의 향수 신제품에 대한 감성적 소구 포인트는 사랑이다.

있다. 매체계획(media planning)은 목표 오디언스에게 메시지가 전달되는데 활용될 매체믹스(media mix)를 평가하고 선택하는 과정이다.[32] 매체믹스는 사용될 매체조합과 각 매체에서의 광고 빈도를 말한다. 예를 들어 Macy's가 추수감사절과 연말 사이의 연휴 판매시즌에 TV, 라디오, 인쇄, 빌보드에 대량으로 광고하는 것은 적합한 선택이라고 할 수 있다.

방송시간이나 인쇄매체의 지면을 사는 매체구매(media buy)는 일반적으로 광고예산 가운데 가장 많은 지출이 발생하는 분야이므로 신중하게 결정해야 한다. 이 가운데 TV 광고는 가장 많은 비용이 들어간다. 미국 전체 매체별 광고 지출을 보면 TV광고가 거의 45%로 항상 일정하게 유지되고 있다. 디지털 광고는 지속적으로 성장하여 약 21%를 차지하고 있고 신문광고는 급속하게 줄고 있다.[33] 매체유형은 크게 대중매체와 니치매체로 나눌 수 있다.

LO3 매체유형을 알아본다.

대중매체와 니치매체

전국적인 신문, 잡지, 라디오, TV를 포함하는 대중매체(mass media) 채널은 많은 수의 불특정 다수의 오디언스에게 접근하는 데 이상적인 매체이다.

니치매체(niche media) 채널은 일반적으로 특정한 인구통계적 특성 또는 특정 분야에 관심이 있는 좁은 세분시장에 집중하기 위해 사용된다. 니치채널의 예는 전문 방송채널(예: 낚시, 정원가꾸기 등)과 전문잡지들이다. 인터넷은 사용하는 사이트에 따라 대중매체와 니치매체의 특성을 모두 활용할 수 있다. 예를 들어 Yahoo와 같은 검색사이트는 많은 사람들에게 노출될 수 있는 대중매체의 성격을 갖지만, Wall Street 잡지 사이트는 특정 부류의 사람들이 주로 찾는 니치매체의 성격을 갖는다. 고속도로변에 설치되는 빌보드광고는 대중을 상대로 하고 있지만, 대학가 등 특정 지역에 설치된다면 특정 세분시장을 겨냥하는 것이다.

올바른 매체의 선택

각 매체부류에 있는 매체대안들 마다 특정한 광고목표에 부합하는 독특한 특징이 있다(그림 16.2).[34] 예를 들어, 소비자들은 여러 가지 목적으로 다양한 매체를 이용하기 때문에 광고주는 메시지를 이에 맞추어야 한다.

커뮤니케이션 매체는 또한 목표 오디언스에 도달하는 능력이 다르다. 예를 들어 라디오는 잡화나 패스트 푸드와 같은 제품들에 좋은 매체인데 그것은 많은 소비자들이 점포에 가는 도중 또는 점포에 있는 동안에 무엇을 구매할지 결정하기 때문이다. 많은 사람들이 주로 차안에서 라디오를 듣기 때문에 의사결정의 핵심적인 단계, 즉 구매를 위해 이동하고 있는 소비자들에게 도달하는 매우 효과적인 수단이다. 앞에서 논의한 것처럼 각 매체들은 또한 도달범위와 도달빈도가 다양하다. 광고주는 광고 스케줄의 총 GRP를 계산하여 매체믹스가 목표 오디언스에 도달하는 데 얼마나 효과적인지를 판단할 수 있다.

Mt. Horeb 등 특정 커뮤니티에서 McDonald's의 빌보드는 니치마켓을 겨냥한 것이다.

광고 스케줄의 결정

매체 계획자에게 또 다른 중요한 사항은 광고 스케줄(advertising schedule)을 결정하는 것이다. 광고스케줄은 광고 타이밍과 지속기간을 정하는 것이다. 여기에는 그림 16.3에서 보는 바와 같이 세 가지 유형의 스케줄이 있다.[35]

- 지속형 스케줄링(continuous schedule) 캠페인 기간 내내 비슷한 수준의 광고량을 유지하는 스케줄링으로 일정한 수준의 설득이나 상기광고가 필요한 꾸준히 소

매체	장점	단점
TV	넓은 도달범위 소리와 영상을 모두 사용 할 수 있다.	높은 비용 채널과 프로그램이 너무 많다 경쟁사 제품의 인지를 증가시킬 수도 있다
라디오	상대적으로 저렴하다 목표 오디언스를 선택할 수 있다 넓은 도달범위	음성만 제공하므로 표현에 제한이 있다 TV보다 주의를 덜 기울인다 노출시간이 짧다
잡지	목표 오디언스를 선택할 수 있다 여러 사람이 돌려볼 수 있다	상대적으로 융통성이 없다 발행 일이 있으므로 이용하려면 시간이 걸린다
신문	융통성이 있다 적시에 할 수 있다 지역별로 할 수 있다	좋은 지면은 가격이 비싸다 광고 지속기간이 짧다
인터넷	세부적인 콘텐츠로 연결될 수 있다 매우 융통성이 있고 상호작용적이다 특정 목표시장을 겨냥할 수 있다.	점점 혼잡해지고 있다 소프트웨어로 광고를 차단할 수 있다
옥외광고	상대적으로 저렴하다 반복노출 기회를 제공한다	목표 오디언스를 겨냥하기 어렵다 상황에 따라 설치하는 데 문제가 있을 수 있다 노출시간이 매우 짧다
직접 마케팅	목표시장을 잘 겨냥할 수 있다 개인화된 커뮤니케이션을 할 수 있다	사용되는 직접마케팅 유형에 따라 비용이 천차만별이다 메일 같은 전통적인 매체는 신매체에 비해 비용이 더 들어갈 수 있다

그림 16.2 광고에서 사용할 수 있는 매체유형

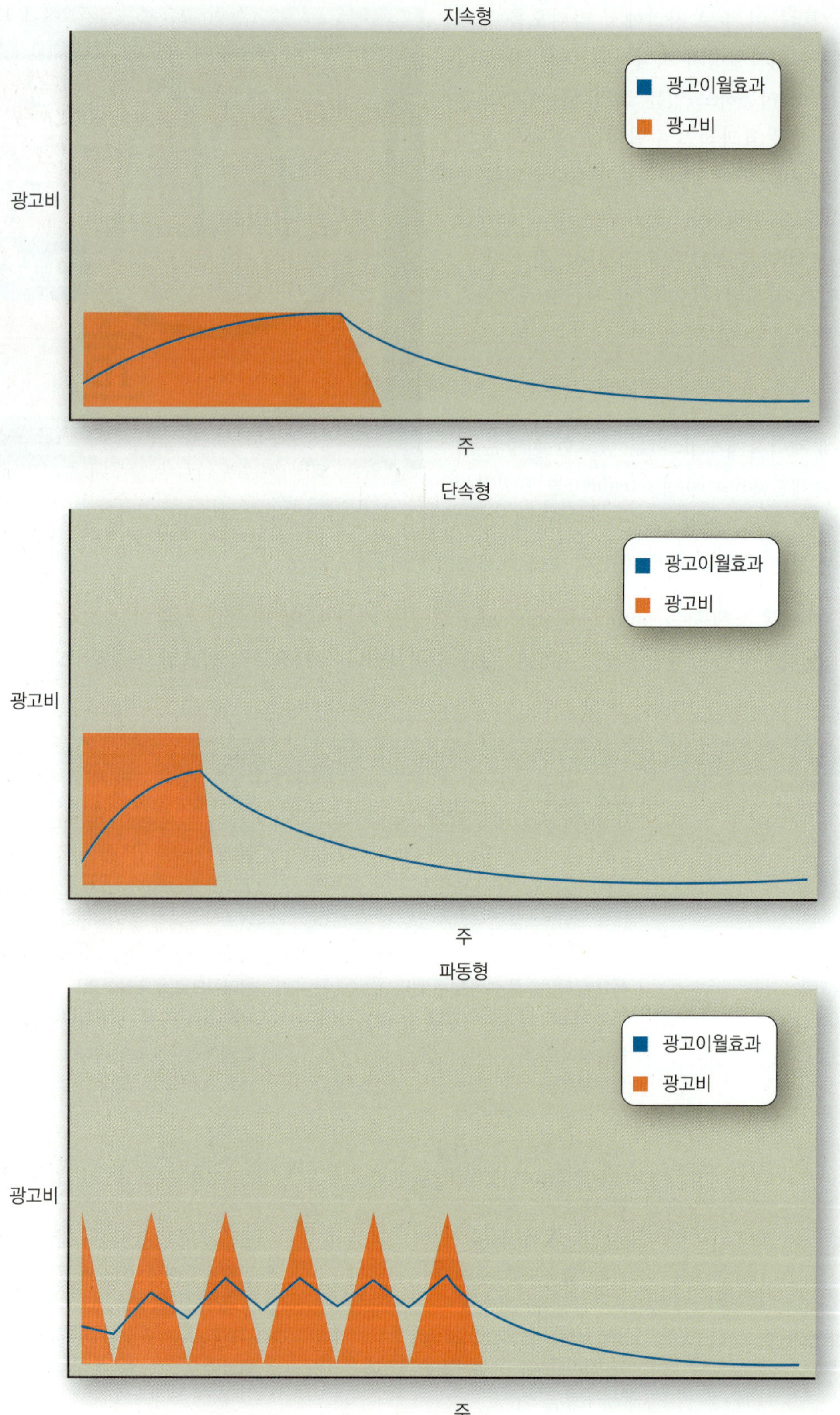

그림 16.3 광고 스케줄링 그래프

비되는 제품이나 서비스에 적합하다. 예를 들어 Procter & Gamble은 세탁용품인 Tide 상표를 연간 내내 지속적으로 광고한다.

- 단속형 스케줄링(flighting) 이것은 광고를 전혀 하지 않는 것과 아주 많이 집행하는 것을 번갈아 하는 방법이다. 이 방법은 초여름부터 늦여름까지 수요가 집중되는 선탠로션 같은 계절성 제품처럼 수요가 변동하는 제품에 적합하다.
- 파동형 스케줄링(pulsing) 이것은 지속형과 단속형 스케줄링을 결합한 것으로 최저 수준의 광고를 유지하다가 어떤 기간 동안 광고를 집중해서 증가시키는 것이다. 예를 들어, 항공사, 호텔, 랜트카 회사들은 상표인지도를 유지하기 위해 지속적으로 광고하다가 특정시점에 수요를 창출하기 위해 광고량을 급격히 증가시킬 수 있다.

Step 6: 광고물의 제작

메시지, 광고유형, 소구방법 등을 결정했다면 이제 이를 바탕으로 광고를 제작한다. 소구할 내용을 담을 메시지는 창의적으로 단어, 그림, 색상, 음악 등으로 변환된다. 이런 광고 실행방식(execution style)은 메시지를 전달하는 데 사용되는 매체유형에 좌우된다. 이미지를 표현하기 위해서는 TV나 잡지를 사용할 수 있고, 가격을 촉진하기 위해 신문과 라디오를 사용할 수 있다. 특정한 목표시장에 소구하기 위해 특정 전자매체 비클을 이용할 수 있다. 동일한 메시지를 다양한 매체를 통해 전달할 때는 서로 다른 실행방식들이 메시지를 일관되고 설득력 있게 전달할 수 있도록 관리되어야 한다.

광고주는 광고를 제작할 때 광고의 목표, 목표세분시장(들), 제품 또는 서비스의 가치제안이나 USP, 그리고 광고와 다른 IMC 요소들과의 조화 등을 동시에 고려해야 한다.

Duluth Trading의 인쇄광고 예에서 보여주는 것처럼 일반적으로 독자가 주목하는 것은 시각자료이기 때문에, 광고 또는 광고 캠페인의 첫 번째 요건은 단번에 눈길을 끌 수 있어야 한다는 것이다. 이 광고에서 조선소 용접공 사진은 거친 남성성을 나타낸다. 시각자료로 모든 목표들을 달성할 수는 없지만 이를 통해 다른 중요한 목적들인 광고주제의 식별, 제품이 사용되는 상황과 독특한 특성제시, 제품이나 광고주에 대한 호의적 인상 형성, 그리고 헤드라인에서 독자들의 관심을 불러일으킬 수 있어야 한다.[36]

Duluth Trading Company는 단순하지만 강력한 비주얼과 카피로 창의적인 광고를 만들었다.

헤드라인(headline, 표제)은 광고에서 가장 큰 활자로 나타나며 주의를 이끌어내기 위해 설계된다. Duluth Trading 광고는 질긴 내구성을 함축한 시각자료와 함께 '최후까지 남는 바지'라는 헤드라인을 쓰고 있다. 그러나 추가적인 작은 헤드라인인 서브헤드(subhead, 부제)는 판매하는 용접용 바지에 대한 더 많은 정보를 제공한다. 헤드라인과 서브헤드는 제품이나 서비스의 본원적인 편익들, 브랜드명, 흥미를 유발하는 아이디어 등을 포함해서 짧고 단순한 단어들로 표현하여야 한다. 이상적으로는 헤드라인은 행위동사를 포함하고, 헤드라인만 읽어도 충분한 정보가 제공될 수 있도록 만들어야 한다.

카피본문(body copy)은 구체적인 메시지와 제품에 대한 설명이 표현된 부분이다. 본문은 시각자료와 헤드라인에 의해 창출된 흥미를 더 키우고, 헤드라인과 서브헤드에 대하여 더 상세하게 설명하고, 제품에 대한 욕구를 불러일으켜서 목표소비자가 행동에 이르기에 충분한 정보를 제공한다. 광고에서 본문은 짧지만 강력하게 '조선소 용접공인 Mike L.에게 충분히 튼튼한 유일한 바지'로 표현되어 있다.

마지막으로 광고에는 로고(Duluth Trading Company), USP(Duluth 광고에서는 없음) 등 광고주를 식별할 수 있는 많은 상표 구성요소(brand elements)들이 있다. 광고주는 강렬한 시각자료, 헤드라인, 카피본문, 그리고 상표 구성요소들을 이용해서 메시지를 전달해야 한다.

실행단계에서는 창의성이 가장 중요한 역할을 하지만, 창의성 때문에 메시지가 빛을 잃지 않도록 주의해야 한다. 실행 스타일이 무엇이든 광고는 오디언스의 주의를 끌고, 오디언스가 광고를 봐야 할 이유를 제시해야 하고, 설정된 목표를 달성해야 한다. 결국 실행 스타일은 매체와 목적이 서로 적합해야 한다.

자동차 제조업자와 딜러들은 매우 다양한 메시지를 광고에 활용한다. 예를 들어, 최근 신차를 출시한 두 자동차 회사는 매우 다른 광고 캠페인을 집행했다.

- **Chevrolet Malibu.** Chevrolet는 하이브리드 시장에서 배터리 팩을 채택하여 우수한 연비를 가진 신차를 출시했다. Malibu는 뒷좌석의 크기를 줄이기는 했지만 패

Ford Fusion 광고는 연비뿐만 아니라 젊은 소비자들에게 소구할 흥미로운 기술을 강조했다.

Chevy Mailbu는 연료 효율적인 하이브리드 모델이지만 이 차는 패밀리 세단으로 포지셔닝했다.

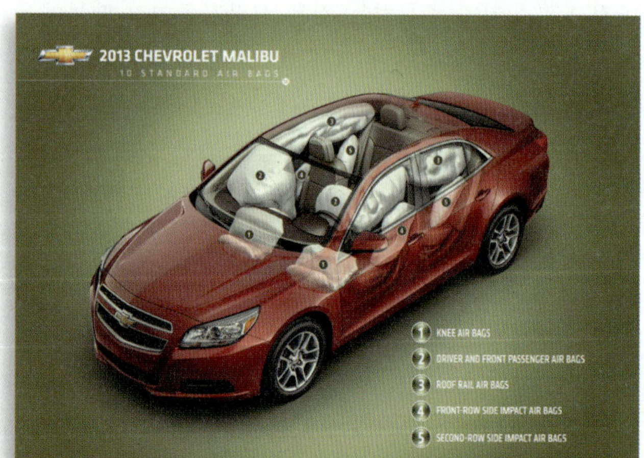

윤리와 사회적 딜레마 사례 16.2 화장품 회사는 실제로 광고모델의 얼굴을 수정하는가?

Julla Roberts가 정말 아름다운가? 물론 그녀는 아름답지만 광고에서 그녀의 얼굴은 십중팔구 Photoshop Fix로 다듬은 것이다. 에어 브러싱(airbrushing)은 광고만큼 오래된 것이지만 최근의 진보된 기술은 다듬은 것을 거의 알아차릴 수 없게 만들었다. 그러나 경영개선협회(Better Business Bureau)의 광고분과(National Advertising Division)에서는 디지털 기술로 수정한 제품 또는 모델의 사진을 게재한 광고가 소비자를 오인(misleading)하게 할 수 있다고 지적했다.[37] 이에 대해 화장품과 의류 회사들은 외모의 수정은 도처에서 볼 수 있으며, 소비자들도 수정된 이미지를 기대한다고 주장한다. 이들은 수정이 누군가를 속이려는 것이 아니라 상표에 대한 더 완전한 이미지를 만들기 위한 것이라고 주장한다. 그렇다면 기술을 사용해서 주름과 피부결함을 지우는 등 광고를 손본 화장품 회사들이 잘못된 것이 아니라는 것인가?[38] 영국의 광고표준단체(U.K Advertising Standards Agency)는 광고에 있는 사진을 손보는 것은 잘못된 것이라고 생각한다. 이 감독단체는 최근 L'Oreal광고 두 편이 소비자를 오인하게 한다며 광고게재를 금지했다. 하나는 Julia Roberts가 나온 Lancome Teint Miracle로 이 제품은 피부에서 광택이 나도록 해준다. Christy Turlington이 나온 다른 광고는 Eraser라고 불리는 제품으로 주름이나 피부결함을 감춰주는 화장품이다. 비록 회사는 광고들이 제품 효능을 과장하지 않았다고 강하게 주장했지만, 영국 광고표준단체를 설득하지는 못했다.[39]

화장품광고에서 모델이나 Julia Roberts 등 유명인을 더 아름답게 만들기 위해 사진을 손보는 것이 윤리적인가?

소비자들은 광고에서의 제안을 평가할 수 있는 실제 이미지를 원하는가, 아니면 수정을 받아들이고, 더 나아가서 비현실적으로 아름다운 이미지와 과장된 표현을 더 좋아하는가?

밀리 세단으로 포지셔닝했고 가족중심 잡지 및 TV 방송시간에 주로 광고를 집행했다.

- **Ford Fusion.** 연료절약에 초점을 맞춘 Fusion광고는 하이브리드와 연료엔진 모두 사용할 수 있다는 것, 그리고 진화음성인식, 음악탐색 및 재생에 사용되는 SYNC 기술을 강조했다. Ford는 이런 소구와 함께 기술 및 환경친화적인 젊은 소비자들을 설득하기 위해 소셜미디어에 집중하였다.[40]

가끔은 광고주가 소비자를 설득하기 위해 최선을 다한다고 생각하지만, 어떤 광고는 〈윤리와 사회적 딜레마 사례 16.2〉처럼 역효과를 낼 수 있다.

Step 7: 마케팅 지표를 이용한 효과평가

광고캠페인의 효과는 광고 캠페인이 집행되기 전, 집행 중, 그리고 집행 후에 평가되어야 한다. 사전조사(pretesting)는 광고캠페인이 시작되기 전에 수행된 평가이다. 이것은 다양한 요소들이 통합되어 효과를 발휘하는지 그리고 광고주가 의도한 목적을 달성할 수 있는지를 확인하기 위한 것이다.[41] 트레킹(tracking)은 메시지나 매체에 있을 수 있는 문제점을 밝혀내기 위해 광고캠페인이 진행되는 동안 일별 또는 주별 매출량 등 핵심 지표들을 모니터링하는 것을 말한다. 사후조사(posttesting)는 광고가 모두 매출량은 Red Bull 에너지 음료처럼 성숙기 단계의 빈번히 구매되는 소비재에 대한 광고효과 평가의 좋은 지표이다.

집행된 후 캠페인의 효과를 평가하는 것이다. 이 마지막 단계에서 광고주는 매출 또는 광고나 광고캠페인의 커뮤니케이션 효과를 평가한다.

판매효과를 측정하는 것은 특히 어려운데 그것은 소비자의 태도, 선택이나 구매행동에는 광고 이외의 다른 많은 요인들이 영향을 주기 때문이다. 이런 영향요인들은 목표시장과 관련된 경쟁자의 광고수준, 경제 환경, 사회문화적 변화, 점포 내 상품 이용 가능성, 날씨에 이르기까지 소비자의 구매행동에 영향을 미칠 수 있는 모든 것들을 포함한다. 예를 들어, 최고의 광고가 집행된다 하더라도 소매점에 상품진열이 부족하거나 눈보라로 인해 매출이 영향 받을 수 있다. 광고주는 이러한 영향요인들을 확인하고 특정 광고 캠페인의 효과를 분리해내야 한다.

탄산음료와 같은 성숙기에 있는 빈번하게 구매되는 소비재에 있어서 매출량은 광고효과를 평가하는 좋은 지표가 된다. 이런 제품들의 매출은 상대적으로 안정적이기 때문에, 마케팅믹스의 다른 요소들을 측정할 수 있고 환경이 변하지 않는다고 가정할 수 있다면 우리는 매출량의 변화를 광고의 변화 때문이라고 결론지을 수 있다. 그림 16.4는 잡화점 체인에서 Red Bull의 가상적인 매출이력을 보여준다. 시계열분석(time series analysis)과 같은 통계분석을 활용하면, 과거 매출자료를 미래매출을 예측하기 위해 사용할 수 있다. 그림 16.5는 총매출의 원인을 기본 트렌드(녹색), 계절적 영향(빨간색), 그리고 광고에 의해 신장된 추가매출(오렌지 색)로 분해하여 보여준다.

광고에서의 규제와 윤리적 이슈

미국에서 광고규제(regulation of advertising)는 기만(deceptive)으로부터 소비자를 보호하기 위해 만들어진 법과 규제들로 구성된 복잡한 혼합체이다.[42] 자율규제기구(self

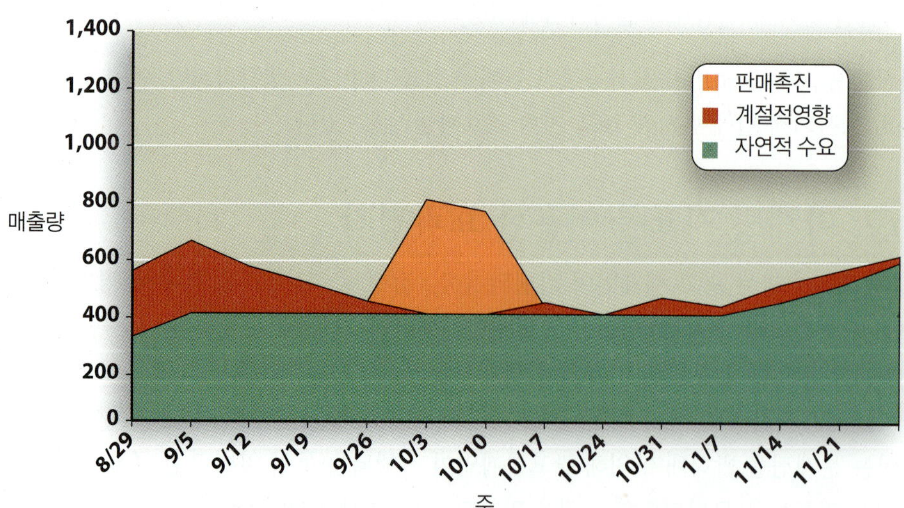

그림 16.4 잡화점 체인에서 Red Bull의 매출이력

regulatory agencies)나 협약(agreement)뿐만 아니라 많은 연방법 및 주법들이 광고에 영향을 준다. 광고 행위를 규제하는 주요 연방정부기구는 연방거래위원회(FTC, Federal Trade Commission), 연방 통신위원회(FCC, Federal Communications Commission), 식품의약청(Food and Drug Administration, FDA) 등이고, 이에 더하여 알콜담배화기국(Bureau of Alcohol, Tobacco, and Firearms)이나 우편국(U.S. Postal Service) 등도 어느 정도 광고규제와 관련되어 있다. 우리나라의 경우도 이와 유사하게 독점규제 및 공정거래에 관한 법률, 표시 · 광고의 공정화에 관한 법률, 방송법 등에서 광고와 관련된 법적규제를 하고 있으며, 한국광고자율심의기구, 한국방송협회 및 한국 케이블 TV 방송협회 등에서의 자율심의도 광고 집행에 영향을 준다.

이 광고는 과장 또는 기만의 예인가?

많은 제품 카테고리가 사율규제 규정이나 지침에 영향을 받는다. 예를 들어, 어린이를 대상으로 하는 광고는 기본적으로 방송연맹(National Association of Broadcasters)과 아동광고심의위원회(Better Business Bureau's Children's Advertising Review Unit)에서 만들어진 자율심의체계에 의해 규제된다. 우리나라도 방송법 등에 근거하여 한국광고자율심의기구의 자율심의규정에 아동대상 광고에 대한 규제내용을 포함하고 있다.[43]

무엇이 적법하고 무엇이 불법적인가의 경계는 특히 과장(puffery)과 관련된 부분에서 더 어렵다. 법적으로는 광고에서 무엇이 과장이 아닌 기만적이라고 판단하게 하는가? 보통의 소비자들이 심각하게 생각하지 않는 명백하게 과장된 표현은 법적으로 문제 삼지 않는다. 즉 일반적으로 소비자들이 생각하기에 기업이 과장을 통해 진실을 부풀리고 있다는 것을 아는 한 수용가능한 과장으로 판단하여 기만이라고 하지 않는다는 것이다.[44]

공중관계

공중관계(public relations, PR)는 기업에 대한 긍정적인 이미지 구축과 유지, 비우호적인 말이나 사건의 처리 또는 차단, 그리고 매체와 긍정적인 관계유지 등 다양한 목적을 달성하기 위한 커뮤니케이션과 관계관리이다. 많은 경우에 공중관계 활동들은 호감 또는 '무료'로 언론의 관심을 이끌어서 다른 프로모션 활동을 지원한다. 예를 들어 디자이너들은 특히 수상 후보가 된 유명인들에게 자신의 옷을 입혀 레드카펫을 걷게 하기 위해 경쟁한다. 연예인은 기능적인 편익이 아닌 무형의 편익을 제공한다. 3억5천만 명이 시청하는 Oscars 시상식은 디자이너가 추구하는 상표의 감성적인 편익을 보여줄 수 있는 비할 데 없는 기회를 제공한다.

Fergie가 Grammys 시상식에서 Judith Leiber 클러치백을 들고 Emilio Pucci 드레

스를 입었을 때, 두 상표는 모든 사람들이 확실히 알 수 있을 만큼 언론에 나오게 되었다.[45] 따라서 언론 이벤트에 디자이너의 옷을 나오게 하는 것은 디자이너와 유명인 모두에게 유익하다.

좋은 PR은 항상 주요한 성공요인을 가지고 있다. 최근 PR의 중요성이 커지고 있는데 그것은 다른 유형의 마케팅 커뮤니케이션들의 비용이 증가하기 때문이다. 동시에 소비자들이 다른 유형의 매체들로 제공되는 마케팅 주장들에 대한 불신이 증가함에 따라 PR의 영향력은 더 강력해지고 있다.[46] 많은 예에서 소비자들은 PR을 통해 만들어진 보도를 더 신뢰할 수 있고 객관적이라는 관점을 갖는데, 그것은 인쇄매체의 공간이나 전파매체의 시간을 기업이 돈을 내고 '산(buy)' 것이 아니기 때문이다.

Chili's 레스토랑 체인은 틀림없이 전통적인 광고를 엄청나게 많이 구매하는 광고주이다. 그러나 Chili's는 2004년이래 공익연계마케팅(cause-related marketing)의 가장 성공적인 사례 가운데 하나인 St. Jude's 리서치 병원과 파트너관계를 가지고 있다. 공익연계마케팅은 기업과 비영리조직(예: 자선단체 등)이 자선단체의 사회적 활동과 기업의 후원을 연계하여 기업에게는 브랜드 이미지와 매출증대, 자선단체에게는 자선활동을 위한 자금모금 등 상호 도움이 되도록 파트너십을 갖는 것이다.[47] 몇 년 동안 Chili's는 소비자들에게 Chili's 형상의 페이퍼 아이콘(paper icon)을 구매할 기회를 제공해왔다. 공익연계마케팅 캠페인은 소아암 인식의 달(National Childhood Concer Awareness Month)인 9월에 실행되었다. Chili's가 그 기간 동안 얻은 이익은 9월 마지막 월요일에 St. Jude's에 전액 기부되었다. 상대적으로 흔한 'Chili's 페이퍼 아이콘을 만들어라'에 더하여 Chili's 직원들은 고객 개별화된 T셔츠와 손목밴드를 만들어

Chili's는 St. Jude's Research Hospital과 병원의 기금을 올리기 위한 공익연계마케팅 프로그램으로 파트너관계를 맺었다. Chili's는 9월 마지막 월요일에 이익을 전액 기부했다.

팔았다. Chili's는 시민정신이 투철한 소비자들이 구매나 기부 또는 St. Jude가 표현된 Chili's 선물카드를 구매할 수 있는 전용웹사이트인 www.createapepper.com을 운영하였다.[48]

또 다른 매우 대중적인 PR 도구는 이벤트 스폰서십이다. 이벤트 스폰서십(event sponsorship)은 기업이 문화, 스포츠, 엔터테인먼트 분야에서의 다양한 활동을 재무적 또는 비재무적인 방법으로 지원하는 것이다. 이것들 가운데 몇몇은 슈퍼볼과 같은 유명 이벤트들이 포함된다.

기업들이 다양한 오디언스들과 커뮤니케이션하기 위해 흔히 PR 툴킷(tookit)을 활용하여 활동한다. 몇몇 툴킷(tookit)은 주의를 획득하고 정보를 퍼뜨리기 위해 만들어진다. PR 툴킷(tookit)의 요소들은 그림 16.5에서 볼 수 있다.

판매촉진

LO4 판매촉진 유형을 알아본다.

판매촉진(sales promotion)은 소비자들이 특정한 제품이나 서비스를 구매하도록 자극하는 특별 인센티브나 흥미유발 프로그램이다. 판매촉진은 흔히 광고나 인적판매 프로그램과 연계하여 사용한다. 샘플, POP와 같은 많은 판매촉진들은 단기적인 매출증대를 목표로 한 것인데 비해 로열티 프로그램, 콘테스트, 경품 같은 것들은 고객애호도 확보 등 장기고객관계관리(CRM)의 중요한 요소이다.

판매촉진 도구들은 도매상, 소매상, 최종소비자 등 유통경로 구성원 누구를 대상으로도 활용될 수 있다. 판매촉진이 도매상, 소매상 등 유통업자를 대상으로 한 경우 이를 푸쉬 전략이라고 하고, 최종소비자를 대상으로 한 경우에는 풀전략이라고 한다. 어떤 판매촉진 도구들은 푸쉬전략과 풀전략 모두에 사용될 수 있다.

판매촉진의 유형

쿠폰(coupon) 쿠폰은 구매를 자극하기 위해 신문, 제품, 매장의 선반, 계산대, 인터넷

PR 요소들	기능
출판물: 브로셔, 도서	다양한 지지층과 특정한 분야의 전문가들에게 조직의 활동에 대한 정보제공
비디오와 오디오: 프로그램, 공공 서비스 발표	조직이나 공익연계마케팅 노력에 대한 지지나 관심을 기울이도록 강조
연례보고서	재무적 성과자료의 제공, 조직의 활동들에 대하여 투자자 또는 기타들에게 정보제공
매체관계: 기자회견 자료집, 보도자료, 연설, 이벤트 스폰서십	조직의 활동이나 제품/서비스에 대한 뉴스 자료의 생성과 제공
전자매체: 웹사이트, 이메일 캠페인	웹사이트는 앞에서 언급된 요소들을 포함한다. 이메일은 특정한 타켓그룹들에게 PR을 직접 수행한다.

그림 16.5 PR 툴킷 요소들

메일(또는 이메일) 등으로 제조업자나 소매상이 발행하는 것으로 특정품목에 대한 가격할인을 제공한다.

약국체인인 CVS는 소비자들이 Extra Care 로열티 카드를 사용해서 구매할 때 남긴 구매이력과 로열티 프로그램을 연계하여 각 소비자의 독특한 욕구에 맞춘 쿠폰을 발행한다.[49] 이 프로그램에 의해 방문할 때마다 소량을 구매하는 소비자들에게는 대량구매를 자극하기 위한 '1+1'쿠폰이 전달된다.

또한 인터넷 사이트는 소비자에게 즉시쿠폰을 제공한다. Walmart에서 Hot Wheels 비디오 게임이 29.99 달러라는 것을 알게 된 소비자가 있다고 상상해보자. 그 소비자가 자신의 휴대폰으로 바코드를 스캔하고 ShopSavvy.com에 접속하면, 이 사이트에서는 같은 품목이 1마일 떨어진 Target에서 단지 19.99 달러에 살 수 있다는 것을 알려준다. 또한 MyCoupons.com에 접속하면 해당 품목에 대한 10 달러 쿠폰을 받을 수 있고, 결국 이 소비자는 단지 수 분 내에 몇 번의 클릭으로 20 달러를 절약할 수 있게 된다.

인터넷이나 모바일 폰으로 발행된 쿠폰에는 쿠폰을 사용한 소비자에 대한 정보가 들어있다.[50] 바코드는 소비자와 인터넷 주소, Facebook의 정보, 심지어 소비자가 처음 쿠폰을 찾는데 사용한 검색어 등을 확인할 수 있다. 이러한 신종 쿠폰들이 보통의 것처럼 보이지만 목표고객에게 마케팅을 더 밀착시키기 원하는 광고주들에게 놀랄만한 양의 정보를 제공한다. 전통적으로 쿠폰은 회수율(redemption rate)이 낮아 상대적으로 비용이 덜 들어가는 판매촉진 도구였다. 그러나 Groupon같은 소셜커머스 기업이 생기면서 쿠폰회수율이 높아지고 비용도 증가하고 있다.

Payless ShoeSource의 프로모션은 소비자들에게 추가로 구매하는 두 번째 신발을 1/2가격에 구매하도록 자극하는 단기 가격촉진이다.

딜(Deals) 딜은 보통 정가보다 낮은 가격, 1+1, 대용량 포장에서 ○○%의 덤 등으로 표현되는 단기적인 가격인하를 말한다. 또 다른 형태의 딜은 낮은 할부이자율 또는 장기 상환조건 등도 포함된다. 딜은 제품구매비용이 절감된 만큼 구매에 따른 위험을 낮춰 소비자들의 제품사용을 촉진한다.

그러나 딜은 제조업자의 기대와는 달리 품질의 지표로서의 가격(price/quality relationship)이라는 관점에서 가치의 신호가 될 수 있다. 추가로 Old Spice가 깨달은 것처럼 너무 많은 딜을 제공하는 것은 얻을 수 있는 이익을 낮추게 된다. 잘 알려진 'Old Spice Guy' 캠페인은 재미있는 TV 광고와 상호작용적 온라인 캠페인을 통해 소비자의 주의를 획득했고 그 결과 Old Spice의 매출은 껑충 뛰었다. 그러나 그 회사가 너무 많은 '1+1'을 제공했기 때문에 많은 비용이 들고 그 결과 캠페인의 이익은 없어지고 말았다.[51]

프리미엄(premiums) 프리미엄은 구매, 샘플링, 테스팅과 같은 어떤 유형의 소비자행동에 대한 보상으로 무료 또는 할인가격에 특정 품목을 제공하는 것이다. 이런 보상들은 소비자들에게 자신이 기업에게 가치 있는 고객이라는 인식을 갖게 하여 상표에 대한 호감을 높인다.

프리미엄은 시리얼 박스에 장난감을 넣은 것처럼 제품포장 안에 넣어서 전달될 수도 있고, Cheerios가 무료우유 쿠폰을 포장지에 첨부한 것처럼 눈에 보이도록 전달할 수도 있으며, Victoria's Secret처럼 무료 향수를 우편으로 배달할 수도 있고, 단순히 점포에서 나누어 줄 수도 있다. 더구나 프리미엄은 만일 브랜드의 메시지, 이미지, 그리고 목표고객들이 원하고 있는 것과 일치할수록 더욱 효과적일 수 있다. 그러나 적당한 비용에 이런 기준을 만족하는 프리미엄을 발견하는 것은 매우 힘든 과업이 될 것이다.

콘테스트(contests) **콘테스트**는 어떤 형태의 소비자 노력이 요구되는 상표후원경쟁이다. ESPN의 웹사이트는 'Sony 가 제공하는 월드컵을 잡아라' 또는 'Kia가 수여하는 이달의 선수'라는 스포츠관련 콘테스트를 주최했다.[52] '월드컵을 잡아라' 콘테스트에서 각 참가자들은 왜 월드컵에 가야할 사람이 자기여야 하는지를 설득하는 짧은 비디오를 만들어서 업로드 해야 한다. 비디오를 만들 사람들에게 도움을 주기 위해 ESPN은 몇 개의 샘플 비디오를 제공했다. 콘테스트는 소비자의 관여를 요구하기 때문에 참가자들에게 즐거움을 불러일으킬 수 있고, 콘테스트에 참가하기 위한 정보를 얻기 위해 제품이나 서비스에 관심을 두게 만든다.

경품(Sweepstakes) 참가자의 이름이 뽑힐 기회에 근거해서 상을 제공하는 판매촉진 형태이다. 예를 들어, Fandango 웹사이트에서 'Dolphin Tale' 영화표를 구매한 팬은 자동적으로 Florida의 St. Petersburg로 가족여행을 갈 수 있는 경품행사에 참가한다. St. Petersburg는 영화의 주인공인 돌고래 Winter가 사는 곳이다. 경품은 기존 소비자들이 더 많이 소비하도록 촉진하는 것이 주요 목적이지만 구매를 하지 않아도 참가할 수 있다는 점에서 잠재 소비자들의 흥미와 참가를 유인하는 데도 유용하다.

샘플(samples) **샘플**은 잠재 소비자들이 구매의사결정을 하기 전에 제품이나 서비스를 사용해 볼 기회를 제공한다. 샘플은 가장 비용이 많이 들어가는 프로모션 도구 가운데 하나이긴 하지만 또한 가장 효과적인 판매촉진 도구 가운데 하나이기도 하다. 퀵서비스 레스토랑과 잡화점들은 샘플을 자주 활용한다. 예를 들어 Starbucks와 CostCo는 소비자들에게 신제품과 먹거리 등 많은 샘플을 제공한다. 때로는 견본크기의 샘플이 우편으로 배달되거나 점포에서 배포되기도 한다.

로열티 프로그램(loyalty programs) 판매촉진 프로그램의 한 부분인 **로열티 프로그램**은 특히 여러 번 구매한 소비자들에게 프리미엄 또는 다른 인센티브를 제공하여 소비자들을 유지하기 위해 설계된다. 잘 설계된 로열티 프로그램은 기업에 대한 소비자들의 관여와 구매를 증가시키는 데 기여한다. 그런 판매촉진은 점진적으로 증가하고 있으며 장기 고객관계관리 시스템과 연계되어 있다. 로열티 프로그램은 비용이 많이 들어가기 때문에 주의 깊게 관리되어야 한다.

구매시점전시물(point-of-purchase displays) POP 전시물은 소비자의 구매에 영향을 미칠 목적으로 구매가 이루어지는 장소인 소매점에 설치된 자극물들이다. POP 전시물들은 제품의 가시성을 높이고 시용구매를 자극할 수 있기 때문에 소매점에서 가장 중요한 판매촉진 도구로 인식되어 왔다. 계산을 하기 위해 기다리는 동안 소비자들은 잡지나 캔디와 같은 제품들을 보게 되고 충동적으로 구매하게 된다. 인터넷에서 POP 전시물은 특별상품, 가격인하 또는 구매한 제품의 보완제품이 결제창에 나타나는 것 등이다.

리베이트(rebates) 리베이트는 특별한 가격할인으로 구매자에게 구매가격의 일부분을 현금으로 돌려주는 판매촉진이다. 가전제품 등 많은 제품들은 정상가격에 제품을 구입한 소비자가 거래내역을 동봉한 메일을 우편으로 제조업자에게 보내면 약속한 할인을 현금으로 돌려주는 메일인 리베이트(mail-in rebate)를 제공한다. 예를 들어 정상가격 50 달러인 제품의 메일인 리베이트가 20 달러라면, 소비자는 정상가격인 50 달러에 제품을 구입한 후, 거래내역서를 우편으로 발송하면 20 달러를 현금으로 받을 수 있다.

Bollywood 영화 Zindagi Na Milegi Dobara는 부분적으로 Spain에 있는 여행사로부터 후원을 받았다. 영화가 출시된 후 Spain으로의 관광객이 65% 증가하였다.

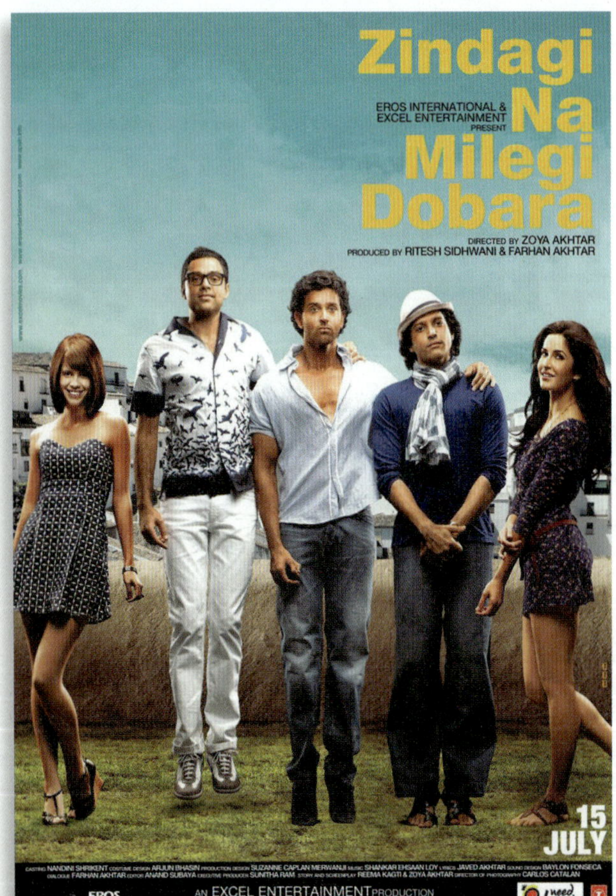

PPL(product placement) PPL은 TV 프로그램이나 영화의 장면에 제품을 삽입하여 노출시키는 것이다. 이렇게 하면 제품의 가시성과 사용상황에 대한 이해를 높일 수 있다.[53] Bollywood 영화사의 한 번뿐인 내 인생(Zindagi na milegi dobara, You Only Live Once)이라는 유명한 영화에서 주인공들은 플라맹고 댄서로부터 영감을 얻고, Costa Brava, Pamplona 등 스페인 각지를 여행한다. 그러나 주인공들이 여행하는 지역을 고른 것은 영화작가나 감독이 아니라 스페인의 여행사인 뚜르에스파냐(Turespana)가 한 것으로 이 영화는 한편의 장편 여행가이드처럼 보인다. 물론 여행사는 TV광고에 660,000 달러 이상을 사용해서 영화를 알리는데 도움을 주었지만 영화가 상영된 후 스페인으로의 관광객이 65%나 증가하는 성과를 올렸다.[54]

대부분의 PPL이 제품이나 서비스 노출에 대한 대가를 지불하지만 그렇지 않은 경우도 있다. 미국감독들은 특히 Apple의 매끈하고 하얀 랩탑 컴퓨터나 iPhone을 좋아하는 것 같다. 지난 10년간 박스 오피스의 윗자리를 차지한 영화 가운데 1/3(274개 가운데 129개)에서 Apple 제품들이 등장했다. 우리는 동물원을 샀다(We bought a zoo)에 등장한 Matt Damon은 iPhoto 어플이 어떻게 사용하는지 보여주기까지 했다. 그러나 Apple은 자사제품의 PPL에 대해 어떤 보상도 지불하지 않으며 영화에 관여하지도 않는다.[55] 어느 조사회사의 Apple PPL 가치산정보고서에서 Mission Impossible에서 5분 동안의 노출이 2,300만 달러 이상의 가치가 있다고 보고하였다.

판매촉진 도구의 사용

마케터는 특히 가격을 낮추는 데 초점을 둔 판매촉진의 사용은 신중해야 한다. 소비자들은 낮은 가격에 판매촉진 될 때 많이 구입하여 저장해 놓고 사용할 수 있다. 이렇게 되면 단지 미래의 판매가 앞당겨진 것뿐이므로 판매촉진 기간 동안 달성한 단기적인 판매성과는 장기적으로 보면 이익이 없다. 예를 들어 어떤 제품의 매출을 진작시키기 위해 판매촉진을 사용하면 소비자들은 낮은 가격에 많이 구매하여 저장해서 사용하므로 미래의 판매가 줄어들게 된다. 그러나 요구르트나 우유같이 상하기 쉬운 제품들은 저장이 어려우므로 판매촉진으로 단기적인 매출성과를 올리면서도 미래 판매에는 영향을 미치지 않는다.

많은 기업들은 상호판촉(cross promoting), 즉 특정한 목표시장을 대상으로 두 개 이상의 기업이 연합하여 실행하는 판매촉진이 가치가 있다고 여기고 있다. 상호판촉이 성공하기 위해서는 두 제품 모두 같은 목표시장을 대상으로 해야 하며, 두 제품 모두 소비자들에게 가치를 제공할 수 있어야 한다.[56] 판매촉진의 목표는 소비자와 기업 모두에게 가치를 창출하기 위한 것이다. 소비자들의 욕구를 이해하고, 특정한 제품이나 서비스의 수요나 구매를 유인하는 방법에 대한 이해를 바탕으로 기업은 원하는 소비자 반응을 이끌어 낼 수 있는 촉진 메시지와 이벤트를 개발할 수 있다. 전통적으로 판매촉진의 역할은 단기성과의 창출이고 광고의 목표는 장기성과의 달성이라고 언급되고 있다. 그러나 여기에서 논의한 것처럼 판매촉진과 광고는 모두 단기효과와 장기효과를 창출할 수 있다.

인적판매

LO5 인적판매의 가치에 대하여 이해한다.

인적판매의 본질과 판매원의 역할

인적판매(personal selling)는 구매자의 구매의사결정에 영향을 주기 위해 설계된 구매자와 판매자 간 양방향 커뮤니케이션이다. 인적판매는 대면, 화상회의, 전화 또는 인터넷 등 다양한 방법으로 이루어진다. 미국에서는 1,500 만명 이상의 사람들이 판매직에서 일하고 있으며,[57] 이들은 제조업자의 대리인으로 소매상이나 다른 기업에 판매하는 B2B 거래 또는 소매점의 사원이나 부동산중개업자, 보험대리인 등 B2C 거래에 종사하고 있다.

판매사원을 유지하는 것은 매우 많은 비용이 들어간다. 전문가들은 B2B 거래를 위한 평균방문비용이 약 400 달러라고 한다.[58] 회의준비 비용이나 이동비용의 증가는 판매사원들의 시간 및 노력의 효율성을 낮춘다. 따라서 판매사원 유지 및 회의비용을 절약하고 업무의 효율성을 높이기 위해 인터넷 등 최신기술을 활용한 회의가 확산되고 있다. 원격화상회의인 텔레프레전스(telepresence)는 참가자를 실물크기로 보여줄

많은 판매사원이 동료 및 소비자와 인터넷으로 커뮤니케이션 할 수 있는 가상 오피스를 활용한다.

수 있어 실제와 유사한 상황에서 회의를 진행할 수 있다. Cisco같은 회사는 200개 이상의 텔레프레전스 회의실을 가지고 있으며 이런 투자는 이동비용 절감으로 나타나고 있다. 인적판매는 IMC의 한 부분으로 제품이나 서비스에 가치를 부가하는 것으로 인식된다. 인적판매는 소비자를 교육하고, 조언을 해주고, 소비자의 시간을 절약하게 하고, 더 쉽게 구매에 이르게 하고, 고객과의 장기적 관계를 구축하는 등 기업과 소비자 모두에게 가치를 제공한다.

판매원은 정보와 조언을 제공한다 판매원의 도움 없이 자동차, 맞춤정장, 집을 사는 것이 얼마나 어려운지 상상해 보라. UPS(United Parcel Service)는 Boeing 판매 팀의 도움 없이는 새로운 화물기를 구매하는 데 투자할 꿈도 꾸지 못할 것이다. Boeing 판매 팀은 항공기의 기술적인 면뿐만 아니라 구매의 경제적 적합성에 대한 조언도 제공한다. 당신이 만일 파티나 결혼식에 입을 옷을 찾고 있다면 최신 유행하는 색, 넥타이 등에 대한 판매원의 정보가 구매의사결정에 큰 도움이 될 것이다.

판매사원은 정보와 조언을 제공한다.

판매원은 시간을 절약해 주고 구매를 간소하게 해준다 슈퍼마켓이나 약국에서 근무하는 종업원은 선반에 디스플레이를 하고, 재고수준을 평가하고 주문서를 작성하고, 소비자들의 제품위치나 사용용도 등에 대한 문의에도 응답한다. 판매원들은 또한 고객을 설득하기 위해 무료 샘플을 배포하고 요리하는 방법을 시연하기도 한다. 판매원들의 이런 활동들은 소비자들의 구매과정에 편의성을 제공하여 시간을 절약할 수 있게 한다. 당신이 신차를 구입하기 위해 매장을 방문하면 판매원은 당신에게 특정 브랜드나 모델을 구매해야 한다고 확신시키기 위해 열심히 노력할 것이다. 자동차 판매원은 제품에 대해 매우 많은 지식을 가지고 있고 이런 정보와 설득이 자동차 구매과정을 단순하게 만든다.

판매원은 소비자와의 관계를 구축한다 강력한 마케팅채널 관계(marketing channel relationship)는 중요한 성공요인이므로 판매사원은 그들의 소비자들과 강한 관계를 구축해야 한다. 어떤 유형의 판매사원이라 하더라도 단지 한 번의 거래만으로 끝난다면 결코 성공적이라고 할 수 없다. 좋은 판매원은 소비자와의 관계를 장기적인 관점에서 지속적으로 유지하는 사람이다.

관계 지향적 판매(relationship selling)는 장기적인 관계 유지와 참자가 모두에게 유익한 기회를 찾는 것을 강조하는

판매사원은 더 이상 거래를 위해 고객들과 직접 만날 필요가 없다.

판매 철학 및 절차이다.[59] 관계지향적 판매원(relationship oriented salespeople)은 소비자들과 함께 상호 유익한 결과를 찾기 위해 노력한다.

인적판매프로세스

성공적인 판매를 위해서 판매는 몇 단계를 따라 진행되어야 한다. 인적판매프로세스는 단계적으로 진행되는데 판매상황이나 구매자의 구매준비상태 등에 따라 이 단계들을 모두 밟아 나갈 수도 있고 그렇지 않을 수도 있다. 또한 상황에 따라 각 단계에 요구되는 시간도 다르다. 인적판매프로세스는 그림 16.8에 나타나 있다.

Step 1: 잠재고객 탐색과 잠재성 평가

LO6 인적 판매 프로세스를 이해한다.

판매프로세스의 첫 번째 단계는 잠재소비자들(leads)의 목록을 만들고 그들의 잠재력(qualify)을 평가하는 것이다. 이미 소비자들과 관계를 수립하고 있는 판매원은 이 단계를 건너뛰어도 될 것이다. B2B 상황에서는 수익성이 있는 잠재소비자들을 지속적으로 찾는 것이 매우 중요하다. 그러나 소매상황에서는 이 단계가 널리 활용되는 것은 아니다.

판매원은 다양한 방법으로 잠재소비자를 생성하고 잠재력을 평가할 수 있다.[60] 소비자들과의 대화, 인터넷 조사, 전시회 같은 이벤트에서의 네트워킹, 산업 컨퍼런스, 상공회의소의 모임 등에서 잠재소비자들을 발견할 수 있다. 또한 판매사원은 콜드콜(cold call)을 통해 잠재고객을 생성할 수도 있다. 인터넷은 잠재고객를 생성하고 잠재

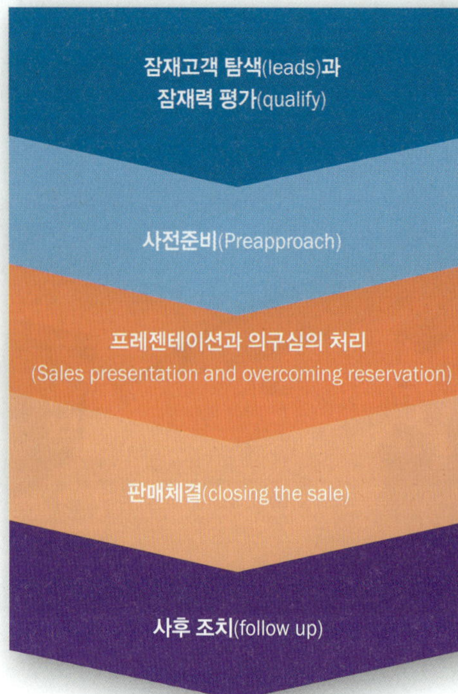

그림 16.8 인적판매프로세스

력을 파악하는 데 요긴하다. 인터넷이 발전하기 전까지 제품, 소비자, 경쟁자에 대한 조사를 하는 것은 번거롭고 복잡한 일이었다.

전시회(trade show)는 잠재고객을 발견하는 좋은 기회가 된다. 중요 이벤트들에는 그 산업의 잠재공급자들과 잠재구매자들이 함께 참가한다. 가전제품 구매자들은 Las Vegas에서 열리는 국제가전전시회(international electronics show, CES)에 언제나 참가한다. 가장 최근의 전시회에는 34,000명의 외국인을 포함해서 153,000명의 밴더(vendor), 개발자, 하드웨어 기술자, 제품이나 서비스 공급자들이 참가했다. 밴더들은 흔히 CES를 신제품을 알리기 위해 활용하는 데, 캠코더(1981년), HD TV(1998년), IP TV(2005년) 등이 그런 예들이다. 2012년 컨퍼런스에는 20,000개 이상의 신제품이 출시되어 구매자들에게 최신제품을 볼 수 있는 기회를 제공하였다.[61]

Las Vegas 전자제품박람회 등 전시회는 잠재고객을 발굴하고 잠재성을 알아보는 훌륭한 방법이다.

콜드 콜(cold call)은 사전 약속 없이 잠재고객에게 전화를 하거나 방문하는 가망고객 발굴 방법이다.[62] 텔레마케팅(telemarketing)은 콜드 콜과 유사하지만 항상 전화로만 하며 전문적인 텔레마케팅 기업이 대행하기

가치 부가 사례 16.2 영업조직의 도움을 받는 대학체육

불과 얼마 전까지는 대학경기의 티켓을 판매하는 데는 게시판과 구전으로 충분했다. 대학야구와 축구게임의 수요는 너무 많아서 대학들이 가능한 많은 좌석을 추가해도 경기를 보지 못하고 돌아가야 하는 팬들이 많았다. 그러나 경기침체, 여가활용의 다양성 증가, 유류 가격상승, 우수한 TV기술 등이 저조한 티켓판매, 빈 좌석의 증가, 수익성 악화, 이에 더하여 예산제약의 문제까지 일으킨 원인이 되었다.[63] 몇 몇 체육 행사들은 수수료를 주고 전문 티켓판매업체에게 위탁하였다.[64]

티켓 마케팅 회사들에서 수수료를 받기 위해 일하는 판매사원들은 매일 100명의 학생, 동문, 교직원 및 대학과 관련된 사람들에게 전화한다. 이들과 스포츠 팀, 대학 체육 등에 대해 서로 이야기하는 과정에서 소비자들의 개성과 요구에 대한 단서를 들을 수 있었고 그에 맞춰 판매 전략을 적합시킬 방법을 찾아냈다. 티켓판매와 연동된 수수료체계는 판매사원들에게 강력한 동기가 되었다.

몇몇 티켓판매회사들은 수익을 창출하는 데 도움이 되는 연관된 서비스를 제공한다. 대학체육의 특성을 설명하는 전화사원들은 체육특기자장학금이나 스포츠 관련 프로그램에 기부를 요청하기도 한다. 전문적인 스포츠 마케터들은 시장조사와 통찰력을 제공하고, 프로그램 및 광고판 등 인쇄물을 조정해 주고, 옷과 상품판매에 대한 도움을 주며 홈커밍 게임을 위한 방석도 대여한다.[65] 티켓판매, 모금, 상호교류를 추적하는 데 도움을 주는 마케팅 기능들과 연계된 정교한 소프트웨어 프로그램은 티켓판매를 증가시키고 대학 브랜드력을 키운다.[66]

다른 채육분야는 자사 티켓 판매원을 고용하고 관리하는 것을 선호한다. 이런 방법은 대학에게 브랜드를 더 잘 통제할 수 있게 한다. 대학의 데이터베이스를 외부 판매원과 공유할 때 발생하는 프라이비시에 대한 우려도 피할 수 있다. 그러나 내부에 판매원을 두는 것은 경험의 한계, 대학직원들에 대한 수수료 등 인센티브의 금지, 비효율적인 내부소통 등 효율적이지 않은 면들이 있다.

도 한다. 〈가치 부가 사례 16.2〉는 어떻게 대학이 스포츠 이벤트에 참가를 북돋우는지를 보여준다.

그러나 콜드콜과 텔레마케팅은 성공률이 매우 낮기 때문에 점차 인기를 잃어가고 있다. 먼저, 콜드콜을 하는 동안 판매사원은 잠재 소비자들의 특별한 욕구를 규명할 수 없다. 이에 따라 이런 방법은 매우 비용이 많이 들어갈 수 있다. 둘째, 연방정부나 주정부에서 텔레마케팅 활동을 규제하고 있다. 연방정부는 '전화금지리스트'에 등록한 전화에 텔레마케팅 하는 것을 금지하고 있다. 등록되어 있지 않더라도 아침 8시 이전이나 오후 9시 이후에 전화하는 것, 응답자가 전화를 하지 말라고 한 경우에 하는 텔레마케팅도 금지된다.

판매사원은 리드를 생성한 후 그들에게 접근하여 영업을 시도할 가치가 있는지에 대한 잠재성을 평가해야 한다. B2B 상황에서는 프레젠테이션을 만들고 준비하는 데 상당히 큰 비용이 들어가기 때문에 잠재성 평가는 매우 중요하다. 예를 들어 판매사원은 잠재고객의 욕구가 판매하려는 제품이나 서비스와 관련되어 있는지, 구매할 만한 재무적 자원은 가지고 있는지를 고려해야 한다.

소매점에서는 잠재소비자의 잠재성을 평가하는 것은 위험하고 불법적일 수 있다. 소매점 판매사원은 결코 점포에 방문한 소비자들을 '겉만 보고 판단'하거나, 점포이미지에 적합하지 않은 사람이라고 가정하거나 또는 구매여력이 없다고 짐작해서는 안 된다. 약혼반지를 사기 위해 보석점을 방문하는 소비자들은 일상복을 입은 평범한 모습으로 나타나는 경우가 많다.

Step 2: 사전준비와 CRM시스템의 사용

사전준비(preapproach)는 고객과 만나기 전에 수행하며, Step 1에서의 잠재성 평가절차를 확장한 것이다. 잠재성 평가단계(qualification stage)동안 소비자에 대한 학습이 이루어졌다 하더라도 구매자에 대한 추가조사와 미팅계획을 수립해야 한다. 예를 들어, 컨설팅 기업이 은행의 당좌거래에서 발생하는 에러를 발견하는 새로운 시스템을 개발하고 이를 팔려고 한다고 가정해 보자. 판매사원은 먼저 이 시스템에 관심이 있을 은행들에 대하여 얼마나 많은 수표들이 처리되는지, 현재 사용하고 있는 시스템은 무엇인지, 경쟁자의 시스템과 비교하여 우리 회사의 시스템이 어떤 점에서 유용한지 등에 대한 탐색을 해야 한다.

과거에는 이런 소비자 정보들을 판매사원 개인의 노트북 컴퓨터 등에 개별적으로 가지고 있었다. 그러나 이제 판매사원들은 기업의 CRM 시스템을 통해 즉각적이고 편리하게 소비자정보에 접근할 수 있다. 대부분의 경우 CRM 시스템은 몇 가지 요소로 구성되어 있다. 판매사원은 거래정보, 소비자 접촉정보, 소비자의 선호, 세분시장에 대한 정보 등을 기록할 수 있다. 이런 데이터베이스를 이용해서 판매사원들이 활용할 수 있도록 CRM 프로그램으로 분석된다.

추가조사를 하는 동안 판매사원은 고객과의 미팅에서 달성해야 할 목표를 설정한다. 한 번의 만남으로 은행으로부터 구매에 대한 관심을 얻어낼 것으로 기대할 수는 없다. 그러나 시스템이 은행에 얼마나 도움이 되는지에 대한 발표와 자료제공으로 관심을 끌어내는 것은 가능할 것이다. 고객과의 미팅에 앞서 동료들과 함께 모의 구매상황을 가정한 역할연기(role playing)를 하는 것도 도움이 된다.

프레젠테이션 하는 동안 동료들이 구매자 역할을 하는 역할연기를 통해 거래처와의 미팅준비를 할 수 있다.

Step 3: 판매 프레젠테이션과 의구심의 처리

프레젠테이션(presentation) 배경정보를 획득하고 미팅의 목표가 정해지면 판매사원은 소비자를 만날 준비가 된 것이다. 우리의 은행예로 돌아가 보자. 먼저 판매사원은 소비자에 대해 알아야 하고, 소비자의 주의를 획득해야 하고, 프레젠테이션에 관심을 끌어내야 한다. 프레젠테이션은 소비자의 구매의사결정과정을 시작하는 단계라는 점에서 매우 중요하다. 판매사원은 은행담당자에게 몇 가지 질문을 하고 응답을 받는 과정을 통해 제품이나 서비스에 대한 은행의 욕구와 그에 적합한 프레젠테이션을 할 수 있으며 구매자의 현재 의사결정 단계를 판단할 수 있다. 질문에 대한 대답을 주의 깊게 듣지 않고서는 현재 소비자의 상태를 이해하는 것은 가능하지 않다. 만일 COO의 '그건 좀 비싼 거 같아요?'라는 말은 무슨 의미일까? 사려 깊지 못한 판매사원은 그 말의 미묘한 뉘앙스를 알아차리지 못할 것이다. 이 말은 '나는 그 제품이나 서비스의 가치를 모르겠다'는 것이다.

판매사원이 현재 소비자의 상태에 대해 잘 알게 되면 소비자의 문제를 해결하거나 욕구를 만족시키는데 도움이 되도록 지식을 활용할 수 있다.[67] 판매사원은 시스템의 특징이나 특성을 설명하는 것으로 시작할 수 있다. 그러나 특징을 설명하는 것이 새로운 시스템이 현재 은행이 사용하는 시스템보다 가치가 높다는 것을 말해주는 근거로 충분한 것은 아니다. 판매사원은 비슷한 크기의 은행에서 새로운 시스템은 에러를 20% 개선할 수 있었으며, 이는 1년 동안 200만 달러의 비용을 절약하는 것과 같다는 사례를 설명하는 것도 필요하다. 비용절감에 대한 설명은 단지 3~4주 만에 새로운 시스템을 설치하는 비용 150,000 달러를 회수할 수 있는 매우 가치 있는 제품이라는 것을 강조하는 것이다.

의구심에 대한 처리(Handling reservations) 판매 프레젠테이션의 중요한 부분은 구매자가 제품이나 서비스에 대해 갖는 의구심이나 이의를 처리하는 것이다. 의구심은 판매 프로세스의 각 단계마다 발생할 수 있지만 많은 경우 판매 프레젠테이션 동안 발생한다. 소비자들은 다양한 이슈에 속하는 의구심을 제기할 수 있지만 이런 의구심은 일반적으로 제품의 품질이나 서비스 수준에 비해 가격이 너무 높다는 등 가치와 관련된 것이다.

좋은 판매사원은 구매자들이 제기할 이의의 유형을 잘 알고 있다. 비록 모든 의구심을 미연에 방지할 수 있지 못한다 하여도 좋은 판매사원은 이를 예견하고 대처할 수 있어야 한다. 의구심을 처리하는 가장 좋은 방법은 긴장을 풀고 경청하면서 이의의 내용이 무엇이지 명확히 하기 위한 질문을 하는 것이다. 판매사원은 COO의 이의에 대해 '은행이 계좌에러를 체크하는 데 들어가는 손실이 얼마나 된다고 생각하세요?'라는 질문을 할 수 있다. 이런 질문은 비용-편익분석(cost-benefit analysis)으로 대화를 이끌 수 있고 소비자의 이의가 타당하지 않다는 것을 증명하려는 것보다 효과적이다.

Step 4: 판매 체결

판매체결(closing the sale)은 소비자로부터 구매하겠다는 약속을 받는 것을 의미한다. 판매체결에 성공하지 못하면 빈손으로 돌아가야 하기 때문에 많은 판매사원은 판매프로세스 가운데 이 부분에서 가장 스트레스를 받는다고 한다. 그러나 판매를 하지 못한 것이 기분 좋은 것은 아니지만 소비자들과의 관계를 중요하게 생각하는 판매사원은 판매 프레젠테이션을 관계구축과 판매로 진행하는 하나의 과정으로 인식한다.

성과와 매출에 집중하는 하드셀(hard sell)은 판매사원들이 단 한 번의 거래에 초점을 맞춤으로써 소비자들을 잃는 아주 심각한 실수를 저지를 수 있다. 이에 비해 상담 또는 고객중심판매(consultative or customer centric sales)로 알려져 있는 소프트 셀(soft sell)은 고객과의 관계와 고객의 문제해결에 중심을 둔다. 소프트 셀은 쾌적한 환경을 창출하고 유지하는 것, 소비자들과 우호적으로 관계를 맺는 것, 제품에 대해 유용한 정보를 제공하는 것, 소비자가 의사결정에 이르도록 돕는 것, 그리고 신뢰할만한 제품이나 서비스를 판매하는 것 등을 포함한다. 컨설턴트처럼 소비자의 문제해결을 돕는 소프트 셀은 현재의 판매뿐 아니라 미래 판매를 높일 수 있다.

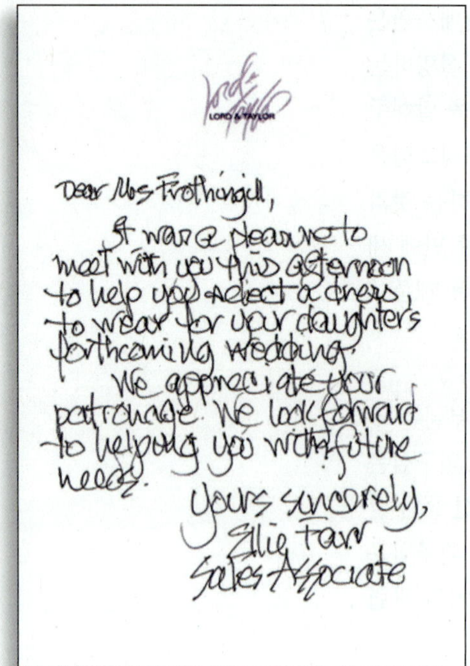

Lord & Taylor

Dear Mrs Frothingill,

It was a pleasure to meet with you this afternoon to help you select a dress to wear for your daughter's forthcoming wedding.

We appreciate your patronage. We look forward to helping you with future needs.

Yours sincerely,

Ellie Farr

Sales Associate

구매 후에 보내는 편지, 전화, 이메일 등은 신규주문절차를 다시 시작하는 첫 단계이고, 고객관계를 지속시키는 유용한 방법이다.

Step 5: 후속조치

"끝날 때 까지 끝난 것이 아니다"

–Yogi Berra[68]

관계지향적 판매에서는 판매가 체결되더라도 결코 끝난 것이 아니다. 판매 후에 형성된 소비자 태도가 미래구매의 기준이 된다. 후속조치(follow up)는 판매사원에게 고객관계를 견고히 할 수 있는 기회를 제공한다. 다섯 가지 서비스품질차원(service quality dimensions)을 적용해 보자.[69]

- **신뢰성(reliability)**. 판매사원과 지원조직은 올바른 제품과 서비스를 적시에 제공해야 한다.
- **책임성(responsiveness)**. 판매사원과 지원그룹은 제기될 수 있는 쟁점, 질문, 문제를 신속하게 처리할 수 있도록 준비해야 한다.
- **보증성(Assurance)**. 소비자는 구매과정이 기대한 것처럼 수행될 것이라는 적절한 보증을 해야 한다.
- **공감성(empathy)**. 판매사원과 지원그룹은 소비자들이 직면할 문제와 쟁점들을 잘 이해하고 있어야 한다.
- **유형성(tangibles)**. 유형성은 웹사이트, 마케팅 커뮤니케이션, 물건 배송과 같은 판매자의 사업이나 업무의 물질적인 특성들이다. 유형성은 제품의 실제 품질과는 관계 없이 품질지각에 영향을 미친다.

기대가 충족되지 못했을 때 소비자들은 배송, 청구금액이나 처리과정, 제품의 성능, 설치나 훈련 등 판매 후 서비스에 대한 불평을 한다. 효과적인 불만처리는 향후 고객관계에서 중요하다. 가장 좋은 불만처리는 소비자의 불평을 귀담아 듣는 것이고 문제에 대한 공정한 해결책을 제공하고, 문제를 신속하게 해결하는 것이다. 판매 후 문제가 될 소지를 없애는 최선의 방법은 소비자가 제품을 소유하자마자 또는 서비스가 완료된 후 즉각적으로 소비자와 함께 체크하는 것이다. 이 속도는 응답성와 공감성을 나타낸다. 마지막으로, 판매 후 전화, 이메일, 편지들은 판매 프로세스의 첫 단계로 되돌려 새로운 주문과 고객관계를 유지하는 과정을 다시 시작하게 한다.

LO7 영업사원 관리의 주요 내용을 알아본다.

영업조직과 임무

기업 영업조직과 제조업자의 대리인 기업 영업조직(company sales force)은 기업에서 직접 고용한 사람들로 구성된다. 독립 대리인(independent agents) 또는 제조업자 대리인(manufacturer's representatives, reps)은 제조업자에게 고용되어 있지 않으면서 제조업자의 제품을 위탁받아 판매하는 영업조직이다. 이들은 커미션(수수료)으로 보상받으며 제품에 대한 물적 소유는 하지 않는다.

제조업자 대리인은 판매범위를 즉각적으로 확대할 수 있기 때문에 소규모 기업이나 신시장으로 확장하려는 기업에게 유용하다. 좋은 판매 대리인은 많은 접촉점을 가지고 있으며 경쟁하지 않는 다양한 제품들을 팔 수 있어야 한다. 또한 제조업자 대리인의 활용은 기업영업조직보다 교체하기 쉽고 시장에서의 접촉범위를 확대하기도 쉬운 유연성이 있다.

영업조직을 가지고 있는 제조업자는 영업사원이 하는 일을 더 잘 통제할 수 있다. 예를 들어, 제조업자의 전략이 광범위한 서비스를 제공하는 것이라면 판매관리자는 영업사원들이 취해야 할 활동들을 정확하게 명시할 수 있다. 반대로 제조업자 대리인은 수수료에 근거해서 보상되기 때문에 직접적으로 판매에 도움이 되지 않는 활동들을 하도록 설득하는 데 어려움이 있다.

영업사원의 임무(salesperson duties) 전문적인 영업사원은 일반적으로 주문창출, 주문수주, 그리고 주문지원 등 세 가지 주요 역할을 한다.

주문창출(order getting) 주문창출자(order getter)는 잠재고객을 확인하고 소비자의 주의를 사로잡아 판매를 달성하기 위한 설계를 하는 것이 주요 책무인 영업사원이다. 주문창출자는 또한 소비자를 만족시키고 관계를 구축하기 위한 후속조치를 해야 하는 책임도 있다. B2B 시장상황에서 주문창출자는 기본적으로 신규구매와 수정된 신규구매에도 관련된다. 따라서 영업사원은 제품과 영업에 대한 광범위한 지식교육이 필요하다. Vanilla Coke를 판매하기 위해 Safeway 본사를 방문한 Coca Cola 영업사원은 주문창출자가 된다.

주문수주(order taking) 주문수주자(order taker)는 규칙적인 주문, 재주문 또는 재구매를 처리하는 것이 주요책무인 영업사원이다. Colgate는 전국에 걸쳐 주문수주자를 두고 있는데 이들은 이미 Colgate 제품을 취급하고 있는 점포에 방문에서 재고를 체크하고, 디스플레이를 하고, 신규주문을 하는 등 주문이 부드럽게 처리되기 위한 활동들을 한다.

주문수취자는 반복주문, 재주문, 재구매과정을 처리한다.

영업지원(sales support) 판매지원인력(sales support personnel)은 전반적인 영업활동들을 강화하고 도와준다. 예를 들어, Best Buy는 점포마다 전자제품 서비스를 도와주는 긱 스쿼드(Geek Squad)를 두고 있는데 소비자들이 구매한 컴퓨터에 문제가 생기면 이 조직이 방문서비스를 제공한다. 이들은 소비자들의 기술적인 질문들에 응답하고 컴퓨터 수리를 하는 사람들로 전반적인 판매 프로세스를 지원한다.

결합 임무(combination duties) 비록 몇몇 영업사원들의 기본임무가 주문창출, 주문수주, 또는 판매지원이라 하더라도 또 다른 영업사원들은 보다 창조적인 방법으로 여러 가지 역할을 결합하여 처리한다. 예를 들어 Staples의 컴퓨터 영업사원은 판매를 위해 다양한 컴퓨터에 대한 장점과 단점에 대해 소비자에게 설명하고(주문창출자), 프린트 카트리지를 구입하기 위한 소비자의 주문을 처리하고(주문수주자), 운영시스템 문제를 처리하기 위해 컴퓨터를 들고 방문한 소비자의 문제를 해결하는(판매지원자) 다양한 역할을 수행한다.

영업사원의 모집과 선발

영업사원의 채용은 모집광고를 하는 것만큼 쉽다고 생각할지도 모르지만, 영업사원을 훈련하는 데 많은 비용이 들어가므로 신중하게 수행해야 한다. 모집과정에서 가장 중요한 것은 영업사원이 해야 할 일이 무엇인지, 그리고 과업을 제대로 수행하기 위해 갖추어야 할 능력과 개인특성이 무엇인지를 정확하게 결정하는 것이다. 예를 들어 신제품 구매를 설득하기 위해 Safeway를 방문할 Coca Cola의 주문창출자는 상당한 영업경험과 커뮤니케이션 및 분석 기술을 가지고 있어야 할 것이다. Coca Cola의 주문수주자는 믿을만해야 하고 점포관리자나 소비자들과 잘 지내면서 호흡을 맞출 수 있는 사람이어야 한다.

많은 기업들이 지원자들에게 성격테스트(personality test)를 한다. 그러나 가장 성공적인 영업사원의 성격특성은 수행해야 할 과업에 따라 다르다는 것을 강조한다.[70] 예를 들어 조급함은 흔히 영업에서는 긍정적인 성격인데 그것은 판매체결의 긴박감을 만들기 때문이다. 그러나 조직구매처럼 복잡한 판매에 있어서는 조급한 영업사원은 의사결정자를 짜증나게 하고 거래를 중단하게 만든다.

기업은 선천적으로 영업능력을 가진 지원자를 찾는 것이 나은가, 아니면 훌륭한 교육훈련 프로그램으로 누구라도 성공적인 영업사원으로 만들 수 있는가?[71] 다시 말하면 좋은 영업사원은 태어나는 것인가(born), 만들어 지는가(made)? 영업 및 마케팅 관리자에 대한 조사에서 응답자들은 교육훈련과 지도가 영업사원의 선천적인 특성보다 판매성과를 결정하는 데 더 중요하다고 믿고 있다고 한다.[72] 그러나 몇몇 응답자들은 선천적인 영업사원을 알고 있으며 개인특성은 성공적인 영업경력에서 중요하다고 한다. 결론적으로 교육훈련도 중요하지만 영업사원에게 필요한 개인특성을 가지고 있는 것은 도움이 된다. 그렇다면 영업사원의 개인특성들은 무엇인가? 관리자와 영업전문가들은 다음과 같은 특성들을 제안하고 있다.[73]

- **성격(personality).** 좋은 영업사원은 우호적이고, 사회성이 있고, 그리고 보통 사람들 사이에 있는 것을 좋아한다. 소비자들은 그들이 좋아하지 않는 사람에게는 구입하지 않는다.
- **낙관적(optimism).** 좋은 영업사원은 밝은 면을 보는 경향이 있다. 낙관주의는 또한 고난에서 회복하는 데 도움이 된다.
- **회복성 또는 저력(resilience).** 좋은 영업사원은 쉽게 거절(no)을 받아들이지 않는다. 그들은 예(yes)라는 답을 얻을 때까지 계속하는 저력이 있다.
- **자기동기부여(self motivation).** 영업사원은 스스로 가장 생산적이라고 믿는 방법으로 시간을 사용할 자유를 가지고 있다. 그러나 만일 영업사원이 목표달성에 대한 자기동기화를 하지 못하면 그것은 아마 성취되지 못할 것이다.
- **공감(empathy).** 좋은 판매사원은 그들의 소비자, 소비자의 이슈들, 그리고 그들의 문제에 대해 깊은 관심을 가지고 있다.

교육훈련

모든 영업사원은 영업 및 협상 기술, 제품과 서비스 지식, 판매 프로세스에서 사용되는 기법들, 시간과 지역 관리, 그리고 회사정책과 절차 등에 대한 교육훈련을 받아야 한다.

직장내 훈련(OJT, on-the-job training)은 관리자가 실제 영업상황에서 피교육자를 관찰할 수 있고 즉각적인 피드백을 제공할 수 있기 때문에 영업과 협상기술을 전달하는 훌륭한 방법이다. 또한 가상적인 구매상황에서 역할연기 훈련을 통해 영업사원에게 조언을 할 수 있다.

영업사원에 대한 동기부여와 보상

영업관리자는 영업사원들에게 동기를 부여하는 것이 무엇인지를 알아야 한다. 영업사원들마다 개인적으로 가장 중요한 것이 무엇인가에 따라 동기의 원천이 다르다. 영업관리자는 금전적(financial) 또는 비금전적(nonfinancial)인 서로 다른 동기부여 요인을 강조할 수 있고 영업사원에 대한 보상방법은 공정하고 표준화되어야 한다.

금전적 보상(financial rewards) 영업사원에 대한 금전적보상은 몇 가지 요소들을 가지고 있다. 대부분의 영업사원은 정기적으로 지급되는 고정급인 봉급(salary)을 받는다. 일반적인 금전적 인센티브는 판매량 또는 수익(profitability)에 일정률을 지급하는 수수료(commission)이다. 보너스(bonus)는 판매사원이 어떤 목표를 달성했을 때 지불한다. 판매 콘테스트(sales contest)는 영업사원에게 동기를 주기 위해 현금 또는 다른 유형의 금전적 형태로 상이 주어지는 단기 인센티브이다. 예를 들어 Volkswagen은 Touareg를 가장 많이 판매한 사원에게 독일 여행을 인센티브로 제공한다.

판매 콘테스트는 금전적 인센티브나 부상을 제공하는 금전적보상이다.

보상 패키지(compensation package)는 봉급, 수수료, 또는 봉급과 수수료의 조합으로 만들 수 있다. 셀러리 플랜(salary plan)의 이점은 판매사원이 자신이 받게 될 보상이 얼마인지 알 수 있다는 것이다. 봉급을 받는 판매사원은 자신의 시간을 판매에 모두 활용하지 않고 일정부분을 소비자에 대한 서비스에 사용할 수 있다. 그러나 수수료방식(commission system)하에서는 '판매'라는 하나의 목적만 추구하게 되므로 대부분의 인센티브는 판매에 대하여 제공한다.

비금전적 보상(nonfinancial rewards) 앞에서 언급한 것처럼 좋은 영업사원은 자기동기화된 사람이다. 그들에게는 일을 잘하고 판매를 달성하는 것은 좋은 느낌을 갖게 한다. 그러나 이런 좋은 느낌은 동료와 관리자로부터 인정됨에 의해 두드러지게 된다. 예를 들어 Mary Kay라는 화장품회사에서는 사내월간지에 영업에 대한 조언뿐만 아니라 영업사원의 성취에 대하여 회사전체가 알 수 있도록 하고 있다.

비금전적 보상은 명패, 팬, 반지처럼 상징적 가치(symbolic value)를 가져야 한다. 무료여행이나 휴가도 효과적인 보상이다. 보상이 무엇인가보다 중요한 것은 운영되는 방식이다. 예를 들어 상(award)은 영업회의에서 주어져야 하고 회사의 회보에 공표되어야 한다. 보상이 싸구려로 인식되면 아무도 이를 중요하게 생각하지 않을 것이므로 보상은 품위 있게 제공되어야 한다.

영업사원의 평가

영업사원의 평가과정은 보상구조와 연계되어야 한다. 좋은 성과를 올린 영업사원은 보상을 받아야 한다. 또한 영업사원에 대한 보상은 영업사원 자신이 통제할 수 있는 활동들과 성과에 따라 평가되고 보상되어야 한다. 만일 Macy's가 이탈리아에 있는 Diesel사와 단독으로 협상해서 점포에 입점시켰다면, 각 Macy's 점포에서 일하는 영업사원은 판매에 대한 보상을 받거나 추가판매에 대한 뜻밖의 수수료를 받아서는 안된다. 이런 성과는 영업사원이 아닌 기업의 성과이므로 영업사원의 통제하에 있는 성과가 아니기 때문이다.

영업사원의 성과를 어떻게 평가해야 하나? 이것에 대한 답은 쉽지 않은데 그것은 판매와 같이 복잡한 직무의 성과를 측정하는 방법이 매우 많기 때문이다. 예를 들어 월간매출만으로 성과를 평가하는 것에는 그 매출이 얼마나 수익성이 있는가, 영업사원이 제공한 서비스 수준은 어떠한가 등에 대한 고려가 없다. 따라서 영업성과는 많은 요인들이 공헌해서 만들어진 다면적인 것이라는 점에서 관리자는 다중지표를 사용해서 평가해야 한다.

평가척도들은 객관적 또는 주관적일 수 있다. 객관적 척도 가운데 매출, 이익, 주문건수 등은 관리자에게는 유용하겠지만 영업사원들간 비교를 위한 척도로도 적절하다는 보장은 없다. 예를 들어 영업사원 A는 지난해 100만 달러의 매출을 달성했지만, 영업사원 B는 150만 달러를 달성했다고 하자, 그렇다면 영업사원 B가 자동적으로 더 높은 평가를 받아야 하는가? 이제 영업사원 B가 맡고 있는 지역의 판매 잠재력이 영업사원 A가 맡고 있는 지역의 두 배가 된다고 생각해 보자. 이렇게 보면 영업사원 A가 실제로 일을 더 잘했다고 가정할 수 있다. 이런 이유로 기업은 객관적 척도로 소비자당 이익(profit per customer), 방문당 주문(orders per call), 시간당 매출(sales per hour), 또는 매출당 비용과 같은 비율을 이용한다.

객관적 척도들이 질적인 반면, 주관적 척도들은 영업사원들이 무엇을 어떻게 했는가와 같이 판매사원의 행동을 평가하는 것이다. 주관적 척도들은 다른 사람의 성과에 대한 또 다른 사람의 평가를 반영하는 것이다. 따라서 주관적 평가는 왜곡될 수 있으므로 조심스럽게 사용되어야 하고, 객관적 척도들과 결합하여 사용되어야 한다.

요점 정리

LO1 광고캠페인을 설계하고 실행하는 단계를 설명한다.

기업은 (1) 목표시장을 확정하고, (2) 광고목표를 설정하고, (3) 광고예산을 설정하고, (4) 제품이나 서비스를 묘사하고, (5) 매체평가 및 선택, (6) 광고를 만들고, (7) 광고의 효과를 평가한다.

LO2 광고의 세 가지 목적과 소구방법을 설명한다.

모든 광고 캠페인은 정보제공, 설득, 상기를 목표로 설계된다. 정보적 광고는 상표인지도를 높이기 위한 커뮤니케이션이다. 설득적 광고는 소비자들이 행동하도록 동기를 부여하기 위한 커뮤니케이션이다. 마지막으로 상기광고는 상표를 떠올리게 하고 재구매를 하도록 하는 커뮤니케이션이다.

광고소구는 정보제공적이거나 감성적일 수 있다. 정보제공적 소구는 상표 선호를 판단하는 데 영향을 미치는 주요 편익들에 대한 사실적 정보와 강력한 주장을 바탕으로 구매의사결정에 영향을 준다. 감성적 소구는 실용적 욕구라기 보다 감성적 욕구를 만족시키는데 초점이 있다.

LO3 매체 유형을 알아본다.

기업은 불특정 다수의 오디언스에게 접근하기 위해 신문이나 TV와 같은 대중매체 채널을 이용한다. 유선방송이나 진문집지와 같은 니치 메체는 특정한 인구통계적 특성이나 특정 분야에 관심이 있는 좁은 세분시장에 도달하기 위해 사용된다. 기업은 광고목표에 적합한 채널을 선택해야 한다.

LO4 판매촉진 유형을 알아본다.

판매촉진은 쿠폰, 딜, 프리미엄, 콘테스트, 경품, 샘플, POP 전시물, 리베이트, PPL 등을 이용해서 구매를 자극하는 특별한 인센티브나 흥미구축 프로그램이다. 이것들은 채널을 통해 제품을 밀어내는 푸쉬전략으로 활용되거나, 소비자들에게 판매촉진하여 구매하게 하는 풀전략으로 활용될 수 있다.

LO5 인적판매의 가치에 대하여 알아본다.

평균적인 B2B 방문비용은 비싸지만 많은 기업들이 영업사원 없이는 사업을 할 수 없다고 믿고 있다. 소비자들은 제품이나 서비스를 판매사원의 도움 없이 구매할 수 있지만 다른 많은 경우에 제품에 대한 학습이나 가치 있는 조언을 얻기 위해 제품 가격에 추가로 비용을 지불하는 것은 가치가 있다. 판매사원은 또한 구매 프로세스를 단순화할 수 있기 때문에 소비자의 시간과 번거로움을 절약하게 할 수 있다.

LO6 인적 판매 프로세스를 이해한다.

첫 번째 단계에서 판매사원은 실행가능한 소비자 리스트를 생성한다. 두 번째 단계 동안 소비자에 대한 정보를 수집하고 프레젠테이션을 마련하는 사전준비를 한다. 판매 프레젠테이션인 세 번째 단계는 판매사원과 소비자간 인적 미팅이다. 토론과 질문을 통해 영업사원은 소비자가 구매 프로세스의 어느 단계에 있는지를 살피고, 제품이나 서비스가 어떤 면에서 소비자의 요구에 적합한지에 대한 논의로 맞춰간다. 네 번째는 계약체결단계이고, 마지막으로 후속조치가 따른다. 판매사원과 지원부서는 소비자가 구매결과에 확실히 만족할 수 있게 하여 장기적 관계를 공고히 한다. 따라서 후속조치는 다음 구매를 위한 단계라고 할 수 있다.

LO7 영업사원 관리의 주요 내용을 알아본다.

영업조직을 고려하는 기업은 먼저 회사내 영업조직을 둘 것인지, 제조업자 대리인을 둘 것인지를 결정해야 한다. 그리고 영업관리자는 무엇이 영업사원의 기본적인 임무가 될 것이지 결정해야 한다(주문창출, 주문수주, 판매지원). 영업 관리자는 영업사원을 모집하고 선발하기 위해 필요한 영업사원의 특성들은 무엇인지 설정하고, 이런 특성들을 가진 사람들을 선발한다. 다음 단계는 교육훈련으로 직장내훈련이나 인터넷을 활용할 수 있다. 영업관리자는 영업사원을 동기부여하고 보상하는 책임도 있다. 대부분의 영업사원은 좋은 직무성과에 대한 금전적, 비금전적 보상의 균형을 선호한다. 마지막으로 영업관리자는 영업사원들에 대한 평가에 책임이 있다. 보통 영업사원은 시간당 판매와 같은 객관적 척도와 소비자에게 얼마나 친근하게 보였는지와 같은 주관적인 척도의 결합으로 평가되어야 한다.

핵심용어

- POP 전시물 (point-of-purchase(POP) display)
- PPL(product placement)
- 감성적 소구(emotional appeal)
- 경품(sweepstakes)
- 공익광고 (public service advertising, PSA)
- 공익연계마케팅 (cause related marketing)
- 공중관계(public relations, PR)
- 과장(puffery)
- 관계판매(relationship selling)
- 광고 스케줄(advertising schedule)
- 광고(advertising)
- 광고계획(advertising plan)
- 기업내 영업조직 (company sales force)
- 니치매체(niche media)
- 단속형 광고 스케줄 (flighting advertising schedule)
- 대중매체(mass media)
- 독립 대리인(independent agents)
- 독특한 판매제안 (unique selling proposition, USP)
- 딜(deal)
- 로열티 프로그램(loyalty program)
- 리베이트(rebate)
- 매체 계획(media planning)
- 매체 구매(media buy)
- 매체믹스(medea mix)
- 바디카피, 본문(body copy)
- 봉급(salary)
- 브랜드 구성요소(brand elements)
- 콜드콜(cold calls)
- 사전조사(pretesting)
- 사전준비(preapproach)
- 사후조사(posttesting)
- 상기광고(reminder advertising)
- 상호판촉(cross promoting)
- 서브헤드, 부제(subhead)
- 설득광고(persuasive advertising)
- 수수료(commission)
- 역할연기(role playing)
- 영업관리(sales management)
- 영업지원인력 (sales support personnel)
- 이벤트 스폰서십(event sponsorship)
- 인적판매(personal selling)
- 잠재구매자 평가(qualify)
- 잠재구매자(leads)
- 전시회(trade shows)
- 정보적 소구(informational appeal)
- 정보적(정보제공적) 광고 (informative advertising)
- 제조업자 대리인 (manufacturer's representative, res)
- 제품초점광고 (product focused advertising)
- 조직광고 (institutional advertisements)
- 주문수취자(order taker)
- 주문창출자(order getter)
- 지속형 광고스케줄 (continuous advertising schedule)
- 콘테스트(contest)
- 쿠폰(coupon)
- 텔레마케팅(telemarketing)
- 파동형 광고 스케줄 (pulsing advertising schedule)
- 판매 컨테스트(sales contest)
- 판매체결(closing the sale)
- 판매촉진(sales promotion)
- 푸쉬 전략(push strategy)
- 풀 전략(pull strategy)
- 프리미엄(premium)
- 헤드라인, 주제(headline)

사례 연구

MasterCard가 만드는 소중한 순간

connect

당신은 책, 옷, 잡화, 여행 등에 얼마나 쓰고 있나요? 많은 소비자들에게 이에 대한 답을 해주는 것은 2억장 이상 발행된 MasterCard이다.[74] 신용카드의 인기에도 불구하고 MasterCard는 주요경쟁자인 Visa 카드에 비해 거의 1억장이나 뒤처져 있었다. 또한 월간/연간 사용량에서 American Express카드도 MastrCard를 앞질렀다. MastrCard의 기본기능은 각 소비자들이 이용하는 은행과 각 상인들이 이용하는 은행 간의 거래를 처리하는 것이다. 따라서 MastrCard가 시장 점유율을 높이기 위해서는 두 고객, 즉 대금 수납에 MasterCard를 채택한 상인과 카드를 사용하는 구매자들에게 소구해야 한다. 이들 오디언스들은 밀접하게 관련되어 있으므로 단일 캠페인에서 둘 모두를 목표로 할 수 있다.

1997년에 MasterCard International과 광고대행사 McCann Erickson Worldwide는 '돈으

로 살 수 없는 소중한 것(priceless)이 있다. 그 밖에 다른 모든 것들을 위해 MasterCard가 있다'라는 슬로건과 함께 인생의 가장 소중한 순간을 기념하는 감성에 기초한 'Priceless' 캠페인을 시작했다.[75] 이 캠페인은 재앙으로부터 MasterCard를 구해 낼만큼 엄청난 성공을 거두었다.[76] 그러나 소비자의 가치와 욕구는 변하고 시장 환경은 진화했다. MasterCard는 어떻게 소비자 로열티와 브랜드 아이덴티티를 유지할 것인지에 대한 새로운 도전에 직면했다.

시장욕구를 만나기 위한 서비스 확장

1966년 캘리포니아에 있는 은행들이 인터뱅크 카드협회(Interbank Card Association)를 창설했다. 이 연합은 1979년 세계적으로 성장하기 위해 MastrCard로 이름을 바꾸었다. 시장이 전 세계로 뻗어나감에 따라 MastrCard는 경제교류를 더 빠르고, 더 편리하고, 더 안전하게 만드는데 도움을 줄 수 있는 기술혁신에 초점을 맞추었다.[77] 이 회사는 오늘날 Europay International로 알려진 국제신용카드인 UuroCard를 인수했고, MastrCard와 연계된 국제은행 네트워크인 Cirrus, Maestro, 그리고 국제적 ATM 네트워크인 Diner's Club 신용카드, 현금카드, 선불가드 등을 인수했다.

오늘날 MasterCard의 기술 플렛폼은 99.9%의 신뢰성으로 매시간 1억6,000만번의 거래를 처리할 수 있다. 그리고 이 회사는 전파로 송수신하는 스마트카드를 발행했다.[78] 이 지불결제방법은 사인이 필요 없고, 긁지 않고 대거나 두드려서 사용한다. 이 회사는 소비자들에게 더 많은 가치를 제공하기 위해 거래 데이터의 심층 분석을 통해 상점이 소비자의 사용액에 대한 이해를 높이는데 도움이 되는 세련된 컨설팅과 정보제공 서비스를 추가했다.[79] 이런 노력들은 쇼핑객들이 현금을 덜 사용하고 전자지불카드를 더 많이 사용하는 것 같은 소비자행동 변화에 꼭 들어맞았다. 2006년, 이 회사는 새로운 기업지배구조로 이행하였고 뉴욕증권거래소(New York Stock Exchange)에서 거래되기 시작했다.

가장 소중한 사람과의 재회

MastrCard는 자신의 목표 오디언스를 확정하는 것으로 Priceless 캠페인을 시작했다. 쇼핑객들에게 그들의 시갑 맨 위에 MastrCard를 넣어 두도록 설득할 수 있다고 기대하면서, 이 캠페인은 카드를 단순한 소유물이 아닌 카드와 경험 간의 관계를 강조했다. 초기 TV광고에서는 아름답고 최고의 멋을 내기 위한 옷과 가방은 가격을 매길 수 있지만, 동창회에서 전 남자친구와의 재회는 가격을 매길 수 없는 소중함이라는 것과 비교했다.[80] 다른 광고에서는 야구장 입장료, 간식, 기념품의 가격을 야구장에서 사랑과 행복으로 아버지와 아들이 대화할 수 있는 소중한 기회와 연결했다.[81]

2004년 Priceless 인쇄광고는 MasterCard와 유명한 소매점들이 함께 하는 새로운 방침을 취했다. MasterCard의 목표 오디언스를 대표하는 이 소매점들은 광고에 소매점명과 이미지를 두드러지게 배치하는 혜택을 받았다. 일반적인 것에서 특별한 것으로 이동하는 메시지구성, 주차장에서 연주하는 10대 락 밴드를 보여주는 광고에서 '초연장 코드, 10 달러, 거실에서 끌어온: priceless,'는 코드가 Radio Shack으로부터 연장되었다는 것을 보여주는데 알맞은 것이었다. 이 광고는 심비오틱 마케팅(symbiotic marketing) 형태인데 이는 잘 알려진 소매점 브랜드는 MasterCard 광고가 소비자의 주의를 끄는 데 도움을 주고 각 브랜드는 서로 홍보하는 역할을 하였다.[82]

마법 같은 순간, 값을 매길 수 없는 도시들

2011년 7월 MasterCard는 값을 매길 수 없는 도시들(Priceless Cities)이라는 확장된 캠페인을 내보냈다. 이 캠페인은 New York에서 처음 출범했고, 주요도시에 있는 카드소지자들에게 특별한 경험을 제공했다.[83] 스포츠, 음악, 오락, 쇼핑, 여행, 예술, 문화, 그리고 외식 영역에서 기억할만한 순간들을 가진 소비자들을 위해 설계된 캠페인은 완구점 FAO Schwartz의 이른 개점시간, Bronx Zoo에서의 가족야영 프로그램, 전 양키스 선수와 함께 양키즈 게임을 보기 위한 최고급 티켓, 그리고 유명한 요리사에 의해 설계된 VIP와의 저녁식사 경험 등을 내세웠다.[84] MasterCard 최고마케팅관리자의 말에 의하면, 이 아이디어는 카드에 대한 소비자들의 지각을 소중한 순간들에 대한 단순한 기억으로부터 그런 경험을 할 수 있게 만드는 힘으로 전환시키기 위한 것이라고 한다. 불안한 경제로 대부분의 경쟁자들이 가격할인에 초점을 맞출 때, MasterCard 캠페인은 가격이 아닌 감성에 소구하고, 비용절약이 아닌 잊을 수 없는 경험을 강조하면서 주의를 끌었다. MasterCard를 기억할만한 사회적 활동들과 연결하였기 때문에 이 캠페인은 카드 사용자와의 유대를 강화시켰다.

이 광고는 100개국 이상에서 나왔으며 50개 이상의 언어로 방송되었고 인쇄광고, 라디오광고, 교통광고, 옥외광고, TV를 활용했다. 이 캠페인은 또한 특별히 만든 MasterCard 웹사이트, Facebook과 Twitter 등 소셜미디어 등 디지털 플랫폼을 사용했다. 카드 소비자들은 특별제안(special offers)을 이용하기 위해 사이트에 등록한다. 특히 World Elite MasterCard 소지자들에게는 특별제안뿐만 아니라 특별 이벤트 이용을 권장한다.

마케터는 지속적으로 캠페인을 평가해야 한다. 소셜마케팅과 같은 신 채널은 쇼핑행동을 바꿀 수 있고, 마케팅 전략의 한 부분처럼 고려되어야만 기회를 창출할 수 있다. MasterCard가 보여준 것처럼 최고의 아이디어조차 목표시장에서 매력을 유지하기 위해서는 혁신이 필요하다.

확인 문제

1. 처음에 실행된 Priceless 캠페인의 성공 이유는 무엇인가?
2. 왜 MasterCard는 더 적극적으로 Priceless를 사용했는가?

미주

Chapter 1

1. Packaged Facts, "Ice Cream and Frozen Desserts in the U.S.: Markets and Opportunities in Retail and Foodservice, 6th ed., January 2010.
2. http://www.redmangousa.com/red-mango/.
3. "Menu_Nutrition," http://tcby.com/menu-nutrition/soft-serve/.
4. Jaime Levy Pessin, "Yogurt Chains Give Power to the People," *The Wall Street Journal*, August 22, 2011.
5. Packaged Facts, op. cit., p. 135.
6. The American Marketing Association, http://www.marketing-power.com/content4620. Word in italics was added by the au-thors. Discussions of the latest revision of the AMA's marketing definition are widespread. See Gregory T. Gundlach and William L. Wilkie (2008), "AMA's New Definition of Marketing: Perspective and Commentary on the 2007 Revision," *Journal of Public Policy & Marketing* 28, no. 2 (2008), pp. 259 – 64; see also the Fall 2007 issue of the *Journal of Public Policy & Marketing* (26, no. 2), which contains eight different perspec-tives on the new definition.
7. Mike Esterl, "Coke Tailors Its Soda Sizes," *The Wall Street Journal*, September 19, 2011, http://online.wsj.com/article/SB10001424053111903374004576578980270401662.html; Natalie Zmuda, "Diet Coke Blasts Past Pepsi," *Advertising Age*, March 17, 2011, http://adage.com/article/news/diet-coke-blasts-past-pepsi/149453/; Natalie Zmuda, "Can Pepsi's Big Marketing Shake-Up Bring Back Fizz to Its Beverage Brands?" *Advertising Age*, June 20, 2011, http://adage.com/article/news/pepsi-s-marketing-re-org-bring-back-fizz-beverages/228292/.
8. http://www.lexus.com/models/LSh/index.html.
9. The idea of the four Ps was conceptualized by E. Jerome McCarthy, *Basic Marketing: A Managerial Approach* (Homewood, IL: Richard D. Irwin, 1960). Also see Walter van Watershoot and Christophe Van den Bulte, "The 4P Classification of the Marketing Mix Revisited," *Journal of Marketing*, 56 (October 1992), pp. 83 – 93.
10. Raphael Thomadsen, "Seeking an Expanding Competitor: How Product Line Expansion Can Increase All Firms' Profits," *Journal of Marketing Research* (forthcoming).
11. http://www.nitrodessertstation.com/.
12. Wolfgang Ulaga and Werner Reinartz, "Hybrid Offerings: How Manufacturing Firms Combine Goods and Services Successfully," *Journal of Marketing* 75 (November 2011), pp. 5 – 23.
13. Anja Lambrecht and Catherine Tucker, "Paying with Money or Effort: Pricing When Customers Anticipate Hassle," *Journal of Marketing Research* (forthcoming).
14. Jaime Levy Pessin, "Yogurt Chains Give Power to the People," *The Wall Street Journal*, August 22, 2011, http://online.wsj.com/article/SB10001424052702303365804576432063658323394.html.
15. Elaine Glusac, "From Vail to Gstaad, Lures Beyond the Slopes," December 10, 2010, *The New York Times*, http://travel.nytimes.com/2010/12/12/travel/12openings.html
16. Dani Sharp, "Business Meeting Facilities at Ski Resorts Add Scenery and Fun to Meetings," *Article Tavern*, June 1, 2011, http://articletavern.com/business/business-meeting-facilities-at-ski- resorts-add-scenery-and-fun-to-meetings.
17. Ryan Alford, "Canyons Resort in Park City Announces New Amenities and Programming for Grand Opening of 2011/2012 Ski Season," *Snowshoe Magazine*, November 23, 2011, http://www.snowshoemag.com/2011/11/23/canyons-resort-in-park-city- announces-new-amenities-and-programming-for-grand-opening-of-20112012-ski-season.
18. Christopher Solomon, "Proposed Gondola Would Link Utah Ski Resorts," *The New York Times*, December 10, 2011, http://intran-sit.blogs.nytimes.com/2011/12/10/proposed-gondola-would-link-utah-ski-resorts.
19. Pew Internet and American Life Project, "Social Networking Sites and Our Lives," June 16, 2011, http://pewinternet.org/~/media//Files/Reports/2011/PIP%20-%20Social%20networking%20sites%20and%20our%20lives.pdf; "Statistics," http://www.facebook.com/press/info.php?statistics; Mike Elgan, "Click 'Like' if You Like 'Like'," *BusinessWeek*, May 4, 2011; David Goldman, "Get Ready for some Big Facebook Changes," *CNNMoney.com*, April 21, 2010; Venture Capital Dispatch, "Giving Credits Where Credits Are Due: Facebook to Aid Developers," *The Wall Street Journal*, April 22, 2010; Liz Gannes, "Facebook: The Entire Web Will Be Social," *Gigaom.com*, April 21, 2010; Jessica Vascellaro, "Facebook Wants to Know More Than Just Who Your Friends Are," *The Wall Street Journal*, April 22, 2010; Samuel Axon, "Facebook's Open Graph Personalizes the Web," Mashable.com, April 21, 2010; Harry McCracken, "Microsoft Melds Office With Facebook,"

Technologizer.com, April 21, 2010.
20. George S. Day, "Aligning the Organization with the Market," *Marketing Science Institute*, 5, no. 3 (2005), pp. 3 – 20.
21. Kimmy Wa Chan, Chi Kin (Bennett) Yim, and Simon S.K. Lam, "Is Customer Participation in Value Creation a Double-Edged Sword? Evidence from Professional Financial Services Across Cultures," *Journal of Marketing* 74, no. 3 (May 2010); Dhruv Grewal, Kent B. Monroe, and R. Krishnan, "The Effects of Price Comparison Advertising on Buyers' Perceptions of Acquisition Value and Transaction Value," *Journal of Marketing* 62 (April 1998), pp. 46 – 60.
22. Anne L. Roggeveen, Michael Tsiros and Dhruv Grewal, "Understanding the Co-Creation Effect: When Does Collaborating with Customers Provide a Lift to Service Recovery?" *Journal of the Academy of Marketing Science* (2011), forthcoming; Sigurd Troye and Magne Supphellen, "Consumer Participation in Coproduction: 'I Made It Myself' Effects on Consumers' Sensory Perceptions and Evaluations of Outcome and Input Product," *Journal of Marketing* (forthcoming); Neeli Bendapudi and Robert P. Leone, "Psychological Implications of Customer Participation in Co-Production," *Journal of Marketing* 67 (January 2003), pp. 14 – 28.
23. V. Kumar and Denish Shah., "Can Marketing Lift Stock Prices?" Sloan Management Review 52, no. 4 (2011), pp. 24 – 26; V. Kumar, Eli Jones, Rajkumar Venkatesan, and Robert P. Leone, "Is Market Orientation a Source of Sustainable Competitive Advantage or Simply the Cost of Competing?" *Journal of Marketing* 75 (January 2011), pp. 16 – 30; Stephen A. Samaha, Robert W. Palmatier, and Rajiv P Dant, "Poisoning Relationships: Perceived Unfairness in Channels of Distribution," *Journal of Marketing* 75 (May 2011), pp. 99 – 117; Alexander Krasnikov, Satish Jayachandran, and V. Kumar, "The Impact of CRM Implementation on Cost and Profit Efficiencies: Evidence from US Commercial Banking Industry," *Journal of Marketing* 73 (November 2009), pp. 61 – 76.
24. Krasnikov, Jayachandran, and Kumar, op. cit.; V. Kumar, Denish Shah, and Rajkumar Venkatesan, "Managing Retailer Profitability—One Customer at a Time!" *Journal of Retailing*, 82, no. 4 (2006), pp. 277 – 94.
25. Randy Schrum, "Social Media 2010, The Fastest Growth Ever," *mycorporatemedia.com*, January 30, 2011; http://www.online-marketing-trends.com/2011/03/50-of-us-users-will-be-facebook-in-2013.html; Jonah Berger and Katherine L Milkman, "What Makes online Content Viral?" *Journal of Marketing Research* (forthcoming).
26. http://mobithinking.com/stats-corner/global-mobile-statistics-2011-all-quality-mobile-marketing-research-mobile-web-stats-su
27. http://thenextweb.com/socialmedia/2011/01/20/could-facebook-reach-one-billion-users-in-2011/
28. "Statistics," http://www.facebook.com/press/info.php?statistics; "Twitter Statistics: Updated Stats for 2011," July 7, 2011, http://www.marketinggum.com/twitter-statistics-2011-updated-stats/; "About Us," http://press.linkedin.com/about; Amy Lee, "YouTube Shares Surprising Statistics on 6th Birthday," *The Huffington Post*, May 25, 2011, http://www.huffington-post.com/2011/05/25/youtube-statistics-birthday_n_866707.html.
29. Julie Weed, "Hotels Turn to Social Media to Connect with Travelers," *The New York Times*, April 18, 2011.
30. Elizabeth Olson, "Restaurants Reach Out to Customers with Social Media," *The New York Times*, January 19, 2011.
31. Ibid.
32. Raji Srinivasan, Gary L. Lilien, and Shrihari Sridhar, "Should Firms Spend More on Research and Development and Advertising During Recessions?" *Journal of Marketing* 75 (May 2011), pp. 49 – 65.
33. http://www.ahold.com.
34. For a detailed compilation of articles that are involved with ethi-cal and societal issues, see: Gregory T. Gundlach, Lauren G. Block, and William W. Wilkie, *Explorations of Marketing in Society* (Mason, OH: Thompson Higher Education, 2007); G. Svensson and G. Wood, "A Model of Business Ethics," *Journal of Business Ethics*, 77, no. 3 (2007), pp. 303 – 322.
35. Christy Ashley and Hillary A. Leonard, "Betrayed by the Buzz? Covert Content and Consumer – Brand Relationships," *Journal of Public Policy & Marketing* 28, no. 2 (2009), pp. 212 – 20.
36. Elizabeth S. Moore and Victoria J. Rideout (2007), "The Online Marketing of Food to Children: Is it Just Fun and Games?" *Journal of Public Policy & Marketing*, 26 (2), 202-220; Elizabeth S. Moore (2007), "Perspectives on Food Marketing & Childhood Obesity: Introduction to the Special Section," *Journal of Public Policy & Marketing*, 26(2), 157-161; Elizabeth S. Moore (2007), "Food Marketing Goes Online: A Content Analysis of Websites for Children," in *Obesity in America*: Development and Prevention, Vol. 2, Hiram E. Fitzgerald and Vasiliki Mousouli (eds.), Westport, CT: Praeger, 93-115. William L. Wilkie and Elizabeth S. Moore, "Marketing's Contributions to Society," *Journal of Marketing*, 63 (Special Issue, 1999), pp. 198 – 219.
37. Alexander Dahlsrud lists 37 different definitions! See "How Corporate Social Responsibility Is Defined," *Corporate Social Responsibility and Environmental Management* 15, no. 1 (January/February 2008), pp. 1 – 13.
38. "Social Responsibility," *AMA Dictionary of Marketing Terms*, http://www.marketingpower.com/_layouts/Dictionary.aspx?dLetter = S.
39. Christopher Marquis, Pooja Shah, Amanda Tolleson, and Bobbi Thomason, "The Dannon Company: Marketing and Corporate Social Responsibility," *Harvard Business School Case* 9-410-121, April 1, 2010.
40. "Restoring the Economy," BP, http://www.bp.com/sectiongeneri-carticle800.do?categoryId = 9036578&contentId = 7067597.
41. Michael Connor, "Survey: U.S. Consumers Willing to Pay for Corporate Responsibility," *Business Ethics*, March 29, 2010, http://business-ethics.com/2010/03/29/1146-sur-

vey-u-s-consumers-willing-to-pay-for-corporate-responsibility/.

42. Richard Stengel, "Doing Well by Doing Good," *Time Magazine*, September 10, 2009, http://www.time.com/time/magazine/article/0,9171,1921591,00.html.
43. Tina Rosenberg, "A Scorecard for Companies With a Conscience," *The New York Times*, April 11, 2011, http://opinionator.blogs.nytimes.com/2011/04/11/a-scorecard-for-companies-with-a-conscience/.
44. Ibid.
45. "P&G Professional's Green Guarantee," http://www.greenguarantee.com/faqs.htm.
46. "Commitment to Everyday Life," 2011 Sustainability Overview, http://www.pg.com/en_US/downloads/sustainability/reports/PG_2011_Sustainability_Overview.pdf.
47. Jonathan Bardeline, "P&G Scorecard Puts Supply Chain on Notice," *Greenbiz.com*, April 7, 2011, http://www.greenbiz.com/news/2011/04/07/procter-gamble-scorecard-puts-supply-chain-notice.
48. "Commitment to Everyday Life," op. cit.
49. "2011 World's Most Ethical Companies," *Ethisphere*, http://ethis-phere.com/2011-worlds-most-ethical-companies.
50. http://dictionary.reference.com/search?q = Entrepreneurship
51. http://www.oprah.com; "Oprah Winfrey," http://en.wikipedia.org/wiki/Oprah_Winfrey.
52. Molly Knight, "Cold Competition," Shopping Centers Today, February 2008. Accessed online at http://www.icsc.org/srch/sct/sct0208/RT-Pinkberry.php.
53. Emily Bryson, "Frozen Yogurt Rivalry Heating up in Chicago," Chicago Tribune, July 8, 2011. Accessed online on December 11, 2011 at http://articles.chicagotribune.com/2011-07-08/business/ct-biz-0708-pinkberry-20110708_1_yogurt-war-red-mango-tutti-frutti
54. Leslie Patton, "Pinkberry Looks Abroad to Keep Its Cool," *Bloomberg Businessweek*, April 28, 2011.
55. Ice Cream and Frozen Desserts in the U.S.: Markets and Opportunities in Relation and Foodservice, 6 th Edition. Packaged Facts, July 2010, p. 171.
56. http://www.pinkberry.com/storelocations.html.
57. Yolanda Santosa, "The Making of Pinkberry," Brand Packaging, November 2, 2011. Accessed electronically at http://www.brand-packaging.com/Articles/Feature_Articles/BNP_GUID_9-5-2006_A_10000000000001122589.
58. Packaged Facts, January 2010, p. 171.
59. http://www.redmangousa.com/default.html.

Chapter 2

1. "About Nike Inc.," http://nikeinc.com/pages/about-nike-inc.
2. Bob Young, "No NBA? Let the Shoe Wars Begin," *The Arizona Republic*, October 16, 2011, http://www.azcentral.com/sports/suns/articles/2011/10/16/20111016heat-index-nba-lockout-shoe-wars.html.
3. Nike, 10-K report, July 20, 2010.
4. "Sneaker Wars: adidas Puts a Chainsaw to Kobe Bryant's Nikes," http://balljunkie.com/2011/05/27/sneaker-wars-adidas-puts-a-chainshaw-to-kobe-bryants-nikes/.
5. "Nike 1 iPod," http://www.apple.com/ipod/nike/run.html.
6. "Nike vs. Adidas," http://recomparison.com/comparisons/100305/nike-vs-adidas/.
7. Georgios Dogiamis and Narain Vijayshanker, "adidas: Sprinting Ahead of Nike," white paper, Winter 2009.
8. "Nike Crushes adidas on the Track in Olympic Shoe Wars," http://www.tracktownusa.com/track.item.79/Nike-Crushes-Adidas-on-the-Track-in-Olympic-Shoe-Wars.html
9. Michael Treacy and Fred Wiersema, *The Disciplines of Market Leaders* (Reading, MA: Addison Wesley, 1995). Treacy and Weirsema suggest the first three strategies. We suggest the fourth—locational excellence.
10. Petersen, J. Andrew, Leigh McAlister, David J. Reibstein, Russell S. Winer, V. Kumar and Geoff A t kinson (2009), "Choosing the Right Metrics to Maximize Profitability and Shareholder Value", *Journal of Retailing*, Vol. 85 (1), pp. 95 – 111.
11. Petersen, Andrew, Leigh McAlister, David J. Reibstein, Russell S. Winer, V. Kumar, and Geoff Atki n son, "Choosing the Right Metrics to Maximize Profitability and Shareholder Value," 2009, *Journal of Retailing*, 85, no. 1, pp. 95-111; V. Kumar, "Tough Times Call for CLV," The Economist, March 29, 2009; V. Kumar, *Managing Customers for Profit: Strategies to Increase Profits and Build Loyalty*, Philadelphia: Wharton School Publishing, 2008.
12. Valarie A. Zeithaml, Mary Jo Bitner, and Dwayne D. Gremler, Services Marketing: *Integrating Customer Focus Across the Firm*, 5th ed. (Burr Ridge, IL: McGraw-Irwin, 2009).
13. "Singapore Airlines Tops Survey for Best Service," *The New York Times*, http://community.nytimes.com/comments/intransit.blogs.nytimes.com/2010/03/31/singapore-airlines-tops-survey-for-best-international-service/
14. Singapore Airlines, http://www.singaporeair.com/en_UK/flying-with-us/.
15. "Singapore Girls: You're a Great Way to Fly," http://www.singaporeair.com/en_UK/flying-with-us/singaporegirl/.
16. Alex Kennedy, "Singapore Airlines Unveils Scoot Budget Carrier," November 1, 2011, http://www.boston.com/business/articles/2011/11/01/singapore_airlines_unveils_scoot_budget_carrier/.
17. James R. Stock, Stefanie L. Boyer, and Tracy Harmon, "Research Opportunities in Supply Chain Management," *Journal of the Academy of Marketing Science*, 2010, 38, no. 1, pp. 32-41. Also see articles in special issue edited by: John T. Mentzer and Greg Gundlach, "Exploring the Relationship between Marketing and Supply Chain Management: Introduction to the Special Issue," *Journal of the Academy of Marketing Science*, 2010, 38, no. 1, pp. 1 – 4.
18. http://www.interbrand.com/en/best-global-brands/Best-Global-Brands-2011.aspx.

19. Glenn Karwoski, "3M Still Tops Among Investors," January 13, 2011, http://tcbmag.blogs.com/innovations/2011/01/3m-still-tops-among-innovators.html.
20. http://www.marketingpower.com/_layouts/Dictionary.aspx-?dLetter = M.
21. Donald Lehman and Russell Winer, *Analysis for Marketing Planning*, 7th ed. (Burr Ridge, IL: McGraw-Hill/Irwin, 2008).
22. Andrew Campbell, "Mission Statements," *Long Range Planning*, 30 (1997), pp. 931 – 933.
23. Alfred Rappaport, *Creating Shareholder Value: The New Standard for Business Performance* (New York: Wiley, 1988).
24. http://help-us.nike.com/app/answers/detail/a_id/113/~/what-is-nike's-mission-statement%3F.
25. http://adidas-group.corporate-publications.com/2010/gb/en/group-management-report-our-group/corporate-mission-statement.html
26. http://www.teachforamerica.org/mission/mission_and_approach.htm.
27. Michael McCarthy, "NBA Lockout Not Good for the Shoes," *USA Today*, November 1, 2011, http://www.usatoday.com/sports/basketball/nba/story/2011-10-30/NBA-lockout-not-good-for-the-shoes/51007210/1.
28. Matt Townsend, "As Nike Scoffs, Toning Shoes Gain Traction," *Bloomberg Business Week*, June 7 – 13, 2010, pp. 22 – 24.
29. Eric Siemers, "Nike Takes New Marketing Tack," *Portland Business Journal*, September 12, 2010, http://www.bizjournals.com/portland/stories/2010/09/13/story9.html.
30. Nike 10-K report, July 20, 2010.
31. Russel Parsons, "Nike Beating Official Sponsor adidas in World Cup Stakes," *Marketing Week*, June 24, 2010, p. 7.
32. Eric Siemans, "New Balance TV Spots Target Nike," *Portland Business Journal*, March 7, 2011, http://www.bizjournals.com/port-land/blog/2011/03/new-balance-tv-spots-target-nike.html?page = 2.
33. Nike 10-K report, July 20, 2010.
34. http://www.hertz.com/rentacar/vehicleguide/index.jsp?targetPage = vehicleGuideHomeView.jsp&countryCode = US&-category = Car/Sedan.
35. https://images.hertz.com/pdfs/VMVWeb.pdf: http://www.adweek.com/aw/content_display/creative/new-campaigns/e3i21cea1586dd4edf5d50f9a17e7f18bf3.
36. Peter Johnston, "Share of the Mobile Pie," *Stores*, October 2011.
37. http://solutions.3m.com/wps/portal/3M/en_US/about-3M/information/about/us/
38. http://solutions.3m.com/en_US/: "3M Expands Manufacturing Facility for Solar Film." *Wireless News*, October 16, 2010; Michael Arndt, "3M's Seven Pillars of Innovation," *Business Week*, May 10, 2006, http://www.*businessweek*.com/innovate/content/may2006/id20060510_682823.htm.
39. Dana Mattioli, Kris Maher, "At 3M, Innovation Comes in Tweaks and Snips," *The Wall Street Journal*, March 2, 2010.
40. Chuck Salter, "The 9 Passions of 3M's Mauro Porcini," *Fast Company*, October 2011, pp. 128 – 34.
41. Mary Tripsas, "Seeing Customers as Partners in Invention," *The New York Times*, December 26, 2009.
42. Sandy Smith, "Category Killing, Korea Style," *Stores*, October 2011.
43. Rick Moss, "What Whole Foods Gained from Its LivingSocial Deal," *Forbes*, September 15, 2011, http://www.forbes.com/sites/retailwire/2011/09/15/what-whole-foods-gained-from-its-livingsocial-deal/.
44. Kevin Chung, Timothy Derdenger, and Kannan Srinivasan, "Economic Value of Celebrity Endorsement: Tiger Woods' Impact on Sales of Nike Golf Balls," working paper, Carnegie Mellon University, December 2, 2010. Available at http://www.andrew.cmu.edu/user/derdenge/TWExecutiveSummary.pdf.
45. Ibid., p. 1.
46. "More Driven: Goodyear 2010 Annual Report." Available at http://www.goodyear.com/investor/pdf/ar/2010ar.pdf.
47. This discussion is adapted from Roger A. Kerin, Steven W. Hartley, and William Rudelius, *Marketing*, 10th ed. (Burr Ridge, IL: McGraw-Hill/Irwin, 2011).
48. Farris et al., Marketing Metrics: *50+ Metrics Every Executive Should Master*, p. 17.
49. Relative market share = brand's market share 4 largest competi-tor's market share. If, for instance, there are only two products in a market, A and B, and product B has 90 percent market share, then A's relative market share is 10 ÷ 90 = 11.1 percent. If, on the other hand, B only has 50 percent market share, then A's relative market share is 10 ÷ 50 = 20 percent. Farris et al., *Marketing Metrics: 50+ Metrics Every Exec u tive Should Master*, p. 19.
50. "Starbucks Shared Plan: Goals and Progress 2010," http://www.starbucks.com/responsibility/learn-more/goals-and-progress: http://www.starbucks.com/responsibility/sourcing/coffee: "2010 World's Most Ethical Companies," *Ethisphere*, http://ethisphere.com/wme2010/.
51. http://www.ethoswater.com/; http://www.starbucks.com/respon-sibility/community/ethos-water-fund; http://www.starbucks.com/responsibility/sourcing/coffee.
52. http://www.starbucks.com/responsibility/wellness https://www.webmdhealth.com/starbucks/default.aspx?secure = 1.
53. Apple Inc., "Form 10-K 2011 Annual Report," http://files.shareholder.com/downloads/AAPL/1710549824x0x-512287/5a5d7b14-9542-4640-841d-e047ec28bb96/AAPL_10K_FY11_10.26.11.pdf
54. "Strategy Analytics: Apple Becomes World's Largest Smartphone Vendor in Q4 2011," *Business Wire* January 26, 2012, http://www.businesswire.com/news/home/20120126006752/en/Strategy-Analytics-Apple-Worlds-Largest-Smartphone-Vendor
55. Sherilynn Macale, "Apple has Sold 300M iPods, Currently Holds 78% of the Music Player Market," *The Next Web*, October 4, 2011, http://thenextweb.com/apple/2011/10/04/apple-has-sold-300m-ipods-currently-holds-78-of-the-music-player-

market/; Chris Smith, "iPad Tablet Market Share Down to 57 Percent," Techradar.com, February 16th 2012, http://www.techradar.com/news/mobile-computing/tablets/ipad-tablet-market-share-down-to-57-per-cent-1064010

56. Joe Wilcox, "iPad Market Share Plunged 20 Percent in Q4 2010," *BetaNews*, February 2011, http://betanews.com/2011/03/10/ipad-market-share-plunged-20-percent-in-q4-2010/; Mohit Agrawal, "Tablets OS Market Share," *Telecom Circle*, October 7, 2011, http://www.telecomcircle.com/2011/10/tablets-os-market-share/

57. Roger Kerin, Vijay Mahajan, and P. Rajan Varadarajan, *Contemporary Perspectives on Strategic Market Planning* (Boston: Allyn & Bacon, 1991), chapter 6; Susan Mudambi, "A Topology of Strategic Choice in Marketing," *International Journal of Market & Distribution Management* (1994), pp. 22 – 25.

58. http://www.gamestop.com/xbox-360/movies-tv/yoostar-on-mtv/91616.

59. http://www.mtv.com/shows/teen_mom/season_3/series.jhtml.

60. http://www.viacom.com/ourbrands/globalreach/Pages/default.aspx.

61. http://www.stayteen.org/: http://www.mtv.com/mobile/.

62. Thompson, A.A., Margaret A. Peteraf, John E. Gamble and A/J. Strickland. (2012) *Crafting and Executing Strategy*, 18 th edition, New York, NY: McGraw-Hill Irwin.

63. http://www.mtv.com/shows/made/series.jhtml: Tim Arango, "Make Room, Cynics; MTV Wants to Do Some Good," *The New York Times*, April 18, 2009; Robert Seidman, "MTV Continues to Diversify Slate with New Scripted Comedies "The Hard Times of RJ Berger" and "Warren the Ape"," tv-bythenumbers.com, January 15, 2010.

64. http://solutions.3m.com/wps/portal/3M/en_US/about-3M/information/about/businesses/.

65. http://www.netflix.com: "Netflix," http://en.wikipedia.org/wiki/Netflix#cite_note-QwisterBlogPost-19: Scott Stein, "Netflix on iPad, More to Follow?" *CNET Reviews*, April 1, 2010; Jessie Baker, "Netflix Introduces New Plans and Announces Price Changes," Netflix blog, July 12, 2011, http://blog.netflix.com/2011_07_01_archive.html: Brian Stelter, "Netflix Stock Falls After Change," *The New York Times*, September 15, 2011, http://mediadecoder.blogs.nytimes.com/2011/09/15/price-hike-sends-netflixs-stock-downward/: Reed Hastings, "An Explanation and Some Reflections," Netflix blog, September 18, 2011, http://blog.netflix.com/2011_09_01_archive.html: Elizabeth Harris, "Netflix to Break Business in Two," *The New York Times*, September 19, 2011, http://mediadecoder.blogs.nytimes.com/2011/09/19/netflix-c-e-o-apologizes-for-handling-of-price-increase/: Jenna Wortham and Brian Stelter, "Latest Move Gets Netflix More Wrath," *The New York Times*, September 19, 2011, http://mediadecoder.blogs.nytimes.com/2011/09/19/netflix-strategy-prompts-backlash/: Reed Hastings, "DVDs Will Be Staying at Netflix.com," Netflix blog, October 10, 2011, http://blog.netflix.com/2011_10_01_archive.html.

Chapter 3

1. Andrea Edwards, "Dell—a Top Five Social Media Brand—Looking for Fresh Ideas," SAJE... Communication, October 12, 2011, http://sajeideas.wordpress.com/2011/10/12/dell-a-top-five-social-media-brand−%E2%80%93-looking-for-fresh-ideas/.

2. Dell.com, "Introducing Dell's Social Media Command Center," http://content.dell.com/us/en/corp/d/videos~en/Documents~dell-social-media-command-center.aspx.aspx,.

3. Edwards, op. cit.

4. Dell.com, "Social Media," http://content.dell.com/us/en/corp/about-dell-social-media.aspx?c = us&l = en&s = corp&~ck = mn.

5. Ed Twittel, "How Dell Really Listens to Its Customers," *ReadWriteEnterprise*, July 22, 2011, http://www.readwriteweb.com/enterprise/2011/07/how-dell-really-listens-to-its.php.

6. Ibid.

7. HubSpot company website, http://www.hubspot.com/internet-marketing-company/; Canadian Mountain Holidays website, http://www.canadianmountainholidays.com/heli-skiing/trips; http://www.hubspot.com/customer-case-studies/bid/31288/Travel-and-Leisure-Industry-Sucess-Story-CMH-Heli-Skiing-Summer-Adventures.

8. Nikon, press release, August 22, 2007, http://press.nikonusa.com/post/2007/08/22/nikons-new-digital-learning-center-on-flickr-provides-a-first-of-its-kind-interactive-experience-that-assists-everyday-people-in-taking-better-photos/.

9. Chris Barry, Rob Markey, Eric Almquist and Chris Brahm (2011), "Putting Social Media to Work," Bain & Co.

10. Forever 21 Facebook Fan Page, http://www.facebook.com/#!/Forever21?ref = ts.

11. Ibid.

12. Andrew LaVallee, "Burger King Cancels Facebook Ad Campaign," *The Wall Street Journal*, January 15, 2009.

15. "LinkedIn Announces Fourth Quarter and 2011 Fiscal Year Financial Results," *LinkedIn*, February 9, 2012, http://press.linkedin.com/node/1104.

13. Ann-Christine Diaz, "Facebook 101: Is Your Brand Worth a Like?" *Ad Age Digital*, January 30, 2012.

14. Pam Dyer, "Facebook Advertising Case Study: Clorox Green Works," http://www.pamorama.net/2011/02/26/facebook-advertising-case-study-clorox-green-works/.

16. Guy Kawaski, "Ten Ways for Small Businesses to Use LinkedIn," *LinkedIn Blog*, April 12, 2010, http://blog.linkedin.com/2010/04/12/linkedin-small-business-tips/.

17. Catherine Smith, "Google 1 Adds Games: Angry Birds, Zynga Poker, and Bejeweled," Huffington Post, August 11, 2011.

21. Ibid.

22. M.P. Mueller, "Small Businesses That Understand Social Media," *The New York Times*, July 11, 2011, http://boss.blogs.nytimes.com/2011/07/11/small-businesses-that-understand-social-media/.

23. David H. Freedman, "Debating the Merits of Facebook and

Google 1," *The New York Times*, February 7, 2012, http://boss.blogs.nytimes.com/2012/02/07/debating-the-merits-of-facebook-and-google/.

24. Ross Blum, "Where Have All the Customers Gone?" p. 8.

18. "In The Know," YouTube, Fall 2009 http://www.gstatic.com/youtube/engagement/platform/autoplay/advertise/downloads/YouTube_InTheKnow.pdf.

19. The Home Depot Branded Channel, http://www.youtube.com/user/homedepot?blend = 2&ob = 4#p/a.

20. "Brand Channels," YouTube, http://www.gstatic.com/youtube/engagement/platform/autoplay/advertise/downloads/YouTube_*BrandChannels*.pdf.

25. Leah Shafer, "Re-Branding the Dynasty: Tori Spelling's HSN Clips on YouTube," March 25, 2010, http://mediacommons.futureofthe-book.org/imr/2010/03/24/re-branding-dynasty-tori-spellings-hsn-clips-youtube.

26. "Brands on Flickr," *Supercollider*, July 12, 2008. http://geoff-north-cott.com/blog/2008/07/brands-on-flickr/.

27. Leah Shafer, "Re-Branding the Dynasty: Tori Spelling's HSN Clips on YouTube," March 25, 2010, http://mediacommons.futureofthe-book.org/imr/2010/03/24/re-branding-dynasty-tori-spellings-hsn-clips-youtube.

28. "So How Many Blogs Are There Anyways?" *Hat Trick Associates*, February 1, 2012. http://www.hattrickassociates.com/tag/how-many-blogs-exist/

29. Mark W. Schaefer, "The 10 Best Corporate Blogs in the World," *BusinessGrow.com*, January 1, 2011, http://www.businesses-grow.com/2011/01/05/the-10-best-corporate-blogs-in-the-world/.

34. Ganesh Babu, "Justin Bieber's Social Media Fame [Infographic]," *AXLERATION*, http://www.axleration.com/justin-biebers-social-media-fame-infographic/.

35. Famecount, "Justin Bieber Facebook Statistics," www.famebook.com/facebook/justin-bieber.

36. Eric Goldstein, "Justin Bieber: A Social Media Case Study," *Social Media Today*, June 12, 2011, http://socialmediatoday.com/eric-goldstein/305692/justin-bieber-social-media-case-study.

37. Babu, op. cit. 37. Ibid. 38. Goldstein, op. cit.

40. Babu, op. cit.

41. Goldstein, op. cit.

42. Goldstein, op. cit.

30. Elizabeth Holmes, "Tweeting Without Fear," *The Wall Street Journal*, December 9, 2011.

31. Ibid.

32. Coca-Cola Retailing Research Council and the Integer Group, "Assessing the Social Networking Landscape," in *Untangling the Social Web: Insights for Users, Brands, and Retailers*, January 2012.

33. Brad Tuttle, "How Smartphones, Price-Check Apps, and Daily-Deals are Changing Black Friday – And the Entire Holiday Season," *Time Magazine Moneyland Blog*, November 25, 2011, http:// moneyland.time.com/2011/11/25/how-smartphones-price-check-apps-and-daily-deals-are-changing-black-friday-and-the-entire-holiday-shopping-season/

43. Tom Ryan, "Target Looks to Battle Pricing App, *Retail Wire*, January 24, 2012.

44. Marguerite Darlington, "The History and Future of Mobile's Role in Fashion," FashionablyMarketing.me, November 22, 2011.

45. Katie Van Domelin, "Social Media Monitoring Tools – How to Pick the Right One," July 7, 2010, http://www.convinceandconvert.com/social-media-monitoring/social-media-monitoring-tools-how-to-pick-the-right-one/.

46. "New Radian6 Features Help to Scale 'Social' Across the Enterprise," Radian6 website, November 12, 2011, http://www.radian6.com/wp-content/uploads/2010/12/NovemberRelease.pdf.

47. Radian6 website, http://www.radian6.com/ 2011.

48. Let's Get Ready website, http://www.letsgetready.org/About/MissionAndVision.

49. Laura S. Quinn and Kyle Andrei, "A Few Good Web Analytics Tools," May 19, 2011, http://www.techsoup.org/learningcenter/internet/page6760.cfm.

50. Christina Warren, "How to Measure Social Media ROI," Ocotber 27, 2009, http://mashable.com/2009/10/27/social-media-roi/.

51. Amy Porterfield, "3 Steps to an Effective Social Media Strategy," *Social Media Examiner*, March 1, 2012, http://www.socialmedi-aexaminer.com/3-steps-to-an-effective-social-media-strategy/.

52. Sarah Mahoney, "Macy's Gets Face(book) Lift, Expands 'Ecosystem'," *Marketing Daily*, February 29, 2012.

53. Andy Shaw, "How to Create a Facebook Ad Campaign," *Social Media Tips*, September 23, 2011, http://exploringsocialmedia.com/how-to-create-a-facebook-ad-campaign/:

54. Karen Kroll, "Localizing the Message," *Stores News*, September 2011.

55. "Should Social Media Listening Replace Your Asking Consumer Research?"April 6, 2012, http://socialmediatoday.com/neilglass-man/485074/should-social-media-listening-replace-your-asking-consumer-research-convo.

57. "What Is the Best Alternative to Klout?" http://www.quora.com/What-is-the-best-alternative-to-Klout.

58. Mark W. Schaefer, "Google and Bing Reveal that Social Influence Bumps Search Engine Results," December 2, 2010, http://www.businessesgrow.com/2010/12/02/google-and-bing-reveal-that-social-influence-bumpdrives-search-engine-results/.

59. Erin Griffith, "Getting Your Klout Out," *AdWeek*, May 17, 2011, http://www.adweek.com/news/advertising-branding/getting-your-klout-out-131629.

56. Dorie Clark, "How to Become a Thought Leader in Six Steps," *Harvard Business Review*, November 9, 2010, http://blogs.hbr.org/cs/2010/11/how_to_become_a_thought_leader.html.

60. Landman, "Are You a V.I.P.? Check Your Klout Score," *The New York Times*, November 18, 2011.

61. "Social Media Career Advice from Leading Marketers,"

http://www.onwardsearch.com/Social-Media-Career-Advice/: Griffith, op. cit.
62. James Tomerson, "Looking for Job Opportunities in Social Media?" http://www.jobdiagnosis.com/myblog/social-media-jobs.htm.
63. Shan Li, "Employers Are Liking—and Hiring—Social Media Workers," *Los Angeles Times*, September 28, 2011, http://articles.latimes.com/2011/sep/28/business/la-fi-social-media-jobs-20110929.
64. "The Klout Score," http://klout.com/understand/score.
65. Seth Stevenson, "What Your Klout Score Really Means," *Wired*, April 24, 2012, http://www.wired.com/epicenter/2012/04/ff_klout/.
66. Schaefer, op. cit.
67. Kashmir Hill, "Facebook Can Tell You if a Person Is Worth Hiring," *Forbes*, March 5, 2012, http://www.forbes.com/sites/kash-mirhill/2012/03/05/facebook-can-tell-you-if-a-person is worth-hiring/?partner = yahoo.
68. Barry Murphy, "The Next Governance Frontier: Social Media," *Forbes*, http://www.forbes.com/sites/barrymurphy/2012/02/28/the-next-governance-frontier-social-media/
69. Dell.com, "The History of Dell," http://content.dell.com/us/en/corp/our-story-company-timeline.aspx.
70. Sean McDonald, "Dell – A Leader in Social Media Innovation," Ant'sEyeView.com, February 7, 2011, http://www.antseyeview.com/blog/dell-still-the-leader-in-social-media-innovation/.
71. Dell.com, "History."
72. Dell.com, "History."
73. Chris Barry, Rob Markey, Eric Almquist, and Chris Brahm, "Putting Social Media to Work," Bain Brief, September 12, 2011, http://www.bain.com/publications/articles/putting-social-media-to-work.aspx.
74. Dell.com, "Shop for Home and Office," http://www.dell.com/us/p/
75. Dell.com, http://support.dell.com/support/index.aspx?c = us&l = en&s = dhs&~ck = mn.
76. Dell.com, "Welcome to Home User Support," http://en.community.dell.com/support-forums/default.aspx.
77. Dell,"Dell Support," http://www.facebook.com/dell?ref = ts#!/dell?sk = app_155719871129476.
78. Dell, "Dell Buzz Room," http://apps.facebook.com/dellbuzzroom/?cat = product_news.
79. Dell, "Dell Lounge," http://www.facebook.com/dell?ref = ts#!/DellUniversity.
80. Dell, "Social Shop," http://www.facebook.com/dell?ref = ts#!/dell?sk = app_131112203596270.
81. Dell, "Ask Rev," http://www.facebook.com/dell?ref = ts#!/dell?sk = app_236634689716925.
82. Dell, "Dell," https://twitter.com/#!/search/Dell.
83. Dell, "DellHomeUS," https://twitter.com/#!/DellHomeUS.
84. Dell, "DellEnterprise," https://twitter.com/#!/DellEnterprise.
85. Dell, DellCares," https://twitter.com/#!/DellCares.
86. Dell,"Direct2Dell," https://twitter.com/#!/Direct2Dell.
87. Dell, "Michael Dell," https://twitter.com/#!/MichaelDell.
88. Barry et al., op. cit.
89. Dell.com, "Direct2dell," http://en.community.dell.com/dell-blogs/direct2dell/b/direct2dell/default.aspx.
90. Dell.com, "DellShares," http://en.community.dell.com/dell-blogs/dell-shares/b/dell-shares/default.aspx.
91. Dell.com, "DellSoftwareNews," http://en.community.dell.com/dell-blogs/software/b/software/default.aspx.
92. Dell, http://www.linkedin.com/company/1093?goback = %2Efcs_MDYS_Dell_false_*2_*2_*2_*2_*2_*2_*2_*2_*2_*2_*2&trk = ncsrch_hits.
93. Dell, https://plus.google.com/117161668189080869053/posts#117161668189080869053/postsGoogle 1.
94. Chris Barry, Rob Markey, Eric Almquist, and Chris Brahm, "Putting Social Media to Work," Bain Brief, September 12, 2011, http://www.bain.com/publications/articles/putting-social-media-to-work.aspx.
95. Chris Barry, Rob Markey, Eric Almquist, and Chris Brahm, "Putting Social Media to Work," Bain Brief, September 12, 2011, http://www.bain.com/publications/articles/putting-social-media-to-work.aspx.
96. Ed Twittel, "How Dell Really Listens to Its Customers," *ReadWriteEnterprise*, July 22, 2011, http://www.readwriteweb.com/enterprise/2011/07/how-dell-really-listens-to-its.php.
97. Cory Edwards and Dell, "When It Comes to Social Media, How Big Are Your Company's Ears?" *Forbes,* December 6, 2011, http://www.forbes.com/sites/dell/2011/12/06/when-it-comes-to-social-media-how-big-are-your-companys-ears/.
98. Zocalo Group, "Forrester Groundswell Awards: The Dell Listening & Command Center," Empowered, http://groundswell-discussion.com/groundswell/awards2011/detail.php?id = 699.
99. Ginger Conlon, "Dell Takes Command of Social Media Listening," Think Customers: The 1to1 Blog, September 9, 2011, http://www.1to1media.com/weblog/2011/09/dell_takes_command_of_social_m.html.
100. Dell.com, "Global Social Media Policy," http://content.dell.com/us/en/corp/d/corp-comm/social-media-policy.aspx.
101. Sean McDonald, "Dell – A Leader in Social Media Innovation," Ant'sEyeView.com, February 7, 2011, http://www.antseyeview.com/blog/dell-still-the-leader-in-social-media-innovation/.
102. Zocalo Group, "Forrester Groundswell Awards: The Dell Listening & Command Center," Empowered, http://groundswell-discussion.com/groundswell/awards2011/detail.php?id = 699.
103. Chris Barry, Rob Markey, Eric Almquist, and Chris Brahm, "Putting Social Media to Work," Bain Brief, September 12, 2011, http://www.bain.com/publications/articles/putting-social-media-to-work.aspx.
104. Cory Edwards and Dell, "When It Comes to Social Media, How Big Are Your Company's Ears?" *Forbes,* December 6, 2011, http://www.forbes.com/sites/dell/2011/12/06/when-it-comes-to-social-media-how-big-are-your-companys-ears/.

105. Chris Barry, Rob Markey, Eric Almquist, and Chris Brahm, "Putting Social Media to Work," Bain Brief, September 12, 2011, http://www.bain.com/publications/articles/putting-social-media-to-work.aspx.

Chapter 4

1. http://www.thecoolhunter.net/architecture, November 3, 2011.
2. http://www.thecoolhunter.net/lifestyle, September 7, 2011.
3. http://www.trendhunter.com/join.
4. Michael Hines, "Smelly Billboards," http://www.trendhunter.com/trends/steak-scented-billboard.
5. Alex Scott, "Guerilla Socialvertising," http://www.trendhunter.com/trends/alex-seo-crisis-campaign.
6. Katherine Vong, "Guerilla Asphalt Garden," http://www.trend-hunter.com/trends/guerilla-asphalt-gardens.
7. Peter F. Drucker, *The Essential Drucker* (New York: Harper Collins, 2001).
8. Linda Doell, "In Razor vs. Razor, Neither Gillette Nor Schick Gains Edge With Ad Watchdog," March 17, 2011, http://www.dailyfinance.com/2011/03/17/in-razor-vs-razor-neither-gillette-nor-schick-gains-edge-with/.
9. http:// www.nau.com; Chris Dannen, "Wanted: The Light, Recycled Trench," *Fast Company*, November 19, 2010, http://www.fastcompany.com/1703910/wanted-the-light-recycled-trench; Polly Labarre, "Leap of Faith," *Fast Company*, June 2007.
10. http://www.coolhunting.com/style/waterproof-parka-shells.php.
11. Del I. Hawkins, David L. Mothersbaugh, *Consumer Behavior: Building Marketing Strategy*, 11 e, Burr Ridge, IL: McGraw-Hill/Irwin, 2009.; Cateora, Philip and John Graham, International Marketing, 13e, Burr Ridge, IL: McGraw-Hill/Irwin, 2006.
12. http://popvssoda.com/.
13. www.drpepper.com.
14. "Corporate Responsibility," http://info.cvscaremark.com/our– company/corporate-responsibility.
15. Geoffrey E. Meredith, Charles D. Schewe, and Janice Karlovich, *Defining Markets, Defining Moments: America's 7 Generational Cohorts, Their Shared Experiences*, and Why Businesses Should Care. New York: Wiley, 2002.
16. "Consumers of Tomorrow: Insights and Observations about Generation Z," Grail Research, June 2010.
17. Suzy Menkes, "Marketing to the Millennials," *The New York Times*, March 2, 2010; Pamela Paul, "Getting Inside Gen Y," *American Demographics* 23, no. 9; Sharon Jayson, "A Detailed Look at the Millenials," *USA Today*, February 23, 2010.
18. Brenda Wells, "Truly Understanding Millenials," September 2011, http://www.irmi.com/expert/articles/2011/wells09-insurance-industry-risk-management-insurance-education.aspx.
19. Julia B. Issacs, *Economic Mobility of Families Across Generations*, http://www.economicmobility.org/assets/pdfs/EMP_ES_Across_Generations.pdf.
20. "Baby Boomers, Gen X and Gen Y (Consumer Patterns, Behaviors, Lifestyles and Demographics): How Generations Are Changing the Face of Consumer Goods Market," March 10, 2009, http://www.smartbrief.com/news/aaaa/industryBW-detail.jsp?id = 98D8B421-C1B2-4ADF-BB75-5041373C3BB1.
21. Brian Braiker, "The Next Great American Consumer," *Adweek*, September 26, 2011, http://www.adweek.com/news/advertising-branding/next-great-american-consumer-135207?page = 1.
22. Dan Hardy, "To Balance Budgets, Schools Allow Ads," October 16, 2011, http://articles.philly.com/2011-10-16/news/30286428_1_pennsbury-ads-middle-and-high-school; Tonyaa Wethersby, "Ad on School Busses a Tacky Idea," October 5, 2011, http://jackson-ville.com/opinion/columnists/2011-10-06/story/ads-school-buses-tacky-idea.
23. "That Facebook Friend Might be 10 Years Old, and Other Troubling News," *Consumer Reports*, June 2011, http://www.consumerreports.org/cro/magazine-archive/2011/june/electronics-comput-ers/state-of-the-net/facebook-concerns/index.htm; Matt Richtel and Miguel Helft, "Facebook Users Who Are Underage Raise Concerns," *The New York Times*, March 12, 2011, http://www.nytimes.com/2011/03/12/technology/internet/12underage.html?_r = 1&ref = magazine.
24. Emily Bazelon, "Why Facebook Is After Your Kids," *The New York Times*, October 12, 2011, http://www.nytimes.com/2011/10/16/magazine/why-facebook-is-after-your-kids.html?_r = 3.
25. Yale Rudd Center for Food Policy and Obesity, "Sugary Drink Facts," report, October 2011.
26. Ibid.
27. Meredith et al., *Defining Markets*, Defining Moments.
28. Robert Brown and Ruth Washton, "Healthy 50 1 Americans: Trends and Opportunities in the Emerging Wellness Market," April 1911, Rockville, MD: Packaged Facts
29. Rieva Lesonsky, "Small Retailers: Don't Ignore Senior Consumers," *Retail Trends*, October 26, 2011.
30. U.S. Census Bureau, "Income, Poverty, and Health Insurance Coverage in the United States, 2010," http://www.census.gov/newsroom/releases/archives/income_wealth/cb11-157.html.
31. Dave Gilson and Carolyn Perot, "It's the Inequality, Stupid," *Mother Jones* (March/April 2011), http://motherjones.com/politics/2011/02/income-inequality-in-america-chart-graph; OECD, "Growing Unequal? Income Distribution and Poverty in OECD Countries," 2008, http://www.oecd.org/dataoecd/47/2/41528678.pdf.
32. http://www.Hammacher.com.
33. http://www.census.gov/population/www/socdemo/education/cps2009.html; http://www.infoplease.com/ipa/A0883617.html.
34. Bureau of Labor Statistics, "Education Pays," May 4, 2011,

http://www.bls.gov/emp/ep_chart_001.htm/.

35. http://inside.nike.com/blogs/nikerunning_events-en_US/?tags = nike_womens_marathon_2010.

36. Tom Pirovano, "U.S. Demographics Are Changing... Are Your Marketing Plans Ready?" *NielsenWire*, March 10, 2010, http://blog.nielsen.com/nielsenwire/consumer/u-s-demo-graphics-are-changing-are-your-marketing-plans-ready; "Cents and Sensibility: Why Marketing to Multicultural Consumers Requires a Subtle Touch," *Knowledge@Wharton*, March 10, 2010 http://www.wharton.universia.net/index.cfm?fa = view-Article&id = 1855&language = english; "Ethnic Consumers Hold $282 Billion in Purchasing Power," February 24, 2009, http://news.newamerica-media.org/news/view_article.htm-l?article_id = d4fb122372537fa407312301f85e5446.

37. Jeffrey S. Passel and D'Vera Cohn, "U.S. Population Projections: 2005 – 2050," Pew Research Center, http://pewhispanic.org/files/reports/85.pdf.

38. Joel Kotkin, "The Changing Demographics of America," *Smithsonian Magazine* (August 2010), http://www.smithso-nian-mag.com/specialsections/40th-anniversary/The-Chang-ing-Demographics-of-America.html?c = y&page = 2.

39. Julie Jargon, "Pizza Chain Seeks Slice of Bicultural Pie," WSJ.com, December 30, 2010.

40. Richard Westlund, "Finding the Gold in Hispanic Marketing," *Adweek*, July 27, 2010, http://www.adweek.com/sa-article/find-ing-gold-hispanic-marketing-130612.

41. Todd Wasserman, "Report: Shifting African American Population," *Adweek*, January 12, 2010, http://www.adweek.com/news/adver-tising-branding/report-shifting-african-ameri-can-popula-tion-114439; U.S. Census Bureau, "Annual Social and Economic Supplement to the Current Population Survey," http://www.census.gov/population/www/socdemo/race/black.html.

42. Nielsen, "The State of the African-American Consumer," September 2011, p. 5.

43. Leah Ingram, "Suddenly Frugal," http://www.suddenlyfrugal.com/; Brad Tuttle, "Cash Crunch: Why Extreme Thriftiness Stunts Are the Rage," *Time*, April 5, 2010, http://www.time.com/time/magazine/article/0,9171,1975323-2,00.html.

44. Stephanie Clifford and Andrew Martin, "In Time of Scrimping, Fun Stuff Is Still Selling," *The New York Times*, September 23, 2011, http://www.nytimes.com/2011/09/24/business/consumers-cut-back-on-staples-but-splurge-on-indulgences.html?_r = 1&ref = consumerbehavior. Brad Tuttle. "Smart Spending: Consumer Phrase of the Day: 'Lipstick Effect'," Time, April 19, 2011,: http://moneyland.time.com/2011/04/19/consumer-phrase-of-the-day-lipstick-ef-fect/#ixzz1fIspJeob
http://moneyland.time.com/2011/04/19/consumer-phrase-of-the-day-lipstick-effect/

45. Seth Fiegerman, "Deal Burnout: Too Many Discounts?" *The Street*, August 8, 2011.

46. Centers for Disease Control and Prevention, "National Diabetes Fact Sheet, 2011," http://www.cdc.gov/diabetes/pubs/pdf/ndfs_2011.pdf.

47. "Guidelines for Marketing Food to Kids Proposed," CSPI Press Release, January 5, 2005.

48. Yoga Buzz, "Yoga Biz Thrives Despite Economy," October 24, 2011, http://blogs.yogajournal.com/yogabuzz/page/2.

49. Catherine Clifford, "Yoga: The Booming Business of Zen," CNNMoney, October 18, 2011, http://money.cnn.com/2011/10/18/smallbusiness/yoga_pilates/.

50. This definition of green marketing draws on work by Jacquelyn A. Ottman, *Green Marketing: Oppor tunity for Innovation* (Chicago: NTC Publishing, 1997).

51. http://www.sunchips.com/healthier_planet.shtml.

52. Matt Liebowitz, "2011 Set to Be Worst Year Ever for Security Breaches," *Security News Daily*, June 9, 2011, http://www.se-curi-tynewsdaily.com/2011-worst-year-ever-security-breach-es-0857/.

53. http://www.ftc.gov/opa/2008/04/dncfyi.shtm; http://www.ftc.gov/os/2010/12/101206dncdatabook.pdf.

54. Bureau of Labor Statistics, "American Time Use Survey Summary," http://www.bls.gov/news.release/atus.nr0.htm; Martin Peers, "Buddy, Can You Spare Some Time?" *The Wall Street Journal*, January 26, 2004, pp. B1, B3; additional statistics from Harris Interactive.

55. http://www.bravotv.com/top-chef/season-9/top-chef-healthy-showdown/healthy-marriage; https://secure.shopbybravo.com/kitchen-utensils-gadgets/index.php?v = bravo_shows_top-chef_kitchen-utensils-and-gadgets&icid = herobanner4_TC-tools_110811

56. http://www.safeway.com/ShopStores/Signature-Cafe.page; http://phx.corporate-ir.net/External.File?item = UGFyZW-50SUQ9OTQ1Mjl8Q2hpbGRJRD0tMXxUeXBlPTM = &t = 1; "Safeway CEO Steve Burd Says Fresh, Prepared Food Sales at $100 Million Annually," February 25, 2010, http://fresh-neasybuzz.blogspot.com/2010/02/safeway-ceo-burd-says-fresh-prepared.html.

57. Doug Sovern, "Walgreens Opens First 'Fresh Food Oasis' in Underserved San Francisco Neighborhood," July 8, 2011, http://sanfrancisco.cbslocal.com/2011/07/08/walgreens-opens-first-fresh-food-oasis-in-underserved-san-francisco-neighborhood/; http://news.walgreens.com/article_display.cfm?article_id = 5451.

58. http://news.walgreens.com/article_display.cfm?article_id = 5515.

59. "What Is Foursquare?" https://foursquare.com/about. Membership data as of April 2011.

60. Mark Didas, "Market Your Regional Product or Service with Foursquare," http://www.wavespawn.com/market-region-al-product-service-foursquare.

61. "About Foursquare," https://foursquare.com/about/; "Facebook Introduces Check-in Feature," CNN.com, August 18, 2010.

62. Marianne Wilson, "Growing Power of Mobile," *Chain Store Age*, December 2010; Deena M.Amato-McCoy, "Focus on: The Mobile Channel," Chain Store Age, March 2011.

63. William L. Watts and Lisa Twaronite, "Dollar Sags as Bernanke Cites Growth Risks," *MarketWatch*, July 15, 2008.
64. Catherine Rampell, "The Euro Zone Crisis and the U.S.: A Primer," *The New York Times*, November 14, 2011, http://economix.blogs.nytimes.com/2011/11/14/the-euro-zone-crisis-and-the-u-s-a-primer/.
65. Brendan Greeley, "Providing Internet Access to the Poor," *Bloomberg Businessweek*, November 17, 2011, http://www.busi-nessweek.com/magazine/providing-internet-access-to-the-poor-11172011.html?chan = magazine 1 technology 1 channel_news 1 – 1 politics 1 %26amp%3b 1 policy.
66. Ashley Lutz, "Lululemon Envy Has Retailers From Gap to Nordstrom Chasing Yoga Devotees," *Bloomberg*, September 9, 2011; Ian Austin, "Lululemon Athletica Combines Ayn Rand and Yoga," *The New York Times*, November 27, 2011, http://www.nytimes.com/2011/11/28/business/media/combines-ayn-rand-and-yoga.html.
67. http://www.seventhgeneration.com.
68. "Seventh Gen, Whole Foods Top Green Brands Ranking," *Environmental Leader*, June 10, 2011, http://www.environmental-leader.com/2011/06/10/seventh-gen-whole-foods-top-green-brands-ranking/?graph = full&id = 1.
69. "The Best Cleaning Products," *Real Simple*, http://www.realsim-ple.com/magazine-more/inside-website/daily-finds/best-cleaning-products-00000000033167/page2.html
70. Andrew Adam Newman, "Seventh Generation Highlights Its Chemical-Free Detergent," *The New York Times*, December 29, 2010, http://www.nytimes.com/2010/12/30/business/media/30adco.html; "Seventh Generation Promotes Eco-Friendly Detergents Through Multichannel Marketing Initiative," December 30, 2010, http://www.ricg.com/marketing_articles/digital_mar-keting/seventh_generation_promotes_eco_friendly_detergents_through_multichannel_marketing_initiative/.
71. Dan D'Ambrosio, "Seventh Generation Looks to Buck Trend in Concentrated Laundry Detergent Market," *Burlington Free Press*, October 13, 2011, http://www.burlingtonfreepress.com/article/20111013/BUSINESS08/111012021/Seventh-Generation-looks-buck-trend-concentrated-laundry-detergent-market.

Chapter 5

1. Natasha Singer, "On Campus, It's One Big Commercial," *The New York Times*, September 10, 2011.
2. Paul Vlasic, "Via Zipcar, Ford Seeks Young Fans," *The New York Times*, August 31, 2011.
3. James R. Healey, "Ford and Zipcar Court College Kids with High-Tech Focus," *USA Today*, August 31, 2011.
4. J. Jeffrey Inman, Russell S. Winer, and Rosella Ferraro, "The Interplay Among Category Characteristics, Customer Characteristics, and Customer Activities on In-Store Decision Making," *Journal of Marketing* 73, no. 5 (September 2009), pp. 19 – 29.
5. For example, when trying on a dress, Katie might be influenced by the way that same dress looks on a salesperson in the store. See Darren W. Dahl, Jennifer J. Argo, and Andrea C. Morales. "Social Information in the Retail Environment: The Importance of Consumption Alignment, Referent Identity, and Self-Esteem." *Journal of Consumer Research*, (February 2012), in press.
6. Martin R Lautman and Koen Pauwels, "Metrics That Matter: Identifying the Importance of Consumer Wants and Needs," *Journal of Advertising Research*, 49, no. 3 (2009), 339 – 359.
7. Liz C. Wang, Julie Baker, Judy A. Wagner, and Kirk Wakefield, "Can a Retail Web Site Be Social?" *Journal of Marketing* 71, no. 3 (2007), pp. 143 – 57; Barry Babin, William Darden, and Mitch Griffin, "Work and/or Fun: Measuring Hedonic and Utilitarian Shopping Value," *Journal of Consumer Research* 20 (March 1994), pp. 644 – 56.
8. Jing Xu and Norbert Schwarz, "Do We Really Need a Reason to Indulge?" *Journal of Marketing Research* 46, no. 1 (February 2009), pp. 25 – 36.
9. "Christian Louboutin Styles for the Uptown Girl," http://www.newshoefashion.com/; "Celebrities Who Love Christian Louboutin Shoes," http://fashion.telegraph.co.uk/galleries/TMG8437766/1/Celebrities-who-love-Christian-Louboutin-shoes.html; Cindy Clark, "Christian Louboutin's Red-Soled Shoes Are Red-Hot," *USA Today*, http://www.usatoday.com/life/lifestyle/fashion/2007-12-25-louboutin-shoes_N.htm.
10. Peng Huang, Nicholas H. Lurie, and Sabyasachi Mitra, "Searching for Experience on the Web: An Empirical Examination of Consumer Behavior for Search and Experience Goods," *Journal of Marketing* 73, no. 2 (March 2009), pp. 55 – 69.
11. Ruth La Ferla, "The Campus as Runway," *The New York Times*, October 12, 2011.
12. http://www.signature9.com/fashion/the-20-million-dollar-fashion-blog-refinery29-projects-400-revenue-growth.
13. http://www.collegefashion.net.
14. "Quiz: Which Celebrity Is Your Style Icon?" http://www.collegefashion.net/inspiration/quiz-which-celebrity-is-your-style-icon/.
15. Ibid.
16. http://www.signature9.com/fashion/the-20-million-dollar-fashion-blog-refinery29-projects-400-revenue-growth.
17. Debabrata Talukdar, "Cost of Being Poor: Retail Price and Consumer Price Search Differences Across Inner-City and Suburban Neighborhoods," *Journal of Consumer Research* 35, no. 3 (October 2008), pp. 457 – 71.
18. Benjamin Scheibehenne, Rainer Greifeneder, and Peter M. Todd. "Can There Ever Be Too Many Options? A Meta-Analytic Review of Choice Overload," *Journal of Consumer Research* 37, no. 3 (October 2010), pp. 409 – 45.
19. The term *determinance* was first coined by James Myers and Mark Alpert nearly three decades ago; http://www.sawtooth-soft-ware.com/productforms/ssolutions/ss12.shtml.
20, no. 3 (October 2010) pp. 357-67. 37. http://www.sawtooth-

software.com/productforms/ssolutions/ss12.shtml.

21. Julie R. Irwin and Rebecca Walker Naylor, "Ethical Decisions and Response Mode Compatibility: Weighting of Ethical Attributes in Consideration Sets Formed by Excluding Versus Including Product Alternatives," *Journal of Marketing Research* 46, no. 2 (April 2009), pp. 234 – 46; Richard Lutz, "Changing Brand Attitudes through Modification of Cognitive Structure," *Journal of Consumer Research* 1, no. 1 (1975), pp. 125 – 36.
22. Caroline Goukens, Siegfried Dewitte, and Luk Warlop, "Me, Myself, and My Choices: The Influence of Private Self-Awareness on Choice," *Journal of Marketing Research* 46, no. 5 (October 2009), pp. 682 – 92.
23. Ruby Roy Dholakia and Miao Zhao, "Retail Web Site Interactivity: How Does It Influence Customer Satisfaction and Behavioral Intentions? International Journal of *Retail & Distribution Management*, 37, 2009, pp. 821 – 838
24. Brooks Barnes, "A Bid to Get Film Lovers Not to Rent," *The New York Times*, November 11, 2011, http://www.nytimes.com/2011/11/12/business/media/with-flixster-studios-bet-consumers-will-buy-movies-again.html?_r = 2&adxnnl = 1&ref = consumerbehavior&adxnnlx = 1323184510-oduUD-sCsTCg7Ms1WI7HZTg.
25. Emili Vesilind, "MAC Cosmetics launches technology that lets you e-shop with your friends," *LATimes.com*, April 27, 2011; Tyna Werner, "MAC Shop Together – shopping buddies around the world unite!," *weheartthis.com*, May 4, 2011; "Shoping With Friends: The Ultimate Shopping Experience, http://www.janrain.com/blogs/shopping-friends-ultimate-shopping-experience; http://www.decisionstep.com/solutions/social-shopping/shoptogether-friends/; maccosmetics.com; http://www.sesh.com/; http://www.wetseal.com/content.jsp?pageName = ShopWithFriends; "New Shopping App Lets Facebook Friends Help You Decide," The Real-time Report, November 15, 2011, http://therealtimereport.com/2011/11/15/new-shopping-app-lets-facebook-friends-help-you-decide/.
26. Claire Cain Miller, "Closing The Deal At The Virtual Checkout Counter," *New York Times*, October 12, 2009.
27. "Beware of Dissatisfied Consumers: They Like to Blab," *Knowledge@Wharton*, March, 8, 2006, based on the "Retail Customer Dissatisfaction Study 2006" conducted by the Jay H. Baker Retailing Initiative at Wharton and The Verde Group.
28. Goutam Challagalla, R. Venkatesh, and Ajay K. Kohli, "Proactive Postsales Service: When and Why Does It Pay Off?" *Journal of Marketing* 73, no. 2 (March 2009), pp. 70 – 87.
29. Randall Stross, "Consumer Complaints Made Easy. Maybe Too Easy," *The New York Times*, May 28, 2011, http://www.nytimes.com/2011/05/29/technology/29digi.html.
30. For a more extensive discussion on these factors, see Banwari Mittal, Consumer Behavior (Cincinnati, OH: Open Mentis, 2008); Peter and Olson, *Consumer Behavior and Marketing*.
31. A. H. Maslow, Motivation and Personality (New York: Harper & Row, 1970).
32. Kelly D. Martin and Ronald Paul Hill. "Life Satisfaction, Self-Determination, and Consumption Adequacy at the Bottom-of-the-Pyramid," *Journal of Consumer Research*, April 2012, in press; Hazel Rose Markus and Barry Schwartz, "Does Choice Mean Freedom and Well-Being?" *Journal of Consumer Research* 37, no. 2 (August 2010), pp. 344 – 55.
33. Stacy Wood, "The Comfort Food Fallacy: Avoiding Old Favorites in Times of Change," *Journal of Consumer Research* 36, no. 6 (April 2010), pp. 950 – 63; Stacey Finkelstein and Ayelet Fishbach, "When Healthy Food Makes You Hungry," *Journal of Consumer Research* 37, no. 3 (October 2010), pp. 357 – 67.
34. Lee, Amir, and Ariely, "In Search of Homo Economicus"; Anish Nagpal and Parthasarathy Krishnamurthy, "Attribute Conflict in Consumer Decision Making: The Role of Task Compatibility," *Journal of Consumer Research* 34, no. 5 (February 2008), pp. 696 – 705.
35. http://www.bostonbackbay.com/.
36. For more discussion on these factors, see: Mittal, Consumer Behavior; Peter and Olson, *Consumer Behavior and Marketing Strategy*; Michael Levy and Barton A. Weitz, *Retailing Management*, 7th ed. (Burr Ridge IL: Irwin/McGraw-Hill, 2009), chapter 4.
37. Juliano Laran, "Goal Management in Sequential Choices: Consumer Choices for Others Are More Indulgent than Personal Choices," *Journal of Consumer Research* 37, no. 2 (August 2010), pp. 304 – 14.
38. "Retailers Must Understand Modern Family Buying Decisions," http://www.articlesnatch.com/Article/Retailers-Must-Understand-Modern-Family-Buying-Decisions/2437285; http://www.entre-preneur.com/startingabusiness/businessideas/startupkits/article190444.html.
39. "The Power of the Grandparent Economy," http://www.grandpar-ents.com/gp/content/newsoftheday/news/article/the-power-of-the-grandparent-economy.html.
40. Todd Hale, "Mining the U.S. Generation Gaps," *Nielsen Wire*, March 4, 2010, http://blog.nielsen.com/nielsenwire/consumer/mining-the-u-s-generation-gaps/
41. Morgan K. Ward and Susan Bronziarczyk, "It's Not Me, It's You: How Gift Giving Creates Giver Identity Threat as a Function of Social Closeness," *Journal of Consumer Research* 38, no. 1 (June 2011), pp. 164 – 81.
42. Dahl et al., "Social Information in the Retail Environment," op. cit.
43. For a greater discussion on these factors, see Mittal, *Consumer Behavior*; Peter and Olson, *Consumer Behavior and Marketing Strategy*.
44. The concept of atmospherics was introduced by Philip Kotler, "Atmosphere as a Marketing Tool," *Journal of Retailing*, 49 (Winter 1973), pp. 48 – 64.
45. Sylvie Morin, Laurette Dubé and Jean-Charles Chebat, "The Role of Pleasant Music in Servicescapes: A Test of the Dual Model of Environmental Perception," *Journal of Retailing*, 83, no. 1 (2007), pp. 115 – 130.
46. www.wegmans.com; http://wholefoodsmarket.com/stores/cooking-classes/; Tracy Turner, "New Hangout Supermarket,"

Columbus Dispatch, March 20, 2011.

47. Alexander Chernev and Ryan Hamilton, "Assortment Size and Option Attractiveness in Consumer Choice Among Retailers," *Journal of Marketing Research* 46, no. 3 (June 2009), pp. 410 – 20; Marc-Andre Kamel, Nick Greenspan, and Rudolf Pritzl, "Standardization Is Efficient but Localization Helps Shops to Stand Out," *The Wall Street Journal*, January 21, 2009.
48. Jeffrey Trachtenberg, "Publishers Bundle E-Books to Boost Sales, Promote Authors," *The Wall Street Journal*, February 11, 2011.
49. Pierre Chandon, J. Wesley Hutchinson, Eric T. Bradlow, and Scott H. Young, "Does In-Store Marketing Work? Effects of the Number and Position of Shelf Facings on Brand Attention and Evaluation at the Point of Purchase," *Journal of Marketing* 73, no. 6 (November 2009), pp. 1 – 17.
50. Dan King and Chris Janiszewski, "Affect-Gating," *Journal of Consumer Research* 38, no. 4 (December 2011), pp. 697 – 711.
51. Mittal, Consum er Behavior; Peter and Olson, *Consumer Behavior and Marketing* Strategy.
52. Christine Birkner, "Thinking Outside of the Box," *Marketing News*, March 30, 2011.
53. Karen M. Stilley, J. Jeffrey Inman, and Kirk L. Wakefield, "Planning to Make Unplanned Purchases? The Role of In "Store Slack in Budget Deviation," *Journal of Consumer Research*, DOI: 10.1086/651567.
54. This case was written by Kate Woodworth in conjunction with Dhruv Grewal and Michael Levy as the basis of class discussion rather than to illustrate either effective or ineffective marketing practices.
55. Lydia Saad, "To Lose Weight, Americans Rely More on Dieting than Exercise," Gallup, November 28, 2011, http://www.gallup.com/poll/150986/lose-weight-americans-rely-dieting-exercise.aspx; Vauhini Vara, "New Gadgets Aim to Help Users Watch Their Weight," *The Wall Street Journal*, May 12, 2005.
56. "U.S. Weight Loss Market Worth $60.9 Billion," May 9, 2011, http://www.prweb.com/releases/2011/5/prweb8393658.htm.
57. All About: Weight Loss and Diet Plans, http://www.aa-lose-weight-loss-diet-plans.com/diet-comparison/weight-watchers-jenny-craig.html.
58. http://www.weightwatchers.com/util/art/index_art.aspx?tabnum = 1&art_id = 105421&sc = 3002.
59. Chris Moran, "Jenny Craig Beats Out Weight Watchers For Top Spot in Consumer Reports Health Ratings," May 10, 2011, http://consumerist.com/2011/05/jenny-craig-beats-out-weight-watch-ers-for-top-spot-in-consumer-reports-health-ratings.html; http://jennycraig.com/programs/.
60. Jennifer Fermino, "Jenny Craig Is Top Heavy Hitter," *New York Post*, May 10, 2011,http://www.nypost.com/p/news/national/craig_is_top_heavy_hitter_Le5SprctcoGIp93YLL55XJ.
61. http://www.slim-fast.com/plan/.
62. Maura Shenker, "Men's Slim-Fast Diet Health," Livestrong.com, July 20, 2011, http://www.livestrong.com/article/497109-mens-slim-fast-diet-health/.
63. Dave McGinn, "The Changing Face of Male Wight Loss," *The Globe and Mail*, December 23, 2010, http://www.theglobeandmail.com/life/health/the-changing-face-of-male-weight-loss/article1446724/; Jennifer LaRue Huget, "Weight Watchers and Jenny Craig Offer Programs for Men Who Want to Shed Pounds," *The Washington Post*, March 25, 2010; All About, op. cit.; Moran, op. cit.; Fermino, op. cit.
64. http://www.bestdietforme.com/top60dietreviews/SlimFast.htm.

Chapter 6

1. Leslie Kaufman, "Stone Washed Blue Jeans (Minus the Wash), *The New York Times*, November 1, 2011, http://www.nytimes.com/2011/11/02/science/earth/levi-strauss-tries-to-minimize– water-use.html?pagewanted = all.
2. Ibid.
3. Ibid.
4. "Cotton/Raw Materials," http://www.levistrauss.com/sustainability/product/cottonraw-materials.
5. "Worker Rights," http://www.levistrauss.com/sustainability/people/worker-rights.
6. Christina Binkley, "How Green Are Your Jeans?" *The Wall Street Journal, Classroom Edition*, October 2010, http://wsj-classroom.com/cre/articles/10oct_cs_envi_greenjeans.htm.
7. Arun Sharma, R. Krishnan, and Dhruv Grewal, "Value Creation in Markets: A Critical Area of Focus for Business-to-Business Markets," *Industrial Marketing Management*, 30, no. 4 (2001), pp. 391 – 402.
8. http://www.intel.com/content/www/us/en/homepage.html#.
9. http://www.usa.siemens.com/en/about_us/us_business_groups.htm.
10. http://www.volkswagenag.com/vwag/vwcorp/content/en/brands_and_companies/automotive_and_financial.html; Martin Hofmann, Emily-Sue Sloane, and Elena Malykhina, "VW Revs Its B2B Engine," *Optimize*, March 2004, pp. 22 – 26.
11. http://www.vwgroupsupply.com/b2bpub/zusammenarbeit/kbp/daten_fakten.html.
12. Jayne O'Donnell, "Behind the Bargains at T.J. Maxx, Marshalls," *USA Today*, October 26, 2011.
13. "The Truth about TJ Maxx," http://www.thebudgetbabe.com/archives/916-The-Truth-about-TJ-Maxx.html.
14. Lydia Dishman, "Is TJ Maxx Poised to Scoop Loehmann's Slice of Designer Pie?" CBS Money Watch, February 2, 2010, http://www.cbsnews.com/8301-505123_162-42440123/is-tj-maxx-poised-to-scoop-loehmanns-slice-of-designer-pie/.
15. "T.J. Maxx: The Right Clothes for the Right Price," http://www.thefashionablehousewife.com/08/2009/tj-maxx-the-right-clothes-for-the-right-price/.
16. The Truth about T.J. Maxx," http://www.thebudgetbabe.com/archives/916-The-Truth-about-TJ-Maxx.html.

17. Stephanie Reitz, "Many US Schools Adding iPads, Trimming Textbooks," Yahoo Finance, September 3, 2011, http://finance.yahoo.com/news/Many-US-schools-adding-iPads-apf-1245885050.html.
18. "Do iPads in Schools Change Behavior?" February 22, 2011, http://www.ipadinschools.com/271/do-ipads-in-school-change-behavior/
19. Nick Wingfield, "Once Wary, Apple Warms Up to Business Market," *The New York Times*, N o vember 15, 2011, http://www.nytimes.com/2011/11/16/technology/businesses-too-have-eyes-for-ipads-and-iphones.html?scp = 2&sq = business%20to%20business%20marketing%20&st = cse.
20. Rachel King, "Apple Woos Businesses Despite Security Worries," *Bloomberg Businessweek*, July 7, 2010, http://www.msnbc.msn.com/id/38128833/ns/business-us_business/t/apple-woos− businesses-despite-security-worries/.
21. Ibid.; Reitz, op. cit., "Do iPads in Schools Change Behavior," op. cit.; Wingfield, op.cit.
22. Dawn Kawamoto, "iPad 2 Launch Adds Muscle to Apple's Invasion of Corporate America," *Daily Fiance*, March 10, 2011, http://www.dailyfinance.com/2011/03/10/ipad-2-launch-adds-muscle-to-apples-invasion-of-corporate-ameri/; Leander Kahney, "iPad May Replace Computers and Textbooks in Schools, Experts Predict," Cult of Mac, http://www.cultofmac.com/70112/ipad-may-replace-computers-and-textbooks-in-schools-expert-predicts− appli-in-education/.
23. "Budget of the United States Government: Fiscal Year 2012," Executive Office of the United States: Office of Management and Budget.
24. "Budget of the United States Government: Fiscal Year 2012."
25. http://www.hoovers.com/company/Policy_Studies_Inc/rrjy-jxi-1.html.
26. "The Social Media RFP: How to Get the Best Results," January 18, 2010, http://hashtagsocialmedia.com/blog/tag/request-for− proposal.
27. David Whitford, "Hired Guns on the Cheap," *Fortune Small Business*, January 3, 2008.
28. http://www.marketingpower.com/live/mg-dictionary-view435.php. These definitions are provided by www.marketingpower.com (the American Marketing Association's website). We have bolded key terms.
29. Sean Silverthorne, "Business Ethics: Pay the Bribe?" CBS Money Watch, http://www.cbsnews.com/8301-505125_162-31540217/business-ethics-pay-the-bribe/.
30. Stephen H. Unger, "Ethical Aspects of Bribing People in Other Countries," http://www1.cs.columbia.edu/~unger/articles/bribery6-98.html.
31. Transparency International, "Bribe Payers Index 2011," http://bpi.transparency.org/; "International Back Scratc h ing," *The Economist*, November 2, 2011, http://www.economist.com/blogs/dailychart/2011/11/bribe-payers-index.
32. Ernst and Young, "European Fraud Survey 2011: Recovery, regula-tion and inte g rity,"http://www.ey.com/GL/en/Services/Assurance/Fraud-Investigation−−−Dispute-Services/European-fraud-survey-2011−−recovery−−regulation-and-integrity.
33. http://www.goer.state.ny.us/train/onlinelearning/FTMS/500s1.html.
34. Kimberly Maul, "More b-to-b companies Find that Social Media is an Essential Business Platform," PRweekus.com, June 2009; Ellis Booker, "B-to-B marketers Apply Analytics to Social Media," BtoB, April 12, 2010; Elisabeth A. Sullivan, "A Long Slog," *Marketing News*, February 28, 2009.
35. LinkedIn Press Center, "About Us," http://press.linkedin.com/about/.
36. Heidi Cohen, "5 LinkedIn Business Goals," March 25, 2011, http://heidicohen.com/linkedin-business-goals/.
37. Maria Tabaka, "How to Launch a LinkedIn Company Page," *Inc.*, April 17, 2011, http://www.inc.com/how-to-launch-a-linkedin− company-page.html.
38. http://www.hootsuite.com.
39. Daniel B. Honigman, "Make a Statement," *Marketing News*, May 1, 2008.
40. Michael Krause, "How Does Oregon Football Keep Winning? Is It the Uniforms?" *Grantland*, August 30, 2011, http://www.grantland.com/story/_/id/6909937/how-does-oregon-football-keep− winning.
41. Barton A. Weitz, Stephen B. Castleberry, and John F. Tanner, *Selling Building Partnerships*, 6th ed. (Burr Ridge, IL: McGraw-Hill/Irwin, 2005), p. 93.
42. Maggie Hira, "How Does a Fashion Buyer Spend a Workday?" http://www.ehow.com/how-does_4601086_fashion-buyer-spend-workday.html; U.S. Department of Labor, http://www.bls.gov/oco/ocos023.htm; Amanda Fortini, "How the Runway Took Off: A Brief History of the Fashion Show," *Slate Magazine*, February 8, 2006.
43. http://www.hubspot.com
44. http://www.hubspot.com/customer-case-studies/.
45. This case was written by Kate Woodworth in conjunction with Dhruv Grewal and Michael Levy as the basis of class discussion rather than to illustrate either effective or ineffective marketing practices.
46. UPS 2010 Sustainability Report, "Sustainability Is⋯," http://www.sustainability.ups.com/Sustainability?WT.mc_id = iP-ros_UPS-Green_45809923&WT.srch = 1&gclid = CJzOrZuy-16wCFQ1x5QodszUEpw.
47. http://www.ups.com/content/corp/companies/index.html#−Customer 1 Solutions.
48. Laura K. Cowan, "Brown Goes Green: UPS Purchases 100 EV Delivery Trucks for Its Next-Gen California Fleet," *inhabitat*, August 30, 2011, http://inhabitat.com/brown-goes-green-ups− purchases-100-ev-delivery-trucks-for-its-next-gen-california-fleet//.
49. National Biodiesel Board, "UPS Goes Green with Biodiesel Switch," June 6, 2011, http://westernfarmpress.com/management/ups-goes-green-biodiesel-switch.
50. UPS, http://www.community.ups.com/Environment/Innovative 1 Fleets 1 and 1 Facilities.

51. Thomas Friedman agrees with this assessment in his best-selling book *The World Is Flat* (New York: Farrar, Straus and Giroux, 2006), in which he cites UPS's supply chain as a prime example of a global "flattener."
52. Sheldon Liber, "FedEx & UPS Challenged by USPS Flat Rates," August 31, 2009.
53. "FedEx Corp. Reports Higher Fourth Quarter Earnings," June 22, 2011, http://investors.fedex.com/phoenix.zhtml?c = 73289&p = irol-newsArticle&ID = 1585119&highlight 5; FedEx, "What's in a Number?" http://media.fedex.designcdt.com/bythenumbers/; http://about.fedex.designcdt.com/our_company/company_infor-mation/fedex_corporation.
54. "Is Insourcing the New In Thing?" June 9, 2008, http://www.geek-preneur.com/is-insourcing-the-new-in-thing
55. Gail Tsirulnik, "UPS Debuts B2B Mobile Campaign Targeting Business Decision Makers," MobileMarketer.com, November 26, 2009, http://www.mobilemarketer.com/cms/news/advertising/4730.html.

Chapter 7

1. LimitedBrands, http://limited.com/brands/vs/index.jsp.
2. "The Designer Collection," http://www.victoriassecret.com/panties/the-victorias-secret-designer-collection?pageAt = all; Elizabeth Holmes, "Victoria's Secret Shifts Focus to Lower-Price Items," *The Wall Street Journal*, August 20, 2009, http://online.wsj.com/article/SB125078611265846741.html.
3. "Multi-Way Bras," http://www.victoriassecret.com/bras/multi-way.
4. http://www.buec.udel.edu/antil/BUAD%20301/BUAD%20301%20Fall%20%2708/Victoria%27s%20Secret%20Pink.pdf.
5. Tim Feran, "How to Insult the Whole State of Michigan," The *Columbus Dispatch*, November 22, 2011, http://www.dispatch.com/content/stories/business/2011/11/22/how-to-insult-the-whole-state-of-michigan.html/
6. http://www.victoriassecret.com/pink/nfl-shop-by-team; "Victoria's Secret PINK and Major League Baseball Properties Announce New Co-Branded Collection," Forbes.com, March 15, 2010, http://www.forbes.com/feeds/prnewswire/2010/03/15/prnews-wire201003151254PR_NEWS_USPR_____NY70507.html.
7. "With Wings and Little Else: Behind Victoria's Secret Fashion Show," *The New York Times*, http://www.nytimes.com/slideshow/2011/11/10/fashion/VICTORIAS-SECRET-FASHION--14.html; Christine Whitney, "Where Angels Learn to Tread," *The New York Times Magazine*, November 10, 2011, http://tmagazine.blogs.nytimes.com/2011/11/10/where-angels-learn-to-tread/.
8. James Agarwal, Naresh K. Malhotra, and Ruth N. Bolton, "A Cross-National and Cross-Cultural Approach to Global Market Segmentation: An Application Using Consumers' Perceived Service Quality," *Journal of Intern a tional Marketing* 18, no. 3 (September 2010), pp. 18 – 40.
9. Alex Sood, "The Lost Boys Found: Marketing to Men through Games," *Fast Company*, March 10, 2011, http://www.fastcompany.com/1737372/the-lost-boys-found-marketing-to-men-through-games; Jeanine Poggi, "Men's Shopping Shrines," *Forbes.com*, September 30, 2008, http://www.forbes.com/2008/09/30/men-shopping-shrines-forbeslife-cx_jp_0930style.html; Melanie Shortman, "Gender Wars," *American Demographics*, April 2002, p. 22.
10. Banwari, Mittal, Consumer Behavior (Cincinnati, OH: Open Mentis, 2008); J. Paul Peter and Jerry C. Olson, *Consumer Behavior and Marketing* Strategy, 8th ed. (New York: McGraw-Hill, 2008); Michael R. Solomon, *Consumer Behavior: Buying, Having, and Being*, 7th Ed. (Upper Saddle River, NJ: Prentice Hall, 2006); Jagdish Sheth, Banwari Mittal, and Bruce I. Newman, *Customer Behavior: Consumer Behavior and Beyond* (Fort Worth, TX: The Dryden Press, 1999).
11. Bill Carter and Tanzina Vega, "In Shift, Ads Try to Entice Over-55 Set," *The New York Times*, May 13, 2011, http://www.nytimes.com/2011/05/14/business/media/14viewers.html?pagewanted = 1&_r = 2.
12. Augusta Christensen, "No, Skechers, Shape-Ups Are Nothing Like the First Lady's Let's Move Campaign," The Huffington Post, May 13, 2011, http://www.huffingtonpost.com/augusta-christensen/post_2000_b_861499.html.
13. "Mark Cuban 'Buys Into' Skechers," January 10, 2012, http://skx.com/press.jsp.
14. Chi Kin (Bennett) Yim, Kimmy Wa Chan, and Kineta Hung, "Multiple Reference Effects in Service Evaluations: Role of Alternative Attractiveness and Self-Image Congruity," *Journal of Retailing*, 83 no. 1 (2007), pp. 147 – 157; Tamara Mangleburg, M. Joseph Sirgy, Dhruv Grewal, Danny Axsom, Maria Hatzios, C. B. Claiborne, and Trina Bogle, "The Moderating Effect of Prior Experience in Consumers' Use of User-Image Based versus Utilitarian Cues in Brand Attitude," *Journal of Business & Psychology*, 13 (fall 1998), pp. 101 – 113; M. Joseph Sirgy et al., "Direct versus Indirect Measures of Self-Image Congruence," *Journal of the Academy of Marketing Science*, 25, no. 3 (1997), pp. 229 – 241.
15. Mittal, Consumer Behavior; Peter and Olson, *Consumer Behavior and Marketing Strategy*; Solomon, *Consumer Behavior: Buying, Having, and Being;* Sheth, Mittal and Newman, *Customer Behavior:* Consumer Behavior and Beyond.
16. James M. Hagerty, "Harley, With Macho Intact, Tries to Court More Women," *The Wall Street Journal*, October 31, 2011, http://online.wsj.com/article/SB10001424052970204505304577665524421755681 6.html#articleTabs%3Darticle; Harley-Davidson, "Global Customer Focus," http://investor.harley-davidson.com/phoenix.zhtml?c = 87981&p = irol-demographics.
17. Harley-Davidson, "Women Riders," http://www.harley-davidson.com/en_US/Content/Pages/women-riders/landing.html.
18. http://www.strategicbusinessinsights.com/vals/store/USconsumers/intro.shtml.
19. http://www.strategicbusinessinsights.com/vals/applications/

apps-pos.shtml.

20. "Segmentation and Targeting," http://www.kellogg.northwestern.edu/faculty/sterntha/htm/module2/1.html; Michael D. Lam, "Psychographic Demonstration: Segmentation Studies Prepare to Prove Their Worth," *Pharmaceutical Executive*, January 2004.

21. For an interesting take on this issue, see Joseph Jaffe, *Flip the Funnel* (Hoboken, NJ: John Wiley & Sons, 2010).

22. John Melloy, "Heinz Facebook Gaffe: 'Where's My Balsamic Ketchup?'," *Fast Money*, November 14, 2011, http://www.cnbc.com/id/45293583/Heinz_Facebook_Gaffe_Where_s_My_Balsamic_Ketchup; Andrew Adam Newman, "Ketchup Moves Upmarket, with a Balsamic Tinge," *The New York Times*, October 25, 2011, http://www.nytimes.com/2011/10/26/business/media/ketchup-moves-upmarket-with-a-balsamic-tinge.html?_r = 2&ref = consumerbehavior; Brian Steinberg, "Recognition Factor," *Boston Globe*, March 25, 2009; Mary H.J. Farrell, "New Heinz Balsamic Ketchup Available Only on Facebook," *Consumer Reports*, November 16, 2011, http://news.consumerreports.org/home/2011/11/new-heinz-balsamic-ketchup-available-only-on-facebook.html.

23. Irit Nitzan and Barak Libai, "Social Effects on Customer Retention," *Journal of Marketing*, 75, no. 6 (November 2011), pp. 24 – 38; Yuping Liu, "The Long-Term Impact of Loyalty Programs on Consumer Purchase Behavior and Loyalty," *Journal of Marketing* 71, no. 4 (October 2007), pp. 19 – 35; V. Kumar and Denish Shah, "Building and Sustaining Profitable Customer Loyalty for the 21st Century," *Journal of Retailing*, 80, no. 4 (2004), pp. 317 – 330.

24. http://www.united.com/page/article/0,6722,1171,00.html.

25. Dhruv Grewal, "Marketing Is All About Creating Value: 8 Key Rules," in *Inside the Mind of Textbook Marketing* (Boston, MA: Aspatore Inc., 2003), pp. 79 – 96.

26. Ben Sisario, "You've Got a Fan Club? Network and Mobilize It," *The New York Times*, March 2, 2011, http://www.nytimes.com/2011/03/03/business/media/03music.html; Ben Sisario, "Online Tools Help Bands Do Business," *The New York Times*, October 2, 2011, http://www.nytimes.com/2011/10/03/business/media/high-tech-tools-help-bands-market-directly-to-fans.html?pagewanted = 1; Ian Rogers, "Getting Practical: A Step-by-Step Guide to Building an Online Marketing Plan that Works," *Topspin.com*, February 17, 2011, http://www.topspinmedia.com/2011/02/getting-practical-a-step-by-step-guide-to-building-an-online-marketing-plan-that-works-ians-presentation-from-new-music-seminar-los-angeles-february-2011.

27. Thorsten Blecker, Mass Customization: *Challenges and Solutions* (New York: Springer, 2006); B. Joseph Pine, *Mass Customization: The New Frontier in Business Competition* (Cambridge, MA: Harvard Business School Publishing, 1999); James H. Gilmore and B. Joseph Pine, eds., *Markets of One: Creating Customer-Unique Value through Mass Customization* (Cambridge, MA: Harvard Business School Publishing, 2000).

28. G. R. Iyer, A. D. Miyazaki, D. Grewal, and M. Giordano, "Linking Web-Based Segmentation to Pricing Tactics," *Journal of Product & Brand Management*, 11, no. 5 (2002), pp. 288 – 302; B. Jaworski and K. Jocz, "Rediscovering the Consumer," *Marketing Management*, September/October 2002, pp. 22 – 27; L. Rosencrance, "Customers Balk at Variable DVD Pricing," *Computer World*, September 11, 2000, p. 4; M. Stephanek, "None of Your Business: Customer Data Were Once Gold to E-Commerce. Now, Companies Are Paying a Price for Privacy Jitters," *BusinessWeek*, June 26, 2000, p. 78; D. Wessel, "How Technology Tailors Price Tags," *The Wall Street Journal*, June 23, 2001, p. A1.

29. C. Page Moreau, Leff Bonney, and Kelly B Herd, "It's the Thought (and the Effort) That Counts: How Customizing for Others Differs from Customizing for Oneself," *Journal of Marketing* 75, no. 5 (September 2011), pp. 120 – 33.

30. This circular depiction of value proposition is based on work by John Bers (Vanderbilt University) and adaptation and devel-op-ment of circles of success by Ronald Goodstein (George town University).

31. http://www.gatorade.com/frequently_asked_questions/default.aspx.

32. http://www.drpeppersnapplegroup.com/brands/7up/.

33. Allen Adamson, "Pitch Your Luxury Offering as an 'Investment Brand'," *Forbes*, May 4, 2010, http://www.forbes.com/2010/05/04/luxury-branding-platinum-brands-bmw-hermes-investment– branding-cmo-network-allen-adamson.html.

34. Stuart Schwartzapfel, "Volvo S80: Playing It Too Safe?" *BusinessWeek*, July 23, 2007; Jean Halliday, "Maloney Wants Volvo Viewed as Both Safe and Luxurious," *Advertising Age*, 75, no. 12 (2004), p. 22.

35. Kris Hudson, "Hotelier Gets Face-Lift to Draw Young Travelers," *The Wall Street Journal*, November 14, 2011, http://online.wsj.com/article/SB10001424052970203537304577032402793123664.html.

36. http://heritage.coca-cola.com/.

37. "Our Company," http://www.thecoca-colacompany.com/ourcompany/ar/.

38. "The Pepsi Cola Story," http://www.pepsiusa.com/PepsiLegacy_Book.pdf.

39. Betsy McKay, "Zero Is Coke's New Hero," *The Wall Street Journal*, April 17, 2007.

40. Kate Fitzgerald, "Coke Zero," *Advertising Age*, November 12, 2007.

41. "Products," http://www.thecoca-colacompany.com/brands/index.html.

42. "Company and Coca-Cola Highlights," http://www.thecoca-colacompany.com/ourcompany/ar/highlights.html?intro = true; Valerie Bauerlein, "Coke Goes High-Tech to Mix Its Sodas," *The Wall Street Journal*, May 10, 2010, http://online.wsj.com/article/SB10001424052748703612804575222350086054976.html.

43. (No reference material)

44. Various press releases, http://www.thecoca-colacompany.com/dynamic/press_center/2011/07/coke-zero-lap-promotion.html
45. (No reference material)
46. "Five Guys Becomes Largest Chain to Roll Out Coca-Cola Freestyle Nationwide," September 30, 2011, http://www.thecoca-colacompany.com/dynamic/press_center/2011/09/five-guys-and-coca-cola-freestyle.html; "Burger King Restaurants to Launch Coca-Cola Freestyle Across the U.S.," December 6, 2011, http://www.thecoca-colacompany.com/dynamic/press_center/2011/12/burger-king-to-launch-coca-cola-freestyle.html.
47. "The Chronicle of Coca-Cola," http://www.thecoca-colacompany.com/heritage/chronicle_global_business.html.

Chapter 8

1. In-Store Marketing Institute, "Shaping Retail: The Use of Virtual Store Simulations in *Marketing Research* and Beyond," http://kelley.iu.edu/cerr/files/09ismi_virtualretailing.pdf, p. 3.
2. Alliston Ackerman, "P&G Shapes the Store," *Consumer Goods Technology*, November 16, 2011, http://consumergoods.edgl.com/case-studies/P-G-Shapes-the-Store75556.
3. Accenture, "Accenture and Procter & Gamble Partner in Delivering Virtual Solutions BPO Services." http://www.accenture.com/SiteCollectionDocuments/PDF/Accenture_CGS_PG_Virtual_Solutions.pdf.
4. Michael Letchford, "Pioneering Virtual Stores with Procter and Gamble," *Insights in Retail*, http://www.insightsinretail.com/virtual-stores/pioneering-virtual-stores-with-procter-and-gamble/.
5. Michael Letchford, "Virtual Shelf – Next Generation Visual Merchandising?" *Insights in Retail*, http://www.insightsinretail.com/visual-merchandising-virtual-shelf/virtual-shelf-a-new– generation-of-visual-merchandising/.
6. A. Parasuraman, Dhruv Grewal, and R. Krishnan, *Marketing Research*, 2nd ed. (Boston: Houghton Mifflin, 2007), p. 9.
7. Jack Honomichl, "The Honomichl Global Top 25 Report," *Marketing News*, August 30, 2011.
8. Detailed illustrations of scales are provided in two books: Gordon C. Bruner, *Marketing Scales Handbook, Volume V: A Compilation of Multi-Item Measures* (Carbondale, IL: GCBII Productions, 2009); William O. Bearden and Richard G. Netemeyer, *Handbook of Marketing Scales: Multi-Item Measures for Marketing and Consumer Behavior R e search* (Thousand Oaks, CA: Sage Publications, 1999). Sources for the scales used in the exhibit are: Dhruv Grewal, Gopalkrishnan Iyer, Jerry Gotlieb, and Michael Levy, "Developing a Deeper Understanding of Post-Purchase Perceived Risk and Repeat Purchase Behavioral Intentions in a Service Setting," *Journal of the Academy of Marketing Science* 35, no. 2 (2007), pp. 250 – 258; Anthony Miyazaki, Dhruv Grewal, and Ronald C. Goodstein, "The Effect of Multiple Extrinsic Cues on Quality Perceptions: A Matter of Consistency," *Journal of Consumer Research* 32 (June 2005), pp. 146 – 153.
9. For a more thorough discussion of effective written reports, see Parasuraman, Grewal, and Krishnan, *Marketing Research*, Chapter 16.
10. John Cloud, "McDonald's Chef: The Most Influential Cook in America?" *Time Magazine*, February 22, 2010, http://www.time.com/time/magazine/article/0,9171,1963755,00.html.
11. Kristen McQueary, "A Revolution in Canvassing Among Voters," *The New York Times*, November 19, 2011, http://www.nytimes.com/2011/11/20/us/a-revolution-in-canvassing-among-voters.html?scp = 2&sq = marketing%20research%20&st = cse.
12. "About," http://symphonyiri.com/About/tabid/59/Default.aspx.
13. "Who We Are," http://iridev.blueboltlive.com/About/WhoWeAre/tabid/62/Default.aspx.
14. SymphonyIRI, "Special Report: Retail Private Label Brands in Europe—Current and Emerging Trends," December 15, 2011, http://www.symphonyiri.com/Insights/ArticleDetail/tabid/117/ItemID/1394/View/Details/Default.aspx..
15. SymphonyIRI, "The CPG Basket: Fostering Growth in a Time of Conservation," December 14, 2011, http://www.symphonyiri.com/Insights/ArticleDetail/tabid/117/ItemID/1393/View/Details/Default.aspx.
16. Thomas Davenport, "Realizing the Potential of Retail Analytics," Babson Executive Education, August 2008; Marc-Andre Kamel, Nick Greenspan, and Rudolf Pritzl, "Standardization Is Efficient but Localization Helps Shops to Stand Out," *The Wall Street Journal*, January 21, 2009.
17. Jennifer Reingold, "Can P&G Make Money in a Place Where People Make Earn $2 Per Day?" *CNN Money*, January 6, 2011, http://features.blogs.fortune.cnn.com/2011/01/06/can-pg-make-money-in-places-where-people-earn-2-a-day/.
18. "History: The Science of Shopping," http://www.envirosell.com/index.php?option = com_content&task = view&id = 40&Itemid = 45.
19. Michael P. Cook and Hy Mariampolski, "How Culture Helps Marketers Understand Sensory Experiences," *Quirk's Marketing Research* Review, November 2009, p. 26.
20. Elisabeth A. Sullivan, "Be Sociable," *Marketing News*, January 15, 2008.
21. Harry McCracken, "The Best Blogs of 2011," *Time*, June 6, 2011, http://www.time.com/time/specials/packages/article/0,28804,2075431_2075447_2075479,00.html; http://videogum.com/
22. http://www.thetruthaboutcars.com/.
23. Andrew Adam Nieman, "Bloggers Don't Follow the Script, to ConAgra's Chagrin," *The New York Times*, September 6, 2011, http://www.nytimes.com/2011/09/07/business/media/when-bloggers-dont-follow-the-script-to-conagras-chagrin.html.
24. "Client Story: Kraft," http://www.communispace.com/assets/

pdf/C_Cli_casestudy_kraft_final.pdf.
25. Sarah Needleman, "For Companies, a Tweet in Time Can Avert PR Mess," *The Wall Street Journal*, August 3, 2009.
26. Rachael King, "Sentiment Analysis Gives Companies Insight Into Consumer Opinion," *Bloomberg BusinessWeek*, March 1, 2011, http://www.*businessweek*.com/technology/content/feb2011/tc20110228_366762.htm
27. Ashley Heher, "Our Pizza Didn't Taste Good, Domino's Says in New Ads," *Boston Globe*, January 12, 2010.
28. Richard A. Krueger and Mary Anne Casey, *Focus Groups: A Practical Guide for Applied Research* (Thousand Oaks, CA: Sage Publications, 2009).
29. "Campbell's Select Harvest Soups Top 2009 IRI New Product Pacesetters List: Second Time in Three Years That Campbell's Soups Top List," *MarketWatch*, March 23, 2010, http://www.marketwatch.com/story/campbells-select-harvest-soups-top-2009-iri-new-product-pacesetters-list-2010-03-23?reflink = MW_news_stmp.
30. http://www.campbellsoup.com/select.aspx.
31. http://www.e-focusgroups.com/online.html.
32. Adapted from A. Parasuraman, Dhruv Grewal, and R. Krishnan, *Marketing Research*, 2nd ed. (Boston: Houghton Mifflin, 2007), Ch. 10.
33. Floyd J. Fowler, *Survey Research Methods* (Thousand Oaks, CA: Sage Publications, 2009); Don A. Dillman, Glenn Phelps, Robert Tortora, Karen Swift, Julie Kohrell, Jodi Berck, and Benjamin L. Messer, "Response Rate and Measurement Differences in Mixed-Mode Surveys Using Mail, Telephone, Interactive Voice Response (IVR) and the Internet," *Social Science Research* 38 (March 2009), pp. 1 – 18.
34. https://pulse.asda.com; Joel Warady, "Asda Takes the 'Pulse of the Nation'," *Retail Wire*, July 16, 2009.
34. http://www.marketingpower.com/AboutAMA/Pages/Statement%20of%20Ethics.aspx; http://www.helleniccomserve.com/marketingcodeofethics.html.
36. Federal Trade Commission, "Widespread Data Breaches Uncovered by FTC Probe: FTC Warns of Improper Release of Sensitive Consumer Data on P2P File-Sharing Networks," February 22, 2010, http://www.ftc.gov/opa/2010/02/p2palert.shtm.
37. Cecilia Kang, "Library of Congress plan for Twitter: a big, perma-nent retweet," *Washington Post*, April 16, 2010; www.cdt.org; Mark Penn, "Did Google Violate Privacy Laws?," www.politicallyil-lustrated.com, April 2, 2010; Lona M. Farr, "Whose Files Are They Anyway? Privacy Issues for the Fundraising Profession," *International Journal of Nonprofit and Voluntary Sector Marketing*, 7, no. 4 (November 2002), p. 361.
38. Natasha Singer, "Face Recognition Makes the Leap from Sci-Fi," *The New York Times*, November 12, 2011.
39. Adam Penenberg, "NeuroFocus Uses Neuromarketing to Hack Your Brain," *Fast Company*, August 8, 2011, http://www.fast-com-pany.com/magazine/158/neuromarketing-intel-paypal.
40. http://www.autotrader.com/about/index.jsp.
41. Joe Richards, "How AutoTrader.com Uses Primary Research to Clarify the Car-Shopping Process," *Quirk's Marketing Research Review* (July 2011), p. 36, http://www.quirks.com/articles/2011/20110704.aspx.
42. Bruce Giffin and Joe Richards, "The Role of the Internet in the New and Used Vehicle Purchase Process," Polk View, February 2011, http://www.industryrelations.autotrader.com/downloads/Independent%20Market%20Reports/2011%20Polk%20View%20–%20The%20Role%20of%20the%20Internet%20in%20the%20New%20and%20Used%20Vehicle%20Purchase%20Process.pdf.

Chapter 9

1. Daniel Roberts, "Under Armour Gets Serious," *Fortune Magazine*, October 26, 2011, http://management.fortune.cnn.com/2011/10/26/under-armour-kevin-plank/.
2. Ibid.
3. Carol Torgan, "Self Tracking Meets Ready-To-Wear: Make Room in Your Closet for Smart Clothes," *Kinetics*, http://www.caroltorgan.com/self-tracking-smart-clothes/.
4. Elizabeth Olson, "Under Armour Applies Its Muscle to Shoes," *The New York Times*, August 8, 2011, http://www.nytimes.com/2011/08/09/business/media/for-under-armour-a-focus-on-shoes-advertising.html?pagewanted = all.
5. Elizabeth Olson, "Under Armour Wants to Dress Athletic Young Women," *The New York Times*, August 31, 2010, http://www.nytimes.com/2010/09/01/business/media/01ad-co.html.
6. http://www.trekbikes.com/us/en/bikes/road/madone/6_series/meet_madone/.
7. Sharon Ng, "Cultural Orientation and Brand Dilution: Impact of Motivation Level and Extension Typicality," *Journal of Marketing Research* 47, No. 1 (February 2010), pp. 186 – 98; Paraskevas C. Argouslidis and George Baltas, "Structure in Product Line Management: The Role of Formalization in Service Elimination Decisions," *Journal of the Academy of Marketing Science*, 35, no. 4 (2007), pp. 475 – 491; John A. Quelch and David Kenny, "Extend Profits, Not Product Lines," *Harvard Business Review*, September – October 1994, pp. 153 – 160.
8. Simon Pittman, "Revlon Switches CEO as Pressure Mounts over Performance," *Cosmeticsdesign.com*, September 19, 2006.
9. Michael A. Wiles, Neil A. Morgan, and Lopo L. Rego, "The Effect of Brand Acquisition and Disposal on Stock Returns," *Journal of Marketing* 76, No. 1 (2012), pp. 38 – 58.
10. "Compare Checking Accounts," https://www.bankofamerica.com/deposits/index.action?body = check_compare.
11. Ellen Byron, "Tide Turns 'Basic' for P&G in Slump," *The Wall Street Journal*, August 6, 2009; Barry Silverstein, "P&G Scrubs Out Tide Basic," *BrandChannel*, June 6, 2010, http://www.brand-channel.com/home/post/2010/06/24/Tide-Basic-Killed.aspx.

12. Andrew Adam Newman, "Axe Adds Fragrance for Women to Its Lineup," *The New York Times*, January 8, 2012, http://www.nytimes.com/2012/01/09/business/media/axe-adds-fragrance-for-women-to-its-lineup.html?_r = 1&scp = 4&sq = brandi.ng&st = cse.
13. Dianna Dilworth, "Axe Campaign Has Fans Collaboratively Write Graphic Novel Online," *Direct Marketing News*, January 10, 2012, http://www.dmnews.com/axe-campaign-has-fans-collaboratively-write-graphic-novel-online/article/222581/.
14. Todd Wasserman, "Axe Launches Fragrance with a Graphic Novel on YouTube," *Mashable Business*, January 10, 2012, http://mashable.com/2012/01/10/axe-graphic-novel/.
15. Cotton Timberlake, "Kate Spade's Got a Brand New Bag," *Business Week*, February 24, 2011.
16. *Consumer Reports*, "TV Buying Guide: Brands," http://www.consumerreports.org/cro/electronics-computers/tvs-services/tvs/tv-buying-advice/tv-brands/tvs-brands.htm (accessed December 9, 2009).
17. Kevin Lane Keller, *Strategic Brand Management: Building, Measuring, and Managing Brand Equity*, 3rd ed. (Upper Saddle River, NJ: Prentice Hall, 2007).
18. This discussion of the advantages of strong brands is adapted from Keller, *Strategic Brand Management*, pp. 104 – 112; Elizabeth S. Moore, William L. Wilkie, and Richard J. Lutz, "Passing the Torch: Intergenerational Influences as a Source of Brand Equity," *Journal of Marketing*, 66, no. 2 (2002), p. 17. See also Kevin Lane Keller and Donald R. Lehmann, "Brands and Branding: Research Findings and Future Priorities," *Marketing Science* 25 (November 2006), pp. 740 – 59.
19. Kevin Lane Keller and Donald R. Lehmann, "Assessing Long-Term Brand Potential," *Journal of Brand Management* 17 (2009), 6 – 17.
20. Evan Carmichael, "Obsess Over Your Customers—Jeff Bezos," *www.youngentrepreneur.com*, April 7, 2009; http://www.amazon.com/New-Rules-Marketing-PR-Podcasting/dp/0470113456.
21. Parija Kavilanz, "Tootsie Roll to Footsyroll: See Ya in Court!" *CNN Money*, November 18, 2011, http://money.cnn.com/2011/11/18/smallbusiness/tootsie_roll_footzy_roll/index.htm.
22. http://www.interbrand.com/best_global_brands.aspx. The net present value of the earnings over the next 12 months is used to calculate the value.
23. David Aaker, *Brand Portfolio Strategy: Creating Relevance, Differentiation, Energy, Leverage, and Clarity* (New York: Free Press, 2004); David A. Aaker, Managing Brand Equity (New York: Free Press, 1991).
24. Jennifer Van Grove, "Barbie Joins Foursquare," *Mashable Business*, July 15, 2010, http://mashable.com/2010/07/15/barbie-joins-foursquare/.
25. "Video Girl Scavenger Hunt: Lights! Barbie! Action!" http://alldolldup.typepad.com/all_dolld_up/2010/07/video-girl-scavenger-hunt-lights-barbie-action.html.
26. Campaign for a Commercial-Free Childhood, "The Commercialization of Childhood," http://www.commercialfreechildhood.org/issues/overview.html.
27. T.L. Stanley, "Mattel, Hasbro Transform Themselves," *BrandWeek*, June 2010, http://login.vnuemedia.com/bw/superbrands/article_toys.html.
28. Claude Brodesser-Akner, "Thanks to a Big Mattel Move, Toys and Movies Come One Step Closer to Being the Exact Same Thing," *New York Magazine*, March 24, 2010, http://nymag.com/daily/entertainment/2010/03/mattel_hollywood_new_movie_syn.html.
29. Claude Brodesser-Akner, "Disney to Hollywood: If It Can't Sell Toys, It Had Better Be Cheap," February 17, 2010, http://nymag.com/daily/entertainment/2010/02/the_middle_is_toast_at_disney.html.
30. Lopo L. Rego, Matthew T. Billett, and Neil A. Morgan, "Consumer-Based Brand Equity and Firm Risk," *Harvard Business Review*, 73, no. 6, November 2009, pp. 47 – 60; Natalie Mizik and Robert Jacobson, "Valuing Branded Businesses," *Harvard Business Review*, 73, no. 6, November 2009, p. 137 – 53; Shuba Srinivasan and Seenu Srinivasan, *Brand Equity: Measuring, Analyzing, and Predicting*, (Boston: Harvard Business Press, May 8, 2006); David Aaker, *Building Strong Brands* (New York: Simon & Schuster, 2002); David A. Aaker, "Measuring Brand Equity Across Products and Markets," *California Management Review*, 38 (1996), pp. 102 – 120.
31. Stephanie Clifford, "Demand at Target for Fashion Line Crashes Web Site," *The New York Times*, September 13, 2011, http://www.nytimes.com/2011/09/14/business/demand-at-target-for-fashion-line-crashes-web-site.html. Kara G. Morrison, "Chic on the Cheap," *The Detroit News*, February 15, 2008; http://www.fxmagazine.co.uk/story.asp?storyCode51632.
32. www.hallmarkchannel.com.
33. http://www.marketingpower.com/_layouts/Dictionary.aspx?dLetter = B.
34. "Kantar Media Reports U.S. Advertising Expenditures Increased 6.5 Percent in 2010," March 17, 2011, http://kantarmediana.com/insight-center/news/us-advertising-expenditures-increased-65-percent-2010.
35. Lien Lamey, Barbara Deleersnyder, Marnik G. Dekimpe, and Jan-Benedict E.M. Steenkamp, "How Business Cycles Contribute to Private-Label Success: Evidence from the United States and Europe," *Journal of Marketing* 71 (January 2007), pp. 1 – 15; PLMA (2009), http://www.plmainternational.com/es/private_label_es2.htm.
36. Kellogg's 2010 annual report, http://annualreport2010.kelloggcompany.com/innovation.htm.
37. The distinction between brand and line extensions is clarified in Barry Silverstein, "Brand Extensions: Risks and Rewards," *Brandchannel*.com, January 5, 2009.
38. See Thorsen Hennig-Thurau, Mark B. Houson, and Torsten Heitjans, "Conceptualizing and Measuring the Monetary Value of Brand Extensions: The Case of Motion Pictures," *Journal*

of Marketing 73, no. 6 (November 2009), pp. 167 – 83; Rohini Ahluwalia, "How Far Can a Brand Stretch? Understanding the Role of Self-Construal," *Journal of Marketing Research*, 45, no. 3 (2008); Byung Chul Shine, Jongwon Park, and Robert S. Wyer, "Brand Synergy Effects in Multiple Brand Extensions, "*Journal of Marketing Research* 44, no. 4 (2007), pp. 663 – 670; Gochen Wu and Yung-Ghien Yen, "How the Strength of Parent Brand Associations Influences the Interaction Effects of Brand Breadth and Product Similarity with Brand Extension Evaluations," *Journal of Product & Brand Management*, 16, no. 4 – 5 (2007), pp. 334 – 341; Franziska Volckner and Henrik Sattler, "Drivers of Brand Extension Success," *Journal of Marketing*, 70, no. 2 (2006), pp. 18 – 34; Subramanian Balachander and Sanjoy Ghose, "Reciprocal Spillover Effects: A Strategic Benefit of Brand Extensions," *Journal of Marketing*, 67, no. 1 (2003), pp. 4 – 13; Kalpesh Kaushik Desai and Kevin Lane Keller, "The Effects of Ingredient Branding Strategies on Host Brand Extendibility," *Journal of Marketing*, 66, no. 1 (2002), pp. 73 – 93; Tom Meyvis and Chris Janiszewski, "When Are Broader Brands Stronger Brands? An Accessibility Perspective on the Success of Brand Extensions," *Journal of Consumer Research*, 31, no. 2 (2004), pp. 346 – 357.

39. David Aaker, "Brand Extensions: The Good, the Bad, and the Ugly," *Sloan Management Review*, 31 (Summer 1990), pp. 47 – 56.
40. www.neutrogena.com; Vanitha Swaminathan, Richard J. Fox, and Srinivas K. Reddy, "The Impact of Brand Extension Introduction on Choice," *Journal of Marketing* 65, no. 3 (2001), pp. 1 – 15.
41. Devon DelVecchio and Daniel C. Smith, "Brand-Extension Price Premiums: The Effects of Perceived Fit and Extension Product Category Risk," *Journal of the Academy of Marketing Science* 33, no. 2 (2005), pp. 184 – 96; Jennifer Aaker, Susan Fournier, and S. Adam Brasel, "When Good Brands Do Bad," *Journal of Consumer Research*, 31, no. 1 (2004), pp. 1 – 16.
42. Costas Hadjicharalambous, "A Typology of Brand Extensions: Positioning Cobranding as a Sub-Case of Brand Extensions," *Journal of American Academy of Business* 10, no. 1 (2006), pp. 372 – 377; H. Sjodin and F. Torn, "When Communication Challenges Brand Associations: A Framework for Understanding Consumer Responses to Brand Image Incongruity," *Journal of Consumer Behaviour* 5, no. 1 (2006), pp. 32 – 42; C.H. Chen and S.K. Chen, "Brand Dilution Effect of Extension Failure – A Taiwan Study," *Journal of Product and Brand Management* 9, no. 4 (2000), pp. 243 – 254.
43. Mario Marsicano, "Cheetos Lip Balm & More Bizarre Brand Extensions," *The Wall Street Journal*, July 15, 2009.
44. David A. Aaker and Kevin Lane Keller, "Consumer Evaluations of Brand Extensions," *Journal of Marketing*, 54, no. 1 (1990), pp. 27 – 41.
45. Guoqun Fu, Jiali Ding, and Riliang Qu, "Ownership Effects in Consumers' Brand Extension Evaluations," *Journal of Brand Management* 16 (2009), pp. 221 – 233; Christoph Burmann, Sabrina Zeplin, and Nicola Riley, "Key Determinants of Internal Brand Management Success: An Exploratory Empirical Analysis," *Journal of Brand Management* 16 (2009), pp. 264 – 84; Raisa Yakimova and Michael Beverland, "The Brand-Supportive Firm: An Exploration of Organisational Drivers of Brand Updating," *Journal of Brand Management* 12, no. 6 (2005), pp. 445 – 60.
46. http://www.marriott.com/corporateinfo/glance.mi.
47. Cathy Enz, "Multibranding Strategy: The Case of Yum! Brands," *Cornell Hotel & Restaurant Administration Quarterly*, February 2005.
48. T. Kippenberger, "Co-Branding as a Competitive Weapon," *Strategic Direction* 18, no. 10 (2002), pp. 31 – 33.
49. Keller, *Strategic Brand Management: Building, Measuring, and Managing Brand Equity*.
50. Keller, *Strategic Brand Management: Building, Measuring, and Managing Brand Equity*.
51. Muzellec, Laurent, and Mary Lambkin, "Corporate Rebranding and the Implications for Brand Architecture Management: The Case of Guinness (Diageo) Ireland," *Journal of Strategic Marketing*, 16, No. 4. (2008), pp. 283 – 299; Lomax, W., & Mador, M. (2006), "Corporate Re-Branding: from Normative Models to Knowledge Management," *Journal of Brand Management*, 14, no. 1/2, pp. 82 – 95; Merrilees, B., & Miller, D. (2008), "Principles of Corporate Rebranding," *European Journal of Marketing*, 42, no. 5/6, pp. 537 – 552; Muzellec, L., and Lambkin, M. (2006), "Corporate Rebranding: Destroying, Transferring or Creating Brand Equity?,I European *Journal of Marketing*, 40, no. (7/8), pp. 803-824; Yakimova and Beverland, "The Brand-Supportive Firm"; Stephen Brown, Robert V. Kozinets, and John F. Sherry Jr., "Teaching Old Brands New Tricks: Retro Branding and the Revival of Brand Meaning," *Journal of Marketing*, 67, no. 2 (2003), p. 19.
52. Jane Levere, "Ivory Soap Refreshes Its Ads and Its Look, But Is Resolutely Simple," *The New York Times*, November 7, 2011.
53. Brian Steinberg, "Recognition Factor," *Boston Globe*, March 25, 2009.
54. Valerie Bauerlein, "Pepsi to Pare Plastic for Bottled Water," *The Wall Street Journal*, March 25, 2009.
55. Steve Inskeep, "Consumers Reject New Tropicana Carton," *Morning Edition*, February 23, 2009.
56. Stuart Elliot, "Tropicana Discovers Some Buyers Are Passionate About Packaging," *The New York Times*, February 22, 2009.
57. Chris Serres, "It's True: Food Packages Shrunk Last Year," *Minneapolis Star Tribune*, December 31, 2008.
58. U.S. Government Accounting Office, "Bottled Water: FDA Safety and Consumer Protections Are Often Less Stringent Than Comparable EPA Protections for Tap Water," July 8, 2009.
59. Associated Press, "Stricter Labeling Urged for Bottled Water," *The Wall Street Journal*, July 8, 2008.
60. Susan Berfield, "Brand Oprah Has Some Marketing Lessons," *Bloomberg Businessweek*, May 19, 2011, http://www.*busi-*

nessweek.com/magazine/content/11_22/b4230020001120.htm.
61. Ibid.
62. Clare O'Connor, "Forbes 400: Meet America's Richest Women (And Not Just Oprah and Meg)," *Forbes,* September 22, 2011, http://www.forbes.com/sites/clareoconnor/2011/09/22/forbes-400-meet-americas-richest-women-and-not-just-oprah-and-meg/.
63. Sara Krulwich, "Oprah Winfrey," *The New York Times*, May 25, 2011, http://topics.nytimes.com/top/reference/timestopics/people/w/oprah_winfrey/index.html?scp = 1&sq = oprah%20winfrey%20network&st = cse.
64. "The Dr. Oz Show," Oprah Radio, June 3, 2011, http://www.oprah.com/oprahradio/About-Oprah-Radio-Host-Dr-Mehmet-Oz; "The Dr. Laura Berman Show," Oprah Radio, June 1, 2011, http://www.oprah.com/oprahradio/About-Oprah-Radio-Host-Dr-Laura-Berman.
65. Alessandra Stanley, "Among the Lectures, a Bit of Shtick," *The New York Times*, October 14, 2011, http://www.nytimes.com/2011/10/15/arts/television/the-rosie-show-and-oprahs-life-class-on-own.html.
66. *Oprah's Lifeclass*, Oprah.com, http://www.oprah.com/oprahs-lifeclass/oprahs-lifeclass.html

Chapter 10

1. "LEGO History Timeline," http://aboutus.lego.com/en-us/lego-group/the_lego_history/.
2. http://mln.lego.com/en-us/network/status.aspx?icmp = CO-USCreateShareSL100MLN.
3. Brad Wieners, "Lego Is for Girls," *BusinessWeek*, December 14, 2011.
4. Shari Roan, "A New Lego Line for Girls Is Offensive, Critics Say," *Los Angeles Times*, January 23, 2012, http://www.latimes.com/health/boostershots/la-heb-lego-girls-toy-protest-20120123,0,141471.story.
5. http://friends.lego.com/en-us/Products/Default.aspx.
6. Carrie Goldman, "Legos for Girls: Let's Focus the Discussion on the Right Issues," *Portrait of an Adoption*, January 30, 2012, http://www.chicagonow.com/portrait-of-an-adoption/2012/01/legos-for-girls-lets-focus-the-discussion-on-the-right-issues/; Ruth Davis Konigsberg, "Lego Friends for Girls: Have They Stooped to Stereotype?" *Time Magazine*, January 2, 2012, http://ideas.time.com/2012/01/02/lego-friends-for-girls-have-they-stooped-to– stereotype/; "Whether Pink Legos Are Just Building Stereotypes," NPR, January 24, 2012, http://www.npr.org/templates/story/story.php?storyId = 145705192.
7. Scott Stinson and Hollie Shaw, "Gender Games," *National Post*, January 21, 2012, http://www.nationalpost.com/arts/books/Gender 1 games/6030953/story.html.
8. "Doing the Right Thing," www.frogbox.com/therightthing.php.
9. Koen Pauwels, Jorge Silva-Risso, Shuba Srinivasan, and Dominique M. Hanssens, "New Products, Sales Promotions, and Firm Value: The Case of the Automobile Industry," *Journal of Marketing*, 68, no. 4 (2008), p. 142.
10. Keith O'Brien, "Should We All Go Gluten-Free?" *The New York Times*, November 25, 2011, http://www.nytimes.com/2011/11/27/magazine/Should-We-All-Go-Gluten-Free.html?pagewanted = all.
11. Kalpesh Kaushik Desai and Kevin Lane Keller, "The Effects of Ingredient Branding Strategies on Host Brand Extendibility," *Journal of Marketing*, 66, no. 1 (2002), pp. 73 – 93.
12. Don Reisinger, "Madden Sales Up 10 Percent Over Last Year," *cnet.com*, September 8, 2011, http://news.cnet.com/8301-13506_3-20103229-17/madden-sales-up-10-percent-over-last-year/.
13. http://www.ideo.com/work/featured/kraft.
14. http://www.marketingpower.com/_layouts/Dictionary.aspx-?dLetter = D.
15. Barak Libai, Eitan Muller, and Renana Peres, "The Diffusion of Services," *Journal of Marketing Research* 46 (April 2009), pp. 163 – 75; Yvonne van Everdingen, Dennis Fok, and Stefan Stemersch, "Modeling Global Spillover of New Product Takeoff," *Journal of Marketing Research* 46 (October 2009), pp. 637 – 52.
16. Rosabeth Moss Kanter, *SuperCorp:* How Vanguard Companies Create Innovation, *Profits, Growth, and Social Good* (New York: Crown Business, 2009); Rajesh K. Chandy, Jaideep C. Prabhu, and Kersi D. Antia, "What Will the Future Bring? Dominance, Technology Expectations, and Radical Innovation," *Journal of Marketing*, 67, no. 3 (2003), pp. 1 – 18; Harald J. van Heerde, Carl F. Mela, and Puneet Manchanda, "The Dynamic Effect of Innovation on Market Structure," *Journal of Marketing Research*, 41, no. 2 (2004), pp. 166 – 183.
17. http://www.apple.com; Clayton M. Christensen and Michael E. Raynor, *The Innovator's Solution* (Boston: Ha r vard Business School Press, 2003).
18. James L. Oakley, Adam Duhachek, Subramanian Balachander, and S. Sriram, "Order of Entry and the Moderating Role of Comparison Brands in Brand Extension Evaluation," *Journal of Consumer Research*, 34, no. 5 (2008), pp. 706 – 712; Fernando F. Suarez and Gianvito Lanzolla, "Considerations for a Stronger First Mover Advantage Theory," *Academy of Management Review*, 33, no. 1 (2008), pp. 269 – 270; Ralitza Nikolaeva, "The Dynamic Nature of Survival Determinants in E-commerce," *Journal of the Academy of Marketing Science*, 35, no. 4 (2007), pp. 560 – 571.
19. Matt Haig, Brand *Failures* (London: Kogan Page, 2005); Raji Srinivasan, Gary L. Lilien, and Arvind Rangaswamy, "First in, First out? The Effects of Network Externalities on Pioneer Survival," *Journal of Marketing*, 68, no. 1 (2004), p. 41.
20. K. Tyagi, "New Product Introductions and Failures under Uncertainty," *International Journal of Research in Marketing*, 23, no. 2 (2006), pp. 199 – 213; Lori Dahm, "Secrets of Success: The Strategies Driving New Product Development at Kraft,"

Stagnito's *New Products Magazine*, 2 (January 2002), p. 18ff; *BusinessWeek*, "Flops," August 16, 1993, p. 76ff.

21. "Top 10 Reasons for New Product Failure," *The Marketing Fray*, January 7, 2010 (http://www.marketingfray.com/2010/01/top-10-reasons-for-new-product-failure.html)
22. http://smashinghub.com/10-coolest-upcoming-gadgets-of-2011.htm.
23. Jacob Goldenberg, Sangman Han, Donald R. Lehmann, and Jae Weon Hong, "The Role of Hubs in the Adoption Process," *Journal of Marketing* 73 (March 2009), pp. 1 – 13.
24. "25 Most Promising Products for 2011," http://www.businesspundit.com/25-most-promising-products-for-2011/.
25. Erica Ogg, "ZOMG: Amazon.com Drops Kindle Price 10 Percent," *CNET News*, May 27, 2008.
26. Dylan F. Tweney, "Large-Screen Kindle Won't Mean Squat if Apple Tablet Arrives," *Wired*, May 4, 2009.
27. David Streitfeld, "Will the Kindle Fire Kill E-Readers," *The New York Times*, January 10, 2012, http://bits.blogs.nytimes.com/2012/01/10/will-the-kindle-fire-kill-e-readers/; Julie Bosman, "Table and E-Reader Sales Soar," *The New York Times*, January 22, 2012, http://mediadecoder.blogs.nytimes.com/2012/01/22/tablet-and-e-reader-sales-soar/#.
28. Jeffrey A. Trachtenberg, "E-Book Readers Face Sticker Shock," *The Wall Street Journal*, December 15, 2011.
29. "Kindle vs the iPad," Go4Expert.com, November 3 rd, 2010 (http://www.go4expert.com/forums/showthread.php?t = 23749)
30. Sarah Perez, "Firefox China Edition: Everything a Local Browser Should Be," *ReadWriteWeb.com,* November 24, 2008.
31. Steve Jobs, "Thoughts on Flash," Apple.com (http://www.apple.com/hotnews/thoughts-on-flash/)
32. L.M. De Luca and K. Atuahene-Gima, "Market Knowledge Dimensions and Cross-Functional Collaboration: Examining the Different Routes to Product Innovation Performance," *Journal of Marketing* 71 (2007), pp. 95 – 112; Subin Im and John P. Workman Jr., "Market Orientation, Creativity, and New Product Performance in High-Technology Firms," *Journal of Marketing*, 68, no. 2 (2004), p. 114.
33. Natalie Zmuda, "P&G, Levi's, GE Innovate by Thinking in Reverse," *Ad Age*, June 13, 2011, http://adage.com/article/global-news/p-g-levi-s-ge-innovate-thinking-reverse/228146/; "Minute Maid Pulpy Joins Growing List of Billion Dollar Brands for the Coca-Cola Company," press release, February 1, 2011, http://www.thecoca-colacompany.com/dynamic/press_center/2011/02/pulpy-joins-roster-of-billion-dollar-brands.html.
34. Rajani Baburajan, "U.S. Cable Industry Launches CableLabs—Energy Lab within its R&D Consortium," *Green Technology World*, November 21, 2011, http://green.tmcnet.com/topics/green/articles/239182-us-cable-industry-launches-cablelabs-energy-lab-with.htm.
35. Stefan Stremersch and Walter Van Dyck, "Marketing of the Life Sciences: A New Framework and Research Agenda for a Nascent Field," *Journal of Marketing* 73 (July 2009), pp. 4 – 30; Brady Huggett, John Hodgson, and Riku Lähteenmäki "Public Biotech 2010 – The Numbers," Nature Biotechnology 29 (2011), pp. 585 – 91, http://www.nature.com/nbt/journal/v29/n7/fig_tab/nbt.1913_T3.html.
36. "Pilates Allegra 2 Reformer for Balanced Body," IDEO Case Study, 2011.
37. ibid.
38. Pilar Carbonell, Ana I. Rodríguez-Escudero, Devashish Pujari, "Customer Involvement in New Service Develo p ment: An Examination of Antecedents and Outcomes," *Journal of Product Innovation Management* 26 (September 2009), pp. 536 – 50; Glen L. Urban and John R. Hauser, "'Listening In' to Find and Explore New Combinations of Customer Needs," *Journal of Marketing*, 68, no. 2 (2004), p. 72.
39. Steve Lohr, "Can Microsoft Make You 'Bing'?" *The New York Times*, July 30, 2011, http://www.nytimes.com/2011/07/31/technology/with-the-bing-search-engine-microsoft-plays-the-underdog.html?pagewanted = all.
40. Renay San Miguel, "Bing's New Bells and Whistles Could Leave Searchers' Heads Ringing," *TechNewsWorld*, March 29, 2010; Jared Newman, "How Microsoft Plans to Beat Google with Bing," *PCWorld*, August 1, 2011, http://www.pcworld.com/article/237017/how_microsoft_plans_to_beat_google_with_bing.html.
41. Associated Press, "Wal-Mart Adds Products as Store Brands Boom," *Boston Globe*, March 17, 2009; Matthew Boyle, "Wal-Mart Gives Its Store Brand a Makeover," *BusinessWeek*, March 16, 2009.
42. Interview with Jevin Eagle, Executive Vice President of Merchandising and Marketing at Staples, June 18, 2009.
43. Jim Highsmith, *Agile Product Management: Creating Innovative Products* (Boston, Addison-Wesley, 2009); http://www.betterproductdesign.net/tools/user/leaduser.htm; Eric von Hippel, *The Sources of Innovation* (New York: Oxford University Press, 1988); Eric von Hippel, "Successful Industrial Products from Consumers' Ideas," *Journal of Marketing*, 42, no. 1 (1978), pp. 39 – 49.
44. Karl T. Ulrich and Steven D. Eppinger, *Product Design and Development*, 4th ed. (Boston: Irwin-McGraw-Hill, 2008).
45. http://www.marketingpower.com.
46. Ulrich and Eppinger, *Product Design and Development*.
47. Min Zhao, Steven Hoeffler, and Darren W. Dahl, "The Role of Imagination-Focused Visualization on New Product Evaluation," *Journal of Marketing Research*, 46 (February 2009), pp. 46 – 55; http://www.marketingpower.com.
48. Ulrich and Eppinger, Product Design and Development.
49. Ellen Byron, "A Virtual View of the Store Aisle," *The Wall Street Journal*, October 3, 2007.
50. http://en-us.nielsen.com/tab/product_families/nielsen_bases.
51. Gernot H. Gessinger, *Materials and Innovative Product Development: From Concept to Market* (Oxford: Elsevier, 2009).
52. Jyoti Thottam Pune and Niljanjana Bhowmick, "Nano Power," *Time*, April 13, 2009.
53. Product Development Management Association, *The PDMA*

Handbook of New Product Development, 2nd ed., Kenneth K. Kahn, ed. (New York: John Wiley & Sons, 2004).

54. Christian Homburg, Jan Wieske, and Torsten Bornemann, "Implementing the Marketing Concept at the Employee – Customer Interface: The Role of Customer Need Knowledge," *Journal of Marketing* 73 (July 2009), pp. 64 – 81; Christian Homburg, Jan Wieseke, & Torsten Bornemann Ashwin W. Joshi and Sanjay Sharma, "Customer Knowledge Development: Antecedents and Impact on New Product Success," *Journal of Marketing*, 68, no. 4 (2004), p. 47.
55. Katherine Bourzac, "Colorful Quantum Dot Displays Coming to Market," Technology Review, http://www.technologyreview.com/computing/25460/?a = f.
56. Yuhong Wu, Sridhar Balasubramanian, and Vijay Mahajan, "When Is a Preannounced New Product Likely to Be Delayed?" *Journal of Marketing*, 68, no. 2 (2004), p. 101.
57. http://www.walletpop.com/specials/top-25-biggest-product-flops-of-all-time.
58. http://www.pdma.org /.
59. "Coca-Cola Freestyle, Best Global Brands 2011," *Interbrand*, 2011.
60. http://www.usgbc.org/DisplayPage.aspx?CMSPageID = 1988
61. Theodore Levitt, *Marketing Imagination* (New York: The Free Press, 1986).
62. Donald R. Lehmann and Russell S. Winer, *Analysis for Marketing Planning*, 7th ed. (Burr Ridge Il.: McGraw-Hill/Irwin, 2008).
63. Ibid.; Glen L. Urban and John R. Hauser, *Design and Marketing of New Products*, 2nd ed. (Upper Saddle River, NJ: Prentice Hall, 1993), pp. 120 – 121.
64. http://www.organicearthday.org/DelMonteFoods.htm; http://www.delmonte.com/Products/.
65. http://www.beiersdorf.com/Brands_Innovations/Innovations.html?TG = Brands_Sustainability; http://www.nivea.com/highlights/int_product/show/nhc_diamond_gloss/.
66. "Whirlpool Washing Machines," http://www.scribd.com/doc/13643826/Whirlpool-Washing-Machines; Miriam Jordan and Jonathan Karp, "Machines for the Masses; Whirlpool Aims Cheap Washer at Brazil, India and China; Making Do with Slower Spin," *The Wall Street Journal*, December 9, 2003, p. A19.
67. "The New Global Middle Class: Potentially Profitable—But also Unpredictable," *Knowledge@Wharton*, July 9, 2008; Eric D. Beinhocker, Diana Farrell, and Adil S. Zainulbhai, "Tracking the Growth of India's Middle Class," *McKinsey Quarterly* (August 2007).
68. Ellen Byron, "Purex Tackles Tough Market, Using New Spin," *The Wall Street Journal*, April 28, 2009.
69. Noreen O'Leary, "KFC's Grilled Chicken Tops Most-Recalled '09 Launches," *Brandweek*, December 12, 2009; "BrandIndex: Big Spenders on Advertising Get the Most Buzz," *Advertising Age*; Lisa Respers France, "Oprah Coupon Craze Leaves KFC Customers Hungry for More," *CNN.com*, May 8, 2009.
70. Yvonne Zipp, "As Vinyl Records Get Back in the Groove, Kalamazoo Record Stores See Sales Climb," *MLive*, January 15, 2012, http://www.mlive.com/business/west-michigan/index.ssf/2012/01/as_vinyl_records_get_back_in_t.html.
71. Steven Levenstein, "Sony's New USB Turntable Sparks Vinyl Revival," www.inventospot.com, March 14, 2008; http://www.electronichouse.com/article/vinyl_the_classic_format/C155; Roy Bragg, "LP Vinyl Records Are Making a Comeback in Audiophile Circles," *Knight Ridder Tribune Business News*, January 3, 2004 (ProQuest Document ID: 521358371); Susan Adams, "You, the Record Mogul," *Forbes*, October 27, 2003, p. 256ff.
72. Goutam Challagalla, R. Venkatesh, and Ajay Kohli, "Proactive Postsales Service: When and Why Does It Pay Off?" *Journal of Marketing* 73 (March 2009), pp. 70 – 87; Kevin J. Clancy and Peter C. Krieg, "Product Life Cycle: A Dangerous Idea," Brandweek, March 1, 2004, p. 26; Nariman K. Dhalla and Sonia Yuseph, "Forget the Product Life-Cycle Concept," *Harvard Business Review* (January – February 1976), p. 102ff.
73. Peter Golder and Gerard Tellis, "Cascades, Diffusion, and Turning Points in the Product Life Cycle," MSI Report No. 03-120, 2003.
74. David Pogue, "Appeal of iPad 2 Is a Matter of Emotions," *The New York Times*, March 9, 2011, http://www.nytimes.com/2011/03/10/technology/personaltech/10pogue.html.
75. Ibid.; Nick Bilton, "The iPad 2, 5.1 Seconds and Smart Covers," *The New York Times*, March 11, 2011, http://bits.blogs.nytimes.com/2011/03/11/the-ipad-2-5-seconds-and-smart-covers.
76. Ibid.
77. Jenna Wortham, "So Far Rivals Can't Beat iPad's Price," *The New York Times*, March 6, 2011, http://www.nytimes.com/2011/03/07/technology/07tablet.html.
78. Ibid.
79. Ibid.; Dana Mattioli, "Tablets Ultimate buying Machines," *The Wall Street Journal*, September 22, 2011, http://online.wsj.com/article/SB100014240529702040106045765971519836 57300.html.
80. Mattiolo, op. cit.
81. Charles Arthur, "iPad to Dominate Tablet Sales Until 2015 As Growth Explodes, says Gartner," *The Guardian*, September 22, 2011, http://www.guardian.co.uk/technology/2011/sep/22/tablet-forecast-gartner-ipad.
82. Pogue, op. cit.
83. "iPad 3 News," January 24, 2012, http://www.ipad-3-news.com/.
84. D.C. Denison, "Textbook Publishers Sign On with Apple to Take Advantage of iPad," The *Boston Globe*, January 26, 2012.
85. "iPad 3 News," op. cit.

Chapter 10A

1. Valarie A. Zeithaml, Mary Jo Bitner, and Dwayne D. Gremler, *Services Marketing: Integrating Customer Focus Across the Firm*, 5th ed. (Burr Ridge, IL: McGraw-Irwin, 2009).
2. Bureau of Economic Analysis, news release, January 27, 2012, http://www.bea.gov/newsreleases/national/gdp/2012/pdf/gdp4q11_adv.pdf; "Fortune 500," *CNNMoney*, May 23, 2011, http://money.cnn.com/magazines/fortune/fortune500/2011/index.html.
3. Zeithaml, Bitner, and Gremler, *Services Marketing*.
4. Choice Hotels, "Special Guest Policies," http://www.choicehotels.com/ires/en-US/html/GuestPolicies.
5. The discussion of the Gaps Model and its implications draws heavily from Michael Levy and Barton A. Weitz, *Retailing Management*, 7th ed. (Burr Ridge, IL: Irwin/McGraw-Hill, 2009) and also is based on Deon Nel and Leyland Pitt, "Service Quality in a Retail Environment: Closing the Gaps," *Journal of General Management* 18 (Spring 1993), pp. 37 – 57; Zeithaml, Parasuraman, and Berry, *Delivering Quality Service*; Valerie Zeithaml, Leonard Berry, and A. Parasuraman, "Communication and Control Processes in the Delivery of Service Quality," *Journal of Marketing* 52, no. 2 (April 1988), pp. 35 – 48.
6. Zhen Zhu, Cheryl Nakata, K. Sivakumar, and Dhruv Grewal, "Self-Service Technology Effectiveness: The Roles of Interactivity, Comparative Information, and Individual Differences on Perceived Control and Interface Evalu a tion," *Journal of the Academy of Marketing Science* 35, no. 4 (2007), pp. 492 – 506; Zhen Zhu, Cheryl Nakata, K. Sivakumar, and Dhruv Grewal, "Fix It Or Leave it? Customer Recovery from Self-Service Technology Failures," working paper, 2012, Babson College; Peter C. Verhoef, Katherine N. Lemon, A. Parasuraman, Anne Roggeveen, Michael Tsiros, and Leonard A. Schlesinger, "Customer Experience Creation: Determinants, Dynamics and Ma n agement Strategies," *Journal of Retailing* 85, no. 1 (2009), pp. 31 – 41.
7. Zeithaml, Bitner, and Gremler, op. cit.
8. Stephen L. Vargo, Kaori Nagao, Yi He, and Fred W. Morgan, "Satisfiers, Dissatisfiers, Criticals, and Neutrals: A Review of Their Relative Effects on Customer (Dis)Satisfaction," *Academy of Marketing Science Review* (January 2007), p. 1.
9. http://www.forbestravelguide.com/five-star-spas.htm; Allison Scott, "New Renovations Add to the Guest and Meeting Experience," *www.release-news.com;* http://www.broadmoor.com/luxury-resort-services.php.
10. Christopher Reynolds, "Smashed Guitar, YouTube Song—United is Listening Now," *Los Angeles Times*, July 7, 2009.
11. http://www.youtube.com/watch?v = 5YGc4zOqozo; Steve Keenan, "United Broke My Guitar: Song 2," *Times Online*, August 19, 2009.

Chapter 11

1. Mike Esterl, "Coke Tailors Its Soda Sizes," *Wall Street Journal*, http://online.wsj.com/article/SB10001424053111903374004576578980270401662.html, September 19, 2011.
2. Ibid, Esterl.
3. Douglas A. McIntyre, "The Sodas America No Longer Drinks," 247wallst.com (online), http://247wallst.com/2011/11/18/the-sodas-america-no-longer-drinks/, November 18, 2011.
4. Reuters, "Coca-Cola's Results Are Lifted by Overseas Business," *The New York Times*, http://www.nytimes.com/2011/07/20/business/coca-colas-results-are-lifted-by-overseas-business.html, July 19, 2011.
5. Ibid, Reuters.
6. Ibid, Esterl.
7. Hooman Estelami, Dhruv Grewal, and Anne L. Roggeveen, "The Effect of Policy Restrictions on Consumer Reactions to Price-Matching Guarantees," *Journal of the Academy of Marketing Science*, 35, no. 2 (2007), pp. 208 – 219; Monika Kukar-Kinney and Dhruv Grewal, "Comparison of Consumer Reactions to Price-Matching Guarantees in Internet and Bricks-and-Mortar Retail Environments," *Journal of the Academy of Marketing Science*, 35, no. 2 (2007), pp. 197 – 207; Sujay Dutta, Abhijit Biswas, and Dhruv Grewal, "Low Price Signal Default: An Empirical Investigation with Low-Price Guarantees," *Journal of the Academy of Marketing Science*, 35, no. 1 (2007), pp. 76 – 88; Kent B. Monroe, Pricing: Making Profitable Decisions, 3rd ed. (New York: McGraw-Hill, 2003); Dhruv Grewal, Kent B. Monroe, and R. Krishnan, "The Effects of Price Comparison Advertising on Buyers' Perceptions of Acquisition Value and Transaction Value," *Journal of Marketing*, 62 (April 1998), pp. 46 – 60.
8. Jennifer Frighetto, "U.S. Consumers Place More Importance on Price and Value," ACNielsen, October 28, 2008; Laura Wood, "It's Not Easy Being Green, Part 2," *Research and Markets*, October 6, 2009; Food Marketing Institute (2003), "American Shoppers Economize, Show Greater Interest in Nutrition and Awareness of Food Safety Issues, According to Trends in the United States: Consumer Attitudes and the Supermarket 2003"; "The New Value Equation," *Supermarket News*, 50 (June 10, 2002), p. 12.
9. Anthony Miyazaki, Dhruv Grewal, and Ronnie Goodstein, "The Effects of Multiple Extrinsic Cues on Quality Perceptions: A Matter of Consistency," *Journal of Consumer Research*, 32 (June 2005), pp. 146 – 153; William B. Dodds, Kent B. Monroe, and Dhruv Grewal, "The Effects of Price, Brand, and Store Information on Buyers' Product Evaluations," *Journal of Marketing Research*, 28 (August 1991), pp. 307 – 319.
10. *Moneyball*, directed by Bennett Miller (2011; Sony Pictures). See also Michael Lewis, *Moneyball* (New York: W.W. Norton, 2004).
11. Johan Lehrer, "Grape Expectations: What Wine Can Tell Us about the Nature of Reality," *Boston Globe*, February 24,

2008.
12. Bang-Ning Hwang, Jack Tsai, Hsiao-Cheng Yu, and Shih-Chi Chang, "An Effective Pricing Framework in a Competitive Industry: Management Processes and Implementation Guidelines," *Journal of Revenue and Pricing Management* (November 2009); Oliver Roll, "Pricing Trends from a Management Perspective," *Journal of Revenue and Pricing Management* 8 (July 2009), pp. 396 – 98; Robert J. Dolan, "Note on Marketing Strategy," Harvard Bus i ness School (November 2000), pp. 1 – 17; Dhruv Grewal and Larry D. Compeau, "Pricing and Public Policy: An Overview and a Research Agenda," *Journal of Public Policy & Marketing*, 18 (Spring 1999), pp. 3 – 11.
13. Ethan Smith and Yukari Iwatani Kane, "Apples Changes Tune on Music Pricing," *The Wall Street Journal*, Jan u ary 7, 2009.
14. "IBM Market Share Leader in Human Resources (HR) Business Transformation Outsourcing, Enterprise Sector," press release.
15. Rebecca Heslin, "Virgin America Joins Airline Fare Sale Stampede," *USA Today*, January 6, 2010; "Delta Rescinds Fare Increase on Some of Its U.S. Routes," *Salt Lake City News*, September 11, 2007 (accessed electronically January 3, 2010).
16. http://www.carmax.com/enus/car-dealer/default.html.
17. Nick Wingfield, "Apple's Lower Prices Are All Part of the Plan," *The New York Times*, October 24, 2011, http://www.nytimes.com/2011/10/24/technology/apples-lower-prices-are-all-part-of-the-plan.html.
18. Monroe, *Pricing: Making Profitable Decisions.*
19. William Lee Adams, "Would You Buy this $320,000 Brooch Online?" *Time*, November 9, 2009.
20. Fender Electric Guitars, http://www.fender.com/products/index.php?bodyShape = Stratocaster®&section = guitars.
21. Stephanie Clifford and Catherine Rampell, "Food Inflation Kept Hidden in Tinier Bags," *The New York Times*, March 29, 2011, http://www.nytimes.com/2011/03/29/business/29shrink.html?_r = 2&ref = consumerbehavior.
22. Monroe, Pricing: Making Profitable Decisions. See also Richard B. McKenzie, *Why Popcorn Costs So Much at the Movies: And Other Pricing Puzzles* (New York: Springer, 2008).
23. Suzanne Marta, "As Ritz Opening Nears, Every Detail Counts," *Knight Ridder Tribune Business News*, August 6, 2007.
24. Jack Gordon, "Redefining Elegance, *Training* 44, no. 2 (2007), pp. 14 – 20.
25. Ibid.
26. Kevin Sack, "Despite Recession, Personalized Health Care Remains in Demand," *The New York Times*, May 11, 2009; Lori Calabro, "At Your Beck and Call," CFO Magazine, September 1, 2007.
27. Vanessa O'Connell, "Posh Retailers Pile on Perks for Top Customers," *The Wall Street Journal*, April 26, 2007; "InCircle," http://www.incircle.com/store/catalog/templates/Entry.jhtml?itemId = cat103411&parentId = cat103410&parentId = cat000001&icid = points1.
28. http://www.marketingpower.com/_layouts/Dictionary.aspx-?dLetter = C.
29. http://www.marketingpower.com/_layouts/Dictionary.aspx-?dLetter = S.
30. Joan Lindsey-Mullikin and Dhruv Grewal, "Market Price Variation: The Availability of Internet Market Information," *Journal of the Academy of Marketing Science*, 34, no. 2 (2006), pp. 236 – 243.
31. Chris Morran, "Bank Of America Debit Card Fiasco Resulted In 20% Jump In Closed A c counts ," *The Consumerist*, January 23, 2012.
32. Andrew Adam Newman, "If You're Nervous, Deodorant Makers Have a Product for You," *The New York Times*, February 17, 2009.
33. Cenk Koça and Jonathan D. Bohlmann, "Segmented Switchers and Retailer Pricing Strategies," *Journal of Marketing*, 72, no. 3 (2008), pp. 124 – 142; Ruth N. Bolton and Venkatesh Shankar, "An Empirically Derived Taxonomy of Retailer Pricing and Promotion Strategies," *Journal of Retailing*, 79, no. 4 (2003), pp. 213 – 224; Rajiv Lal and Ram Rao, "Supermarket Competition: The Case of Every Day Low Pricing," Marketing Science, 16, no. 1 (1997), pp. 60 – 80.
34. American Booksellers Association, "ABA Asks Department of Justice to Investigate Bestseller Price Wars," October 22, 2009.
35. Judith Rosen, "ABA's IndieCommerce Site Dropping Amazon Publisher Titles," *Publisher's Weekly*, February 8, 2012, http://www.publishersweekly.com/pw/by-topic/industry-news/bookselling/article/50551-aba-s-indiecommerce-site-dropping-amazon-publishing-titles.html.
36. Jeff Jacoby, "Latest Battle in Book Price Wars," *Boston Globe*, October 28, 2009.
37. Jacoby, "Latest Battle"; Michael Bungert, *Termination of Price Wars: A Signaling Approach* (Frankfurt am Main, Springer Verlag, 2003); A. R. Rao, M. E. Bergen, and S. Davis, "How to Fight a Price War," *Harvard Bus i ness Review*, 78 (March – April 2000), pp. 107 – 116.
38. *Merriam-Webster's Dictionary of Law*, 1996.
39. http://www.plasmavision.com/warranty.htm.
40. Uptal Dholakia, Barbara Kahn, Randy Reeves, Aric Rindfleish, David Stewart, and Earl Taylor (2010), "Consumer Behavior in a Multichannel, Multimedia Retailing Environment, *Journal of Interactive Marketing*, forthcoming; P.K. Kannan, Barbara K. Pope, and Sanjay Jain (2009), "Pricing Digital Content Product Lines: A Model and Application for the National Academies Press," *Marketing Science*, forthcoming; Brian Ratchford (2009), "Online Pricing: Review and Directions for Research," *Journal of Interactive Marketing*, 23 (1), 82-90; Koen Pauwels and Allen Weiss (2008), "Moving from Free to Fee: How Online Firms Market to Successfully Change their Business Model," *Journal of Marketing Perspectives*, 19 (2), 139 – 158.Dhruv Grewal, Gopalkrishnan R. Iyer, R. Krishnan, and Arun Sharma, "The Internet and the Price-Value-Loyalty Chain," *Journal of Business Research*, 56 (May 2003), pp. 391 – 398.
41. Sandra Block, "Momentum Growing for Sales Taxes on

Online Purchases," *USA Today*, February 8, 2012, http://www.usatoday.com/money/perfi/taxes/story/2012-02-08/online-sales-taxes/53015142/1; Michael Mazerov and Steve DelBianco, "Should States Require Online Retailers to Collect Sales Taxes," *The Wall Street Journal*, November 15, 2011, http://online.wsj.com/article/SB10001424052970204528204577007511298359048.html.

42. "Rises on Sale of Luxury Goods," *Wall Street Journal*, February 21, 2012: "New Rich Drive Sales of Luxury Goods," *Wall Street Journal*, February 17, 2012.

43. This case was written by Elisabeth Nevins Caswell with the text-book authors, Dhruv Grewal and Michael Levy, as a basis for class discussion rather than to illustrate effective or ineffective marketing pra c tices. See Matthew Futterman, "Yankees Slash Prices to Fill Costly Seats at New Park," *The Wall Street Journal*, April 29, 2009; The Stadium Insider, "Yankees Sneak In a Price Increase On Bleacher Seats For 2010 Partial Plan Season Tickets," November 28, 2009, http://newstadiuminsider.blogspot.com/2009/11/yankees-sneak-in-price-increase-on.html; Tyler Klepner, "Jeter Reaches 3,000 Hit with Home Run," *The New York Times*, July 10, 2011, http://www.nytimes.com/2011/07/10/sports/baseball/jeter-reaches-3000-hits-with-home-run.html; Ian Begley, "Mariano Rivera Sets New Saves Record," ESPN.com, September 20, 2011, http://espn.go.com/new-york/mlb/story/_/id/6993396/new-york-yankees-mariano-rivera-sets-mlb-mark-602nd-save; New York Yankees, "Stadium Map and Ticket Prices," http://newyork.yankees.mlb.com/nyy/ballpark/seating_pricing.jsp; New York Yankees, "Spring Training Tickets," http://newyork.yankees.mlb.com/spring_training/home.jsp?c_id = nyy; StubHub, "Los Angeles Angels at New York Yankee Tickets, April 13, 2012," http://www.stubhub.com/new-york-yankees-tickets/yankees-vs-angels-4-13-2012-2009229/.

Chapter 12

1. Mary Pilon, "Finding Group Discounts Online," *The Wall Street Journal*, August 11, 2009.
2. www.groupon.com.
3. http://www.bespokecuisine.com/cooking-parties/index.php.
4. As of January 2011. "Groupon Press Kit," http://www.groupon.com/pages/press-kit.
5. Doug Stephens, "Is the (Daily) Deal Finally Done?" *Retail Wire*, February 2, 2012.
6. Thomas T. Nagle and Reed K. Holden, *The Strategy and Tactics of Pricing*, 3rd ed. (Upper Saddle River, NJ: Pearson, 2002).
7. Kristina Shampanier, Nina Mazar, and Dan Ariely, "Zero as a Special Price: The True Value of Free Products," *Marketing Science* 26, no. 6 (2007), pp. 742-57; Sucharita Chandran and Vicki G. Morvitz, "The Price of "Free"–dom: Consumer Sensitivity to Promotions with Negative Contextual Influences," *Journal of Consumer Research* 33, no. 4 (2006), pp. 384 – 92; E. Shafir and R.H. Thaler, "Invest Now, Drink Later, Spend Never: On the Mental Accounting of Delayed Consumption," *Journal of Economic Psychology* 27 (2006), pp. 694 – 712; Lisa E. Bolton, Luk Warlop, and Joseph W. Alba, "Consumer Perceptions of Price (Un) Fairness," *Journal of Consumer Research*, 29 (March 2003), pp. 474 – 491; Peter R. Darke and Darren W. Dahl, "Fairness and Discounts: The Subjective Value of a Bargain," *Journal of Consumer Psychology*, 13, no. 3 (2003), pp. 328 – 338; Margaret C. Campbell, "Perceptions of Price Unfairness: Antecedents and Consequences," *Journal of Marketing Research*, 36 (May 1999), pp. 187 – 199; Sarah Maxwell, "What Makes a Price Increase Seem 'Fair'?" *Pricing Strategy & Practice*, 3, no. 4 (1995), pp. 21 – 27.
8. Independent Equity Research Corp., "Coastal Contacts Inc. Update Report," http://eresearch.ca/profile.asp?companyID = 437; Mary Biti, "Clearly a Winning Strategy," http://investors.coastalcontacts.com/mediacoverage.asp?ticker =T.OA&report = show&id = 6151&lang =EN&title = null; Eve Lazarus, "Trevor Linden Plays with Clearly Contacts," www.marketingmag.ca/english/news/marketer/article.jsp?content = 20100528_164119_13472; "The Timeline," http://investors.coastalcontacts.com/custommessage.asp?ticker = t.oa&message = fifth&title = null.
9. Michael Levy and Barton A. Weitz, *Retailing Management*, 8th ed. (Burr Ridge, IL: Irwin/McGraw-Hill, 2012).
10. Geoffrey A. Fowler and Yukari Iwatani Kane, "New Mobile Applications Use Bar-Code Scanners," *The Wall Street Journal*, December 16, 2009; http://shopsavvy.mobi/.
11. Brad Tuttle, "Use Amazon's Price Check App and Save $15," Time, December 8, 2011, http://moneyland.time.com/2011/12/08/use-amazons-price-check-app-and-save-15-this-saturday/; Susan Payton, "Amazon Price Check App: Small Business Threat or Sign of the Times?" *Small Business Trends*, December 15, 2011, http://smallbiztrends.com/2011/12/amazon-price-check-app-small-business threat-or-sign-of-the-times.html.
12. Ibid.
13. Carl Bialik, Elizabeth Holmes, Ray A. Smith, "Many Discounts, Few Deals," *The Wall Street Journal*, December 15, 2010, http://online.wsj.com/article/SB10001424052748704694004576019771942029048.html; Vanessa O'Connell, "It's 50% Off... Well, Maybe 35%. How Good Are Deals on Members'–Only Web Sites?" *The Wall Street Journal*, January 16, 2010; http:// www.hautelook.com; http:// www.gilt.com.
14. Dhruv Grewal, Kent B. Monroe, and R. Krishnan, "The Effects of Price Comparison Advertising on Buyers' Perceptions of Acquisition Value and Transaction Value," *Journal of Marketing*, 62, April 1998, pp. 46 – 60.
15. Dhruv Grewal and Anne Roggeveen, "Decomposing the Intricate Role of Price, Quality, and Value Relationships," *Legends in Marketing Series: Kent B. Monroe: The Price-Quality-Value Relationship*, Volume 3, Dhruv Grewal and Anne Roggeveen, eds. (New Delhi: Sage Publication, 2010).
16. Stephanie Clifford, "J.C. Penney to Revise Pricing Methods

and Limit Promotions," *The New York Times*, January 25, 2012, http://www.nytimes.com/2012/01/26/business/jc-penneys-chief-ron-johnson-announces-plans-to-revamp-stores.html?_r = 2.

17. Eric A. Staub, "As Prices Fall, Blu-Ray Players Are Invited Home," *The New York Times*, December 13, 2009.
18. Poornima Gupta, "Apple Returns to Form, Blows Street Targets Away," *Reuters*, January 24, 2012, http://www.reuters.com/article/2012/01/24/us-apple-idUSTRE80N-2BQ20120124; Federico Viticci, "Apple Q1 2012 Results," *MacStories*, January 24, 2012, http://www.macstories.net/news/apple-q1-2012-results-46-33-billion-revenue-37-04-million-iphones-15-43-million-ipads-sold/; Sam Costello, "iPhone Comparison Chart," *About.com*, http://ipod.about.com/od/decidingwhichipodtobuy/a/iphone_chart.htm.
19. Sam Costello, "iPhone Comparison Chart," *About.com*, http://ipod.about.com/od/decidingwhichipodtobuy/a/iphone_chart.htm.; Wikipedia.com iPhone Model Comparison Chart Hyperlink: http://en.wikipedia.org/wiki/Iphone#Model_comparison
20. James Suroweicki, "BlackBerry Season," *The New Yorker*, February 13 & 20, 2012, p. 38.
21. This section draws from Levy and Weitz, *Retailing Management*.
22. Sha Yang and Priya Raghubir, "Can Bottles Speak Volumes? The Effect of Package Shape on How Much to Buy," *Journal of Retailing*, 81, no. 4 (2005), pp. 269 – 281.
23. This section is adapted from Levy and Weitz, *Retailing Management*.
24. Personal communication with Rob Price, VP of Retail Marketing, CVS, June 16, 2009.
25. Marco Bertini and Luc Wathieu, "Research Note: Attention Arousal through Price Partitioning," *Marketing Science* 27, no. 2 (2008), pp. 236 – 46; Rebecca W. Hamilton and Joydeep Srivastava, "When 2 1 2 Is Not the Same as 1 1 3: Variations in Price Sensitivity Across Components of Partitioned Prices," *Journal of Marketing Research* 45, no. 4 (2008), pp. 450 – 61.
26. http://www.brooksbrothers.com/IWCatSectionView.process?IWAction = Load&Merchant_Id = 1&Section_Id = 663.
27. Alison Jing Xu and Robert S. Wyer, Jr., "Puffery in Advertisements: The Effects of Media Context, Communication Norms and Consumer Knowledge," *Journal of Consumer Research*, August 2010.
28. "Tesco Rapped Over 'Misleading' Price Claims," Sky News, July 29, 2009; www.asa.org.uk/.
29. Joan Lindsey-Mullikin and Ross D. Petty, "Marketing Tactics Discouraging Price Search: Deception and Comp e tition," *Journal of Business Research*, (forthcoming). DOI: 10.1016/j.jbusres.2009.10.003.
30. Maria Sciullo, "Will Price War Hurt Independent Bookstores?" *Pittsburgh Post-Gazette*, October 27, 2009.
31. FairSearch, "Google's Transformation from Gateway to Gatekeeper," white paper, http://www.fairsearch.org/wp-content/uploads/2011/10/Googles-Transformation-from-Gateway-to-Gatekeeper.pdf.
32. Uwe E. Reinhardt, "Ending Hospital Price Discrimination Against the Uninsured," *The New York Times*, January 8, 2010.
33. Daniel M. Garrett, Michelle Burtis and Vandy Howell, "Economics of Antitrust: An Economic Analysis of Resale Price Maintenance, www.GlobalCompetitionReview.com, 2008; Stephen Labaton, "Century-Old Ban Lifted on Minimum Retail Pricing," *The New York Times*, June 29, 2007.
34. "South African Airlines to Be Investigated for Alleged World Cup Price-Fixing, Report DialAFlight," *Business Wire*, February 1, 2010.
35. Tom Bawden, "Bloody Nose for OFT in Row over Tobacco Price-Fixing," *The Independent* (London), December 13, 2011, http://www.independent.co.uk/news/business/news/bloody-nose-for-oft--in-row-over-tobacco-pricefixing-6276246.html; "The Marlboro Cartel," http://www.smokingate.com/2011/11/30/cartel/.
36. Daniel M. Garrett, Michelle Burtis, and Vandy Howell, "Economics of Antitrust: An Economic Analysis of Resale Price Maintenance, www.GlobalCompetitionReview.com, 2008; Stephen Labaton, "Century-Old Ban Lifted on Minimum Retail Pricing," *The New York Times*, June 29, 2007.
37. "Global Mobile Statistics 2012," February 2012, http://mobithinking.com/mobile-marketing-tools/latest-mobile-stats.
38. http://aboutus.verizonwireless.com/ataglance.html.
39. http://www.att.com/gen/investor-relations?pid = 5711.
40. http://www.sprint.com/about/.
41. Roger Cheng, "Sprint Gets the Nextel Monkey Off Its Back," cnet.com, February 8, 2012, http://news.cnet.com/8301-1035_3-57373457-94/sprint-gets-the-nextel-monkey-off-its-back/?tag = mncol;7n.
42. http://www.t-mobile.com/Company/CompanyInfo.aspx?tp = Abt_Tab_CompanyOverview&tsp = Abt_Sub_History.
43. Larry Dignan, "4G Data Plans: Price Wars Already?" ZDNet, December 7, 2010, http://www.zdnet.com/blog/btl/4g-data-plans-price-wars-already/42440.
44. (No reference material)
45. Tim Conneally, "Sprint on the Wireless Price War: We Were Already Cheaper!" betanews.com, January 19, 2010, http://www.betanews.com/article/Sprint-on-the-wireless-price-war-We-were-already-cheaper/1263944727.
46. Olga Kharif, "Verizon Wireless-AT&T 'Price War' May Boost Revenues," *Bloomberg Businessweek*, January 20, 2010.

Chapter 13

1. William B. Cassidy, "Wal-Mart Tightens the Chain," *Journal of Commerce*, January 18, 2010.
2. Chris Burritt, Carol Wolf, and Matthew Boyle, "Wal-Mart Asks Suppliers to Cede Control of Deliveries (Update2)," *Bloomberg Businessweek*, June 1, 2010.
3. This chapter draws from Michael Levy and Barton A. Weitz, *Retailing Management*, 8th ed. (Burr Ridge, IL: McGraw-Hill/

Irwin, 2012).
4. (No reference material)
5. Based on Barton A. Weitz, "PenAgain Sells to Walmart," in Michael Levy and Barton A. Weitz, *Retailing Management*, 8th ed. (Burr Ridge, IL: McGraw-Hill/Irwin, 2012), pp. 564 – 565; http://www. Penagain.com; Gwendolyn Bounds, "The Long Road to Walmart," *The Wall Street Journal*, September 19, 2005, p. R1: Gwendolyn Bounds, "One Mount to Make it," *The Wall Street Journal*, May 30, 2006, p. B1.
6. Terry L. Esper, Alexander Ellinger, Theodore Stank, Daniel Flint, Mark Moon, "Demand and Supply Integration: a Conceptual Framework of Value Creation through Knowledge Management," *Journal of the Academy of Marketing Science* 38, no. 1 (2010), pp. 5 – 18.
7. See http://www.marketingpower.com/_layouts/Dictionary.aspx.
8. George E. Stigler, "The Division of Labor Is Limited by the Extent of the Market," *Journal of Political Economy* 59, no. 3 (1951), pp. 185 – 93.
9. http://www.marketingpower.com/live/mg-dictionary.
10. "*Entrepreneur's* 2012 Franchise 500," http://www.entrepreneur.com/franchise500/index.html.
11. Charles Duhigg and David Barbosa, "In China, Human Costs Are Built into an iPad," *The New York Times*, January 25, 2012, http://www.nytimes.com/2012/01/26/business/ieconomy-apples-ipad-and-the-human-costs-for-workers-in-china.html?pagewanted = 1&_r = 3&ref = business&src = me&adxnnlx = 1331046030-59qBpuAMRNH8OEl6dxh/7g; Melissa J. Anderson, "The Supply Chain Enters the Spotlight," *Evolved Employer*, February 14, 2012, http://www.evolvedemployer.com/2012/02/14/the-supply-chain-enters-the-spotlight/.
12. Lisa Scheer, Fred Miao, and Jason Garrett, "The Effects of Supplier Capabilities on Industrial Customers' Loyalty: the Role of Dependence," *Journal of the Academy of Marketing Science* 38, no. 1 (2010), pp. 90 – 104; Robert W. Palmatier, Rajiv Dant, and Dhruv Grewal, "A Longitudinal Analysis of Theoretical Perspectives of Interorganizational Relationship Performance," *Journal of Marketing* 71 (October 2007), pp. 172 – 94; Robert W. Palmatier, Rajiv Dant, Dhruv Grewal, and Kenneth Evans, "A Meta-Analysis on the Antecedents and Consequences of Relationship Marketing Mediators: Insight into Key Moderators," *Journal of Marketing* 70 (October 2006), pp. 136 – 53.
13. Donna Davis and Susan Golicic, "Gaining Comparative Advantage in Supply Chain Relationships: the Mediating Role of Market-Oriented IT Competence," *Journal of the Academy of Marketing Science* 38, no. 1 (2010), pp. 56 – 70; Beth Davis-Sramek, Richard Germain, and Karthik Iyer, "Supply Chain Technology: the Role of Environment in Predicting Performance," *Journal of the Academy of Marketing Science* 38, no. 1 (2010), pp. 42 – 55; Erin Anderson and Barton Weitz, "The Use of Pledges to Build and Sustain Commitment in Distribution Channels," *Journal of Marketing Research* 29 (February 1992), pp. 18 – 34.
14. http://www.marketingpower.com/_layouts/Dictionary.aspx.
15. Vanessa O'Connell and Peter Latman, "Neiman Enlists Designers in Cost-Cutting Plan," *The Wall Street Journal*, December 10, 2009.
16. Jean Thilmany, "Neiman Marcus Sails through Customs," *Apparel Magazine*, 49, no. 2 (2007).
17. Matthew Waller, Brent Williams, Andrea Tangari, and Scot Burton, "Marketing at the Retail Shelf: an Examination of Moderating Effects of Logistics on SKU Market Share," *Journal of the Academy of Marketing Science* 38, no. 1 (2010), pp. 105 – 17.
18. http:// http://www.vendormanagedinventory.com.
19. G. P. Kiesmüller and R. A. C. M. Broekmeulen, "The Benefit of VMI Strategies in a Stochastic Multi-Product Serial Two Echelon System," *Computers and Operations Research* 37, no. 2 (2010), pp. 406 – 16; Dong-Ping Song and John Dinwoodie, "Quantifying the Effectiveness of VMI and Integrated Inventory Management in a Supply Chain with Uncertain Lead-Times and Uncertain Demands," *Production Planning & Control* 19, no. 6 (2008), pp. 590 – 600; S. P. Nachiappan, A. Gunasekaran, and N. Jawahar, "Knowledge Management System for Operating Parameters in Two-Echelon VMI Supply Chains," *International Journal of Production Research* 45, no. 11 (2007), pp. 2479 – 2505; Andres Angulo, Heather Nachtmann, and Matthew A. Waller, "Supply Chain Information Sharing in a Vendor Managed Inventory Partnership," *Journal of Business Logistics* 25 (2004), pp. 101 – 120.
20. "Home Depot Expands Supply Chain Gains," *Journal of Commerce*, September 23, 2011, http://www.joc.com/supply-chain-manage-ment/home-depot-expands-supply-chain-gains-tabs-fidelitone; Jon Kell, "Supply Chain Boosts Net at Home Depot," *The Wall Street Journal*, November 16, 2011, http://online.wsj.com/article/SB10001424052970204323904577039673053195242.html.
21. http://seekingalpha.com/article/194466-rfid-technology-transforming-food-retailers-like-wal-mart.
22. George Anderson, "Macy's Moves to Item-Level Tracking Using RFID," *Retail Wire*, September 29, 2011.
23. Kevin Scarpati, "Tesco Big Price Drop Helped by Supply Chain Management," *Supply Chain Digital*, September 23, 2011, http://www.supplychaindigital.com/global_logistics/tesco-big-price-drop-helped-by-supply-chain-management; Michael Garry, "Supply Chain Systems Seen Boosting Tesco's U.S. Stores," *Supermarket News*, 55, no. 43 (2007).
24. André Luís Shiguemoto, and Vinícius Amaral Armentano, "A Tabu Search Procedure for Coordinating Production, Inventory and Distribution Routing Problems, *International Transactions in Operational Research* 17, no. 2 (2009), pp. 179 – 95; Ayse Akbalik, Sekoun Kebe, Bernard Penz, and Najiba Sbihi, "Exact Methods and a Heuristic for the Optimization of an Integrated Replenishment-Storage Planning Problem," *International Transactions in Operational Research*, 15, no. 2 (March 2008), pp. 195 – 214.
25. Vertica Bhardwaj and Ann Fairhurst, "Fast Fashion: Response

to Changes in the Fashion Industry," *International Review of Retail, Distribution and Consumer Research* 20 (February 2010), pp. 165 – 73; Felipe Caro, Jérémie Gallien, Miguel Díaz Miranda, Javier García Torralbo, Jose Manuel Corrediora Corras, Marcos Montes Vazques, José Antonio Ramos Calamonte, and Juan Correa, "Zara Uses Operations Research to Reengineer Its Global Distribution Process," *Interfaces* 40 (2010), pp. 71 – 84; Carmen Lopez and Ying Fan, "Case Study: Internationalisation of the Spanish Fashion Brand Zara," *Journal of Fashion Marketing and Management* 13, no. 2 (2009), pp. 279 – 96; Mark Mulligan, "Spanish Professor Who Uncovers the Detail in Retail; Constant Contact with Corporate Life Is a Valuable Teaching Tool," *Financial Times*, August 18, 2008, p. 12; "Combining Art with Science, Zara Competes with 'Fast Fashion'," *SupplyChainBrain*, February 7, 2008.

26. Zeynep Ton, Elena Corsi, and Vincent Dessain, "Zara: Managing Stores for Fast Fashion," Harvard Business School, March 2011.

Chapter 14

1. Wikipedia, http://en.wikipedia.org/wiki/Home_Shopping_Network; Ross Blum, "Where Have All the Customers Gone?" p. 8.
2. Barbara Thau, "HSN, QVC Makeover: Tacky Baubles Out, Couture In," *CNBC*, August 18, 2010.
3. Suzanne Vranica, "HSN Starts Mixing Ads Into Its Usual Sales Pitches," *The Wall Street Journal*, September 28, 2009.
4. "In The Know," YouTube, Fall 2009 http://www.gstatic.com/youtube/engagement/platform/autoplay/advertise/downloads/YouTube_InTheKnow.pdf; http://www.youtube.com/t/advertising_audience_targeting.
5. "Brand Channels," YouTube, Fall 2009 http://www.gstatic.com/youtube/engagement/platform/autoplay/advertise/downloads/YouTube_*BrandChannel*s.pdf; http://www.youtube.com/t/advertising_brand_channels.
6. "YouTube Insight," YouTube, Fall 2009 http://www.gstatic.com/youtube/engagement/platform/autoplay/advertise/downloads/YouTube_Insight.pdf; http://www.youtube.com/t/advertising_insight.
7. Leah Shafer, "Re-Branding the Dynasty: Tori Spelling's HSN Clips on YouTube," http://mediacommons.futureofthebook.org/imr/2010/03/24/re-branding-dynasty-tori-spellings-hsn-clips-you-tube, March 25, 2010.
8. "Top 10 Global Retailers," http://www.cnbc.com/id/40989307/Top_10_Global_Retailers?slide = 11.
9. This chapter draws heavily from Michael Levy and Barton A. Weitz, *Retailing Management*, 8th ed. (Burr Ridge, IL: McGraw-Hill/Irwin, 2012).
10. Patricia Marx, "A Bushel and a Peck," *The New Yorker*, January 16, 2012, pp. 32 – 36.
11. *Industry Outlook: Food Channel* (Columbus, OH: Retail Forward, July 2008); *Industry Outlook: Food Channel* (Columbus, OH: Retail Forward, April 2007).
12. Mary Holz-Clause and Malinda Geisler, "Grocery Industry," February 2012, http://www.agmrc.org/markets__industries/food/grocery_industry.cfm; "Top 25 Global Retailers 2011, http://supermarketnews.com/top-25-global-retailers-2011.
13. http://www.fmi.org/glossary/?search = Yes&letter = C.
14. "Supermarket Sales by Department," October 2011, http://www.fmi.org/docs/facts_figs/grocerydept.pdf.
15. http://www.tmcnet.com/usubmit/2007/10/13/ 3012485.htm.
16. http://www.tmcnet.com/usubmit/2007/10/13/ 3012485.htm.
17. "Walmart Supercenters," http://walmartstores.com/AboutUs/7606.aspx.
18. https://www.deloitte.com/assets/Dcom-Global/Local%20Assets/Documents/Consumer%20Business/dtt_CBT_GPRetailing2012.pdf.
19. Karen Talley, "Department Stores Are In Good Position After 1Q Resurgence," Dow Jones Newswires, May 16, 2011.
20. http://www.walletpop.com/blog/2009/05/14/love-amidst-the-layoffs-macys-parades-its-new-fashion-label/.
21. http://walmartstores.com/sites/annualreport/2011/financials/Walmart_2011_Annual_Report.pdf; Sandra M. Jones, "*Wal-Mart Making Little Plans*," Chicago Tribune, May 14, 2011.
22. Susan Berfield, "Duane Reade's Miracle Makeover," *BusinessWeek*, September 29, 2011.
23. Russell Redman, "Industry Outlook: Drug Chains Lifted by Improved Economy," *Chain Drug Review*, May 2, 2011, http://www.chaindrugreview.com/inside-this-issue/news/04-25-2011/industry-outlook-drug-chains-lifted-by-improved-economy.
24. Hoover's, "Drug Stores," http://www.hoovers.com/industry/drug-stores/1532-1.html.
25. George Anderson, "Are Drugstores Priced Too High to Compete in Grocery?" *Retailwire*, October 7, 2011.
26. http://www.wikinvest.com/industry/Off-price_Retail.
27. This section draws from Michael Levy and Barton A. Weitz, *Retailing Management* 9e, 2015, Burr Ridge Il: McGraw-Hill/Irwin, Chapter 2.
28. Lydia Dishman, "Why Karl Lagerfeld's Collection for Macy's Is the Retailer's Ticket to Profits," *Fortune.com*, July 21, 2011.
29. Sandhya Raman, "Shopkick's CEO Talks Entrepreneurship, Mobile Marketing and the Future," Fiercemobilecontent.com, May 10, 2011; Adam Ostrow, "How Accurate Is Your Smartphone's GPS? [MAP]," Mashable, March 9, 2011; Rimma Kats, "Walgreens: Mobile is Key Component of Multichannel Loyalty Strategy," Mobilecommerc e daily.com, March 4, 2011; Jennifer Van Grove, "242 Target Stores Start Offering Shopkick Checkin Rewards," Mashable, November 16, 2010.
30. Nancy M. Pucinelli, Dhruv Grewal, Susan Andrzejewski, Ereni Markos, and Tracy Noga, "The Value of Knowing What Customers Really Want: Interpersonal Accuracy as an Environmental Cue," working paper (2012); Nancy Puccinelli, Ronald C. Goodstein, Dhruv Grewal, Rob Price, Priya Raghubir, and David Stewart, "Customer Experience Management in Retail-

ing: Understanding the Buying Process," *Journal of Retailing* 85 (2009), pp. 15 – 30.

31. Patricia Marx, "C. Wonder," *The New Yorker*, November 21, 2011, p. 34.
32. Ibid.
33. Kathleen Seiders, Glenn B. Voss, Andrea L. Godfrey, and Dhruv Grewal, "SERVCON: A Multidimensional Scale for Measuring Perceptions of Service Convenience," *Journal of the Academy of Marketing Science* 35, no. 1 (2007), pp. 144 – 56; Leonard Berry, Kathleen Seiders, and Dhruv Grewal, "Understanding Service Convenience," *Journal of Marketing* 66, no. 3 (July 2002).
34. Randolph E. Bucklin and Catarina Sismeiro, "Click Here for Internet Insight: Advances in Clickstream Data Analysis in Marketing," *Journal of Interactive Marketing* (February 2009), pp. 35 – 48.
35. Jayne O'Donnell, "Are Retailers Going Too Far Tracking Our Web Habits?" *USA Today*, October 26, 2009.
36. http://www.lsoft.com/resources/optinlaws.asp.
37. http://www.ftc.gov/bcp/edu/pubs/business/ecommerce/bus28.shtm.
38. Kenneth Hein, "Study: Web Research Nets In-Store Sales," *Brandweek*, May 7, 2007.
39. Susan Reda, "The Personal Touch," Stores, January 2011.
40. "Sponsored Supplement: Expanding the Reach of Personalization," *Internet Retailer*, March 2010.
41. Jill Avery, Thomas J. Steenburgh, John Deighton, and Mary Caravella, "Adding Bricks to Clicks: The Contingencies Driving Cannibalization and Complementarity in Multichannel Retailing," *SSRN working paper* (2009), http:₩₩ssrn.com₩abstract = 961567.
42. J. C. Williams Group, "Organizing for Cross-Channel Retailing," white paper, Toronto, January 2008; IBM Global Business Services, "Customer Centricity Drives Retail's Multichannel Imperative," white paper, Armonk, NY, 2008.
43. Jie Zhang, Paul Farris, John Irvin, Tarun Kushwaha, Thomas Steenburgh, and Barton Weitz, "Crafting Integrated Multichannel Retailing Strategies," *Journal of Interactive Marketing*, 2010.
44. Target.com, "Corporate Overview," http://pressroom.target.com/pr/news/corporate-overview.aspx.
45. Jessica Wohl, "Target Hopes Exclusive Designer Deals Boost Sales," Reuters, August 2, 2011.
46. Mary Catherine O'Connor, "Target Shoppers: Say Goodbye to Michael Graves' Budget-Friendly Design," *smartplanet*, February 16, 2012, http://www.smartplanet.com/blog/design-architecture/target-shoppers-say-goodbye-to-michael-graves-budget-friendly-design/4215.
47. Target.com, "Target Unveils New Design Partnership Program," January 13, 2012, http://pressroom.target.com/pr/news/target-unveils-new-design-partnership-221743.aspx.
48. Emanualla Grinberg, "'Missoni for Target' Line Crashes Site," CNN.com, September 13, 2011, http://articles.cnn.com/2011-09-13/living/living_missoni-for-target-line-creates-black-friday-like-demand_1_missoni-isaac-mizrahi-target-com?_s = PM:LIVING.
49. "Jason Wu for Target Apparel Sells Out in Hours," ABCNews.com, February 6, 2012, http://abcnews.go.com/blogs/business/2012/02/jason-wu-for-target-sells-out-in-first-morning-2/.
50. Stephanie Clifford, "In a Test, Target Plans to Add an Apple 'Store' Inside 25 Stores," *The New York Times*, January 12, 2101, http://www.nytimes.com/2012/01/13/business/target-plans-apple-mini-stores.html.
51. Ibid.; Target.com, op. cit.
52. Samantha Murphy, "Apple Mini-Stores Coming to Target," *The Wall Street Journal*, January 13, 2012, http://mashable.com/2012/01/13/apple-store-target/.
53. Ibid, Clifford.
54. Ibid, Clifford.

Chapter 15

1. Coca-Cola Company, "Treasure Hunt for the 1922 Coca-Cola Polar Bear Ad," October 28, 2011, http://www.coca-colaconversa-tions.com/my_weblog/2011/10/treasure-hunt-for-the-1922-coca-cola-polar-bear-ad.html.
2. Coca-Cola Company, "Live from the Arctic: Coca-Cola Animated Polar Bears to 'Catch' the Big Game on Feb. 5," Press Release, January 26, 2012, http://www.thecoca-colacompany.com/dynamic/press_center/2012/01/coca-cola-polar-bears-to-catch-the-big-game.html.
3. Coca-Cola Company, "The Coca-Cola Polar Bowl – Game Day Moments," http://www.youtube.com/playlist?list = PL0D74B5C94759942A.
4. Ace Metrix, "Doritos Crashes the Super Bowl Once Again and So Does M&Ms," Press Release, https://www.acemetrix.com/news/press-releases/doritos-crashes-the-super-bowl-once-again-and-so-does-mms/.
5. Ibid.
6. Alan Parker, "Coca-Cola and the Polar Bears," *Toronto Star*, December 1, 2011, http://blogs.canoe.ca/parker/general/coca-cola-and-the-polar-bears/.
7. Coca-Cola Company, "Live from the Arctic," op. cit.
8. Terence A. Shimp, *Advertising Promotion and Other Aspects of Integrated Marketing Communication*, 8th ed. (Mason, OH: South-Western College Publishers, 2008); T. Duncan and C. Caywood, "The Concept, Process, and Evolution of Integrated Marketing Communication," in *Integrated Communication: Synergy of Persuasive Voices*, eds. E. Thorson and J. Moore (Mahwah, NJ: Lawrence Erlbaum Associates, 1996); see also various issues of the *Journal of Integrated Marketing Communications*, http://jimc.medill.northwestern.edu.
9. Simon Dumenco, "The Show that Beats American Idol: Exploring the Popularity of *The Big Bang Theory*," *Ad Age*, February 24, 2012, http://adage.com/article/mediaworks/inside-exploding-popularity-big-bang-theory/232946/.

10. Stuart Elliott, "M&M's to Unveil New Speaking Role at Super Bowl," *The New York Times*, January 16, 2012; Tim Nudd, "M&M's Wins YouTube's Super Bowl Ad Blitz Contest," *AdWeek*, February 20, 2012, http://www.adweek.com/news/advertising-branding/mms-wins-youtubes-super-bowl-ad-blitz-contest-138418

11. Terence A. Shimp, *Advertising Promotion and Other Aspects of Integrated Marketing Communication*, 8 th ed. (Mason, OH: South-Western College Publishers, 2008); Deborah J. MacInnis, Christine Moorman, and Bernard J. Jaworski, "Enhancing and Measuring Consumers' Motivation, Opportunity," *Journal of Marketing*, 55, no. 4 (October 1991), pp. 32 – 53; Joan Meyers-Levy, "Elaborating on Elaboration: The Distinction between Relational and Item-Specific Elaboration," *Journal of Consumer Research*, 18 (December 1991), pp. 358 – 367.

12. E. K. Strong, *The Psychology of Selling* (New York: McGraw Hill, 1925).

13. John Philip Jones, "What Makes Advertising Work?" *The Economic Times*, July 24, 2002.

14. http://www.legamedia.net/lx/result/match/0591dfc-9787c111b1b24dde6d61e43c5/index.php.

15. http://popsop.com/wp-content/uploads/toyota_prius_plural_02.jpg; http://www.youtube.com/watch?v = nUor4gd-Foyg&feature = player_embedded# !; http://www.saatchi.com/news/archive/prius_goes_plural_through_new_integrated_campaign.

16. Chris Barrows, "Unauthorized Verses," *Journal of Integrated Marketing Communications*, Evanston: Northwestern University, 2009.

17. American Marketing Association, *Dictionary of Marketing Terms* (Chicago: American Marketing Association, 2008).

18. Eric Wilson, "Checking Models' IDs at the Door," *The New York Times*, February 8, 2012, http://www.nytimes.com/2012/02/09/fashion/efforts-to-stop-use-of-underage-models-during-new-york-fashion-week.html?pagewanted = all.

19. Ellie Krupnick, "Drop Dead Ads Banned by ASA for Too-Skinny Model," *The Huffington Post*, November 10. 2011, http://www.huffingtonpost.com/2011/11/10/drop-dead-ads-banned-asa_n_1085903.html.

20. David Gianastasio, "Fashion Site Nixes Photo of Freakishly Thin-Looking Model," *AdWeek*, July 13, 2011, http://www.adweek.com/adfreak/fashion-site-nixes-photo-freakishly-thin-looking-model-133367.

21. Teri Evans, "Firms Hold Fast to Snail Mail Marketing," *The Wall Street Journal*, January 12, 2010, http://online.wsj.com/article/SB10001424052748703481004574646904234860412.html; George E. Belch and Michael A. Belch, *Advertising and Promotion: An Integrated Marketing Communications Perspective* (New York: McGraw-Hill, 2007).

22. Rebecca Lieb, "Q&A: Cindy Krum Cuts Through the Mobile Marketing Alphabet Soup of NFC and RFID," http://econsultancy.com/blog/5608-q-a-cindy-krum-cuts-through-the-mobile-market-ing-alphabet-soup-of-nfc-and-rfid, March 16, 2010.

23. Charles Duhigg, "How Companies Learn Your Secrets," *New York Times*, February 16, 2012.

24. George Anderson, "White House, Web Giants Address Consumer Privacy Online," *Retail Wire*, February 24, 2012.

25. Akihisa Fujita, "Mobile Marketing in Japan: The Acceleration of Integrated Marketing Communications," *Journal of Integrated Marketing Communications* (2008), pp. 41-46; Mobile update: http://www.businessinsider.com/henry-blodget-enough-empty-headed-puffery-about-mobile-ads-time-for-analysts-to-stop-jawboning-and-think-2009-10; http://www.informationweek.com/news/security/privacy/showArticle.jhtml?articleID=222300256&subSection=News; http://www.nearbynow.com/info/iphone_platform.html, accessed May 26. 2010.

26. Tanya Irwin, "Weston Invites Customers to 'Warm Up'," *Marketing Daily*, March 13, 2011, http://www.mediapost.com/publications/article/146572/; Rimma Kats, "Westin Hotels & Resorts Aiming for Increased Bookings Via Geo-Targeted Mobile Ad," Mobile Commerce Daily, March 9, 2011, http://www.mobilecommerce-daily.com/2011/03/09/westin-hotels-resorts-aims-for-increased-bookings-via-geo-targeted-mobile-ad; Rimma Kats, "Westin Hotels & Resorts Bolsters Mobile Bookings Via TWC iPad Sponsorship," *Mobile Commerce Daily*, October 24, 2011, http://www.mobilecommercedaily.com/2011/10/24/westin-hotels-resorts-bolsters-mobile-bookings-via-twc-ipad-sponsorship.

27. Yubo Chen, Scott Fay, and Qi Wang, "The Role of Marketing in Social Media: How Online Consumer Reviews Evolve," *Journal of Interactive Marketing* 25, no. 2 (May 2011), pp. 85 – 94; Bonnie Rochman, "Sweet Spot," Time, November 2009.

28. www.blogsouthwest.com.

29. Chris Lee, "Kevin Smith's Southwest Incident Sets Web All A-Twitter," *Los Angeles Times*, February 16, 2010, http://articles.latimes.com/2010/feb/16/entertainment/la-et-kevin-smith16-2010feb16.

30. Christi Day, "Not So Silent Bob," February 14, 2010, http://www.blogsouthwest.com/blog/not-so-silent-bob.

31. Dennis Schaal, "Priceline Unveils New Ad Campaign with Shatner and Kareem," tnooz, February 14, 2011, http://www.tnooz.com/2011/02/14/news/priceline-unveils-new-ad-campaign-with-shatner-naomi-pryce-and-kareem/; Rich Tomaselli, "Priceline Kills the Messenger Because Ads Worked Too Well," *Advertising Age*, January 30, 2010, http://adage.com/article/news/priceline-kills-messenger-ads-worked/232409/.

32. "Priceline.com to Webcast 4 th Quarter 2011 Financial Results on February 27th," *The New York Times*, January 30, 2012, http://markets.on.nytimes.com/research/stocks/news/press_release.asp?docTag = 201201301601PR_NEWS_US-PRX____NY43796&feedID = 600&press_symbol = 226354.

33. This section draws from Michael Levy and Barton A. Weitz, *Retailing Management*, 8th ed. (Burr Ridge, IL: McGraw-Hill/Irwin, 2012).

34. Megan Halscheid, Micheline Sabatté, and Sejal Sura, "Beyond the Last Click: Measuring ROI and Consumer Engagement with Clickstream Analysis," *Journal of Integrated Marketing Communications* (2009), pp. 43–50; Vikram Mahidhar and Christine Cutten, "Navigating the Marketing Measurement Maze," *Journal of Integrated Marketing Communications* (2007), pp. 41–46.
35. http://www.riger.com/know_base/media/understanding.html.
36. "IAB Reports Full-Year Internet Ad Revenues for 2010 Increase 15% to $26 Billion, a New Record," April 13, 2011, http://www.iab.net/about_the_iab/recent_press_releases/press_release_archive/press_release/pr-041311.
37. "Facebook Pages: Insights for your Facebook Page," http://www.facebook.com/help/?search = insights#!/help/?faq = 15221.
38. "Marketing and Advertising Using Google," Google 2007.
39. http://publishing2.com/2008/05/27/google-ad-words-a-brief-his-tory-of-online-advertising-innovation/.
40. Drew Davis, "Jay-Z's Offline Campaign Leads to Online Action," *Tipping Point Labs*, August 25, 2011, http://tippingpointlabs.com/2011/08/25/jay-zs-offline-campaign-leads-to-online-action/.
41. Teressa Iezzi, "Jay-Zs 'Decoded' Campaign Wins Integrated Grand Prix and Titanium at Cannes," *Fast Company*, June 25, 2011, http://www.fastcocreate.com/1679205/jay-z-decoded-wins-integrated-grand-prix-and-titanium-at-cannes.
42. Newman, op. cit.
43. Newman, op. cit.
44. Iezzi, op. cit.
45. Droga5, op. cit.
46. Ibid.

Chapter 16

1. Natalie Zmuda, "Tropicana Goes Back to Nature in New Global Pitch," *Ad Age* Global, February 20, 2012, http://adage.com/article/global-news/tropicana-back-nature-global-pitch/232819/.
2. Stuart Elliott, "Marketing Budgets Rise for Some Giants," *The New York Times*, February 21, 2012, http://www.nytimes.com/2012/02/21/business/media/marketing-budgets-rise-for-some-giants.html.
3. Shirley Brady, "Here Comes the Sun: Tropicana Wakes Up London," *brandchannel*.com, January 24, 2012, http://www.*brandchannel*.com/home/post/2012/01/24/Tropicana-Wakes-Up-London-012412.aspx.
4. Ibid.
5. Greyworld, "Trafalgar Sun 2012," http://greyworld.org/archives/1108.
6. Ibid.
7. Brady, op. cit.
8. Jeff Greenhouse, "Tropicana Playfully Squeezes the Big Apple with New Ad Campaign," August 4, 2011, http://www.jeffgreenhouse.com/2011/08/04/tropicana-new-york-mornings-campaign/.
9. Jeff Greenhouse, "DDB Squeezes New York for Another Round of Great Tropicana Ads," February 2, 2010, http://www.jeffgreenhouse.com/2012/02/02/ddb-squeezes-new-york-for-another-round-of-great-tropicana-ads/.
10. George E. Belch and Michael A. Belch, *Advertising and Promotion: An Integrated Marketing Communications Perspective* (New York: McGraw-Hill, 2007); Jef I. Richards and Catherine M. Curran, "Oracles on 'Advertising': Searching for a Definition," *Journal of Advertising* 31, no. 2 (Summer 2002), pp. 63–77.
11. Alexandra Bruell, "ZenithOptimedia Forecasts Slow, Steady Growth in Global Ad Spend," *Ad Age*, March 12, 2012, http://adage.com/article/agency-news/zenithoptimedia-forecasts-steady-growth-global-ad-spend/233286/.
12. Dan Zigmond, Sundar Dorai-Raj, Yannet Interian, and Igor Naverniouk, "Measuring Advertising Quality on Television: Deriving Meaningful Metrics from Audience Retention Data," *Journal of Advertising Research* 49, no. 4 (December 2009), pp. 419–28; Robert G. Heath, Agnes C. Nairn, and Paul A. Bottomley, "How Effective is Creativity? Emotive Content in TV Advertising Does Not Increase Attention," *Journal of Advertising Research* 49, no. 4 (December 2009), pp. 450–63; Raymond R. Burke and Thomas K. Srull, "Competitive Interference and Consumer Memory for Advertising," *Journal of Consumer Research*, 15 (June 1988), pp. 55–68; Kevin Lane Keller, "Memory Factors in Advertising: The Effect of Advertising Retrieval Cues on Brand Evaluation," *Journal of Consumer Research*, 14 (December 1987), pp. 316–333.
13. Markus Pfeiffer and Markus Zinnbauer, "Can Old Media Enhance New Media?: How Traditional Advertising Pays off for an Online Social Network," *Journal of Advertising Research* 50, no. 1 (2010), pp. 42–49; Terry Daugherty, Matthew Eastin, and Laura Bright, "Exploring Consumer Motivations for Creating User-Generated Co n tent," *Journal of Interactive Advertising*, 8, no. 2 (2008); Anthony Bianco, "The Vanishing Mass Market," *BusinessWeek*, July 12, 2004, pp. 61–68.
14. David Griner, "Adidas Fires Up Its Largest Ad Campaign Ever," *AdWeek*, March 16, 2011.
15. William F. Arens, Michael F. Weigold, and Christian Arens, Contemporary Advertising, 12th ed. (New York: McGraw-Hill, 2008).
16. Stephen Williams, "Fiat Enlists Ultimate Bad Boy for Ads: Charlie Sheen," *Ad Age*, March 1, 2012, http://adage.com/article/adages/fiat-enlists-ultimate-bad-boy-ads-charlie-sheen/233045/.
17. Tulin Erdem, Michael Keane, and Baohong Sun, "The Impact of Advertising on Consumer Price Sensitivity in Experience Goods Markets," *Quantitative Marketing and Economics* 6 (June 2008), pp. 139–76; Xiaojing Yang and Robert E. Smith, "Beyond Attention Effects: Modeling the Persuasive and Emotional Effects of Advertising Creativity," *Marketing Science*

28 (September/October 2009), pp. 935 – 49; Matthew Shum, "Does Advertising Overcome Brand Loyalty? Evidence from the Breakfast Cereal Market," *Journal of Economics and Management Strategy* 13, no. 2 (2004), pp. 77 – 85.
18. "Got Milk?" http://www.gotmilk.com.
19. Elaine Wong, "Rebecca Romjin Makes Milk Run," Brandweek, January 13, 2010.
20. http://www.marketingpower.com/_layouts/Dictionary.aspx?dLetter = P.
21. Jonathan Blum, "Why Yum Brands Fights Hunger," *Ad Age*, November 1, 2011, http://adage.com/article/goodworks/yum-brands-fights-hunger/230740/.
22. "Jaime's Story," http://www.aad.org/media-resources/public-service-advertisements/jaimes-story.
23. http://www.thetruth.com.
24. truth, "Facts," http://www.thetruth.com/facts/.
25. Alina Tugend, "Cigarette Makers Take Anti-Smoking Ads Personally," *The New York Times*, October 27, 2002.
26. Theodore Leavitt, *The Marketing Imagination* (New York: The Free Press, 1986).
27. Belch and Belch, *Advertising and Promotion: An Integrated Marketing Communications Perspective*.
28. Exxon Mobil, http://www.exxonmobil.com/corporate/news_ad_corpus_clean.aspx.
29. Katherine White and John Peloza, "Self-Benefit Versus Other-Benefit Marketing Appeals: Their Effectiveness in Generating Charitable Support," *Journal of Marketing* 73 (July 2009), pp. 109 – 124.
30. Darren W. Dahl, Jaideep Sengupta, and Kathleen D. Vohs, "Sex in Advertising: Gender Differences and the Role of Relationship Commitment," *Journal of Consumer Research* 36, no. 2 (2009), pp. 215 – 31; Jaideep Sengupta and Darren W. Dahl, "Gender-Related Reactions to Gratuitous Sex Appeals in Advertising," *Journal of Consumer Psychology* 18, no. 1 (2008), pp. 62 – 78.
31. Jack Loftus, "ADT Ad Campaign Scares Homeowners into Buying ADT Security," Gizmodo, http://gizmodo.com/5654365/adt-ad-cam-paign-scares-homeowners-into-buying-adt-security; Jack Neff, "What the Stylish Garbage Can Is Wearing," *Ad Age*, November 3, 2011, http://adage.com/article/news/marketing-hefty-blackout-designer-kitchen-bags/146880/; Natalie Zmuda, "Best Buy Ups Holiday Spending, Introduces 'Game On, Santa' Campaign," *Ad Age*, November 17, 2011, http://adage.com/article/news/game-buy-ups-holiday-spending/231086/; Andrew Adam Newman, "Axe Adds Fragrance for Women to Its Lineup," *The New York Times*, January 8, 2012, http://www.nytimes.com/2012/01/09/business/media/axe-adds-fragrance-for-women-to-its-lineup.html.
32. AMA Dictionary, http://www.marketingpower.com/_layouts/Dictionary.aspx?dLetter = M
33. Anthony Crupy, "Cable Sports Take a Bite Out of Broadcast Ad Sales," *Adweek*, September 13, 2011, http://www.adweek.com/news/television/cable-sports-take-bite-out-broadcast-ad-sales-134805; John Tejada, "Marketers Flock to Digital Media," *Adweek*, November 30, 2011, http://www.adweek.com/news/advertising-branding/marketers-flock-digital-media-136784.
34. Some illustrative articles look at the effectiveness of given media: Robert Heath, "Emotional E n gagement: How Television Builds Big Brands at Low Attention," *Journal of Advertising Research* 49, no. 1 (March 2009), pp. 62 – 73; Lex van Meurs and Mandy Aristoff, "Split-Second Recognition: What Makes Outdoor Advertising Work?" *Journal of Advertising Research* 49, no. 1 (March 2009), pp. 82 – 92.
35. Arens, Weigold, and Arens, *Contemporary Advertising*.
36. William F. Arens, David H. Schaefer, Michael F. Weigold, *Advertising, M-Series*, Burr Ridge: Irwin/McGraw-Hill, 2012
40. Stephen Williams, "New Sedans Aim to Break Out of the Pack," *AdAge*, February 20, 2012, http://adage.com/article/news/se-dans-aim-break-pack/232794/.
41. Dean M. Krugman, Leonard N. Reid, S. Watson Dunn, and Arnold M. Barban, *Advertising: Its Role in Modern Marketing* (New York: The Dryden Press, 1994), pp. 221 – 26.
37. David Kiefaber, "Taylor Swift's CoverGirl Ad Is Pulled Over Bogus Eyelashes," *Adweek*, December 23, 2011, http://www.adweek.com/adfreak/taylor-swifts-covergirl-ad-pulled-over-bogus-eye-lashes-137269.
38. David Gianastasio, "Turlington Ads: So Photoshopped They're Misleading?" *Adweek*, July 28, 2011, http://www.adweek.com/adfreak/julia-roberts-christy-turlington-ads-so-photoshopped-theyre-misleading-133731.
39. Tanzina Vega, "British Authority Bans Two Ads by L'Oreal," *The New York Times*, July 27, 2011, http://mediadecoder.blogs.nytimes.com/2011/07/27/british-authority-bans-two-ads-by-loreal/.
42. Herbert Jack Rotfeld and Charles R. Taylor, "The Need for Interdisciplinary Research of Advertising Regulation: A Roadmap for Avoiding Confusion and Errors," *Journal of Advertising* (Winter 2009).
43. Debra Harker, Michael Harker, and Robert Burns, "Tackling Obesity: Developing a Research Agenda for Advertising Researchers," *Journal of Current Issues & Research in Advertising*, 29, no. 2 (2007), pp. 39 – 51; N. Kapoor and D. P. S. Verma, "Children's Understanding of TV Advertisements: Influence of Age, Sex and Parents," *Vision*, 9, no. 1 (2005), pp. 21 – 36; Catharine M. Curran and Jef I. Richards, "The Regulation of Children's Advertising in the U.S.," *International Journal of Advertising and Marketing to Children*, 2, no. 2 (2002).
44. Ibid.
45. Christina Binkley, "Which Stars Sell Fashion?" *The Wall Street Journal*, February 4, 2010.
46. Diego Rinallo and Suman Basuroy, "Does Advertising Spending Influence Media Coverage of the Advertiser?" *Journal of Marketing* 73 (November 2009), pp. 33 – 46; Carl Obermiller and Eric R. Spangenberg, "On the Origin and Distinctness of Skepticism toward Advertising," *Marketing Letters*, 11, no. 4

(2000), p. 311.

47. Jackie Huba, "A Just Cause Creating Emotional Connections with Customers," http://www.inc.com/articles/2003/05/25537.html.
48. http://www.createapepper.com; http://causerelatedmarketing.blogspot.com/2008/03/how-chilis-used-cause-related-marketing.html.
49. Personal communication with Rob Price, VP of Retail Marketing, CVS, June 16, 2009; Carol Angrisani, "CVS Moves to Personalization," *SN: Supermarket News*, 56, no. 2 (March 24, 2008), p. 29.
50. Stephanie Clifford, "Web Coupons Know Lots About You, and They Tell," *New York Times*, April 16, 2010.
51. Jack Neff, "Old Spice Is Killing It on YouTube Again, But Sales Are Down Double-Digits," *AdAge*, August 4, 2011, http://adage.com/article/the-viral-video-chart/spice-killing-youtube-sales/229080/.
52. http://sports.espn.go.com/espn/contests/index.
53. Eva A. van Reijmersdal, Peter C. Neijens, and Edith G. Smit, "A New Branch of Advertising: Reviewing Factors that Influence Reactions to Product Placement," *Journal of Advertisng Research* 49, no. 4 (December 2009), pp. 429–49; Pamela Mills Homer, "Product Placement: The Impact of Placement Type and Repetition on Attitude," *Journal of Advertising* (Fall 2009); Elizabeth Cowley and Chris Barron, "When Product Placement Goes Wrong: The Effects of Program Liking and Placement Prominence," *Journal of Advertising* (Spring 2008).
54. Neil Munshi, "Spain's Starring Role in Bollywood Movie a Boon to Tourism," *AdAge*, February 6, 2012, http://adage.com/article/global-news/spain-s-starring-role-bollywood-movie-a-boon-tour-ism/232511/.
55. Ibid.
56. www.jcrew.com.
57. Bureau of Labor Statistics, "Employed and Unemployed Persons by Occupation," March 9, 2012, http://www.bls.gov/news.release/empsit.t13.htm.
58. John Fox, "What Is the Real Cost of a B2B Sales Call?" http://www.marketing-playbook.com/sales-marketing-strategy/what-is-the-real-cost-of-a-b2b-sales-call.
59. Pam Baker, "Best Sales Practices: Build Lasting Relationships," *CRM Buyer*, January 27, 2009.
60. Mark W. Johnston and Greg W. Marshall, *Relationship Selling*, 2nd ed. (Burr Ridge, IL: Irwin/McGraw-Hill, 2008).
61. Paciolan, http://paciolan.com/.
62. Christine Comaford, "Sales Stuck? Try Sticking to a Script," *BusinessWeek*, April 4, 2008.
63. Steve Berkowitz, "Marketers Reshape How College Teams Sell Tickets," *USA Today*, August 5, 2011, http://www.usatoday.com/sports/college/2011-08-05-college-outsourcing-sports-ticket-sales_n.htm.
64. "Accelerating the Trend Toward Outsourcing Athletic Event Ticket Sales, Two More Universities Partner With IMG College," press release, May 31, 2011, http://www.imgworld.com/news/news/2011/may/accelerating-the-trend-toward-outsourcing-athletic.aspx.
65. IMG College, http://www.imgcollege.com/services/imgc-services.html.
66. Michael Levy and Barton A. Weitz, *Retailing Management*, 8th ed. (New York: McGraw-Hill/Irwin, 2011).
67. Robert Keller, "Handling Objections in Today's Tough Environment," *SMM*, March 30, 2009.
68. http://www.quotedb.com/quotes/1303.
69. Mark W. Johnston and Greg W. Marshall, *Churchill/Ford/Walker's Sales Force Management*, 9th ed. (Burr Ridge, IL: McGraw-Hill/Irwin, 2009).
70. Susan Greco, "Personality Testing for Sales Recruits," *INC.*, March 1, 2009.
71. Johnston and Marshall, *Relationship Selling and Sales Management*, pp. 375–76; Johnston and Marshall, *Churchill/Ford/Walker's Sales Force Management*.
72. Rene Y. Darmon, "Where Do the Best Sales Force Profit Producers Come From?" *Journal of Personal Selling and Sales Management*, 13, no. 3 (1993), pp. 17–29.
73. Julie Chang, "Born to Sell?" *Sales and Marketing Management*, July 2003, p. 36.
74. http://www.cardhub.com/edu/market-share-by-credit-card-network/.
75. http://www.youtube.com/watch?v=3dcxQ2dvqmc.
76. http://marketingpractice.blogspot.com/2006/11/mastercard-priceless.html.
77. http://www.mastercard.com/us/company/en/docs/CorporateOverview_FINAL.pdf.
78. https://www.mastercard.com/us/company/en/docs/CorporateOverview_FINAL.pdf.
79. http://www.mastercardadvisors.com/.
80. http://www.youtube.com/watch?v=3dcxQ2dvqmc.
81. http://www.youtube.com/watch?v=Q_6stXKGuHo.
82. Stuart Elliott, "MasterCard Revamps Print Ads," *The New York Times*, August 11, 2004.
83. Stuart Elliott, "MasterCard Brings 'Priceless' to a Pricey Place," *The New York Times*, July 7, 2011; http://www.creditcardeduca-tion.com/news/mastercard-offers-priceless-city-experiences.html.
84. http://newsroom.mastercard.com/press-releases/priceless-new-york-gives-mastercard-cardholders-privileged-access-to-the-citys-preeminent-experiences/.

찾아보기

ㄱ

가격(price) … 7
가격설정 목표(company's pricing objectives) … 339
가격전략(pricing strategy) … 338, 366
가격전술(pricing tactic) … 366
가족(Family) … 152
가처분소득(disposable income) … 358
가치(value) … 16, 218
가치 공동창출(value cocreation) … 16
가치제안(value proposition) … 214, 462, 498
감성적 욕구(emotional desires) … 499
감정적 요소(affective component) … 149
개선가치(improvement value) … 368
개인 블로그(personal blogs) … 81
거시환경 요인 … 107
게임화(gamification) … 84
결정적 속성(determinant attributes) … 139
경쟁(competition) … 354
계량지표 … 41, 42
고가격설정(premium pricing) … 341
고객 관계 관리(CRM: customer relationship management) … 17
고객 만족(Customer Satisfaction) … 143
고객 애호도(Customer Loyalty) … 145
고객의 우월함 … 36
고려상표군(consideration set) … 139
공공복지(public welfare) … 495
공급망(supply chain) … 21
공동광고(cooperative advertising) … 386
관계자(Bonders) … 74
관계 지향성(relational orientation) … 17
관계 지향적 판매(relationship selling) … 514
관련 다각화 … 60
관여도(involvement) … 156
교차쇼핑(cross shopping) … 358
교환(exchange) … 6
구매 상황(Purchase Situation) … 154
구매후 인지적 부조화(Postpurchase Cognitive Dissonance) … 144
구전광고(word-of-mouth advertising) … 491
국가문화 … 108
그린마케팅 … 119
그린세탁(greenwashing) … 119
그린소비자 … 119
기능적 니즈(Functional Needs) … 134
기만(deceptive) … 506
기업가(entrepreneurs) … 26
기업 블로그(Corporate blogs) … 80
기업 윤리(Business ethics) … 23
기업의 사회적 책임(corporate social responsibility) … 23

ㄴ

내적 정보 탐색(Internal Search for Information) … 136
내적 통제 초점(internal locus of control) … 136
노출(exposure) … 470
니즈 인식 … 133

ㄷ

다각화 전략 … 60
다속성 모형(multi-attribute model) … 140
단수가격(odd price) … 371
단위당 공헌마진(contribution margin per unit) … 352
담합(collusion) … 385
독특한 판매제안(USP, unique selling proposition) … 497

동기(Motives) … 147
디지털태생(digital natives) … 110

ㄹ

라이프스타일(Lifestyle) … 151, 200
레토릭(rhetoric) … 498
링키드인(LinkedIn) … 77

ㅁ

마이크로마케팅(Micromarketing) … 212
마이크로 블로그(Microblogs) … 81
마케팅(marketing) … 4
마케팅 계획(marketing plan) … 4, 41
마케팅 믹스(marketing mix) … 7
마케팅 윤리(Marketing ethics) … 23
마케팅 전략 … 35
마케팅 채널(marketing channel) … 21
매슬로우 욕구 단계설(Maslow's Hierarchy of Needs) … 147
목적(goal) … 479
목표 오디언스(target audience) … 462
목표이익(target profit) … 353
문화(Culture) … 107, 153
미끼 및 전환(bait and switch) … 384

ㅂ

바운스 비율(bounce rate) … 87
베이비부머 … 113
보상적 의사결정 규칙(compensatory decision rule) … 140
보상 패키지(compensation package) … 523
보편적 상표군(Universal sets) … 139
부정적 구전(negative word of mouth) … 145
블로그(Blogs) … 80
비관련 다각화 … 60
비보상적 의사결정 규칙(noncompensatory decision rule) … 141
비용-편익분석(cost-benefit analysis) … 519
비차별적 표적화 전략(Undifferentiated Targeting Strategy) … 209
비탄력적(inelastic) … 346

ㅅ

사랑의 욕구(love needs) … 148
사업 사명서 … 42
사전준비(preapproach) … 518
사회적 위험(Social risk) … 138
상기상표군(evoked set) … 469
상대적 시장 점유율 … 54
상표애호도(brand loyalty) … 348
상표전환(switch brand) … 378
상황적 세분화(occasion segmentation) … 205
상황적 요인(situational factors) … 154
새천년세대(millenials) … 111
생리적 욕구(physiological needs) … 147
서비스(services) … 8
선구자(Creators) … 74
성격테스트(personality test) … 522
성능적 위험(Performance risk) … 138
세대별 코호트 … 110
세분시장 … 45
셀러리 플랜(salary plan) … 523
소비자 의사결정 규칙(consumer decision rules) … 139
소셜 도달범위(social reach) … 91
소셜 미디어(social media) … 68
소유비용(cost of owning) … 368
소프트 셀(soft sell) … 519
쇼핑 상황(Shopping Situation) … 154
수수료방식(commission system) … 523
수요와 공급의 법칙(the laws of supply and demand) … 357
수요함수(demand function) … 346
습관적 의사결정(Habitual decision making) … 160
시간빈곤사회 … 120
시간적 상황(Temporal State) … 156
시계열분석(time series analysis) … 506
시장 개발 전략 … 59

시장 성장률 … 55
시장세분화(market segmentation) … 45, 196
시장수용(market acceptance) … 493
시장 점유율 … 53
시장 침투전략 … 58
시장 포지셔닝 … 47
신체적 위험(Physiological risk) … 138
실용적 욕구(utilitarian needs) … 499
실행방식(execution style) … 503
심리도식적 변수(Psychographics) … 198
심리적 니즈(Psychological Needs) … 134
심리적 위험(psychological risk) … 138

ㅇ

아이디어(ideas) … 9
안전 위험(safety risk) … 138
안전의 욕구(safety needs) … 148
애호도 세분화(loyalty segmentation) … 205
영향력(influence) … 91
외적 정보 탐색(External Search for Information) … 136
외적 통제 초점(external locus of control) … 136
외환변동 … 123
우하향 수요곡선(downward sloping demand curve) … 342
운영의 우월함 … 38
유인용 손실가격설정(loss leader pricing) … 384
유통(place) … 7
유투브(YouTube) … 78
의견 분석(sentiments analysis) … 86
이벤트 스폰서십(event sponsorship) … 509
이상점(ideal points) … 220
이자율 … 123
인구통계 … 109
인구통계적 세분화(Demographic Segmentation) … 198
인지적 요소(cognitive component) … 149
인플레이션 … 123

ㅈ

자아 가치(Self-values) … 199
자아실현(self-actualization) … 148
자아 존중(self-respect) … 199
잠재성 평가단계(qualification stage) … 518
장기고객관계(long-term customer relationship) … 471
재인(recognition) … 468
재화(goods) … 8
전략목적들(strategic goals) … 479
전략적 사업단위(SBU, Strategic Business Unit) … 53
전문가(Professionals) … 74
전문가 블로그(professional blogs) … 81
전통적인 경제이론(traditional economic theory) … 342
전환율(conversion rate) … 87, 141
정교화 가능성 모형(elaboration likelihood model) … 157
정치광고(political advertising) … 491
정치적/규제적 환경 … 124
제품(product) … 7, 49
제품 개발전략 … 60
제품 라인 … 53
제품의 우월함 … 39
제품차별화(product differentiation) … 356
제한적 문제 해결(Limited Problem Solving) … 159
존경의 욕구(esteem needs) … 148
주의(attention) … 468
준거가격(reference price) … 372, 383
준거점(reference points) … 383
준거집단(Reference Group) … 153
지각(Perception) … 150, 491
지각도(perceptual map) … 219
지속 가능한 경쟁우위 … 35
지역문화 … 108
지역 · 인구통계적 세분화(geodemographic segmentation) … 206
지역적 세분화(Geographic Segmentation) … 197
지연된 반응(delayed response) … 469
집중적 표적화 전략(Concentrated Targeting Strategy) … 212

ㅊ

차별적 표적화 전략(Differentiated Targeting Strategy) … 211

촉진(promotion) … 7, 462
촉진예산promotional budget) … 479
총수익곡선(total revenue curve) … 351
총원가곡선(total costs curve) … 351
충동구매(impulse buying) … 159
충동구매(impulse purchase) … 468

ㅋ

클릭 경로(click paths) … 87
키스토닝(keystoning) … 337
키워드 분석(keyword analysis) … 88

ㅌ

탄력적(elastic) … 346
탐색광고(search ads) … 482
태도(attitude) … 149
텔레프레전스(telepresence) … 513
통합적 마케팅 커뮤니케이션(Integrated Marketing Communication, IMC) … 462

ㅍ

페이스북(Facebook) … 74
페이지 뷰(page views) … 87
편익 세분화(Benefit segmentation) … 203
편익의 뭉치(bundle of benefits) … 337
평가 기준(Evaluative criteria) … 139
포괄적 문제 해결(extended problem solving) … 159
포지셔닝(positioning) … 214
표적시장 또는 타겟팅 … 46
푸쉬전략(push strategy) … 492
풀전략(pull strategy) … 492
프라이버시 … 119
플리커(Flickr) … 79

ㅎ

하드셀(hard sell) … 519
학습(Learning) … 151
행동적 세분화(Behavioral segmentation) … 205
행동적 요소(behavioral component) … 149
현금할인(cash discounts) … 381
현황 분석 … 43
혼잡(clutter) … 472
확장된 네트워크(extended network) … 91
환기상표군(evoked set) … 139
회상(recall) … 468
히트(hits) … 87

기타

1 : 1 마케팅(one-to-one marketing) … 212
4Ps … 7
B2B(business-to-business) 마케팅 … 13
B2C(business-to-consumer) 마케팅 … 13
C2C 마케팅 … 13
STP(Segmentation, Targeting, Positioning) … 45, 196
VALSTM … 201
Value and Lifestyle Survey … 201
X 세대 … 111
Y 세대 … 111
Z 세대 … 110